Fairer Handel

Markus Raschke

Fairer Handel
Engagement für eine gerechte Weltwirtschaft

g) MATTHIAS-GRÜNEWALD-VERLAG

Seit den Anfängen Förderer und Mitträger des Fairen Handels:
Diese Publikation wurde dankenswerter Weise unterstützt von

Bibliografische Information der Deutschen Nationalbibliothek
Die Deutsche Nationalbibliothek verzeichnet diese Publikation in der Deutschen
Nationalbibliografie; detaillierte bibliografische Daten sind im Internet über
http://dnb.d-nb.de abrufbar.

Dissertation, Universität Tübingen 2008

 Der Matthias-Grünewald-Verlag
ist Mitglied der Verlagsgruppe engagement

© 2009 Matthias-Grünewald-Verlag der Schwabenverlag AG, Ostfildern
www.gruenewaldverlag.de

Umschlaggestaltung: Finken & Bumiller, Stuttgart
Umschlagabbildung: www.photocase.com/Markus_S
Gesamtherstellung: Matthias-Grünewald-Verlag, Ostfildern
Printed in Germany

ISBN 978-3-7867-2764-4

Inhalt

1 Fairer Handel „zur Einführung" **15**

1.1. Fairer Handel – Erste Skizze einer Solidaritätsbewegung 17
    1.1.1. Entwicklung und Selbstverständnis 17
    1.1.2. Christliche und kirchliche Verwurzelung 19

1.2. Das entwicklungspolitische und ökonomische Konzept im Überblick 21
    1.2.1. Grundsätze des Fairen Handels 21
    1.2.2. Leistungen und Grenzen 26

1.3. Forschungslage, praktisch-theologischer Ansatz und der Aufriss der Arbeit 30
    1.3.1. Praktische Theologie im Kontext der vorliegenden Studie 31
    1.3.2. Über den Status quo hinaus: die Utopie einer fair(er)en Zukunft 34

**2 Entstehung und Entwicklung in Gegensätzen.
Geschichte der Fair-Handels-Bewegung in Deutschland** **37**

2.1. Entstehungskontext und Gründungsphase der „Aktion Dritte-Welt-Handel" 40
    2.1.1. Kontext Dritte-Welt-Bewegung 41
    2.1.2. Zwischen integrierter und kritischer Aktion 42
    2.1.3. Anfänge der „Aktion Dritte-Welt-Handel" 45
    2.1.4. Die Initiative zur Aktion Dritte-Welt-Handel und erste konzeptionelle Festlegungen 47

2.2. Die Entstehung pädagogischer und wirtschaftlicher Strukturen 50
    2.2.1. Der verworrene Weg zur Gründung des A3WH e.V. und der GEPA ... 51
    2.2.2. (Vor)Geschichte der Gründung der Importorganisation El Puente 55
    2.2.3. Die Entstehung der Weltläden und Gründung ihrer Dachorganisation 56
    2.2.4. Die Rolle des Vereins: „pädagogischer Arm" oder zentrale Leitungsinstanz? 57
    2.2.5. Die Vereinsauflösung als Konflikt zwischen integrierter und kritischer Aktion 59

2.3. Aktionskampagnen mit politischen Waren 62
    2.3.1. Aktion „Indio-Kaffee" 63
    2.3.2. Aktion „Aluschok" 64

Inhaltsverzeichnis

    2.3.3. „Simba- und Singa-Teeaktion" 66
    2.3.4. Aktion „Jute statt Plastik" 67
    2.3.5. Weitere produktbezogene Aktionen 70

2.4. Von der pädagogischen Aktion zum „Alternativen Handel" 72
    2.4.1. „Anders leben" rückt Verkauf der Waren in den Vordergrund 73
    2.4.2. Alternativer Handel entwickelt weitere Wirtschaftsstrukturen 74
    2.4.3. Kriterien für den Umgang mit den Projektpartnern 77
    2.4.4. Uneinigkeit über das Verhältnis von Verkauf und Bildungsarbeit 80

2.5. Auseinandersetzungen um die „richtige Solidarität" am Beispiel Kaffee 82
    2.5.1. Die Kontroverse um das Fedecocagua-Projekt in Guatemala 82
    2.5.2. Kontroverse um die „richtige" Solidarität mittels Nicaragua-Kaffee ... 84
    2.5.3. Eine Alternative zur Alternative: Die Gründung der „Mitka" 87
    2.5.4. Die Kaffeekampagne „Gegen die Macht der Kaffeekonzerne" 88

2.6. Bananen: Beispiel für Kampagnenarbeit im Fairen Handel 89
    2.6.1. Erste Aktionen mit Bananen 89
    2.6.2. Aufbau der AG Nicaragua-Bananen und des fairen Bananenhandels ... 91
    2.6.3. Schwierigkeiten nach dem Machtwechsel in Nicaragua 92
    2.6.4. Die eigentliche „Bananenkampagne" 93
    2.6.5. Faire Bananen im Supermarkt 94

2.7. Das Projekt Handelsausweitung entzweit die Bewegung 96
    2.7.1. Handelsausdehnung als Versuch betriebswirtschaftlicher Stabilisierung bei El Puente 96
    2.7.2. Handelsausdehnung als Antwort auf die Anfragen der Produzenten bei GEPA 97
    2.7.3. Dezentrale Alternativlösungen bei Weltläden und anderen Importeuren 100

2.8. Von der Kampagne „Sauberer Kaffee" zum TransFair-Siegel 102
    2.8.1. Kontroverse Debatte über das holländische Vorbild „Sauberer Kaffee" 103
    2.8.2. Die Tübinger Supermarktaktion bei Gottlieb 105
    2.8.3. Das Konzept der Kaffee-Kampagne und Beginn der AG Kleinbauernkaffee 106
    2.8.4. Die Würzburger Kupsch-Aktion 108
    2.8.5. Konzeptionelle Vertiefung der Planungen 110
    2.8.6. Die Kaffeeinititative – eine Zerreißprobe innerhalb der AG3WL 111
    2.8.7. Erfolgreicher Start: Großes Medienecho mit kritischen Zwischentönen 113

2.9. Profilierung und Professionalisierung der Weltläden 117

2.9.1. Auf dem Weg zu einer Profilierungskampagne 118

2.9.2. Profilierungskampagne und gesellschaftspolitische Positionierung der Aktion Dritte-Welt-Handel 119

2.9.3. Neuorientierung über das Profil der AG3WL 123

2.9.4. Die Strukturreform: AG3WL + rsk = Weltladen-Dachverband 125

2.9.5. Einheitliches Erscheinungsbild, „Konvention der Weltläden" und Beurteilung der Importeure 126

2.9.6. Neue Impulse in der Öffentlichkeitsarbeit: Die Kampagnen „Made in Dignity" und „Land Macht Satt" 129

2.10. Die GEPA-Krise schafft neue Strukturen und neue Verwerfungen . 134

2.10.1. In der Dynamik der Handelsausweitung ein Schritt zu weit gegangen 134

2.10.2. GEPA in der Krise ... und im neuerlichen Konflikt mit den Weltläden 136

2.10.3. Verselbständigung des Fair Trade e.V. bis zur Unterbrechung der Geschäftstätigkeit 139

2.11. „Zwang zur Konzertierung": neue Zusammenarbeit der deutschen Fair-Handels-Akteure 140

2.11.1. Gemeinsames Auftreten bei Kirchentagen 140

2.11.2. Kooperationsverträge statt Gesellschafterstatus: Weltladen-Dachverband und Importorganisationen 141

2.11.3. „Faire Woche" – erstmalig bewegungsübergreifende Öffentlichkeitsarbeit 144

2.11.4. Auf dem Weg zum organisierten Netzwerk: Forum Fairer Handel 146

2.12. Zwischen Discount und Lifestyle – der Markt entdeckt den Fairen Handel 148

2.13. Die Fair-Handels-Bewegung in europäischen Nachbarländern 151

2.14. Resümee: Fairer Handel als 'Neue Soziale Bewegung' 154

3
Gruppen und Geschäfte vor Ort.
Engagement in Weltläden und kirchlichen Aktionsgruppen 159

3.1. Weltläden: Fachgeschäfte und Bildungsorte des Fairen Handels 160

3.1.1. Selbstverständnis von Weltläden und ihre Arbeitsweise? 162

3.1.2. Professionalisierungsbestrebungen als Motivationsfaktor? 167

3.2. Kirchliche Aktionsgruppen: Mobile und stationäre Fair-Handels-Präsenz ... 172
3.2.1. Verbreitung des Fairen Handels in der kirchengemeindlichen Eine-Welt-Arbeit ... 173
3.2.2. Aktionsformen des Fairen Handels im kirchengemeindlichen Milieu 175
3.2.3. Empirische Daten zum „Milieu" christlicher Eine-Welt-Arbeit ... 180

3.3. Zum Selbstverständnis des ehrenamtlichen Engagements im Fairen Handel ... 183
3.3.1. „Thematisch sind schon sehr viele Parallelen da, nicht?" – Zwischen Gemeindenähe und Randständigkeit ... 183
3.3.2. „Das ist halt christliches Bewusstsein irgendwie ..." – Unklarheit religiöser Deutekategorien ... 187
3.3.3. „Verkaufen ist nicht alles" – Balance zwischen Bildungsauftrag und Warenverkauf ... 191
3.3.4. „Eure Almosen könnt Ihr behalten...!" – Die ambivalente Rolle von Spenden und Projektarbeit ... 195

4 Positionen und Produkte. Das Engagement kirchlicher Akteure im Fairen Handel ... 201

4.1. Fairer Handel in synodalen Dokumenten der Kirchen in Deutschland ... 205
4.1.1. Die Gemeinsame Synode der Bistümer in der Bundesrepublik Deutschland in Würzburg (1971-1975) ... 207
    4.1.1.1. „Das Reich Gottes ist nicht indifferent gegenüber den Welthandelspreisen" ... 207
    4.1.1.2. Die Anliegen aus den Ländern des Südens und der Beschluss „Entwicklung und Frieden" ... 208
    4.1.1.3. Die „Aktion Dritte-Welt-Handel" im Hintergrund des Würzburger Synodenbeschlusses ... 211
4.1.2. Dokumente synodalen Charakters aus den katholischen Diözesen Deutschlands ... 212
    4.1.2.1. Diözesansynode Rottenburg-Stuttgart 1985/86 ... 212
    4.1.2.2. Diözesansynode Hildesheim 1989/1990 ... 214
    4.1.2.3. Prozess Weggemeinschaft im Bistum Aachen 1989-2002 ... 216
    4.1.2.4. Freiburger Diözesanforum 1991/92 ... 219
    4.1.2.5. Pastoraler Dialog im Bistum Würzburg 1993-1997 ... 222
    4.1.2.6. Diözesanforum Regensburg 1994/95 ... 226
    4.1.2.7. Diözesanforum Münster 1996/97 ... 227
    4.1.2.8. Bamberger Pastoralgespräch 1997-2004 ... 229
    4.1.2.9. Diözesanes Pastoralforum im Erzbistum Berlin 1998-2000 ... 233
    4.1.2.10. Pastorales Zukunftsgespräch im Bistum Osnabrück 1999 ... 234

4.1.3.	Synode und Rat der Evangelischen Kirche in Deutschland	236
	4.1.3.1. Die EKD-Denkschrift 1973	236
	4.1.3.2. EKD-Synode 1986	239
	4.1.3.3. Die EKD-Denkschrift 1991	239
	4.1.3.4. EKD-Synode 2002	240
	4.1.3.5. Die EKD-Denkschrift 2006	242
4.1.4.	Synoden der Evangelischen Landeskirchen in Deutschland	243
	4.1.4.1. Die Landessynode der Evangelisch-Lutherischen Kirche in Bayern 1995	243
	4.1.4.2. Die Landessynode der Evangelischen Kirche von Westfalen 2004	247
	4.1.4.3. Landeskirchenrat der Evangelisch-Lutherischen Kirche Bayern 2005	249
	4.1.4.4. Evangelisch-Lutherische Landessynode Mecklenburgs 2007	251
	4.1.4.5. Landessynode der Evangelischen Kirche im Rheinland 2008	253
4.1.5.	Die Rolle von Welthandelsfragen und Fairem Handel in den synodalen Dokumenten im Überblick	254

4.2. Fair-Handels-Produkte von Verbänden, Diözesen und Hilfswerken 261

4.2.1.	Projekte katholischer Jugend- und Erwachsenenverbände	262
	4.2.1.1. Kolping-Kaffee „Tatico mild"	262
	4.2.1.2. LamuLamu-Textilien der Katholischen Landjugend	266
	4.2.1.3. KDFB-Kaffee	271
	4.2.1.4. kfd-Kaffee	274
	4.2.1.5. kfd-Grüntee im Diözesanverband Aachen	276
	4.2.1.6. Schokoriegel „Fairetta black 'n white" im BDKJ Limburg	277
	4.2.1.7. Schokoriegel in der Erzdiözese München und Freising	279
4.2.2.	Partnerschaftskaffees von Diözesen und ihren Kooperationspartnern	280
	4.2.2.1. Amistad-Kaffee in Aachen	280
	4.2.2.2. Würzburger Partnerkaffee	281
4.2.3.	Projekte von kirchlichen Hilfswerken	285
	4.2.3.1. CaféPlus von Brot für die Welt	285
	4.2.3.2. Misereor unterstützt Café Orgánico	289
	4.2.3.3. Schutzengel-Produkte: Missio	292
	4.2.3.4. Weitere Einzelinitiativen	294
4.2.4.	Projekte außerhalb der Kirchen: Faire Stadt-, Regional-, Verbands- und Pressekaffees	295
	4.2.4.1. faire Stadt- und Regionalkaffees	295
	4.2.4.2. LBV-Kaffee	298
	4.2.4.3. tazpresso	298
	4.2.4.4. Schalke-Kaffee	298
4.2.5.	Kirchliche Fair-Handels-Produkte und ihre Rolle in der Fair-Handels-Bewegung im Überblick	299

4.3. Resümee: Fairer Handel als erklärte und praktizierte Weltverantwortung in den Kirchen 303

5 Gerechtigkeit und Barmherzigkeit, Ordnungs- und Solidaritätsethik. Deutungsparadigmen des Fairen Handels 305

5.1. Fairer Handel zwischen Gerechtigkeit und Barmherzigkeit – Impulse aus Sozialphilosophie und Theologie 311

    5.1.1. Gerechtigkeit als Interpretationshorizont des Fairen Handels 316

        5.1.1.1. Grundbegriffe und Dimensionen von „Gerechtigkeit" 317

        5.1.1.2. Gerechtigkeit als Fairness nach John Rawls 320

        5.1.1.3. Gerechtigkeit als Chance zur Verwirklichung guten Lebens nach Amartya Sen und Martha Nussbaum 328

        5.1.1.4. Fairer Handel im Horizont des Gerechtigkeitsparadigmas 332

    5.1.2. Barmherzigkeit und Compassion als Interpretationshorizont des Fairen Handels 337

        5.1.2.1. Biblische und theologiegeschichtliche Aspekte der Barmherzigkeit 340

        5.1.2.2. Compassion als Weltprogramm des Christentums nach Johann B. Metz 342

        5.1.2.3. Das Barmherzigkeitsprinzip als Bedingung wahren Menschseins nach Jon Sobrino 349

        5.1.2.4. Fairer Handel im Horizont des Barmherzigkeitsparadigmas 352

5.2. Fairer Handel zwischen Ordnungs- und Solidaritätsethik – Impulse aus der kirchlichen Soziallehre 356

    5.2.1. Die Ordnungsethik der katholischen Soziallehre als Interpretationshorizont des Fairen Handels: Gerechte Wirtschaftsordnung und faire Handelsbedingungen 359

        5.2.1.1. Die Lehre vom gerechten Lohn und fairen Preis 362

        5.2.1.2. Internationale Preispolitik und die Forderung nach partnerschaftlicher Zusammenarbeit 369

        5.2.1.3. Koalitionsrecht: Förderung von Vereinigungen und genossenschaftlichem Zusammenschluß 376

        5.2.1.4. Fairer Handel im Zusammenhang der Ordnungsethik der katholischen Soziallehre 379

    5.2.2. Die Solidaritätsethik der Konzilstheologie als Interpretationshorizont des Fairen Handels: Verpflichtung zu Solidarität und Parteilichkeit 382

        5.2.2.1. Solidarität und Barmherzigkeit als christliche Grundeinstellung (nach Gaudium et spes) 384

        5.2.2.2. Die Solidaritätsverpflichtung der Christen und Kirchen nach Johannes Paul II. 387

        5.2.2.3. Liebe statt Gerechtigkeit – Entpolitisierungstendenzen in der sozial-caritativen Lehre Benedikts XVI. 392

        5.2.2.4. Fairer Handel im Zusammenhang der Solidaritätsethik der Konzilstheologie 398

5.2.3. Die Widerstandsethik der Ökumenischen Bewegung und des Protestantismus als Interpretationshorizont des Fairen Handels: Das Fernziel der solidarischen Wirtschaftsordnung 401
    5.2.3.1. Dokumente und Diskussionsanstöße in der Ökumenischen Bewegung 1968 bis 1998 402
    5.2.3.2. Der Lutherische „Aufruf zur Beteiligung an der Verwandlung der wirtschaftlichen Globalisierung" 403
    5.2.3.3. Der Brief der Soesterberg-Konsultation zu einer „Wirtschaft im Dienst des Lebens" 405
    5.2.3.4. Die Vision einer „Alternativen Globalisierung" des Ökumenischen Rats der Kirchen 407
    5.2.3.5. Fairer Handel im Kontext der visionären Widerstandsethik der ökumenischen Bewegung 412

5.3. **Resümee: Fairer Handel als Modell der Weltverantwortung** **414**
    5.3.1. In der Schnittmenge von Ordnungs- und Solidaritätsethik – Eine theoretische Standortbestimmung 414
    5.3.2. Fairer Handel in bipolaren Deutungsparadigmen – Ein Fazit in Thesen 419
    5.3.3. Modellhaftigkeit angesichts des Ernstfalls Globalisierung 429

6 Gnade und Reich Gottes. Religiöse Motivhorizonte christlichen Fair-Handels-Engagements 431

6.1. **Reich-Gottes-Praxis: biblisch-theologischer Handlungsrahmen christlicher Weltgestaltung** **436**
    6.1.1. Reich Gottes – Jesu Praxis zugunsten einer anderen, besseren Welt .. 436
    6.1.2. Reich Gottes – Handlungsgrund christlichen Engagements im Kontext der Globalisierung 439

6.2. **Gnadentheologie: systematisch-theologischer Rahmendiskurs für Gottes Weltgestaltung mit den Menschen** **443**
    6.2.1. Gottes Gnade – wirksam und erfahrbar in menschlichem Handeln 443
    6.2.2. Gottes Gnade – aktuell und konkret in Gerechtigkeit und Solidarität. 447

6.3. **Von der „Gnade" des Fairen Handels angesichts der Globalisierung: Vorgeschmack des Reiches Gottes?** **450**
    6.3.1. Der Faire Handel als Senfkorn – dem Reich Gottes ähnlich 451
    6.3.2. Produktverkauf als „Zeichenhandlung" 451
    6.3.3. Informations- und Bewusstseinsbildungsarbeit als „Reich-Gottes-Zeugnis" 453
    6.3.4. Anwaltschaftliches Handeln als Prophetie 454
    6.3.5. Grundsätze und Kriterien des Fairen Handels als „Strukturen der Gnade" 455

6.3.6. Wirkungen des Fairen Handels als „Werk der Gnade" 456
6.3.7. Das Gnadengeschehen im eigenen Engagement entdecken 457
6.3.8. Fairer Handel: Modell christlicher Weltverantwortung aus dem Glauben an das Reich Gottes und seine Gnade 458

7 Fairer Handel mit Perspektiven 461

7.1. Zukunftsszenario: Als Bewegung den Wandel von der Nischenexistenz zur Marktbranche meistern 463
    7.1.1. Ambivalenz einer Überwindung der Nischenexistenz 465
    7.1.2. Fairer Handel als Marktbranche? 467
    7.1.3. Neue Aufgaben für das Ehrenamt im Fairen Handel? 469
    7.1.4. Engagementfelder in einer veränderten bewegungsgetragenen Einzelhandelsstruktur? 471
    7.1.5. Notwendiges Alleinstellungsmerkmal von Aktionsgruppen innerhalb der „Fair-Handels-Branche" 473

7.2. Zukunftsszenario: Als Bildungsbewegung den Fairen Handel verbreiten und Welthandel mitgestalten 475
    7.2.1. Anforderungen an Materialien und Strukturen für Bildungsarbeit im Kontext einer Handelsbewegung 476
    7.2.2. Zielgruppenorientierung der Bildungsarbeit: die junge Generation 478
    7.2.3. Bewusstseinsbildung: Von individueller Ansprache zu gemeinschaftlichem Handeln 480
    7.2.4. Öffentlichkeitswirksame Kampagnenarbeit zur Sensibilisierung der Bevölkerung 481
    7.2.5. „FairÄnderung" des Welthandels durch anwaltschaftliche Lobbyarbeit 483

7.3. Zukunftsszenario: Als Kirchen den Fairen Handel und seine Anliegen mittragen 487
    7.3.1. Profilierung des Engagements von Fair-Handels-Gruppen im Gemeindeleben 487
    7.3.2. Kirchliche Gemeinden und Einrichtungen und ihr „Beschaffungswesen" 490
    7.3.3. Kirchliche Unternehmensbeteiligungen im Fairen Handel: kirchenrechtliche Möglichkeiten 492
    7.3.4. Wertorientierter Unterricht dank Fairem Handel in (kirchlichen) Schulen 495
    7.3.5. Bildungshäuser als Orte der Bewusstseinsbildung und fairen Hauswirtschaft 498
    7.3.6. Bistümer und Landeskirchen als Vorbilder? 501

7.3.7. Kirchliche Verbände: Vorreiter des Fairen Handels mit spezifischen Profilen 503

Ein Plädoyer: Fairen Handel als Modell christlicher Weltverantwortung ernst nehmen 505

Nachwort & Dank.. 507

Literatur- und Abkürzungsverzeichnis 508
   a) Periodika der Fair-Handels-Bewegung..508
   b) Dokumente, Einzelartikel und Monographien.....................................508
   c) Abkürzungen und Erläuterung der Akteure im Fairen Handel 531

1
Fairer Handel „zur Einführung"

1. Fairer Handel „zur Einführung"

» Wenn die Länder des Überflusses den Entwicklungsländern gerechte Preise für ihre Produkte zahlen würden, könnten sie ihre Unterstützung und ihre Hilfspläne für sich behalten. «

Diese Aussage aus dem Jahr 1968[1] könnte so etwas wie ein Kurzprogramm für die Lösung der internationalen sozialen Frage, des Nord-Süd-Gefälles, darstellen. Sie stammt von dem in den 1970ern und 1980ern auch über kirchliche und solidaritätsbewegte Kreise hinaus bekannt gewordenen brasilianischen „Bischof der Armen und Unterdrückten" Dom Hélder Câmara. Dieser Satz des Erzbischofs von Recife und Olinda stellte im Denken des engagierten Kämpfers für Gerechtigkeit keine losgelöste Formulierung dar, sondern entspringt seiner tiefen Überzeugung, dass der Reichtum des Nordens auf dessen ungerechtem Umgang mit dem Süden der Welt aufgebaut sei. Internationale Handelspolitik und multinationale Konzerne standen daher in seinen zahlreichen Reden, Predigten und Publikationen wiederholt am Pranger.[2]

Mit dieser Überzeugung und mit seinen engagierten Botschaften trug er dazu bei, der jugendlichen Protest- und Solidaritätsbewegung seiner Zeit Auftrieb zu verleihen und zu deren Symbolfigur aufzusteigen. Câmaras zitierte Aussage bildete zwar nicht den Ideengeber für jene „Aktion Dritte-Welt-Handel", die in Deutschland seit Beginn der 70er Jahre eine alternative Handlungsmöglichkeit jenseits von Spendenaufrufen begründen wollte. Gleichwohl ist sie Ausdruck einer zeitbedingt wichtig werdenden Wahrnehmung (gewissermaßen ein „generatives Thema einer Epoche" im Sinne Paulo Freires), die Câmara mit den Initiatoren der Aktion Dritte-Welt-Handel teilte. Insofern trug sie dazu bei, dass ein Nährboden für solidarische Aktivitäten wie die Aktion Dritte-Welt-Handel unter jungen Menschen entstand. Und zugleich war Câmaras Formulierung dazu geeignet, das Anliegen dieser Aktion zuzuspitzen und mitzuhelfen, dass sich diese ab den 1990er Jahren zum Konzept eines „Fairen Handels" weiterentwickeln sollte. Nicht zufällig war es zum Zeitpunkt einer mächtigen Dynamik innerhalb der Szene von Weltläden, entwicklungspolitischen Gruppen, Jugendorganisationen, Hilfswerken und Entwicklungsorganisationen zu Beginn der 1990er Jahre, als dort diese Botschaft des brasilianischen Bischofs aufgegriffen und im nachhinein auf eine griffige Formulierung gebracht wurde: „Eure Almosen könnt ihr behalten, wenn ihr gerechte Preise zahlt!"

---

[1] Câmara: Revolution für den Frieden, 113 – portugiesisches Original: Revolução dentro da paz, Rio de Janeiro 1968.
[2] Vgl. Câmara: Revolution für den Frieden, 37, 102; Ders.: Keine Entwicklung ohne die Jugend; Ders.: Hunger und Durst nach Gerechtigkeit, 24; Zur Notwendigkeit, die internationale Handelspolitik zu ändern: Ders: Die Spirale der Gewalt, 21, 46f.

1.1. Fairer Handel – Erste Skizze einer Solidaritätsbewegung

Begonnen hat der Faire Handel mit der Initiative der katholischen und evangelischen Jugendverbände, die 1970 die „Aktion Dritte-Welt-Handel" ins Leben riefen. Seither hat ein Weiterentwicklungsprozess stattgefunden, der über bloße Anpassungen der Aktionsformen hinausging. Mit der Umbenennung zuerst in den 1980ern in „Alternativer Handel" und später in den 1990ern mit der Bezeichnung „Fairer Handel" ging eine Schärfung des inhaltlichen Profils einher. Diese Grundbegriffe spiegeln auch die Akzentsetzungen wider: Während am Anfang die „Aktion Dritte-Welt-Handel" sich noch durch ihren Kampagnencharakter auszeichnete, rückte später auch die wirtschaftliche Dimension in den Vordergrund. Während der „Alternative Handel", der von den „Dritte-Welt-Läden" begründet und praktiziert wurde, vor allem eine Absage an die vorherrschenden, als ausbeuterisch klassifizierten, (Welt-) Handelsstrukturen artikulierte und sich als Parallelwirtschaft sah, wurde mit „Fairem Handel" auch eine positive ethische Qualifizierung gesetzt: unter Einbeziehung sowohl normaler als auch alternativer Einzelhandelsstrukturen wurde nun ein Markt für die unter fairen Bedingungen und zu gerechten Preisen hergestellten Produkte zu erschließen versucht.

1.1.1. Entwicklung und Selbstverständnis

Auf eine über 35-jährige wechselhafte und häufig kontroverse Vergangenheit blickt die Fair-Handels-Bewegung in Deutschland und anderen europäischen Ländern dabei zurück. Eine Geschichte, in der auch Christinnen und Christen und kirchliche Initiativen und Organisationen in vielfältiger Form mitgewirkt haben. Unterschiedliche Akzentsetzungen der Beteiligten im Spannungsfeld von wirtschaftlicher Hilfe für die Projekt- und Handelspartner einerseits und strukturverändernd motivierte Bildungs- und Informationsarbeit andererseits haben dabei das Aktionsmodell des Dritte-Welt-Handels teils fruchtbar vorangebracht, teils konfliktbeladen gebremst. Im Lauf der Zeit hat sich jedoch nicht nur die verwendete Terminologie geändert, sondern auch die Rolle der Produkte sowie der Warenverkauf haben unterschiedliche Akzentuierungen erfahren. Mit dem Ansatz des „Lernen[s] durch Handel" wurde in einer ersten Phase mithilfe traditioneller kunstgewerblicher Produkte auf die Begegnung mit den einheimischen Kulturen und Traditionen in Entwicklungsländern gesetzt. Mitte der 1970er Jahre erst erfolgte die Konzentration auf „politische" Waren: anhand der typischen Kolonialwaren wie Kaffee oder Kakao sollten die Ungerechtigkeitsstrukturen des Welthandelssystems aufgezeigt und damit eine Bewusstseinsveränderung zugunsten einer entwicklungsbezogenen Politisierung (und letztlich politischer und wirtschaftlicher Veränderungen) erreicht werden.[3] Das Selbstverständnis der Aktion

---

[3] Vgl. Kleinert: Inlandswirkungen des Fairen Handels, 24f.

Dritte-Welt-Handel lag in dieser Zeit in seinem pädagogischen Programm, sie war in erster Linie „Lern- und Bildungsbewegung".[4]
Schon gegen Ende der 1970er verschob sich das Verhältnis von Bildung und Verkauf zugunsten einer verstärkten Handelsaktivität. Das Motto „Wandel durch Handel"[5] kann als Konsequenz einer entwicklungspolitischen Ernüchterung interpretiert werden, in der die relative Erfolglosigkeit eines entwicklungspolitisch ausgerichteten Symbolhandels nach Alternativen zu suchen begann. Die institutionelle Stabilität des wirtschaftlichen Standbeines und die gleichzeitige und schmerzhaft konfliktreiche institutionelle Labilität (bis hin zum Ausfall) des pädagogischen Standbeines ausgangs der 1970er ist Ausdruck und Vollzug dieses Prozesses. Eine zunehmende Not der Produzenten sowie erste Belege für positive Entwicklungswirkungen der „Aktion Dritte-Welt-Handel" führten in den späten 1980ern konsequenterweise dazu, dass Ambitionen für eine Handelsausweitung aufkeimten und sich verstärkten. Die Gründung der Siegelorganisation TransFair zu Beginn der 1990er Jahre, die der Einführung fair gehandelter Produkte in den konventionellen Lebensmittel-Einzelhandel diente, vollzog sich ebenfalls in diesem Spannungsverhältnis zwischen Verkaufs- und Bildungsorientierung.

Immer wieder wurden in der Entwicklung der deutschen Fair-Handels-Bewegung Vorbehalte gegenüber einer zu deutlichen Umsatzorientierung artikuliert und Auseinandersetzungen um den richtigen Kurs ausgetragen. Häufig wurde eine Verwässerung des Profils des Fairen Handels befürchtet, welche die Bewegung politische Kraft und Glaubwürdigkeit kosten könnte. Zwar haben solche Diskussionen und teils schwere Konflikte immer wieder viele Ressourcen und Energien innerhalb der Bewegung gebunden, doch sie scheinen keinesfalls überflüssig gewesen zu sein. Denn hintergründig betrachtet wurde damit die Grundfrage nach dem Selbstverständnis des Fairen Handels lebendig gehalten: In wie weit geht es um Warenverkauf, in wie weit um Bildungsarbeit und Bewusstseinsveränderung, und vor allem – sofern beide als Standbeine des Fairen Handels angesehen werden – wie stehen sie zueinander? Jedenfalls: Das Spannungsverhältnis zwischen Verkaufs- und Bildungsorientierung scheint über die 35-jährige Entwicklung der Fair-Handels-Bewegung in Deutschland hinweg ein konstitutives Moment ja vielleicht sogar deren inhärentes Paradigma zu sein.

Heute ist der Faire Handel eine Bewegung aus unterschiedlichsten Akteuren und verschiedensten Tätigkeitsschwerpunkten mit vielfältiger gesellschaftlicher Durchdringung: ein flächendeckenden Netz von über 800 Weltläden – mitunter im Franchise-Konzept, ein unabhängiges (inzwischen internationales) Produktsiegel mit einer Vielzahl profitorientierter wie nichtprofitorientierter Lizenznehmer, eine zunehmende Präsenz in (Ende 2008) rund 30.000 Drogerie- und Supermärkten bis hin zur Eigenmarke für fair gehandelte Produkte bei einer Discountkette, eine Pluralität

---

[4] Stricker: Weltweite Gerechtigkeit konkret, 363.
[5] Vgl. den Buchtitel von Schmied: Wandel durch Handel.

an Fair-Handels-Importorganisationen – von den großen „Vollsortimentern" bis hin zum Nischenimporteur für einzelne Produkte oder einzelne Partnerprojekte. Neben den zahlreichen wirtschaftlichen Akteuren existieren auch Netzwerke sowie öffentlichkeitswirksame Kampagnen, die von den unterschiedlichen Organisationen getragen und gestaltet werden und mal stärker den fairen Konsum, mal stärker die hintergründigen Zusammenhänge betonen. Inzwischen erfreut sich die Idee des Fairen Handels nicht nur der Aufmerksamkeit sondern auch der staatlichen Förderung auf Landes-, Bundes- sowie Europa-Ebene und wird als ein Instrument im Kontext der Bewältigung der UN-Millenniumsziele unterstützt, um die Halbierung der weltweiten Armut zum Jahr 2015 zu erreichen.[6]

1.1.2. Christliche und kirchliche Verwurzelung

Bei all dem Wachstum und bei aller Professionalisierung ist die Fair-Handels-Bewegung in Deutschland ohne das, was sie zur sozialen Bewegung hat werden lassen, nicht vorstellbar: das (Verkaufs-)Engagement von heute schätzungsweise 100.000 Ehrenamtlichen in Weltläden, kirchlichen Gemeinden, Jugendorganisationen und Eine-Welt-Initiativen.[7] Wie in den Anfangsjahren der „Aktion Dritte-Welt-Handel" bedeutet es auch heute noch ein wesentliches Standbein der Fair-Handels-Bewegung. Untersuchungen zufolge bildet der Faire Handel beispielsweise eines der am meisten verbreiteten Betätigungsfelder für weltkirchliches Engagement in kirchlichen Gemeinden.[8] Doch die Verknüpfungen zwischen Kirchen und dem Fairen Handel beschränken sich keineswegs auf diese Basisinitiativen. Import- und Siegelorganisationen des Fairen Handels werden teils wesentlich von kirchlichen Organisationen und Verbänden getragen – nicht nur in Deutschland; kirchliche Jugend- und Erwachsenenverbände engagieren sich mit eigenen fairen Produkten und Aktionen für eine gerechtere Weltordnung. Teilweise sind auch die Handelspartner in den Entwicklungsländern aus kirchlichen Initiativen und Programmen heraus oder durch das Engagement von Kirchenleuten entstanden, oder sie haben auf diesem Weg Anschluss an den Fairen Handel gefunden.

Dieses vielfältige Engagement erwächst einer christlichen Weltverantwortung, die insbesondere auf die Herausforderungen globaler Ungerechtigkeit und konkreter Not

---

[6] Vgl. insbesondere Bundesministerium für wirtschaftliche Zusammenarbeit und Entwicklung (Hrsg.): Zwölfter Bericht zur Entwicklungspolitik der Bundesregierung, 45, 125, 242, sowie Dass. (Hrsg.): Auf dem Weg zur Halbierung der Armut. 2. Zwischenbericht, 10f, 25-27. Auf europäischer Ebene vgl. Kommission der Europäischen Gemeinschaften: Mitteilung der Kommission an den Rat über „fairen Handel", Brüssel, 29.11.1999; vgl. Europäisches Parlament: Entschließung des Europäischen Parlaments zu fairem Handel und Entwicklung, 6. Juli 2006. – Übergreifend zu den UN-Millenniumszielen vgl. auch van de Sand: Die Millenniums-Entwicklungsziele.
[7] Zur Zahlenangabe vgl. gepa Fair Handelshaus (Hrsg.): Fair forever. 30 Jahre gepa, 2.
[8] Vgl. Nuscheler u.a.: Christliche Dritte-Welt-Gruppen, sowie regionale Erhebungen. Siehe unten Kapitel 3.2.

in vielen Ländern der Erde eine Antwort sucht. Zugleich geht für viele Zeitgenossinnen und Zeitgenossen damit eine über die Kirchen hinausreichende Plausibilität des christlichen Handelns im Horizont einer globalisierten Weltwirtschaft einher. Dabei ist der Faire Handel ein gutes Beispiel dafür, wie sich eine Initiative über ihr kirchliches und studentisches Ursprungsmilieu hinaus verbreiten kann. Gleichwohl zeigen zahlreiche Verflechtungen von der Basisebene bis in die Spitzen der Fair-Handels-Bewegung hinein die weiterhin hohe Verbindung mit dem kirchlichen Milieu.[9]

Dennoch oder vielleicht gerade deshalb lässt sich das Verhältnis von Kirche und Fairem Handel nicht als spannungsfrei beschreiben: Da gibt es die Fair-Handels-Aktivisten mit ihren eigenen kirchlichen Beheimatung, die mit ihrem Engagement leidvoll auf Widerstände in den eigenen kirchlichen Reihen stoßen. Sie wünschen und erwarten von den Kirchen ein eindeutigeres Engagement und messen mit der hoch angelegten Latte der Glaubwürdigkeit. Da gibt es die kirchenfernen Fair-Handels-Aktivisten, die das Engagement der kirchlichen Fachorganisationen im Fairen Handel hochschätzen. Sie werden zugleich jedoch den Verdacht nicht los, durch die kirchlichen Aktivisten könnte der Faire Handel caritativ oder missionarisch vereinnahmt und so sein strukturkritisches Profil untergraben werden. Und da gibt es auch diejenigen innerhalb der Kirchen, sowohl an der Basis als auch auf höheren Ebenen, für die der Faire Handel keine unmittelbare kirchlich-religiöse Plausibilität besitzt. In ihren Augen ist Fairer Handel eher ein Beiwerk, das zu unterstützen mehr oder weniger sinnvoll erscheint, jedoch nicht dem Kern des christlichen Glaubens zugerechnet wird.

Die wechselseitigen Anfragen zwischen den genannten Personengruppen lassen sich gewiss nicht oberflächlich versöhnen. Die darin enthaltenen Divergenzen stehen in einem Zusammenhang mit dem oben beschriebenen Spannungsverhältnis zwischen Verkaufsarbeit und Bildungsauftrag, insofern das erstere den Handelspartnern stärker im Sinn praktischer Hilfe, das andere stärker im Horizont einer Veränderung der wirtschaftlichen und politischen Rahmenbedingungen gerecht zu werden sucht. Diesem Aspekt wird daher in der vorliegenden Untersuchung hohe Aufmerksamkeit geschenkt. Er bildet einen wichtigen Baustein, um den Fairen Handel in seiner aktuellen Verfasstheit und in seiner Charakteristik als sozialer Bewegung zu verstehen.

Auf diesem Spannungsverhältnis gründet schließlich auch die Kernthese dieser Studie: sie besagt, dass der Faire Handel nur in der Doppelperspektive von Gerechtigkeit und Barmherzigkeit, von gerechter Sozialordnung und praktischer Hilfe, von Ordnungs- und Solidaritätsperspektive adäquat zur Sprache gebracht werden kann. Dieser Ansatzpunkt enthält wesentlich ein kritisches Potential. Es richtet sich sowohl an diejenigen, die den Fairen Handel vor allem als einen Beitrag zur Verwirklichung einer neuen Weltwirtschaftsordnung sehen wollen, als auch an diejenigen, die in ihm in erster Linie die konkrete Hilfe und praktische Unterstützung der benachteiligten

---

[9] Vgl. Piepel/Möller/Spiegel: Fairer Handel, wohin? 287, die darin auch eine „wichtige stabilisierende Funktion" erkennen.

Produzenten wahrnehmen und hervorheben. Durch diese bipolare Betrachtungsweise werden zugleich zwei Strömungen innerhalb der Fair-Handels-Bewegung gleichermaßen ernstgenommen als auch hinterfragt: die, die die Lösung „kritisch" in der Überwindung des bestehenden Systems orten und die, die die Chance zur Besserung „integriert" in der Nutzung der vorhandenen Strukturen für vielversprechender halten.

Mit dem Versuch einer praktisch-theologisch hergeleiteten Grundlagentheorie des Fairen Handels, wie sie im zweiten Teil dieser Untersuchung (Kapitel 5) entwickelt wird, soll eine fundierte Klärung dieser Aspekte geleistet werden. Dies könnte auch implizit existierende Antagonismen entschärfen helfen.

1.2. Das entwicklungspolitische und ökonomische Konzept im Überblick

Ein „faires" Geschäftsmodell und „faire" Preise werden von vielen Wirtschaftsakteuren für sich in Anspruch genommen, ohne dass dies genaueren Kriterien unterliegen würde. Als „fair" wird dabei meist die Beziehung zu den eigenen Kunden zu qualifizieren versucht, wobei „faire Preise" dann häufig mit „günstig" oder „billig" gleichgesetzt werden und gewissermaßen einen – marketingtypisch – positiven Ausdruck für ein „gutes" Preis-Leistungs-Verhältnis ausdrücken sollen. Da weder für „fair" noch für „Handel" ein Begriffsschutz geltend gemacht werden kann, wurde für die Bezeichnung der entwicklungspolitischen Aktion eine Hilfskonstruktion gewählt: Als „Fairer Handel" (mit großem F) wird speziell die aus der „Aktion Dritte-Welt-Handel" hervorgegangene entwicklungspolitisch motivierte Sozialbewegung („Fair-Handels-Bewegung") bezeichnet, die über ihre eigenen Handels-, Bildungs- und Basisorganisationen mit ihrem dementsprechenden Aktivitätsspektrum und vor allem mit ihrem definierten Kriterienkatalog verfügt.[10]

Dieser „Faire Handel" stellt einen spezifischen – auf dem Grundwert der Gerechtigkeit basierenden – Ansatz der Handelsethik dar, neben dem nach Christoph Stückelberger auch andere Ansätze wie „Nachhaltiger Handel" oder „Verantwortlicher Handel" existieren. In diesem Umfeld kann der „Faire Handel" gleichwohl als der Ansatz gelten, der sowohl in der praktischen Umsetzung und konzeptionellen Ausgestaltung am klarsten ausgeprägt und am weitesten verbreitet ist.

1.2.1. Grundsätze des Fairen Handels

Wenn über den Fairen Handel gesprochen wird, so wird in der Regel zuerst die Bezahlung fairer Preise an die Produzentinnen und Produzenten assoziiert. Wenn dies auch für den Fairen Handel ein zentrales Element darstellt, so gibt es doch zugleich nur einen kleinen Teil dessen wieder, was den Beteiligten des Fairen Handels in der

---

[10] Vgl. Stückelberger: Ethischer Welthandel, 31f.

1. Fairer Handel „zur Einführung"

Gestaltung ihrer Handelspartnerschaft wichtig ist. Von Beginn an war der faire Preis nur eines von mehreren Merkmalen, das den Fairen Handel kennzeichnen sollte. Grundlage all der im folgenden zu beschreibenden Merkmale ist, dass sich der Faire Handel als „Handelspartnerschaft" versteht, was bereits eine doppelte Qualifizierung bedeutet: eine „Partnerschaft" geht über eine bloße Handelsbeziehung hinaus und „Handel" verweist darauf, dass sich diese Partnerschaft unter einem wirtschaftlichen Vorzeichen (und nicht im Sinne einer Projektförderung) bildet.

Wesentlich für den Fairen Handel ist, dass er bei der Auswahl seiner Partner vor allem mit Kleinproduzenten zusammenarbeitet, die im nationalen und internationalen Handel meist benachteiligt sind. Daher kommt Frauen als Produzentinnen und als Trägerinnen von Produzentenorganisationen eine besondere Rolle zu. Die Handelspartnerschaft wird allerdings nicht mit einzelnen Produzenten eingegangen, sondern mit deren in der Regel selbstorganisierten Zusammenschlüssen (häufig in Form einer Genossenschaft) oder deren Dachverband. Im Laufe der Entwicklung wurde jedoch auch deutlich, dass dieser Selbstorganisationsanspruch verschiedentlich exklusiv wirkte (etwa aufgrund der branchenspezifischen Eigentumsverhältnisse wie bei Tee oder Bananen), so dass sich der Faire Handel vor die Aufgabe gestellt sah, auch Ansätze zu entwickeln, wie er für Angestellte in privaten Firmen Verbesserungen bewirken könnte. Wenn also das Kriterium einer demokratischen Mitbestimmung in genossenschaftlicher Form nicht realistisch war, so brauchte es andere Formen einer betrieblichen Mitbestimmung.

Diese Aussagen über die Partnerstruktur sind von Bedeutung, wenn es um die weiteren Merkmale des Fairen Handels geht: Denn der faire Preis fließt direkt an die Handelspartner. Im Rahmen ihrer Selbstorganisationen oder aber zusammen mit den betriebliche Mitbestimmungsorganen wird partizipativ über die Verwendung der Mehrpreiszahlungen entschieden, d.h. in welchem Maße vor allem der Mehrpreis, der über den sonst üblichen Preisen bzw. Löhnen liegt, für Gemeinschaftsaufgaben verwendet wird oder als direkte Einkommensverbesserung den einzelnen Produzenten bzw. Mitarbeitern zugute kommen soll. Oft wird angenommen, der faire Mehrpreis diene allein der Einkommensverbesserung oder aber er werde für Schul- oder Krankenhauseinrichtung eingesetzt. Beides wäre möglich, doch können Gemeinschaftsaufgaben auch der Bau einer neuen Lagerhalle oder die Anschaffung eines Transportlastwagens bedeuten, welche als Voraussetzung für eine bessere Teilnahme am Markt eine hohe Bedeutung für die Produzentenorganisation besitzen kann und damit langfristig auch für den einzelnen Produzenten mehr Gewinn bringt, als ein momentan höheres Einkommen.

Dies betrifft gleichermaßen handwerklich hergestellte Gegenstände wie Lebensmittel: die im Fairen Handel bezahlten Preise liegen die in der Regel über den Weltmarktpreisen bzw. beim Handwerk über den Vergleichspreisen. Im Zuge der Vergabe von Fair-Handels-Gütesiegeln sind hier produkt- und teils gebietsspezifische Mindestpreise festgelegt worden, die entweder ein Minimum für sehr tief gefallene Weltmarktpreise oder einen Aufschlag auf den Weltmarktpreis (bei gestiegenen Weltmarktpreisen) definieren. In diesem Zusammenhang gehört zu den Grundsätzen des

1.2 Das entwicklungspolitische und ökonomische Konzept im Überblick

Fairen Handels auch eine transparente Preiszusammensetzung, welche im Fairen Handel traditionell die Offenlegung der zugrundeliegenden Kalkulationen beinhaltet. Um überhaupt die erforderlichen Prozesse im Lieferablauf vor allem bei kleinen Produzentenorganisationen zu ermöglichen – sei es die Bezahlung der von den Mitgliedern gelieferten Waren oder seien es Transport und Verschiffung der Waren – gehört auch eine Vorfinanzierung der Lieferungen zum Leistungsangebot von Fair-Handels-Organisationen. Diese wird auf Wunsch für bis zu 60 Prozent des Bestellwertes bei nur geringer Verzinsung gewährt. Damit werden Voraus-Investitionen abgedeckt und die Aufnahme von teuren Krediten auf dem Kapitalmarkt vermieden, welche oft in neue Abhängigkeiten führen.[11]

Die Handelsbeziehungen der Fair-Handels-Organisationen sind jedoch nicht auf die Abwicklung von Einkauf und Lieferung beschränkt. Vielmehr stehen diese Handelsunternehmen in intensivem Kontakt mit ihren Partnerorganisationen: auch Beratung der Partner gehört zu den Leistungen der Fair-Handels-Unternehmen. Sie zielt darauf ab, die Produktqualität zu verbessern oder neue marktfähige Produkte zu entwickeln. Damit soll den Handelspartnerorganisationen der Marktzugang erleichtert werden, gerade im Lebensmittelbereich eröffnet nämlich die Umstellung auf ökologischen Anbau für die Kleinproduzenten Chancen auf neue Absatzwege und höhere Preise. Die Beratung von Handelspartnern verfolgt auch das Ziel, eine möglichst hohe Wertschöpfung bei den Produzentenorganisationen realisieren zu können. Demzufolge sollen Produkte des Fairen Handels soweit es möglich und sinnvoll ist, im Erzeugerland verarbeitet und verpackt werden. Dies schafft nicht nur zusätzliche Arbeitsplätze und zusätzliches Einkommen, sondern ermöglicht ggf. weitere Entwicklungschancen, etwa indem im Verarbeitungsprozess spezialisierte Maschinen oder technische Berufe erforderlich werden. In einem weiteren Schritt geht es darum, auch im Bereich von Vermarktung und Export selbständig und unabhängig agieren zu können. Solche Eigenverantwortung der Produzentenorganisationen hilft, sich sowohl international als auch auf dem heimischen Markt neue Absatzwege erschließen zu können, sowie Preise zu erzielen, die ihren Mitgliedern oder Beschäftigten angemessenes Einkommen ermöglichen.

All diese Eigenansprüche des Fairen Handels lassen sich nicht im Rahmen kurzer Zeithorizonte umsetzen. Fairer Handel ist nicht nur eingebettet in langfristige Entwicklungen, seine Handelsbeziehungen sind im Grunde genommen selbst Prozesse eines Entwicklungsweges. Daher sind die Beziehungen zwischen Produzentenorganisationen und europäischen Importorganisationen des Fairen Handels in der Regel langfristig angelegt – zahlreiche Beziehungen blicken auf eine jahrzehntelange Zusammenarbeit zurück. Die Aussicht auf eine langfristige Zusammenarbeit ist nicht

---

[11] In diesem Zusammenhang ist auf die Mikrokreditprogramme der Grameen-Bank zu verweisen (vgl. Spiegel: Muhammad Yunus – Banker der Armen). Insbesondere mit den entwicklungsorientierten Kreditprogrammen der Ökumenischen Entwicklungsgenossenschaft Oikocredit gibt es eine wechselseitige Ergänzung mit dem Fairen Handel (vgl. Oikocredit [Westdeutscher Förderkreis] (Hrsg.): Zwei, die sich gut ergänzen. Fairer Handel & Faire Kredite [Faltblatt]).

1. Fairer Handel „zur Einführung"

nur die Basis für eine zuverlässige Planung, sondern als Bestandteil des Entwicklungsweges selbst notwendige Voraussetzung um Investitionen Sicherheit zu verleihen und Organisationen Wachstum zu ermöglichen.[12]
Diese idealtypische Beschreibung der Kriterien des Fairen Handels versucht wiederzugeben, was den Einzelakteuren des Fairen Handels als eine gemeinsame Grundlage dient. Es handelt sich dabei nicht um ein detailliert objektiv messbares Kriterienraster, sondern vielmehr um interpretierbare Rahmengrundsätze. Dies erklärt sich aus dem Charakter des Fairen Handels als einer geschichtlich gewachsenen, von unterschiedlichen Beteiligten immer wieder neu geprägten Sozialbewegung, die in ihrem Handeln Erfahrungen gemacht hat, über deren Bedeutung Einigung erzielen musste und aus denen sich so ein gemeinsames Selbstverständnis entwickeln konnte. So sind selbstverständlich die konkrete Festsetzung eines fairen Preisniveaus, eines konkreten Zeithorizontes langfristiger Zusammenarbeit oder die eventuelle Abgrenzung förderfähiger Gemeinschaftsaufgaben keineswegs eindeutig zu beantworten.

Auf diesen Problemaufriss gibt es unterschiedliche, gleichberechtigte Antwortmöglichkeiten: Die Siegelorganisationen des Fairen Handels haben auf internationaler Ebene objektive Standards festlegen müssen, denen nicht nur jeder Lizenznehmer entsprechen muss, sondern die selbst auch dem anerkannten Niveau der Zertifizierungsbranche genügen muss. Diese Standards beinhalten etwa klare Regelungen, welche Kostenelemente auf welche Weise in der Bemessung des von FLO (Fairtrade Labelling Organisations international) festgesetzten fairen Preises berücksichtigt sein müssen oder welche Produkteigenschaften die dem Preis zugrundeliegende Produktqualität umfassen muss. Dies alles ist für die im Zertifizierungsprozess zu garantierende Kontrollqualität unumgänglich.[13] Kontrolle spiegelt jedoch keineswegs das „Eigentliche" einer fairen Handelspartnerschaft. Auf diesen Weg gerät man, wenn danach gefragt wird, ob der faire Mehrpreis auch tatsächlich den Produzenten zugute komme – und diese Frage hat gewiss ihre Berechtigung. Ein ethischer Wirtschaftsansatz wie der Faire Handel kann nur gelingen, wenn seine tatsächliche Praxis den selbstformulierten Ansprüchen genügt und seine Glaubwürdigkeit belegt werden kann.

Trotzdem ist „Kontrolle" nicht der erste und nicht der wesentliche Zugang, um einen partnerschaftlichen Handel zu praktizieren. Die dahinter liegende Annahme, zu

---

[12] Vgl. z.B. Stricker: Weltweite Gerechtigkeit konkret, 363-364 – Das Netzwerk FINE der internationalen Fair-Handels-Dachverbände FLO (Fairtrade Labelling Organisations international), IFAT (International Federation of Alternative Trade), NEWS (Network of European Worldshops) und EFTA (European Fair Trade Association) hat sich in einem Grundlagenpapier auf eine gemeinsame inhaltliche Basis geeinigt, vgl. FINE (Hrsg.): FINE-Grundlagenpapier zum Fairen Handel. Sowohl auf nationaler als auch auf Internationaler Ebene verfügen, auf die jeweils spezifischen Aufgaben angepasst, die Organisationen über entsprechende eigene Grundlagenpapiere und Kriterienkataloge. Zu nennen wären in Deutschland beispielsweise GEPA (Hrsg.): Zielsetzung und Kriterien; Weltläden Dachverband e.V. (Hrsg.): Konvention der Weltläden.

[13] Die Standards von FLO, welche der Zertifizierung mit dem TransFair- bzw. FairTrade-Siegel weltweit zugrunde liegen, als auch deren Grundlagen sind öffentlich zugänglich auf deren Internetseite www.fairtrade.net. Vgl. grundlegend auch Jung: Der faire Preis im FLO-System.

1.2. Das entwicklungspolitische und ökonomische Konzept im Überblick

glauben der Faire Handel sei allein ein Projekt von Europäern, trifft nämlich keineswegs zu. Auch Produzentenorganisationen aus dem Süden verstehen sich originär als Fair-Handels-Organisationen, sind als solche teils parallel zur Entstehung der Fair-Handels-Bewegung in Europa gegründet worden und haben sich zusammen mit fairen Importorganisationen zur International Federation of Alternativ Trade (IFAT) zusammengeschlossen. Dieser Dachverband mit 150 registrierten Mitgliedsorganisationen verfügt über einen eigenen internen „Kontrollmechanismus" gegenseitiger Überprüfung, durch den sichergestellt wird, dass sich ifat-Organisationen im Hinblick auf ihre Fair-Handels-Kriterien gegenseitig vertrauen können.[14] An diesem Punkt wird deutlich, dass auch die Produzentenorganisationen des Fairen Handels ein Interesse daran haben, mit sozial und ethisch verantwortlichen Unternehmen im Norden zusammenzuarbeiten. Es ist nämlich keineswegs so, dass diese Organisationen ihren Zugang zu alternativen Handelswegen und Fairem Handel ausschließlich über den Kontakt mit fairen Importorganisationen des Nordens finden würden. Fairer Handel ist – wenn diese Tatsachen berücksichtigt und die internationale Verbreitung und Vernetzung wahrgenommen wird – eine weltweite Sozialbewegung, zu deren Grundlage die Überzeugung zählt, dass

> „Fairer Handel ... mehr [ist] als lediglich Handel zu treiben: Er weist nach, dass größere Gerechtigkeit im Welthandel möglich ist. Er hebt die Notwendigkeit einer Veränderung der Regeln und der Praxis des konventionellen Handels hervor und zeigt, wie ein erfolgreiches Geschäftsmodell die Menschen an die erste Stelle setzen kann."[15]

In der Frage nach dem Identitätskern dieser weltweiten sozialen Bewegung stehen sich jedoch zwei unterschiedliche Richtungen gegenüber, die allerdings nur implizit erkennbar sind, also keineswegs als Gruppen oder Organisationen identifizierbar wären. Diese Richtungen lassen sich in den Begriffen „Instrument oder Symbol?" bzw. „Alternative oder Modell?" pointieren: Dabei geht es um die Frage, ob Fairer Handel (als soziale Bewegung) vor allen Dingen ein eigener Markt mit eigenen Regeln darstellt, die sich von den konventionellen Märkten unterscheiden („Alternative"). Im Sinne dieser Position ist Fairer Handel ein eigenständiger Weg der Entwicklungsförderung („Instrument"), dessen Ziel es sein muss, zu wachsen und Marktanteile zu erreichen, um auf diese Weise seinen fairen Spielregeln weite Verbreitung zu ermöglichen und sichtbare Entwicklungsfortschritte zu schaffen. Auf der anderen Seite geht es um die Frage, ob Fairer Handel nicht in erster Linie dazu da ist, an die notwendige Durchsetzung eines fairen und gerechten Welthandelssystems zu erinnern („Symbol") und darauf hinzuarbeiten. In dieser Perspektive ist die Fair-Handels-Bewegung

---

[14] Ausführliche Darstellung dieses Kontrollsystems und Informationen über ifat: www.ifat.org. Die wichtigsten Fair-Handels-Importeure im deutschsprachigen Raum gehören dieser internationalen Dachorganisation an. Zu den unterschiedlichen Ansätzen vgl. auch Forum Fairer Handel (Hrsg.): Monitoring- und Zertifizierungssysteme im Fairen Handel.
[15] Ergänzung der FINE-Definition des Fairen Handels in der Definition der ifat, vgl. www.ifat.org (eigene Übersetzung).

sozusagen das Experimentierfeld, in dem im Kleinen erkundet und getestet wird, wie eine faire Weltwirtschaft gelingen könnte („Modell"). Die Übertragbarkeit auf den Gesamtmarkt stellt hier jedoch eine problematische Angelegenheit dar, welche aufgrund des Symbolcharakters nicht zwangsläufig gelöst werden muss. Im Sinne dieser Denkrichtung ordnet sich der Verkauf der Waren der bewusstseinsbildenden Arbeit unter, deren Hauptaugenmerk auf ein effektives politisches Lobbying gerichtet ist.

1.2.2. Leistungen und Grenzen

Lässt sich mit diesen Grundsätzen und dem dahinterstehenden Handelsansatz tatsächlich eine Verbesserung für die Produzenten und deren Organisationen bewirken? Wie jeder andere entwicklungsbezogene Ansatz besitzt auch der Faire Handel seine Stärken und seine Schwächen. Vorausgeschickt werden soll, dass die vorliegende Studie zunächst einmal von der Sinnhaftigkeit des Fairen Handels grundsätzlich ausgeht – ohne dass damit die Defizite und Entwicklungspotentiale abgestritten würden.[16] Deshalb sollen im folgenden Leistungen und Grenzen des Fairen Handels skizziert werden, um das dieser Studie zugrundeliegende Vorverständnis transparent zu machen, nicht zuletzt aber auch um die entwicklungsbezogenen und handelsbezogenen Dimensionen des Konzepts des Fairen Handels aufzuzeigen, auf welche im Fortgang der Untersuchung wiederholt Bezug genommen wird.

a) Entwicklungsbezogene Dimension

Fairer Handel nimmt die „kleinen Leute" in Entwicklungsländern als Subjekte und mögliche Motoren ihrer eigenen wirtschaftlichen und sozialen Entwicklung ernst. Doch Entwicklung geht über höheres Einkommen für benachteiligte Familien hinaus und wird durch dieses allein längst nicht sichergestellt. Fairer Handel schafft über faire Preise und andere Mehrleistungen Spielräume und unterstützt damit ökonomische Grundlagen von Entwicklungsprozessen und bildet insofern einen Ansatz der Kleingewerbeförderung in Entwicklungsländern.
Wirkungsstudien über den Fairen Handel[17] kommen zu dem Ergebnis, dass in mehreren Dimensionen positive Effekte erzielt werden:
- In ökonomischer Hinsicht lässt sich feststellen, dass in den meisten Fällen die Produzenten ein deutlich höheres Einkommen erzielen können. Voraussetzung dafür

---

[16] Vgl. Misereor/Brot für die Welt/Friedrich-Ebert-Stiftung (Hrsg.): Entwicklungspolitische Wirkungen des Fairen Handels. In dieser eingehenden Studie benennen die Auftraggeber in einem Abschlussstatement den Entwicklungsbedarf im Fairen Handel unmissverständlich; vgl. Piepel/Möller/Spiegel: Fairer Handel, wohin?
[17] Vgl. im Folgenden v.a. die Teilstudie: Die Wirkungen des Fairen Handels bei seinen Partnern im Süden, in: Misereor u.a. (Hrsg.): Entwicklungspolitische Wirkungen des Fairen Handels, 185-269. Diese Studie umfasst Regionalanalysen zu Südasien, Ostafrika und Zentralamerika und rezipiert zahlreiche weitere Wirkungsstudien. Desweiteren vgl. Forum Fairer Handel (Hrsg.): Die Wirkungen des Fairen Handels.

1.2. Das entwicklungspolitische und ökonomische Konzept im Überblick

ist, dass sie einen signifikanten Anteil ihrer Produktion über die Wege des Fairen Handels absetzen können. Insofern trägt eine Zusammenarbeit mit dem Fairen Handel zu einer, für benachteiligte Produzenten teils komfortablen wirtschaftlichen Absicherung bei.

- In sozialer Hinsicht hat Fairer Handel nachweislich zum Aufbau und zur Konsolidierung von Produzentenorganisationen beigetragen. Hierbei kommt der langfristig vereinbarten Zusammenarbeit (Kooperationszeiträume über 10 bis 15 Jahre sind keine Seltenheit) eine wichtige stabilisierende Funktion zu.
- In handelsbezogener Hinsicht hat der Faire Handel diesen Organisationen einen Zugang zum internationalen Markt eröffnet und Absatzwege geschaffen. Einschränkend ist festzustellen, dass dies oft kaum über die Handelsbeziehung mit den Fair-Handels-Importeuren in Europa und Nordamerika hinausreicht. Die Attraktivität dieser Zusammenarbeit führt teils dazu, dass intensivere Anstrengungen zur Erschließung des konventionellen internationalen Marktes unterlassen werden.
- Gleichwohl konnte der Faire Handel mit Blick auf die Produktion bei den Produzentengruppen und Organisationen Verbesserung der Produktqualität erreichen. Er konnte dabei unterstützen, Organisations- und Produktionsabläufe optimaler und effektiver zu gestalten, und hat auch insofern den Produzentenorganisationen zu einer besseren Position auf den Märkten verhelfen können.
- Schließlich sind in ökologischer Hinsicht umweltschonendere Produktionsweisen erreicht worden – nicht nur in den zahlreichen Fällen, wo mit Hilfe des Fairen Handels auf ökologisch zertifizierte Anbauweise umgestellt wurde.
- Auch hinsichtlich der sozialen Standards konnten gerade bei Fair-Handels-Produzenten, die als Privatunternehmen organisiert sind, Verbesserungen zugunsten der Angestellten erreicht werden. Angefangen von der Arbeitsplatzsicherheit bis hin zu betrieblichen Krankenversicherungen oder der Einrichtung betrieblicher Mitbestimmungsstrukturen, wie sie für die jeweiligen Länder vorbildlich sind, besteht ein breites Spektrum von sozialpolitischen Wirkungen des Fairen Handels.

Was in den Wirkungsstudien vergleichsweise wenig zur Sprache kommt, sind die über die Mehrpreiszahlungen ebenfalls ermöglichten entwicklungsbezogenen Maßnahmen in den Bereichen Schulbildung, Gesundheitswesen oder Gemeinwesenentwicklung. Hinsichtlich dieser Themen wird die Frage nach der Schnittstelle des Fair-Handels-Ansatzes mit anderen Ansätzen und Arbeitsbereichen der Entwicklungsförderung aufgeworfen. Wirkungsanalysen zum Fairen Handel kommen zu der Einschätzung, dass Fairer Handel besonders dann nachhaltig wirkt, wenn er sich als Entwicklungsmaßnahme versteht.[18] Das hat zur Konsequenz, Fair-Handels-Beziehungen nicht in erster Linie als Handelsbeziehung zu definieren, sondern die Erstellung von Entwicklungskonzepten – auch in Kooperation mit anderen Organisationen und spezialisierten Trägern der Entwicklungszusammenarbeit – zu forcieren. Zunächst im Konzert mit anderen Ansätzen der Kleingewerbeförderung sowie darüber

---

[18] Vgl. auch Fütterer: [Editorial], 3.

1. Fairer Handel „zur Einführung"

hinaus können Synergien genutzt werden, die ihrerseits wiederum die Effekte des Fairen Handels unterstützen und verstärken helfen können. Den Fairen Handel als sinnvollen Beitrag zu Entwicklung anzusehen, sollte dabei nicht mit einer Überschätzung seiner Möglichkeiten verwechselt werden. Andererseits darf der Faire Handel aber auch im Feld der Entwicklungszusammenarbeit darauf bestehen, als Element von Entwicklungsstrategien und -konzepten ernst genommen zu werden und spezifische Funktionen erfüllen zu können.

b) Handelspolitische und weltwirtschaftliche Dimension

Fairer Handel praktiziert auf Freiwilligkeitsbasis die von Entwicklungsländern auf den verschiedenen Welthandelsrunden wiederholt geforderten (ihnen aber nach wie vor nicht vertraglich zugestandenen) fairen Handelsbeziehungen. Er hat die Möglichkeit – ausgehend von seiner Praxis und seinen Erfahrungen – glaubhaft Forderungen an die Welthandelspolitik zu richten. Die Diskussion um eine neue Weltwirtschaftsordnung in den 1970er Jahren bildete insofern einen natürlichen Bündnispartner für die Fair-Handels-Bewegung.[19]

Im Laufe der Zeit sind Themen wie Professionalisierung und Handelsausweitung in den Vordergrund der Aktivitäten gerückt. Themenfelder wie Gerechtigkeit im Welthandel oder Problemanzeigen wie Kinderarbeit waren jedoch immer wieder Kampagnenthemen der Fair-Handels-Bewegung.[20] Dabei konnte die Fair-Handels-Bewegung mithilfe ihrer Strukturen und ihrer darauf basierenden Kampagnenfähigkeit auch zahlreiche übergreifende entwicklungspolitische Kampagnen unterstützen und wirksam verstärken.[21] Im Orchester der vielstimmigen Nichtregierungsorganisationen gelingt es der Fair-Handels-Bewegung jedoch eher spärlich, in bestimmten Fragen die Meinungsführerschaft zu übernehmen und damit in größeren Kampagnen die Anliegen des Fairen Handels öffentlichkeitswirksam zu platzieren.[22]

Der handels- und weltwirtschaftspolitische Forderungskatalog der Fair-Handels-Bewegung geht dabei aus von den Erfahrungen und wahrgenommenen entwicklungsbezogenen Auswirkungen des Fairen Handels. Insofern werden Elemente der eigenen

---

[19] Verschiedene Akteure der Aktion Dritte Welt Handel waren zentral an den „Unctad-Kampagnen" 1976 und 1979 beteiligt. Dabei wurden zahlreiche Verbindungen zwischen der Forderung nach einer gerechten Weltwirtschaftsordnung und der Aktion Dritte Welt Handel hergestellt. (Vgl. aej/BDKJ (Hrsg.): Unctad-Kampagne: Aktionsbroschüre, 5, 20.) Die drei UN-Konferenz für Welthandel und Entwicklung widmete sich in den Verhandlungsrunden 1972, 1976 und 1979 diesem Thema. „Die unctad-kampagne unterstützt das Grundanliegen dieser Konferenz durch ihre Bildungsarbeit" (Unctad-Kampagne (Hrsg.): Positionspapier,1.)

[20] Vgl. z.B. die Kampagnen „Made in Dignity" und „Land Macht Satt" der europäischen Weltläden – siehe unten Kapitel 2.9.6.

[21] Vgl. z. B. die Entschuldungskampagne „Erlassjahr 2000", die in vielen Weltladengruppen aufgegriffen wurde.

[22] Vgl. Piepel/Möller/Spiegel: Fairer Handel, wohin? 277f. – Vgl. beispielhaft die Welthandelskampagne „Gerechtigkeit jetzt", unter deren Trägern nur 5 Prozent ausgesprochene Fair-Handels-Organisationen zu finden sind (der Weltladen-Dachverband und Banafair), was sich im Themenspektrum dieser Kampagne spiegelt (vgl. www.gerechtigkeit-jetzt.de vom 10.1.2008)

1.2. Das entwicklungspolitische und ökonomische Konzept im Überblick

Praxis als Anforderung an eine globale Handelspolitik – letztlich an die Praxis des Welthandels – gerichtet.[23] Grundsätzlich wird Welthandel dabei übergeordneten Zielen unterworfen, die etwa in der Überwindung von Armut oder der Schaffung menschenwürdigen Lebens liegen. In den Welthandelsregeln der WTO müsse der Ungleichheit der Marktbeteiligten stärker Rechnung getragen und schwächeren Handelspartnern Unterstützung beim Absatz ihrer Waren gewährt werden. Um im internationalen Wettbewerb bestehen zu können, müssten den Entwicklungsländern spezielle Schutzmaßnahmen zugunsten ihrer Produzentinnen und Produzenten erlaubt werden. Nationale Gestaltungsspielräume statt weltweit einheitlicher Entwicklungskonzepte seien um einer wirksamen Armutsbekämpfung willen vonnöten. Im Interesse der gleichberechtigten Teilhabe der Entwicklungsländer an der Gestaltung der globalen Handelspolitik wird eine demokratischere Gestalt der Welthandelsorganisation verlangt. Die Forderung, sowohl soziale wie auch ökologische Mindeststandards in die internationalen Handelsregeln aufzunehmen, könne den bereits bestehenden Umwelt-, Menschenrechts- und Arbeitsabkommen Wirkung verleihen. Nicht zuletzt wird auch die Forderung erhoben, „Welthandelspreise müssen fairer werden", damit in der Warenproduktion Umwelt- und Sozialstandards eingehalten und menschenwürdiges Leben ermöglicht werde.

c) Entwicklungspädagogische Dimension – Bildungs- und Öffentlichkeitsarbeit

Der Faire Handel ist einer der wenigen Orte in der Gesellschaft, an denen Auseinandersetzung mit entwicklungspolitischen Fragen angestoßen wird. Allein mit seiner Präsenz mit gesiegelten Produkten in Supermärkten und mit Weltladen-Schaufenstern in Innenstädten hält er an allgemein zugänglichen Orten die Erinnerung an das Nord-Süd-Problem wach. Zugleich vermittelt er die Botschaft, dass entwicklungspolitische Lösungen strukturelle Fragen betreffen, die komplexer sind als es die Plakate von Spendenkampagnen, Prospekte über Kinderpatenschaften oder die Zeitungsberichte über örtliche Partnerschaftsprojekte suggerieren. Fairer Handel kann aber nicht nur als eines der am weitesten verbreiteten und bekannten Felder der entwicklungsbezogenen Inlandsarbeit angesehen werden. Auch im engeren Feld der entwicklungsbezogenen Bildungsarbeit kommt dem Fairen Handel eine besondere Bedeutung und Attraktivität zu, weil sich in ihm Informationsarbeit und konkrete Aktion miteinander verbinden lassen und unmittelbar begreifbar gemacht werden können. Speziell im schulischen Bereich erzielt er daher eine beachtliche Resonanz. Bildungs- und Informationsarbeit zur Bewusstseinsbildung sowie Kampagnenarbeit sind ausdrücklicher Bestandteil des Fairen Handels und gehören zu deren Grundlagen, weil auch auf diesem Wege eine Unterstützung für die Produzentinnen und Produzenten erreicht werden kann.[24]

---

[23] Vgl. zum folgenden: Forum Fairer Handel (Hrsg.): Forderungen des Fairen Handels an die Welthandelspolitik.
[24] Vgl. ausführlich hierzu Raschke: Entwicklungspolitische Bildung im Fairen Handel.

1.3. Forschungslage, praktisch-theologischer Ansatz und der Aufriss der Arbeit

Mit der Benennung der verschiedenen Dimensionen des Fairen Handels ist ansatzweise auch das Feld bisheriger Untersuchungen abgesteckt, die sich in der einen oder anderen Weise mit dem Fairen Handel befasst haben. In ihrer jeweiligen Themenwahl haben sich die meisten Studien entweder auf die Prinzipien und Kriterien seiner Handelstätigkeit oder auf die Pädagogik seiner Bildungs- und Öffentlichkeitsarbeit konzentriert. Sie haben ihn auf seine ökonomische, betriebswirtschaftliche oder handelspolitische Plausibilität hin überprüft oder ihn mit Marketinganalysen und -strategien zu unterstützen gesucht. Im Kontext von Entwicklung und Nachhaltigkeit wurden seine ökologischen Implikationen und Chancen dargelegt, aber auch seine Korrektheit und Relevanz bezüglich entwicklungsbezogener Wirkungen wurde diskutiert. Andere Studien haben das Engagement in der Bildungs- und Öffentlichkeitsarbeit untersucht und den Fairen Handel im Rahmen pädagogischer Konzepte beschrieben und seinen entwicklungspädagogischen Ansatz ausgewertet. An vielen dieser Zugänge wird gemeinhin auch der „Erfolg" des Fairen Handels gemessen.

Wenig im Blick scheint mir dagegen der Faire Handel in soziologischer und zeitgeschichtlicher, gar nicht in sozialphilosophischer und theologischer Perspektive: Da sich der Begriff „Fair-Handels-Bewegung" intern inzwischen zunehmend etabliert, wird die Frage aufgeworfen, ob der Faire Handel nicht den neueren sozialen Bewegungen zugerechnet und aufgrund dieses Verständnisses untersucht werden müsste. Innerhalb der Bewegungsforschung wird er jedoch bislang kaum eigens wahrgenommen.[25] Diese Umstände erklären auch, warum bislang weder die Geschichte der Fair-Handels-Bewegung geschrieben worden ist noch bewegungsspezifische Mechanismen hintergründiger analysiert wurden. Dass sozialphilosophische Beiträge fehlen mag nicht weiter verwundern, eher aber dass angesichts zahlreichen christlich-kirchlichen Engagements der Faire Handel in der fachtheologischen Landschaft nicht einmal ein Schattendasein führt. Letzteres kann als Mitursache dafür angesehen werden, dass Fair-Handels-Initiativen bei praktischen Fragen immer noch innerkirchlich um ihre Anerkennung kämpfen müssen, während sie außerhalb häufig mehr und unvoreingenommener auf Resonanz stoßen.

Diese „Lücken" in der Forschungslandschaft bzw. in der theoretischen Reflexion des Fairen Handels dürfen wohl dafür mitverantwortlich gemacht werden, dass sowohl eine pastorale Verortung als auch eine umfassendere sozialethische Grundlegung des Fairen Handels bisher ausgeblieben ist, welche auch eine eingehende entwicklungsökonomische Vergewisserung umschließen müsste. Dies macht sich die vorliegende Studie zum Thema und zum Anliegen. Sie ist damit keine Auseinandersetzung um

---

[25] Einen ersten wichtigen Baustein hierzu bildet mit Blick auf die Schweizer Fair-Handels-Bewegung die Untersuchung von Kuhn: Fairer Handel und Kalter Krieg.

die entwicklungspolitische Notwendigkeit, die entwicklungspädagogische Zweckmäßigkeit, die handelspolitische Plausibilität oder die weltwirtschaftliche Aktualität des Fair-Handels-Ansatzes. Dies wurde bereits skizziert und von unterschiedlichen Stellen diskutiert. Darauf baut die vorliegende Studie auf.

1.3.1. Praktische Theologie im Kontext der vorliegenden Studie

Gegenstand der hier vorgelegten Studie ist insbesondere die „Fair-Handels-Bewegung" als das kollektive Subjekt des Fairen Handels. Über die Aufschlüsselung dieses Kollektivs, d.h. aufgrund der Tatsache, dass in der Fair-Handels-Bewegung auch christlich verwurzelte Akteure eine Rolle spielen bzw. die Geschichte dieser Bewegung (auch) in christlichem und kirchlichem Erdreich wurzelt, ergibt sich ein erster Zugang für eine praktisch-theologische Untersuchung des Fairen Handels. Im Sinne einer Reflexion christlichen Engagements liegt dies sozusagen auf der Hand. Doch auch für die jenseits christlicher Motivationen und kirchlicher Anbindung gelegene Fair-Handels-Praxis kann ein praktisch-theologischer Zugang legitime Impulse setzen. Denn Praktische Theologie versteht sich als eine wissenschaftliche Disziplin, deren Reflexionsgegenstand mit der Praxis der Menschen beschrieben wird.[26] So wie das Zweite Vatikanische Konzil in seiner Pastoralkonstitution *Gaudium et spes* die Kirche wesensmäßig „in der Welt von heute" verortet, so verortet sich Praktische Theologie analog in der Gesamtheit des Weltgeschehens und der menschlichen Lebenswirklichkeiten insofern sie von Menschen gestaltete oder auch erlittene Praxis darstellen.[27]

Dem gemäß lässt sich keine menschliche Wirklichkeit von vornherein als Thema praktisch-theologischer Beschäftigung ausblenden und so kann praktisch-theologische Reflexion auch nicht auf einen kirchlichen oder explizit christlichen Bereich beschränkt werden. Die Unterscheidung von christlich motivierter Praxis von Menschen, von kirchlich verorteter Praxis (mutmaßlich) christlich motivierter Menschen sowie darüber hinaus von einer menschlichen Praxis überhaupt, welche im positiven wie negativen Sinne in christlicher Perspektive bedeutsam werden kann, ist hier von eminenter Wichtigkeit.[28] Sie ist die Voraussetzung dafür, letzteres nicht christlich zu vereinnahmen, ebenso wie es unerlässlich bleibt, in ersterem und zweitem seine christlichen Dimensionen transparent machen zu können. Der Unterscheidung der drei genannten Felder kommt zusätzliche Bedeutung zu, weil eine engagierte Praxis wie die im Feld des Fairen Handels in der Regel nicht ihre Motive „vor sich herträgt" und weil im Kontext sozialer Bewegungen alle drei Felder zugegen sind, ineinander greifen und infolgedessen nicht voneinander getrennt betrachtet werden können. Eine praktisch-theologische Befassung mit dem Fairen Handel bzw. genauer gesprochen

---

[26] Vgl. Haslinger u.a.: Zu Selbstverständnis und Konzept dieser Praktischen Theologie, 22-31 sowie Haslinger u.a.: Praktische Theologie – eine Begriffsbestimmung in Thesen, 390-392, 395f.
[27] Vgl. Sander: Theologischer Kommentar zur Pastoralkonstitution, sowie unten Kapitel 5.2.3.
[28] Vgl. Hobelsberger: Jugendpastoral des Engagements, 16.

1. Fairer Handel „zur Einführung"

mit der Fair-Handels-Praxis von engagierten Menschen steht insofern vor dem Anspruch, sowohl der „säkularen" Praxis wie der christlichen Motivation gerecht zu werden, ohne unzulässige Übergriffe vom einen auf das andere vorzunehmen. Die Ausführungen im ersten Teil dieser Arbeit hängen mit dieser Differenzierung hinsichtlich der Wahrnehmung der Praxis des Fairen Handels zusammen. Mit der in Kapitel 2 erarbeiteten Geschichte der Fair-Handels-Bewegung in Deutschland wird bewusst an erster Stelle der Gesamthorizont der Fair-Handels-Praxis eröffnet. Dies dient nicht nur der Einführung in den Gegenstandsbereich, sondern stellt als solches bereits eine Ebene der Reflexion dar, als in der kritischen Aufarbeitung von Auseinandersetzungsprozessen innerhalb der Fair-Handels-Bewegung ein Zugang zu Motivationslagen und leitenden Orientierungsmaßstäben eröffnet wird. Diese diachrone Wahrnehmung im Kontext der wechselnden Zeitumstände wird in Kapitel 3 durch eine stärker synchron ansetzende Weise ergänzt. Hier wird der Blick auf die Vor-Ort-Praxis des Fair-Handels-Engagements geworfen: auf das ehrenamtliche Engagement in Weltläden und Aktionsgruppen. Als Praxis von Christinnen und Christen in ihren Gemeinden kommt in diesem Kontext auch partiell das Moment einer Reflexion auf ausdrücklich christliche Praxis hinzu. Soweit Fairer Handel aber auch zum Engagement und zur Formulierung von Positionen von kirchlichen Akteuren unterschiedlichster Art geführt hat, greift Kapitel 4 den engeren Kreis kirchlicher Praxis auf. In all diesen Fragen gilt Praxis gleichwohl nicht als ein reines Phänomen, sondern sie wird als kontextuell eingebundenes Handeln von Menschen verstanden. Der gesellschaftliche, politische und wirtschaftliche Zusammenhang globaler Art, teils aber auch der kirchliche Kontext, in dem sich der Faire Handel als Konzept ebenso wie die Fair-Handels-Bewegung als menschliche Praxis bewegt, muss daher auch Eingang in diese Wahrnehmungen finden.

Praktische Theologie ist dabei keine empirische Disziplin, die die Praxis lediglich beobachten, beschreiben und erklären will. Wenngleich sie von den Erfahrungen der Menschen ausgeht und bei deren Praxis ihren Anfang nimmt, beansprucht sie als Theologie, diese menschliche Praxis nach ihren Kriterien beurteilen und in einem wieteren Schritt auch zu orientieren. Insofern ist sie normativ-kritisch ausgerichtet.[29] Von Praxis auszugehen und zugleich wiederum auf diese zurückzuzielen kann nicht durch eine Ableitung von Handlungsmaximen aus theoretisch oder theologisch gewonnenen Wahrheiten heraus erfolgen; dies würde dem Ansatz bei den menschlichen Erfahrungen widersprechen. Sie kann nur im Sinne einer kritischen Theorie gelingen.[30] In diesem Zirkel von der Praxis auf die Praxis hin ist im Prozess einer

---

[29] Vgl. Haslinger u.a.: Zu Selbstverständnis und Konzept dieser Praktischen Theologie, 24.

[30] Dies hat Norbert Greinacher in die Theoriebildung der Praktischen Theologie eingebracht. Im Anschluss an die prophetische Tradition im Alten und Neuen Testament formuliert er diesen Anspruch – in seiner Konzeption allerdings nur auf den Kontext „kirchlicher Praxis" bezogen: „Die Praktische Theologie hat kritisch zu prüfen, ob die heutige kirchliche Praxis in der Gesellschaft ihrem eigenen christlichen Selbstverständnis und auch der jeweiligen gesellschaftlichen und geschichtlichen Situation entspricht." (Greinacher: Praktische Theologie als kritische Theorie kirchlicher Praxis in der Gesellschaft, 291).

1.3. Forschungslage, praktisch-theologischer Ansatz und Aufriss der Arbeit

kritischen Auseinandersetzung auch der Rückbezug auf Theorien und Theologien als Beurteilungsmaßstäben erforderlich: Bestehende Praxis muss an erster Stelle wahrgenommen werden; die Wahrnehmung jedoch leitet unmittelbar über zu einer Einschätzung und Einordnung des Bestehenden, das somit in einem zweiten Schritt kritisch beleuchtet und im Licht von Bewertungsmaßstäben tiefer verstanden werden kann. Aus diesem Prozess heraus wird ein Veränderungspotential sichtbar, welches von Beobachtern im Modus der Beratung zur Verfügung gestellt bzw. von Praktikern in neue Praxis umgesetzt werden kann. Dem Verständnis von der Kontextgebundenheit jeglicher Praxis entspringt daher der interdisziplinäre Ansatz, der in der Konzeption der Praktischen Theologie verankert ist. In Kapitel 5 werden deshalb Theorien des Gerechtigkeitsdiskurses und der damit verbundenen Entwicklungsökonomie ebenso rezipiert, wie relevante Theologien und einschlägige Aussagen der kirchlichen (Sozial-)Lehre im Horizont von Gerechtigkeit, Solidarität und Barmherzigkeit.

Es könnte der Verdacht aufkommen, dass diese drei genannten Zugänge zur Bildung eines theoretisch fundierten Urteils bezüglich der Fair-Handels-Praxis mit den bereits oben unterschiedenen drei Feldern des Praxisselbstverständnisses der Engagierten korrespondieren könnten. Obwohl diese Sichtweise möglich scheint, so greift sie doch zu kurz: Der Komplexität und dem Charakter einer sozialen Bewegung, wie sie der Faire Handel darstellt, kann man mit Sondertheorien für unterschiedlich geartete Engagementmotive nicht angemessen gerecht werden. Der Rückgriff auf den Gerechtigkeitsdiskurs (Kapitel 5.1.1), auf die Barmherzigkeitsfrage (Kapitel 5.1.2), auf die kirchliche Soziallehre (Kapitel 5.2.1), die päpstliche Solidaritätstheologie (5.2.2) und die globalisierungsbezogenen ökumenischen und protestantischen Dokumente (5.2.3) beinhalten zwar in ihren individuellen Aussagen bereits theoretische Bestätigung und kritische Impulse für den Fairen Handel. Eine 'kritische Theorie für den Fairen Handel' entwickelt sich jedoch erst und gerade aus ihrer wechselseitigen Vernetzung (siehe Kapitel 5.3).

Erst nachdem es gelungen ist, einen praktisch-theologisch begründeten Theorieentwurf für den Fairen Handel als ganzem zu entwickeln, kann es den formulierten Anforderungen gerecht werden, eine enger gefasste 'Theologie des Fairen Handels' zu thematisieren. Dies wird in Fortführung der vorgenannten Überlegungen mithilfe der Reich-Gottes-Praxis als biblisch-theologischem sowie der Gnadentheologie als systematisch-theologischem Rahmendiskurs (Kapitel 6) versucht. Es geht erst hier um die ausdrückliche Identifizierung von Fair-Handels-Engagement im Kontext des Glaubens. Zwar waren Theologien und kirchliche Lehren auch bereits zuvor Referenzpunkte für eine theoretische Ortsbestimmung des Fairen Handels. Anliegen der hier angeschlossenen glaubensspezifischen Überlegungen ist es, christlich motivierten Engagierten im Fairen Handel ein Angebot zu machen, ihre Praxis auf dem Hintergrund ihres Glaubens zu deuten und insofern (neue) Zugänge zu ihren Motivationsgründen zu erschließen. An diesem Punkt wird ausdrücklich die Mitarbeit im Fairen Handel als christliches Engagement formuliert werden. Auch im Hinblick auf den Fairen Handel gilt in diesem Zusammenhang, dass es „[d]en Optionen und Vollzügen nach christliches Engagement … auch dort geben [kann], wo Menschen ihr

Handeln nicht explizit im christlichen Kontext entwerfen und deuten, ohne sie damit in unzulässiger Weise zu vereinnahmen."[31]

1.3.2. Über den Status quo hinaus: die Utopie einer fair(er)en Zukunft

Nach Norbert Greinachers Verständnis hat eine kritische Praktische Theologie „unter Transzendierung des status quo von Theorie und Praxis des kirchlichen Lebens die Zukunft der Kirche antizipierend zu bedenken und zu gestalten."[32] Wenngleich sich in dieser Zuspitzung auf Kirche nicht – wie schon angesprochen – die Aufgabe praktisch-theologischer Reflexion erschöpfen kann, so stellt es doch ein Anliegen der vorliegenden Studie dar, mithilfe einer praktisch-theologischen Auseinandersetzung mit dem Fairen Handel auch innerhalb des kirchlichen Bereichs eine Weiterentwicklung und tiefergehende Rezeption des Fairen Handels anzustoßen. Aber auch auf die Fair-Handels-Bewegung als ganze hin betrachtet, ist diese Transzendierung des status quo zu thematisieren. Eine kritische (praktisch-theologische) Reflexion (des Fairen Handels) ist aus sich heraus auf eine „bessere Praxis" in der Zukunft angelegt.[33] Denn indem sie diese Praxis nicht nur „identifiziert" sondern sie kritisch („prophetisch") hinterfragt, postuliert sie auch deren Veränderung. Diese Grundstoßrichtung wird häufig in der Gefahr gesehen, die Defizite stärker wahrzunehmen als die Ressourcen. In der vorliegenden Arbeit ist hingegen über weite Strecken das Anliegen leitend, die Stärken und Leistungen des Fairen Handels zu benennen. Gerade deshalb ist auch die Weiterentwicklung – und damit Stärkung – des Engagements und des Modells eine notwendige Option, die sich daraus konsekutiv ergibt. Die Entwicklung von Perspektiven für den Fairen Handel im abschließenden Kapitel 7 wird dabei gerade auf die Ressourcen achten: aus der Sicht des Autors zukunftsträchtige Praxis wird aufgerufen, in teils neue Kontexte gestellt und so Anregungspotential für die Engagierten zur Weiterentwicklung ihrer eigenen Fair-Handels-Praxis zur Verfügung gestellt. Andere Überlegungen gehen darüber hinaus und versuchen mitunter neuartige Vorstellungen zu entwerfen, um damit konstruktiv und innovativ zur Bearbeitung bestehender Herausforderungen im Fairen Handel beizutragen.

„‚Weiter so' ist keine zukunftsstiftende Perspektive für den Fairen Handel" beschließen Piepel, Möller und Spiegel ihr Resümee zu den Wirkungsstudien zum Fairen Handel.[34] Als Einschätzung zu einer Bewegung, die sich die Veränderung weltwirtschaftlicher Zusammenhänge auf die Fahnen geschrieben hat, dürfte dies nicht

---

[31] Hobelsberger: Jugendpastoral des Engagements, 26.
[32] Greinacher: Praktische Theologie als kritische Theorie kirchlicher Praxis in der Gesellschaft, 298.
[33] Vgl. Hobelsberger: Jugendpastoral des Engagements, 19.
[34] Vgl. Piepel/Möller/Spiegel: Fairer Handel, wohin? 300.

verwundern. Grundsätzlich gilt daher, dass die „utopische Dimension"[35] auch der Fair-Handels-Bewegung eigen ist. Beide teilen darin eine – wie es die lateinamerikanische Theologie der Befreiung formulierte – vorrangige Option für die Benachteiligten, deren Marginalisierung es zu überwinden gilt. Sie ist verortet in einer Weltgesellschaft und Weltwirtschaft, die häufig mit dem Begriff der Globalisierung umschrieben wird. Lange bevor dieser Terminus in aller Munde war, hatte der Faire Handel bzw. damals die „Aktion Dritte-Welt-Handel" begonnen, auf die globalisierungsbedingten Herausforderungen der Länder des Südens eine Antwort zu geben. Wenngleich dadurch die weltwirtschaftliche Globalisierung höchstens punktuell beeinflusst werden konnte, so bildet die Fair-Handels-Bewegung doch einen Baustein einer „Globalisierung der Solidarität"[36] als einer Gegenbewegung gegen das Diktat jener Logiken, die der humanen Gestaltung der Globalisierung keine Zukunft zugestehen wollen.

Mit Blick auf die betroffenen Menschen ist die heutige Fair-Handels-Bewegung daher nicht nur utopisch-wirklichkeitsfremde Illusion, sondern – hoffentlich – realistischer Beginn einer besseren Zukunft:

> „Es wäre nicht erstaunlich, wenn künftige Historiker auf die Fair-Trade-Bewegung als auf ein Laboratorium für die Neugestaltung der Weltökonomie zurückblickten. In einer Nische werden da Prinzipien ausprobiert, die eines Tages zu Bausteinen einer zukunftsfähigen Welthandelsordnung werden können."[37]

---

[35] Zur Rolle dieser „utopischen Dimension" für die Praktische Theologie vgl. Greinacher: Praktische Theologie als kritische Theorie kirchlicher Praxis in der Gesellschaft, 299.
[36] Vgl. Rottländer: Globalisierung der Solidarität?
[37] Fair Future, 151.

2

Entstehung und Entwicklung in Gegensätzen

Geschichte der Fair-Handels-Bewegung in Deutschland

2. Geschichte der Fair-Handels-Bewegung in Deutschland

Eine umfassende Darstellung zur Geschichte der Fair-Handels-Bewegung in Deutschland ist leider noch nicht geschrieben und veröffentlicht worden. Für den „Alltagszweck" der Information und Selbstdarstellung sind Festschriften und Jubiläumsbroschüren sicherlich das geeignetere Medium, das neben der ansprechenden Gestaltung zudem über den Vorteil verfügt, auch eine größere Leserschaft zu erreichen. Zum Nachteil gereicht ihnen jedoch, dass sie genrebedingt Erfolgsgeschichten, Kurzabrisse und Institutionenhistorie enthalten.[38] Auseinandersetzungsprozesse, Diskurse, Entwicklungslinien und Verstehenshilfen können sie daher nicht bieten und müssen damit eine wichtige – für mein Dafürhalten für eine soziale Bewegung wesentliche – Dimension ihres Selbstverständnisses „unterschlagen". Dies bedeutet keine Kritik an den einschlägigen Publikationen, markiert jedoch einen Mangel, den zu schließen soziale Bewegungen in der Regel nicht als ihre vorrangige Aufgabe erachten – zumindest solange ihr Daseinsgrund noch aufrecht steht und zu umfangreichem Engagement in der Sache motiviert. Insofern werte ich es als ein positives Zeichen und nicht als Manko, dass das geschichtliche Gedächtnis dieser Bewegung noch festzuhalten ist.

Ganz so „blank" verhält sich allerdings die Sache auch nicht. Einige wenige Untersuchungen haben sich der Geschichte der Aktion Dritte-Welt-Handel und später des Fairen Handels gewidmet: Es ist dies zunächst das minutiöse Werk Ernst Schmieds, welches 1977 publiziert wurde und in dem „die ersten Jahre" detailliert dokumentiert sind.[39] Neben der wissenschaftlichen Veröffentlichung als Dissertation wurde es im Folgejahr von der Arbeitsgemeinschaft der Evangelischen Jugend (teils gestrafft, teils erweitert) ein weiteres Mal für die interessierte Öffentlichkeit innerhalb der Aktion Dritte-Welt-Handel aufgelegt – sicherlich auch deshalb, weil es hinsichtlich des entwicklungspädagogischen Anspruchs der Aktion kritische Fragen und manche Empfehlungen aussprach. Weitere Darstellungen zur Geschichte der Aktion Dritte-Welt-Handel sind in diversen Diplomarbeiten verfasst worden. Recht knapp, aber die einzig (in einer Broschürenreihe) publizierte Arbeit ist hier diejenige von Peter Hötzel aus dem Jahr 1985, welche die Zeit seit dem Beginn der Aktion in drei Phasen einteilt und skizziert.[40] Diese Periodisierung wurde 10 Jahre später auch von Bernward Hecke (zeitweise Gruppenberater für die Weltläden in Baden-Württemberg) erneut aufgegriffen, um eine vierte Zeitphase erweitert und insgesamt um Entwick-

---

[38] Vgl. gepa Fair Handelshaus (Hrsg.): Fair forever. 30 Jahre gepa, Wuppertal 2005; Weltladen-Dachverband (Hrsg.): Generation Weltladen. 30 Jahre Weltladenbewegung in Deutschland, Mainz 2005.
[39] Schmied: Die „Aktion Dritte Welt Handel" als Versuch der Bewußtseinsbildung.
[40] Hötzel: Die Aktion Dritte Welt Handel. – Hötzel unterscheidet: Phase 1 (1970-1973) „Vom entwicklungspolitischen Protest zum Lern- und Handlungsmodell"; Phase 2 (1973-1978) „Politische Waren als Medium zur Darstellung des Welthandelsproblematik"; Phase 3 (1978-1985) „Alternativ Handeln im Kontext von Unterentwicklung und Überentwicklung".

lungslinien und Auseinandersetzungsprozesse ergänzt.[41] Diese erziehungswissenschaftliche Arbeit ist leider unveröffentlicht geblieben, ebenso wie die politikwissenschaftliche Arbeit von Katrin Simone Geßler, die in ihrer aufschlussreichen Untersuchung speziellen Wert auf die Herausarbeitung von Konkurrenzen, Konfliktbeziehungen und Kooperationsschwierigkeiten legte.[42] Bedeutsam, nicht nur in ihrer dokumentarischen Dimension sondern auch hinsichtlich der Erschließung von Verstehenshorizonten für die Fair-Handels-Bewegung, ist die historische Untersuchung der schweizerischen Parallelbewegung von Konrad Kuhn aus dem Jahr 2005.[43] Kuhn, der die Produkt-Schwerpunktaktionen zu Kaffee, Jute und Bananen in der Schweiz anhand umfangreichen Archivmaterials untersucht hat, beschreibt die schweizerische Fair-Handels-Bewegung im Horizont des Kalten Krieges, also im Kontext der ideologischen Auseinandersetzungen um die verschiedenen Gesellschaftsmodelle zwischen West und Ost. Dieser zeitgeschichtliche Zusammenhang habe sich der Fair-Handels-Bewegung immer wieder bremsend auf die Vermittlung ihres Nord-Süd-Solidaritätsanliegens in den Weg gestellt, so die These.[44]

Um die Fair-Handels-Geschichte und ihre (interne) Entwicklung in Deutschland zu verstehen, bedarf es meines Erachtens zunächst weder einer solchen zeitgeschichtlichen Globaldiagnose noch (was ebenfalls nahe liegen würde) eines Abgleichs mit Situationen in Ländern der „Dritten Welt" oder mit Theorien der Entwicklung. Diese drei Zugangswege wurden in den genannten Untersuchungen gewählt und haben ihre je spezifische Berechtigung und Wertigkeit. Allerdings gehe ich davon aus, dass sich Entwicklungen in der Geschichte der Fair-Handels-Bewegung aus den Motivlagen heraus gestalten, die den individuellen und kollektiven Akteuren eigen sind. Externe, z.B. gesellschaftliche, zeit- oder mentalitätsgeschichtliche, entwicklungstheoretische oder auch „ideologische" Faktoren finden vor allem über Akteure vermittelt in eine soziale Bewegung wie den Fairen Handel Eingang. Infolgedessen lässt sich die Entwicklungsgeschichte einer Bewegung nicht anhand externer Einflüsse eruieren, sondern lediglich an dem spezifischen Zusammentreffen von externen Faktoren und internen Motiv- und Gemengelagen, das die Bewegung ausmacht und formt. Der Zugang zur Darstellung der Geschichte des Fairen Handels ergibt sich daher zuerst aus dem heuristischen Aufspüren von Themen, Fragen und Antworten, welche die Bewegung bzw. Aktion aus ihrem Selbstvollzug hervorgebracht hat. Daher stütze ich meine Untersuchung vorrangig auf die innerhalb der Fair-Handels-Szene publizierten Schriften, Arbeitshilfen und Zeitschriften sowie auf angrenzende Gebiete der Dritte-Welt-Solidaritäts-Bewegung. Dieses Material ist – da von verschiedenen Akteuren

---

[41] Hecke: 25 Jahre Aktion Dritte Welt Handel. Ein Lernfeld zwischen Politik, Pädagogik und Handel. – Hecke fasst die Jahre von 1987 bis 1994 als die Zeit der „Ausweitung der A3WH und die Veränderung ihrer Strukturen".
[42] Geßler: Zwischen Konkurrenz und Konzertierung. Entwicklung und Perspektiven der deutschen Fair-Handels-Akteure.
[43] Kuhn: Fairer Handel und Kalter Krieg. Selbstwahrnehmung und Positionierung der Fair-Trade-Bewegung in der Schweiz 1973-1990.
[44] Vgl. Kuhn: Fairer Handel und Kalter Krieg, 115-116.

publiziert – eine umfangreiche Quelle der Information. Hierzu zählen insbesondere die Periodika der verschiedenen Bewegungsorganisationen innerhalb der Aktion Dritte-Welt-Handel bzw. des Fairen Handels.[45] Anhand dieses Materials gilt es, thematische Stränge zu identifizieren und zu beschreiben. Durch den Forumscharakter der meisten Bewegungspublikationen in der Zeit bis in die Mitte der 1990er Jahre muss davon ausgegangen werden, dass die zahlreichen öffentlich geführten Debatten prägenden Charakter für die gesamte Bewegung besaßen. Deshalb ist es streckenweise möglich und aufschlussreich, die bewegungsinternen Diskurse und Debatten detailliert nachzuzeichnen. Soweit möglich wird dabei versucht, die chronologischen Verflechtungen offenzulegen. Das bedeutet einerseits, dass die Darstellung nur bedingt in chronologischer Form erfolgen kann, um bei der Vielzahl und Komplexität der verhandelten Themen in der Geschichte der Fair-Handels-Bewegung nicht zur Verwirrung statt zur Erhellung beizutragen. Wenn dabei aber andererseits die komplexe Entwicklung dieser sozialen Bewegung nicht oberflächlich vereinfacht wird, kann eine spannende Rekonstruktion der Geschichte der deutschen Fair-Handels-Bewegung erarbeitet werden.

2.1. Entstehungskontext und Gründungsphase der „Aktion Dritte-Welt-Handel"

Fragt man nach der Entstehungsgeschichte des Fairen Handels, so kann deren Beginn für Deutschland ziemlich eindeutig auf das Jahr 1970 datiert werden. Bevor diese Anfänge genauer unter die Lupe genommen werden können, ist es jedoch angeraten, zumindest knapp eine umfassendere Perspektive einzunehmen. Überschreitet man nämlich die Landesgrenzen, so lassen sich frühere Anfänge eruieren, welche wiederum für die Entwicklung in Deutschland nicht ohne Einfluss geblieben sind. Ob die in den USA der 1940er Jahre entstandene Initiative mennonitischer Provenienz, „Handel mit armen Gemeinden im Süden zu treiben" bereits dem Fairen Handel bzw. der Aktion Dritte-Welt-Handel zuzurechnen ist[46] oder doch eher ein „artverwandter" Vorläufer darstellt, lässt sich mangels Informationsmaterial kaum noch eindeutig entscheiden. Ähnliches darf für andere Initiativen beispielsweise von WUS[47] oder etwa im Umfeld missionarischer Gemeinschaften und Orden gelten. Offensichtlicher dagegen erscheint die von der englischen Entwicklungsorganisation Oxfam berichtete Historie, derzufolge deren Direktor Ende der 50er Jahre von einer Hongkong-Reise die Idee mitbrachte, Handwerksprodukte chinesischer Flüchtlinge in Oxfam-Läden zu verkaufen – eine Idee aus der 1964 die Gründung der ersten „Alternativen Importorganisation" resultierte. Parallel dazu entstanden auch in den Niederlanden vergleichbare Initiativen: etwa die Rohrzucker-Kampagne dortiger Dritte-Welt-

---

[45] Sh. hierzu die Aufstellung der bewegungsinternen Publikationsmedien im Literaturverzeichnis.
[46] Vgl. Bowen: „Let's go Fair"!, in: Fair Trade Jahrbuch 2001, 24.
[47] Vgl. Kunz: Dritte-Welt-Läden, 15.

2.1. Entstehungskontext und Gründungsphase der „Aktion Dritte-Welt-Handel"

Gruppen, die bald auch Handwerksprodukte verkauften und woraus sich 1969 die Eröffnung des ersten Weltladens ergab.[48] Die 1967 gegründete Importorganisation S.O.S. Wereldhandel spielte dann auch für den Anstoß in Richtung Deutschland eine entscheidende Rolle.

Natürlich wäre es zu einfach und keineswegs zutreffend, die Entstehung der deutschen Fair-Handels-Bewegung lediglich als einen „Ableger" niederländischer und englischer Vorbilder zu betrachten. Vielmehr vollzieht sich innerhalb der deutschen Gesellschaft – vermutlich parallel zu den Vorgängen in den übrigen europäischen Gesellschaften – ein Entwicklungsprozess der Bewusstwerdung entwicklungspolitischer Fragen, in den die Entstehung der Aktion Dritte-Welt-Handel eingebettet ist und durch den die „Übernahme" jenseits der staatlichen Grenzen gemachter Erfahrungen die eigene Entwicklung unterstützt und ggf. beschleunigt hat.

2.1.1. Kontext Dritte-Welt-Bewegung

Bereits in den 1950er Jahren wurde in der Bundesrepublik Deutschland Entwicklungspolitik und Entwicklungshilfe als politisches Instrument erstmalig aufgegriffen. In der offiziellen Politik mündete dies im Jahr 1961 in der Gründung eines eigenen Bundesministeriums[49], wenngleich doch erst ab der Amtszeit von Erhard Eppler als Bundesminister für wirtschaftliche Zusammenarbeit (1968-1974) das Thema einer entwicklungspolitischen Öffentlichkeits- und Bewusstseinsbildungsarbeit auf die Tagesordnung gehoben werden sollte.[50] Dieser Prozess einer allgemeinen Intensivierung der entwicklungsbezogenen Bildungsarbeit und der entwicklungsbezogenen Tätigkeit überhaupt begann in zeitlicher Nähe zur Enzyklika *Populorum Progressio* Papst Pauls VI. aus dem Jahr 1967, in welcher von oberster kirchlicher Seite auf die Situation der „Dritten Welt" und den sich ergebenden Handlungsbedarf verwiesen wurde. Auch die internationalen wirtschaftspolitischen Vorgänge beförderten diese Bewusstseinsentwicklung. Beispielhaft dafür steht die zweite UNCTAD-Konferenz in Delhi 1968, welche die Entwicklungsländer zur Artikulation ihrer Forderung nach „Trade not Aid" (Handel statt Hilfe) als Strategie für die Entwicklung ihrer Länder nutzten.

Die Wurzeln der „Dritte-Welt-Bewegung" dürfen allerdings nicht allein in dieser Politik „von oben" gesehen werden. Bereits der Algerien-Krieg (1954-62) hatte auch in Deutschland Solidarisierung und Protest ausgelöst und damit mutmaßlich den Auftakt dafür dargestellt, dass Menschen und Gruppen die Politik jenseits der europäischen Grenzen kritisch begleiteten und öffentlich machten. Diese Formen der Solidarisierung fanden in der internationalen Politik fortlaufend neue Nahrung für

---

[48] Vgl. Bowen: „Let's go Fair"!, in: Fair Trade Jahrbuch 2001, 24.
[49] Vgl. Stummann: Aktion Dritte Welt, 5-12.
[50] Zu einem geschichtlichen Abriss der Entwicklungspolitik der deutschen Bundesregierung vgl. Holtz: Abschied von der Gießkanne. Stationen aus 50 Jahren deutscher Entwicklungspolitik.

ihren Protest, in welchem sich auch eine Sympathie für sozialistisch und anti-bürgerlich motivierte Gesellschaftsmodelle artikulierte.[51] In dieser geschichtlichen Entwicklung spielten die kirchlichen Jugendverbände der Bundesrepublik Deutschland in der Nachkriegszeit keine unerhebliche Rolle. Ausgehend von der vom Bund der Deutschen Katholischen Jugend (BDKJ) 1958 erstmals durchgeführten Fastenaktion „Wir fasten für die hungernden Völker der Welt" und dem daraus resultierenden Ruf nach einer Fastenaktion aller Katholiken begründet sich nach Annette Scheunpflug die Gründung des Hilfswerkes Misereor.[52] Parallel dazu resultierte aus den zahlreichen internationalen Kontakten einzelner katholischer Jugendverbände im Jahre 1959 bereits die Gründung des katholischen Personaldienstes AGEH e.V. (Arbeitsgemeinschaft für Entwicklungshilfe) durch den BDKJ zusammen mit fünf seiner Mitgliedsverbände – DPSG, kjg, CAJ, Kolping und KLJB.[53] In den 1960er Jahren etablierte sich daraufhin entwicklungsbezogene Arbeit geradezu zum inhaltlichen Profil der kirchlichen Jugendverbände. Auch auf evangelischer Seite waren in dieser Zeit wichtige einschlägige Aktivitäten etwa in der Arbeitsgemeinschaft Evangelische Schülerschaft (AES), den Pfadfinderverbänden sowie im CVJM zu verzeichnen. Während dieses Engagement „kirchlicher entwicklungsbezogener Jugendbildungsarbeit durch Kontakte und den Willen bzw. die Motivation zur unmittelbaren Hilfe gekennzeichnet" war, erfolgte insbesondere ab Mitte der 1960er Jahre eine verstärkte Politisierung der entwicklungsbezogenen Arbeit, wenngleich in der Jugendverbandsarbeit bereits von Beginn an ein kritischer Impetus die Fragen der Entwicklungshilfe begleitet habe.[54]

2.1.2. Zwischen integrierter und kritischer Aktion

Auf diesem Hintergrund verortet es Franz-Josef Stummann in seiner 1976 erschienenen Fallstudie zur entwicklungspolitischen Bewusstseinsbildung der Jugend, dass sowohl staatliche wie kirchliche Führungsebenen einen Handlungsbedarf sahen, die von ihnen in der Politisierung der Jugend gesehene Kommunismusgefahr zu bändigen: Die bereits 1965 offenbar „von Theoretikern der Jugendpädagogik als attraktiv eingestuft[e]" „Thematik Dritte Welt"[55] sei seitens politischer Funktionäre „als Kanalisationsfaktor zur Beseitigung des Jugendproblems einzusetzen" beabsichtigt worden[56], um damit eine den Interessen der jungen Generation entsprechende Integration in das demokratische und politische System zu verfolgen. Seitens der Kirche (beispielsweise von dem Jesuitenpater und Jugendarbeitsexperten Roman

---

[51] Vgl. dazu Balsen: Hoch die internationale Solidarität.
[52] Scheunpflug: Die Geschichte der entwicklungsbezogenen Bildungsarbeit, 15. Die Autorin weist hier darauf hin, dass dieser Gründungsumstand des Hilfswerkes von diesem selbst kaum Erwähnung finde.
[53] Vgl. Scheunpflug: Die Geschichte der entwicklungsbezogenen Bildungsarbeit, 12.
[54] Scheunpflug: Die Geschichte der entwicklungsbezogenen Bildungsarbeit, 17.
[55] Stummann: Aktion Dritte Welt, 22.
[56] Stummann: Aktion Dritte Welt, 24.

2.1. Entstehungskontext und Gründungsphase der „Aktion Dritte-Welt-Handel"

Bleistein[57]) sei parallel dazu das Dritte-Welt-Engagement als Möglichkeit verstanden worden, den Jugendlichen einen Ansatz zum Verbleib im kirchlichen Kontext anzubieten und sie für ein soziales Engagement zu gewinnen. Stummann resümiert: „Unübersehbar ist ab 1968 jedenfalls die Fülle von Stellungnahmen, Forderungen und Anregungen von Politikern und Kirchenfunktionären, die Unruhe unter der Jugend positiv zu nutzen und durch einen verstärkten Aufruf zum Engagement für die Entwicklungshilfe als 'Investition in die eigene Gesellschaft' zu gewinnen."[58] Für die kirchlichen Jugendverbände habe sich damit eine Chance geboten, ihre „Progressivität und moralische Integrität" der Jugend gegenüber unter Beweis zu stellen und damit ihren Einfluss auf die Jugend und ihre Attraktivität für Jugendliche zu wahren.[59] Die Einrichtung des „Entwicklungspolitischen Arbeitskreises von aej und BDKJ" im Februar 1970 darf jedenfalls als Ausdruck dafür gelten, dass die entwicklungspolitische Thematik in der kirchlichen Jugendarbeit beider großer Konfessionen eine nicht hintergehbare Relevanz besessen hatte.[60]

Von diesen Wahrnehmungen ausgehend skizziert Stummann eine viel sagende Landkarte der Dritte-Welt-Bewegung, welche bis heute als Orientierungsrahmen für die bundesdeutsche Dritte-Welt-Szene gelten kann und welche auch hinsichtlich der Einordnung und Charakterisierung des Fairen Handels hilfreich erscheint und interessante Schlüsse ermöglicht. So unterscheidet Stummann zwischen einer „Integrierten Aktion Dritte Welt" und einer „Kritischen Aktion Dritte Welt": Die „Integrierte Aktion Dritte Welt" zielt dieser Differenzierung zufolge ab auf „die Integration jugendlicher Gruppen in die Öffentlichkeitsarbeit der Hilfswerke und der Bundesregierung. Die Aktionen intendieren nicht Veränderung oder Protest, sondern Zustimmung zur Tätigkeit der Entwicklungshilfe-Institutionen und unterstützende Werbung für diese."[61] Die „Kritische Aktion Dritte Welt" demgegenüber wird von Stummann in einer kritischen Distanz zu Kirchen und Regierung verortet und verstehe ihre „Aktion" nicht als sozial-caritativ, sondern sie strebe eine „Neue Gesellschaft" an, die sich aus „richtigem Bewusstsein" und „richtigem Handeln" ableite. Insofern nähmen Informationsvermittlung und publizistische Tätigkeit eine hervorgehobene Stellung ein.[62]

---

[57] Vgl. Stummann: Aktion Dritte Welt, 22 (Fußnote 91).
[58] Stummann: Aktion Dritte Welt, 22f.
[59] Stummann: Aktion Dritte Welt, 54.
[60] Der Entwicklungspolitische Arbeitskreis von aej und BDKJ (EPA) stellt die erste ökumenische Arbeitsform dar, deren Einzigkeit darin bestand, dass die beiden Träger-Jugenddachverbände in ihren eigenen Reihen auf die Errichtung eines internen Arbeitskreises zu diesem Themenkreis verzichteten. Vgl. dazu umfassend Scheunpflug: Die Geschichte der entwicklungsbezogenen Bildungsarbeit, 26-29.
[61] Stummann: Aktion Dritte Welt, 109.
[62] Stummann: Aktion Dritte Welt, 169, 286. – In eine ähnliche Richtung weist die Differenzierung von Holzbrecher von 1978, für den es in der „Struktur der Dritte-Welt-Aktionsgruppenbewegung … neben den Gruppen, die ihre Arbeit mehr oder weniger explizit im Kontext einer antikapitalistischen Gesamtstrategie begreifen … vor allem solche [gibt] die sich inhaltlich z.T. stark auf Welthandelsprobleme beziehen und soziologisch gesehen durch z.T. starke kirchliche Bindungen

2. Geschichte der Fair-Handels-Bewegung in Deutschland

Pointierend könnten sich beide Strömungen dadurch voneinander abgrenzen lassen, dass die „Integrierte Aktion Dritte Welt" – auf dem Hintergrund der Arbeit von Missionaren oder Hilfswerken – eine Mikroperspektive einnehme, d.h. sich der „Dritten Welt" durch konkrete Projektbeschreibungen annähere und in ihren Aktionen auf praktische Unterstützung der Projekte ausgerichtet sei, während die „Kritische Aktion Dritte Welt" aus einer Makroperspektive heraus agiere, d.h. Länderanalysen und Strukturdaten auf ihre entwicklungshemmenden Faktoren überprüfe, globale Zusammenhänge aufzeige sowie politische Lösungen einfordere.[63]
Ein erster Blick in die Gründungsgeschichte der Aktion Dritte-Welt-Handel lässt zunächst eine Zuordnung des Fairen Handels zu der „Integrierten Aktion" plausibel erscheinen, liegen doch die Wurzeln in der kirchlichen Jugendarbeit und sind die kirchlichen Hilfswerken doch sehr früh bereits eingebunden gewesen. Als Indiz dieser Zugehörigkeit wäre auch die bis heute tragende Rolle der Jugendverbände und kirchlichen Hilfswerke für den Fairen Handel in ihren vielfältigsten Funktionen heranzuziehen, wie dies in der folgenden geschichtlichen Aufarbeitung noch detaillierter zu beschreiben sein wird. Auch die nach wie vor wichtige Rolle kirchlicher Verkaufsgruppen würde diese Zuordnung stützen. Insofern scheint es zutreffend zu sein, wenn Stummann damals eine klare Einordnung der Aktionen des Dritte Welt Handels in diesem Sinne vornahm. Aufschlussreich auf dem Hintergrund seiner Kategorisierung und Einordnung ist auch eine Debatte in den „blättern des iz3w" vom Februar 1977, eines von der den „Kritischen Gruppen" zuzurechnenden „Aktion Dritte Welt Freiburg" herausgegebenen Informationsorgans. Aus der Sicht dieser Gruppe werden hier die „Widersprüche dieses Konzepts [gemeint ist die Aktion Dritte-Welt-Handel; MR] und die Fehler, die daraus in der Praxis [der Verkaufsgruppen; MR] entstehen" massivst hinterfragt und mit der „politischen Praxis unserer Gruppe" kontrastiert, welche zwar „nicht als die einzig mögliche und einzig richtige" bezeichnet, jedoch sichtlich als der bessere Ansatz dargestellt wird.[64]
Obwohl eine solche Schematisierung und Typisierung (Kritische Aktion, Integrierte Aktion) der individuellen Charakteristik einzelner Initiativen und Akteure natürlich nur bedingt gerecht zu werden vermag[65], so bietet Stummann mit diesem Grundriss der Dritte-Welt-Bewegung doch ein wichtiges Interpretament gerade auch zum Verständnis von Prozessen und Entwicklungen in der Geschichte der Fair-Handels-Bewegung und ihres Umfeldes.[66] Dieser Grundriss erscheint dabei nicht nur als eine

---

[63] gekennzeichnet sind." Letztere würden sich zumeist am Modell der „Aktion Dritte Welt Handel" orientieren. Holzbrecher: Dritte Welt-Öffentlichkeitsarbeit als Lernprozeß, 184.
Stummann: Aktion Dritte Welt, 254f.
[64] [Merk, Bernhard]: A3WH: Kritik eines „entwicklungspolitischen Modells", 28.
[65] Zu beachten ist bei aller Gegenüberstellung, dass auch die Kritischen Gruppen finanziell stark von kirchlicher Förderung abhiengen (vgl. Stummann: Aktion Dritte Welt, 207f) bzw. an – gerade auch kirchliche – jugendverbandliche Strukturen locker angebunden waren (vgl. 182).
[66] Diese Schematisierung bietet auch eine Erklärung dafür, warum bis heute der Ansatz des Fairen Handels in bestimmten Teilen der Dritte-Welt-Bewegung weitgehend ignoriert oder vorwiegend kritisch-ablehnend thematisiert wird.

2.1. Entstehungskontext und Gründungsphase der „Aktion Dritte-Welt-Handel"

Momentaufnahme der 1960er und beginnenden 1970er Jahre, sondern stellt sich gewissermaßen auch über den Lauf der Zeit hinweg als ein Kontinuum in der Struktur dieser Bewegung dar. Allerdings läuft eine solch schematisierende Vorgehensweise Gefahr, zum (normativen) Maßstab der freien Natur der Dritte-Welt-Bewegung stilisiert zu werden. Dies betrifft auch die Frage nach der Platzierung des Fairen Handels in diesem Erklärungsmodell. Entgegen der von Stummann recht eindeutig vertretenen Zuordnung der Aktion Dritte-Welt-Handel zur „Integrierten Aktion" muss nämlich auch für die Fair-Handels-Bewegung ein heterogenes Bild in Anschlag gebracht werden. Dabei gilt es, der Fair-Handels-Bewegung und ihrer Entwicklung seit Beginn der 1970er Jahre die gesamte Bandbreite der Stummannschen Landkarte zugrunde zu legen und sie nicht von vornherein auf einen Kartenausschnitt zu begrenzen. Denn: auch von „Kritischen Gruppen" wurden Dritte-Welt-Waren verkauft und auch von A3WH-Gruppen wurden weltwirtschaftliche und handelspolitische Zusammenhänge reflektiert und Bewusstseinsbildungsarbeit geleistet.

Die im folgenden versuchte Beschreibung der historischen Entwicklung der Aktion Dritte-Welt-Handel beabsichtigt, die Fair-Handels-Bewegung unter diesem Interpretament zu sehen und zu verstehen: Die Unterscheidung von „Kritischer Aktion" und „Integrierter Aktion" nach Stummann wird daher gerade auch in ihrer interpretatorischen Funktion und nicht als Ergebnis empirischer Beschreibung verstanden. Das heißt: im Sinne der These von der „Integrierten Aktion" ist die Fair-Handels-Bewegung in ihrer kirchlich-christlichen Einbettung wahrzunehmen – wie sie ebenso gemäß der These von der „Kritischen Aktion" in ihren gesellschafts- und konsumkritischen Anteilen zu würdigen ist.

2.1.3. Anfänge der „Aktion Dritte-Welt-Handel"

Unmittelbarer Hintergrund[67] der Initiative zu Verkaufsaktionen waren die Erfahrungen rund um die Hungerproblematik der Entwicklungsländer: In den kirchlichen Hilfswerken, die über Jahre hinweg mit Bildern hungernder Menschen eine wachsende Spendenbereitschaft hatten auslösen können, waren ab Mitte der 1960er Jahre erste Anzeichen einer nachlassenden Wirkkraft dieses „Hunger-Motivs" zu erkennen. „Eine langfristige Entwicklungskonzeption war ebensowenig vorhanden, wie ein pädagogisches Konzept für entwicklungspolitische Bewußtseinsbildung."[68] Das Engagement der Hilfswerke war in die Kritik der jüngeren Generation geraten, woraus sich eine kontinuierliche entwicklungsbezogene Informationsarbeit zu entwickeln begann. Die ebenfalls an die Spendenmentalität gewöhnten Jugendorganisa-

---

[67] Die Anfangszeit der Aktion Dritte Welt Handel ist in der Studie von Ernst Schmied ausführlich dokumentiert. Für die nachfolgende Beschreibung dieses Zeitraumes ist diese Studie im Sinne einer Materialquelle von unschätzbarem Wert. Deren Anliegen war es, auf dem Hintergrund der Beschreibung des geschichtlichen Entwicklungsprozesses die entwicklungspädagogischen und entwicklungspolitischen Leistungen der Aktion Dritte Welt Handel zu überprüfen. Vgl. Schmied: Die „Aktion Dritte Welt Handel".

[68] Schmied: Die „Aktion Dritte Welt Handel", 25; Vgl. im Folgenden: 25-27.

2. Geschichte der Fair-Handels-Bewegung in Deutschland

tionen taten sich offenbar schwer, Aktionen mit sachgerechter entwicklungspolitischer Information zu verbinden. Mit dem Verkauf von „Minibrot" und „Reis-Rationen" oder der Sammlung von Altkleidern initiierte die Katholische Landjugendbewegung nach den Angaben Schmieds im Arbeitsjahr 1969/70 Aktionen, die einerseits der Finanzierung von Entwicklungsprojekten dienten, andererseits aber auch Aufklärungsarbeit leisten wollten: „Den Brot- und Reispackungen wurden Projektinformationen beigefügt. Das Gespräch mit dem Käufer sollte zur 'Bewußtseinsbildung' beitragen."[69] Diese Verkaufsaktionen, Basare des CVJM Memmingen, die Verkaufsaktionen des „Ökumenischen Arbeitskreises Entwicklungshilfe" im Raum Hildesheim im Advent 1969 und weitere lokale Initiativen stellten die unmittelbaren praktischen Vorläufer der „Aktion Dritte-Welt-Handel" in Deutschland dar.

Bis zum ersten Aufruf zu dieser Aktion sollte jedoch erst noch ein „Zwischenereignis" Bedeutung bekommen: Der Hungermarsch 1970. Aus dem angelsächsischen Raum wurde hier das von der FAO, der UN-Organisation für Ernährung und Landwirtschaft, erprobte Handlungsmodell „Miles for Millions" aufgegriffen.[70] Im Dezember 1969 hatte – nach einigen lokalen Aktionen in der Bundesrepublik Deutschland – die Arbeitsgemeinschaft der Evangelischen Jugend in Deutschland[71] ihre Mitglieder zur Unterstützung der für Mai 1970 geplanten Hungermärsche aufgerufen und ihrer Geschäftsstelle überregionale Koordinierungsaufgaben übertragen. Mit dem im Februar 1970 gegründeten Entwicklungspolitischen Arbeitskreis von aej und BDKJ wurde eine Basis geschaffen, der es gelang, vom 23. Mai 1970 an in siebzig bundesdeutschen Städten insgesamt rund 30.000 vor allem junge Menschen zu mobilisieren. Dabei waren die Teilnehmer/innen mit Informationsmaterialien der kirchlichen Hilfswerke, des BMZ sowie anderer Organisationen versorgt worden. Das Infopaket beinhaltete auch Forderungen gegenüber der Bundesregierung; allerdings wurde dieser Forderungskatalog von kritischen Gruppen wegen „Mangel an Progressivität" und „naiv-humanitäre[n ...] und unpolitische[n] Ambitionen" abgelehnt. Dies wurde auch als Grund angeführt, warum sich diese weigerten, an der Aktion teilzunehmen.[72]

Zu den Motiven der Hungermarschierer hatten die Erzeugung und Anhebung des Problembewusstseins, politische Willensbekundung sowie die Projektfinanzierung gehört.[73] Hinsichtlich der Motivation und Bewertung dieser Aktionen spricht Schmied von einer „neue[n] Sicht von Weltverantwortung des Christen", was als „ebenso neu ... wie 'progressiv' verstanden" worden sei.[74] Die damals formulierten

---

[69] Vgl. Schmied: Die „Aktion Dritte Welt Handel", 27.
[70] Seit 1969 hatten derartige Veranstaltungen in Neuseeland, Australien und England stattgefunden. Sh. Schmied: Die „Aktion Dritte Welt Handel", 58 (Fußnote 1).
[71] Abgekürzt: aej. Zu Beginn der 1970er war auch die Abkürzung AGEJD noch geläufig.
[72] Vgl. Schmied: Die „Aktion Dritte Welt Handel", 60, mit Bezug auf Kirchner: Hungermarsch – ein Scheinerfolg? 5, 8.
[73] Vgl. Schmied: Die „Aktion Dritte Welt Handel", 60, unter Berufung auf Pioch: Latsch in – oder Bewußtseinsolympiade?
[74] Vgl. Schmied: Die „Aktion Dritte Welt Handel", 61.

2.1. Entstehungskontext und Gründungsphase der „Aktion Dritte-Welt-Handel"

politischen Forderungen haben zwar durchaus Eingang in parlamentarische Befassungen und Minister-Erklärungen gefunden, wenngleich einzelne Forderungen – etwa die nach einem 0,7%-Anteil von Entwicklungshilfeleistungen am Bruttosozialprodukt – selbst 30 Jahre später noch Anlass zu Kampagnen der entwicklungspolitischen Szene in Deutschland sind.[75]

2.1.4. Die Initiative zur Aktion Dritte-Welt-Handel und erste konzeptionelle Festlegungen

Auf dem Hintergrund dieser Hungermarscherfahrungen brachte Ernst-Erwin Pioch vom Ökumenereferat der Evangelischen Jugend am 8. Juni 1970, also unmittelbar nach den Hungermarsch-Tagen, eine „Problemskizze zur Gründung einer Aktionsgemeinschaft Dritte-Welt-Handel" in den noch jungen Entwicklungspolitischen Arbeitskreis ein, welche zunächst nur zur Information und Meinungsbildung der Mitglieder des Gremiums gedacht war. Das darin skizzierte Handlungsmodell war im Rückgriff auf Erfahrungen aus Holland erstellt worden und grenzte sich damit von ähnlichen, aber v.a. auf „Spendengewinnung ohne bewusstseinsbildenden Effekt" zielende Modelle aus England ab. „Ausgehend von der Feststellung, daß das Hauptproblem der Entwicklungshilfe in den vergangenen Jahren als Welternährungsproblem beschrieben worden sei und sowohl in der staatlichen wie kirchlichen Entwicklungshilfe hier ein wichtiger Akzent gesetzt worden sei, werden nach der Lösung des Welternährungsproblems das Weltbeschäftigungsproblem und die 'ungerechten Welthandelsstrukturen' als vorrangig zu lösende Probleme angesprochen."[76] Die Idee des Dritte-Welt-Handels biete Ansatzpunkte, das Interesse der Bevölkerung auf diese Fragestellungen zu lenken. Als besondere Aufgaben wurden in dieser ersten Skizze a) Bewusstseinsbildung, b) die Eröffnung von Märkten für kleinere Produktionsgenossenschaften, die unter Absatzschwierigkeiten leiden sowie c) die Weckung von Interesse in den Entwicklungsländern am europäischen Markt und Information über die Marktchancen genannt. Als weiteres Merkmal für das vorgeschlagene Modell wird die Kopplung von Information und Verkauf eingebracht: „Der Verkauf von Waren aus der Dritten Welt soll jeweils mit einer Information über das Herkunftsland, über sozio-ökonomische Verhältnisse und über den herstellenden Betrieb und die Menschen, die in ihm arbeiten, verbunden sein."[77]
Von Beginn an war dabei an unterschiedliche Vertriebskanäle gedacht: entwicklungspolitische Gruppen, die auf Bazaren und Straßenständen die Produkte verkaufen könnten, sowie Läden, Boutiquen und Versandhandel.[78] Dabei wird von einem „Mo-

---

[75] Vgl. die Kampagne „Pro 0,7" des VENRO (Verband Entwicklungspolitik Deutscher Nicht-Regierungs-Organisationen) anlässlich der Bundestagswahl 2002.
[76] Schmied: Die „Aktion Dritte Welt Handel", 64f.
[77] Pioch, Problemskizze zur Gründung einer Aktionsgemeinschaft Dritte Welt-Handel, 3.8.1970 (Manuskript), S. 2. – zitiert nach Schmied: Die „Aktion Dritte Welt Handel", 65.
[78] Schmied: Die „Aktion Dritte Welt Handel", 65f

2. Geschichte der Fair-Handels-Bewegung in Deutschland

dell" gesprochen, welches darzustellen in der Lage sei, „in welcher Weise Handelsbeziehungen zwischen Ländern der Dritten Welt und Industrienationen aufgebaut werden können, Handelsbeziehungen, die nicht diskriminierender Art sind, und die die Arbeit der Dritten Welt nicht ausbeuten".[79]

Aus dieser Problemskizze und der Befassung damit im Entwicklungspolitischen Arbeitskreis folgte am 20. Juli 1970 ein erstes Zusammentreffen einer „Projektgruppe 3. Welt-Handel"[80], bei der für die beabsichtigte Aktion die Möglichkeiten der Ausstattung der Bazare und „Verkaufsausstellungen" mit Waren durch die holländische S.O.S.-Stiftung besprochen wurde.[81] Bei einem zweiten Treffen am 3. September 1970 erfolgte in Fortführung der Problemskizze von Pioch eine erneute inhaltliche und konzeptionelle Auseinandersetzung über die Aktion. Hier wurde die Abgrenzung gegenüber dem Hunger-Motiv erneuert und das Modell als eine „zukunftsweisende Bewusstseinsbildung" charakterisiert: „‚Entwicklungspolitik als Problem der Weltwirtschaft, der Handels- und Zollpolitik, der Schaffung von Arbeitsplätzen in der Dritten Welt im Sinne einer Weltarbeitsteilung' darzustellen", galt als neuartiger Ansatz.[82]

Dadurch sollten auch die entwicklungspolitischen Forderungen aus den Hungermarschgruppen wiederum artikuliert werden können: „Mit dieser Aktion schaffen wir gleichzeitig eine Ausgangsposition, um Willensbekundungen zu entwicklungspolitischen Fragen auf einer breiten Basis zu sammeln und an die entsprechenden politischen und gesellschaftlichen Kräfte zu richten", formuliert die Problemskizze von Pioch abschließend.[83]

Der Text von Pioch hebt in Anlehnung an das Selbstverständnis der holländischen S.O.S.-Stiftung vor allem drei Grundsätze hervor:
- die Beschränkung auf Produkte kleiner Genossenschaften ohne Marktchancen, um deren Existenzminimum durch Festpreise zu sichern

---

[79] Pioch, Problemskizze, 2f – zitiert nach Schmied: Die „Aktion Dritte Welt Handel", 67.
[80] Daran beteiligt waren Vertreter der Arbeitsgemeinschaft der Evangelischen Jugend (AGEJD, später aej), der Wirtschaftsstelle Evangelischer Missionsgesellschaften in Hamburg (WEM), des Deutschen Entwicklungsdienstes (DED), der Hilfswerke Misereor und Brot für die Welt und zweier privater Initiativgruppen.
[81] Die holländische S.O.S.-Stiftung (Stichting Ontwikkelings-Samenwerking – Stiftung Entwicklung und Zusammenarbeit) in Kerkrade an der dt.-holl. Grenze, unweit von Aachen, war aus einer Gruppe der Katholischen Volkspartei hervorgegangen. Partei und Stiftung lösten sich bereits 1960 voneinander. Bis 1967 sammelte die S.O.S. Spenden ein und unterstützte drei Projekte „die als Versuche genossenschaftlicher Selbsthilfe von katholischen Missionsstationen bezeichnet werden können". Ab 1967 begann die S.O.S. gezielt, kunstgewerbliche Artikel zu importieren. Die Idee der Weltläden (Wereldwinkels) wurde in Holland 1969 geboren – sie boten sich dann für den Verkauf der von S.O.S. importierten Waren an. Vgl. Schmied: Die „Aktion Dritte Welt Handel", 43-46.
[82] Schmied: Die „Aktion Dritte Welt Handel", 69.
[83] Pioch: Problemskizze, 5 – zitiert nach Schmied: Die „Aktion Dritte Welt Handel", 70.

2.1. Entstehungskontext und Gründungsphase der „Aktion Dritte-Welt-Handel"

- die Durchführung von „Verkaufsausstellungen" durch entwicklungspolitische Gruppen und Friedensmarsch-Komitees, woraus langfristig auch Dritte-Welt-Läden entstehen könnten
- eine Begrenzung auf kunstgewerbliche Produkte, wenngleich sie in ihrer bewusstseinsbildenden Funktion gegenüber Konsumgütern schwerer vermittelbar seien.[84]

So wurden ab September 1970 die ersten Verkaufsausstellungen und Basare durchgeführt. Die Resonanz der Gruppen vor Ort muss insgesamt groß gewesen sein. Bereits Ende Oktober beriet der Initiativkreis über die Einrichtung zweier weiterer Auslieferungslager und das Angebot von standardisierten Warenpaketen, um die Abwicklung der Warenversorgung zu vereinfachen. Zentrale Verantwortlichkeiten für die gesamte Aktion übernahmen an diesem Punkt Ernst-Erwin Pioch vom Ökumenereferat der AGEJD in Stuttgart sowie Erwin Mock von der Öffentlichkeitsabteilung von Misereor in Aachen.[85]

Zwei Grundprobleme der Aktion Dritte-Welt-Handel kristallisierten sich offenbar bereits im ersten Jahr heraus: zum einen drängte sich die Frage nach dem Verhältnis von Bildungsarbeit und Verkauf auf, zum anderen mussten Fragen hinsichtlich der zu unterstützenden Entwicklungsprojekte geklärt werden. Angesichts geringer Rückmeldungen aus den teilnehmenden Gruppen sah sich der Leitungskreis veranlasst, Auswertungsseminare durchzuführen, um die Erfahrungen und Probleme der Gruppen artikulieren zu helfen, aber auch um „dem Trend zum 'Verkaufserfolg' bei immer geringerer Information des Käufers entgegen[zu]wirken."[86] Auch wegen zunehmender Anfragen zur rechtlichen und steuerlichen Stellung der Verkaufsausstellungen seitens der Gruppen, wurde auf Initiative des Entwicklungspolitischen Arbeitskreises im Oktober eine „Arbeitsgruppe Pädagogik" eingerichtet, welche am 29. Januar 1971 ihre Arbeit aufnahm und die aus Vertretern von AGEJD (Pioch), Misereor (Mock), BDKJ (Neyer) und der Ev. Schülerarbeit (de Vries) bestand. Diese Arbeitsgruppe nahm erneut eine Präzisierung der Aufgabe der Aktion Dritte-Welt-Handel vor und nannte drei Ziele. Aufgrund der weitergehenden Debatten darf hinter der vorliegenden Reihenfolge auch eine Prioritätensetzung angenommen werden:

„1. Die Aktion will über die Probleme der Dritten Welt informieren und zugunsten der Dritten Welt motivieren durch das Mittel des Verkaufes von Waren aus der Dritten Welt.
2. Die Aktion will marginalen Gruppen einen Absatz auf dem europäischen Markt erschließen und dadurch den Zusammenschluß zu Genossenschaften fördern.
3. Mit den entstehenden Gewinnen sollen Entwicklungsprojekte gefördert werden."[87]

---

[84] Vgl. Schmied: Die „Aktion Dritte Welt Handel", 69f.
[85] Schmied: Die „Aktion Dritte Welt Handel", 71-72.
[86] Schmied: Die „Aktion Dritte Welt Handel", 72.
[87] Schmied: Die „Aktion Dritte Welt Handel", 73.

2. Geschichte der Fair-Handels-Bewegung in Deutschland

Schmied spricht an dieser Stelle bereits davon, dass hier eine deutlich klarere Zielvorstellung der Aktion zu Tage trete, als dies beim holländischen Vorbild S.O.S. erkennbar sei und erläutert, dass die „entwicklungspädagogische Zielsetzung ... deutlich in den Vordergrund gerückt" sei.[88] Dies hat dann auch Pioch am 5. Mai 1971 in einem Rundschreiben an alle bisher beteiligten Gruppen kommuniziert, in dem er sowohl auf die zurückliegende Debatte verweist als auch die eindeutige Entscheidung zugunsten der pädagogischen Aktion und gegen eine Vorrangigkeit des Verkaufs erläutert:

> „Wir sind der Meinung, daß die Aktion Dritte Welt Handel sich in erster Linie als eine Aktion der Bewußtmachung der neokolonialistischen Tendenzen des Welthandels verstehen sollte. Sie will eindeutig politisch Stellung nehmen und zur politischen Stellungnahme aufrufen. Der Verkauf von Waren ist ein pädagogisches Medium, um Information an den Mann zu bringen."[89]

Abschließend stellt er die Teilnahme an einer internationalen Rohrzucker-Kampagne für den Herbst desselben Jahres in Aussicht, welche die politischen Anliegen besser artikulieren helfe.

Auch das zweite Grundthema hatte die Arbeitsgruppe Pädagogik beschäftigt. Nach deren Beratung wurden die vier Kriterien, welche der Leitungskreis bereits am 12. Januar 1971 aufgestellt hatte, in einzelnen Punkten etwas präzisiert, jedoch in keiner Weise grundlegender korrigiert. Diese umfassen: Die Eignung der Projekte, um „aufzuzeigen, daß die ungerechten Handelsstrukturen die Länder aus der Dritten Welt benachteiligen", ihre Eignung, den Zusammenschluss benachteiligter Gruppen im Sinne des Selbsthilfegedankens zu fördern, die finanzielle Bewältigbarkeit der Finanzierung durch die Aktion Dritte-Welt-Handel sowie die leichte Darstellbarkeit anhand schriftlichen oder audio-visuellen Materials.[90] Deutlich wird daran: Die Kriterien beziehen sich auf die Projektauswahl der Partner in Übersee ausgehend von den Bedürfnissen der Gruppen bzw. der Aktion in Deutschland. Jenseits der Selbstverständlichkeit, dass die Projekte Unterstützung benötigen, wird jedoch nicht von den Bedürfnissen der Projekte aus argumentiert.

2.2. Die Entstehung pädagogischer und wirtschaftlicher Strukturen

Nachdem der Anstoß zur Aktion Dritte-Welt-Handel gegeben und die Beteiligung der Gruppen von Anfang an groß war, drängten sich schnell auch organisatorische Fragen in den Vordergrund. Von Beginn der Aktion an war damit gerechnet worden,

---

[88] Schmied: Die „Aktion Dritte Welt Handel", 73 (Fußnote 3).
[89] Schreiben des Ökumenischen Referates der AGEJD vom 5.5.1971, S. 2 – zitiert nach Schmied: Die „Aktion Dritte Welt Handel", 75f.
[90] Vgl. Protokoll der Sitzung der Arbeitsgruppe Pädagogik vom 29.10.1971, S. 2 – zitiert nach Schmied: Die „Aktion Dritte Welt Handel", 74.

2.2. Die Entstehung pädagogischer und wirtschaftlicher Strukturen

auf das bereits vorhandene Produktangebot der niederländischen S.O.S. zurückgreifen zu können. Im Herbst 1970 wurde die Einrichtung von regionalen Auslieferungslagern beschlossen, die schließlich bei der Wirtschaftsstelle Evangelischer Missionsgesellschaften (WEM) in Hamburg, in Frankfurt (dem ehemaligen Sitz des Hungermarschkommitees) sowie in Stuttgart entstanden. Das Ökumenereferat der AGEJD in Stuttgart übernahm die Rolle einer Zentralstelle – über dieses sowie über Erwin Mock von Misereor sollten die Kontakte zu S.O.S. laufen. Bereits im Februar 1971 wurden Vertreter aus dem Leitungskreis der deutschen Aktion Dritte-Welt-Handel in den Vorstand der holländischen S.O.S. berufen, um die Zusammenarbeit zu gewährleisten und aus holländischer Sicht einen Impuls für eine weitergehende Internationalisierung der S.O.S. zu setzen. Die – wie ersichtlich – steigende wirtschaftliche Verantwortung stellte die Frage nach den Verantwortungsstrukturen für die Aktion Dritte-Welt-Handel, insofern die beiden Jugendorganisationen die Gesamtverantwortung abgeben und der Arbeitsgruppe Pädagogik übertragen wollten[91] und somit einen Leitungskreis etablieren. Die vorhandene Struktur, nach der die Gruppen ihre Waren in den Auslieferungslagern und die Informationsmaterialien in der Stuttgarter Zentralstelle beziehen konnten, wurde als ungünstig erlebt und eine Zusammenlegung dieser Aufgaben ins Auge gefasst.

2.2.1. Der verworrene Weg zur Gründung des A3WH e.V. und der GEPA

Die große Resonanz bei den deutschen Gruppen hatte bereits im 4. Quartal 1971 die S.O.S. in Lieferschwierigkeiten gebracht, so dass der Leitungskreis der A3WH sich genötigt sah, am 2. November 1971 eine Kooperationsvereinbarung zu schließen: die S.O.S. erhielt den Status einer alleinigen Importorganisation, die Wirtschaftsstelle Evangelischer Missionsgesellschaften in Hamburg, die seit Beginn der A3WH eingebunden war, konnte als Auslieferungslager für den norddeutschen Bereich fungieren und war der Kooperationsvereinbarung gemäß zugleich Durchgangsstelle für die übrigen regionalen Auslieferungslager.[92] Die S.O.S erlangte somit sowohl in wirtschaftlich-technischer Hinsicht als auch hinsichtlich des Kontakts zu den überseeischen Produzenten einen exklusiven Status, während die WEM auf die von ihr gewünschte Importfunktion verzichten musste. Die im Sommer 1972 artikulierte Unzufriedenheit mit vorgenannter Kooperationsvereinbarung brachte daher erneut das Spannungsfeld von wirtschaftlicher und pädagogischer Seite zum Ausdruck, diesmal jedoch im Sinne einer Kritik, den wirtschaftlichen Anforderungen nicht gerecht zu werden, welche um des (technischen) Funktionierens der Aktion willen erforderlich wären.[93] Der in diesem Zusammenhang vom Geschäftsführer der WEM

---
[91] Vgl. Protokoll Arbeitsgruppe Pädagogik, Düsseldorf 16.3.1971 – zitiert nach Schmied: Die „Aktion Dritte Welt Handel", 75.
[92] Vgl. Schmied: Die „Aktion Dritte Welt Handel", 79.
[93] Schmied: Die „Aktion Dritte Welt Handel", 80.

2. Geschichte der Fair-Handels-Bewegung in Deutschland

vorgeschlagene Weg, „ein Unternehmen ins Leben zu rufen, das nach rein kaufmännischen Gesichtspunkten arbeitet", zielte auf eine Organisation, die den gewöhnlichen Einzelhandel („Boutiquen, Kaufhäuser und Handelsketten") beliefern würde und „nebenher" den Vertriebsweg über die Aktionsgruppen weiterbedienen solle, deren Schwerpunkt jedoch in der Bewusstseinsbildung gesehen wurde.[94]
Die Reaktion des Leitungskreises der A3WH formulierte demgegenüber den Vorrang der Bildungs- und Bewusstseinsaktion als das Hauptanliegen der Jugendverbände, welche „die Last der wirtschaftlichen Seite mit in Kauf und mit in ihre Verantwortung" nähmen.[95] Obwohl der WEM vor allem hinsichtlich der kaufmännischen Aufgaben der Aktion Dritte-Welt-Handel im Blick auf eine geplante GmbH-Gründung in Deutschland die weitere Mitarbeit angeboten wurde, entschied sich die WEM zur Beendigung dieser Zusammenarbeit, was auch die Auflösung des Hamburger Auslieferungslagers im Frühjahr 1973 und somit Versorgungsnöte für die norddeutschen Aktionsgruppen zur Folge hatte.[96]
All diesen Vorgängen bereits vorausgegangen waren Diskussionen im Leitungskreis der A3WH nach deren Rechtsform in Deutschland. Während die holländische S.O.S. an einer Internationalisierung ihrer Stiftung interessiert war, entschied der Leitungskreis sich jedoch für ein eigenes Modell. In der Sitzung am 5. Mai 1972 wurde einerseits die Gründung eines Vereins „Aktion Dritte Welt Handel e.V." für die Aufgabe der Bewusstseinsbildung als auch einer eigenen GmbH beschlossen. Gesellschafter sollten mit je gleichen Teilen die (evangelische) WEM, die (katholische) Begeca[97], die S.O.S. sowie der soeben beschlossene Verein sein. Diese GmbH sollte Importe durch die S.O.S. sowie durch andere Partner über die bisherigen Auslieferungslager an die Aktionsgruppen vertreiben sowie Bewusstseinsbildungsarbeit betreiben.[98]
Die avisierte und beschlossene Vereinsgründung wurde durch die GmbH-Gründung zunächst einmal in den Hintergrund gedrängt und löste zudem die Diskussion um die Beteiligung der Aktionsgruppen aus. Ein von einer Wormser Gruppe entworfenes „Demokratisierungsmodell" schlug die Gründung von vier Regionalkonferenzen vor, welche Mitglieder in die Mitgliederversammlung des e.V. entsenden sowie in finanziellen wie pädagogischen Fragen die Auslieferungslager unterstützen sollten.[99] So kam es erst am 4. Mai 1974 zur Gründungsversammlung, in der eine Zusammensetzung aus je zwei Vertretern der fünf geplanten Regionalkonferenzen, bis zu acht

---

[94] Schreiben des Geschäftsführers der WEM vom 14.7.1972, zitiert nach Schmied: Die „Aktion Dritte Welt Handel", 81 – Dieser Vorschlag dürfte in etwa dem Firmenprofil der GEPA nach der „Handelsausweitung" entsprechen.
[95] Schreiben von Harry Neyer vom 30.8.1972 an die WEM, zitiert nach Schmied: Die „Aktion Dritte Welt Handel", 83.
[96] Schmied: Die „Aktion Dritte Welt Handel", 83f.
[97] Beschaffungsgesellschaft mBH für kirchliche, caritative und soziale Vorhaben in Missionsgebieten und Entwicklungsländern, Aachen – ein 100%iges Tochterunternehmen des Bischöflichen Hilfswerkes Misereor.
[98] Schmied: Die „Aktion Dritte Welt Handel", 85f.
[99] Vgl. Schmied: Die „Aktion Dritte Welt Handel", 90f.

2.2. Die Entstehung pädagogischer und wirtschaftlicher Strukturen

Vertretern des Entwicklungspolitischen Arbeitskreises von aej und BDKJ sowie bis zu sechs Vertretern kooperierender Organisationen vorgesehen war. Die Gründungssatzung fixierte den Zweck des Vereins darin,

„die Bevölkerung der Bundesrepublik Deutschland über die Situation der Entwicklungsländer sowie die Probleme der Entwicklungspolitik und der Weltwirtschaft, vor allem über die Benachteiligung der Entwicklungsländer im Welthandel, aufzuklären, indem er Informationsaktionen anregt, fördert und durchführt. Der Verein will durch seine Tätigkeit einen Beitrag zur entwicklungspolitischen Bewußtseinsbildung leisten." [100]

Entgegen der vorgesehenen und im Leitungskreis beschlossenen GmbH-Konzeption kam es allerdings zur Gründung der Dritte Welt Handel GmbH zwischen S.O.S. und Erwin Mock als Privatperson, welche ein Auslieferungslager in Wuppertal errichtete und im 2. Halbjahr 1973 Umsatzerlöse von über 765.000 DM verzeichnete. Mangelhafte Zusammenarbeit sowie die hohen Investitionskosten für diese GmbH veranlassten die S.O.S. jedoch zur Suche nach Alternativlösungen. Der Vorschlag, deutsche Geldgeber für eine neu zu gründende GmbH zu gewinnen, stieß auch beim Vorsitzenden der A3WH, Harry Neyer (BDKJ) auf Zustimmung. Allerdings wurde eine zentrale Rolle der S.O.S. bezüglich Einkauf und Partnerkontakten als für die Geldgeber zweifelhaft bzw. unangemessen eingeschätzt. Zugleich wuchs die Kritik an der Zusammenarbeit mit der S.O.S., da deren Informationsbereitstellung für die Bildungsarbeit nur „völlig ungenügend", die Betreuung der Projektpartner „nur in Ansätzen" erfüllt und Einfluss- und Partizipationsmöglichkeiten der A3WH kaum gegeben gewesen seien. In der Konsequenz sollte ein Verkauf der GmbH-Anteile der S.O.S. an die deutschen Partner erfolgen und die Kooperation mit der S.O.S. von einem selbständigen Partner fortgeführt werden.[101] Einem dem entsprechenden Antrag von deutscher Seite an den Internationalen Vorstand der S.O.S. wurde bei dessen Sitzung am 9. November 1974 nicht stattgegeben: vielmehr sollte die bestehende S.O.S.-GmbH als Großhandelsbüro weitergeführt werden, die A3WH mit interessierten Partnern eine eigene GmbH als ihr „wirtschaftlicher Arm" gründen und durch diese die bisherigen Einrichtungen, d.h. die Auslieferungslager der S.O.S.-GmbH übernehmen. Im Vollzug dieser Beschlüsse zeigte die S.O.S. jedoch offenbar starke Import-Monopol-Ambitionen, die der deutschen GmbH durch schwierige Prozeduren zur Aufnahme neuer Partner Importbegrenzungen auferlegen wollte und setzte den A3WH e.V.-Vorsitzenden B. Burkhardt dadurch unter Druck, die Übergabe der Auslieferungslager (und damit eine wesentliche Beziehungsstruktur zu den Aktionsgruppen) aus dem Vertrag zu streichen. Unter diesen Bedingungen erfolgte eine außerordentliche Mitgliederversammlung des A3WH-e.V. am 26. April 1975, in der der Beschluss gefasst wurde, gemeinsam mit dem Kirchlichen Entwicklungsdienst KED eine GmbH zu gründen. Dieser Beschluss wurde am 14. Mai 1975 durch

---
[100] Schmied: Die „Aktion Dritte Welt Handel", 93.
[101] Schmied: Die „Aktion Dritte Welt Handel", 98f.

2. Geschichte der Fair-Handels-Bewegung in Deutschland

notariell protokollierte Gründung in die Tat umgesetzt: die „Gesellschaft zur Förderung der Partnerschaft mit der Dritten Welt mbH – GFP Dritte Welt mbH" erhielt ihren Sitz in Wuppertal, das Stammkapital wurde zu 18.000 DM von der A3WH e.v. und zu 20.000 DM vom Kirchlichen Entwicklungsdienst (und damit von der Evangelischen Kirche in Deutschland EKD) erbracht. Die außerordentliche Mitgliederversammlung hatte auch für eine Einbeziehung von Misereor plädiert und Verhandlungen über Kooperation und Unterstützung beschlossen; ein Strukturdiagramm mit Stand Juni 1975 gibt Misereor sowie die (kurz zuvor gegründete) Arbeitsgemeinschaft der Dritte-Welt-Läden e.v. (AG3WL) als zu erwartende weitere Gesellschafter an.

Damit scheint (vorerst) ein wesentlicher Schritt zur Stabilisierung der Aktion Dritte-Welt-Handel in Deutschland vollzogen zu sein: alsbald setzte sich der Name GEPA für die gegründete Gesellschaft durch, sie besteht seitdem – zwar mit mehreren Veränderungen in der Gesellschafterstruktur – ununterbrochen fort und hatte ihren Sitz in Wuppertal oder Umgebung. Zweck und Gegenstand des Unternehmens sind im Gesellschaftsvertrag vom Gründungsdatum wie folgt beschrieben:

„2. Aufgabe der Gesellschaft ist es, im Rahmen der Zwecksetzung
a) die entwicklungspolitische Forschung und Lehre, insbesondere die Informations- und Bildungsarbeit vor allem von Jugendverbänden und Aktionsgruppen,
b) Projekte und Tätigkeiten von gemeinnützigen, kirchlichen, sozial-karitativen oder genossenschaftlichen Institutionen der Entwicklungshilfe
zu fördern und zu unterstützen.
3. Zur Erreichung dieses Zweckes sind Gegenstand des Unternehmens
a) Maßnahmen aller Art, insbesondere der Vergabe von Zuschüssen und zinsgünstigen Darlehen oder der Bereitstellung anderer Mittel für die politische Bildungsarbeit,
b) Durchführung von Forschungsvorhaben oder anderen wissenschaftlichen Arbeiten, die Vergabe von Zuschüssen und zinsgünstigen Darlehen zu diesen Vorhaben oder die Bereitstellung anderer Mittel der Verbesserung der Produktions- und Lebensbedingungen von Herstellern von Erzeugnissen aus Entwicklungsländern,
c) Beratung und Unterstützung bei der Beschaffung, Lagerhaltung und Verteilung von in Entwicklungsländern von gemeinnützigen, kirchlichen, sozialkaritativen oder genossenschaftlichen Institutionen hergestellten Erzeugnissen."[102]

Ein Kooperationsvertrag für die Zeit bis Dezember 1978 regelte die Geschäftsübertragung der S.O.S.-Einrichtungen sowie Abnahmeverpflichtungen seitens der deutschen Seite.

---

[102] Gesellschaftsvertrag vom 14.5.1975 – zitiert nach Schmied: Die „Aktion Dritte Welt Handel", 114.

2.2. Die Entstehung pädagogischer und wirtschaftlicher Strukturen

2.2.2. (Vor)Geschichte der Gründung der Importorganisation El Puente

Die beschriebenen Vorgänge bildeten in diesem Zeitraum gleichwohl nicht die alleinige Entwicklung, wie die Aktion Dritte-Welt-Handel zu für sie unverzichtbaren Organisationen gelangte: Ebenfalls aus den weltpolitischen Vorgängen heraus motiviert, entstand in Ottbergen im Raum Hildesheim am 23. Juni 1969 ein „Ökumenischer Arbeitskreis Entwicklungshilfe", der mit entwicklungspolitischer Information an die Öffentlichkeit treten wollte.[103] In der Adventszeit desselben Jahres konnten bei einer Verkaufsaktion des Arbeitskreises in der Fußgängerzone 200 kg bzw. 2000 Päckchen Erdnüsse als Produkt Paraguays verkauft werden. Im Folgejahr wurde ebenfalls in der Adventszeit ein Verkauf jeweils samstags in einem Laden der evangelischen Jugend eingerichtet, nachdem ein Mitglied der Gruppe im Sommer 1970 Waren aus Paraguay mitgebracht hatte, welche die holländische S.O.S. zwar für unverkäuflich gehalten hatte, der Hildesheimer Arbeitskreis jedoch erfolgreich verkaufen konnte. Daneben bildeten zunächst bis 1975 halbjährliche Altkleidersammlungen, deren Erlöse einer Krankenstation in Ocampos in Paraguay zugute kamen, einen Tätigkeitsschwerpunkt des Arbeitskreises.

Die Besuche in Lateinamerika jedoch führten zu der Position, die Welthandelsbedingungen stärker thematisieren zu wollen – die Konsequenz hieß daher „Wir importieren die Produkte direkt von den Produzenten und zahlen ihnen dafür gerechtere Preise." Um dies angehen zu können, wurde zum dritten Geburtstag des Arbeitskreises – am 23. Juni 1972 – der „Verein für Arbeits- und Sozialförderung El Puente" in einem Hildesheimer Pfarrheim ins Leben gerufen, welcher alsbald über 150 Mitglieder und ein eigenes Informationsorgan verfügte. 1972 sah man sich bald dazu veranlasst, ein eigenes Lager einzurichten; in der Weihnachtszeit der Folgejahre gingen weitere Verkaufsaktionen in einer angemieteten Eisdiele über die Bühne und 1974 erfolgte die Einrichtung des Lateinamerika-Marktes, des späteren Dritte-Welt- bzw. „El-Puente-Ladens". Finanzpolitische Erwägungen machten es schließlich 1977 erforderlich, die Bereiche Warenhandel (also den Wirtschaftsbetrieb) und Informationsarbeit (also den ideellen Bereich nach Vereinsrecht) voneinander zu trennen. Daher wurde für Import und Vertrieb eine GmbH mit demselben Namen El Puente gegründet, deren Gesellschafter zunächst der gemeinnützige Verein El Puente e.V. sowie seine Mitglieder waren.[104]

Damit verfügte die Aktion Dritte-Welt-Handel binnen weniger Jahre über eine plurale Struktur von Handels- bzw. Importunternehmen. Das eine – GEPA – ging auf die Initiative bundesweit tätiger Organisationen zurück und hatte in der Anfangszeit

---

[103] Zum folgenden vgl. Bruns: „Seid ihr die Lobby für die Dritte Welt". Die Geschichte El Puentes.
[104] Der Gesellschafterkreis der El Puente GmbH wurde später erweitert: Ab 1991 durch Weltläden und Aktionsgruppen, später durch die Mitarbeiterschaft (über den Belegschaftsverein Comité de Colegas – CoCo e.V.) und ab 1997 durch die Projektpartner, die über den Partnerverein PaCo e.V. – Partner's Comite – eine Kapitalbeteiligung und Mitentscheidungsrechte besitzen.

mit der Einbeziehung von Basisvertretern erhebliche Schwierigkeiten. Das andere – El Puente – kam dagegen aufgrund von Basisinitiative aus der Bewegung heraus zustande, blieb dafür aber, wie sich noch herausstellen würde, zunächst eher regional tätig.

2.2.3. Die Entstehung der Weltläden und Gründung ihrer Dachorganisation

Wie die Debatte um eine demokratisierte Form des A3WH-e.v. bereits zeigte, stellte sich die Frage der Vertretung und Partizipation der örtlichen Gruppen innerhalb der bundesweiten Aktionsgemeinschaft. Seit Beginn der 1970er hatten sich – nach dem Beispiel der holländischen „Wereldwinkels" – in einigen Städten aus sporadischen Verkaufsaktionen heraus feste Verkaufs- und Informationsstätten entwickelt, die unter dem Namen „Weltmarkt" (Stuttgart) oder „Dritte-Welt-Laden" auftraten. Nach Ernst Schmied[105] ging dies auf die Erfahrung von Gruppen zurück, die bei den sporadischen Verkaufsaktionen zu wenig Raum und Gelegenheit für das entwicklungspolitische Gespräch sahen und sich von festen Räumlichkeiten eine verstärkte Informationsarbeit, einen kontinuierlicheren Kontakt zu Käufern und Nutzungsmöglichkeiten für Informationsveranstaltungen erhofften. Auch die Mitarbeiter/innen selbst könnten – im Horizont eigener Importe – so „durch den unmittelbaren Umgang mit Zöllen und Steuern ... zu einem besseren Verständnis von Handelsstrukturen und Handelshemmnissen gelangen"[106].

Elf Vertreter solcher Dritte-Welt-Läden sowie Interessierte fanden sich erstmals am 6. Juli 1974 zu einer Ladenkonferenz in Stuttgart zusammen, bei der auch ein Bildungsreferent der A3WH zugegen war. In der Fortsetzung dieser Ladenkonferenzen wurde die Gründung einer Arbeitsgemeinschaft vorgesehen und eine enge Zusammenarbeit mit den Aktionsgruppen des A3WH-e.V. in Aussicht gestellt, woraufhin der Vorstand des A3WH-e.V. die Unterstützung der Läden sowie deren Erfahrungsaustausch als „eine vorrangige Aufgabe" bezeichnete und in verschiedenen Fragen seine Unterstützung anbot.[107] Die Diskussion von Zielen und Kriterien der Arbeitsgemeinschaft auf der dritten Ladenkonferenz am 1. Februar 1975 mündete in einer Abgrenzung gegenüber solchen Läden, die Verkauf ohne entwicklungspolitische Bildungsarbeit betreiben.

Die Arbeitsgemeinschaft neigte dazu, sich in der Form eines eingetragenen Vereins (e.V.) zu organisieren, über den ein Vertreter in die GmbH entsandt werden sollte. Zu dieser Vereinsgründung kam es am 26. April 1975 in Frankfurt unter Beteiligung von sieben Gründungsmitgliedern – darunter auch der Trägerverein der später gegründe-

---

[105] Vgl. Schmied: Die „Aktion Dritte Welt Handel", 267.
[106] Schmied: Die „Aktion Dritte Welt Handel", 268, mit Bezug auf das Protokoll Nr. 1 der Ladenkonferenz vom 6.7.1974.
[107] Zitiert nach Schmied: Die „Aktion Dritte Welt Handel", 268f, unter Berufung auf Stellungnahme vom 7.12.1974.

2.2. Die Entstehung pädagogischer und wirtschaftlicher Strukturen

ten El Puente- Importorganisation. Sitz des „Arbeitsgemeinschaft der Dritte Welt-Läden e.v." wurde das Frankfurter Regionallager der A3WH; Vereinszweck war die Unterstützung der „Zusammenarbeit von Gruppen, die sich ständig entwicklungspolitische Bewusstseinsbildung durch Information und Verkauf von Waren aus Ländern der 'Dritten Welt' zum Ziel gesetzt haben"[108]. Dazu wurden auch Verkaufs- und Vertriebsabsprachen, überregionale Öffentlichkeitsarbeit, Hilfestellung bei Neugründung sowie die Unternehmensbeteiligung bzgl. Import und Vertrieb gerechnet. Der Vorstand war beauftragt worden, mittels einer Beteiligung von 9.000 DM Gesellschafter der GEPA GmbH zu werden und somit Zusammenarbeit und Mitspracherecht zu erlangen.[109] Aufgrund von Verzögerungen in der Eintragung ins Vereinsregister (diese erfolgte erst am 3. November 1976) konnte dies jedoch nicht unmittelbar umgesetzt werden, wurde aber in Kontaktgesprächen mit der GEPA von Beginn an thematisiert.[110]

2.2.4. Die Rolle des Vereins: „pädagogischer Arm" oder zentrale Leitungsinstanz?

Da der A3WH e.V. und seine verschiedenen Gremien auch die Aufgaben des früheren A3WH-Leitungskreises übernommen hatte, ging dessen Arbeit alsbald auch über den rein pädagogischen Auftrag hinaus. Dies ist insofern bedeutsam, als damit „pädagogischer Arm" und „wirtschaftlicher Arm" keineswegs gleichberechtigt nebeneinander stehen konnten, was die ab 1976 sich ausweitenden Querelen im Verein verschärfte. Die Arbeit des Vereins wurde dabei im Wesentlichen aus Erlösen der GEPA und aus Mitteln der kirchlichen Hilfswerke finanziert. In gemeinsamer Herausgeberschaft mit der AG3WL und der GEPA wurde in unregelmäßigen Abständen der Rundbrief „Unsere Dritte Welt" erstellt; 1,5 Personalstellen für pädagogische Referent/innen waren geschaffen worden.[111]
Zwar war der Verein zum einen parallel zur (wirtschaftsbezogenen) GEPA als pädagogischer Arm der Aktion Dritte-Welt-Handel angelegt worden. Zugleich fungierte er aber selbst auch als Gesellschafter der GEPA, so dass es nicht ausbleiben konnte, dass die GEPA-Geschäftspolitik auch Gegenstand der Vereinsarbeit wurde. In der Mitgliederversammlung 1976 wurde von den Aktionsgruppenvertretern daher der Eindruck geäußert, dass sich in der GEPA die Umsatzorientierung verselbständigt und zum Selbstzweck entwickelt habe. Nach Einschätzung von Bernward Hecke war dies insofern für den Verein problematisch, weil die hintergründigen entwicklungspolitischen Vorstellungen zwischen Jugendverbänden und Aktionsgruppen sich offenbar konträr zueinander verhielten: Während seitens der Aktionsgruppen das

---

[108] Satzung der AG3WL vom 26.4.1975, §3, zitiert nach Schmied: Die „Aktion Dritte Welt Handel", 270.
[109] Schmied: Die „Aktion Dritte Welt Handel", 270.
[110] Vgl. Weltladen-Dachverband (Hrsg.): Generation Weltladen, 8-9.
[111] Vgl. Hecke: 25 Jahre Aktion Dritte Welt Handel, 62.

Konzept einer autozentrierten Entwicklung favorisiert wurde, aus dem heraus jeglicher Handel – auch ein alternativer – problematisiert werden musste, standen die Jugendverbände eher dem Konzept einer Neuen Weltwirtschaftsordnung nahe und betrachteten die Aktion Dritte-Welt-Handel in erster Linie als Einsteigeraktion, mit der sie junge Menschen an die Nord-Süd-Thematik heranzuführen beabsichtigten.[112] Mit diesen widersprüchlichen inhaltlichen Positionen im Rücken erhielten Satzungs- und Stimmrechtsfragen erst ihre Tragweite, weil es dann natürlich um Einfluss und letztlich um die Durchsetzung der eigenen Vorstellung der Aktion Dritte-Welt-Handel gehen musste – hintergründig ging es um „die Frage von 'Ziel und Strategie' der gesamten Aktion".[113] Dabei war von den unterschiedlichen Seiten unbestritten, dass im Feld der Bildungsarbeit das Engagement des Vereins auszubauen sei, wenngleich die Forderung des katholischen Geldgebers Misereor nach mehr „pädagogischer Effizienz" von den Aktionsgruppenvertretern als Finanzierungsbedingung missbilligt wurde.[114]

Gleichwohl artikulierten sich in den Auseinandersetzungen um die Stimmrechtsverteilung auch Fragen der „Kampagnencharakteristik" der Aktion Dritte-Welt-Handel: Seitens der Jugendverbände wurde das Argument ins Feld geführt, dass die Mehrheit der beteiligten Gruppen aus dem Bereich der kirchlichen (Jugend-)Arbeit stammte und durch die Regionalsprecher der A3WH also nicht repräsentiert würden.[115] Seitens der Hilfswerke – so zumindest die Mutmaßung der Regionalsprecher – diene eine Zweidrittelmehrheit der Jugendverbände zu Absicherung einer ihnen genehmen, weil von ihnen finanzierten Vereinsaktivität des A3WH e.V. Seitens der Regionalsprecher, die ihre satzungsgemäße Stimmenmehrheit mit 10 Stimmen (zu 8 Stimmen der Jugendverbände) wegen der nicht zustande gekommenen bayerischen Regionalkonferenz nicht ausüben konnten, bestand natürlich ein Interesse am Status quo, zumal diese ab 1976 mit einem Wechsel im Vereinsvorstand den Eindruck hatten, dass „deutlicher als zuvor Kompetenzen abgegrenzt und Verbandsinteressen in den Verein hineingetragen wurden".[116]

Zur Zuspitzung der Querelen trug weiter die desolate finanzielle Lage des Vereins und die daraus resultierende Notwendigkeit zur Kündigung der pädagogischen Mitarbeiter/innen im Jahr 1977 bei. Dabei sah sich der Vereinsvorsitzende schwerwiegenden Vorwürfen hinsichtlich seiner Geschäftsführung ausgesetzt. Zur Eskalation beigetragen haben dürfte auch, dass seitens der Regionalsprecher der Konflikt in die

---

[112] Vgl. Hecke: 25 Jahre Aktion Dritte Welt Handel, 63-64.
[113] Schmied: Wandel durch Handel, 234.
[114] Vgl. Kerschgens: Aktion Dritte Welt Handel, 7.
[115] Vgl. Schmieder: [Allgemeiner Antwortbrief zur Situation im A3WH e.V.], 5. Der von der aej gestellte Vorsitzende des A3WH e.V. schreibt darin: „Der Forderung, dass Vertreter von Aktionsgruppen 'Mindestens 50 % der Stimmen' in dem e.V. halten sollen, steht die Forderung nach einer Mehrheit für die Vertreter der konfessionellen Jugendverbände gegenüber." Vgl. auch von einer Regionalsprecherin: Kerschgens: Aktion Dritte Welt Handel, 7f.
[116] Kerschgens: Aktion Dritte Welt Handel, 7.

2.2. Die Entstehung pädagogischer und wirtschaftlicher Strukturen

Öffentlichkeit getragen wurde.[117] Obwohl die Regionalsprecher mit dem bisherigen Vorsitzenden nicht mehr zusammenarbeiten wollten, wurde dieser jedoch bei den im Frühjahr notwendigen Vorstandswahlen von den Jugendverbänden erneut nominiert; die Jugendverbände gingen auf den Kandidatenvorschlag aus den Reihen der Regionalsprecher nicht ein und waren auch nicht – wie von den Regionalsprechern unterbreitet – zur Nominierung eines Alternativkandidaten bereit. Aus dieser Dynamik heraus wurde die Fixierung auf einen Vorsitzenden seitens der Jugendverbände zur Existenzfrage des A3WH-Vereins: Nach Vertagung der Mitgliederversammlung wurde auf einer außerordentlichen Versammlung am 29. April 1978 auf Antrag von vier Jugendverbandsvertretern die Auflösung des Vereins beschlossen – ein Schritt, den auch die Regionalsprecher nach dem Eklat über die Vorstandswahl als unausweichlich angesehen hatten.[118]

2.2.5. Die Vereinsauflösung als Konflikt zwischen integrierter und kritischer Aktion

Was zu diesem Zeitpunkt in der Aktion Dritte-Welt-Handel gescheitert zu sein scheint, ist – zumindest was den Bereich der politisch-pädagogischen Arbeit betrifft – das Zusammenspiel der Kirchen und der Aktionsgruppen. Auch wenn der Vereinsvorsitzende Schmieder bestritten hatte, dass es sich um einen Konflikt zwischen Aktionsgruppenvertretern und Jugendverbandsvertretern handele[119] und wenngleich angeblich persönliche Querelen eine Rolle gespielt haben mögen[120], so gibt es doch Anzeichen, die die Deutung zulassen, dass – entsprechend der Stummannschen Landkarte – im Konflikt um den A3WH e.V. „integrierte" und „kritische" Aktion aufeinander stießen und sich nicht mehr miteinander versöhnen ließen. Dafür spricht eine strukturell ungleichgewichtige Ebene: So beklagte die Regionalsprecherin Kerschgens „ein niemals überbrücktes Informations- und Kompetenzgefälle zwischen hauptamtlichen Verbandsfunktionären und ehrenamtlichen Basisvertretern im

---

[117] Vgl. einen epd-Kommentar in der Frankfurter Rundschau vom 8.10.1977 (vgl. Öffentliche Auseinandersetzung, Interview mit Tilman Schmieder, in: Unsere Dritte Welt 12/1977, S. 8-9). Der Beitrag der Regionalsprecherin Kerschgens erschien zunächst im Oktober 1977 in epd-Entwicklungspolitik Nr. 20/1977, sodann in der A3WH-Zeitschrift „Unsere Dritte Welt" im Dezember 1977 (zusammen mit einer Stellungnahme und einem Interview mit dem Vereinsvorsitzenden Schmieder) sowie erneut im Februar 1978 in der Nr. 2 des „Rundbriefs der entwicklungspolitischen Aktionsgruppen in der Bundesrepublik Deutschland und West-Berlin" [später: FORUM entwicklungspolitischer Aktionsgruppen]. Überhaupt bildete 1978/79 dieser – über die A3WH hinaus verbreitete – Aktionsgruppenrundbrief eine regelmäßig von den Regionalsprechern und Regionalkonferenzen der A3WH genutzte Plattform für ihre Entschließungen und Mitteilungen.
[118] Vgl. Pohl: Aktion Dritte Welt Handel. Endgültig Schluss? sowie: Erklärung der Regionalsprecher des „Aktion 3. Welt-Handel e.V." zur Mitgliederversammlung in Bad Nauheim am 17./18.3.78, in: Rundbrief Nr. 5 (Mai 1978), S. 18.
[119] Vgl. Schmieder: [Allgemeiner Antwortbrief zur Situation A3WH e.V.], 5.
[120] Vgl. Hecke: 25 Jahre Aktion Dritte Welt Handel, 65.

2. Geschichte der Fair-Handels-Bewegung in Deutschland

Vorstand [...] wodurch sich die Distanz der Pädagogik, Aktion und Gruppenarbeit zur Strukturebene von Entscheidungsorganen und Ausschüssen objektiv vergrößerte."[121] Dabei schienen die überwiegend studentischen Regionalsprecher – wie Hecke bemerkt – in ihrer Legitimation dadurch beeinträchtigt, dass die meist nur einmal jährlich stattfindenden Regionalkonferenzen keine vergleichbar feste Anbindung wie die Geschäftsstellen der Jugendverbände gewährleisten konnten.[122]

Dass sich Schmieder, der von der aej kam, zudem im Laufe des Konflikts genötigt sah, die konfessionellen Wurzeln der Aktion Dritte-Welt-Handel in Erinnerung zu rufen, zeigt die „Enteignungsbefürchtungen" der Jugendverbände an.[123] Neben den Zielkonflikt (entwicklungspolitisches Modell) gesellte sich zudem ein Identitätskonflikt hinsichtlich der „Zugehörigkeit" der Aktion Dritte-Welt-Handel: Verbleibt sie im Schoß der „integrierten Aktion Dritte Welt" bzw. wie eng hat sie daran angebunden zu bleiben? In welchem Maße muss oder darf sie sich auf die „kritische Aktion Dritte Welt" hin öffnen, diese mitgestalten und mitentscheiden lassen? Und letztlich: darf die Aktion Dritte-Welt-Handel Eigenständigkeit entwickeln und wenn ja, wie weit darf diese reichen?

Der Untertitel des damaligen Artikels von Dorothea Kerschgens – „Ein Lehrstück über Abhängigkeit" – belegt, dass diese Fragen nicht nur eine Interpretation der Vorgänge aus dem Nachhinein sind. Der Titel von Reinhard Pohls Rückschau auf den Auflösungseklat „Aktion Dritte Welt Handel. Endgültig Schluss?" deutet die Dramatik dieser Fragestellungen an. Den Stand der Entwicklung bezüglich der Fragen von Öffnung und Eigenständigkeit markiert – wenngleich sicherlich nicht umfassend und objektiv – der von den Regionalsprechern formulierte Beitrag im Rundbrief „Forum entwicklungspolitischer Aktionsgruppen" vom Juni 1978: „A3WH. Gruppen setzen Arbeit alleine fort", in dem sie nicht nur zur Fortsetzung der Aktivitäten durch die Gruppen aufrufen, sondern demzufolge sie selbst auch „auf privater Basis" Seminare und Regionaltreffen weiterführen möchten, ein „Solidaritätskonto der Aktion Dritte Welt Handel" eingerichtet haben und ihre Absicht formulieren, „mit den interessierten Gruppen zusammen später wieder eine leistungsfähige Organisation, eventuell wieder mit hauptamtlichen Mitarbeitern aufzubauen".[124]

Trotz dieser Bekundungen konnte eine entsprechende Nachfolgestruktur zunächst nicht gefunden werden. Die Aktion Dritte-Welt-Handel kann daher von Glück reden,

---

[121] Kerschgens: Aktion Dritte Welt Handel, 7.
[122] Vgl. Hecke: 25 Jahre Aktion Dritte Welt Handel, 63.
[123] Vgl. Öffentliche Auseinandersetzung. Interview mit Tilman Schmieder, 8: „Der Vorwurf, Aktionsgruppen stärker kontrollieren zu wollen, wiegt schwer. Aber bevor er erhoben wird, sollten einige Tatsachen bedacht werden. Die Aktion Dritte Welt Handel ist seinerzeit von den beiden Jugendverbänden gegründet worden. Sie ist gedacht als ein ständiges Aktionsmodell *im Rahmen der entwicklungspolitischen Bildungsarbeit der konfessionellen Jugendarbeit*. Nun sind gerade im entwicklungspolitischen Bereich seit jeher auch freie Aktionsgruppen tätig, denen in der Satzung der A3WH eine weitgehende Mitwirkung *zugestanden* ist." (Hervorhebungen nicht im Original)
[124] Vgl. Pohl: A3WH. Gruppen setzen Arbeit alleine fort.

2.2. Die Entstehung pädagogischer und wirtschaftlicher Strukturen

dass neben dem A3WH e.V. zu diesem Zeitpunkt schon andere etablierte und funktionierende Strukturen vorhanden waren, die ihr das Überleben sicherten. Der GEPA-Gesellschafterstatus des A3WH e.V. ging nach der Auflösung auf die Jugendverbände und die Regionalkonferenzen als unmittelbare Gesellschafter über. Aej und BDKJ wurden direkt GEPA-Gesellschafter, für die Vertretung der Aktionsgruppen bildeten sich zwei regionale Vereine in Nord- und Süddeutschland[125], um für die Aktionsgruppen den Status der GEPA-Gesellschafter wahrnehmen zu können.

Für den Bildungsauftrag der Aktion Dritte-Welt-Handel waren damit mehrere Konsequenzen verbunden. Zum einen verlagerte sich die A3WH-Bildungsarbeit stärker in die eigenen Organisationsstrukturen der beteiligten Verbände und Hilfswerke, womit jedoch die Frage der Koordinierung der Bildungsaktivitäten in der Aktion Dritte-Welt-Handel aufgeworfen war. Zum anderen wurde der Auftrag der GEPA neu gefasst, deren Beschränkung auf das wirtschaftliche Betätigungsfeld gelöst wurde:

„Aufgabe der GEPA war es jetzt auch, Informationsarbeit über Partner und Produkte zu leisten und im GEPA-Informationsausschuß die Bildungsarbeit der Gesellschafter zu koordinieren."[126]

In einem Abriss aus epd-Entwicklungspolitik über die bisherige Geschichte der Aktion Dritte-Welt-Handel (anlässlich des 10-jährigen Bestehens der GEPA 1985) wurde bereits formuliert, es ließe sich „erahnen in welchen Zielkonflikten sich die Arbeit von Anfang an befand. Dazu zählt vor allem das spannungsreiche Verhältnis zwischen Bildungsarbeit und Verkauf, das wohl als der zentrale Konfliktherd der gesamten A3WH-Arbeit einzuschätzen ist."[127] Dieser Einschätzung ist zuzustimmen. Darüber hinaus jedoch zeigt diese Konfliktgeschichte auch den Übergang von der „Aktion" zur „sozialen Bewegung" an. Seitens der Jugendverbände als Initiatoren der Aktion Dritte-Welt-Handel (im besten Sinne einer professionellen Kampagnenarbeit) war über den A3WH e.V. eine zentrale Steuerung oder Koordinierung der Aktion als Lern- und Bildungsaktion versucht worden, was sich mit dem Partizipationsanspruch der freien Aktionsgruppen nicht vertragen konnte. Daraus resultierte, dass der Verein nicht nur die Verantwortung für die pädagogische Seite der Aktion Dritte-Welt-Handel innehatte, sondern zugleich auch über seinen Gesellschafterstatus in die wirtschaftliche Seite verwickelt wurde. Damit spielte sich der Zielkonflikt zwischen Bildung und Verkauf nicht mehr nur im Außenverhältnis (des Vereins gegenüber der GEPA-Geschäftspolitik und den anderen Gesellschaftern, den Hilfswerken) ab, sondern führte auch im Innenverhältnis der Vereinsmitglieder untereinander zu Konflikten.

---

[125] „Verein der Basisgruppen zur Förderung des genossenschaftlichen Gedankens in der Aktion Dritte Welt Handel – Süd e.V." bzw. „... – Nord e.V."
[126] Warda: Die Idee – und was daraus wurde, 20.
[127] Warda: Die Idee – und was daraus wurde, 20.

2. Geschichte der Fair-Handels-Bewegung in Deutschland

Diese Vorgänge dürften exakt den Übergang von der „Aktion" zur Sozialbewegung markieren: Der Anspruch einer zentralen Kampagnensteuerung, welcher für eine Aktion mit definierten Trägerschaften und Verantwortlichkeiten kennzeichnend ist, ließ sich zu diesem Zeitpunkt in der „Aktion Dritte-Welt-Handel" nicht mehr umsetzen. Vielmehr fing ein plurales Modell von Zuständigkeiten an sich durchzusetzen – ein Merkmal, das für soziale Bewegungen charakteristisch ist. Insofern ließe sich dieses erste Jahrzehnt der Geschichte der Aktion Dritte-Welt-Handel in Deutschland als ein Lehrstück in der theoretischen Erforschung von Neuen Sozialen Bewegungen darstellen.

Dass ein solcher Übergangsprozess dynamisch angelegt ist, zeigte der Fortgang der Entwicklungen, in denen die Konflikte nun verstärkt innerhalb der GEPA auftraten. Dies machte sich zunächst an der Diskussion um einen neuen Gesellschaftervertrag und nachfolgend in vielen Details der kritischen Auseinandersetzung um die GEPA-Geschäftspolitik fest. Das Spannungsverhältnis und insbesondere eine seitens der Regionalsprecher und Weltladenvertreter artikulierte Unzufriedenheit mit ihren Mitwirkungsmöglichkeiten an der Geschäftspolitik der GEPA und mit ihrem (begrenzten) Einfluss in deren Gesellschafterkreis sollte die Bewegung bis Ende der 1990er Jahre begleiten.

2.3. Aktionskampagnen mit politischen Waren

Bereits nach wenigen Aktionen wurde in der Aktion Dritte-Welt-Handel die Verhältnisbestimmung von Bildung und Verkauf auch im Hinblick auf das Kundenverhalten problematisiert. Anspruch und Wirklichkeit eines reflektierten Einkaufs der Dritte-Welt-Produkte waren keinesfalls deckungsgleich. Ernst Schmied hat dies damit zu erklären versucht, dass „der exotische Charakter der kunstgewerblichen Waren, die zu Beginn der siebziger Jahre in eine Marktlücke stießen, [...] unmittelbar die Kauflust und nicht das Interesse an entwicklungspolitischen Zusammenhängen" förderte.[128] Diese Wahrnehmung wurde ergänzt durch Erfahrungen beim ökumenischen Pfingsttreffen in Augsburg 1971, denen zufolge der Verkaufsstand allein als Medium der Bewusstseinsarbeit nicht ausreiche und zur Unterstützung entsprechende entwicklungspädagogische Medien und Materialien erforderlich waren. Dies bildete die Grundlage dafür, dass sich die Aktion Dritte-Welt-Handel ab 1973 auf produktbezogene Aktionen und Schwerpunkte verlagerte, durch welche die entwicklungspolitische und entwicklungspädagogische Dimension besser integriert und vermittelt werden sollten. Die vergleichsweise schlechte Eignung der kunsthandwerklichen Produkte zu diesem Zweck war bereits der Problemskizze Piochs von 1970 zu entnehmen. Doch dass diese die bewusstseinsbildenden Effekte deutlich abschwächten, stellte sich offenbar erst im Laufe der Aktionen selbst heraus. Denn anhand der fast ausschließlich zollfreien und nicht von Einfuhrbeschränkungen

---

[128] Schmied: Die „Aktion Dritte Welt Handel", 57.

betroffenen Kunstgegenstände ließen sich weder westeuropäische Importpolitik noch die daraus resultierenden Benachteiligungen des Weltmarktes anprangern.

Mit dem Wunsch nach „politischen Waren" verband sich für die Aktion Dritte-Welt-Handel aber nicht nur die Entscheidung für Konsumwaren, sondern – weil sich die holländische S.O.S. auf kunstgewerbliche Produkte konzentrierte und beschränkte – auch der Anfang für eigene „deutsche" Importe.

2.3.1. Aktion „Indio-Kaffee"

Den Beginn der politischen Waren machte 1973 die Aktion „Indio-Kaffee", die dadurch zustande kommen konnte, weil Misereor als A3WH-Mitbegründer über Kontakte zum guatemaltekischen Kooperativenverbund Fedecocagua verfügte. Weil das katholische Hilfswerk dessen Aufbau und Entwicklung intensiv gefördert hatte und als einen positiven Versuch genossenschaftlich organisierter Selbsthilfeanstrengungen wertete, wurde von Erwin Mock der S.O.S. als schon bestehender Importorganisation sowie der A3WH der Ankauf des von Fedecocagua auf dem Weltmarkt nicht absetzbaren Kaffees vorgeschlagen. Dieser stand den Aktionsgruppen der A3WH sowie der ökumenischen „action 365"[129] ab Oktober 1973 zur Verfügung. Den Kaffeepackungen war eine Kurzbeschreibung über Fedecocagua und eine Preiskalkulation aufgedruckt, Plakate und Faltblätter „erzählten" die „Geschichte" des „Indio-Kaffees" und ein halbstündiger Film „Guatemala 1. Sorte" informierte über die Arbeit des Genossenschaftsverbandes. In den Folgejahren folgten zwei Diaserien, ein weiterer Film über die Benachteiligung von Indios und eine Projektbroschüre von Misereor.

Das Hilfswerk selbst jedoch stellte nicht nur den Kontakt zu Fedecocagua her und unterstützte die Gruppen mit Informationen und didaktischem Material, sondern forderte anlässlich der Misereor-Fastensonntage 1974 und 1975 auch die katholischen Kirchengemeinden auf, Fedecocagua zu „adoptieren" und eine Aktion Dritte-Welt-Handel durchzuführen.[130] Schmied verweist auf „neue pädagogische Ansätze" wie Grafiken, Wandzeitungen, Dia- und Filmvorführungen, die als Handlungselemente den Aktionsgruppen der A3WH durch die angebotenen Medien und Materialien ermöglicht worden seien.[131] Mit diesem umfangreichen Medien- und Materialien-Angebot gelang es der „A3WH erstmals die Arbeit eines Projektpartners sowie die Welthandelsproblematik am Beispiel des Kaffees einer relativ großen Öffentlichkeit deutlich [zu] machen".[132] Andererseits beklagte Schmied:

---

[129] Die „action 365" hatte die Aktion Indiokaffee als Projekt in ihr Monatsprogramm Oktober/November 1973 für ihre 400 Gruppen aufgenommen. – Bis heute unterstützt die „action 365" den Fedecocagua-Verband durch den Verkauf des Kaffees und bietet diesen über seinen eigenen Verlag an; vgl. Verlag der Aktion 365: indígena 100% Hochland-Arabica. Kaffee aus Guatemala [Faltblatt], Frankfurt 2007.
[130] Vgl. Schmied: Die „Aktion Dritte Welt Handel", 219, Fußnote 1.
[131] Schmied: Die „Aktion Dritte Welt Handel", 225.
[132] Hötzel: Die Aktion Dritte Welt Handel, 16, vgl. 17.

2. Geschichte der Fair-Handels-Bewegung in Deutschland

„Für viele Gruppen erschöpfte sich indessen [...] der Sinn der Aktion 'Indiokaffee' in der Unterstützung einer (zweifellos glaubhaften) Selbsthilfebewegung bei ihrem Versuch, ihre Ware [...] zu verkaufen."[133]

Entgegen dieser Kritik betonte Misereor, eines der Hauptziele der Aktion habe durchaus darin bestanden, bessere Lebensbedingungen mittels verbesserter Vermarktung und über verstärkte Produktion zu erreichen.[134] Darüber hinaus wurde die A3WH jedoch auch dafür kritisiert, dass sie mit dieser Aktion die notwendigen wirtschaftsstrukturellen Änderungen in Guatemala (insbesondere eine Landreform) ignoriere, Monokulturen fördere und zudem den Produzenten einen künstlichen Marktzugang vorgaukele.[135] „Diese prinzipielle Kritik [...] ist zwar konsequent durchdacht, ignoriert jedoch [...] die politischen Machtverhältnisse in Guatemala" und die in den 1970er Jahren tatsächlich gegebenen Gestaltungsspielräume, urteilt Hötzel rückblickend.[136] Ebenso werde damit der Verbesserung von Lebensverhältnissen bzw. sogar der Existenzsicherung für benachteiligte Bevölkerungsgruppen keine adäquate Bedeutung zugemessen.

Im Rahmen der Aktion Indio-Kaffee kristallisierten sich insofern zusätzliche und detailliertere Problemstellungen einer sinnvollen Entwicklungszusammenarbeit heraus, die das Modell der Aktion Dritte-Welt-Handel mit sich bringen musste. Aber auch hinsichtlich der Inlandsarbeit eröffnete die Aktion Indio-Kaffee bzw. überhaupt das Konzept der politischen Waren eine Perspektive, wie die Aktion Dritte-Welt-Handel ihre entwicklungspädagogische Zielsetzung und ihre bewusstseinsbildenden Ansprüche wesentlich wirkungsvoller umsetzen konnte.

Aufgrund erheblicher Erdbebenschäden im Februar 1976 waren Pläne Misereors, den Genossenschaftsverbund in die wirtschaftliche Unabhängigkeit zu entlassen, nicht mehr realisierbar gewesen. Die beteiligten Akteure der Aktion Indio-Kaffee entschlossen sich daher, zur wirtschaftlichen Unterstützung von Fedecocagua den Verkauf des Indio-Kaffees fortzuführen und die Kaffee-Mengen (etwa durch Ausdehnung auf die österreichische S.O.S.-Tochtergesellschaft) zu steigern. Damit wurde ein Wechsel von einer aktionsbezogenen zu einer dauerhaften Handelsbeziehung vollzogen.

2.3.2. Aktion „Aluschok"

Trotz der Weiterführung des Indio-Kaffees wurde das Aktionskonzept nicht ad acta gelegt und in den Folgejahren wurden im Sinne des Konzepts „Politische Waren" verschiedene weitere Produktaktionen geplant und durchgeführt. In den Jahren

---

[133] Schmied: Die „Aktion Dritte Welt Handel", 225f.
[134] Vgl. Schreiben Misereors an Ernst Schmied vom 10.2.1976, sh. Schmied: Die „Aktion Dritte Welt Handel", 226.
[135] Vgl. Schmied: Die „Aktion Dritte Welt Handel", 226-229 unter Verwendung eines Briefes des Informationszentrums Dritte Welt Freiburg vom 2.4.1976. an Ernst Schmied.
[136] Vgl. Hötzel: Die Aktion Dritte Welt Handel, 18f.

2.3. Aktionskampagnen mit politischen Waren

1974/75 konnte auf eine holländische Idee von 1971 aufgebaut werden: Die Aktion „Aluschok" vermittelte ebenfalls welthandelsbezogene Informationen, sie ermöglichte die Beteiligung an einer Postkartenaktion als entwicklungspolitischer Advocacyarbeit, konnte aber nicht auf Produkte oder Rohwaren aus genossenschaftlicher Produktion zurückgreifen.[137] Das Kunstwort Aluschok bezog sich auf Schokolade und dessen gängige Verpackung in Alufolie. Anhand des Rohstoffhandels mit Bauxit und Kakao sollten die strukturellen Benachteiligungen von Entwicklungsländern dargestellt werden, die durch den Import von Rohstoffen, deren gewinnträchtige Weiterverarbeitung („Veredelung") in den Industrieländern sowie durch Importzölle entstehen. Im Aktionskonzept von „Aluschok" ist der Kern des Anliegens beschrieben:

„Die Schokolade, die der Käufer erhält, vermittelt ihm gleichzeitig durch die Packungen Informationen über das, was er gekauft hat: über Schokolade (bzw. Kakao) und über Aluminium (Bauxit). Die Ware dient dem Verkäufer als Einstieg zu einem Gespräch mit dem Kunden über die Probleme des Handels und des Zolls. Ist der Konsument stärker interessiert und auf Grund des Gesprächs und der Information motiviert, sich stärker damit zu beschäftigen, steht ihm eine Broschüre zur Verfügung. Zum Mithandeln wird er durch eine Postkarte aufgefordert, auf der er durch seine Unterschrift die Forderungen an das Bundeswirtschaftsministerium unterstützen kann."[138]

Die Aktion wandte sich laut Aktionskonzept an bereits tätige und erfahrene Gruppen der Aktion Dritte-Welt-Handel, von denen eine „intensive Aneignung von Fachwissen" erwartet worden war und wollte auch auf die laufenden GATT-Zollverhandlungsrunden aufmerksam machen bzw. mittels der Unterschriftenaktion darauf einwirken.

Aufgrund unterschiedlicher Umstände wurde die Aktion mehrfach verzögert und konnte schließlich auf dem Katholikentag im September 1974 starten. Insgesamt standen 200.000 Tafeln Schokolade, 5.000 Plakate, 1 Million Flugblätter und 15.000 Broschüren zur Verfügung; 6441 Postkarten wurden an das Regionallager Mitte zurückgesandt. Wie Schmied belegt, kam es jedoch hinter den Kulissen zu erheblichen inhaltlichen Infragestellungen der Aluschok-Aktion: Der Bundesvorstand der deutschen Süßwarenindustrie drohte etwa gerichtliche Schritte bei Weiterverbreitung falscher Informationen an und das Bundeswirtschaftsministerium mahnte die Ergänzung fehlender Tatsachen an. Da zudem das Lomé-Zollabkommen im Februar 1975 abgeschlossen worden war und speziell die Lage der afrikanischen kakaoproduzierenden Länder verändert hatte, wurden die Postkarten nicht mehr wie vorgesehen dem Bundeswirtschaftsministerium übersandt, also ein wesentlicher Teil der Handlungsebene der Adressat/inn/en „unterschlagen". Als kritisch zu bewerten sind daher im Anschluss an Schmied die nicht ausreichend „sachgerecht und entwicklungspädagogisch verantwortbar[e]" Konzeption, die fehlerhaften entwicklungs- und handels-

---

[137] Vgl. zur Aktion Aluschok: Schmied: Die „Aktion Dritte Welt Handel", 231-246.
[138] A3WH (Hrsg.): Konzept der Aluschok-Aktion zur Vorlage beim KED am 23.4.1974, zitiert nach Schmied: Die „Aktion Dritte Welt Handel", 236.

politischen Sachinformationen sowie der pädagogisch problematische Umgang mit der durch das Lomé-Abkommen veränderten Lage. Zudem lässt sich am Verlauf der Aktion „Aluschok" ablesen, welche Anforderungen es stellt, einen hohen entwicklungsdidaktischen Anspruch und eine hochkomplexe Sachebene im Kontext tagesaktueller politischer Verhandlungen zu einer entwicklungspolitischen Aktionskampagne zusammenzubauen.

2.3.3. „Simba- und Singa-Teeaktion"

Nachdem nach der Aluschok-Aktion die Entwicklung des wirtschaftlichen Armes der Aktion Dritte-Welt-Handel mit der Gründung der GEPA am 14. Mai 1975 einen ersten Abschluss gefunden hatte und der Kooperationsvertrag mit der S.O.S. (vom 1. Juli 1975) die Möglichkeit eröffnete, entstanden Bemühungen zur Aufnahme weiterer Eigenimporte in das Warensortiment. Zumal die Erfahrungen mit der Aktion „Indio-Kaffee" positiver ausgefallen waren als mit dem andersartigen Charakter der Aktion „Aluschok", erschien der Import von Tee aus Tanzania und Sri Lanka als sinnvoller nächster Schritt. Die „Simba und Singa-Teeaktion" stellte also eine Verbindung zwischen zwei Entwicklungsprojekten aus dem Bereich der Teeproduktion her. Sie bildete ab Weihnachten 1975 den Aktionsschwerpunkt der Aktion Dritte-Welt-Handel. Zur Fastenaktion 1976 rief auch Misereor wiederum die katholischen Kirchengemeinden zur Durchführung der Aktion Dritte-Welt-Handel auf – nun mit dem neuen Aktionsprodukt Tee.

Mit dem tansanischen Simba-Tee[139] verband man die Anstrengungen der Regierung unter Julius Nyerere, das ostafrikanische Land aus seiner problematischen Abhängigkeit von wenigen Exportprodukten (Kaffee, Sisal, Baumwolle) herauszuführen. Die staatliche Förderung des Teeanbaus war Bestandteil des Entwicklungskonzepts einer landwirtschaftlichen Diversifizierung. Bisherigen Plantagenarbeitern und Tagelöhnern sollte eine Zukunft als Bauern eröffnet werden. Auf der Basis genossenschaftlicher Organisationsweise – insbesondere der staatlich geförderten Errichtung von „Ujamaa"-Gemeinschaftsdörfern mit kollektiver Selbstverwaltung – sollten Selbsthilfe und Entwicklungschancen hinsichtlich Ernährung, Gesundheit und Bildung entstehen. Dieser Genossenschaftsgedanke wurde auch durch die von der staatlichen Tanzania Tea Authority und der von ihr getragenen Teefabrik gefördert, von welcher der Simba-Tee der GEPA stammte. Über einen zurückgekehrten Entwicklungshelfer war dieser Tee der Wuppertaler GEPA angeboten worden, der sich dann auch in der Bereitstellung und Verfassung von Informationsmaterial einbrachte. Bei der Erstellung dieses Materials wurde zudem selektiv auf Material einer Schweizer „Kaffeeaktion Ujamaa"[140] zurückgegriffen.

---

[139] Vgl. im folgenden Schmied: Die „Aktion Dritte Welt Handel", 247.
[140] Diese Aktion war unter Federführung der „Erklärung von Bern" von zwölf Organisationen getragen und verkaufte ab Frühjahr 1975 Pulver-Kaffee aus Tanzania. Sie zeichnete sich durch besonders fundiertes und didaktisch aufbereitetes Informationsmaterial und ein Konzept einer Verkäu-

2.3. Aktionskampagnen mit politischen Waren

Die entwicklungspolitische Zielsetzung des Singa-Tees[141] war im „Teeland" Sri Lanka freilich anders geartet. Wohl aber stellten die Monokulturen, die Exportabhängigkeit von einem einzigen Produkt sowie die Konzentration der Teewirtschaft bei wenigen Plantagenbesitzern eine Situation dar, die im Sinne der Entwicklungsförderung verändert werden sollte. Deswegen hatte die Regierung die Teeplantagen im Oktober 1975 verstaatlicht, um eine Verringerung der Teeanbauflächen und eine Diversifizierung der landwirtschaftlichen Produktion voranzutreiben. Die Zusammenarbeit mit der Aktion Dritte-Welt-Handel ergab sich durch Kontakte und Reisen des Bildungsreferenten der A3WH nach Sri Lanka, so dass die dortige Regierung für die Lieferung vor Ort verpackten Tees nach Deutschland gewonnen werden konnte. Beide Produkte wurden wiederum zusammen mit Plakaten und Broschüren unter dem Slogan „Tee – Schicksal für Millionen" den Aktionsgruppen der Aktion Dritte-Welt-Handel zur Verfügung gestellt. Eine Preiskalkulation pro Kilogramm Tee legte die Zusammensetzung des Endverkaufspreises aus Warenwert, Frachtkosten, Steuern, Verwaltungskosten etc. offen. Diese Offenlegung sei – so Schmied – im Vergleich zum Indio-Kaffee aufgrund des eigenständigen Imports durch die GEPA transparenter ausgefallen, zudem wären die unmittelbaren Projektkontakte der Teeaktion zugute gekommen. Gleichwohl kritisierte Schmied eine Inkonsistenz in der entwicklungspolitischen Argumentation hinsichtlich der beiden ähnlichen und doch verschiedenen Projekte. Außerdem hielt er die entwicklungsbezogene Zielsetzung beider Projekte für fragwürdig und bemängelte das Fehlen von pädagogischer Zielsetzung und politischer Dimension in der Aktion.[142]

2.3.4. Aktion „Jute statt Plastik"

In der zweiten Hälfte der 1970er Jahre fand dann das erwachende ökologische Bewusstsein in Westdeutschland in die Aktion Dritte-Welt-Handel Eingang: Die Aktion „Jute statt Plastik" war nicht nur dessen Ausdruck, vielmehr avancierte sie geradezu auch zum Symbol der Öko- und Alternativszene. Auch diese Aktion konnte ein ausländisches Beispiel aufgreifen – diesmal aus der Schweiz, wo unter demselben Titel 1975 eine entsprechende Aktion stattgefunden hatte.[143] Dieses Vorbild vor Augen beschlossen A3WH e.V. und die Arbeitsgemeinschaft der 3.-Welt-Läden (AG3WL) die Durchführung der Aktion in Deutschland und legten Februar 1978 bis Mai 1979 als Aktionszeitraum fest. Ein eigens eingerichteter „Jute-Ausschuss" erstellte umfangreiches Informationsmaterial und legte auch die inhaltlichen Leitlinien der Aktion fest. Die GEPA übernahm den Import der Jute-Taschen sowie die Auslie-

---

ferschulung aus. Vgl. Schmied: Die „Aktion Dritte Welt Handel", 251. Vgl. auch ausführlich Kuhn: Fairer Handel und Kalter Krieg, 23-46.
[141] Vgl. Schmied: Die „Aktion Dritte Welt Handel", 248, 250f.
[142] Vgl. Schmied: Die „Aktion Dritte Welt Handel", 250-255.
[143] Vgl. zur schweizerischen Aktion die umfangreichen Archivrecherchen bei Kuhn: Fairer Handel und Kalter Krieg, 82-111.

2. Geschichte der Fair-Handels-Bewegung in Deutschland

ferung von Taschen und Infomaterialien an die Aktionsgruppen. Das aktionsbegleitende Werkbuch der Juteaktion lässt erkennen, dass sich die Argumentationsweisen und Anknüpfungspunkte gegenüber den zurückliegenden Aktionen bereits verlagert hatten: Dem gemäß soll durch die Aktion „Jute statt Plastik"

> „die Entwicklungsproblematik mit den Folgen unseres Lebensstiles und unserer Zukunft verbunden werden. Jutetaschen sind eine echte Alternative zu Plastiktüten. Sie führen somit unmittelbar zu den brennendsten Fragen unserer Zeit: Umweltverschmutzung, Raubbau mit den begrenzten Rohstoffen dieser Erde und Energieverknappung. [...] Die Aktion kann Anstoß sein, unsere auf ständiges Wachstum eingeschworene Gesellschaft zu hinterfragen und nach Alternativen zu suchen. Andererseits zeigt die Verdrängung von Jute durch Plastikartikel, wie unmittelbar unser Lebensstil auf Entwicklungsländer zurückwirkt. Der enge Zusammenhang zwischen Über- und Unterentwicklung soll an der Aktion 'Jute statt Plastik' aufgezeigt werden."[144]

Neben diesem bewusstseinsbildenden Ansinnen stand die praktische Unterstützung von Frauengruppen in Bangladesh. Die Jutetaschen selbst fungierten als Bindeglied und Angelpunkt, der beides zusammenbringen sollte: auf der einen Seite die eigenen Konsum- und Wegwerfgewohnheiten der Adressat/inn/en, Ess- und Trinkgewohnheiten, Umgang mit Energie, Leistungsstreben und Sozialverhalten – auf der anderen Seite die Lebenssituation von Menschen in Bangladesh, gerade auch der Frauen, die Unterstützung der Frauengruppen in ihren geschlechteremanzipatorischen Bestrebungen, und nicht zuletzt auch die Verbesserung ihrer ökonomischen Situation.[145] Die Partnerorganisation dieser Aktion war „Corr – the Jute Works", ein Zusammenschluss von Frauengruppen, die sich über ihre Arbeit ein eigenes Einkommen erwirtschafteten. Dabei war es ausdrücklich nicht vorrangiges Anliegen der Aktion, möglichst hohe Verkaufszahlen zu erreichen. Vielmehr wurde sogar aufgrund stockenden Nachschubs und aus Gründen einer verantworteten Projektförderung (nämlich den Produzentinnen ein regelmäßiges und nicht nur ein punktuelles, aktionsabhängiges Einkommen zu garantieren) eine Rationierung der Taschenabgabe auf die Gruppen vorgenommen.

Über die bereits tätigen und erfahrenen Aktionsgruppen und Weltläden hinaus war die Aktion auch von den kirchlichen Organisationen in ihre Planungen einbezogen worden bzw. traf mit deren inhaltlichen Anliegen eng zusammen: Das evangelische Hilfswerk Brot für die Welt thematisierte in seiner Aktion „Einfacher leben" ebenfalls globale und ökologische Fragen im Zusammenhang mit dem Lebensstil hierzulande und bot damit Verbindungsmöglichkeiten zur Aktion „Jute statt Plastik". Auf katholischer Seite wurde die Juteaktion von Misereor und BDKJ im Rahmen ihrer zweiten gemeinsamen Jugendaktion „Antwort geben: anders leben" (1978) aufgegriffen und so in die außerschulische Jugendarbeit eingespeist. Insofern war es ein „Er-

---

[144] Aktion „Jute statt Plastik" (Hrsg.): Werkbuch, 6.
[145] Vgl. Hecke: 25 Jahre Aktion Dritte Welt Handel, 87.

2.3. Aktionskampagnen mit politischen Waren

folg" der Juteaktion, dass sich über die bestehenden Gruppen zusätzlich 5.000 neue Gruppen – speziell aus der verbandlichen und freien Jugendarbeit der Kirchen – daran beteiligten.[146] Innerhalb der 15 Monate Aktionszeitraum waren infolgedessen 1,2 Millionen Jutetaschen und 50.000 Informationsbroschüren verkauft worden. Nach Abschluss des offiziellen Aktionszeitraumes, Auflösung des Juteausschusses und Übergabe an die GEPA, bestand weiterhin ein so hohes Interesse an der Aktion, dass bis Mitte 1982 weitere 0,8 Millionen Jutetaschen im Rahmen der Aktion Dritte-Welt-Handel den Besitzer wechselten und schließlich noch 1983 eine erweiterte Neuauflage des Werkbuches der Aktion ratsam erschien. Überschüsse der Aktion ließen eine Reinvestition sowohl in die Projektfinanzierung in Bangladesh als auch in die entwicklungspolitische Bildungsarbeit der Aktion Dritte-Welt-Handel zu. Gleichwohl feierte die A3WH dies nicht als Erfolg. Stattdessen äußerte ein Mitglied des Juteausschusses problemformulierend die Einschätzung:

> „Bei den im Rahmen der Aktion eingesetzten Materialien und Medien ist schon rein zahlenmäßig ein Missverhältnis an verkauften Informationsmaterialien gegenüber den Taschen festzustellen. Ganz offensichtlich sind viele Taschen ohne gezielte Informationsarbeit verkauft worden. Die Organisatoren standen hier vor einem Zielkonflikt. Auf der einen Seite brachte der starke Taschenverkauf gute Aufträge für die Frauen in Bangladesh und ein breites Echo in der Bundesrepublik, auf der anderen Seite konnte man dem bildungspolitischen Anspruch der Aktion nicht gerecht werden. Versuche, die Aktion zu regionalisieren oder zielgruppenspezifisch anzusetzen, scheiterten ganz einfach an personellen und organisatorischen Möglichkeiten. Die Aktion war eben von ihrer Planung her bundesweit und nicht zielgruppenspezifisch angelegt. Im schulischen Bereich hatte die Aktion ein breiteres Echo als ursprünglich erwartet worden war.... Wie bereits erwähnt, wird die bewusstseinsbildende Wirkung, die durch den Taschenverkauf angestrebt wurde, nicht besonders hoch einzuschätzen sein. Wirkliche Resultate hat die Aktion vielmehr im Bereich der Aktionsgruppen vorzuweisen. Durch die Aktion 'Jute statt Plastik' hat die Zahl der entwicklungspolitischen Aktionsgruppen einen starken Auftrieb erfahren. Bestehende Aktionsgruppen haben neuen Aufwind bekommen. Vielen Aktionsgruppen hat die Aktion 'Jute statt Plastik' ganz offensichtlich geholfen, ihre Entwicklungsverantwortung für unsere eigene Gesellschaft klarer zu erkennen."[147]

Der hier beschriebene „Zielkonflikt" zwischen optimaler Unterstützung der Partnerorganisation und optimaler Entwicklungsdidaktik scheinen – so lässt sich nach diesen ersten großen Aktionen der Aktion Dritte-Welt-Handel wohl resümieren – dem Handlungsmodell offenbar inhärent zu sein. Zwar stellt sich die Frage, ob sich von der Auflage von Informationsbroschüren auf die bewusstseinsbildende Wirkung schließen lässt. Dennoch ist deutlich, wie sehr sich das Verhältnis von Handel und

---
[146] Vgl. Hecke: 25 Jahre Aktion Dritte Welt Handel, 87 (Fußnote 153), 89.
[147] Wirtz: Aktion Jute statt Plastik, 51.

Bildung, von Verkauf und Pädagogik, als die Grundkonfliktlinie der Idee „Aktion Dritte-Welt-Handel" herauskristallisiert.

2.3.5. Weitere produktbezogene Aktionen

Produktspezifische Aktionen und Kampagnen gehörten zu Beginn der 1980er Jahre bereits wesentlich zur Aktion Dritte-Welt-Handel. Gleichwohl veränderte sich im Laufe der Zeit die Bedeutung dieser Schwerpunktaktionen in ihrer Beziehung zum „Normalgeschäft" oder „Normalsortiment". Während die Jutetaschen ebenso wie Kaffee und der Tee aus Sri Lanka eine so prägende Kraft besaßen, dass sie Jahrzehnte später noch bekannt und im GEPA-Sortiment vorhanden sind[148], trifft dies auf andere Produkte weniger zu – sie führten ihr Dasein in der Aktion Dritte-Welt-Handel eher im Stillen. Die Produktaktionen der Folgejahre waren gemessen an den Vorgänger-Schwerpunktaktionen zwar weniger „erfolgreich" aber trotzdem für die Entwicklung der Bewegung nicht unbedeutend.

„Getreideaktion"

1983 war die GEPA erstmalig eine Kooperation mit einer inländischen Erzeugergemeinschaft eingegangen und hatte von der fränkischen Bundschuh-Genossenschaft Weizen, Roggen und Grünkern, im Folgejahr auch Dinkel, in ihr Sortiment aufgenommen. Die Aktion sollte dazu anregen, die Frage nach den Ursachen von Hunger und Unterernährung in der Welt zu stellen und einen Bezug zum Lebensstil der einheimischen Bevölkerung in Deutschland ermöglichen. Zudem bestand ein Zusammenhang zu Fragen des Welthandels, insofern billiges Getreide für die hiesige Viehwirtschaft importiert und damit der Nahrungsversorgung im Herkunftsland entzogen wurde.[149] Die Dritte-Welt-Pädagogik sah darin einen wichtigen Entwicklungsschritt der Aktion Dritte-Welt-Handel. Ein Produkt, „das auf hiesigem 'politischen' Boden gewachsen ist und an dem dennoch die Probleme der sogenannten Dritten Welt aufgezeigt werden sollen", könne den Anschluss zu den Fragen wiederherstellen, die die Menschen hierzulande beschäftigen; damit – so die Hoffnung – ließe sich die Abwanderung von Dritte-Welt-Engagierten zur Friedens- und Ökologie-Bewegung bremsen und damit die „Krise" der Dritte-Welt-Arbeit auffangen.[150] Reaktionen zwischen Verwunderung und Bestätigung der „deutschen Produkte" halfen gleichwohl nicht darüber hinweg, dass der Absatz der Waren geringer als erwartet ausfiel.[151]

[148] So erstellte die GEPA zu ihrem 30-jährigen Bestehen 2005 die Jutetaschen mit dem neuen Aufdruck „Das Original".
[149] Vgl. Warda: Die Saat geht auf, 28.
[150] Stelck: Vom Guatemala-Kaffee zum Grünkern.
[151] Vgl. Warda: Die Saat geht auf, 28; sowie das Editorial von: Alternativ Handeln Nr. 11 (Juli 1983), S. 1. – Im Rahmen der Getreideaktion wurde auch ein Buch aufgelegt: GEPA/A3WH (Hrsg.): Wer den Menschen das Korn stiehlt, verwandelt das Brot in Hunger. Materialien zur Getreideaktion, Schwelm 1983.

2.3. Aktionskampagnen mit politischen Waren

„Textilaktion"

Wenngleich „Jute statt Plastik" höchste Resonanz gefunden hatte, im Rückblick der bisherigen Schwerpunkte lässt sich der Eindruck nicht gänzlich von der Hand weisen, dass Konsumprodukte für politische Botschaften besser geeignet schienen als Handwerkswaren. Für die Aktion Dritte-Welt-Handel tat sich hier ein keineswegs einfach zu lösender Interessenskonflikt auf: Mit Blick auf den bewusstseinsbildenden Anspruch hierzulande boten tatsächlich die Konsumprodukte die offensichtlicheren Anknüpfungspunkte – „politischer" waren sie allemal, jedoch mit Blick auf die Produzentenseite hatte auch das Handwerk eine wichtige Rolle, weil es (wie sich an der Textilaktion und der Thematisierung der indischen Textilwirtschaft zeigen sollte) „geradezu einzigartig geeignet ist, [...] in entwicklungspolitisches Denken einzuführen."[152]

Auf dem Hintergrund der Jute-Aktion thematisierte die Aktion Dritte-Welt-Handel deshalb zunächst Anfang der 1980er und dann erneut im Rahmen eines Aktionsschwerpunktes der GEPA in den Jahren 1987/88 das Thema Textilien. Die „Projektgruppe Aktion Dritte-Welt-Handel" der Jugendverbände aej und BDKJ hatte sich mit Fragen der Weltwirtschaft anhand der Baumwoll-Textil- und Bekleidungsindustrie auseinandergesetzt. Ergebnis war ein 260 Seiten umfassendes Fachbuch unter dem Titel „Kleider machen Leute – Leute machen Kleider".[153] In der gemeinsamen Jugendaktion von BDKJ und Misereor 1984 unter dem Motto „Unser Verzicht – Leben für Viele" war ein von der GEPA importiertes handgearbeitetes Baumwollhalstuch, das von der indischen Gesellschaft COOPTEX geliefert wurde, Aktionsgegenstand. Kauf und Verkauf des Halstuches sollte dabei jedoch nicht alleiniger Aktionszweck sein, sondern es ging um die Auseinandersetzung mit indischer Kultur, mit den Arbeitsbedingungen in der indischen Textilwirtschaft und um die damit zusammenhängenden wirtschaftspolitischen Themen. Neben dem Bezug zu Indien spielten auch Alpaka-Textilien aus den Anden eine wichtige Rolle in der Aktion Dritte-Welt-Handel. Die Attraktivität des Themas Textilien hatte offensichtlich damit zu tun, dass daran vieles über Kultur und Wirtschaft gleichermaßen vermittelt werden konnte.[154]

Mitauslöser für die Schwerpunktsetzung der Aktion Dritte-Welt-Handel sowie der GEPA auf dieses Themenfeld in den 1980er Jahren war offenbar, dass „häufig textilproduzierende Gruppen bei der GEPA an[fragen], ob ihre Waren über sie ver

---

[152] Wirtz: GEPA-Zeitschrift kommt in die besten? Jahre, 35.
[153] Wirtz u.a.: Kleider machen Leute – Leute machen Kleider (1981). – Das Buch schlägt Brücken zwischen den Folgen der Industrialisierungsprozesse im Textilsektor, wie sie in Deutschland im 19. Jahrhundert und in Indien im 20. Jahrhundert auftraten, und problematisiert die Zusammenhänge auf den Textilmärkten. Schließlich enthält es auch konkrete Anregungen für die Auseinandersetzung mit den Themen in den (Jugend-)Gruppen.
[154] In den selbst erstellten oder von der Aktion Dritte Welt Handel rezipierten Materialien und Publikationen geht es immer wieder um die Frage nach Kleidungsgewohnheiten in verschiedenen Kulturen, die soziale Bedeutung von Kleidung („Kleider machen Leute"), Kennenlernen traditioneller Handwerkspraktiken in der Textilherstellung u.v.m.

marktet werden können".[155] Gerade die noch handwerklich tätigen Produzentengruppen würden von der Industrieproduktion verdrängt. Dass ein Textilschwerpunkt andere Herausforderungen zu meistern hatte als die vorangegangenen Produktaktionen, schien den Verantwortlichen von Anfang an bewusst zu sein: So müsse die Vermarktung von Textilien sich mit Modefragen auseinandersetzen und auf entsprechende Veränderungen reagieren können, es bedürfe eines breiten Sortiments mit unterschiedlichen Farben, Schnitten und Größen und vor allem seien an den Verkaufsstellen kleidungsspezifische Ausrüstungen erforderlich wie Spiegel oder Umkleide: trotz solcher Erschwernisse wurden Textilien als eine kontinuierliche Schwerpunktaktion aufgegriffen.[156] Den Ausschlag gegeben hat dabei wohl die bewusstseinsbildende Motivation, denn der Akzent der Informationen lag immer auf den Herstellungstraditionen, Handelszusammenhängen und den damit verbundenen sozialen Standards, keinesfalls aber auf dem, was die genannten Herausforderungen bearbeitet und eine erfolgreiche Vermarktung ermöglicht hätte. Alpakapullover waren ebenso wie die Jute-Taschen zum „Gesinnungstextil" alternativer Lebensstile in den 1980ern geworden. Dieser Hintergrund machte den Verkauf dieser Waren über Jahre hinweg möglich, mit der Veränderung des alternativen Spektrums hatte er aber ebenso Anteil an der späteren Stagnation des „alternativen Dritte Welt-Handels". Doch selbst darüber hinaus blieb das Thema Textilien in der Fair-Handels-Bewegung aktuell.[157]

2.4. Von der pädagogischen Aktion zum „Alternativen Handel"

Die durch die Aktion „Jute statt Plastik" eröffnete Verbindung von Ökologie- und Lebensstilfragen mit dem Dritte-Welt-Handel hatte nicht nur den Puls der Zeit getroffen, sondern führte langsam doch stetig auch zu einer grundlegenden Veränderung im Konzept der Aktion Dritte-Welt-Handel. Äußeres Zeichen davon ist der Übergang der Bezeichnung von der „Aktion Dritte-Welt-Handel" zum „Alternativen Handel".
Nachdem die Aktion bis Mitte der 1970er mit ihrer Initiative vor allem auf entwicklungspolitische Veränderungen „von oben" auf Regierungsebene gesetzt hatte[158], waren diese Hoffnungen durch den durch Etatkürzungen veranlassten Rücktritt von Entwicklungshilfeminister Erhard Eppler 1974 enttäuscht worden. Ein von der GEPA 1981 erstmals herausgegebenes Faltblatt „Wer wir sind. Was wir machen.

---
[155] Wirtz: „Der rote Faden", 29.
[156] „Textilien" ist wiederkehrend ein ausführliches Thema in den Ausgaben von „Alternativ Handeln", angefangen von den ersten Anregungen in der Nr. 15 vom April 1985, (vgl. Wirtz: „Der rote Faden") bis hin zu den beiden Schwerpunktheften Nr. 20 Alpakatextilien aus den Anden (September 1987) und Nr. 21 Indisches Textilhandwerk (März 1988).
[157] Vgl. die Kampagne „Öko fair tragen" der Katholischen Landjugendbewegung sh. ausführlich unten Kapitel 4.2.1.2.
[158] Man bedenke hierzu in der Vorgeschichte der A3WH die Hungermärsche als Protestbewegung oder die Postkartenaktion im Rahmen der Aluschok-Aktion.

Warum wir es tun." für die Endverbraucher lässt demgegenüber die neue Richtung erkennen:

"Einmal unterstützen wir Initiativen von unten in der Dritten Welt. Diese können etwas für den Wandel in ihren Ländern tun. Ebenso notwendig ist die Initiative von unten bei uns, in der 'Ersten Welt', damit sich hier etwas ändert."[159]

2.4.1. "Anders leben" rückt Verkauf der Waren in den Vordergrund

Die somit in den Vordergrund gerückte Konsumentenmacht lässt eine Verschiebung von der Protest- und Aufklärungsbewegung hin zu einer Basis- und Lebensstilbewegung erkennen: "In diesem Zusammenhang erhielt alternatives Handeln, das politisches Handeln, aber insbesondere den konkreten Lebensstil betrifft, einen hohen Stellenwert innerhalb der Dritte Welt-Aktionsgruppen und der Dritte Welt-Läden." Mit dieser Aussage bringt Hötzel die Veränderung auf den Punkt.[160]
Diese Entwicklung wirkte gleichwohl auf die Aktion Dritte-Welt-Handel zurück: Während die bolivianischen und peruanischen Alpaka-Pullover sich zunächst zu einem weiteren Inbegriff der Alternativszene auswuchsen und zu einem wichtigen Umsatzträger der Weltläden entwickelten, wurden sie Mitte der 1980er plötzlich zum Ladenhüter.[161] Diese "Wollekrise" der A3WH[162] steht wohl symptomatisch für diesen Zeitraum in der Entwicklung des "Alternativen Handels": Zunächst stagnierte Anfang der 80er Jahre der Umsatz mit kunsthandwerklichen Waren, diese verloren dann massiv an Bedeutung bis sogar Mitte der 80er Jahre deren Umsatz komplett einbrach. Andererseits stiegen die Umsätze im Lebensmittelsektor erheblich. "Alternativer Konsum" hatte sich für einen kleinen Teil der westdeutschen Bevölkerung zum Lebensstil entwickelt und führte bei der GEPA nicht nur zu einer Verlagerung auf das Lebensmittelsortiment sondern auch insgesamt zu deutlichen Umsatzsteigerungen: von knapp 7 Millionen DM im Geschäftsjahr 1979/80 auf 12,3 Millionen DM 1981/82 und schließlich auf 16 Millionen DM in 1984/85. Die GEPA wies in ihrer Kundenliste eigens den Bereich "Alternativ-Bewegung" aus, worunter sie Bioläden, Initiativen und Selbsthilfegruppen, Umweltschützer, Solidaritätskomitees, Grüne Alternative Listen und den Alternativ-Buchhandel zusammenfasste.
Der Verkauf von "Dritte-Welt-Waren" an diese Kundengruppe – von der GEPA direkt oder über die Dritte-Welt-Läden vor Ort – nahm einen "dynamisch wachsen-

---

[159] zitiert nach Hötzel: Die Aktion Dritte Welt Handel, 27.
[160] Hötzel: Die Aktion Dritte Welt Handel, 26f.
[161] Vgl. Hecke: 25 Jahre Aktion Dritte Welt Handel, 98. Als Gründe hierfür werden Währungsschwankungen des US-Dollars und daraus resultierende Preiserhöhungen, eine gewisse Marktsättigung, aber auch der Einzug der Alpaka-Produkte in den Normalhandel angegeben. Letzteres wurde insofern problematisiert, als der Alternative Handel zum Türöffner für Warenhäuser geworden sei und in diesem Zusammenhang die Alpaka-Produzent(inn)en ihre Subsistenzlandwirtschaft zugunsten einer Abhängigkeit von der Alpakawarenherstellung eingetauscht hätten.
[162] Kunz: Dritte-Welt-Läden, 30.

2. Geschichte der Fair-Handels-Bewegung in Deutschland

den Anteil" am GEPA-Umsatz ein. „Der Verkauf der Waren zu Bildungszwecken wird also nicht mehr als die alleinige Zielrichtung der A3WH angesehen", resümiert Hötzel im Jahr 1986.[163] Das starke Wachstum des Verkaufs bzw. das im Vergleich dazu nicht gleichermaßen gesteigerte Bildungs- und Aufklärungsengagement erscheint zunächst als Verlagerung und möglicherweise als Schwinden des pädagogischen Anteils der Aktion Dritte-Welt-Handel. Gleichwohl war alternativer, kritischer Konsum nicht Element einer wertefreien Mode oder Lifestyle-Kultur sondern Ausdruck politischer Haltungen auch des Protests und insofern Ergebnis vorausgegangener Bewusstseinsbildung. In der Alternativszene erntete die Aktion Dritte-Welt-Handel gewissermaßen die ersten Früchte ihrer pädagogischen Arbeit.

Die Aktion Dritte-Welt-Handel, zu diesem Zeitpunkt vielfach bereits zum „Alternativen Handel" umbenannt[164], war dabei Bestandteil einer umfassenderen konsumkritischen Bewegung, zu der etwa die Kaffee-Boykottaufrufe der Mittelamerika-Komitees im Sommer 1981[165] oder die Boykottaktion der Evangelischen Frauenarbeit in Deutschland e.V. gegen Früchte aus dem Apartheidstaat Südafrika[166] zählten. Dabei ging es darum, als „Konsumenten zumindest partiell ein Ausbrechen aus dem Zusammenhang von Unterdrückung und Ausbeutung" zu praktizieren.[167] Diese Grundbotschaft eines alternativen Lebensstils vermittelten auch die Fastenaktionen des katholischen Hilfswerkes Misereor, die in den Jahren 1977 bis 1981 – mit variierten Ergänzungen – unter das Motto „Anders leben" gestellt waren und „die Änderung einer inneren Einstellung nach immer mehr an Konsum, Wohlstand und prosperierendem Wachstum sowie die Eröffnung einer Denkmöglichkeit des Verzichtes" anstrebten.[168] „Alternativer Handel" und katholische Fastenaktionen konnten sich insofern ausdrücklich und unausdrücklich gut ergänzen, schließlich war Misereor selbst Akteur in der Aktion Dritte-Welt-Handel.

2.4.2. Alternativer Handel entwickelt weitere Wirtschaftsstrukturen

Mit dem Interesse der Alternativszene wuchsen jedoch nicht nur die Aktivitäten und die Umsätze der bestehenden Akteure aus der Gründungsphase der Aktion Dritte-

---

[163] Vgl. hierzu Hötzel: Die Aktion Dritte Welt Handel, 27f.
[164] Die GEPA-Zeitschrift „Alternativ Handeln" erhielt diesen Namen bereits 1978 – als Nachfolgerin des vom A3WH e.V. herausgegebenen und in Zusammenarbeit mit GEPA und AG3WL e.V. erstellten Gruppenrundbriefs „Unsere Dritte Welt".
[165] Vgl. Hötzel: Die Aktion Dritte Welt Handel, 28, der den Boykottaufruf zitiert und darauf verweist, dass dabei der Kauf des Nicaragua-Kaffees der GEPA als Beitrag zum Aufbau des von der Diktatur „befreiten" Nicaragua empfohlen wurde.
[166] Vgl. Hötzel: Die Aktion Dritte Welt Handel, 28 sowie Stelck: Politik mit dem Einkaufskorb, eine Dokumentation dieser Aktion, die gemeinsam mit der Arbeitsgemeinschaft Dritte-Welt-Läden e.V. und der GEPA herausgegeben wurde.
[167] Hötzel: Die Aktion Dritte Welt Handel, 28.
[168] Angel: Christliche Weltverantwortung. Misereor, 154, vgl. auch 150, 153-163.

2.4. Von der pädagogischen Aktion zum „Alternativen Handel"

Welt-Handel, sondern es entstanden in dieser Phase auch neue „Player", die in unterschiedlicher Weise auf die Bedürfnisse der Fair-Handels-Bewegung und der Alternativszene eine Antwort gaben.

In Bayern etwa drängten Anfang der 1980er die Weltläden und Aktionsgruppen auf die Einrichtung einer zusätzlichen GEPA-Regionalstelle. Die Anfahrtswege in die Regionalstellen nahe Stuttgart und nahe Frankfurt waren den Ehrenamtlichen zu umständlich und die Bahnfrachtkosten zu hoch gewesen. Außerdem war mit dem Wunsch nach einer bayerischen Regionalstelle die Hoffnung auf neue Weltladengründungen verbunden. Nachdem sich das Interesse der GEPA an diesem Wunsch in Grenzen gehalten hatte, nahmen die Gruppen und Läden das Heft selbst in die Hand und strebten die Gründung einer Genossenschaft für den Betrieb des Regionalzentrums an. Bedenken der GEPA gegenüber der Genossenschaftsinitiative, unterschiedliche Ansichten hinsichtlich des beabsichtigen Kooperationsvertrages und rechtliche Unsicherheiten führten zwar zu Verzögerungen, so dass die Gründung der „Bayerischen Dritte Welt Handel e.G." nach einer verworrenen Vorgeschichte erst am 30. Juni 1984 erfolgte.[169] Die Wahl der genossenschaftlichen Organisationsform sah man als konsequente Fortschreibung der Projektpartnerkriterien der GEPA: „Wenn diese Ansprüche [die Form einer genossenschaftlichen Organisation, MR] an Entwicklungsprojekte angelegt werden, warum dann nicht an die Organisationen hier?"[170] Zudem galt die Genossenschaftsform als Ausdruck des alternativen Ansatzes, insofern zum Programm der Aktion Dritte-Welt-Handel „eine alternative Form der Beschaffung der Waren aus besonderen Entwicklungsprojekten und – als Pendant dazu – eine alternative Form der Vermarktung insbesondere in Dritte-Welt-Läden hierzulande" gehörte.[171]

Während in den 1970er und Anfang der 1980er selbstverwaltete Betriebe und andere Formen der Alternativwirtschaft entstanden, blieb dies in den Reihen der Aktion Dritte-Welt-Handel lediglich eine Diskussion, ja eine Forderung. Die Bayerische Dritte Welt Handel eG – gängig abgekürzt mit „B3WH" – war lange Zeit die einzige genossenschaftliche Organisation innerhalb der Aktion Dritte-Welt-Handel und galt vielen gewissermaßen als ein Modell, wie man sich eine konsequente A3WH vorstellte: Der mehrfach auftauchende Slogan „Wer A3WH sagt, muss auch B3WH sagen" pointiert dies deutlich.[172]

Beginnend etwa 1980 war das Thema alternativwirtschaftlicher Strukturen innerhalb der Aktion Dritte-Welt-Handel immer wieder zur Sprache gebracht worden und dabei speziell die Umwandlung der GEPA von einer GmbH in eine Genossenschaft gefor-

---

[169] Vgl. hierzu insgesamt: Bayerische Dritte Welt Handel e.G. (Hrsg.): 15 Jahre Bayerische Dritte Welt Handel e.G. 1984-1999, S. 2-3. – Im Jahr 1999 wurde die Namensänderung in „FAIR Handelshaus Bayern eG" beschlossen.
[170] Wex: Die Genossenschaft – an und für sich, 5.
[171] Wex: Die Genossenschaft – an und für sich, 5.
[172] Vgl. Wex: Wer A-3WH sagt, muss auch B-3WH sagen, sowie Wex: Die Genossenschaft – an und für sich, 5.

2. Geschichte der Fair-Handels-Bewegung in Deutschland

dert worden. In dieser Forderung artikulierten sich zwei Anliegen: zum einen hinsichtlich des Innenverhältnisses an Geschäfts- und Regionalstelle(n) die Mitwirkung der Mitarbeiter/innen im Sinne selbstverwalteter Betriebe, zum anderen hinsichtlich des Innenverhältnisses der Gesellschafter die Wünsche nach mehr Basisvertretung und größerer Gleichberechtigung, d.h. letztlich nach mehr Einfluss bzw. Mitentscheidungsmöglichkeiten für die „kleinen" (kapitalschwächeren) Gesellschafter: die Jugendverbände, die Aktionsgruppenvereine und die AG3WL.[173]

Insofern ist man geneigt, unzureichende Beteiligungs- und Mitwirkungsmöglichkeiten der Gruppen vor Ort an der GEPA-Geschäftspolitik in Anschlag zu bringen, um die Entstehung zusätzlicher Organisationen in der Aktion Dritte-Welt-Handel zu erklären. Letztlich ist dafür aber der pluralistische Charakter der Alternativbewegung verantwortlich zu machen. Nährboden der neu entstehenden Organisationen sind in vielen Fällen Weltläden und entwicklungspolitische Aktionsgruppen. So entstand die „Liberación Werkstatt für Entwicklung und Frieden e.V." im niedersächsischen Lehrte 1982 aus den lokalen Dritte-Welt-, Umwelt- und Friedensinitiativen. Der Verein, der zunächst nur einen örtlichen Weltladen mit Buchhandel und Café beabsichtigte, stieg dann eher beiläufig in den Aufbau eines Großhandels ein, importierte aus Nicaragua zunächst im Rahmen der Mitka Kaffee, dann Bananen im Rahmen der AG Nicaragua-Bananen. Schließlich erfolgte eine Ergänzung um Importe aus europäischen Entwicklungsregionen und -projekten (Wein aus Sizilien, Reis aus Spanien), was dazu führte die Handelstätigkeit in eine Genossenschaft „Liberación e.G." auszugründen.[174] Eine andere Importorganisation war in München 1984 entstanden – die Herkunft ihrer Produkte aus Afrika, Asien, Süd und Central-Amerika war Namensgeber für „Afrassca", ein privates Unternehmen, das 1991 einen Umsatz von 1,4 Millionen DM erwirtschaftete und zusammen mit El Puente und dritte-welt partner Ravensburg zur gemeinsamen Lkw-Belieferung der Weltläden einen „Soli-Ring" gegründet hatte. Als Privatunternehmen stand es innerhalb der Weltladenszene unter erheblicher Kritik.[175]

Während sich Afrassca ebenso wie Liberación nicht lange am Markt halten konnten und in Insolvenz gerieten, waren andere Gründungen jener Zeit beständiger: „Ökotopia" in Berlin entstand 1980 als ein selbstverwalteter Betrieb, der im Import von Kaffee und Tee tätig war. Während im Kaffeebereich eine Kooperation mit der Mitka bestand und Fairer Handel betrieben wurde, stand im Teebereich tendenziell die ökologische Produktion im Vordergrund. Aus dem Weltladen in Legden entwickelt sich

---

[173] Vgl. Wirtz: Alternativer Dritte Welt Handel, sowie die Auszüge aus Beck, Chr.: Umwandlung einer GmbH in eine Genossenschaft. Chancen und Probleme, Studienarbeit Darmstadt 1980, in: Alternativ Handeln Nr. 19 (März 1987), S. 29.
[174] Vgl. AG3WL (Hrsg.): Weltladen-Handbuch, 3. Aufl. 1992, S. 159.
[175] Vgl. AG3WL (Hrsg.): Weltladen-Handbuch, 3. Aufl. 1992, S. 160. – Ende der 1990er gab es erhebliche Auseinandersetzungen um die Geschäftspraktiken von „Afrassca" (vgl. Bill: Neues zum Fall „afrassca"), welche das Unternehmen nicht überlebte.

2.4 Von der pädagogischen Aktion zum „Alternativen Handel"

„Venceremos", eine GmbH welche umweltfreundliche Papierprodukte herstellte und vertrieb sowie – ebenfalls in Kooperation mit Mitka – als Kaffeelieferant arbeitete. Die langfristig wichtigste Gründung in den 1980er Jahren erfolgte im süddeutschen Raum: Aus dem Ravensburger Weltladen heraus wurden ab 1983 eigene Importe realisiert. Das Interesse anderer Weltläden an diesen Waren und somit die Zunahme der Eigenimporte führte dazu, dass 1988 zusammen mit mehreren Weltläden der Region Oberschwaben die „dritte-welt partner GmbH" gegründet wurde[176], die ihren Einzugsbereich vor allem im baden-württembergischen und bayerisch-schwäbischen Raum fand. Obwohl rund 50 Prozent des Stammkapitals von dritte-welt partner Privatpersonen gehörte, gelang es der jungen Organisation speziell bei den Weltläden ihres Einzugsbereichs einen guten Stand zu entwickeln und konnte sich so in den 1990ern zum drittgrößten Fair-Handels-Importeur in Deutschland entwickeln.

Das Entstehen dieser Organisationen im Laufe der 1980er Jahre spiegelt das wachsende Interesse und den steigenden Markt für fair gehandelte Produkte wider – letztlich begründet in der gestiegenen gesellschaftlichen Akzeptanz alternativer Lebens- und Konsumstile. Einige Organisationen bildeten sich speziell an der Schnittstelle der Aktion Dritte-Welt-Handel mit anderen Themen der Alternativwirtschaft, wie etwa im Kontext von Umweltschutzpapierprodukten oder mit der Frage innereuropäischer Solidarität. Andere freilich etablierten sich im Zentrum einer sich ausdehnenden Bewegung, die zunehmend für „alternative" Existenzgründungen Raum bot.

2.4.3. Kriterien für den Umgang mit den Projektpartnern

Im Vorausblick auf diese Entwicklung sollte es sich als günstig erweisen, dass früh genug eine Beschäftigung mit notwendigen Unterscheidungsmerkmalen erfolgt war. Im Laufe der Jahre war es erforderlich geworden, immer klarer die Kriterien und Grundsätze des Fairen Handels herauszukristallisieren, anhand derer über die Aufnahme eines neuen Projektpartners entschieden werden konnte.
Sobald die GEPA 1975 gegründet war, hatte sie damit angefangen, für ihre eigene Kooperation mit Produzenten in Entwicklungsländern solche Kriterien aufzustellen. Dieses umgehende Angehen einer Grundsatzfrage hatte gewiss damit zu tun, dass ja – wie ausgeführt – gerade in der mangelnden Mitbestimmungsmöglichkeit in dieser Frage eine wesentliche Unzufriedenheit mit der holländischen S.O.S. und damit ein Grund zur Etablierung einer eigenen Importorganisation bestanden hatte. Ein zunächst zweijähriger Diskussionsprozess – die Verabschiedung erfolgte am 14. Oktober 1977 – führte zu einem 27 Punkte umfassenden Kriterienkatalog, zu dessen grundlegendsten eine genossenschaftliche oder ähnliche Organisationsform, eine benachteiligte Situation und eigene Anstrengungen zur Verbesserung der wirtschaftlichen, sozialen und politischen Situation zählten. Neben den 13 formulierten An-

---

[176] Vgl. dwp eG (Hrsg.): für alle das beste. die dwp Genossenschaft, Ravensburg [2005], 6. – Im Jahr 2005 erfolgte die Umwandlung in eine Genossenschaft und die Umfirmierung in „dwp".

sprüchen an die Produzenten waren auch Kriterien für die Produkte selbst enthalten, nämlich jeweils sieben für den Umgang mit denselben im Herstellungsland und im Vermarktungsland. Dazu zählten die „Herstellung unter humanen Arbeitsbedingungen und in arbeitsintensiver Form", die Ausrichtung auf die Bedürfnisse des Landes sowie eine umweltschonende und die kulturellen Werte achtende Produktionsweise. Bezüglich der Vermarktung standen neben Bedürfnisorientierung auch entwicklungspolitische und pädagogische Bedeutsamkeit, Kulturvermittlung und die Eignung, „Verständnis für die Belange der Dritten Welt zu wecken und Kenntnisse über Welthandelsstrukturen und Entwicklungspolitik zu vermitteln".[177]

Die Handhabung dieses Instrumentariums – das zeigte sich schon in der Entstehungsphase – gestaltete sich allerdings keineswegs eindeutig und einfach, so dass in die Präambel der Projektpartnerkriterien schon die relativierende Formulierung Eingang fand, „nicht jedes Projekt muss allen Kriterien genügen, entscheidend sind die in ichnen angedeuteten Tendenzen und Schwerpunkte."[178] In dem gleichermaßen als umfassenderes Grundsatzdokument zu lesenden Papier ist auch die Doppelzielrichtung mit entwicklungsbezogenem Handel und entwicklungsbezogener Bildungsarbeit festgehalten. Aufschlussreich für die Prioritätensetzung der Bewegung insgesamt ist die Reihenfolge dieser „Auswahlkriteriologie" – zuerst Produzentenkriterien, dann Produktkriterien zur Herstellung und schließlich zur Vermarktung. Diese erläuterte Gerd Nickoleit von der GEPA zwei Jahre später auch inhaltlich: an erster Stelle steht die Prüfung und Zulassung des Projektpartners, was zur Folge hat, „dass nur Produkte von akzeptierten Projekten importiert werden dürfen".[179] Aus der Rückschau lässt sich festhalten, dass sowohl diese Kriterien als auch die Einschätzung dazu innerhalb der GEPA in den Folgejahren zunächst keine Ansprüche an die Handels- und Importabwicklung formulierten. Hilfreich war diese Kriteriologie allemal in der alltäglichen Praxis: zunächst insbesondere in der Behandlung der zunehmend ansteigenden Anfragen seitens interessierter Produzenten. Kommerzielle Anbieter oder private, nicht gemeinschaftlich organisierte Betriebe konnten auf dieser Basis abgelehnt werden. Zunehmend hatte aber auch das Kriterium „Verkaufbarkeit der Produkte" in den Entscheidungen Raum erhalten, denn „am allerwenigsten tritt der […] Fall ein, dass wir von vornherein ein gutes Gefühl haben, sowohl was die Organisation des Partners angeht, als auch beim Angebot seiner Waren."[180] Dabei wurde deutlich, dass man weder Produkte beziehen konnte, bei denen man ohnehin mit Absatzschwierigkeiten rechnen musste, noch dass man bei den Projekten Hoffnungen wecken wollte, welche dann auf längere Sicht nicht erfüllt werden könnten. „Es hilft ihnen letztlich über-

---

[177] GEPA: Kriterienkatalog der GEPA zur Auswahl der Produzenten und Produkte; vgl. auch: Warda: Wer die GEPA beliefert, 21.
[178] GEPA: Kriterienkatalog der GEPA zur Auswahl der Produzenten und Produkte; vgl. auch: Warda: Wer die GEPA beliefert, 21.
[179] Nickoleit: Die Kriterien der GEPA zur Auswahl von Partnern und Projekten, 35-36.
[180] Aussage von Gerd Nickoleit zitiert von Warda: Wer die GEPA beliefert, 23.

2.4. Von der pädagogischen Aktion zum „Alternativen Handel"

haupt nicht, wenn wir bei ihnen aus Mitleid Bestellungen aufgeben" wird Projektreferent Nickoleit zitiert.[181]

Anfang der 1980er zeigt sich zugleich zunehmend die – letztlich als neokolonialistisch zu charakterisierende – Problematik, als europäische Importorganisation bzw. als europäische Aktion enggeführte Partnerkriterien einzufordern. Eine Debatte über den Umgang mit der Fedecocagua-Genossenschaft offenbart genau dieses Dilemma: Die ausführliche Stellungnahme dessen Initiators und Leiters Alfredo Hernandez zu einem Artikel in der Zeitschrift Publik Forum lässt die Verletzbarkeit von Produzenten angesichts solcher Bewertungen erkennen.[182] Selbiges gilt für ein Schreiben von PODIE, des ceylonesischen Gewürzpartners der GEPA, an die Schweizer Fair-Handels-Organisation OS3, in dem es heißt:

„[...] für Podie ist alternativer Handel weder eine Philosophie noch einfach ein Hobby. Es ist unser Leben. Wir verstehen, daß für Euch viele hohe Ideale eine Rolle spielen. Aber für uns ist beschämend, wie ihr umfangreiche Angaben wollt, nur um zu prüfen, ob wir es wert sind, mit Euch in Kontakt zu treten. Wenn wir genaue Angaben über jede Gruppe, die bei uns mitarbeitet und über die Verteilung des Gewinns machen müssen, nur damit ihr entscheiden könnt, ob ihr mit uns arbeiten wollt oder nicht. Bis heute haben wir das geduldig über uns ergehen lassen.

Handel, wie wir ihn verstehen und leben, ist aber mehr als nur Flugblätter zu drucken und Leute zu informieren, wie wichtig dies auch immer ist. Wir müssen überleben und dazu müssen wir verkaufen – nicht nur heute und morgen! [...] Wenn wir die Reaktionen einiger unserer Partner betrachten, so bekommen wir leider das Gefühl, daß es bei Euch nichts mehr ist als ein modischer Gag. [...]"[183]

Diese kritischen Anfragen formulierte auch Bernd Merzenich, später GEPA-Mitarbeiter, der in demselben Projekt als Entwicklungshelfer tätig war. Bewusst polemisch formulierte er, in den Dritte-Welt-Läden habe sich das Prinzip „Handeln statt Hilfe" in ein Prinzip „Diskutieren statt Handeln" verlagert:

„Die Produkte sind nicht mehr Ausgangspunkt und Anlaß für Verkaufs- *und* Aufklärungsaktivitäten, sondern dieses Gleichgewicht verschiebt sich immer häufiger zugunsten theoretischer Diskussionen, die nicht selten an der Wirklich-

---

[181] Warda: Wer die GEPA beliefert, 23.
[182] Schreiben von Alfredo Hernandez vom 2. April 1982 an die Verfasserin von: Christiane Amedick: Bitterer Nachgeschmack. Ist die Förderung der Fedecocagua-Genossenschaft in Guatemala fragwürdig geworden?, in: Publik-Forum Nr. 6, 26. März 1982 – beide Texte sind dokumentiert in: gepa-Informationsdienst extra: Neue Entwicklungen beim FEDECOCAGUA-Kaffee. Diskussion auf der einen Seite – Gewalt auf der anderen, April 1982; sowie in: AG3WL-Rundbrief Nr. 4 (Mai 1982), S. 4-8. Auch die Ausgabe Nr. des AG3WL-Rundbriefes ist voll mit Leserbriefen zu Fedecocagua.
[183] Auszugsweise abgedruckt als: Alternativer Handel aus der Sicht von PODIE, in: epd-Entwicklungspolitik Nr. 7-8/1985, S. 24.

2.4.4. Uneinigkeit über das Verhältnis von Verkauf und Bildungsarbeit

Verkauf und Information – diese in der ersten Dekade des Fairen Handels aufgestellte Zwei-Säulen-Theorie erscheint zu diesem Zeitpunkt nicht mehr als das einigende Band der Bewegung. Ist sie zum Ausdruck einer entzweienden Polarität unterschiedlicher Prioritätensetzungen innerhalb der Bewegung geworden? Hier die durch den Import- und Partnerkontakt nah an den Bedürfnissen der Projektpartner Arbeitenden, die oft genug pragmatischen Entscheidungen den Vorrang vor Grundsatzdiskussionen gaben, weil sie darin die unmittelbare Auswirkung für die Partner abschätzen zu können glaubten. Dort die vor allem auf Information und Bewusstseinsbildung Konzentrierten, für die die Projekte immer auch in den Rahmen und die Möglichkeiten ihrer Vermittlungsbemühungen einzubetten waren und welchen daher unabdingbar apriorische Vorstellungen von gerechterer Weltwirtschaft oder alternativer Gesellschaftsordnung zugrunde liegen mussten. Dieser Verdacht bietet vielleicht einen gewissen Schlüssel dafür, die in den 80er Jahren teils intensiv geführten Selbstvergewisserungsprozesse der Fair-Handels-Bewegung verstehen zu können. Im Vorausblick auf die Debatte um die Handelsausweitung der GEPA und die Einführung des TransFair-Siegels zeigt sich zugleich, dass sich diese Grundsatzdifferenzen kaum einvernehmlich lösen ließen, sondern vielmehr in diesen praktischen Fragen weiter eskalierten.

Hinsichtlich der strukturellen Ursachen dieser diffusen Identität gilt es, die 1978 vollzogene Auflösung des A3WH e.V. in Erinnerung zu rufen, durch welche die institutionalisierte Absicherung des Bildungsauftrages der Aktion Dritte-Welt-Handel in den 1980er Jahren gewissermaßen weiterhin „in der Luft schwebte". Dabei wäre es zu einfach, die Differenzen damit erklären zu wollen, dass man – im GEPA-Gesellschafterkreis – den beiden Hilfswerken eine größere Projektaffinität und den Basisgruppen- und AG3WL-Vertretern eine größere pädagogische Affinität zuschreibt. Gleichwohl sind die Einschätzungen, die die Zeitschrift epd-Entwicklungspolitik anlässlich des zehnjährigen Bestehens der GEPA von den Gesellschaftern zu verschiedenen Fragen eingeholt hatte, aufschlussreich für die Frage des Verhältnisses von Bildung und Handel.[185] Darin zeigt sich nämlich das – vielleicht entscheidende –

---

[184] Merzenich/Merzenich: Flugblätter machen nicht satt, 34 (Hervorhebung im Original).
[185] Vgl. zum folgenden: „Die GEPA hat wichtige entwicklungspolitische Akzente gesetzt". Stellungnahmen von Gesellschaftern […], in: epd-Entwicklungspolitik Nr. 7-8/1985 – Hintergründig spielt die jeweilige Organisationsgeschichte eine Rolle: Während die Jugendverbände und Hilfswerke bereits etablierte Organisationen darstellten, konnten die noch jungen Bewegungsorganisationen in ihren Selbstvergewisserungsprozessen selbstverständlich keineswegs soweit entwickelt sein.

2.4. Von der pädagogischen Aktion zum „Alternativen Handel"

Ungleichgewicht der Träger der Aktion Dritte-Welt-Handel gerade bezüglich dieser Thematik: Die Hilfswerke und Jugendverbände können hierzu deutlich machen, dass ihre Organisationen selbst einen umfassenderen (entwicklungsbezogenen) Bildungsauftrag besitzen und insofern eine klare Begrenzung des Umfanges des Bildungsauftrages der GEPA vornehmen können, ohne damit die Komplexität und Vielschichtigkeit entwicklungsbezogener Fragestellungen zu unterlaufen. Dabei kommt zum Tragen, dass in beiden Fällen die Aktion Dritte-Welt-Handel Ergebnis schon vorangegangener entwicklungsbezogener Arbeit ist und insofern selbstverständlich eine entwicklungsbezogene Bildungsarbeit jenseits der A3WH existiert (bei den Hilfswerken im Rahmen ihrer Identität, bei den Jugendverbänden im Rahmen ihrer langfristigen Entscheidungen). Demgegenüber müssen die Erwartungen jener „Bewegungsorganisationen", die also überhaupt erst aus der Aktion Dritte-Welt-Handel hervorgegangen sind, per se anders gelagert sein. Für die Arbeitsgemeinschaft der Dritte-Welt-Läden kann es – aus ihrem Verständnis und ihrem Gründungskontext heraus betrachtet – im Grunde zunächst einmal keine entwicklungsbezogene Bildungsarbeit unabhängig von der Aktion Dritte-Welt-Handel geben und die gesamte Komplexität der Entwicklungsprobleme muss darin Platz greifen, andernfalls würde ihr nicht Rechnung getragen. Mit Blick auf das Verhältnis von Bildung und Handel und in der Frage des Erfolges musste die Zufriedenheit und Bilanz zum zehnjährigen GEPA-Jubiläum dementsprechend unterschiedlich ausfallen.

Einen Überblick von Möglichkeiten, wie ein Bildungskonzept der Aktion Dritte-Welt-Handel aussehen könnte und welche Positionen dazu die GEPA-Gesellschafter einnahmen, zeigt ein Aufriss von Hermann-J. Wirtz, dem Informationsreferenten der GEPA, im Jahre 1985.[186] Dieser Zwischenstand der Überlegungen lässt erkennen, dass die Selbstverpflichtung der einzelnen GEPA-Gesellschafter, die A3WH-Bildungsarbeit nach Auflösung des Vereins in die eigene Verantwortung und Trägerschaft zu legen, weder dem vorhandenen Bedarf noch den selbstgesteckten Ansprüchen gerecht zu werden vermochte. Die Idee einer strukturell selbständigen Verankerung der Bildungsarbeit (außerhalb der GEPA) wie auch die Idee einer kontinuierlich arbeitenden „Bildungswerkstatt" (innerhalb der GEPA) wurden zwar wegen der misslichen Erfahrungen mit dem A3WH e.V. bzw. wegen der unzureichenden finanziellen Ressourcen zum damaligen Zeitpunkt abgelehnt, waren damit aber gleichwohl keineswegs ad acta gelegt.[187] So wurde zunächst projekthaften, befristeten Schwerpunktthemen der Vorzug gegeben und die Finanzierbarkeit derselben zugesichert.[188] Geklärt schien zu diesem Zeitpunkt, dass „die Bildungsarbeit der GEPA

---
[186] Vgl. zum folgenden Wirtz: Das unterentwickelte „pädagogische Bein".
[187] Vgl. hierzu unten in Kapitel 2.10. die Gründung und Geschichte des Fair Trade e.V. als ein Wiederkehren dieser Thematik.
[188] Diese Charakterisierung kommt zudem in der ab 1983 noch stärker auf Schwerpunktthemen ausgerichteten Gestaltung der GEPA-Zeitschrift „Alternativ Handeln" zum Ausdruck, deren Finanzierung von den beiden kirchlichen Hilfswerken übernommen wurde. Vgl. auch über diese Zeitschrift Wirtz: GEPA-Zeitschrift kommt in die besten? Jahre ... Zum 10-jährigen Bestehen von „Alternativ Handeln"

[...] inhaltlich-thematisch weitmöglichst auf GEPA-Projekte, -Produkte und damit zusammenhängende weltwirtschaftliche oder politisch-soziale Probleme bezogen sein" solle, was nicht nur gegenüber einer allgemeineren entwicklungspolitischen Pädagogik eine Abgrenzung bedeutete, sondern ausdrücklich auch „Gruppenprozesse ohne inhaltlichen Bezug zu GEPA-Themen" vom Bildungsauftrag ausnahm.[189]

2.5. Auseinandersetzungen um die „richtige Solidarität" am Beispiel Kaffee

Diese unterschiedlichen Positionen hinsichtlich der Akzentsetzung zwischen Verkauf und Bewusstseinsbildung hatte nicht nur eine pragmatische Dimension. Am Beispiel Kaffee lässt sich darlegen, welche Tragweite damit letztlich im Kontext der Identitätsfrage der Fair-Handels-Bewegung verbunden war. Denn dass Kaffee zum Schwerpunktprodukt des Fairen Handels wurde, ist nicht allein darauf zurückzuführen, dass „Indio-Kaffee" die erste produktspezifische und politisch ausgerichtete Schwerpunktaktion der Aktion Dritte-Welt-Handel darstellte. Die politischen Vorgänge in Mittelamerika im Zeitraum von Ende der 1970er bis Mitte der 1980er hoben den Kaffee erst auf sein späteres Bedeutungsniveau. Kaffee wurde vor allem im Rahmen der Nicaragua-Solidarität zu einem Symbolprodukt für die Unterstützung (linksgerichteter) Befreiungsbewegungen in Mittel- und Südamerika. In der deutschen Aktion Dritte-Welt-Handel lassen sich für diesen Zeitraum mehrere länderspezifische Debattenstränge unterscheiden. Entlang dieser Auseinandersetzungsprozesse können sowohl Fragen nach der Motivation des Dritte-Welt-Handels als auch die Entwicklung von Abgrenzungskriterien zurückverfolgt werden.

2.5.1. Die Kontroverse um das Fedecocagua-Projekt in Guatemala

Die kritische Anfrage, ob die Kooperation mit Fedecocagua im Rahmen der Aktion Indio-Kaffee die Notwendigkeit einer Agrarreform nicht ignoriere bzw. gar abmildere, war schon 1976 formuliert worden.[190] Nachdem aber 1978 die repressive Politik der Militärjunta gegen die guatemaltekische Bevölkerung (Todesschwadronen, Massaker) verstärkt und eine legale Oppositionsarbeit unmöglich geworden war, beschäftige dies auch die Aktion Dritte-Welt-Handel intensiv: Im Oktober 1981 hatte die guatemaltekische Militärregierung 250 landwirtschaftliche Genossenschaften auflösen lassen, weil sie diese als marxistisch einstufte. Da weder der Genossenschaftsverband noch seine Mitgliedskooperativen davon betroffen waren, folgerten entwicklungspolitische Gruppen in Deutschland daraus, dass Fedecocagua gleichgeschaltet sei und das repressive System unterstütze – zumal von der Organisation

---
[189] Wirtz: Das unterentwickelte „pädagogische Bein", 26f.
[190] Vgl. oben Kapitel 2.3.1.

2.5. Auseinandersetzungen um die „richtige Solidarität" am Beispiel Kaffee

keine politischen Aussagen bekannt waren.[191] Die Einschätzungen innerhalb der Bewegung, wie gegenüber Fedecocagua zu verfahren sei, gingen jedoch auseinander: Während die AG3WL den Verkauf des Fedecocagua-Kaffees eingestellt wissen wollte und die OS3 (Schweizer Importorganisation) und die SOS (niederländische Importorganisation) eben dies auch beschlossen hatten, hielten die GEPA und ihre österreichische Schwesterorganisation EZA weiter am Import des Kaffees fest. Plattform der Debatte waren die GEPA-Zeitschrift Alternativ Handeln sowie ein gemeinsam von GEPA und AG3WL veranstaltetes „Fedecocagua-Seminar" im Februar 1982. Eine in mehreren Auflagen erstellte AG3WL-Dokumentation hielt ebenfalls Positionen und Informationen fest. In der Debatte standen sich zwei gegenläufige Positionen gegenüber:

Einerseits bestanden – speziell bei den Weltläden bzw. der AG3WL – Zweifel an der politischen Ausrichtung von Fedecocagua bzw. deren Bedeutung für die guatemaltekische Gesellschaft: Inwiefern stützt nicht Fedecocagua das repressive System und leistet lediglich „Symptomarbeit" (AG3WL)? Dieser Verdacht wurde dadurch untermauert gesehen, dass die staatlichen Behörden die Hälfte des Ausfuhrpreises als Exportsteuer vereinnahmten und somit auch der von der GEPA importierte Kaffee als eine Mitfinanzierung des militärischen Unterdrückungssystems angesehen werden konnte. Die politische Abstinenz des Genossenschaftsverbandes Fedecocagua, die ihm angesichts der staatlichen Repression das Überleben sicherte, konnte für die politisch motivierten Gruppen hierzulande insofern nicht Partner einer „engagierten Solidarität" sein.

Andererseits wurde – v.a. von GEPA und Misereor – die Position bezogen, dass Fedecocagua für die Verbesserung der wirtschaftlichen Situation der Kaffeebauern wichtig sei und zur Bildung von Voraussetzungen für politische Veränderungen beitrage. Weil in genossenschaftlichen Organisationsformen Selbstbestimmung gefördert werde, würden damit „Leute für ein neues Guatemala" herangebildet. Zudem war man zu der Einschätzung gelangt, dass eine Beendigung der Zusammenarbeit weder den Gesamtkaffeeexport Guatemalas (für den damals eine internationale Quote bestand) und damit die Exportsteuereinnahmen des Staates reduzieren würde, noch dass dies ohne negative Auswirkungen auf die Kaffeekleinbauern bleibe.[192]

Gerd Nickoleit von der GEPA benannte sicher einen neuralgischen Punkt dieser Debatte, als er die Frage aufwarf, ob man denn von Partnern in einem repressiven Staatssystem regierungskritische politische Arbeit erwarten könne und inwiefern aus Deutschland heraus eine adäquate Entscheidung über die Förderungswürdigkeit eines Projekts in einem derartigen Umfeld überhaupt zu fällen sei. Er nannte es daher „zynisch, die großen Veränderungen langfristig herbeiführen zu wollen und gleichzeitig die kleinen, konkreten, kurzfristigen Maßnahmen als nicht lohnend großzügig zu

---

[191] Vgl. Hötzel: Die Aktion Dritte Welt Handel, 31.
[192] Vgl. Hadwiger: Fedecocagua – Nagelprobe des Alternativen Handels, sowie Nickoleit: Stellungnahme der GEPA-Geschäftsstelle zu Fedecocagua.

übersehen".[193] Dabei plädierte die GEPA wiederholt dafür, ihre Entscheidungen projektpolitisch motiviert und begründet zu treffen. Auf diesem Argument basierte auch ein Beschluss, den Kaffeeeinkauf von Fedecocagua schrittweise zu reduzieren, was jedoch nicht näher offengelegt wurde.
Bemerkenswert ist zudem, dass erst in einem fortgeschrittenen Zeitpunkt der Diskussion die Themen Informations- und Lobbyarbeit als Argumente auftauchen:

> „Wir haben den Verkauf des Kaffees aus Guatemala bisher hauptsächlich als Unterstützung für die Genossenschaftsmitglieder von FEDECOCAGUA gesehen. Wir haben den Kaffee als Medium für die Informationsarbeit über die Situation in Guatemala bzw. über die Mittelamerika-Politik der USA noch gar nicht richtig genutzt. Eine Veränderung der politischen Entscheidungen, besonders in den USA, ist der Hauptthebel, mit dem die Situation der Bevölkerung in Guatemala und anderen mittelamerikanischen Staaten verbessert werden kann. Kaffee aus Guatemala kann gleichermaßen wie der Kaffee aus Nicaragua als Medium für die Bildungsarbeit im Hinblick auf die Organisierung des politischen Drucks auf die Entscheidenden genutzt werden. Der politische Gegendruck ist nötiger denn je."[194]

Diese Stellungnahme des GEPA-Informationsreferenten aus der Novemberausgabe von Alternativ Handeln 1983 fordert eine Neuausrichtung der Debatte. Die damit verbundene politische Positionierung der GEPA wurde in der Folgezeit jedoch von der Dynamik der Nicaragua-Solidarität überrollt.

2.5.2. Kontroverse um die „richtige" Solidarität mittels Nicaragua-Kaffee

Während sich Guatemala und Fedecocagua-Kaffee beinahe zur Negativfolie der Aktion Dritte-Welt-Handel zu entwickeln schienen, bildete das ebenfalls in Mittelamerika gelegene Nicaragua offenbar eine fast uneingeschränkt positive Identifikationsmöglichkeit. Kaffee aus Nicaragua hatte nicht nur in der Aktion Dritte-Welt-Handel sondern überhaupt in der Dritte-Welt-Bewegung einen sehr hohen Stellenwert: Es war das Sympathieprodukt der Linken in der Bundesrepublik mit dem linksgerichteten Nicaragua, dessen sandinistische Revolution 1979 zahlreiche Hoffnungen bezüglich alternativer und sozialistischer Gesellschaftsformen geweckt hatte. In der gesamten Aktion Dritte-Welt-Handel gab es an der Solidarität mit dem „neuen Nicaragua" keinen Zweifel, doch über die richtigen Formen und Ausdrucksweisen dieser Solidarität entbrannten wiederum Debatten innerhalb der Bewegung.
Einige Zahlenangaben lassen daher den Stellenwert nicht nur des Produktes sondern auch der damit verbundenen Auseinandersetzungen erahnen: Nicaragua-Kaffee allein

---

[193] Nickoleit: Stellungnahme der GEPA-Geschäftsstelle zu Fedecocagua, 48.
[194] Nickoleit: „Links von den Christdemokraten sind nur noch Gräber". Zur Situation in Guatemala, 14.

2.5 Auseinandersetzungen um die „richtige Solidarität" am Beispiel Kaffee

erreichte 1985 einen Anteil von 27 Prozent am gesamten GEPA-Umsatz[195], bereits 1982 konnte die GEPA der explodierenden Nachfrage nicht nachkommen und beklagte sich zugleich über die Trittbrettfahrer, die nun plötzlich in die Bresche sprangen[196], zwischen 1980 und April 1985 umfasste das Handelsvolumen zwischen der staatlichen Kaffeeexportbehörde Encafe und der GEPA vier Millionen US-Dollar, wovon die nationale Bauernvereinigung UNAG für ihre Entwicklungsprojekte 367.000 US-Dollar erhielt.[197] Die GEPA war im Jahr 1980 die erste Organisation gewesen, die das Solidaritätsprodukt Kaffee aus Nicaragua auf den Markt gebracht und dafür mit Encafe einen Vertrag geschlossen hatte, um damit den neuen Weg des Landes zu unterstützen. Encafe war zwar keine Produzentenorganisation wie die übrigen Projektpartner der A3WH, sondern eine staatliche Einrichtung, die gleichwohl den Kaffeebauern unabhängig vom schwankenden Mehrpreis einen Mindestpreis garantierte und zudem in Bildung, umfassende Gesundheitsprogramme und Alphabetisierungskampagnen investierte[198], wie es sonst bei den Projektpartnern der GEPA üblich ist. Dabei war es der GEPA in der Zusammenarbeit mit Encafe auch möglich, für die Verwendung ihrer Mehrpreiszahlungen zu fördernde Projekte vorzuschlagen.

Aus dem Bereich einiger Läden und Aktionsgruppen in Deutschland wurde der GEPA jedoch vorgeworfen, zu stark auf den Handel und zu wenig auf das Angebot von Informationsmaterialien konzentriert zu sein.[199] Auch deshalb entstand eine zweite Schiene des Vertriebs von „Nica-Kaffee", bei der einzelne Weltläden sowie Gruppierungen, die nicht aus der A3WH sondern aus der Nicaragua-Solidaritätsbewegung stammten[200], aktiv wurden. Zunächst lag das Interesse dieser Gruppen darin, über die GEPA Nicaragua-Kaffee zu beziehen, diesen jedoch in eigener Verpackung abzufüllen, mit eigenen Informationen zu versehen und selbst das durch den Mehrpreis zu finanzierende Projekt bestimmen zu können.[201]

Nachdem dieses Vorhaben jedoch wegen eines anscheinend zu hohen Einstandspreises, durch den diese Gruppen ihren Projektaufschlag konterkariert sahen, zu scheitern

---

[195] Warda: Streit um den „Solidaritäts-Kaffee", 29.
[196] Nickoleit: Nicaragua-Kaffee: Renner auf dem Alternativmarkt, 2.
[197] Warda: Streit um den „Solidaritäts-Kaffee", 29.
[198] Vgl. Hissel: Kaffee. Ein anregendes Getränk für wen? 12.
[199] Vgl. u.a. May: Kaffeehandel – alternativ, 27.
[200] Die wichtigsten dieser Gruppen waren Tupac Amaru in Bremen sowie El Rojito in Hamburg. – „Der alternative Kaffeehandel von el rojito hat nicht innerhalb der Bewegung der Dritte Welt Läden seine Wurzel, sondern in der politischen Parteinahme für die nicaraguanische Revolution. ... Dementsprechend organisierte el rojito sich nicht in der A3WH, sondern mit anderen Gruppen im Adelante e.V, der die MITKA (Mittelamerikakaffee Import) GmbH als Importgesellschaft gründete. In dieser Organisationsform versprach man sich eine größere Chance der Umsetzung der eigenen politischen Ziele." (El Rojito: Der Alternative Handel, 7-8.) Daraus begründet sich auch das im Vergleich zur Aktion Dritte-Welt-Handel abweichende Verhältnis von El Rojito zu Spenden, welche zur Förderung gesellschaftsverändernder Kräfte als notwendige Ergänzung und Unterscheidungsmerkmal gegenüber dem konventionellen Handel angesehen und praktiziert werden. Vgl. El Rojito: Der Alternative Handel, 20.
[201] Warda: Streit um den „Solidaritäts-Kaffee", 30. Vgl. auch Kipp: Kaffee aus Nicaragua, 10.

2. Geschichte der Fair-Handels-Bewegung in Deutschland

drohte, entschlossen sie sich, Kaffee anstelle über Encafe über private kommerzielle Großhändler einzukaufen, mit einem Spendenaufschlag zu versehen, zu verkaufen und aus den eingenommenen Spenden Projekte in Nicaragua zu finanzieren. Sie argumentierten nun u.a. damit, auf diese Weise (auch wegen ihrer rein ehrenamtlichen Ausrichtung im Unterschied zur GEPA) einen höheren Geldanteil pro Kilo Kaffee für Nicaragua zur Verfügung stellen zu können. Eine indirekte Teilhabe an der „Ausbeutung der Nicaraguaner" erschien gewissermaßen als kleineres Übel. Der höhere Spendenanteil sollte darüber hinaus auch der Informationsarbeit dienen.[202] Möglichst viel Informationsarbeit zu leisten wurde nämlich in diesen Kreisen als entscheidend angesehen, „denn das Schaffen von Informationsarbeit ist wohl der wichtigste Beitrag, den wir zur Revolution leisten können" – so Georg May von der Kaffeeaktionsgruppe Hannover.[203]

Solche Initiativen hatten GEPA-Angaben zufolge zu zahlreichen Verunsicherungen, Verwirrungen und „fast täglich[en] Anfragen" von Gruppen und Verbrauchern bei der GEPA-Geschäftsstelle geführt, weswegen sich deren Geschäftsführer Jan Hissel zu deutlichen Stellungnahmen in der GEPA-Zeitschrift „Alternativ Handeln" veranlasst sah. Er kritisierte dabei offen die Kooperation mit dem kommerziellen Handel, welcher wohl auf Spekulationsgeschäften beruhe und von dem ungeklärt sei, welcher Preis denn tatsächlich den Nicaraguanern gezahlt worden sei.[204] Hissel fragte dabei an, ob der Kaffee der anderen Initiativen denn „sauber" sei. Auch der Bundeskongress entwicklungspolitischer Aktionsgruppen (BUKO) versuchte auf seiner Münsteraner Tagung 1984 in einer Resolution eine Klärung des Konflikts, indem er beide Formen der Nicaragua-Kaffee-Solidarität als legitim einstufte. Dafür wurden einige Kriterien benannt[205] und vor allem eine Abgrenzung von rein kommerziell (in Import und Vertrieb) arbeitenden Anbietern vorgenommen, welche „den Markt ausnutzen, den Mittelamerika-Komitees, (kirchliche) Aktionsgruppen, Dritte-Welt-Läden etc. durch ihre politische Arbeit geschaffen haben".[206]

---

[202] Vgl. Schreiben von Tupac Amaru/Dritte Welt Forum e.V. Bremen an den GEPA-Geschäftsführer Jan Hissel, abgedruckt in: Alternativ Handeln Nr. 14 (Oktober 1984), S. 20 sowie May: Kaffeehandel – alternativ, 27.

[203] May: Kaffeehandel – alternativ, 27 – Georg May war zugleich AG3WL-Vertreter in der gepa-Gesellschafterversammlung.

[204] Vgl. Hissel: Kaffee aus Nicaragua. Ein unverwechselbares Warenzeichen.

[205] Als Kriterien wurden genannt: wahrheitsgemäße Flugblätter – auch bezüglich der Unterscheidung von Spendenkaffee und Alternativhandelskaffee, Offenlegung von Kalkulationen, politische Aufklärungsarbeit, Respektierung von Markenzeichen; vgl. Alternativ Handeln Nr. 14 (Oktober 1984), 23. – Die Respektierung von Markenzeichen war insofern bedeutsam, weil die GEPA sich eine Grafik „Offene Hände" für ihren „Kaffee aus Nicaragua" beim Deutschen Patentamt hatte schützen lassen. Das Warenzeichen umfasste dabei nicht nur die Grafik zusammen mit der Länderherkunft des Kaffees, sondern auch Merkmale der spezifischen Einkaufspolitik des Alternativen Handels, Direktimport sowie die Verpackungsgestaltung in den Farben der sandinistischen Bewegung (rot, weiß, schwarz). Vgl. Hissel: Kaffee aus Nicaragua. Ein unverwechselbares Warenzeichen, 24.

[206] Abgedruckt in: Alternativ Handeln Nr. 14 (Oktober 1984), 23.

2.5. Auseinandersetzungen um die „richtige Solidarität" am Beispiel Kaffee

Mit diesen Klärungen konnte zunächst ein friedliches Nebeneinander zwischen der GEPA und den anderen Nicaragua-Kaffeeaktionen (die sich alsbald vernetzt hatten) erreicht werden. Doch die Verpackung des GEPA-Kaffees aus Nicaragua, die in den Farben der sandinistischen Bewegung (rot, weiß, schwarz) gestaltet war, führte im Advent 1985 zu einem weiteren Eklat, der sich freilich nicht an den Farben sondern den auf diesen abgedruckten Texten entzündete. Zunächst hatte, nach kritischen Rückfragen aus der Öffentlichkeit und insbesondere eines katholischen Bischofs, das Hilfswerk Misereor als GEPA-Gesellschafter den Bedarf nach einer Revision der Verpackungstexte angemeldet. Formulierungen, welche die Gefahr einer US-Intervention für das „neue" Nicaragua benannten und anprangerten, waren den kirchlichen Stellen als zu deutliche politische Parteinahme ein Dorn im Auge gewesen. Das Hilfswerk Misereor, das argumentierte, auch auf die unterschiedlichen politischen Positionierungen seiner nicaraguanischen Partner Rücksicht nehmen zu müssen, befürchtete außerdem, dass der Verkauf des Kaffees in kirchlichen Räumen und Veranstaltungen gefährdet sein könnte. Die wegen des Verpackungsfolien-Nachdrucks eilig neuformulierten Texte stießen dann jedoch auf massive Kritik aus den Dritte-Welt-Läden und Aktionsgruppen, die die neuen Formulierungen als klammheimliche Kehrtwende und verdeckte Unterstützung oder zumindest Toleranz der aggressiven Interventionspolitik der USA betrachteten und einen Boykott des Nicaragua-Kaffees der GEPA in Erwägung zogen. So musste erneut der Text geändert werden, um den unterschiedlichen Interessen genügend Rechnung zu tragen. Der „richtige" Weg der Nicaragua-Solidarität war eben umstritten. Während die einen die Unterstützung armer Kaffeebauern im Mittelpunkt sahen, war es für andere die Unterstützung des sandinistischen Gesellschaftsmodells.[207]

2.5.3. Eine Alternative zur Alternative: Die Gründung der „Mitka"

Nachdem die alternativen Nicaraguakaffee-Initiativen schon zuvor mit der GEPA keine Zusammenarbeit erreichen konnten, so musste sich die GEPA durch den Verpackungsstreit definitiv als Kooperationspartner der linken Gruppen disqualifiziert haben. Inwiefern die Gründung des Importzusammenschlusses MITKA GmbH im Jahr 1986 mit diesem Vorgang in einem direkten ursächlichen Verhältnis stand, lässt sich nur schwer rekonstruieren. Gleichwohl wurden – als sich doch mehr Verhandlungsbereitschaft seitens der GEPA abzeichnete – „neue Einwände, mit denen niemand gerechnet hatte" ins Feld geführt: „Ideologie und Theologie", für welche die großen GEPA-Gesellschafter (d.h. die kirchlichen Hilfswerke) standen, könnten nicht mitgetragen werden und die Zusammenarbeit der GEPA mit Fedecocagua stand ebenfalls plötzlich quer zur Vorstellung der Nicaragua-Solidarität: „Überhaupt wolle

---
[207] Vgl. Wirtz: Der „Fall Nicaragua" – der „Fall GEPA"; sowie weitere Beiträge desselben Heftes mit dem Themenschwerpunkt „Kaffee aus Nicaragua".

man nicht gemeinsame Sache mit Leuten machen, die weiterhin aus der repressiven Militärdiktatur in Guatemala Kaffee importieren und damit Geschäfte machen".[208] „Mitka" stand als Abkürzung für „Mittelamerikanische Kaffee Im- und Export GmbH" deren alleiniger Gesellschafter der Verein Adelante e.v. bildet, in welchem wiederum die Kooperationspartner der Mitka im Kaffeehandel zusammengeschlossen sind und gleichberechtigt (nach Köpfen und nicht nach Kapital wie in der GmbH, darum die umständliche Konstruktion) zusammenarbeiten. Ziel der Gründung dieser Einkaufsgemeinschaft 1986 war es, für die Mitglieder (allesamt kleinere Organisationen oder lokale Gruppen) den Kaffeedirektimport aus Nicaragua abzuwickeln, während Vertrieb und Öffentlichkeitsarbeit von jeder Initiative selbst organisiert wurden. Damit sollte die sandinistische Bewegung unterstützt und in Deutschland anhand des Produktes Kaffee über die politische Situation Nicaraguas informiert werden. Dabei haben sich in diesem Zusammenschluss sowohl Organisationen des Alternativen Handels (A3WH) als auch Organisationen, die aus dem Spektrum der Nicaragua-Solidaritätsbewegung stammten, zusammengeschlossen.[209] Zunächst wurde der Kaffee zwar noch über kommerzielle Anbieter bezogen, während dann aber ebenfalls Direktimportverträge mit der Kaffeebehörde Encafe in Nicaragua aufgebaut wurden. Bezüglich der Handelsregeln und der Einkaufspolitik wurden dabei im Wesentlichen ähnliche Kriterien und Grundsätze wie in der A3WH bzw. GEPA angewandt. Auch darüber hinaus gab es zwischen GEPA, Adelante e.v. sowie der Informationsstelle Nicaragua in Wuppertal Kooperationen, etwa in der Herausgabe gemeinsamen Informationsmaterials sowie in der gemeinsamen Projektfinanzierung, die sich aus den Mehrpreiszahlungen ergab.[210]

2.5.4. Die Kaffeekampagne „Gegen die Macht der Kaffeekonzerne"

Kaffee wurde im selben, zurückliegenden Zeitraum auch Gegenstand bzw. Mittelpunkt einer weiteren Aktion, die ihrerseits zu dem Erfolg des Solidaritätskaffees beigetragen hat. Mit dem Slogan „Boykottiert die Kaffeekonzerne" hatte die Bundeskonferenz der El-Salvador-Solidaritätsgruppen[211] zu einer dreitägigen Aktion im Juni 1981 aufgerufen. Letztlich ging es darum, der repressiven Militärjunta des mittel

---

[208] Warda: Streit um den „Solidaritäts-Kaffee", 30f. Vgl. Kipp: Kaffee aus Nicaragua, 10f.
[209] Mitglieder des Adelante e.V. und damit indirekt der Mitka waren 1992 laut AG3WL e.V. (Hrsg.): Weltladen-Handbuch (3. Aufl.), 158: Ökotopia Berlin, Venceremos Legden, Kaffeeaktion Hannover, Nicaragua Libre c.V. München, El Rojito Hamburg, El Puente Hildesheim und dwp Ravensburg – heute (9.2.2008) laut Internetseite www.mitka.de: dwp, El Puente, El Rojito, FairHandeln! [Kiel], Heidelberger Partnerschaftskaffee, Nicaragua Libre, Ökotopia, Venceremos. – Anfangs auch Liberación e.V. in Lehrte sh. Weltladen-Handbuch, 159.
[210] Vgl. Arbeitsgemeinschaft Dritte Welt Läden e.V. (Hrsg.): Weltladen-Handbuch, 158.
[211] Nach anderen Angaben zusammen mit den Solidaritätsgruppen zu Nicaragua und Guatemala, wobei sich der Boykottaufruf sowohl auf El-Salvador- als auch Guatemala-Kaffee bezog, vgl. Rediske: Kaffee ist ein Symbol der Vergangenheit.

2.6. Bananen: Beispiel für Kampagnenarbeit im Fairen Handel

amerikanischen Landes die durch den Kaffeeexport bestehende Unterstützung zu entziehen. Dabei war der Aufruf weniger als Artikulation von bestimmten Forderungen an die Kaffeekonzerne gemeint, sondern als Aufruf an die Kaffeekonsumenten und hatte dementsprechend in erster Linie eine moralische und bewusstseinsbildende Stoßrichtung. Wenngleich die dadurch indirekt angegriffene Kaffeewirtschaft die Aktion als „wenig spektakulär" und nur vereinzelt durchgeführt bewertete, so war die Sicht der Akteure natürlich eine andere: „Wenn man allerdings den Erfolg und den bewusstseinsbildenden Effekt an der Nachfrage nach Nicaragua-Kaffee misst, war die Aktion ein Erfolg."[212] Allerdings, getrübt wurde der Erfolg dadurch, dass der zusätzliche Bedarf an Solidaritätskaffee aus Nicaragua nicht gestillt werden konnte, da das Land seine international festgelegte Exportquote desselben Jahres bereits ausgeschöpft hatte und die Aktionsinitiatoren ihre Kampagne und die zu erwartende erhöhte Nachfrage nicht rechtzeitig der GEPA zur Berücksichtigung bei ihrer Bestellmengenfestlegung für das Jahr 1980/81 angekündigt hatte.[213]

2.6. Bananen: Beispiel für Kampagnenarbeit im Fairen Handel

In der Nicaragua-Solidaritätsarbeit liegen auch die Wurzeln für die Bananenkampagne und den fairen Bananenhandel, für den im Laufe der Zeit wegen der besonderen Umstände einer Frischfrucht ein eigener Vertriebszweig im Fairen Handel entstehen sollte. Das Thema Bananen ist dabei dazu geeignet, im historischen Aufriss ein Beispiel für die langfristige Entwicklung einer produktspezifischen Thematik darzulegen.

2.6.1. Erste Aktionen mit Bananen

Im Sommer 1985 hatte die Leitung des Evangelischen Jugendwerkes an der Saar angesichts des wirtschaftlichen Druckes durch das am 7. Mai 1985 erlassene US-Embargo gegen Nicaragua eine Solidaritätsaktion unter dem Titel „Für das freie Nicaragua" beschlossen.[214] Die Aktion aus mehreren Teilen hatte unter anderem die Thematisierung des Wirtschaftsboykotts zum Thema und wollte dies mit dem „erstmals im Bundesgebiet durchgeführte[n] Versuch, Bananen aus Nicaragua ohne Einschaltung des normalen Handels zu verkaufen", am Erntedankwochenende im Oktober 1985 konkretisieren. Die Aktion war auf die Mitarbeit von Jugendgruppen aus den evangelischen Kirchengemeinden angewiesen, um die für den Direktimport

---
[212] Haller: „Boykottiert die Kaffeekonzerne", 19.
[213] Haller: „Boykottiert die Kaffeekonzerne", 15, 18.
[214] Vgl. im folgenden o.V.: „Für das freie Nicaragua!". – Die gesamte für den Export bestimmte Bananenproduktion Nicaraguas wurde bis zu Beginn des Embargos komplett nach Kalifornien (USA) geliefert. Vgl. May/Rieger: Wenn schon Bananen, dann aus Nicaragua, 229. Der gesättigte europäische Bananenmarkt konnte dabei zunächst nur über einen Billigpreis bedient werden.

erforderliche Mindestmenge von 180 Kisten Bananen verkaufen zu können. Die Motivation dafür wurde auf einem Flugblatt folgendermaßen beschrieben:

„Wenn wir hier in einer einmaligen Aktion Nicaragua-Bananen verkaufen, so soll dies ein Zeichen sein, dass wir nicht länger billige Bananen aufgrund von Ausbeutung anderer essen wollen. Wir verkaufen die Bananen teurer als sonst, weil sie sonst zu billig sind."[215]

Von dem Solidaritätspreis von 4 DM pro Kilogramm gingen 2,30 DM – letztlich 8.000 DM plus weitere 7.000 DM aus dem Weltladenerlös – an ein Entwicklungshilfeprojekt im Nordwesten Nicaraguas. Die Aktion der Evangelischen Jugend an der Saar stellte zwar eine unmittelbare Reaktion auf die veränderte wirtschaftliche und politische Lage in Nicaragua dar, hatte aber zunächst nur den Anspruch, zeichenhaft auf die problematischen Auswirkungen des Handelsembargos aufmerksam zu machen.

Die GEPA, die den Import für diese Aktion vermittelt hatte, hat im Anschluss an die Aktion die Möglichkeit eines weiteren Bananenangebots in Deutschland prüfen lassen. Wegen des Frischhalteproblems lehnte sie jedoch einen Vertrieb über ihre Regionalstellen ab und hielt die Etablierung von „regionalen Trägergruppen für den Bananenverkauf" für notwendig.[216] Dieses Angebot wurde in einer bundesweiten Verkaufsaktion mit Nicaragua-Bananen im Mai 1987 aufgegriffen, wie aus dem AG3WL-Rundbrief vom November 1987 rekonstruiert werden kann: Wie der Rechenschaftsbericht und einige Vorstandsprotokolle der AG3WL des Jahres 1987 erahnen lassen[217], wurde bei dieser Aktion die Verteilung der Bananen (bzw. deren nach Vorbestellung terminierte Abholung) über die Regionalstellen der GEPA und einige weitere Verteilerstellen organisiert, wobei neben der AG3WL auch das Hessische Forum entwicklungspolitischer Aktionsgruppen[218] und Liberación e.V. wesentliche Rollen spielten. Anlässlich dieser Aktion wurden nicht nur durch die AG3WL Plakate, Handzettel und eine Rezeptbroschüre erstellt und Vorbereitungsseminare geplant, zudem stand in gemeinsamer Herausgeberschaft von AG3WL und Hessen-Forum der Bewegung eine 64-seitige Informations- und Aktionsbroschüre „Wenn schon Bananen, dann aus Nicaragua" zur Verfügung. Zudem bot Gelnhausen bereits eine ganze Liste weiterer Materialien für die Bildungsarbeit rund um die Bananen an. Die Aktion wurde als „sehr erfolgreich" bewertet, eine Wiederholung für sinnvoll erachtet und die Einrichtung einer Infostelle angestrebt, deren Finanzierung durch Beantragung von Fördermitteln der Evangelischen Kirche und Verortung der Trägerschaft möglichst bei der Arbeitsgemeinschaft der Dritte-Welt-Läden beabsichtigt wurde. Die Finanzierung wurde für die Jahre 1988/89 gewährt und dadurch die Einrichtung zweier Regionalbüros in Lehrte (Nord) und Gelnhausen (Süd) ermöglicht.

---

[215] Vgl. o.V.: „Für das freie Nicaragua!", 39.
[216] Vgl. o.V.: „Für das freie Nicaragua!", 39.
[217] Abgedruckt in: AG3WL-Rundbrief Nr. 29 (November 1987).
[218] Dieses hatte seinen Sitz beim Dritte-Welt-Laden in Gelnhausen. Vgl. auch die Materialienliste in AG3WL-Rundbrief Nr. 29 (November 1987), S. 53.

2.6.2. Aufbau der AG Nicaragua-Bananen und des fairen Bananenhandels

Um über diese Bewusstseinsbildung hinaus das zentralamerikanische Land langfristig beim Aufbau eines Absatzmarktes für Bananen in der Bundesrepublik zu unterstützen, haben sich verschiedene Dritte-Welt- und Solidaritätsgruppen nach Schweizer Vorbild[219] in einer „Arbeitsgemeinschaft Nicaragua-Bananen" zusammengeschlossen. Sie wollten ein „kritisches Verbraucherbewusstsein" hinsichtlich Bananenmarkt und alternativem Konsum schaffen, am konkreten Produktbeispiel die herrschenden Welthandelsstrukturen problematisieren, den Absatz von Nicaraguabananen über die Solidaritätsgruppen verbessern sowie das dazu notwendige Material zur Verfügung stellen.[220] Diese AG, die zunächst nur ein loser Arbeitszusammenschluss der beiden Regionalbüros, der Werkstatt für Evangelisation und Mission in Hamburg (WEM), des Kirchlichen Entwicklungsdienstes Bayern, der Schweizer Bananenaktion u.a. war[221], konstituierte sich am 23. Januar 1989 als gemeinnütziger Verein mit Sitz in Hamburg und beantragte den Beitritt der AG3WL, der einige Monate später erfolgte.

Ziel der festen Strukturen war die Steigerung des Bananenverkaufs von 1500 Bananenkisten im Monat auf 10.000 Kisten wöchentlich und die Gründung einer eigenen Vertriebsfirma für den Herbst 1989.[222] Im Zuge der Vereinsgründung wurden die Zuständigkeiten der beiden Regionalstellen geklärt und im August desselben Jahres dem Regionalbüro Süd (Gelnhausen) die Geschäftsstelle und die Informationsarbeit übertragen, während ab Oktober der kontinuierliche Direktimport der Bananen von dem Lehrter Liberación e.V. (dem ehemaligen Regionalbüro Nord) abgewickelt wurde.[223] Die Verteilstrukturen wurden von beiden Standorten aus getrennt für Nord- und Süddeutschland bedient.[224] Zum Ungleichgewicht zwischen beiden Stellen kam es, weil die Liberación e.V. innerhalb der „AG Nica-Bananen" sich zunehmend selbst hervorhob und dem Regionalbüro Süd höhere Einstandskosten für die Bananen

---

[219] In der Schweiz hatte es schon seit 1973 ausgehend von einer Frauengruppe in Frauenfeld Aktionen rund um Bananen gegeben – insbesondere die Aktion „15 Rappen Aufpreis", durch die Preisvergünstigungen bei Bananen durch Dollarkursabwertungen in Entwicklungshilfegelder umgewandelt werden sollten. Nach dem Handelsembargo wurde diese Symbolaktion beendet und im März 1986 zusammen mit OS3 eine große Bananenaktion mit „Nica-Bananen" gestartet, die dann über Weltläden und kommerzielle Händler verkauft wurden. Vgl. Sagué/Mercker: Nicagegen Chiquita-Bananen, sowie Kuhn: Fairer Handel und Kalter Krieg, 62-81. Aus der AG Gerechter Bananenhandel entstand 1988 die gebana AG als zweite Import- und Vertriebsfirma der schweizerischen Fair-Handels-Bewegung neben OS3, der heutigen claro AG.
[220] Vgl. Pfeifer: Fairer Handel mit Bananen? 24-25, sowie May/Rieger: Wenn schon Bananen, dann aus Nicaragua, 229.
[221] Vgl. Standortseminar der AG3WL 24./25.2.1989, in: AG3WL-Rundbrief Nr. 35 (Mai 1989), 27.
[222] Vgl. Standortseminar der AG3WL 24./25.2.1989, in: AG3WL-Rundbrief Nr. 35 (Mai 1989), 19.
[223] Vgl. Augenstein: Rechenschaftsbericht für die Mitgliederversammlung der AG3WL. Gremienvertretung bei der AG Nica-Bananen, 17. Die 1,5 Personalstellen für Informationsarbeit wurden durch einen ABP-Folgeantrag sowie aus dem Bananenverkauf finanziert werden.
[224] Vgl. Pfeifer: Fairer Handel mit Bananen? 25.

verursachte, was in Gelnhausen zur Gegenreaktion der Gründung von BanaFair e.V. führte, um die rückläufige Bedeutung der Arbeitsgemeinschaft aufzufangen.[225]

2.6.3. Schwierigkeiten nach dem Machtwechsel in Nicaragua

Mit dem Machtwechsel in Nicaragua 1990 und dem Ende der sandinistischen Revolution veränderte sich jedoch schon bald ein wesentlicher Rahmenumstand für den Vertrieb der Nicaragua-Bananen, denn diese „politische Frucht mit klarer Botschaft" (Pfeifer)[226] verlor schnell ihre politische Botschaft: Keine Frage war für die AG Nicaragua-Bananen die Fortführung ihrer Solidaritätsarbeit zu dem mittelamerikanischen Land und ihrer Informationsarbeit zum Themenfeld Weltmarkt und Konzerne am Beispiel Banane. Hinsichtlich des Handels selbst jedoch entstand ein Dilemma, da man einerseits nicht „die rückwärtsgerichtete Politik der Regierung Chamorro mit garantierten Deviseneinnahmen [...] belohnen" wollte. Andererseits aber erkannte man die positiven Einflussmöglichkeiten, welche der Solidaritätspreis und die Projektförderung zum Aufrechterhalten der eigenständigen Produktion und Vermarktung beitrugen, und führte deshalb den Bananenhandel fort.[227] Diese Position wurde jedoch erneut auf die Probe gestellt, als der nicaraguanische Lieferant Bananic sich mit der kolumbianischen Bananenfirma Proban verband, deren Rolle im bewaffneten Konflikt Kolumbiens fragwürdig war. Bananic bot deren Bananen ohne Unterscheidungsmerkmal an, so dass die Dritte-Welt-Gruppen unversehens „Bananen aus Kolumbien" in der Lieferung hatten – ein Umstand, dem man nach kontroversen internen Diskussionen die von der Bewegungsgeschichte aus eigentlich verkürzte Legitimation abzuringen vermochte, dass sie ja zumindest „konzernunabhängig produziert und vermarktet" waren und über Gewerkschaftskontakte Projektarbeit möglich erschien.[228] Als 1993 dann Bananic vom Fruchtkonzern Standard Fruit Company aufgekauft wurde, war jedoch die „Nicaragua-Banane" als Produkt des Fairen Handels beerdigt.

An diesen Vorgängen offenbart sich eine Grundproblematik des „fairen und alternativen Bananenhandels" im Sinne der Aktion Dritte-Welt-Handel, da die Produktionsstrukturen viel stärker als etwa im Kaffeesektor von multinationalen Konzernen und Großgrundbesitzern dominiert waren und daher die Arbeitsbedingungen auf deren Plantagen problematisiert werden mussten. Infolgedessen nahm speziell die Zusam-

---

[225] Gespräch des Autors mit Rudi Pfeiffer, Geschäftsführer von BanaFair e.V., am 16.2.2007 in Nürnberg.
[226] Pfeifer: Fairer Handel mit Bananen? 24.
[227] Vgl. Schreiben der Arbeitsgemeinschaft Nicaragua-Bananen, Regionalbüro Süd, vom 18.7.1990, in: AG3WL-Rundbrief Nr. 41 (Oktober 1990), S. 56.
[228] Vgl. Banafair e.V.: Bananen aus Kolumbien im Alternativ-Handel? Banafair war hierbei zunächst kompromissloser, die deutsche AG Nica-Bananen hatte sich aber, nachdem die Schweizer gebana AG die kolumbianischen Bananen mit aufgenommen hatte, „im Interesse einer einheitlichen europaweiten Bananen-Arbeit ... darauf verständigt, die kolumbianischen [Bananen] grundsätzlich zu akzeptieren."

menarbeit mit Gewerkschaften bezüglich der Verwendung der Mehrpreiszahlungen für soziale und politische Projekte bis hin zur politischen Lobbyarbeit zugunsten der Durchsetzung von Gewerkschaftsfreiheit auf den Bananenplantagen eine herausgehobene Stellung ein. Dabei wurden diese Abweichungen vom sonstigen alternativen Handel einerseits als „Minimalkriterien" oder „Kompromisslösungen" eingeordnet, andererseits in den Kontext der „Besonderheiten der Bananen, von der Produktion bis zur Vermarktung" gestellt und die Unumgänglichkeit bananenspezifischer „eigener Kriterien" betont: „Eine bloße Übertragung vorhandener Modelle (etwa 'Fairer Kaffee') taugt hier nicht."[229]

2.6.4. Die eigentliche „Bananenkampagne"

Zu dieser Zeit – 1993 – begannen die Planungen und Vorbereitungen für eine Bananenkampagne, die aufgrund diverser Verzögerungen erst 1995 an den Start ging. Zwischen 1995 und 2000 erschienen acht Ausgaben einer Kampagnenzeitung, die unterschiedliche Aspekte im Umfeld der Banane thematisierte.[230] Vorrangiges Ziel stellte die Unterstützung einer umwelt- und sozialverträglicheren Bananenproduktion sowie die Förderung des fairen Handels dar, wozu die Initiative eng mit Gewerkschaften, Kleinbauernvereinigungen und Umweltgruppen in den Anbauländern zusammenarbeitete. Zusammen mit ihren Mitgliedsorganisationen und Kooperationspartnern[231] betrieb die Kampagne entwicklungspolitische Bildungs-, Lobby- und Kampagnenarbeit.

Den Beginn der Themen stellte die Aufklärung über die EU-Bananenmarktverordnung dar, welche 1993 in Kraft getreten war und die den Marktzugang der AKP-Staaten in Europa erschwerte. Die Kampagne verlangte – eingebettet in ein europaweites Netzwerk – die Reform dieser EU-Verordnung. Neben dem politischen Anliegen und mit diesem eng verknüpft warb die Kampagne auch offen um eine „faire Chance für fair gehandelte Bananen", da diese zumeist aus den AKP-Staaten stammten und insofern selbst von der EU-Ordnung benachteiligt wurden. Bananenaktionstage am 3./4. November 1995 sowie erneut vom 6.-12. Oktober 1997 unter dem Motto „Mehr Recht als billig: FAIR gehandelte Bananen" sollten vor allem in Trägerschaft der örtlichen Weltläden auf das Thema eines sozial- und umweltver-

---

[229] Pfeifer: Fairer Handel mit Bananen? 25. vgl. auch Koufen: Bananen in aller Munde, 51.
[230] Dazu zählten in besonderem Maße die Auswirkungen des Pilzgifteinsatzes auf Bananenplantagen, die bis zur Sterilität und Unfruchtbarkeit der Plantagenarbeiter/innen reichte. Interessensvertretung für Bananenarbeiter/innen und umweltverträglicher Anbau hängen daher aufs engste zusammen und bilden den Kern des Kampagnenthemas. Vgl. die Beiträge in: BUKO Agrar Koordination/Bananenkampagne (Hrsg.): Bananen. BUKO Agrar Dossier 22.
[231] Dies waren im fortgeschrittenen Stadium der Kampagne im Jahr 2000 BanaFair, Brot für die Welt, die BUKO Agrar Koordination, FIAN, Germanwatch, der Kirchliche Entwicklungsdienst Bayern, Pro Regenwald, Südwind und der Weltladen-Dachverband. Vgl. Die Bananenkampagnen-Zeitung Nr. 8/9 (März 2000), S. 1.

träglichen Bananenanbaus hinweisen und Forderungen an die EU-Kommission (1995) bzw. an die Bundesregierung (1997) artikulieren.[232]

2.6.5. Faire Bananen im Supermarkt

Im Jahr 1997 stand zudem die Einführung von Fair-Trade-Bananen im kommerziellen Handel im Mittelpunkt der Kampagne. Bei ihrem „Forum Banane IV" im März 1997 in Nürnberg war für die Bananenkampagne dieser Schritt offenbar schon beschlossene Sache – eine Teilnehmerin schilderte, dass nicht mehr das ob, sondern nur noch das wie und die Kriterien diskutiert wurden.[233] Im Zuge einer solchen Einführung fair gehandelter Bananen in Supermärkten wurde die Entwicklung eines eigenen Fair-Handels-Siegels für Bananen anvisiert; es war die Rede von einem bereits begonnenen „Wettlauf zur 'FairSiegelung' der Banane [...], denn Transfair e.V. hat auch ein Auge auf die Banane geworfen."[234]

In den Niederlanden und in der Schweiz waren nämlich nur wenige Monate zuvor Bananen mit dem Fair-Trade-Gütesiegel der Max-Havelaar-Stiftung eingeführt worden und hatten einen teils beträchtlichen Markterfolg (Holland 10 Prozent) erzielt, welchen die Bananenkonzerne umgehend mit einer Niedrigpreispolitik beantworteten.[235] Die Unterschiede der jeweiligen Fair-Handels-Konzepte wurden dabei vor allem in der Schweiz offen zutage gefördert, als die naheliegende Zusammenarbeit der Siegelorganisation mit der Schweizer gebana AG (Arbeitsgemeinschaft Gerechter Bananenhandel) an den unterschiedlichen Kriterien scheiterte: Während die Siegelorganisation darauf beharrte, den Mehrpreis ausschließlich den Produzenten zufließen zu lassen, hielt gebana aufgrund über 20-jähriger Erfahrung auch die Berücksichtigung und Förderung von sozialen und politischen Projekten im Umfeld der direkten Produzentenförderung für unerlässlich. Die Überzeugung von gebana, die auch von Banafair e.V. und der deutschen Bananenkampagne geteilt wurde, begründete sich darin, dass der für die Bananenproduktion typischen Missachtung von Menschen- und Arbeiterrechten lediglich durch strukturelle Veränderungen und damit durch die Förderung entsprechender Organisationen nachhaltig begegnet werden könne.

Diese Position war für die Kampagnenakteure nicht nur plausibel sondern geradezu zwingend, weil zwei Netzwerke aus dem Süden – das Foro Emaús in Costa Rica und die Winward Islands Farmers' Association in der Karibik – Mitträger der Kampagne geworden waren. Ähnlich der Schweiz kam es auch in Deutschland nicht zu einer

---

[232] Vgl. o.V.: Mehr Recht als billig: FAIR gehandelte Bananen, in: weltläden extra Nr. 3 (Juli 1997), S. 6-7 sowie Lipper: Give fair trade bananas a fair chance. Die Aktionstage wurden gemeinsam von Bananenkampagne und AG3WL durchgeführt und von Banafair e.V. organisatorisch abgewickelt.

[233] Diehl: „Faire" Bananen im (Super-)Markt, 19, artikuliert die Hoffnung, dass die „fairen" Bananen im Supermarkt auch den „alternativen" Bananen von Banafair in den Weltläden und Aktionsgruppen nutzen und nicht nur Konkurrenz sein werden, gegen die es sich abzusetzen gelte.

[234] Zech: Faire Bananen in den (Super-)Markt? 55.

[235] Vgl. Die Bananenkampagnen-Zeitung Nr. 4 (März 1997), S. 3.

2.6. Bananen: Beispiel für Kampagnenarbeit im Fairen Handel

entsprechenden Kooperation, als im April 1998 die Einführung TransFair-zertifizierter Bananen in deutschen Supermärkten begann und ein Marktanteil von 1,5 Prozent angestrebt wurde, von dem rund tausend Kleinbauernfamilien profitieren sollten. Wenngleich die Kampagnenakteure „den kritischen Dialog mit TransFair über Grundsatzfragen des fairen Handels weiter[zu]führen" ankündigten, warteten sie doch anlässlich der Markteinführung nicht mit konkreter Kritik auf.[236] Die Bananenkampagne zeigte sich jedoch enttäuscht, dass bei dieser Markteinführung ihre Erfahrung und ihre Öffentlichkeitsarbeit nicht genutzt wurden, schien die Grundlagenarbeit und die zurückliegende Geschichte eines Fairen Handels mit Bananen doch von der Siegelinitiative ignoriert zu werden. Auch hier war das Verhältnis zwischen der jungen Siegelorganisation und den Akteuren der ursprünglichen Aktion Dritte-Welt-Handel nicht spannungsfrei: Der Kirchliche Entwicklungsdienst Bayern, Mitträger der Bananenkampagne, formulierte seine Kritik im Rahmen einer Richtigstellung:

> „Die Bananen-Kampagne begrüßt die Einführung von fairen Bananen im Supermarkt, möchte aber die bisherige Berichterstattung vieler Medien zum Anlaß nehmen, darauf hinzuweisen, daß es keineswegs richtig ist, daß erst seit der Marktplazierung TransFairs die erste Fair-Trade-Banane auf dem deutschen Markt existiert. Bereits seit zwölf Jahren werden in Eine-Welt-Läden fair gehandelte Bananen erfolgreich angeboten. Als Kirchlicher Entwicklungsdienst bedauern wir, daß die Vorreiterrolle von BanaFair, vieler Weltläden und der Bananen-Kampagne von TransFair nicht öffentlich gewürdigt wurde."[237]

BanaFair e.V. selbst hatte 1998 mit der Kleinbauernorganisation Urocal in Ecuador einen neuen Partner gefunden und mit diesem eine Zusammenarbeit vereinbart, während ein ähnliches Vorhaben mit dem karibischen Dachverband der Kleinbauernorganisationen der Winward-Inseln durch EU-Bürokratie, britische Geschäftsinteressen und die Rechtslage im Anbauland verhindert wurden.[238] Banafair – nach dem Konkurs von Liberación und der Auflösung der AG Nica-Bananen die einzig verbliebene authentische Bananen-Fair-Handels-Organisation Deutschlands[239] – sah sich daher offenbar gedrängt, sich auch in Abgrenzung zu TransFair zu positionieren und hob dementsprechend seine besondere Projektförderung durch einen eigens in der Preiskalkulation erhobenen Projektaufschlag, seine Bildungsarbeit, seine Parteinahme für die Partnerorganisationen und seine Kooperation und Unterstützung der Gewerkschaftsarbeit in den bananenproduzierenden Ländern hervor.[240]

---

[236] Vgl. TransFair goes Bananas, in: Die Bananenkampagnen-Zeitung Nr. 7 (Juni 1998), S. 4. Die Kriterien der deutschen TransFair-Siegelorganisation gaben für eine Wiederholung der Schweizer Kontroverse keinen Anlass, vgl. Reif für den fairen Handel, in: Die Bananenkampagnen-Zeitung Nr.8/9 (März 2000), S. 4.
[237] Vgl. KED Bayern: Rundbrief 2/1998 (http://www.ked-bayern.de/Rundbrief-98-2/rundbrief298.htm vom 29.8.2006)
[238] Vgl. Neue Bananen bei BanaFair, in: Die Bananenkampagnen-Zeitung Nr. 7 (Juni 1998), S. 4.
[239] Nach dem Konkurs von Liberación e.G. hatte BanaFair e.V. zeitweilig das Regionalbüro in Hannover unterhalten und seither bundesweit den fairen und alternativen Bananenhandel organisiert.
[240] Vgl. Pluspunkte der BanaFair-Banane, in: Die Bananenkampagnen-Zeitung Nr. 7 (Juni 1998), 4.

2. Geschichte der Fair-Handels-Bewegung in Deutschland

Während TransFair zwischenzeitlich durch Absprung seines Kooperationspartners und Lizenznehmers gar nicht mehr im Handel mit fairen Bananen präsent war, konnte BanaFair sein Engagement weiter ausbauen und vor allem im Biohandel neue Vertriebswege erschließen. Anfang Mai 2004 gelang TransFair erneut der Einstieg mit fairen Bananen im Supermarkt: von dem ersten Versuch sechs Jahre zuvor war in der Pressemitteilung natürlich keine Rede; lediglich drei Wochen später lieferte auch BanaFair erstmalig mit TransFair-Siegel ausgezeichnete Urocal-Bananen an eine regionale Supermarktkette in Südwestdeutschland.[241]

2.7. Das Projekt Handelsausweitung entzweit die Bewegung

Der Erfolg mit der Alternativbewegung und die daraufhin alsbald stagnierende Umsatzentwicklung des Fairen Handels beflügelten ab etwa 1987 Überlegungen und Diskussionen um eine gezielte Handelsausweitung. Wie die Debatte über die „richtige Solidarität am Beispiel Kaffee" bereits gezeigt hatte, war das Spannungsfeld zwischen Handel und Bewusstseinsbildung innerhalb der Bewegung keinesfalls aufgelöst worden. Gleichwohl gab es gute Gründe das Größenwachstum des Alternativen Handels bewusster zu reflektieren und entsprechende Schritte vorzudenken. In den vorliegenden Quellen wird die Thematik einer Handelsausweitung dabei überwiegend im Kontext der Importorganisation GEPA thematisiert. Dass diese Auseinandersetzungen im Falle der GEPA aber äußerst hitzig geführt wurden hat seine Wurzeln in früheren Vorgängen beim Importeur El Puente.

2.7.1. Handelsausdehnung als Versuch betriebswirtschaftlicher Stabilisierung bei El Puente

Auch die Importorganisation El Puente setzte sich schon 1988 intern sehr intensiv mit dieser Fragestellung auseinander.[242] Es ging dabei jedoch keineswegs um eine ambitionierte Weiterentwicklung, sondern geschah aus der puren Notwendigkeit heraus, die betriebswirtschaftliche Schieflage der El Puente GmbH wieder in den Griff zu bekommen, welche sowohl durch die Stagnation des Dritte-Welt-Handels als auch durch Fehlkalkulationen und verspätete Reaktionen entstanden war. Ein Vorschlag zur Sanierung des Betriebes bestand darin, neben dem bestehenden Import nach Grundsätzen der Aktion Dritte-Welt-Handel und dem Vertrieb dieser Waren an Weltläden ein zweites Standbein aufzuziehen. Die Idee bestand darin, mit Hilfe eines weniger streng gefassten Kriterienkatalogs eine Zusammenarbeit mit dem kommerziellen Fachhandel aufzubauen, um auf diesem Weg die Projektarbeit wirtschaftlich

---

[241] Vgl. TransFair e.V.: Pressemitteilungen vom 4. Mai 2004 und 28./29. Mai 2004. (www.transfair. org/presse/mitteilungen/index.php vom 29.8.2006)
[242] Vgl. zum folgenden o.V.: Solidarität statt Kommerzialisierung, in: AG3WL-Rundbrief Nr. 41 (März 1988), S. 15-16 sowie weitere Dokumente S. 17-21. Vgl. Lampe: Ein neues Konzept für El Puente.

2.7. Das Projekt Handelsausweitung entzweit die Bewegung

abzusichern. Dieses Vorhaben identifizierten insbesondere die AG3WL-Vertreter in der Gesellschafterversammlung von El Puente[243] als eine Aufweichung der Kriterien und Grundsätze der Bewegung und lehnten dies deshalb ab. In zwei Ausgaben des AG3WL-Rundbriefes wurde dieser Vorgang mit Protokollen, Berichten und Beiträgen ausführlich dokumentiert und damit innerhalb der gesamten Bewegung bekannt gemacht.

Letztlich fiel die Entscheidung überraschend gegen das neue Geschäftsmodell von El Puente aus und der Kriterienkatalog blieb unangetastet. El Puente besann sich auf die Bedeutung der Weltläden für die eigene Arbeit und appellierte an die Solidarität und Mithilfe der Dritte-Welt-Läden bei der Sanierung. Gleichwohl hat durch diesen Vorgang die Befürchtung, Handelsausweitung (nur) durch eine Aufweichung der eigenen Gerechtigkeitsansprüche bekommen zu können, eine ausdrückliche Bestätigung erfahren. Sie sollte daher als diejenige Besorgnis verstanden werden, die den Reaktionen auf die entsprechenden Vorhaben der GEPA zu Grunde lag. Da die Geschäftspolitik der GEPA in diesen Jahren ohnehin in der Bewegung der Weltläden und Basisgruppen mit Argusaugen verfolgt wurde[244], schaukelten sich dann ab demselben Jahr die einzelnen Vorgänge rund um die GEPA gegenseitig auf und verschärften die Debatten zunehmend.

2.7.2. Handelsausdehnung als Antwort auf die Anfragen der Produzenten bei GEPA

Bei der GEPA waren hingegen nicht eigene betriebliche Erfordernisse oder ein allgemeines Wachstumsstreben der Antrieb für eine Handelsausweitung, sondern die von den Produzentenorganisationen artikulierten Wünsche. Die fortschreitende Verschlechterung der ökonomischen Rahmenbedingungen (Verfall der Rohstoffpreise, Veränderung der Terms of Trade zuungunsten der Entwicklungsländer) betraf auch die Produzent/inn/en des Fairen Handels: Ihre Anstrengungen auf nationalen Märkten ihre Produkte zu verkaufen wurden immer weniger von Erfolg gekrönt, was dem Alternativen Handel immer mehr zu einer (über)lebenswichtigen und existentiellen Bedeutung verhalf.[245] Der Projektreferent der GEPA, Gerd Nickoleit, berichtete etwa von wöchentlich fünf bis zehn Anfragen von Produzentengruppen, die gerne mit der GEPA zusammenarbeiten würden und ihre Waren bevorzugt im alternativen Markt verkaufen würden.[246]

---

[243] Die AG3WL e.V. war 1987 Gesellschafter der El Puente GmbH geworden und hatte dies als eine Bejahung der Pluralität von Importeuren des Alternativen Handels gesehen. Vgl. o.V.: Solidarität statt Kommerzialisierung, 16.
[244] Sh. oben den Streit der späten 1970er über die Beteiligungs- und Mitspracherechte der Aktionsgruppen- und Weltladenvertreter(innen) an der GEPA-Geschäftspolitik.
[245] Vgl. Hecke: 25 Jahre Aktion Dritte Welt Handel, 103.
[246] Herbst/Nickoleit u.a.: A3WH – Im Spannungsfeld zwischen Politik und Selbstzerfleischung, 33.

2. Geschichte der Fair-Handels-Bewegung in Deutschland

Aufgrund dieser Erfahrung aus dem Arbeitsalltag der Importorganisation wurden die Gedanken einer Handelsausweitung insbesondere aus der Geschäftsstelle heraus und von den Mitarbeitern forciert. Aber auch fachliche Einschätzungen unterstützten die zunehmende Plausibilität einer Handelsausweitung: Eine Zwischenbilanz der Handelsaktivitäten der GEPA zeigte die positiven und entwicklungsfördernden Effekte des Alternativen Handels für die Produzentengruppen auf. So habe sich gezeigt, dass der Alternative Handel Möglichkeiten einer Einbeziehung von Sozial- und Umweltstandards in den Produktionsprozess und das Wirtschaftsgeschehen biete, ohne damit unwirtschaftlich und wettbewerbsunfähig zu werden. Dies stelle eine moralische Herausforderung für den konventionellen Handel dar und schaffe faire Handelsbedingungen gegenüber Partnern in der Dritten Welt.[247] Diese Einwirkungsmöglichkeiten auszuschöpfen und zu verstärken habe aber zur Voraussetzung, über die bisherigen Kunden- und Sympathisantenkreise hinaus Menschen für ein verändertes Einkaufsverhalten zu gewinnen – was auch eine Ausdehnung der Informations- und Öffentlichkeitsarbeit beinhalten müsse. Diese Bedarfsmeldung traf sich auch mit den Ergebnissen von Marktforschungen, welche Ende der 1980er ergeben hatten, dass noch mehr Menschen zum Kauf fair gehandelter Produkte bereit wären, wenn diese leichter zugänglich wären und wenn die Käufer(innen) von den positiven Auswirkungen für die Produzent(inn)en überzeugt werden könnten.[248]

Die von der GEPA daraufhin angezielte Ausdehnung ihrer Vertriebskanäle umfasste zum einen als neue Wege die Segmente Bioläden, Großverbraucher, Lebensmitteleinzelhandel sowie Versandhandel, zielte zum anderen aber auch auf eine höheren Warenabsatz im Bereich der Weltläden und Aktionsgruppen. Diese Vorschläge zogen heftige Debatten innerhalb der Fair-Handels-Bewegung nach sich: Starken Gegenwind für ihre Pläne erntete die GEPA in den Reihen der Weltläden und Gruppen sowie der Jugendverbände. Den Weltläden und Gruppen war eine Handelsausweitung suspekt, weil sie in den neuen Vertriebswegen wie Großverbrauch und Versandhandel keine Möglichkeiten der Bildungs- und Bewusstseinsarbeit erkennen konnten – von der Unmöglichkeit in Supermärkten ganz zu schweigen. Dass diese Befürchtung nicht ganz unbegründet war, zeigt ein Blick auf eine von der GEPA-Geschäftsstelle 1988 herausgegebene sog. „Vertriebsliste", die in den Weltläden und Gruppen teils auf heftigen Widerstand, teils auf positive Resonanz gestoßen war. Nicht nur die erstmalige Abbildung von Produkten in Hochglanzqualität war Stein des Anstoßes, sondern ebenso dass die Waren nur in ihrer sensorischen Qualität, nicht aber in ihrer ethischen beschrieben wurden. Deshalb sei die Vertriebsliste für die Bildungsarbeit bzw. die Kundengespräche in den Dritte-Welt-Läden und Aktionsgruppen nicht einsetzbar.[249]

---

[247] Wirtz: A3WH – ein Lernmodell mit Zukunft? 40f.
[248] Wilß-Hasenkamp: Fair im Aufwind,18 – zitiert nach Hecke: 25 Jahre Aktion Dritte Welt Handel, 104.
[249] Vgl. AG3WL-Rundbrief Nr. 31 (März 1988), S. 19-26, insbesondere den Brief der Regionalkonferenz Nord der A3WH (S. 26).

2.7. Das Projekt Handelsausweitung entzweit die Bewegung

Für die Gruppen war der eigentliche Schwerpunkt die Aufklärungsarbeit und der Warenverkauf diente lediglich als Mittel zu diesem Zweck. Insofern hatten sie einerseits kein Interesse, in ihren eigenen Läden eine Ausweitung des Verkaufs zu betreiben und opponierten entsprechend (auch ideologisch) gegen die neu hinzukommenden Absatzwege der GEPA. Hier war wohl auch die latente Befürchtung verbreitet, als Akteure des Alternativen Handels an die Seite gedrängt zu werden, d.h. Einbußen an den eigenen Umsätzen erleiden zu müssen, die die Gruppen natürlich zwangsläufig selbst zur Finanzierung ihrer Aktivitäten und ihrer Räumlichkeiten benötigten.

Gleichwohl stellten diese Entwicklungen auch konzeptionell eine erhebliche Herausforderung für das Selbstverständnis der Bewegung dar. Ging man bislang von einer durchgängig alternativen Handelskette – vom alternativen Produzenten bis zum alternativen Konsumenten – aus, so konnte in der Kooperation mit Großverbrauchern und Supermärkten natürlich dieser durchgängig alternative Vertriebsweg nicht durchgehalten werden. Diese Problemstellung wird beispielhaft an den Debatten auf einem Kaffeeseminar der AG3WL im März 1988 deutlich: Die Diskussionsergebnisse haben in einem Thesenpapier ihren schriftlichen Ausdruck gefunden, welches gewissermaßen als Verteidigungsschrift der Identität der Weltladenbewegung gelesen werden kann. Darin werden Forderungen nach „eine[r] Umverteilung des Kaffeekonsums zugunsten von genossenschaftlich, kleinbäuerlich produziertem Kaffee" sowie nach einer gegenseitigen Stärkung von genossenschaftlichen, alternativen Strukturen erhoben: „genossenschaftlich produzierter Kaffee soll über genossenschaftliche Strukturen vermarktet werden". Dazu wird angeregt, „eine gemeinsame bundesweite genossenschaftliche Organisation [zu gründen], die den 'Sauberen Kaffee' einkauft und gegebenenfalls importiert, sowie Marketing, Absatzförderung, Gruppenberatung, Bewusstseinsarbeit u.a. koordiniert."

> Quintessenz: „Wir sind nicht der Meinung, dass große profitorientierte Strukturen für die Vermarktung genossenschaftlichen Kaffees genutzt werden sollten: Saubere Strukturen für sauberen Kaffee!"[250]

Markus Frieauff, damals in der AG3WL engagiert, interpretiert dies heute rückblickend als einen „ganzheitlichen Anspruch" hinsichtlich der Handelskette – „fair ist nur, was überall gleichermaßen fair ist" und stellt darin zugleich auch diffuse kommerzielle Eigenansprüche fest. Er weist dabei darauf hin, dass das Hoch auf die genossenschaftliche Idee vor allem der Realität der hiesigen Weltläden (aber auch der Realität zahlreicher Produzentenorganisationen) keineswegs gerecht geworden sei, weil genossenschaftlich organisierte Weltläden damals wie heute eine Ausnahmeerscheinung darstellten.

---

[250] Alle Zitate nach Frieauff: Rein oder nicht rein? 56f.

2.7.3. Dezentrale Alternativlösungen bei Weltläden und anderen Importeuren

Eine Ausweitung der Vertriebswege durch die GEPA musste folglich den Weltläden und Gruppen als ein Verrat an der Grundidee des Alternativen Handels und den bewusstseinsbildenden Zielen der Gründerzeit erscheinen. Sie nährte zugleich die Befürchtung, die GEPA könnte sich auch darüber hinaus von den Gruppen und Läden abwenden und man würde als Kunde vernachlässigt werden.[251]
Dieses Misstrauen hatte für die Entwicklung der Bewegung weitreichende Konsequenzen: Zum einen kam die GEPA als Partner für die genossenschaftlichen und dezentralen „Vorlieben" der Weltläden und Gruppen immer weniger in Frage. Die Position, die GEPA nicht als Quasi-Monopolisten für die Aktion Dritte-Welt-Handel zu akzeptieren, fand zunehmende Verbreitung und bedeutete konkret, dass sich Weltläden verstärkt den aus der Bewegung heraus entstandenen Importorganisationen wie El Puente und dritte-welt partner zuwendeten und bei diesen ihre Produkte bezogen. Dies hatte bei beiden Organisationen einen Wachstumsschub zur Folge[252] und veränderte durchaus langfristig das Image der GEPA innerhalb der Bewegung.[253]
Zudem nahm die Idee dezentraler Warenversorgung nun Gestalt an und die AG3WL entwickelte mit „Distel – Dezentrale Importstrukturen eigenimportierender Läden" ein Modell, in dem die bestehenden Direktimporte von Läden aus ihren Partnerprojekten über eine Datenbank miteinander vernetzt und anderen Weltläden zugänglich gemacht werden sollten. Eine AG Projekte war für die Erstellung von Projektbeurteilungen und die Aufbereitung von Informationen zuständig. Für die Auslieferung sollte mit dem „Soli-Ring" zusammengearbeitet werden, einer von den damals kleinen Importeuren (El Puente, dritte-welt partner und Afrassca) gegründeten Vertriebsverbunds für LKW-Direktauslieferung an Weltläden. Auseinandersetzungen um die richtige Projektbeurteilung innerhalb von „Distel" erschwerten diesen Alternativansatz. Die aufgrund von Streitigkeiten um Marktanteile und Vertriebsgebiete erfolgte Auflösung des Soli-Rings 1993 entzog ihm nicht nur die logistische Grundlage, sondern letztlich auch die Lebensfähigkeit. Die AG Projekte löste sich 1994 auf.[254]

---

[251] Vgl. Klupsch: Eine fairhängnisvolle Affäre. Der alternative Dritte-Welt-Handel in der BRD.
[252] Beide Organisationen legten von ca. 1 Million DM Jahresumsatz Ende der 80er auf 4,5 Millionen DM (El Puente) bzw. 3,7 Millionen DM (Dritte-Welt-Partner) im Geschäftsjahr 1993/94 zu. In diesem Zeitraum ist auch für diese Importeure die öffentliche Aufmerksamkeit durch die Einführung des TransFair-Siegels zu berücksichtigen. Gleichwohl erreichte das Umsatzwachstum der GEPA (von 19 Millionen DM 1989/90 auf 55 Millionen DM 1994/95) trotz Erschließung neuer Vertriebskanäle und dennoch beträchtlicher Steigerungen im Bereich Weltläden und Gruppen (zwei Drittel der Steigerungen entfielen auf diesen Bereich) nicht dieselben Steigerungsraten wie die beiden kleineren Mitbewerber. Vgl. Kleinert: Inlandswirkungen des Fairen Handels, 45.
[253] El Puente führte die Entwicklung auf die damals vorgenommene „enge inhaltliche und organisatorische Anbindung an die Weltläden und die Selbstdefinition als 'Dienstleister für die Weltläden'" zurück. Kleinert: Inlandswirkungen des Fairen Handels, 45.
[254] Vgl. Lampe: Entwicklung zur Abhängigkeit? 92, 96.

2.7. Das Projekt Handelsausweitung entzweit die Bewegung

Zum anderen musste aber auch die GEPA angesichts der ersten Einschätzungen zunächst davon ausgehen, dass eine wesentliche Absatzsteigerung mit den Weltläden und Gruppen nicht oder nur schwerer zu erreichen war. Dabei hatte die Importorganisation bereits in der zweiten Hälfte der 80er an ihrem GmbH-Gesellschaftervertrag gefeilt und darin auch die Verbesserung der Lebensbedingungen von Menschen in Entwicklungsländern zum Ziel der Gesellschaft bestimmt. Dabei wurde als Unternehmensgegenstand der „Abschluss von Handelsgeschäften jeder Art, die der Erreichung des Gesellschaftsziels unmittelbar oder mittelbar dienen" neben die „Verbesserung des entwicklungspolitischen Verständnisses" gestellt.[255] Die Unterstützung der Partnerorganisationen in den Entwicklungsländern ist dadurch stärker in den Mittelpunkt der „GEPA – Gesellschaft zur Förderung der Partnerschaft mit der Dritten Welt mbH" getreten.[256] Einblick in die Herausforderungen, vor die sich die GEPA gestellt sah, gewährt das Heft 5/89 des GEPA Informationsdienstes: Der damalige GEPA-Produktberater Bernd Merzenich sah in begrenzten Verbindlichkeiten und limitierten Abnahmemengen nicht nur die Verantwortung gegenüber den Produzentenorganisationen verletzt, sondern auch die wirtschaftliche Überlebensfähigkeit der GEPA tangiert:

> „In dem Konflikt zwischen 'alternativem' Handel als entwicklungspolitischem Lernmodell mit beschränkter wirtschaftlicher Verbindlichkeit oder konsequenter Handelsförderung für – nach entwicklungspolitischen Kriterien ausgewählten – Produzentinnen in der 'Dritten' Welt [...] erleben wir ein Wechselbad zwischen unterschiedlichen Zielsetzungen und Anforderungen und müssen dennoch eine berechenbare längerfristige Zusammenarbeit mit unseren Projektpartnern aufrechterhalten."[257]

Diese Diagnose brachte praktische und grundsätzliche Problemstellungen mit sich: Merzenich zufolge resultierte daraus einerseits ein Verlust an Glaubwürdigkeit gegenüber den Handelspartnern. Andererseits führe dies zu „Gewissenskonflikte[n] der mit der Arbeit befaßten Mitarbeiter, die zwischen allen Stühlen sitzen und sich aus dem Arbeitszusammenhang ergebende Sachentscheidungen nicht treffen können". Merzenich bezeichnete dies aus der Innensicht der GEPA als einen „ruinöse[n] Verlust an Vertrauen in unsere Verläßlichkeit und Kompetenz [...], die wir in vielen Jahren engagierter Arbeit aufgebaut haben."[258]

Resümierend lässt sich feststellen: Mit dem Streben nach einer Handelsausweitung hat die GEPA den Interessen ihrer (bereits bestehenden und zukünftigen) Handelspartner Rechnung zu tragen gesucht. Im Inland bedeutete dies für die Fair-Handels-Bewegung einen bedeutsamen Schritt, insofern sich der wichtigste und größte Importeur zur Pluralität von Vertriebswegen auch über den engen Rahmen des Alternativen

---

[255] GEPA Gesellschaftsvertrag vom 25. September 1989, auszugsweise veröffentlicht in: gepa Informationsdienst 6/89, S. 6f.
[256] Vgl. Hecke: 25 Jahre Aktion Dritte Welt Handel, 105.
[257] Merzenich: Alternativer Handel – eine existentielle Situation für alle Beteiligten.
[258] Merzenich: Alternativer Handel – eine existentielle Situation für alle Beteiligten.

Handels hinaus bekannt hat. Damit hat er im Gegenzug das praktische Bekenntnis der Weltladenbewegung zu einer Pluralität von Importeuren in der deutschen Fair-Handels-Landschaft provoziert und verstärkt.[259] Beide Entwicklungen dürften den Bewegungscharakters des Alternativen Handels vertieft und gefestigt haben.

2.8. Von der Kampagne „Sauberer Kaffee" zum TransFair-Siegel

In die Überlegungen zu einer Handelsausweitung finden in der Fair-Handels-Bewegung in der zweiten Hälfte der 1980er Jahre auch Anstöße aus zwei europäischen Nachbarländern Eingang, von denen die deutsche Bewegung bereits früher wichtige Impulse aufgenommen hatte: Eine in der Schweiz von mehreren Hilfswerken durchgeführte Kampagne gegen menschenunwürdige Arbeitsbedingungen hatte zum Ziel gehabt, den Fruchtkonzern Del Monte und die genossenschaftliche Einzelhandelskette Migros zu Vereinbarungen zu bewegen, die die Arbeitsbedingungen der philippinischen Plantagenarbeiter von Del Monte hinsichtlich Bezahlung und Gewerkschaftsfreiheit verbessern würden. Parallel dazu wurde bei der Novellierung des Konsumentenschutzgesetzes auf eine Informationspflicht über die sozialen Herstellungsbedingungen des Produkts hingearbeitet. Bereits in der Mitte und zu Beginn des Jahrhunderts hatte in der Schweiz eine Kennzeichnung von Produkten mit fairen Arbeitsbedingungen im Inland bestanden, die in diesem Zusammenhang wieder in Erinnerung gerufen und auf die Arbeitsverhältnisse von Produzenten in Entwicklungsländern übertragen wurde. Dieses Modell eines „entwicklungspolitischen Labels" gelangte 1986 auf publizistischem Wege und aufgrund einer Initiative von FIAN und aej nach Deutschland, die für eine Information ihrer Kreise und von Akteuren des Alternativen Handels sorgten.[260]

Der zweite Impuls kam aus den Niederlanden und setzte die Boykottaufrufe der deutschen Mittelamerika-Komitees gegen die Kaffeekonzerne fort. Neben den Boykottaufruf war der Aufruf für „Sauberen Kaffee" bzw. „Kaffee ohne Beigeschmack" als eine positive Handlungsalternative gestellt worden. Damit sollten sowohl Konsumenten als auch die Kaffeewirtschaft zu einer Verhaltensänderung gedrängt werden. In den Niederlanden war daran gedacht, diesen aus Kooperativen stammenden Kaffee neben dem Verkauf über die Dritte-Welt-Läden auch über kirchliche und kommunale Einrichtungen, Universitäten und Einzelhändler zum Verbraucher zu bringen.

---

[259] In einigen Nachbarländern ist dieser Prozess eindeutig anders verlaufen: Man denke an Elemente gemeinsamen Corporate Design von EZA und Weltläden in Österreich oder in der Schweiz an die Namensgebung von claro Weltläden und der claro fair trade AG als Importeur.
[260] Vgl. AG3WL-Rundbrief Nr.2/1986 (Juni 1986), S. 29-36.

2.8.1. Kontroverse Debatte über das holländische Vorbild „Sauberer Kaffee"

Diese bald sehr erfolgreiche Aktion wurde im November 1987 zum Beratungsgegenstand der Mitgliederversammlung der Arbeitsgemeinschaft der Dritte Welt-Läden in Deutschland, nachdem im September 1987 sowohl in epd-Entwicklungspolitik als auch in der GEPA-Zeitschrift „Kaffeebohne & Teeblatt" positive Würdigungen und Überlegungen zur Übertragung dieser Aktion auf die Bundesrepublik Deutschland veröffentlicht worden waren.[261]

Demgegenüber lesen sich die Texte, die die AG3WL zur Vertiefung der Beratungen der AG3WL-Mitgliederversammlung für ein Wochenendseminar im März 1988 in Gelnhausen zusammengestellt hatte, ausgesprochen skeptisch.[262] An dem Seminar sollten auch der GEPA-Geschäftsführer Jan Hissel sowie Frans Vanderhoff als Repräsentant der mexikanischen Kaffeegenossenschaft UCIRI teilnehmen; sie hatten ihre Teilnahme jedoch kurzfristig abgesagt, da nach der Veröffentlichung von Vorbereitungsunterlagen durch die AG3WL die Positionen zwischen Befürwortern und Gegnern bereits festgeklopft schienen und eine konstruktive Diskussion als unrealistisch galt. In den Seminarunterlagen finden sich tatsächlich minutiöse Nachberechnungen von Einschätzungen der niederländischen Akteure, die die Nichtrealisierbarkeit dieser Idee untermauern sollten. Hinzu kamen aufgrund der in Holland geführten Diskussionen und gefällten Entscheidungen auch erhebliche Befürchtungen, die die Existenzgrundlage der Weltläden tangierten: Wie viele Kaffeekunden würden den Weltläden fern bleiben, wenn der „Saubere Kaffee" auch in Supermärkten erhältlich wäre? Inwiefern ist dadurch im Weltladen auch mit Rückgängen in den anderen Sortimentsbereichen – insbesondere den Handwerkswaren – zu rechnen? Haben Kunden- und Umsatzrückgang negative Auswirkungen auf die Motivation der ehrenamtlichen Weltladenmitarbeiter/innen?[263] Ausdrücklich erkennbar ist in den Überlegungen im Bereich der deutschen Weltläden der Wunsch, dass sie die in den Niederlanden angestrebte Erhöhung des Marktanteils auf über zwei Prozent möglichst in den Weltläden und den bestehenden Strukturen des Alternativen Handels erreichen möchten. Erst mit dieser Marktmacht ausgestattet und abgesichert würden sie die Kooperation mit den Kaffeekonzernen wagen können, ohne befürchten zu müssen, darin unterzugehen. GEPA-Geschäftsführer Hissel ging allerdings davon aus, dass mit Verbesserungen im Weltladensektor (auf die deutschen Verhältnisse bezogen) lediglich eine Steigerung von 0,1 Prozent auf 0,11 Prozent Marktanteil zu erreichen wäre.[264] Währenddessen fragten sich die Weltläden, warum die für die

---

[261] Vgl. Clos: „Sauberer Kaffee". Nachahmenswerte Kampagne in den Niederlande; o.V.: Argumente für einen anderen Kaffeehandel, in: Kaffeebohne & Teeblatt Nr. 9 (September 1987) sowie AG3WL-Rundbrief 29 (November 1987), S. 12-16.
[262] Vgl. AG3WL (Hrsg.): Materialien zur Diskussion über die Aktion Sauberer Kaffee.
[263] Vgl. AG3WL (Hrsg.): Materialien zur Diskussion über die Aktion Sauberer Kaffee, 6.
[264] Vgl. Protokoll eines Gesprächs der Regionalsprecher/innenkonferenz West am 7.5.99 mit Jan Hissel, in: AG3WL-Rundbrief Nr. 32 (Juli 1988), S. 51.

2. Geschichte der Fair-Handels-Bewegung in Deutschland

niederländische Markteinführung bereitgestellten sechsstelligen Summen nicht dem bestehenden Alternativen Handel bzw. der Weltladenbewegung als Wachstumshilfe zur Verfügung gestellt würden.[265] An diesem Punkt mag ein Aspekt in der Auseinandersetzung eine Rolle gespielt haben, der sich lediglich aus der Mentalitätsgeschichte dieser Bewegung – spezifischer der Herkunft aus „integrierter Aktion" und „kritischer Aktion" – erklären lässt. Zu den entscheidenden Initiatoren und Promotoren im Nachbarland Holland gehörten die „Interkirchliche Aktionsgruppe für Lateinamerika 'Solidaridad'" sowie der „Interkirchliche Beratungsausschuss für Welternährungsfragen (IOW)". Erstere hatte bereits mit einer Supermarktkette verhandelt, bevor mit der niederländischen Vereinigung der Weltläden eine Vereinbarung über deren Beteiligung getroffen worden war, was auch dort zu Polarisierungen geführt hatte.[266] Wie sehr sich diese beiden Herkunftsmilieus widersprachen wird an der Frage nach dem Umgang mit Supermärkten und Konzernen deutlich: So betonte der epd-Redakteur Rainer Clos in der Beschreibung der holländischen Initiative: „Anliegen des Dialogs ist es nicht, die Kaffeewirtschaft auf die Anklagebank zu setzen, sondern mit ihr konkrete Vorschläge zu erörtern." Und mit Blick auf die Übertragbarkeit nach Deutschland, schrieb er weiter, diese habe zur Grundvoraussetzung, „dass nicht die Konfrontation mit dem Kaffeeverband gesucht wird, sondern konstruktive pragmatische Lösungen."[267]

Dies zu fordern musste die Bewegung des Alternativen Handels in Deutschland, die noch drei Jahre zuvor mit Kaffeeaktionstagen unter dem Motto „Gegen die Macht der Kaffeekonzerne" die Konfrontation gesucht hatte, zum Widerspruch herausfordern. Die Zusammenarbeit mit den Röstern und speziell die Option, die Konzerne zu einer prozentualen Zumischung von Sauberem Kaffee zu bewegen, provozierte tatsächlich den umgehenden Einspruch der Basis: Dort hieß es, zum Anliegen der Weltläden müsse es gehören, zu „problematisieren, dass die Konzerne, selbst wenn sie 5 % 'sauberen' Kaffee zumischen, immer noch Kaffee mit einem Ausbeutungsgrad von 95 % verkaufen".[268] Demgegenüber glaubte der Journalist Clos, „die Beteiligung kirchlicher Organisationen" könne helfen, „Berührungsängste ab[zu]bauen".[269] Gegenüber diesen Differenzen und zu diesem Zeitpunkt scheint die – später vor allem als Begründung der reservierten Haltung der Weltläden gegenüber TransFair angeführte – Frage nach dem Verbleib der Bildungs- und Informationsarbeit vergleichsweise nachrangig. Sie wurde in den Seminarunterlagen von 1988 zwar ge-

---

[265] Vgl. AG3WL (Hrsg.): Materialien zur Diskussion über die Aktion Sauberer Kaffee, 7.
[266] Vgl. Protokoll des Seminars „Aktion Sauberer Kaffee" am 4.-6. März 1988 in Gelnhausen, S. 3.
[267] Clos: „Sauberer Kaffee". Nachahmenswerte Kampagne in den Niederlande, 13.
[268] Vgl. Protokoll eines Gesprächs der Regionalsprecher/innenkonferenz West am 7.5.99 mit Jan Hissel, in: AG3WL-Rundbrief Nr. 32 (Juli 1988), S. 51.
[269] Clos: „Sauberer Kaffee". Nachahmenswerte Kampagne in den Niederlande, 13.

stellt, jedoch eher im Sinne einer Beratungsqualität im Weltladen und damit in der Funktion einer Verkaufsförderung.[270]

2.8.2. Die Tübinger Supermarktaktion bei Gottlieb

Ohne dass die Streitpunkte ausführlich geklärt worden wären, ergaben sich in der Folgezeit pragmatische Entwicklungen – zum einen in Tübingen, zum anderen in Würzburg. Schon vor dem Gelnhausener Seminar war bekannt geworden, dass die GEPA einen Mischkaffee auf den Markt zu bringen beabsichtigte, welcher einen gleich bleibenden Geschmack garantieren sollte. Es handelte sich also erstmalig um keinen Länderkaffee mit eindeutiger Herkunft. Er erhielt den Namen „AHA-Kaffee", AHA stand für Alternativ Handel(n). Darin war damals schon ein erster vorbereitender Schritt der GEPA für eine Übertragung des niederländischen Vorbildes vermutet worden.
Diese Kaffeemischung kam zum Einsatz, als aufgrund einer Vermittlung der Aktionsgruppe „Aktion Arme Welt e.V."[271] der Katholischen Hochschulgemeinde die Supermarktkette Gottlieb in der Studentenstadt Tübingen in drei Filialen im Juni 1989 den Kaffee der GEPA in den Verkauf aufnahm. Begleitet wurde dies nicht nur von erfolgreicher Pressearbeit über den „Kleinbauernkaffee im Supermarkt" sondern auch durch Probierausschank durch die Mitarbeiter/innen der Aktionsgruppe, welche zudem ein sechsseitiges Informationsfaltblatt für die Auslage in den Regalen der Gottlieb-Filialen erstellt hatte. Die Aktion hatte Erfolg und brachte einen Kaffeeabsatz von 1 Tonne AHA-Kaffee innerhalb von 4 Monaten bzw. 200 Kaffeepäckchen wöchentlich. Die besondere Bedeutung auch für die GEPA wird daran ersichtlich, dass entgegen sonstiger Abläufe die Belieferung nicht von der zuständigen Regionalstelle sondern direkt von der GEPA-Zentrale erfolgte und vom Geschäftsführer selbst betreut wurde. Aufgrund des hohen Zuspruchs wurde eine Ausdehnung des Verkaufs auf weitere 31 Gottlieb-Filialen für die erste Jahreshälfte 1990 anvisiert.[272]
Der „Riss" innerhalb der Bewegung ging dabei mitten durch die Tübinger Szene: der Weltladen hatte eine „Einflussnahme des Großabnehmers Gottlieb auf die relativ kleine Importorganisation GEPA in puncto Verkaufsmenge und -preis" problematisiert, auf mittlere Sicht nachteilige Folgen für die Kleinbauern befürchtet und die Verkaufsmotive der Supermarktkette im Zusammenhang der Projektpartnerkriterien und Unternehmensziele der GEPA hinterfragt. Mit Straßenständen wurde versucht, die Gegenargumente zu kommunizieren; die Aktionsgruppe sollte ebenfalls über-

---

[270] Vgl. AG3WL (Hrsg.) Materialien zur Diskussion über die Aktion Sauberer Kaffee.
[271] Diese ist nicht identisch mit dem beinahe gleichnamigen „Aktionszentrum Arme Welt e.V." in Tübingen, welches seit 1974 den dortigen Weltladen unterhält.
[272] Vgl. Aktionszentrum Arme Welt e.V.: Aktion Sauberer Kaffee. Verkauf von AHA-Kaffee im Supermarkt in Tübingen, sowie Aktion Arme Welt/Ursula Muller: Leserbrief zu: Aktion Sauberer Kaffee. Verkauf von AHA-Kaffee im Supermarkt in Tübingen.

zeugt und zum Stop ihrer Aktion gebracht werden.[273] Die Aktionsgruppe allerdings sah sich durch den Verkaufserfolg bestätigt und bestärkt:

„Mit unserer Aktion haben wir den Beweis angetreten, dass viele Verbraucher in der Bundesrepublik bereit sind, durch ihr Kaufverhalten dem Unrecht im internationalen Kaffeehandel entgegenzuwirken. Um dieses Potential zu nutzen, reichen die bestehenden, meist auf ehrenamtlicher Mitarbeit basierenden Vermarktungsstrukturen nicht aus."[274]

Der Vorwurf der fehlenden Informationsvermittlung wird mit Verweis auf Tausende verteilte Informationsblättchen beantwortet: „Es entwickeln sich so Einstellungen und Werthaltungen, die politisch und ökonomisch bedeutsam werden. Information darf nicht denjenigen vorbehalten bleiben, die ohnehin schon sensibilisiert sind und den Schritt in die Weltläden getan haben."

2.8.3. Das Konzept der Kaffee-Kampagne und Beginn der AG Kleinbauernkaffee

Das Folgejahr wird nach den Tübinger Erfahrungen der zweiten Jahreshälfte 1989 zu einem Jahr der intensiven Auseinandersetzung innerhalb der Fair-Handels-Bewegung über die Frage des Verkaufs über den Lebensmitteleinzelhandel.

Im Februar 1990 legten der ehemalige GEPA-Geschäftsführer Jan Hissel sowie Klaus Wilkens vom Kirchlichen Entwicklungsdienst in Hannover[275] ein 11-seitiges „Konzept Kaffee-Kampagne in der Bundesrepublik Deutschland"[276] vor, welche „das Bewusstsein neuer, bisher nicht erreichter Bevölkerungsschichten weiter zu entwickeln und in konkretes Handeln umzusetzen" zum Ziel haben solle. Die Autoren versuchten in diesem Konzept, die Notwendigkeit und Möglichkeit einer Weiterentwicklung des „alternativen Systems" aufzuzeigen. Sie würdigten mit Blick auf die Niederlande, dass der Verkauf von „Sauberem Kaffee" durch kirchliche Gruppen nach Gottesdiensten neue Konsumentenkreise erreicht und das Interesse an Dritte-Welt-Läden erhöht habe. Sie zeigten aber zugleich die begrenzte Reichweite dieses Modells für die Erhöhung des Marktanteils von „Sauberem Kaffee" auf. Eine Ein-

---

[273] Vgl. Aktionszentrum Arme Welt e.V.: Aktion Sauberer Kaffee. Verkauf von AHA-Kaffee im Supermarkt in Tübingen.
[274] Dieses und folgendes Zitat: Aktion Arme Welt/Muller: Leserbrief zu: Aktion Sauberer Kaffee. Verkauf von AHA-Kaffee im Supermarkt in Tübingen.
[275] Hissel und Wilkens waren gemeinsam bereits bei einem „Informationsgespräch mit den holländischen Initiatoren der Aktion 'Sauberer Kaffee'" am 16.12.1988 in Hannover in Erscheinung getreten. Den Bericht von Michael Glöge über dieses Treffen im AG3WL-Rundbrief Nr. 34 (Januar 1989), S. 70-72, lässt sich so interpretieren, dass Hissel dabei nicht als GEPA-Geschäftsführer, sondern als Teil der holländischen Initiative tätig war. Wilkens hatte damals als Gastgeber fungiert. – Nunmehr war Hissel bereits nicht mehr als GEPA-Geschäftsführer tätig, er hatte im Sommer 1989 die GEPA verlassen.
[276] Vgl. im folgenden: Hissel/Wilkens: Konzept Kaffeekampagne in der Bundesrepublik Deutschland.

2.8. Von der Kampagne „Sauberer Kaffee" zum TransFair-Siegel

flussnahme auf die herrschenden Handelsstrukturen lasse sich in absehbarer Zeit somit nicht erreichen, weswegen das eigentliche Ziel einer Kaffeekampagne der Einstieg in das reguläre Distributionssystem sein müsse:

„Es müssen Konzepte gesucht werden, nach denen Dritte Welt-Läden und andere Verkaufsstellen von 'sauberem Kaffee' sich in eine Strategie einordnen, die die Grenzen der eigenen Alternative bewußt nicht akzeptiert und die Frage nach den restlichen Marktanteilen zum Ausgangspunkt ihrer Politik macht. Anders ausgedruckt: Der Kaffeestand an der Kirche ist eine Notlösung – aber notwendig, da der 'normale' Kaffeehandel den Bauernkooperativen immer noch keine Existenzsicherung geben will. Aber als letzte Konsequenz muß die Veränderung des 'normalen' Kaffeehandels den kirchlichen Kaffeestand überflüssig machen."

Um dieser marktpolitischen Veränderung willen müsse eine Kaffeekampagne auch auf eine breitere gesellschaftliche Grundlage gestellt und die Zusammenarbeit mit Gewerkschaften, Umweltschutz- und Verbraucherorganisationen gesucht werden. Mit einem entsprechenden gesellschaftlichen Bündnis und der Ernsthaftigkeit einer solchen Aktion lasse sich auch in der Kaffeeindustrie Beunruhigung auslösen, womit diese zum Einkauf bei Kleinbauernvereinigungen zu gerechten Preisen und über direkte Handelswege bewegt werden könnten. Die Mobilisierung der Konsumentennachfrage nach „Sauberem Kaffee" mittels einer eigenen „Publikumsmarke" wurde von den beiden Verfassern als wichtiges Druckmittel angesehen, durch das sich der Dritte-Welt-Bewegung Perspektiven für weitergehende Strukturveränderungen eröffnen würden.

Hissel und Wilkens schlugen daher – in Anlehnung an die holländische Max-Havelaar-Stiftung und das von ihr vergebene Max-Havelaar-Siegel[277] – die Einberufung verschiedener Institutionen zu einer Plattform vor, welche „die kommerziellen Möglichkeiten eines Gütesiegel-Kaffees oder Markenkaffees 'Sauberer Kaffee' (o.ä.) in der Bundesrepublik" mittels einer Studie prüfen solle. Dabei skizzierten sie die Zusammensetzung einer eigenen Trägerorganisation aus Produzentenvertretern, kirchlichen Institutionen und weiteren zivilgesellschaftlichen Organisationen. Deren Aufgaben umschrieben die beiden Autoren mit der Erarbeitung eines Produzentenregisters, Aufstellung eines Modellkontraktes, Klärung von Preispolitik, Kontrolle und Lizenzvergabe für die Verwendung des Gütesiegels. Entscheidend für den Erfolg der Initiative sei, dass nicht das, was andere bereits tun, nun von einem neuen Akteur erneut versucht werde – also keine „neue ideelle Handelsorganisation" oder ein Einstieg in den Kaffeehandel, sondern „eine neuartige Kombination von kommerziellen Firmen und Gruppierungen mit entwicklungspolitischen Zielsetzungen".

Damit ist zugleich schon skizziert, was im Februar und März 1990 Gegenstand der „Sitzung 'Kleinbauernkaffee'" werden sollte. In der ersten Sitzung am 28. Februar

---

[277] Max Havelaar ist eine berühmte niederländische Romanfigur, die gegen die Ausbeutung von Arbeitskräften auf Kaffeeplantagen in den niederländischen Kolonien kämpfte. Er wurde zunächst in Holland, später auch in der Schweiz, Frankreich, Belgien, Dänemark und Norwegen zum Name des nationalen Fair-Handels-Siegels.

2. Geschichte der Fair-Handels-Bewegung in Deutschland

1990, an der gewissermaßen die ganze Bandbreite der Aktion Dritte-Welt-Handel teilnahm, wurden zunächst das „Konzept Hissel" und sodann das „Tübinger Modell" vorgestellt und beraten.[278] Aus dem Treffen resultierte eine breit besetzte Arbeitsgruppe, welche eine Machbarkeitsstudie vorbereiten, die Einbeziehung weiterer gesellschaftlicher Gruppen konzipieren und eine rechtliche Struktur erarbeiten sollte. Auch die Erstellung eines „bildungspolitischen Konzepts" für die Information der Käufer/innen sowie die Einbeziehung der Dritte-Welt-Läden in die Konzeption war angestrebt. Bei der zweiten Sitzung am 20. März 1990 lagen hierfür bereits erste Konkretisierungen vor. Als Grundlage ist im Sitzungsprotokoll formuliert:

„Hauptziele der Gesamtaktion soll ein Dialog mit der Kaffeeindustrie sein sowie eine Handelsausweitung im Bereich A3WH. Beide bedingen sich gegenseitig; das letztgenannte Ziel dient besonders auch der Stützung der Welt-Läden und schafft einen bessere Gesprächsposition gegenüber der Kaffeeindustrie."[279]

2.8.4. Die Würzburger Kupsch-Aktion

Von der Möglichkeit, in der Aktionswoche „Eine Welt für alle" im Mai 1990 tätig zu werden, nahm die „Arbeitsgruppe Kleinbauernkaffee" wegen der kurzen verbleibenden Zeit Abstand. Gleichwohl machte die Kaffee-Kampagne in dieser Woche einen weiteren Schritt voran, indem die Kontakte des Arbeitskreises „Unser Konsum und die 3. Welt" der Würzburger Katholischen Hochschulgemeinde mit der örtlichen Kupsch-Kette in eine Umsetzungsphase gelangt waren und in der Aktionswoche erstmals in einer Kupsch-Filiale der Verkauf von GEPA-Kaffee durchgeführt werden konnte.[280] Im Unterschied zur Tübinger Initiative hatte sich eine wesentliche Veränderung – nämlich die Einbeziehung des örtlichen Weltladens in die Aktion – ergeben. Die Aktionsgruppe hatte nach dem Bereitschaftsbekunden des Senior-Chefs von Kupsch Kontakt mit dem Weltladen aufgenommen und bei diesem – unter der Voraussetzung, dass Bildungs- und Informationsarbeit möglich sein müsse – ebenfalls Unterstützung gefunden. In den Gesprächen mit den GEPA-Vertretern machte sich die von Gesellschafterversammlung (4.12.1989) und Aufsichtsrat (11.1.1990) vorgegebene Linie[281] bereits deutlich, wonach die Importorganisation kein Mandat für eine solche Aktion habe:

---

[278] Vgl. Protokoll der Sitzung „Kleinbauernkaffee" vom 28.02.1990, veröffentlicht in: AG3WL-Rundbrief Nr. 39 (April 1990), S. 36-37.

[279] Vgl. Protokoll der Arbeitsgruppe „Kleinbauernkaffee" vom 20.03.1990 im Dominikanerkloster in Frankfurt/Main, veröffentlicht in: AG3WL-Rundbrief Nr. 39 (April 1990), S. 38-39.

[280] Vgl. im folgenden: Infomarkt 3. Welt/Albert Rau: GEPA-Kaffee-Verkaufsaktion in KUPSCH-Lebensmittelmärkten.

[281] Vgl. auch die Fortschreibung dieser Beschlüsse in der Beschlussvorlage des GEPA-Aufsichtsrates für die Gesellschafterversammlung am 10.10.1990, veröffentlicht in: AG3WL-Rundbrief Nr. 41 (Oktober 1990), S. 51:
„1. Die Geschäftsstelle hat entwicklungspolitische Gruppen aus dem gesellschafternahen Umfeld bei Initiativen zu unterstützen, die die Einführung von GEPA-Produkten in den Normalhandel zum Ziel haben. Dabei soll dort, wo es handelsrechtlich sinnvoll ist, an die Initiatoren selbst

2.8. Von der Kampagne „Sauberer Kaffee" zum TransFair-Siegel

„Eine KUPSCH-Verkaufsaktion kann nur stattfinden, wenn sie den Charakter hat, daß es eine Aktion des 3.Welt-Ladens in Kupsch-Filialen ist bzw. eine gemeinsame Initiative der beiden. Der Kaffee-Verkauf bei Kupsch bleibt obligatorisch gebunden an die Betreuung durch den Arbeitskreis und den Laden. Kupsch wird sozusagen die größte 'Aktionsgruppe' des Ladens."[282]

In der konkreten Umsetzung bedeutete dies, dass Bestellung und Rechnungsstellung zwischen dem Supermarkt und dem Würzburger Weltladen abgewickelt wurden und lediglich die Warenauslieferung seitens der GEPA direkt erfolgte. Dabei konnte der Weltladen für seine Betreuung 3 Prozent Marge einkalkulieren und sich mit Kupsch auf einen gemeinsamen Endverkaufspreis an die Kunden einigen. Die Erstellung von Informationsblättchen wurde in gemeinsamer Arbeit von Arbeitskreis und Weltladen vorgenommen, die Druckkosten wurden – wie in der Tübinger Aktion – vom Supermarktbetreiber finanziert. An allen vier Tagen der Einführungsaktion in drei ausgewählten großen Kupsch-Filialen hatten Mitarbeiter/innen von Laden und Aktionsgruppe Stände mit Informationsangebot und Kaffeeausschank eingerichtet, auch die Presse- und Öffentlichkeitsarbeit konnten die beiden Eine-Welt-Initiativen frei gestalten. Die Beteiligung des Weltladens steigerte auch dessen eigenen Bekanntheitsgrad, was durch eine einstündige Direktübertragung des Lokalradios aus dem Weltladen untermauert wird, die damals etwa 140.000 Hörer/innen erreicht haben dürfte. Auch in Würzburg war der Zuspruch zu dieser Verkaufsaktion größer als erwartet, so dass Kupsch erst einmal die Vorräte an GEPA-Kaffee ausgingen. Automatisch schwappte die Nachfrage auf weitere Kupsch-Filialen über, so dass der Einkaufsleiter den Verkauf ausdehnte, was auf Protest der Initiatoren stieß, weil dadurch doch die bewusstseinsbildende Informationsarbeit ausblieb. Aufgrund des Verkaufserfolgs von knapp 2 Tonnen bzw. 8000 Päckchen Kaffee innerhalb von fünf Wochen, aber auch wegen der logistischen Abläufe der Supermarktkette ließen sich Weltladen und Aktionsgruppe jedoch davon überzeugen, den Verkauf ab Juli 1990 auf alle 19 Würzburger Filialen auszudehnen, auch weil dann die Nachfüllung der GEPA-Kaffees und der Infozettel in den Regalen leichter durch Kupsch selbst sichergestellt werden konnte. Aktionsgruppe und Weltladen übernahmen dabei weiterhin die Aufgabe, Kundenberatung und Kaffeeausschank zu organisieren, das Personal von Kupsch über die inhaltliche Seite des alternativen Kaffeehandels aufzuklären und im Bedarfsfalle auch bei Filialleitern die Präsentation des Kaffees und der Informationsmaterialien anzumahnen.

---

[282] fakturiert werden. In Fällen von Aktions- oder Bildungsgruppen, die selbst nicht zum Vorsteuerabzug berechtigt sind und keine eigenen Handelsinstrumente haben, kann die GS [Geschäftsstelle] direkt an die angesprochenen Handelsgesellschaften fakturieren.
2. Bei allen Bezugsverträgen muß die Geschäftsstelle darauf achten, daß der Normal- und Alternativhandel die gleichen Konditionen erhalten.
3. Die Geschäftsstelle muß darauf hinwirken, daß der Kaffee im Normalhandel mit einer angemessenen Informations- und Öffentlichkeitsarbeit begleitet wird. Die Kosten für das Info-Material soll aus der Handelsspanne des Normalhandels bezahlt werden. […]"
Infomarkt 3. Welt/ Rau: GEPA-Kaffee-Verkaufsaktion in KUPSCH-Lebensmittelmärkten, 48.

Nachdem sich der Würzburger Weltladen dann zunächst gegen eine Ausdehnung der Aktion auf die rund 70 Filialen des Würzburger Umlandes gewandt hatte, ließ er sich von den Ereignissen – u.a. die Planungen zur „Aktion Sauberer Kaffee" – einholen und stimmte der Ausweitung zu. Dazu beigetragen hat die Feststellung des Ladenteams, dass der befürchtete Kaffeeumsatzrückgang durch die Kupsch-Konkurrenz nicht eingetreten war und im Gegenteil durch die Aktion auch neue Kund(inn)en den Dritte-Welt-Laden kennen lernten.[283]

2.8.5. Konzeptionelle Vertiefung der Planungen

Die zweite Jahreshälfte 1990 sowie das erste Quartal 1991 hatten die Arbeitsgruppen der AG Kleinbauernkaffee intensiv genutzt, um die Konzepte weiterzuentwickeln und zu fixieren. Diese Ergebnisse wurden zumeist ohne nähere Erläuterung zu Verfasserschaft und Funktion in den AG3WL-Rundbriefen veröffentlicht. Im Oktober 1990 lagen demzufolge zwei Papiere vor: Zum einen der „Entwurf eines pädagogisch-politischen Konzepts für die Kaffeekampagne", in dem entwicklungspolitische Forderungen zum Kaffeehandel erhoben, „Schritte der pädagogisch-politischen Begleitung der Kaffeekampagne" skizziert und mögliche Materialien zur Unterstützung derselben aufgezählt wurden.[284] Zum anderen das Papier „Fairer Kaffee-Handel. Ein Programm", in welchem Ziele, Arbeitsstruktur und Strategie der Kampagne skizziert sind.[285] Aus diesem Papier geht u.a. eine Doppelgleisigkeit der Aktion hervor, derzufolge die Absatzausweitung gleichermaßen über „nicht-kommerzielle Distributionswege wie alternative Handelsorganisationen, Weltläden, Aktionsgruppen, Strukturen und Bildungseinrichtungen der die Aktion mittragenden gesellschaftlichen Gruppen" wie auch über „kommerzielle Distributionswege wie beteiligte Kaffee-Firmen, Röstereien, Lebensmittel-Einzelhandel, Betriebe u.a." angestrebt wurde. Dabei spiegeln beide Papiere die bestehenden Kriterien des Alternativen Handels wieder und betten die Informations- und Bildungsarbeit ganz selbstverständlich in den Zusammenhang des Kaffeehandels ein. Auf einem Kaffeeseminar von Weltläden und Aktionsgruppen im November 1990 in Hamburg wurden die Tübinger Aktion und die Planungen der AG Kleinbauernkaffee rezipiert, die Ziele der geplanten Aktion befürwortet und zugleich auf „ein fundiertes pädagogisch-politisches Konzept" gedrängt.[286]

Beide vorliegenden Papiere wurden anschließend weiterqualifiziert. Das erweiterte Programmpapier führte die Begründung der Eckpunkte der Aktion weiter aus; es beinhaltete ein genaueres Bild der Umsetzung des Programms und einen Finanzplan.

---

[283] Kirchner/Initiative Dritte Welt Würzburg: Handelsausweitung bei KUPSCH in Würzburg, in: AG3WL-Rundbrief Nr. 44 (April 1991), S. 10-12, insb. 11.
[284] Vgl. Entwurf eines pädagogisch-politischen Konzepts für die Kaffeekampagne, in: AG3WL-Rundbrief Nr. 41 (Oktober 1990), S. 46-47.
[285] Vgl. Fairer Kaffee-Handel. Ein Programm, in: AG3WL-Rundbrief Nr. 41 (Oktober 1990), S. 44-45.
[286] Vgl. Schreiben der Seminargruppe, abgedruckt in: AG3WL-Rundbrief Nr. 43 (Februar 1991), S. 75.

2.8. Von der Kampagne „Sauberer Kaffee" zum TransFair-Siegel

Aufschlussreich ist auch die Dringlichkeitsfeststellung, derzufolge das „Fair-Preis-Argument" als „Werbe- und Absatzargument ohne entwicklungspolitische Zielsetzung" bereits Einzug in den Handel halte, wogegen das eigene Programm sich durch Transparenz unterscheiden wolle. „Sollten diese Positionen von dem Normal-Handel vollständig besetzt werden, geht die (möglicherweise letzte) Chance für die Förderung der Marktanteile von Kleinbauern verloren", schlussfolgerten die Autoren.[287] Die „Überlegungen zum Marketing, zur Öffentlichkeits- und Bildungsarbeit im Rahmen des Programms 'Fairer Kaffeehandel'" bieten ebenfalls eine deutliche Vertiefung. Die Stärke der nach den drei Bereichen Werbung und Marketing, Presse- und Öffentlichkeitsarbeit sowie Bildungsarbeit differenzierten Konzeption bestand darin, dass sie für jeden einzelnen Bereich die spezifisch transportierbaren Inhalte anzugeben wusste und diese aufeinander abgestimmt hatte.[288]

2.8.6. Die Kaffeeinititative – eine Zerreißprobe innerhalb der AG3WL

Die Einrichtung einer eigenen Trägerstruktur für diese Initiative im Sinne einer Vereinsgründung trat damit im Frühjahr 1991 in den Bereich des Realistischen. Sie wurde für die Sitzung der AG Kleinbauernkaffee am 24. Juni 1991 anvisiert, so dass bis zu diesem Zeitpunkt die an der losen Arbeitsgemeinschaft beteiligten Organisationen über ihre Gründungsmitgliedschaft zu entscheiden hatten. Welche Argumente und Überlegungen bei den einzelnen Organisationen im Detail zum Tragen kamen, kann hier nicht ausgeführt werden.
Aus ersichtlichen Gründen waren die internen Verständigungsprozesse unterschiedlich tiefgreifend: Für die Aktion Arme Welt e.V., die Tübinger Aktionsgruppe, wie auch für die AG Kirchlicher Entwicklungsdienst musste der Beitritt auf der Hand liegen. Für die Arbeitsgemeinschaft der Dritte-Welt-Läden jedoch, die sich zu diesem Zeitpunkt ohnehin in einer kritischen Umbruchsphase befand, ihr Fortexistieren klären und sich ihrer Aufgaben und ihres Profils vergewissern musste, bahnte sich eine Zerreißprobe an, kam doch zu den inhaltlichen Differenzen nun noch der Entscheidungsdruck hinzu. Der amtierende AG3WL-Vorstand erkannte in der Einbeziehung der kommerziellen Handelsstrukturen im Konzept der Aktion Sauberer Kaffee eine Niederlage für die Position „Saubere Strukturen für Sauberen Kaffee".[289] Mehr noch beflügelten Gerüchte die Spekulationen des AG3WL-Vorstandes[290]: Die Aktion wolle eine „neue Ideologie in den Köpfen der Laden-MitarbeiterInnen [...] verankern [und] die Perspektive weitergehender Veränderungen hier – in wirtschaftlich-struktu-

---

[287] Vgl. Fairer Kaffee-Handel. Ein Programm zur Unterstützung von Kleinbauern, in: AG3WL-Rundbrief Nr. 43 (Februar 1991), S. 73-75.
[288] Vgl. AG3WL-Rundbrief Nr. 44 (April 1991), S. 17-19.
[289] Vgl. Aktion „Sauberer Kaffee" im Supermarkt – und wo steht die AG3WL? 53.
[290] Vgl. zum folgenden: Protokoll der AG3WL-Vorstandssitzung am 12./13.1.91 in Tübingen, in: AG3WL-Rundbrief Nr. 44 (April 1991), S. 23-26.

2. Geschichte der Fair-Handels-Bewegung in Deutschland

reller und wirtschaftsdemokratischer Richtung – aus den Köpfen [...] verdrängen." Man diskutierte die These, dass mit der Aktion „bestimmte kirchliche Kreise auf ihrer Suche nach einem neuen Handlungsmodell fündig geworden sind und sich deshalb darauf stürzen und dieses Konzept voranpowern". Zudem befürchtete man angesichts einer angeblichen Beteiligung der Konrad-Adenauer-Stiftung, bei kritischen Äußerungen von derselben „mundtot" gemacht zu werden. „Die Möglichkeiten [der AG3WL] reichen von 'voll gegenpowern' bis 'an einzelnen Punkten den Finger in die Wunde legen'." Entsprechend dem schon mehrfach bemühten Interpretationsschema lässt sich hier feststellen, wie die „kritische Aktion" hier – gerade im Gegenüber zu den „kirchlichen Kreisen", d.h. der „integrierten Aktion" – besonders deutlich zum Tragen kommt.

Weitgehend gegenläufig dazu fiel jedoch die Einschätzung des AG3WL-Vertreters bzw. -Beobachters Markus Frieauff in der AG Kleinbauernkaffee aus. Bezüglich der Position „Saubere Strukturen für Sauberen Kaffee" brachte dieser die Ungenauigkeit der Kriterien dieses Beschlusses zur Sprache und mahnte an, „unsere berechtigten Bedenken in eine diskursfähige und handhabbare Form [zu] bringen, die uns ein differenziertes Urteil über 'sauber' und 'schmutzig' erlaubt".[291] Neben der Ausweitung des Verkaufs von „sauberem Kaffee" wurde vor allem auch die damit verbundene und im Konzept formulierte Ausweitung der Öffentlichkeits- und Bildungsarbeit als Chance begriffen: bei nüchterner Betrachtungsweise sei bislang doch nicht so viel an Bewusstseinsveränderung in der Bundesrepublik erreicht worden. Frieauffs Diagnose lautete, dass die A3WH nach wie vor nicht nur in einer ökonomischen Nische stecke was den Marktanteil betrifft: auch die ehrenamtliche Struktur, schlechte Öffnungszeiten und ungünstige Lagen der Weltläden bildeten eine „infrastrukturelle Nische" und „mindestens ebenso gravierend [sei] die 'Bewusstseinsnische'".[292] Mehr Öffentlichkeitsarbeit sei von Nöten. Die faktischen Mitgestaltungsmöglichkeiten in der Initiative Sauberer Kaffee und den Wunsch der anderen Beteiligten nach einer Mitarbeit der AG3WL kennend, plädiert der AG3WL-Vertreter Frieauff daher für „eine Initiative 'Sauberer Kaffee' unter kritischer, wacher und engagierter Mitarbeit der Weltläden".

Die außerordentliche Mitgliederversammlung der AG3WL eine Woche vor der Vereinsgründung der AG Kleinbauernkaffee hatte die widerstrebenden Positionen nochmals deutlich werden lassen, erreichte dann aber mit einer Zweidrittelmehrheit zugunsten einer Gründungsmitgliedschaft der AG3WL bei der AG Kleinbauernkaffee ein klares Ergebnis, zu welchem auch eine Liste von 10 Erwartungen gegenüber der AG Kleinbauernkaffee gehörte.[293]

Vermutlich muss dieser Abstimmungsausgang für die weitere Entwicklung der Aktion Dritte-Welt-Handel bzw. des „Fairen Handels" – wie er nunmehr immer mehr

---

[291] Frieauff: AG3WL und die Initiative „Sauberer Kaffee", 15.
[292] Vgl. hierzu und im Folgenden: Frieauff: AG3WL und die Initiative „Sauberer Kaffee", 15f.
[293] Vgl. AG3WL-Rundbrief Nr. 45 (Dezember 1991), S. 19-20 (Protokoll der ao. Mitgliederversammlung); vgl. auch Frieauff: AG Kleinbauernkaffee gegründet.

2.8. Von der Kampagne „Sauberer Kaffee" zum TransFair-Siegel

genannt wurde – als weitaus wichtiger bewertet werden, als dies auf den ersten Blick offensichtlich erscheint: Nachdem im Jahr 1991 im AG3WL-Rundbrief mehrfach vom „Ende der AG3WL" oder von ihrem „politischen Ableben" zu lesen war, muss dieser Beschluss als das zumindest grundsätzliche Interesse der organisierten Weltläden an einer Mitgestaltung der sich weiterentwickelnden Aktion Dritte-Welt-Handel interpretiert werden, wenngleich das Verhältnis zwischen dem späteren TransFair e.V. und der AG3WL noch über Jahre hinaus kritisch bleiben sollte.[294]

Diesen neuen Namen – TransFair e.V. – wählte der 1991 gegründete Verein „AG Kleinbauernkaffee e.V." bereits ein Jahr später im Zuge seiner Beteiligung an der Gründung eines europäischen Zusammenschlusses „TransFair international" im Sommer 1992, bei dem auch die niederländische und die Schweizer Max-Havelaar-Stiftung – also die Vorbilder der deutschen Initiative – beteiligt waren. Ein weiterer Grund der Namensänderung lag auch darin, dass in den genannten Konzeptionspapieren immer bereits davon die Rede war, die Initiative und das Konzept auch auf andere Produktgruppen ausdehnen zu können und dies auch anzustreben, sofern der Start mit der „Kaffeekampagne" erfolgreich sein sollte. Vereinsname und Gütesiegel arbeiteten nun also mit demselben Namen „TransFair". Die nun genauer definierte Idee hieß: TransFair kontrolliert und garantiert die Einhaltung der Bedingungen des Fairen Handels, ohne selbst mit den Waren zu handeln, wobei die Grundprinzipien denen der Aktion Dritte-Welt-Handel ähneln. Dabei sind die von TransFair international erarbeiteten Kriterien ausschlaggebend, durch welche die Überprüfbarkeit sichergestellt und die kostenaufwändige Kontrolle und Beratung der Produzentenorganisationen möglichst effektiv gestaltet werden soll. Im Inland müssen Importeure autorisiert und die Röstereien bzw. Anbieter als Lizenznehmer registriert sein.[295]

2.8.7. Erfolgreicher Start: Großes Medienecho mit kritischen Zwischentönen

Am 5. Oktober 1992 trat TransFair erstmals offiziell mit einer Pressekonferenz anlässlich der Unterzeichnung des ersten Lizenzvertrages an die Öffentlichkeit und erntete in Tageszeitungen, Publikumsmagazinen, Hörfunk und Fernsehberichterstattung ein breites Echo, welches mit der ständig wachsenden Zahl an teilnehmenden Märkten kontinuierlich anhielt. Von der Produkteinführung im Dezember 1992, als erstmalig TransFair-gesiegelter Kaffee in Supermärkten einzukaufen war, bis März 1993 stieg die Anzahl der Geschäfte auf 17.000 an.[296]

Neben die wohlwollende Presseberichterstattung gesellten sich jedoch einige kritische Töne zu TransFair in den Medien der Dritte-Welt-Solidaritätsbewegung: Wäh-

---
[294] Vgl. dazu auch Geßler: Zwischen Konkurrenz und Konzertierung, 68-70.
[295] Vgl. verschiedene 1992 erschienene Selbstdarstellungen von TransFair.
[296] Vgl. TransFair e.V. (Hrsg.): TransFair Pressespiegel Juli 1992 – April 1993. Vgl. auch TransFair e.V. (Hrsg.): Jahresbericht 1993, demzufolge bis März 1993 bereits 20.000 Märkte gewonnen werden konnten.

2. Geschichte der Fair-Handels-Bewegung in Deutschland

rend die GEPA dabei eher eine schwankende Position einnahm, waren Mitka und El Rojito eher der Betonung von Unterschieden zugeneigt: Die GEPA war nicht nur erster Lizenznehmer von TransFair, auch alle ihre Gesellschafter waren Mitgliedsorganisationen und teils Gründungsmitglieder des Vereins. Sämtliche Kaffeesorten der GEPA wurden daher auch mit dem neuen Gütesiegel ausgestattet. Wohlwissend, dass sie durch die Siegelinitiative selbst stärkerer Konkurrenz und Wettbewerbsdruck unterworfen wird, stand die GEPA – im Rahmen der bereits beschlossenen Handelsausweitung – zu dem Anliegen, kommerzielle Strukturen zu nutzen. Sie betonte dabei aber ihre eigenen Fair-Handels-Kriterien, die etwa im Bereich der Projektbetreuung und Produktberatung, aber auch im Bereich der inländischen Informations- und Bildungsarbeit die Mindeststandards von TransFair überstiegen. Für die GEPA waren die Weltläden in diesem Moment „die eigentlichen 'Supermärkte' für fairen Handel und Bewusstseinsbildung in der Einen Welt".[297]

Eine klarere Abgrenzungslinie zogen dagegen die Mitka und El Rojito gegenüber TransFair: „Wir sind radikaler, da wir nicht mit denen handeln, die wir mitverantwortlich machen für die Ungerechtigkeiten des Welthandels. Wir arbeiten nicht mit großen Handelsketten, Lebensmittelmärkten […]."[298] Die Organisationen befürchteten, dass ihre eigenen, über TransFair hinausgehenden Leistungen und ihre politische Positionierung untergehen könnten, und verzichteten bewusst auf die Verwendung des Siegels für ihre Kaffees. Die Mitka sah durch TransFair eine „große Gefahr" auf sich zukommen.

Währenddessen verhielt sich GEPA zurückhaltender und sprach von „möglichen TransFair-Risiken für die GEPA". Einem internen Papier vom Sommer 1992 zufolge[299] wurde bei der gepa eine Wiederholung der holländischen Vorgänge befürchtet, nämlich dass die Siegelinitiative sich vom bestehenden Alternativen Handel abgrenze, dessen vitale Interessen außer acht lasse und dies dann durch kapitalintensive Kampagnen aufzufangen versuche. „Letztlich ermöglicht erst ein politischer und ethischer Bewusstseinswandel eine *anhaltende* Änderung von Kaufgewohnheiten und damit eine Absicherung kurzfristiger Erfolge" heißt es dort, weshalb TransFair in Deutschland auf „ein starkes, informiertes und engagiertes Unterstützernetz" angewiesen sei – sprich: auf die Zusammenarbeit mit der erfahrenen Aktion Dritte-Welt-Handel. Das Papier deutet an, die GEPA habe im Zweifelsfalle „keine andere Wahl, als dem TransFair-Konzept eine eigene Konzeption entgegenzusetzen, die sich auf einen inhaltlich und wirtschaftlich *wechselseitigen* Support der A3WH und deren Weiterentwicklung gründet". Die GEPA hat sich daher neben der Ausweitung des Handels (d.h. einer Umsatz- und Roherlössteigerung) und der teilhabenden Produ-

---

[297] Vgl. Wirtz: Weltläden die wahren „Supermärkte" des Fairen Handels?
[298] „Wir sind radikaler als TransFair". Interview mit Mitka, 14. Vgl. auch o.V.: MITKA blickt skeptisch zu TransFair.
[299] Vgl. im Folgenden dieses interne Papier (undatiert, ohne Verfasserangabe, lt. handschriftlicher Notiz von „Mitte 1992" und dem Inhalt zufolge vom GEPA-Geschäftsführer geschrieben, „an den Vorstand von TransFair/D" adressiert).

2.8. Von der Kampagne „Sauberer Kaffee" zum TransFair-Siegel

zentengruppen auch die Verbesserung der Qualität und des Wirkungsgrades ihrer entwicklungspolitischen Informations- und Bildungsarbeit sowie eine intensivere Unterstützung der Dritte-Welt-Läden „bei der Entwicklung zu Fachgeschäften des Fairen Handels" zu Zielen gesetzt. Dementsprechend drängte die GEPA deutlich und dezidiert auf die Anerkennung der bisherigen Leistungen des Alternativen Handels – und damit auch ihrer eigene Beiträge – sowie deren Unterstützung durch die neue Siegelorganisation.

Ähnlich geartet waren auch die Einschätzungen innerhalb der AG3WL. Diese hatten dazu geführt, dass die Vorgänge genau verfolgt und thematisiert wurden. Dafür war zunächst eine „Kaffeegruppe" gegründet worden, welche die Arbeit der AG3WL-Vertreter in der AG Kleinbauernkaffee unterstützen sollte und einem Vorschlag der Mitgliederversammlung folgend ab April 1992 einen unregelmäßig erscheinenden „Kaffee-Brief" erstellte. In der ersten Ausgabe schimmern verschiedentlich die Bedenken gegenüber dem ganzen Vorhaben durch, werden die Notwendigkeit politischer Positionen und der Informationsarbeit betont und das Eigenprofil der Weltläden hervorgehoben: „Weltläden sind mehr als Kaffee fair!"[300] Diese Grundhaltung findet in einem Antrag an den TransFair-Vorstand auf Einrichtung eines sog. Initiativenfonds ihren Ausdruck, in dem es heißt:

> „Die Initiative Kleinbauernkaffee eröffnet nun zusätzlich ungewohnte Perspektiven und Dimensionen, die jedoch ohne aktive Mitwirkung der Gruppen und Läden der A3WH nicht genutzt werden können. Diese Gruppen sind das wichtigste Marketingpotential der TRANSFAIR-Kampagne. Denn durch ihre Mitarbeit bekommt TRANSFAIR direkte Kontakte in fast jeden Ort der Bundesrepublik. Und diesen Kontakt wird TRANSFAIR brauchen um länger als eine hoffnungsvolle Startperiode zu überleben."[301]

Die Kaffeegruppe nahm eine wachsende Distanzierung und ein Misstrauen der Gruppen gegenüber TransFair wahr und sah die Gefahr einer „Spaltung der A3WH".[302] Andererseits bestehe aber auch die Chance, dass die A3WH-Gruppen „vor Ort eingreifen und den notwendigen Wissens- und Bewusstseinstransfer zu den KonsumentInnen leisten" könnten. Um aber gegenüber dem professionellen Auftreten von TransFair bestehen zu können, sei eine Begleitung und professionelle Unterstützung erforderlich, damit nicht „diese seit langem engagierten Kreise an den Rand des alternativen Handels gedrängt" würden.

Der vorgeschlagene Initiativenfonds, der aus den TransFair-Lizenzeinnahmen finanziert werden solle, sollte für die Informations- und Öffentlichkeitsarbeit der Gruppen und Weltläden zur Verfügung stehen. In dem Antrag wurde auch indirekt auf die Verantwortung der kirchlichen Organisationen und der Jugendverbände angespielt, „die diese Gruppen repräsentieren". Der Unentschlossenheit kleinerer TransFair-

---

[300] Vgl. AG3WL: Kaffee-Brief, Nr. 0 (April 1992).
[301] Vgl. AG3WL: Kaffee-Brief, Nr. 2 (November 1992), in: AG3WL-Rundbrief Nr. 48 (November 1992), S. 21-25.
[302] Vgl. im folgenden: AG3WL: Kaffee-Brief, Nr. 2 (November 1992), S. 21f.

2. Geschichte der Fair-Handels-Bewegung in Deutschland

Mitgliedsorganisationen sowie die Vorsicht des TransFair-Vorstandes, auf die zu erwartenden Lizenzeinnahmen nicht vorgreifen zu wollen, ließen allerdings den Initiativenfonds zunächst scheitern.[303] Zusammen mit der mutmaßlich A3WH-skeptischen Position eines TransFair-Mitglieds gab dies den AG3WL-Vertretern Anlass zu Ausstiegsüberlegungen. Bevor sich jedoch die AG3WL-Mitgliederversammlung Ende Februar 1993 damit befassen konnte, wurde im TransFair-Vorstand kurzfristig ein Kompromissangebot beschlossen, das die Verwendung der von GEPA an TransFair zu zahlenden Lizenzgebühren zugunsten der Förderung der A3WH vorsah. Nach Einschätzungen musste dies immerhin die Hälfte der geforderten Gelder bedeuten.[304]

Der Hintergrund dieser veränderten Geschäftspolitik des TransFair-Vorstandes bestand offenbar darin, dass TransFair und seine finanzstarken Mitgliedsorganisationen für einen großaufgezogenen Werbeauftritt keine Gelder zur Verfügung hatten oder bereitstellen konnten und die beauftragte Agentur deshalb ihr Konzept „bewusst auf den jeweiligen Aktionsrahmen der Mitgliedsorganisationen" aufbaute, deren Mitglieder und Einrichtungen als TransFair-Konsument(inn)en ins Visier nahm und auf deren Medien und Möglichkeiten setzte. Angesichts dessen hatte die Kaffeegruppe der AG3WL zwar die Leistungen der Weltläden gewürdigt gesehen, aber weiter auf die „Informationspflicht" von TransFair mittels Massenmedien wie Fernsehen und Presse gedrängt.[305] Gleichwohl haben diese Rahmenbedingungen die Revision der ursprünglichen Ablehnung des Fonds wohl befördert.

Damit trafen die Forderungen der AG3WL nach Förderung aus TransFair-Mitteln mit den Vorhaben der GEPA zusammen, Dritte-Welt-Läden intensiver zu fördern. Allerdings sah sich auch im Frühjahr 1994 der TransFair-Vorstand aufgrund der knappen finanziellen Ausstattung des Vereins nicht in der Lage, den Initiativenfonds tatsächlich mit Geldmitteln auszustatten. Die Idee einer Profilierungskampagne für Weltläden und Aktionsgruppen, die auch von TransFair begrüßt wurde, stand somit wiederum finanziell auf wackeligen Beinen.[306] Die AG3WL sowie die Konferenz der Regionalsprecher zogen sich daraufhin bei TransFair e.V. aus der AG Öffentlichkeitsarbeit und Bildung zurück, um ihre Ressourcen in die eigene Profilierungskampagne zu investieren. Währenddessen richteten aej und BDKJ im Februar 1994 einen 30.000 DM-Fonds zugunsten von Bildungs- und Öffentlichkeitsarbeit im Rahmen der Einführung von TransFair-Produkten ein, der „zunächst für den Bereich der

---

[303] Vgl. hierzu auch TransFair-Rundbrief Nr. 2 (Februar 1993) mit dem Protokoll der Mitgliederversammlung vom 15./16.1.1993, sowie Nr. 3 (März 1993) – parallel dazu gab es auch ein Bestreben v.a. aus den Reihen der Aktion Arme Welt Tübingen, ein Netzwerk für Aktionsgruppen einzurichten, um die Gruppen der Mitgliedsorganisationen verstärkt in die TransFair-Arbeit einzubeziehen. Auch dieses Anliegen wurde mangels Ressourcen negativ beschieden (vgl. ebd.).
[304] Vgl. Protokoll der Mitgliederversammlung der AG3WL am 27./28. Februar 1993, in: AG3WL-Rundbrief, Nr. 51 (April 1993), hier S. 35f.
[305] Vgl. AG3WL: Kaffee-Brief, Nr. 1 (Juli 1992), S. 25, in: AG3WL-Rundbrief, Nr. 48 (August 1992), S. 23-26.
[306] Vgl. AG3WL: Kaffee-Brief, Nr. 6 (März 1994), S. 1f.

Jugendverbände, aber auch andere A3WH-Gruppen und Läden ... die ausbleibende Förderung über den Transfair-Fonds zur Bildungs- und Öffentlichkeitsarbeit auffangen" sollte und – mit Ausblick auf eine bessere Haushaltslage von TransFair – nur für dass laufende Jahr 1994 zur Verfügung gestellt wurde.[307]
Die Ausweitung des Siegelkonzepts von TransFair auf weitere Produkte machte – wie dies zwischenzeitlich ausdrücklich auch von GEPA und AG3WL gefordert worden war – im Dezember 1994 mit der Einführung von Tee sowie im Januar 1996 mit dem Siegel für Kakao, Zucker und damit auch für Schokolade einen wesentlichen Schritt voran. Kritik an TransFair wurde nunmehr kaum noch im Kreis der Aktion Dritte-Welt-Handel laut, während entwicklungspolitische Gruppierungen außerhalb der A3WH dem Siegelmodell gegenüber weiterhin zutiefst kritisch blieben.[308]

2.9. Profilierung und Professionalisierung der Weltläden

Gründung und Markteintritt des TransFair-Siegels stellten für die Bewegungsorganisationen, insbesondere für die Weltläden und ihre bundesweite Arbeitsgemeinschaft, eine erhebliche Herausforderung dar. Ihre (Quasi-)Monopolstellung im Vertrieb von Produkten des Alternativen bzw. Fairen Handels war ernsthaft gefährdet. Damit verband sich die Befürchtung, einerseits selbst ökonomische Einbußen hinnehmen zu müssen, die für den Betrieb der Läden vor Ort nicht tragbar erschienen, andererseits aber auch Erreichtes aus der Hand und damit aus dem eigenen Kontrollbereich entlassen zu müssen. Gerade in den Diskussionen um die Produkteinführung im Supermarkt lag für die Weltläden und ihren Dachverband die Option eines Rückzugs und der Konzentration der Kräfte auf die eigene Weiterentwicklung auf der Hand.
Worin bestanden angesichts dieser veränderten Rahmenbedingungen das Profil und die unverwechselbare Position der Weltläden? Wie mussten die Weltläden auftreten, um durch ein solch eigenständiges Profil zwar nicht ihre Existenz am Markt zu rechtfertigen, wohl aber ihre eigene Zielgruppen und Kunden an sich zu binden, um ihrem selbstgesteckten Auftrag weiterhin nachkommen zu können? Mithilfe dieser Fragen lässt sich die Situation der Weltläden und der AG3WL zu diesem Zeitpunkt pointieren. Sie bildete den Ausgangspunkt für die Anstrengungen zur Profilierung und Professionalisierung der Weltläden – ein Horizont, in dem alsbald auch die Frage nach der Arbeitsweise der Arbeitsgemeinschaft der Dritte Welt Läden als auch des RegionalsprecherInnenkreises rsk[309] aufgeworfen und die Notwendigkeit der Unterstützung und Begleitung der Laden- und Aktionsgruppen artikuliert wurde.

---

[307] Vgl. TransFair-Rundbrief Nr. 7 (April 1994), S. 4, sowie Schreiben des Referats Entwicklungspolitik der aej vom 24.2.1994 an den Vorstand von TransFair (ebendort beigefügt).

[308] Vgl. Baumgärtner: Kleinbauern im Supermarkt. Zur Kritik am „fairen Handel"; El Rojito: Transfair-Kaffee: Der sozialdemokratische Wolf im humanistischen Schafspelz; sh. auch ila-Themenheft „Fairer Handel": ila Nr. 199 (Oktober 1996) sowie die darauf einsetzende Leserbrief-Diskussion in den Nr. 201, 202 und 204.

[309] Der RegionalSprecherInnenKreis rsk bildet sich aus den gewählten Vertreterinnen und Vertretern der verschiedenen Regionalkonferenzen, über die die Laden- und Aktionsgruppen bei den

2.9.1. Auf dem Weg zu einer Profilierungskampagne

Dass letztlich der positive Bescheid, die GEPA-Lizenzeinnahmen für die Förderung der A3WH und ihrer Öffentlichkeitsarbeit einzusetzen, für die Dachorganisation der Weltläden den Verbleib im TransFair e.V. und die eigene Profilierung miteinander vereinbar machten, kann angesichts der genannten Herausforderungen wohl als eine kleine Sternstunde in der verworrenen Lage gedeutet werden. Die Mitgliederversammlung der AG3WL vom 26.-28. Februar 1993 – die Beschlussrevision des Trans-Fair-Vorstandes war erst am Vortag gefällt worden – beschloss unmittelbar, diese Gelder für eine „Kampagne zur Profilierung der A3WH" einzusetzen, dessen Konzept die Kaffeegruppe der AG3WL schnellstmöglich erarbeiten und sogleich umsetzen sollte.[310]

Aus der Rückschau scheint es beinahe so, als ob die AG3WL bereits in den Startlöchern auf den Auftrag für eine Profilierungskampagne gewartet habe. Dies dokumentiert ein „AG3WL-Extrablatt" vom Juni 1993 mit dem Titel „Profilierung der A3WH. So oder so? Oder vielleicht ganz anders?" Demzufolge rührte die Eile daher, dass sowohl der TransFair-Vorstand als auch die GEPA, die als Geldgeber der Profilierungskampagne bei dieser mitzureden hatten, zwei Vorgaben gemacht hatten: zum einen die Verwendung des Geldes bis zum Jahresende 1993 sowie die Zusammenarbeit mit einer professionellen Werbeagentur. Zudem warteten die Anfangserfolge der Markteinführung des TransFair-Siegels natürlich nicht die Profilierung der Weltläden und der A3WH ab, so dass die Kaffeegruppe hier einen gewissen Druck durch die dynamische Entwicklung bei TransFair verspürte. In diesem Zusammenhang wagte die Kaffeegruppe – zunächst gebremst, dann aber unterstützt vom Vorstand der AG3WL – eine für den Verband bis dato ungewöhnliche Vorgehensweise, indem sie nämlich die verschiedenen Konzepte und Agenturen nicht zunächst den Mitgliedern zur Rückmeldung und Diskussion vorlegte, sondern um der notwendigen Prozessbeschleunigung willen diese Entscheidung selbst (in Abstimmung mit der rsk, die in der Kaffeegruppe vertreten war) traf und das im Juni 1993 vorgesehene Seminar bereits mit den dann schon weiterentwickelten Ergebnissen dieser Auswahl befasste.

Bevor hier die konzeptionelle Idee der Kampagne vorgestellt wird, soll auf das Vorverständnis eingegangen werden, welche das Handeln und die Entscheidung der Kaffeegruppe in ihrem Umfeld begründet:

Importorganisationen und in die gesamte Bewegung hinein ihre Interessen einbringen konnten. Formell war der Träger der „Verein der Basisgruppen in der Aktion 3. Welt Handel e.V.", dem 1994 erfolgten Zusammenschluss der beiden Nord- und Süd-Vereine aus den 1970ern, welcher den Gesellschafterstatus bei der GEPA sowie die Mitgliedschaft bei TransFair e.V. ermöglichte. Vgl. rsk-Geschäftsstelle: Basisgruppeninfo RegionalSprecherInnenKreis [Faltblatt], Hildesheim o.J. [ca. 1994].

[310] Vgl. AG3WL/rsk: Kaffee-Brief Nr. 3 (b) (März 1993), S. 1-3, in: AG3WL-Rundbrief Nr. 51 (April 1993).

2.9. Profilierung und Professionalisierung der Weltläden

„Während die Kaffeegruppe die Auffassung vertritt, die Weltläden suchten dringend nach Antworten auf die Öffentlichkeitsoffensive von TransFair, und wollen einem drohenden KundInnenschwund entgegenarbeiten, wurde von Seiten des Vorstands auf die ständig wachsenden Umsatzzahlen der meisten Läden verwiesen, die zum Teil schon zu einer Überlastung der Mitarbeiter/innen, zumindest in ehrenamtlichen Läden führt."[311]

Angesichts dieser nonkonformistischen Beurteilung der Lage der Weltladenszene ist nachvollziehbar, weshalb die Kaffeegruppe der Empfehlung der Werbeagentur folgte und sich gegen die mit der Lage der Szene verträglicheren Varianten einer Mitleids- oder einer (politischen) Konfrontations-Kampagne entschied. Ziel der Kampagne wurde es nun mittels einer positiven Vision die „Kommunikationsblockaden" zwischen Weltläden und ihrer Kundschaft abzubauen und die Weltläden auf den Weg einer Kundenkommunikation zu bringen, welche gerade nicht mehr schlechtes Gewissen und Schuldgefühle hervorbringt. Das Konzept einer positiven Vision bedeutete im Kampagnenzuschnitt den bewussten Verzicht auf anklagende Strategien, an deren Stelle der Slogan „Weltläden – ein Stück Welt von morgen" treten sollte. Im Exposé der Werbeagentur liest man:

„Das Profil der A3WH wird positiv und zukunftsorientiert formuliert [...] Die politische Kritik wird hier also implizit geleistet, eingebettet in das Bild einer Welt, die so nicht bleiben kann, wie sie ist. Zugleich werden potentielle KundInnen eingeladen, an dieser Welt von morgen mitzuwirken. Ein erster Schritt mag da der Kauf von fairem Kaffee oder Tee sein. Mehr ist jederzeit möglich. [...] Der Kauf von Fair-Kaffee ist dann also kein Ablasszettel für zu büßende Sünden, sondern Eintrittskarte in ein Zukunftsprojekt. 'Ein Stück Welt von morgen' das impliziert nicht nur Kritik an der Welt wie sie heute ist, das macht auch gleichzeitig neugierig: auf weitere Informationen, wie könnte diese Welt aussehen [...]"[312]

2.9.2. Profilierungskampagne und gesellschaftspolitische Positionierung der Aktion Dritte-Welt-Handel

Diese Passage des Kampagnen-Exposés deutet die neuartige Ausrichtung der zu erwartenden Kampagne an. Wie revolutionär dieser Ansatz war und welche Verwerfungen er provozieren sollte, lässt ein Blick auf die zwischen Sommer 1991 und Frühjahr 1992 im „FORUM entwicklungspolitischer Aktionsgruppen" geführte Diskussion um die Ausrichtung der A3WH/AG3WL und den angeblichen Verlust ihrer politischen Funktion erahnen. Die Debatte ist dabei auf der Folie des Zusammen-

---

[311] Gemeinsame Sitzung von AG3WL-Vorstand und Kaffeegruppe am 20.5.[1993] in Düsseldorf, in: AG3WL-Extrablatt: Profilierung der A3WH, S. 16f.
[312] Weltläden – ein Stück Welt von Morgen. Exposé für eine Öffentlichkeitskampagne zur Profilierung der Weltläden und Verkaufsgruppen der Aktion 3. Welthandel, in: AG3WL-Extrablatt: Profilierung der A3WH, S. 18-25, hier 22f.

2. Geschichte der Fair-Handels-Bewegung in Deutschland

bruchs des Ostblocks und der realexistierenden sozialistischen Staaten in diesen Jahren zu lesen und zu verstehen:
Thorsten Lampe, damals schon ausgeschiedener AG3WL-Vorstand, hatte dort sein gekürztes Einleitungsreferat der 1991er-Mitgliederversammlung der AG3WL unter dem Titel „das Ende einer Illusion" veröffentlicht und darin die Aktion Dritte-Welt-Handel als ein auslaufendes Modell skizziert und die AG3WL als „politisch tot" bezeichnet. Seine Analyse und Kritik lief darauf hinaus, dass die Aktion Dritte-Welt-Handel sowohl was die revolutionäre Perspektive auf eine Veränderung des kapitalistischen Gesellschaftssystems als auch was einen reformistischen Ansatz diesbezüglich betrifft (Gerechtigkeit ist innerhalb des Systems möglich), sich als Illusion erwiesen habe, weil in der Koppelung von wirtschaftlichem Arm und politischem Arm in der A3WH eine Vorherrschaft des wirtschaftlichen immanent sei.[313] Die Handelsausweitung stellte er auf diesem Hintergrund als die übriggebliebene, „realpolitische" und „eine zur herrschenden Diskussion passende Forderung" dar. Die GEPA habe „mit der Strategie der Handelsausweitung den Anschluss an die herrschende entwicklungspolitische Diskussion" gefunden, welche auf „eine Akzeptanz der herrschenden (Markt- und Macht-) Verhältnisse *ohne* vorherige Reform der Austauschbeziehungen" hinauslaufe.[314]

Diese Einschätzung Lampes ist natürlich nicht unwidersprochen geblieben: Seine Schlussfolgerung scheine „nichts weiter zu sein, als eine zynische und menschenverachtende Anpassung an das herrschende System. Menschenverachtend deshalb, weil er uns damit versucht einzureden, dass die A3WH nichts gebracht habe außer Systemstabilisierung und reformistische Illusionen"; die Menschen in den Partnerprojekten würde man damit nur „sich selbst oder dem kapitalistischen Markt überlassen".[315] Die fünf Autor(inn)en dieser ausführlichen Replik auf den Abgesang Lampes betonten dabei, dass die A3WH „insgesamt – selbstverständlich – kein Projekt der Linken war und ist", dass von fortschrittlichen Engagierten „die Informations- und

---

[313] Genauer argumentiert Lampe so: Teile der Aktion Dritte-Welt-Handel hätten diese als „Einstiegsmodell" verstanden, bei dem der Kauf der Produkte schließlich die Augen für weitergehende politische Ziele öffne. Die Thematisierung von Ungerechtigkeiten im Welthandel am Beispiel etwa von Kaffee oder anderen Produkten lasse die Kunden irgendwann auch „das System als ganzes in Frage stellen". Dies erkläre, warum die A3WH nicht nur Menschen aus dem kirchlichen Bereich, sondern immer wieder auch Aktivisten mit radikaleren politischen Positionen anziehe. Die starke Seite des wirtschaftlichen Agierens in der A3WH beinhalte jedoch die Aussage, dass Gerechtigkeit auch innerhalb des herrschenden (kapitalistischen) Systems möglich sei. Dieser reformistische und systembewahrende Ansatz konterkariere aber die revolutionäre Perspektive und desillusioniere damit „die Linken" in der A3WH. Dass durch das wirtschaftliche Engagement in der A3WH eine systeminterne Gerechtigkeitsreform entstehe, hält Lampe für unrealistisch. Es sei die Aufgabe der politischen Arbeit in der A3WH gewesen, auch diese reformistische Gerechtigkeitsutopie aufrecht zu erhalten, doch wenn wie bei der Linken ein Utopieverlust eintrete (weil eine Utopie über das bestehende System hinausweisen müsse), dann entfalle auch die Notwendigkeit politischer Arbeit. Lampes Fazit: „Modell ausgelaufen" (Vgl. Lampe: A3WH – das Ende einer Illusion, 35).
[314] Vgl. Lampe: A3WH – das Ende einer Illusion, 36.
[315] Glöge u.a.: Totgesagte leben länger, 24.

2.9 Profilierung und Professionalisierung der Weltläden

Bildungsarbeit – zeitweise begründet – ziemlich überbewertet [...] und die 'praktische Kritik' [...], nämlich der solidarische Handel, [...] vernachlässigt" worden sei. [316] Sie halten dabei die „Ent-Täuschung" über die realistischen Möglichkeiten der Änderung des Weltwirtschaftssystems durch eine Aktion Dritte-Welt-Handel, durch Projektförderung und Bewusstseinbildung für „lange überfällig" und machen deren Ausbleiben dafür verantwortlich, dass der Alternative Handel und insbesondere die AG3WL mit Projekten wie der Handelsausweitung, mit der Aktion Sauberer Kaffee und schließlich dem TransFair-Siegel im Grunde überfordert wurden.

Diese Debatte[317] ließe sich hervorragend im Zusammenhang der These von Integrierter Aktion und Kritischer Aktion ausdeuten, sie darf in einem gewissen Sinne als Bestätigung dieser These angesehen werden.[318] Um den Kontext der Profilierungskampagne wieder einzuholen scheint mir an dieser Stelle allerdings die Perspektive wichtiger, die in dieser Debatte für die Weiterentwicklung der AG3WL aufgewiesen wird. Glöge/Heidmann/u.a. skizzierten eine Orientierung der AG3WL-Arbeit an den Erwartungen der Weltläden, insbesondere „(Info-)Materialien zu erstellen, um den Läden vor Ort eine politischere Arbeit zu erleichtern [und] dann mit diesem Ansatz und der gezeigten Kompetenz in anderen Organisationen [...] die Interessen der Läden und Gruppen ein[zu]bringen und weiterhin die Berücksichtigung von inhaltlichen und politischen Mindeststandards ein[zu]fordern".[319] Auch Reichert hielt mehrere Alternativlösungen bereit und deutete verschiedene Möglichkeiten an: z. B. könnten Weltläden als ökonomische Basis von Dritte-Welt-Zentren und als Finanzierungselement für politisch-kulturelle Veranstaltungen fungieren, wobei der AG3WL die Aufgabe zufallen könnte, die Einkaufskonditionen bei den Importorganisationen auszuhandeln. Die Profilierungskampagne hat zwar keiner dieser Ansätze direkt aufgegriffen[320], lag jedoch zu diesen gewissermaßen auf einer Kontinuitätsachse: Steigerung des Verkaufs durch Weltläden und Unterstützung dafür durch ihre Arbeitsgemeinschaft mittels Material und Dienstleistung fanden sich nicht nur in der Kampagne wieder, sondern waren dort miteinander verwoben worden.

Dabei ging dies keinesfalls, wie hätte befürchtet werden können, zu Lasten des politischen Anspruchs, wenngleich die Verunsicherung über die Positionierung der Bewegung in den Unterlagen der Kampagne teils noch mit Händen greifbar ist. Dies

---

[316] Glöge u.a.: Totgesagte leben länger, 24.
[317] Hierzu zählen auch weitere Beiträge: Reichert: Das Ende der A3WH – eine Illusion? sowie ein Leserbrief zu den besprochenen Beiträgen in: FORUM entwicklungspolitischer Aktionsgruppen, Nr. 160 (April 1992), S. 36. Reichert ruft in einem Debattenzusammenhang als Antwort auf die Frage „wie sich ein revolutionärer' Flügel in A3WH und AG3WL verirren konnte" – angesichts des „offensichtliche[n] Reformismus der A3WH" – den Nicaragua-Kaffee in Erinnerung: Dieser habe die „Schimäre 'revolutionärer Handel'" mit Händen greifbar gemacht und der Unterschied zwischen Absatzförderung und der Verfolgung politischer Ziele schien aufgehoben.
[318] Vgl. oben Kapitel 2.1.2.
[319] Glöge u.a.: Totgesagte leben länger, 26.
[320] Dies wäre durchaus denkbar gewesen, da Reichert ab Februar 1991 AG3WL-Vorstand war und Glöge dem Vorstand der AG Kleinbauernkaffee bzw. TransFair e.V. angehörte, also beide in die Profilierungskampagne als Entscheidungsträger mit verwickelt waren.

lässt sich aus den Plakaten und Handzetteln aber auch aus den Infobriefen der Profilierungskampagne ablesen, die dem Konzept folgend erstellt wurden: Plakatslogans wie „Gerecht wird die Welt von morgen sein, oder sie wird nicht sein." sowie der für die Weltladenbewegung schließlich geradezu prägende Plakattext „Eure Almosen könnt ihr behalten, wenn ihr gerechte Preise zahlt!", der in Anlehnung an eine Aussage des brasilianischen Armenbischofs Dom Helder Camara entwickelt wurde, verdanken sich dieser Kampagne. Man könnte auf dem Hintergrund des Kampagnenkonzepts diese Sätze als Ausdruck einer „positiven Vision mit Handbremse" bezeichnen, da sie doch nach wie vor mit Bedingungen oder Drohungen hantieren. Auch in dem von der Kampagne bereitgestellten Selbstdarstellungsfaltblatt für Weltläden dient der Entwurf einer „Welt von morgen" als Abgrenzung gegenüber den „Katastrophen von heute", gegenüber dem „moralischen Skandal" des Elends oder gegenüber den „schlimmsten Folgen von Kriegen, Hunger und Krankheit". Das Modell des Fairen Handels und das Angebot der Weltläden werden gleichwohl in positiven Bildern dargestellt. Die Verunsicherung, ob diese (wenngleich gebremst) neu eingeschlagene Richtung die richtige ist, zeigt sich in Fragen wie der, ob der Ansatz der Weltläden „nicht ein allzu bescheidenes Mittel – angesichts des Ausmaßes der Probleme" sei.[321] Und Dagmar Lücke, die Koordinatorin der Profilierungskampagne, schließt zum Beispiel ihre sehr werbenden, erläuternden und ansprechend formulierten Gedanken zur Plakatserie im Infobrief vom Februar 1994 mit dem Kommentar, dass es „unklarer und beschränkter denn je [sei], welche Möglichkeiten wir real haben, ein anderes Gesellschaftsmodell zu entwerfen und aktiv mitzugestalten."[322]

Dass mit dieser ehrlichen Ambivalenz wohl ziemlich genau das Befinden in den Weltläden getroffen wurde, machten die Ergebnisse einer Fragebogenerhebung im Rahmen der Profilierungskampagne ersichtlich, an der sich im Herbst 1994 knapp die Hälfte der Weltläden beteiligt hatten. Davon hatten lediglich 8 Prozent die angebotenen Materialien als für die eigene Arbeit ungeeignet abgelehnt, während 42 Prozent diese bejahten. Das bedeutet, dass die Hälfte der Beteiligten sich kritisch äußerte, von „zu schönfärberisch" auf der einen Seite bis „zu provokativ" auf der anderen. Die Situation der Weltladenbewegung werde durch die Sprache „auf den Punkt gebracht", die inhaltlichen Aussagen „brächten das rüber, was wir sagen wollen" und „vermittelten Denkanstösse für die Diskussion innerhalb der Ladengruppe und seien Anhaltspunkt für die Fortbildung der eigenen MitarbeiterInnen." Wenngleich die Rückmeldungen zur Profilierungskampagne durch die Weltläden differenziert ausfielen und teils auch deutliche Kritik vorgetragen wurde, sei die eindeutige Negativbewertung und komplette Ablehnung der Kampagne und damit ihres veränderten Ansatzes „erstaunlich gering" gewesen.[323]

---

[321] Vgl. AG3WL/rsk (Hrsg.): Ein Stück Welt von morgen [Faltblatt], Hannover o.J. [ca. 1993/1994].
[322] AG3WL/rsk (Hrsg.): Info-Brief PRO zwei (Februar 1994), S. 2.
[323] Vgl. Horn: Erste Ergebnisse der bundesweiten Fragebogenaktion, in: AG3WL/rsk (Hrsg.): Info-Brief PRO vier (Dezember 1994), S. 1.

Blickt man von diesen Ergebnissen zurück auf die Kommentare und Einschätzungen, die nach dem „Emdener Seminar", dem Auftaktseminar der Profilierungskampagne vom 25.-27. Juni 1993, veröffentlicht wurden, so lassen sich bereits erste Auswirkungen der Kampagne ablesen. Damals hatten die Positionen und Vorstellungen der Agentur aber auch das Vorgehen der Kampagnenvorbereitungsgruppe deutlichen Widerspruch geerntet. Von einem Zustandekommen der Kampagne „auf eine recht bedenkliche Art und Weise", von Teilnehmer/innen die sich „geradezu in ein Zwangskorsett von Tagesordnungspunkten und gruppendynamischen Sozialtechniken gepresst" sahen und davon, dass es „keinen Raum [gab,] eine mehr grundsätzliche Diskussion zu führen" oder von „einseitige[r] Informationspolitik" gegenüber der Agentur war da die Rede. Es wurde beklagt, dass Vorschläge seitens der Beteiligten nicht aufgegriffen und eine Agitation gegen bestimmte Kreise der Aktivist(inn)en gefahren worden seien. Kritikpunkte und persönliche Vorwürfe wurden in geradezu bewährter Manier über den Rundbrief der AG3WL öffentlich gemacht. Allerdings: Während zentrale Einschätzungen der Agentur zu Problemen und Chancen der Weltladen-Bewegung von den Kritiker/innen vehement zurückgewiesen oder zu entkräften versucht wurden, wurde der Grundansatz der Kampagne jedoch bestätigt: „Inwieweit das vorgeschlagenen Profil mit den Sehnsüchten und Vorstellungen vieler Aktivist/innen konform geht, steht nicht zur Debatte."[324]

2.9.3. Neuorientierung über das Profil der AG3WL

Bereits die dargelegten Debatten um die Zukunftsfähigkeit der Aktion Dritte-Welt-Handel hatten auch die Frage nach dem Profil der Arbeitsgemeinschaft der 3.-Welt-Läden (AG3WL) erneut aufgeworfen. Im Kontext der Kampagne zur Profilierung der Weltläden fand daher auch die Debatte um die Profilierung ihres Dachverbandes ihre Fortsetzung. In die Ergebnisse des Emdener Seminars floss auch ein „Offener Brief an den Vorstand" ein, in welchem Ed Colaianni die Tragweite der Kampagne für die AG3WL ansprach.[325]
Colaianni klagte darin insbesondere über „Beispiele mangelnder Professionalität" in der AG3WL und unterbreitete den Vorschlag, auch die AG3WL selbst in die Profilierungskampagne einzubeziehen: „Bevor die AG3WL bei den Läden Profilierung predigen kann, muss sie selbst professionell mit den Läden umgehen. Es ist leider die Erfahrung der meisten Läden, dass die AG3WL ihnen wenig anzubieten hat." Was der Autor in Frage stellte war der Charakter der Arbeitsgemeinschaft, in der der Rundbrief reihum von einzelnen Mitgliedsläden betreut werden musste, eine Geschäftsstelle keine festen Bürozeiten anbieten konnte und Kommunikationskanäle umständlich erschienen. „Zur Professionalisierung der AG3WL gehört auch eine Ausweitung ihrer Tätigkeiten" lautete das Resümee des offenen Briefes, der mit

---
[324] Vgl. Verschiedene: Profil für wen? In: AG3WL-Rundbrief Nr. 52 (August 1993), S. 13-15.
[325] Vgl. im folgenden Colaianni, Ed: Offener Brief an den Vorstand, in: AG3WL-Rundbrief Nr. 52 (August 1993), S. 15-16.

einem Brainstorming möglicher Angebote und Dienstleistungen für Weltläden – von Medien- und Software-Börse bis zur Rechtsberatung – endete, aber andererseits auch mit der Option des Austretens aus der Arbeitsgemeinschaft der Dritte-Welt-Läden spielte.

Colaianni hatte damit einen Auseinandersetzungsprozess fortgeschrieben und aus der Perspektive eines Weltladenvertreters pointiert, der einen unmittelbaren und einem mittelbaren Vorlauf kannte: Unmittelbar zuvor, das heißt in den vorangegangenen Ausgaben des AG3WL-Rundbriefes hatte Markus Frieauff, Mitglied der Kaffeegruppe und insofern an dem Initiativenfonds und der Vorbereitung der Profilierungskampagne beteiligt, einen Anstoß „zur lange überfälligen Diskussion der zukünftigen Struktur der A3WH-Basis-Gruppen" lanciert, welcher im Folgeheft zwei ausführliche Reaktionen – von Ralph Wille (El Puente-Mitarbeiter und AG3WL-Aktiver) sowie von Heinz-Peter Schneider vom AG3WL-Vorstand – ausgelöst hatte. Frieauffs Artikel[326] ist aus heutiger Sicht auch interessant, weil er Außenwahrnehmungen über die AG3WL anführt, denen zufolge die Arbeitsgemeinschaft bei ihren Schwesterverbänden in Österreich und den Niederlande sowie bei Weltläden in den neuen deutschen Bundesländern „nicht als handlungsfähige, effektive Organisation erscheint" und ein „schlechte[s] Image ... bei den Kirchen" besitze, denn sie praktiziere „keine Innovation, nur Bremsertätigkeit". Innerhalb der Arbeitsfelder der AG3WL könnten – so Frieauff – „Pannen eigentlich nur vermieden werden, wenn Ehrenamtliche sich (notgedrungen) mit Ämtern eindecken lassen, Nachtschichten schieben, Hunderte von Kilometern durch die Republik zu irgendwelchen Treffen reisen und unter Aufbietung beachtlicher Improvisationstalente mit Notlösungen jonglieren".

Für Ralph Wille lautete die daraus resultierende Problemkonstellation, dass sich die Tätigkeiten von AG3WL und rsk „darauf beschränken, möglichst viele VertreterInnen in die Gremien der ATO's zu bestellen" was „zwangsläufig" dazu führe, „dass sich die MitarbeiterInnen der AG3WL und des rsk hauptsächlich mit Problemen beschäftigen, wie sie Überlegungen zur Handelsausweitung etc. aufarbeiten" könnten.[327] Auch Wille machte die fehlenden Ressourcen dafür verantwortlich, wenn er Impulse anmahnte, die die Weltläden bei der Selbstdarstellung und bei der Arbeit an inhaltlichen Fragen unterstützen. Wille unterstrich daher nicht nur den Vorschlag Frieauffs zur Vereinigung von AG3WL und rsk, sondern insbesondere auch die Forderung nach professionellen Kräften, d.h bezahlten Stellen. Ersteren Vorschlag unterstützte auch das Vorstandsmitglied Schneider.[328]

Gemessen an den Aufgaben v.a. im Bereich der Interessensvertretung von und für Weltläden bei TransFair oder bei den Importeuren, verfügte die AG3WL zu diesem Zeitpunkt über keine adäquate Arbeitsstruktur – das machte diese Debatte mit ihren unterschiedlichen Beiträgen deutlich. Und die sich abzeichnenden Vorstellungen einer erweiterten Aufgabenpalette – die artikulierten Wünsche sind vielfältig und

---

[326] Frieauff: „You say we need an institution".
[327] Vgl. Wille: (Es war einmal?) ein Traum.
[328] Vgl. Schneider: Die erste Hülle eines Umbauprogramms.

2.9. Profilierung und Professionalisierung der Weltläden

ebenfalls arbeitsintensiv – ließen erahnen, dass dies mit den bestehenden Ressourcen und Strukturen nicht zu bewerkstelligen gewesen wäre.

Einvernehmlich äußerten die verschiedenen Diskussionsbeiträge nämlich den Wunsch nach einem intensiveren Engagement in der Öffentlichkeitsarbeit, womit einerseits die Medien und Pressearbeit gegenüber der allgemeinen Öffentlichkeit und andererseits ein bessere „Selbstvermarktung" des Verbandes innerhalb der Dritte-Welt-Bewegung und auch der Weltladenszene gemeint waren.

2.9.4. Die Strukturreform:
AG3WL + rsk = Weltladen-Dachverband

Im Frühjahr 1994 verdichteten sich schließlich die – inzwischen in gemeinsamen Sitzungen – geführten Debatten zu Konzepten für einen Zusammenschluss der Arbeitsgemeinschaft der 3.-Welt-Läden mit dem Regionalsprecherkreis rsk.[329] Ein zu lösendes Problem bestand dabei darin, die Rolle regionaler Vernetzung in der Wechselwirkung mit einem bundesweiten Zusammenschluss zu klären und zu verankern. Aus der Geschichte der Aktion Dritte-Welt-Handel heraus waren nach der Auflösung des Aktion Dritte Welt Handel e.V. die beiden Basisgruppenvereine entstanden, um die Repräsentation der Aktionsgruppen im GEPA-Gesellschafterkreis wahrzunehmen. Regionale Laden- und/oder Aktionsgruppen-Treffen wurden – regional unterschiedlich – abgehalten, dienten der Vernetzung der Beteiligten und wählten einen Regionalsprecher oder eine Regionalsprecherin, welche im sogenannten „RegionalsprecherInnen-Kreis rsk" bundesweit zusammengeschlossen waren.[330] Während das Interesse der Gruppen an Erfahrungsaustausch und Vernetzung auf regionaler Ebene offenbar groß war, so kränkelte dieses Konzept wohl daran, dass sich das Engagement auf Regionalebene oder gar für die Vertretungsarbeit auf überregionaler und nationaler Ebene keine zureichende Bereitschaft fand. Kleine Regionen, Nähe zu den Alltagsthemen der Gruppen, die zudem in ähnlichen Arbeitsbereichen aktiv sein mussten, sowie teils die Koppelung an die eigene Warenbeschaffung in den Regionalstellen schienen die Voraussetzungen für eine erfolgreiche Regionalarbeit zu markieren.[331]

Den Bedarf und Willen, an dieser Situation etwas zu verändern, spiegelt im Oktober 1995 die Ausgabe Nr. 60 von „weltläden aktuell", dem Nachfolge-Organ des AG3WL-Rundbriefes[332], welche unter dem Titel „Provinziell oder regional? Regionalarbeit. Regionale Strukturen. Vernetzung" erschienen war. Obgleich weiterhin in alleiniger Herausgeberschaft der AG3WL wurde das Heft von nun an im Untertitel

---

[329] Vgl. AG3WL-Struktur-Arbeitsgruppe: Neue Strukturen?! In: weltläden aktuell Nr. 58 (März 1995) S. 22-25.
[330] Vgl. rsk-Geschäftsstelle: Basisgruppeninfo RegionalSprecherInnenKreis [Faltblatt], Hildesheim o.J. [ca. 1994].
[331] Vgl. o.V.: Regionale Zusammenarbeit? Logisch! 11.
[332] Die Nummerierung der Hefte wurde im Laufe der Namensänderung jedoch fortgeführt.

auch dem rsk zugeordnet. Jan Konwinski vom Aachener Weltladen skizzierte in diesem Heft ein detailliertes, grafisch aufbereitetes Strukturmodell, welches eine Stärkung von regionalen Strukturen beabsichtigte. Dabei ließ das Modell bewusst ein Spartenmodell – hier Weltläden, da Aktionsgruppen, dort Importeure – hinter sich und konzentrierte sich auf eine akteursübergreifende Vernetzung. Regionalkonferenzen, in denen auch die regionalen Stellen der Importeure vertreten gewesen wären, würden Regionalsprecher wählen, die eine bundesweite Delegiertenversammlung bilden sollten. Regionalbüros mit Gruppenberatern, Geschäftsstelle sowie regionalem Seminar- und Beratungsangebot für die Gruppen sollten offenbar zur Stabilität dieser Regionalstruktur beitragen.[333]

Gerade auch die Diskussion um die regionale Vernetzung unter den Basisorganisationen der Fair-Handels-Bewegung hat die organisatorische Trennung von Weltladen- und Aktionsgruppenvernetzung als unangemessenes Modell erscheinen lassen. Zusammen mit der AG3WL-internen Diskussion über den Auftrag der Arbeitsgemeinschaft und deren Verhältnis zu ihren Mitgliedern führte der Prozess schließlich zum Zusammenschluss der AG3WL mit dem Regionalsprecher(innen)Kreis rsk – nachdem beide Akteure bereits ohnehin eine verstärkte Zusammenarbeit praktiziert hatten. Am 18. April 1998 erfolgte daher auf der Mitgliederversammlung die offizielle Gründung des Weltladen-Dachverbandes e.V. als gemeinsamer Dachorganisation der Weltläden und Aktionsgruppen. Dabei wurde in der Satzung das Modell der regionalen Vertretung weiter aufrechterhalten, indem in einem Verbandsrat, welcher als Beirat die Arbeit des Verbandsvorstandes unterstützte, regionale Sprecher/innen weiterhin verankert waren.[334]

2.9.5. Einheitliches Erscheinungsbild, „Konvention der Weltläden" und Beurteilung der Importeure

Die Strukturreform des Weltladen-Dachverbandes zusammen mit der Profilierungskampagne für die Weltläden legte somit den Grund für eine Weiterentwicklung der Weltladenszene innerhalb des Fairen Handels. Wichtige Impulse hatte in dieser Hinsicht die deutsche Weltladen-Bewegung ein weiteres Mal von der holländischen und der österreichischen Schwesterbewegung erhalten.[335] Insbesondere in Holland war schon früh die Einsicht gereift, dass eine einheitliche Erkennbarkeit für die Weltläden von großem Nutzen und im Hinblick darauf eine starke Dachorganisation für die einzelnen Läden durchaus vorteilhaft sein könnte. Hauptamtliches Personal ließ dort entsprechende Aktionen im Bereich der Öffentlichkeits-, Kampagnen- und Lobbyarbeit möglich werden. Beide Themen sollten vom neu gegründeten Weltladen-Dachverband verstärkt in Angriff genommen werden.

---
[333] Konwinski: Von der Basis zum Dachverband!?
[334] Vgl. Satzung für den Weltladen-Dachverband e.V., Fassung vom 20. April 1998, §§ 10-11.
[335] Sh. bezüglich einer Bewertung hierzu auch Geßler: Zwischen Konkurrenz und Konzertierung, 53f.

2.9. Profilierung und Professionalisierung der Weltläden

Aus der Profilierungskampagne heraus hatte bereits die AG3WL zwar Materialien und Elemente eines gemeinsamen Erscheinungsbildes zur Verfügung, deren Durchsetzung ließ jedoch offenbar zu wünschen übrig. So wurde in ungeschminkten Worten etwa der „ausgeprägte Individualismus" und ein „uneinheitliches, diffuses Bild" der deutschen Weltladen-Bewegung beklagt. Insbesondere die Namensvielfalt der Läden, welche bei Kunden angeblich auch Irritationen oder den Verdacht von Abspaltungen und verschiedenen Anliegen nährte, machte zu schaffen:

> „Es gibt sie überall und sie sind Teil einer großen Bewegung – aber keiner merkt's: 'Eine-Welt-', 'Dritte-Welt-', 'Zwei-Drittel-Welt-' und 'Heile-Welt-'Läden."[336]

Damit wurde der deutliche Appell verbunden, eine klare Erkennbarkeit anzustreben, eine Umbenennung in „Weltladen" vorzunehmen, sich dem Dachverband anzuschließen und dessen Logo zu verwenden. Diese Erwartung wurde oft der Vereinheitlichung geziehen, sie ging jedoch mit zwei wichtigen inhaltlichen und somit grundsätzlichen Entwicklungen einher: die Erarbeitung von Grundkriterien und darauf aufbauend eines Beurteilungssystems für die Importorganisationen.

Nachdem im November 1991 eine niederländische Weltladenkonferenz ein entsprechendes Kriterienpapier verabschiedet hatte, war dieses in einer übersetzten und überarbeiteten Fassung durch die AG3WL und den rsk als Diskussionspapier in die deutsche Bewegung hineingegeben worden.[337] Auf einem „Kriterienkongress" vom 19.-21. April 1996 wurde empfohlen, das Kriterienpapier als Selbstverpflichtungserklärung der Weltläden zu verstehen, wobei eine Verknüpfung mit einem gemeinsamen Logo als weiterer Schritt angesehen wurde. Bei der Mitgliederversammlung der AG3WL zwei Monate später wurde die Vorlage dann verabschiedet und lag im Oktober 1996 unter dem Titel „Konvention der Weltläden" in gedruckter Form vor.[338] Von einer übergreifenden Definition war man insofern abgerückt und hatte sich auf eine gemeinsame Grundlage für die Arbeit der Weltläden konzentriert. Für die Profilierung der Weltläden war somit ein weiterer wichtiger Schritt getan: Es war ein klarer Maßstab gewonnen worden, an dem sich Weltläden messen lassen konnten und wollten.[339] Gleichwohl waren darin auch die Ansprüche der Weltläden an die Produzenten- und Importorganisationen benannt worden – etwa hinsichtlich Organi-

---

[336] o.V.: Weltläden – in geheimer Mission!? In: weltläden extra Nr. 4, September 1997, S. 5f.
[337] Vgl. AG3WL/rsk (Hrsg.): Diskussionspapier Kriterien für Alternativen Handel. – Dieses Papier sollte zu einer gemeinsamen Definition in der Aktion Dritte-Welt-Handel führen und umfasste neben einer Erläuterung von Sinn und Zweck des Alternativen Handels insbesondere „Basiskriterien für HandelspartnerInnen in der 'Dritten Welt'" und „Kriterien für Importorganisationen". Kriterien für Weltläden und Aktionsgruppen wurden eher als ein Ausblick auf die Zukunft präsentiert
[338] Vgl. AG3WL (Hrsg.): Konvention der Weltläden. Kriterien für den Alternativen Handel, Mainz 1996. Sh. auch Glöge: Kriterien für Alternativen Handel – Darum!
[339] Im Februar 1999 hatten bereits rund 250 Weltläden die Konvention formal anerkannt. Vgl. o.V.: Drei Jahre „Konvention der Weltläden", in: weltläden extra Nr. 10 (Februar 1999), S. 7.

2. Geschichte der Fair-Handels-Bewegung in Deutschland

sationsform, Transparenz, Gewinnverwendung, Sozial- und Umweltverträglichkeit sowie Informations- und Bildungsarbeit.

Damit ging dieses Ergebnis nahtlos über in die zweite grundsätzliche Entwicklung: die Beurteilung von Importorganisationen. Wenn sich die Weltläden an bestimmten Maßstäben auch hinsichtlich der Handelspartner und Importorganisationen messen lassen sollten, mussten sie wissen und beurteilen können, inwiefern diese ihren Kriterien entsprachen. Damit reagierte die Arbeitsgemeinschaft 3. Weltläden auch auf Veränderungen im Fairen Handel: „Der Markt ist insgesamt unübersichtlicher geworden. Dies betrifft auch die Zahl der sich anpreisenden Lieferanten für Weltläden. Als Folge häufen sich bei uns die Anfragen nach konkreter Hilfestellung bei der Auswahl und Bewertung von Importorganisationen", schrieb die AG3WL am 20. Mai 1997 an die entsprechenden Organisationen. Mithilfe eines Selbstauskunftsverfahrens per Fragebogen wurden Informationen zu den Einzelthemen der Konvention eingeholt, woraus der 1998 erstmalig veröffentlichte „ATO-TÜV" resultierte.[340] Darin wurden kleinere, mittlere und große Alternative Handelsorganisationen (ATO) knapp beschrieben, anhand der Kriterien der Konvention bewertet und danach klassifiziert, ob bzw. inwiefern sie der Konvention der Weltläden gerecht wurden. Wenngleich damit etwa im Unterschied zu der Anerkennung von Importorganisationen durch die ARGE Weltläden in Österreich keine Vorschrift für das Einkaufsverhalten der Weltläden verbunden war[341], so reagierten die Importorganisationen jedoch ausgesprochen sensibel auf diese Beurteilung und sorgten meist für eine rasche Bereinigung der Kritikpunkte.

Beide Prozesse trugen erheblich zu einer weiteren Profilierung des Dachverbandes und der Weltläden bei. Dabei wurde das Recht zur Verwendung des einheitlichen Weltladen-Logos eng an die Mitgliedschaft im Weltladen-Dachverband, und diese wiederum an die Unterzeichnung der „Konvention der Weltläden" als Selbstverpflichtungserklärung gekoppelt. Diese formale Regelung konnte dafür sorgen, dass die Entwicklung eines attraktiven Außenauftritts letztlich nicht durch eine Aufweichung der Identität und Überzeugungen der Weltladenbewegung erkauft werden musste.[342] Dabei bildete die Frage nach der Namensgebung und Logo-Verwendung gewissermaßen einen Anfang, welcher sich in den Folgejahren kontinuierlich fortsetzen und ergänzt werden sollte: Zunächst sollten Schilder, Aufkleber und Anhänger die Produktpräsentation innerhalb des Ladens verbessern helfen[343], alsbald jedoch reichten die Maßnahmen weiter bis hin zu einem Designkonzept für eine einheitliche

---

[340] Weltladen Dachverband (Hrsg.): Der ATO-TÜV.
[341] In Österreich, wo die Formulierung von Kriterien etwas früher erfolgte als in Deutschland, haben sich die Weltläden schon 1995 verpflichtet, ihre Arbeit an der „Willenserklärung für Weltläden" auszurichten, hinsichtlich des Weltladen-Logos eine Benutzervereinbarung zu unterzeichnen sowie ausschließlich Waren von anerkannten Produzenten- und Importorganisationen zu verkaufen. Vgl. Mitterlehner: Entwicklungspolitische Wirkungen des fairen Handels in Österreich, 71.
[342] Vgl. o.V.: Logolei – Mogelei – alles Logo ?! in: weltläden extra [Nr. 1] (Januar 1997), S. 9-10.
[343] Vgl. o.V.: Nicht nur fair, sondern auch schön! in: weltläden extra Nr. 5 (Oktober 1997), S. 3.

2.9.6. Neue Impulse in der Öffentlichkeitsarbeit: Die Kampagnen „Made in Dignity" und „Land Macht Satt"

Das Anliegen eines verbesserten und wirksameren Auftretens der Weltläden in der Öffentlichkeit wurde jedoch keinesfalls nur marketingförmig verfolgt. Angestrebt wurde auch eine Intensivierung der Kampagnenarbeit und damit des politischen, pädagogischen und bewußtseinsbildenden Auftrags. Zu deren Plattform entwickelte sich der „Europäische Weltladentag". Nachdem die erste Durchführung dieses Tages am 11. Mai 1996 mit einem „Frühstück aus Afrika" eine unerwartet große Resonanz gefunden und europaweit rund 1500 Weltläden sich daran beteiligt hatten, avancierte dieses Datum zu einem wichtigen Element einer gemeinsamen Kampagnenarbeit der Weltladen-Bewegung.

Als thematischen Schwerpunkt für den zweiten Weltladentag 1997 wurde das Motto „Made in Dignity" gewählt, mit welchem auf die besondere Sozial- und Umweltverträglichkeit der Produkte aus dem Fairen Handel hingewiesen und darüber hinaus Forderungen vor allem zugunsten menschenwürdiger Arbeitsbedingungen, angemessener Mindestlöhne und gegen ausbeuterische Kinderarbeit erhoben werden sollten.[345] Ins Zentrum der Aktivitäten wurde 1997 dabei Kinderspielzeug gestellt: Mit einer Postkartenaktion sollte gegen Arbeitsbedingungen bei Zulieferern großer Spielzeughändler protestiert und zugleich der Weltladen mit fair gehandeltem Spielzeug als positives Gegenbeispiel vorgestellt werden. Um die Weltladengruppen bei der Durchführung dieser Aktion zu unterstützen waren neben einer Handreichung für die Vorbereitungsarbeit auch Plakate, Broschüren für die ausführliche Information der Kunden sowie natürlich die Postkarten als Kampagnenmedium zur Verfügung gestellt worden.

Nachdem die Weltläden zum Weihnachtsgeschäft 1997 ebenfalls aufgefordert worden waren, in der Dekoration ihrer Schaufenster die Kampagnen-Materialien und Spielzeug weiter zu verwenden, sollte der Weltladentag im Folgejahr 1998 den Schluss der „Made In Dignity"-Kampagne bilden. Produktschwerpunkt bildeten dann Textilien, mit welchen thematisch eng an die Spielzeugthematik angeschlossen werden konnte: „auch hier profitieren die großen Handelsketten von niedrigen Löhnen, überlangen Arbeitszeiten, der schlechten sozialen Sicherung und dem mangelnden Gesundheitsschutz der ArbeiterInnen. Körperliche Strafen sind an der Tagesordnung, Gewerkschaften und Betriebsräte meist verboten."[346] Diesmal zielte eine Postkartenaktion auf den Einzelhandelskonzern Karstadt sowie auf den Versandhändler OTTO,

---
[344] Vgl. o.V.: Design-Konzept für Weltläden, in: weltläden extra Nr. 10 (Januar 1999), S. 8.
[345] Vgl. Weltladen extra [Nr. 1] (Januar 1997), S. 3-4
[346] o.V.: Textilien: Viel Stoff zum Nachdenken, in: Weltladen extra Nr. 6 (Februar 1998) S. 4.

welcher pikanterweise zugleich mit zwei Katalogseiten fair gehandelter Produkte ein Kooperationspartner der GEPA war. Dies war als Imagepflege und als ein „Kaschieren" der vielen anderen „unfairen" Angebote auch ein kontroverses Thema in der Weltladenbewegung gewesen.[347] Gleichzeitig wollte man unter Beweis stellen, dass von Kundenseite eine Nachfrage für unter menschenwürdigen Bedingungen hergestellte Textilien existierte. Europaweit wurde daher der Verkauf von 100.000 T-Shirts aus Fairem Handel angestrebt. Einerseits die Verkaufszahlen, andererseits aber auch die öffentliche Wahrnehmung für den Fairen Handel durch das Tragen dieser T-Shirts und Hemden sollte transportieren, „wie attraktiv (im doppelten Sinn) die Idee des Fairen Handels" sei.[348]

Im Rahmen der Textilkampagne von „Made in Dignity" war auch die Weltladenbewegung nicht unter sich geblieben, sondern hatte sich im Spektrum der entwicklungspolitischen Arbeit vernetzt. Insbesondere stützten sich die Forderungen des Weltladentages auf die Vorarbeit der „Kampagne für Saubere Kleidung", welche die Probleme in der Textilproduktion intensiv recherchiert und einen Kodex zur Einhaltung von sozialen Mindeststandards erstellt hatte. Seitens der Weltläden wurde die Unterzeichnung dieses Verhaltenskodex ausdrücklich eingefordert. Gleichwohl schien die enge Kooperation mit der „Kampagne für Saubere Kleidung" auch eine Besinnung auf das eigene Handlungsmodell zu erfordern. So sahen sich die Weltläden in der Funktion, Verbraucher/innen über die Hintergründe unterschiedlicher Siegel und Zeichen aufklären zu können. Zudem habe der Faire Handel neben den Arbeitsbedingungen in den Nähbetrieben auch die Herkunft und Verarbeitung des Rohstoffs (meist Baumwolle) im Blick und setze im Gegensatz zu großen Textilfirmen auf die langfristige Zusammenarbeit mit den Produzenten. Insofern stelle sich der Faire Handel als der umfassendere Ansatz dar, weshalb man sich mit der bloßen Einhaltung von Mindeststandards nicht zufrieden gebe.[349]

Die Erfahrungen mit einer über einen längeren Zeitraum und mehrere Stationen[350] umfassenden Kampagne waren offenbar europaweit sehr positiv. „Für die Ehrenamtlichen ist es hilfreich, nicht jedes Jahr ein völlig neues Thema erarbeiten zu müssen – und es konnte ja keine Rede davon sein, daß das 'alte' Thema nach einem Jahr abgehakt war."[351] Dies veranlasste dazu, daraus ein Konzept für die Nachfolgekampagne zu entwickeln: Mit der Kampagne „Land Macht Satt" wurde nun ein Schwerpunkt auf Lebensmittel gelegt. Für die komplexe Thematik des Weltagrarhandels und die Problematik der darin verwickelten Organisationen und Abkommen wurde von Be-

---

[347] Vgl. o.V.: Textilien: Viel Stoff zum Nachdenken, 4.
[348] o.V.: Der Sinn der T-Shirt-Aktion, in: Weltladen extra Nr. 6 (Februar 1998), S. 6.
[349] Vgl. o.V.: Nicht nur sauber, sondern fair. Wieso genügt dem Fairen Handel die Idee der Einhaltung von Mindeststandards nicht? 4.
[350] Auch die Bananenaktion im Herbst 1997 war in die Kampagne Made in Dignity einbezogen. Sh. zur Bananenkampagne oben Kapitel 2.6.
[351] Weltladen extra Nr. 10 (Februar 1999), S. 1.

2.9. Profilierung und Professionalisierung der Weltläden

ginn an ein mehrstufiger Kampagnenaufbau gewählt: „Land Macht Satt" war auf drei Jahre hin angelegt und sollte die Weltladentage 1999 bis 2001 umfassen. Wie der Kampagnentitel erahnen lässt drehte sich diese Aktion um den Zusammenhang von landwirtschaftlicher Produktion und Ernährungssicherheit von Entwicklungsländern im Kontext der Bedingungen und Einflusskonstellationen des internationalen Handels und der ihn gestaltenden politischen Institutionen:

> „Die Kampagne 'Land Macht Satt' setzt sich für die Kleinbauern und -bäuerinnen im Süden ein und fordert, den Entwicklungsländern genügend Handlungsmöglichkeiten zu lassen, um ihre KleinproduzentInnen vor dem ruinösen Kampf 'David gegen Goliath' zu schützen. Das Recht auf Unabhängigkeit bei der Nahrungsmittelversorgung muß gewahrt werden."[352]

Dieses Anliegen zu vertreten erforderte nicht nur die Einarbeitung in die komplizierten Zusammenhänge der Politik und Arbeitsweise der Welthandelsorganisation, sondern bedeutete nun auch den Versuch einer direkten Einflussnahme auf die bevorstehenden Verhandlungen bezüglich eines internationalen Agrarabkommens.

Im ersten Jahr von „Land Macht Satt" ging es zunächst darum, mit dem Blick auf das Lebensmittelangebot der Weltläden die Kundschaft auf die Lebenssituation der Produzentinnen und Produzenten aufmerksam zu machen.[353] Dies sollte – begleitet durch eine Posterserie und ein kurzes Video – im Rahmen eines „Fairen Frühstücks" erfolgen, zu dem die Weltläden ihre Gäste und Kunden einluden. Hinsichtlich der politischen Forderungen agierte die Kampagne zunächst vorsichtiger und regte an, die Kandidatinnen und Kandidaten zur Wahl des Europäischen Parlaments (diese fand kurz nach dem Weltladentag am 8. Mai 1999 statt) zu diesem Fairen Frühstück einzuladen und sie „zu eindeutigen Aussagen zum Thema weltweiter Agrarhandel zu bewegen".[354] Bereits mit der Sommerpause standen dann die Materialien für die intensive politische Kampagne für die Diskussion des Agrarabkommen in der Welthandelsorganisation WTO zur Verfügung: Hinsichtlich der WTO-Ministerkonferenz im amerikanischen Seattle im November 1999 sollte den Delegationen bereits eine öffentlichkeitswirksame Botschaft mit auf den Weg gegeben werden: mit einem „FAIR-Paket für die WTO-Delegation". Die Weltläden sollten in einem Schuhkarton einige Lebensmittel im Schaufenster ausstellen, die Kunden auf die Verhandlungen und die eingeforderte agrarpolitische Kurskorrektur hinweisen und kurz vor Beginn der Konferenz die Schuhkartons eingewickelt in Kampagnenposter für eine öffentlichkeitswirksame Übergabe an die EU-Delegation einsenden.[355]

---

[352] o.V.: Land Macht Satt. Erläuterungen zum Thema der neuen Kampagne, in: Weltladen extra Nr. 10 (Februar 1999), S. 3.
[353] Vgl. o.V.: Was tun am 8. Mai? Themen und Aktionsideen für den Weltladentag 1999, in: Weltladen extra Nr. 10 (Februar 1999), S. 4. sowie: o.V.: Sehen, hören, lesen! Ein Blick über die Hintergrundmaterialien zum Weltladentag, in: Weltladen extra Nr. 11 (April 1999), S. 3.
[354] o.V.: Europa hat die Wahl, in: Weltladen extra Nr. 11 (April 1999), S. 4.
[355] Vgl. o.V.: „Land Macht Satt": So geht's weiter, in: Weltladen extra Nr. 11 (Juli 1999), S. 3.

2. Geschichte der Fair-Handels-Bewegung in Deutschland

Auf den Weltladentag am 20. Mai 2000 hin wurde diese Idee weiterentwickelt zur Möglichkeit für Kunden und Unterstützer, den Forderungen der Kampagne zuzustimmen und diese mitzutragen: Zur Erläuterung muss etwas weiter ausgeholt werden: Im Weltagrarabkommen werden Regelungen mit einem gemeinsamen Anliegen in so genannten „Boxen" zusammengefasst. Von zahlreichen Nichtregierungsorganisationen wurde einvernehmlich das Anliegen vertreten, dass es eines solchen Regelungskanons zur Ernährungssicherheit und zum Schutz der kleinbäuerlichen Landwirtschaft bedürfe, welcher Ausnahmen von den generellen Liberalisierungsregeln ermöglichen sollte. Im Rückgriff auf die zuvor genannte Gewohnheit wurde diese Forderung der Nichtregierungsorganisationen unter dem Namen der „Food-Box" beschrieben. Das „FAIR-Paket" der Herbstaktion avancierte daher zur symbolischen „Food-Box". Den Weltläden wurde ein bedruckter Karton inklusive den Kampagnenforderungen sowie einigen Probepäckchen der Fair-Handels-Importeure angeboten. Die Produktauswahl der Proben umfasste dabei diejenigen Produkte, welche im internationalen Agrarhandel als Rohstoffe eine bedeutende Rolle einnehmen: Kaffee, Schokolade (Rohstoffe Kakao und Zucker), Reis, Bananenchips (Bananen) und Zucker.

Mit dem Kauf einer solchen Food-Box und zugleich durch das Ausfüllen und Einsenden eines anhängenden Kupons sollten Kunden die Forderungen unterstützen. Die Organisatoren waren dabei davon ausgegangen, dass wenn der Weltladen den Verkauf dieser Päckchen vorantreiben wolle, er unweigerlich in ein inhaltliches Gespräch mit dem Kunden über die Agrarpolitik der Welthandelsorganisation komme. Da die enthaltenen Produkte im Weltladen als „fair gehandelte" auch dem Sortiment von Weltläden entnommen waren, verbanden sich dabei politische Aufklärungsarbeit und Verkaufsförderung. Mit der Aktion wollten die europäischen Weltläden 100.000 Unterstützer/innen bzw. Food-Box-Käufer/innen finden. Der Verkauf dieses Aktionsproduktes sollte dabei keineswegs nur auf den Weltladentag beschränkt bleiben, sondern bis zum Welternährungstag am 16. Oktober 2000 fortgesetzt werden und dort mit einer Abschlussaktion beendet werden.[356]

Allein am Weltladentag erreichte die deutsche Weltladenbewegung eine Zahl von 20.000 verkauften Food-Boxen, doppelt so viele als erwartet – obwohl technische Pannen den Aktionsverlauf beeinträchtigt hatten.[357] Für den verbliebenen Zeitrum wurde insbesondere auf Erntedankfest und den Welternährungstag selbst nochmals ein Aktionsschwerpunkt gelegt. Dazu zählte speziell auch die Anregung, mit der Thematik den Gottesdienst am Erntedankfest mitzugestalten, wofür eigens ein Heft mit Gottesdienstvorlagen veröffentlicht wurde.[358]

---

[356] Vgl. o.V.: 100.000 Food-Boxen für die WTO, in: Weltladen extra Nr. 14 (Februar 2000), S. 3-4.
[357] Vgl. o.V.: Faire Regeln für den Welthandel! Ein kurzer Bericht vom Weltladentag am 20. Mai und dem Drumherum, in: Weltladen extra Nr. 15 (Juli 2000), S. 2-3.
[358] Vgl. Weltladen-Dachverband (Hrsg.): Wir empfehlen heute: das Recht auf Ernährung. Eine Aktion der europäischen Weltläden anlässlich des Welternährungstages und des Erntedank-Fes-

2.9. Profilierung und Professionalisierung der Weltläden

Nachdem innerhalb der WTO die Diskussion des Anliegens der Weltläden, anderer entwicklungspolitischer Organisationen und der Entwicklungsländer überhaupt in Gang gekommen war,[359] wurde eine Fortführung des Verkaufs der Food-Boxen bis zum Weltladentag 2001 entschieden. Eine Zwischenbilanz der Food-Box-Aktion lautete dabei, dass ein „großes politisches Interessen an den Forderungen der Weltläden" erreicht worden sei. Dass ein EU-Positionspapier sich positiv zu den Forderungen der Kampagne geäußert habe, sei auch dem öffentlichen Druck der entwicklungspolitischen Nichtregierungsorganisationen zu verdanken.[360]

Die Aktionsplanung für den Weltladentag 2001 sah als dritten Schritt der Kampagne „Land Macht Satt" daher eine weitere Aktion unter der Überschrift „Ein Brief aus dem Süden" vor: Von fünf Produzentinnen und Produzenten (von Kaffee, Kakao, Reis, Zucker und Bananen) lag ein Brief an europäische Konsument(inn)en vor, in dem sich die Briefeschreiber(innen) mit Foto selbst vorstellten, die negativen Auswirkungen des Welthandels auf ihre Existenzgrundlagen beschrieben und mit der Bitte um den Konsum fair gehandelter Waren sowie um Teilnahme an einer Postkartenaktion schlossen. Die Postkarte zur Unterstützung der Kleinbauern richtete sich an die europäischen Wirtschaftminister, die das Vorgehen der EU in der WTO festlegen.[361] So wurde im letzten Kampagnenschritt eine besonders enge Verknüpfung von handelspolitischen Forderungen und Partnerschaft mit den Produzent(inn)en realisiert, welche mitunter auch die Authentizität der Lobbyarbeit der Weltläden unterstreichen sollte.

Mit der dreijährigen Gesamtkampagne waren verschiedene Anliegen verbunden. Neben der wirksamen Öffentlichkeitsarbeit und der Mobilisierung der Weltladenbewegung im beschriebenen Themenzusammenhang lag ein noch grundlegenderes Interesse in der Qualifizierung der Weltläden hinsichtlich Bildungs- und Öffentlichkeitsarbeit sowie Kampagnenfähigkeit. Das von der EU ab dem Jahr 2000 mit einem Volumen von 240.000 Euro finanzierte Projekt förderte dabei auch maßgeblich den Aufbau von Strukturen des Dachverbandes und sollte ansatzweise die Marketingorientierung der Weltläden unterstützten, wie sie durch die Profilierungskampagne ausgelöst worden war.[362]

---

tes 2000 – Aktionsleitfaden, Mainz o.J. [2000]. Sowie: o.V.: Großer Bahnhof für die Food-Box, in: Weltladen extra Nr. 15 (Juli 2000), S. 4.
[359] Vgl. Weltladen extra Nr. 16 (Dezember 2000), S. 1.
[360] Vgl. o.V.: Die Food-Box durchboxen! in: Weltladen extra Nr. 17 (März 2001), S. 3.
[361] Vgl. o.V.: Ein Brief aus dem Süden, in: Weltladen extra Nr. 17 (März 2001), S. 2. sh auch Weltladen-Dachverband e.V. (Hrsg.): Ein Brief aus dem Süden. Begleitheft III zum Weltladentag am 19. Mai 2001, Mainz o.J. [2001].
[362] Vgl. Perkonig: Die Professionalisierung der Weltläden, 29.

2.10. Die GEPA-Krise schafft neue Strukturen und neue Verwerfungen

Die Handelsausweitung, welche die GEPA in teils heftige Auseinandersetzungen mit der Weltladenszene geführt hatte, sollte die Handelsorganisation jedoch einige Jahre später einholen. Mitte der 1990er musste die GEPA eingestehen, dass sie in ihrem Wachstum „übermütig geworden" und in „eine regelrechte Euphorie" verfallen sei, als im Zuge der Einführung des TransFair-Siegels gewöhnliche Kantinen und kommerzielle Märkte die Produkte der GEPA orderten.[363]

2.10.1. In der Dynamik der Handelsausweitung ein Schritt zu weit gegangen

Der in dieser Dynamik vorgenommene Ausbau der Geschäftstätigkeit umfasste sowohl einen Ausbau des Warensortiments, eine Erhöhung des Warenbestandes als auch eine kräftige Aufstockung des Personals zur Bewältigung der anfallenden Aufgaben. Zwar hatte sich der Umsatz der GEPA in dieser Phase der Handelausweitung seit 1989 von 18 Millionen DM auf 53 Millionen DM verdreifacht, die Kapazitäten waren jedoch noch einmal auf das Doppelte höher ausgerichtet worden. Damit waren die Erträge sowie die Eigenkapitaldecke des Unternehmens so dünn geworden, dass ein Konkurs bevorstand. Rückgänge in der Umsatzentwicklung des Weihnachtsgeschäfts 1995, welche auch mit einer generellen Absatzkrise des Einzelhandels einhergingen, wurden letztlich zum Auslöser.[364]

Die Gefahr eines Konkurses im Jahr 1996 erforderte von der Handelsorganisation einschneidende Konsolidierungsmaßnahmen. Abgewendet werden konnte dies durch eine Erhöhung des Stammkapitals der GEPA GmbH durch die beiden größten Gesellschafter, das katholische Hilfswerk Misereor und den Kirchlichen Entwicklungsdienst der Evangelischen Kirche um zusammen fünf Millionen DM.[365] Diese als einmalig definierte Rettungsaktion war an die Auflage gekoppelt gewesen, ein tragfähiges Wirtschaftskonzept vorzulegen und bis 1998 kostendeckend zu wirtschaften. Zu den unmittelbaren kurzfristigen Sanierungsmaßnahmen zählten neben Gehaltskürzungen und Entlassung von Personal auch die Einstellung des Katalogversandes und eine Zusammenlegung von Lager und Büros in Wuppertal.

Darüber hinaus wurden auch weitergehende Umstrukturierungen vorgenommen, welche die Akteursstruktur des deutschen Fairen Handels veränderten. So wurde seitens der GEPA die Schließung von Regionalstellen beschlossen, was dazu führte,

---

[363] Auf dem Weg zum „McFair"? [Interview mit gepa-Geschäftsführer Meinolf Remmert], 113.
[364] Vgl. Auf dem Weg zum „McFair"? 113.
[365] Es handelte sich um die Umwandlung von Darlehen in Eigenkapital. Vgl. Geßler: Zwischen Konkurrenz und Konzertierung, 55, die dort auch Informationen aus einem Gespräch mit dem GEPA-Geschäftsführer Thomas Speck vom 8.6.2001 referiert.

2.10. Die GEPA-Krise schafft neue Strukturen und neue Verwerfungen

dass von Personal und Weltläden des Einzugsgebietes diese Stellen zum Teil in eigener Regie und genossenschaftlicher Organisationsform weitergeführt wurden.[366] Eine weitere einschneidende Maßnahme bestand darin, dass die GEPA sich auf ihr Kerngeschäft, also den Warenimport und Vertrieb, konzentrierte. Diese Konzentration wurde im Sinne einer Auslagerung vollzogen, indem ein Verein – „Fair Trade e.V." – als zusätzlicher Rechtsträger eingerichtet wurde und dessen Mitglieder sich mit den Gesellschaftern der GEPA decken sollten. Zwar wurde nicht in Frage gestellt, dass die GEPA als Handelsunternehmen sich in ihrer Geschäftspolitik von anderen Unternehmen wesentlich unterscheiden sollte, „aber es muss nicht alles, was uns von herkömmlichen Handelshäusern unterschiedet, im Unternehmen selbst stattfinden."[367] Während die Einhaltung der Fair-Handels-Standards ebenso wie die Information über Produzenten und ihre Produkte weiterhin innerhalb der wirtschaftlichen Struktur verortet blieben, wurden Bildungsarbeit und Partnerberatung, wofür dann auch externe Fördergelder eingeworben werden konnten[368], in die Vereinsstruktur verlagert. So sollte erreicht werden, dass Aufgaben wie beispielsweise die Umstellung auf Bio-Anbau, die Einführung von Sozialprogrammen bei Produzentenorganisationen, Fortbildungsmaßnahmen für Weltladenmitarbeiter/innen oder die Erstellung von Materialien für die Bildungsarbeit nicht das Tagesgeschäft des Handelsunternehmens belasten, zugleich aber zuverlässig erfüllt werden konnten.[369]

Wie Kathrin Geßler in ihrer Arbeit anmerkt, sei diese Idee zur Auslagerung der Beratungs- und Bildungsaufgaben einmal mehr aus der niederländischen Fair-Handels-Bewegung übernommen worden.[370] Dabei spiegelt das neue Modell jedoch auch eine Konstellation wieder, welche bereits in der zweiten Hälfte der 1970er in der deutschen Szene mit dem Verein Aktion Dritte Welt Handel e.V. als einem pädagogischen Arm erprobt worden war. Nach dessen Scheitern waren damals die Arbeitsbereiche der Informations-, Bildungs- und Öffentlichkeitsarbeit in die Geschäftstätigkeit der GEPA integriert worden.[371] Insofern könnte auch von der Rückkehr zu einem früheren Modell die Rede sein.

---

[366] So im Falle des Fair-Handelszentrum Südwest eG in Saarbrücken und der F.A.I.R.E. Warenhandelsgenossenschaft in Dresden (vgl. Greifenhahn: Strukturieren statt resignieren. Die F.A.I.R.E., eine mitgliedereigene Genossenschaft im Osten.) Der Unterhalt der Regionalstellen als kundennahe Vertriebsstruktur für die Weltläden und Aktionsgruppen galt als vergleichsweise kostspielig. Vgl. Pander: gepa 1996 – Hintergründe der (ökonomischen) Krise, 13.
[367] Auf dem Weg zum „McFair"? 114.
[368] Dies betraf offenbar auch kirchliche Gelder der beiden großen Gesellschafter Misereor und AG KED, die mit einer GmbH-Struktur nicht zur Verfügung gestellt werden konnten. Vgl. Pander: gepa 1996 – Hintergründe der (ökonomischen) Krise, 13.
[369] Vgl. Auf dem Weg zum „McFair"? 114.
[370] Vgl. Geßler: Zwischen Konkurrenz und Konzertierung, 56.
[371] Sh. oben Kapitel 2.2.5.

2.10.2. GEPA in der Krise ... und im neuerlichen Konflikt mit den Weltläden

Die Krise der GEPA war in verschiedentlicher Hinsicht öffentlich geworden – nicht nur innerhalb der Fair-Handels-Szene sondern etwa auch in Publikumszeitschriften und Tageszeitungen.[372] Eine Thematik, die sowohl in der Ursachenforschung als auch in der Perspektiventwicklung für die GEPA hierbei immer wieder zur Sprache kam, lag in der Situation der Weltläden und deren Professionalisierungsbedarf. Seitens der GEPA wurde hier auch ihr wirtschaftliches Interesse an dieser Weiterentwicklung der Weltladenszene erkenntlich. Dies machten insbesondere Überlegungen zu einem franchiseartigen Vertriebskonzept deutlich, das die GEPA hatte ausarbeiten lassen.[373] Während die GEPA auf diese Weise den Weltladenbereich beschleunigt nach vorne bringen wollte, fanden sich die real existierenden Weltläden in solchen Konzepten nicht ernst genommen.

In gleich zwei aufeinander folgenden Wogen brach der Zorn der Weltläden über die in der wirtschaftlichen Krise steckende GEPA herein, zunächst im Sommer 1996 und dann erneut im Frühjahr 1997. Die GEPA-Geschäftsführung hatte in einem Brief ungefähr im Mai 1996 die Weltläden über die Krise unterrichtet und die teils radikalen Einschnitte vorgestellt. Für die am 1. und 2. Juni 1996 in Kassel abgehaltene Mitgliederversammlung von AG3WL und rsk war dies Auslöser für eine eingehende Befassung. Der Unmut unter Weltläden und Aktionsgruppen schien groß. Um dem Luft zu machen regte die AG3WL kurz darauf eine Protestaktion an: Mit einer Faxaktion am 20. Juni 1996 sollte der am Folgetag stattfindenden Gesellschafterversammlung die Meinung der Weltläden und Gruppen kundgetan werden. Das Schreiben der AG3WL an die Weltläden, das die Stimmung der Kasseler Mitgliederversammlung spiegelt, sprach von einer „Ohrfeige für die Weltläden":

> „Es ist ein starkes Stück, wie die Läden und Gruppen als weiterhin wichtigste Stütze des gepa-Umsatzes bei den ersten Umsatzproblemen abserviert werden. Jahrelang wurden die Abteilungen Lebensmitteleinzelhandel, Großverbraucher und Katalog mit den Erlösen aus dem Weltladenbereich aufgebaut – obwohl sie lange rote Zahlen schrieben. Nun wäre es an der Zeit, einmal den ursprünglichen Geschäftsbereich zu stützen!"[374]

Insbesondere die Schließung von Regionalstellen war auf das Unverständnis der Basis gestoßen. Diese Entscheidung war entgegen dem Ergebnis einer GEPA-eigenen Umfrage im Frühjahr 1995 gefallen, in der sich (nach Darstellung aus dem Weltladen- und Gruppenbereich) „ein deutliches Votum der Läden/Gruppen für die Wichtigkeit des Prinzips der regionalen Waren- und Informationsverteilung durch Regionalstellen für ihre alltägliche Arbeit" gezeigt habe. Der unmittelbare Kontakt besitze zudem eine wichtige motivierende Funktion für das ehrenamtliche Engage-

---

[372] Vgl. Rösch-Metzler: Volle Lager, leere Kassen, in: Publik-Forum Nr. 22/1996.
[373] Vgl. Auf dem Weg zum „McFair"? 114.
[374] Schreiben des gemeinsamen Vorstandes von AG3WL und rsk, datiert von „Juni 1996".

ment.[375] In der Erregung über die Schließung der Regionalstellen drückte sich dabei offenbar eine bereits schwelende Befürchtung über eine Entfremdung zwischen den Laden- und Aktionsgruppen und „ihrer" GEPA aus, welche nun bestätigt gesehen war. Regionalstellenschließungen, aber auch eine Reduzierung des Handwerkssortiments, wurden konträr zu einer Orientierung an den Bedürfnissen der Gruppen wahrgenommen: man fürchtete „erheblichen Schaden für die Arbeit von Läden und Gruppen"[376]; diesen werde nun schrittweise der Boden entzogen.[377]
Obwohl in diesem Kontext wiederholt auf den Gesellschafterstatus der AG3WL und des rsk verwiesen wurde, blieb andererseits die Drohung nicht aus, dass sich Weltläden auch verstärkt anderen Importorganisationen zuwenden könnten und die GEPA damit den Einfluss dieser Kundengruppe auch wirtschaftlich zu spüren bekomme.[378] Sowohl für GEPA als auch für die AG3WL/rsk war in diesem Konflikt das Verhalten des jeweiligen Gegenübers – insbesondere gegenüber der Öffentlichkeit – offenbar unkalkulierbar geworden. Dies erschwerte wiederum eine bessere Zusammenarbeit, ein Teufelskreis gewissermaßen. Ein Gespräch am 9. November 1996 und eine darüber gefertigte gemeinsame Stellungnahme vom 15. Januar 1997 ließen jedoch ein vorsichtiges Wiederaufeinanderzugehen erkennen.[379]
Doch die Nerven lagen sichtlich blank. Eine – wie sich im Nachhinein herausstellen sollte journalistisch falsch wiedergegebene – Aussage von GEPA-Geschäftsführer Meinolf Remmert gegenüber der Kölner und Bonner Rundschau vom 1. Februar 1997 verursachte wenige Monate später erneut Aufruhr in der Weltladenszene. Remmert wurde damit zitiert, „die Leute haben keinen Bock mehr auf Läden die dreimal die Woche für zwei Stunden geöffnet haben"[380]; eine Äußerung, welche von Weltläden und Aktionsgruppen als eine – keinesfalls einmalige – Diffamierung ihrer Arbeit verstanden wurde. 15 Aktionsgruppen und Weltläden reagierten daher gemeinsam mit einer „Bonner Erklärung" auf diese Geschäftspolitik.[381]
Darin wurde ein „aufgestauter Unmut" geäußert, welcher – so jedenfalls die Sichtweise der Erklärung – durch eine zunehmende Abkehr der GEPA von den konsumkritischen und alternativen Wurzeln der Bewegung verursacht wurde. Die GEPA

---

[375] Vgl. Völlig losgelöst?! Protestbrief angesichts der jüngsten Umstrukturierungspläne der gepa [Vorlage für die Protestaktion am 20.6.1996], S. 1 und 2.
[376] Völlig losgelöst?! Protestbrief […], S. 3.
[377] Vgl. Arbeitsgemeinschaft Dritte Welt-Läden (Hrsg.): Völlig losgelöst !?. Massive Kritik der Weltläden an ihrer wichtigsten Importorganisation gepa, Pressemiteilung vom 20. Juni 1996, Darmstadt 1996.
[378] Vgl. Arbeitsgemeinschaft Dritte Welt-Läden (Hrsg.): Völlig losgelöst !?. […] Pressemitteilung.
[379] Vgl. Gemeinsame Stellungnahme von gepa und AG3WL/rsk, in: weltladen extra [Nr. 1] (Januar 1997), S. 10-11.
[380] Das Zitat stammte ursprünglich von TransFair-Geschäftsführer Dieter Overath, der sich davon bereits distanziert hatte, und war von einem Journalisten offenbar dem GEPA-Geschäftsführer Remmert in den Mund gelegt worden. Vgl. Schimmelpfennig: Zitatverwechselung und „Bonner Erklärung".
[381] Vgl. (auch für den folgenden Abschnitt): Bonner Erklärung von Aktionsgruppen und Weltläden zur gepa-Geschäftspolitik, Bonn 3. Mai 1997.

habe sich immer mehr an eine kommerzielle Strategie angelehnt und Vertriebswege im kommerziellen Normalhandel oder sogar mit dem OTTO-Versand als weltweit größtem Versandhandelsunternehmen aufgebaut. Eine immer häufiger wahrgenommene Identifizierung von TransFair und GEPA bei der Kundschaft sei die Folge. Die Unterzeichner der Erklärung zeigten sich darin letzten Endes enttäuscht, dass (nun auch) die GEPA als ein wesentlicher Organisationspfeiler der Aktion Dritte-Welt-Handel sich von dieser zunehmend entferne und damit deren Arbeit schwäche. Der ständige Ruf nach Professionalisierung der Weltläden vermittle umso mehr das Image von unprofessionell geführten Weltläden, wohingegen die Selbsteinschätzung der Unterzeichner eine andere war und die Sinnhaftigkeit dieses Anliegens infrage gestellt wurde. Weltläden und Aktionsgruppen schüfen der GEPA „ein Vertriebsnetz bis hinein in Dörfer und Gemeinden, wo nie ein 'professionell geführter Laden in 1a-Lage' auch nur den Funken einer Chance hätte". Im Gegenzug erwarteten sich diese, dass die Arbeit von Aktionsgruppen und Weltläden in der GEPA-Geschäftspolitik „an erster Stelle stehen" müsse: „Die Zusammenarbeit mit (rein) kommerziellen Strukturen muß dieser Arbeit – auch bezüglich der Warenversorgung – nachgeordnet sein."[382] Das Engagement der Gruppen müsse von der GEPA anerkannt und unterstützt werden. Ein unmissverständliches Bekenntnis der GEPA zur Aktion Dritte-Welt-Handel wurde erwartet.

Die Reaktion der GEPA auf die Bonner Erklärung war zugleich zurückhaltend und selbstbewusst. Die Importorganisation stellte sich einerseits als eine die Grundanliegen der Fair-Handels-Bewegung teilende und unterstützende Firma dar, bekannte sich jedoch auch ausdrücklich im Kontext der Absatzinteressen der Handelspartner zu den Kooperationen mit kommerziellen (Versand-)Händlern und der Siegelorganisation TransFair.[383]

Die Wogen schienen sich also wieder langsam zu glätten. So hatten sich AG3WL und rsk eher distanziert zur Bonner Erklärung verhalten und „[s]owohl die Identifizierung von gepa und TransFair als auch die Analyse einer Entpolitisierung der Weltladenbewegung" als „überzogen" charakterisiert.[384] Offenbar hatte sich das Klima zwischen den Basisorganisationen und der GEPA wieder gebessert: Im Unterschied zum Sommer 1996 wären öffentliche Stellungnahmen fehl am Platz, hieß es. Der Kontakt mit der GEPA-Geschäftsführung erlaubte es nunmehr, „als Dachverband der Weltläden [...] in der derzeitigen Neuorientierungsphase die Konzepte der Läden wie der Importorganisationen gleichermaßen mitzugestalten."[385] Frieauff spielte damit auf die neuerlichen Ziele des Weltladen-Dachverbandes zu einer intensiveren Kooperation mit den Importorganisationen an.[386] Auch bei der Dachorganisation der Weltläden und Gruppen hatte offenbar ein gewisses Umdenken eingesetzt:

---

[382] Bonner Erklärung.
[383] Vgl. Speck/Nickoleit: Antwort auf die Bonner Erklärung.
[384] Frieauff: Kurzer Kommentar von AG3WL/rsk zur Bonner Erklärung.
[385] Vgl. Frieauff: Kurzer Kommentar von AG3WL/rsk zur Bonner Erklärung.
[386] Vgl. unten Kapitel 2.11.2.

Frieauff merkte an, in der Fair-Handels-Bewegung habe eine Ausdifferenzierung stattgefunden, welche nun zwar neue Probleme, aber auch neue Chancen eröffne.[387]

2.10.3. Verselbständigung des Fair Trade e.V. bis zur Unterbrechung der Geschäftstätigkeit

Diese von Frieauff formulierte Einschätzung trifft ebenso in einem anderen Kontext zu – angesichts anderer Beteiligter allerdings mit umgekehrtem Vorzeichen: Der Fair Trade e.V., der als eine Struktur zur Entlastung der GEPA von umfassenderen Ansprüchen der Bildungsarbeit und der Partnerberatung gegründet worden war, entwickelte sich immer mehr zu einer selbständig agierenden Institution innerhalb der deutschen Fair-Handels-Bewegung.

Die von den Gründungsmitgliedern gewollte Nähe des gemeinnützigen Vereins zur wirtschaftlich tätigen GEPA war nicht nur inhaltlich gewollt, sondern auch räumlich und personell unterstützt worden.[388] Trotzdem hinderte dies nicht daran, dass der Verein Überlegungen anstellte, welche ihn in Konkurrenz und Konflikt zur GEPA brachten: Neben eigenen Initiativen im Bereich der Bildungsarbeit, die allgemein begrüßt wurden, brachte der Verein jedoch auch ein eigenes Siegel, eigene Produkte und eigene Fair-Trade-Marken ins Spiel.[389] Ebenso war die Diskussion aufgekommen, ob der Verein seine Partnerberatung lediglich auf die Handelspartner der GEPA beschränken oder auch die Partnerorganisationen anderer Importorganisationen des Fairen Handels unterstützen und beraten könnte.

Durch die mit diesen Vorstellungen verbundenen Ambitionen wurde gewissermaßen automatisch die Frage nach den Zielen und Zuständigkeitsbereichen des Vereins zum klärungsbedürftigen Punkt. Schließlich hatte die Gründungsmotivation für den Fair Trade e.V. eindeutig in einer Entlastung der GEPA bestanden, nicht aber in der Schaffung einer zusätzlichen großen Organisation innerhalb des Fairen Handels, welche wiederum Reibungsverluste, Konkurrenzsituationen und Aufgabenüberschneidungen mit sich bringen sollte. Durch die Aufgabenverschiebungen wurde jedoch letzteres immer deutlicher: Der Weltladen-Dachverband als inzwischen wieder wichtiger Träger der Bildungs- und Kampagnenarbeit innerhalb der Bewegung sah keinen Bedarf für einen zusätzlichen Akteur in diesem Bereich. Und auch Trans-Fair hatte den Fair Trade e.V. (mit seinen Siegelüberlegungen) zunehmend als Konkurrenz wahrgenommen. Eine Verständigung führte zur Rückbesinnung auf die gegebenen Kompetenzen und zu einer Rückstellung der Verselbständigungsbestrebungen – insgesamt wurde eine enge Abstimmung mit und Dienstleistungsfunktion

---

[387] Vgl. Frieauff: Kurzer Kommentar von AG3WL/rsk zur Bonner Erklärung.
[388] Der Sitz des Vereins befand sich auf demselben Gelände wie der von GEPA, mit Meinolf Remmert war der ehemalige GEPA-Geschäftsführer Vereinsvorsitzender, auch weitere Mitarbeiter des Vereins waren ehemals bei der GEPA beschäftigt.
[389] Vgl. Geßler: Zwischen Konkurrenz und Konzertierung, 71-72. Der Darstellung liegen vor allem Telefonate und Schriftverkehr mit Vertretern von GEPA und Fair Trade e.V. zugrunde.

für GEPA vereinbart. Die Lenkung und gezielte Inanspruchnahme einen solchen Dienstleisters musste sich jedoch erst einspielen.[390]

Auch mit dem neuen Konzept war es jedoch schwierig, eine angepasste und kontinuierliche Arbeit aufzubauen. Aufgrund von Unklarheiten bei der Geschäftstätigkeit des Vereins nahmen die Vereinsmitglieder schließlich einen Schnitt vor und beschlossen, zu Ende April 2002 die Einstellung der Arbeit, was auch die Entlassung des Personals bedeutete. Nach einem Jahr nahm der Verein mit einem veränderten Aufgabenzuschnitt seine Tätigkeit wieder auf. Er konzentriert sich seither, mit einer einzelnen Bildungsreferentenstelle im Auftrag der Jugendverbände auf den Schwerpunkt „Jugend und Fairer Handel" und versteht sich nun als „Bildungsarm der gepa", in deren Räumlichkeiten der Verein seither untergebracht ist.[391]

2.11. „Zwang zur Konzertierung": neue Zusammenarbeit der deutschen Fair-Handels-Akteure

Gegen Ende der 1990er Jahre wurde immer deutlicher, dass der Faire Handel in Deutschland ein intensiveres gemeinsames Auftreten benötigte, um bekannter werden und auch seine Marktpotentiale ausschöpfen und seine Anliegen im Sinne der Bewusstseinsbildung besser in die Gesellschaft hineintragen zu können. Die Notwendigkeit dieser Entwicklung ergab sich in der historischen Einordnung aus zwei Quellen: einerseits waren im Weltladen-Dachverband Prozesse in Gang, eine bessere Außenwahrnehmung der Weltläden zu erzielen, andererseits dürfte die Krise der GEPA vielen Akteuren der Fair-Handels-Szene vor Augen geführt haben, dass vor allem ein guter Zusammenhalt anstelle von Zersplitterung der Idee und gesellschaftlichen Präsenz des Fairen Handels Stabilität verleihen konnte.

2.11.1. Gemeinsames Auftreten bei Kirchentagen

Eine wichtige Wahrnehmungssituation ergab sich in diesem zeitlichen Horizont offenbar beim Evangelischen Kirchentag 1997 in Leipzig. Die Anwesenheit von Initiativen und Organisationen des Fairen Handels auf Kirchen- und Katholikentagen war zwar nichts ungewöhnliches, doch die Stände in einzelnen getrennten Kojen auf dem „Markt der Möglichkeiten" in Leipzig zeigte, dass sich der Faire Handel keineswegs als zusammengehörige „Fair-Handels-Bewegung" zu präsentieren vermochte. Mit Blick auf den nachfolgenden Kirchentag im Juni 1999 in Stuttgart wurde anlässlich dieser Einschätzung ein gemeinsames Vorgehen vereinbart, für das bereits mit Jahresfrist die Vorbereitung begonnen wurde. Ziel war es, auf einem Gemeinschaftsstand das Potential des Fairen Handels demonstrieren zu können, indem das Kernanliegen in den Vordergrund gerückt wurde. Mit einem professionellen Auftreten

---

[390] Für diese Beschreibungen vgl. Geßler: Zwischen Konkurrenz und Konzertierung, 71-72.
[391] Vgl. die Angaben unter www.fairtrade.de (aufgerufen 5.2.2008).

2.11. „Zwang zur Konzertierung": neue Zusammenarbeit der deutschen Fair-Handels-Akteure

sollte transportiert werden, was durch den Fairen Handel erreicht werden könne: In einem Musterweltladen wurde nahezu das gesamte Sortiment der Importorganisationen präsentiert und zugleich die Idee der Professionalisierung von Weltläden vermittelt.[392] Neben den Weltläden der Region Stuttgart, dem baden-württembergischen entwicklungspolitischen Dachverband DEAB und der Entwicklungsgenossenschaft EDCS (heute: Oikocredit) führte dieses Projekt alle wichtigen Akteure der deutschen Fair-Handels-Bewegung zusammen: die Importeure GEPA, dwp, El Puente und BanaFair, die Vereine TransFair und Fair Trade e.V. sowie den Weltladen-Dachverband.[393] Die Erfahrung war offenbar sehr positiv. Einerseits ließ sich der Erfolg am Verkauf von 20.000 eigens verpackten Schokoriegeln messen, andererseits resümierten Vorstandsmitglieder des Weltladen-Dachverbandes: „viele, viele Gespräche und eine gute Zusammenarbeit ließen den Stand zu einem kleinen Meilenstein der Weltladen-Bewegung werden!"[394] Diese Erfahrung ist insbesondere auf dem Hintergrund zu betrachten, dass die Vergangenheit des Umgangs der Fair-Handels-Akteure untereinander durch eine Vielzahl konfliktiver Erfahrungen geprägt war. Somit waren das Misstrauen und die Befürchtung unter den Beteiligten verbreitet, sich nicht angemessen vertreten zu finden. Umso mehr konnten die Vorbereitung und Durchführung des Gemeinschaftsstandes als ein kommunikativer Prozess des sich Kennenlernens, der Verständigung und Annäherung erlebt werden.[395]

2.11.2. Kooperationsverträge statt Gesellschafterstatus: Weltladen-Dachverband und Importorganisationen

Parallel zu der Annäherung im Rahmen der Kirchentage entwickelt sich ausgehend vom Dachverband der Weltläden das Anliegen, zu einer intensiveren Kooperation mit den Importorganisationen zu kommen. Vorbilder waren auch in diesem Falle die Nachbarländer Niederlande und Österreich; insbesondere in Österreich war eine enge Kooperation zwischen der führenden Importorganisation EZA und der Dachorganisation ARGE Weltläden zustande gekommen, in deren Rahmen die EZA zwei Prozent ihrer Umsätze mit Aktionsgruppen und Weltläden der ARGE für die Finanzierung von Qualifizierung, Kampagnen und Werbung in der Weltladenbewegung zur Verfügung stellte. Dieses Modell schien den deutschen Verantwortlichen in der Dachorganisation der Weltläden und Aktionsgruppen nachahmenswert – gleichwohl mit bescheideneren Beträgen. Erste Überlegungen diesbezüglich mündeten im Sommer 1997 in Gesprächen mit den Importorganisationen GEPA, dwp und El Puente,

---

[392] Vgl. o.V.: S´Schokolädle der Renner. Fairer Handel auf dem Evangelischen Kirchentag vertreten.
[393] Vgl. weltläden extra Nr. 11 (April 1999), S. 5.
[394] Asbrand/Bill: 20.000 mal „s 'Schoklädle" versucht. Fairer Handel mit Gemeinschaftsstand auf dem Evangelischen Kirchentag. Vgl. auch Asbrand: Kooperation ist das Salz in der Suppe.
[395] Vgl. Geßler: Zwischen Konkurrenz und Konzertierung, 58.

welche intensive Verhandlungen im Folgejahr nach sich zogen. Wesentliches Ergebnis war zunächst, dass ein Kooperationsangebot all jene Importorganisationen umfassen musste und konnte, die den Kriterien der „Konvention der Weltläden" „insgesamt gerecht" wurden – also diese Anforderungen in höchstem Maße erfüllten.[396] Während die Importeure El Puente, dritte-welt partner und Podi Mohair (eine kleinere Organisation) schnell ein großes Interesse signalisiert hatten, gestalteten sich die Verhandlungen mit der GEPA langwierig und schwierig: Zunächst waren „massive Vorbehalte" in deren Gesellschafterversammlung artikuliert worden, was auch einen Vertragsschluss mit den kooperationswilligen Importorganisationen verzögerte.[397] Einwände und Konkretisierungsbedarf seitens der GEPA führten zu mehrfacher Anpassung der Vertragsentwürfe, welche jeweils wiederum mit den anderen Organisationen abgestimmt werden mussten. Aus diesen Verhandlungen, deren Ergebnis offenbar deutlich die Handschrift der GEPA-Anliegen trug, resultierte eine Reduzierung der finanziellen Verpflichtungen sowie einhergehend damit der durchführbaren Projekte.[398] Mit Blick auf die Planungen für die Kampagne zum Weltladentag 2000 forcierte der Weltladen-Dachverband im Herbst des Vorjahres den Abschluss der Vereinbarungen, nachdem im Sommer bei einem Treffen mit allen beteiligten Organisationen[399] anscheinend Einvernehmen erreicht worden war. Auch die Beteiligung an den Kampagnenprodukten in der Food-Box der „Land Macht Satt"-Kampagne war festgelegt worden.

Gleichwohl scheiterte trotz knapper Zustimmung durch die GEPA-Gesellschafter die Kooperationsvereinbarung, welche nach Ansicht des Weltladen-Dachverbandes inzwischen zu einer „Projektvereinbarung, die sich nur noch um das dreht, was bei den Importorganisationen direkt als Umsatzsteigerung ankommt", zusammengeschrumpft sei; die ursprünglich beabsichtigte Mitfinanzierung der Fortbildungs- und Öffentlichkeitsarbeit des Dachverbandes kam darin offensichtlich nicht mehr vor.[400]

Gleichwohl war der Verhandlungsprozess als ein konstruktives voneinander Lernen beschrieben worden, und umso mehr wurde die Absage des größten Importeurs nicht nur bei den Weltläden, sondern auch bei den anderen beteiligten Organisationen als eine bedauernswerte Enttäuschung aufgenommen.[401]

Gewichtige Probleme dafür, die in den Darstellungen des Weltladen-Dachverbandes jedoch nicht offen gelegt wurden, lagen in diversen Interessenkonflikten begründet, in welche der Weltladen-Dachverband aufgrund seines Gesellschafterstatus in der GEPA verwickelt war. Dazu zählte zum einen, dass auch die kirchlichen Jugendverbände aej und BDKJ sich als Akteure und Förderer des Fairen Handels begriffen.

---

[396] Vgl. Wöldecke: Unidos venceremos …! Warum Kooperationen nicht nur im Süden wichtig sind.
[397] Vgl. Wöldecke: Unidos venceremos …! 7.
[398] Vgl. Bill: Die unendliche Geschichte? Eine Erklärung zum Scheitern der Kooperationsbemühungen mit gepa.
[399] Inzwischen war auch BanaFair einbezogen worden. Vgl. Bill: Die unendliche Geschichte? 7.
[400] Vgl. Bill: Die unendliche Geschichte? 7.
[401] Vgl. Bill: Vier Hochzeiten und ein Todesfall.

2.11. „Zwang zur Konzertierung": neue Zusammenarbeit der deutschen Fair-Handels-Akteure

Indem sie Informations- und Bildungsmaterialien erstellten oder Aktionen durchführten, übernahmen sie – insbesondere bezüglich der kirchlichen Jugend- und Aktionsgruppen – ähnliche Aufgaben wie der Weltladen-Dachverband. Sie forderten für diese Tätigkeit gleichwohl keine Finanzierungsleistungen, doch war mit dem Anliegen einer Mitfinanzierung der Bildungs- und Kampagnenarbeit der Weltläden die Problematik einer Ungleichbehandlung der Gesellschafter auf den Tisch geworfen worden.[402] Zum zweiten wurde intern Kritik laut, dass der Dachverband lediglich einen Teil der Läden und Aktionsgruppen vertrete – lediglich etwa ein Drittel der Weltläden in Deutschland war zu jener Zeit im Weltladen-Dachverband organisiert; abgesehen davon lag die Vertretung von (gerade auch kleineren) Aktionsgruppen offenbar nicht im Aufmerksamkeitsfokus der Dachorganisation.[403] Ein dritter Aspekt bestand zudem in einer Rollenvermischung des Weltladen-Dachverbandes als GEPA-Gesellschafter einerseits und als Repräsentant der größten und wichtigsten GEPA-Kundengruppe andererseits. Letzteres unterschied ihn zwar nicht von seiner Rolle gegenüber den beiden Importorganisationen dritte-welt partner und El Puente, bei denen der Weltladen-Dachverband ebenfalls bereits langjährig Gesellschafterstatus besaß. Auf dem Hintergrund der Gesellschafterkonstellation bei der GEPA stellte sich dies jedoch immer wieder als Interessenkonflikt heraus.

Insofern ist es kein Zufall, dass im Prozess der Suche nach Kooperationsverträgen mit den Importorganisationen auf der Mitgliederversammlung des Weltladen-Dachverbandes im September 1999 in Bad Boll der Gesellschafterstatus grundsätzlich auf die Tagesordnung gesetzt wurde. Innerhalb einer Übergangsphase von drei Jahren sollte bei allen drei Importorganisationen der Ausstieg aus der GmbH umgesetzt werden:

> „Damit sollen klare Verhältnisse hergestellt werden: Der Weltladen-Dachverband soll sich auf die Interessenvertretung der Weltläden als Kunden der ATOs konzentrieren, alle ATOs gleich behandeln und bei der Bewertung der ATOs eine neutrale Position einnehmen können. Die Mitglieder fanden, dass der Weltladen-Dachverband unabhängig sein soll und auch ohne die formale Mitsprachemöglichkeit im Gesellschafterkreis die Interessen der Weltläden vertreten kann. Klare Verhältnisse sind ein weiterer Schritt der Profilierung der Weltladen-Bewegung."[404]

Der Abschluss der Kooperationsvereinbarungen mit den Importorganisationen und die vorliegende Beschlussfassung waren bei derselben Versammlung erfolgt. Des ungeachtet wurde die Kooperationsvereinbarung mit der GEPA erst beim Abschluss der Kooperationsvereinbarungen im Folgejahr möglich.[405] Nachdem das Ausscheiden des Weltladen-Dachverbandes aus der GEPA-Gesellschafterversammlung zum Geschäftsjahresende im März 2001 in Aussicht stand und der Vorbehalt einer Sonder-

---

[402] Vgl. Geßler: Zwischen Konkurrenz und Konzertierung, 60.
[403] Vgl. Geßler: Zwischen Konkurrenz und Konzertierung, 60.
[404] o.V.: Bad Boller Beschlüsse – Meilensteine in der Geschichte der Weltladen-Bewegung, 30.
[405] Vgl. weltläden extra Nr. 16 (Dezember 2000), S. 1.

behandlung eines Gesellschaftsmitgliedes entkräftet war, war auch der offiziellen Kooperationsvereinbarung mit der GEPA der Boden geebnet.[406]

2.11.3. „Faire Woche" – erstmalig bewegungsübergreifende Öffentlichkeitsarbeit

Dass im Rahmen der Kirchentage und mit dem Prozess des Abschlusses der Kooperationsvereinbarungen tatsächlich wegweisende Schritte für die deutsche Fair-Handels-Bewegung gegangen wurden, machte der weitere Verlauf des Jahres 2001 deutlich.

Die im Jahr 2000 erschienene umfassende Studie über die „Entwicklungspolitischen Wirkungen des Fairen Handels"[407] hatte erstmals fachlich fundiert und öffentlich die Kooperationsfähigkeit der Fair-Handels-Bewegung problematisiert: Der Studie zufolge „sind die Strukturen der Kommunikation, Koordination und Kooperation zwischen den verschiedenen Fair-Handelsorganisationen verbesserungsbedürftig, und es fehlt an übergreifenden Foren und gemeinsamen Projekten".[408] Nicht nur die Partner im Süden würden davon Nachteile davontragen, auch im Inland würde die Glaubwürdigkeit des Fairen Handels darunter leiden und das Potential und der gesellschaftliche Einfluss der Fair-Handels-Bewegung eingeschränkt. Gefordert wurde daher von den Auftraggebern der Untersuchung in deren Resümee eine klarere Arbeits- und Rollenverteilung zwischen den Akteuren. Die Entwicklung eines gegenseitigen Verständnisses für die jeweiligen Akzentsetzungen und Schwerpunkte solle gefördert und damit ein „Verzicht auf Alleinvertretungsansprüche und die Entwicklung von besserer Kommunikation, Koordination und Kooperation" auf dem Weg gebracht werden.[409]

Was mit der gemeinsamen Präsenz auf Kirchentagen und mit den Kooperationsverträgen bereits im Entstehen war, erhielt durch diese Analyse und diesen Appell Unterstützung. Im Herbst 2000 erfolgte der Auftakt zur Vorbereitung der ersten Großaktion aller Organisationen des Fairen Handels: Mit einer bundesweiten Aktionswoche unter dem Namen „Faire Woche" sollte im September 2001 der Faire Handel bekannter gemacht werden: mehr Menschen sollten dazu bewegt werden, fair gehandelte Produkte zu kaufen.[410] Mit bundesweiter Pressearbeit, Auftaktpressekonferenzen mit der Bundesentwicklungshilfeministerin und einem Empfang beim Bundespräsidenten, vor allem aber natürlich mit verschiedensten lokalen Aktionen sollte dieses Ziel erreicht werden. Eine breite Trägerschaft einerseits, andererseits der

---

[406] Zur Interpretation vgl. Geßler: Zwischen Konkurrenz und Konzertierung, 60.
[407] Misereor/Brot für die Welt/Friedrich-Ebert-Stiftung (Hrsg.): Entwicklungspolitische Wirkungen des Fairen Handels – Beiträge zur Diskussion.
[408] Piepel/Möller/Spiegel: Fairer Handel, wohin? 290.
[409] Vgl. Piepel/Möller/Spiegel: Fairer Handel, wohin? 291.
[410] Vgl. die Zielbeschreibungen in: Faire Woche Bündnis (Hrsg.): Faire Woche Dokumentation; sowie o.V.: Global denken – fair genießen, 4.

2.11. „Zwang zur Konzertierung": neue Zusammenarbeit der deutschen Fair-Handels-Akteure

Slogan „Für alle das Beste – Fairer Handel", welcher vor allem der Pluralität innerhalb der Fair-Handels-Bewegung Raum ließ, ermöglichten eine große Beteiligung. Obwohl die unmittelbar vorausgegangenen Terroranschläge vom 11. September 2001 die Faire Woche in den Hintergrund zu drängen drohten, gedieh die Aktion zu einem Erfolg, welcher die Erwartungen weit überstieg: 110 Veranstaltungen mit 20 Vertreter/innen von Partnerorganisationen, 800 Aktionen von TransFair-Mitgliedsorganisationen, 215 Faire Frühstücke bei Weltläden und Aktionsgruppen und eine Beteiligungsquote von 600 der 850 Weltläden[411] sowie von 5000 Supermärkten spiegeln jenseits der verbreiteten Materialien und Probepäckchen die Aktionsdichte der Fairen Woche 2001 wieder. Auch die Präsenz in der Tagespresse, in Rundfunk und Fernsehen wurde als erfolgreich bewertet.[412]

Was in dieser – vor allem in der Außendarstellung artikulierten – Erfolgsbilanz jedoch nicht zum Ausdruck kommt, sind die im Hintergrund gelaufenen Verhandlungen und Schwierigkeiten, die gemeistert werden mussten: Katrin Geßler, die in der heißen Phase der Vorbereitungen der Fairen Woche 2001 einige Beteiligte befragt hatte, berichtet von Konkurrenzen zwischen Weltladenverband und Jugendverbänden hinsichtlich der Versorgung von Aktionsgruppen mit Anregungen und Materialien.[413]

Außerdem stellte sich die offenbar schwierige Frage, wer nach außen als Träger oder Veranstalter auftreten durfte: Konnte das TransFair-Logo genügen, nachdem die Idee der Fairen Woche bei der Siegelorganisation geboren wurde und sowohl GEPA als auch Weltladen-Dachverband mit TransFair formal verflochten waren? Auf dem Hintergrund zurückliegender Debatten eine Unmöglichkeit. Wenn aber der Weltladen-Dachverband oder GEPA ebenfalls als Träger auftreten durften, warum dann nicht auch die Jugendverbände, welche gleichermaßen Vereinsmitglieder von TransFair waren?[414] Nach außen transparent war schließlich ein „Aktionsbündnis Faire Woche", das von TransFair, Weltladen-Dachverband, Fair Trade e.V. sowie den Importeuren GEPA, dritte-welt partner, El Puente und BanaFair gebildet wurde – ohne jedoch im Rahmen der Aktionswoche ein bestimmtes Zeichen, Logo oder Siegel in den Mittelpunkt zu rücken.

Insofern war die erste Faire Woche 2001 insgesamt zu einer derart positiven Erfahrung für die deutsche Fair-Handels-Bewegung geworden, dass in der Dokumentation bereits der Ruf nach einer Wiederholung in 2003 laut wurde.

Mit der Wiederholung der Aktion „Faire Woche" im September 2003 wurde dann der Startpunkt für eine jährliche Neuauflage der erfolgreichen Aktionswoche gesetzt. Dies wurde – wie auch schon im ersten Jahr – durch die Finanzierung der Kosten

---

[411] Vgl. bezüglich der Beteiligung der Weltläden und Gruppen: Aktionsbündnis Faire Woche 2001 (Hrsg.): Faire Woche 2001. Leitfaden zur Aktionsplanung für Weltläden und Aktionsgruppen. – Der Weltladen-Dachverband hatte zudem seine Bemühungen um Fortentwicklung und Professionalisierung wieder aufgegriffen: vgl. „Be professional!" Ein Wettbewerb für Weltläden anlässlich der Fairen Woche.
[412] Vgl. Faire Woche Bündnis (Hrsg.): Faire Woche Dokumentation, 5 und 17.
[413] Vgl. Geßler: Zwischen Konkurrenz und Konzertierung, 74.
[414] Vgl. Geßler: Zwischen Konkurrenz und Konzertierung, 74.

durch das Bundesministerium für wirtschaftliche Zusammenarbeit und Entwicklung sowie den EED und Misereor ermöglicht. Die Themenwahl der Folgejahre war weiterhin sehr breit angelegt[415], so dass eine die verschiedenen Trägeranliegen und -schwerpunkte übergreifende Beteiligung möglich war. Im Laufe der Entwicklung lässt sich gleichwohl eine Spezifizierung des inhaltlichen Zuschnitts der Fairen Woche erkennen: Mit dem Slogan „Afrikanissimo – Entdecke die Vielfalt!" im Jahr 2007 wurde das Potential eines ganzen benachteiligten Kontinents in den Mittelpunkt gestellt. 2008 können unter dem Motto „Doppelt gut! Bio im Fairen Handel" einerseits das Verhältnis zum Verbraucherinteresse an ökologisch produzierten Lebensmitteln, andererseits auch die Vorteile ökologischer Produktion für die Produzenten zum Gegenstand der Aktionen gemacht werden.

Bereits bei der zweiten Fairen Woche 2003 waren im Hinblick auf die strittigen Hintergrundfragen von 2001 zwei Fragestellungen weiterentwickelt worden: Einerseits in der Außendarstellung eine Konzentration auf zwei Signets: Das Siegel TransFair und das Logo der Weltläden – womit der Bevölkerung insbesondere zwei praktische Zugänge zur Unterstützung des Fairen Handels kommuniziert werden sollten: das TransFair-Siegel zur Unterscheidung von fair gehandelten Produkten im Einkaufsort Supermarkt sowie Weltläden als umfassendere Einkaufsorte und „Fachgeschäfte" des Fairen Handels.

2.11.4. Auf dem Weg zum organisierten Netzwerk: Forum Fairer Handel

Die Fairen Wochen haben nicht nur zu einer signifikanten Erhöhung des Bekanntheitsgrades des Fairen Handels in Deutschland beigetragen. Auch in die Fair-Handels-Bewegung hinein hatten sie einen wichtigen Effekt:

Aus dem Aktionsbündnis der Fairen Woche 2001 heraus bildete sich nach und nach das „Forum Fairer Handel" als Netzwerk der Fair Handels-Organisationen und -Akteure in Deutschland, dessen offizielle Gründung im November 2002 erfolgte.[416] Neben den Kernakteuren des Fairen Handels sind mit den kirchlichen Hilfswerken, der Verbraucher Initiative sowie mit den Entwicklungspolischen Landesnetzwerken auch wichtige Unterstützer, Förderer und Multiplikatoren dessen Mitglied.

Das Anliegen einer solchen Vernetzungsstruktur, welche auch in der zitierten Studie über die Entwicklungspolitischen Wirkungen angeregt wurde, war wiederholt zum Ausdruck gekommen. So hatte etwa im Sommer 1999 in „Welt & Handel", dem übergreifenden Informationsmedium der Fair-Handels-Bewegung, die GEPA eine „Stellungnahme zur Idee der Gründung einer Arbeitsgemeinschaft des Fairen Han-

---

[415] Themen der Fairen Wochen: 2001: „Für alle das Beste – Fairer Handel", 2003: „Besonderes zum Freundschaftspreis – Fairer Handel", 2004: „Frühstück zum Fairwöhnen", 2005: „Köstlichkeiten aus aller Welt", 2006. „Fairness verbindet", 2007: „Afrikanissimo – Entdecke die Vielfalt!", 2008: „Doppelt gut! Bio im Fairen Handel".

[416] Vgl. Forum Fairer Handel (Hrsg.): Dokumentation Faire Woche 2005, 19.

2.11. „Zwang zur Konzertierung": neue Zusammenarbeit der deutschen Fair-Handels-Akteure

dels" lanciert. Darin war die Rede von einer Abstimmung der Arbeit untereinander sowie der Planung und Umsetzung gemeinsamer Aktivitäten. Zudem sollte eine solche Arbeitsgemeinschaft, „in der die Akteure auch zu Entscheidungen kommen, die von allen getragen werden" und in der sie „gemeinsame Positionen beziehen und nach außen vertreten", denn „nur so" könne der Faire Handel seine „Kapazitäten entfalten und in Deutschland ein stärkeres politisches Gewicht erzielen."[417]

Die Frage nach dem politischen Gewicht und Einfluss berührte einen offenbar wunden Punkt der Fair-Handels-Bewegung. In der Diskussion über die Fairhandelsstudie wurde diese Thematik wiederholt aufgegriffen.[418] Die Problematik erschließt sich aus einer Schilderung des Mitka-Geschäftsführers Uli Anders, demzufolge es „im BMZ [Bundesministerium für wirtschaftliche Zusammenarbeit und Entwicklung] [...] durchaus eine Offenheit für die Ideen des Fairen Handels" gebe, doch um gegenüber Politik und Regierung Nachdruck ausüben zu können, bedürfe es eines Ansprechpartners und der Artikulation von Forderungen. Dessen Fehlen würde von Verantwortlichen, die sich dem Fairen Handel gegenüber aufgeschlossen zeigten, ausdrücklich beklagt.[419]

Der Bedarf einer entsprechenden Struktur war auch deswegen groß, weil das Fehlen geeigneter Partner auch die finanzielle Förderung von Projekten seitens externer Geldgeber erschwerte. So stand für eine vom Bundesumweltministerium und Umweltbundesamt geförderte Projekt „Fairer Handel in Deutschland – Wege in die Zukunft. Marketingstrategien zur Förderung von fair gehandelten Produkten in Deutschland" innerhalb der engeren Grenzen der Fair-Handels-Bewegung keine Organisation zur Verfügung, die nach der Einstellung der Tätigkeit des Fair Trade e.V. dieses Projekt hätte übernehmen können. Mit ausschlaggebend dafür war „eine wichtige Besonderheit des Projekts [..., nämlich] dass die geplanten Marketingstrategien nicht einem der zahlreichen Akteure des Fairen Handels exklusiv zu Gute kommen sollen, sondern die Förderung des allgemeinen Ansatzes, der 'Idee' des Fairen Handels, im Zentrum der Bemühungen steht."[420] Folgerichtig wurde das Projekt schließlich der mit dem Fairen Handel vertrauten, innerhalb der Strukturen der Fair-Handels-Bewegung aber vergleichsweise wenig eingebundenen Verbraucher Initiative e.V. Bundesverband übertragen.

Die Gründung des „Forums Fairer Handel" im November 2002 begründete sich auf all diesen Wahrnehmungen.[421] Die Frage über dessen genauere Gestalt war jedoch anfänglich noch sehr strittig. War ein eher loser Rahmen ausreichend oder bedurfte

---

[417] [GEPA]: Kapazitäten entfalten und stärkeres politisches Gewicht erzielen, 2.
[418] Vgl. Asbrand: Auf dem Weg zu einer Politisierung. Ein Kommentar zur Teilstudie „Inlandswirkungen des Fairen Handels" 22; Bill: Probieren geht über Studieren, 31, sowie Nickoleit: Die Wirkung der Studie über den Fairen Handel.
[419] Vgl. Anders: Politische Erfolge? – Update nötig! 29.
[420] Lübke: Marketing für den Fairen Handel, 24.
[421] Vgl. o.V.: Forum Fairer Handel, in: Welt & Handel Nr. 12-13/2002, S. 3. Sh. auch die Grundlagenvereinbarung in: o.V.: Gründung eines bundesweiten Forum Fairer Handel, in: Welt & Handel Nr. 16/2002, S. 4-5.

es einer eigenen Rechtsstruktur? Wer sollte und konnte Mitglied werden: nur die unmittelbaren Fair-Handels-Organisationen oder auch die Träger und Förderer im Hintergrund wie die Hilfswerke, Jugendverbände oder Verbraucherorganisationen? Sollte eine eigenständige Geschäftsstelle eingerichtet werden oder reichte es aus, die Geschäftsführung von einem Forumsmitglied „nebenher" erledigen zu lassen? In diesen Debatten setzte sich im Laufe der Entwicklung schließlich die Form eines eigenständigen Rechtsträgers (e.V.) mit eigener Geschäftsstelle durch.[422]

2.12. Zwischen Discount und Lifestyle – der Markt entdeckt den Fairen Handel

In der Mitte des ersten Jahrzehnts des neuen Jahrhunderts – als die Akteure der Fair-Handels-Szene gerade angefangen hatten, ihre gemeinsame ideelle Basis mittels den gemeinsamen „Fairen Wochen" und mittels einer umfassenden aber zum betreffenden Zeitpunkt noch relativ losen Vernetzungsstruktur im „Forum Fairer Handel" zu untermauern – fanden neue Akteure Eingang in den Fairen Handel. Ihr Schritt in dieses Handelskonzept hinein und auf die Fair-Handels-Bewegung zu war dabei sehr unterschiedlich ausgefallen und dementsprechend auf Wohlwollen oder auch Widerstand innerhalb der Bewegung gestoßen.

Die Bemühungen der Siegelorganisation TransFair, den Fairen Handel gerade auch durch die Gewinnung neuer Lizenznehmer auszuweiten, hatte immer wieder neue und teils große Unternehmen wie z. B. Kaffeeröster, Fruchtsaftkeltereien oder Süßwarenhersteller dafür gewinnen können, Produkte mit TransFair-Siegel auf den Markt zu bringen.

Deren Vertriebsschienen berührten sich gleichwohl oft nur peripher oder gar nicht mit den „klassischen" Vertriebswegen der Fair-Handels-Bewegung: den Weltläden und Aktionsgruppen. Dies scheint sich geändert zu haben, seit die in der Steiermark beheimatete Schokoladen-Manufaktur von Josef Zotter ihre einschlägigen Rohstoffe wie Kakao, Zucker und einige andere Zutaten vollständig nach TransFair-Richtlinien einzukaufen begann und sich im Januar 2005 als Lizenznehmer von TransFair präsentierte.[423] Unterstützt worden war sie zunächst von der Ravensburger dwp eG, über die Zotter einen Teil der Rohstoffbeschaffung tätigte. Zotter hatte mit dieser Entscheidung nicht nur seiner persönlichen Produktphilosophie von allerhöchsten Spitzenqualitäten Ausdruck verliehen, sondern auch mit der Unterstützung der Öffentlichkeitsarbeit von TransFair einen Sprung heraus aus dem Nischendasein auf den deutschen Markt getan. Damit war erstmals ein Verarbeiter als Lizenznehmer des Siegels auf die Bühne getreten, der sich die Weltläden als Verkaufsstellen seiner

---

[422] Vgl. Forum Fairer Handel mit hauptamtlicher Koordinatorin [Interview], in: Welt & Handel Nr. 8/2004, S. 6.
[423] Vgl. TransFair e.V. (Hrsg.): TransFair präsentiert neuen Lizenznehmer. 30 Prozent Zuwächse für faire Süßwaren, Pressemitteilung vom 31. Januar 2005, Köln 2005.

2.12. Zwischen Discount und Lifestyle – der Markt entdeckt den Fairen Handel

Edelschokoladen erschloss – etwas, das zuvor in vergleichbarer Form nicht bekannt war. Gleich drei deutsche Fair-Handels-Unternehmen (die dwp eG, contigo und das FAIR Handelshaus Bayern eG) boten sich Zotter als Vertriebspartner für die Fair-Handels-Szene an. Skepsis gegenüber dem neuen Anbieter gab es in der Weltladenszene allenfalls über die Absatzchancen hochpreisiger Premiumprodukte, wie sie die – eher in der bürgerlichen Mitte verwurzelte Szene – bis dato nicht gekannt hatte. Ansonsten erlag die ganze Bewegung der Faszination des „österreichischen Schokokönigs"[424].

Für das was Zotter vorgemacht hatte, fanden sich als „Nachahmer" in der Folgezeit – teils von Österreich ausgehend – weitere Verarbeiter hochpreisiger Premiumsortimente mit Anteilen fair gehandelter Zutaten und TransFair-Siegel. Während die einen Fair-Handels-Unternehmen (wie dwp) an dieser Entwicklung als Importeure der Rohstoffe und/oder Großhändler für Weltläden selbst teilhaben zu können versuchten, sahen andere Organisationen (wie etwa GEPA) durch solche Entwicklungen die Gefahr von Trittbrettfahrertum und Nutznießerei aufkommen. Die Befürchtung hatte insofern Berechtigung, als die Verarbeiter auf den Fair-Handels-Zug zu einem Zeitpunkt aufsprangen, zu dem die Kernerarbeit des Aufbaus und der Förderung der Produzentenorganisationen ebenso wie die Erschließung von öffentlicher Wahrnehmung und Absatzwegen anfing, ihre Erfolge für die Fair-Handels-Unternehmen zu zeitigen. Konnte es der Fair-Handels-Szene genügen, nachdem die Aufbauarbeit geschafft schien, private Unternehmen zu unterstützen, die „nur noch" ihre Lieferanten aus den Produzentenregistern der Siegelorganisationen auswählen mussten?

Das Ausbleiben dieser Debatte zeigte einen gewachsenen Pragmatismus innerhalb der Fair-Handels-Szene, für den es höherer Hürden bedurfte, um die Gemüter zu erhitzen. Dies war fast zeitgleich der Fall, nachdem sich der Discounter Lidl entschlossen hatte, unter dem Namen „Fairglobe" eine eigene und überhaupt die erste Handelsmarke mit TransFair-Siegel zu platzieren.[425] Der Verkauf von fairen Produkten über Discounter hatte bis dato nur punktuell stattgefunden und war von der GEPA im Sinne von werbenden Aktionen aber nicht als kontinuierlichem Vertriebsweg hin und wieder zugelassen worden. Solche Einzelaktionen etwa bei „Norma" waren zwar aus der Weltladenszene heraus hinterfragt worden, wurden aber letztlich akzeptiert.[426] Auslöser für das Vormarschieren gerade des Hart-Discounters Lidl war eine im Sommer 2005 von der globalisierungskritischen Bewegung attac zusammen mit Banafair und anderen durchgeführte Anti-Lidl-Kampagne. Unter dem Slogan „Lidl ist nicht zu BILLIGen" wurden Forderungen nach einer Beendigung von Lidls Preis-, Umwelt- und Sozialdumping erhoben und als Konkretisierung faire Preise für

---

[424] So eine Betitelung einer anlässlich der Verleihung von „OBJEKTIV 2006 Preis für österreichische Pressefotografie"; vgl. www.zotter.at (aufgerufen 10.2.2008).
[425] Vgl. den Themenschwerpunkt „Neue Akteure im Fairen Handel – der Fall LIDL", in: weltläden aktuell Nr. 96 (Juli 2006), S. 38-67.
[426] Vgl. auch Stricker: Mainstream? Mainstream…! Fairer Handel bewegt sich, 1.

2. Geschichte der Fair-Handels-Bewegung in Deutschland

Bananen und Milch angemahnt.[427] Das Vorhaben TransFair-Produkte einzuführen hatte daraufhin der Konzernchef im Gespräch mit den Kampagnenorganisationen bereits angedeutet. Doch als die Planung am 30. März 2006 in einer gemeinsamen Pressemitteilung von Lidl und TransFair e.v. öffentlich gemacht wurde, löste diese Ankündigung eine Welle von Stellungnahmen und einen Sturm der Entrüstung aus: TransFair musste sich für sein Vorgehen rechtfertigen, manche Organisationen griffen die Entwicklung massiv an, andere brachten ausgewogenere Positionen vor, die die acht Produkte der Fairglobe-Linie als einen ersten aber noch nicht ausreichenden Schritt zur Revision der Lidl-Geschäftspolitik betrachteten.[428] Der befürchtete Schaden für die Glaubwürdigkeit des Fairen Handels trat kurzfristig jedoch nicht ein, wenngleich der Faire Handel – abgesehen von der jährlichen Fairen Woche – schon seit Jahren keine so intensive Presseresonanz mehr erfahren hatte.

Dass gerade ein Hardliner unter den Discountern mit einer fair gehandelten Eigenmarke vorpreschte, war ein dicker Brocken für die Fair-Handels-Bewegung gewesen. Doch dies wird man angesichts der Zuwachsraten des Fairen Handels eher als Anfang denn als Ende einer neuen Entwicklung einschätzen müssen. In europäischen Nachbarländern kündigten Supermarktketten die Einführung eines fair gehandelten Sortiments unter Verzicht auf das TransFair-Siegel an. Mit Nestlé, Eduscho oder dem Frischfruchtkonzern Dole waren bereits multinationale Konzerne und damit (vielleicht nicht nur) ehemalige Objekte der Kampagnenarbeit von Dritte-Welt-, Fair-Handels- und Menschenrechtsinitiativen zu Lizenznehmern des TransFair-Siegels[429] und damit zu Mitanbietern fair gehandelter Produkte geworden. Der deutsche Discounter „Norma" stand offenbar Anfang 2007 vor der Entscheidung, welche fair gehandelten Artikel er dauerhaft ins Sortiment nehmen würde.[430] Anfang Januar 2008 präsentierte „Penny", die Discountvertriebsschiene des REWE-Konzerns, zunächst mit dem „Café Intención ecológico" des Rösters Darboven ein einzelnes fair gehandeltes Produkt mit dem „Fairtrade-Siegel" in seinem Sortiment. Für Darboven, der schon seit 1993 nicht nur kontinuierlich mit REWE zusammenarbeitet sondern sich auch im Fairen Handel engagiert, sei die Ausweitung des Fairtrade-Angebotes auf den Discount-Bereich nichts weiter als eine konsequente Entwicklung.[431] Das gängige Grundsortiment folgte bei Penny innerhalb weniger Wochen. Dabei eröffnete Penny die Markteinführung mit großformatigen Fairtrade-Plakaten, als ob der gesamte Penny-Markt zertifiziert worden sei. Im Herbst desselben Jahres folgte Tschibo, der

---

[427] Vgl. www.attac.de/lidl-kampagne aufgerufen am 11.3.2007.
[428] Die Stellungnahmen sind auf der Kampagnenwebsite www.attac.de/lidl-kampagne dokumentiert. Vgl. auch: Der Pakt mit dem Teufel? In: Welt & Handel Nr. 4/2006, S. 5-6. Vgl. zudem die Veranstaltungsdokumentation: Forum Fairer Handel (Hrsg.): Herausforderungen des Fairen Handlels durch neue Akteure wie Transnationale Unternehmen und Discounter.
[429] Im Laufe des Jahres 2007 wurde auch in Deutschland der internationale Begriff „Fairtrade-Siegel" eingeführt, dessen Vergabe jedoch weiterhin durch den TransFair e.V. erfolgt.
[430] Vgl. BioHandel Nr.3/März 2007, S. 30.
[431] Vgl. TransFair e.V. (Hrsg.): PENNY startet mit Fairtrade-Kaffee. Pressemitteilung vom 23. Januar 2008, Köln/Berlin 2007.

viertgrößte Kaffeeproduzent weltweit, mit fair gehandeltem Espresso in allen seinen Filialen, nachdem der Marktführer damit im Bereich der Außerhausverpflegung bereits einige Erfahrungen gesammelt hatte.[432] Unmittelbar darauf gab auch das Sportartikelunternehmen PUMA bekannt, im Rahmen einer Kampagne zur Bekämpfung von Jugendkriminalität in Südafrika „erstmalig Fußbälle unter den Bedingungen des Fairen Handels hergestellt" zu haben. Dies sei durch eine Kooperation mit der Bayerischen Staatsregierung und dem Katholischen Missionswerk missio zustande gekommen, für deren Initiative PUMA zunächst 5.000 Fairtrade-gesiegelte Fußbälle liefert.[433]

Der Faire Handel scheint an der Schwelle zum Wirtschaftsfaktor angekommen,[434] doch die Fair-Handels-Bewegung kann darin offenbar – aus nachvollziehbaren Gründen ihrer Geschichte und Identität wegen – keinen Erfolg erkennen.[435] Vielmehr (so jedenfalls geäußert beim Fair Trade Kongress im November 2007 in Bonn) wird befürchtet, dass die Bewegung auseinander fallen könnte: hier die mit Fair-Handels-Siegel versehenen Produkte in Großverbrauch, Gastronomie, Einzelhandel und Discountmärkten – dort die ehrenamtlich engagierte, solidarisch und politisch motivierte Basisbewegung – und vielleicht manche Organisation, die in beiden Ligen zugleich mitzuspielen versucht. Offen ist insbesondere die Frage, wie sich die Annäherung von multinationalen Konzernen und Fairem Handel entwickeln und auf die Fairhandelsorganisationen auswirken wird.[436] Sie dürfte die zentrale Herausforderung sein, mit der die deutsche Fair-Handels-Bewegung zu ihrem 40-jährigen Bestehen konfrontiert ist.

2.13. Die Fair-Handels-Bewegung in europäischen Nachbarländern

In verschiedenen Momenten dieser Geschichte der Fair-Handels-Bewegung in Deutschland sind Verbindungen zu den parallelen Bewegungen in anderen europäischen Ländern bereits sichtbar geworden. Im Rahmen eines kurzen Exkurses ist es nun daran, ebenfalls einen Einblick in diese Schwesterbewegungen zu gewähren.

In den *Niederlanden*, von wo zahlreiche Impulse auf die Fair-Handels-Akteure anderer Länder ausgegangen sind, stand am Anfang der Entwicklung im Jahr 1959 die Gründung der S.O.S. Wereldhandel als der ersten Fair-Handels-Importorganisation überhaupt, die heute unter dem Namen Fair Trade Organisatie (FTO) firmiert. Auch

---

[432] Tchibo (Hrsg.): Erstmals Fairtrade zertifizierter Kaffee in allen Tchibo Fillialen, Pressemitteilung vom 9. September 2008 (company.tchibo.de aufgerufen 28.11.2008)
[433] PUMA (Hrsg.): PUMA produziert erstmals „Fair Trade"-Fußball, Pressemitteilung vom 17. November 2008 (about.puma.com aufgerufen 28.11.2008)
[434] Vgl. auch Overath/Dreßen: Neue Erfordernisse durch neue Akteure? Marktentwicklung des Fairen Handels in Europa und Deutschland.
[435] Vgl. o.V.: Weltläden als Wegbereiter für Chiquita und Nestlé? In: Welt & Handel Nr. 2/2006, 5.
[436] Vgl. Ipaktschi: Fairer Handel und Multis – das passt nicht so recht! sowie Fuchs: Fairer Handel und Multinationale Konzerne.

andere Impulse der Entwicklung des Fairen Handels wurden in den Niederlanden geboren: so entstanden dort die ersten Weltläden (Wereldwinkel) wie auch die Aktion Sauberer Kaffee und das daraus entstandene Max-Havelaar-Siegel in den Niederlanden Vorbild für die entsprechenden Initiativen in Deutschland und andere Ländern war und damit den Einzug von TransFair-Produkten im deutschen Lebensmittelhandel begründete.[437]

Wie in Deutschland, so hatte die niederländische S.O.S. auch in *Österreich* die Gründung einer Auslandsniederlassung beabsichtigt, so dass die Gründung der EZA 1975 als österreichischer Importorganisation in enger Verbindung mit der S.O.S. erfolgt war.[438] Ebenfalls wenige Jahre später wurde die EZA 1979 selbständig. Verfasst ist die EZA als GmbH. Dem Gesellschafterkreis gehörten ein Solidaritätsverein, der Österreichische Entwicklungsdienst (ÖED – später: Horizont 3000) sowie kirchliche Gruppen an – heute sind verschiedene Gliederungen der Katholischen Männerbewegung sowie die Aktion 3. Welt e.V. Eigentümer der EZA. Nach der Aufbruchszeit waren die 80er-Jahre eher eine schwierige Zeit der österreichischen Fair-Handels-Bewegung: Neben der EZA entstanden weitere Importorganisationen in der österreichischen Fair-Handels-Szene wie Eine-Welt-Handel AG (gegründet 1987) sowie CONA. Die Arbeitsgemeinschaft der Weltläden „ARGE Weltläden" entstand 1982 als Zusammenschluss von zunächst 12 Läden, deren Auftrag unter anderem in der Interessensvertretung gegenüber der EZA gesehen worden war. Seit 1987 wird die Betreuung der Weltläden mithilfe von hauptberuflichem Personal wahrgenommen, ebenso wie die österreichischen Weltläden intensiver auf bezahltes Personal gesetzt haben. In den 1990er gab es Versuche einer engeren Verzahnung zwischen EZA und ARGE, die in aufeinander abgestimmten Logos beider Organisationen ihren Niederschlag fanden, mit der Zeit aber wieder aufgegeben wurden. 1993 erfolgte unter anderem auf Initiative der EZA und unter Beteilung der ARGE Weltläden die Gründung von TransFair Österreich (seit 2003 unter dem Namen FAIRTRADE), wobei die Motivlage grundsätzlich derjenigen in Deutschland ähnelte. Ähnlich wie im Nachbarland regierte die Weltladenbewegung mit Professionalisierungsanstrengungen auf diese Herausforderung, die im Vergleich zu Deutschland jedoch flächendeckender umgesetzt wurden.

In der *Schweiz*[439] war von 1973 bis 1976 die Kaffeeaktion Ujamaa der Auftakt für die Entstehung der heutigen Fair-Handels-Bewegung. Dieser Aktionsrahmen, den das Hilfswerk „Brot für Brüder" (heute: „Brot für alle") und andere Hilfsorganisationen bereitstellten, habe für zahlreiche Kirchengemeinden und Aktionsgruppen „ein willkommenes Handlungsangebot für lokale Verkaufs- und Informationsaktionen"

---

[437] Vgl. Krier: Fair Trade in Europe 2005, 55.
[438] Zur österreichischen Fair-Handels-Bewegung vgl. als knappen Abriss: Krier: Nische mit Anspruch, 32. Eine ausführlichere Darstellung enthält die Diplomarbeit von Mitterlehner: Entwicklungspolitische Wirkungen des fairen Handels in Österreich.
[439] Vgl. die detaillierte Aufarbeitung der historischen Entwicklung der Schweizer Fair-Handels-Bewegung bei Kuhn: Fairer Handel und Kalter Krieg.

2.13. Die Fair-Handels-Bewegung in europäischen Nachbarländern

geboten.[440] Nach der erfolgreichen Aktion wurde mit Aktivitäten fortgefahren. Die offizielle Gründung von „OS3" (Organisation Schweiz – Dritte Welt)[441], der Schweizer Importorganisation, wurde daraufhin von einem breiten Bündnis von Genossenschaftsmitgliedern getragen, darunter Hilfswerke, die deutschsprachige Vereinigung 3. Welt Läden V3WL, die von neun Weltläden 1976 gegründet wurde, sowie die Association Magasins du Monde in der französischsprachigen Schweiz. claro fair trade entstand 1997 durch die Umwandlung der Importgenossenschaft OS3 in eine Aktiengesellschaft, die von KleinaktionärInnen, Mitarbeitenden, claro Läden (den Deutschschweizer Weltläden), deren Regionalvereinen, Kirchengemeinden, Firmen und den Schweizer Hilfswerken getragen wird.[442] Die Max-Havelaar-Stiftung Schweiz entstand zeitgleich mit dem deutschen TransFair-Verein 1992 und wird von den Hilfswerken Caritas Schweiz, Swissaid, Fastenopfer, HEKS, Helvetas und Brot für Alle als Stifterorganisationen getragen.

Auch in *Belgien* ist die Grundstruktur der Fair-Handels-Bewegung ähnlich.[443] Sie umfasst als führende Importorganisation Oxfam Fairtrade sowie wenige weitere, kleinere Importeure ebenso wie Weltläden und die Max Havelaar-Initiative. Aufgrund der Zweisprachigkeit des Landes sind die Weltläden in den beiden Organisationen Oxfam Wereldwinkels und Oxfam Magasins du Monde organisiert, insgesamt rund 300 Verkaufsstellen.

In *Frankreich* ist die Dichte an Weltläden geringer, ihre Zahl wird mit rund 160 Läden beziffert, die in der Fédération Artisans du Monde zusammengeschlossen sind und etwa 5.000 Ehrenamtliche umfassen. 1984 wurde mit Solidar'Monde die erste und bis heute wichtigste Importorganisation ins Leben gerufen, weitere Importorganisationen folgten, darunter die 1999 gegründete Alter Eco, die eine Reihe von Supermarktketten für den Fairen Handel erschloss und sich so zur Nr. 2 entwickelte. Max Havelaar France als Siegelorganisation entstand im Jahr 1998, während die Plate-Form pour le Commerce Equitable, die 30 Mitglieder umfassende Dachorganisation, bereits aus dem Jahr 1997 datiert.

In *Italien* umfasst der Faire Handel rund 500 Weltläden. CTM altromercato, die 1988 gegründete Importorganisation, gehört inzwischen zu den größten Fairtrade-Importeuren Europas. Die Genossenschaft wurde 1998 in ein Unternehmen umgewandelt, das von 124 Weltläden mit ungefähr 350 Verkaufsstellen getragen wird. Darüber hinaus existieren in der italienischen Fair-Handels-Bewegung weitere Importorganisationen sowie TransFair Italia als Siegelorganisation. 1999 wurde ein Dachverband gegründet, die Assemblea Generale Italiana del Comercio Equo e Solidale.

In *Großbritannien* hat der Faire Handel insofern große Erfolge erzielt, weil er in seinem Stammprodukt Kaffee einen Marktanteil von 20 Prozent erreichen konnte. Die hohe Marktdurchdringung im Einzelhandelssektor ist dem zu verdanken, dass

---

[440] Vgl. Informationsblatt OS3, zitiert nach Kuhn: Fairer Handel und Kalter Krieg, 40.
[441] Laut Kuhn: Fairer Handel und Kalter Krieg, 10, erfolgte die Gründung 1979.
[442] Vgl. www.claro.ch vom 10.3.2007.
[443] Vgl. für Belgien und die folgenden Länder: Krier: Fair Trade in Europe 2005.

2. Geschichte der Fair-Handels-Bewegung in Deutschland

sich vier Fair-Handels-Organisationen (Oxfam GB, Twin Trading, Traid Craft und Equal Exchange) zu einem Joint Venture namens Cafédirect zusammengeschlossen haben. Insgesamt verfügt der Faire Handel in Großbritannien über 60 Importorganisationen und etwa 100 Weltläden, sowie das Siegel „Fairtrade mark".

In *Osteuropa* fasst der Faire Handel ab den 2000er Jahren zunehmend Fuß.[444] Angesichts der fortgeschrittenen Entwicklung verläuft der Prozess nach anderen als den bekannten Mustern. So wird für die Warenversorgung in den meisten Fällen auf deutsche und österreichische Importorganisationen zurückgegriffen. Auch der Vertriebsweg führt von Beginn neben entstehenden Weltläden auch über andere Wege zu den Kunden. In *Polen* hat die erste Importorganisation „Sprawiedliwy Handel" im Mai 2006 ihren Verkauf über Supermarktketten, Restaurants aber auch Kirchen begonnen. Bereits im September 2003 war der polnische Fair-Handels-Dachverband gegründet worden. In *Tschechien* entstanden vereinzelte Weltläden bereits Mitte der 1990er, einen Schub für den Fairen Handel gab es jedoch erst, als die Ökumenische Akademie Prag im Oktober 2004 den ersten Großhandel für fair gehandelte Waren in Tschechien eröffnete und somit die Entstehung weiterer Verkaufsstellen gefördert wurde. Auch die Gründung eines Dachverbandes datiert vom selben Jahr. Inzwischen entstehen weitere Organisationen, die sich mit dem Fairen Handel identifizieren und sich für diesen engagieren.

Dieser kleine Rundgang durch die europäische Fair-Handels-Landschaft verdeutlicht den länderübergreifenden Charakter der Fair-Handels-Bewegung. Keineswegs existiert sie nur in den genannten Ländern. Die Studie „Fair Trade in Europe 2005" von Jean-Marie Krier weist sie in 25 europäischen Ländern aus. Sie kann also mittlerweile in ganz Europa, mit unterschiedlichen nationalen Schwerpunkten und Verbreitungsgraden, wahrgenommen werden. Dabei ist sie keinesfalls auf Europa beschränkt, Siegelorganisationen existieren auch in den USA, Kanada, Japan, Australien, Neuseeland, ja selbst in Mexiko. Insofern präsentiert sich der Faire Handel als eine weltumspannende Bewegung, nicht nur weil er Produzentenorganisationen aus einer Vielzahl von Ländern umfasst, sondern auch weil das solidarische Engagement ebenfalls internationale Verbreitung gefunden hat.

2.14. Resümee: Fairer Handel als „Neue Soziale Bewegung"

Die historischen Einblicke lassen die Komplexität der Vorgänge, die personalen Verflechtungen ihrer Akteure und die darin oft nur schwer zu erhebenden Interessenlagen erahnen. Ein Resümee einer geschichtlichen Darstellung hat dies nicht zu bewerten. Wohl aber muss es die Beobachtungen interpretieren und zu einer Wahrnehmung von Tendenzen, Trends und Zusammenhängen beitragen.

So lässt sich feststellen, dass aus der ehemals eng in die Dritte-Welt-Bewegung eingebetteten „Aktion Dritte-Welt-Handel" eine sich zunehmend verselbständigende

---

[444] Vgl. zum Folgenden: o.V.: Fairer Handel in Osteuropa – das Interesse wächst.

2.14. Fairer Handel als „Neue Soziale Bewegung"

Bewegung geworden ist: eine bereits Jahrzehnte überdauernde, zahlreiche Organisationen hervorbringende, unterschiedlichste Akteure vereinende, flächendeckend arbeitende und breitenwirksame ... Bewegung eben. Vom politischen Protest einer Solidaritätskampagne hat eine Weiterentwicklung stattgefunden, an deren Ende heute eine ausdifferenzierte soziale Bewegung steht, die sich – volkswirtschaftlich gesprochen – an der Schwelle zu einer wirtschaftlichen Branche befindet. Kann damit – auch soziologisch verantwortet – von einer Bewegung, von der „Fair-Handels-Bewegung" geredet werden?

Auf einen ersten Blick scheint in der ausufernden Literatur zu den „(Neuen) Sozialen Bewegungen" nur schwerlich ein Bezug für unsere Thematik greifbar, fristet doch die Dritte-Welt-Bewegung in der Forschung inzwischen doch ein äußerst marginales Dasein – geschweige denn, dass dort von einer „Fair-Handels-Bewegung" die Rede wäre. Gleichwohl erlauben die Grundlagendefinitionen und Grundrisse zur Theorie der Neuen Sozialen Bewegungen diesen Begriff. Folgt man den einschlägigen (aber natürlich auch sehr allgemein gehaltenen) Definitionen ausgewiesener Fachleute[445] scheint diese Schlussfolgerung zulässig. Der Bewegungstheoretiker Joachim Raschke skizziert – gefolgt auch vom Bewegungsforscher Dieter Rucht – als wesentliche Eckpunkte einer Sozialen Bewegung einen kollektiven Akteur, eine gewisse Dauerhaftigkeit sowie weitreichende Ziele, die auf den Wandel sozialer oder anderer Rahmenbedingungen abzielen oder denselben verhindern wollen.

Darüber hinaus zählt Raschke eine geringe Rollenspezifikation, variable Organisations- und Aktionsformen, eine hohe symbolische Integration sowie die Mobilisierung von Unterstützung zu den definitorischen Charakteristika sozialer Bewegungen. Ohne sich in eine einzelne Organisation hinein zu institutionalisieren (und sich damit als Bewegung aufzulösen) bringt eine soziale Bewegung ihre eigenen Organisationen hervor, die – teils untereinander konkurrierend – arbeitsteilig an der Zielverwirklichung der sozialen Bewegung mitwirken. Neben diesen Bewegungsorganisationen steht die Bewegung zu anderen Organisationen in Kontakt, welche sie zur Unterstützung mobilisieren konnte, ohne dass diese jedoch zu Trägern der Bewegung aufsteigen.[446] Kennzeichnend für eine Bewegung – und damit auch in Abgrenzung von single-issue-Gruppierungen – ist die Grundsätzlichkeit ihrer Zielrichtung, die gewissermaßen visionäre Züge trägt, seien diese im sozialen, politischen, ökonomischen oder kulturellen Bereich angesiedelt.

Obgleich die „Fair-Handels-Bewegung" ihren Nährboden und (zumindest einen Teil ihres) Entstehungsgrund(es) in den Solidaritätsbewegungen mit der Dritten Welt vorfindet – sie könnte insofern als eine „sekundäre Bewegung" klassifiziert werden – , soll im Folgenden angedeutet werden, wie der Faire Handel als soziale Bewegung einzustufen ist: Angesichts einer „Unzufriedenheit"[447], welche die Lebensbedingun-

---

[445] Vgl. etwa Raschke: Soziale Bewegungen, 77; Rucht: Modernisierung und neue soziale Bewegungen, 22, 76f.
[446] Vgl. Raschke: Soziale Bewegungen, 205.
[447] Laut Raschke: Soziale Bewegungen, 147, „der Stoff, aus dem Bewegungen gemacht werden".

gen und Produktionsverhältnisse in Ländern der Dritten Welt auch bei hiesigen Menschen hervorrufen (neben der selbst erlittenen Unzufriedenheit spricht Joachim Raschke auch von einer geteilten Unzufriedenheit als Ausgangspunkt oder Grundursache von Bewegungen[448]) entsteht der Zielhorizont einer gerechten Weltwirtschaftsordnung, zu deren Bestandteilen eine faire Handelsordnung mit den unter (gegebenenfalls erst noch zu schaffenden) humanen Rahmenbedingungen hergestellten Waren zählt. Die schon früh aufgestellte Zwei-Standbeine-Theorie der „Aktion Dritte-Welt-Handel", Bildungsarbeit und Verkauf,[449] findet ihren bewegungstheoretischen Hintergrund im Mobilisierungsbestreben sozialer Bewegungen, durch welches diese ihre Ressourcenknappheit kompensieren, sowie in der Aktionsorientierung als ihrer öffentlichkeitsbezogenen Dimension.

Mit der Zweigleisigkeit von Bewusstseinsbildung und Verkauf hat die Fair-Handels-Bewegung folglich einen modus vivendi entwickelt, wie sie die für soziale Bewegungen typischerweise prekäre Ressourcenlage mit einer öffentlichkeitsträchtigen Aktionsform ausgleichen konnte. Mobilisierung – und auch das scheint für soziale Bewegungen typisch – setzt zwar inhaltlich auf ein „ad extra" wenngleich es sozial seine Kraft vor allem „ad intra" entfaltet.[450] Auch die Organisationsstrukturen im Fairen Handel spiegeln deutlich den Ansatz sozialer Bewegungen: Neben „Bewegungsorganisationen" wie den Importfirmen, der Siegelinitiative oder Basisgruppen und ihren Zusammenschlüssen[451] stehen „mobilisierte Organisationen", die für den Fairen Handel selbst wichtige mobilisierende Akteure darstellten[452] oder die diese Aktion bzw. Bewegung überhaupt auf den Weg brachten, jedoch keineswegs in der Bewegung aufgingen.

Diese für soziale Bewegungen typische Konstellation hängt auch mit den in der Fair-Handels-Bewegung – teils leidvoll erfahrenen – Auseinandersetzungsprozessen zusammen: Weil mobilisierte Organisationen bereits einen ausgereifteren Institutionalisierungsgrad besitzen als die noch jungen Bewegungsorganisationen, also unvermeidlich über einen Vorsprung an Institutionalisierung verfügen, sind Ungleichzeitigkeiten und Differenzen in den Vorstellungen und Maßnahmen zur Zielerreichung innerhalb der Gesamtbewegung unvermeidbar. Die dargestellte Kontroverse

---

[448] Raschke: Soziale Bewegungen, 198.
[449] Vgl. Stricker: Weltweite Gerechtigkeit konkret, sowie Raschke: Entwicklungspolitische Bildung im Fairen Handel.
[450] Im Verständnis von Joachim Raschke ist Mobilisierung ad intra gerichtet. Demgegenüber beansprucht Bildungsarbeit im Fairen Handel zunächst eine Außenorientierung, wenngleich in ihrer Wirksamkeit ihr Erfolg und ihre Reichweite nach innen, d.h. bei den Engagierten selbst, nicht übersehen werden sollte. (Vgl. Ramminger/Weckel: Dritte-Welt-Gruppen auf der Suche nach Solidarität, 72f.) Raschke gesteht aber zu, dass Mobilisierung ad intra und Aktion ad extra in der Realität nicht klar zu trennen sind (Vgl. Raschke: Soziale Bewegungen, 275).
[451] In erster Linie stehen hier die Weltläden und ihr Dachverband, aber auch die Regionaltreffen und deren Sprecherkonferenz (rsk) oder die von Läden und Gruppen aufgebauten und getragenen, meist genossenschaftlich organisierten Regionalzentren.
[452] Erinnert sei vor allem an die gesellschaftliche Bandbreite der Mitgliedsorganisationen von TransFair e.V.

2.14. Fairer Handel als „Neue Soziale Bewegung"

um die Handelsausweitung einerseits sowie um die Gründung einer Siegelinitiative andererseits lässt sich genau aus diesem Spannungsverhältnis verstehen: Das Drängen der mobilisierten Organisationen (insbesondere der kirchlichen Hilfswerke) zu neuen Mitteln der Zielerreichung kollidierte im Falle der Fair-Handels-Bewegung mit einer Krise der Institutionalisierungsentwicklung der Basis- bzw. Bewegungsorganisationen (insbesondere AG3WL und rsk), traf also letztere zu einem Zeitpunkt, zu welchem ein Aufbruch zu veränderten Visionen und angepassten Zielen geradezu nicht auf der Tagesordnung stand und daher auf Widerstand stoßen musste.

Die organisatorisch formale Differenz konnte dabei aufgrund eines davon nicht ganz unabhängigen Visionskonfliktes zwischen (makrosoziologisch) Systemüberwindung und Systemveränderung bzw. (mikrosoziologisch) „kritischer Aktion" und „integrierter Aktion" nur ansatzhaft wahrgenommen werden. Der auf der inhaltlichen Ebene ausgetragene Konflikt verdeckte dabei die Dringlichkeit organisatorischer Fragen.

Nachdem allerdings mit der Vereinigung von AG3WL und rsk zum Weltladen-Dachverband und dessen Professionalisierung mit Geschäftsstelle und hauptamtlichem Personal auch ein Fortschritt an Institutionalisierung erreicht war, konnte sich die Lage der Fair-Handels-Bewegung entschärfen. Zum ersten hatte die Selbstvergewisserung eine Konzentration auf die ureigenen Aufgaben eines Dachverbandes und damit eine Profilschärfung mit sich gebracht, zum zweiten ließen sich auf diesem Hintergrund konflikträchtige Organisationsverflechtungen auflösen und schließlich hatte diese Fortentwicklung zum dritten zu einer verbesserten Ressourcensituation geführt, so dass drei Faktoren eine konstruktive Erfüllung von Kooperationsanforderungen begünstigten. Insofern ist das, was sich innerhalb der Zeitumstände als ein „Zwang zur Konzertierung"[453] dargestellt haben mag, organisch in die Entwicklung einer sozialen Bewegung mit ihren spezifischen Dynamiken eingebettet.

Das Zusammenwirken von mobilisierten Organisationen und Bewegungsorganisationen sollte dabei im Kontext der Fair-Handels-Bewegung nicht allein als Konfliktfalle in Erinnerung bleiben, wiewohl diese These aus dem individuell Erlebten heraus möglicherweise nur schwer nachzuvollziehen ist. Dass mobilisierte Organisationen wie insbesondere die kirchlichen Hilfswerke und Jugendverbände den Aufbau von Bewegungsorganisationen wie der GEPA, dem A3WH e.V., TransFair, dem Fair Trade e.V. oder dem Forum Fairer Handel maßgeblich mitgestaltet haben, darf als Pluspunkt für die institutionelle Absicherung der Fair-Handels-Bewegung in ihrer Pluralität gewertet werden, durch die der Sprung von der (zeitlich befristeten) Aktion oder Kampagne zur (unbefristeten) Sozialbewegung erst möglich geworden ist. Ob dies von den Basisbewegungen und Bewegungsorganisationen allein in vergleichbarem Maße möglich gewesen wäre, bleibt fraglich. Dass dies nicht außerhalb des Möglichen liegt, zeigen andere Bewegungen wie etwa die Ökologiebewegung, deren Anliegen allerdings unvergleichlich weniger von altruistischen bzw. solidarischen Motivationen abhängig ist. Dabei darf auch die Bedeutung der Bewegungsbasisorga-

---
[453] Geßler: Zwischen Konkurrenz und Konzertierung, 72.

nisationen in der Fair-Handels-Bewegung nicht unterbewertet bleiben, sind doch sie überhaupt der Mutterboden, ohne den aus einer Aktion keine Sozialbewegung entstehen könnte und ohne den eine breite gesellschaftliche Einwurzelung von Fachorganisationen wie GEPA oder TransFair („Bewegungsfachorganisationen" im Unterschied zu den Bewegungsbasisorganisationen) nicht vorstellbar wäre. Dafür steht gerade auch die Vielfalt unterschiedlichster und zahlreichster lokaler Akteure mit ebenso bunten Aktionsformen, Namen und Ideen, durch welche der Bewegungscharakter des Fairen Handels unterstrichen wird.

3

Gruppen und Geschäfte vor Ort

Engagement in Weltläden und kirchlichen Aktionsgruppen

3. Engagement in Weltläden und kirchlichen Aktionsgruppen

Begründet in der anfänglichen Aktionsform der „Aktion Dritte-Welt-Handel" liegt die wohl wesentlichste Form der Verbreitung und gesellschaftlichen Präsenz des Handlungsmodells Fairer Handel in den Weltläden und Eine-Welt-Gruppen in Deutschland. Hervorzuheben ist dabei die große Spannbreite des Fair-Handels-Engagements der Gruppen: vom professionellen Ladengeschäft bis hin zum jährlichen Stand auf dem Gemeindebazar oder Weihnachtsmarkt.[454] Allen gemeinsam sind jedoch die hohe idealistische Motivation und die beinahe ausschließlich ehrenamtliche Tätigkeit im Fairen Handel, die für das ganze Spektrum von Weltladengruppen und Eine-Welt-Gruppen kennzeichnend ist. Dieses Engagement gilt es im Folgenden in seinen unmittelbaren Rahmenbedingungen und seinen Verwirklichungsformen genauer zu erschließen. Das bedeutet auch, das Selbstverständnis der im Fairen Handel aktiven Solidaritätsgruppen herauszuarbeiten und im Horizont des eigenen Handlungsmodells kritisch zu reflektieren. Dazu folge ich zunächst der Unterscheidung zwischen den beiden Aktionsformen „Weltladen" und „Fair-Handels-Verkaufsstand" um die jeweiligen Besonderheiten und Diskussionsthemen des jeweils spezifischen Engagementfeldes herausarbeiten und erörtern zu können. Gerade im Kontext des kirchlichen Gemeindemilieus ist diese Unterscheidung jedoch nicht immer eindeutig zu ziehen. Die daran anschließende Rückfrage nach dem Selbstverständnis des ehrenamtlichen Engagements in diesen Betätigungsfeldern werde ich jedoch bewusst ohne eindeutige Zuordnung zu einer der beiden Aktionsformen bearbeiten. Nicht alles, was gesagt wird, trifft auf Weltladengruppen und Aktionsgruppen gleichermaßen zu – gleichwohl soll nicht auf dem Wege einer Schematisierung ausgeschlossen werden, dass thematisierte Fragestellungen in beiden Aktionsformen eine gelebte Praxis betreffen.

3.1. Weltläden: Fachgeschäfte und Bildungsorte des Fairen Handels

„Weltläden" spielen in der Fair-Handels-Bewegung eine hervorgehobene Rolle, im Grunde sind sie Inbegriff dieser Bewegung und zugleich eine eigene charakteristische Aktionsform und internationale gesellschaftliche Realität, weshalb sie in ihrer Gesamtheit auch gerne als „Weltladenbewegung" bezeichnet werden.[455]
Seit Ende der 1960er Jahre haben sich, zuerst in Holland und dann in zahlreichen europäischen Ländern, Gruppen gegründet, welche einen Weltladen betreiben. Seither haben Weltläden eine kontinuierliche Verbreitung gefunden: derzeit kann von

---

[454] Hierdurch ergibt sich auch eine gewisse Ungenauigkeit in der Erfassung beteiligter Gruppen, da für sporadische Aktionen die Waren meist aus dem naheliegenden Weltladen „auf Kommission" bezogen werden und die Gruppen somit nicht mehr statistisch erfasst werden.
[455] Vgl. z.B.: Weltladen-Dachverband (Hrsg.): Generation Weltladen. 30 Jahre Weltladenbewegung in Deutschland. Inwiefern diese Bezeichnung im Kontext der Bewegungsforschung soziologisch zutreffend ist, kann anhand obigen Kapitels 2.14. beurteilt werden.

3.1. Weltläden: Fachgeschäfte und Bildungsorte

rund 900 Weltläden in Deutschland[456], 100 in Österreich[457] und 300 in der Schweiz[458] ausgegangen werden. Europaweit beziffert das Network of European Worldshops NEWS!, in dem 15 nationale Dachverbände aus 13 europäischen Nationen zusammengeschlossen sind, die Zahl der Weltläden auf 2.500 Läden, in welchen insgesamt rund 100.000 Freiwillige engagiert seien.[459]

Der Begriff „Weltladen" wurde an dieser Stelle zunächst in Anführungszeichen gesetzt, da er sich erst über eine lange Entwicklungsgeschichte herausgebildet hat. Blickt man auf die Vergangenheit zurück, so findet sich nicht nur der bis in die 1980er zunächst vorherrschende Begriff der „Dritte-Welt-Läden", welcher inzwischen nur noch vereinzelt vorkommt und vor allem mit der Infragestellung der Einteilung der Welt in eine erste, zweite und dritte Welt über Bord geworfen wurde. Neben dem auch heute noch weit verbreiteten Namen des „Eine-Welt-Ladens" existieren zahlreiche Namensgebungen wie „Die Brücke", „Una Terra", „Sonnenblume" oder „Mitenand-Laden" (in der Deutschschweiz), durch die die Trägergruppen ihren Visionen und Anliegen einen oft symbolischen Ausdruck verleihen. Insbesondere in den 1980er Jahren waren einzeln auch politischer ausgerichtete Bezeichnungen auffindbar, wie „Venceremos", „Liberación" oder „Tupac Amaru"[460], mit denen teils bestimmte Gesellschaftsmodelle zum Ausdruck gebracht wurden. Einzelne Gruppen bezeichneten ihre Ladenlokale auch als „Infomarkt Dritte Welt", „Infoladen" oder „Aktionszentrum Arme Welt" um ihren bewußtseinsbildenden Auftrag hervorzuhe-

---

[456] Das Bischöfliche Hilfswerk Misereor veröffentlicht folgende geschichtlichen Vergleichszahlen: 1980: rund 80 Weltläden und 1.500 Aktionsgruppen; 1990: rund 550 Weltläden und 5.000 Aktionsgruppen; 1995: rund 750 Weltläden und 7.000 Aktionsgruppen; 2003: rund 900 Weltläden und 8.000 Aktionsgruppen (Vgl. www.misereor.de/OEkumene.3362.0.html vom 20.9.2007) – Da keine eindeutige Erfassung und Definition besteht, existieren auch hier unterschiedliche Zahlenangaben. Krier: Fairtrade in Europe 2005, gibt die Zahl der Weltläden mit 800 für den 2004 an, der Weltladen-Dachverband spricht ebenfalls von 800 Weltläden in Deutschland (vgl. Daten und Fakten zu Weltläden in Deutschland (Stand: Oktober 2005), online unter www.weltladen.de vom 10.8.2007).

[457] Beinahe alle Weltläden in Österreich sind in der Dachorganisation „ARGE Weltläden" zusammengeschlossen, 2007 umfasst sie 92 Mitglieder (vgl. www.weltladen.at vom 10.8.2007).

[458] In der Deutschschweiz sind 140 „claro Läden" an die claro fair trade ag, die dortige führende Importorganisation, angegliedert (vgl. www.claro.ch vom 10.8.2007). In der französischen Schweiz umfasst der Dachverband ASRO – Association romande des Magasins du Monde insgesamt 40 „Magasins du Monde" (vgl. www.mdm.ch vom 10.8.2007).

[459] Vgl. www.worldshops.org vom 10.8.2007. Eine andere Studie beziffert die aktuellsten Zahlen auf 2854 (vgl. Krier: Fair Trade in Europe 2005, 9). – Für die einzelnen Länder werden folgende Zahlen genannt: Belgien: 295 Weltläden – Dänemark: 6 Weltläden – Finnland: 25 Weltläden – Frankreich: 165 Weltläden – Irland: 6 Weltläden – Italien: 500 Weltläden – Luxemburg: 500 Weltläden – Niederlande: 412 Weltläden – Portugal: 9 Weltläden – Spanien: 95 Weltläden – Schweden: 35 – Großbritannien: 100 Weltläden (Ebd. 80-81). – Der Begriff „Weltladen" ist dabei nicht unbedingt konsistent verwendet, was sowohl auf nationaler wie auf europäischer Ebene in Rechnung zu stellen ist; darauf macht die Studie eigens aufmerksam (Ebd. 82).

[460] Túpac Amaru hatte sich im 16. Jahrhundert als letzter Inka-Herrscher erfolglos der spanischen Besatzung widersetzt. Später Namensgeber für das peruanische „Movimiento Revolucionario Túpac Amaru", in welchem Mitglieder der indigenen Bevölkerung für die Verbesserung der miserablen sozialen Lage der Landbevölkerung kämpften.

ben oder weil sie sich übergreifend als Anlaufstelle für entwicklungsbezogenes Engagement begriffen.[461] Insgesamt setzt sich jedoch der Begriff „Weltladen" zunehmend durch, was sich auch in den fremdsprachigen Bezeichnungen wie Magasin du Monde, Bottega del Mondo, Worldshop oder Wereldwinkel widerspiegelt.

3.1.1. Selbstverständnis von Weltläden und ihre Arbeitsweise?

Dieser Ausflug in die teils zurückliegende und teils aktuelle Namens- und Begriffsvielfalt dessen, was gängiger Weise heute als „Weltladen" bezeichnet wird, macht auf verschiedene Charakteristika der Weltladenbewegung aufmerksam: So bildet sich darin die Vielfalt dieser Läden ab, die ihre je eigene Identität, Geschichte und Eigenheit besitzen und sich durch ihre Selbstständigkeit und Unabhängigkeit auszeichnen, welche von manchen Gruppen teils stark betont wird. Weltläden sind ein heterogenes Feld mit einem gemeinsamen Grundanliegen, das sich jedoch durchaus im Detail unterscheiden kann. Sie sind in der Regel ehrenamtlich geführte wirtschaftliche Geschäftsbetriebe, überwiegend in vereinsrechtlicher Trägerkonstruktion und somit weder eine alternative Einzelhandelskette noch Franchise-Unternehmen, wenngleich beides „in weltladenspezifischer Ausprägung" ebenfalls auffindbar ist.[462] Die Rede von der „Weltladenbewegung" als Ausdruck dieser Beschreibungsmerkmale hat insofern eine Berechtigung. Die Annäherung über unterschiedliche Namen und Bezeichnungen ermöglicht aber auch die Annäherung an die inhaltlichen Tätigkeitsschwerpunkte von Weltläden. Sie bringt zum Ausdruck, dass hier besonderer Wert auf Informationsarbeit und dort auf politische Aktion gelegt wird; andernorts steht die Verbindung zu Projektpartnern im Mittelpunkt, während wieder andere Weltläden mit der Selbstbezeichnung „Fachgeschäft" eher die Verkaufsorientierung in den Vordergrund rücken.

Die Vielfalt dieser inhaltlichen Konzepte hat auch Nachteile, wie sie Mitte der 1990er Jahre mit den Profilierungs- und Professionalisierungskampagnen des Weltladen-Dachverbands ins Bewusstsein gerückt wurden. Die Konzentration auf den Begriff „Weltladen", für welchen die Dachorganisation eingehend wirbt, ist Ergebnis eines Bestrebens nach besserer Erkennbarkeit in der Öffentlichkeit.[463] Seit diesen

---

[461] Vgl. zu den zitierten Namensgebungen beispielsweise die Mitgliederliste der Arbeitsgemeinschaft Dritte Welt Läden e.V. in: AG3WL-Rundbrief Nr. 44 (April 1991), 91-92, sowie aktuelle Recherchen.

[462] Für ein Franchise-Konzept im Fairen Handel seien die Contigo-Läden als Einzelhandelsarm der Contigo GmbH als Importorganisation genannt; für einen Zusammenschluss von Weltläden in gemeinsamer Trägerschaft vgl. den Verein Solidarität in der Einen Welt e.V. Regensburg, der 11 Weltläden und 1 Regionales Fair Handelszentrum umfasst.

[463] Dieser Auftrag ist auch Bestandteil des Leitbildes des Weltladen-Dachverbandes. Er ist dort beschrieben als: „[...] 1. Die Idee des Fairen Handels, die Weltläden und ihre Arbeit in der Öffentlichkeit bekannter und attraktiver machen. [...] 2. Ein klares und schlüssiges Bild von Weltläden und ihren Kriterien in der Öffentlichkeit schaffen [...] 3. Weltläden als 'Fachgeschäfte des Fairen Handels' qualifizieren sowie ihre Arbeit systematisch verbessern und stärken [...] 4. Die

3.1. Weltläden: Fachgeschäfte und Bildungsorte

Kampagnen hat sich – sowohl in Deutschland als auch in Österreich – die Rede vom Weltladen als dem „Fachgeschäft für Fairen Handel" eingebürgert; auch die claro-Läden in der deutschsprachigen Schweiz bezeichnen sich als Fachgeschäfte. In den stärker entwicklungspädagogisch gefärbten Debatten der 1980er Jahre war dagegen die Rede von den „Dritte-Welt-Läden" als „entwicklungspolitischem Bildungsmodell", als „Bildungsorten" oder als „entwicklungspolitischem Lern- und Handlungsmodell" von großer Bedeutung.[464]

Die Rede vom „Fachgeschäft" bildet insofern nicht nur eine fortschreitende Professionalisierung, sondern auch die Verschiebung hin zur Verkaufstätigkeit ab. Katharina Perkonig hat in ihrer Studie zur Professionalisierung der Weltläden diese als eine Mischung aus Non-Profit- bzw. Nicht-Regierungs-Organisation einerseits und Einzelhandelsgeschäft andererseits beschrieben.[465] Während letzteres mit dem Verkaufsanspruch unabweisbar verbunden ist, so stellt die nicht gewinnorientierte Ausrichtung ein Element des idealistischen Selbstanspruches der Ladengruppen dar, welcher sich auch in der Konvention der Weltläden, dem Grundlagenpapier der im Weltladen-Dachverband zusammengeschlossenen Läden, niedergeschlagen hat. Einer empirischen Erhebung in Nordrhein-Westfalen zufolge betrachten sich Weltläden zu 87 Prozent als „entwicklungspolitisches Projekt", zu fast 70 Prozent als „religiös/ethisches Projekt" und lediglich zu gut 48 Prozent als „Wirtschaftsbetrieb". Dabei ist jedoch die Unterscheidung zwischen Gewinnerzielungsabsicht und Gewinnverwendungsvorstellung notwendig: so stimmen 69 Prozent der Befragten zu, mit dem Weltladen Gewinne erwirtschaften zu wollen, 60 Prozent der Läden wollen diese Gewinne spenden, während 50 Prozent sie zum Ausbau und zur Verbesserung des eigenen Weltladens einzusetzen beabsichtigen.[466]

Diese Daten sind zunächst als Aussage über die Engagementmotivation der ehrenamtlichen Ladengruppen zu interpretieren. Sie benennen die in den Augen der Weltladengruppen, ihrer Verantwortlichen und Mitglieder, bestehenden Prioritäten und Schwerpunkte. Dies wird durch einen Blick auf die juristische Trägerschaft der Weltläden in ihrer überwiegend vereinsrechtlichen Struktur (als eingetragener Verein) bestätigt. „Die wirtschaftsübliche Rechtsform der GmbH haben bis dato nur rund 3 Prozent aller Weltläden gewählt, 13 Prozent werden von einer Kirchengruppe und 4 Prozent privat getragen."[467] Die demnach von vier Fünfteln der Gruppen gewählte Vereinsstruktur erlaubt es, einen ideellen, gemeinnützigen Satzungszweck festzuschreiben, so dass die Bildungsarbeit oder die Entwicklungshilfe (durch gespendete

---

Weltladenarbeit unter sich verändernden entwicklungspolitischen Bedingungen weiterentwickeln [...]" (Leitbild des Weltladen-Dachverbandes, online unter: www.weltladen.de vom 30.7.2007)
[464] Vgl. Kunz: Dritte Welt-Läden. Einordnung und Überprüfung eines entwicklungspolitischen Bildungsmodells, sowie: Rodenbeck: Ein Dritte Welt-Laden als entwicklungspolitische Lern- und Handlungsmodell – zitiert bei Kunz: a.a.O., 53.
[465] Vgl. Perkonig: Die Professionalisierung der Weltläden, 16.
[466] Vgl. Eine Welt Netz NRW e.V. (Hrsg.): Evaluation des Gründungs- und Professionalisierungspotenzials von Weltläden in NRW, 14-15.
[467] Perkonig: Die Professionalisierung der Weltläden, 15.

3. Engagement in Weltläden und kirchlichen Aktionsgruppen

Gewinne) den eigentlichen Zweck des Vereins bilden und die Ladentätigkeit den nach deutschem Steuerrecht „wirtschaftlichen Geschäftsbetrieb" als gewissermaßen sekundärer Betätigungsbereich (im Sinne des Rechts) darstellt.[468] Trotz dieser „Konstruktion" wird jedoch vielen Weltladenvereinen der Gemeinnützigkeitsstatus durch die Steuerbehörden nicht zuerkannt, da die tatsächliche Vereinstätigkeit häufig ein Übergewicht der wirtschaftlichen Betätigung erkennen lässt. Idealistische Hauptmotivation und gewerbliche Aktionsform können auf diese Weise auf vergleichsweise einfache Art miteinander verbunden werden, wenngleich dies in der Praxis oft weder für den idealistischen Zweck noch für den gewerblichen Betrieb eine optimale Lösung darstellt. Für die Gruppen ist die Synthese aus beidem entscheidend.

Insofern lässt sich auch das aus den genannten Quellen ableitbare Paradox verstehen: Sich einerseits als Non-Profit-Organisation zu definieren und andererseits dennoch ganz selbstverständlich Gewinne anzustreben, sind in dieser Betrachtungsweise keine unvereinbaren Gegensätze, sondern einander ermöglichende und ergänzende Bestandteile eines umfassenderen Konzeptes. Sie sind gewissermaßen „der Sinn der Sache".

Der Anspruch der nicht gewinnorientierten Ausrichtung der Weltläden resultiert aus verschiedenen Umständen. Dazu zählt auch das ehrenamtliche, unentgeltliche Engagement, das der Weltladenarbeit zugrunde liegt und das sich letztlich aus der Aktionsgruppenarbeit (im kirchlichen oder studentischen Milieu) begründet, aus der heraus Weltladenarbeit erwächst. Diese Wurzel ist sowohl in den einzelnen Gruppen feststellbar als auch innerhalb der Gesamtbewegung verbreitet und wird wohl den Erklärungshorizont dafür bieten müssen, weshalb der Faire Handel im wesentlichen eine ehrenamtliche Weltladenbewegung hervorgebracht hat, während die Naturkost- und Biobranche eine völlig andere Struktur entwickelt hat. Diese Branche, die relativ zeitgleich ebenfalls aus idealistischen Motiven und in ähnlicher Weise dem studentisch-alternativen Milieu entsprungen ist, kennt keine ehrenamtlichen oder vereinsrechtlichen Strukturen, sondern inhabergeführte Betriebe und bezahlte Beschäftigung. Auch der Idealismus alternativer Genossenschaften und selbstverwalteter Betriebe kann kaum geringer gewesen sein als in den Weltläden, doch hat diese Kategorie wirtschaftlicher Organisationsformen in der Weltladenbewegung so gut wie nicht Fuß gefasst.[469]

Für Weltläden sind die Ehrenamtlichkeit des Engagements und der damit verbundene Tätigkeitscharakter kennzeichnend. Dies kann vertieft betrachtet und anhand von

---

[468] Als GmbH verfasste Weltläden verfügen häufig über eine Konstruktion, in der der gemeinnützige Bildungsverein zusammen mit Mitarbeitern als Teilhaber/innen die Gesellschaft bildet. Damit sind gemeinnützige Tätigkeit und wirtschaftliche Tätigkeit einerseits getrennten Rechtsformen zugeordnet, die jedoch andererseits miteinander verflochten sind.

[469] Die von Perkonig oben wiedergegebenen prozentualen Anteile der verschiedenen Rechtsformen bzw. Trägerstrukturen lassen interessanterweise die Rechtsform Genossenschaft gänzlich vermissen, obwohl es hierüber wie in Kapitel 2.7.2. gezeigt eine entsprechende Debatte gegeben hatte – allerdings nur hinsichtlich der partizipativen Elemente bei Importorganisationen. – In Bayern wurde im Jahr 2006 erstmals ein genossenschaftlicher Weltladen gegründet.

3.1. Weltläden: Fachgeschäfte und Bildungsorte

Zahlen belegt werden, wie sie die derzeit jüngste, 2005 erstellte Weltladenerhebung liefert.[470] Aufgrund einer Erhebung über Akteure und Standorte sowie einer Analyse von Wirtschaftlichkeit und Fachgeschäftsqualität werden hier Entwicklungspotenziale von Weltläden herausgearbeitet: Demzufolge ist Mitarbeit in Weltläden zu 97 Prozent ehrenamtlich, zu 2 Prozent im Rahmen von geringfügiger Beschäftigung entlohnt und nur zu 1 Prozent durch Hauptamtlichkeit oder Inhaberschaft begründet. In zwei Drittel der Gruppen ist keinerlei Hauptamtlichkeit im Spiel, während auf der anderen Seite nur in 2 Prozent der Fälle rein hauptamtlich geführte Läden stehen – hochgerechnet auf die 190 Weltläden und Daueraktionsgruppen in dem Bundesland spricht die Studie von über 3500 ehrenamtlichen Personen.

Abgesehen von hauptamtlich oder inhabergestützt arbeitenden Weltläden ist eine bezahlte Arbeit in Weltläden in der Regel eingebettet in ein weitaus umfangreicheres ehrenamtliches Engagement. Für Hauptamtliche existieren dabei in der Praxis unterschiedliche Rollenzuschreibungen: Bezahlte Kräfte sind als Bildungsreferent/inn/en für Angebote für Schulen und andere Zielgruppen zuständig. Sie bilden zudem die ehrenamtlichen Mitarbeiter/innen in der Weltladenarbeit oder in der Kenntnis von Fair-Handels-Zusammenhängen fort und unterstützen Teams bei der Konzipierung, Vorbereitung und Organisation von bewußtseinsbildenden und öffentlichkeitswirksamen Aktivitäten. In anderen Fällen übernehmen bezahlte Kräfte als Geschäftsführer/innen die Verantwortung für die reibungslosen Abläufe der zentralen Funktionen der Weltladenarbeit wie die Organisation der verschiedenen Teams, die Einteilung der Dienste, die Abwicklung des Einkaufs sowie die Organisation und Moderation der Ladentreffen, in denen sich die Mitarbeiter/innen gemeinschaftlich fortbilden und an wichtigen Entscheidungsprozessen des Weltladens partizipieren. Hauptamtlichkeit existiert dabei in vielen Mischformen und in unterschiedlichem Umfang von einzelnen bezahlten Stunden als „geringfügig Beschäftigte" bis hin zu Vollzeitstellen, je nach Größe des Weltladens. Hauptamtliche Weltladenarbeit ist dabei in wesentlichen Punkten Unterstützung, Koordination und Anleitung des ehrenamtlichen Engagements von Teams, die in großen Weltläden teils bis zu 70 Personen zählen – sie nimmt also eine subsidiäre Funktion ein.

Für das ehrenamtliche Engagement sind auch soziologische Daten aufschlussreich: So beträgt der Frauenanteil 83 Prozent. Der Altersschwerpunkt liegt eindeutig bei den über 60-jährigen (39 Prozent), gefolgt von den 50- bis 60-jährigen (24 Prozent) und den 40- bis 50-jährigen (19 Prozent), während die unter 30-jährigen nicht einmal ein Zehntel der Mitarbeiterinnen und Mitarbeiter ausmachen (unter 20 Jahre: 6 Prozent; bis 30 Jahre 3 Prozent).[471] Dass Weltladenarbeit ein vorrangig von Idealismus geprägtes Engagementfeld darstellt, unterstreicht zudem die kaum vorhandene kaufmännische Qualifikation, über die lediglich 4 Prozent der ehrenamtlichen und nur 12 Prozent der hauptamtlich bzw. geringfügig beschäftigten Weltladenmitarbeiterinnen

---

[470] Vgl. im Folgenden: Eine Welt Netz NRW e.V. (Hrsg.): Evaluation des Gründungs- und Professionalisierungspotenzials von Weltläden in NRW.
[471] Vgl. Eine Welt Netz NRW e.V. (Hrsg.): Evaluation, 8-11.

3. Engagement in Weltläden und kirchlichen Aktionsgruppen

verfügen.[472] Entsprechende Qualifikationen sind also keine Zugangsvoraussetzung für die freiwillige Mitarbeit in einem Weltladen.

Wechselt man den Betrachtungsfokus weg von den Mitarbeiter/innen und Gruppen hin zu den Weltläden im Sinne von Wirtschaftsbetrieben, so kommen weitere Faktoren in den Blick, welche die Ambivalenz von Fachgeschäft und entwicklungspolitischer Organisation widerspiegeln. Die NRW-Studie beziffert die Ausstattung mit einem eigenen Ladenlokal auf 72 von 99 Läden, während sich 19 Läden in einem Gemeinderaum befinden und diesen mit anderen Nutzern teilen. Über zentrale Ladenstandorte verfügen etwa ein Fünftel der Weltläden, während knapp die Hälfte ihren Standort als Randlage einstuft; damit hängt zusammen, wenn die Kundenstruktur zu etwa drei Vierteln als Stammkundschaft beschrieben wird.[473] Nimmt man die Umsatzhöhe als Kennziffer, so lässt sich feststellen, dass in Weltläden überwiegend (d.h. zu 60 Prozent) Lebensmittel verkauft werden; Kunsthandwerksprodukte erreichen eine Quote von einem Drittel, während mit Großverbrauchern und Wiederverkäufern (in der Regel schulische oder kirchliche „Kommissionsgruppen"; sh. unten) immerhin ein Anteil von 3 Prozent des Umsatzes erwirtschaftet wird.[474] Durchschnittlich wird eine Rentabilität von 1,8 Prozent erwirtschaftet[475], welche in der Regel entweder in den Weltladen reinvestiert oder an förderungswürdige Projekte gespendet wird. In Baden-Württemberg werden die Umsatzgrößen mit 12.000 bis 332.000 Euro jährlich beziffert[476], die NRW-Studie spricht von 5.600 bis 200.000 Euro, woran sich die wirtschaftliche Größenordnung und Spannweite von Weltläden erkennen lässt. Eine Aufteilung nach Größenklassen weist in Nordrhein-Westfalen für das Jahr 2004 folgendes Ergebnis aus:[477]

Umsatzgrößenklasse	Weltläden (in NRW) in %
Bis 25.000 Euro	28 %
Bis 50.000 Euro	39 %
Bis 75.000 Euro	19 %
Über 75.000 Euro	14 %

Mit den Größen Umsatz und Kundenstruktur ist im betriebswirtschaftlichen Sinne bereits die Innen-Außen-Beziehung tangiert. Stärker als diese Indizien sind Werbung und Öffentlichkeitsarbeit sowie die Außengestaltung eines Ladengeschäfts für diese Außenbeziehung aussagekräftig. Die Bereitschaft von Läden bzw. Ladengruppen zu einem gezielten Marketing ist in der Tendenz als eher zurückhaltend zu beschreiben.

---

[472] Vgl. Eine Welt Netz NRW e.V. (Hrsg.): Evaluation, 12.
[473] Vgl. Eine Welt Netz NRW e.V. (Hrsg.): Evaluation, 25-28.
[474] Vgl. Eine Welt Netz NRW e.V. (Hrsg.): Evaluation, 29. – Die fehlenden 4 Prozent sind als „Sonstiges" deklariert.
[475] Vgl. Eine Welt Netz NRW e.V. (Hrsg.): Evaluation, 36.
[476] Vgl. Krier: Weltläden unter der Lupe, 20, der hier eine 2007 durchgeführte Erhebung betriebswirtschaftlicher Kennzahlen von Weltläden in Baden-Württemberg präsentiert und diese mit den Weltläden in Österreich abgleicht.
[477] Vgl. Eine Welt Netz NRW e.V. (Hrsg.): Evaluation des Gründungs- und Professionalisierungspotenzials von Weltläden in NRW, 21.

3.1. Weltläden: Fachgeschäfte und Bildungsorte

Insbesondere verfügen viele Gruppen nicht über die Bereitschaft, für Werbe- und Marketingzwecke auf ihre Verkaufserlöse zurückzugreifen. Die Außenkontakte von Weltläden werden in der Studie von Donk/Reichertz in einer Weise beschrieben, welche die Identität der Ladengruppen als entwicklungspolitische Initiativen und weniger als Fachgeschäfte spiegelt:

> „Die Ausrichtung der Weltläden nach außen ist in vielen Hinsichten eher gering! Auch bei Werbemaßnahmen wird der Ladenraum als Grenze betrachtet, es wird nicht in den öffentlichen Raum hinein geworben. Während im Innenraum großer Wert auf eine ansprechende Dekoration gelegt wird, unternimmt kaum ein Weltladen den Versuch, explizit durch Außenwerbung auf sich aufmerksam zu machen." „Die Außenkontakte der Eine-Welt-Läden, die ja gerade symbolisieren sollen, dass die MitarbeiterInnen mit der Idee des Fairen Handels expandieren wollen, bestehen v.a. aus Auftritten auf Schulfesten, auf Gemeindefeiern, Weihnachtsmärkten etc."[478]

Die Autoren berichten in diesem Kontext auch, dass Ladengruppen darüber klagen, solche Verkaufsaktivitäten würden kaum neue Kundinnen und Kunden in den Verkaufsraum locken, obgleich sie den Gruppen vergleichsweise gute Umsätze ermöglichten. Diese Einschätzung bezüglich der Außenkontakte beschränkt sich allerdings nicht nur auf die materielle Seite der Weltladenarbeit, sondern wird auch hinsichtlich der Informations- und Bildungsarbeit ähnlich artikuliert: „Die von den Weltläden aktuell betriebene Bildungsarbeit ist aber kaum offensiv organisiert", sie werde sogar „aus personellen Gründen in vielen Läden komplett vernachlässigt", schreiben Donk/Reichertz.[479]

Die Situation der Außenbeziehungen lässt sich insgesamt so pointieren, dass zwar einerseits hohe Erwartungen an die Außenwelt gestellt werden, sowohl was den Besuch und Einkauf im Ladengeschäft als auch was die Teilnahme an Bildungsangeboten und die (öffentliche) Aufmerksamkeit für Informationskampagnen anbelangt. Andererseits verfügen die Ladenteams in vielen Fällen lediglich über begrenzte Bilder davon, auf welchen Wegen und mit welchen Mitteln diese Zielvorstellungen erreicht werden könnten, und über die dementsprechende Bereitschaft, ihre personellen und materiellen Ressourcen dafür einzusetzen.

3.1.2. Professionalisierungsbestrebungen als Motivationsfaktor?

Diese Wahrnehmungen sind der Ansatzpunkt von meist „übergeordneten" Akteuren wie dem Weltladen-Dachverband, der GEPA und teils den länderspezifischen Fair-Handels-Kampagnen in Trägerschaft von Eine-Welt-Netzwerken: sie motivieren die Weltläden zu Schritten fortschreitender Professionalisierung und stellen ihnen dabei entsprechende Hilfen durch Materialien, Konzepte und Beratung zur Verfügung. Die

---

[478] Donk/Reichertz: Die Zukunft der Weltläden sichern, 7.
[479] Donk/Reichertz: Die Zukunft der Weltläden sichern, 7.

Motivlage dabei ist unterschiedlich: die Importeure haben (aus verständlichen Gründen und durch die Produzentenvertreter in der Regel gestützt) zum Ziel, den Absatz fair gehandelter Produkte durch eine verbesserte Außenwirkung der Weltläden zu steigern und damit die Produzenten zu unterstützen. Die Professionalisierungsanstrengungen müssen jedoch unbedingt auch aus der Perspektive des Ladenalltags der Engagierten betrachtet werden; dabei ergibt sich eine gewisse Ambivalenz: Bemühungen, den eigenen Weltladen zu verbessern, für eine ansprechende Ladengestaltung zu sorgen, mehr Werbung zu organisieren und bessere Informationsarbeit zu leisten, bedeuten zunächst einmal Zusatzaufwand, welcher in Konkurrenz zu den abzusichernden Basisaufgaben tritt. Andererseits sind Professionalisierungsbemühungen ein Beitrag zur Attraktivitätssteigerung der alltäglichen Ladenarbeit und zur Vermeidung von Frustrationserfahrungen: Weltladenarbeit macht dann Spaß, wenn regelmäßig Kundschaft kommt, wenn Bildungsveranstaltungen gut besucht, wenn Angebote des Ladens nachgefragt und öffentliche Resonanz spürbar werden. Auf dieser Ebene ist Weltladen-Professionalisierung in der Bewegungsgeschichte allerdings kaum begründet worden, was möglicherweise die in Teilen der Weltladenszene reservierte Haltung gegenüber diesen Bemühungen erklären würde.[480]

Wie im historischen Abriss bereits skizziert, haben diese Anstrengungen zu einer besseren Profilierung und stärkeren Professionalisierung der Weltladenarbeit in der Folge der Einführung des TransFair-Siegels und der Vermarktung fairer Produkte über den konventionellen Lebensmitteleinzelhandel eingesetzt. Die Veränderung äußerer Rahmenbedingungen und weniger die Auseinandersetzung und Analyse der inneren Struktur der Weltladenarbeit waren insofern ausschlaggebend. An dieser Stelle geht es nun nicht um die Entwicklung dieser Prozesse, sondern um die Wahrnehmung und Einschätzung dieser Bemühungen im Kontext des Engagements von Weltladenmitarbeiterinnen und -mitarbeitern. Dies setzt voraus, die Konzepte spezieller zu betrachten und die um sie geführten Diskurse zu identifizieren. Dabei ist zu berücksichtigen, dass unterschiedliche Motive für das Vorantreiben dieser Bemühungen in Rechnung gestellt werden müssen: Die Rollenverteilung zwischen Einzelweltläden und der Funktion des Weltladen-Dachverbands wird hier ebenso unterschieden werden müssen, wie die Konfrontation marketingspezifischer Sprache und idealistischer Engagementmotivation nicht verschwiegen werden kann. Referenzpunkte dieser Debatte können dabei sowohl die einschlägigen Beiträge in den Organen des Weltladen-Dachverbandes (wobei hier zwischen Verbandsmeinung und ggf. Ladenmeinung zu differenzieren sein wird) als auch die im Rahmen von Weiterentwicklungsimpulsen erarbeiteten Studien sein.[481]

---

[480] Vgl. etwa: gepa Fair Handelshaus (Hrsg.): Bausteine zur Professionalisierung von Weltläden, Wuppertal 1997.

[481] Dazu sei angemerkt, dass die im Rahmen von Diplomabschlussarbeiten vorliegenden Auseinandersetzungen mit dem Fairen Handel seit Ende der 1990er Jahre vermehrt aus wirtschaftswissenschaftlichen und marketingorientierten Fächern stammen, während in den 1980er Jahren vorrangig in den sozial- und erziehungswissenschaftlichen Fächern eine Beschäftigung mit dem Fairen

3.1. Weltläden: Fachgeschäfte und Bildungsorte

Bereits für die erste entsprechende Kampagne, die Profilierungskampagne in der ersten Hälfte der 1990er, war ein Auseinanderfallen zwischen Bekanntheitsgrad der Kampagne unter den Weltläden, Zustimmung zu derselben und der tatsächlichen Nutzung der bereitgestellten Materialien erkannt worden.[482] Die Kampagne, die in erster Linie als Kommunikationskampagne angelegt war und die Weltläden und ihre Philosophie (auch in Abgrenzung gegenüber den fairen Produkten im Supermarkt) bekannter machen sollte, bleibt in der Abschlussbewertung daher ambivalent: „Zusammenfassend kann gesagt werden, dass die Intention der 'Profilierungskampagne' den Bedürfnissen der Weltläden entsprach. Allerdings wurde ihre Umsetzung von großen Teilen der Weltläden nicht konsequent genug verfolgt. Ursachen dafür können Mängel in der Kommunikation und Motivation zwischen Dachverband und Weltläden, oder gruppendynamische Prozesse innerhalb der Weltladen-Trägergruppen sein."[483] Nimmt man diese Einschätzung von Katharina Perkonig ernst, so muss gefragt werden, inwiefern die Kampagne die Motivationen der Weltläden und ihrer Mitarbeiter/innen im Blick hatte. Eine Erhebung im Rahmen der Profilierungskampagne hatte ergeben, dass Professionalisierung von den Weltläden in erster Linie als verbesserte Werbung und Öffentlichkeitsarbeit (71 Prozent) oder als Zuwachs an Bildungs- und Infoveranstaltungen (65 Prozent) verstanden wurde und „erst" an dritter Stelle auch die Dimension des Umsatzwachstums in den Blick kam.[484] Dies entspricht zwar dem Anliegen der Kampagne, die insofern als erfolgreich bewertet werden kann, spiegelt aber wieder, dass Professionalisierung eher indirekt aus den inneren Bedürfnissen der Weltladengruppen und den mutmaßlichen persönlichen Anliegen der Engagierten abgeleitet wurde.

Mit den Stichwörtern Marketing, Public Relations und Bildungs- und Informationsarbeit werden auch die Bedürfnisse der Weltläden in der Auswertung der zwischen 2000 und 2002 durchgeführten Weltladen-Kampagne „Land-Macht-Satt" skizziert.[485] Dieses von der Europäischen Union finanzierte Projekt diente vor allem der „Qualifizierung der Bildungs- und Kampagnenarbeit von Weltläden" und gab diesen zentral über ihren Dachverband Aktionsanregungen, Materialien und Informationen an die Hand, um zielgerichtet und erfolgversprechend themenbezogene Informations- und Bildungsangebot öffentlichkeitswirksam bearbeiten und durchführen zu können. Im Kontext der Professionalisierung der Verkaufsarbeit wurde mit diesem Projekt das Ziel verfolgt, dass

„sich Professionalisierung [...] nicht ausschließlich auf den Verkaufsbereich beschränken (durfte). Professionelle Verkaufsarbeit wird zudem konterkariert,

---

Handel erfolgte. Die Professionalisierungsdebatte scheint die Weltladenbewegung insofern auch auf neue Fachbereiche hin geöffnet zu haben.
[482] Vgl. oben in Kapitel 2.9.
[483] Perkonig: Die Professionalisierung der Weltläden, 26.
[484] Vgl. Horn: Die Profilierungskampagne in der Aktion Dritte Welt Handel, zitiert nach Perkonig: Die Professionalisierung der Weltläden, 26 (Fußnote 60).
[485] Vgl. Perkonig: Die Professionalisierung der Weltläden, 43, zu dieser Kampagne und ihrer Evaluation insgesamt vgl. ebd. 29-60.

3. Engagement in Weltläden und kirchlichen Aktionsgruppen

wenn die Bildungs- und Informationsarbeit des Weltladens weiterhin Konzepten der 70er und 80er Jahre folgt und damit auch das Bild des Weltladens in der Öffentlichkeit prägt. Professionelle Bildungs- und Öffentlichkeitsarbeit für Fairen Handel ist dagegen nicht nur Bewusstseinsbildung, sondern auch ein Marketinginstrument des Weltladens. Mit seiner Informationsarbeit macht der Weltladen glaubwürdige Werbung für sein Modell des alternativen Handels, [...]."[486]

Diese Durchdringung von Bildungs- und Informationsauftrag des Fairen Handels und deren marketingorientiertem Einsatz und Wirken wird wohl als diejenige Professionalisierungsform angesehen werden müssen, die im Rahmen der Bewegung für eine Fortentwicklung von Weltladenarbeit die höchste Chance auf Realisierung verspricht. Demgegenüber sind auch andere Akzentuierungen in den in der Weltladen-Bewegung präsentierten Professionalisierungskonzepten ersichtlich. Die von der GEPA 1997 herausgegebenen „Bausteine zur Professionalisierung von Weltläden" setzen auf Marktanalyse, Öffentlichkeitsarbeit, Werbung, Trainingsmaßnahmen, Ladenorganisation, Ladengestaltung, Sortimentsgestaltung, Verkaufsförderung, Mitarbeitermotivation, Alternative Ladenkonzepte und Finanzierungsmöglichkeiten (so die Einzelkapitel), wobei Ladenorganisation vor allem die Bereiche Buchführung, Kassensystem und hauptamtliche Beschäftigung thematisiert, und „Mitarbeitermotivation" auf sehr generelle Motivationsfaktoren und Voraussetzungen guter Teamarbeit eingeht. Betrachtet man die Professionalisierungskonzepte „Weltladen 2006" (in Trägerschaft des Weltladen-Dachverbandes durchgeführt 2004-2006) sowie „Unternehmen Weltladen" (ab 2007 in Trägerschaft der GEPA), so lassen sich diese als Fortführung dieser Professionalisierungsbausteine identifizieren. Die Professionalisierungsunterstützung der Bildungs- und Kampagnenarbeit der Weltläden wird ebenfalls kontinuierlich weitergeführt in den jährlichen Kampagnen des WeltladenDachverbandes und seiner europäischen Schwesterorganisationen anlässlich des „Weltladentages" im Mai, bei dem sich das Konzept einer mehrere Jahre aufeinander aufbauenden Kampagne bewährt zu haben scheint.

Die Konzepte zur Profilierung und Professionalisierung von Weltladenengagement sind also divergent. Zwar könnten sie auch als einander ergänzend beschrieben werden, doch es sind keine Auskünfte darüber vorhanden, wie die pädagogisch-politischen Konzepte auf der einen Seite und die wirtschaftlich-marketingorientierten Programme auf der anderen Seite auf einander abgestimmt wären und wie sie gezielt ineinander greifen würden. Wie sich betriebswirtschaftlich festgestelltes Entwicklungspotenzial und „subjektives" Entwicklungsbedürfnis der Akteure zueinander verhalten, offenbart auch die NRW-Studie: „Die von den Weltläden geäußerten Qualifizierungsbedürfnisse stimmen mit den unter dem Gesichtspunkt einer Professionalisierung zum Fachgeschäft erarbeiteten Entwicklungspotenzialen nicht unbedingt überein." Während unter Fachgeschäftsgesichtspunkten an erster Stelle in den Berei-

---

[486] Weltladen-Dachverband (Hrsg.): Qualifizierung der entwicklungspolitischen Bildungs- und Kampagnenarbeit von Weltläden. EU Antrag des Weltladen-Dachverbands, 1999, 9 – zitiert nach Perkonig: Die Professionalisierung der Weltläden, 29.

3.1. Weltläden: Fachgeschäfte und Bildungsorte

chen Controlling, Sortiment und Standort Entwicklungspotenziale identifiziert wurden, stehen für die Akteure vor allem Außendarstellung, Werbung und Sortiment am Beginn der Rangliste, während Standort den Schlusspunkt bildet. Damit sind zwar bereits die gegensätzlichsten Fragen benannt, jedoch rät die von einer Wirtschaftsberatungsgesellschaft erstellte Evaluation den Weltläden letztlich, „ihre Prioritäten zu überdenken", insbesondere dann wenn die Weiterentwicklung zum Fachgeschäft vorangetrieben werden soll.[487]

Solche divergierenden Einschätzungen lassen sich aus der Engagementmotivation und den von den Engagierten mitgebrachten Qualifikationen heraus begründen: So sind sich Ladenteams hinsichtlich der Standortwahl oder -beibehaltung teils durchaus deren Unzulänglichkeiten bewusst, stützen sich jedoch sicherheitshalber gerne auf (kirchlich oder privat) subventionierte Ladenlokale oder bevorzugen wegen geringeren Mietverpflichtungen randständige Ladenlagen.[488] Geringe Einzelhandelserfahrung und primär entwicklungspolitische Motivation verstärken sich hierbei wechselseitig. Werbung und Außendarstellung hingegen erschließen sich dem kaufmännischen Laien in ihrem Zusammenhang mit bewusstseinsbildenden Motiven von selbst. Wenn hier jedoch Praxis und Anspruch auseinander fallen, so hängt dies einerseits mit der schwierigen Einschätzung über die Wirksamkeit von Marketinginstrumenten zusammen, andererseits aber auch mit unzureichenden finanziellen Mitteln bzw. der wenig verbreiteten Bereitschaft, die geringen Finanzmittel hierfür einzusetzen.

Dabei kommt wesentlich zum Tragen, dass Werbung im Rahmen von Weltladenarbeit nicht in erster Linie als Instrument der Umsatzsteigerung angesehen, sondern im Horizont der Informations- und Bildungsarbeit eingeordnet wird – „[d]er verbreitete Grundsatz 'Keine Werbung ohne Inhalt' hat noch immer weitgehend Gültigkeit." resümiert Uwe Kleinert im Jahr 2000.[489] In diesem Kontext muss folglich auch das Verhältnis von Aufwand und Ertrag anders beurteilt werden. Inwiefern diese Identifizierung von Werbung und Bildungsarbeit sinnvoll und zielführend ist, lässt sich allerdings hinterfragen. Die Bedeutung der Standortwahl und der damit verbundenen Kunden- und Passantenfrequenz für die Reichweite des grundlegend bewusstseinsbildenden Anspruchs der Weltladenarbeit wird hingegen von den Gruppenverantwortlichen eher unterschätzt oder in dieser Dimension nicht wahrgenommen.

Die Eigenheit der Weltladenarbeit als entwicklungspolitisches Projekt auf der Basis marktwirtschaftlicher Instrumente in den wechselseitigen Auswirkungen der jeweiligen Logiken und Funktionsmechanismen zu erfassen und ausgewogen konzeptionell zu projizieren, ist ein hoher Anspruch an ehrenamtliches Engagement. Erst in jüngster Zeit wurde mit einem Monitoringsystem für Weltläden hierfür ein weitreichendes Selbstüberprüfungsverfahren entwickelt, welches die Gruppen darin unterstützt, ihre Arbeit auf der Basis der Konvention der Weltläden zu reflektieren und dadurch

---

[487] Vgl. Eine Welt Netz NRW e.V. (Hrsg.): Evaluation des Gründungs- und Professionalisierungspotenzials von Weltläden in NRW, 39-42.
[488] Vgl. auch Kleinert: Inlandswirkungen des Fairen Handels, 53.
[489] Kleinert: Inlandswirkungen des Fairen Handels, 56, vgl. auch 55.

3. Engagement in Weltläden und kirchlichen Aktionsgruppen

weiter zu qualifizieren. Damit wird insbesondere in die Glaubwürdigkeit der Weltladenarbeit investiert, insofern – der Weltladen-Konvention entsprechend – Fragen der Sozial- und Umweltverträglichkeit, Transparenz, Mitbestimmung und Kontinuität sowie der Informations- und Bildungsarbeit in der Selbstbegutachtung der Weltladengruppen einfließen.[490]

Dieser Überprüfungsmechanismus bedeutet im Prozess der Profilierung und Professionalisierung der Weltladenszene eine echte Weiterentwicklung, denn die Mehrzahl der Programme zur Weltladenprofessionalisierung in der Vergangenheit tendierte schwerpunktmäßig zum Ausbau der ökonomischen Seite der Weltladenarbeit und verfestigte insofern in der Grundrichtung die Vernachlässigung der Bildungs- und Informationsarbeit. Auf diesem Hintergrund ist die Differenzierung zwischen materiellen und nichtmateriellen Teilzielen der Weltläden bei Martin Kunz ein hilfreicher Hinweis, weil seine Unterscheidung nicht Bildungsarbeit und Verkaufsarbeit gegenüberstellt, sondern sublim auch Bildungsarbeit materiell und Ladenführung unter nichtmaterieller Perspektive zu betrachten ermöglicht.[491]

3.2. Kirchliche Aktionsgruppen: Mobile und stationäre Fair-Handels-Präsenz

Seit Beginn der „Aktion Dritte-Welt-Handel" schien es offenbar für die Akteure immer wieder von Interesse, Angaben über die kirchliche Einbettung oder Anbindung von Fair-Handels-Gruppen und Welt-Läden machen zu können. Uwe Kleinert[492] führt in seiner Untersuchung diverse Studien an[493], welche entsprechende Zahlenangaben liefern und die die angenommenen Verflechtungen zum kirchlichen Milieu bestätigen. So hätten laut einer Untersuchung von 1975 in den Anfangsjahren der Aktion Dritte-Welt-Handel 61 Prozent der Verkaufsaktionen[494] in kirchlichen Räumen stattgefunden, mit 94 Prozent deutlich höher dagegen habe der Anteil derjenigen Fair-Handels-Gruppen gelegen, die sich selbst konfessionell zuordneten oder als ökumenisch bezeichneten. 1994 habe eine Befragung unter Weltläden bei 119 von 260 Befragten eine räumliche oder organisatorische Anbindung an die örtliche Kirchengemeinde ergeben. Von 243 Weltläden hätten zu diesem Zeitpunkt 172 mit kirchlichen Gruppen zusammengearbeitet, was 71 Prozent entspricht.[495] Wesentlichen Anteil an dieser hohen „Kooperationsquote" dürfte m.E. die Belieferung kleinerer bzw. unregelmäßig arbeitender Fair-Handels-Gruppen haben: gerade für kleinere Ver

---

[490] Vgl. Weltladen-Dachverband (Hrsg.): Monitoring im Weltladen.
[491] Vgl. Kunz: Dritte Welt-Läden. Einordnung und Überprüfung eines entwicklungspolitischen Bildungsmodells.
[492] Kleinert: Inlandswirkungen des Fairen Handels, 78.
[493] Es handelt sich um unveröffentlichte Diplomarbeiten, die mir selbst leider nicht vorliegen.
[494] Vgl. Schmied: Die „Aktion Dritte Welt Handel", 297.
[495] Horn: Die Profilierungskampagne in der Aktion Dritte Welt Handel, 60-87, 93-107 – zitiert nach Hecke: 25 Jahre Aktion Dritte Welt Handel, 130.

3.2. Kirchliche Aktionsgruppen: Mobile und stationäre Fair-Handels-Präsenz

kaufsaktionen ist es für die Gruppen interessant, ihre Waren beim örtlichen Weltladen auf Kommission zu beziehen, unverkaufte Waren nach der Aktion zurückzubringen und dann erst die Abrechnung vorzunehmen, weshalb die Gruppen auch gerne als „Kommissionsgruppen" bezeichnet werden.[496] Hinsichtlich der Trägerschaft als einer verantwortlichen und rechtlichen Beziehung beziffert eine Umfrage von 1995 das Vorhandensein einer kirchlichen oder zumindest kirchennahen Trägerstruktur auf 35 Prozent der Weltläden.[497]

Somit führt dieser spezifische Blick auf die Vernetzung von Weltläden in das Feld kirchengemeindlicher Eine-Welt-Arbeit ein. Dabei ist Kleinerts Einschätzung hinsichtlich der Aktionsgruppen zu bestätigen: „Da sich die räumlich-organisatorische Kirchenbindung von Weltläden in Zusammenhang mit der damit meist verbundenen Vereinsgründung in der Regel lockert, dürfte die Kirchennähe von Aktionsgruppen im Fairen Handel noch wesentlich enger sein."[498] Da zahlreiche Ladengründungen aus Eine-Welt-Gruppen heraus entstehen, beinhaltet diese Feststellung andererseits auch, dass in der Entstehungsgeschichte einzelner (auch kirchenunabhängiger) Weltläden „Kirchengemeinde" als Thema verortet sein kann – teils durchaus auch im Sinne einer schmerzhaften Konfliktgeschichte.

3.2.1. Verbreitung des Fairen Handels in der kirchengemeindlichen Eine-Welt-Arbeit

Um sich dem Umfeld christlich bzw. kirchlich verwurzelter Fair-Handels-Gruppen anzunähern, leistet die von der Wissenschaftlichen Arbeitsgruppe für weltkirchliche Aufgaben der Deutschen Bischofskonferenz bereits 1995 herausgegebene Studie „Christliche Dritte-Welt-Gruppen" unverzichtbare Dienste. Sie galt als „erste umfassende sozialwissenschaftliche und religionssoziologische Erhebung über Dritte-Welt-Gruppen im katholischen bzw. ökumenischen Umfeld".[499] Darin wird die These vertreten, in den Dritte-Welt-Gruppen sei eine Art der Vermittlung von Glaube und gesellschaftlichem Engagement vorzufinden, die für die beiden großen Kirchen eher untypisch sei.[500] Wenngleich diese Studie die Fair-Handels-Gruppen nicht in spezifischer Weise wahrnimmt, so liefert sie doch aufschlussreiche Hinweise über Verbreitung, Einordnung und Selbstverständnis der im gemeindenahen wie gemeindefernen Umfeld tätigen Fair-Handels-Gruppen.[501]

---

[496] Vgl. auch Hecke: 25 Jahre Aktion Dritte Welt Handel, 131 (Anm. 238).
[497] Pater: „Weltläden" als Standorte des „fairen" Einzelhandels. Auf dem Weg zum professionellen Fachgeschäft? 33 – zitiert nach Kleinert: Inlandswirkungen des Fairen Handels, 78.
[498] Kleinert: Inlandswirkungen des Fairen Handels, 78.
[499] Foitzik: Dritte-Welt-Arbeit: Was christliche Gruppen leisten, 64.
[500] Vgl. Nuscheler u.a.: Christliche Dritte-Welt-Gruppen, 9.
[501] Die Befragung der Gruppen beschränkte sich auf „christliche Gruppen, die mit katholischen Strukturen in Verbindung stehen", war also nicht ökumenisch angelegt, vgl. Nuscheler u.a.: Christliche Dritte-Welt-Gruppen, 35.

3. Engagement in Weltläden und kirchlichen Aktionsgruppen

Von besonderem Interesse sind darin die Analysen bezüglich Tätigkeitsfeldern, die Auskunft über die Bedeutung des Fairen Handels im Kontext kirchengemeindlicher Eine-Welt-Arbeit geben: Rund zwei Drittel der Gruppen haben in ihrer Arbeit thematische Schwerpunkte gesetzt. Unter dieser Gruppe ist mit 63,3 Prozent der Faire Handel die mit Abstand dominierende Thematik, gefolgt von „neuer Weltwirtschaftsordnung" und „Bildung und Gesundheit" (jeweils 25,9 Prozent), „ländliche Entwicklung" und „Asyl".[502] Diese Beliebtheit der thematischen Beschäftigung mit dem Fairen Handel ist unterschiedslos sowohl bei den Sachausschüssen Mission-Entwicklung-Frieden als auch bei Jugendgruppen und Ökumenischen Gruppen aufzufinden, in denen der Faire Handel als Themenschwerpunkt von drei Vierteln der Gruppen genannt wird. Lediglich in den Eine-Welt-Arbeitskreisen von kirchlichen Erwachsenenverbänden wird der Faire Handel weniger thematisiert, nämlich bei etwa einem Drittel der Gruppen. Dies ist deshalb auffällig, da insbesondere Erwachsenenverbände mit eigenen Fair-Handels-Produkten auftreten.[503] Von der thematischen Schwerpunktsetzung unterscheidet die Studie auch die in den Gruppen praktizierten Aktionsformen und bestätigt dabei den Fairen Handel mit einer ähnlich hohen Quote von 57,4 Prozent an zweiter Stelle als unübersehbar wichtigen Bestandteil der christlichen Eine-Welt-Arbeit.[504]

Zwei diözesane Erhebungen bekräftigen – trotz anderer Ausrichtung der Fragen und der Erhebungsmethoden – diese Ergebnisse: Eine Fragebogenerhebung in der Erzdiözese München und Freising aus dem Jahr 2002 ergab[505], dass Verkaufsgruppen des Fairen Handels die zweithäufigste „Organisationsform" der Eine-Welt-Arbeit in Pfarreien darstellen[506]; unter den „Aktivitäten" bildet der Verkauf fair gehandelter Produkte die mit Abstand häufigste Aktionsform, gefolgt von Fastenessen und Gottesdienstgestaltung.[507] Der Faire Handel als Aktivität kommt dabei auf eine Quote von fast 70 Prozent innerhalb der kirchlichen Eine-Welt-Arbeit und erreicht in diesem Kontext zudem mit knapp 39 Prozent einen hohen Grad institutioneller Verfasstheit.[508] In der Erzdiözese Bamberg führte eine telefonische Befragung aller 330

---

[502] Vgl. hierfür und im Folgenden: Nuscheler u.a.: Christliche Dritte-Welt-Gruppen, 83-86.
[503] Zu derartigen Eigenprodukten siehe ausführlich unten in Kapitel 4.2. – Möglicherweise muss die Einführung dieser Produkte als Versuch interpretiert werden, auf dem Hintergrund dieser Befragungsergebnisse die Auseinandersetzung mit dem Thema Fairer Handel in den Erwachsenenverbandsgruppen anzukurbeln.
[504] Vgl. Nuscheler u.a.: Christliche Dritte-Welt-Gruppen, 85, Grafik 11.
[505] Vgl. im folgenden: Diözesanrat der Katholiken der Erzdiözese München und Freising (Hrsg.): Weltweite Kirche, 9f.
[506] Bei einer Rücklaufquote aus 41,3 Prozent der 756 Pfarreien ergaben sich folgende Ergebnisse: Nach den Sachausschüssen MEF mit 146 Nennungen aus 312 Pfarreien sind die Gruppen des Fairen Handels mit 118 Nennungen vertreten
[507] Verkauf fair gehandelter Produkte: 212 Nennungen von 304, Fastenessen: 162, Gottesdienstgestaltung: 150.
[508] Zur Repräsentativität der Münchner Umfrage ist anzumerken: Auffällig ist, dass 304 der 312 rückgemeldeten Pfarreien – eine Quote von über 97 Prozent – über Eine-Welt-Arbeit verfügen. Diese Quote lässt vermuten, dass im Wesentlichen die im Eine-Welt-Bereich aktiven Pfarreien geantwortet haben. Offen bleibt damit allerdings, ob dies die ganze pfarrliche Eine-Welt-Arbeit

3.2. Kirchliche Aktionsgruppen: Mobile und stationäre Fair-Handels-Präsenz

Pfarreien im Zeitraum 2002/2003[509] zu dem Ergebnis, dass in 72 Prozent der Pfarreien in unterschiedlicher Regelmäßigkeit Verkaufsaktionen des Fairen Handels stattfinden.[510]
Ein weiteres aufschlussreiches Indiz für den hohen Stellenwert des Fairen Handels in der christlichen Eine-Welt-Arbeit bestätigt auch der Kontakt der Gruppen zu den übergeordneten Organisationen: die Fair-Handels-Organisation GEPA gilt selbst vor den kirchlichen Hilfswerken als die am meisten (nämlich zu 55 Prozent) von den Gruppen kontaktierte Organisation.[511]

3.2.2. Aktionsformen des Fairen Handels im kirchengemeindlichen Milieu

Bisher ist deutlich geworden, dass Fairer Handel fester Bestandteil bzw. Fair-Handels-Gruppen eigene Akteure der im Umfeld von Kirchengemeinden stattfindenden Eine-Welt-Arbeit sind. Daher soll die Arbeit der Fair-Handels-Gruppen selbst stärker in den Blick genommen werden, die sich in ihrer Vielfalt von Handlungsformen und Engagementintensität unterscheiden. Diese Vielfalt hängt von den Möglichkeiten in ihrem Umfeld, aber auch von ihren Zielen und ihrem Selbstverständnis ab. Nicht für alle Gruppen ist der Faire Handel ein Selbstzweck oder alleiniger Betätigungsbereich, sondern dient ebenso (teilweise auch vorrangig) der Erwirtschaftung von Geldern für gruppen- oder gemeindeeigene Partnerschaften und Projekte.
Um einen Überblick über die Bandbreite des Engagements von Aktionsgruppen im Fairen Handel zu gewinnen, kann das Feld etwa folgendermaßen skizziert werden:[512]

- Einige Gruppen verkaufen regelmäßig sonntags nach den Gottesdiensten in der Kirchengemeinde. Die Häufigkeit reicht dabei etwa von ein- bis zweimal im Monat bis zu ein- bis zweimal im Jahr.
- Einige Gruppen organisieren sporadisch einen Verkaufsstand. Sie greifen dabei die sich im Gemeindeleben bietenden Gelegenheiten wie Weihnachtsmarkt, Basare

---

der Erzdiözese München und Freising abbildet oder nur einen Prozentsatz. Wird angenommen, dass diese Erhebung die pfarrliche Eine-Welt-Arbeit in der Erzdiözese weitgehend widerspiegelt, so ergibt sich daraus, dass auf die Gesamtzahl der Pfarreien bezogen der Faire Handel in mind. 28 Prozent der Pfarreien praktiziert wird.

[509] Vgl. [o.V.]: Nur 3 Cent mehr pro Tasse, 18.
[510] Vgl. BDKJ Diözesanverband Bamberg (Hrsg.): Projekt Fairer Handel, 27f. Die Befragung erfolgte auf dem Hintergrund des „Bamberger Pastoralgesprächs"; näheres hierzu vgl. unten Kap. 4.1.2 8. Hinsichtlich der Validität der Bamberger Untersuchung sind ggf. Einschränkungen zu machen: So heißt es dort selbstkritisch, eine „gewisse Subjektivität der Aussagen" könne nicht umgangen werden, da die von Einzelpersonen geschilderten Berichte „in Einzelfällen auch eine geschönte oder verzerrte Wahrnehmung der tatsächlichen Realität darstellen" könnten (S. 11).
[511] Nuscheler u.a.: Christliche Dritte-Welt-Gruppen, 91f.
[512] Vgl. als Hintergrund für die folgende Skizze: Ramminger/Weckel: Dritte-Welt-Gruppen auf der Suche nach Solidarität, 93f. Die beiden Autoren nehmen jedoch in ihre Aufzählung auch langjährig tätige Weltladengruppen mit festem Ladenlokal und teils hauptamtlichen Mitarbeiter/innen auf. Für eine Herausarbeitung der spezifischen Eigenheiten von Aktionsgruppen, wie ich sie hier beabsichtige, scheint mir dies jedoch nicht hilfreich.

3. Engagement in Weltläden und kirchlichen Aktionsgruppen

oder Gemeindefest auf, um sich mit ihrem Anliegen präsent zu zeigen. Auch die Aktionssonntage der kirchlichen Hilfswerke wie der Misereor-Fastensonntag oder der Weltmissionssonntag, das Erntedankfest oder die Faire Woche werden als solche Anknüpfungspunkte gerne genutzt.

- Andere Gruppen haben im Gemeindehaus einen großen Schrank oder einen kleinen Raum zur Verfügung, in dem sie ihre Produkte lagern und verkaufen können. Bei dem Raum (selbstverständlich „Weltladen" genannt) handelt es sich entweder um einen nicht genutzten Kellerraum oder um einen Gruppenraum, den sich die Verkaufsgruppe mit anderen Nutzern teilen muss. Der oft stundenweise Verkauf findet in diesen Fällen häufiger statt: in der Regel ein- bis dreimal unter der Woche, nach dem Sonntagsgottesdienst sowie zu bestimmten Gelegenheiten. Um die Räumlichkeiten in der übrigen Zeit auch anderen Gruppen die Nutzung offen zu halten, müssen vielfach die Waren nach Beendigung der Verkaufsaktion wieder weggeräumt werden.
- In manchen Kirchengemeinden steht ein entsprechender Verkaufsschrank im Pfarrbüro. Während der Öffnungszeiten können die Waren eingekauft werden. Bei Gelegenheiten wie etwa einer Gemeindeveranstaltung wird von den Gruppenmitgliedern der Verkauf auch zusätzlich geöffnet.

Über diese im unmittelbaren Innenbereich der Kirchengemeinden, in deren Räumen und bei deren Gelegenheiten, gehen andere Fair-Handels-Gruppen stärker den Weg in den öffentlichen Raum.

- Gruppen bieten ihre Produkte regelmäßig an einem mobilen Verkaufsstand an. Sie stehen samstags in der Fußgängerzone ihrer Stadt oder auf dem örtlichen Wochenmarkt.
- Andere Gruppen haben sich auf die Verkaufsarbeit am mobilen Stand spezialisiert: Der zum Warentransport eingesetzte Fahrradanhänger wurde für diesen Zweck bereits technisch optimiert oder durch einen ansehnlichen, zum Verkaufsstand ausklappbaren Autoanhänger ersetzt.

Erfahrungsgemäß ist die kirchengemeindliche Anbindung solcher Gruppen bereits deutlich lockerer, wenn es sich bei den zuletzt genannten Gruppen nicht ohnehin um „freie" Initiativen handelt. Im kirchlichen Umfeld ist der Verkaufstisch nach dem Gottesdienst die wohl beliebteste bzw. am häufigsten praktizierte Aktionsform. Dies bestätigt eindeutig die bereits genannte Erhebung in der Erzdiözese Bamberg: Bezogen auf die Gesamtzahl der Pfarreien, in denen Verkaufsaktionen durchgeführt werden, zeigt sie hinsichtlich Aktionsform und Aktionshäufigkeit folgendes Bild:

Verteilung nach Aktionsform (Bamberger Untersuchung)[513]	Anteil
Mobile Verkaufsaktionen nach dem Gottesdienst:	92,0 %
Läden in Trägerschaft der Pfarrgemeinden:	2,5 %
Feste Verkaufsregale im Pfarrbüro oder der Bibliothek:	6,0 %

---

[513] Zitiert nach BDKJ Diözesanverband Bamberg (Hrsg.): Projekt Fairer Handel, 27f.

3.2. Kirchliche Aktionsgruppen: Mobile und stationäre Fair-Handels-Präsenz

Verteilung nach Aktionshäufigkeit (Bamberger Untersuchung)	Anteil
Jede Woche oder mindestens alle zwei Wochen:	6,5 %
Jeden Monat oder mindestens alle zwei Monate:	24,5 %
Mehrfach im Jahr:	32,0 %
Einmal im Jahr oder höchstens auch zwei mal im Jahr:	34,0 %
Selten einmal eine Verkaufsaktion:	2,5 %
Saisonale Verkaufsaktionen zu bestimmten Jahreszeiten:	0,5 %

Die Bamberger Untersuchung bestätigt dabei nicht nur, dass die Aktionsform „Verkaufstisch nach dem Gottesdienst" die mit Abstand beliebteste Form des Fair-Handels-Engagements in Kirchengemeinden ist. Anhand dieser Eindeutigkeit lässt sich zudem auf zwei wichtige Faktoren dieses Engagements schließen:
1. Die vornehmliche Zielgruppe der Aktionen ist die (Gottesdienst-)Gemeinde: Der Öffentlichkeit der Gemeinde kommt als Aktionsraum für die Gruppen eine besondere Bedeutung zu;
2. Die Aktionsform ist hinsichtlich der Bedürfnisse und Ressourcen der Engagierten ausreichend flexibel – das zeigt die quasi gleichmäßig verteilte Häufigkeit der Aktionen zwischen einmal jährlich bis hin zu monatlich.

Beide Merkmale sind bei einem Verkaufstisch nach dem Gottesdienst in hohem Maße gegeben. Bereits die beiden anderen Verkaufsarten wie das Regal im Pfarrbüro, der Verkaufsschrank oder gar der eigene Raum im Gemeindehaus müssen hinsichtlich dieser zwei Kriterien Abstriche machen und können daher nicht vergleichsweise weit verbreitet sein.

Dabei verursachen die mobilen Verkaufsstände den Gruppen auf der anderen Seite auch Einschränkungen: Der zeitliche Abstand der Aktionen stellt die Engagierten vor die Aufgabe sachgemäßer Lagerung und Beachtung der Mindesthaltbarkeitsdaten von Lebensmitteln, so dass punktuell aktive Gruppen meist ihre Produkte als Kommissionsware aus dem nächstgelegenen Weltladen beziehen und zurückbringen (müssen).[514] Gleichwohl konzentrieren sie sich fast ausschließlich auf den Verkauf von Lebensmittel-Produkten, die als Verbrauchswaren größere Verkaufschancen besitzen. In Verkaufsräumen kommen jedoch auch fair gehandelte kunsthandwerkliche Gebrauchsartikel zum Zug.

Diese Chance, ein weiteres Sortiment präsentieren zu können, und die Möglichkeit, durch das Umgehen von Auf- und Abbau den Aktionsaufwand zu reduzieren, markieren häufig den Übergang von der mobilen zur stationären Verkaufsaktion – sofern die Gruppengröße und die Engagementbereitschaft der Einzelnen es zulässt, regelmäßige Dienste einzuteilen und die damit meist verbundenen häufigeren Aktionen abzudecken.

Eine solche Weiterentwicklung verweist auf die Pluralität der Aktionsformen der vor allem kirchlichen Fair-Handels-Gruppen. Daraus ergibt sich, dass eine möglichst

---

[514] Größere Weltläden haben teils bis zu 30 solche Kommissionsgruppen.

umfassend angelegte und dementsprechend weitgehend allgemeingültig gehaltene Beschreibung dieses Feldes unzureichend bleibt. In Anlehnung an Methoden der qualitativen Sozialforschung soll daher im Folgenden die Wahrnehmung des Engagements in den einzelnen Gruppen erweitert und vertieft werden. Mithilfe des Stilmittels typologisierender Portraits wird das Ziel verfolgt, ein detailliertes Bild zu gewinnen und ein genaueres Profil dieser Fair-Handels-Gruppen zu zeichnen.[515]

a) Typologisches Portrait: Warenverkauf nach dem Gottesdienst

Die Gruppe in St. Anna besteht aus etwa einem halben Dutzend Personen, die beinahe alle der Gemeinde recht nahe stehen und offensichtlich zur Gottesdienstgemeinde gehören. Ein einzelner oder ein Ehepaar bildet den Kopf der Gruppe, sie sind es, die in der Regel beim nächstgelegenen Weltladen die Fair-Handels-Produkte als Kommissionsware abholen und nach dem Verkauf dort wieder abrechnen. Da die Gruppe ihren Verkaufsstand nach dem Gottesdienst erst seit kurzem und lediglich alle drei Monate aufbaut, lohnt es sich für sie nicht, die Waren beim Regionalen Fair Handelszentrum fest einzukaufen, obwohl dies für sie reizvoll wäre. In diesem Fall nämlich würden sie als Wiederverkäufer einen entsprechenden Rabatt erhalten, den sie dann ja dem Aushilfspriester aus Afrika zukommen lassen könnten, der vergangenen Sommer die Urlaubsvertretung übernommen hatte und deutlich genug über die Lage in seiner Heimat und über mögliche Projekte geredet hatte. Die Gruppe plant daher auch, am Fastensonntag den Gottesdienst mitzugestalten und evtl. ein Fastenessen anzubieten und dabei auch auf den Verkaufstisch mit den Fair-Handels-Waren aufzubauen.

Nachdem im Gemeindeanzeiger schon ein Hinweis auf den Fair-Handels-Verkauf zugunsten des afrikanischen Pfarrers erschienen war, rückt die Verkaufsaktion näher. Die Waren und ein wenig Wechselgeld wurden bereits einige Tage zuvor besorgt und so beginnt die Aktion am Samstag Nachmittag: Der Tisch für die Aktion muss in der Nähe der Kirchentür bereitgestellt werden – gar nicht so unbedeutend, muss er doch vom Gemeindehaus erst über den Kirchplatz getragen und aufgestellt werden, doch der Mesner, dem die schwungvollen Gottesdienste des Urlaubspfarrers so gefallen hatten, hilft gern. Die Produkte müssen noch mit kleinen Preisetiketten versehen und einige Preisschilder geschrieben werden. Schon rechtzeitig vor dem Gottesdienst haben sich die Mitglieder der Gruppe getroffen: die Waren müssen noch zum Verkaufstisch gebracht und vor allem nett dekoriert werden, und nach dem Schlussgesang kann's losgehen: Einige Kirchenbesucher gehen zielstrebig auf den Tisch zu, der Kaffee vom letzen mal ist schließlich schon seit einigen Wochen ausgegangen; andere schauen neugierig vorbei: ja den Honig aus Chile und vielleicht noch den

---

[515] Die folgenden beiden Portraits beruhen wesentlich auf meinen beruflichen Einblicken aus der Weltladen- und Aktionsgruppenberatung in Bayern. Auf diese Weise werden einige typische Merkmale und Charakteristika von Fair-Handels-Gruppen im kirchengemeindlichen Milieu zusammengestellt. Bei aller Begrenztheit von Typologien soll damit ein lebendiges wie realitätsgetreues Bild des Engagements, seiner Aufgaben und Rahmenbedingungen geboten werden.

3.2. Kirchliche Aktionsgruppen: Mobile und stationäre Fair-Handels-Präsenz

Schwarztee würden sie mal probieren, den Betrag runden sie großzügig auf. Einiges ist verkauft worden, stellt die Gruppe fest, es müssen jedoch auch viele einfach vorbeigegangen sein – die Gruppe hat es vor lauter Aktivität am Verkaufstisch gar nicht gemerkt. „Vielleicht solltet ihr von der guten Schokolade einfach jedem Gottesdienstbesucher einfach ein Stückchen auf den Heimweg mitgeben", regt ein älterer Herr an, der noch auf dem Kirchplatz ins Gespräch vertieft war. Die Idee gefällt der Gruppe – vielleicht beim nächsten Mal. Jetzt gilt es erst mal die verkauften Mengen zu notieren, um die Abrechnung beim Weltladen zu erleichtern, und natürlich wieder alles zusammenzupacken. Beim nächsten Mal geht's wieder von vorne los.

b) Typologisches Portrait: „Weltladen"-Raum im Gemeindehaus

Nachdem das Gemeindehaus der Heilig-Geist-Gemeinde neu renoviert war, stand der ehemalige Jugendraum, der zuvor eher einer Rumpelkammer geglichen hatte, wieder zur Verfügung. Der Eine-Welt-Gruppe, die sich seit einigen Jahren mit viel Engagement in das Gemeindeleben eingebracht hatte, wurde daher der Raum für die Einrichtung eines kleinen Weltladens zugesagt. Ein ansehnliches Regal war bei der Renovierung ebenso übrig geblieben, so dass für die Ausstattung des Weltladens lediglich wenige einfache Holzregale besorgt werden mussten. Zum Missionssonntag konnte dann erstmals der Laden seine Türen öffnen: Das schon vom Gottesdienst-Verkauf bekannte Lebensmittelsortiment war noch um einige weitere Sorten ergänzt worden; neu waren nun auch einige Spielzeugartikel, kleine Geschenkchen und dergleichen. Die zehnköpfige Eine-Welt-Gruppe hat die Aufgaben rund um den Verkauf innerhalb der Gruppe klar aufgeteilt: eine Person für den Einkauf beim Regionalen Fair Handelszentrum, von dem sie die Produkte je nach Bedarf zuschicken lässt – zwei- bis dreimal im Jahr fährt sie auch persönlich hin, um sich zu informieren und neues zu entdecken; eine weitere Person für die Bezahlung der Rechnungen und die Buchführung, sie arbeitet eng mit der Kirchenpflegerin zusammen, da die Gruppe ja ein eigenes Konto in der Kirchengemeinde zugewiesen bekam; das Nachfüllen der Regale, Sauberkeit und manchen Kleinkram erledigen die Gruppenmitglieder gemeinsam. Alle zwei Monate ist Laden-Treffen: hier werden Informationen ausgetauscht, Neuigkeiten besprochen und vor allem der Dienstplan für die Verkaufszeiten vereinbart. Jedes Mitglied der Eine-Welt-Gruppe hat etwa einmal monatlich Laden-Dienst, denn geöffnet hat der Weltladen jeweils sonntags vor und nach dem Gottesdienst, am Mittwoch während der Sprechzeiten des Pfarrbüros sowie bei allen Veranstaltungen im Gemeindehaus. Beim Fastenessen und beim monatlichen Kirchencafé helfen Mitglieder der Eine-Welt-Gruppe ebenfalls mit, so können sie dafür sorgen, dass die Waren aus dem Weltladen auch an geeigneter Stelle verkostet werden können. Bei solchen Aktionen findet ihr Weltladen auch großen Anklang in der Gemeinde, doch unter der Woche ist der Betrieb eher mäßig: vor allem sind es Mütter mit kleinen Kindern, die den Weg in den Weltladen finden, schließlich gibt es für die Kleinen in einem solchen Weltladen doch allerhand zu entdecken.

3.2.3. Empirische Daten zum „Milieu" christlicher Eine-Welt-Arbeit

Die Identität des Fair-Handels-Verkaufs in den kirchlichen Eine-Welt-Gruppen wurde oben bereits als häufig nicht exklusiv angedeutet. Die Verkaufsaktionen sind in vielen Gemeinden und Gruppen eingebettet in die Unterstützung von eigenen Projektkontakten sowie die Umsetzung von Aktionsaufrufen der kirchlichen Hilfswerke, deren Auftrag ja auch darin besteht, durch Impulse das weltkirchliche Bewusstsein und die Eine-Welt-Verantwortung in den Gemeinden lebendig zu halten. Dies hat Auswirkungen darauf, wie die Fair-Handels-Aktionen in diesem thematischen Umfeld von den Akteuren selbst gesehen und durchgeführt werden. Der sowohl in kirchlichen Gruppen als auch in Weltladengruppen über den unmittelbaren Fairen Handel hinausreichende Aktionsradius wirkt auf das Fair-Handels-Engagement mitunter prägend zurück. Während Weltladengruppen sich eher in ein säkulares entwicklungsbezogenes Milieu – traditionellerweise der verschiedenen örtlichen Gruppen der Eine-Welt-Szene – einbetten, ist dieses Umfeld bei den Aktionsgruppen aus nahe liegenden Gründen eher im kirchengemeindlichen Milieu zu orten. Bevor daher in Kapitel 3.3. detaillierter auf das Selbstverständnis des ehrenamtlichen Engagements im Fairen Handel eingegangen werden kann, ist ein Blick auf diese Verbindungen angeraten. Mangels Untersuchungen hierfür aus den lokalen Eine-Welt-Szenen ist eine Beschränkung auf die empirischen Ergebnisse der Studie „Christliche Dritte-Welt-Gruppen" aus dem Jahr 1995 erforderlich.

Bei der Frage nach den Tätigkeitsbereichen, in denen die Gruppen aktiv sind, hat die Studie „Christliche Dritte-Welt-Gruppen" Ergebnisse ermittelt, anhand derer sich erste Aufschlüsse über das Selbstverständnis der Gruppen herausarbeiten lassen. Christliche Eine-Welt-Gruppen verfügen nicht über eine enggeführte Definition ihres Tätigkeitsbereichs. So realisieren etwa Fair-Handels-Gruppen nicht lediglich Verkaufsaktionen und Projektpartnerschaftsgruppen nicht nur Unterstützungsaktionen. Vielmehr ergab die Untersuchung aufgrund von Mehrfachnennungen (ca. 3,1 pro Gruppe), dass sich die Gruppen in mehreren Tätigkeitsfeldern bewegen und dass sich diese in einer spezifischen Art und Weise zueinander verhalten:

Tätigkeitsbereiche, in denen die Gruppen aktiv sind [516]	Anteil
Finanzielle Unterstützung unterschiedlicher Projekte/ Aktionen	58,7 %
Dritte-Welt-Handel	57,4 %
Projektpartnerschaft	50,9 %
Bildungsarbeit	44,0 %
Teilnahme an Aktionen der Hilfswerke	33,3 %
Kampagnen-Teilnahme	29,0 %
Lobbyarbeit	21,0 %
Basteln/Sammeln	18,9 %

---

[516] Nuscheler u.a.: Christliche Dritte-Welt-Gruppen, 85, Grafik 11.

3.2. Kirchliche Aktionsgruppen: Mobile und stationäre Fair-Handels-Präsenz

Die Studie stellt dazu fest, dass die finanzielle Unterstützung von verschiedenen Hilfsaktionen und Projekten „selten ausschließlich betrieben" wird und als Ergänzung anderer Tätigkeiten vertreten sei. Die Autoren sprechen von einer „häufig vorkommende[n] Kombination des Bereichs Bildungsarbeit mit den Bereichen 'Dritte-Welt-Handel' und 'finanzielle Unterstützung verschiedener Projekte'".[517] Daran lassen sich Momente des Selbstverständnisses der Fair-Handels-Bewegung wieder erkennen, wie die Bildungsarbeit anhand des Verkaufsprodukts und die Zielrichtung der Unterstützung von Partnern.[518] Der Studie zufolge hängt Lobbyarbeit eng mit Bildungsarbeit zusammen, jedoch politische Tätigkeit korrespondiert kaum mit konkreter Hilfe. Aus der Perspektive des Fairen Handels ist sicherlich von Bedeutung, dass die Jugendverbandsgruppen die Kampagnenarbeit mit fast 50 Prozent, die Lobbyarbeit mit 33 Prozent und die Bildungsarbeit mit 71 Prozent jeweils am stärksten unter den vier Gruppen-Typen als Tätigkeitsbereich aufgreifen.
Diese Zusammenhänge lassen sich anhand einer Frage nach Aktionsformen konkretisieren. Das Aktionsfeld erstreckt sich über ein Spannungsfeld zwischen Bildungsarbeit und Spendensammlung[519] – wobei die Studie gezielt ein Bild darüber gewinnen wollte, inwiefern die Eine-Welt-Gruppen den Wandel des Selbstverständnisses und der Zielorientierung von entwicklungsbezogener und weltkirchlicher Arbeit „from charity to justice" mitvollzogen haben.[520]

Aktionsformen, die die Gruppen durchführen[521]	Anteil
Informationsveranstaltungen	73,3 %
Gottesdienstgestaltung	57,5 %
Spendenaufrufe	50,9 %
Basare vorbereiten, durchführen	48,6 %
Unterschriftenaktionen	35,5 %
Kontakt/Gespräche mit polit. Entscheidungsträgern	22,0 %
Sonstige	17,4 %

Betrachtet man die gesamte Verteilung kann zusammengefasst werden: Spendenorientierte Aktionsformen (Spendenaufruf, Basare) haben mit einem Prozentsatz von zusammen knapp 100 Prozent (aufgrund der Mehrfachnennungen) einen nur geringfügig niedrigeren Stellenwert als bildungsorientierte Aktionen wie Infoveranstaltungen und Unterschriftenaktionen (zusammen 109 Prozent). Würde man freilich Gottesdienstgestaltung als bildungsorientiert charakterisieren (man denke an die Predigt), käme dieser Bereich allerdings auf unvergleichliche Popularität in den Gruppen. Freilich sind Aktionsformen entwicklungspolitischer Interessensvertretung (Politikergespräche, Unterschriftenlisten) vergleichsweise ernüchternd unpopulär. In den ein-

---

[517] Nuscheler u.a.: Christliche Dritte-Welt-Gruppen, 87.
[518] Vgl. Stricker: Weltweite Gerechtigkeit konkret, 363.
[519] Nuscheler u.a.: Christliche Dritte-Welt-Gruppen, 87ff.
[520] Nuscheler u.a.: Christliche Dritte-Welt-Gruppen, 11.
[521] Nuscheler u.a.: Christliche Dritte-Welt-Gruppen, 88, Grafik 12.

zelnen Gruppentypen schwankt die Verteilung der Aktionsformen deutlich: so ist Gottesdienstgestaltung vor allem bei den Sachausschüssen (70 Prozent) und Jugendverbandsgruppen (66 Prozent) „zuhause", Spendenaufrufe führen insbesondere die Sachausschüsse und Erwachsenenverbandsgruppen durch (60 Prozent bzw. 58 Prozent), sind jedoch auch unter den Jugendverbandsgruppen mit 39 Prozent noch recht weit verbreitet.

In den entwicklungsbezogenen Zielvorstellungen und Grundsätzen, von denen sich die Gruppen in ihrer Arbeit leiten lassen, konstatiert die Studie eine hohe Identifikation mit Grundsätzen der Kirche(n) und andererseits kein Aufgreifen staatlicher Leitsätze. Bedeutsam erscheint dabei die Feststellung, dass die Auseinandersetzung mit kirchlichen Grundsätzen wie etwa den päpstlichen Enzykliken sehr gering sei, aber dennoch eine gewisse Kenntnis der kirchlichen entwicklungspolitischen Leitvorstellungen vorhanden wäre.[522] In der Frage nach ihren expliziten Leitsätzen zeigt sich, dass sich die Gruppen kaum noch auf den herkömmlichen Hilfs- und Missionsgedanken stützen. Vor allem der Leitsatz der „Hilfe zur Selbsthilfe" wird von knapp der Hälfte der Gruppen als wichtigstes Ziel angesehen (47 Prozent), dahinter rangieren mit 24 Prozent „Voraussetzungen für gerechtere Lebensbedingungen schaffen" sowie mit 19 Prozent „Bewusstseinsveränderung hier". Immerhin ein Zehntel der Gruppen konnte zwischen diesen Zielen letztlich keine Priorität festlegen und nannte mehrere dieser drei Ziele. Die Studie ist sich zwar bewusst, dass damit noch keine Verständigung über unterschiedliche Interpretationen der einzelnen Leitziele besteht. Die Frage „Was ist wichtiger für eine dauerhafte Entwicklung?" sollte schließlich noch einmal die Gewichtung zwischen Bildungsarbeit hier und Projektarbeit dort, wie sie von den Gruppen vertreten werden, herausfiltern: Herausgekommen ist dabei insbesondere, dass drei Viertel der Gruppen die Antwort „beide gleich" gaben. Bei den übrigen wird Bildungsarbeit im Inland gegenüber der Projektarbeit im Ausland dennoch klar stärker gewichtet (17 zu 9 Prozent) – am stärksten ausgeprägt unter den Jugendverbandsgruppen (27 zu 4 Prozent) und ökumenischen Gruppen (24 zu 5 Prozent), während die Sachausschüsse ins Gegenteil abweichen (9 zu 13 Prozent).[523] Die Aussagekraft dieser Angaben wird allerdings weiter geschmälert dadurch, dass die Gruppen auch angeben, dass Projekt- und Spendeninfos Bestandteil der gemeinten Bildungsarbeit sind.[524] Daran wird abschließend insbesondere die innere Vernetzung der Themen und Aktionen der christlichen Dritte-Welt-Gruppen belegt.

---

[522] Vgl. Nuscheler u.a.: Christliche Dritte-Welt-Gruppen, 98f.
[523] Die Ergänzung zu 100 Prozent ergibt jeweils den Prozentsatz für „beide gleich" sh. Nuscheler u.a.: Christliche Dritte-Welt-Gruppen, 101, Tabelle 20.
[524] Nuscheler u.a.: Christliche Dritte-Welt-Gruppen, 102.

3.3. Zum Selbstverständnis des ehrenamtlichen Engagements im Fairen Handel

Aus diesen Beschreibungen sowie aus den vorangegangenen Analysen der Aktions- und Tätigkeitsformen der Gruppen und ihren Schwerpunkten sind Zielsetzung und Anliegen der Gruppen schon ersichtlich geworden. Nun soll es darum gehen, einzelne Themenfelder abzustecken und innerhalb dieser die Anliegen der Gruppen genauer zu skizzieren und dadurch ein Bild des Selbstverständnisses der Gruppen zu zeichnen. Die weitere Erörterung vorwegnehmend lässt sich dieses Bild in folgenden Thesen zusammenfassen:

- Kirchliche Fair-Handels-Gruppen wollen sich als Teil einer Kirchengemeinde mit offenen Rändern verstehen.
- Fair-Handels-Gruppen im kirchengemeindlichen Umfeld verstehen sich als diffus religiös motiviert.
- Fair-Handels-Gruppen sehen sich selbst gleichermaßen als Verkäufer von Produkten und Agenten des Bewusstseinswandels.
- Fair-Handels-Gruppen verstehen sich als Partner ihrer Produzenten und Förderer ihrer Partnerschaftsprojekte.

Diese vier Thesen betreffen die Weltladengruppen und die kirchlichen Aktionsgruppen in unterschiedlicher Ausprägung. Es wäre jedoch zu einfach, die einzelnen Thesen von vornherein einem der Gruppentypen zuzuschreiben. Gerade für die ersten beiden Thesen ist zu betonen, dass sie auf viele – wiewohl gewiss nicht für alle – Weltladengruppen ebenfalls zutreffen, sofern sie einen (Entstehungs-)Kontext im kirchlichen Milieu aufweisen. Für die beiden letzten Thesen braucht nicht eigens hervorgehoben werden, dass sie zur Grundsubstanz der (ehrenamtlichen) Tätigkeit im Fairen Handel zählen.

3.3.1. „Thematisch sind schon sehr viele Parallelen da, nicht?" – Zwischen Gemeindenähe und Randständigkeit[525]

Die Beschreibung Klaus Piepels über die faktische Verortung der Eine-Welt-Arbeit auf der Ebene der Kirchengemeinden entspricht der Wahrnehmung, die gemeindenahe Fair-Handels-Gruppen über ihre Rolle innerhalb der Gemeinden immer wieder artikulieren:

> „Häufig sind nicht die Gemeinden, sondern aktive Minderheiten in, am Rande oder außerhalb der Gemeinden die Träger von Partnerschaften mit Gruppen bzw. Gemeinden in der Dritten Welt. Weltkirchliches und entwicklungspolitisches Engagement gilt in unserer Kirche überwiegend noch als 'Hobby' engagierter einzelner oder Gruppen. Die Gemeinden nehmen ihre weltkirchliche

---

[525] Zitat aus Interview nach Nuscheler u.a.: Christliche Dritte-Welt-Gruppen, 236.

Verantwortung oft nur sehr eingeschränkt wahr; sie neigen dazu, diese an 'zuständige' unter- und übergeordnete Handlungsebenen zu delegieren (Dritte-Welt-Gruppen, Sachausschüsse, Hilfswerke ...)."[526]

Für eine hintergründige Analyse dieses Sachverhalts bietet der qualitative Untersuchungsteil der Studie „Christliche Dritte-Welt-Gruppen" wichtige Anhaltspunkte. Dieser Teil der Erhebung, der versucht, die inhaltlichen Deutemuster der christlichen Dritte-Welt-Gruppen typologisch herauszuarbeiten und zu beschreiben, folgte dem Leitmuster einer „Milieuanalyse": Ausgegangen wurde von der Annahme, dass „religiös fundierte universale Solidarität als weltkirchliche Solidarität bis in die Mitte dieses Jahrhunderts hinein ein fest verankerter Bestandteil des milieugeprägten modernen Katholizismus" war, für den „klar umrissene Handlungsvorgaben und Sinnzuweisungen" existierten, deren Plausibilität heute „in den Sinnvergewisserungsprozessen von christlichen Dritte-Welt-Gruppen aktualisiert und restrukturiert werden"[527] bzw. werden müssen. Um dies zu erheben wurde auf ein Gruppendiskussionsverfahren mit ausgewählten Dritte-Welt-Gruppen zurückgegriffen, deren Analyse und „dokumentarische Interpretation" gerade gruppenspezifische Orientierungs- bzw. Selbstvergewisserungsmuster herausarbeiten und typisieren sollte. Ziel war eine „Rekonstruktion der spezifischen milieugebundenen Orientierungsmuster von christlichen Dritte-Welt-Gruppen in ihrer Verschränkung von ethischen, religiösen und entwicklungspolitischen Dimensionen durch eine begrifflich-theoretische Explikation".[528]

Die Studie unterscheidet dabei auf einer grundlegenden Ebene drei typische Milieus, in denen sich die Solidaritätspraxis und Sinnkonstitution auf je typische Weise realisiert: im „Milieu der Gemeindenahen" hat Missions- und Dritte-Welt-Arbeit einen unhinterfragten Ort, solange die sozial-caritative Charakteristik der „Hilfe" – auch der „Hilfe zur Selbsthilfe" – nicht überschritten wird. Dieses Milieu „kennt [...] nicht das Moment der notwendigen Veränderung des eigenen Bewusstseins und Handelns in den Helfer- und Geberländern. Entsprechend gehört auch die kritische Information über weltwirtschaftliche Zusammenhänge nicht zum Enaktierungspotential innerhalb des gemeindenahen Milieus."[529] Diese Feststellung bedeutet nicht, dass Fairer Handel in derartigen Dritte-Welt-Gruppen keinen Platz hätte, jedoch ist anzunehmen, dass hier Fair-Handels-Aktionen den milieurelevanten Deutehorizonten unterworfen werden. Darauf weisen einschlägige Beobachtungen hin – etwa die, dass in manchen Gruppen und Gemeinden die Fair-Handels-Aktivitäten eher dem Motiv des Spendens als dem der Gerechtigkeit nahe stehen[530] bzw. durch die Prägungen des Umfeldes der Kauf im Grunde zu einer Variation der Spende wird.[531]

---

[526] Piepel: Lerngemeinschaft Weltkirche, 370.
[527] Nuscheler u.a.: Christliche Dritte-Welt-Gruppen, 122-123.
[528] Vgl. Nuscheler u.a.: Christliche Dritte-Welt-Gruppen, 128.
[529] Vgl. Nuscheler u.a.: Christliche Dritte-Welt-Gruppen, 410.
[530] Weiterführend hierzu sh. Absatz c). Vgl. auch Piepel: Eine-Welt-Gruppen in Gemeinden, 188.
[531] Vgl. auch Donk/Reichertz: Die Zukunft der Weltläden sichern, 7.

3.3. Zum Selbstverständnis des ehrenamtlichen Engagements

Das „Grenzmilieu" oder „Entgrenzungsmilieu" setzt sich von dieser gemeindenahen Ideologie bereits eindeutig ab. Die Überwindung von Hilfe- und Spendenorientierung sowie die Zuwendung zu Aufklärung und Bewusstseinsänderung – auch und gerade in ihren konflikthaften Zügen – wird gewissermaßen zum identitätsstiftenden Merkmal. Die Grenzposition dieses Gruppentyps verdeutlicht die latenten Exklusionsprozesse, denen gerade auch Fair-Handels-Gruppen im Raum der Kirchengemeinden wiederholt ausgesetzt sind: „Wo sie in das Milieu der Gemeindenahen ein weltkirchliches, multikulturelles, den traditionellen Eurozentrismus überschreitendes Missionsverständnis vermitteln möchte[n], [sehen] sie sich erfolglos und an den Rand des gemeindlichen Sinnhorizontes gedrängt."[532] Die Gemeinde wird demgegenüber „als schwierig zugänglich, desinteressiert und wenig unterstützungsbereit" erfahren.

Diese Wahrnehmungen und Zusammenhänge konkretisieren sich in den Fair-Handels-Gruppen auf unterschiedliche Weise: Wiederkehrendes Thema in den Gesprächen mit Fair-Handels-Gruppen[533] ist die – oft über Jahre hinweg sich durchhaltende – Schwierigkeit, die Pfarrei beispielsweise beim Pfarr- oder Gemeindefest vom Ausschank fair gehandelten Kaffees zu überzeugen. Fair-Handels-Gruppen scheitern hier offenbar kontinuierlich daran, die in anderen Bereichen der Kirchengemeinde ehrenamtlich Tätigen zur lediglich punktuellen Übernahme ihres Handlungsmodells bzw. zur Zusammenarbeit zu bewegen.[534] Weniger deutlich aber ebenfalls wiederkehrend ist die Frage nach der Unterstützung der Verkaufsaktion durch Ankündigung im Gemeindeanzeiger oder der Hinweis im Gottesdienst auf den Verkauf im Anschluss. In diesem Zusammenhang wird auch artikuliert, dass die vom Pfarrer als Gemeindeleiter ausgesendeten Signale zur Unterstützung oder Nicht-Unterstützung des Fair-Handels-Verkaufs klare Resonanz im (Kauf-)Verhalten der Gemeindemitglieder zeige. Im Austausch mit und unter den Fair-Handels-Gruppen in Gemeinden werden solche Frustrationserfahrungen mit Regelmäßigkeit aufgerufen. Derlei Entfremdungserfahrungen lassen die Gruppen nach solidarischen Strukturen Ausschau halten, die sie in anderen Eine-Welt-Initiativen finden, die ihnen helfen, die mangelnde Resonanz im Gemeindemilieu zu kompensieren[535] und die zur Stärkung der Eigenmotivation teils dringend benötigt werden.

Im Grenzmilieu speist sich die Selbstvergewisserung der eigenen Kirchenzugehörigkeit (ebenso wie die der Religiosität) daher kaum aus der Anbindung an die lokale Gemeinde – vielmehr erlaubt die Verinnerlichung dieses Vergewisserungsprozesses „das Überschreiten der Milieugrenzen und die Teilnahme an einem gesellschaftsethi-

---

[532] Nuscheler u.a.: Christliche Dritte-Welt-Gruppen, 412.
[533] Die folgenden Beobachtungen entstammen der eigenen Beratungspraxis für Fair-Handels-Gruppen in Bayern.
[534] Interessant ist daran die Beobachtung, dass das in der Gemeinde bereits vorhandene Produkt nicht einfach abgerufen wird, sondern sogar der zusätzliche Aufwand des Besorgens in Kauf genommen wird – sofern nicht der Kaffee von Gemeindemitgliedern für das Pfarr- bzw. Gemeindefest gespendet wurde.
[535] Vgl. Nuscheler u.a.: Christliche Dritte-Welt-Gruppen, 414.

3. Engagement in Weltläden und kirchlichen Aktionsgruppen

schen Engagement im plural strukturierten Raum der lokalen Öffentlichkeit".[536] Damit sind die Gruppen des Entgrenzungsmilieus bereits auf den Erfahrungsraum der neuen Sozialen Bewegungen hin offen. Im „Bewegungsmilieu" (d.h. in den Gruppen, die den sog. „neuen Sozialen Bewegungen" zugerechnet werden können) besteht bereits kein Bezug mehr zum gemeindlichen Binnenmilieu, wenngleich christliche Hintergründe und Motivationen durchaus in die Solidaritätspraxis dieser Gruppen hineinreichen. Gemeinsam sind diesen Gruppen insbesondere die Auseinandersetzung mit der gesellschaftlichen Situation und den Beziehungen zwischen Erst- und Dritt-Welt-Ländern und der Wille zur gesellschaftlichen Veränderung hierzulande, wofür in der Regel eigene Alternativformen aufgegriffen oder selbst entwickelt werden.[537] Die in der Untersuchung der „Christlichen Dritte-Welt-Gruppen" befragte „Ladengruppe" wurde diesem Milieu zugeordnet.

Insgesamt ist festzustellen, dass in allen drei Milieutypen die Handlungsidee des Fairen Handels Eingang gefunden hat. Möglicherweise ist es aber Bestandteil der Typologie und insofern kein Zufall, dass – zumindest für die mit dem Fairen Handel befassten Gruppen – die Bedeutung gerade dieser Engagementform und die Inanspruchnahme für den Fairen Handel mit zunehmender Distanz zum Gemeindemilieu ebenfalls zunimmt.

Diese Tendenz wiederholt und verstärkt sich insbesondere dann, wenn aus Aktionsgruppen des Fairen Handels heraus ein Weltladen entsteht und im Aufbauprozess Momente der Verselbständigung wie etwa eine Vereinsgründung – teils kirchenamtlich wegen steuerrechtlicher Fragen gewünscht – vollzogen werden. Unter der Prämisse steuerlicher Erfordernisse werden in einigen deutschen Diözesen ab bestimmten Umsatzhöhen Fair-Handels-Gruppen oder daraus erwachsene Weltläden mehr oder minder deutlich zur Vereinsgründung gedrängt. Dieselben Exklusionsmechanismen laufen auch dann ab, wenn etwa die Frage nach der mietrechtlichen Behandlung von Weltläden in (Geschäfts-)Räumen im Eigentum einer Kirchenstiftungen auftaucht und unter Umständen die in der Satzung verankerte Nähe zur Gemeinde geprüft und dementsprechend eine Festlegung von Vorzugsmiete oder ortsüblichem Mietzins angeschlossen wird.

Klaus Piepel[538] hat eine aufschlussreiche Parallelität zwischen dieser Typisierung und verschiedenen Pastoralformen aufgespürt: In den Gruppen des gemeindenahen Milieus findet er klare Anhaltspunkte für eine Verankerung im Paradigma traditioneller Pastoral – so etwa das Verständnis von „Dritte-Welt-Arbeit" als sozial-caritatives Hilfehandeln. Die Gruppen des Entgrenzungsmilieus weisen eine Nähe zum Konzept der modernen Pastoral auf, für welche die dialogische Vermittlung christlicher Anliegen in die Gesellschaft hinein einen hohen Stellenwert besitzt. Teils in den Gruppen des Grenzmilieus sowie in den Gruppen des Bewegungsmilieus sieht Piepel das

---

[536] Nuscheler u.a.: Christliche Dritte-Welt-Gruppen, 415.
[537] Vgl. Nuscheler u.a.: Christliche Dritte-Welt-Gruppen, 415f.
[538] Piepel: Eine-Welt-Gruppen in Gemeinden, 178-183.

3.3. Zum Selbstverständnis des ehrenamtlichen Engagements

Paradigma der Sozialpastoral als einer Verschränkung von sozialer Praxis und religiöser Deutung widergespiegelt; die Praxis der Gerechtigkeit sei hier nicht mehr nur Folge religiösen Glaubens, sondern deren Wesensbestandteil bzw. Ort religiöser Erfahrung.[539]
Diese Bezugnahmen sind für das Verständnis zahlreicher Prozesse in Fair-Handels-Gruppen und zwischen Fair-Handels-Gruppen und Kirchen von Bedeutung, insofern sie Konfliktlinien zwischen örtlicher Pastoral und Eine-Welt-Arbeit erkennbar machen: Fair-Handels-Gruppen dürften unter der Voraussetzung, dass ihnen ein paralleler Pastoralansatz begegnet, im kirchlichen Raum auf Sympathie und Unterstützung stoßen. Was jedoch geschieht bei den verschiedenen Möglichkeiten nicht-komplementärer Ansätze? Dies konnte anhand einiger Beispiele bereits angerissen werden und wird in den folgenden thematischen Zugängen zum Selbstverständnis kirchlich orientierter Fair-Handels-Gruppen weiter vertieft werden können. Versteht man die drei Typen von Eine-Welt-Gruppen bzw. von Pastoral nicht statisch sondern als einen Entwicklungsprozess, so dürfte aus der Erfahrung jedoch festzustellen sein, dass Eine-Welt-Gruppen kaum hinter der Entwicklung der Gemeinden „hinterherhinken", sondern im Gegenteil im Rahmen der Öffnung gegenüber Welt und Gesellschaft tendenziell den Gemeinden einen Schritt vorausgehen. Fair-Handels-Gruppen „reiben" sich insofern an ihren Gemeinden letzen Endes deswegen weil sie – im Sinne der Nuscheler-Studie[540] gesprochen – als „Laboratorien" begriffen werden können, in denen neue Formen der Verschränkung von Glaube und sozialem Handelns „praktiziert, erprobt und weiterentwickelt werden" und damit die kirchliche Pastoralarbeit insgesamt mit der Frage der Öffnung gegenüber der gesellschaftlichen Umwelt konfrontieren. Solange christliche Eine-Welt- und Fair-Handels-Gruppen in dieser Funktion als Vorreiter eines pastoralen Paradigmenwechsels nicht wahrgenommen werden, ist ein Ende ihrer konflikthaften bzw. frustrationsgeladenen Beziehung zu ihren Kirchengemeinden kaum zu erwarten.

3.3.2. „Das ist halt christliches Bewusstsein irgendwie ..." – Unklarheit religiöser Deutekategorien[541]

Insofern also Gemeindenähe und kirchliche bzw. pastorale Anbindung der Christlichen Dritte-Welt- und Fair-Handels-Gruppen für diese häufig eine wenig zufriedenstellende Konstellation bedeuten, stellt sich die Frage ob bzw. inwiefern deren religiöse Identität eine stützende Komponente für ihr Engagement in diesem Feld bildet. Stärker als mit strukturellen Bezügen haben wir es hier mit einem (möglichen) Faktor der Motivation der Gruppen und Engagierten zu tun. Jedoch, die Frage nach den

---

[539] Piepel bezieht sich in dieser Argumentation auf das von Hermann Steinkamp sowie Norbert Mette in die deutsche Diskussion gebrachte Verständnis von „Sozialpastoral". Kritisch dazu: Fuchs: Solidarität und Glaube, sowie meine Vorschlag in Raschke: Kooperation und Vernetzung, 244.
[540] Vgl. Nuscheler u.a.: Christliche Dritte-Welt-Gruppen, 420.
[541] Zitat aus Interview nach Nuscheler u.a.: Christliche Dritte-Welt-Gruppen, 301.

religiösen Momenten in den kirchlich eingebundenen Eine-Welt-Gruppen stellt sich als divergent heraus. Während zum einen der expliziten religiösen Selbstvergewisserung des eigenen Glaubens in den Gruppen offenbar ein nur sehr begrenzter Ort eingeräumt wird, ist zum anderen nicht zu übersehen, dass Einzelne wie Gruppen von einer einschlägigen Spiritualität und Glaubensmotivation getragen sind, die ihr Engagement gerade auch im kirchlichen Horizont begründet.

Zu ersterem Aspekt des Themas – der ausdrücklichen Auseinandersetzung – sind die Studien von Nuscheler sowie von Ramminger/Weckel offenbar auf wenige „hard facts" gestoßen: Ramminger/Weckel führen zwar an, dass einige ihrer befragten Gruppen theologische Auseinandersetzungen – insbesondere im Zusammenhang der lateinamerikanischen Befreiungstheologie – benannt hätten, wobei eine grundsätzlich politische Orientierung der Gruppen geradezu die Voraussetzung desselben gewesen sei. Im Hinblick auf den Fairen Handel kommen die Autoren zu dem Schluss: „In den Gruppen, die auch im Rahmen von Kirchengemeinden arbeiten und vornehmlich mit alternativem [d.h. Fairem; MR] Handel beschäftigt sind [...], tauchen theologische Themen als Gruppenthemen kaum auf. Dort sind es Einzelpersonen, die sich mit theologischen Themen und Befreiungstheologie auseinandersetzen."[542] Dieser Wahrnehmung entsprechen im Sinne einer Negativfolie einige Punkte der Erklärungsmodells von Nuscheler u.a.: Diese Autoren attestieren den Gruppen im Grenzmilieu der Gemeinden hinsichtlich der „Verbindung von Glaube und gesellschaftsethischem Handeln Züge einer persönlichen Glaubenserfahrung". Eine „Verinnerlichung" ermögliche das Überschreiten gemeindlich-kirchlicher Binnenzugehörigkeit und eine Öffnung hin auf den Raum öffentlichen gesellschaftlichen Engagements, insofern die Motivation und Selbstvergewisserung über die Christlichkeit des eigenen Engagements nicht mehr aus der konfessionell-sozialen Zugehörigkeit, sondern vorrangig aus der persönlichen Auseinandersetzung und Aneignung christlich-biblischer Inhalte genährt wird, unter denen im Wesentlichen das Motiv der Gerechtigkeit aufgerufen werde.[543] Solche Verinnerlichung bringt auf geradezu natürliche Weise mit sich, dass ein Austausch religiöser Motive nicht in die Gruppe hinein getragen wird – ein Phänomen, das allerdings nicht nur dem Grenzmilieu der Gemeinden zueigen ist, sondern durchaus (im Horizont einer Privatisierung der Glaubensrede) auch im traditionellen Gemeindemilieu beheimatet ist.

Damit ist bereits der zweite Aspekt – die implizite Glaubensmotivation und Spiritualität – aufgerufen und ausgesprochen. Diese Art von Spiritualität charakterisieren Nuscheler u.a. abschließend folgendermaßen: „Die christlichen Dritte-Welt-Gruppen lassen sich heute als wichtige 'Laboratorien' begreifen, in denen unterschiedliche Modelle der Verschränkung von Glauben und gesellschaftlichem Handeln praktiziert, erprobt und weiterentwickelt werden. Von besonderer Bedeutung für die Zukunft dürfte ein Glaubensstil sein, der auf individuell-biographischer Entscheidung beruht,

---

[542] Ramminger/Weckel: Dritte-Welt-Gruppen auf der Suche nach Solidarität, 106.
[543] Nuscheler u.a.: Christliche Dritte-Welt-Gruppen, 415.

3.3. Zum Selbstverständnis des ehrenamtlichen Engagements

Glauben und Alltagsleben bzw. Glauben und Politik zu integrieren sucht und in christlich inspiriertem Gruppenengagement seinen Ausdruck und sein Stützsystem findet."[544] Diese Charakterisierung darf gleichermaßen für die christlichen Eine-Welt-Gruppen des Grenz- wie des Bewegungsmilieus in Anspruch genommen werden, wenngleich lediglich bei den Gruppen des Bewegungsmilieus die institutionalisierte Gemeinde „in den negativen Gegenhorizont der eigenen christlichen Inspiration"[545] zu geraten vermag, sich also die religiöse Identität der Gruppe oder der Engagierten gegen die Institution selbst zu wenden erlaubt. Letzterer Erklärungshorizont ist speziell dann in Anschlag zu bringen, wenn im Bereich des Fairen Handels – im Sinne des zitierten „halt irgendwie christlichen Bewusstseins" – das im wahrsten Sinne des Wortes fehlende Verständnis artikuliert wird, warum kirchliche Gemeinden, Einrichtungen und Stellen eben nicht selbstverständlich den Verbrauch fair gehandelter Waren unterstützen und auch selbst praktizieren.

„Wir sind doch Christen, die an das Evangelium glauben. Da müssen wir uns doch für die Armen einsetzen."[546] Solche und andere Formulierungen bringen eindeutig zum Ausdruck, dass die Engagierten in kirchlichen Fair-Handels-Gruppen ihren Einsatz sehr wohl religiös begründen und von entsprechender Motivation geleitet sind. Allerdings lassen sie insofern eine Leerstelle erkennen, als dass sie natürlich nicht andeuten, weshalb aus der christlichen Motivation heraus speziell der Faire Handel die angemessene Folgeverpflichtung ist, die aus der religiösen Motivation nach dem Evangelium sowie aus der Situationswahrnehmung „Armut" und „ungerechter Welthandel" heraus resultiert und die infolgedessen andere denkbare Folgeverpflichtungen wiederum ausschließen bzw. hintanstellen. Dass religiöse und theologische Themen in Fair-Handels-Gruppen kaum artikuliert werden, muss deshalb nicht ausschließlich einer verinnerlichten religiös-christlichen Motivation überantwortet werden, sondern könnte gleichwohl die Schwierigkeit aufzeigen, zwischen dem Handlungsmodell Fairer Handel und der christlichen Basisbotschaft des Evangeliums oder der Bibel eine Verbindung zu knüpfen, die jedermann einsichtig ist und damit in den Gruppen aufgegriffen und ausgesprochen werden kann.

In diesem Zusammenhang darf das Ergebnis der Untersuchung der christlichen Dritte-Welt-Gruppen hinsichtlich der Kenntnis kirchlicher entwicklungspolitischer Positionen (insbesondere der einschlägigen Enzykliken) – hier verstanden nicht im Sinne zu bejahender Doktrin, sondern eben als Angebot zur (argumentativen) Verknüpfung religiöser Motive mit dem eigenen Handlungsmodell – nicht überraschen: Nur 7 Prozent der Gruppen (unabhängig ob im Fairen Handel tätig oder nicht) haben sich mit diesen Dokumenten auseinandergesetzt, wobei offenbar immerhin die Hälfte derselben die einschlägigen Texte nicht benennen konnten. Die Autoren geben jedoch zu Bedenken, dass auch über andere Wege die Kenntnis ihrer Inhalte erlangt werden könne. Bezüglich der Frage nach der Übereinstimmung mit den hier artiku-

---

[544] Nuscheler u.a.: Christliche Dritte-Welt-Gruppen, 420.
[545] Vgl. Nuscheler u.a.: Christliche Dritte-Welt-Gruppen, 414-417, das Zitat: 417.
[546] Ramminger/Weckel: Dritte-Welt-Gruppen auf der Suche nach Solidarität, 106.

3. Engagement in Weltläden und kirchlichen Aktionsgruppen

lierten entwicklungspolitischen Grundsätzen der katholischen Kirche ist insbesondere aufschlussreich, dass 38 Prozent der Gruppen eine weitgehende Übereinstimmung angeben, etliche Gruppen offensichtlich ohne vertiefte Kenntnis der Grundsätze diesen zustimmen und vor allem 44 Prozent mit „weiß nicht" antworteten.[547] Eine wichtige Rolle für die Artikulation der religiösen Motivation stellt für die Gruppen die Mitgestaltung von Gottesdiensten dar. Nach der Studie von Nuscheler u.a. greifen 57,5 Prozent aller christlichen Dritte-Welt-Gruppen zu dieser „Aktionsform", die in ihrer quantitativen Verbreitung mit dem Dritte-Welt-Handel als „Tätigkeitsbereich" gleich vorkommt. Dies bedeutet natürlich noch keine Aussage über eine Verknüpfung. Ebenso muss die Mitgestaltung von Gottesdiensten durch Fair-Handels-Gruppen nicht zwangsläufig religiös motiviert sein, wie folgende Empfehlung zur Öffentlichkeitsarbeit (!) aus dem Jahr 1977 eindrücklich zur Sprache bringt: „Auch in Gottesdiensten kann man durch Information und Gebete Problembewusstsein schaffen."[548] Bis heute lassen sich immer wieder Belege dafür finden, dass und wie sehr das Hereinnehmen der weltweiten Ungerechtigkeit und ihrer Opfer in das Gottesdienstgeschehen eine im wesentlichen ungelöste Gratwanderung bildet zwischen ihrer oft eher die Gottesdienstteilnehmer/innen informierenden, auf Bewusstseinsbildung hin angelegten Art einerseits und ihrer meist kaum gelingenden religiösen Deutung und theologischen Versprachlichung andererseits.[549]

Gegenüber solcher Kritik müssen jedoch auch diejenigen Erfahrungen in Anklang gebracht werden, in denen christlich motivierte Fair-Handels-Gruppen ihren Gottesglauben an Solidarität und Gerechtigkeit „missionarisch" in säkulare Zusammenhänge einbringen: Die (Wieder-)Eröffnung eines Weltladens mit dem ausführlichen Akt der Segnung und des Gebets durch anwesende Ortspfarrer beider Konfessionen ist eine weit verbreitete Praxis. Die Begehung eines Ladenjubiläums im Rahmen eines Festgottesdienstes kommt ebenfalls häufig vor. Sie zeugen von einer nicht nur privatisierten religiösen Motivation der Akteure, wobei diese „Entgrenzung" durch das Religiöse in das wirtschaftlich-kaufmännische wie auch in das weltwirtschaftlich-politische Handeln der Gruppen hinein gleichermaßen als ungewohnt wie mutig

---

[547] Vgl. Nuscheler u.a.: Christliche Dritte-Welt-Gruppen, 98f. Interessant ist zudem die Verteilung innerhalb der Gruppentypen (hier bezogen nur auf die validierbaren Angaben): Sachausschüsse und Erwachsenenverbandsgruppen artikulieren einen etwa doppelt so hohen Zustimmungsgrad im Vergleich zu Jugendverbandsgruppen und ökumenischen Gruppen (vgl. ebd. Tabelle 18).

[548] Vgl. Unsere Dritte Welt, Heft 12, November 1977, 25.

[549] Vgl. hierzu den fundamental-kritischen Beitrag von Eduard Nagel über Gottesdienstvorlagen kirchlicher Hilfswerke, in: Gottesdienst 37 (2003) Heft 9, S. 67, sowie Reaktionen dazu in Heft 11, S. 84f (auch online zugänglich unter www.liturgie.de). Diese Debatte zielt zwar nicht direkt auf Fair-Handels-Gruppen ab, kritisiert jedoch von diesen gerne aufgegriffenes Material. – Die genannte Gratwanderung zwischen Realitätswahrnehmung und deren Versprachlichung sowie dessen religiöser Deutung und „Würdigung" (nicht in unvermischter Unverbundenheit, sondern gerade in perichoretischer Durchdringung) stellt an die Gottesdienstgestaltung speziell im Bereich der Eine-Welt-Arbeit einen hohen Anspruch. Diesen einzulösen liegt nicht in der Zuständigkeit der „Laien", sondern in der Verantwortung der Theolog/inn/en. Diesbezüglich besteht im Kontext des Fairen Handels Entwicklungsbedarf für entsprechende liturgische Arbeitshilfen.

zu qualifizieren sein dürfte. Dieser Aspekt weltkirchlich-missionarischer Arbeit im Horizont christlicher Fair-Handels-Gruppen scheint mir bislang noch völlig unzureichend entdeckt und wahrgenommen zu sein.

Bei alldem wird die Spiritualität von christlichen Fair-Handels-Gruppen auch auf ihre inhaltlichen Aussagen hin betrachtet werden müssen. Diesbezüglich dürfte die Spiritualität dieser Gruppen durch zwei miteinander verbundene Pole gekennzeichnet sein: Eine Spiritualität des Handelns und eine Spiritualität der Verantwortung. Beide Elemente werden in verdichteter Weise in der Formulierung von Sabine Schmitz verbunden: „Was Solidaritätsgruppen ... prägt ... ist wohl das Bewusstsein, dass es *so* nicht mehr weitergehen kann; dass es Zeit wird für das Ende von Armut, Elend, Hunger und Tod und dass 'wir' ... endlich beginnen müssen, uns für das Leben einzusetzen."[550]

3.3.3. „Verkaufen ist nicht alles" – Balance zwischen Bildungsauftrag und Warenverkauf

Ob Verkaufsstand oder festes Ladenlokal: der Verkauf allein ist weder einziges Tätigkeitsfeld noch alleiniger Motivationsgrund für das Engagement der Fair-Handels-Gruppen. Dies wird mehrfach von den einschlägigen Studien belegt: aus der quantitativen Untersuchung bei Nuscheler u.a geht hervor, dass die Gruppen sich durchschnittlich etwas mehr als drei Tätigkeitsbereichen zuordnen, unter denen (in der Reihenfolge ihrer Beliebtheit) die finanzielle Unterstützung unterschiedlicher Projekte, Dritte-Welt-Handel, Projektpartnerschaft und Bildungsarbeit vergleichsweise deutliche Überschneidungsbereiche aufweisen. Leider bieten die Autoren keine Datenreihen bezüglich der Zusammenhänge zwischen den verschiedenen Tätigkeitsbereichen, sprechen jedoch – wie bereits dargelegt – von einer „häufig vorkommende[n] Kombination" der Bildungsarbeit mit Dritte-Welt-Handel und der finanziellen Unterstützung verschiedener Projekte.[551] Wenngleich die Untersuchung von Ramminger/Weckel keinesfalls quantitativ-repräsentativ angelegt ist, so ist auch hier auffällig, dass von den neun Gruppen mit Arbeitsschwerpunkt Fairer Handel sieben Gruppen einen oder zwei weitere Arbeitsschwerpunkte in den Bereichen Projektarbeit oder Bildungsarbeit benennen, während die beiden übrigen Gruppen diese Tätigkeiten ebenfalls zumindest „gelegentlich" wahrnehmen.[552]

Diese Verflechtungen bringen zum Ausdruck, dass das Engagement im Fairen Handel entweder in andere Bereiche hinein ausstrahlt oder aber aus diesen heraus genährt und motiviert wird. Das heißt: Im Sinne einer „Breitenwirkung" des Fairen Handels

---

[550] Schmitz: Inwertsetzung einer Region und Option für die Armen, 100 – zitiert nach Piepel: Lerngemeinschaft Weltkirche, 351f.
[551] Nuscheler u.a.: Christliche Dritte-Welt-Gruppen, 85, 87.
[552] Ramminger/Weckel: Dritte-Welt-Gruppen auf der Suche nach Solidarität, 32. Interessanterweise gibt es offenbar ein wechselseitiges Ausschlussverhältnis zwischen Fairem Handel einerseits und den beiden Tätigkeitsbereichen Politische Aktionen und Länderspezifische Arbeit andererseits.

3. Engagement in Weltläden und kirchlichen Aktionsgruppen

provoziert dieses Aktionsmodell Nachfragen und „Aufklärung" über seine Hintergründe (Stoßrichtung Bildungsarbeit) bzw. erscheint den Gruppen als naheliegendes Instrument im Rahmen der Förderung ihrer Partnerprojekte (Bezugspunkt Projektarbeit).

Von Beginn an war das Handlungsmodell der Aktion Dritte-Welt-Handel auf eine Kombination der verschiedenen Motive und Formen ausgerichtet:[553] So sprach 1971 die Arbeitsgruppe Pädagogik[554] von folgenden drei Bereichen als Zielen der „Aktion Dritte-Welt-Handel":

- Motivation und Information über die Probleme der Dritten Welt durch das Mittel des Verkaufs von Waren aus der Dritten Welt
- Erschließung eines Absatzes auf dem europäischen Markt für marginale Gruppen und Förderung des Zusammenschlusses zu Genossenschaften
- Förderung von Entwicklungsprojekten aus den entstehenden Gewinnen.

Dieser Dreiklang spiegelt sich gewissermaßen in den Aktivitäten der Fair-Handels-Gruppen auch auf örtlicher Ebene bis heute wieder: Informationsarbeit, Verkaufsarbeit und Projektpartnerschaft sind in den meisten Gruppen in irgendeiner Weise – wenn auch mit unterschiedlichen Gewichtungen vor Ort – präsent.

Im Zusammenhang dieser drei Standbeine in den Fair-Handels-Gruppen soll es zunächst um die Rolle der Bildungsarbeit im Fairen Handel gehen.[555] Die Projektunterstützung in ihrer ambivalenten Rolle für den Fairen Handel wird im folgenden Kapitel thematisiert werden.

Der Zusammenhang von Bildungs-/Informationsarbeit und Verkauf von Waren hat im Laufe der über 35-jährigen deutschen Fair-Handels-Geschichte unterschiedliche Akzentuierungen erfahren. War der Beginn der Bewegung davon gekennzeichnet, durch den Verkauf einen Bewusstseinswandel und die Forderung entwicklungspolitischer Veränderung zu erzielen, so gab es später auch umgekehrt die Motivation, durch einen Bildungsprozess zu einem veränderten Konsumverhalten und damit natürlich zum Verkauf der fair gehandelten Produkte als einer effektiven Unterstützung für die Handelspartnerinnen und Handelspartner in den Entwicklungsländern beizutragen. Insofern bedeutet das Begriffs-Paar „Verkaufsarbeit und Bildungsarbeit" aus der Motivationslage der im Fairen Handel Engagierten heraus betrachtet (d.h. idealtypisch verstanden) zunächst keine Alternative oder gar einen Gegensatz: Der Anspruch besteht gerade darin, Bildungseffekt und Verkaufserfolg miteinander zu verzahnen.

Wie allerdings tatsächlich die Wechselwirkungen zwischen Verkauf und Bildung gestaltet sind, unterliegt divergierenden Einschätzungen. Bereits ein Blick auf zahlreiche Aktions- und Weltladengruppen zeigt, dass Bildungsarbeit eher am Rande auftaucht – sozusagen nicht Pflicht sondern Kür. In den Weltladenteams sind in der

---

[553] Siehe oben Kapitel 2.1.
[554] Vgl. Protokoll vom 29.1.1971 – zitiert nach Schmied: Die „Aktion Dritte Welt Handel", 73.
[555] Zum folgenden vgl. ausführlich Raschke: Entwicklungspolitische Bildung im Fairen Handel.

3.3. Zum Selbstverständnis des ehrenamtlichen Engagements

Regel bestimmte Zuständigkeiten relativ klar vergeben: Während Einkauf, Dekoration oder Buchführung meist von einer Person mit definierter Zuständigkeit wahrgenommen werden, kann dies zwar von Öffentlichkeitsarbeit noch einigermaßen, nicht aber speziell von Bildungsarbeit behauptet werden.[556] Aktionsgruppen, die häufig aus nur wenigen Personen bestehen, haben solche Zuständigkeitsverteilungen eher selten entwickelt, so dass die für die Durchführung der Verkaufsaktion Zuständigen mit Einkauf der Waren, Aufbau des Standes und dem Verkauf selbst bereits ausgelastet sind. Insofern trifft für Fair-Handels-Gruppen wie Ladenteams gleichermaßen zu, was Kleinert als Begründung für eine tatsächliche Verdrängung der Bildungsarbeit in den Weltläden formuliert: er meint, es sei „damit zu rechnen, dass sich aufgrund der verbreiteten engen Kapazitätsgrenzen die Bildungsarbeit gegen die im Alltag stets präsente und von daher tendenziell dominierende Verkaufsarbeit durchsetzen muss, die zudem im Blick auf die Messbarkeit ihres Erfolges Vorteile hat."[557] Hinsichtlich der Weltläden bestätigt die Untersuchung von Ramminger/Weckel[558] diese Einschätzung: deren Analyse von Gruppeninterviews ergab, dass das Erfordernis einer Professionalisierung des Ladens meist einem ökonomischen Druck geschuldet ist und deshalb messbare Erfolgskriterien zunehmend an Gewicht gewinnen.[559] Dabei wird der Umsatzerfolg zwar um der Absicherung des eigenen Bildungsauftrages willen erstrebt, Bildungsarbeit scheint aber als eigenständiges Mittel erfolgreicher Weltladenarbeit mit dem Nebeneffekt der Verkaufsförderung weniger im Blick zu sein.
Stattdessen wird beim Versuch einer Erfolgsbilanz der Fair-Handels-Bildungsarbeit auf die Engagierten selbst als Adressaten der Bildungsarbeit hingewiesen. „Die Adressaten der Informations- und Bildungsarbeit sind zunächst immer auch die Gruppenmitglieder selber", meinen Michael Ramminger und Ludger Weckel und plädieren dafür, „diesen Punkt der Selbstinformation deutlicher hervorzuheben". In der Rückschau auf die Entwicklung des eigenen Engagements werde dieser Blickwinkel zwar von einigen Gruppen eingenommen, in der Regel fließe er aber nicht in die Bewertung der Aktivitäten und Effekte im Bereich der Bewusstseinsbildung ein, so die Autoren: „Wenn die Gruppen über ihre Öffentlichkeitsarbeit nachdenken, wendet sich der Blick sofort nach außen."[560]
Nun darf zwar die Wirksamkeit kontinuierlicher Bildungsarbeit über Produkte, Produzent/inn/en, Welthandelszusammenhänge etc. in ihrer Funktion als Mitarbeitermotivation und Engagementförderung keinesfalls unterschätzt werden. Große Weltläden mit einem Stamm ehrenamtlicher Mitarbeiter/innen von teils 30 bis 70 Personen erreichen damit allemal noch eine erkleckliche Personenzahl, die allesamt im

---

[556] Interessant mag hierzu die Beobachtung sein, dass – sofern Weltläden sich zur Einrichtung einer bezahlten Stelle entschließen – diese vergleichsweise häufig der Bildungsaufgabe und nicht dem Verkauf dient.
[557] Kleinert: Inlandswirkungen des Fairen Handels, 84f.
[558] Ramminger/Weckel: Dritte-Welt-Gruppen auf der Suche nach Solidarität, 71f.
[559] Vgl. Ramminger/Weckel: Dritte-Welt-Gruppen auf der Suche nach Solidarität, 96f.
[560] Ramminger/Weckel: Dritte-Welt-Gruppen auf der Suche nach Solidarität, 72f.

3. Engagement in Weltläden und kirchlichen Aktionsgruppen

privaten Umfeld wie im Verkaufsgespräch als Multiplikator/inn/en in Erscheinung treten. Die Selbstbildung und Selbstinformation der Gruppen darf dabei nicht übersehen und als Voraussetzung einer auch auf andere Aktivitäten (Aktionen, Verkaufsgespräche, Presse- und Öffentlichkeitsarbeit) übergreifenden Bildungsarbeit nicht unterschätzt werden.[561] So sehr dieser Hinweis im Hinblick auf eine Entlastung ehrenamtlicher Tätigkeit vor eigener Selbstüberfrachtung zu begrüßen ist und so sehr die Selbstbildung von Mitarbeiter/innen teils auch als persönlich gewinnbringend und motivationsfördernd bezeichnet wird[562], so fraglich scheint allerdings auch, ob damit das Selbstbild der Gruppen wirklich ernst genommen ist.

Ebenso wie die Verkaufsarbeit nach außen gerichtet ist, ist dies vom Selbstanspruch der Gruppen her auch deren Bewusstseinsbildung. Die Erfahrung verdeutlicht, dass viele Engagierte davon ausgehen, dass die Bildungsarbeit im Engagement ihrer Gruppe zu kurz kommt. Allerdings wird diese Wahrnehmung auch von einem oft hohen Anspruch und dem Bild einer tendenziell eher unabhängigen Arbeit im Bereich der Bewusstseinsbildung getragen. Allein durch die Präsenz als Weltladen oder als Verkaufsstand – und bei letzterem auch durch dessen Ankündigung im Gemeindebrief – kann auf Dauer bei bestimmten Adressaten eine Bewusstwerdung hinsichtlich des Themenhorizonts des Fairen Handels eintreten. Weltläden und Aktionsgruppen unterscheiden sich in der Ausformung dieser Dimension. Mit Blick auf die Weltläden plädierte Martin Kunz dafür, das Ladengeschäft an sich als Medium der entwicklungsbezogenen Bildungsarbeit zu verstehen und die Schaufensterdekoration als Trägerin von einprägsamen Botschaften zu den Themen und Produkten des Ladens zu begreifen.[563] Zahlreiche Weltläden erstellen für ihre Kundschaft zudem Ladenzeitungen oder Informationsblätter mit aktuellen Neuigkeiten aus dem Ladengeschehen, welche einen teils hohen Informationsgehalt besitzen und dementsprechend als Medien der bewusstseinsbildenden Arbeit anzusehen sind. Mit der Anfertigung ist zudem ein hohes Maß an eigener Auseinandersetzung im Sinne der Selbstbildung verbunden.[564]

Diese Beschreibung lässt den Charakter der bewusstseinsbildenden Arbeit in den Gruppen erkennen, der in den kontinuierlich gepflegten Grundformen stark von Sensibilisierung und Information geprägt ist. Es kann dies als Niedrigschwelligkeit

---

[561] Beispiele hierzu aus der Weltladenarbeit vgl. Kunz: Dritte Welt-Läden. Einordnung und Überprüfung eines entwicklungspolitischen Bildungsmodells, 224-231.
[562] Vgl. Raschke: Engagement für Eine Welt, 3.
[563] Vgl. Kunz: Dritte Welt-Läden, 231ff. – Damit sind keineswegs mit Informationen überfrachtete Schaufenster gemeint!
[564] Vom Weltladen-Dachverband wird im Rahmen der Professionalisierungsbemühungen seit Herbst 2004 die Zeitschrift „Welt&Laden" den Weltläden als fertiges Kundenmagazin angeboten. Damit kann einerseits das Potential von Ladenzeitungen als Medium der Bildungsanstrengungen erweitert werden, andererseits wird die Dimension der Selbstinformation und -bildung der Engagierten wieder relativiert. – Die Bedeutung von „Wareninformationszetteln" zu Einzelprodukten ist mit dem wachsenden Sortiment deutlich zurückgegangen, wenn nicht sogar verschwunden. Zu deren Relevanz in der Weltladenarbeit Mitte der 1980er Jahre vgl. Kunz: Dritte Welt-Läden, 233-236.

gekennzeichnet werden, die gerade aufgrund dieses Charakters innerhalb der Gruppen wohl als selbstverständlich angesehen und daher kaum eigens im Kontext des an sich selbst gestellten Bildungsauftrags wahrgenommen wird.

Davon zu unterscheiden ist die Ebene einer pädagogischen Ansprüchen genügenden Bildungsarbeit. Darunter fallen sowohl Ladenführungen mit Kindern und Jugendlichen (aus Kindergärten, Schulklassen, Firm-, Konfirmations- und Erstkommuniongruppen) als auch Vorträge oder kulturelle Veranstaltungen für Erwachsene. Es ist eher davon auszugehen, dass gerade dieses Spektrum von Bildungsangeboten davon betroffen ist, als zu gering eingeschätzt zu werden. Damit im Zusammenhang steht – wie eine Auswertung der Bildungsarbeit der Weltläden durch deren Dachverband nachgewiesen hat – dass diese ihre Bildungsangebote kaum zielgruppenspezifisch ausrichten.[565] Die Haltung der Gruppen, sich in ihrer Bildungsarbeit nicht per klarer Entscheidung auf bestimmte Zielgruppen konzentrieren und beschränken zu wollen, äußert sich offensichtlich in dem Empfinden, Zielgruppen vernachlässigt zu haben oder sich in der Bildungsarbeit nicht ausreichend zu engagieren.

Dem gegenüber erscheinen bei Aktionsgruppen die Möglichkeiten der Bildungsarbeit und Bewusstseinsbildung eingeschränkt, da all die Formen erschwert werden oder gar wegfallen, bei denen die Weltläden die Chancen nutzen können, die ihnen ihr Ladengeschäft bieten. Übrig bleibt dann bei z. B. kirchlichen Verkaufsgruppen der klassische Vortrag (am Abend oder beim Kirchencafé nach dem Sonntagsgottesdienst), dessen Wiederholbarkeit auch aufgrund des identischen Publikums deutlicher begrenzt ist. Zudem empfinden sich dafür die Engagierten selbst oft genug als nicht ausreichend kompetent und selbstsicher und greifen stattdessen gerne auf externe Referent/inn/en zurück – auch um dadurch der Veranstaltung höhere Bedeutung zuzuschreiben.[566]

In Aktionsgruppen funktioniert damit – dies wäre ein Erklärungsversuch auf Basis der vorangegangenen Beschreibung bezüglich der Weltläden – das Zusammenspiel von Selbstinformation und eigener Bildungsarbeit nicht mehr. Es könnte auch bedeuten, dass den einzelnen Engagierten das erforderliche Konzept sowie Material und Schulungsangebot für die Realisierung eigener Bildungsveranstaltungen nicht zur Verfügung steht.

3.3.4. „Eure Almosen könnt Ihr behalten…!" – Die ambivalente Rolle von Spenden und Projektarbeit

Das Verhältnis des Fairen Handels zur Projektarbeit bedarf im Hinblick auf die Weltläden und besonders im Hinblick auf die Eine-Welt-Gruppen im Gemeindemilieu einer behutsamen Annäherung, da hier gruppendynamische und milieubasierte

---

[565] Vgl. Perkonig: Weltläden wollen mehr Marketing! 25. Sh. auch Kleinert: Inlandswirkungen des Fairen Handels, 83.
[566] So Erfahrungen unserer Bildungs- und Beratungsarbeit im FAIR Handelshaus Bayern eG.

3. Engagement in Weltläden und kirchlichen Aktionsgruppen

Bedürfnisse und entwicklungspolitische Überlegungen teils auf widersprüchliche Weise zusammentreffen. Grundlage und zugleich Erklärungsansatz hierfür ist die Feststellung, dass im gemeindenahen Milieu Missions- und Eine-Welt-Arbeit im wesentlichen (nur) im Rahmen eines sozial-caritativen Anliegens der „Hilfe" – auch wenn diese als „Hilfe zur Selbsthilfe" qualifiziert wird – unhinterfragt Legitimation erlangt. Darin liegt eine wichtige Erkenntnis der Studie von Nuscheler u.a.:

> „Im Milieu der Gemeindenahen erhält Dritte-Welt-Arbeit Sinn und Plausibilität als sozial-caritatives Hilfehandeln [...] Zum gemeindenahen Christsein gehört – zumindest dem Anspruch nach – die Hilfe für die Fernsten und die Ärmsten dazu. Die Orientierungsfigur des Helfens steht im Milieu der Gemeindenahen allerdings dem Muster der Patenschaft näher als dem der Partnerschaft. [...] Ebenso kennt die milieuspezifische Orientierungsfigur der Gemeindenahen nicht das Moment der notwendigen Veränderung des eigenen Bewusstseins und Handelns in den Helfer- und Geberländern. Entsprechend gehört auch die kritische Information über weltwirtschaftliche Zusammenhänge nicht zum Enaktierungspotential innerhalb des gemeindenahen Milieus."[567]

Diese Einschätzung wird indirekt auch durch die Beobachtung der Autoren gestützt, derzufolge die im Bewegungsmilieu verorteten Gruppen, die Fairen Handel betreiben, eine vergleichsweise geringe Bedeutung für Direktkontakte zu Projektpartnern zumessen. Dieser Zusammenhang ist hier insofern legitim, als dass Spendenorientierung in der Mehrzahl der Fälle an (mehr oder minder enge) Projektpartnerschaften gekoppelt sind. Zudem nimmt die Spendenorientierung der Gruppen mit zunehmender Distanz zum Gemeindemilieu deutlich ab, während demgegenüber die politische Orientierung in ebenso deutlicher umgekehrter Reihenfolge verläuft.[568]

Die vorangehenden Annahmen und Zusammenhänge legen deshalb die Schlussfolgerung nahe, dass auch Fair-Handels-Gruppen mit einer engen Anbindung an gemeindliche Strukturen[569] und an das Sinnmotiv „Hilfe" im Sinne eines überkommenen Missionsverständnisses das Aktionsmodell Fairer Handel vor allem auch in diesem Horizont begreifen. Infolgedessen praktizieren sie ihn weniger als alternatives wirtschaftliches oder als politisches Handeln, sondern als Bestandteil eines sozial-caritativen und patenschaftlichen Solidaritätsmodells, in dem die – gerade im kirchlichen Bereich jahrzehntelang praktizierte und gelehrte – Aktionsform des Spendens als Erklärungshorizont eine zentrale Rolle einnimmt.

Wie aus diesen Gründen heraus Fair-Handels-Aktionen in derartigen Eine-Welt-Gruppen den milieurelevanten Deutehorizonten unterworfen werden, lässt sich speziell am Beispiel des Projektbezugs und der Verwendung von Verkaufserlösen im Fairen Handel darlegen. Dies wird umso deutlicher, wenn man die idealtypische

---
[567] Nuscheler u.a.: Christliche Dritte-Welt-Gruppen, 410.
[568] Nuscheler u.a.: Christliche Dritte-Welt-Gruppen, Tabellen 24/25 (S. 106) und 30/31 (S. 111).
[569] Aber nicht nur für diese gemeindenahen Gruppen, sondern z.T. auch für Gruppen, die Berührungspunkte mit dem Bewegungsmilieu haben, gilt diese Einschätzung.

3.3 Zum Selbstverständnis des ehrenamtlichen Engagements

Perspektive des Fairen Handels und die realtypischen Bedürfnisse der Gruppen gegenübergestellt:

Aus der Perspektive der Fair-Handels-Organisationen hat der Faire Handel seine Projektpartner und damit seine Projektarbeit in seinen Handelspartner/innen, sprich: den Produzent/inn/en und ihren (meist genossenschaftlichen) Organisationen. Die Faire Handelsbeziehung (zu der auch das Kriterium der Langfristigkeit zählt[570]) ist Verwirklichungsform einer weltweiten Partnerschaft, in der es nicht um Spenden geht, sondern um faire Preise und andere vergleichsweise vorteilhafte Bedingungen im Wirtschaftskreislauf. Als wirtschaftliches und entwicklungspolitisches Modell betrachtet, wäre der Faire Handel nicht darauf angewiesen, seine Überschüsse als Spenden weiterzugeben. Vielmehr wäre es im Rahmen des eigenen Handlungsmodells konsequent gedacht, übrige Mittel in das eigene (wirtschaftliche) Handlungsmodell zu reinvestieren (sei es in Bildungsarbeit, Werbung, Aufklärungskampagnen, Personal, Beratung etc.), um damit das faire Handeln und Wirtschaften auszudehnen und weitere Produzent/inn/en davon profitieren zu lassen.

Aus der Perspektive von Eine-Welt-Gruppen sowie vieler Weltläden spielt jedoch der Kontakt und die Unterstützung eines eigenen Projektes eine nicht unerhebliche Rolle für die Motivation und Funktion der eigenen Gruppe.[571] Die Studie über die Christlichen Dritte-Welt-Gruppen kommt zu dem Ergebnis, dass unabhängig vom Gruppentyp der Stellenwert von direkten Kontakten und Erfahrungen „aus erster Hand" gleichermaßen als zentral einzustufen ist. Bedenkt man den Aufwand und die oft praktischen Schwierigkeiten, die ein Direktkontakt mit sich bringt, so wird ersichtlich, welche Bedeutungszuschreibung damit verbunden ist, wenn laut dieser Untersuchung 74 Prozent der christlichen Dritte-Welt-Gruppen direkte Verbindungen zu Partnern in Entwicklungsländern unterhalten.[572]

Auf diesen Sachverhalt machen auch Ramminger und Weckel in ihrer Untersuchung aufmerksam, derzufolge die Projektarbeit in ihrer Unmittelbarkeit zwischen Eine-Welt-Gruppe und Projektpartner von nicht zu unterschätzender Bedeutung ist: bezüglich der Aneignung entwicklungsbezogener Schwierigkeiten und Herausforderungen, bezüglich der Sinnkonstituierung des solidarischen Handelns und insofern bezüglich der Motivation der Gruppe selbst:

> „Projekte werden deswegen zur Einübung solidarischen Handelns für geeignet gehalten, weil sie einen überschaubaren Ausschnitt aus der Wirklichkeit abbilden und konkretes Intervenieren ermöglichen. Das Bedürfnis, helfen zu wollen, die unmittelbar einsichtige Not der Menschen zu lindern, bringt gleichzeitig den Wunsch nach unmittelbar einsichtigem Erfolg hervor."[573]

---

[570] Vgl die Kriterien und Grundsätze des Fairen Handels (sh. oben Kapitel 1.2.)
[571] Vgl. dazu auch die Erfahrungen und Reflexionen in Klinger/Knecht/Fuchs (Hrsg.): Die globale Verantwortung, sowie als Grundlagenwerk: Piepel: Lerngemeinschaft Weltkirche.
[572] Sh. Nuscheler u.a.: Christliche Dritte-Welt-Gruppen, 93f.
[573] Ramminger/Weckel: Dritte-Welt-Gruppen auf der Suche nach Solidarität, 101.

3. Engagement in Weltläden und kirchlichen Aktionsgruppen

Deshalb sprechen die Autoren auch von einem „Lernfeld": Die Vergabe der Spendengelder – und damit verbunden die Entscheidung für oder gegen die Unterstützung eines bestimmten Projektes – besitze „einen gewissen 'Katalysatoreffekt' für die Ausbildung von Verantwortung und Sensibilität gegenüber den Partnerinnen".[574] Jenseits dieser innengerichteten Funktion für die Gruppe selbst bildet das konkrete Partnerprojekt eine für die Gruppen unbedingt notwendige Möglichkeit zur Darstellung und Kommunikation ihres Anliegens gegenüber der Öffentlichkeit. Dies wird durch Partnerbesuche hierzulande sowie Projektbesuche dort entsprechend verstärkt. Öffentliche Aufmerksamkeit erfüllt dabei zugleich den Zweck der Bedeutungszuschreibung und Anerkennung (die Arbeit der Gruppe ist wichtig), worin sich ebenso wie in der Spendenvergabe selbst der Erfolg des Engagements bemessen lässt. Demgegenüber werden von Klaus Piepel die Spendeneffekte direkter Partnerkontakte eher kritisch beurteilt; er erkennt darin auch den „Ausdruck eines latenten Misstrauens gegenüber den 'großen anonymen Töpfen' der kirchlichen Hilfswerke."[575] Das zugrundeliegende Partnerschaftsverständnis insbesondere im katholischen Raum werde dabei aber häufig auf materielle und finanzielle Transfers begrenzt, während auf der Ebene der Gemeindepartnerschaften Informationsvermittlung und religiöser Austausch nur eine vergleichsweise marginale Stellung einnehme.[576] Daher kritisiert Piepel auch deutlich, dass die in Slogans wie „von der Patenschaft zur Partnerschaft" ausgedrückten Veränderungsprozesse in der tatsächlichen Mentalität und Praxis weitgehend (noch) nicht eingelöst würden. Er skizziert zudem weitere Motivstränge der direkten Projekt- und Partnerkontakte in Gemeinden: Anliegen wie Gemeindeaktivierung und die „Ansprache und Einbindung kirchlich distanzierter Gruppen", der Umgang mit den „Defiziterfahrungen in der eigenen Kultur, im Alltagsleben, in der eigenen Kirche" oder das Interesse an fremder Kultur könnten ebenso Grundlage oder Anfangspunkt der direkten Partnerschaftsarbeit sein, wie das Anliegen, entwicklungspolitische und weltkirchliche Fragestellungen den Gemeindemitgliedern bzw. Mitmenschen näher zu bringen, so Piepel.[577]

---

[574] Ramminger/Weckel: Dritte-Welt-Gruppen auf der Suche nach Solidarität, 101.
[575] Piepel: Lerngemeinschaft Weltkirche, 162. – Dieses Misstrauen kann offenbar auch durch den Fairen Handel nicht aufgefangen werden; es artikuliert sich hier in der Frage, ob der faire Preis denn auch bei den Produzent/in/en wirklich ankomme. Im Vergleich zu Hilfswerken ist dies keineswegs einfacher zu beantworten, da die Preiskalkulationen in der Regel auch Transportkosten, Steuern und Zölle, Weiterverarbeitungs- und Verpackungsaufwand sowie Handelsspannen für den Einzelhandel beinhalten müssen.
[576] Piepel: Lerngemeinschaft Weltkirche, 167: 12 Prozent Informationsvermittlung und 9 Prozent religiöser Austausch gegenüber 70 Prozent finanzielle Unterstützung, so die Ergebnisse einer 1983 in der Diözese Münster durchgeführten Untersuchung des Diözesankomitees – zitiert nach Piepel. Interessanterweise artikuliert Piepel hier im Zusammenhang von Finanzierung und Informationsvermittlung eine analoge Konstellation wie es oben für das Verhältnis von Bildungsarbeit und Verkauf in den Fair-Handels-Gruppen thematisiert wurde.
[577] Piepel: Lerngemeinschaft Weltkirche, 162f.

3.3 Zum Selbstverständnis des ehrenamtlichen Engagements

So wie Piepel die Dominanz des Geldes in diesen Kontakten als ein gewichtiges Hindernis für partnerschaftliche und solidarische Lernprozesse problematisiert[578], so gilt es auch, auf die von kultureller oder pastoraler Unzufriedenheit bzw. Faszination geprägten Motive einen kritischen Blick zu werfen und zu hinterfragen, inwiefern die Gefahr eventueller Flucht- oder Projektionsmechanismen gegeben sein kann.[579] Jedenfalls gilt für beiden Richtungen von Motivlagen gleichermaßen, dass sie von einer Reflexion politischer und ökonomischer Konflikte und Problemlagen als Bestandteil des Entwicklungsproblems noch weit entfernt sind. In vielen Fällen dürfte dies zum Hindernis für einen entwicklungspolitische Informations- und Bildungsarbeit geworden sein.

Dieser Gesamtkontext begründet die vielfach geübte Praxis vieler Gruppen im Fairen Handel, ihre Verkaufsaktionen im wesentlichen unter dem Horizont der Erwirtschaftung von Spenden für eigene Projekte vor sich selbst und dem Binnenmilieu der Gemeinden zu legitimieren. Piepel problematisiert dies sehr treffend:

> „Die Verbreitung dieses Handlungsmodells [d.h.: des Fairen Handels, MR] ist jedoch nicht in jedem Fall Ausdruck einer entsprechenden entwicklungspolitischen Einstellung, die den Warenverkauf als Ansatzpunkt für die Bewusstseinsbildung über ungerechte Weltwirtschaftsstrukturen nutzt. Denn weitverbreitet ist auch eine sozial-caritative Instrumentalisierung dieses Handels zum primären Zweck der Einnahme finanzieller Mittel für die Projektunterstützung; so rückt der Verkauf fair gehandelter Waren in die Nähe von traditionellen Basaren oder von Altkleidersammlungen als Instrument der Geldbeschaffung."[580]

Das Thema „Spenden" wird somit als quasi unterirdische Wasserscheide im Fairen Handel deutlich: Einerseits wird gegenüber den Importorganisationen als Kriterium formuliert und eingefordert, dass keine Gewinn ausgeschüttet werden dürfen[581]; andererseits wird „an der Basis" eine solche Ausschüttung zugunsten von (zumeist nicht fairhandelsspezifischen) Projekten nicht nur praktiziert, sondern auch zur Selbstlegitimation herangezogen. Für den Fairen Handel als *entwicklungspolitisches* Handlungsmodell stellt diese Tatsache eine bislang nur unzureichend thematisierte Problemstellung dar.

---

[578] Vgl. Piepel: Lerngemeinschaft Weltkirche, 173.
[579] Ähnlich bzgl. der politischen Hoffnungen von Dritte-Welt-Gruppen insbesondere aus der Nicaragua-Arbeit sh. Ramminger/Weckel: Dritte-Welt-Gruppen auf der Suche nach Solidarität. Hier wird deutlich gemacht, dass sich hiesige Solidaritätsgruppen in ihrer Motivation auch von ihren Partnern in der „Dritten Welt" abhängig machen können und dortige grundlegende Veränderungen zur Auflösung der Solidaritätsarbeit hierzulande führen kann.
[580] Piepel: Eine-Welt-Gruppen in Gemeinden, 188 – Vgl. auch Donk/Reichertz: Die Zukunft der Weltläden sichern, 7, die die Einschätzung vertreten, dass ein Verkaufsstand etwa auf einem Gemeindefest den Charakter einer Beteiligung am sozial-caritativen Engagement der Gemeinde erhalte und das Profil des Fairen Handels insofern von diesem Umfeld verdrängt werde.
[581] Vgl. [AG3WL e.V.]: Kriterien der AG3WL zur Beurteilung der A3WH-Importorganisationen, 139, sowie aktuell: Weltladen-Dachverband (Hrsg.) Konvention der Weltläden, 14: Die Erwartung, Gewinne gemäß den Zielen des Fairen Handels reinvestieren zu müssen, wird darin sowohl gegenüber Importorganisationen als auch Weltläden formuliert.

3. Engagement in Weltläden und kirchlichen Aktionsgruppen

Diese Widersprüchlichkeit hat ihre Wurzeln bereits in der Anfangsphase der Aktion Dritte-Welt-Handel: die „Arbeitsgruppe Pädagogik" formulierte bereits 1971 als drittes Ziel der Aktion neben Information und Erschließung eines Absatzmarktes, die entstehenden Gewinn sollten zur Förderung von Entwicklungsprojekten eingesetzt werden.[582] Die aus damaliger Perspektive vermutlich keineswegs absehbare Konsequenz dieser Ausrichtung mündet in der folgenden grundlegenden Problematik, die Klaus Piepel im Übrigen ohne spezifischen Bezug zum Fairen Handel formuliert hat: „Problematisch wird und bleibt die Spendenorientierung kirchlicher Eine-Welt-Arbeit, wenn sie sich darin erschöpft, möglichst viel Geld für die finanzielle Unterstützung der kirchlichen Entwicklungsarbeit aufzubringen, und den notwendigerweise umfassenderen Einsatz für Gerechtigkeit blockiert."[583]

Insofern erweist sich an dieser Angelegenheit ein Stück weit die entwicklungspolitische Identität des Fairen Handels als Modell. Und die Thematik kann auch als ein gewisser Gradmesser für den Entwicklungsstand kirchlicher Eine-Welt-Arbeit im Übergang „from charity to justice" herangezogen werden. Dort wo Aktionen des Fairen Handels mehr oder minder deutlich den Eindruck vermitteln, im Kern nichts weiter als ein Finanzierungsinstrument für Projekte in Entwicklungsländern zu sein, stehen diese Aktionen dem „alten" Motiv der Spendenpatenschaft offenkundig näher als einer Veränderung weltwirtschaftlicher Strukturen. Dieser Sachverhalt stellt daher in jedem Fall eine fundamentale Anfrage an den Fairen Handel und an seine Akteure dar, insofern es offenbar nicht ausreichend gelungen zu sein scheint, innerhalb der eigenen Bewegung eines seiner wesentlichsten Identitätsmerkmale – faire Handelsbeziehung statt Spenden – nachhaltig und konsequent zu verankern. Unter anderem aus diesem Grund ist es angebracht, nachzufragen in welcher Art und Weise im kirchlichen Milieu als einem (wenngleich nicht einzigen) Ursprungsmilieu der Fair-Handels-Bewegung das Modell des Fairen Handels aufgegriffen und in Positionsbestimmungen zur Sprache gebracht wird.

---

[582] Vgl. Protokoll der Arbeitsgruppe Pädagogik vom 29.1.1971 in Wuppertal; zitiert nach Schmied: Die „Aktion Dritte Welt Handel", 73. – Dies markiert im geschichtlichen Rückblick auch eine Akzentverschiebung innerhalb der Aktion Dritte-Welt-Handel/Fair-Handels-Bewegung: Während zu Beginn eigene Projektförderung von den Initiatoren ausdrücklich gewünscht war, hat sich dies im Laufe der Jahre umgekehrt. Dieser „Gesinnungswandel" setzte sich jedoch nicht mehr automatisch in der Bewegung durch. Es ist die Notwendigkeit einer nachholenden Qualifizierung der Engagierten bezüglich dieser Fragestellung geblieben.

[583] Piepel: Eine-Welt-Gruppen in Gemeinden, 185.

4

Positionen und Produkte

Das Engagement kirchlicher Akteure im Fairen Handel

4. Engagement kirchlicher Akteure

In der bisherigen Bestandsaufnahme zum Fairen Handel standen der Blick auf die Entwicklungsgeschichte und die Wahrnehmung des Vor-Ort-Engagements im Mittelpunkt des Interesses. Damit waren zwei sehr wesentliche Ebenen Gegenstand der Untersuchung und Darstellung. Auf beiden Ebenen bzw. in beiden Kapiteln wurde immer wieder deutlich, dass sich in der Fair-Handels-Bewegung neben anderen auch christliche Initiativen und Organisationen aus der evangelischen und katholischen Kirche eingebracht haben und teils tragende Rollen innerhalb dieser Bewegung und ihrer Entwicklung eingenommen haben. So sehr natürlich Organisationen wie das Bischöfliche Hilfswerk *Misereor*[584], der Evangelische Entwicklungsdienst *EED*, das Hilfswerk *Brot für die Welt*, der Bund der Deutschen Katholischen Jugend *BDKJ* oder die Arbeitsgemeinschaft der Evangelischen Jugend *aej*[585] als kirchliche Akteure im Fairen Handel zu verstehen sind, so wenig kann es hier darum gehen, deren bedeutsames langjähriges Fair-Handels-Engagement nun nochmals eigens zu präsentieren.

Im Rahmen dieser praktisch-theologisch angelegten Untersuchung ist es vielmehr ein Anliegen, über die bisherigen Wahrnehmungsebenen hinaus auch weiteres Engagement kirchlicher und christlicher Akteure im Fairen Handel zur Sprache zu bringen. Deshalb geht es im Folgenden darum, die eher kircheninternen oder organisationsspezifischen Initiativen zu benennen und möglicherweise im Raum der Kirchen typisches Engagement transparent zu machen. Im Mittelpunkt des Interesses steht dabei die Frage danach, wie der Faire Handel von kirchlichen Akteuren aufgegriffen und umgesetzt wurde. Hierbei wird keine vollständige Erhebung möglich sein, da dieser Bereich sich sehr umfangreich gestaltet. Dabei wird sichtbar: Dass in Diözesen und Landeskirchen, von kirchlichen Jugend- und Erwachsenverbänden und christlichen Fachorganisationen auf unterschiedlichen Organisationsebenen die Idee des Fairen Handels aufgegriffen wird, ist in der kirchlichen Eine-Welt-Arbeit gewissermaßen zur Selbstverständlichkeit geworden:

Das Bild, welches hier nicht im Einzelnen beschrieben werden kann, ist vielfältig:

- Kirchliche Verbände und gewählte Räte haben in Positionspapieren die Unterstützung des Fairen Handels sowohl durch ihre Mitglieder als auch durch die offiziellen Kirchenstrukturen gefordert.
- Arbeitshilfen zur Anregung der Eine-Welt-Arbeit kirchlicher Gruppen und Gemeinden stellen den Fairen Handel vor und geben Hilfestellung, wie man sich an diesem Aktionsmodell beteiligen kann.[586]

---

[584] Zur Arbeit von Misereor vgl. Angel: Christliche Weltverantwortung. Misereor: Agent kirchlicher Sozialverkündigung; bezüglich des Fairen Handels vgl. 160-163.

[585] Vgl. zum einschlägigen Engagement der Jugenddachorganisationen die Publikation von Scheunpflug: Die Geschichte der entwicklungsbezogenen Bildungsarbeit bei aej und BDKJ.

[586] Vgl. zum Beispiel: Landesstelle der Katholischen Landjugend Bayerns e.V. (Hrsg.): Fairer Handel. Die Welt fair-ändern. Zum Thema Fairer Kaffeehandel vgl.: Bundesstelle der Katholischen Landjugendbewegung Deutschlands KLJB (Hrsg.): Kaffee fair genießen. Ein Aktionshandbuch, sowie: Kolpingwerk Diözesanverband Münster (Hrsg.): Jedes Joch zerbrechen. Ein Aktionshandbuch zur Kaffeekampagne. Ebenfalls zu den Arbeitshilfen zählt Diedrich: Praxisideen zum

4. Engagement kirchlicher Akteure

- Mitmachaktionen etwa in den Jugendverbänden führen junge Menschen immer wieder neu an die Idee des Fairen Handels heran, geben Gelegenheit sich kreativ und pfiffig mit den Fragestellungen vertraut zu machen, sich in der Jugendgruppe mit dem Fairen Handel inhaltlich auseinander zu setzen und sich in ihm praktisch zu engagieren.[587]
- Ökumenische Frauengruppen greifen beim jährlichen Weltgebetstag der Frauen den Fairen Handel auf. Sie informieren sich unter anderem über die wirtschaftliche Situation von Frauen im jeweiligen Schwerpunktland, verkaufen fair gehandelte Produkte aus dem Schwerpunktland und informieren über deren Hintergründe. Von den Importorganisationen wird ein Warensortiment zusammengestellt, für das teils eigens Importbeziehungen aufgebaut werden.[588]
- Kirchliche Fachstellen und Dachorganisationen sehen ihre Aufgabe darin, die Engagierten vor Ort zu unterstützen. Sie veranstalten Vernetzungstreffen für die Vertreter/innen von Aktionsgruppen oder bauen das Thema Fairer Handel in ihre Fortbildungsangebote für Ehrenamtliche in der kirchlichen Eine-Welt-Arbeit ein.[589]
- Bildungshäuser informieren ihre Gäste und Teilnehmer/innen – in Ergänzung eines kleinen hausinternen Weltladens oder der Verwendung fairer Produkte in der Verpflegung – über das Anliegen des Fairen Handels.[590]
- Ordensgemeinschaften, die über Zweigniederlassungen in Ländern des Südens verfügen, nutzen ihr länderübergreifendes Netz, um vor Ort hergestellte Handwerksoder Lebensmittel-Produkte über ihren Klosterladen zu vermarkten. Teils sind

---

Fairen Handel. Zu erwähnen ist hier die Besonderheit, dass sie aus dem von aej und BDKJ durchgeführten Wettbewerb und Förderpreis „Jugend kreativ & fairer Handel(n)" heraus entstanden ist und diesen dokumentiert. Zu dem Förderpreis vgl. auch Welt&Handel – Infodienst für den fairen Handel, 5/1997, 2.

[587] Vgl. beispielsweise die Aktion „Fairbrechen – lebenslänglich für den Fairen Handel" des BDKJ Bayern (begonnen 2006; vgl. www.fairbrechen.de; sh. auch: bai aktuell, Heft 12, Dezember 2006). Vgl. auch den Themenbestandteil bei der Aktion „Fit for Food" der Katholischen Landjugendbewegung Bayerns (2002 bis 2003) oder einzelne Initiativen der Evangelischen Landjugend Bayerns.

[588] Zu den Hintergründen verweist Ulrike Bechmann auf das verbreitete Engagement von Frauen im Handlungsfeld des Fairen Handels „zum Beispiel durch den Aufbau von Eine-Welt-Läden vor Ort, durch Aktionen bei Festen oder bei Informationsveranstaltungen" sowie auf die kirchliche Verwurzelung des Anliegens. Sie sieht in der Konzentration des Weltgebetstages auf einen jährlichen Länderschwerpunkt „eine gute Lernschule", insofern exemplarisch Problemlagen und Fair-Handels-Projekte aufgegriffen werden können, die eine generative Kraft für andere Länder, Problemlagen und Produzenten entwickle. Der Handlungsrahmen und das Solidarisierungspotential der Weltgebetstagsfrauen wachse zudem, wenn anlässlich des Weltgebetstags eigens Fair-Handels-Produkte aus dem aktuellen Schwerpunktland angeboten würden. Vgl. Bechmann: Verantwortliches Handeln zieht weite Kreise, 351, 353f.

[589] Zum Beispiel ist Fairer Handel häufig ein Modul in den mehrgliedrigen „Grundkursen", welche von den Diözesanstellen Mission-Gerechtigkeit-Frieden zur Begleitung, Motivation und Ausbildung von Eine-Welt-Engagierten in Kirchengemeinden angeboten werden.

[590] Zum Beispiel das Jugendhaus Josefstal und das Kardinal-Döpfner-Haus in der Erzdiözese München und Freising, das Jugendhaus St. Antonius des Bischöflichen Jugendamtes Rottenburg-Stuttgart oder die Evangelische Akademie Bad Boll der Württembergischen Landeskirche.

4. Engagement kirchlicher Akteure

daraus eigene Importorganisationen für den Fairen Handel hervorgegangen, die auch die Vertriebswege der Weltladenbewegung bedienen.[591]

Diese summarische Auflistung spiegelt eine Wahrnehmung wieder, von welcher weder behauptet werden kann, dass sie überall eine übliche Praxis darstellen würde, noch dass es sich um Einzelaktion oder Ausnahmen handeln würde. Es stellt sich – würde man hier empirisch „tiefer bohren" – ein Sammelsurium dar, das sicherlich durch zeitliche oder regionale Besonderheiten, Vorlieben und Vernetzungen geprägt ist und in dem häufig persönlicher Einsatz und persönliche Überzeugung von einzelnen Menschen entscheidend sind. Insofern könnte eine Tiefenbohrung hier letztlich wohl nur dann zu aussagekräftigen Ergebnissen führen, wenn die regionalen und personalen Kontexte mit aufgearbeitet werden könnten.

Insofern soll die Skizze dieses Feldes an dieser Stelle genügen, bevor im Folgenden unter dem Leitgedanken „Positionen und Produkte" einige spezifischere Beobachtungen einer detaillierten Untersuchung unterzogen werden sollen: Es handelt sich an erster Stelle (Kapitel 4.1.) darum, dass in Diözesen und Landeskirchen der Faire Handel seit den 1990er Jahren Eingang in die Beschlussfassung ihrer Synoden oder synodenähnlichen Versammlungen gefunden hat. Diese Rezeption des Fairen Handels auf der Ebene von Forderungen, Beschlüssen und Positionspapieren kirchlicher Repräsentativgremien könnte Aufschluss darüber geben, auf welche Weise die Idee des Fairen Handels inhaltlich aufgegriffen wird. Dies könnte ein Spiegelbild davon bieten, was den Fair-Handels-Engagierten im kirchlichen Raum wichtig ist. Es zeigt aber auch an, was in diese Beschlussfassung eingebracht wurde und dort durchgesetzt werden konnte – mit anderen Worten: was innerkirchlich Konsensfähigkeit besaß. Es handelt sich an zweiter Stelle (Kapitel 4.2.) darum, dass einzelne Verbände und Organisationen aus dem kirchlichen Bereich sich mit speziellen fair gehandelten Produkten engagieren und damit zum Teil bestehende Landes- oder Projektpartnerschaften mit Hilfe des Fairen Handels untermauern. Auch hier verspricht die Untersuchung dieser konkreten Vermarktungsprojekte einen Einblick, welche Akzente diese Akteure bei ihrer konkreten Umsetzung des Fair-Handels-Engagements setzen und welches Profil dadurch der Faire Handel in ihren Reihen erhält.

Von den Expertisen dieses vierten Kapitels können Aufschlüsse darüber erwartet werden, ob der Faire Handel im Bereich kirchlicher Akteure eine eigenständige Rezeption in Theorie und Praxis (in Aktionen und Positionen) erfährt. Es geht dabei unter anderem um die Frage, ob sich der in der Einleitung[592] bereits benannte Verdacht aus anderen Bereichen der Fair-Handels-Szene, im kirchlichen Raum würde der Faire Handel weniger strukturverändernd und mehr caritativ verstanden und praktiziert, auf eine sachliche Grundlage zurückführen lässt.

---

[591] Vgl. hierzu insbesondere die Ottilien fair GmbH der Missionsbenediktiner von St. Ottillien sowie die Fair Handel GmbH der Missionsbenediktiner von Münsterschwarzach
[592] Vgl. oben Kapitel 1.1.2.

4.1. Fairer Handel in synodalen Dokumenten der Kirchen in Deutschland

Die ausdrückliche Thematisierung des Fairen Handels in Beschlussdokumenten der evangelischen Landeskirchen und der katholischen Diözesen beginnt mit den 1990er Jahren. Sie erfolgt vorwiegend im Rahmen der Beschlussfassung von Synoden als kirchlichen Repräsentativorganen, welche sich vor 1990 nur implizit, dann aber zunehmend häufiger explizit zugunsten des Fairen Handels oder seinem engeren thematischen Umfeld geäußert haben. Darin spiegeln sich meist unausdrücklich gleichermaßen eine Würdigung und Anerkennung dieses Handlungsmodells wie auch eine kirchliche Selbstverpflichtung wider. Sie könnten auf einen ersten Blick so interpretiert werden, dass der Faire Handel „in der Mitte der Kirchen angekommen" sei. Dies enthält noch keine Aussage über das wie und was der Rezeption der Fair-Handels-Idee. Gleichwohl ist es ein gewisser Ausdruck davon, dass Fairer Handel innerkirchlich ein gewisses Maß an Bedeutung erreicht hat, der es ihm erlaubt, sich in demokratisch zustande kommenden Beschlüssen der Diözesen und Landeskirchen artikulieren zu können. Insofern könnte dies als Überwindung einer innerkirchlichen Randständigkeit gedeutet werden, was jedoch insofern nicht zutreffend ist, als die verschiedenen Dokumente – wie sich zeigen wird – gerade diese Randständigkeit problematisieren und beabsichtigen, durch ihren Forderungen und Beschlüsse dem Fairen Handel zu einer weiteren innerkirchlichen Verbreitung zu verhelfen. Um diese Dynamik lobbyistischer Bemühungen verstehen zu können, gilt es zunächst diese kirchlichen Repräsentativorgane einzuordnen.

In der katholischen Kirche hat die synodale Dimension nach dem 2. Vatikanischen Konzil (1962-1965) eine neue Blütezeit erlebt, wenngleich nicht übersehen werden darf, dass auch zuvor in deutschen Diözesen in größeren Zeitabständen Diözesansynoden abgehalten wurden. Der Impuls des Konzils hat jedoch Charakter und Funktion dieser Kirchenversammlungen insofern eine neue Richtung verliehen, als durch die Beteiligung von Laien eine tiefere Verwurzelung in den jeweiligen Ortskirchen zum Tragen kam. Der durch die breite Beteiligung begründete umfassende Vergewisserungs- und Orientierungsprozess hat damit aber auch die Erwartungen an die Ergebnisse und an deren Umsetzung gesteigert, was ein zunehmendes Spannungsverhältnis zwischen Mitwirkungswille der Beteiligten und dem kirchenrechtlichen Charakter eines – mehr oder minder verbindlichen – Beratungsforums für den Bischof mit sich brachte. Dies dürfte mitverantwortlich sein dafür, dass in den 1990er Jahren in den deutschen Diözesen keine offiziellen, den kirchenrechtlichen Vorgaben entsprechende Diözesansynoden mehr stattgefunden haben und eine Verlagerung auf mehr oder weniger synodenähnliche Forums- und Dialogprozesse erfolgt ist.[593]

---

[593] Zur kirchenrechtlichen Einordnung dieser synodenähnlichen Formen vgl. Klein: Diözesansynode – Forum – Pastoralgespräch.

4. Engagement kirchlicher Akteure

Wenngleich auch für die katholische Kirche eine Gleichursprünglichkeit der synodalen mit der hierarchischen Verfasstheit der Kirche reklamiert wird[594], so findet die synodale Verfassung doch eher in der Grundstruktur der protestantischen Kirche in Deutschland ihren Ausdruck. Angelehnt an die staatlichen Verfassungen hatten im 19. Jahrhundert die jeweiligen Landesherren die Synoden als repräsentative Organe ihrer Landeskirchen eingerichtet, weshalb diese im Gegensatz zur katholischen Kirche in die Kirchenleitung einbezogen sind: „Sie sind überall verantwortlich für die kirchl[iche] Gesetzgebung, für den kirchl[ichen] Haushalt u[nd] für die Wahl der sonstigen kirchenleitenden Organe."[595] In dieser Funktion kommt den protestantischen Synoden eine unvergleichbar höhere Kontinuität und Verbindlichkeit im Zusammenwirken von Kirchenvolk und Amtsträgern zu, als dies in der katholischen Kirche mit ihren „eventhaften" Synoden bzw. synodenähnlichen Foren möglich ist. In ihrem Selbstverständnis treffen sie sich offenbar in einem Punkt mit den katholischerseits vollzogenen Prozessen, insofern sie „es heute vielfach als ihre Aufgabe an-[sehen], kirchl[iche] Postulate gegenüber der Öffentlichkeit zu artikulieren."[596]

Die Bedeutsamkeit synodaler Versammlungen sowohl auf katholischer wie auch auf protestantischer Seite resultiert im wesentlichen aus dem Zusammentreffen von amtlicher Verantwortung und der Mitwirkung von Gemeinden und Verbänden als basisbezogener Interessensvertretung. Diese ist auch Grund dafür, dass das Engagement von Fair-Handels-Gruppen an der kirchlichen Basis sich in mehreren synodalen Prozessen und Strukturen Eingang in überregionale kirchliche Entscheidungen und Festlegungen hat verschaffen können. Insofern wird hier strukturell bedingt die Möglichkeit eröffnet, eine veränderte Wahrnehmung von Zeichen der Zeit in die Kirchen hereinzuholen und damit den überlieferten Glauben aufgrund dieses „demokratischen Inputs" in ein wechselseitiges Erschließungsverhältnis mit der Erfahrungswelt der Kirchenbasis zu verwickeln: „Erhobene Situation und christliche Botschaft kommen derartig in Verbindung, dass sie sich in ihrer gegenseitigen Zuständigkeit für konkrete Verbesserungen menschlichen Lebens und Handelns bereichern" – wie Ottmar Fuchs praktisch-theologisch formuliert.[597]

Dieser Gewinn an Lebenskontakt kann in synodalen Dokumenten auch mithilfe eines Blicks auf den Fairen Handel gesucht und gefunden werden. Wie zu zeigen sein wird, unterliegt die Rezeption dieses Handlungsmodells in diesen Dokumenten und Foren divergierenden Akzentsetzungen, was Aufschluss über eine kirchenspezifische Rezeption des Fairen Handels liefern könnte, aber auch zeitbedingte Entwicklungen verdeutlicht. Angesichts dieser Frageperspektive erfolgt die Auswahl sowohl der synodalen Vorgänge als auch der Texte innerhalb der Beschlussdokumente nicht nur unter dem Kriterium, ob der Faire Handel selbst aufgegriffen wurde, sondern auch wenn sein weiterer politischer oder ideologischer Denkhorizont in ihnen Resonanz

---

[594] Vgl. Kehl: Synode, Synoden, Synodalität, Sp. 1187f.
[595] Pirson: Synode, Synoden, Synodalität, Sp. 1190.
[596] Pirson: Synode, Synoden, Synodalität, Sp. 1190.
[597] Fuchs: Wegmarkierungen in die Zukunft, 179; 181.

4.1. Fairer Handel in synodalen Dokumenten

gefunden hat.[598] Dabei richtet sich die Aufmerksamkeit dieses Untersuchungsteils darauf, wahrzunehmen, in welcher Form der Faire Handel in den Dokumenten zum Tragen kommt, welche seiner unterschiedlichen Aspekte und Vollzugsformen aufgegriffen werden, in welche Themenhorizonte er jeweils eingebettet ist und schließlich mit welchen (theologischen) Begründungsmustern er in den kirchlichen Dokumenten empfohlen wird.

Anzumerken ist dabei, dass Zustandekommen und Themenstellung im Einzelfall äußerst unterschiedlich sind. Deshalb sagt die Wahrnehmung oder Nichtwahrnehmung dieser Engagementwirklichkeit in den Dokumenten nichts über Verbreitung und Bedeutung des Fairen Handels im jeweiligen Bistum oder in der jeweiligen Landeskirche aus. Auch der Charakter der Beschlüsse selbst ist sehr heterogen. Er reicht von argumentierend-beschreibenden Texten „aus einem Guss" mit eingespeisten Empfehlungen über Mischformen bis hin zu reinen Katalogen von Einzelbeschlüssen. Darin spiegeln sich natürlich die jeweilige Arbeitsweise sowie der Umgang mit den meist recht zahlreichen Eingaben im Rahmen der Konsultationsprozesse wider.

4.1.1. Die Gemeinsame Synode der Bistümer in der Bundesrepublik Deutschland in Würzburg (1971-1975)

Die „Gemeinsame Synode der Bistümer in der Bundesrepublik Deutschland" war auf dem Hintergrund des Wunsches des Zweiten Vatikanischen Konzils, das kirchliche Synodalwesen zu erneuern, zu verstehen. Wesentliches Anliegen war es offenbar, „die Wahrnehmung der gemeinsamen Verantwortung aller Glieder für die Erfüllung der Sendung der Kirche" in die Tat umzusetzen.[599]

4.1.1.1. „Das Reich Gottes ist nicht indifferent gegenüber den Welthandelspreisen"

Mehr noch als der Beschluss zum Themenbereich Entwicklung und Frieden enthält insbesondere der Grundlagenbeschluss *Unsere Hoffnung* wichtige Aussagen hinsichtlich der Herausforderung internationaler Gerechtigkeit. Unter dem Anliegen, den christlichen Glauben mit der damals aktuellen Lebenssituation zu vermitteln[600], for-

---

[598] Für weitere Informationen zu den 'synodalen Prozesse in deutschen Diözesen' vgl. die informativen Ergebnisse des gleichnamigen, auf Veranlassung des Zentralkomitees der deutschen Katholiken durchgeführten DFG-Forschungsprojekts. Publikationen: Demel/Heinz/Pöpperl: Löscht den Geist nicht aus! Sowie: Heinz/Pöpperl: Gut beraten? Synodale Prozesse in deutschen Diözesen. Mein besonderer Dank gilt Prof. Hanspeter Heinz und Christian Pöpperl für die Möglichkeit, sämtliche zusammengetragenen Informationen und Unterlagen der synodalen Prozesse sichten und mit meiner Perspektive auswerten zu können. Ohne diese Unterstützung und diese „Vorarbeiten" wäre die hier vorgelegte eingehende Untersuchung nicht möglich gewesen.

[599] Lehmann: Allgemeine Einleitung, 29. – Die Konstituierung erfolgte im Januar 1971, die erste Arbeitssitzung fand im Mai 1972 statt, planmäßig wurde die Gemeinsame Synode mit der 8. Vollversammlung vom 18.-23. November 1975 abgeschlossen.

[600] Vgl. Schneider: Einleitung: Unsere Hoffnung, 72.

muliert das Grundlagenpapier erstaunlich (selbst-)kritische Passagen, die auf die Frage weltweiter Gerechtigkeit Bezug nehmen oder auf diese hin gelesen werden können: So wird von der Synode etwa eingestanden, die Kirche habe ihre Botschaft des endzeitlichen Gerichts „zwar laut und eindringlich vor den Kleinen und Wehrlosen, aber häufig zu leise und zu halbherzig vor den Mächtigen dieser Erde verkündet".[601] Ebenso warnt sie mit Blick auf die „Tischgemeinschaft mit den armen Kirchen" davor, als Weltkirche „die sozialen Gegensätze unserer Welt einfach wider[zu]spiegeln". Sie fordert daher, „nicht nur [...] aus dem Überfluß etwas abzugeben, sondern auf berechtigte eigene Wünsche und Vorhaben zu verzichten."[602] Zudem verlangt sie die Mobilisierung der kirchlichen Kräfte „gegen einen rücksichtslosen Wirtschaftskolonialismus der stärkeren Gesellschaften, im Interesse der Bewohnbarkeit der Erde für die Kommenden"[603] und erkennt das Einstehen für Gerechtigkeit und Frieden als Bewährungsprobe der gesellschaftlichen Verantwortung der Kirche.[604]

Insofern ist es keine einmalige und aus der Reihe fallende Feststellung, sondern theologische Grundüberzeugung der Gemeinsamen Synode, wenn der Beschuss formuliert, dass „die Verheißungen des Reiches Gottes [...] nicht gleichgültig gegen das Grauen und den Terror irdischer Ungerechtigkeit und Unfreiheit [sind], die das Antlitz des Menschen zerstören." Dabei bleibt der Grundlagenbeschluss gerade nicht in theologischer Abstraktheit stecken, sondern exemplifiziert und konkretisiert dies mit dem Ausruf:

„Das Reich Gottes ist nicht indifferent gegenüber den Welthandelspreisen!"[605]

Dieser Satz konnte zu Recht von christlichen Akteuren der Fair-Handels-Bewegung aufgegriffen werden und ist in seiner christlich-prophetischen Sprengkraft wohl uneingeholt geblieben.

4.1.1.2. Die Anliegen aus den Ländern des Südens und der Beschluss „Entwicklung und Frieden"

Im Beschluss *Unsere Hoffnung* spiegelt sich insofern wider, was auch Ergebnis der Befragung von kirchlichen Partnerorganisationen und Gremien in den Entwicklungsländern bezüglich der Synodenvorlage „Entwicklung und Frieden" war. Die Synode hatte den ersten Entwurf an rund 300 Partner der kirchlichen Entwicklungszusammenarbeit versandt und um Rückmeldungen gebeten, welche in die endgültige Beschlussfassung einfließen sollten. In den rund 200 Rückmeldungen gab es neben positiver Würdigung auch kritische Stimmen. Die Antworten artikulierten wiederholt eine unzureichende Wahrnehmung der wirtschaftlichen Implikationen von Ent-

---

[601] Synodenbeschluss Unsere Hoffnung (I, 4) 92
[602] Synodenbeschluss Unsere Hoffnung (IV, 3) 109.
[603] Synodenbeschluss Unsere Hoffnung (IV, 4) 110.
[604] Synodenbeschluss Unsere Hoffnung (IV, 4) 111.
[605] Beide Zitate: Synodenbeschluss Unsere Hoffnung (I, 6) 96f.

4.1. Fairer Handel in synodalen Dokumenten

wicklung und Frieden. Insgesamt wurde „in bezug auf die Situationsanalyse [...] der Wunsch geäußert, die Belastung des Nord-Süd-Verhältnisses durch ungerechte Strukturen im Welthandel stärker herauszuarbeiten."[606] Die Rückmeldungen beschreiben dabei teils ausführlich die Situation der Welthandels- und Weltwirtschaftsbeziehungen:
So schildert die ruandesische Bischofskonferenz in ihrer Stellungnahme die schlechte Bezahlung von Tee- und Kaffeeproduzenten in ihrem Land.[607] Bischof José Dammert Bellido aus Cajamarca (Peru) klassifiziert die Entwicklungshilfe als „eine Form der Rückerstattung für die niedrigen Rohstoffpreise", welche lediglich durch „einen äußerst niedrigen Lohn" zustande kommen könnten.[608] Das ivorische *Institut Africain pour le Développement économique et sociale* hält es für erforderlich, „auf die ökonomischen Verzerrungen aufmerksam zu machen" – auch gegenüber politischen Instanzen in Europa.[609] Und das philippinische *Bureau of Asian Affairs* bekräftigt eine Bemerkung aus der Synodenvorlage, in der die deutsche Kirche das Problem gerechter Handelsbeziehungen mit der Regierung besprechen will, denn „eine solche notwendige, strukturelle Änderung im eigenen Land hervorgerufen zu haben, wird von viel größerer Bedeutung sein als die Spenden, die über Generationen hinweg gegeben worden sind".[610] Eine Stellungnahme aus Obervolta hebt eine Formulierung der Synodenvorlage hervor, der gemäß „fair die wirtschaftlichen und politischen Forderungen der Länder der Dritten Welt gegenüber den Interessen der eigenen Gruppe ab[zu]wägen" sind, kritisiert aber, dass das Wort „fair" „bereits Gefahr läuft, das Argument zu verkleinern", weil es „das Wesentliche" sei, dass Menschen untereinander „Gleiche" sind und deshalb „das Recht [haben], von mir den Preis für meinen Komfort zu fordern (Kaffee, Erdöl etc.)."[611]
In sehr klaren Ausführungen bringt das paraguayische *Instituto de Desarollo Integral y Armonico (IDIA)* die Problematik gerechter Welthandelspreise zum Ausdruck und stellt dies in den Zusammenhang christlichen Handelns:

> „Sehr wichtig ist der Aufruf, den die Gemeinsame Synode an die Christen in Deutschland richtet, vollständig und sich bewußt für die unterentwickelten Länder einzusetzen. Aber dieser Einsatz schließt mit ein, daß man sich über die Ungleichheiten im Bereich der Produktion bewußt wird, die zwischen unseren Welten bestehen.
> Einerseits ist das Leben der Bevölkerung des größten Teils der Länder der Erde kümmerlich, gekennzeichnet durch Elend und Auszehrung. Diese Länder produzieren weiterhin Rohstoffe, die auf dem Markt der entwickelten Länder zu dem Preis bezahlt werden, den diese aufzwingen. Andererseits erfordert die technisch-wissenschaftliche Produktion, die von den entwickelten Ländern monopo-

---

[606] Becher: Einleitung: Entwicklung und Frieden, 462.
[607] Vgl. Koch/Risse/Zwiefelhofer (Hrsg.): Die Dritte Welt antwortet der Synode, 45.
[608] Vgl. Koch/Risse/Zwiefelhofer (Hrsg.): Die Dritte Welt antwortet der Synode, 49.
[609] Vgl. Koch/Risse/Zwiefelhofer (Hrsg.): Die Dritte Welt antwortet der Synode, 53.
[610] Vgl. Koch/Risse/Zwiefelhofer (Hrsg.): Die Dritte Welt antwortet der Synode, 61.
[611] Vgl. Koch/Risse/Zwiefelhofer (Hrsg.): Die Dritte Welt antwortet der Synode, 83.

lisiert wird, von den zerbrechlichen Wirtschaften der Dritten Welt ständig größere Ausgaben. Wenn diese Unterschiede im Produktionspreis berichtigt würden und die entwickelten Länder unsere Produktion besser bezahlten, wären unsere Probleme und unser Elend bedeutend weniger kritisch und unsere Entwicklung hin zu einer gerechteren Welt eher möglich. Wir denken, wenn das Christentum der entwickelten Länder diese Wirklichkeit begreift und annimmt, würde damit ein großer Schritt auf das Verständnis unserer Unterentwicklung hin getan. [...] Wir sind davon überzeugt, daß die Bildung von Produktions- und Verbrauchergenossenschaften dabei helfen kann, den Bewußtseinsstand zu fördern und das augenblickliche Elend zu lindern. Die Lösung bestände darin, Kreditprogramme für diese Organisationen zu entwickeln."[612]

Diese Ausführungen decken sich auffällig weitgehend mit den Anliegen der jungen, in Europa just entstehenden „Aktion Dritte-Welt-Handel". Offenbar ist den südamerikanischen Autoren dieses Aktionsmodell noch unbekannt; zumindest gehen sie darauf nicht ein. Diese und ähnliche Berichte dürften Entstehung und Entwicklung des Modells beeinflusst haben. Zugleich sind sie exemplarisch für die Rede des Konzils von den „Zeichen der Zeit"[613].

Diese Antworten und Anregungen „aus der Dritten Welt" wurden in die Synodenvorlage über den „Beitrag der katholischen Kirche in der Bundesrepublik Deutschland zu Entwicklung und Frieden" aufgenommen. Allerdings sah es die zuständige Sachkommission V nicht als ihre Aufgabe an, (entwicklungs-)politische Lösungen für die anstehenden Weltprobleme zu unterbreiten, vielmehr sei der Auftrag pastoralpraktischer Natur und wolle weder konkurrierende theologische Begründungsstränge noch umfassende Entwicklungskonzepte verfolgen. Stattdessen ziele die Vorlage einerseits auf die Verbesserung der finanziellen und personellen Ausstattung der Entwicklungsarbeit, andererseits auf die öffentliche entwicklungspolitische Diskussion.[614]

Der Beschlusstext selbst ist unterteilt in eine Präambel, ein Kapitel über die kirchliche Entwicklungsarbeit und sodann eines über die kirchliche Friedensarbeit. In der Präambel wird neben einer Verhältnisbestimmung über den Zusammenhang von Entwicklung und Frieden vor allem auch ein theologischer Horizont aufgerissen, der aufgrund der genannten Vorentscheidung der Sachkommission V nur skizzenhaft ist und – anschließend an die Konzilskonstitution *Gaudium et spes* – auf die Vision einer „'neue[n]' Erde', auf der 'die Gerechtigkeit wohnt'" abhebt sowie die prophetische Identität kirchlichen Wirkens in Anspruch nimmt.[615]

---

[612] Koch/Risse/Zwiefelhofer (Hrsg.): Die Dritte Welt antwortet der Synode, 56/57.
[613] Vgl. 2. Vatikanisches Konzil: Pastoralkonstitution *Gaudium et Spes*, Nr. 4 und 11; vgl. auch unten Kapitel 5.2.3.
[614] Vgl. Becher: Einleitung: Entwicklung und Frieden, 464, 467.
[615] Synodenbeschluss Entwicklung und Frieden (0.2/0.3), 472.

Hinsichtlich der Entwicklungsarbeit teilt das Dokument die Aufgabenbereiche in drei große Bereiche auf und unterscheidet, „die Lage bewusst zu machen; als Anwalt für die Interessen der Entwicklungsvölker einzutreten; [und] materielle und personelle Hilfe zu leisten."[616] Die aus den Entwicklungsländern eingeforderte Wahrnehmung weltwirtschaftlicher Aspekte wird infolgedessen sowohl im Zusammenhang der Gewissens- und Bewusstseinsbildung als auch im Horizont der Anwaltschaft vollzogen. In der Bildungsarbeit

> „[...] muß aufgezeigt werden, durch welche Maßnahmen die Industrieländer diesen besonders betroffenen Entwicklungsländern helfen können: durch gerechte Beteiligung am Welthandel und am Weltwährungssystem, durch Öffnung unserer Märkte für Waren der Entwicklungsländer, durch Zahlung angemessener Preise für die Rohstoffe der Entwicklungsländer, durch Verlagerung von bestimmten, vor allem arbeitsintensiven Produktionen in Entwicklungsländer, [... u.v.m.]"[617]

Zu beachten ist die in diesen Anforderungen an Bildungsmaßnahmen große Nähe zu den Grundsätzen und Kriterien des Fairen Handels, wie diese bereits in den ersten Skizzen der Aktion Dritte-Welt-Handel Anfang der 1970er Jahre enthalten sind und später festgeschrieben wurden.[618]

4.1.1.3. Die „Aktion Dritte-Welt-Handel" im Hintergrund des Würzburger Synodenbeschlusses

Die Trias aus Bewusstseinsbildung, Anwaltschaft und Hilfeleistung (jeweils auch in dieser Reihenfolge genannt) findet in den Anliegen des Fairen Handels ihren Widerhall. Möglicherweise hatten Mitglieder der Synodenvorlage bei der Empfehlung, „für die bewusstseinsbildende Arbeit [sind] handlungsorientierte Modelle, Materialien und Organisationsmuster zu erarbeiten", die Aktion Dritte-Welt-Handel vor Augen. Kommissionsmitglied Heinz-Theo Risse beschreibt jedenfalls in seiner pädagogisch-pastoralen Arbeitshilfe zum Synodenbeschluss „Entwicklung und Frieden" die Herausforderungen damit, „durch einen 'neuen Lebensstil' auch in unserem persönlichen Leben den Erfordernissen weltwirtschaftlichen Wandels Rechnung [zu] tragen". Dabei urteilt er: „Der Zugang zu dieser komplexen Problematik ist nicht leicht. Einzelaktionen der Aktion Dritte-Welt-Handel erleichtern ihn".[619] Zudem verweist er für die anwaltschaftliche Seite der kirchlichen Entwicklungsarbeit bezüglich des Themas einer neuen Weltwirtschaftsordnung und der Öffnung der Märkte auf die Aktion

---

[616] Synodenbeschluss Entwicklung und Frieden (1.2.2), 481.
[617] Synodenbeschluss Entwicklung und Frieden (1.2.2.1), 481f.
[618] Vgl. oben Kapitel 2.1. sowie die Kriterienbeschreibung bei Stricker: Weltweite Gerechtigkeit konkret, 363f.
[619] Risse: Der Beitrag der katholischen Kirche in der Bundesrepublik Deutschland für Entwicklung und Frieden, 254.

Dritte-Welt-Handel (mit Adresse), denn „den unmittelbarsten Zugang eröffnet der Verkauf von Produkten aus der Dritten Welt".[620]
Insgesamt darf also davon ausgegangen werden, dass im Entstehungshintergrund des Synodenbeschlusses „Entwicklung und Frieden" die damalige „Aktion Dritte-Welt-Handel" bekannt war und ihre Anliegen teilweise in die Beschlussfassung Eingang gefunden haben. Zugleich lassen die Rückmeldungen der Partner aus den Entwicklungsländern auf den Entwurfstext den Schluss zu, dass nicht nur die welthandelsbezogenen Aussagen des Synodenbeschlusses sondern auch die Aktion Dritte-Welt-Handel als solches einem Anliegen der Partner des Südens folgten. Insofern darf theologisch hier von einem unterschiedliche Wahrnehmungsperspektiven miteinander verbindenden „Kairos" gesprochen werden.

4.1.2. Dokumente synodalen Charakters aus den katholischen Diözesen Deutschlands[621]

4.1.2.1. Diözesansynode Rottenburg-Stuttgart 1985/86: „praktizierte Nächstenliebe wird zu einer alternativen Lebensform führen"

Nach der Würzburger Synode stellte die Rottenburger Diözesansynode den Auftakt für die in zahlreichen deutschen Diözesen stattfindenden Diözesansynoden, Pastoralforen, „Zukunftsgespräche" und andere „synodale Prozesse" dar. Ortsbischof Georg Moser hat ihr als Thema die „Weitergabe des Glaubens an die kommende Generation" vorgegeben. Deshalb verwundert es wenig, dass das erste Vorbereitungsdokument weltkirchlichen Fragen keinen Platz einräumte. Im Laufe des synodalen Prozesses, in welchem 700 Eingaben aufgegriffen wurden, erweitert sich allerdings die zunächst auf sozial-caritative Arbeit ausgerichtete Vorlage „Nächstenliebe als Testfall des Glaubens" um das Moment der Gerechtigkeit und um einen Teilbeschluss unter der Überschrift „Dritte Welt". Dieser Vorgang zeigt die inhaltliche Dynamik eines Konsultationsprozesses auf, in welchem die im Bistum tätigen Initiativen ihren Anliegen Gehör zu verschaffen vermochten.

Wenngleich der Beschlusstext selbst kaum Themen der Weltwirtschaft oder des Welthandels[622] aufgreift, noch das wahrgenommene Engagement von Dritte-Welt-Gruppen konkretisiert, so lassen sich dennoch Berührungspunkte zur Arbeit und Ideologie der Fair-Handels-Gruppen entdecken. Dies ist dort der Fall, wo hinsichtlich des Auftrages der Kirchen der „Geist der Partnerschaft [...] ohne ein Gefühl von

---

[620] Risse: Der Beitrag der katholischen Kirche in der Bundesrepublik Deutschland für Entwicklung und Frieden, 268.
[621] Nähere Darstellungen zu Charakter, Verlauf und Ergebnissen der einzelnen diözesanen Prozesse sh. Demel/Heinz/Pöpperl: Lösche den Geist nicht aus!
[622] Der negative Gegenhorizont dieses Synodenbeschlusses liegt v.a. in den „Entwicklungen in Wissenschaft und Technik"; vgl. Bischöfliches Ordinariat Rottenburg (Hrsg.): Beschlüsse der Diözesansynode, 192.

4.1. Fairer Handel in synodalen Dokumenten

Überlegenheit und Herablassung" als notwendig eingefordert wird. Es ist auch dann der Fall, wenn einerseits „die Versuchung [...] sich auf Kosten des Schwächeren durchzusetzen" angeprangert wird und andererseits die Sensibilität junger Menschen gewürdigt wird, die aufspürt „wo diskriminierende Unterschiede gemacht werden und wo Unterdrückung herrscht".[623]

Die Synode teilt in einigen Punkten die in der Aktion Dritte-Welt-Handel zugrundegelegten Eckdaten der Problemanalyse und der darauf zu gebenden Antwort. So argumentiert der Rottenburger Beschlusstext zunächst dem Schöpfungsthema folgend und sieht „in der Steigerung des Lebensstandards der Industrieländer" die Ursache für manche Probleme der Menschheit.[624] Auf dieser Basis würdigt der Beschluss an zwei Stellen ausdrücklich die Alternativbewegung, für welche in jener Zeit der „Alternative Handel" oder Aktionen wie „Jute statt Plastik" zum Inbegriff geworden waren:

> „Schon heute gibt es viele Menschen, gerade auch Jugendliche, die aus der Einsicht in diese Dringlichkeit ihr Konsumverhalten und ihre Lebensweise ändern." Denn „praktizierte christliche Nächstenliebe wird in einer weitgehend materialistisch geprägten Umwelt zu einer alternativen, einer grundlegend anderen Lebensform führen."[625]

Dafür entwirft die Rottenburger Diözesansynode eine vergleichsweise detaillierte christlich-spirituelle Begründungslinie, die auch die Alternativbewegung und den Fairen Handel umfasst. Dies erklärt sich mitunter durch die Verbindungslinie zum vorangehenden Teilbeschluss Jugendarbeit, welcher durch seinen zentralen Satz „Je mystischer wir Christen sind, um so politischer werden wir sein" prominent geworden war.[626] Dies bringen die folgenden Passagen offenkundig zur Sprache:

> „Daher setzt unser christliches Zeugnis der Nächstenliebe unsere eigene Bekehrung voraus. Sie beginnt dort, wo jeder von uns Verzicht übt, zu teilen beginnt, wo jeder anders zu leben versucht, einen Blick für die Armen und Schwachen entwickelt und sich zusammen mit anderen zu konkreter Tat, auch zu politischem Engagement entschließt.
> Christliche Nächstenliebe ist nicht nur Fürsorge, sondern – Wort und Beispiel Jesu folgende – Solidarität. [...] Das Evangelium fordert von uns die Parteinahme für die Sache der Schwachen, Bedrängten, eine eindeutige 'Option für die Armen'. Gerade das glaubwürdige Zeugnis konkreter Nächstenliebe berechtigt und verpflichtet, politisch auf mehr Gerechtigkeit hinzuwirken."[627]

---

[623] Bischöfliches Ordinariat Rottenburg (Hrsg.): Beschlüsse der Diözesansynode, 192, 193, 196.
[624] Bischöfliches Ordinariat Rottenburg (Hrsg.): Beschlüsse der Diözesansynode, 202.
[625] Bischöfliches Ordinariat Rottenburg (Hrsg.): Beschlüsse der Diözesansynode, 202 bzw. 196.
[626] Beschluss IV Jugendarbeit (11), in: Bischöfliches Ordinariat Rottenburg (Hrsg.): Beschlüsse der Diözesansynode, 93.
[627] Beschluss VII Nächstenliebe und Gerechtigkeit als Glaubenszeugnis, in: Bischöfliches Ordinariat Rottenburg (Hrsg.): Beschlüsse der Diözesansynode, 203.

4. Engagement kirchlicher Akteure

Diese in den übergreifenden Ausführungen enthaltenen Aussagen werden im Teilbeschluss „Frieden" auch auf die ökonomische Problematik hin pointiert: Strukturelle Ungerechtigkeiten politischer und wirtschaftlicher Art hätten „verhindert, daß wirtschaftsschwache Länder und ihre Gesellschaften zu einer sich selbst tragenden Entwicklung finden konnten."[628]
Aus all diesen Wahrnehmungen der drängenden Zeitansagen, die bereits viele Anliegen und Wahrnehmungen mit Engagierten der Aktion Dritte-Welt-Handel teilen, leitet sich letztlich eine Selbstverpflichtung und eine Empfehlung der Synode für die eigene Diözese ab, die – ohne ihn beim Namen zu nennen – mit den Zielen des Fairen Handels übereinstimmt:

> „Die Kirche kann sich nicht mit wirtschaftlichen Strukturen abfinden, die Unrecht andauern lassen. Politische Einflußnahme, Solidaritätsversprechen und selbst unser Spendenwesen sind aber nur dann glaubwürdig und wirksam, wenn unsere Kirche selbst eine arme und bescheidene Kirche wird, die bereit ist zu teilen. Dieses Ziel ist eine Herausforderung an den Stil unseres kirchlichen Lebens auf Diözesan- und Gemeindeebene wie an den Lebensstil des einzelnen und sein konkretes Konsumverhalten. [...].
> Empfehlung: Die Kirche muß sich als Anwalt all derer verstehen, die keine Stimme haben gegenüber den Mächtigen. Diözesanleitung, Gemeinden, Verbände und einzelne Christen sollen mit Nachdruck auf die verantwortlichen Politiker einwirken, damit die Menschenrechte gewahrt und ungerechte Strukturen in Weltwirtschaft und Welthandel geändert werden."[629]

4.1.2.2. Diözesansynode Hildesheim 1989/1990: „sich den Fragen der internationalen Verflechtungen und Abhängigkeiten stellen"

Initiator der Hildesheimer Diözesansynode war Bischof Josef Homeyer, welcher sich von einer Synode „eine gemeinsame Zielsetzung für den künftigen Weg der Kirche von Hildesheim" (Präambel der Synodalordnung) erhoffte. Unter dem Synodenthema „Kirche und Gemeinde: Gemeinschaft mit Gott – miteinander – für die Welt"[630] sollte in vier pastoralen Bewährungsfeldern eine „Verständigung über die nächsten, vordringlichen Schritte" erfolgen – darunter auch für den Themenkomplex „Gerechtigkeit, Frieden und Bewahrung der Schöpfung".[631]
Diesbezüglich geht der Beschluss von der Notwendigkeit eines neuen Lebensstils aus. Er begründet dies aus einer Wahrnehmung der großen Weltprobleme, die mit wirtschaftlicher und sozialer Ungerechtigkeit im Zusammenhang gesehen werden:

---

[628] Beschluss VII Nächstenliebe und Gerechtigkeit als Glaubenszeugnis, in: Bischöfliches Ordinariat Rottenburg (Hrsg.): Beschlüsse der Diözesansynode, 206.
[629] beide Zitate: Beschluss VII Nächstenliebe und Gerechtigkeit als Glaubenszeugnis, in: Bischöfliches Ordinariat Rottenburg (Hrsg.): Beschlüsse der Diözesansynode, 207.
[630] Vgl. Demel/Heinz/Pöpperl: Löscht den Geist nicht aus! 46f. – Teils heißt es statt „für die Welt" auch „mit der Welt".
[631] Vgl. Diözesansynode Hildesheim 1989/90: Kirche und Gemeinde, 9.

4.1. Fairer Handel in synodalen Dokumenten

„Die Befriedigung gesteigerter materieller Ansprüche in den reichen Ländern geschieht häufig auf Kosten der Menschen in den armen Ländern. Sie [...] macht die Welt insgesamt unmenschlicher, weil sie die ungerechten Strukturen mehrt und festigt."[632] Deshalb wird im Rückgriff auf den Synodenbeschluss *Unsere Hoffnung* „eine einschneidende Veränderung unserer Lebensmuster, eine drastische Veränderung unserer wirtschaftlichen und sozialen Lebensprioritäten" gefordert, die in der christlichen Umkehrbereitschaft wurzelt und welche „persönlich und politisch" auszufüllen seien.[633] Dieser Ansatz wird im Horizont einer politischen Wirkung sowie theologisch entfaltet:

„Der neue Lebensstil will beispielgebend wirken. Wenn viele mitmachen, wird es um so schneller zu der erforderlichen Bewußtseinsänderung kommen. Dann wird es auch Politikern leichter fallen, unbequeme, aber notwendige Entscheidungen zu treffen und zu verwirklichen. [...] Der neue Lebensstil befähigt uns, das Evangelium in unserem Leben noch besser zu entdecken, wie umgekehrt ein neuer Umgang mit dem Evangelium diesen neuen Lebensstil wiederum vertieft."[634]

Diese Aussagen betreffen die Gesamtthematik von „Gerechtigkeit, Frieden und Bewahrung der Schöpfung". Bezüglich der Gerechtigkeitsthematik wird ausdrücklich ein Satz des Kirchenvaters Ambrosius aufgegriffen, dem gemäß Almosen lediglich eine Rückgabe dessen sei, was dem Bedürftigen ohnehin gehöre. In der Konsequenz wird die Verpflichtung der Diözesankirche zur Bereitstellung ausreichender Mittel zur Entwicklungshilfe beschlossen, „um so den Menschen in den Entwicklungsländern zu helfen, ihre Grundbedürfnisse befriedigen zu können."[635] Zudem wird vom Staat eine Aufstockung seiner Entwicklungshilfegelder gefordert.

Die diözesane Partnerschaft mit Bolivien, welche 1987 begonnen worden war, dient schließlich als Konkretisierung dieses Bewährungsfeldes. Das Interesse, sich als Partner besser kennen und verstehen zu lernen, wird als Möglichkeit gesehen, sich „über die Probleme Boliviens beispielhaft für andere Länder [zu] informieren" und sich in diesem Zuge auch „den Fragen der internationalen Verflechtungen und Abhängigkeiten gerade in wirtschaftlicher und politischer Hinsicht [zu] stellen und Möglichkeiten und Wege [zu] suchen, die Verantwortlichen in Politik und Wirtschaft bei uns immer wieder mit unseren Vorschlägen zu konfrontieren, um Veränderungen zu erlangen."

Wenngleich der Hildesheimer Synodenbeschluss nicht den Schritt zu konkreten Handlungsmöglichkeiten geht, so führt er doch mit Blick auf das Eine-Welt-Enga-

---

[632] Diözesansynode Hildesheim 1989/90: Kirche und Gemeinde, 102.
[633] Diözesansynode Hildesheim 1989/90: Kirche und Gemeinde, 103 – mit Bezug auf Synodenbeschluss Unsere Hoffnung, IV, 4.
[634] Diözesansynode Hildesheim 1989/90: Kirche und Gemeinde, 103f.
[635] Diözesansynode Hildesheim 1989/90: Kirche und Gemeinde, 107f. Der Hildesheimer Synodenbeschluss hat hier keineswegs Missions- oder Pastoralhilfe im Blick, sondern Entwicklungshilfe im eigentlichen Sinn.

gement innerhalb des Bistums die Richtung der beiden vorangegangenen Synoden fort, indem insbesondere die Änderung des Lebensstils, Bewusstseinswandel sowie politische Lobbyarbeit als Aufgabenbereiche hervorgehoben werden.

4.1.2.3. Prozess Weggemeinschaft im Bistum Aachen 1989-2002: „Fairer Handel muss eingebettet sein in Partnerschaftsarbeit"

Mit dem Impuls zu einem „Prozess Weggemeinschaft" in der Diözese Aachen strebte Bischof Klaus Hemmerle anstelle einer einmaligen Veranstaltung mit umfangreichen Beschlusspapieren einen kontinuierlichen Dialog- und Erneuerungsprozess an. Um die auf Regionaltagen geführten Diskussionen jedoch zu konkretisieren kam unter Hemmerles Nachfolger Heinrich Mussinghoff 1996 ein „Bistumstag" zustande.[636] Zu Beginn der zweiten Vollversammlung dieses Bistumstages befassten sich die Delegierten mit einer Reihe von „Anträgen zur sofortigen Abstimmung", die offenbar keiner weiteren Diskussion bedurften. Hierzu zählt auch der Beschluss „Handlungsmodell 'Fairer Handel'", welcher eine Richtlinie, Empfehlungen sowie eine nachfolgende Begründung umfasst:

> „Die Bistumsleitung wird gebeten, eine Empfehlung an alle kirchlichen Einrichtungen in der Diözese auszusprechen, den Verbrauch für Waren des täglichen Bedarfs aus der 'Dritten Welt' wie etwa Kaffee, Tee usw. auf Produkte aus fairem Handel umzustellen und gerechtere Produktions- und Handelswege zu unterstützen. Zu beziehen sind diese Produkte bei der gepa und anderen Importorganisationen, deren Produkte das 'TransFair-Siegel' tragen. Zudem sollten mittels entsprechender Materialien Gäste, Besucher usw. über Zusammenhänge und Hintergründe des Fairen Handels informiert werden. Die Bistumsleitung wird gebeten, die Umstellung auf solche Waren in bistumseigenen Einrichtungen und in denen des Diözesan-Caritasverbandes in Abstimmung mit dem 'Aktionskreis 3. Welt' direkt zu veranlassen.
> Die Bistumsleitung wird gebeten, in geeigneter Form dafür Sorge zu tragen, daß kirchlichen Gruppen der Aktion 'Fairer Handel' kircheneigene Räumlichkeiten mietfrei zur Verfügung gestellt werden."[637]

Über diese auf den Fairen Handel direkt bezogenen Richtlinien hinaus wird der Blick auch auf die kirchliche Eine-Welt-Arbeit insgesamt ausgeweitet. Ihre Ziele und ihre Praxis sollen als „verbindlicher Bestandteil in der Aus- und Fortbildung von Priestern und pastoralen Mitarbeiterinnen und Mitarbeitern" aufgegriffen werden. Der Bistumstag sorgt sich um die Stabilität und kirchliche Unterstützung der örtlichen Gruppen und bittet daher die Bistumsleitung, „dafür Sorge zu tragen, daß die pastorale und spirituelle Begleitung von 'Dritte-Welt-Gruppen' verstärkt wird und eine expli-

---

[636] Vgl. hierzu ausführlich Demel/Heinz/Pöpperl: Löscht den Geist nicht aus! 53-56.
[637] Bistum Aachen (Hrsg.): Bistumstag 1996, 50-51.

4.1. Fairer Handel in synodalen Dokumenten

zite Beauftragung von pastoralen Mitarbeiterinnen und Mitarbeitern zur Begleitung von 'Dritte-Welt-Gruppen' in den Regionen erfolgt".[638]

In der „Empfehlung" wird fairhandelsspezifisch lediglich „weiterhin eine beständige und zuverlässige Berichterstattung" in den „kirchlichen Publikationsorganen" gewünscht. Des Weiteren wird den Gruppen, Gemeinden und Verbänden über den Verkauf der Produkte hinaus auch der Aufbau konkreter Partnerschaftsbeziehungen ans Herz gelegt. Hinsichtlich Aktivitäten rund um Altkleidersammlungen wird die Berücksichtigung entwicklungspolitischer Kriterien „im Sinne eines Fairen Handels" eingefordert oder andernfalls zur Einstellung solcher Sammlungen aufgefordert.[639]

In der „Begründung" für diese Beschlussfassung greift der Bistumstag das Engagement im Bistum Aachen auf: 15 Weltläden, 400 Aktionsgruppen und Gruppen in knapp der Hälfte der Pfarrgemeinden böten Waren aus Entwicklungsländern an. Die Delegierten stellen fest, dass „[d]er Einsatz für konkrete weltweite Gerechtigkeit [...] ein grundlegender Bereich kirchlichen Handelns [ist]." Deshalb werden Eine-Welt-Gruppen als „Ausdruck des diakonischen Handelns der Kirche und [...] gleichzeitig Bestandteil der Weggemeinschaftspraxis" betrachtet, weshalb auch der Faire Handel „ein Testfall für die Glaubwürdigkeit unserer Solidarität mit den Armen" darstelle. Dabei wird in der Begründung betont:

„Die Förderung des 'Fairen Handels' darf jedoch nicht Selbstzweck sein, sondern muß mit politischem Engagement für weitreichende Reformen der Weltwirtschaft zugunsten der armen Länder verbunden sein. [...] 'Fairer Handel' kann sich nicht im Vertrieb von Produkten erschöpfen, sondern muß eingebettet sein in eine Konzeption und Praxis von Partnerschaftsarbeit. Im Einsatz für gerechte Strukturen im Welthandel bedarf es des Dialogs mit und der Beteiligung von Produzenten und Organisationen in den armen Ländern."[640]

In dieser letzten Forderung wirken sich offensichtlich Erfahrungen aus der Kolumbien-Partnerschaft des Bistums auf die Überlegungen aus, wie die Arbeit der Fair-Handels-Gruppen für weitere Zusammenhänge der Solidaritätsarbeit und der weltkirchlichen Arbeit geöffnet werden kann. Die auf die Stärkung der Gruppen und ihrer Vernetzung zielenden Beschlüsse hinsichtlich der Begleitung und Unterstützung durch hauptberufliches pastorales Personal und dessen Qualifizierung sind dabei auch auf die Partnerschaftsarbeit des Bistums mit Kolumbien hin ausgerichtet. Die Fair-Handels-Gruppen in den Gemeinden in die Gesamtanliegen kirchlicher Entwicklungszusammenarbeit und Partnerschaftsarbeit einzubeziehen, wird insofern zum einen als eine nachhaltige Stützung ihres Engagements verstanden. Zum anderen steht dies im Horizont einer „qualifizierte[n] 'Dritte-Welt-Arbeit' von Aktionsgruppen, Pfarrgemeinden und Verbänden", in der die Komplexität und Verflechtung von

---

[638] Bistum Aachen (Hrsg.): Bistumstag 1996, 51.
[639] Bistum Aachen (Hrsg.): Bistumstag 1996, 51.
[640] Bistum Aachen (Hrsg.): Bistumstag 1996, 52.

Entwicklungsproblemen allzu leicht ignoriert und in einfache Lösungen aufgelöst wird.[641]

Den Gefahren eines gut gemeinten Aktionismus scheint der Beschluss des Aachener Bistumstages vorbeugen zu wollen. Er nimmt bewusst die entwicklungspolitische Komponente des Fairen Handels wahr und formuliert diese auch unmissverständlich als Anspruch an die Gruppierungen selbst. Allerdings wird dieser Anspruch im Richtlinienbeschluss selbst auf die Information über Hintergründe und Zusammenhänge des Fairen Handels begrenzt und im Wesentlichen die Umstellung auf den Verbrauch fair gehandelter Produkte in der Praxis von kirchlichen Einrichtungen akzentuiert.

Obwohl der Bischof hinsichtlich der Umsetzung der gesamten Beschlüsse des Bistumstages eine Einschränkung unter anderem bezüglich der finanziellen Ressourcen in Aussicht gestellt hatte, ist die Bistumsleitung dem Beschluss zur Umstellung auf fair gehandelte Versorgung gefolgt und hat eine entsprechende Empfehlung ausgesprochen. Diese kirchenamtlich veröffentlichte Empfehlung[642] verweist ausdrücklich auf die kirchliche Trägerschaft der Fairhandelsorganisation GEPA und legt wegen der Kolumbienpartnerschaft des Bistums den diözesanen Partnerschaftskaffee „Amistad"[643] nahe. Zudem wird von der Bistumsleitung empfohlen „kirchlichen Gruppen der Aktion 'Dritte-Welt-Handel' für ihre Aktivitäten kircheneigene Räumlichkeiten zur Verfügung zu stellen", eine Empfehlung, die unmittelbar die Eröffnung zweier Weltläden in kirchlichen Räumen ermöglicht habe.[644]

Über die veröffentlichten Empfehlungen hinaus hat der Gemeinsame Ausschuss Bistumstag (GAB) hinsichtlich der Umstellung auf faire Produkte einen weiteren wichtigen Beschluss gefasst, der von wesentlicher Bedeutung ist: „Die Bistumsleitung und die Leitung des Diözesancaritasverbandes weisen die Leitungen aller in Frage kommenden Einrichtungen [gemeint sind bistumseigene Häuser, MR] an, baldmöglichst ihren Verbrauch auf gepa-Waren umzustellen."[645] Mit diesen Empfehlungen und Weisungen der Bistumsleitung hat der Bistumstag Aachen letztlich einen bundesweiten und überkonfessionellen Präzedenzfall für den Fairen Handel angestoßen, da vergleichbare Beschlüsse einer Bistumsleitung bis dahin nicht existierten.[646] Dem Abschlussbericht des Bistumstages zufolge wird in fast allen Tagungsstätten des Bistums und der Verbände sowie in der Geschäftsstelle des Caritasverbandes

---

[641] Vgl. Bistum Aachen (Hrsg.): Bistumstag 1996, 52.
[642] Abgedruckt in: Kirchlicher Anzeiger für die Diözese Aachen. Amtsblatt des Bistums Aachen, 67. Jahrgang (1997), Nr. 9.
[643] Vgl. die Darstellung unten in Kapitel 4.2.2.1.
[644] Information von Stephan Stricker (Aktionskreis 3. Welt e.V. Aachen und Abteilungsleiter bei Misereor) im Gespräch am 23.1.2005.
[645] Umsetzung des Bistumstags-Beschlusses zum „Fairen Handel". Umstellung kirchlicher Häuser auf Waren aus Fairem Handel [Beschluß des GAB vom August 1997, als Kopie vorliegend]. Vgl. auch Kirchenzeitung für das Bistum Aachen, 28.9.1997, S. 13.
[646] Schreiben des Aktionskreis 3. Welt e.V. (Stephan Stricker) vom 29.9.1997 an die Weltläden im Gebiet des Bistums Aachen.

4.1. Fairer Handel in synodalen Dokumenten

dem Beschluss bereits Rechnung getragen. Hinsichtlich der fehlenden „formellen Regelungen ... für die Verwaltungsstellen" des Bistums wurden jedoch keine weiteren Schritte in Aussicht gestellt.[647]
Für das Jahr 2001 beraumte der Bischof einen weiteren Bistumstag an, welcher zu einer stärkeren Profilbildung der Pastoral im Bistum Aachen führen sollte. Neben einem Grundlagentext wurden sieben pastorale „Leitlinien" beschlossen, für welche nach Konsultationen in den Regionen im Folgejahr jeweils fünf „Handlungsoptionen" verabschiedet wurden.[648] Die Handlungsoption „Eine Welt" formuliert es als Aufgabe des Bistums, „Gemeinden, Gemeinschaften, Verbände, Gruppen und Initiativen auf allen Ebenen der Kirche, die sich für mehr Gerechtigkeit in der Einen Welt einsetzen", zu fördern und führt dabei den Fairen Handel in einer Reihe von beispielhaften Möglichkeiten auf. Abschließend geht die Handlungsoption eine Selbstverpflichtung ein, welche in generalisierter Weise die Anliegen des Fairen Handels aufgreift:

> „Wir handeln und wirtschaften innerhalb der Strukturen und Einrichtungen unseres Bistums im Bewusstsein der weltweiten sozialen Verpflichtungen."[649]

4.1.2.4. Freiburger Diözesanforum 1991/92: „wir tragen zur Meinungsbildung im Sinne der Gerechtigkeit bei"

In der Erzdiözese Freiburg stellte Erzbischof Oskar Saier den synodalen Prozess unter das Thema „Miteinander Kirche sein – für die Welt von heute".[650] Hinsichtlich der Gerechtigkeitsthematik ist beim Freiburger Diözesanforum das Vorbereitungsdokument für die abschließende Sitzung interessanter und aufschlussreicher als die letztlich gefassten Voten selbst. Dies rührt daher, dass der Umfang der Vorlagen bei weitem den vorgegebenen Rahmen überschritten hatte. Das Präsidium hatte daher eine Verdichtung der Beschlussfassung vorgenommen und nur Voten mit Anregungen und Empfehlungen gegenüber dem Erzbischof zur Abstimmung zugelassen.[651] Dadurch sind wertvolle Situationswahrnehmungen und Begründungslinien, die der Beschlussfassung zugrunde liegen, verloren gegangen, weshalb im Folgenden das Augenmerk auf die Themenvorlage der Kommission gerichtet wird.
Die Kommission II „Die Verantwortung der Christen in der Welt von heute" hatte ihre Beobachtungen, Urteilskriterien und Handlungsoptionen an den Themen des Konziliaren Prozesses für Gerechtigkeit, Frieden und Bewahrung der Schöpfung ausgerichtet. Schon die zu Beginn vorgetragenen „Streiflichter zur Situation" lassen eine informiert entwicklungspolitische Perspektive erkennen, die durch die gesamte Vorlage hindurch erhalten bleibt. In der Einleitung fallen zudem die Akzente theolo-

---

[647] Vgl. Bistum Aachen (Hrsg.): Abschlussbericht, 44f.
[648] Vgl. Demel/Heinz/Pöpperl: Löscht den Geist nicht aus! 52.
[649] Zeitung zum Bistumstag (B!TZ), Nr. 5/Juli 2002, S. 4; sh. auch www.bistumstag-aachen.de sowie www.kirche-im-bistum-aachen.de
[650] Vgl. Demel/Heinz/Pöpperl: Löscht den Geist nicht aus! 57-59.
[651] Vgl. Demel/Heinz/Pöpperl: Löscht den Geist nicht aus! 60.

4. Engagement kirchlicher Akteure

gischer Begründung für Gerechtigkeit auf. Hierzu ist insbesondere die auf den alttestamentlichen Propheten Micha 6,8 gestützte Argumentation zu zählen:

„Grundlage der Gerechtigkeit im zwischenmenschlichen Bereich ist unsere Bereitschaft, Gott zu geben, was ihm gebührt. Weil er aber ein Gott für die Menschen ist, folgt daraus unmittelbar, daß uns auch die Sorge um wirkliche Gerechtigkeit in den Beziehungen der Menschen untereinander aufgetragen ist."[652]

Darauf aufbauend wird auf die Selbstidentifikation Jesu mit den Opfern von Not und Ungerechtigkeit verwiesen und jedes Vergehen gegen Menschen als ein Schlag in das Gesicht Gottes qualifiziert.

Die Vorlage der Kommission folgt differenziert der Dreischrittmethode Sehen – Urteilen – Handeln. Aus der Sicht des Fairen Handels formuliert sie eine kenntnisreiche und zugleich kritische welthandelspolitische Situationsanalyse, wie sie in anderen diözesanen Synodalprozessen nicht vorliegt. So greift der Text die sich zu Lasten der Entwicklungsländer verschlechternden Erzeugerpreise für Rohstoffe sowie die zunehmend ungleichen Warentauschverhältnisse zwischen Import- und Export-Produkten auf und verdeutlicht diese am Beispiel Kaffee. Damit nimmt der Text unverwechselbar Bezug auf die von der Fair-Handels-Bewegung problematisierte Ungerechtigkeit in den Welthandelsstrukturen und rezipiert dabei zugleich Kaffee als wesentliches Beispielprodukt des Fairen Handels. Die Wahl von salvadorianischen Kaffee als in den 1980er Jahren wichtiger und zugleich umstrittener Kristallisationspunkt politischer Identifikation in der Dritte-Welt-Szene dürfte dabei nicht nur zufällig sein.[653] Anhand dieses Exempels zeigt die Vorlage die Widersprüchlichkeit internationaler Handelspolitik und des europäischen Einigungsprozesses auf:

„Durch eine Reihe von Handelshemmnissen halten die Länder des Nordens Erzeugnisse aus dem Süden von ihren Märkten fern. Sie erwarten aber ihrerseits, daß die Märkte des Südens für ihre Produkte ohne Behinderungen offen stehen. Das werdende Europa ist dabei, sich zu sehr mit seinen eigenen Problemen zu beschäftigen und sich seiner Verantwortung für die Welt zu entziehen. Auch durch den entstehenden Binnenmarkt kann eine weitere Abschottung gegen die Produkte aus dem Süden erfolgen."[654]

In derselben Klarheit und Kritik beschreibt der Text sodann die Auslandsverschuldung der Entwicklungsländer und des Partnerlandes Peru, die Fragwürdigkeit von Kreditauflagen und Strukturanpassungsmaßnahmen des Internationalen Währungsfonds sowie die peruanische Menschenrechtssituation. In der Beurteilung dieser Lage brandmarkt der Kommissionstext die ungleiche Güterverteilung auf der Erde als „eine schreiende Ungerechtigkeit" und erinnert mit Verweis auf die von Gott dem

---

[652] Sekretariat des Freiburger Diözesanforums (Hrsg.): Dokumentation, Heft 2: Vorlagen, 35.
[653] Angesichts der Militärdiktatur in El Salvador und Guatemala wurde Anfang der 1980er zum Boykott von Kaffee aus diesen Ländern aufgerufen (Kampagne „Kaffee an dem Blut klebt"); vgl. oben Kapitel 2.5.4.
[654] Sekretariat des Freiburger Diözesanforums (Hrsg.): Dokumentation, Heft 2: Vorlagen, 39.

4.1. Fairer Handel in synodalen Dokumenten

Menschen anvertrauten Güter der Erde auf die „auf jedem Eigentum unausweichlich [...ruhende] soziale Verpflichtung".[655] So gelangt das Dokument zur einhelligen Überzeugung von der Ungerechtigkeit der bestehenden Weltwirtschaftsordnung und erachtet „faire Handelsbeziehungen" und angemessene Preise als notwendige Bestandteile einer fundamentalen Reform:

> „Eine Weltwirtschaftsordnung, die den armen Ländern nicht einmal die Möglichkeit gibt, die Grundbedürfnisse ihrer Bevölkerung abzudecken, ist in sich ungerecht. Sie muß deshalb grundlegend, z.B. durch die Schaffung fairer Handelsbeziehungen, geändert werden. Unser derzeitiger Lebensstandard beruht nicht zuletzt darauf, daß wir für Rohstoffe und Produkte aus den sogenannten Entwicklungsländern keine angemessenen Preise bezahlen."[656]

Auch daran wird deutlich, wie sehr die Vorlage der Kommission II die Anliegen der Fair-Handels-Bewegung offenbar teilt und gleichermaßen deren Situationsanalysen wie deren Beurteilungskriterien und Handlungsnotwendigkeiten aufgreift. Hinsichtlich der Schuldenfrage der Entwicklungsländer gestaltet sich dies ähnlich. Auffällig ist allerdings, dass die zunächst nur entwicklungspolitisch und ethisch argumentierenden Punkte abschließend dezidiert theologisch unterstrichen werden, was zum einen die vorangegangenen Einzelpunkte in einen ausdrücklich christlichen Zusammenhang stellt, zum anderen – offenbar primär – die Dringlichkeit sowohl dieser Problematiken als auch des christlichen Handelns hervorhebt:

> „Wer Menschenrechte verletzt und sich damit gegen das Abbild Gottes wendet, schlägt Gott selber ins Gesicht. Wenn Jesus sich gerade mit den Armen und Verfolgten identifiziert, ist der Einsatz für die Wahrung der Menschenrechte für Christen eine Forderung, die im Evangelium begründet ist."[657]

Hinsichtlich der Handlungsanforderungen differenziert die Vorlage dabei nach Handeln „im persönlichen Bereich", „auf der Ebene der Gemeinde und ihrer Gruppen, Werke und Verbände" sowie „auf der Ebene der Diözese". Für das individuelle Handeln empfiehlt der Textvorschlag, sich „kundig [zu machen] über die Situation und die Strukturen der Ungerechtigkeit, um hierüber mitreden und entsprechend handeln zu können" und spricht von „Konsequenzen" „für das eigene Konsumverhalten" und das Eintreten „für ein verantwortungsbewusstes Konsumverhalten".[658] Damit bezieht sich die Vorlage – ohne dies ausdrücklich in diesen Zusammenhang zu stellen – auf die Informations- und Bewusstseinsbildungsarbeit als Grundanliegen des Fairen Handels, von der sich die Engagierten ebenfalls eine Veränderung des Lebensstils erhoffen. Für das Handeln auf Gemeindeebene stehen in diesem Sinne

---

[655] Sekretariat des Freiburger Diözesanforums (Hrsg.): Dokumentation, Heft 2: Vorlagen, 41 – diese Anspielung auf die katholische Soziallehre ist eine der wenigen in sämtlichen globalisierungsbezogenen Aussagen der untersuchten synodalen Dokumente.
[656] Sekretariat des Freiburger Diözesanforums (Hrsg.): Dokumentation, Heft 2: Vorlagen, 42.
[657] Sekretariat des Freiburger Diözesanforums (Hrsg.): Dokumentation, Heft 2: Vorlagen, 42.
[658] Sekretariat des Freiburger Diözesanforums (Hrsg.): Dokumentation, Heft 2: Vorlagen, 44.

4. Engagement kirchlicher Akteure

die Bildungsarbeit und die Lobbyarbeit zugunsten struktureller Lösungen im Vordergrund:

„Wir tragen mit Sachkenntnis und Urteilsvermögen zur Meinungsbildung im Sinne der Gerechtigkeit bei. [...] Wir laden zu Gesprächen mit Verantwortlichen aus Politik, Wirtschaft und Kirche ein, um diese und uns für Fragen der Gerechtigkeit zu sensibilisieren und zum Handeln, zur Änderung von Strukturen zu motivieren."[659]

Demgegenüber nachgereiht findet sich auch die Selbstverpflichtung zur Förderung von Eine-Welt-Läden und Eine-Welt-Aktionen sowie zur Verwendung von „3.Welt-Kaffee" bei Gemeindefesten. Ebenso gilt diese Reihenfolge für die Handlungsoptionen auf Bistumsebene, die die Kommission II vorschlägt.[660]

Zusammenfassend zeigt die Beschlussvorlage der Kommission II „Die Verantwortung der Christen in der Welt von heute" eine für die Rezeption des Fairen Handels im Kontext kirchlicher Synodaldokumente bemerkenswerte Richtung: Sie greift die Anliegen der Fair-Handels-Bewegung zwar weitgehend unausdrücklich, aber doch sehr deutlich auf. Sie bezieht sich dabei insbesondere auf deren bewusstseinsbildende und politische Seite, und obwohl letzten Endes die Verwendung fair gehandelter Produkte ebenfalls empfohlen wird, ist doch erkennbar, dass dies im Gesamthorizont doch an nachgeordneter Stelle steht.

Die tatsächlich gefassten Voten[661] des Freiburger Diözesanforums, auf die die (zu) ausführlichen Kommissionsvorlagen reduziert werden mussten, sprechen dagegen bedauerlicherweise eine andere Sprache: Dort hat weder die politische Grundhaltung noch das Themengebiet Weltwirtschaft und Welthandel noch der Faire Handel als Aktionsansatz Eingang gefunden. Für die beiden letzteren könnte mutmaßlich eine Rolle gespielt haben, dass das Thema Auslandsverschuldung in engerem Zusammenhang mit dem Partnerland Peru gesehen wurde und dadurch Vorrang erhielt. Für die Nivellierung der politischen Anliegen, die auch das Votum hinsichtlich der Auslandsverschuldung betrifft, bieten dagegen die dokumentierten Texte des Freiburger Diözesanforums keinerlei Anhaltspunkte.

4.1.2.5. Pastoraler Dialog im Bistum Würzburg 1993-1997: „mehr Mut zur Einmischung in Politik" auch im Fairen Handel

Im Bistum Würzburg beruhte die Positionsfindung ebenfalls auf einem breiten Konsultationsprozess, was bereits im Leitwort des Prozesses anklingt: „Wir sind Kirche - Wege suchen im Gespräch." Dementsprechend entstanden die Textvorlagen auf der Basis von 500 Rückmeldungen aus Kirchengemeinden, Gruppen und Verbänden und der Partizipation von über 30.000 Personen.[662]

---

[659] Sekretariat des Freiburger Diözesanforums (Hrsg.): Dokumentation, Heft 2: Vorlagen, 45.
[660] Sekretariat des Freiburger Diözesanforums (Hrsg.): Dokumentation, Heft 2: Vorlagen, 46-47
[661] Sekretariat des Freiburger Diözesanforums (Hrsg.): Dokumentation, Heft 1: Voten, 16ff.
[662] so im Vorwort zu den einzelnen Beschlüssen, S.3.

4.1. Fairer Handel in synodalen Dokumenten

Der Beschlusstext zum Themenbereich 12 „Einsatz für weltweite Gerechtigkeit und Frieden" gliedert sich in die drei Abschnitte „Die Stimmen aus den Gemeinden", „Urteilen" und „Handlungsorientierungen". Rund ein Fünftel der Rückmeldungen aus den Pfarrgemeinden beziehen diesen Themenbereich mit ein, vorrangig mit Verweis auf die Spendenfreudigkeit und die kirchlichen Hilfswerke.[663] Darüber hinaus wird „immer mehr ... auch der Verkauf von Waren aus dem alternativen Handel als gute Möglichkeit zur Hilfe für die Länder des Südens gewertet."[664] Über die zunächst positiven Würdigungen der kirchlichen Entwicklungsarbeit hinaus nimmt der Pastorale Dialog auch wahr, dass das politische Engagement der Kirche auf diesem Gebiet „zwiespältig" und „umstritten" sei, weil es nach Meinung der einen verstärkt, nach Meinung anderer dagegen reduziert werden solle.

Diese Wahrnehmung der Ambivalenz des politischen Engagements in den Gemeinden greift der Beschlusstext für seine „Interpretation der vorliegenden Stimmen aus den Gemeinden" auf und fällt ein kritisches Urteil. Diese Vorgehensweise, das weltkirchliche Engagement der Gemeinden einerseits wahrzunehmen und andererseits unter eigenen Bewertungsmaßstäben deutlich zu kritisieren, stellt im Gesamthorizont der synodalen Prozesse eine Besonderheit dar. Sie bringt es mit sich, dass auch die Fair-Handels-Aktivitäten in den Gemeinden einem kritischen Urteil unterworfen werden. Über die damit verbundene Einbettung bestimmter Fair-Handels-Aktionen in den Horizont des Almosengebens hinaus, sind weite Strecken der auf die Gemeindewirklichkeit gemünzten Argumentation auch mit Blick auf den Fairen Handel verstehbar:

> „Während [...] weltkirchliche[s] Handeln[] eine breite Zustimmung in den Gemeinden erreicht, wird die Zustimmung zu stärker politischen Formen kirchlichen Engagements für weltweite Gerechtigkeit und Frieden geringer.
> Gefragt scheinen überwiegend Formen unmittelbarer und konkreter Hilfe in der Tradition des Almosengebens (Spendenaktionen, Kollekten etc.). Dies ist oft auch das primäre Motiv für den 'Eine-Welt-Verkauf' in den Pfarreien. Allerdings wird dieser Verkauf auch als Versuch gesehen, einem als ungerecht empfundenen Wirtschaftssystem eine Alternative entgegenzusetzen. Er erhält damit einen politischen Hintergrund.
> In den Gemeinden scheint das Bewusstsein, dass zum Einsatz für weltweite Gerechtigkeit und Frieden auch politisches Engagement gehört, noch sehr wenig verbreitet. In Jugendverbänden ist dieses Bewußtsein wesentlich stärker vorhanden. [...]
> Insgesamt wird Politik aber nicht als zentrales Handlungsfeld christlichen Glaubens wahrgenommen. Glaube und Politik bleiben noch zu oft voneinander getrennt.

---

[663] Bischöfliches Ordinariat [Würzburg] (Hrsg.): Einsatz für weltweite Gerechtigkeit und Frieden, 5.
[664] Bischöfliches Ordinariat [Würzburg] (Hrsg.): Einsatz für weltweite Gerechtigkeit und Frieden, 5.

> [...] Auch der Zusammenhang von Gerechtigkeit und Frieden ist in den Gemeinden noch wenig verankert. Kirchliche Entwicklungsarbeit wird oft immer noch als Almosen oder Fortführung der Mission mit anderen Mitteln gesehen [...]."[665]

Offensichtlich geht der Beschlusstext mit den Gemeinden des Bistums bzw. mit den von ihnen artikulierten Anliegen hart ins Gericht. Von besonderer Bedeutung ist dies deshalb, weil damit ein für die Fair-Handels-Bewegung wichtiges Thema berührt ist: So teilt der Beschlusstext mit bestimmten Teilen der Fair-Handels-Bewegung die Kritik an einem spendenmotivierten Verkaufsengagement und stellt im Einklang mit diesen das Anliegen in den Vordergrund, mithilfe eines Bewusstseinswandels wie auch mit der Aufforderung zu politischem Engagement zu mehr Gerechtigkeit weltweit beizutragen.

Infolgedessen kommt diesen Anliegen auch in den vom Pastoralen Dialog im Bistum Würzburg formulierten Handlungsoptionen eine zentrale Rolle zu: Vorangestellt ist ein Abschnitt mit der appellativen Überschrift „Insgesamt: Mehr Mut zur Einmischung in Politik", welche neben anderen Themen auch dem Feld der „weltweite[n] Gerechtigkeit, insbesondere der Wirtschaftsgerechtigkeit" gilt. Der Faire Handel wird eindeutig auf der Gemeindeebene angesiedelt und deutlich in den Kontext der Bildungsarbeit gestellt, wenngleich die Bildungskomponente des Fairen Handels angesichts der Wortwahl im Beschlusstext leicht überlesen werden könnte:

> „Für den Bereich der Gemeinde ist wichtig, daß der Einsatz für weltweite Gerechtigkeit mit konkreten Aktivitäten vor Ort verbunden wird.
> Dabei ist neben der Bildungs- und Öffentlichkeitsarbeit der Hilfswerke und der kirchlichen Erwachsenenbildung v.a. der Bereich des 'Eine-Welt-Handels' ausbaufähig. Hier kommt der Pfarrgemeinde als Motor solcher Aktivitäten eine wichtige Rolle zu. Der 'Eine-Welt-Verkauf' muß in den Pfarrgemeinden ebenso selbstverständlich sein wie die Tatsache, daß bei kirchlichen Veranstaltungen und in kirchlichen Bildungshäusern 'Eine-Welt-Kaffee' getrunken und auch darauf hingewiesen wird.
> Gerade der Einsatz für weltweite Gerechtigkeit kann nur gelingen, wenn mit anderen Gruppen, die in ähnliche Richtung arbeiten, vernetzt und konkret ökumenisch zusammengearbeitet wird (im 'Eine-Welt-Laden', bei Unterschriftenaktionen oder Demonstrationen etc.). Die konkreten Aktivitäten müssen dabei von umfassender Bildungsarbeit begleitet werden."[666]

Dabei hält der Text eine Weiterentwicklung des „Bewusstsein[s] in den Gemeinden" für notwendig, welche auf eine Ernstnahme des Partnerschaftsgedankens als Abwendung vom Almosen und auf eine Veränderung des Lebensstils zielt und zu dem es auch gehört, „ein Glaubensbewusstsein [zu fördern], das die Relevanz des Glaubens für alle Lebensbereiche einschließlich der Politik und der Wirtschaft erkennt und

---

[665] Bischöfliches Ordinariat [Würzburg] (Hrsg.): Einsatz für weltweite Gerechtigkeit und Frieden, 7-9.
[666] Bischöfliches Ordinariat [Würzburg] (Hrsg.): Einsatz für weltweite Gerechtigkeit und Frieden, 12.

4.1. Fairer Handel in synodalen Dokumenten

anerkennt."[667] Das Fehlen eines solchen Bewusstseins wird jedoch ausdrücklich beklagt:

„Kaum thematisiert wird die Bewußtseinsarbeit der Kirchen, kirchlichen Hilfswerke und der Verbände zur Frage eines zukunftsfähigen Lebensstils. Verdrängt wird, daß die Ungerechtigkeit und der Unfriede auf der Welt eine Anfrage an unsere gesamte Gesellschaft und an jede/n einzelne/n von uns darstellen. Verdrängt wird auch die Frage, ob Lebensstil und gesellschaftliches Verhalten (Stichworte: Konsumismus, ungebremster Wachstumsglaube, Ellbogengesellschaft) sowie politisches Handeln (Stichworte: Verschuldungskrise, ungerechtes Weltwirtschaftssystem, Neokolonialismus) noch vertretbar sind, wenn die Welt eine Zukunft haben soll. Daß die Christen auf diesem Sektor einen prophetischen Auftrag haben (vgl. die prophetische Kritik an sozialer Ungerechtigkeit im Alten Testament, z.b. Am 4,1-5,15), ist in den Gemeinden kaum spürbar. Die Bereitschaft zu helfen scheint ihre Grenzen dort zu erfahren, wo der eigene Lebensstil in Frage gestellt werden muß."[668]

Damit also die Pfarrgemeinden wirklich als „Motoren solcher Aktivitäten" wie dem Fairen Handel verstanden werden können, insofern sie in synergetischer Kooperation mit zivilgesellschaftlichen Initiativen ihre eigenen Handlungsmöglichkeiten „ins Gewicht fallen lassen", muss demzufolge noch ein langer Weg beschritten werden. Insgesamt ist am Teilbeschluss 12 des Pastoralen Dialogs im Bistum Würzburg die deutliche Betonung der politischen Einmischung und der (Bewusstseins-)Bildungsarbeit hervorzuheben, in die auch der Faire Handel eingeordnet wird, unter denen die Fair-Handels-Realität in den Pfarrgemeinden kritisch betrachtet und in deren Kontext sachte Impulse für die konkreten Aktivitäten vor Ort gesetzt werden. Ingesamt wird der Würzburger Dialog-Beschluss dem Gesamtanliegen des Fairen Handels umfassend gerecht, da sowohl dessen Seite der politischen Forderungen wie die Seite der Bildungsarbeit und des Lebensstilwandels betont werden, wenngleich diese Themen allgemein für das entwicklungsbezogene bzw. weltkirchliche Engagement Geltung beansprucht und nicht nur auf den Fairen Handel hin formuliert wird. Von besonderer Bedeutung ist der kritische Umgang mit der Realität des Fairen Handels in den Gemeinden gerade auf der Grundlage der Idee des Fairen Handels, durch den gewissermaßen das Modell gegenüber seiner eigenen Wirklichkeit in Anschlag gebracht wird. Die Verkaufsaktivitäten sowie die Verwendung fair gehandelter Produkte erscheinen in diesem Argumentationshorizont tatsächlich als diejenige Selbstverständlichkeit, als die sie im Beschlusstext eingefordert werden.

---

[667] Bischöfliches Ordinariat [Würzburg] (Hrsg.): Einsatz für weltweite Gerechtigkeit und Frieden, 12-13.
[668] Bischöfliches Ordinariat [Würzburg] (Hrsg.): Einsatz für weltweite Gerechtigkeit und Frieden, 9.

4. Engagement kirchlicher Akteure

4.1.2.6. Diözesanforum Regensburg 1994/95: „im Eine-Welt-Handel werden exemplarisch die ungerechten Strukturen ausgeschaltet"

Initiator des Diözesanforums Regensburg war der Diözesanrat, der Bischof Manfred Müller für das Anliegen gewinnen konnte.[669] Aus der Dokumentation ist zu ersehen, dass in den rund 12.000 Rückmeldungen einer Fragebogenaktion das Thema „Eine Welt" kaum eine Rolle spielte. Auf eine nicht dokumentierte Weise hat der Themenbereich „Eine Welt/Friede – Gerechtigkeit – Bewahrung der Schöpfung" schließlich doch Platz im Forum gefunden. Mutmaßlich wurde diese Entscheidung angesichts der thematischen Dringlichkeit der einzelnen Teilthemen getroffen.[670]

Der Text der Beschlussvorlage folgt dieser Pragmatik jedoch nur bedingt, Fragen wirtschaftlicher Natur kommen allerdings deutlich zum Tragen. So wird bezüglich der Beziehungen zu anderen Ortskirchen die Anteilnahme auch an deren wirtschaftlicher und politischer Lage als notwendig erachtet. Mit Blick auf die Armut in den Entwicklungsländern wird „die wachstums-orientierte, energie- und ressourcenaufwendige Lebens- und Wirtschaftsweise des Nordens" als Ursache identifiziert; die weltwirtschaftlichen Bedingungen würden keine Entwicklung zugunsten der Armen zulassen.[671]

Neben der Verschuldungskrise der Entwicklungsländer wird diese These auch am „Verfall der Rohstoffpreise am Beispiel Kaffee" exemplarisch belegt. Mit Blick auf die Auswirkungen dieser Preisentwicklung auf Kleinbauern etwa bezüglich der Bezahlbarkeit von Schulgeld oder ärztlicher Versorgung wird die Verschuldung als Grund einer fortschreitenden „Verelendung" und als Entwicklungshindernis herausgestellt.[672] Mit der Bezugnahme auf die Probleme kleinbäuerlicher Kaffeeproduktion angesichts der Weltmarktentwicklung greift die Beschlussvorlage des Regensburger Diözesanforums eine zentrale Thematik der Fair-Handels-Bewegung auf, für die Kaffee das erste „politische Produkt" darstellte.

Diese Situationen aus einer Glaubensperspektive beurteilend, versteht die Textvorlage „die Praxis der Gerechtigkeit und des Miteinander-Teilens [als] geradezu [...] unterscheidendes Kennzeichen der christlichen Gemeinde":

> „Konkret wird dies nicht in einer nachträglichen Gabe von Almosen, sondern in einem neuen Lebensstil, der den Armen das zukommen läßt, was ihnen gehört. In der kirchlichen Tradition wurde dies schon von den Kirchenvätern in aller Deutlichkeit herausgestellt: 'Es ist nicht dein Gut', so Ambr[osius] v. Mailand, 'mit dem du dich gegen die Armen großzügig erweist. Du gibst ihm nur zurück.

---

[669] Vgl. Demel/Heinz/Pöpperl: Löscht den Geist nicht aus! 70f. Vgl. Bischöfliches Ordinariat Regensburg (Hrsg.): Glauben kann Kreise ziehn.
[670] Vgl. Bischöfliches Ordinariat Regensburg (Hrsg.): Diözesanforum Regensburg Dokumentation, 217, 220.
[671] Bischöfliches Ordinariat Regensburg (Hrsg.): Diözesanforum Regensburg Dokumentation, 225.
[672] Bischöfliches Ordinariat Regensburg (Hrsg.): Diözesanforum Regensburg Dokumentation, 225f.

4.1. Fairer Handel in synodalen Dokumenten

was ihm gehört. Denn du hast dir nur herausgenommen, was zu gemeinsamer Nutzung gegeben ist. Die Erde ist für alle da, nicht nur für die Reichen'."[673]

Auf diesem theologischen Hintergrund werden strukturelle Veränderungen politischer wie wirtschaftlicher Art für „unverzichtbar" erklärt. Der Faire Handel bildet dafür die praktische Handlungsmöglichkeit:

> „Im Eine-Welt-Handel werden exemplarisch die ungerechten Strukturen ausgeschaltet, daher sollen alle Pfarreien regelmäßig im Jahr Produkte aus dem Eine-Welt-Handel zum Verkauf anbieten. Alle Tagungshäuser, Altenheime und sonstige kirchliche Einrichtungen sollen nur Transfair-Kaffee und -Tee sowie Produkte des Eine-Welt-Handels verwenden."[674]

Die von der Vollversammlung abgestimmte Empfehlung hebt demzufolge in allgemeiner Weise auf die politische Ebene ab, begrenzt die Handlungsmöglichkeiten jedoch auf Verkauf und Verwendung von fairen Produkten. Interessanterweise erfolgt an dieser Stelle gerade keine Ausdehnung auf die bewusstseinsbildenden Anteile und politischen Forderungen des Fairen Handels. Diese Diskrepanz ist umso verwunderlicher, als in den Begründungslinien eine fundierte Kenntnis des thematischen Umfeldes des Fairen Handels erkennbar ist.

4.1.2.7. Diözesanforum Münster 1996/97[675]: „der Faire Handel ist ein erkanntes und anerkanntes Anliegen der Kirche"

Im Bistum Münster ging das Diözesanforum auf eine Initiative von Bischof Reinhard Lettmann zurück, der für den Forumsprozess eine offene Diskussion wünschte und auch einging. Auf eine Beratungsphase auf Gemeinde-, Kreisdekanats- und Bistumsebene, aus der 1.200 Stellungnahmen von 600 Personen und Gruppen hervorgingen, folgten drei mehrtägige Vollversammlungen zwischen Oktober 1996 und November 1997.[676] Diese hatten ihre Arbeit in zwölf Kommissionen realisiert, die jeweils eigene „Beratungs- und Beschlussergebnisse" vorgelegt haben, darunter auch die einer Kommission „Gerechtigkeit, Frieden, Bewahrung der Schöpfung und Mission". Der Teilbeschluss „11.2 Gerechtigkeit" greift Textpassagen des 2. Vatikanischen Konzils, der Bischofssynode *Gerechtigkeit in der Welt* von 1971 sowie aus dem Ökumenischen Sozialwort der Kirchen in Deutschland 1997 auf. Die darauf folgenden Einzelbeschlüsse zielen auf eine Selbstüberprüfung der Praxis von Gemeinden, Verbänden, Gruppen und Individuen bezüglich der Frage, ob ihr Tun ausreichend die Themen der Einen Welt und der Gerechtigkeit im Blick habe (Beschluss 11.2.2). Darauf gründet sich der Anspruch an die eigene Diözesankirche:

> „Die Kirche von Münster muß verstärkt Anwältin der Armen der Welt werden. Sie soll die ungerechten Auswirkungen des Weltwirtschaftssystems anklagen

---

[673] Bischöfliches Ordinariat Regensburg (Hrsg.): Diözesanforum Regensburg Dokumentation, 226.
[674] Bischöfliches Ordinariat Regensburg (Hrsg.): Diözesanforum Regensburg Dokumentation, 227.
[675] Bischöfliches Generalvikariat Münster (Hrsg.): Diözesanforum Münster.
[676] Vgl. Demel/Heinz/Pöpperl: Löscht den Geist nicht aus! 78-79.

4. Engagement kirchlicher Akteure

und ggf. entsprechende öffentliche Kritik üben. Das verlangt Mut zur öffentlichen Gesellschaftskritik." (Beschluss 11.2.3)

Auffallend ist – auch im Vergleich mit anderen Diözesen – die unmissverständliche Formulierung dieses globalpolitischen Anliegens gerade auch bezüglich der Konsequenz öffentlicher Gesellschaftskritik.

Mit Verweis auf die Studie 'Christliche Dritte-Welt-Gruppen' werden anschließend Beschlüsse zur Unterstützung, Begleitung und Qualifizierung der Eine-Welt-Gruppen gefasst und sodann der Faire Handel zur Sprache gebracht. Beachtenswert ist hier, dass mithilfe der Beschreibung von Kriterien und Grundlagen des Fairen Handels (höhere Abnahmepreise, faire Entlohnung, Wahrung von Würde und Menschenrechten) eine Einschätzung über die Rolle des Fairen Handels im kirchlichen Raum artikuliert wird. Diese lautet geradezu lapidar:

> „Der Faire Handel ist ein erkanntes und anerkanntes Anliegen im Rahmen der Weltverantwortung der Kirche."

Dieser allgemeinen Behauptung folgen drei Einzelbeschlüsse über den Fairen Handel als Aktionsform:

- Der erste Beschluss wendet sich an die kirchlichen Einrichtungen. Sie werden aufgefordert, „zukünftig bevorzugt Produkte aus dem Fairen Handel anzubieten". Darüber hinaus werden sie für die Bewusstseinsbildung für den Fairen Handel in die Pflicht genommen, indem sie prüfen sollen, „inwieweit sie ihre Gäste über Handels- und Produktionsbedingungen des Fairen Handels informieren können" – Infotafeln, Produkt des Monats und Bildungseinheiten werden als Beispiele aufgeführt. [Beschluss 11.2.7][677]

- Der zweite Beschluss betrifft die Ebene der Kirchengemeinden: „Produkte aus dem Fairen Handel sollen im Leben der Gemeinde ihren festen Platz erhalten." Konkretisiert wird dies dahingehend, dass sowohl bei Gemeindeveranstaltungen (wie z.B. bei Pfarrfesten und Basaren) als auch in den kirchlichen Einrichtungen (wie z.B. Kindergärten oder Altenheime) für die Verwendung von fair gehandelten Produkten gesorgt werden soll. Auch hier werden konkrete Vorschläge unterbreitet: „So könnten z.B. die Öffnungszeiten der Gemeindezentren, Büchereien oder des Pfarrbüros dafür genutzt werden. Geschenkartikel für Gratulationen und bei Besuchen sollten ebenfalls aus dem Sortiment des Fairen Handels stammen." [Beschluss 11.2.8] Diese anschaulichen Hinweise für die Verbreitung und Verwendung der Produkte in Einrichtungen und Gemeinden sind eigens zu betonen. Möglicherweise sind sie im Zusammenhang mit dem dritten Beschluss zu verstehen:

- Dieser dritte Beschluss thematisiert die Beteiligung der Diözese an der Finanzierung der Gruppenberatung für Fair-Handels-Gruppen und dringt darauf, diese fort-

---

[677] Zudem verweist ein Votum im Themenbereich Bewahrung der Schöpfung auf den Fairen Handel, nämlich dort, wo "allen Großküchen in kirchlicher Trägerschaft […] empfohlen [wird], die Einkaufspolitik konsequent zu ändern, indem sie auf saisonale, regionale, umweltverträgliche und 'faire' Produkte umstellen." [Beschluss 11.4.13]

zuführen. Dies begründet sich nicht nur mit zurückliegenden „positiven Erfahrungen", vielmehr steht ein klares Anliegen dahinter: „Gemeinden sollen sachkundig und weiterführend über den Fairen Handel informiert werden." Dies könne durch eine Gruppenberatung gewährleistet werden, zu deren Aufgaben die „Informationen über Produkte und Projekte, Unterstützung und Begleitung der Vermittlungspraxis, produktbezogene Verkaufsaktionen [und die] Organisation regionaler Austauschtreffen" zählten. [Beschluss 11.2.9] Solch institutionelles Engagement verdient besondere Beachtung, kommt es doch neben dem Bistum Münster nur noch im Bistum Osnabrück vor.

Eine theologische Begründung für diese Appelle bietet allerdings erst die Einleitung zu den nachfolgenden Beschlüssen zum Themenbereich „11.5 Mission": Dort wird auf das Apostolische Schreiben *Evangelii Nuntiandi* (Nr. 15) zurückgegriffen und erläutert:

> „Die Kirche, Trägerin der Evangelisierung, beginnt damit, sich selbst zu evangelisieren. Als Gemeinschaft von Gläubigen, als Gemeinschaft gelebter und gepredigter Hoffnung, als Gemeinschaft brüderlicher Liebe muß die Kirche unablässig selbst vernehmen, was sie glauben muß, welches die Gründe ihrer Hoffnung sind und was das neue Gebot der Liebe ist." [Einführung zu 11.5 Mission]

Obwohl ohne Bezugnahme auf die zuvor gefassten Beschlüsse über den Fairen Handel und somit nur in indirekter Beziehung dazu, liegt mit dieser Textpassage dennoch eine recht eigenständige christliche Begründung zugrunde. Mit dem Motiv der Selbstevangelisierung der Kirche macht sie theologisch eine kirchliche Selbstverpflichtung ableitbar, Waren aus Fairem Handel mit den Partner/innen in den Ländern des Südens zu verwenden und anzubieten.

4.1.2.8. Bamberger Pastoralgespräch 1997-2004: „konsequente Entscheidung für Produkte aus fairem Handel"

Das Bamberger Pastoralgespräch weist bezüglich der Beteiligung der diözesanen Jugendarbeit und im Hinblick auf den Prozess der Umsetzung der Beschlüsse Besonderheiten auf. Allein der beschriebene Zeitraum von sieben Jahren zeigt an, dass eine Umsetzungsphase als Bestandteil des Prozesses angesehen wurde, über die auch Rechenschaft abgelegt wurde. Anfangspunkt des Bamberger Pastoralgesprächs bildete ein intensiver Konsultationsprozess, in dessen Verlauf 1070 Stellungnahmen abgegeben wurden[678], welche dem 1. Diözesanforum im November 1998 als Arbeitsgrundlage dienten. Der Themenbereich „Entwicklung, Mission, Friede" nimmt innerhalb des Kapitels „Dem Menschen in der Welt verpflichtet. Der diakonische Auftrag der Kirche" nur einen geringen Raum unter den zahlreichen Rückmeldungen ein. Die Eingaben artikulieren lediglich den Wunsch nach einem stärkeren finanziellen Engagement der Erzdiözese sowie nach einer besseren Verwurzelung des Themas an der

---

[678] Damit waren ca. 20.000 Personen und mit 250 Pfarreien etwa zwei Drittel der Erzdiözese beteiligt, vgl. Demel/Heinz/Pöpperl: Löscht den Geist nicht aus! 90-95.

kirchlichen Basis. Klarere inhaltliche Vorstellungen bringt dagegen das 1. Jugendforum („Jugend-BaP") im Mai 1998 zum Ausdruck, über das die Jugendlichen ihre Themen in das Bamberger Pastoralgespräch einbringen konnten. Unter den verschiedenen Arbeitskreisen der Veranstaltung befasste sich einer mit dem Themenkomplex „Friede, Gerechtigkeit, Bewahrung der Schöpfung" und artikulierte in diesem Zusammenhang u.a. die Notwendigkeiten der Option für die Armen hierzulande und der Konsumkritik.[679]
Für die definitive Beschlussfassung auf dem 2. Diözesanforum gaben hinsichtlich des Themenbereichs Entwicklung und Weltkirche die Beschlüsse des 2. Jugendforums im Mai 1999 wichtige Impulse. Für den Fairen Handel sind hierbei die Beschlüsse 15 und 21 des Jugendforums von entscheidendem Interesse, brachten sie doch überhaupt erst den Fairen Handel in den Forumsprozess ein.
Beschluss Nr.15 des Jugendforums hat die Verwendung von fair gehandelten Waren in der Erzdiözese Bamberg zum Gegenstand. Er fordert vom Erzbischof und dem Diözesanrat „sich für die ausschließliche Verwendung von 'fair' gehandeltem Kaffee und Tee sowie anderen Waren aus 'fairem Handel' [...] einzusetzen bzw. bei den jeweils Verantwortlichen sich nachdrücklich dafür zu verwenden". Nach der Aufzählung der betreffenden Institutionen wird vorgeschlagen, dass dieselben „in ihren Räumen Werbung für 'fair' gehandelte Waren und deren Verkaufsstellen betreiben sowie in regelmäßigen Abständen diese Waren zum Verkauf anbieten." Institutionen, die dies in die Praxis umsetzten, könnten „mit einem Preis ausgezeichnet werden".
Im Beschluss Nr. 21 hat das Jugendforum die Kampagne „Öko fair tragen" der Katholischen Landjugendbewegung aufgegriffen.[680] Der Beschluss wendet sich ausdrücklich an eine Vielzahl von Adressaten und ruft diese dazu auf, sich an dieser Kampagne zu beteiligen.[681] Wenngleich der Jugendforums-Beschluss 21 nicht in die Beschlussfassung des 2. Diözesanforums im November 1999 eingeflossen ist, so handelte es sich doch um den einzigen Fall, dass in einem diözesanen Synodalprozess diese Kampagne zur Sprache kam.
Die Ergebnisse und Beschlüsse des Bamberger Diözesanforums sind dadurch zu charakterisieren, dass sie Einzelanträge darstellen, die mit der Stellungnahme des Erzbischofs, einer Begründung der Arbeitsgruppe, mit Handlungsvorschlägen und gegebenenfalls einem Projektvorschlag versehen sind. Eine Argumentation oder Begründung übergreifender Art findet nicht statt, insofern ist auch eine Einordnung der Einzelanträge in das Gesamtdokument nicht zielführend. Das 2. Diözesanforum des Bamberger Pastoralgesprächs hat schließlich zwei solche Beschlüsse zum Fairen Handel gefasst. Der erste Antrag richtet sich auf die Pfarreien, der zweite auf die

---

[679] Geschäftsstelle für das Bamberger Pastoralgespräch (Hrsg.): Arbeitsbuch zum 1. Diözesanforum, 155-157.
[680] Vgl. dazu ausführlich unten Kapitel 4.2.1.2.
[681] Vgl. Geschäftsstelle für das Bamberger Pastoralgespräch (Hrsg.): Arbeitsbuch III, 76, 79.

kirchlichen Einrichtungen – jeweils geht es um den Verkauf bzw. die Verwendung von Produkten aus Fairem Handel:[682]
Die Begründung der Arbeitsgruppe für den pfarreibezogenen Antrag bezieht sich zunächst darauf, dass sich der Faire Handel „als besonders sinnvolle Form einer gerechten und partnerschaftlichen Nord-Süd-Zusammenarbeit bewährt" habe und verweist auf die Unterstützung kirchlicher Hilfswerke für dieses Handlungsmodell. Motiviert wird der Antrag offenbar dadurch, dass „bei der Mehrheit der Kirchenbesucher […] Dritte-Welt-Verkäufe zu wenig Resonanz" fänden. Angesichts dieser Wahrnehmung argumentiert die Arbeitsgruppe aus der Sicht eines Kaffeebauern:

> „Gerade uns Christen sollte bewusst sein: Für den Kleinbauern in Mexiko etwa gehören wir, die wir seinen Kaffee trinken, zu den direkten Nächsten. Die konsequente Entscheidung für Produkte aus fairem Handel ist so eine Konkretisierung des Auftrages Jesu in unserer Zeit."

Die Handlungsvorschläge regen sodann die Arbeit einer Aktionsgruppe in der Pfarrei an, weil „[f]lächendeckende Verkaufsstellen in unseren Gemeinden […] die Chance [bieten], unsere Verantwortung gegenüber den benachteiligten Produzenten im Süden aufzuzeigen und Informationen zu ungerechten Welthandelsstrukturen weiterzugeben". Eine solche Gruppe solle für Produkte aus Fairem Handel werben, deren regelmäßigen Verkauf organisieren und sich für die Verwendung derselben bei Veranstaltungen innerhalb der Pfarrei einsetzen. Auch die Zusammenarbeit mit örtlichen Weltläden und Eine-Welt-Initiativen und die Beteiligung an „jährlichen Nord-Süd-Kampagnen" werden zu deren Aufgabenprofil gezählt.

Im zweiten Antrag[683] erkennt die Arbeitsgruppe bei den kirchlichen Einrichtungen „eine besondere Chance, für den fairen Handel eine Vorreiterrolle zu übernehmen". In der weiteren Argumentation wird auf „ein breites Produktangebot für Großabnehmer", auf „höchste Ansprüche an Qualität […], Bekömmlichkeit und Geschmacksvielfalt" der fair gehandelten Produkte verwiesen. Die Preisfrage wird einerseits entwicklungspolitisch mit Hinweis auf die Förderung von Lohngerechtigkeit und auf den „Aufbau von Sozialprojekten", andererseits mit der Aussage, „in der Gesamtkalkulation der kirchlichen Einrichtungen dürfte dieser Posten jedoch eine untergeordnete Rolle spielen", zu entkräften versucht. Die Handlungsvorschläge bekräftigen zunächst vor allem den Antragstext und versuchen, mit „Werbeaktion" und „Imagewerbung" die Adressaten zusätzlich zu gewinnen:

> „Einrichtungen, die bereits fair gehandelte Produkte verwenden, erhalten eine Auszeichnung (Urkunde, Plakette), die sie für ihre eigene Imagewerbung einsetzen können."

---

[682] Zum folgenden: Geschäftsstelle für das Bamberger Pastoralgespräch (Hrsg.): Beschlüsse des Diözesanforums und Stellungnahmen des Erzbischofs, 39.
[683] Zum folgenden Geschäftsstelle für das Bamberger Pastoralgespräch (Hrsg.): Beschlüsse des Diözesanforums und Stellungnahmen des Erzbischofs, 40.

4. Engagement kirchlicher Akteure

Über diese beiden absatzbezogenen Beschlüsse hinaus wird das Anliegen des Fairen Handels in einem Antrag zur Erarbeitung von „Kriterien schöpfungsbewussten Konsumverhaltens" aufgegriffen, welcher in dem „Schwerpunktthema Schöpfung/Ökologie" verortet wurde. Als mögliche Kriterien werden dort „gerechte Arbeits- und Handelsbedingungen und faires Kaufverhalten gegenüber den benachteiligten Ländern" benannt, sie lägen „Christinnen und Christen besonders am Herzen." Auf diesem Weg kommt schießlich der Faire Handel auch über das umfassendere Thema des Konsumstils zur Sprache, wenngleich an diesem Beschluss auffällt, dass er weder konkrete Handlungs- noch greifbare Projektvorschläge unterbreitet.

Insgesamt konzentrieren sich die Fair-Handels-Beschlüsse des Bamberger Pastoralgesprächs auf die Förderung des Absatzes der fairen Waren, welche – einerseits theologisch über die Identifizierung des Kaffeebauers als Nächstem begründet, andererseits mittels Imagewerbung unterstützt – im kirchlichen Bereich attraktiver werden sollen. Der Verkauf und die Verwendung von fair gehandelten Produkten stehen demnach offenbar im Mittelpunkt und das Engagement hierfür in den Pfarreien wird weiter angeregt. Obgleich in diesem Zusammenhang Verkaufsstellen auch als Möglichkeit der Informationsweitergabe gesehen werden, so fehlen jedoch zu diesem Aspekt weitergehende Konkretisierungen.

Alle genannten Anträge hat der Erzbischof angenommen und die Umsetzung der Pastoral-Kommission („PaKo", ein dafür eigens installiertes Gremium) übertragen. Wichtig ist daran, dass über deren Fortgang in regelmäßigen Abständen das Mitteilungsblatt 'PaKo aktuell' berichtete. Hinsichtlich der beiden Beschlüsse zum Fairen Handel hat die Pastoral-Kommission zusammen mit dem BDKJ im Oktober 2002 ein „Projekt Fairer Handel" gestartet,[684] in dessen Rahmen eine Erhebung über die Verwendung fair gehandelter Waren in Gemeinden und Einrichtungen vorgenommen und eine Beratung für Interessierte vor Ort angeboten wurde. Das Projekt wurde im November 2003 mit einem umfangreichen Bericht abgeschlossen, welcher auch bundesweit in der Fair-Handels-Szene Aufmerksamkeit fand.[685] Eine zweite Projektphase konnte inzwischen ebenfalls beendet werden.

Deutlich wird im Zusammenhang dieses Verlaufs, dass der Faire Handel als Anliegen der Jugendverbände in das Bamberger Pastoralgespräch Eingang fand, dort diözesane Legitimation erfuhr und als Anliegen der Jugendverbände in einer Umsetzungsphase Erfolge zu verzeichnen hatte. Den Jugendverbänden ist es somit gelungen, das Pastoralgespräch für den Fairen Handel als ihr Thema zu nutzen und diesen mittels des Pastoralgesprächs innerhalb der Erzdiözese voranzubringen.

---

[684] Vgl. PaKo aktuell, Dezember 2002.
[685] Sh. BDKJ Diözesanverband Bamberg (Hrsg.): Projekt Fairer Handel Erzdiözese Bamberg sowie: Das Projekt Fairer Handel. Studie zur Verbreitung des Fairen Handels im Bistum Bamberg, in: Welt&Handel. Infodienst für den Fairen Handel, 6/2004, 4-6. Zu Ergebnissen vgl. auch oben Kapitel 3.2.

4.1. Fairer Handel in synodalen Dokumenten

4.1.2.9. Diözesanes Pastoralforum im Erzbistum Berlin 1998-2000: „Fairer Handel als christlicher Lebensstil"

Auch das diözesane Pastoralforum im Erzbistum Berlin enthielt die Möglichkeit der Beteiligung mittels Eingaben, Stellungnahmen und Anträgen, welche im Laufe des Jahres 1998 gesammelt wurden. Aus diesen heraus wurden in drei Vollversammlungen zwischen März 1999 und Juni 2000 Empfehlungen an den Erzbischof formuliert.

In der Reihe dieser Beschlüsse wurde das Thema „Unsere Mission – Gerechtigkeit, Frieden und Bewahrung der Schöpfung" als zweites Kapitel des Teilbeschlusses „Christlicher Lebensstil" aufgegriffen. Als Beurteilungsmaßstab für einen christlichen Lebensstil dient dabei unter anderem eine Praxisform, die als Kriterium der Öffentlichkeit beschrieben werden könnte: „Christliches Leben soll nicht nur Innerlichkeit pflegen, sondern soll im Alltag sichtbar werden und ausstrahlen."[686] Dieses Kriterium wird auch in den ersten Sätzen des Pastoralen Auftrags 1.3.12 hervorgehoben, welcher im zweiten Teil konkret die Erarbeitung entsprechender Bildungsangebote wünscht:

„Je stärker Menschen und Gemeinden sich ihrer Verwurzelung in Gott bewusst werden, desto stärker werden sie sich gegen Not, Ungerechtigkeit und Unterdrückung engagieren. Denn himmelschreiendes Unrecht lässt Gott nicht gleichgültig. Der Schritt vom Bewusstsein der Verwurzelung in Gott zum engagierten politischen und diakonischen Handeln geschieht aber nicht von ganz allein, sondern bedarf der Begleitung und Vermittlung. […] Nicht so sehr die Einsicht in den grundlegenden Zusammenhang von Mystik und Politik muss gefördert werden, als vielmehr deren praktische Umsetzung."[687]

Für die Konkretisierung dieser Anliegen im Hinblick auf Gerechtigkeit und Frieden greift das Pastoralforum auf das Programm der „Antrittspredigt" Jesu (nach Lukas 4,18-19) zurück, welches Papst Johannes Paul II. in der Enzyklika *Sollicitudo rei socialis* als Leitbild christlicher Nachfolgepraxis empfohlen hatte. Dies bildet die theologische Grundlage, auf der das Pastoralforum die Maxime „Gut leben statt viel haben und verbrauchen" zum Leitsatz erhebt. Daraus leitet sich als „Pastorale Anregung" der Beschluss zum Fairen Handel ab:

„Dazu gehört ferner, dass die Gläubigen, soweit irgend möglich, bei ihren Einkäufen Waren des Fairen Handels berücksichtigen. Das gilt ganz besonders auch für die Einrichtungen des Erzbistums, die Gemeinden und geistlichen Gemeinschaften. Um dies zu unterstützen, sollen in den Gemeinden regelmäßig Waren aus dem Fairen Handel zum Kauf angeboten werden."[688]

---

[686] Diözesanes Pastoralforum im Erzbistum Berlin: Christlicher Lebensstil, 4.
[687] Diözesanes Pastoralforum im Erzbistum Berlin: Christlicher Lebensstil, 6-7 (Pastoraler Leitsatz 1.3.12.)
[688] Diözesanes Pastoralforum im Erzbistum Berlin: Christlicher Lebensstil, 10 (Pastorale Anregung 2.3.1.2.) – Sh. auch: Sekretariat des Diözesanen Pastoralforums im Erzbistum Berlin (Hrsg.): Handlungsoptionen mit den Stellungnahmen des Erzbischofs, 42.

4. Engagement kirchlicher Akteure

Es geht hier wiederum in erster Linie um den Kauf und Verkauf der fair gehandelten Waren. Das Verkaufengagement nimmt hier jedoch offenbar eine unterstützende Rolle für die Realisierung eines christlichen Lebens- bzw. Konsumstils ein. Pragmatisch gesehen dienen die Verkaufsinitiativen also der Schaffung von Kaufgelegenheit, pastoral gesehen ermöglichen sie es, dem Anspruch des dargelegten christlichen Lebensstils gerecht werden zu können. Bei alledem ist der Beschluss auf der Grundlage dessen zu sehen, dass der Situationsanalyse zufolge entsprechende Aktivitäten in den Gemeinden des Erzbistums Berlin offenbar nur wenig verbreitet sind und auf diese Weise angestoßen werden könnten.[689]

4.1.2.10. Pastorales Zukunftsgespräch im Bistum Osnabrück 1999: „ein wichtiger Beitrag zur Bewusstseinsbildung und zur Solidarität"

Im Bistum Osnabrück wurde 1998 ein Prozess begonnen, der als „Pastorales Zukunftsgespräch" gangbare Wege in die Zukunft eröffnen sollte. Für den Konsultationsprozess wurden vier kurze „Gesprächsimpulse" formuliert, 120 Rückmeldungen von ca. 1000 Personen konnten dann in die Erarbeitung von Gesprächsvorlagen für eine im Oktober 1999 stattfindende „Versammlung der diözesanen Räte" einbezogen werden.[690]

Der Gesprächsimpuls „In Zukunft solidarisch handeln" bringt die Nahsolidarität des caritativen Engagements und die Fernsolidarität in der „Einen Welt" bereits zusammen und beansprucht angesichts weltweiter Problemlagen eine den jeweiligen Lebensstil tangierende Praxis. Daraus ableitend schlägt der Gesprächsimpuls hinsichtlich der Verantwortung für die „Eine Welt" vor, „die Anliegen der Eine-Welt-Gruppen stärker mit ein[zu]beziehen und [zu] unterstützen; Partnerschaften mit Gemeinden der 'Dritten Welt' ein[zu]gehen; [und] in eigenen Feiern, in Wohnen und Konsum einen Lebensstil [zu] zeigen, der vor der 'Not der Welt' Bestand hat."[691]

Die Rückmeldungen auf diesen Gesprächsimpuls sind zwar nicht dokumentiert, doch nimmt der verabschiedete Beschluss „In Zukunft solidarisch handeln" auf die Konsultationen Bezug, insofern er eine Würdigung des solidarischen Handelns von Menschen und Christen in ihren unterschiedlichen Formen und Anliegen voranstellt. Das Maß nehmen an der Praxis Jesu und seiner Ausgangsfrage „Was willst du, das ich dir tun soll?" (Markus 10,51) dient dabei als motivierender Referenzpunkt dieser solidarischen Praxis. Es wird im Beschlusstext in den Horizont der Eucharistiefeier als Quelle und Ziel diakonischer Praxis gestellt. Jenseits der christologischen Grundlegung des sozialen Einsatzes im Anschluss an die Weltgerichtsrede Jesu (Matthäus 25) und dessen Wahrnehmung als Verwirklichung der Gottes- und Nächstenliebe

---

[689] Diözesanes Pastoralforum im Erzbistum Berlin: Christlicher Lebensstil, 8 (Absatz 2.1. Sehen)
[690] Vgl. Demel/Heinz/Pöpperl: Löscht den Geist nicht aus! 99f.
[691] Sekretariat des Pastoralen Zukunftsgespräches (Hrsg.): Faltblatt Impulse 3 „In Zukunft solidarisch handeln".

4.1. Fairer Handel in synodalen Dokumenten

zugleich, ist insbesondere die biblisch hergeleitete Verbindung von caritativem und politischem Engagement beachtenswert:

„In der Begegnung mit den Armen begegnet uns Christus. Wer notleidenden und bedrängten Menschen beisteht, handelt entsprechend der Gottes- und Nächstenliebe, so wie es auch viele Menschen außerhalb des Bereiches von Kirche und Caritas tun. Dabei ist zu berücksichtigen, dass der Dienst des Samariters und das politische Engagement gegen die 'Räuber' immer zusammen zu sehen sind (analog zu Lk 10,25 ff)."[692]

Deshalb seien es die „Orte solidarischen Handelns in der Kirche ... [, die] auf die Praxis Jesu [verweisen], der seine Reich-Gottes-Verkündigung in Wort und Tat gelebt hat. Ohne sichtbare Solidarität verliert die Kirche ihre Zukunft."[693]

Die recht allgemeinen aber fundamentalen theologischen „Solidaritätsbegründungen" werden in den Einzelbeschlüssen zur Schöpfungsverantwortung, zur Eine-Welt-Arbeit und zum Dienst am Menschen konkretisiert. Im Teilbeschluss „Solidarisch handeln in der Einen Welt" wird die vielfältige Ausprägung weltkirchlichen Engagements in Verbänden und Gemeinden gewürdigt. Der Grundauftrag in diesem Themenhorizont kann in dem Satz „Über die kirchlichen Grenzen hinaus sind wir mitverantwortlich für das Leben aller Menschen in der Einen Welt." erkannt werden.[694]

Auf diese Kriterien und Grundlagen stützt sich der Beschluss zum Fairen Handel. Er greift die im Gesprächsimpuls benannten Eckpunkte wie die Stärkung der Eine-Welt-Gruppen wie auch eines vor der Not der Welt verantwortlichen Lebens- bzw. Konsumstils auf, sieht im konkreten Engagement einen bewusstseinsbildenden Effekt und nimmt das Zusammenwirken mit Partnern jenseits kirchlicher Grenzen ernst:

„Bei allen Veranstaltungen in der Diözese und in allen Einrichtungen sollen nach Möglichkeit fair gehandelte Waren Verwendung finden. Der Verkauf dieser Produkte ist ein wichtiger Beitrag zur Bewusstseinsbildung und zur praktischen Solidarität in der Einen Welt. Für die notwendige Qualifizierung der Fair-Handelsgruppen soll das Bistum die finanzielle Mitträgerschaft der Süd-Nord-Beratung fortsetzen."[695]

Damit ist der Fair-Handels-Beschluss des Pastoralen Zukunftsgesprächs im Bistum Osnabrück zusammen mit dem Münsteraner Beschluss einer der wenigen, welcher einem Zusammenwirken mit anderen gesellschaftlichen Kräften eine wichtige Rolle zubilligt. Hervorzuheben ist, dass als (finanzielle) Selbstverpflichtung und (perso-

---

[692] Bistum Osnabrück, Sekretariat des Pastoralen Zukunftsgesprächs (Hrsg.): Dokumentation. Versammlung der diözesanen Räte, 43.
[693] Bistum Osnabrück, Sekretariat des Pastoralen Zukunftsgesprächs (Hrsg.): Dokumentation. Versammlung der diözesanen Räte, 44.
[694] Bistum Osnabrück, Sekretariat des Pastoralen Zukunftsgesprächs (Hrsg.): Dokumentation. Versammlung der diözesanen Räte, 46.
[695] Bistum Osnabrück, Sekretariat des Pastoralen Zukunftsgesprächs (Hrsg.): Dokumentation. Versammlung der diözesanen Räte, 47 – In einer Fußnote wird die „Süd-Nord-Beratung" eigens erläutert und auf die Mitträgerorganisationen verwiesen, zu denen auch der BDKJ-Diözesanverband und die Bischöfliche Kommission für Mission, Entwicklung, Frieden zählen (vgl. 66).

nale) Ressource damit verbunden ist, wie sich das Bistum auch institutionell innerhalb der Gesamtbewegung des Fairen Handels einbringt und verankert.

4.1.3. Synode und Rat der Evangelischen Kirche in Deutschland

Im Protestantismus kommt dem Synodalwesen im Vergleich zur katholischen Kirche ein von Grund auf anderer Charakter zu, insofern Synoden als kontinuierliche und gesetzgebende Organe agieren und damit nicht wie in der katholischen Kirche einen hohen Grad an Außergewöhnlichkeit mitbringen. In ihrer kirchlichen Gesetzgebungskompetenz liegt es zudem begründet, dass umfangreiche theologische oder gesellschaftliche Beschlussfassungen nur bedingt in ihren Zuständigkeitsbereich fallen, sondern von der – durch die Synode gewählten – Kirchenleitung vorbereitet und verantwortet werden. Insofern wird im Folgenden nicht nur im engeren Sinn auf die Beschlüsse der EKD-Synode zurückgegriffen, sondern es kommen auch die Denkschriften des Rates der EKD zur Sprache[696], sofern sie sich im weiteren Denkhorizont des Fairen Handels bewegen.

4.1.3.1. Die EKD-Denkschrift 1973: „Der Entwicklungsdienst der Kirche"

Das über Jahrzehnte hinaus wesentliche Grundlagendokument der Evangelischen Kirche in Deutschland zu Fragen der Entwicklungsarbeit stellt die 1973 veröffentlichte Denkschrift „Der Entwicklungsdienst der Kirche. Ein Beitrag für Frieden und Gerechtigkeit in der Welt" dar. In ihr schlägt sich neben der damaligen Aktualität des Themas auch dessen innerkirchliche Aufarbeitung durch die Vollversammlung des Ökumenischen Rates der Kirchen 1968 in Uppsala nieder. Unmittelbar vorausgegangen waren der Denkschrift die Beratungen der Synoden von 1968 in Berlin-Spandau und 1973 in Bremen.

Dass darin die Thematisierung der Fragen von Welthandel und Weltwirtschaftsordnung einen breiten Raum einnehmen, lässt sich durch den zeitgeschichtlichen Kontext erklären: Ihre Erarbeitung stand unter dem Eindruck der im Frühjahr 1972 in Santiago de Chile abgehaltenen UNCTAD-III-Konferenz (3. Weltkonferenz der Vereinten Nationen für Handel und Entwicklung). Hinsichtlich dieser bedeutenden

---

[696] Selbstverständlich wäre auf katholischer Seite das entsprechende Pendant die Deutsche Bischofskonferenz, die wegen der Begrenzung auf das Synodalwesen in den vorangegangenen Kapiteln nicht rezipiert wurde. Seitens der katholischen Bischofskonferenz und einschlägige Positionen zur Weltwirtschaftsordnung enthalten in: Die deutschen Bischöfe: Gerechter Friede, Nr. 88-95. – Das von der Deutschen Bischofskonferenz zusammen mit dem Rat der EKD verantwortete Sozialwort „Für eine Zukunft in Solidarität und Gerechtigkeit" ist hier deshalb nicht thematisiert, weil es keine nennenswerte weltwirtschaftspolitische Position entwickelt. Über die Nennung der drei Stichworte „entschlossener Abbau von Protektionismus, Schritte zu Kontrolle wirtschaftlicher Macht und die Entwicklung eines internationalen Sozialrechts, wie dies in den Regelungen zur Zwangsarbeit, zur Kinderarbeit u.ä. bereits begonnen wurde" sind keine Aussagen enthalten, die als Positionierung zu weltwirtschaftliche Fragen erkennbar wären. Vgl. Für eine Zukunft in Solidarität und Gerechtigkeit, Nr. 241.

4.1. Fairer Handel in synodalen Dokumenten

Konferenz hatten am 8.3.1972 die EKD-Kammer für Kirchlichen Entwicklungsdienst und der Katholische Arbeitskreis Entwicklung und Frieden eine Erklärung „Partner in der Weltwirtschaft"[697] veröffentlicht. Die an die deutsche und europäische Politik sowie an die deutsche Bevölkerung gerichtete Erklärung erhebt die Forderung nach gleichberechtigter Partnerschaft der Entwicklungsländer mit den Industrienationen.[698] In der EKD-Denkschrift wird diese Thematik in einem weiteren Horizont aufgegriffen. Auf dem Hintergrund einer Rückbesinnung auf das Erbe der Missions- und Kolonialisierungsgeschichte macht sie unter anderem das Gefüge des Welthandels und die Währungspolitik für die weltweite Ungerechtigkeit verantwortlich.[699] Als Kriterien für Entwicklung gibt die Denkschrift Selbstverantwortung, Partnerschaft und den Abbau des Nord-Süd-Gefälles an.[700] Infolgedessen sieht sie die Notwendigkeit eines Strukturwandels gegeben: „In der Weltwirtschaft ist eine entscheidende Verbesserung der internationalen Handels- und Wirtschaftsbeziehungen im Sinne einer weltweiten, die Entwicklungsländer begünstigenden Arbeitsteilung erforderlich."[701] Sowohl weltwirtschaftliche als auch innenpolitische Konsequenzen werden daher als erforderlich angesehen.[702]

Diese Anforderungen an die Wirtschaftspolitik formuliert das Grundlagenpapier der Evangelischen Kirche aufgrund seiner Analyse und Beurteilung der weltwirtschaftlichen Lage:

> „Die Bedingungen der Weltwirtschaft und insbesondere des Welthandels benachteiligen die Entwicklungsländer auf vielen Bereichen so stark, daß die Entwicklungsbemühungen der Industrieländer nicht einmal als angemessener Ausgleich dafür angesehen werden können. Will Entwicklungspolitik mehr sein als ein notdürftiger Lastenausgleich für eine ungerechte Weltwirtschaftsordnung, muß sie an der Wirtschafts- und Handelspolitik mitwirken."[703]

Im Bereich der daraus zu ziehenden Konsequenzen bewegt sich diese Denkschrift einerseits auf der Ebene konkreter ordnungsethischer Vorschläge: so betont sie die Notwendigkeit einer funktionierenden Interessenvertretungsmöglichkeit der Entwicklungsländer bei der Gestaltung der Regeln des Welthandels (GATT) und formu-

---

[697] Veröffentlicht in: Entwicklungspolitische Dokumente 4, S. 12-15.
[698] Vgl. zum weiteren historischem Kontext auch Linnenbrink: Neuordnung der weltwirtschaftlichen Ordnung. Ein Arbeitsbericht der Kammer der EKD für kirchlichen Entwicklungsdienst. – In der Folgezeit war die Denkschrift von Bedeutung für die Delegation der 5. ÖRK-Vollversammlung in Nairobi 1975; zur IV. UNCTAD-Konferenz 1976 publizierte die Gemeinsame Konferenz Kirche und Entwicklung (und damit im Hintergrund der Ständige Rat der katholischen Deutschen Bischofskonferenz und der Rat der EKD) am 11.2.1976 ein Memorandum „Soziale Gerechtigkeit und internationale Wirtschaftsordnung"; vgl. Kunst/Tenhumberg (Hrsg.): Soziale Gerechtigkeit und internationale Wirtschaftsordnung.
[699] Vgl. Der Entwicklungsdienst der Kirche, Nr. 15.
[700] Vgl. Der Entwicklungsdienst der Kirche, Nr. 18-20.
[701] Der Entwicklungsdienst der Kirche, Nr. 24.
[702] Vgl. Der Entwicklungsdienst der Kirche, Nr. 47-58.
[703] Der Entwicklungsdienst der Kirche, Nr. 47.

liert ihre Ansprüche an Marktöffnung und Handelsliberalisierung.[704] Vor allem aber ist bemerkenswert, dass die EKD Rückwirkungen hierzulande nicht nur als unvermeidbar einschätzt, sondern mehr noch diese auch einfordert: „Die notwendige Neuordnung der Weltwirtschaft macht in einigen Wirtschaftsbereichen eine Umstrukturierung unserer eigenen Wirtschaft erforderlich."[705]
Eine zweite Ebene der Konsequenzen benennt die Denkschrift mit genau dieser Inlandsarbeit, insofern sie die Bewusstseinsbildung (nicht nur für diese erforderlichen wirtschaftlichen Rückwirkungen) in entscheidender Funktion sieht:[706] Informationsarbeit dient hier zunächst der Überwindung der eigenen Unwissenheit, muss dann aber vor allem auch Prägungen und Mentalitäten überwinden helfen, denn „Erziehung zur Entwicklungsverantwortung ist mehr als Informationsvermittlung". Dabei sind die Autoren der Denkschrift durchaus auch kritisch gegenüber ihnen defizitär erscheinenden und in ihren Wirkungen ambivalent ausfallenden Formen von Informationsarbeit – speziell wenn die Darstellung von Hunger und Not auf eine hohe Spendenbereitschaft abzielt und damit unterschwellig ein Gefühl der Überlegenheit auslösen könne. Anliegen der Denkschrift ist im Zusammenhang der Informationsarbeit stattdessen vor allem das Aufdecken von Zusammenhängen mit dem Wirtschaftsverhalten in den Industrieländern.
Auf diesem Gebiet hätten ökumenische Initiativen und entwicklungspolitische Aktionsgruppen eine besondere Sensibilität entwickelt. Dieses Engagement, das aus christlichen Studenten- und Jugendverbänden hervorgegangen sei, wird in der Denkschrift ausdrücklich gewürdigt, neben der Aktion Sühnezeichen und anderen benennt des Dokument aus dem Jahr 1973 auch explizit die Aktion Dritte-Welt-Handel.[707]
Eine Reflexion auf theologische Aspekte wie Glaube, christliches Ethos und missionarisches Zeugnis bildet den Abschluss dieses beachtlichen Grundsatzdokuments.
Günter Linnenbrink, der als Oberkirchenrat und Geschäftsführer der Kammer für kirchlichen Entwicklungsdienst die Entstehung des Textes mitgestaltete, hat im Nachhinein darauf verwiesen, dass die Denkschrift eindeutig für eine Einbindung der Entwicklungsländern in den Weltmarkt (also gegen eine Abkoppelungsstrategie) plädiert und dabei auch den Gesamthorizont einer Handelsliberalisierung grundsätzlich nicht in Frage stellt.[708] Somit lag die beispielhafte Bezugnahme auf die Aktion Dritte-Welt-Handel, welche sich ebenfalls im Rahmen dieses entwicklungspolitischen Paradigmas bewegte, auch auf der Ebene der grundsätzlichen politischen Überzeugungen auf der Linie der Denkschrift.

---

[704] Vgl. Der Entwicklungsdienst der Kirche, Nr. 49f.
[705] Der Entwicklungsdienst der Kirche, Nr. 56.
[706] Vgl. im Folgenden: Der Entwicklungsdienst der Kirche, Nr. 59ff.
[707] Vgl. Der Entwicklungsdienst der Kirche, Nr. 65. – Mitglied der Kammer für kirchlichen Entwicklungsdienst, die den Text erstellte, war auch Pastor Ernst Erwin Pioch aus Stuttgart, der in der Entstehung der Aktion Dritte-Welt-Handel maßgeblich beteiligt war (sh. oben Kapitel 2.1.4.)
[708] Vgl. Linnenbrink: Neuordnung der weltwirtschaftlichen Ordnung, 80f. – Zur Einordnung und Fortschreibung der Denkschrift vgl. auch Hübner: Plädoyer für eine neue Entwicklungsdenkschrift.

4.1.3.2. EKD-Synode 1986: „Entwicklungsdienst als Herausforderung und Chance"

Die Denkschrift von 1973 erfuhr 13 Jahre später nochmals ausdrückliche Bestätigung, als die EKD-Synode in Bad Salzuflen sich dem Schwerpunktthema „Entwicklungsdienst als Herausforderung und Chance für die EKD und ihre Werke" widmete. Wesentliche Dokumente dieser Auseinandersetzung sind eine Kundgebung der Synode und ein Bericht des Themenausschusses, sowie ein separater Beschluss zur Verwendung von Spenden und Kirchensteuermitteln zugunsten von Entwicklungsarbeit.

Aus dem Bericht des Ausschusses sind folgende Aspekte hervorzuheben: Der Ausschuss übereignet es den Industrieländern, dass „eine protektionistische Handelspolitik und nicht marktkonforme Rahmenbedingungen im Agrarbereich" für die vorhandenen Probleme mitverantwortlich seien.[709] Aus diesem Grund appelliert der Ausschussbericht an die politisch Verantwortlichen: „Diskriminierende Handelspraktiken sind ebenso entwicklungshemmend, wie einseitig exportorientierte Entwicklungsstrategien, wenn sie die Eigenversorgung der betroffenen Länder gefährden." Der Abbau der europäischen Agrarüberproduktion sei daher notwendiges Reformziel in der Agrarpolitik.[710] Diesen Problembereich greift auch die Synodenkundgebung auf; sie bekräftigt ausdrücklich die Forderung nach einer entsprechenden Agrarreform.[711]

4.1.3.3. Die EKD-Denkschrift 1991: „Gemeinwohl und Eigennutz"

18 Jahre nach der Entwicklungsdenkschrift greift die EKD erneut auf deren Positionen zurück. Im Kontext der durch die deutsche Wiedervereinigung gestellten Herausforderungen wurde eine Denkschrift zur wirtschaftlichen Verantwortung veröffentlicht, welche von der Kammer für Öffentliche Verantwortung unter Mitwirkung der Kammern für soziale Ordnung und für Kirchlichen Entwicklungsdienst erstellt worden war.

Die Denkschrift, die sich vor allem inländischen Fragen zuwandte, nähert sich in den letzten Kapiteln einer konkreten Positionierung zu internationalen Fragen an.[712] Mit Blick auf eine gerechtere Gestaltung der Weltwirtschaft ist ihr zufolge „von hervorragender Bedeutung [...] die Gewinnung von Normen und Regelsystemen, die das wirtschaftliche Handeln weltweit verbindlich tragen, sowie die Einrichtung entsprechender Rahmenbedingungen und Institutionen, die sich zur Steuerung einer effizienten und zugleich sozialverpflichteten sowie umweltgerechten Weltwirtschaft eignen."[713] Eine konkretere Beschreibung der gewünschten Regelungen gelingt der

---

[709] Vgl. EKD und Dritte Welt, 15.
[710] Vgl. EKD und Dritte Welt, 19.
[711] Vgl. EKD und Dritte Welt, 10-11.
[712] Vgl. Gemeinwohl und Eigennutz, S. 71-75.
[713] Hier und im Folgenden: Gemeinwohl und Eigennutz, Nr. 191.

Denkschrift jedoch nicht, sie können lediglich indirekt durch die im Anschluss benannte Entwicklungsrichtung erschlossen werden:

„Ein wesentlicher Beitrag der Industrieländer zur Überwindung der Armuts- und Schuldenprobleme läge darin, den Entwicklungsländern bessere Chancen zu bieten, als Handelspartner von unseren Märkten zu profitieren."

Aus diesem Grund prangert sie sodann die hiesige „Abschottung der Märkte" an und betont es als ein „Gebot der Fairneß und Solidarität", wenn Rohstoffexporte der Entwicklungsländer gefördert werden, ihnen der Marktzugang erleichtert wird und dies auch auf „leichte Industriegüter" ausgedehnt werde, so „daß sie nicht bloße Rohstofflieferanten bleiben".

Insgesamt befürchtet die Denkschrift „Gemeinwohl und Eigennutz" eine zunehmende Differenz der Lebensstandards zwischen arm und reich, welche es unbedingt zu vermeiden gelte.[714] In all dem ortet die EKD die Gefahr der Resignation. Es scheint, als ob mangelnde Beispiele hier die Handlungsfähigkeit beschränken, wie ein leider nur sehr pauschal gehaltener Appell erkennen lässt: „Hier sind Christen in besonderer Weise aufgerufen, durch Zeichen der Solidarität die Suche nach einer gerechteren internationalen Wirtschaftsordnung zu unterstützen und mit konkreten Leistungen der Hilfe und Vorschlägen für die Verbesserung der vorhandenen Regeln und Institutionen für eine soziale Weltwirtschaft einzutreten."[715] Die Anliegen der Fair-Handels-Bewegung können darin trotz allem wieder erkannt werden – interessanter Weise in der Doppelfunktion von Symbol und konkreter Hilfe.

4.1.3.4. EKD-Synode 2002: „Beschluss Fairer Handel"

Eine erneute Befassung der EKD-Synode mit dem vorliegenden Themenhorizont ließ dann 11 Jahre auf sich warten und fiel in seinem Charakter gänzlich anders aus als die bisherigen Denkschriften. Für die Synodentagung im November 2002 in Timmendorfer Strand hatte der Rat der EKD das erste Kapitel seines Berichtes unter die Überschrift „In der einen Welt verantwortlich leben" gestellt.[716] Im Angesicht dramatischer Naturkatastrophen fragte der Rat der EKD nach der Bewahrung der Schöpfung und der Verantwortung für kommende Generationen. Als Schlussfolgerung mit erheblicher Bedeutung für die Arbeit der Kirchen wird auf diesem Hintergrund auf die Themen des Konziliaren Prozesses rekurriert und der Sachstand hinsichtlich der Erhaltung der Lebensgrundlagen für die zukünftige Generation kritisch festgehalten: Denn der Wohlstand der westlichen Gesellschaften würde sich nach wie vor darauf stützen, „dass sie die Reichtümer der Erde über ein verträgliches Maß

---

[714] Vgl. Gemeinwohl und Eigennutz, Nr. 192.
[715] Gemeinwohl und Eigennutz, Nr. 192.
[716] Vorausgegangen war im Vorjahr 2001 die Synodentagung in Amberg, welche sich mit dem Schwerpunktthema „Globale Wirtschaft verantwortlich gestalten" befasste. Dazu hat die EKD-Synode auch eine Kundgebung verabschiedet. Trotz nahe liegender Zusammenhänge kommt der Faire Handel darin nicht zur Sprache. Vgl. online: http://www.ekd.de/synode2001/beschluesse_globale wirtschaft.html (aufgerufen 18.7.2007)

4.1. Fairer Handel in synodalen Dokumenten

hinaus in Anspruch nehmen". Ihnen gelinge es nicht nur nicht, gegenwärtig die Grundbedürfnisse der Menschheit zu befriedigen, sondern sie hätten „erst recht kein politisches Sensorium entwickelt, um die Risiken [...] für zukünftige Generationen [...] bei unseren heutigen Entscheidungen angemessen zu berücksichtigen."

> „Gerechtigkeit und Fairness im globalen Maßstab können auf dem Konsumniveau der Dienstleistungs- und Industriegesellschaften im Norden nicht erreicht werden."

Um dieser inter- und intragenerationellen Aufgabe Rechnung zu tragen – so wird argumentiert – sei es erforderlich „das 'Zeitalter der Pilotprojekte' zu verlassen und das Ziel 'nachhaltige Entwicklung' in allen Bereichen kirchlichen Lebens, in den Gemeinden und Einrichtungen fest zu verankern." Darunter fasst der Rat der EKD mehrere Initiativen und Aktivitäten, darunter auch den Fairen Handel. Er charakterisiert ihn dabei deutlich als ein Kind der Kirchen und sieht insbesondere in der eigenen kirchlichen Glaubwürdigkeit ein wichtiges Motiv seiner Förderung und Unterstützung:

> „Die Kirchen haben sich seit Jahrzehnten für den Fairen Handel eingesetzt. Die größte Fairhandelsgesellschaft in Europa, GEPA, ist im Besitz der Kirchen und kirchlicher Organisationen. GEPA vertreibt fair gehandelte Produkte nicht nur in Eine-Welt-Läden und über Aktionsgruppen in den Gemeinden. Auch große Einzelhandelsketten beziehen Waren – insbesondere Kaffee und Tee – von der GEPA. In den letzten Jahren ist der Anteil von Betrieben bei den Abnehmern gewachsen, die Wert darauf legen, dass auch ihre Kantinen den Kriterien nachhaltiger Entwicklung gerecht werden, und auf Sozial- und Umweltstandards der verwendeten Produkte achten. Der Faire Handel wird von der Bundesregierung, vom Bundespräsidenten (zuletzt in seiner Berliner Rede) und selbst von der EU immer wieder als ein augenfälliges Beispiel für das Engagement der Kirchen für nachhaltige Entwicklung genannt."[717]

Diesen Ausführungen wird ein theologisches Argument unmittelbar angefügt, welches einerseits in der Anerkennung von Engagement wie auch andererseits als eine kirchliche Selbstverpflichtung nicht hoch genug eingeschätzt werden kann, koppelt doch der Rat der EKD hier die Glaubwürdigkeit der Kirche an den Fairen Handel:

> „Unsere Glaubwürdigkeit sowohl in der Kirche gegenüber denen, die sich für den Fairen Handel engagieren, als auch außerhalb würde wachsen, wenn es in mehr Kantinen kirchlicher Einrichtungen und Verwaltungen fair gehandelten Kaffee oder Tee gäbe."[718]

Aufgrund dieses Berichts hat die Synode der Evangelischen Kirche in Deutschland einen Beschluss zum Fairen Handel gefasst. Darin bittet sie

---

[717] Bericht des Rates der EKD „Einen andern Grund kann niemand legen", Abschnitt 1.1.
[718] Bericht des Rates der EKD, Abschnitt 1.1.

"die Gliedkirchen und Gemeinden, den Fairen Handel weiterhin und verstärkt zu fördern als Zeichen der Solidarität und als Beitrag zu einer nachhaltigen Entwicklung,

das Kirchenamt der EKD sowie das DW [Diakonische Werk; MR] der EKD und die Gliedkirchen der EKD, dafür Sorge zu tragen, dass in den Kantinen kirchlicher und diakonischer Einrichtungen und Verwaltungen fair gehandelter Kaffee, Tee und Kakao angeboten wird,

die kirchlichen und diakonischen Einrichtungen, Kontakt mit der Gepa aufzunehmen und sich bei der Umstellung auf fair gehandelte Produkte unterstützen und beraten zu lassen."[719]

Auffällig ist an diesem Beschluss, dass – wenngleich auf die Ausführungen, Kontexte und Begründungen im Bericht des Ratsvorsitzenden ausdrücklich verwiesen wird – selbst keine inhaltliche Begründung seiner Position vorgenommen wird. Der Faire Handel wird „als Zeichen der Solidarität und als Beitrag zu einer nachhaltigen Entwicklung" verstanden. Damit ist für die EKD-Synode eine ausreichende Basis angedeutet – alles Weitere scheint Selbstverständlichkeit zu sein, wenngleich natürlich durch die Notwendigkeit einer Beschlussfassung zur Förderung des Fairen Handels auf der Praxisebene diese Selbstverständlichkeit relativiert wird.

Als Stärke des Beschlusses darf sicherlich gewertet werden, dass zum einen diakonische Einrichtungen ganz unmissverständlich in dieses Anliegen einbezogen sind und dass zum anderen der Ansprechpartner, die GEPA als – wie im Berichtsteil ausgeführt – Unternehmen „im Besitz der Kirchen und kirchlicher Organisationen", gleich mitbenannt wird. Der Beschluss spricht zwar von der Zeichenhaftigkeit des Fairen Handels und sieht in dieser das Motiv für Gemeinden und Gliedkirchen, „weiterhin und verstärkt" den Fairen Handel zu unterstützen. Konkretisiert wird dies aber nicht hinsichtlich Informationsarbeit und Bewusstseinsbildung. Damit kann der EKD-Beschluss als einer der Synodentexte charakterisiert werden, welcher die Förderung des Fairen Handels (vornehmlich oder ausschließlich) in der Verwendung von fair gehandelten Produkten in kirchlichen und diakonischen Einrichtungen sieht und einen Beitrag zur Absatzsteigerung im Fairen Handel leisten will.

4.1.3.5. Die EKD-Denkschrift 2006: „Gerechte Teilhabe"

Wiederum in Form einer Denkschrift widmet sich die EKD im Jahr 2006 der inländischen Armutsthematik und deren globalisierungsbedingtem Kontext. Unter dem Titel „Gerechte Teilhabe" greift sie punktuell auch Fragen der internationalen Wirtschaftsordnung auf. So erhebt sie die Forderung nach einer „fairen globalen Partnerschaft", welche gleichermaßen entwicklungspolitische Maßnahmen als auch „die

---

[719] Beschluss der 9. Synode der Evangelischen Kirche in Deutschland auf ihrer 7. Tagung zum Fairen Handel.

wirtschaftlichen Kräfte der Entwicklungsländer" fördern solle und spricht zudem auch allgemein von einer „fairen globalen Strukturpolitik".[720]

In der von der EKD-Synode zur Denkschrift beschlossenen „Kundgebung" werden einzelne Punkte geringfügig konkretisiert[721], eine Umgestaltung von Welthandel und internationalem Finanzsystem gefordert und ein „faires Regelsystem für die Weltwirtschaft" als nötig erachtet. Konkret richtet die Kundgebung diesbezüglich die Forderung an die Bundesregierung und den Bundestag, für die Einhaltung sozialer und ökologischer Standards und der Menschenrechte im wirtschaftlichen Kontext zu sorgen. Als zweite Konkretisierung richtet sich die Kundgebung ad intra der Kirche und dringt dabei darauf, dass „die Kirchen, ihre Gemeinden, Werke und Dienste [...] ihre Ressourcen in fairer Weise einsetzen" und nennt als Beispiele den Konsum fair gehandelter Produkte, ethisch verantwortliche Geldanlagen sowie Bereitstellung kirchlicher Gelder für kirchlichen Entwicklungsdienst in Höhe von zwei Prozent des Kirchensteueraufkommens. In diesem Kontext – offensichtlich wissend, dass die ethischen Appelle auch innerkirchlich nicht eben einfach umzusetzen sind – bringt die EKD-Synode in ihrer Kundgebung einen bemerkenswerten Vorschlag ins Spiel, nämlich den Einkauf von fair gehandelten Produkten in kirchlichen Einrichtungen mittels einer Umlage zu finanzieren, d.h. die durch den fairen Preis entstehenden Mehrkosten anderen Haushaltsstellen zu belasten.[722]

4.1.4. Synoden der Evangelischen Landeskirchen in Deutschland

4.1.4.1. Die Landessynode der Evangelisch-Lutherischen Kirche in Bayern 1995: „Weltweite Verantwortung" durch Fairen Handel

Für ihre Abschlusssitzung in der Wahlperiode 1990-1996 hatte sich die Landessynode der Evangelisch-Lutherischen Kirche in Bayern auf eine „Themensynode" verständigt und ihre Beratungen im November 1995 in Regensburg unter das Schwerpunktthema „Weltweite Verantwortung – Im Dialog mit unseren Partnerkirchen" gestellt. Der Synodalsitzung war bereits ein Konsultationsprozess vorausgegangen, in dem entwicklungspolitisch arbeitende Basisgruppen, Privatpersonen und Netzwerke insgesamt 53 Eingaben an die Synode formulierten. Diese Zeit wurde als „ein wichtiges Teilziel" der Themensynode angesehen:

> „Zahlreiche engagierte Basisgruppen hatten die Thematik aufgegriffen. Sie brachten ihre Kompetenzen ein. Sie witterten die Chance, endlich etwas voranbringen zu können. Sie entdeckten Gesinnungsgenossen. Hohe Erwartungen knüpften sich an die Regensburger Synodaltagung."[723]

---

[720] Vgl. Gerechte Teilhabe, Nr. 102 (S. 61)
[721] Vgl. im Folgenden: Gerechte Teilhabe, S. 85-86.
[722] Zu einer kritischen Reflexion dieses Vorschlags sh. unten Kapitel 7.3.2.
[723] Opp: Was wird aus den Beschlüssen von Regensburg? 4.

4. Engagement kirchlicher Akteure

Das Modell des Fairen Handels wird in dieser Phase und in den Eingaben mehrfach artikuliert. Fünf der Eingaben – knapp 10 Prozent – befassen sich mit dem Fairen Handel, teils hinsichtlich der Verwendung fair gehandelter Produkte[724], teils hinsichtlich der Unterstützung von Handelspartnern des Fairen Handels im Partnerland Tansania[725]. Hervorzuheben ist auch die ausführliche Eingabe der Bayerischen Dritte Welt Handel e.G., welche sich auf „die Verwendung von fair gehandelten Produkten in kirchlichen Einrichtungen, die Unterstützung von Aktionsgruppen des Fairen Handels auf Gemeindeebene und die Berücksichtigung des Themas Fairer Handel in der Ausbildung von Konfirmandenbetreuern, Religionslehrern und Jugendgruppenleitern"[726] bezieht.[727]

Inwiefern die Bayerische Landessynode die erbetenen Anträge und Eingaben ernst nahm, zeigt sich neben den gefassten Beschlüssen auch in der Einladung von Vertretern aus Eine-Welt-Gruppen zu ausgewählten Sitzungen und Arbeitsgruppen während der Synodaltagung. Im Zentrum der Beschlussfassung der Regensburger Landessynode 1995 stehen als Grundlagenbeschluss die „Regensburger Erklärung" unter dem Titel „Unsere weltweite Verantwortung" sowie sieben Einzelbeschlüsse. Dem Rahmenthema der Synode entsprechend und aufgrund der themenspezifischen Eingaben wird der Faire Handel in dem Beschluss vielfach aufgegriffen. Der Einzelbeschluss I „Sozial- und umweltverträgliche Produktion" steht gewissermaßen unter der heimlichen Überschrift Fairer Handel: Drei von fünf Absätzen dieses Einzelbeschlusses beziehen sich darauf, nachdem in einem einführenden Absatz die Gesamtproblematik dargestellt, die kirchliche Schuldverflechtung problematisiert und der Zusammenhang zu Anliegen und Akteuren des Fairen Handels hergestellt wurde:

> „Auch wir als kirchliche Verbraucher und Verbraucherinnen profitieren von fehlender sozialer Absicherung und schlechten Lebens- und Arbeitsverhältnissen

---

[724] Vgl. Antragsschreiben der Gruppe „Frauen für fair-Änderung" im Evang.-Luth. Dekanatsbezirk München vom 29. Mai 1995.
[725] Vgl. Antragsschreiben des Länderarbeitskreises Tansania zur Vorbereitung der Herbsttagung der Landessynode vom 31. Mai resp. 14. August 1995. Die Argumentation geht an erster Stelle davon aus, dass die Unterstützung der Kirchen für Fair-Handels-Organisationen „nur Sinn [mache], wenn wir auch selbst als Abnehmer für den Absatz der fair gehandelten Produkte sorgen" und fordert infolgedessen deren Verwendung in kirchlichen Einrichtungen und bei kirchlichen Veranstaltungen. In einem zweiten Schritt werden Entwicklungen bei Kaffee produzierenden Partnerorganisationen des Fairen Handels dargestellt und „die Fortführung des bereits begonnenen Engagements der GEPA" in diesem Bereich [gemeint sind Bildungsmaßnahmen] bei den beiden [...] genannten Verbänden" gefordert.
[726] Schreiben der Bayerischen Dritte Welt Handel e.G. vom 22.3.1995 an die Landessynode der Evangelisch-Lutherischen Kirche in Bayern.
[727] Die Bayerische Dritte Welt Handel e.G. hatte zudem anlässlich der Vorbereitung der Landessynode 1995 eine Publikation erstellt, um für Unterstützung ihrer Eingabe an die Landessynode zu werben und den evangelischen Kirchengemeinden in Bayern eine „Diskussionsgrundlage und Leitlinie für ihr eigenes Engagement im Bereich des Fairen Handels" zu anbieten; vgl. Bayerische Dritte Welt Handel e.G. (Hrsg.): Fairer Handel – konkrete Schritte auf dem Weg zu einer menschengerechten Wirtschaft, 5.

4.1. Fairer Handel in synodalen Dokumenten

der Billigproduzenten wider Willen. Alternative Handelsorganisationen (wie z. B. GEPA), Nichtregierungsorganisationen (wie Brot für die Welt), Dritte-Welt-Läden und Initiativgruppen bemühen sich seit langem um gerechte und umweltschonende Produktionsbedingungen und fair gehandelte Waren.
Die Synode beschließt:
1. Die Synode bittet ihren Präsidenten, in einem Brief die Kirchenvorstände, die Leitungen von kirchlichen Dienststellen, Einrichtungen, Tagungshäusern, Werken und Verbänden anzuregen, sich intensiv mit Fragen der sozial- und umweltverträglichen Produktion von Waren des täglichen Bedarfs auseinanderzusetzen, auf gerechtere Preise zu dringen und die Verwendung fair gehandelter Waren zu fördern.
1.1. Kirchengemeinden und kirchliche Einrichtungen sollten beim Kauf von Produkten prüfen, inwieweit fair gehandelte Waren – evtl. mit Siegel versehen – als Alternativen möglich sind. Beim Einkauf von Produkten und der Anlage von Geldern muß die Verantwortung gegenüber Menschen in den Ländern der Dritten Welt ein gleichrangiger Aspekt neben Wirtschaftlichkeit und Sparsamkeit sein.
1.2. Die Synode ruft in diesem Sinne auf, Zeichen zu setzen. Sie bittet die Kirchenvorstände und Einrichtungen vor Ort, entsprechende Beschlüsse zu fassen und dabei insbesondere fair gehandelten Kaffee und Tee zu verwenden, die Blumenkampagne [... sowie] die Bananenkampagne für einen sozial- und umweltverträglichen Anbau zu unterstützen."[728]

Zudem wertet die Landessynode die Verwendung fair gehandelter Waren in ihrem Einzelbeschluss II „Forderungen an die eigene Kirche" als beispielhaften Bestandteil eines solidarischen „Kirchlichen Lebensstils" und artikuliert in Einzelbeschluss III „Forderungen an Politik und Wirtschaft" die Absicherung „sozialer und ökologischer Mindeststandards".[729] Im Einzelbeschluss IV „Nachhaltige Landwirtschaft und ländliche Entwicklung" werden – auch mit globalem Blick – „kostendeckende Erzeugerpreise" und erzeugernaher Einkauf gefordert. Ohne ausdrücklichen Bezug zum Fairen Handel wird zudem die Kirche „als ein Ort der Orientierung und Auseinandersetzung über Welternährungsfragen, ländliche Entwicklung und nachhaltige Bewirtschaftung" vorgeschlagen.[730] Im Länderbeschluss zu Tansania wird der Forderung Rechnung getragen, diese Partnerkirche in der Zusammenarbeit mit landwirtschaftlichen Kooperativen zu unterstützen.[731]
Zusammenfassend lässt sich daher feststellen, dass die gefassten Beschlüsse der bayerischen Landessynode dem Fairen Handel im Rahmen des Themenhorizonts einer sozial- und umweltverträglichen Produktion einerseits einen prominenten Platz

---

[728] Vgl. Landessynodalausschuss/Haack (Hrsg): Weltweite Verantwortung, 26.
[729] Landessynodalausschuss/Haack (Hrsg): Weltweite Verantwortung, 27, 29.
[730] Landessynodalausschuss/Haack (Hrsg): Weltweite Verantwortung, 30f.
[731] Vgl. Landessynodalausschuss/Haack (Hrsg): Weltweite Verantwortung, 33 – Zum Hintergrund sh. oben bei Fußnote 725

4. Engagement kirchlicher Akteure

eingeräumt hat und anderseits die Anliegen des Fairen Handels gut in die übrigen Beschlüsse der Synode eingebunden sind.
Aus der Perspektive der Eingaben hätten die Beschlüsse gleichwohl weitergehend ausfallen können. Konfrontiert man die Beschlussfassungen mit dem ausführlichen und auf dem Hintergrund der Weltversammlung des Konziliaren Prozesses in Seoul 1990 argumentierenden Appell der Bayerischen Dritte Welt Handel e.G., so lässt sich ein kritischeres Bild zeichnen: Der Themenbereich Bildung wird im Einzelbeschluss II „Forderungen an die eigene Kirche" eigens ausgeführt, damit aber auch aus dem Zusammenhang des Fairen Handels herausgelöst und abstrahiert:

> „Die Synode ruft die Gemeinden auf, die Verantwortung für Gerechtigkeit in der Einen Welt zu einem Arbeitsschwerpunkt zu machen und ihren Beitrag dazu vor allem durch Informationen, Bewußtseinsbildung und Handlungsmodelle zu leisten, sowie durch ideelle und finanzielle Unterstützung von Gruppen, die bereits auf diesem Gebiet tätig sind."[732]

Die von der Bayerischen Dritte Welt Handel e.G. eingebrachten Vorschläge, dies auf Jugend- und Konfirmandengruppen, deren Leiter/innen sowie auf die Ausbildung von Religionslehrer/innen zu konzentrieren und das Engagement von gemeindenahen Fair-Handels-Gruppen durch die „Bereitstellung von kirchlichen Räumen" und „in Gemeindeblättern [durch] die Möglichkeit zur Selbstdarstellung" zu unterstützen, haben insofern nur indirekten Eingang in die synodalen Beschlüsse gefunden. Dasselbe gilt hinsichtlich der Bitte, sich kirchlicherseits in der Weiterbildung von Weltladenmitarbeiter/innen als Multiplikatoren des Fairen Handels einzubringen. Insgesamt entsteht somit der Eindruck, dass die Synodenbeschlüsse zum einen eine Einmischung in Details des Engagements scheuten und vor allem die politischen Grundlinien im Blick hatte, zum anderen sich in der Wahrnehmung außerkirchlicher Akteure auf „Politik und Wirtschaft" begrenzt. Im Gesamttext darf angenommen werden, dass der Faire Handel an diversen Punkten mitbedacht, jedoch nicht mitbenannt wurde. Besonders zu würdigen ist hingegen die Klarheit, mit der „die Verantwortung gegenüber Menschen in den Ländern der Dritten Welt" als „gleichrangiges" (!) Bewertungskriterium „neben Wirtschaftlichkeit und Sparsamkeit" etabliert wird – im Kontext der Verwendung von Fair-Handels-Produkten eine gleichermaßen griffige wie pragmatische Formel.[733] Insgesamt bleibt aber der Eindruck festzuhalten, dass der Faire Handel fast ausschließlich auf der Ebene der Verwendung seiner Produkte ausdrücklich aufgegriffen und genannt wurde.

---

[732] Landessynodalausschuss/Haack (Hrsg): Weltweite Verantwortung, 27.
[733] Die Formulierung geht auf die Eingabe der Bayerischen Dritte Welt Handel e.G. zurück (vgl. Bayerische Dritte Welt Handel e.G. (Hrsg.): Fairer Handel – konkrete Schritte auf dem Weg zu einer menschengerechten Wirtschaft). Sie erscheint für Kirchen als ein geradezu treffendes Argumentationsmuster zur Begründung, fair gehandelte Waren einzusetzen. Allerdings dürfte es aus der Sicht einer theologischen Anthropologie äußerst fragwürdig sein, die mitmenschliche Verantwortung „nur" gleichrangig mit Wirtschaftlichkeit und Sparsamkeit einzuordnen.

Diesen Eindruck erweckt auf den ersten Blick auch eine vom Kirchlichen Entwicklungsdienst Bayern sechs Jahre nach dieser Landessynode vorgenommene Umfrage[734] unter 537 Einrichtungen der Evangelisch-Lutherischen Kirche in Bayern, welche sich zunächst nur für die Verwendung der Produkte, für die Produktauswahl und das ausgegebene Budget in den Einrichtungen zu interessieren scheint. Trotz festgestellt hohem Bekanntheitsgrad des Fairen Handels von 92 Prozent deuten die Autoren die Ergebnisse als ein „Informationsdefizit in den Institutionen der Ev.-Luth. Kirche in Bayern über die Wirkungsweise des Welthandels und des Fairen Handels" und empfehlen daher ein verstärktes Engagement „im Bereich Aufklärung und Bewusstmachung für den Fairen Handel". Dafür werden neben dem Kirchlichen Entwicklungsdienst und den Institutionen des Fairen Handels auch „die entwicklungspolitischen Aktionsgruppen in den Kirchengemeinden" in die Pflicht genommen. Zudem wird ein „steigende[r] Konsum fair gehandelter Produkte innerhalb und außerhalb der kirchlichen Institutionen", sowie ein „stärkerer politischer Einfluss [...], um die Ziele des Fairen Handels in die aktuellen handels- und entwicklungspolitischen Debatten einzubringen", gefordert. Als Ergebnis der Studie wird festgehalten, dass „die Empfehlungen der Synode von Regensburg von 1995 noch nicht umgesetzt worden" seien. Die Kirchenleitung wird daher um Unterstützung der Lobbyarbeit für den Fairen Handel gebeten; die Landessynode solle „geeignete Wege finden, auf die Umsetzung dieser Empfehlungen hinzuwirken".

4.1.4.2. Die Landessynode der Evangelischen Kirche von Westfalen 2004: Fairer Handel als „Wirtschaft im Dienst des Lebens"

Auf ihrer Landessynode 2003 hatte die Evangelische Kirche von Westfalen einen Beschluss zur Erarbeitung einer Stellungnahme zum Thema Globalisierung gefasst, welcher eine Reaktion auf den so genannten „Soesterberg-Brief" darstellen sollte. Im Juni 2002 hatte im niederländischen Soesterberg eine ökumenische Konsultation zum Thema „Wirtschaft im Dienst des Lebens" stattgefunden, welche Teil eines weltweiten Prozesses war, in dem die beteiligten Mitgliedskirchen „die durch die ökonomische Globalisierung gestellten Herausforderungen in ihren Auswirkungen auf das Leben von Menschen und Mitwelt begutachten und auf sie antworten" wollten. Die Ergebnisse wurden in einem „Brief an die Kirchen in Westeuropa" (sog. Soesterberg-Brief) formuliert.[735]

Auf diesem Hintergrund beschäftigte sich die westfälische Landessynode im November 2004 mit dem Schwerpunktthema Globalisierung. Die 48-seitige Stellungnahme zum Soesterberg-Brief geht dabei von der Anfrage der „Geschwisterkirchen" aus, was „im Zusammenhang der wirtschaftlichen Globalisierung die Einheit der Kirchen als der eine Leib Christi" bedeute. Konkret sieht sich die westfälische Landes-

---

[734] Vgl. hierzu und im Folgenden: Bergmann/Lindner: Der Faire Handel und die Evangelisch-Lutherische Kirche in Bayern.
[735] Brief der Soesterberg-Konsultation an die Kirchen Westeuropas, S. 1. – Sh. dazu Kapitel 5.2.3.3.

4. Engagement kirchlicher Akteure

kirche sowohl hinsichtlich ihres Geldumgangs als auch ihres Einsatzes für Fairness in Wirtschaft und Handel in der Einen Welt angefragt und herausgefordert.[736] Aus ihrer eigenen Wahrnehmungsperspektive heraus beschreibt die Landessynode neben zahlreichen anderen Phänomenen der Globalisierung auch einige welthandelsbezogene Problematiken – etwa die Frage der Handelsbeschränkungen, die Abkopplung globaler Regionen vom Welthandel oder ein wachsender Verdrängungswettbewerb.[737] Sie analysiert den wirtschaftlichen Liberalismus und sieht in dessen Menschen- und Gesellschaftsbild deshalb einen Widerspruch zum christlichen Glauben, weil darin „Fragen nach einem guten Leben für alle, nach gemeinsamen gesellschaftlichen Zielen und der Sicherung von Solidarität höchstens eine untergeordnete Rolle" einnähmen.[738] Ausgehend von den Vorstellungen der biblischen Gerechtigkeit und einer Option für die Armen hebt die Stellungnahme insbesondere die Bedeutung von Beteiligungs- und Verteilungsgerechtigkeit hervor.[739]

In einem eigenen Unterabschnitt „Welthandel/Grundfragen der Wirtschaftspolitik" widmet sich der Text gesamtpolitischen Fragen. Darin würdigt er „[a]us kirchlichen Initiativen entstandene oder von den Kirchen stark unterstützte Kampagnen wie die 'Erlassjahrkampagne' oder die 'Kampagne für Saubere Kleidung' [, denn sie] setzen sich für Veränderungen im Sinne fairen und gerechten Handels ein. Die Auswirkungen der Globalisierung machen dieses Engagement notwendig."[740] Deshalb sieht sich die Evangelische Kirche von Westfalen „verpflichtet, über die Strukturen und Arbeitsweisen der internationalen Organisationen (ILO, Internationaler Währungsfonds, Weltbank, Welthandelsorganisation) zu informieren und so zu einem differenzierten Verständnis des Zusammenhangs von ungerechten Wirtschaftsstrukturen und dem Verhältnis von Armut und Reichtum zu kommen."[741] Sie will sich in Kampagnen zur Welthandelsorganisation einbringen und sich dadurch für gerechtere weltwirtschaftliche Strukturen einsetzen.[742]

---

[736] Evangelische Kirche von Westfalen – Landessynode 2004: Stellungnahme zum Soesterberg-Brief, 8.
[737] Evangelische Kirche von Westfalen – Landessynode 2004: Stellungnahme zum Soesterberg-Brief, 13.
[738] Evangelische Kirche von Westfalen – Landessynode 2004: Stellungnahme zum Soesterberg-Brief, 14f.
[739] Vgl. Evangelische Kirche von Westfalen – Landessynode 2004: Stellungnahme zum Soesterberg-Brief, 21-25. – Hier greift die Landessynode ausführlich auf das Gemeinsame Wort des Rates der EKD und der Deutschen Bischofskonferenz zur wirtschaftlichen und sozialen Lage in Deutschland „Für eine Zukunft in Solidarität und Gerechtigkeit" von 1997 zurück.
[740] Evangelische Kirche von Westfalen – Landessynode 2004: Stellungnahme zum Soesterberg-Brief, 32f. – Der Faire Handel wird in diesem Kontext vermutlich deshalb nicht erwähnt, weil er dem Charakter nach nicht (mehr) den Kampagnen zugerechnet wird. An dieser Stelle könnte dies freilich auch Ausdruck einer nicht mehr genug wahrgenommenen politischen Dimension des Fairen Handels sein.
[741] Evangelische Kirche von Westfalen – Landessynode 2004: Stellungnahme zum Soesterberg-Brief, 33.
[742] Evangelische Kirche von Westfalen – Landessynode 2004: Stellungnahme zum Soesterberg-Brief, 40.

4.1. Fairer Handel in synodalen Dokumenten

Auf der Ebene des bürgerschaftlichen Engagements, ohne das eine Durchsetzung von Menschenrechten nicht vorstellbar sei, verortet die Landessynode der Evangelischen Kirche in Westfalen den Fairen Handel:[743] Bürgerinnen und Bürger könnten als Kunden fair gehandelte Produkte anderen Waren vorziehen. Ausdrücklich werden auch die Gemeindeglieder gebeten „beim Einkauf auf fair gehandelte Waren zurückzugreifen und Sozialstandards in der Produktion zu berücksichtigen".

„Die [Evangelische Kirche von Westfalen] unterstützt in diesem Sinn alle Formen des bürgerschaftlichen Engagements, die sich für ökologische und soziale Mindeststandards bei der Produktion von Waren einsetzen."

Darüber hinaus werden alle kirchlichen Akteure aufgerufen „sich um soziale und ökologische Verträglichkeit zu bemühen und die entsprechenden Siegel zu beachten, die über Verträglichkeit Auskunft geben". Bei kirchlichen Veranstaltungen sollen nicht zuletzt fair gehandelte Produkte konsumiert werden, da dies in der Kirche als „Zeichen der Verbundenheit mit unseren Schwestern und Brüdern in anderen Teilen der Welt" zu verstehen sei.

Zusammenfassend lässt sich also festhalten, dass die Auseinandersetzung der Westfälischen Landessynode mit wirtschaftlichen Fragen im Horizont der Globalisierung hinsichtlich des Fairen Handels zu einer differenzierten Positionsbestimmung kommt. Einerseits wird durch die Gesamteinbettung deutlich, an welchen verschiedenen Ansatzpunkten neben dem Fairen Handel sich Kirchen für eine menschengerechtere Wirtschaft engagieren können (wie z.B. ethische Geldanlagen). Darüber hinaus wird die bewusstseinbildende und informatorische Aufgabe hinsichtlich der Fragen und Probleme des Welthandels zwar nicht im Kontext des Handlungsmodells Fairer Handel artikuliert, jedoch sehr klar als Selbstverpflichtung der Westfälischen Landeskirche festgehalten. Die Verwendung fair gehandelter Waren wird in unmissverständlichen Worten nahegelegt; zugleich verspricht die Landeskirche ihre Unterstützung für entsprechendes Engagement und kündigt gegenüber Unternehmen ihre öffentliche Kritik und ihren öffentlichen Druck an. Damit greift die Westfälische Landessynode in ihrer Stellungnahme zum Soesterberg-Brief „Wirtschaft im Dienst des Lebens" gleichermaßen eine bewusstseinsbildende, eine lobbyistische wie eine konsumbezogene Dimension fairer Wirtschafts- und Handelsbeziehungen auf.

4.1.4.3. Landeskirchenrat der Evangelisch-Lutherischen Kirche Bayern 2005: Stellungnahme zum Soesterberg-Brief

In der Evangelisch-Lutherischen Kirche in Bayern hat der Landeskirchenrat im Juli 2004 eine Arbeitsgruppe eingesetzt, welche damit beauftragt war, Antworten auf die Fragen des Soesterberg-Briefes zu formulieren. Die daraus entstandene 31 Seiten umfassende Stellungnahme vom Juli 2005 gliedert sich in drei Teile: Im ersten Teil werden theologische und ökonomische Fragestellungen beschrieben. Insbesondere

---

[743] Vgl. im Folgenden: Evangelische Kirche von Westfalen – Landessynode 2004: Stellungnahme zum Soesterberg-Brief, 44.

sind darin die ausführliche Reflexion zu den ökonomischen Herausforderungen auf der Basis von Amartya Sens entwicklungsökonomischem Ansatz[744] sowie von Joseph Stiglitz' globalisierungskritischen Berichten hervorzuheben. Im zweiten Teil des Textes sind Antworten auf die sieben Einzelfragen des Soesterberg-Briefes dokumentiert, welche jeweils gemäß dem Dreischritt Sehen – Urteilen – Handeln verfasst sind. Im Kontext der Frage 6 nach dem persönlich und kirchlich gepflegten Lebensstil unterstreicht die Stellungnahme: „Ein solidarischer Lebensstil in weltweiter Verantwortung ist ein entscheidendes Thema unseres Glaubens."[745] Dabei wird aus kirchlicher Sicht auf drei „Erfolgsgeschichten" verwiesen: „Während der Faire Handel beweist, dass Konsumenten direkt Chancengerechtigkeit in den ärmeren Ländern fördern können, unterstreicht das Nürnberger Bündnis Fair Toys, wie durch Druck der Konsumenten und geschickte Advocacy-Arbeit eine ganze Branche zu mehr Sozialverantwortung gebracht werden kann. Mit Oikocredit schließlich bietet die Kirche einen konkreten Weg der 'Hilfe zur Selbsthilfe' durch Kredite an."[746] Die Stellungnahme erinnert hierbei auch an die Beschlüsse der Regensburger Synode von 1995.

Im dritten Teil werden schließlich konkrete Selbstverpflichtungen zu den im Soesterberg-Brief genannten Themenfeldern formuliert. Diese basieren nach eigenen Angaben einerseits auf der Stellungnahme der Evangelischen Kirche von Westfalen vom November 2004 und andererseits auf der „Regensburger Erklärung" der eigenen Landessynode von 1995.[747] Unter der Überschrift „Bürgerschaftliches Engagement" verbergen sich die Selbstverpflichtungen bzw. Selbstappelle bezüglich des eigenen wirtschaftlichen Agierens – begründet damit, dass „[d]ie Durchsetzung der Menschenrechte und die Bewahrung der Schöpfung [...] ohne ein persönliches bürgerschaftliches Engagement nicht denkbar" seien.[748]

Mit Blick auf das Einkaufsverhalten und Beschaffungswesen werden daher „alle Ebenen kirchlichen Handels dazu auf[gerufen], sich um soziale und ökologische Verträglichkeit zu bemühen und die entsprechenden Siegel zu beachten [...]. Bei kirchlichen Veranstaltungen sollen fair gehandelte Produkte konsumiert werden". Begründet wird dies damit, dass „[i]n der Kirche [...] das Festhalten an Produkten des Fairen Handels ein Zeichen der Verbundenheit mit unseren Schwestern und Brüdern in anderen Teilen der Welt" sei. Ebenso bitten die Verfasser der Stellungnahme die Gemeindemitglieder, als Verbraucherinnen und Verbraucher fair gehandelte Waren einzukaufen und auf soziale Standards in der Produktion zu achten.[749]

Dieser Appell der Unterstützung des Fairen Handels stützt die entsprechende Praxis innerhalb der eigenen Landeskirche und fordert zugleich deren Fortsetzung. Damit

---

[744] Sh. hierzu die Darstellung unten in Kapitel 5.1.2.3.
[745] Evangelisch-Lutherische Kirche in Bayern: Stellungnahme zum Soesterberg-Brief, 23.
[746] Evangelisch-Lutherische Kirche in Bayern: Stellungnahme zum Soesterberg-Brief, 22.
[747] Vgl. Evangelisch-Lutherische Kirche in Bayern: Stellungnahme zum Soesterberg-Brief, 2, 27.
[748] Evangelisch-Lutherische Kirche in Bayern: Stellungnahme zum Soesterberg-Brief, 29.
[749] Evangelisch-Lutherische Kirche in Bayern: Stellungnahme zum Soesterberg-Brief, 29-30.

wird auch ein Zeichen der Kontinuität mit dem zehn Jahre zuvor gefassten Synodalbeschluss gesetzt, mit dem der Appell in seiner Ausrichtung und Akzentuierung übereinstimmt. Zudem fällt 2005 die Position zu einer kritischen Bewusstseinsbildung in diesen Fragen deutlicher aus: So heißt es nun hinsichtlich der sozialen und ökologischen Verantwortung in der Herstellung von Waren auch: „Durch öffentliche Kritik an Unternehmen wird öffentlicher Druck aufgebaut und ausgeübt." Daran unmittelbar angeschlossen ist die direkte Positionierung der bayerischen Landeskirche zu dieser Form der Verantwortungsübernahme: „Die Evangelisch-Lutherische Kirche in Bayern unterstützt in diesem Sinn alle Formen des bürgerschaftlichen Engagements, die sich für ökologische und soziale Mindeststandards bei der Produktion von Waren einsetzen."[750]

4.1.4.4. Evangelisch-Lutherische Landessynode Mecklenburgs 2007: Fairer Handel „damit die Globalisierung dem Leben dient"

Aus konkretem, aktuellem und regional verortetem Anlass heraus hat sich die Evangelisch-Lutherische Landeskirche Mecklenburgs im Jahr 2007 mit dem Themenfeld der Globalisierung befasst. Auslöser war der im Juni 2007 im mecklenburgischen Ostseebad Heiligendamm durchgeführte G8-Gipfel, welcher (wie die vorangegangenen Gipfeltreffen) eine Vielzahl globalisierungskritischer Akteure auf den Plan rief. Die Evangelisch-Lutherische Landeskirche Mecklenburgs hat dies als Zeichen der Zeit erkannt und sich intensiv mit der damit verbundenen Herausforderung auseinandergesetzt und die Fragen der Globalisierung zu ihrem Anliegen gemacht. Äußeres Zeichen dieser Verantwortung stellte die Einrichtung einer Koordinierungsstelle „Kirche und G8" dar.[751]

Aus dieser inhaltlichen Perspektive heraus befasste sich die Synodentagung im März 2007 mit dem bevorstehenden politischen Großereignis und verabschiedete eine 11-seitige Erklärung unter dem Titel „damit die Globalisierung dem Leben dient". Dieser Beschluss formulierte zum einen Forderungen und Prüfaufträge an politische Mandatsträger sowie an die eigenen Kirchengemeinden. Zum anderen beabsichtigte er, eine intensive Auseinandersetzung mit den Fragen der Globalisierung und ihren Auswirkungen anzustoßen. Entsprechend den umfassenden Aspekten des Globalisierungsprozesses behandelt der mecklenburgische Synodenbeschluss auch diese verschiedenen Dimensionen und erhebt infolge dessen pointierte und detaillierte Forderungen etwa hinsichtlich der Lösung der Schuldenkrise der Länder des Südens, einer allen Menschen nutzenden Patentrechtspolitik, zur Steigerung von Entwicklungs-

---

[750] Evangelisch-Lutherische Kirche in Bayern: Stellungnahme zum Soesterberg-Brief, 29.
[751] Die Finanzierung der 50%-Personalstelle erfolgte über den Evangelischen Entwicklungsdienst eed. Wichtige Kommunikations- und Koordinierungsinstrument stellte auch die Internetseite www.kircheundg8.de dar.

4. Engagement kirchlicher Akteure

hilfegeldern, zum Ausbau von Gemeindepartnerschaften, zur Stabilisierung von Finanzmärkten und zur Umsetzung von Umwelt- und Klimaschutzzielen.[752]
Einen weiteren bemerkenswerten Themenstrang beinhaltet die Synodenerklärung mit der Forderung nach einer nationalen und internationalen Weiterentwicklung des „Modells der Sozialen Marktwirtschaft":

> „Ethische Kriterien und grundlegende Menschenrechte müssen weichenstellend sein für die ordnungs- und wirtschaftspolitisch nachhaltige Gestaltung der Sozialen Marktwirtschaft in Deutschland, der Europäischen Union und weltweit."[753]

Der Beschluss konkretisiert dieses Anliegen auch dahingehend, dass er sowohl auf eine Fortentwicklung des UN-Wirtschafts- und Sozialrates als Steuerungsgremium als auch auf „die weltweite Ratifizierung und die Einhaltung der Arbeitsnormen der Internationalen Arbeitsorganisation" als Vorbedingungen einer langfristigen Verhinderung von „unlautere[m] Wettbewerb und Sozialdumping" drängt.[754]
Der Appell der Synodenerklärung zur Verwendung von fair gehandelten Produkten und zur Förderung des Fairen Handels wird zwar nicht im unmittelbaren Zusammenhang dieser sozial- und wirtschaftspolitischen Forderungen artikuliert, kann damit aber natürlich in Verbindung gesehen werden. Die mecklenburgische Landessynode greift bezüglich des Themas Fairer Handel auf die entsprechende Passage des EKD-Synodenbeschlusses vom November 2002[755] zurück und „bekräftigt" darauf aufbauend ihren eigenen Beschluss vom 16.11.1997 über die Verwendung fair gehandelter Produkte[756]: „Die Synode bittet die Gemeinden sowie kirchliche und diakonische Einrichtungen und Verwaltungen dafür Sorge zu tragen, dass zukünftig verstärkt fair gehandelte Produkte verwendet bzw. angeboten werden."[757] In einer Fußnote wird diese Forderung vergleichsweise knapp damit begründet, dass „[d]er Faire Handel ein Zeichen der Solidarität und ein Beitrag zu einer nachhaltigen Entwicklung" sei – gewissermaßen als ob diese Forderung eines verstärkten Einsatzes für den Fairen Handel keiner Erläuterung mehr bedarfe und selbstverständlich ist.[758]

---

[752] Vgl. Evangelisch-Lutherische Landeskirche Mecklenburgs: „… damit die Globalisierung dem Leben dient".
[753] Evangelisch-Lutherische Landeskirche Mecklenburgs: „… damit die Globalisierung dem Leben dient", 3. Die mecklenburgische Synode schließt damit an den EKD-Synodenbeschluss „Gerechtigkeit erhöht ein Volk" vom 9. November 2006 an.
[754] Vgl. Evangelisch-Lutherische Landeskirche Mecklenburgs: „… damit die Globalisierung dem Leben dient", 4-5.
[755] Vgl. oben Kapitel 4.1.3.4.
[756] Dieser Beschluss konnte leider nicht ausfindig gemacht werden.
[757] Evangelisch-Lutherische Landeskirche Mecklenburgs: „… damit die Globalisierung dem Leben dient", 7.
[758] Hinzuweisen ist auch auf die Evangelisch-Lutherische Landeskirche Sachsens, die bei ihrer Frühjahrstagung der 25. Landessynode 2006 in Dresden einen Themennachmittag „Globalisierung – ihre Chancen und Risiken" beinhaltete. Der Themennachmittag hat jedoch zu keiner einschlägigen Beschlussfassung der Landessynode geführt (vgl. online www.landeskirche-sachsen.de/ doc/Blickpunkt_Synode_9-2006.pdf). Angestoßen durch den Soesterberg-Brief ist auch in wieteren Landessynoden mit Auseinandersetzungen und Beschlussfassungen zu rechnen.

4.1.4.5. Landessynode der Evangelischen Kirche im Rheinland 2008: „Wirtschaften für das Leben"

In der Evangelischen Kirche im Rheinland waren es offenbar die Kirchenkreise, die sich offensiv mit Fragen der Globalisierung auseinandersetzten und auf eine Befassung ihrer Landessynode drängten. Aus elf Kreissynoden lagen einschlägige Anträge vor, als im Januar 2008 die Landessynode die Herausforderungen der wirtschaftlichen Globalisierung zu ihrem Hauptthema machte. In diesem Zuge wurde eine umfangreiche Stellungnahme mit dem Titel „Wirtschaften für das Leben" verabschiedet, mit der die Evangelische Kirche im Rheinland sich am AGAPE-Prozess beteiligen und dessen Herausforderungen annehmen wollte.

Das Dokument versucht sich zunächst eine theologisch-ethische Position zu erarbeiten. Dazu legt es zwei sich widerstreitende Positionen dar, die eine Antwort auf die wirtschaftliche Globalisierung geben: Das „Plädoyer für Alternativen zur globalen Wirtschaftsordnung" geht davon aus, dass die neoliberale Wirtschaftsordnung „Züge einer totalitären Macht und eines weltanschaulichen Systems" besitze. „Sie konterkariert Gottes Anspruch auf die Welt."[759] Dieser Position wird auch das AGAPE-Konzept zugeordnet, das die globale Marktwirtschaft transformieren wolle – denn „es will eine Wirtschaft, welche die Liebe zu Gott und die Solidarität mit den Nächsten in das wirtschaftliche Leben integriert."[760] Demgegenüber rechnet das „Plädoyer für eine Mitgestaltung der globalen Wirtschaftsordnung" damit, „dass die gegenwärtige neoliberale Wirtschaftsordnung auf absehbare Zeit das globale Handeln bestimmt. Er hält diese Ordnung allerdings für veränderungsfähig und veränderungsbedürftig."[761]

Die Stellungnahme scheint sich zwischen beiden Ansätzen nicht klar zu positionieren, neigt jedoch zum zweiten Konzept. Dafür spricht die Ablehnung des Bekenntnisstandes; zudem ist dies aus den Handlungsempfehlungen zu erspüren, die eher vorsichtig-suchend die Anliegen sozialer und ökologischer Herausforderungen der Globalisierung zu beantworten versuchen.

Insofern gelingt es der Landessynode zwar, zu Fragen den Konsums ein selbstkritisches Urteil zu fällen:

> „Obwohl wir wissen, dass es sozialethisch sinnvoll ist, ökologisch hergestellte, fair gehandelte und nachhaltig nutzbare Produkte zu verwenden, ist das in unseren Häusern und Einrichtungen nicht Standard. Zugleich aber mit dem Eingestehen dieser unserer eigenen Trägheit, die uns das Rechte erst morgen angehen

---

[759] Evangelische Kirche im Rheinland, Landeskirchenamt (Hrsg.): „Wirtschaften für das Leben", 25.
[760] Evangelische Kirche im Rheinland, Landeskirchenamt (Hrsg.): „Wirtschaften für das Leben", 29. Vgl. zum AGAPE-Prozess unten Kapitel 5.2.3.4.
[761] Evangelische Kirche im Rheinland, Landeskirchenamt (Hrsg.): „Wirtschaften für das Leben", 33.

4. Engagement kirchlicher Akteure

lassen will, bekräftigen wir, dass unser Bekenntnis zu Jesus Christus unvereinbar damit ist, die Ausbeutung von Menschen hinzunehmen."[762]
Die Ebene der Handlungsmöglichkeiten wird hingegen nur zaghaft konkretisiert: „Kriterien der Nachhaltigkeit und der Gerechtigkeit" seien beim Einkauf „zu berücksichtigen" und es sei „Einfluss zu nehmen hinsichtlich der Berücksichtigung von sozialen Kriterien bei der Beschaffung". Fair gehandelte Waren werden als Beispiel genannt; die Beteiligung an Aktionen und Kampagnen sowie die Informations- und Bildungsarbeit solle fortgeführt und ausgebaut werden.[763] Die Rolle der Kirche wird dabei nicht in der Gerechtigkeits- oder Nachhaltigkeitspraxis selbst gesehen, sondern darin, sich mit denjenigen, die Globalisierung gestalten, „in eine diskursive Auseinandersetzung zu begeben, sie – erneut oder erstmals – mit den Postulaten christlicher Überzeugung zu konfrontieren".[764] Damit hat die Landessynode der Evangelischen Kirche im Rheinland offensichtlich eine andere Richtung eingeschlagen, als sie von den Kreissynoden vorgeschlagen und in anderen Landessynoden beschritten wurde.

4.1.5. Die Rolle von Welthandelsfragen und Fairem Handel in den synodalen Dokumenten im Überblick

In der Gesamtschau der synodalen Prozesse zeigt sich, dass die Auseinandersetzung mit dem Themenbereich Gerechtigkeit und Entwicklung weit verbreitet ist und in dessen Folge auch zahlreiche Empfehlungen zum Fairen Handel als einer ganz konkreten Handlungsebene dieses Themenhorizonts ausgesprochen werden. Gleichwohl trifft auch beim Thema Fairer Handel zu, was Demel, Heinz und Pöpperl in ihrer Analyse der synodalen Prozesse für die Eine-Welt-Thematik resümierend festhalten: Ihrer Einschätzung zufolge, „vermitteln die Einlassungen eher den Eindruck bloßer Absichtserklärungen. Diesen Eindruck können auch mit Schriftzitaten unterlegte Statements nicht entkräften; sie verstärken eher ihren rein appellativen Charakter, solange keine konkreten Umsetzungsschritte erkennbar werden."[765]
Betrachtet man die synodalen Stellungnahmen beider Kirchen nicht nur in ihrer Gesamtheit sondern auch in ihrer chronologischen Ordnung, so lassen sich durchaus Entwicklungen aufzeigen. In dieser Gesamtschau wird gewissermaßen eine „normative Brille" aufgesetzt, welche den Blick für die in den Synodaldokumenten erfolgte Fair-Handels-Rezeption schärfen soll. Das bedeutet, dass der Faire Handel im fol-

---

[762] Evangelische Kirche im Rheinland, Landeskirchenamt (Hrsg.): „Wirtschaften für das Leben", 48.
[763] Evangelische Kirche im Rheinland, Landeskirchenamt (Hrsg.): „Wirtschaften für das Leben", 48.
[764] Evangelische Kirche im Rheinland, Landeskirchenamt (Hrsg.): „Wirtschaften für das Leben", 35.
[765] Demel/Heinz/Pöpperl: Löscht den Geist nicht aus! 195. Vgl. auch deren Einzeldarstellungen zu diesem Themenbereich auf S. 189-195.

4.1. Fairer Handel in synodalen Dokumenten

genden als Maßnahmenbündel aus bewusstseinsbildenden Aktivitäten, politischen Forderungen und natürlich dem Warenverkauf verstanden wird, also so, wie er sich auch selbst von Beginn an gesehen hatte[766]. Dabei wird schon auf einen ersten Blick ersichtlich, dass in den synodalen Dokumenten selten der Faire Handel als ein Aktionsmodell mit diesen drei Bestandteilen aufgegriffen wird.

Selbstverständlich stellt dies keine Kritik an den „frühen" Dokumenten dar, welche das Handlungsmodell überhaupt nicht ausdrücklich aufgreifen (Ausnahme: EKD 1973) und sich insofern natürlich auch nicht zu Verkauf und Verwendung der Produkte äußern können; dafür darf der bis Ende der 1980er Jahre noch geringere Bekanntheitsgrad der Aktion verantwortlich gemacht werden. Hervorzuheben ist dabei auf katholischer Seite die Klarsichtigkeit etwa der Texte der Gemeinsamen Synode und der Rottenburger Diözesansynode. Beide Texte unterscheidet zwar eine Zeitspanne von rund einem Jahrzehnt, sie verbindet jedoch die klare Wahrnehmung einer auf den Welthandel bezogenen Sicht in ihrer Gegenwartsanalyse und die besondere Betonung des politischen Engagements (Rottenburg) bzw. der Anwaltschaft für die Entwicklungsländer (Gemeinsame Synode). Wenngleich zwar in unterschiedlicher inhaltlicher Ausrichtung, so klingen doch in der Würzburger Vorrangstellung für die bewusstseinsbildende Arbeit und in der Rottenburger Würdigung des alternativen Lebensstils als Konsequenz des Evangeliums wesentliche Themen der damaligen Aktion Dritte-Welt-Handel an, die überhaupt eine Wahrnehmung dieser Texte im Fragehorizont des Fairen Handels legitimieren. Trotz dieser inhaltlichen Anknüpfungspunkte scheint die Aktion Dritte-Welt-Handel zu diesem Zeitpunkt katholischerseits noch keineswegs „hoffähig" (d.h. auch ausreichend bekannt und verbreitet) für eine mehr als nur implizite Rezeption in synodalen Dokumenten. Auf evangelischer Seite ist für diese Zeitphase ebenfalls ein sehr frühes Dokument – die EKD-Denkschrift zum Entwicklungsdienst der Kirche 1973 – herauszustellen, das in der Verschränkung von weltwirtschaftlichen Einschätzungen und Notwendigkeit der Bewusstseinsbildung eine weitgehende Nähe zu der noch jungen Aktion Dritte-Welt-Handel erkennen lässt und diese dem entsprechend auch exemplarisch erwähnt und würdigt. Für die ersten beiden Jahrzehnte der Fair-Handels-Bewegung ist dies jedoch auch im Protestantismus das einzige Dokument, das eine derartige Rezeption des Fairen Handels aufweist.

Der ausdrückliche Bezug auf den Fairen Handel darf insgesamt in einen zeitlichen Zusammenhang mit der Einführung des TransFair-Siegels und der damit verbundenen öffentlichen Aufmerksamkeit gestellt werden. Am Vorabend derselben wird der Faire Handel im Freiburger Kommissionstext auf interessante Weise aufgegriffen, fand jedoch nicht Eingang in die offizielle Beschlussfassung. In der zweiten Hälfte der 1990er Jahre werden dann aber gewissermaßen im Jahresrhythmus in den katholischen diözesanen Synodalprozessen Beschlüsse zum Fairen Handel gefasst. Erst

---

[766] Zu dieser Trias bzw. zu der ebenfalls vertretenen Zwei-Standbeine-Theorie vgl. Raschke: Entwicklungspolitische Bildung im Fairen Handel.

4. Engagement kirchlicher Akteure

durch die Einführung des TransFair-Siegels und durch die Handelsausweitung hat der Faire Handel also auch im kirchlichen Bewusstsein einen deutlichen Schub erfahren. Wenngleich diese Maßnahmen zunächst auf ein ganz anderes Marketingziel – nämlich die Einführung fairer Produkte in den allgemeinen Einzelhandel – ausgerichtet war, haben sie interessanterweise gerade auch im kirchlichen Ursprungsmilieu des Fairen Handels ihre volle Wirkung entfaltet.

Diese Einschätzung lässt sich nicht nur anhand der expliziten Wahrnehmung in den synodalen Dokumenten aufzeigen, sondern – eher kritisch betrachtet – auch anhand der darin vorgenommenen Schwerpunktsetzungen. Es ist auffällig, wie im Laufe der drei Jahrzehnte eine Verlagerung zugunsten von Forderungen nach Verkauf und Verwendung der Produkte im innerkirchlichen Bereich zu verzeichnen ist, welche offenbar zu Lasten der thematischen Wahrnehmung von Welthandelsfragen, von Bewusstseinsbildungsarbeit und politischen Engagement erfolgt.[767]

Im Einzelnen handelt es sich um folgende Beobachtungen, die hinsichtlich der kirchlichen Rezeption des Fairen Handels Fragen aufwerfen:[768]

1. Entweder ist festzustellen, dass politisches Engagement zwar in übergreifenden Begründungen noch eine allgemeine Erwähnung und Bedeutung erfährt, dieses aber in den Teilbeschlüssen zum Fairen Handel nicht (mehr) zum Tragen kommt (Regensburg, Münster, Berlin, Osnabrück, Westfalen, Mecklenburg),
2. oder aber es ist erkennbar, dass überhaupt aufgrund fehlender übergreifender Begründungen gar keine Aussage zu politischem Engagement erfolgt und somit auch das Modell des Fairen Handels damit nicht in Verbindung gebracht wird (Bamberg, EKD 2002, Rheinland).

Es ist deutlich, dass die Beobachtungen hinsichtlich der Rolle von Bewusstseinsbildung und Öffentlichkeitsarbeit recht ähnlich (d.h. mit geringfügiger Variation bezüglich der örtlichen Zuordnung) ausfallen:

3. Es wird Bewusstseinsbildung und Öffentlichkeitsarbeit überhaupt nicht als Aufgabe gesehen (Regensburg, Berlin, EKD 2002) oder
4. sie wird als notwendig und bedeutsam erachtet, nicht aber im Kontext des Fairen Handels verortet ([Gemeinsame Synode, Hildesheim], Freiburg, Bayern 1995, Westfalen).

Sofern ein Zusammenhang von Fairem Handel und Bewusstseinsbildung formuliert wird, ist zu unterscheiden zwischen

5. Beschlüssen, die ganz allgemein den Verkauf von fair gehandelten Waren als Beitrag zur Bewusstseinsbildung verstehen (EKD 1973, Bamberg, Osnabrück),

---

[767] Darin schlagen sich auch gesamtgesellschaftliche Konjunkturen hinsichtlich des politischen Interesses nieder; zur der Jugendgeneration diesbezüglich vgl. Raschke: Prophetieverdrossen, aber prophetisch aktiv?

[768] Es sei hier daran erinnert, dass die synodalen Beschlüsse als repräsentative Filterung bzw. Verdichtung der Praxis an der verbandlichen und gemeindlichen Basis gelten darf (siehe Beginn von Kapitel 4.1.).

4.1. Fairer Handel in synodalen Dokumenten

6. und solchen Beschlüssen, die konkrete Vorschläge und Anliegen hinsichtlich Bewusstseinsbildung und Informationsarbeit im Kontext des Engagements im Fairen Handel formulieren (Aachen, Würzburg, Münster, Bayern 2005).

Fasst man diese Beobachtungen zusammen, so können diese „gerichteten Unterschiedlichkeiten" nicht aus dem Textcharakter der einzelnen Dokumente heraus begründet werden. Offensichtlich trifft diese Diagnose für den umfangreichen und detaillierten Text der thematisch ausgerichteten Westfälischen Landessynode 2004 ebenso zu wie für den thesenartigen Charakter der Beschlusstexte des Regensburger Diözesanforums 1994/95, des Bamberger Pastoralgesprächs 1997-2004 oder des Diözesanen Pastoralforums Berlin 1999.

Die Kooperation mit Akteuren der Fair-Handels-Bewegung fällt im Überblick recht unterschiedlich aus. Insgesamt besteht bei Durchsicht der einzelnen Beschlüsse der Eindruck, dass der Kooperation mit gesellschaftlichen Initiativen eher ein exotischer Charakter zukommt:

- in den Diözesen Münster und Osnabrück existiert ein institutionelles Engagement kirchlicher Stellen in der Begleitung und Beratung von Fair-Handels-Gruppen, in der eine Kooperation mit anderen gesellschaftlichen Kräften erfolgt. Diese zu sichern findet als Forderung Eingang in die beiden Beschlussdokumente. Im Bistum Aachen wird diese Begleitung durch pastorale Berufsgruppen gefordert, nicht jedoch ein institutionelles, den kirchlichen Raum übersteigendes Engagement.
- Konkrete Ansprechpartner für eine verstärkte Verwendung von Fair-Handels-Produkten in kirchlichen Einrichtungen („Umstellung") werden lediglich in zwei Dokumenten genannt: Die EKD-Synode verweist auf die GEPA, der Aachener Beschluss auf den regionalen Aktionskreis 3. Welt e.V., der als GEPA-Verteilerstelle fungiert.
- In zwei Texten, dem Bamberger Beschluss sowie dem Freiburger Kommissionstext, wird Kooperation auf der lokalen Ebene verortet – entweder im Sinne der Zusammenarbeit mit dem Weltladen vor Ort (Freiburg) oder im Sinne der Vernetzung mit lokalen Eine-Welt-Initiativen (Bamberg).

Trotz im Detail – beispielsweise hinsichtlich des institutionellen Engagements in der Fair-Handels-Gruppenberatung – teils beachtenswerter Forderungen, bleibt doch festzuhalten, dass

- lediglich die drei Beschlüsse des Aachener Prozess Weggemeinschaft, des Pastoralen Dialogs Würzburg sowie der Bayerischen Landessynode den Fairen Handel mit seiner kompletten Aufgabentrias aus Verkauf, Information und politischen Forderungen aufgreifen und
- lediglich die vier Themenbeschlüsse der Gemeinsamen Synode („Entwicklung und Frieden"), der 1973er EKD-Denkschrift („Entwicklungsdienst der Kirche – Beitrag für Frieden und Gerechtigkeit") sowie der Landessynoden in Bayern und Westfalen hinsichtlich der bewusstseinbildenden und politischen Aufgaben im Horizont von Weltwirtschaft und Welthandel eine ausgewogene Beschlussfassung erreicht haben.

4. Engagement kirchlicher Akteure

Letzteres ließe sich als Indiz dafür deuten, dass in den übrigen Beschlüssen durch Kompromisse in der Argumentation oder durch die meist prägnantere, teils thesenartige Form dieser Ausgleich nicht möglich gewesen wäre. Dem widerspricht jedoch die Kürze und Prägnanz des ersten Teilbeschlusses der bayerischen Landessynode. Insofern darf das Bild, welches sich durch die Beschlusstexte der verschiedenen diözesanen, landeskirchlichen sowie bundesweiten synodalen Prozesse ergibt, als ein Spiegel dessen betrachtet werden, wie im kirchlichen Raum der Faire Handel überwiegend rezipiert wird. Es entsteht damit das Bild eines Fairen Handels, der engagiert und fordernd für die Verwendung und den Verkauf seiner Produkte eintritt, welcher hin und wieder einen Auftrag zu Information und Bewusstseinsbildung entdeckt und wahrnimmt, der in politischer Hinsicht zwar noch interessiert ist aber keine bestimmten Forderungen artikuliert und der (auf katholischer Seite, nicht jedoch auf protestantischer) immer weniger in einen Horizont von Welthandelsfragen eingebettet ist. Wenn das so aus den synodalen Dokumenten gezeichnete Portrait des Fairen Handels mit der Wirklichkeit übereinstimmt – und dafür sprechen auch die Beobachtungen und Wahrnehmungen zu Aktionsformen und Selbstverständnis des Fairen Handels in Kirchengemeinden bzw. gemeindenahen Eine-Welt-Gruppen[769] –, so ergeben sich dadurch erhärtete Rückschlüsse auf das Mentalitätsmilieu innerhalb der Kirchen. Das Interesse dieses Mentalitätsmilieus, sich auf die Philosophie des Fairen Handels einzulassen, und dessen Bereitschaft, sich in eine größere zivilgesellschaftliche Bewegung einzubetten, scheint offenbar eher gering ausgeprägt. Es werden damit auch die Vorurteile bestimmter Kreise der Fair-Handels-Bewegung bestätigt, die das kirchliche Engagement im Fairen Handel – offenbar aufgrund obiger Analyse zu Recht – kritisch bis ablehnend betrachten, weil es für die Bewegung wesentliche Momente unterschlage.

Zudem ergeben sich neue Fragen hinsichtlich der Bewertung der Handelsausweitung des Fairen Handels seit Anfang der 1990er Jahre: War diese gerade auch im kirchlichen Raum so erfolgreich, dass sie zu Lasten der Informationsarbeit ging? Hat sich somit die Kritik, Supermärkte hätten kein Interesse an Bewusstseinbildung, nicht nur als obsolet erwiesen, sondern sich quasi gegen einen Teil der Kritiker selbst gewandt, weil das Interesse daran im kirchlichen Raum ebenfalls unklar ist? Bezüglich des politisch-thematischen Selbstverständnisses des Fairen Handels treten durch die vorliegende Analyse offenbar Versäumnisse in der Vermittlung zu Tage, durch die in der Folge der Faire Handel gerade im kirchlichen Raum auf einen unpolitischen Verkauf verkürzt wird. Wohl haben die Organisationen des Fairen Handels zu wenig für die Bildung ihrer (kirchlichen) Aktionsgruppen getan bzw. neben der Informationsarbeit die Pointierung und Abgrenzung ihres Handlungsmodells nicht ausreichend betrieben und den Engagierten vermittelt.[770]

---

[769] Sh. oben Kapitel 3.2.
[770] In der Konsequenz zeigt sich, dass die Befürchtung Anfang der 1990er, durch die Handelsausweitung und die TransFair-Produkte im Supermarkt würde der bewusstseinsbildende Faktor aufgegeben, nun möglicherweise auf die damals Kritisierenden zurückfällt.

4.1. Fairer Handel in synodalen Dokumenten

Andererseits muss aber auch den in den Fairen Handel verwickelten kirchlichen Akteuren attestiert werden, dass eine Einwurzelung des Modells im kirchlich-theologischen Denken kaum stattgefunden hat. Beim Blick auf die theologischen Argumentationsmuster in den synodalen Dokumenten und damit auf die Frage, wie das Engagement im Fairen Handel mit christlichen Motiven bzw. Motivationen in Berührung gebracht wird, ist doch eine recht einheitliche Umgangsweise zu beobachten. Interessant ist dabei, dass keines der katholischen Dokumente auf die katholische Soziallehre und die darin formulierten Rechte und Pflichten Bezug nimmt. Insgesamt sind die theologischen Anknüpfungspunkte – wenngleich im Einzelfall sicherlich inspirierend – recht allgemeiner Natur: am beliebtesten ist der Verweis auf das Nächstenliebegebot bzw. auf das Doppelgebot der Nächsten- und Gottesliebe, wobei der zu liebende Nächste ebenfalls recht abstrakt als der „Bedrängte" oder „Notleidende" wahrgenommen wird – lediglich im Bamberger Beschluss wird der Kaffeebauer als Partner im Fairen Handel als konkreter „Nächster" aufgegriffen. Ähnlich einzuordnen sind die (eher pauschalen) Verweise auf den diakonischen Auftrag der Kirche, auf die prophetische Praxis in der Bibel, auf die christliche Umkehrbereitschaft oder auf die Menschenrechte. Der eher ekklesiologisch zu verstehende Hinweis auf die „Glaubwürdigkeit der Kirche" dürfte für ein individuelles Handeln aus christlichem Glauben wohl eine eher sekundäre Motivation bezeichnen, für die Kirchenverantwortlichen ist dies gleichwohl eine bedeutsame Begründung ihres Leitungshandelns. Diesen theologischen Momenten in den synodalen Beschlüssen soll hier keineswegs ihre Richtigkeit und Notwendigkeit abgesprochen werden. Allerdings darf die Überzeugungskraft solcher „weit hergeholter" Begründungslinien hinterfragt werden, vermögen sie doch kaum eine wirklich motivierende Kraft zu entfalten, um den Fairen Handel als notwendiges christliches Engagement aufzuweisen.

Bei aller Kritik gilt es jedoch auch, auf einen nicht unerheblichen strukturellen Umstand aufmerksam zu machen: Obwohl in Gemeinden das Engagement von Fair-Handels-Gruppen nur selten die Mitte des Gemeindelebens erreicht, eine Verortung im Grenzmilieu oder gar ein Auswandern aus der kirchengemeindlichen Milieu geläufige Phänomene darstellen[771] und diese damit nicht automatisch als Repräsentanten Zutritt zu den synodalen Beratungen erlangen, kann doch allein die Tatsache, dass der Faire Handel in die Hälfte der katholischen synodalen Beschlussdokumente seit Mitte der 1990er Eingang gefunden hat, als Erfolg der Fair-Handels-Bewegung bewertet werden. Unterschiede zeichnen sich hier allerdings im Raum der evangelischen Kirche ab, in der bislang lediglich bei zwei landeskirchlichen Themensynoden und einer EKD-Synode qualifizierte Beschlüsse zum Fairen Handel vorliegen. Diese Feststellung ist insofern verwunderlich, als dass auf protestantischer Seite das Synodalwesen mit seinen in der Regel jährlichen Tagungen vermutlich genügend Gelegenheiten für entsprechende Befassungen bieten würde. Ob daraus auf unterschiedliche Umgangsweisen des Fair-Handels-Engagements zwischen den beiden

---

[771] Vgl. Nuscheler u.a.: Christliche Dritte-Welt-Gruppen, 412 – siehe auch oben Kapitel 3.3.1.

4. Engagement kirchlicher Akteure

großen Konfessionen geschlossen werden darf, ist fraglich – eine Ursache könnte auch in den unterschiedlichen Charakteren der katholischen Synodalprozesse und der protestantischen Synoden begründet liegen.

Gleichwohl macht diese Teiluntersuchung die Einwurzelung des Fairen Handels im kirchlichen Milieu beider Konfessionen augenfällig, hat sich doch in diesen Beschlüssen jeweils eine kirchenrepräsentative Mehrheit ein Engagement und Handlungsmodell zu eigen gemacht, welches – selbst innerkirchlich – von einer Minderheit getragen wird. Somit verdeutlicht auch diese Verfahrensbeobachtung jenseits der inhaltlichen Thematik die Plausibilität, welche der Faire Handel inzwischen in den beiden großen deutschen Kirchen genießt.

4.2. Fair-Handels-Produkte von Verbänden, Diözesen und Hilfswerken

Dass der Faire Handel mit Projektpartnern zusammenarbeitet und die Partnerschaft mit diesen Produzentenorganisationen im Mittelpunkt seiner Existenz steht, ist eine lapidare Feststellung. Im Unterschied zu den unzähligen kirchlichen Gruppen und Gemeinden, Schulen und Eine-Welt-Vereinen aber, die sich um eine besondere, exklusive Partnerschaft zu einem einzelnen Entwicklungsprojekt herum gebildet haben, sind Fair-Handels-Akteure mit einer Vielzahl von Handelspartnerschaften konfrontiert. Bei der GEPA etwa ist die Zahl von rund 30 Handelspartnern im Jahr 1981[772] auf über 170 im Jahr 2007 angestiegen, dwp beziffert derzeit seine partnerschaftlichen Handelsbeziehung mit mehr als 60 Produzentengruppen und El Puente spricht von Handelspartnern in weltweit 40 Ländern. Diese Zahlen sind zwar noch keine Aussage über die Anzahl der im Angebot eines Weltladens repräsentierten Handelspartner, doch stecken sie den Rahmen dafür ab. Dabei ist zu berücksichtigen, dass Weltläden selbstverständlich auf Produkte (und damit Partnerkontakte) mehrerer Importorganisationen zurückgreifen und dass die Importorgansiationen zum Teil mit denselben Produzentenorganisationen zusammenarbeiten.

Auf diesem Hintergrund werden Detailwissen, Identifikation oder gar unmittelbare Partnerschaftskontakte vor große Herausforderungen gestellt bzw. sind in vielen Fällen einfach nicht realistisch möglich. Seitens der Importorganisationen werden daher etwa im Rahmen der Fairen Woche, bei ihren Jahresfesten oder bei Jubiläen punktuelle Begegnungsmöglichkeiten mit ihren Handelspartnern organisiert. Diese Gelegenheiten sind vor allem dann attraktiv, wenn sie bestehende Kenntnisse über gut bekannte Produkte und besonders profilierte Produzentengruppen vertiefen helfen. Wenn jedoch eher das Kennenlernen neuer Projekte oder in diesem Kontext die umfassendere entwicklungspolitische Problematik im Mittelpunkt steht, schwindet deren Attraktivität, weil ein partnerschaftlicher Beziehungsaufbau nicht mehr in greifbarer Nähe scheint.

Diese Situation der Partnerschaftskontakte im Fairen Handel zu skizzieren, darf als Verstehenshorizont dafür herangezogen werden, um die Entstehung und Bedeutung der im kirchlichen Bereich verbreiteten Idee von fair gehandelten Partnerschaftsprodukten zu erfassen. Gerade kirchliche Jugend- oder Erwachsenenverbände oder Diözesen, welche einerseits über gut funktionierende Netzwerke aber auch bereits über bestehende Partnerschaftskontakte in die Länder des Südens verfügt haben, waren dazu prädestiniert, ihre Partner- oder Länderkontakte mit dem Thema des Fairen Handels zu verbinden und sich für die Vermarktung etwa des Kaffees aus dem Partnerland oder aus einem Partnerprojekt einzusetzen. Solche Partnerschaftsprodukte nehmen die jeweiligen Verbände und Initiativen hierzulande einerseits in

---

[772] Vgl. Alternativ Handeln Nr. 7 (Juni 1981), S. 35.

die Verantwortung, nutzen andererseits aber auch die jeweiligen Mitgliedschaften, Aktivitäten oder Netzwerke für den Absatz des fair gehandelten Produkts. Das Thema Fairer Handel war insofern geeignet, die Solidaritätsarbeit innerhalb der meist schon bestehenden Partnerschaftsarbeit zu vertiefen und dieser gleichzeitig neue Anstöße zu verleihen.

Im Laufe der Jahre haben sich hier sehr unterschiedliche Projekte entwickelt, die zuletzt auch über den Rahmen der Partnerschaftsarbeit hinausreichten. Die Einzelinitiativen, welche durch je eigene Konstellationen zustande gekommen sind, haben spezifische Schwerpunkte gesetzt und unterschiedliche Entwicklungen erfahren. Im Folgenden soll deshalb der Versuch unternommen werden, diese verschiedenen Initiativen vorzustellen und ihre Eigenarten herauszuarbeiten. Dies geschieht neben der darstellenden Absicht auch dazu, die Art und Weise genauer zu verstehen, wie sich kirchliche Organisationen in den Fairen Handel einbringen bzw. diesen aufgreifen – vor allem dann, wenn sie ihre eigenen Projekte entwerfen und sich nicht in die Aufgabenerfüllung von Bewegungsorganisationen hinein verausgaben. Dabei wird vorwiegend so vorgegangen, dass schriftlich vorliegendes Material analysiert wird, welches entweder im Rahmen der Produkteinführung erstellt[773], im Kontext der Berichterstattung meist in trägernahen Blättern veröffentlicht oder auch im Folgeprozess entstanden ist. Hierzu zählen auch die in den meisten dieser Fälle erstellten Internetseiten. Im Bedarfsfalle wurde auch direkter Kontakt zu Vertretern der jeweiligen Organisationen gesucht, um Einzelheiten zu klären oder Einschätzungen einzuholen.

4.2.1. Projekte katholischer Jugend- und Erwachsenenverbände

„Geburtsort" und zugleich weiteste Verbreitung besitzen Partnerschaftsprodukte im Bereich der katholischen (Erwachsenen-)Verbände. Dabei gibt es eine große Spannweite von Engagement und Involvierung zwischen den jeweiligen Verbänden. Bei der Darstellung der folgenden Partnerschaftsprodukte beschränke ich mich daher auf diejenigen, welche zumindest augenscheinlich mit einer langfristigen und hohen Verbindlichkeit verbunden sind.

4.2.1.1. „Eine Hilfe zur Selbsthilfe": Der Kolping-Kaffee „Tatico mild"

Als „Pionier" in diesem Bereich darf das Projekt Tatico-Kaffee des Kolpingwerkes in der Diözese Paderborn gelten, von dem aus sich die Idee verbreitete, eigene Partnerkontakte mit einem beispielhaften und an der verbandlichen Identität ansetzenden Produkt zu verbinden. Ausgangspunkt ist hier die seit 1989 bestehende Partnerschaft des Paderborner Diözesanverbandes mit dem Kolpingwerk Mexiko. Dass diese wie auch die in anderen deutschen Diözesanverbänden existierenden Partnerschaften

---

[773] Beispielsweise Informations- oder Multiplikatorenmappen, Loseblattsammlungen und Informationsblätter, Internetinformationen – Zeitungsartikel, Pressemeldungen sowie weitere schwer zuweisbare Materialien werden lediglich in den Fußnoten (nicht im Literaturverzeichnis) belegt.

4.2. Fair-Handels-Produkte von Verbänden, Diözesen und Hilfswerken

nicht nur dem Verbandsaufbau bzw. der Verbandsausweitung dienen, sondern einen entwicklungsbezogenen Impetus haben, erklärt sich aus der sozialen Grundausrichtung und Identität des Verbandes und breitet sich seit 1968 im Anschluss an die Entwicklungsenzyklika *Populorum progresso* als Idee innerhalb des Kolpingwerkes aus.

Im Rahmen der Kolpingpartnerschaft Paderborn – Mexiko führten landwirtschaftliche Entwicklungsprojekte in der südmexikanischen Kaffee-Region Chiapas letztlich zu einem eigenen Fair-Handels-Kaffee. Aus der regionalen Gegebenheit heraus waren Kaffeebauern auf natürliche Weise in die Entwicklungszusammenarbeit des Kolpingwerks eingebunden, welche sich für eine ökologische Wirtschaftsweise durch den Verzicht auf Pestizide und Insektizide sowie auf Maßnahmen der Wiederaufforstung in Gebieten des tropischen Regenwaldes erstreckten. Die Kaffeebauerngenossenschaft *J'Amteletic* ist mit dem Kolpingwerk eng verbunden: alle ihre Mitglieder gehören der dortigen regionalen Kolpingsfamilie an. Der langjährige Vorsitzende der Kooperative wurde später Diözesan- und Nationalvorsitzender bei Kolping. Insofern lag es nahe, dass die mexikanischen Partner anfragten, ihren Kaffee auf Wegen des Kolpingwerkes absetzen zu können.

Zunächst hatte der Paderborner Kolping-Diözesanverband offenbar kaum Vorstellungen wie das realisierbar wäre, bis wohl eher zufällig im Rahmen einer diözesanweiten Veranstaltung in der sauerländischen Stadt Medebach ein Kontakt zwischen dem Geschäftsführer Werner Sondermann und dem Bürgermeister von Medebach, Kolpingmitglied und Kaffeeröster Günter Langen zustande kam. Der Inhaber einer kleinen Rösterei, dessen Sohn zum entsprechenden Zeitpunkt in Honduras weilte, um das Kaffeegeschäft zu lernen, leitete einen Termin in Mexiko in die Wege, bei dem die Eignung der Kaffeesorte für den deutschen Markt geprüft werden sollte.[774] Nachdem eine Zusammenarbeit mit der Fairhandelsorganisation GEPA seiner Zeit nicht zustande kam, die Kaffeebohnen jedoch offensichtlich von guter Qualität waren, ökologisch angebaut wurden und insgesamt nur ein Engagement im Rahmen der TransFair-Bedingungen in Frage kam, entschloss sich das Paderborner Kolpingwerk in Zusammenarbeit mit seinem Mitglied Langen, zum Import und zum Aufbau eines eigenen Vermarktungs- und Vertriebsweges. Somit kam es zur Markteinführung von „Tatico mild" – der Name aus der Quetschua-Sprache bedeutet „Gott" bzw. „Herr" und steht für die religiöse Überzeugung der Campesinos, „dass sie ihre Existenz in erster Linie Gott verdanken".[775]

Der Kaffeeabsatz erreichte dann jedoch eine Marke, die den Diözesanverband aus steuerrechtlichen Gründen zur Gründung einer GmbH, der „Gesellschaft zur wirtschaftlichen Betätigung des Kolpingwerkes mbh", veranlasste, über welche nunmehr der Verkauf von Tatico-Kaffee (sowie anderer Werbe- und Arbeitsmaterialien des

---

[774] Vgl. Kolpingwerk Diözesanverband Paderborn (Hrsg.): Menschen – Hoffnungen – Projekte. Die Arbeit des Kolpingwerkes Mexiko, 85.
[775] Kolpingwerk Diözesanverband Münster (Hrsg.): Jedes Joch zerbrechen. Ein Aktionshandbuch zur Kaffeekampagne, 88.

4. Engagement kirchlicher Akteure

Verbandes) abgewickelt wurde. Während die Rechnungsstellung über das Büro der GmbH erfolgt, wird die Auslieferung des Kaffees direkt von der Rösterei aus vorgenommen. Zudem werden zahlreiche unterstützende Informations- und Werbematerialien angeboten, darunter neben einer Broschüre und dem Video-Film „Die Bauern von Majoval. Kolping und der Transfair-Kaffee" vor allem Werbematerial wie Kaffeetassen, Deckchen und Verkaufsdisplay.

In den Publikationen rund um Tatico-Kaffee wird in erster Linie der entwicklungsbezogene Grund und Erfolg dieses Engagements betont: Dem gegenüber kommt die entwicklungspädagogische Wirkung in den publizierten Texten offenbar weniger in ihrer qualitativen und bewusstseinsverändernden Dimension zur Sprache, sondern eher in quantitativem Material: „Bis zum 31.12.1997 sind 546.878 Päckchen Kaffee verkauft worden."[776] Dass dafür die Kolpingidentität als Zugehörigkeits- wie Motivationskriterium sowohl für Käufer/innen wie für Verkäufer/innen von entscheidender Wichtigkeit auch für den Absatzerfolg sein dürfte, scheint augenscheinlich.[777] Obwohl dies keineswegs als Marketingstrategie ausdrücklich formuliert wird, so ist man sich durchaus bewusst, dass es „oftmals" Kolpingmitglieder seien, die zur Verbreitung des Kaffees beitragen und diesen in Firmen und Kantinen zum Verbrauch bringen; darüber hinaus wird auf „über 1000 Personen aus Kolpingsfamilien" verwiesen, die durch persönliches Engagement den Erfolg des Kaffees ermöglicht haben.[778]

Die inländischen bzw. innerverbandlichen Wirkungen des Tatico-Kaffees charakterisiert Markus Brügger mit Verweis auf die außerordentliche verbandliche Infrastruktur bezüglich der Eine-Welt-Arbeit[779] derart, dass viele Kolpingsfamilien durch den Kaffee – weil sie sich damit beschäftigen und dabei versuchen, den Kaffee auch über die Kolpingsfamilie hinaus bekannt zu machen – einen Bezug zur Entwicklungsarbeit bekommen hätten.[780] Selbst wenn keine Eine-Welt-Gruppe in der Kolpingfamilie bestehe, sei der Ausschank und Verkauf des Tatico-Kaffee bei Veranstaltungen des Ortsverbandes oder auch der Kirchengemeinde häufig zur Selbstverständlichkeit geworden. In einzelnen Fällen haben Kolpingsfamilien auch einen Eine-Welt-Laden

---

[776] Kolpingwerk Diözesanverband Münster (Hrsg.): Jedes Joch zerbrechen, 91.
[777] Diese Marketingstrategie wird auch daran ersichtlich, dass Tatico-Kaffee von zahlreichen anderen Kolping-Diözesanverbänden „beworben" wird sowie über die Internetseite des Kolpingwerkes Deutschland bestellt werden kann.
[778] Vgl. Kolpingwerk Diözesanverband Münster (Hrsg.): Jedes Joch zerbrechen, 88.
[779] E-Mail von Markus Brügger, ehrenamtliches Mitglied im Diözesanvorstand und im Diözesanfachausschuss Partnerschaftsarbeit, vom 16.8.2004 an den Autor: „Unser DV [Diözesanverband; MR] hat schon immer großen Wert auf die Entwicklungszusammenarbeit gelegt. Gerade durch unser Partnerland Mexiko wurde die Arbeit insgesamt intensiviert. Dies führte dazu, dass es in vielen Regionen unserer Diözese eine eigene Infrastruktur in Form von Entwicklungshilfe e.V.'s gibt. Gerade diese e.V.'s haben es sich auf die Fahne geschrieben, Informationen über Land und Leute, über die Globalisierung, über die Zusammenhänge und natürlich über den Kaffee zu verbreiten. Diese e.V.'s sind einzigartig im Kolpingwerk und leisten eine unschätzbare Arbeit."
[780] Vgl. E-mail vom 16.8.2004 an den Autor.

4.2. Fair-Handels-Produkte von Verbänden, Diözesen und Hilfswerken

im Gemeindehaus eingerichtet und bieten dort auch weitere Produkte des Fairen Handels an.[781]
Wie im Kontext der Bildungsarbeit der Kolpingsfamilien durch den Kaffee der Themenkreis Welthandel – Fairer Handel auch Gegenstand inhaltlicher Reflexion und Auseinandersetzung über die konkrete Aktionsmöglichkeit hinaus geworden ist, ist nicht erhoben. Anstöße und Hilfen dazu sind seitens des Diözesanverbandes gleichwohl gegeben, die durch eine vorübergehende Personalstelle, die sich um fairgehandelte Produkte kümmert, wahrgenommen wird und die schwerpunktmäßig das Gebiet um Paderborn bedient.[782] Bezüglich Handreichungen und Hilfen werde dabei speziell auf die offiziellen Unterlagen von TransFair zurückgegriffen.

Mit Blick auf die Frage, was den Kolping-Diözesanverband zu diesem Engagement motiviert, steht im Mittelpunkt offenbar der Beweggrund, die Lage der Kaffeebauern zu verbessern und dies mit den „über hundert Indianerfamilien in der Krisenregion Chiapas" konkret beziffern zu können. Von Bedeutung sind dabei eine deutliche Abgrenzung von einer almosenorientierten Partnerschaftsarbeit sowie die Identifikation mit dem Fairen Handel:

„Ziel dieser Initiative ist es nicht, milde Gaben zu verteilen, sondern den Erzeugern des hochwertigen Kaffees faire Preise für ihre Arbeit zu zahlen."[783]

Um dies zu untermauern wird ausdrücklich auf den Grundsatz der „Hilfe zur Selbsthilfe" als wesentlichem Topos des kirchlichen Entwicklungsverständnisses zurückgegriffen.

Die gebrauchten Formulierungen lassen dabei immer wieder erkennen, dass es um den Verkauf von möglichst großen Mengen des Kaffees aus dem Partner-Kolpingwerk geht – daher ist auch der konsequente Konsum ad intra und der beharrliche Hinweis ad extra nahezu selbstverständlich geworden. Die „effektive Hilfe" steht zweifelsfrei im Vordergrund. Daraus erklärt sich auch, dass die Nachricht über offenbar von 2002 an rückläufige Verkaufszahlen die Diözesanversammlung des Verbandes alarmierte und zur Durchführung einer Informationsveranstaltung bewegte, bei der zusammen mit dem Kaffeeröster „Ideen für neue Märkte" entwickelt werden sollten. Offenbar bedeutsamer jedoch war für die ehrenamtlich Engagierten der gegenseitige Erfahrungsaustausch, der in der Forderung nach einer regelmäßigen Form des Austausches sowie nach stärkerer Unterstützung und mehr Informationsmaterial mündete.[784] Das lose erscheinende Mitteilungsblatt „Tatico-Forum" als Informationsmedium schien diese Bedürfnisse der ehrenamtlich Engagierten offensichtlich nicht befriedigen zu können. Für die Motivationsarbeit der Engagierten, d.h. für deren

---

[781] Einschätzung von Markus Brügger. Ein Beispiel ist die Kolpingsfamilie Metelen, deren Eine-Welt-Laden neben der Kirche sonntäglich geöffnet ist und der ein recht typisches Engagement für gemeindenahe Aktionsgruppen zeigt. (Vgl. www.kolpingsfamilie-metelen.de)
[782] Zum Zeitpunkt der Recherche im Sommer 2004.
[783] www.tatico.de vom 16.5.2004
[784] TATICO-Tag war ein voller Erfolg, in: Kolpingblatt, Regionalteil „Nachrichten aus NRW", Heft 4/2004, S. 12.

persönlichen wie gemeinschaftlichen[785] Klärungsprozess, weshalb und mit welchen weitergehenden Motiven sie sich für den Verkauf des Tatico-Kaffees einsetzen, geben die von Paderborn herausgegebenen Schriften wenig Hilfestellung. Kritisch betrachtet ließe sich die Frage stellen, inwiefern Tatico-Kaffee im Paderborner Kolping-Diözesanverband vorrangig als ökonomisches Projekt der Entwicklungszusammenarbeit und nur nachrangig als Bestandteil der Bildungsarbeit des Verbandes verstanden wird. Andererseits wird anhand dieses Partnerschaftsproduktes auch eine eigene Art und Weise ersichtlich, wie Bewusstseinsbildung – auf eine Grundbotschaft konzentriert – aufs engste mit dem Verkauf bzw. Verkaufserfolg als effektiver Hilfe verwoben werden kann.

4.2.1.2. „Öko fair tragen": LamuLamu-Textilien der Katholischen Landjugend

Das sicherlich weitest reichende und komplexeste Projekt mit eigenen Produkten hat die Katholische Landjugendbewegung Deutschlands (KLJB) ins Leben gerufen. Sie hatte sich von den Informationen der Kampagne für Saubere Kleidung anregen lassen, die seit Mitte der 1990er Jahre auf die unmenschlichen Arbeitsbedingungen in mittelamerikanischen und asiatischen Nähfabriken aufmerksam machte. 1997 entwickelte die KLJB davon ausgehend ihre Kampagne „Öko fair tragen – Kleidung für eine nachhaltige Zukunft". Unmittelbar vorausgegangen waren in dem katholischen Jugendverband Auseinandersetzungen um die Fragen von Globalisierung, Welthandel und Sozialstandards sowie positive Erfahrungen mit einer verbandsinternen Kaffeekampagne.[786] Die Wahl von Textilien als Kampagnenthema wurde dabei aufgrund verschiedener Aspekte gefällt: einerseits wegen der besonderen Rolle als Exportprodukt, wovon sich eine hohe entwicklungspolitische Bedeutung und eine besondere Eignung für die Thematisierung von weltwirtschaftlichen Verstrickungen herleite; andererseits weil Jugendliche als Mitglieder des Verbandes ein „schnelllebiges und starkes Mode- und Markenbewußtsein" pflegten, worin „ein Teil des Problems" aber ebenso „eine Chance, Jugendliche entwicklungspolitisch zu sensibilisieren" liege – jedenfalls eine höhere Chance als bei den gängigen Produkten des Fairen Handels wie Tee und Kaffee.[787]

Die Initiative wurde von Anfang an als eine Kampagne definiert, welche fünf aufeinander bezogene Ziele verfolgte: Die Sensibilisierung von Verbraucherinnen und

---

[785] in der Kolpingsfamilie (!)
[786] Bezüglich der Kaffeeaktion vgl. insbesondere Bundesstelle der Katholischen Landjugendbewegung Deutschlands KLJB (Hrsg.): Kaffee fair genießen. Ein Aktionshandbuch. (1993). Über ihren Landjugendverlag vertreibt der Verband auch einen „KLJB-Kaffee" mit TransFair- und Bio-Siegel, welcher aus Äthiopien stammt und in der Rösterei eines KLJB-Mitglieds verarbeitet und verpackt wird. Zur vorhergehenden Beschäftigung der KLJB mit dem Fairen Handel und anderen Produkten (darunter auch Baumwolle und Textilien) vgl. den Werkbrief des bayerischen Landesverbandes: Landesstelle der Katholischen Landjugend Bayerns (Hrsg.): Ein Pfund Gerechtigkeit. Von alltäglichen Produkten und unerhörten Zusammenhängen (1996).
[787] Vgl. Hansen: Gesponnen und gewonnen, 4-5.

Verbrauchern für die Schattenseiten des globalen Textilienmarktes, die Förderung von Baumwollanbau und Textilverarbeitung nach ökologischen Gesichtspunkten, Förderung des Fairen Handels, ein unabhängiges Siegel für nach diesen Kriterien hergestellte Textilien sowie – zusammen mit der Kampagne für Saubere Kleidung, deren Mitglied die KLJB geworden war – die Entwicklung einer Sozialcharta für den konventionellen Bekleidungshandel.[788] In der Umsetzung der Kampagne „Öko-fair tragen" sollten diese Problemfelder und ihre Lösungsansätze bekannt gemacht werden. Dabei setzte der Landjugendverband auf ein mobiles Konzept der Informationsvermittlung und Bildungsangebote. Jugendliche und Erwachsene auf dem Land, „die mangels fehlender Bildungsangebote und Weltläden nur wenige Möglichkeiten haben sich über Alternativen im Welthandel zu informieren und fair einzukaufen", waren naturgemäß die ersten Adressaten der Kampagne. So umfasste das Angebot an die Landjugendgruppen, eine Wanderausstellung, ein „Cotton-Mobil", d.h. ein Transporter voller Materialien zum Thema, darunter eine Ausstellung, Anschauungsmaterialien aus der Textilverarbeitung, praktische Requisiten zur Durchführung von öffentlichkeitswirksamen (Straßen-)Aktionen sowie zahlreiche Arbeitshilfen für den Einsatz in Workshops oder Gruppenstunden. Darüber hinaus standen Printmaterialien als Erst- und Hintergrundinformation zur Verfügung.[789]

Entsprechend den zeitgemäßen Konzepten einer entwicklungsbezogenen Bildungsarbeit bestand ein Grundanliegen des Verbandes zudem darin, auch praktische Handlungsalternativen anbieten zu können, wofür der verbandseigene Verlag eine gute Voraussetzung bot. Eigene öko-faire Textilien wurden somit „das zentralste Medium der Kampagne": „Nachdem wir keine adäquaten Produkte für die Kampagne fanden, die den öko-fairen Kriterien entsprachen, konnten wir mithilfe der Deutschen Gesellschaft für Technische Zusammenarbeit (GTZ) und Unternehmen der Textil- und Bekleidungsindustrie in Kenia eine eigene öko-faire Bekleidungsproduktion aufbauen", fasst Roland Hansen, damals zuständiger Referent der KLJB-Bundesstelle, diesen letztlich entscheidenden Prozess zusammen. „Damit wollten wir beispielhaft beweisen, dass es durchaus möglich ist, schon heute ökologisch und sozial fair zu produzieren."[790] Entscheidende Unterstützung erhielt der Jugendverband durch die Entwicklungsorganisation GTZ, mit deren Hilfe ein erfahrener Fair-Trade-Gutachter vor Ort in Tansania und Kenia mögliche Partnerfirmen für den Landjugendverlag ausfindig machen konnte. Der Anspruch, mit Partnern aus nur einem Land zu kooperieren, ließ sich jedoch nicht aufrecht erhalten und so entstand eine länderübergreifende Zusammenarbeit zwischen tansanischen Bio-Baumwollbauern und kenianischen Textilverarbeitungsbetrieben, mit denen Vereinbarungen abgeschlossen wurden um die Einhaltung von Arbeitsschutzbestimmungen und die Einrichtung eines Sozialfonds sicherzustellen.[791]

---

[788] Vgl. Hansen: Gesponnen und gewonnen, 7.
[789] Vgl. Hansen: Gesponnen und gewonnen, 8.
[790] Vgl. Hansen: Gesponnen und gewonnen, 8-9.
[791] Vgl. Hansen: Gesponnen und gewonnen, 10.

4. Engagement kirchlicher Akteure

Bereits im März 1998 startete die KLJB auf ihrer Bundesversammlung mit der Wanderausstellung und 10.000 öko-fair produzierten T-Shirts ihre Kampagne.[792] Es folgten Einführungsseminare für Multiplikatorinnen und Multiplikatoren in der Jugendarbeit, die als „Öko-Fair-Promotorinnen und -Promotoren" die Kampagne innerhalb des Verbandes weitertrugen, sowie die Fertigstellung des Cotton-Mobils, der begleitenden Arbeitshilfen und eines 80-seitigen Werkbriefes[793] mit umfangreichen Hintergrundinformationen. Im Mai 1998 kooperierte der Verband bei der Auftaktveranstaltung des 3. Europäischen Weltladentages, welcher unter dem Kampagnenmotto „Made in dignity" stand und menschenwürdige Arbeitsbedingungen zum Thema machte. Im Juni wurde der Mainzer Katholikentag zum „Durchbruch" der Kampagne. Im Folgejahr konnte die Kampagne durch Gutachterreisen nach Kenia, durch Diskussionen auf Fair-Trade-Kongressen und speziell durchgeführten Workshops weiterentwickelt werden.

In Kenia wurde 1999 eine einheimische Entwicklungsexpertin als Projektberaterin gewonnen. Ein bedeutender Schritt nicht nur für die Abwicklung des Projektes, sondern mehr noch in seiner entwicklungsfördernden Dimension war zudem der Zusammenschluss dreier Partnerunternehmen in der Produktionskette im Rahmen eines joint ventures unter dem Namen LamuLamu[794]. Diese Produktionsgemeinschaft hat die Stabilität der Zusammenarbeit erhöht und so die Nachhaltigkeit des Projekts und dessen Weiterentwicklung gesichert. Für den Jugendverband und seine Landjugendverlag GmbH, die mit der LamuLamu-Gruppe Abnahmeverträge über ein bis zwei Jahre abschloss, habe „spätestens damit ... das professionelle Fair Trade Business" begonnen.[795] Im Januar 2001 konnte eine partizipative Zwischenevaluierung des Projektes erfolgen, wobei Arbeiter/innen wie Unternehmensleitungen zahlreiche positive Entwicklungen durch das KLJB-Projekt benannten. Auch eine zum selben Zeitpunkt durchgeführte externe unabhängige Begutachtung des Projekts kam zu sehr positiven Ergebnissen.[796] Allerdings: damit sich das Projekt langfristig ohne externe Zuschüsse würde tragen können, musste ein gewisses stabiles Absatz- und Umsatzniveau erreicht werden, wofür der Landjugendverlag entsprechende Anstrengungen unternehmen musste: Dazu zählte zunächst – angelehnt an die kenianischen Partner – ein marketingorientiertes Auftreten unter dem Namen „LamuLamu-Kollektion" und die Erstellung von Katalog und Internetshop.[797] In diesem Zusammenhang ging der Landjugendverlag 2005 auch eine Kooperation mit der Importorganisation dwp ein, um im jährlichen Turnus eine aktuell modische Kollektion zu

---

[792] Im folgenden: Hansen: Gesponnen und gewonnen, 11.
[793] Haferkamp/Hansen: Öko-fair tragen. Kleidung für eine nachhaltige Zukunft.
[794] Lamu ist der Name einer verkehrsmäßig kaum erschlossenen kenianischen Insel und ihres Distriktes, von der vorübergehend in 1999 ökologisch produzierte Baumwolle bezogen wurde.
[795] Vgl. Hansen: Gesponnen und gewonnen, 11-13.
[796] Vgl. Hansen: Gesponnen und gewonnen, 12-17 sowie Hansen: Konkrete Gewinne für die Hersteller der „LamuLamu Kollektion".
[797] Vgl. Hansen: Konkrete Gewinne für die Hersteller der „LamuLamu Kollektion".

4.2. Fair-Handels-Produkte von Verbänden, Diözesen und Hilfswerken

produzieren, die über dwp exklusiv die Weltläden erreichte.[798] Daran ist ersichtlich, wie die mit dem Anstoß zu einer internationalen Zusammenarbeit eingegangene Verantwortung gegenüber den Partnern den Jugendverband bzw. seinen Verlag immer mehr dazu angehalten hat, in ein professionelles Arbeiten zu investieren. Nur so konnte der Verband langfristig den Anforderungen gerecht werden, die ihm durch die Partner gestellt waren. Der damit verbundene innerverbandliche Lernprozess sollte in seiner Wichtigkeit und Dimension dabei nicht unterschätzt werden.

Äußerst positiv schätzt der Jugendverband selbst auch die Erfolge der Kampagne in der Bildungsarbeit hierzulande ein: Die Wanderausstellung wurde an über 180 Orten gezeigt, wobei sich KLJB-Initiativen und andere Ausleiher die Waage hielten. Die 2001 erschienene Dokumentation der Kampagne lässt anhand der aufgelisteten „Highlights" die vielfältigen und kreativen Umsetzungen der Kampagne in den Diözesanverbänden und Ortsgruppen erahnen. Auf verschiedenen Verkaufsmessen konnte sich die KLJB mit ihrer Kampagne präsentieren. Auf politischer Ebene konnte sich aufgrund von „Öko-fair tragen" die Katholische Landjugendbewegung als ernstzunehmender entwicklungspolitischer Gesprächspartner artikulieren. Selbst über die Fernsehberichterstattung des Westdeutschen Rundfunks konnte Öffentlichkeit erreicht und informiert werden. Der Verband selbst führte den Erfolg der Informations- und Bildungsarbeit auf fünf Faktoren zurück: (1) die Balance zwischen umfangreichen Hilfsmaterialien und Freiräumen für die kreative Weiterentwicklung vor Ort; (2) den mobilen Ansatz; (3) die Berücksichtigung des für Jugendliche wichtigen Spaßfaktors; (4) das eigene T-Shirt als Identifikationsmerkmal der Verbandsmitglieder und Kampagnenbeteiligten und als konkrete Handlungs- und Beteiligungsmöglichkeit sowie (5) die Kombination der Themen Ökologie, Gesundheit und Fairer Handel, durch die eher umwelt- und gesundheitsbewußte Verbraucher/innen bzw. Gruppierungen an die soziale Seite der Nachhaltigkeitsproblematik herangeführt worden seien.[799]

Mit dem Konzept einer „produktorientierten Bildungsarbeit" im Rahmen der politischen Bildung ist es der Landjugend nach eigenen Angaben[800] gelungen, politische Ziele und pädagogische Anliegen miteinander wirksam zu verbinden und durch diese Wirksamkeit sowohl nach innen wie auch nach außen Profil zu gewinnen. Auch in die Fair-Handels-Bewegung hinein hat sich die KLJB in diesem Sinne einen Namen gemacht, insofern sie nicht nur als aktive und eigene Anliegen (das Siegel für Textilien) vorantreibende Mitgliedsorganisation des TransFair e.V. erkennbar wurde. Mehr noch hat sie sich mit dem Angebot der Vermarktung auch an bzw. über Weltläden und mit der engen Kooperation mit einer Importorganisation zu einer bekannten Größe innerhalb der Bewegung entwickelt.[801]

---

[798] Vgl. Landjugendverlag GmbH (Hrsg.): Programm 2006, 2.
[799] Vgl. Hansen: Gesponnen und gewonnen, 26.
[800] Vgl. zum folgenden Hansen: Gesponnen und gewonnen, 28-29.
[801] Mit dem bislang einzigartigen Angebot auch für Gruppen aller Art öko-faire T-Shirts mit eigenem Motiv bedrucken zu lassen, bietet die LamuLamu-Kollektion ein einzigartiges Angebot, das

4. Engagement kirchlicher Akteure

Als schwierigstes Element der Kampagne sollte sich das Ziel eines unabhängigen Siegels für ökologisch produzierte und fair gehandelte Textilien herausstellen, was bei einem Fachkongress 1999 mit Vertretern aus Entwicklungspolitik und Handel diskutiert wurde. Es darf zu Recht als das weitestgehende Anliegen der KLJB-Kampagne gelten, insofern es auch die Ebene der unmittelbar steuerbaren Aktion überschritt und im Rahmen des verbandlichen Lobbying letztlich von der Zustimmung von Organisationen der Fairtrade-Zertifizierung und des zum Handeln aufgeforderten Einzelhandels abhing. Obwohl die KLJB als Mitgliedsorganisation von TransFair auf der einen Seite ein TransFair-Siegel für Baumwollkleidung anstrebte, verstand sie es andererseits als Mitträgerin der Kampagne für Saubere Kleidung, sich nicht auf ein einzelnes Konzept festzulegen, sondern den Dialog mit unterschiedlichsten Beteiligten zu suchen und bestehende Öko-Textil-Initiativen einzubeziehen.

Während damit auf der einen Seite in Kooperation mit der Kampagne für Saubere Kleidung Verhaltenskodizes mit Einzelunternehmen im Bekleidungssektor ausgehandelt werden konnten, dauerte die Entwicklung der Zertifizierung länger. Ab 2005 wurden in Frankreich, Großbritannien und der Schweiz bereits fairtrade-gesiegelte Textilien eingeführt, während die Markteinführung (d.h. die Findung von Partnerorganisationen) sich in Deutschland offenbar schwieriger gestaltete. Als TransFair am 22.8.2007 in einer Pressemitteilung die Einführung fair gehandelter Baumwolltextilien mit einer Reihe von Markenlabeln und einer Reihe renommierter deutscher Handelsketten ankündigte und eine Sortimentsbreite von Jeans über Kleider, Röcke, T-Shirts, Handtücher, Badematten bis hin zu Bettwaren vorstellte, gehörte allerdings die KLJB zu den Kritikern: die Siegelorganisation TransFair hatte sich dafür entschieden, insbesondere die Baumwollproduzenten als „das schwächste Glied in der Produktionskette" fördern zu wollen, denen faire Mindestpreise und Fair-Handels-Aufschlag zugute kommen. Die anderen Akteure der Produktionskette wie Spinnereien, Webereien oder Konfektionäre wurden hingegen lediglich auf die Einhaltung der anerkannten Konventionen der Internationalen Arbeitsorganisation (ILO) als sozialen Standards verpflichtet.[802] „Das Fairtrade-Siegel bleibt jedoch weit hinter seinen Möglichkeiten zurück", kritisierte der Jugendverband; er sah in den Standards der Siegelorganisation die oft problematischen Arbeitsbedingungen in den Verarbeitungsbetrieben nur unzureichend berücksichtigt und stufte die ökologischen Standards im Hinblick auf die Gesundheit und Arbeitsbedingungen der Baumwollpflückerinnen für zu niedrig ein.[803]

---

kirchliche Jugendverbände wie Fair-Handels-Initiativen kaum umgehen können. Der Landjugendverlag wird im ATO-TÜV des Weltladen-Dachverbandes als Fair-Handels-Organisation geführt. Vgl. Weltladen-Dachverband e.V. (Hrsg.): Der ATO-TÜV.

[802] Vgl. TransFair e.V. (Hrsg.): Anziehend anders: Textilien mit Fairtrade-Baumwolle, Pressemitteilung vom 22. August 2007, Köln 2007.

[803] Vgl. Katholische Landjugendbewegung Deutschlands (Hrsg.): Fair gehandelte Baumwolle ist ein guter Anfang, Pressemitteilung Nr. 24/2007 vom 21. August 2007, Rhöndorf 2007.

Der Jugendverband, der mit aller Selbstverständlichkeit von Anbeginn von „ökofairem" Baumwollanbau und Verarbeitung ausgegangen war, verbuchte mit seiner Zertifizierungsinitiative insofern letztlich nur einen ihn selbst enttäuschenden doppelten Teilerfolg: zum einen die faire, aber nicht unbedingt ökologische Förderung der Baumwollbauern – zum anderen die Förderung der Baumwollbauern, aber nicht die der gesamten Verarbeitungskette. In beiden Fragen hatte die Katholische Landjugendbewegung bereits eine weitergehende Möglichkeit aufgewiesen und eine in der Fair-Handels-Bewegung anerkannte Praxis eingeführt, welche sowohl die Komplexität als auch die Vorbildhaftigkeit ihres LamuLamu-Projektes ausgemacht hatte.

4.2.1.3. „Frauensolidarität zwischen Kaffeebäuerinnen und Kaffeetrinkerinnen": KDFB-Kaffee

Der Kaffee des Katholischen Deutschen Frauenbundes (KDFB) hat – ähnlich dem Tatico-Kaffee bei Kolping – seine Wurzeln im langjährigen entwicklungspolitischen Engagement des Verbandes: „Frauenbund und Eine-Welt-Arbeit gehören seit vielen Jahren zusammen" heißt es mit zugleich rückblickendem wie programmatischem Klang in der Einführungsmappe zum KDFB-Kaffee, die der Diözesanverband Regensburg als Initiator des Projekts und Produkts herausgegeben hatte.

Für die Entstehungsgeschichte ist eine entwicklungspolitische Bildungsreise von Mitgliedern des Regensburger KDFB-Diözesanverbandes im März 2000 bedeutsam, die auch zu Projekten des Fairen Handels in Honduras und Nicaragua führte. „Während und im Anschluss an diese Reise wurde die Idee geboren, als Frauenbund ein Kaffee-Frauenprojekt zu unterstützen. Beim Besuch zweier RAOS-Kaffeebäuerinnen in Deutschland ein Jahr später nahm diese Idee Gestalt an: 'Wir wollen keine Spenden, sondern wir wollen, dass ihr unseren Kaffee trinkt. Wir suchen eine starke Organisation hier in Deutschland, die uns hilft, mehr Kaffee verkaufen zu können', wünschte sich eine der beiden."[804] Auf die Frage der KDFB Frauen, „was sie zur Verbesserung der Lebenssituation tun könnten", habe diese Antwort ganz einfach geklungen.[805] Allerdings: erste Reiseberichte sprachen noch von Überlegungen „wie wir Hilfe, evtl. auch finanzielle leisten können".[806]

In enger Zusammenarbeit mit der GEPA, die bereits Kaffee von der honduranischen Genossenschaft bezogen hatte, wurde nun der KDFB-Kaffee kreiert: ein Kaffee mit einem hohen Anteil an RAOS-Biokaffee aus Honduras. Für das Projekt des KDFB-Kaffee ist nicht unerheblich, von welcher Kaffee-Kooperative der Kaffee stammt. Der Besuch bei der Organisation RAOS und insbesondere auch der Gegenbesuch in Regensburg in Kooperation mit der GEPA haben offenbar zu bleibenden freundschaftlichen Kontakten geführt.[807]

---

[804] KDFB Regensburg (Hrsg.): KDFB Kaffee (Materialmappe), Regensburg 2003, S. 3.
[805] www.frauenbund-regensburg.de vom 1.6.2004.
[806] Reisebericht „Unvergessliche Eindrücke" (Quelle unbekannt)
[807] Im Jahr 2004 erfolgte erneut in Zusammenarbeit mit GEPA ein Besuch von Andina Lopez, der Präsidentin von COMUCAP, einer Mitgliedskooperative bei RAOS.

RAOS ist eine 1997 gegründete regionale Genossenschaft von Biobauern, die ihre Vermarktung selbständig und direkt organisieren. „Zu den Mitgliedern der Kooperative zählt die Bäuerinnenorganisation COMUCAP mit 225 Frauen, die in der Kooperative die Verbreitung des ökologischen Landbaus vorantreibt und daneben politische Arbeit zu Frauen- und Menschenrechtsthemen leistet. Mit COMUCAP haben Frauen die Chance, ein eigenes Stück Land zu erwerben, sich im ökologischen Landbau weiterzubilden, hochwertigen Biokaffee zu produzieren und Stück für Stück wirtschaftlich unabhängiger zu werden."[808]

Für die „Mission" des KDFB paarte sich diese Erfahrung mit einer Reflexion auf die Rolle der Verbandsmitglieder im kirchlichen Umfeld:

„Überall in den Pfarreien wird Kaffee getrunken und meist sind es Frauenbund-Frauen, die ihn kochen. […] [S]ie können dazu beitragen, dass auch in Pfarreien und anderen kirchlichen Verbänden fair gehandelte Waren eine Selbstverständlichkeit werden und immer mehr und neue AnhängerInnen finden."

Neben diese „Schlüsselrolle" der KDFB-Frauen trat aber auch die entwicklungsbezogene Komponente: KDFB-Frauen würden „ein Zeichen setzen für partnerschaftliche Entwicklungshilfe, indem sie den Preis zahlen, den der Kaffee tatsächlich wert ist." Mit der Unterstützung der von einer starken Frauengruppe mitgetragen Kaffeekooperative verband der KDFB das Interesse einer spezifischen Akzentuierung seiner entwicklungspolitischen Arbeit indem er diese mit frauenpolitischen Aspekten verknüpfen konnte. Neben dem Hinweis auf die Notwendigkeit eines verantwortlichen Lebensstils, der auch die Bewahrung der Umwelt für die nachfolgenden Generationen umfasst, betonte der Frauenverband:

„Frauen brauchen gleichberechtigte Entwicklungschancen; Frauensolidarität geht über Grenzen hinweg und begegnet fremden Frauen nicht als Empfängerinnen von Almosen, sondern als gleichwertige Partnerinnen."

Insbesondere der Aspekt der Frauensolidarität erscheint dabei als Moment, in dem über umweltpolitisch und entwicklungspolitisch begründete Motive hinaus wichtige ethische Grundprinzipien formuliert sind: Solidarität und Gleichwertigkeit sowie Grenzüberwindung und Begegnung. Frauensolidarität zwischen Kaffeebäuerinnen und Kaffeetrinkerinnen wird als ein Beitrag zu weltumspannender Gerechtigkeit artikuliert. „Weltweite Gerechtigkeit lässt sich nicht nur in der großen Politik umsetzen. Im fairen Handel sieht der Frauenbund eine konkrete Möglichkeit, beim ganz normalen Einkauf ein kleines Stück Gerechtigkeit zu verwirklichen."

Nach Aussagen von Elisabeth Rembeck, die als Regensburger KDFB-Referentin die Entstehung des Produktes begleitete, sei es dem Frauenbund dabei nicht um ein Verbandsmarketing gegangen: „Den KDFB-Kaffee gibt es nicht, damit wir einen eigenen Kaffee haben, sondern weil er klar unsere Ziele verfolgt, frauenspezifisch

---

[808] Dieses und die folgenden Zitate: KDFB Regensburg (Hrsg.): KDFB Kaffee (Materialmappe), S. 3-5.

4.2. Fair-Handels-Produkte von Verbänden, Diözesen und Hilfswerken

und solidarisch an einer gerechteren Welt mitzuwirken."[809] Dass dieses Produkt in ein größeres entwicklungsbezogenes Projekt, den Fairen Handel eingebettet ist und darauf hingeordnet ist, unterstreicht die Glaubwürdigkeit dieser Motivation. Daher habe man sich entschieden, den Vertrieb insbesondere über Weltläden abzuwickeln, um diejenigen Frauen im KDFB, die bislang nicht zu den regelmäßigen Kundinnen gehört haben, auf die Weltläden aufmerksam zu machen und den Fairen Handel zu entdecken.[810]

Gleichzeitig wurde den Verbandsmitgliedern die Tragweite ihres Konsumverhaltens plastisch vor Augen geführt: „Wenn jede Frauenbundfrau pro Jahr nur ein einziges Päckchen KDFB Kaffee kauft, können die Kaffeebäuerinnen aus Honduras zehn Tonnen Kaffee pro Jahr mehr über die gepa umsetzen", womit zum damaligen Zeitpunkt von der Vermarktungsgenossenschaft RAOS für die einzelnen Kaffeebäuerinnen ein rund doppelt so hoher Preis als auf dem konventionellen Markt erzielt werden konnte.[811] Ein klares und motivierendes Ziel für das Engagement der Frauenbund-Frauen – und der Erfolg folgte prompt: Mit über 13 Tonnen wurden innerhalb der ersten dreizehn Monate die erwarteten Verkaufszahlen weit übertroffen. Die Diözesanvorsitzende Johannette Bohn kommentierte diesen Erfolg eingehend in frauenspezifisch-entwicklungsbezogener Perspektive: „Es ist schön, positive Rückmeldungen von den Frauen zu bekommen, die mit den Einnahmen aus dem fairen Handel viel besser planen können. Dadurch, dass sie nun einen verlässlichen Verdienst nach Hause bringen, sind sie auch im Ansehen der Männer gestiegen. Sie berichten, dass Männer sogar bereit sind, Hausarbeiten zu übernehmen – ganz gegen die vom mittelamerikanischen Machismo geprägten Gewohnheiten."[812]

KDFB-Kaffee hat seine Wurzeln im Frauenbund der Diözese Regensburg und streckte seine Triebe alsbald in zwei Richtungen aus: Einerseits in den Verband selbst hinein: Im Laufe des Einführungsjahres haben alle bayerischen Diözesanverbände[813] – mit mehr oder weniger starkem Elan – auch für Ihre Diözesen einen Startschuss für den KDFB-Kaffee gesetzt. Daran bestätigt sich die Bedeutung der konkreten partnerschaftlichen Beziehung des Regensburger Diözesanverbandes, die nicht nur die Schaffung dieses Produktes begründete, sondern auch im Einsatz für eine erfolgreiche Vermarktung spürbar wurde. Andererseits entfaltete der Kaffee auch seine Wirkung in andere kirchliche Einrichtungen hinein: Anscheinend öffnete

---

[809] Klement-Rückel: Bewusst einkaufen. Die Welt fair-ändern! 13.
[810] Vgl. Klement-Rückel: Bewusst einkaufen. Die Welt fair-ändern! 13. – Das bedeutet auch, dass der Verband mit dem fair gehandelten Kaffee keine neue Einnahmequelle für die Verbandsarbeit zu erschließen beabsichtigte.
[811] Vgl. Grass: Der Frauenbund-Kaffee, 25 sowie den Reisebericht „RAOS – der Kaffeepartner des KDFB Diözesanverbandes Regensburg" von GEPA-Mitarbeiter Kleber Cruz Garcia, unv. Ms. o.J. über einen Besuch bei RAOS im Januar 2002.
[812] Klement-Rückel: Bewusst einkaufen. Die Welt fair-ändern! 12.
[813] Der Kath. Deutsche Frauenbund KDFB umfasst bundesweit rund 230.000 Mitglieder, davon gehören 190.000 den bayerischen Diözesanverbänden an, die in dem einzigen Landesverband der Organisation zusammengefasst sind (www.frauenbund-muenchen.de vom 1.6.2004)

neben der guten Qualität auch das „katholische Profil" dieses Kaffees neue Türen für den Absatz fair gehandelten Kaffees. Diese Erfahrungen sind nicht unerheblich, angesichts einer wiederkehrenden und ernst zu nehmenden Skepsis von Weltläden und Aktionsgruppen, ein solcher Kaffee würde doch nur weitgehend bestehende Fair-Handels-Kaffees verdrängen. Diese Einschätzung trifft gewiss auf einen Teil der Käufer/innen und insbesondere auf diejenigen Zweigvereine des KDFB zu, die bereits in der Vergangenheit fair gehandelte Produkte und Kaffees sowohl verbraucht als auch weiterverkauft haben. Im Saldo jedoch war im Jahr 2003 in den beiden bayerischen Regionalen Fair Handelzentren, dem Eine Welt Zentrum in Bad Abbach-Eiglstetten (in der Diözese Regensburg) und dem FAIR Handelshaus Bayern, der Kaffeeabsatz in einem Maße gestiegen, dass dies offensichtlich mit der Einführung von KDFB-Kaffee in zusammenhängt.[814]

4.2.1.4. „Basisarbeit ... mit Herz und Fairstand": kfd-Kaffee

Auch bei der Katholischen Frauengemeinschaft, dem mit über 620.000 Mitgliedern in 6000 pfarrlichen Gruppen größten Frauenverband und größten katholischen Verband Deutschlands[815], findet das Thema Fairer Handel nicht losgelöst von anderen Initiativen seinen Eingang:

> „Nachhaltige Entwicklung sichert unsere Lebensgrundlagen: Wir fangen mit der Veränderung unserer eigenen Verhaltensweisen an. Nachhaltige Entwicklung muss – weltweit, aber auch in unserer eigenen Gesellschaft – wirtschaftlich sinnvoll, ökologisch verträglich und sozial gerecht sein. Mit Initiativen wie 'Politik mit dem Einkaufskorb', 'fair gehandelter kfd-Kaffee' aus Mexiko und unseren bundesweiten Aktionen zu 'fair gehandelter Kleidung' und 'fair – spielt', wollen wir den Weg für eine nachhaltige Entwicklung auf nationaler und internationaler Ebene bereiten."[816]

Verbraucherbezogene Themen in Verbindung mit entwicklungsbezogenen Überzeugungen sind demnach für das Selbstverständnis des Frauenverbandes konstitutiv. Dies bringt zudem auch die Mitgliedschaft des Bundesverbandes im Trägerverein der Siegelorganisation TransFair e.V. zum Ausdruck.

Ausgangspunkt für das Projekt kfd-Kaffee war neben den genannten Verbandsgrundsätzen die Kampagne „Fairstärkung für Niedersachsen" des Verbandes Entwicklungspolitik Niedersachsen. Diese Initiative zur weiteren Verbreitung fair gehandelten Kaffees durch sogenannte Städtekaffees[817] wurde durch den kfd-Diözesanverband Osnabrück aufgegriffen. Der unter dem Namen „kfd-Kaffee" eingeführte Kaffee wurde wie die übrigen niedersächsischen Städtekaffees von El Puente importiert; er

---

[814] Interne Kenntnis des Autors.
[815] Vgl. www.kfd-bundesverband.de vom 5.2.2007.
[816] kfd-Diözesanverband Trier: Aufnahmeformular, Trier 2005.
[817] Vgl. unten Kapitel 4.2.4.1.

4.2. Fair-Handels-Produkte von Verbänden, Diözesen und Hilfswerken

ist „produktgleich zum Agenda-Kaffee [...], jedoch mit eigener Tüte und kfd-Logo versehen"[818], wird also vor allem durch die Verpackung zum kfd-Kaffee.
Mit der Einführung des Produkts ging einher, dass sich etwa zeitgleich die Diözese Osnabrück durch dieselbe Kampagne angeregt sah, zur weiteren Verbreitung von fair gehandeltem Kaffee in den Pfarrgemeinden beizutragen.[819] Auch der Diözesanverband Münster sowie der Landesverband Oldenburg stiegen im selben Jahr als Partner in das Projekt ein und sorgten im Laufe des ersten Jahres für einen Kaffeeabsatz von 4,5 Tonnen. Dies übertraf nicht nur die Erwartungen sondern überzeugte auch den kfd-Bundesverband, so dass zum September 2003 der kfd-Kaffee bundesweit angeboten wurde und alle Diözesanverbände mit Ausnahme des Aachener Bistumsverbandes sich daran beteiligten.[820]
Aufgrund der Einbettung in das umfassendere Projekt „Fairstärkung für Niedersachsen"[821], in dessen Verlauf zahlreiche weitere zumeist kommunale Kaffeeprojekte realisiert wurden, spielte bei dieser Produkt- und Verkaufsinitiative eine spezielle Partnerschaftsbeziehung zu den Kaffeeproduzenten keine herausragende Rolle. Das Produktfaltblatt stellt gleichwohl die Kaffeekooperative „Yeni Navan" ('Ewiges Licht') im mexikanischen Bundesstaat Oaxaca vor:

„Die 1.050 Mitglieder von Yeni Navan gehören verschiedenen indigenen Gruppen an, die gleichberechtigt sind. Gemeinsam vermarkten sie ihren Kaffee selbst, um von Zwischenhändlern unabhängig zu sein und angemessene Preise für ihre Kaffeeernte zu bekommen. ... Der Faire Handel zahlt den Kaffeebauern etwa dreimal mehr als auf dem Weltmarkt üblich. Dadurch können die Bauern ihren eigenen Lebensunterhalt bestreiten und ihre Kinder zur Schule schicken."

Darüber hinaus wird die Bedeutung des Kaffees auf den internationalen Rohstoffmärkten und dessen Auswirkungen auf die Bauern und Plantagenarbeiter im konventionellen Handeln erläutert.
Über das Faltblatt hinaus wurden zur Werbung und Verkaufsförderung eine Plakat- und Postkartenserie[822] sowie eine Tasse mit Logo-Aufdruck des kfd (welche gleichwohl nicht aus Fairem Handel stammte) angeboten. Der kfd-Kaffee „soll nach Vorstellung der Initiatorin vor allem bei Gemeindefesten, Gruppentreffen oder anderen Veranstaltungen ausgeschenkt, aber natürlich auch bei Basaren und in Eine-Welt-Läden verkauft werden"[823], stellt also in erster Linie ein Produkt für den Radius der Eigenaktivitäten der verbandlichen Gruppen dar.

---

[818] Vgl. Diözese Osnabrück wirbt für Fairen Handel, in: Welt & Handel Nr. 4/2002, S. 7
[819] Vgl. Diözese Osnabrück wirbt für Fairen Handel.
[820] Vgl. o.V.: Der Niedersachsen Kaffee, 7. Zum Projekt des Aachener kfd-Verbandes sh. unten.
[821] Vgl. auch www.fairstaerkung.de/zeitung.html (aufgerufen am 29.8.2007)
[822] Plakatslogans waren: „Basisarbeit", „...mit Herz und Fairstand", „kfd-Kaffee fairbindet" sowie „faire Botschaft für Genießerinnen". (vgl. Bestellschein des kfd-Bundesverbandes vom Juli 2005)
[823] [o.V.]: Politik mit der Kaffeetasse. Einführung des fair gehandelten kfd-Kaffees, in: Welt & Handel Nr. 8/2002, S. 3.

4.2.1.5. "Jede Frau braucht eine andere Frau ...": kfd-Grüntee im Diözesanverband Aachen

Grüntee ist das Produkt, mit dessen Hilfe die Katholische Frauengemeinschaft kfd des Bistums Aachen ein solidarisches Engagement eingegangen war. Zu Beginn des Projektes stand eine Reise von Delegierten des Diözesanverbandes zu GEPA-Partnerorganisationen in Sri Lanka: Sie hatten im März 2004 die Arbeiterinnen der Idulgashena-Teeplantage und die Flechterinnen des Dambadenija-Körbchenprojekts besucht, das der kfd-Diözesanverband, der im Bistum Aachen 34.000 Mitglieder in 420 Pfarrgruppen umfasst, gezielt ab 2003 unterstützt. Im Hintergrund waren Grundüberlegungen zur Ausrichtung der Frauenarbeit im Verband gestanden, die auch den Bereich der weltweiten Verantwortung berührten:

> "Jede Frau braucht eine andere Frau, um groß werden zu können; braucht eine andere Frau, um von ihr lernen und sich entwickeln zu können. Unter diesem Gesichtspunkt wurde auch das Engagement der kfd im Eine-Welt-Bereich betrachtet. Damit war klar, dass für den kfd-Diözesanverband Aachen eine Partnerschaft gefunden werden sollte, die diese Aspekte in besonderer Weise aufgreift."[824]

Dieses Grundkonzept des Wachsens am anderen scheint die kfd-Verantwortlichen nicht nur in der eigenen Beziehung zu den Frauen in Sri Lanka getragen, sondern auch am Leben und Arbeiten der Partnerinnen imponiert zu haben: Es habe besonders überzeugt, "dass mit diesem Projekt, in dem tamilische Teepflückerinnen mit singhalesischen Korbflechterinnen zusammen arbeiten, ein riesiger Schritt zu einem friedlichen Miteinander der verfeindeten Ethnien getan wird", wobei auch "in guter gegenseitiger Akzeptanz" das Zusammenleben von Angehörigen verschiedener Religionen wie Christinnen, Buddhistinnen, Hindu und Muslimen auf beeindruckende Weise gestaltet werde.[825] Obwohl Pflückerinnen und Flechterinnen durch Sprache, Kultur und Religion getrennt seien, hätten "sie es geschafft, gemeinsam ein Modell von Wertschätzung und Arbeit zu entwickeln, das die Lebensbedingungen aller Frauen mit ihren Familien nachhaltig verbessert."[826]

Der kfd-Grüntee war Anlass und Gegenstand der Informations- und Bildungsarbeit der kfd, in deren Rahmen das Land Sri Lanka ebenso wie die Teeproduktion und das Dorfentwicklungsprojekt der Körbchenflechterei dargestellt wurde. Als Zielrichtung der Initiative der Aachener Diözesanfrauengemeinschaft war die Sensibilisierung der eigenen Verbandsmitglieder festgelegt. Den Verbandsfrauen wurde nicht nur der Tee angeboten, sondern auch zwei Faltblätter (eines mit "Grünteerezepten" und eines mit Sachinformationen zum Produkt und den Projekten).[827] In den erstellten

---

[824] Billmann: Vom Mailänder Frauenbuchladen und dem kfd-Grüntee, 2.
[825] Vgl. [o.V.]: kfd: Besuch zum Tee, 17.
[826] Billmann: Vom Mailänder Frauenbuchladen und dem kfd-Grüntee, 2.
[827] Vgl. kfd-Diözesanverband Aachen/gepa Fair Handelshaus (Hrsg.): Fairbindung. kfd-Grüntee sowie kfd-Diözesanverband Aachen/gepa Fair Handelshaus (Hrsg.): Fairbindung. Grünteerezepte; vgl auch www.kfd-tee.de (aufgerufen 8.9.2007).

4.2. Fair-Handels-Produkte von Verbänden, Diözesen und Hilfswerken

Informationsmaterialien reihte der Verband dieses Engagement in sein Grundverständnis ein, das durch den kfd-Grüntee auch nach außen geöffnet werde: Die Förderung von Kontakten und Begegnungen unter Frauen und Maßnahmen zur Unterstützung der sozialen Sicherung und Eigenverantwortlichkeit der Frau gehörten auch in der Inlandsarbeit zu den Grundanliegen der Frauengemeinschaft. Beides sei in dem Projekt „kfd-Grüntee" angelegt.

Die GEPA als Kooperationspartner des Bistumsverbandes blickte zum Zeitpunkt des kfd-Projekts allerdings schon auf eine über zwanzigjährige Zusammenarbeit mit der ceylonesischen Teeplantage und dem Körbchenprojekt zurück und bot in seinem Teesortiment entsprechende Produkte seit Jahren an. Fair gehandelte Bio-Grün- und Schwarztees im Flechtkörbchen waren insofern schon längst eingeführte Produkte. Daher wird man das kfd-Projekt wohl als eine Vermarktungshilfe mit dem Ziel der Erschließung neuer Käuferinnen und Konsumentinnen einordnen dürfen, welche im Sinne des Fairen Handels mit Ansätzen der einschlägigen Informationsarbeit flankiert wurde. Gleichwohl waren die Bildungskomponente und Öffentlichkeitsarbeit für den Verband von besonderer Bedeutung: „Neben der wirtschaftlichen Unterstützung durch den Verkauf des kfd-Grüntees ist ein guter, partnerschaftlicher Austausch über die jeweiligen Frauenwelten in Gang gekommen, der uns immer wieder staunen und auch lernen lässt", resümierte Sonja Billmann, die als ehrenamtliche Mitarbeiterin und Sprecherin des Diözesanverbands das Projekt mit begleitet und an der Begegnungsreise nach Sri Lanka teilgenommen hatte.[828]

Hinsichtlich der Bezugsmöglichkeiten des kfd-Grüntees wurde sowohl auf Weltläden als auch auf die Aktions- und Frauengruppen im Bistum Aachen hingewiesen. Insofern wurde indirekt ein Engagement von Verbandsgruppen und -mitgliedern im Verkauf des Produkts angestoßen und gefördert. Mit der gleichzeitigen Nennung von Aktionsgruppen und Weltläden war zudem versucht worden, eine Brücke zum Kauf weiterer Fair-Handels-Waren zu schlagen. Bedauerlicher Weise war jedoch das Gesamtkonzept nicht aufgegangen: Die „Absatzförderung" unter dem Label kfd-Grüntee war hinter den Erwartungen zurückgeblieben und führte dazu, dass die Kooperation bereits nach kurzer Zeit wieder beendet wurde.

4.2.1.6. Schokoriegel „Fairetta black 'n white" im BDKJ Limburg[829]

Im Bistum Limburg waren es die im BDKJ zusammengeschlossenen Jugendverbände, die mit einem Schokoladenprodukt die Partnerschaft des Bistums mit der Diözese Kumbo im kakaoproduzierenden Kamerun aufgriffen. Der Diözesanverband des BDKJ Limburg, der sich überhaupt auf ein langjähriges Engagement für entwicklungspolitische Themen und internationale Begegnung beruft, zählt es zu seinen Anliegen, Kinder und Jugendliche über Hintergründe von Armut und Unterentwick-

---
[828] Billmann: Vom Mailänder Frauenbuchladen und dem kfd-Grüntee, 3.
[829] Vgl. im folgenden: www.bdkj-limburg.de vom 5.2.2007 sowie BDKJ Limburg u.a. (Hrsg.): Gemeinsam fair handeln! (Faltblatt), Limburg 1999.

4. Engagement kirchlicher Akteure

lung aufzuklären und persönliche Veränderungsmöglichkeiten aufzuzeigen. Insofern wurde der Faire Handel zum festen Bestandteil der Jugendbildungsarbeit: Mit themenbezogenen Workshops oder methodischer Beratung für die Durchführung eigener Aktionen unterstützt das Referat „Internationale Gerechtigkeit" die Gruppen aus den Verbänden und Gemeinden, die sich für den Verkauf fair gehandelter Produkte einsetzen wollen.[830]

Die Bistumspartnerschaft Kumbo – Limburg, die auch in der Jugendarbeit durch gegenseitige Besuche, Mitarbeit in den Partnerverbänden, Jugendcamps sowie Fachkräfteaustausch diese Partnerschaftsarbeit gepflegt wurde, bildete den Ausgangspunkt für das produktbezogene Bildungsprojekt: Mit einem in Kooperation mit der GEPA gestalteten Schokoriegel unter dem Namen „black'n white" wurde für die Bildungsarbeit des Verbandes ein Medium geschaffen, welches der anschaulichen Vermittlung des genannten Grundanliegens gerade auch gegenüber Kindern und Jugendlichen dienen konnte.

Das Produkt „black'n white" symbolisiert zunächst mit Anteilen von weißer und brauner Schokolade die partnerschftliche Zusammengehörigkeit von weißen Deutschen und schwarzen Kamerunern. Es schafft so Gelegenheit zur Auseinandersetzung mit den Lebensumständen von Kindern und Erwachsenen in dem westafrikanischen Land. Und aufgrund der großen Bedeutung von Kakao für die Wirtschaft Kameruns schlägt der Schokoriegel schließlich die Brücke zum Fairen Handel, weil dafür Kakao aus der Genossenschaft Macefcoop im Norden Kameruns verwendet wurde. Ein unmittelbarer Kontakt zu den Mitgliedern der Genossenschaft spielt dabei gleichwohl keine Rolle: direkte Kontakte zu der Organisation bestanden zwar seitens der GEPA als Importeur, nicht jedoch von dem katholischen Jugendverband oder anderen Organisationen des Bistums Limburg.[831] Trotzdem scheint die mit der Verbindung hergestellte Unmittelbarkeit ein Identifikationsfaktor geworden zu sein, durch den die direkte Hilfe für die Kakaopflücker, -bauern und deren Familien greifbar wurde. Verkaufsförderung, Aktionsideen für Gruppen in Verbänden und Pfarreien, Workshops zum Thema Kakao und anderes mehr haben erst durch den „eigenen Schokoriegel" Sinn, Selbstverständlichkeit und somit Kontinuität in der Arbeit des Verbandes erlangt.

Für die Dauerhaftigkeit dieses Engagements spielte sicherlich eine gewichtige Rolle, dass der „eigene Schokoriegel" zwar im Rahmen der diözesanen Kamerun-Partnerschaft entstanden war, von der GEPA jedoch im gesamten Vertrieb angeboten wurde.

---

[830] Die BDKJ-Diözesanstelle bietet den Jugendgruppen auch eine Brücke zu anderen Fair-Handels-Produkten, indem entsprechende Waren vorrätig gehalten werden und damit in der Beratung für Aktionen zur Verfügung stehen.

[831] So eine Email-Auskunft von Peter Fischedick (Referat Internationale Gerechtigkeit) gegenüber dem Autor vom 8.2.2007 sowie von Stefan Diefenbach (ehemals Leiter der Jugendbegegnungsstätte Kloster Arnstein) vom 20.2.2007. – Im Herbst 2007 vermeldet die GEPA, dass Macefcoop nicht mehr zu ihren Handelspartnern gehöre; ebenso wenig andere kamerunische Kakaoproduzenten (vgl. Wo kommt der Kakao der GEPA her? In: GEPA Aktuell Nr. 4/2007 (Oktober 2007), S. 11).

4.2. Fair-Handels-Produkte von Verbänden, Diözesen und Hilfswerken

Mit dem eigenen Artikel hing insofern kein ökonomisches Risiko für die diözesanen Kooperationspartner in Limburg noch eine unmittelbare Verantwortung gegenüber den Produzenten zusammen. Diese Konstruktion scheint dem Jugendverband eine Belastung erspart zu haben, welche andererseits Kräfte für ein kontinuierliches entwicklungspädagogisches Engagement freisetzte.

4.2.1.7. „Amistad" und „Titicacapops": Schokoriegel in der Erzdiözese München und Freising

Zwei Projekte, die der Autor mit zwei Diözesanverbänden in der Erzdiözese München und Freising entwickelt hatte, nahmen die Limburger Idee zum Vorbild. Sie konnten jedoch durch die hohe ökonomische Verpflichtung für die Verbände letztlich nicht dauerhaft bestehen: Dort war es zunächst die Katholische Landvolkbewegung KLB, die die Möglichkeit aufgriff, um für ihre langjährige Ecuador-Partnerschaft zu werben und die Verkaufserlöse dieser Arbeit wiederum zufließen zu lassen. In Kooperation mit dem FAIR Handelshaus Bayern eG wurde ein bereits bestehender GEPA-Schokoriegel ausgewählt und mit einer eigenen Verpackung und einem eigenen Namen versehen: Unter dem Titel „Amistad" (spanisch für „Freundschaft" oder „Partnerschaft") wurde auf die Beziehung zu den ecuadorianischen Partnern hingewiesen. Der Schokoriegel wurde, wenn auch nicht exklusiv, mit Kakao von ecuadorianischen Kleinbauern produziert, zu denen der KLB-Diözesanverband selbst ebenfalls keine direkte Beziehung besaß. Die auf zwei Jahre verteilte Pflichtabnahmemenge von 10.000 Stück jedoch stellte für den kleinen Verband eine große Herausforderung dar, so dass nach Abverkauf der Gesamtmenge keine positive Entscheidung für eine Fortführung des Schokoriegels „Amistad" gefällt werden konnte. Es zeigte sich zunächst, dass durch den Ehrgeiz des Verkaufs das Thema des Fairen Handels an eine Reihe von Ortsgruppen herangetragen, eine langfristige und eingehendere Auseinandersetzung jedoch nicht angestoßen werden konnte, auch weil durch die Verkaufsarbeit keine Ressourcen zur Entwicklung von Bildungsimpulsen „übrig" schienen.

Gleichwohl hat die Idee in derselben Diözese einen Nachahmer gefunden, indem die Katholische Landjugendbewegung KLJB im Rahmen ihrer Bildungs- und Aktionsarbeit ebenfalls mit einem Beispielprodukt des Fairen Handels arbeiten wollte. Die vom Diözesanarbeitskreis Eine Welt „DAKEW" der KLJB München und Freising durchgeführte Aktion widmete sich dem Partnerland des Diözesanverbandes: Bolivien. Zur bolivianischen Landjugend MJRC (Movimiento de la Juventud Rural Cristiana) bestehen ähnlich wie im Falle Limburgs Partnerschaftsbeziehungen, die durch gegenseitige Besuche und Einladungen lebendig gepflegt werden. Darüber hinaus werden auch Projekte der bolivianischen Landjugend – wie eigene Zeitung, Bildungsarbeit, Strukturförderung – finanziell unterstützt.[832] In diesem Rahmen wurde die Idee aufgegriffen, einen GEPA-Schokoriegel als Aktionsprodukt zu kreieren.

---

[832] Vgl. www.wirbewegendasland.de vom 8.8.2007.

Dafür wurde ein mit aufgepopptem bolivianischem Quinoa-Korn aus den Anden gefüllter Schokoriegel ausgewählt und mit dem Namen „Titicacapops" versehen. Für einen begrenzten Aktionszeitraum von rund 1,5 Jahren bot der eigene Schokoriegel einen Ansporn für den Verband, das Thema Fairen Handel, das in den Ortsgruppen und Verbandsveranstaltungen ohnehin gut verankert ist, aktuell zu halten und mit dem Aktionsschokoriegel zum Gegenstand der eigenen Jugendbildungsarbeit zu machen.

4.2.2. Partnerschaftskaffees von Diözesen und ihren Kooperationspartnern

4.2.2.1. Ausdruck der diözesanen Partnerschaft: Amistad-Kaffee in Aachen

Das erste solche Projekt, das nicht aus verbandlicher sondern regionaler Identität und Partnerschaftsarbeit herrührt, stammte aus der Diözese Aachen. Seine Ursprünge standen in direktem zeitlichen wie inhaltlichem Zusammenhang mit den bereits oben beschriebenen synodalen Vorgängen im Bistum Aachen und ihren Beschlüssen hinsichtlich des Fairen Handels.[833] Die Einführung des Partnerschaftskaffees des Bistums Aachen erfolgte Anfang 1996 und stand damit in der Umsetzungsphase der Bistumstags-Beschlüsse bereits zur Verfügung.[834] Dem entsprechend wurde in den weitergehenden Umsetzungsempfehlungen auf diesen Kaffee „Amistad" verwiesen. Der Handelsname „Amistad" (spanisch für „Freundschaft", sinngemäß auch „Partnerschaft") weist auf die schon in den 1960ern begonnene Partnerschaftsarbeit von Verbänden, diözesanen Stellen und Pfarrgemeinden des Bistums mit der Kirche in Kolumbien hin. Aus dem lateinamerikanischen Land stammt natürlich auch der Rohkaffee selbst, welcher „eigens für das Gebiet der Diözese Aachen importiert, geröstet und verpackt wird" – eine Aufgabe, welche von der GEPA abgewickelt wird und durch die die Einhaltung der Fair-Handels-Kriterien und die Auszeichnung mit dem TransFair-Siegel sichergestellt werden.

Neben dem Verkauf über die Weltläden, kirchlichen Aktionsgruppen und Pfarrgemeinden innerhalb des Bistums – sie wurden von der GEPA-Verteilerstelle Aktionskreis 3. Welt e.V. mit dem Café Amistad versorgt – spielten im Kontext der Umsetzung der Bistumstagsbeschlüsse auch kirchliche Tagungshäuser als Absatzmarkt eine Rolle. Im November 1998 waren trotz der Finanzsituation des Bistums die meisten bistumseigenen Einrichtungen auf GEPA-Kaffee (vor allem den Café Amistad) oder auf TransFair-gesiegelte Produkte anderer Anbieter umgestellt. Bemängelt wurde jedoch, dass für die Einrichtungen des Diözesancaritasverbandes als auch für die Verwaltungsstellen des Bistums (Regionalstellen, Generalvikariat) keine formellen Regelungen erlassen worden waren.

---

[833] Vgl. oben Kapitel 4.1.2.3.
[834] Sh. Diözesanrat der Katholiken Aachen (Hrsg.): Kolumbien-Informationen 2 (Mai) 1996, S. 1-2.

Ein gewisses „Follow-up" hat der Café Amistad im Herbst 2003 in dem Städtekaffee „Aachen Café Amistad" gefunden. Was für Außenstehende von der Namensgebung kaum einen Unterschied zu machen scheint, wird jedoch an den fundamental unterschiedlich gestalteten Verpackungen deutlich. Der neue Kaffee entspricht dem alten, in einer neuen Verpackung, die jedoch ausschließlich innerhalb der Stadt Aachen eingeführt wurde. Aufgrund seiner Einbettung in die städtische Agenda 21-Arbeit übernahm der Aachener Oberbürgermeister die Schirmherrschaft. Wie sein gleichnamiger Pate handelt es sich um eine 80:20 Mischung aus kolumbianischem und peruanischem Kaffee, der von der GEPA importiert und geröstet wird und mit dem TransFair-Siegel ausgezeichnet ist. Dank verschiedener Förderungsquellen für entwicklungsbezogenen Bildungsarbeit, konnten zur Markteinführung hier ansprechende Informationsmaterialien erstellt werden.[835] Darin wird an die Partnerschaftsbeziehungen innerhalb des Bistums zu Kolumbien angeschlossen und das Land Kolumbien mit seinen Gewalt- und Drogenproblemen beschrieben. Die Genossenschaft Ingruma als der Kaffee-Lieferant und ihre Vorteile durch den Fairen Handel werden dargestellt, aber auch die Grundsätze und Kriterien des Fairen Handels (Mindestpreis und Mehrpreis, Direkteinkauf, Langfristige Abnahmeverträge, Vorfinanzierung, Sozial- und Umweltstandards, Demokratische Entscheidung und Kontrolle) sind eingehend erläutert. Schließlich werden neben den gewissermaßen üblichen Bezugsquellen auch Anregungen für eine weitere Verbreitung des Kaffees z.B. „Am Arbeitsplatz" erteilt und ein Vertrieb über den Lebensmitteleinzelhandel in Aussicht gestellt, falls die Händler nur oft genug danach gefragt würden.[836]

Auffallend an den erstellten Materialien des Städtekaffees „Aachen Café Amistad" ist die – auch im Vergleich mit anderen Partnerschaftsprojekten – umfassende und detaillierte Beschreibung der Fair-Handels-Kriterien, welche sich nicht nur in der 12-seitigen Broschüre „So gut schmeckt Freundschaft!" sondern ebenso in dem Produktfaltblatt findet.

4.2.2.2. Erstmals ökumenisch – und afrikanisch: Würzburger Partnerkaffee

Zu einem – im doppelten Sinne – ökumenischen Projekt ist der „Würzburger Partnerkaffee" geworden, insofern nicht nur über die Konfessionen hinweg sondern auch in Kooperation mit nichtkonfessionellen Akteuren eine erfolgreiche Kaffeevermarktung mit tansanischen Produzenten aufgebaut wurde.

Der Ausgangspunkt liegt in der missionarischen Arbeit der Benediktinerabtei Münsterschwarzach, deren Mitglied Pater Athanasius Meixner OSB bereits Ende der 1980er tansanischen Kaffee nach Deutschland schickte und 1993 in den Usambara-

---

[835] Aktionskreis 3. Welt e.V./Aachener Weltladen e.V. (Hrsg.): So gut schmeckt Freundschaft. Aachen Café Amistad, 12 Seiten, Aachen 2003. Vgl. auch das gleichnamige 4-seitige Faltblatt.
[836] Vgl. Aachen Café Amistad: Information, 29.10.2004, S. 1 – Das vom Aachener Weltladen und dem Aktionskreis 3. Welt e.V. gemeinsam initiierte und vertriebene Produkt erreichte im ersten Verkaufsjahr (2003/04) eine Absatzmenge von 2,5 Tonnen, gegenüber 2,6 Tonnen diözesanen Amistad-Kaffees.

4. Engagement kirchlicher Akteure

Bergen Tansanias eine Kooperative gründete, welche den Kaffeebauern deutlich bessere Preise anbot.[837] Meixner habe dann einen ganzen Container mit fertig geröstetem, gemahlenem und abgepacktem Arabica-Kaffee seinen Mitbrüdern ins deutsche Münsterschwarzach geschickt und um deren Verkauf gebeten.[838] Da der Orden allein offenbar keine ausreichenden Kräfte und Möglichkeiten für eine erfolgreiche Vermarktung des Kaffees sah, nahmen die Benediktiner 1995 Kontakt mit der Diözesanstelle Mission-Entwicklung-Frieden des Bistums Würzburg auf, die sowohl den örtlichen Weltladen als auch Vertreter der Stadt Würzburg mit an den Tisch holte.

Zur Zeit dieser Diskussionen und Lösungssuche wurde 1996 dem „Aschaffenburger Partnerkaffee" – einer Initiative des dortigen und zuvor im Kaffeeland Kolumbien tätigen Pfarrers Josef Otter – der „Würzburger Friedenspreis" verliehen. Diese Preisverleihung war auch gedacht als ein „Impuls für die Stadt Würzburg und ihre Städtepartnerschaft mit Mwanza in Tansania: könnte nicht der hiesige Direktvertrieb von Kaffee – in der Nähe von Mwanza wird ebenfalls Kaffee angebaut – oder eines anderen fair gehandelten Produkts die stille Städtepartnerschaft zu einer lebendigen Städtesolidarität Würzburgs mit Mwanza werden lassen?"[839] Dies wurde tatsächlich zum Auslöser dafür, für den tansanischen Kaffee der Missionsbenediktiner eine ähnliche Initiative wie in Aschaffenburg zu starten. Es wurde die Idee eines gemeinsamen Trägervereins geboren und 1998 schlossen sich zunächst sieben Mitgliedsorganisationen, denen allen partnerschaftliche Beziehungen nach Tansania gemeinsam sind, in dem Verein „Würzburger Partnerkaffee e.V." zusammen. Dieses von Beginn an breite, überkonfessionelle und überparteiliche, verschiedenste gesellschaftliche Bereiche zusammenbringende Bündnis[840] wird heute als entscheidender Mosaikstein für den Erfolg des Würzburger Partnerkaffees gewertet.[841]

Der Verein übernahm damit von den Missionsbenediktinern den Import und Vertrieb des Kaffees, womit auch eine Anschubfinanzierung durch den Orden gegenüber dem Verein verbunden war. Der Kaffee wurde über die tansanische Kaffeebörse in Moshi

---

[837] Vgl. Heuer: Würzburger Partnerkaffee e.V. gestartet.
[838] So der heutige Geschäftsführer Klaus Veeh im Gespräch am 18.3.2005 in Würzburg.
[839] Vgl. die Informationen zur Preisverleihung durch das Komitee Würzburger Friedenspreis auf www.oekopax.de (Archiv Würzburger Friedenspreis) vom 21.3.2005.
[840] Diesem gehören als Gründungsmitglieder an: die Stadt Würzburg durch ihre Städtepartnerstadt mit Mwanza; die Diözese Würzburg mit ihrer Partnerschaft mit der südwest-tansanischen Diözese Mbinga; das Evangelische Dekanat Würzburg, das in Beziehung zum evangelischen Dekanat Ruvuma steht; die Missionsbenediktiner aus Münsterschwarzach, die in Tansania Abteien und Stationen unterhalten; das Missionsärztliche Institut Würzburg, das mit Gesundheitsstationen in Tansania zusammenarbeitet; der Afrikaclub e.V., welcher kulturellen Austausch pflegt; die Initiative Eine Welt e.V. als Träger des örtlichen Weltladens, die u.a. Produkte aus Tansania verkauft. Das Deutsche Aussätzigenhilfswerk und der Caritasverband der Diözese Würzburg, die ebenfalls mit Partnern in Tansania zusammenarbeiten, sind zu einem späteren Zeitpunkt beigetreten, ebenso der Katholische Deutsche Frauenbund der Diözese. – Vgl. Würzburger Partnerkaffee e.V. (Hrsg.): Kaffee aus Tansania (Faltblatt); sowie die Nennung der Mitgliedsorganisationen bei Heuer: Würzburger Partnerkaffee e.V. gestartet.
[841] Vgl. Gespräch des Autors mit Klaus Veeh, Geschäftsführer des Würzburger Partnerkaffee e.V., am 18.3.2005

eingekauft, wobei es sich um hochwertigen Arabica-Kaffee aus den Usambarabergen und der Kilimanjaro-Region im Norden des Landes sowie um ertragreichere Robusta-Sorten aus der Genossenschaft Madaba zwischen den Diözesen Njombe und Sengea handelte.[842] Zunächst wurde der Kaffee (in Fortführung der Praxis von Pater Meixner) in einer tansanischen Rösterei verarbeitet und verpackt. Man sah darin – auch in Weiterentwicklung des Aschaffenburger Partnerkaffees – einen Beitrag zu einer zusätzlichen Wertschöpfung in Tansania und wollte zeigen, „dass auch die produzierenden Länder zu einer vollständigen und qualitativen Verarbeitung in der Lage sind".[843] Dieses Anliegen scheiterte jedoch, weil die Rösterei „keine gleich bleibende Qualität liefern" konnte.[844] Für die Verarbeitung wurde daher der nahe Aschaffenburg ansässige Kaffeeröster Braun gewonnen, der auch den Aschaffenburger Kaffee und Kaffee für die Fairhandelsorganisation GEPA verarbeitete.

Wenngleich bereits Pater Meixner die Idee des Fairen Handels für seinen Kaffee verfolgte, so war es jedoch der neu gegründete Trägerverein, der sich als Lizenznehmer bei der Siegelorganisation TransFair bewarb, damit seinen Kaffeeimport offiziell den Kriterien des Fairen Handels und dessen Kontrolle unterstellte, und so den Würzburger Partnerkaffee mit dem TransFair-Siegel versehen durfte. Jenseits des damit vorgegebenen fairen Preises wurde in die Preiskalkulation ein zusätzlicher Solidaritätsbeitrag in Höhe von 0,76 Euro pro Kilogramm verkauften Kaffees aufgenommen, um damit Sozial-, Bildungs- und Gesundheitsprojekte bei den tansanischen Partnern des Trägervereins zu finanzieren. In den ersten fünf Jahren des Würzburger Partnerkaffees wurden auf diese Weise rund 40.000 Euro als Projektunterstützung überwiesen[845], in 2006 konnten erneut knapp 40.000 Euro ausgeschüttet werden.[846] Als Auswahlkriterium für eine Förderung war festgelegt worden, dass nur in Tansania gelegene Partnerprojekte der Mitgliedsorganisationen von „Würzburger Partnerkaffee e.V.", welche direkt oder indirekt kleinbäuerlichen Familien zugute kommen, förderfähig sind.[847] Abhängig vom Umsatz des Würzburger Partnerkaffees wird aus dem Vertrieb zudem eine Geschäftsführerstelle mit 50 Prozent Stellenumfang plus Sekretariatszuarbeit finanziert.

Ein Blick auf das Werbe-Faltblatt lässt erkennen, dass der – vergleichsweise hohe – Solidaritätsbeitrag nicht spezifisch zu Marketingzwecken hervorgehoben wird. Vielmehr liegt der Akzent der Informationen auf den positiven Bedingungen für den Kaffeeanbau in Tansania, auf einer Beschreibung der Situation kleinbäuerlicher Kaffeeerzeuger sowie auf dem Beitrag des Fairen Handels als „eine echte Hilfe", durch die „der Erlös ... denen zugute kommen [soll], die ihn durch ihre Arbeit auf

---

[842] Getrennt verkaufen, gemeinsam helfen, 16.
[843] Kaffee verkaufen und dabei Gutes tun, 6.
[844] Das „Aroma der Hoffnung", 18.
[845] Vgl. Veeh: Fünf Jahre Würzburger Partnerkaffee.
[846] Vgl. Schreiben von Geschäftsführer Klaus Veeh vom 11.1.2007 an den Autor.
[847] Vgl. die Rechenschaftslegung in: Würzburger Partnerkaffee e.V.: Kundeninfo 2006/19 vom Dezember 2006.

4. Engagement kirchlicher Akteure

dem Kaffeefeld wirklich verdienen."[848] Die Informationen zielen damit stärker auf makroökonomische und allgemeine Zusammenhänge ab – auf die Partnerorganisation oder deren Mitglieder wird dabei kein Bezug genommen. Diese Kritik äußerte auch der Weltladen-Dachverband: „Da der Einkauf nicht direkt getätigt wird, sondern über einen Zwischenhändler, gehen für Weltläden wichtige Informationen verloren."[849] Inzwischen wurde eine Kooperation mit der GEPA eingegangen, mit der zusammen seit 2005 der Einkauf des fair gehandelten Kaffees abgewickelt wird. Somit stehen nun genauere Informationen über die Produzent/inn/en zur Verfügung. Laut Schreiben von Geschäftsführer Klaus Veeh handelt es sich um 12 Dorfkooperativen im Gebiet der Partnerdiözese Mbinga, die jeweils bis zu 100 Mitglieder haben, so dass damit rund 6.000 bis 8.000 Menschen „ein Stück weit vom fair gehandelten Kaffee leben können". Während die Zertifizierung durch FLO und die Vermarktung des Kaffees in Zusammenarbeit mit einem privaten Händler erfolgt, wurde ein vor Ort tätiger Ordensangehöriger als zusätzlicher Kontaktmann zu den Kooperativen in der Partnerdiözese gefunden, welcher ebenfalls „als Kontrollorgan wirkt".[850]

Insgesamt hat der Würzburger Partnerkaffee in den Jahren 1998 bis 2003 einen stetigen leichten Zuwachs erzielen können und innerhalb dieser fünf Jahre knapp 115 Tonnen Röstkaffee verkauft; für das Jahr 2006 wurde die Schwelle von 30 Tonnen pro Jahr erreicht.[851] Zu den Vertriebsstrukturen zählt neben dem Würzburger Weltladen und zahlreichen Pfarrei- und Gemeindegruppen in der Region Mainfranken auch eine regionale Einzelhandelskette.

Zudem wird versucht, auch jenseits der eigenen Heimatregion Würzburg Abnahmestrukturen aufzubauen. Neben der Idee weiterer sogenannter Städte- und Regionalkaffees (Bayreuther Partnerkaffee, Brandenburger Partnerkaffee ab Oktober 2004[852]) ist auf Initiative des Würzburger Geschäftsführers insbesondere in der Diözese Augsburg mit dem „Partnerkaffee Aktion-Hoffnung" ein wichtiger „Ableger" entstanden. Dieser Partnerkaffee wird von einer Kooperation des Referats Weltkirche mit der diözesanen Katholischen Arbeitnehmer-Bewegung (KAB), der Aktion Hoffnung (Altkleiderverwertung und Hilfsgüterversand) und den Missionsbenediktinern in St. Ottilien (zeitweise Ottilien fair GmbH) getragen und seit Mai 2002 über die Vertriebsstruktur der Aktion Hoffnung verteilt und von Pfarreien und Aktionsgruppen in der Augsburger Diözese verkauft. Für die Mitarbeit in dieser Trägerkonstruktion scheint ein spezifischer Bezug zu Tansania nicht vergleichbar ausschlaggebend zu sein wie in Würzburg. Zumindest werden Partnerschaftsbeziehungen in das afrikanische Land lediglich von einer der Organisationen berichtet: Aus dem Solidaritätsbeitrag durch den Kaffeeverkauf wird ein Projekt unterstützt, bei welchem die KAB

---

[848] Vgl. Würzburger Partnerkaffee e.V. (Hrsg.): Kaffee aus Tansania (Faltblatt).
[849] Weltladen-Dachverband e.V. (Hrsg.): Der ATO-TÜV – Aktualisierung Ausgabe 2005, S. 72.8.
[850] Vgl. Schreiben von Geschäftsführer Klaus Veeh vom 11.1.2007 an den Autor.
[851] Vgl. Veeh: Fünf Jahre Würzburger Partnerkaffee, sowie Würzburger Partnerkaffee e.V.: Kundeninfo 2006/19.
[852] Vgl. www.brandenburger-partnerkaffee.de vom 21.3.2005

der Diözese Augsburg ideell und finanziell den Aufbau von KAB-Gruppen in der Erzdiözese Songea im Süden Tansanias fördert.[853]
Es besteht daher die Vermutung, dass die Motivation für das Engagement für den Partnerkaffee in Augsburg im Wesentlichen in einer weiteren Verbreitung von fair gehandeltem Kaffee zu suchen ist.[854] Zumindest sehen sich die Träger offenbar von Beginn an dem Vorwurf ausgesetzt, einen fair gehandelten Konkurrenzkaffee anzubieten: Sie betonen, mit dem neuen Kaffee „nicht die bisherigen fair gehandelten Kaffees z. B. von der Gepa oder von Verbänden in unserer Diözese verdrängen, sondern eine Ergänzung für neue Gruppen und Pfarreien sein" zu wollen.[855]

4.2.3. Projekte von kirchlichen Hilfswerken

4.2.3.1. „Ein Plus zum Genuss": CaféPlus von Brot für die Welt

Anlässlich der Fairen Woche 2004 betrat das protestantische Hilfswerk Brot für die Welt die Bühne des Kaffeehandels. In Kooperation mit der Fairhandelsorganisation GEPA wurde unter der Marke „CaféPlus" eine eigene Kaffeemischung auf den Markt gebracht. In den Vorüberlegungen scheinen verschiedene Aspekte eine Rolle dafür gespielt zu haben. Mit am wichtigsten darunter dürften gewesen sein, a) den Fairen Handel respektive die GEPA von dem hohen Bekanntheitsgrad und dem positiven Image des Hilfswerks profitieren zu lassen und b) den Verbreitungsgrad fair gehandelten Kaffees im (protestantisch) kirchlichen Raum zu erhöhen. Hinter letzterem steht die Erkenntnis, dass der Absatz von fair gehandeltem Kaffee im Horizont kirchlicher Einrichtungen bundesweit noch um das Doppelte bis Vielfache gesteigert werden könnte.[856]

Die von allen evangelischen Landes- und Freikirchen Deutschlands getragene Aktion Brot für die Welt ist jedoch keineswegs neu im Fairen Handel. So wird in der Multiplikatorenmappe zu CaféPlus auf ein bereits 30-jähriges Engagement im Fairen Handel verwiesen:

> „'Brot für die Welt' wirkt daher seit 30 Jahren aktiv am Aufbau von Fairhandelsstrukturen in Deutschland mit und unterstützt im Süden Partnerorganisationen, die ihrerseits Handelsbeziehungen im Fairen Handel pflegen oder anstreben. Die Erfahrungen dieser Zusammenarbeit werden in Form von Kampagnen

---

[853] Vgl. www.partner-kaffee.aktion-hoffnung.de/projekt.htm sowie www.songea-augsburg.de (beide aufgerufen 21.3.2005).
[854] Vgl. Referat Weltkirche Bistum Augsburg: Rundbrief 1/2003 (online auf www.bistum-augsburg.de, aufgerufen 21.3.2005).
[855] Vgl. Referat Weltkirche Bistum Augsburg: Rundbrief 2/2002 (online auf www.bistum-augsburg.de, aufgerufen 21.3.2005).
[856] Nach Angaben von GEPA-Mitarbeiter José Garcia gegenüber dem Autor.

4. Engagement kirchlicher Akteure

aufgearbeitet und hier in Deutschland kommuniziert, um Verbraucher zur Politik mit dem Einkaufskorb zu ermutigen."[857]

Entgegen einem verbreiteten Missverständnis in der Vergangenheit gehörte Brot für die Welt bis dato nicht zum Gesellschafterkreis der GEPA, sondern war auf organisatorischer Ebene insbesondere durch seine Mitgliedschaft bei TransFair in den Fairen Handel eingebunden. Dennoch war das Hilfswerk mehrfach für den Fairen Handel engagiert: In der genannten Multiplikatorenmappe wird auf die Beteiligung oder selbständige Durchführung von Kampagnen im Kontext des Fairen Handels (z.b. Bananen- oder Orangensaft-Kampagnen) sowie auf die Erstellung von Materialien und Aktionsvorschlägen für Schulen und Gemeinden hingewiesen. Darüber hinaus brachte es sich mit Beiträgen zur Weiterentwicklung des Fairen Handels[858] wie etwa die Studie über dessen entwicklungspolitische Wirkungen, die Mitfinanzierung von Fair Trade Kongressen, die Förderung des Periodikums „Welt & Handel" und bei der Gründung des Forums Fairer Handel ein.[859] Insgesamt wird das Fair-Handels-Engagement von Brot für die Welt wie folgt charakterisiert:

> „Während in den Anfangsjahren des Fairen Handels einige Produzenten in Entwicklungsländern bei produktbezogenen Aktivitäten unterstützt wurden (z.B. Anbau, Produktentwicklung, Qualitätskontrolle), sieht 'Brot für die Welt' seinen Schwerpunkt heute mehr in der Förderung von Institutionen (Aufbau von Kooperativen, Vernetzung, Frauenförderung) der Partnerorganisationen, die sich im Fairen Handel qualifizieren wollen. Gleichzeitig hat die handelspolitische Advocacy (Sozialstandards im kommerziellen Handel, Beeinflussung der Agrarpolitik) über die Jahre an Bedeutung gewonnen."[860]

Daran wird deutlich, dass sich Brot für die Welt hinsichtlich des Fairen Handels in zweierlei Perspektive als Fachorganisation engagierte: in der Qualifizierung von potentiellen Handelspartnern des Fairen Handels (d.h. Fairer Handel als Option in der Entwicklung von Partnerprojekten) und in der Beeinflussung handelspolitischer Rahmenbedingungen zugunsten von Entwicklungsprojekten (d.h. fairer Welthandel als politisches Anliegen). Das Selbstverständnis als Fachorganisation der kirchlichen Entwicklungszusammenarbeit, zu deren Handlungsfeldern u.a. gehört, Ernährung zu sichern, Einkommen zu schaffen, Arbeitsbedingungen zu verbessern und weltweiten Handel gerechter zu gestalten[861], wurde bei diesem Engagement streng durchgehalten und Brot für die Welt erweckte bislang nicht den Eindruck, selbst Fair-Handels-Akteur zu sein.

---

[857] Brot für die Welt (Hrsg.): Multiplikatorenmappe zu CaféPlus, Kapitel 8 „Brot für die Welt" und Fairer Handel.
[858] Vgl. Misereor/Brot für die Welt/Friedrich-Ebert-Stiftung (Hrsg.): Entwicklungspolitische Wirkungen des Fairen Handels – Beiträge zur Diskussion.
[859] Vgl. Brot für die Welt (Hrsg.): Multiplikatorenmappe zu CaféPlus, Kapitel 8 „Brot für die Welt" und Fairer Handel.
[860] Brot für die Welt (Hrsg.): Multiplikatorenmappe zu CaféPlus, Kapitel 8.
[861] Vgl. www.brot-fuer-die-welt.de vom 8.9.2005

4.2. Fair-Handels-Produkte von Verbänden, Diözesen und Hilfswerken

Mit der Einführung von CaféPlus in Zusammenarbeit mit der GEPA wurde ein Schritt zu einer stärkeren Rolle getan, dem später (im Mai 2007) der Beitritt zum GEPA-Gesellschafterkreis folgen sollte. Allerdings kann im Abgleich mit dem gleichartigen Engagement der katholischen Verbände eine wesentliche Differenz ausgemacht werden: Wo Brot für die Welt das Mitgliedschaftswesen und die damit verbundene engagementfördernde Identifikation entbehren musste, konnte die Fachorganisation für die Produkteinführung professionelle Werbematerialien (Plakate, Imageflyer, Displays, Werbebanner) erstellen lassen und hauptamtliche Fachleute beauftragen. Die Entwicklung des neuen Produkts CaféPlus im ersten Jahr ließ aber vermuten, dass diese Marketingmethoden gegenüber der „Manpower" von ehrenamtlichen Verbandsmitgliedern schlechter abschnitten.

Dies ist vermutlich dadurch zu erklären, dass keine spezifische Zielgruppendefinition vorlag und eine möglichst umfassende Käuferschaft angesprochen werden sollte. Dies geht aus der Pressemitteilung zur Produkteinführung hervor, in der als Vertriebswege neben den Weltläden auch Naturkostläden und der Lebensmitteleinzelhandel genannt werden und in der – höchst allgemein – die noch nicht ausgeschöpften Marktpotentiale für fair gehandelte Produkte in Deutschland Erwähnung finden.[862]

Implizit dürften aber vor allem Gemeindemitglieder sowie Mitarbeiter/innen von evangelischen Gemeinden und Einrichtungen die Zielgruppe von CaféPlus gebildet haben, die durch professionelle Methoden nur bedingt erreicht werden konnten oder durch die bestehenden Initiativen ohnehin schon längst erreicht wurden. Zumindest für dieses kirchliche Milieu mit vergleichsweise hohen sozialen und altruistischen Motivationen dürfen die Namensgebung für dieses Produkt – „CaféPlus" – sowie die beiden Slogans – „Ein Plus zum Genuss" sowie „genießen plus helfen" – durchaus als eine zutreffende Zielgruppenansprache gewertet werden. Die Verpackungs- und Werbemittelgestaltung mithilfe eines Plus-Zeichens aus Kaffeebohnen unterstützte nicht nur Name und Slogans sondern eröffnete zudem einen christlichen Deutehorizont: CaféPlus symbolisiere damit zugleich „das Kreuz als Zeichen der Hoffnung und Zuversicht auf eine gerechte Welt".

Dieser zielgruppengerechten Seite steht allerdings der Inhalt des Werbefaltblattes diametral entgegen. Der sicherlich informative Prospekt liest sich wie eine detaillierte Fachinformation über (fairen) Kaffeeanbau und dessen Verarbeitung und enthält jeweils fachlich präzise Präsentationen über Brot für die Welt, den Fairen Handel (insbesondere das TransFair-Siegel und die GEPA) sowie über die Welthandelskampagne „Gerechtigkeit jetzt!" Der Inhalt des Faltblattes ist offenbar an eine entwicklungsbezogen informierte bzw. interessierte Leserschaft und damit eher enge Zielgruppe gerichtet; die sozialen und altruistischen Implikationen einer kirchennahen Adressatenschaft von CaféPlus sind in der oben beschriebenen Art und Weise zwar

---

[862] Vgl. Brot für die Welt (Hrsg.): CaféPlus – ein Plus zum Genuss, Pressemitteilung vom 8. September 2004, Stuttgart 2004.

4. Engagement kirchlicher Akteure

ebenfalls präsent, wurden demgegenüber aber um keinen Aspekt ergänzt. Auch die christlich bzw. kirchlich geprägten Wurzeln des Fairen Handels etwa in Aktionsgruppen in Kirchengemeinden bzw. entsprechende die Mitgliedschaft bei TransFair wurden nicht einmal angedeutet – die Fachorganisation der Entwicklungszusammenarbeit betonte vielmehr ihre Fachlichkeit.

In der Multiplikatorenmappe, die im Hinblick auf eine Multiplikatorentagung von Brot für die Welt im Februar 2005 erstellt wurde,[863] wurde hingegen deutlicher auf ein christlich motiviertes und gemeindenahes Publikum eingegangen. Dies ist den Beiträgen von Harald und Karin Rohr zu verdanken. Mit einer "Kaffee-Predigt zum Advent" sowie mit Vorschlägen für Gruppengespräche und Gemeindeveranstaltungen werden Hilfen und Anregungen für die Überzeugungsarbeit zugunsten des fair gehandelten Kaffees geboten. Gerade die Beispielpredigt ist darauf angelegt, das Engagement der lokalen Fair-Handels-Gruppe in der Kirchengemeinde zu erläutern und religiös zu deuten. Dreh- und Angelpunkt desselben ist die sog. Goldene Regel (Matthäusevangelium 7,12). Dabei wurde sowohl auf religiöse Motivation als auch auf alltagspraktische Argumentation gesetzt und die Frage nach der Glaubwürdigkeit der evangelischen Gemeinden gestellt, aus denen heraus einerseits der faire Kaffeehandel entstanden sei und in denen dieser aber noch viel stärker praktiziert werden solle. Seine Einschätzung der tatsächlichen Lage in den Gemeinden schilderte der Predigtautor dabei wie folgt – leider ohne dabei das Engagement der gemeindenahen Fair-Handels-Gruppen einzubeziehen, aber dabei sicherlich deren Wahrnehmung wiedergebend:

„Kaffee aus fairem Handel zu trinken bleibt Privatsache von bereitwilligen Gemeindegliedern. Aber in den Kantinen kirchlicher Ämter und in evangelischen Krankenhäusern, in den Tassen bei Adventsfeier oder Weihnachtsfest, da schwappt das Billigste, was zu kriegen ist. Die einen wollen es billig, und die anderen wollen keinen Streit. Es ist ja bloß Kaffee. Längst ist der Eigenbedarf evangelischer Gemeinden an Kaffee ziemlich genau ausgerechnet. Weit weniger als 10 % davon werden aus dem von uns selbst ins Leben gerufenen fairen Kaffeehandel gedeckt. Wir überlassen es den Kantinen von Behörden, Ministerien, großen Firmen, mit Einverständnis der Belegschaft fairen Kaffee auszuschenken und verhalten uns selbst wie – Verzeihung – bockige Kinder."[864]

Angesichts dieser Wahrnehmung wird in der Beispielpredigt für einen entsprechenden formellen Beschluss durch das Leitungsgremium der Gemeinde plädiert, eine entsprechende Entwurfsvorlage für Beschluss und Begleitbrief ist der Multiplikatorenmappe beigefügt. Damit sollte offenbar auf der Ebene der Beschlussfassung durch Landes-, Kreis- und Dekanatssynoden und durch die Vorstände kirchlicher Werke und Einrichtungen nach dem Vorbild des Beschlusses der EKD-Synode vom No-

---

[863] Brot für die Welt (Hrsg.): Multiplikatorenmappe zu CaféPlus.
[864] Brot für die Welt (Hrsg.): Multiplikatorenmappe zu CaféPlus, Kapitel 11 „Kaffee-Predigt", S. 3.

4.2. Fair-Handels-Produkte von Verbänden, Diözesen und Hilfswerken

vember 2002 eine weitere Verbreitung des fairen Kaffeekonsums erreicht werden.[865] Um dem Ziel Nachdruck zu verleihen, startete Brot für die Welt wenig später die Aktion „Gerecht genießen – 1000 Gemeinden trinken fair", mit der bis zum Advent 2008 die entsprechende Zahl an evangelischen Gemeinden zu einem formellen Beschluss motiviert wurden, bei ihren Veranstaltungen ausschließlich fairen Kaffee einzusetzen. Mit einem Schild „Faire Gemeinde" konnte die Beschlussfassung transparent gemacht werden.[866]

4.2.3.2. „Kein Produkt mit Benefizzuschlag": Misereor unterstützt Café Orgánico[867]

Gewissermaßen „nachgezogen" hat katholischerseits darauf hin das Hilfswerk Misereor, das ja – mehr noch als Brot für die Welt – bereits seit Gründung des Fairen Handels mit diesem engstens verbunden ist: als Gesellschafter der gepa und Gründungsmitglied von TransFair, Träger des Fair Trade e.V., des Forum Fairer Handel e.V. oder auch des Infodienstes „Welt & Handel". Neben der Inlandsarbeit unterstützt das Hilfswerk auch in den Armutsländern selbst Projekte, in denen die wirtschaftliche Eigenverantwortung benachteiligter Menschen gefördert wird und die durch den Fairen Handel eine teils wichtige ergänzende Unterstützung erfahren. Beide Aspekte führte das katholische Hilfswerk im Jahr 2005 in einem Produkt zusammen und thematisierte damit zugleich die im vierten Jahrzehnt des Fairen Handels offenbar wichtiger werdende Fragestellung, wie der „kirchliche Markt" besser erreicht werden kann.

Misereor schuf hierfür allerdings nicht wie Brot für die Welt eine eigene neue Kaffeemischung mit neuem Namen, sondern baute auf die Bekanntheit und die positiven geschmacklichen Eigenschaften des bereits 1986 eingeführten „Café Orgánico", dem mengen- und umsatzstärksten Einzelprodukt des GEPA-Sortiments. Diese Kaffeemischung war damals der erste fair gehandelte Kaffee in Europa, der nach den Richtlinien des biologischen Anbaus produziert wurde. Hierbei hatte die GEPA zunächst mit der Genossenschaft UCIRI zusammengearbeitet. Zu Beginn der 1980er Jahre hatten sich – unterstützt von katholischen Priestern – indigene Bauern in der Region von Tehuantepec im südmexikanischen Bundesstaat Oaxaca zu organisieren begonnen und 1984 eine Genossenschaft gegründet. Ziel war es, durch diesen Zusammenschluss die Abhängigkeit zu überwinden, indem die Genossenschaft ihren Kaffee selbst vermarkten und die Transporte selbst abwickeln würde. Die Solidarität der Mitglieder untereinander sowie die Unterstützung des Fairen Handels halfen

---

[865] Vgl. Brot für die Welt (Hrsg.): Multiplikatorenmappe zu CaféPlus, Kapitel 13 „Fairer Kaffee in die Kirchen".
[866] Vgl. http://www.brot-fuer-die-welt.de/gemeinde-aktiv/115_5161_DEU_HTML.php (aufgerufen 18.8.2007)
[867] Vgl. im folgenden www.misereor.de vom 7.1.2007 sowie: „volle Kanne voraus!", in: Bischöfliches Hilfswerk Misereor e.V. (Hrsg.): Aktionsheft 2006, 20-21.

dabei zusammen, dass sich aus UCIRI eine starke Organisation entwickelte, die eine große Ausstrahlung in die ganze Region besitzt.[868]
Die hohen Absatzmengen haben im Laufe der Jahre dazu geführt, dass Café Orgánico nicht mehr nur Kaffeelieferungen von UCIRI sondern von insgesamt sieben mexikanischen Kaffeegenossenschaften Verwendung fanden. „Drei davon wurden von MISEREOR" so die Angaben des Hilfswerkes „in den vergangenen Jahren beim Aufbau ihrer Kooperative oder bei wichtigen Einzelvorhaben unterstützt."[869] Misereor machte in diesem Kontext auf seiner Internetseite die von der GEPA veröffentlichten Handelspartnerinformationen über die mexikanischen Kaffeekooperativen zusätzlich zugänglich; die spezifische Misereor-Förderung wurde darin jedoch nicht beschrieben.[870] Das als erfolgreich gepriesene Zusammenspiel von Misereor-Projektförderung und Zusammenarbeit mit dem Fairen Handel erfuhr insofern keine genauere Beschreibung.

Misereor versuchte, das markentechnisch unveränderte Produkt mit seinem eigenen Namen zu unterstützen. Dazu wurde Café Orgánico neben der bestehenden 250g-Packung zusätzlich in einer 500g-Packung abgepackt, auf welcher – im bekannten Packungsdesign – auf der Vorderseite zusätzlich die Wortmarke des Hilfswerkes aufgebracht und im Produkttext auf die Unterstützung und das Engagement Misereors im Fairen Handel hingewiesen wurde. Misereor ging es dabei nicht nur pauschal um die Idee des Fairen Handels, sondern artikulierte als GEPA-Gesellschafter bewusst auch die Förderung der GEPA als seines eigenen Unternehmens. Das Hilfswerk und die Importorganisation setzten dabei auf ein vergleichsweise bescheidenes Marketingkonzept: Im Wesentlichen wurden die neue Packungsgröße und das Misereor-Engagement durch einen knapp gehaltenes Flugblatt, ein großflächiges Plakat sowie natürlich im Rahmen der bestehenden Wege der jeweiligen Öffentlichkeitsarbeit beworben.

Ganz im Sinne der ursprünglichen Aktion Dritte-Welt-Handel regte Misereor Gemeindegruppen und Engagierte an, mithilfe dieses Kaffees Aktionen zugunsten von Öffentlichkeitsarbeit und Verkauf des fair gehandelten Kaffees durchzuführen. So wurde zu Ausschank- und Verkostungsaktionen mit örtlicher Prominenz aufgerufen oder es wurden Schaufenster- und Plakataktionen in Weltläden sowie in kirchlichen Gebäuden vorgeschlagen. Der Aufruf zur „Umstellung kirchlicher, sozialer und kommunaler Einrichtungen auf den MISEREOR-Café Orgánico (Ausschank in Kantinen, Cafeterias etc.)" sowie zur „Umstellung von Gemeindeveranstaltungen auf den MISEREOR-Café Orgánico (Pfarrfest, Ausschank im Gemeindezentrum...)" soll also zur Steigerung des Absatzes fair gehandelten GEPA-Kaffees allgemein beitragen und nicht in erster Linie der Platzierung der Misereor-Marke dienen. Zur Stär-

---

[868] Vgl. GEPA: Handelspartnerinformation zu UCIRI, hier in der von Misereor verbreiteten Version.
[869] Vgl. www.misereor.de vom 7.1.2007
[870] Eine der betroffenen Kaffeekooperativen, die Genossenschaft „Tiemenonlá Nich K'lum", wurde zudem im Misereor-Fastenkalender 2006 vorgestellt.

4.2. Fair-Handels-Produkte von Verbänden, Diözesen und Hilfswerken

kung des Absatzes wird daher ergänzend die Idee eingebracht, örtliche Einzelhändler, gerade auch solche anzusprechen, die normalerweise keine Lebensmittel anbieten – als Beispiel wurden Buchläden genannt.[871]
Im Mittelpunkt des „Misereor-Café Orgánico" standen also keineswegs neuartige Vertriebswege. Es handelt sich komplett um Anregungen und Vorschläge, die auf das solidarische Engagement von Gemeinden und Christen aufbauen. Dass die bekannten Vertriebswege genutzt werden, bestätigen auch die kommunizierten Bezugsorte (Weltläden, GEPA-Regionalzentren). Das Hilfswerk Misereor setzte demnach beim Konzept des „Misereor-Café Orgánico" sichtlich auf den Charakter des Fairen Handels als einer sozialen Bewegung und erhoffte sich durch das Einbringen des eigenen Namens und der Nutzung der eigenen Kommunikationsmedien einen Absatzzuwachs. Es ist zu vermuten, dass das Hilfswerk davon ausging, dass mit der Wahl dieses Vorgehens Adressaten zu erreichen und für fair gehandelten Kaffee zu gewinnen wären, für die die Verbindung mit Misereor oder überhaupt mit einer katholischen Organisation ein kaufunterstützendes Motiv bedeuten könnte. Schließlich ist die Verbindung zwischen Misereor und GEPA normalerweise kaum in Verkaufsgruppen oder auf Produktverpackungen gegenwärtig.
Das wenige von Misereor zur Verfügung gestellte Material (man vergleiche etwa mit den umfangreichen Informationsmappen bei Caféplus und KDFB-Kaffee) kann zumindest so gedeutet werden, dass es nicht auf Überzeugungsarbeit ankommen sollte, sondern auf Kommunikationswege und emotionale Bindungen mit dem Hilfswerk. Da der Gesamtabsatz von Café Orgánico auf dem Weg über Aktionsgruppen und gemeindenahe Weltläden dadurch einen sichtbaren Zuwachs erfahren hat, darf diese Vermutung als bestätigt gelten.[872] Dies kann Nachweis betrachtet werden, dass es um der umfassenderen Bedienung des kirchlichen Bereiches willen nötig ist, die Verbindung zu den kirchlichen Trägerorganisationen des Fairen Handels deutlicher herauszustellen.
Es würde sich dann jedoch die Frage stellen, wie ein Transfer gelingen kann, damit diese Wirkung auch auf andere Warengruppen (Tee, Schokolade) übergreift: Es wäre wohl kaum sinnvoll, in weiterem Umfang fair gehandelte Produkte für einen konfessionellen Bereich zu „doubeln", vielmehr müsste die Seitenwirkung über den Namen GEPA erreicht werden.
Einer zu starken Verknüpfung mit dem Namen Misereor scheint das Hilfswerk mit einer wichtigen Botschaft bei der Kommunikation des „Misereor-Café Orgánico" vorgebaut zu haben: Misereor hebt auf der Produktverpackung sowie bei der Öffentlichkeitsarbeit besonders hervor, dass das mit seinem Namen verbundene Produkt

---

[871] Vgl. www.misereor.de vom 7.1.2007
[872] Laut telefonischer Auskunft von Stephan Stricker (Misereor und GEPA-Aufsichtsrat) vom 18.11.2008 verzeichnen sowohl Misereor-Café Orgánico als auch der ursprüngliche Café Orgánico von GEPA dezidert im Vertriebsbereich Weltläden&Aktionsgruppen ein erhebliches Absatzwachstum. Misereor-Café Orgánico übersteige die Abbsatzerwartungen sichtlich.

„keinen 'Benefizzuschlag' oder Preisaufschlag für irgendein Projekt" enthalte.[873] Misereor nimmt damit zum einen eine Abgrenzung gegenüber seiner eigenen Spendenwerbung vor – mit der die Organisation in der kirchlichen und allgemeinen Öffentlichkeit wahrgenommen wird. Zudem wird damit das Profil des Fairen Handels zu unterstreichen gesucht: „Es geht hier um einen angemessenen Lohn für ein gutes Produkt, nicht um eine Spende: Die Produzenten des Café Orgánico können durch ihre eigene Arbeit ihren Lebensunterhalt und den ihrer Familie sichern. Darin unterstützt sie der Faire Handel!" Unter den spezifisch kirchlich getragenen Produkten ist die deutliche Hervorhebung dieses Aspekts von Fairem Handel einzigartig.

4.2.3.3. Schutzengel-Produkte gegen Kinderprostitution und Aids: Missio

Das Katholische Missionswerk Missio ist im Unterschied zu den vorgenannten Hilfswerken nicht strukturell in die Fair-Handels-Bewegung eingebunden. Gleichwohl greift es im Rahmen seiner Kampagnenarbeit auf Produkte des Fairen Handels zurück und kooperiert diesbezüglich mit verschiedenen Fair-Handels-Importeuren. Die wohl bekannteste und erfolgreichste Aktion unter den Produktengagements von kirchlichen Organisationen stellte die „Aktion Schutzengel" dar, mit der missio Aufklärung gegen Kinderprostitution und Sextourismus betrieb und Projektpartner unterstützte, die in diesem Bereich Therapie- und Präventionsarbeit leisten. Die Aktionskampagne startete mit verschiedenen Elementen im Frühjahr 1999 und hatte neben anderen Benefizartikeln und umfangreichem Informations- und Werbematerial fair gehandelte, getrocknete Mangos als Aktionsartikel aus den Philippinen gewählt. Das Produkt, das bei dwp und GEPA bereits im Angebot war, wurde nicht zufällig gewählt. Die Missio-Partnerorganisation PREDA auf den Philippinen ist gleichermaßen in der Therapiearbeit für missbrauchte Kinder und Opfer des Sexgewerbes wie auch im Fairen Handel tätig. PREDA-Gründer Father Shay Cullen, ein irischer Missionspriester, ist der Überzeugung, dass Fairer Handel ein geeignetes Instrument darstellt, um Familien auf den Philippinen ein ausreichendes Einkommen zu ermöglichen. Dies könne die Abwanderung in die Städte und das Abrutschen in die gefährlichen Tourismusmilieus und die Prostitution verhindern. Neben handwerklicher Produktion stellte Shay Cullen dies speziell mit der Wiederentdeckung der Mango-Bäume und der Förderung ihrer Pflege und Ernte unter Beweis. Zunächst fanden getrocknete Mango-Streifen so den Weg in das Fair-Handels-Angebot der Weltläden, später folgten in Kooperation mit dwp zahlreiche weitere Produkte wie Sirup oder Aufstriche, die auch die Verwertung von Mangoresten erlaubten.

Im Rahmen der Aktion Schutzengel fungierten PREDA, Missio und dwp als Kooperationspartner, die die mit dem Namen und Logo der Kampagne versehenen „Schutzengel-Mangos" zum Werbeträger der Kampagne machten. Dieses Konzept führte zu einem äußerst hohen Bekanntheitsgrad des Produkts und machte getrocknete Mangos

---

[873] Vgl. www.misereor.de vom 7.1.2007 sowie: Ein Kaffee, der ‚fair'bindet, in: MISEREOR aktuell 1/2006, S. 12.

4.2. Fair-Handels-Produkte von Verbänden, Diözesen und Hilfswerken

über kirchliche Kreise und typische Weltladenkundschaft hinaus weit bekannt und beliebt, so dass dwp seine ursprüngliche Mango-Verpackung alsbald aufgab. Somit wurden „Schutzengel-Mangos" gleichermaßen Aktionsprodukt kirchlicher Gruppen[874], die die Aktionsaufrufe von Missio und die Beteiligungsmöglichkeiten an der Aktion aufgreifen wollten, als auch Verkaufsschlager in vielen Weltläden, die von Inhalt und Image der Missio-Kampagnen offensichtlich profitierten. Schutzengel-Mangos konnten damit den doppelten Zweck des Fairen Handels umsetzen, sowohl entwicklungspolitische Sensibilisierung als auch konkrete materielle Hilfe zu leisten. Als nach fünf Jahren neue Aktionsschwerpunkte angesagt waren, setzte das Missionswerk die erfolgreich „Aktion Schutzengel" mit einem weiterentwickelten Themenhorizont fort und konzentrierte sich auf den Problembereich „Aids&Kinder". Hier wurde als Aktionsprodukt in Kooperation mit der GEPA eine Schokoladentafel erstellt, welche augenfällig mit Logo und Schriftzug der Aktion versehen ist und als Werbeträger der Kampagne dient. Die unmittelbare Verbindung von Kampagnenthema und Produkt ließ sich dabei gleichwohl nicht wiederholen. Doch auch hier ist das Produkt bei Weltläden präsent und hat über den GEPA-Vertrieb auch den Weg in Supermarktregale zurückgelegt und kann auf diese Weise auf die Thematik Aids&Kinder aufmerksam machen.

Im Rahmen der „Aktion Volltreffer" im Umfeld der Fußballweltmeisterschaft 2006, die sich gegen Krieg mit Kindersoldaten wandte, stammte der Aktionsfußball aus dem Fairen Handel. Insgesamt nutzt Missio fair gehandelte Produkte darüber hinaus auch zur Bewerbung seiner eigenen Arbeit. Dafür steht ein eigens verpackter Schokoriegel black'n white sowie eine von der Schokoladenmanufaktur Zotter mit Preda-Mangofüllung hergestellte „Schutzengel-Mangoschokolade". In seinen Häusern, Onlineshops und Läden bietet Missio zum Verkauf auch kunsthandwerkliche Produkte aus dem Fairen Handel an.

Die so gewachsene Praxis mündete im Jahr 2006 bei Missio Aachen schließlich in einen verbindlichen Beschluss des Vorstandes, die Anliegen des fairen und ökologischen Handels verstärkt zu fördern und in der Handels- und Einkaufspolitik den Grundanliegen des Hilfswerkes Rechnung zu tragen. Dem zufolge achtet Missio Aachen seither darauf, dass bei Verkaufsprodukten ausbeuterische Kinderarbeit ausgeschlossen ist und bei den Hauptkampagnen des Werkes wie dem Monat der Weltmission im Oktober mit Fairhandelsorganisationen kooperiert wird. „Die Unterstützung des fairen Handels ist für uns auch ein pastorales Signal an Einzelne, Gruppen und Organisationen, die Lebensbedingungen von Menschen in ärmeren Ländern in der konkreten Ein- und Verkaufspolitik mit in den Blick zu nehmen", begründete Präsident Pater Hermann Schalück diesen Beschluss.[875]

---

[874] Vgl. Engel würden Mangos essen, in: Missio Aachen/Missio München (Hrsg.): Aktion Schutzengel, 46.
[875] Vgl. missio Aachen (Hrsg.): missio fördert den fairen und ökologischen Handel. Pressemitteilung vom 06.04.2006, Aachen 2006.

Dies ausdrücklich festzulegen begründet sich aus dem im Vergleich zu anderen Initiativen abweichenden Umgang Missios mit den genannten Fair-Handels-Produkten. Mit Ausnahme der Schutzengel-Mangos stehen weder Produzenten noch Welthandelsfragen im Mittelpunkt, sondern das fair gehandelte Produkt ist symbolträchtiges Aktionsmedium zur Vermittlung entwicklungspolitischer Inhalte, die – wie die genannten Themen Aids oder Kindersoldaten – keinen spezifischen Fairtrade-Bezug aufweisen und dies auch keineswegs beabsichtigen. Fairer Handel ist nicht thematisches Anliegen, Kampagnengegenstand oder Partnerförderinstrument des Missionswerkes, gleichwohl werden die verwendeten Aktionsartikel in einem weiteren entwicklungsbezogenen Themenhorizont in der bewußtseinsbildenden und politischen Arbeit eingesetzt.

4.2.3.4. Weitere Einzelinitiativen

Über die beiden ausführlich dargestellten Kaffees sind auch weitere GEPA-Gesellschafter produktbezogen aktiv geworden, was an dieser Stelle nur summarisch benannt und nicht übergangen werden soll:

Die Jugendverbände hatten darauf gedrungen, Produkte zu entwickeln und von der Verpackungs- und Preisgestaltung so zu platzieren, dass der Faire Handel auch Kinder und Jugendliche ansprechen könnte. Bevor die GEPA anlässlich der Fairen Woche 2006, bei der besonders Jugendlichen der Faire Handel näher gebracht werden sollte, eine Produktreihe speziell auf eine Jugendverpackung umstellte, hatte der BDKJ zeitweilig einen Trinkkarton Orangensaft mit seiner besonderen Empfehlung versehen lassen.

Im Zuge seines Einstiegs in den GEPA-Gesellschafterkreis hatte das Kindermissionswerk „Die Sternsinger" im Oktober 2004 eine eigene „Star-Kids"-Schokoladentafel präsentiert. Diese war eingebettet in ein gleichnamiges neues Programm des Kindermissionswerks mit eigener kindgerechter Internet-Seite www.star-kids.de sowie eine gleichnamige Fernsehserie. Anliegen war es, Kinder hierzulande anzuregen, Aktionen für Kinder in ärmeren Ländern der Welt zu starten. Star-Kids-Schokolade könne eine Brücke von Kindern hier zu Kindern im Süden schlagen und entwicklungsbezogene Kinderarbeit mit dem Fairen Handel verbinden, hieß es anlässlich der Einführung.[876] Das Projekt dauerte allerdings nur rund 2 Jahre, bis die Schokolade wieder mangels Absatz aus dem Angebot fiel. Zwar war Bildungsmaterial für die Zielgruppe Kinder erstellt worden wie etwa ein kindgerechtes Spiel „Tour de Fair" oder eine Themenausgabe des Kindermagazins „Sternsinger Mission"[877] – konkrete Aktionsanregungen, wie sich Kinder mithilfe von Star-Kids-Schokolade für

---

[876] Vgl. gepa Fair Handelshaus (Hrsg.): Kinder-Missionswerk "Die Sternsinger" wird neuer Gesellschafter des gepa Fair Handelshauses. Pressemitteilung vom 24.10.2004, Wuppertal 2004.
[877] Vgl. die Ausgabe von Sternsinger Mission, Heft 2/2005, mit dem Themenschwerpunkt „Fairer Handel ... wir sind dabei".

4.2. Fair-Handels-Produkte von Verbänden, Diözesen und Hilfswerken

den Fairen Handel engagieren könnten, waren der kirchlichen Kinder- oder Sternsingerarbeit allerdings nicht zu Verfügung gestellt worden.

Jüngstes Beispiel produktbezogener Aktivitäten im kirchlichen Raum ist das katholische Lateinamerika-Hilfswerk Adveniat, das im Dezember 2007 eine Kooperation mit dem privaten Kaffeeröster Darboven und dessen fair gehandelter Kaffeemarke „Intención" vorstellte.[878] Darboven ist seit 1993 als Lizenznehmer von TransFair im Kaffeemarkt vertreten und somit langjähriger Förderer des Fairen Handels.[879] Mit der neuen Kooperation wenden sich die beiden Organisationen an Institutionen und Unternehmen, um diese mit ihren Kantinen und Besprechungen für den fairen Intención-Kaffee zu gewinnen. „So können die Firmen mit jedem Schluck Gutes tun für Lateinamerika", wird der Adveniat-Vorsitzende, Weihbischof Franz Grave, zitiert. Ob er damit die Fair-Handels-Kriterien meinte, erscheint jedoch ambivalent: Vom Erlös jedes verkauften Kilos Kaffee erhalte die Hilfsorganisation 1 Euro, die für Adveniat-Projekte eingesetzt würden. Vorausschauend wurde für das erste Jahr der Aktion angesichts einer erwarteten Menge von etwa 50 Tonnen Kaffee mit Spenden von 50.000 Euro für die Projekte in Lateinamerika kalkuliert. Die von anderen Fairtrade-Akteuren vorgenommene strikte Unterscheidung zwischen Spenden und Fairem Handel spielt hierbei offenbar keine Rolle.

4.2.4. Projekte außerhalb der Kirchen: Faire Stadt-, Regional-, Verbands- und Pressekaffees

Das Engagement für ein spezielles Produkt scheint ein interessantes Feld für das Fair-Handels-Engagement dazustellen. Nicht nur die genannten Beispiele aus dem kirchlichen Bereich unterstreichen diese Einschätzung, auch eine Reihe weiterer Beispiele illustrieren dies. In diesem Exkurs geht es darum, transparent zu machen, dass die Verbindung von fair gehandelten Einzelprodukten und organisations- oder regionalspezifischen Trägerschaften nicht auf den kirchlichen Bereich begrenzt ist.

4.2.4.1. Lokal verwurzeltes Engagement globaler Verantwortung: faire Stadt- und Regionalkaffees

Wichtigster Zweig dieser Produkt-Träger-Verbindung sind überhaupt die unzähligen Stadt- und Regionalkaffees in ganz Deutschland. Stadtkaffees wie München Café, Düsseldorf Kaffee, Berliner Bohne als „Hauptstadtkaffee", „Hamburger Fairmaster", Memminger Café, Café Mayence (Mainz) und viele mehr, aber auch regionale Ausprägungen wie Saarbonne (Saarland), Bergischer Kaffee (Bergisches Land), Mosel-

---

[878] Vgl. Darboven/Bischöfliche Aktion Adveniat (Hrsg.): Kaffeetrinken mit Verantwortung, Pressemeldung vom 13.12.2007 (online: www.lifepr.de – LifeID 26684, sowie www.darboven.com).
[879] Zum Selbstverständnis und zur Glaubwürdigkeit des Engagements von Darboven im Fairen Handel vgl. Straßburger: Kaffee ohne abzusahnen? 107-113.

kaffee oder Ostalbkaffee OK haben eine große Verbreitung gefunden.[880] Die Initiative „Rheinische Affaire" umfasst insgesamt die 12 Städte- und Regionalkaffees länderübergreifend in Rheinland-Pfalz und Nordrhein-Westfalen; unter dem Titel „Der Pott kocht fair" finden sich 25 Stadtkaffees im Ruhrgebiet. Die Zahl dürfte bundesweit in die Hunderte gehen – allein das Eine Welt Netz NRW verzeichnet im Sommer 2007 für das eigene Bundesland über 60 lokale Initiativen.[881] Als Vorreiter der „Städtekaffees" in NRW wird der 1998 geborene „Münster Kaffee" angegeben; bundesweit kann der 1994 eingeführte Aschaffenburger Partnerkaffee als Vorbild gelten. Während die Aschaffenburger Initiatoren jedoch unmittelbare Kontakte nach Kolumbien besaßen, ist ein vergleichbares Kriterium bei den wenigsten Städtekaffees vorhanden.[882] Wesentlich zur Verbreitung der Idee beigetragen hat eine entsprechende Aktionsanregung im Rahmen der ersten Fairen Woche 2001, zu der eine umfassende Arbeitshilfe zu diesem Thema veröffentlicht worden war.[883]

Stadt- und Regionalkaffees sind ein Angebot der Fair-Handels-Importeure, mithilfe einer eigenen Namensgebung und Verpackungsgestaltung den Gruppen vor Ort die Verbreitung des fair gehandelten Kaffees marketingtechnisch zu erleichtern. Das Konzept wird gleichermaßen von GEPA, dwp und El Puente angeboten, wobei mengenabhängig unterschiedliche Möglichkeiten bestehen: von eigenem Verpackungsfoliendruck bis hin zu der auch in Kleinmengen praktikablen Möglichkeit, auf eine Kaffeeverpackung mit Freifläche das vor Ort selbst erstellte Etikett aufkleben lassen zu können.[884] Mit letzterem ist die Idee auch in Kleinstädten aufgreifbar.

Als Ziel dieser Kaffees können fast durchgängig die Steigerung des Absatzes fair gehandelten Kaffees[885], die Erschließung neuer Verkaufsstellen (Vertriebswege), die Ansprache neuer Kunden und die Einbeziehung und Inpflichtnahme neuer Kooperationspartner gelten. Über Stadt- und Regionalkaffees werden Bäckereien oder gar Buchhandlungen zu Vertriebsstellen fairen Kaffees. Stadtverwaltungen – insbeson-

---

[880] Zu allgemeinem Hintergrund und ausführlichen Beispielen vgl. Boese/Schößwender/u.a.: Agenda-Kaffees – von der Planung bis zur Einführung. Des weiteren vgl. exemplarisch Baumann: OK – Der Ostalbkaffee. Eine regionale Aktion. Einen Einblick in örtliche Initiativen (sofern sie kleineren Ausmaßes sind und nicht über eigene Internetpräsenz verfügen) bieten der Kurzportraits von Städtekaffees in Nordrhein-Westfalen online unter www.eine-welt-netz-nrw.de/html/fair/staedte/staedtekaffeeliste.php (aufgerufen 31.8.2007)

[881] Vgl. die Internetdatenbank unter www.eine-welt-netz-nrw.de/datenbank/index.php (aufgerufen am 31.8.2007)

[882] Vgl. oben Kapitel 4.2.2.2.

[883] Vgl. Boese/Schößwender/u.a.: Agenda-Kaffees – von der Planung bis zur Einführung. Ein Leitfaden für Weltläden und Aktionsgruppen.

[884] Vgl. gepa Fair Handelshaus (Hrsg.): Aktion „gepa-Agenda-Kaffee".

[885] Die GEPA argumentierte diesbezüglich auf ihrer Internetseite mit dem „beängstigenden" Preisverfall auf dem Kaffeemarkt, weshalb alles getan werden müsse, den Absatz von fairem Kaffee zu sichern. Anfang des Jahrtausends war der Börsenpreis für Kaffee auf ein historisches Tief gefallen, was dazu führte, dass der von TransFair/FLO festgelegte Mindestpreis teils mehr als das Doppelte betrug. Die Gefahr bestand, dass durch zu hohe Preisdifferenz zum konventionellen Markt die fairen Kaffeeumsätze zurückgehen könnten. Weltweit wurden damals 25 Millionen Kaffeeproduzenten vor dem Ruin gesehen; vgl. Oxfam Deutschland e.V. (Hrsg.): Bitter! Armut in der Kaffeetasse.

4.2. Fair-Handels-Produkte von Verbänden, Diözesen und Hilfswerken

dere deren Lokale Agenda 21-Beauftragte beteiligen sich und fördern die Idee im Sinne einer nachhaltigen Verantwortung der Kommunen in Folge der UN-Umwelt- und Entwicklungskonferenz in Rio de Janeiro 1992. Lokale Agenda 21-Initiativen sind immer wieder Motoren und Initiatoren für Städtekaffees, weshalb auch der Begriff der „Agenda-Kaffees" gebräuchlich ist. „Agenda-Kaffee bietet eine konkrete Handlungsmöglichkeit, um mit vereintem Engagement die Zukunft der Bauern und ihrer Familien zu sichern", fasst El Puente in einem entsprechenden Faltblatt die Motive zusammen.[886] Zu diesen vereinten Kräften zählen im Sinne der Lokalen Agenda-Arbeit auch engagierte Mitarbeiter/innen der städtischen Behörden, örtliche Wirtschaftsbetriebe, das Stadtmarketing und Kirchen bis hin zu den Stadtoberhäuptern, die die Schirmherrschaft übernehmen. In einer GEPA-Arbeitshilfe zum Thema werden die Akteure dieses Netzwerks zudem in unterschiedlichen Funktionen verortet: Vermarkter, die das Produkt verkaufen; Lobbyisten, die sich für das Produkt ideell einsetzen; Sponsoren, die Produkt und Projekt bekannt machen; und Politiker, die Entscheidungen in Richtung eines nachhaltig-fairen Konsums fällen.[887]

Regionale oder landesweite Initiativen sind grundsätzlich ähnlich angelegt. Sie entwickeln sich aus den Fair-Handels-Kampagnen oder der allgemeinen Fair-Handels-Förderung der Eine-Welt-Landesnetzwerke heraus, in denen auch zahlreiche Weltläden organisiert sind: In Niedersachsen trägt der Kaffee daher den Namen der entsprechenden Kampagne: „fairstärkung für Niedersachsen". Auch bei den regionalen Stadtkaffee-Marken wie „Der Pott kocht fair" oder „Rheinische Affaire" gehören die jeweiligen entwicklungspolitischen Landesnetzwerke zu den Initiatoren.[888]

Spezielle Beziehungen zu Produzentenorganisationen sind hingegen eher in wenigen Fällen Anlass und Zentrum dieser Initiativen.[889] Ihr Schwerpunkt liegt – neben dem Verkauf – stärker auf der allgemeinen Information über den Fairen Handel im Falle von Kaffee. Ebenso wie die lokale Namensidentität für den Verkauf förderlich ist, schaffen die lokal vernetzten Initiativen Anlässe, die Anliegen des Fairen Handels in seinen zahlreichen Facetten öffentlich zur Sprache zu bringen. Städte- und Regionalkaffees sind das Konzept einer lokal verwurzelten Bewusstseinsbildungs- und Öffentlichkeitsarbeit für die alltägliche Übernahme von globaler Verantwortung – sowohl im privaten, als auch im öffentlichen, politischen und wirtschaftlichen Leben vor Ort.

---

[886] El Puente: Agenda-Kaffee, 2.
[887] Vgl. gepa Fair Handelshaus (Hrsg.): Aktion „gepa-Agenda-Kaffee", 5-12.
[888] Bei den genannten Initiativen sind Landesnetzwerke wie das Entwicklungspolitische Landesnetzwerk Rheinland-Pfalz e.V. (ELAN), das Eine Welt Netz NRW und der Verband Entwicklungspolitik Niedersachsen e.V. (VEN) eingebunden. Der Berliner Entwicklungspolitische Ratschlag e.V. (BER) initiierte zusammen mit den dortigen Weltläden die „Berliner Bohne".
[889] Ob mit den verkauften Produkten spezielle Partnerschaften verbunden sind, hängt von den Kontakten vor Ort ab – teils werden bewusst Städtepartnerschaften in Entwicklungsländern damit unterstützt, teils auch lokale soziale Initiativen hierzulande, indem ein Spendenanteil in die Preiskalkulation eingerechnet wird.

4.2.4.2. „Fairer Kaffee vogelfreundlich": LBV-Kaffee

Daneben gibt es vereinzelt auch andere Verbände, welche vergleichbar den kirchlichen Verbänden sich für ein bestimmtes fair gehandeltes Produkt einsetzen und dieses unter eigenem Namen verkaufen. Ein Beispiel dafür bietet der „LBV-Kaffee", den der Landesbund für Vogelschutz in Bayern e.v. in Kooperation mit GEPA erstellt und im Rahmen seines Materialdienstes verkauft. Der LBV, mit 60.000 Mitgliedern, 350 Ortsgruppen und 150 Jugendgruppen im eigenen Jugendverband Bayerns ältester und größter Naturschutzverband, ist neben dem Arten- und Landschaftsschutz auch in der Umweltbildungsarbeit tätig. Seiner Identität entsprechend interessiert sich der Verband aus anderer Perspektive für den Fairen Handel und legt auf andere Faktoren wert als die kirchlichen Akteure oder auch viele Fair-Handels-Organisationen: „Der LBV-Kaffee ist vogelfreundlich produziert: Der organische Schattenanbau bietet Vögeln ideale Brut- und Nistmöglichkeiten." Der Verband wirbt daher damit, dass die Herkunftsregion des Kaffees im mexikanischen Chiapas „den Kriterien [...] für eine vogelfreundliche Anbauweise entspricht."[890]

4.2.4.3. Zeitung lesen und fairen Espresso trinken: tazpresso

Auch die alternative Berliner Tageszeitung taz weiß sich ebenfalls dem Fairen Handel verbunden. Das zeigen die jährlich zur Fairen Woche mehrseitig erscheinenden Verlagssonderseiten. Mit dem ersten eigenen „Pressekaffee" setzt sich die genossenschaftlich organisierte Tageszeitung über die journalistischen Mittel hinaus für die Unterstützung des Fairen Handels ein. Das Projekt stellt eine Kooperation mit dem Handelshaus GEPA dar, welches mit der Einführung dieses Espresso speziell die Förderung afrikanischer Kaffeebauern verbinden wollte. „Wir meinen, dass Kaffee trinken und Zeitung lesen wunderbar zueinander passen." heißt es seitens der Tageszeitung über den Hintergrund der Zusammenarbeit; darüber hinaus wolle man „dazu beitragen, dass der Welthandel etwas gerechter" werde.[891] Dies geschieht zum einen über den Vertrieb im taz-shop sowie bei Kooperationspartnern, unter denen insbesondere außerhalb Berlins die Weltläden einen bedeutenden Anteil einnehmen; zum anderen durch die Bewerbung des Produkts im Rahmen der eigenen Abowerbung der Tageszeitung.

4.2.4.4. „Wie der Verein, so sein Kaffee": fairer Schalke-Kaffee

Dass man mit fair gehandeltem Kaffee nicht nur gutes, sondern auch etwas für das eigene Image tun kann, beweist der Fußball-Bundesligist Schalke 04 mit seinem fairen „Schalke-Kaffee". Er ist Bestandteil einer Kooperationsaktion des Weltläden-

---

[890] Vgl. Landesbund für Vogelschutz in Bayern e.V. (hrsg.): LBV bringt vogelfreundlichen Kaffee auf den Markt. Presseinformation vom 3.6.2004, Hilpoltstein 2004, online unter www.lbv.de (aufgerufen 30.8.2007)
[891] Vgl. im Internet www.taz.de/index.php?id=tazpresso_allg (aufgerufen 24.9.2007)

Basis e.V. Gelsenkirchen unter dem Namen „Schalke spielt fair". Damit ist der Fußballklub der erste Bundesligaverein, der sich für den Fairen Handel engagiert – und mit dem Slogan gewiss auch eine Botschaft für seine darüber hinausgehende Außenwirkung verbindet. In den Werbematerialien heißt es daher selbstbewusst „Wie der Verein, so sein Kaffee." Der Weltläden-Basis e.V. als Kooperationspartner der Aktion, der auch Träger der Internetpräsenz www.schalkespieltfair.de ist, ist eine mit der Importorganisation El Puente verbundene regionale Warenvertriebs- und Beratungsstelle für Weltläden und Aktionsgruppen; Import und Herstellung des Kaffees liegen bei der El Puente GmbH. Laut Vertriebsliste sind neben Fanshop, Schalke-Shop und wenigen anderen Verkaufsstellen vorrangig Weltläden engagiert. Während der Fußballklub vermutlich vorrangig an der Imagewirkung interessiert sein dürfte, die ihm unter anderem durch das Engagement der Aktionsbeteiligten zugunsten des Aktionsslogans zukommt, dürfte der Kooperationsgewinn der Fair-Handels-Akteure in der Ansprache neuer Zielgruppen, in der Präsentationsmöglichkeit bei neu erschlossenen Gelegenheiten und im Imagetransfer durch den großen Bundesligaklub geortet werden.[892]

4.2.5. Kirchliche Fair-Handels-Produkte und ihre Rolle in der Fair-Handels-Bewegung im Überblick

Während sich bei den Stadt- und Regionalkaffees ein relativ einheitliches Bild zeigt, so ist das Feld der Produktprojekte im kirchlichen Bereich recht uneinheitlich. Auf Einzelfragen hin differenziert lassen sich jeweils fast gegensätzliche Positionen aufzeigen, in denen sich die einzelnen Produkte der Verbände, Hilfswerke und Diözesen einordnen lassen:

Das wohl wichtigste Element ist hierbei die in und durch das Produkt artikulierte Partnerschaftsbeziehung. Der ursprüngliche Verdacht, in diesen Produkten würde vornehmlich eine direktere Beziehung zu Partnern in den Ländern des Südens gesucht, hat sich nicht erhärten lassen. Hinsichtlich des Kontaktes zu den Produzentenorganisationen lassen sich drei Typen unterscheiden, welche auf einer Kontinuitätslinie liegen: (1) die eindeutige, konkrete, auch durch Besuche und persönliche Kontakte gepflegte Partnerschaft zwischen einer einzelnen Produzentenorganisation und einem hiesigen Verband wie im Falle von Kolping, KDFB und kfd Aachen, (2) eine unklare, eher indirekte Partnerbeziehung, bei der zwar über die Bauern und die Organisation Informationen vorliegen, jedoch weder persönliche Kontakte noch gegenseitige Besuche zu verzeichnen sind, wie dies beim BDKJ Limburg, bei KLJB und KLB München sowie – trotz des Namens – beim Würzburger Partnerkaffee und dem Café Amistad in Aachen beobachtet werden kann, und schließlich (3) Produkte,

---

[892] Alle Informationen nach www.schalkespieltfair.de (aufgerufen am 24.9.2007). Die zuletzt geäußerte Einschätzung beruht auf der Beobachtung, dass diese Internetseite seitens eines Fair-Handels-Akteurs getragen ist und darauf der Fußballklub und seine Verantwortlichen weniger zu Wort kommen als die bei den genannten Trägern engagierten Fair-Handels-Aktiven.

4. Engagement kirchlicher Akteure

bei denen eine spezielle Partnerbeziehung keinerlei Rolle spielt, da sie – als Kaffeemischungen (im Gegensatz zu den vorigen, die reine Ländersorten darstellen) – von Grund auf auf eine solche nicht angelegt sind und auch zu keiner der einbezogenen Produzentenorganisationen ein engerer Kontakt besteht, wie dies für kfd-Kaffee, Misereor-Café Orgánico und den CaféPlus von Brot für die Welt gilt. Das KLJB-Projekt Öko-fair tragen fällt hierbei ein wenig aus der Reihe der Systematik heraus und ist eher als Variante von (1) einzuordnen, insofern direkte Kontakte zur kenianischen LamuLamu-Gruppe und in deutlich abgestuftem Maße zu den Baumwollbauern bestehen, diese Kontakte sich jedoch im wesentlichen (auch strukturell im eigenen Verband) auf die wirtschaftliche Ebene verlagert haben.

Es lässt sich dabei auch kein spezifischer Zusammenhang zwischen Partnerkontakt und Namensgebung für das Produkt herstellen. Es lässt sich nur eindeutig feststellen, dass dort, wo ein Produzentenkontakt überhaupt nicht angelegt ist, dieser auch nicht suggeriert wird (vgl. o.g. Gruppe 3). Insgesamt bewegt sich die Namensgebung in drei Feldern. (1) Zum einen wird auf die Kultur, Sprache oder Geographie des Partnerlandes zurückgegriffen (Tatico, Amistad, Titicaca-Pops) und dies – zumindest im Falle des Tatico-Kaffees – auch als Gelegenheit der Information über Kultur, Tradition, Religion und Weltanschauung in der Region der Produzentenpartner genutzt. (2) Zum anderen ist aber auch häufig die Anlehnung an die eigene Identität hierzulande zu finden. Je nach Akteuren kommen dabei lokale Bezüge (Aachen-Kaffee Amistad, Würzburger Partnerkaffee) zum tragen oder es wird der Bezug zur eigenen Organisation im Produktname transportiert (Misereor-Café, kfd-Kaffee, KDFB-Kaffee, kfd-Tee). Dass bei letzterem vor allem die Vermittlung des Fairen Handels in die eigenen Organisationen im Mittelpunkt stehen dürfte, kann gerade auch aus der Verwendung der Verbands-„Kürzel" im Produktnamen erschlossen werden, deren Transparenz „nach außen" gewiss gering sein dürfte. (3) Zum dritten finden sich Namensgebungen wie „Fairetta black'n white" oder CaféPlus, die auf einer eher symbolischen Linie liegen und auf diese Weise eine Aussage über das Produkt treffen: Während „black'n white" auf die Beziehung zwischen dem Bistum Limburg und Kamerun Bezug nimmt – also Partnerschaft betont, verweist der Name CaféPlus auf den Mehrwert des Produkts – pointiert also dessen Fair-Handels-Qualität.

Die Fair-Handels-Identität ist gleichwohl bei allen dargestellten Initiativen in hohem Maße gegeben. Es kann an keiner Stelle behauptet werden, dass irgendwo Abstriche an den Kriterien und Standards der Fair-Handels-Bewegung gemacht würden. Dort, wo die Produktprojekte in enger Zusammenarbeit mit einer bestehenden Fair-Handels-Organisation entstanden sind und abgewickelt werden, besteht daran ohnehin kein Zweifel (vgl. die Projekte von KDFB, kfd, KLJB München, BDKJ Limburg, KLB, Misereor, Brot für die Welt). Dass jedoch dort, wo eigene Wirtschafts- und Vermarktungsstrukturen aufgebaut wurden (vgl. Kolping, Würzburger Partnerkaffee, Öko fair tragen), diese Kriterien offenbar selbstverständlich eingehalten werden – bei beiden Kaffeeprojekten war die Zertifizierung durch TransFair erforderlich –, ist

4.2. Fair-Handels-Produkte von Verbänden, Diözesen und Hilfswerken

nicht zwangsläufig selbstverständlich. Neben der Kriterientreue[893] ist gerade die Schaffung von Handelsstrukturen als Dimension des Einsatzes eigens zu würdigen. Lediglich in einer Fragestellung treten Positionen auf, welche sich ausdrücklich widersprechen: Während der Würzburger Partnerkaffees als einziges größeres Projekt über den fairen Preis hinaus noch einen Spendenaufschlag erhebt, mit dem zusätzliche Entwicklungsprojekte außerhalb des Kaffeesektors finanziert werden, grenzt sich das Spenden sammelnde katholische Hilfswerk Misereor massiv von einer derartigen Praxis des „Benefizzuschlags" ab. Mehr noch als die Würzburger Initiative ist jedoch die Adveniat-Kooperation in dieser Hinsicht fraglich, da hier der Spendenaufschlag zugunsten des Hilfswerkes die Fair-Handels-Qualität des Produkts zu überdecken scheint.[894]

Im Überblick ist eindeutig erkennbar, dass derartige trägerspezifische Produkte ein vorwiegend katholisches Phänomen darstellen. Dies ist angesichts der sonst im Fairen Handel verbreiteten ökumenischen Ausrichtung und Überschreitung des kirchlichen Feldes auffällig. Mit CaféPlus und dem Würzburger Partnerkaffee stellen „evangelische" und „ökumenische Produkte" bislang Einzelfälle dar. Allein das breite Bündnis in Würzburg bekennt sich zu einem konfessionsübergreifenden und gesellschaftliche Akteure vernetzenden Charakter und praktiziert diesen. Dies ist insofern verwunderlich, als der Faire Handel sich als eine ökumenische Initiative versteht. Worin diese konfessionelle Schlagseite der Produktprojekte begründet ist, ist schwer zu beantworten; die folgenden Überlegungen sind daher vor allem als Vermutungen aufzufassen. Zwei Zugänge könnten unterschieden werden: So könnte die Begründung entweder in einer konfessionsspezifischen Umgangsweise mit dem Fairen Handel begründet liegen, oder aber auf konfessionell unterschiedliche Akteursstrukturen zurückzuführen sein: Offensichtlich ist das Phänomen der eigenen Fair-Handels-Produkte insbesondere unter katholischen Verbänden, besonders Erwachsenenverbänden, verbreitet. Während das Verbandswesen jedoch im Protestantismus zwar im Jugendbereich, weniger jedoch im Erwachsenenbereich verbreitet ist, könnte sich hieraus eine Erklärung ableiten.[895]

Für die Fair-Handels-Bewegung insgesamt letztlich zu thematisieren ist, welche Funktion diese Produkte einzelner Akteure letztlich einnimmt und wie diese zu bewerten ist. Im Zusammenhang der Einführung solcher Produkte ist wiederholt hinter-

---

[893] Diese Kriterientreue erklärt sich natürlich aus der damals schon bestehenden Mitgliedschaft des Deutschen Kolpingwerkes und der KLJB bei TransFair e.V. bzw. aus der Einbindung des Würzburger Weltladens in die Initiative Würzburger Partnerkaffee e.V.
[894] Dies betrifft bei der Kooperation von Darboven mit Adveniat jedoch nicht die Einhaltung der Fair-Handels-Standards durch die Firma Darboven, welche durch das TransFair-Siegel und die von der Kooperation unabhängige Existenz des Produktes gesichert ist. Da die Kooperation auf Firmenkunden begrenzt ist, wird der Eindruck eines an eine Gegenleistung gekoppelten social sponsoring erweckt.
[895] Ein „konfessioneller Blick" auf die Liste der TransFair-Mitgliedsorganisationen würde dies bestätigen: Neben kirchlichen Fachorganisationen ist hier besonders die hohe Präsenz katholischer Verbände (im Unterschied zu protestantischen Verbänden) auffällig. Kirchliche Hilfswerke, Verbände und Einrichtungen bilden rund ein Drittel der TransFair-Mitgliedsorganisationen.

fragt worden, welchen Gewinn solche Sonderprodukte brächten: Schaffen sie nicht nur eine Verlagerung des Konsums fair gehandelter Produkte oder erreichen sie tatsächlich eine Steigerung des Gesamtabsatzes? Gewiss dürften beide Phänomene zu beobachten sein. Ohne es mit Zahlen belegen zu können, wird man aber davon ausgehen können, dass schlussendlich ein Absatzplus für fair gehandelte Produkte zu verzeichnen ist. Es könnte zwar erwidert werden, mittels desselben Engagements wären auch dieselbe Absatzsteigerung bei „normalen" fair gehandelten Produkten und eine vergleichbare inhaltliche Auseinandersetzung mit dem Fairen Handel erreichbar. Berücksichtigt man jedoch den Faktor der Identifikation mit dem Produkt, so lässt sich verstehen, warum ohne Sonderprodukte wohl kaum eine ähnliche Engagementintensität entfaltet worden wäre.

Trotzdem darf auch kritisch vermerkt werden, dass die Sonderprodukte bleibende Fragen aufwerfen. Zu nennen wäre etwa, dass sie mit neuen Labeln und Anbietern die Verwirrung bei den Konsumenten möglicherweise steigern („Was ist nun der Unterschied zwischen Tatico-Kaffee und dem Kaffee von der GEPA?"). Im Rahmen der Pluralität, die sich aus dem Bewegungscharakter des Fairen Handels ergibt, stellt dies jedoch kein schlagkräftiges Gegenargument gegen diese Produkte dar. Auch unter Marktgesichtspunkten betrachtet ist eine Pluralität von Anbietern, Vertriebswegen, Labeln und Verpackungsdesigns für eine erfolgreiche Marktdurchdringung und das Erreichen unterschiedlicher Zielgruppen und Milieus zu begrüßen. In diesem Sinne gehen Marktinteresse und Ernstnahme des Bewegungscharakters des Fairen Handels sozusagen Hand in Hand.

Spannender ist hingegen die Frage, wie von dem Engagement für die Sonderprodukte und der damit ausgelösten Kaufbereitschaft ein „Mitnahmeeffekt" auf andere fair gehandelte Produkte ausgehen kann – bei Produkten mit eigener Anbieterstruktur wie im Falle von Kolping und Würzburger Partnerkaffee würde dies auch einen Transfer auf Produkte anderer Fair-Handels-Organisationen bedeuten. Dies kann auch als Gradmesser der bewusstseinsbildenden Wirkung herangezogen werden. Die Fragen lauten: Unter welchen Bedingungen bieten die Ortsgruppen von Erwachsenenverbänden etwa zusätzlich fair gehandelte Schokolade zum Verkauf an? Greifen sie bei ihren Veranstaltungen gegebenenfalls auch auf Waren anderer Fair-Handels-Anbieter zurück? Die Erfahrung zeigt, dass diese Seiteneffekte in der Mehrzahl der Fälle nicht eintreten – auch dann nicht, wenn die Ortsgruppen „ihr Produkt" über die Vertriebsstrukturen von Fair-Handels-Anbietern mit breitem Produktsortiment beziehen. Die Gruppen sind (teils allein schon durch den Namen) auf „ihr Produkt" fixiert und die Gruppen, die hier offener agieren, taten dies in der Regel auch schon vor Einführung des verbandseigenen Produkts. Selbst wenn Initiatoren von Sonderprodukten auf diese Seiteneffekte hoffen sollten, von selbst stellen sie sich nicht ein, sondern sie bedürfen der Anregung und Impulse an die Gruppen vor Ort.[896]

---

[896] Vgl. z. B. 1000 faire Frühstücke bei Kolping, in: Kolpingblatt, Heft Juli/August 2007 (107. Jahrgang), S. 23.

4.3. Resümee: Fairer Handel als erklärte und praktizierte Weltverantwortung in den Kirchen

In der Zusammenschau der durch synodale Beschlüsse und produktbezogene Initiativen dargestellten kirchlichen Teilnahme am Fairen Handel, lässt sich schwerlich ein einheitliches Bild wahrnehmen. Offensichtliche Schwerpunkte, Sonderformen oder gar „Abweichungen" von der Fair-Handels-Identität können den kirchlichen Akteuren pauschal nicht nachgewiesen werden. Zahlreiche der dargestellten Beispiele haben vielmehr gezeigt, dass eine teils kreative Aneignung und Mitgestaltung des Fairen Handels im Bereich der Kirchen existiert, welche teils auf die Bewegung ausstrahlt oder diese einbezieht. Gleichwohl muss wahrgenommen werden, dass in der Gesamtschau der synodalen Beschlüsse und produktbezogenen Initiativen im kirchlichen Bereich eine bewusste und reflektierte Einbettung in den Charakter des Fairen Handels als eine ökumenischen Initiative und säkulare soziale Bewegung wenig verbreitet ist. Dies ist umso erstaunlicher, als nur selten auf glaubensspezifische Motive der formulierten Positionen und in den einzelnen Aktionen Bezug genommen wird. Dies könnte als positive Voraussetzung für eine Öffnung gegenüber der Gesamtbewegung des Fairen Handels angesehen werden, die jedoch bislang kaum in identifizierbarem Maße erfolgt. Nur wenige synodale Beschlüsse verorten sich ausdrücklich im Kontext der Fair-Handels-Bewegung oder benennen gar Erfordernisse an deren Arbeit und Weiterentwicklung. Nur wenige der fair gehandelten Produkte der Hilfswerke, Verbände und Diözesen betten sich in die Fair-Handels-Bewegung klar ein, zumindest wenn man den Anspruch erhebt, eine solche Positionierung könnte mehr bedeuten als die Kooperation mit einem bestehenden Fair-Handels-Importeur, die Verwendung des TransFair-Siegels oder die Nutzung der Vertriebsschiene der Weltläden. Insofern könnte hier ein „ökumenischer Nachholbedarf" attestiert werden. Da dies auf der Produktebene ein vorrangig katholisches Phänomen darstellt, dürfte die Verortung in der Fair-Handels-Bewegung hier ein hervorgehobenes Erfordernis darstellen.

Insgesamt spiegelt auch der kirchliche Bereich eine Betonung des Verkaufs wider, wie auch in der gesamten Fair-Handels-Bewegung eine zunehmende Verlagerung von der pädagogischen Bewegung auf die Handelsbewegung stattgefunden hat. In den untersuchten synodalen Positionen und organisationsbezogenen Produkten ist eine große Variationsbreite an Stellenwerten der bewußtseinsbildenden Arbeit aufzufinden. In der Gesamtschau sind jedoch nur wenige Beispiele vorrangig auf diese Seite der Fair-Handels-Arbeit ausgelegt. Dies betrifft konsequenter Weise auch die Dimension der Artikulation von Forderungen an die politischen oder wirtschaftlichen Entscheidungsträger, welche bei den Sonderprodukten mit Ausnahme der Kampagne der Katholischen Landjugendbewegung nicht existiert. In den synodalen Beschlüssen beschränkt sich ihr Vorkommen weitgehend auf die Dokumente bis zu Beginn der 1990er und die protestantischen Positionierungen in der Folge des Soesterberg-Briefes. Insofern ließe sich behaupten, dass sich der „katholische Faire Handel" tatsächlich unpolitischer artikuliert als der „protestantische Faire Handel". Da sich diese These jedoch auf die synodalen Beschlüsse beschränkt und diese von ihrem Charakter und ihrer Zuständigkeit zwischen den beiden Konfessionen nicht direkt vergleichbar sind, bedürfte eine solche Behauptung weiterer Belege.

Nimmt man diese Wahrnehmungen zusammen und setzt sie mit der entwickelten Basisphänomenologie der Fair-Handels-Bewegung in ihren beiden Wurzeln von „integrierter Aktion" und „kritischer Aktion" in Beziehung, so lässt sich eine Bestätigung dieser Grundstruktur erkennen: Insofern die Träger der integrierten Aktionsseite sich wenig als kritisch artikulieren und mit eigenen Produkten auftreten, die teils bis in die Namensgebung hinein eine Sonderstellung ausdrücken, bestätigen und aktualisieren sie die grundsätzliche Unterscheidung von zwei Grundströmungen innerhalb der Fair-Handels-Bewegung als auch die Differenzierung zwischen „integriert" und „kritisch". Die Bezeichnung „integriert" ist dabei jedoch auch missverständlich, weil sie gerade nicht auf die Integration in die Gesamtbewegung Fairer Handel bezogen ist, sondern auf den eigenen Herkunftskontext in Kirche oder Verband. Dies hat nicht nur negative Dimensionen, insofern es den Nachholbedarf kirchlicher Institutionen und Mitglieder in Sachen Fairtrade-Verantwortung anzeigt und dessen Behebung anstrebt. Diese Dimension der Binnenorientierung wird bei Synodenbeschlüssen und Produkten zumindest katholischerseits deutlicher sichtbar als im protestantischen Bereich. Von daher auf eine konfessionsspezifische Verbreitung des Fairen Handels in den großen Kirchen zu schließen, wäre aber unzulässig.

Abschließend darf dennoch festgestellt werden, dass der Faire Handel in den Kirchen einen hohen Grad an Beheimatung besitzt, der die konkrete Aktionsebene, die Übernahme von Verantwortung auch wirtschaftlicher und struktureller Art bis hinein in die Positionsbildung kirchlicher Gremien umfasst. Neben der Präsenz der Fair-Handels-Bewegung in der Gesamtgesellschaft dürften damit die Kirchen mit zu den wichtigsten gesellschaftlichen Sektoren zählen, in denen der Faire Handel nicht nur begonnen wurde, sondern auch Verbreitung fand und vielfältig Fuß gefasst hat – über den Einkauf und Konsum der Produkte hinaus. Gerade die hier dargelegt Pluralität von Positionen und Produkten unterstreicht den Charakter des Fairen Handels als sozialer Bewegung in globaler Verantwortung.

5

Gerechtigkeit und Barmherzigkeit, Ordnungs- und Solidaritätsethik

Deutungsparadigmen des Fairen Handels

5. Deutungsparadigmen des Fairen Handels

In der Fair-Handels-Bewegung haben über unterschiedliche Motivationen hinweg Menschen zu einem gemeinsamen Engagement zusammengefunden, vereint in dem Bestreben, den ökonomischen Ungleichheiten auf dem Erdball eine menschenfreundlichere Alternative entgegenzusetzen. Von Beginn an spielten darin Christinnen und Christen eine nicht zu verschweigende Rolle, sei es in ihrem persönlichen Engagement, in ihren konfessionellen Vereinigungen oder gar in der Bildung eigener Bewegungsorganisationen. Dass sie dabei als Christinnen und Christen handeln, ist für viele selbstverständlich und kommt daher eigens oft gar nicht in den Blick. Christinnen und Christen lassen sich in ihrem Handeln – mal mehr mal weniger, mal ausdrücklicher mal intuitiver – von ihrem Gottesglauben leiten. In ihrer Weltwahrnehmung suchen sie nach dem Wirken Gottes in dieser Welt. Sie fühlen sich motiviert und angespornt, für mehr Menschlichkeit auf dieser Erde zu sorgen, weil sie von Gottes Heilswille mit seiner Menschheit überzeugt sind.
Ungerechte soziale Verhältnisse bilden für sie daher eine Herausforderung zum Engagement, zum Einsatz für politische Veränderungen und gesellschaftliche Verbesserungen, in dem sie sich mit Gottes Heilshandeln verbunden wissen und seine endzeitliche Heilszusage antizipieren. Für gläubige Christinnen und Christen ist damit politisches Engagement nicht nur politisches Engagement und Einsatz für Fairen Handel nicht nur wirtschaftliches Betätigungsfeld. Ihr Handeln besitzt gewissermaßen einen „Mehrwert", denn es verweist auf eine zusätzliche Dimension. Ihr Engagement für Gerechtigkeit und aus Barmherzigkeit ist Ausdruck und Ausfluss einer letztlich und endgültig von Gott herkommenden „Erlösung" und „höheren Gerechtigkeit".
Diese Dimension ihres Handelns und Erzählens scheint Fair-Handels-Engagierten bislang eher schwer über die Lippen gegangen zu sein. Viel leichter war wohl das Sprechen über das Elend von Kaffeebauern, über die Vision besserer Preise und die Ungerechtigkeiten der weltweiten Wirtschaftsordnung. Viel einfacher fiel es offenbar auch, konkrete Aktionen zu initiieren, deren Erfolg in Absatzzahlen zu messen und sich – in einem umgrenzten Bereich – am Bau einer Zivilisation der Liebe beteiligt zu sehen. Angesichts der globalen Ungerechtigkeitsverhältnisse und der sie stabilisierenden wirtschaftspolitischen Regelungen gelang die Legitimation des eigenen Handlungsmodells vermutlich wie im Kinderspiel – wenngleich damit natürlich noch keineswegs breite gesellschaftliche Unterstützung gewonnen war. So kam es, dass die Fair-Handels-Bewegung sich in die normative Begründung ihres Modells vertiefte, ihre inländischen und ausländischen Wirkungen herauszustellen begann, ihre Kampagnenfähigkeit reflektierte und ihre eigene Professionalisierung und Ausweitung in Angriff nahm. Während sich christliche Sozialethiker/innen in der Regel genötigt sahen, die religiösen Motivationen sozial-caritativer Programme durch

sachlich-praktische Begründungen zu legitimieren[897], so scheint es in der Fair-Handels-Bewegung gerade umgekehrt: Denn trotz weiter Verbreitung in kirchlichen Gemeinden, Einbindung kirchlicher Werke und Engagements zahlreicher Gläubiger wurde die Frage nach religiösen Motivationen kaum gestellt – weder von innen noch von außen. Selbst Gottesdienstmodelle und Predigten im Umfeld des Fairen Handels kamen eigenartigerweise mit wenig „Religion" aus.

Damit hat die Fair-Handels-Bewegung im Vergleich zu anderen sozialen Bewegungen mit christlichen Wurzeln und Beteiligungen wohl einen wesentlichen Vorzug: Da ihre Legitimität vorrangig aus sozio-ökonomischen Daten und nicht aus religiösen Motiven heraus entwickelt wurde, muss sie nicht erst religiöse Verankerungen lösen, um in der Gesellschaft auf eine breitere Resonanz stoßen zu können. Andererseits tut sie sich trotz über 30-jähriger Geschichte schwer damit, ihre Plausibilität auch im innerkirchlichen Raum transportieren zu können. Gerade wegen dieser Einwurzelung in kirchlichem Erdreich stellt diese Vermittlung einen zumindest in Teilen der Bewegung unaufgebbaren Anspruch dar. Um dies zu erreichen muss jedoch rückblickend kritisch vermerkt werden, dass dies ohne eine theologale Vermittlung nicht möglich sein dürfte. Indem Christinnen und Christen ihre Mitmenschen für die Unterstützung ihrer Idee eines Fairen Handels zu gewinnen anstreben, sind sie einerseits dazu genötigt, die Verallgemeinerungsfähigkeit derselben zu überprüfen und damit eine ethisch-normative Begründung für ihr Modell zu liefern. Sofern sie dafür aber speziell in ihrer Glaubensgemeinschaft werben möchten, ist es ihnen andererseits jedoch aufgetragen „den Zusammenhang zwischen ihrem als gerecht begründeten Engagement und ihrem christlichen Bekenntnis mitzuthematisieren."[898]

Eine solche „theologale Hermeneutik deutet den aktuellen Glaubensvollzug auf der Folie überlieferter Symbole"[899], stellt also eine politische Glaubenspraxis bzw. ein christliches Sozialengagement ganz bewusst in den Kontext christlicher Traditionen. Dass dies die Fair-Handels-Engagierten nur in geringem Maße und ohne große Reichweite thematisiert haben, darf als Indiz dafür gedeutet werden, das eigene Anliegen in erster Linie allgemeingültig vermitteln und deshalb fachlich richtig begründen zu wollen. Dass damit gerade das innerkirchliche Sprachspiel und die dort vorherrschende Logik, Anliegen religiös begründen zu müssen und damit eindeutig in der Identität der Glaubensgemeinschaft zu verorten, nicht bedient wurden, hat letztendlich Chancen einer noch umfassenderen Unterstützung des Fairen Handels im kirchlichen Feld verstellt. Diese – paradoxerweise – unfreiwillige Selbstbegrenzung eines an sich universellen Anliegens ist zum einen dem Pragmatismus in der Fair-Handels-Bewegung, zum anderen aber sicher auch der zwischen- und überkonfessionellen „Ökumene" geschuldet – zwei keineswegs gering zu schätzende Merkmale der

---

[897] Vgl. Hengsbach/Emunds/Möhring-Hesse: Ethische Reflexion politischer Glaubenspraxis, 263. Die Autoren verdeutlichen neben der religiösen Dimension die normativ-ethische Seite und die notwendige Überprüfung ihrer sachlichen Richtigkeit.
[898] Hengsbach/Emunds/Möhring-Hesse: Ethische Reflexion politischer Glaubenspraxis, 273.
[899] Hengsbach/Emunds/Möhring-Hesse: Ethische Reflexion politischer Glaubenspraxis, 266.

Fair-Handels-Bewegung. Wenn jedoch das, was innerhalb der Bewegung immer wieder als unzureichende Unterstützung seitens bzw. innerhalb der Kirchen beklagt wird, eingelöst werden soll, so werden Akteure aus dem Fairen Handel von selbst beginnen müssen, das kirchliche Sprachspiel ausdrücklicher zu bedienen. Bedeutet dieser Anspruch einen Rückzug des Fairen Handels in ein kirchliches Milieu? Könnte damit nicht die gesellschaftliche Reichweite des Fairen Handels eingeschränkt werden? Die diesen Befürchtungen zugrunde liegenden Auffassungen lassen sich jedoch leicht einordnen und – mit Blick auf das darin verborgene Potential – entkräften:

- Auf der einen Seite besteht vielfach das Verständnis, mit ein und derselben Botschaft alle gesellschaftlichen Schichten und Gruppen gleichermaßen ansprechen und überzeugen zu können.[900] Demgegenüber zeigt die Marketinglehre nicht nur die Unumgänglichkeit einer zielgruppenspezifischen Ansprache auf, sondern auch dass und wie mit dieser Methodik in der Adressatenkommunikation Erfolge erzielt werden können. Die Bedienung eines kirchlichen Sprachspiels ist in diesem Horizont als nichts anderes als eine Form der zielgruppenorientierten Überzeugungsarbeit einzustufen, die mit großer Sicherheit auch nicht alle religiös empfänglichen Menschen in gleicher Weise erreichen wird.

- Auf der anderen Seite ist die Annahme verbreitet, eine allgemeinverständliche Sprache zu sprechen. Dabei wird jedoch übersehen, wie sehr eine entwicklungspolitische Sprache die Innen- und Außen-Kommunikation des Fairen Handels beherrscht. Dies ist insbesondere dann der Fall, wenn mit einzelnen Begrifflichkeiten Leistungen oder Wirkungen des Fairen Handels zum Ausdruck gebracht werden, die im Grunde nur in Relation zu sozialwissenschaftlichen Kenndaten (etwa der Wirtschafts- oder Finanzwelt) eine Aussagekraft erlangen.[901] Darüber hinaus muss sich der Faire Handel aber auch eingestehen (und auf der Ebene der Fachorganisationen ist dies unstrittig), dass für die Erfüllung verschiedener Aufgaben von Logistik über Marketing zu politischem Lobbying oder in der Kooperation mit unterschiedlichen Akteuren im In- und Ausland schon längst im Fairen Handel unterschiedliche Fachsprachen zum Einsatz kommen. Und man darf vermuten, dass der Faire Handel seine Erfolge ein Stück weit dadurch erreichen konnte, weil seine Akteure bzw. deren Mitarbeiter/innen genau diese unterschiedlichen Fachsprachen beherrschen.

Insofern können also die Befürchtungen einer „Theologisierung des Fairen Handels" zerstreut werden, weil es ja nicht darum geht, den Fairen Handel mittels einer theolo-

---

[900] Dies beobachte ich in meiner Praxis als Weltladenberater wiederholt im Kontext von Werbeaktivitäten von Weltläden, bei denen der Anspruch „alle" erreichen zu wollen, häufig zielgerichteten Maßnahmen im Wege steht.

[901] In meiner Praxis der Öffentlichkeits- und Bildungsarbeit zum Fairen Handel erfahre ich, welche fachliche Komplexität bei der Vermittlung von Leistungen oder Wirkungen des Fairen Handels automatisch zum Tragen kommt. Die aus Sicht der Fair-Handels-Akteure unzutreffende Engführung des Fairen Handels auf einen fairen, höheren Preis in der öffentlichen Wahrnehmung stellt insofern wohl eine Art der Elementarisierung bzw. Komplexitätsreduzierung dar.

5. Deutungsparadigmen des Fairen Handels

gischen Sprache zu verändern, sondern ihn – unverändert – mithilfe derselben einem bestimmten Publikum besser kommunizieren zu können. Gleichwohl würde ein solches Anliegen einer wichtigen Vertrauensbasis entbehren, wenn dabei ein Exklusivismus praktiziert würde, welcher aus sich heraus anderen Akteuren den Zugang und das Verstehen verwehrt. Auch spezifische Sprachspiele müssen offen angelegt bleiben, um die Offenheit des Gesamtmodells – d.h. hier des Fairen Handels – nicht in Frage zu stellen. Aus diesem Grund sehen sich die folgenden theologischen Überlegungen zum Fairen Handel mit der Herausforderung konfrontiert, für die gesamte Fair-Handels-Bewegung generalisierbar zu sein. Um dem Genüge leisten zu können, müssen Bezugspunkte in Theologie, Sozialethik und Fairem Handel kontinuierlich aufeinander bezogen, zuvor jedoch auch in ihrer je individuellen Aussage vorgestellt werden und Ergebnisse in der komplexen Verschränkung der verschiedenen Beiträge beschrieben werden.

Der im folgenden eingeschlagene Weg der Reflexion geht dabei von der These aus, dass der Faire Handel – als soziale Bewegung und Feld des solidarischen Engagements – bislang einer fundamentaleren Begründungstheorie entbehrt, die im speziellen die Ebene der Motive und Formen des Engagements in den Blick nimmt. Der theologische, sozialphilosophische und sozialethische Zugang kann dabei ein Mittel sein, um eine solche Grundlage herzuleiten.

Die Erarbeitung einer solchen Grundlagentheorie muss daher zunächst als ein Ertasten verschiedener Zugangspunkte und einem darauf aufbauenden Ausloten ihrer Brauchbarkeit angelegt sein. Dies trägt der bislang unbestimmten Theoriegrundlage Rechnung und belässt den Reflexionsvorgang in der erforderlichen Ergebnisoffenheit. Eines der Ergebnisse soll jedoch an dieser Stelle schon vorweggenommen werden: Für die Bestimmung einer Theoriegrundlage des Fairen Handels als sozialer Bewegung und Feld des solidarischen Engagements wird nicht ein ausschließlicher Bezugspunkt leitend sein können. Vielmehr wird Fairer Handel in sich gegenseitig ergänzenden und korrigierenden Paradigmen zu begründen sein.

Daher wird der Faire Handel im Folgenden zunächst im Spannungsfeld von Gerechtigkeit und Barmherzigkeit betrachtet. Dass die Fair-Handels-Bewegung sich dem entwicklungspolitischen Gerechtigkeitsdiskurs nahe weiß, steht außer Frage. Doch welche Gerechtigkeit ist gemeint? Erschöpft sich darin ihre ganze altruistische Orientierung? Findet nicht im Horizont von Barmherzigkeit, Mitgefühl und Anteilnahme der Faire Handel Motive und Grundeinstellungen, die als Basis seines Gerechtigkeitsengagements gar unverzichtbar sind? Die These dieses ersten Zugangs lautet: der Faire Handel als entwicklungspolitisches Handlungsmodell und als soziale Bewegung stützt sich konstitutiv auf die beiden Säulen von Gerechtigkeit und Barmherzigkeit.

Sodann wird diese Grundkonstante in einer Art Variation erneut durchgespielt: Bezugspunkt sind hier jedoch nicht die inhaltlichen Diskurse der Sozialphilosophie und Fundamentaltheologie, sondern zwei Phasen der katholischen Sozial- bzw. Entwicklungslehre sowie die Entwicklung der globalisierungskritischen Positionen in der Ökumenischen Bewegung und im Protestantismus. Während in der Gründungs- und

Konsolidierungsphase der päpstlichen Soziallehre die Erstellung von Kriterien einer gerechtigkeitsbasierten Sozialordnung dominiert, verschiebt sich der Fokus in der „Spätphase" hin zum Thema solidarischen christlichen Handelns. In dieser Wendung von der Ordnungsperspektive zur Solidaritätsperspektive spiegeln sich unter anderem Vorzeichen die aufeinander verweisenden Säulen von Gerechtigkeitsorientierung und Barmherzigkeitsorientierung. In der ökumenischen und protestantischen Globalisierungskritik scheint dasselbe Thema in der Artikulation der christlichen Vision einer solidarischen Grundordnung auf. Auch hier wird ersichtlich: Das Ansinnen des Fairen Handels lässt sich keineswegs nur einer gerechtigkeitsbezogenen Ordnungsperspektive zuordnen.

Diese im Fortgang der jeweiligen Diskurse entwickelten Thesen sind nicht nur punktuell, sondern umfassend an den Praktiken des Fairen Handels zu verifizieren, in der die Brauchbarkeit und Treffgenauigkeit der Überlegungen noch einmal pointiert herausgestellt werden soll. Was heißt es denn im Detail, wenn der Faire Handel einerseits als Gerechtigkeitshandeln durchbuchstabiert und wenn er andererseits als Barmherzigkeitshandeln dargestellt wird. Es geht dabei nicht um die Richtigkeit des einen gegenüber dem anderen, sondern um die Richtigkeit und Notwendigkeit beider Verstehensansätze in gegenseitiger Ergänzung und Korrektur. Mit dem Begriff der „bipolaren Deutungsparadigmen" wird dieser als konstitutiv angesehene Verweisungszusammenhang zum Ausdruck gebracht.

5.1. Fairer Handel zwischen Gerechtigkeit und Barmherzigkeit – Impulse aus Sozialphilosophie und Theologie

Ausgangspunkt des Engagements tausender Ehrenamtlicher, die für den Fairen Handel in kirchlichen Gemeinden, Verbänden sowie in Weltläden aktiv sind, ist vielfach die Wahrnehmung von Unbarmherzigkeiten und Ungerechtigkeiten, welche objektiv Menschen in den Ländern des Südens Lebensmöglichkeiten vorenthalten. Die zunehmende Ökonomisierung vieler Lebensbereiche führt meist nicht zu dem häufig propagierten Wohlstand, sondern sie hat auch eine Schattenseite: Selbst hierzulande wird diese zunehmend deutlich und stößt auf Gegenwehr, ihre „Opfer" in den armen Ländern der Erde werden jedoch bereits seit Jahrhunderten auf weitaus dramatischere und existenzbedrohendere Weise in Mitleidenschaft gezogen. Gegen diese Erfahrung von Ungerechtigkeit und Unbarmherzigkeit setzen Eine-Welt-Engagierte die Vorstellung, dass kritische Verbraucherinnen und Verbraucher sowie engagierte Christinnen und Christen auch Macht – Gegenmacht – besitzen: Gegenmacht, die vielleicht nicht in erster Linie die ausbeuterischen und armmachenden Strukturen in die Knie zu zwingen vermag, aber doch – hoffentlich – im kleinen aus der herrschenden Logik des Marktes aussteigt, ein alternatives Modell praktiziert und propagiert, und damit nicht nur ein Gegen-Zeichen gegen unbarmherzig-gnadenlose Umstände und Praktiken setzt, sondern auch effektiv Gerechtigkeit – im Sinne gerechterer Handelspraktiken – verwirklicht.

Die Wahrnehmung von Ungerechtigkeit darf getrost als Motivationshorizont der gesamten Fair-Handels-Bewegung angesehen werden. Die Empörung darüber betrifft bereits mehrere Aspekte des noch genauer zu beschreibenden Gerechtigkeitsbegriffs: Es ist zum einen die Empörung über die Ungerechtigkeit konventioneller Handelsverhältnisse – in der Fair-Handels-Bewegung oft exemplarisch am Beispiel des Kaffeemarktes durchexerziert – , in der sich die Problematisierung der Gerechtigkeitsfrage auf den Kontext einer Tauschgerechtigkeit bezieht. Es ist zum anderen aber auch die allgemeinere Empörung über die benachteiligten Lebensverhältnisse der Produzent(inn)en und über deren erschwerte Lebenschancen, in der das Problem der globalen Verteilungsgerechtigkeit artikuliert wird. Damit zeigt sich schon, dass die Fair-Handels-Bewegung keinesfalls auf eine bestimmte Detailfrage der Gerechtigkeitsthematik eingeengt werden kann. Man könnte stattdessen behaupten, dass der Faire Handel nicht über eine klare Position verfügt, worin er das globale Ungerechtigkeitsproblem genau lokalisiert. Dies ist aber nur scheinbar eine Schwäche, spricht es doch zumindest dafür, dass der Faire Handel keine einseitige Vereinfachung vornimmt, um durch eine derartige Komplexitätsreduzierung die eigene diskursive Durchdringung des Themas zu erleichtern, wie dies für eine soziale Bewegung vermutlich nicht untypisch sein dürfte. Dennoch kann m.E. nicht davon die Rede sein, dass der Faire Handel über ein reflektiertes und strukturiertes Gerechtigkeitskonzept verfügt. Sowohl bei der Wahrnehmung von Ungerechtigkeit als auch bei den von der

Fair-Handels-Bewegung darauf angebotenen Antworten stehen Fragen der Tausch- und der Verteilungsgerechtigkeit eher unverbunden nebeneinander, als dass sie in einem Gesamtkonzept aufeinander bezogen würden. Desweiteren ist überhaupt fraglich, ob die Unterschiedlichkeit dieser Gerechtigkeitskonzepte in der Bewegung wahrgenommen und differenziert wird.

Dies begründet sich mutmaßlich darin, dass sich die Idee des Fairen Handels gewissermaßen im Zentrum der von kirchlichen Hilfswerken propagierten Veränderung des Verständnisses internationaler und weltkirchlicher Zusammenarbeit „from charity to justice"[902] verortet, also der Abwendung von Spenden und Almosen hin zum Einsatz für Gerechtigkeit in wirtschaftlichen und politischen Angelegenheiten. Der Slogan „Ihr könnt eure Almosen behalten, wenn ihr gerechte Preise zahlt"[903] – teils verkürzt auf die Formel „Gerechtigkeit statt Almosen" – verweist auf eine klare Absage der Fair-Handels-Bewegung gegenüber Vorstellungen von Almosen und Spenden und auf einen in diesem entwicklungspolitischen Denkhorizont naheliegenden Widerspruch gegenüber barmherzigkeitsbasierten Konzepten. Dieser Widerspruch ist sicherlich legitim, solange mit dem Begriff der Barmherzigkeit ein einseitiges Gefälle zwischen Gebenden und Empfangenden verbunden ist, das dem Gerechtigkeitsanspruch nach Beziehungen auf gleicher Augenhöhe zuwiderläuft.

Trotz dieser Abgrenzungen gibt es Gründe, nach Referenztheorien und -begriffen jenseits von Gerechtigkeitskonzepten Ausschau zu halten, denn betrachtet man die Praktiken und Diskurse der deutschen Fair-Handels-Bewegung genauer, so lässt sich schnell erkennen, dass die Bezugnahme auf den Gerechtigkeitsdiskurs zwar zutreffend ist, jedoch nur einen Teil des Interpretationshorizonts abdeckt:

- Da ist zum Beispiel die verbreitete Praxis, dass sowohl bei (kirchlichen) Aktionsgruppen wie bei („politischen") Weltläden die eigenen Verkaufsüberschüsse an Partnerprojekte gespendet werden. Der semantischen Abgrenzung von der Spendenpraxis wird in der geübten Praxis innerhalb der Bewegung also nur bedingt Folge geleistet, d.h. es wird teils in widersprüchlicher Weise zum eigenen Anspruch dennoch Geld in Form von Spenden in Entwicklungsländer transferiert.[904] Diese Praxis deutet darauf hin, dass mit einem gerechten Tausch (= Fairer Handel) das Gerechtigkeitsproblem noch nicht als gelöst angesehen wird und mit der Spende ein weiterer Beitrag im Kampf gegen die ungerechte Verteilung von Gütern und Lebenschancen auf dem Erdball geleistet werden muss. Dies ist wohlgemerkt eine Angelegenheit, die die Sicht der freiwillig Engagierten hierzulande und nicht die der Handelspartnerorganisationen im Süden betrifft. Bitten um zusätzli-

---

[902] Vgl. Nuscheler u.a.: Christliche Dritte-Welt-Gruppen, 11.
[903] Zur Herkunft vgl. Kapitel 1.
[904] Erfahrungen und Beobachtungen in der Praxis belegen auch, dass selbst Akteure, die sich der entwicklungspolitischen Grundlinie des Fairen Handels verpflichtet wissen, der Spendenpraxis nahe stehen. Eine Zweiteilung der Fair-Handels-Bewegung in entwicklungspolitisch sich auf Gerechtigkeit berufende (Weltladen-)Gruppen einerseits und eher missionarisch-caritativ eingestellte kirchliche Verkaufsgruppen andererseits mag zwar bequem und einleuchtend sein, stellt aber eine Vereinfachung dar, die sich mit der faktischen Praxis nur teilweise deckt.

5.1. Fairer Handel zwischen Gerechtigkeit und Barmherzigkeit

che finanzielle Hilfen werden von letzteren nur im Falle außergewöhnlicher Ereignisse geäußert (beispielsweise wenn sie von Naturereignissen, Brandschäden oder dergleichen in Mitleidenschaft gezogen wurden). Hätte die Fair-Handels-Bewegung ein eindeutiges Gerechtigkeitskonzept, so gäbe es in dieser Frage zwei Möglichkeiten: Würde man die Verteilungsgerechtigkeit außen vorlassen und sich auf die Tauschgerechtigkeit konzentrieren, so dürfte es Spenden auf allen Ebenen der Fair-Handels-Bewegung mit Ausnahme solcher Sondersituationen wohl kaum geben. Würde man die Verteilungsgerechtigkeit jedoch der Tauschgerechtigkeit gegenüber vorziehen, dann würden wohl Spenden und Überschüsse konzeptionell in die Verbesserung der Möglichkeiten und Marktchancen speziell der Handelspartner (und nicht irgendwelcher anderer Projekte) eingeplant werden.[905]
- Ein anderes Beispiel, das nun nicht von der Basis der Bewegung ausgeht sondern die Fachorganisationen betrifft, stellt die Frage nach der Definition eines fairen und gerechten Preises dar.[906] Wäre der Gerechtigkeitsbegriff innerhalb der Fair-Handels-Bewegung eindeutig, so wäre auch hier mit einer hohen Übereinstimmung zu rechnen – zumindest was die grundsätzlichen Kriterien und Definitionen eines gerechten (fairen) Preises anbelangt. Demgegenüber verweisen die unterschiedlichen Konzepte der Importorganisationen untereinander oder in Abgleich mit den unabhängigen Siegelkriterien nicht nur auf organisationsspezifische Grundverständnisse oder auf produkt-, herstellungs- und länderspezifische Individuallösungen (die von einer notwendigen Situationsorientierung und angepassten Problemlösungsstrategien zeugen), sondern erwecken auch den Eindruck der Unsicherheit darüber, unter welchen Bedingungen denn ein Preis als fair zu qualifizieren ist.

Dies erlaubt die Schlussfolgerung, dass die Inanspruchnahme des Gerechtigkeitsbegriffs entweder unter Heranziehung einer Negativfolie geschieht und zur Abgrenzung gegenüber anderen Formen und Motivationen in der Gestaltung internationaler und interkultureller Partnerschaftsbeziehungen dient (Beispiel Spendenpraxis), oder eher als die Benennung einer Fernutopie zu verstehen ist (Beispiel fairer Preis).[907] Mit Blick auf die Spendenthematik bringt die Bezugnahme auf den Gerechtigkeits-

---

[905] Während bislang die Fair-Handels-Importeure in der Regel auf Spendenangebote zugunsten von Handelspartnern kaum vorbereitet sind, würden sie bei einer solchen Konzeption möglicherweise entsprechende Abteilungen ausweisen, sich in den Entwicklungsländern nicht nur als Handelspartner sondern als Entwicklungsorganisationen anbieten und wären dann möglicherweise keine reinen Fair-Handels-Organisationen im herkömmlichen Sinne mehr, sondern – bei entsprechender Größe – Mischkonzerne der Entwicklungszusammenarbeit und (ehrlicherweise) der Entwicklungs„hilfe".

[906] Vgl. Forum Fairer Handel (Hrsg.): Was ist ein fairer Preis?

[907] In eine ähnliche Richtung geht der Verdacht, den die Volkswirtschaftler Liebig und Sautter in ihrem ökonomischen Gutachten zum Fairen Handel äußern. Angesichts der Komplexität des Gerechtigkeitsdiskurses werten sie es als „erstaunlich", dass der Faire Handel keine klare Vorstellung davon habe, was er unter „gerechtem Welthandel" verstehe – insbesondere da er „als Reaktion auf die Kritik an der als ungerecht und ausbeuterisch empfundenen Weltwirtschaftsordnung entstanden ist". Liebig/Sautter: Politische Wirkungen des Fairen Handels, 114, 116.

5. Deutungsparadigmen des Fairen Handels

begriff zugleich eine Disqualifizierung von Praktiken und Diskursen mit sich[908], die in der derzeitigen Verfasstheit der Fair-Handels-Bewegung nicht einfach ausgeblendet werden dürfen. Daraus leitet sich die These ab, dass der nur latent geführte Gerechtigkeitsdiskurs innerhalb der Fair-Handels-Bewegung in erster Linie einen ideologischen Rahmen absteckt, der mit der Identitätsfindung der Fair-Handels-Bewegung in Verbindung zu bringen ist und der auf den bereits benannten grundlegenden Wandel in der entwicklungspolitischen Arbeit „from charity to justice" Bezug nimmt.[909]

Im Folgenden wird daher trotz – oder gerade wegen – der benannten Ambivalenz der Versuch unternommen, auf den Barmherzigkeitsbegriff („charity") als Interpretationshorizont für den Fairen Handel zurückzukommen. Dies ist sicherlich nicht unumstritten, weshalb zwei Zugangsbarrieren zu diesen Überlegungen zunächst entkräftet werden müssen: Zum einen wird das Thema Barmherzigkeit grundsätzlich nicht als Alternative sondern als Ergänzung des Gerechtigkeitsbezuges aufgegriffen. Zum anderen geht es in keinem Fall um eine Rückkehr vor den Paradigmenwechsel „from charity to justice".

Ich erhoffe mir von diesem – aus der Fair-Handels-Perspektive eventuell befremdlich klingenden – Ansinnen, eine möglichst passgenaue Grundlagentheorie für den Fairen Handel erarbeiten zu können. Dass dies mithilfe des Themenhorizonts „Barmherzigkeit" gelingen könnte wird dadurch untermauert, dass auch eine andere als die bereits skizzierte Verhältnisbestimmung zwischen Barmherzigkeit und Gerechtigkeit vorstellbar ist. Im Horizont der Theologie erfährt diese offenbar eine andere Ausrichtung als im Horizont des Fairen Handels:

Aus theologischer Perspektive fallen nämlich Gottes Barmherzigkeit und Gottes Gerechtigkeit engstens zusammen. Nach alttestamentlichem Gebrauch ist die Gerechtigkeit *(sedek)* Gottes „seine Bundestreue und damit identisch mit seiner Gnade und Gerechtigkeit".[910] Der Alttestamentler Bernd Janowski qualifiziert gar die Barmherzigkeit als die Art und Weise, mit der Gott seine Gerechtigkeit ausübt; „beide bedingen sich also gegenseitig und folgen als Handlungskorrelate *beide* aus dem Gedanken der göttlichen Weltzuwendung"[911]. Von daher ist erklärbar, dass auch der Apostel Paulus die Gnade Gottes eher aus der Perspektive der Gerechtigkeit als aus der der Barmherzigkeit beschreibt, um sie vor dem Verdacht eines göttlichen Willküraktes zu bewahren.[912]

Auf dem Hintergrund dieses biblischen Befundes ist nach Ottmar Fuchs von einer gegenseitigen Verwiesenheit und Ergänzungsbedürftigkeit von Gerechtigkeit und Barmherzigkeit in einer Weise auszugehen, die gleichermaßen Gerechtigkeit und

---

[908] Vgl. beispielhaft den Titel von Hans-Christoph Bill: Spenden ist sch...! Warum Spenden dem Fairen Handel schaden – eine Provokation.
[909] Nuscheler/Gabriel/u.a.: Christliche Dritte-Welt-Gruppen, 11.
[910] Pesch: Rechtfertigung/Gerechtigkeit, 336.
[911] Janowski: Der barmherzige Richter, 78.
[912] Vgl. Fuchs: Gnadenjahr ist jedes Jahr, 99, sowie Pesch: Rechtfertigung/Gerechtigkeit, 338.

5.1. Fairer Handel zwischen Gerechtigkeit und Barmherzigkeit

Barmherzigkeit unter Menschen wie auch Barmherzigkeit und Gerechtigkeit Gottes betreffen:

> „Es gibt keine progressive menschenachtende Gerechtigkeit ohne das Motiv der Barmherzigkeit, das diejenigen aufspürt, die noch zur je universaleren Gerechtigkeit „fehlen". Und: Es gibt keine progressive Barmherzigkeit ohne das Motiv der Gerechtigkeit, die auch die aufspürt, für die man keine Barmherzigkeit spürt, die aber dennoch der Gerechtigkeit bedürfen. Allein so wird verhindert, dass die Betroffenen Opfer der Willkür von Empathiefähigkeit oder Empathieverweigerung werden. So gibt es keine Gerechtigkeit ohne die die Gerechtigkeit entgrenzende Barmherzigkeit, und es gibt keine Barmherzigkeit ohne die die Barmherzigkeit entgrenzende Gerechtigkeit."[913]

Spätestens damit wird ersichtlich, dass Barmherzigkeit – wird sie konsequent in dieser wechselseitigen Ergänzung und Verwiesenheit mit der Gerechtigkeit gesehen – den ihrem Wort innewohnenden *herablassenden* Klang nicht wird aufrecht erhalten können.

Des näheren lautet daher meine Hauptthese, dass der Faire Handel sich als Handlungsmodell im Spannungsfeld von Gerechtigkeit und Barmherzigkeit offenbart und in dieser „Diastase" auch betrachtet werden sollte – und dass dieser Spannungsbogen für den Fairen Handel auch insofern konstitutiv ist, als er gerade erst in der Verbindung beider Elemente „funktionieren" kann. Dabei sind beide – Gerechtigkeit und Barmherzigkeit – nicht als unvereinbare Pole, sondern im Sinne aufeinander verwiesener Realitäten zu verstehen. Das Anliegen dieser These jenseits ihrer inhaltlichen Dimension besteht darin, zu einem ehrlichen Umgang von Elementen von Fair-Handels-Praxis zu gelangen, die unter anderen Umständen lediglich als nicht ideologiegetreue Praktiken wahrgenommen werden könnten. Insofern versucht die vorliegende These einen Beitrag zu einer besseren inhaltlichen Integration der Fair-Handels-Bewegung zu leisten.

Die weiterzuführende Debatte über die These, Fairen Handel im Spannungsfeld von Gerechtigkeit und Barmherzigkeit zu begreifen, darf gleichwohl nicht die einzelnen Interpretationshorizonte als solche überdecken. Die Wahrnehmung dieses Spannungsfeldes stark zu machen, könnte suggerieren, es würde sich in diesem Kontext auf indirektem Wege ausreichend erschließen lassen, was Fairer Handel im Horizont von Barmherzigkeit bzw. im Horizont von Gerechtigkeit bedeute. Angesichts der oben bereits skizzierten Problematiken sowohl bezüglich der „Ideologiegeschichte" der Fair-Handels-Bewegung als auch bezüglich ambivalenter Interpretationsrichtungen des Barmherzigkeitsbegriffs, reicht eine indirekte Thematisierung von Gerechtigkeit und Barmherzigkeit nicht aus. Die Auseinandersetzung damit, was denn Fairer Handel unter dem Gerechtigkeitsparadigma bedeutet und was er unter dem Barmherzigkeitsparadigma bedeutet, ist also nicht nur argumentationsstrategisch begründet – es geht dabei auch um inhaltliche Fragestellungen. In der Beschäftigung

---

[913] Fuchs: Dass Gott zur Rechenschaft gezogen werde, 14 (Anm. 10).

mit diesen umfassenden Themenhorizonten ist es daher erforderlich, zunächst einmal Ansatzpunkte jenseits fairhandelsspezifischer Zusammenhänge aufzugreifen. Dies setzt die Fair-Handels-Bewegung in Beziehung zu teilweise bislang unbekannten oder unvermuteten Debatten und Akteuren und stellt dabei punktuell auch neue und kreative Gedanken in Aussicht, aus denen sich Impulse für die konkrete Arbeit der Fair-Handels-Akteure ergeben können.

5.1.1. Gerechtigkeit als Interpretationshorizont des Fairen Handels

Die Fragestellung, was denn als „gerecht" einzustufen ist bzw. was denn unter „Gerechtigkeit" zu verstehen sei, ist so alt wie die Menschheit selbst und hat Menschen kultur- wie schichtübergreifend beschäftigt. Allzu unterschiedlich sind insofern auch die verschiedenen Auffassungen. Deshalb ist die Berufung der Dritte-Welt- und der Fair-Handels-Bewegung auf „Gerechtigkeit" als Ziel und Motiv ihres Engagements zunächst als relativ pauschale Aussage einzuordnen. Die Frage, auf welches Konzept von Gerechtigkeit sich der Faire Handel bezieht, dürfte über weite Teile der Bewegung hinweg nur schwerlich eine klare Antwort finden. Eine differenzierte Debatte hat in den vergangenen Jahrzehnten darüber innerhalb der Bewegung kaum bzw. höchstens implizit im Kontext der Kriterien und Grundsätze des Fairen Handels stattgefunden. Hinsichtlich der Rechenschaftslegung über die Richtigkeit des eigenen Tuns, gerade auch unter dem Anspruch von Gerechtigkeit, macht sich insofern ein diskursiver Nachholbedarf bemerkbar, insbesondere dann, wenn Fair-Handels-Engagierte ihre Motive überzeugend vertreten wollen.

Dabei wird sich die Fair-Handels-Bewegung keineswegs auf einzelne theoretische Positionen in der Gerechtigkeitsdebatte festlegen können, dies wäre nicht nur hinsichtlich des Verhältnisses von Theorie und Praxis zu unterkomplex veranschlagt. Vielmehr zeigt bereits ein Blick in die Debattenlandschaft, dass der Faire Handel bei verschiedensten Richtungen der Gerechtigkeitsdiskussion seine Anleihen machen kann, sei es das Fairness-Prinzip in der Gerechtigkeitstheorie John Rawls', sei es die Frage nach der Sicherung von Grundbedürfnissen für ein „Gutes Leben" im Konzept von Martha Nussbaum, sei es – viel grundsätzlicher angesetzt – die Frage nach der Verfahrensgerechtigkeit (d.h. überhaupt des Ablaufs von Prozessen im Welthandel), sei es die Frage nach der Verteilungsgerechtigkeit (hinsichtlich der vorhandenen wirtschaftlichen Güter überhaupt) oder sei es die Frage nach der Tauschgerechtigkeit (beim Eigentümerwechsel von Gütern etwa im Handel). Diese Andeutungen mögen an dieser Stelle genügen, um zu signalisieren, inwiefern der Faire Handel – hat man einfach einmal die Debatte eröffnet – sich inmitten der unterschiedlichen Aspekte und Positionen des Gerechtigkeitsdiskurses wieder findet. Das bedeutet, dass er sich einerseits durch eine multiple Anschlussfähigkeit seiner selbst als ein ausgewogenes gerechtigkeitsorientiertes Modell vergewissern kann. Andererseits bedeutet dies die erschwerte Herausforderung, inmitten dieser Debatte einen dezidierten Standpunkt

5.1.1. Gerechtigkeit als Interpretationshorizont

finden zu müssen, ohne nur in einem „sowohl ... als auch ..." dehnbarer und lavierender Meinungen zu enden. Zielrichtung der nachfolgenden Überlegungen ist es, Anstöße für einen solchen Diskussionsprozess zu bieten und sogleich zu einer Klärung des bislang eher uneindeutigen Gerechtigkeitskonzepts des Fairen Handels beizutragen. Dazu ist es erforderlich, begriffliche Klärungen und markante Standpunkte des Gerechtigkeitsdiskurses aufzugreifen, um eine Verortung des Fairen Handels in dieser Landschaft vornehmen zu können.

5.1.1.1. Grundbegriffe und Dimensionen von „Gerechtigkeit"

Um sich den verschiedenen Aspekten des Gerechtigkeitsbegriffs anzunähern ist es hilfreich, sich die Spannungsfelder zu vergegenwärtigen, in denen sich der Gerechtigkeitsdiskurs bewegt: Objektive Einschätzungen stoßen auf subjektive Empfindungen, fixe Situationen erfahren durch Prozesse Veränderung, Verfügbarkeit und Knappheit von Gütern und Fähigkeiten wechseln sich ab. Sowohl die Annäherungsweise als auch der Gegenstandsbereich sind also keineswegs einheitlich – und so ist es das Anliegen der Gerechtigkeitsdebatte, innerhalb dieser Spannungsbögen zu einem Konsens und übergreifenden Verständnis zu gelangen, wie denn ein gerechtes Zusammenleben von Menschen zu gestalten sei und woran es sich zu orientieren habe. Die Unterschiedlichkeit der Herangehensweise an diese Aufgabenstellung kennzeichnet die Schwierigkeiten, den Gerechtigkeitsbegriff zu klären: Gerechtigkeit ist Gegenstand ethischer Reflexion, rechtlicher Definition, theologischer Auseinandersetzung bzw. religiösen Glaubens, aber auch politischer Erwägungen oder wirtschaftlicher Interessen. In diesem Konglomerat von Denkweisen und Argumentationsmustern ist die Gerechtigkeitsdebatte verortet; es ist Teil der Schwierigkeit, Gerechtigkeit zu „definieren". Auch im Horizont unserer Reflexionen über das Aktionsmodell Fairer Handel lassen sich in dieser Hinsicht keine Abstriche bzw. Vereinfachungen vornehmen. Möglicherweise macht sogar ein solches konkretes Beispiel diese Vielschichtigkeit an Dimensionen besonders augenfällig: als entwicklungspolitisches Modell ethisch motivierten Engagements mit wirtschaftlichem Gegenstandsbereich befindet es sich gewissermaßen schon per se inmitten der Gemengelage.

Die genannten Spannungsfelder stecken allerdings nicht nur das Feld der Debatte ab, sie deuten auch unterschiedliche Verständnisse und Problemfelder des Gerechtigkeitsdiskurses an. Zwei Differenzierungen sind es, die in der Klärung des Gerechtigkeitsverständnisses auf ein (Gerechtigkeits-)Dilemma verweisen – gerade auch im Kontext ökonomischer Gerechtigkeitsfragen. Zwischen der Forderung nach Verfahrensgerechtigkeit und dem Anspruch einer (ich nenne es vorläufig) Situationsgerechtigkeit sowie zwischen dem Ideal einer Verteilungsgerechtigkeit und der Vorstellung von Tauschgerechtigkeit kann nur bedingt Einvernehmen und Übereinstimmung erzielt werden. Ist das eine erreicht, ohne dass das andere berücksichtigt wurde, so wird das Ergebnis nur bedingt einem kollektiven Gerechtigkeitsempfinden genügen.

5. Deutungsparadigmen des Fairen Handels

a) Gerechtigkeit Gottes und Gerechtigkeit des menschlichen Zusammenlebens

Dieses kollektive Gerechtigkeitsempfinden wurde lange Zeit von religiösen Traditionen geprägt, die insofern auch heutiges Denken über Gerechtigkeit beeinflusst haben. In der jüdisch-christlichen Überlieferung wird deshalb Gott als Quelle und Autorität von Gerechtigkeit eine wesentliche Rolle zugemessen:[914] Im Alten Testament (speziell in den Gesetzesschriften) kommt Gott die Funktion zu, die Eckpunkte einer gerechten Sozialordnung in Israel festzulegen, deren „Gerechtigkeit" zu garantieren und schließlich auch deren Anerkennung einzufordern. Die alttestamentliche Weisheitsliteratur und die Propheten Jeremia und Ezechiel heben in deren Fortsetzung besonders die „innere Gerechtigkeit" hervor. Zur Anerkennung einer gerechten Ordnung genügt nicht die rein äußerliche Befolgung vorgegebener Normen, vielmehr sei Gerechtigkeit dem Menschen ins Herz eingeschrieben: jeder und jede sei befähigt, aus sich selbst heraus zu erfassen und zu beurteilen, was gerecht oder ungerecht sei.

Eine besondere Dramatik der Gerechtigkeitsfrage in der Geschichte des Volkes Israel überliefern die als Sozialprophetie bekannten Bücher Amos und Hosea, in denen die Verteilung von Gütern und Landbesitz als Frage von Gerechtigkeit und sozialer Verantwortung, aber auch von religiöser Tragweite thematisiert werden: „Alle diese Vorstellungen beruhen darauf, dass die richtige Verteilung im Volke Gottes zugleich auch ein Zeichen des Hineinwachsens in die Erfüllung der Verheißung Gottes ist." Teilhabe an der gerechten Ordnung wird zu einem „Zeichen für die Einlösung der göttlichen Heilsverheißung".[915]

Diese im Alten Testament grundgelegten und miteinander verbundenen Dimensionen von Gerechtigkeit werden in der neutestamentlichen Tradition fortgeführt und vertieft: Mit der Option für die Armen, wie sie Jesus in der Bergpredigt begründet hat, ist keine caritative Aufweichung und keine Spiritualisierung des Gerechtigkeitsanspruches ausgesagt, sondern im Gegenteil deren Radikalisierung. Der Anspruch der Gerechtigkeit ist damit aus christlicher Sicht grundsätzlich universalisiert und gerade „nach unten" kann niemand einfachhin davon ausgeschlossen werden.

Durch die biblische Überlieferung sind damit wesentliche Fragen zur Klärung des Gerechtigkeitsverständnisses auf die Agenda gehoben: die Frage nach der gesellschaftlichen Grundordnung und ihren Institutionen; im Gegenüber dazu auch die Frage nach dem Handeln und Verhalten zunächst des Einzelnen, sodann aber auch von Gemeinschaften; schließlich angesichts der Option für die Armen das Problem der Ungleichverteilung und die Frage nach einem notwendigen Ausgleich. In der weiteren Klärung des Gerechtigkeitsverständnisses können solche systematischen Unterscheidungen weiterhelfen.

---

[914] Bezüglich der Auswahl der biblischen Bezugsstellen folge ich in diesem Abschnitt Mieth: Ethik der Gerechtigkeit, 14-17. Eine fundierte ausführliche Darstellung der Gerechtigkeitsthematik in den verschiedenen alttestamentlichen Schriften findet sich bei Baumann: „Gottes Gerechtigkeit", 62-180. Baumann versucht hier insbesondere das Ineinander von Gerechtigkeit Gottes und menschlichem Ringen um Gerechtigkeit aufzuarbeiten (vgl. 180).

[915] Mieth: Ethik der Gerechtigkeit, 15.

5.1.1. Gerechtigkeit als Interpretationshorizont

b) Verfahrensgerechtigkeit und Situationsgerechtigkeit

Eine Unterscheidung innerhalb des Gerechtigkeitsbegriffs betrifft die Differenzierung zwischen der Beurteilung eines bestimmten zeitlich oder räumlich begrenzten Zustandes auf der einen Seite und der Bewertung von formal gesteuerten oder ungesteuert verlaufenden Veränderungsprozessen auf der anderen. Während für erstere in der Gerechtigkeitsdebatte kein eindeutiger Begriff definiert wurde, wird letztere unter dem bekannten Terminus der Verfahrensgerechtigkeit diskutiert. Verfahrensgerechtigkeit fragt vor allem nach der Auswirkung von Gerechtigkeitsprinzipien in der Gestaltung von Abläufen und hat sowohl den Bedürfnissen der Beteiligten und Betroffenen „gerecht zu werden" als auch unabhängig von der jeweiligen Situation mit Vorgaben „substantieller Gerechtigkeit" vereinbar zu sein.[916] Diese Kriterien gelten gleichwohl überall, wo ein Wandel unter die Augen der Gerechtigkeit gestellt wird. Dies widerspricht allerdings der traditionell mit verbundenen Augen dargestellten „Justitia", insofern die Verfahrensgerechtigkeit zwar ohne Ansehen der Person (Augenbinde!) zu urteilen hat, dabei aber natürlich keineswegs bezüglich einer differenzierten Wahrnehmung der Beteiligten und der sich darstellenden Lage die Augen verschließen darf.

Die Bewertung von Situationen und Zuständen, von Institutionen und Strukturen – sozusagen die Beurteilung von Ausgangspositionen bzw. am Ende von Veränderungsprozessen auch von Ergebnissen – unter Gerechtigkeitsgesichtspunkten stellt dagegen eine weitaus schwieriger zu lösende Aufgabe dar. Einen Bestandteil davon stellt die Institutionengerechtigkeit dar, unter die auch die Beurteilung von Recht und Gesetz zu subsumieren ist. Insofern soziale Institutionen allerdings Beteiligungs- und Mitwirkungsfragen in gesellschaftlichen (Veränderungs-)Prozessen tangieren, berührt diese Perspektive der Institutionengerechtigkeit selbst wiederum den Bereich der Verfahrensgerechtigkeit. Insofern aber soziale Teilhabe und individuelle Chancen gerade auch von bestehender oder fehlender materieller Teilhabe vorbestimmt werden, kommt die Frage nach der Verteilungsgerechtigkeit auf. Dies ist eine Grundfrage des Gerechtigkeitsdiskurses, aus der heraus sich eine Variante dieses ersten Spannungsfeldes ergibt: das Spannungsfeld von gerechter Verteilung und gerechtem Tausch.

c) Verteilungsgerechtigkeit und Tauschgerechtigkeit[917]

Diese zweite begriffliche Differenzierung geht bereits auf die *Nikomachische Ethik* des griechischen Philosophen Aristoteles zurück und wurde später von Thomas von Aquin rezipiert. Die iustitia distributiva bezieht sich auf die Frage der angemessenen Verteilung von (materiellen) Gütern und (immateriellen) Werten. Dabei sind allerdings die Kriterien der Verteilung keineswegs eindeutig – die Suche nach Verteilungsgerechtigkeit kann sowohl die Idee der Gleichverteilung (jedem gleich viel) als

---

[916] Vgl. Höffe: Gerechtigkeit, 46.
[917] Vgl. zum folgenden insbesondere Höffe: Gerechtigkeit, 68f, 85-89.

auch die Idee der Bedürfnisgerechtigkeit (jedem nach seiner Lage) oder auch die Vorstellung der Leistungsgerechtigkeit[918] (jedem nach seinem Einsatz) in Anschlag bringen. Da diese Problematik schwerlich aufzulösen ist, wird als Alternativentwurf die iustitia commutativa eingebracht. Hier wird davon ausgegangen, dass Güter und Werte nicht frei verfügbar sind, sondern erst erarbeitet werden müssen oder bereits in Besitz sind. Der Ansatz bei der Tauschgerechtigkeit hat die argumentationsstrategischen Vorteile, nicht die tiefgehenden und umstrittenen kriteriologischen Fragen der Verteilungsgerechtigkeit lösen zu müssen und in der Gleichwertigkeit im Nehmen und Geben über einen vergleichsweise eindeutigen Grundsatz zu verfügen. Allerdings ist der Ansatz bei der Tauschgerechtigkeit auf den Verzicht auf einen rein ökonomischen Tauschbegriff angewiesen, d.h. darauf dass materielle Güter und immaterielle Werte wie auch Aktuelles mit Zukünftigem miteinander „verrechnet" werden dürfen. Ebenso bedarf er der Ergänzung um das Element einer iustitia correctiva, welche einen Ausgleich etwa im Falle ungleicher Ausgangssituationen oder fremdverschuldeter Not zu schaffen ermöglicht. Die Rede von der ausgleichenden Gerechtigkeit wäre damit gewissermaßen die der Tauschgerechtigkeit nachgeschobene Thematisierung bzw. Nachjustierung von Verteilungsproblemen. Dabei allerdings müsste eine solche Vor- oder Nachordnung von Gerechtigkeitsprinzipien ihrerseits selbst wieder unter Gerechtigkeitsgesichtspunkten überprüft werden.[919]

5.1.1.2. Gerechtigkeit als Fairness nach John Rawls

Die beiden grundlegenden Spannungsfelder von Verfahrens- und Situationsgerechtigkeit, von Verteilungs- und Tauschgerechtigkeit spielen natürlich auch in der modernen Gerechtigkeitsdebatte eine Rolle. Sie sind dabei gewissermaßen als Beurteilungsrahmen anzusehen, ob Gerechtigkeitstheorien einen umfassenden Anspruch erheben können oder nicht. Der gerechtigkeitstheoretische Entwurf von John Rawls versucht dem Rechnung zu tragen. Seine *Theorie der Gerechtigkeit* (1971, dt. 1975) kann als elaboriertester und wirkmächtigster Beitrag zum Gerechtigkeitsdiskurs (nicht nur) in der politischen Philosophie gewertet werden. Deshalb stellt sie ein unausweichliches Werk für die Erörterung von Gerechtigkeit als Interpretationshorizont des Fairen Handels dar. Zudem bietet Rawls' Ansatz von „Gerechtigkeit als Fairness" eine begriffliche Koinzidenz mit dem Fairen Handel, allein deretwegen eine genauere Wahrnehmung der Gerechtigkeitstheorie des amerikanischen Philosophen angeraten ist.

Der Gerechtigkeitstheoretiker Rawls sieht seinen Hauptgegner in einer utilitaristischen Nutzenabwägung. Diese geht davon aus, in einem höchsten Glück einer

---

[918] Historisch wäre hier auch die Standesgerechtigkeit zu nennen.
[919] Zu beachten ist, dass Tausch auch dem Prinzip der ausgleichenden Gerechtigkeit untergeordnet werden könnte (Ausgleich durch Tausch). Das zugrundeliegende Prinzip der Gleichwertigkeit von Geben und Nehmen wird dabei zwar möglicherweise relativiert, angesichts der Möglichkeit der Verrechnung von Gütern und Werten und angesichts anzunehmender subjektiver Relevanzen oder Prioritäten aber nicht unbedingt ignoriert.

5.1.1. Gerechtigkeit als Interpretationshorizont

größtmöglichen Zahl von Beteiligten einen moralischen Wert für sich anzunehmen. Die Einwände Rawls' gegenüber dieser ethischen Theorie liegen insbesondere darin, dass er in ihr eine Unterordnung der individuellen Freiheit unter das Gemeinwohl erkennt und – schwerwiegender – dass der Utilitarismus „von der Annahme eines unparteiischen Beobachters aus[gehe], die auf einen vollkommenen Altruismus hinauslaufe und damit den Menschen überfordere".[920] Rawls hinterfragt dabei nicht nur die Unparteilichkeit, die im Utilitarismus im Sinne einer alle Menschen gleichsetzenden Nichtpersönlichkeit verstanden werde[921], sondern auch die gerechtigkeitsstiftende Kraft eines Altruismus, aus dem sich einerseits die Motivationsfrage sowie andererseits die Verengung der Gerechtigkeitsfrage auf (individuelles) Handeln als gravierende Probleme für eine Lösung der Gerechtigkeitsfrage ergeben. Rawls sieht die Frage nach der gerechten Grundordnung als zentrale Herausforderung an. Ethisches Handeln allein sei in den modernen Gesellschaften für die Bewältigung der moralischen Probleme unzureichend. Nur auf der Ebene der sozialen Ordnung könne der Komplexität der modernen Gesellschaft genügend Rechnung getragen werden, weswegen Rawls die Verantwortung des Einzelnen auch nicht in seinem individuellen Handeln oder Unterlassen ortet, sondern in seinem Beitrag zu Erhaltung, Verbesserung oder Durchsetzung einer gerechten Sozialordnung.[922] Gleichwohl muss dem natürlich hinzugefügt werden, dass selbiges durch individuelles Handeln operativ umzusetzen ist.

Rawls' Anliegen besteht darin, sowohl die allgemeine Plausibilität als auch die speziellen Bedingungen einer gerechten Grundordnung klären zu wollen, ohne die Freiheit des Einzelnen und die grundlegende Gleichheit der Beteiligten verletzen zu müssen. Dabei sollen Vernunftgründe leitend sein – und nicht altruistische Motivationen. Seine Argumentation nährt sich wesentlich aus dem Spannungsbogen zwischen normativer Gleichheit und faktischer Ungleichheit der Beteiligten.[923] Um diesen überbrücken zu können, entwickelt Rawls einen „Urzustand"[924], in welchem „die ursprüngliche Situation der Gleichheit" aller Beteiligten theoretisch rekonstruiert wird. Damit verschafft sich Rawls eine Ausgangsbasis für die Vereinbarung einer umfassenden Gerechtigkeitsvorstellung und der ihr zugrundeliegenden Grundprinzipien.[925] Er verbindet damit die materiale Seite (d.h. die inhaltliche Dimension der Gerechtigkeitsvorstellung) mit einem formalen Kriterium (dem Zustandekommen der Gerechtigkeitsvorstellung): Nur ein Gerechtigkeitskonzept, das auch in einem

---

[920] Höffe: Einführung, 15.
[921] Vgl. Höffe: Einführung, 16.
[922] Vgl. Pogge: John Rawls, 36ff.
[923] Dabei besteht Rawls auf dem Vorrang der Gleichheit vor der Ungleichheit, was im Kontext eine liberalen Staats- und Gesellschaftsauffassung als „ein revolutionärer Schritt" gewertet werden müsse, so Mieth: Ethik der Gerechtigkeit, 13
[924] Als eine solche Rekonstruktion eines „Urzustandes" lässt sich im Übrigen auch das alttestamentliche Motiv des „Jubeljahres" deuten, für dessen tatsächliche Umsetzung es offenbar keine Beleg gibt – vgl. Groß: Die alttestamentlichen Gesetze.
[925] Vgl. Rawls: Eine Theorie der Gerechtigkeit, 28f.

gerechten Verfahren entwickelt wurde – so seine Theorie – könne den Anspruch auf Glaubhaftigkeit erheben.

Gerechtigkeitsvorstellungen müssen in der Annahme Rawls' grundlegend davon ausgehen, dass „alle sozialen Werte ... gleichmäßig zu verteilen [sind], soweit nicht eine ungleiche Verteilung jedermann zum Vorteil gereicht."[926] Daraus resultiert die Möglichkeit, Ungleichbehandlung als gerecht einzuschätzen und Gleichbehandlung als ungerecht wahrzunehmen, während in anderen Fällen genau das Umgekehrte der Fall sein kann. Damit wird ausgesagt, dass materielle und immaterielle Werte miteinander zu verrechnen seien und zwar dergestalt, dass immaterielle Güter egalitär zu verteilen sind, während eine nicht-egalitäre Zuteilung materieller Güter insofern zulässig oder geboten ist, soweit sie erstere nicht verletzt bzw. zu deren Umsetzung beiträgt.[927]

Aus diesen Überlegungen heraus formuliert Rawls die im Mittelpunkt seiner Theorie stehenden beiden Gerechtigkeitsgrundsätze: Erstens hat jede Person das gleiche Recht auf größtmögliche Freiheit, sofern dies mit demselben Anspruch aller anderen Personen vereinbar ist. Zweitens sind Ungleichheiten als willkürlich zu betrachten, wenn sie nicht zu jedermanns Vorteil gereichen, und die Besetzung von Positionen und Ämtern hat allen offen zu stehen.[928]

Das zweite Prinzip ergibt sich daraus, dass das erste für die Erreichung einer gerechten Grundordnung nicht hinreichend ist. Dies ist im Grunde der gesellschaftlichen Differenzierung geschuldet, d.h. der Ungleichheit von Rahmenbedingungen und individuellen Voraussetzungen, die – um der Gerechtigkeit willen – auch differenzierte Maßnahmen erfordert. Das zweite Prinzip hat die Aufgabe, zu beurteilen, welche dieser Differenzierungen zulässig sind. Rawls gibt sich dabei nicht mit dem in den Wirtschaftswissenschaften gebräuchlichen Kriterium der Pareto-Optimalität zufrieden. Nach diesem Kriterium wird eine Verteilungsstruktur als „pareto-besser" bezeichnet, wenn wenigstens eine Person besser aber niemand gegenüber der vorherigen Verteilungsstruktur schlechter gestellt wird.[929] Die Schwäche dieses Kriteriums und damit der Ablehnungsgrund für Rawls liegen darin, dass dies ein zunehmendes Auseinanderdriften zwischen Arm und Reich solange legitimiert, solange die Armen nicht noch ärmer werden. Für eine an Gerechtigkeit orientierte Sozial- und Wirtschaftsordnung kann dies nicht genügen, trägt es doch zu einer noch größeren und dauerhafteren Ungleichheit bei. Stattdessen besagt Rawls' Differenzkriterium, dass Ungleichheit der Gleichheit vorzuziehen ist, wenn sie den Schlechtestgestellten eine Besserung bringt.[930] Rawls betont, dass jeder Beteiligte aus einer Ungleichbehandlung Vorteile ziehen können muss, damit selbige gerechtfertigt ist. Er schließt ausdrücklich aus, dass im Sinne der Gerechtigkeit ein Nachteil des einen durch einen

---

[926] Rawls: Eine Theorie der Gerechtigkeit, 83.
[927] Vgl. Kersting: John Rawls zur Einführung, 71.
[928] Vgl. Rawls: Gerechtigkeit als Fairness (1977), 37.
[929] Kersting: John Rawls zur Einführung, 75.
[930] Kersting: John Rawls zur Einführung, 77f.

5.1.1. Gerechtigkeit als Interpretationshorizont

größeren Vorteil eines anderen in Kauf genommen werden dürfte. Dies begreift er auch als seine eigene Abgrenzung gegenüber dem geläufigen utilitaristischen Prinzip, das sich mit einem in der Gesamtsumme besseren Ergebnis begnügt, selbst wenn damit vielfache Verschlechterungen verbunden sind.[931]

Unter Gerechtigkeitsgesichtspunkten erscheint nur der „beste Schlimmstfall"[932] als erträglich. Beide Alternativen, der beste Durchschnittsfall oder die beste Summe an Verbesserung, sind aus der Sicht der Schlechtestgestellten deshalb nicht akzeptabel, da sie diesen nach wie vor unverhältnismäßige Lasten aufzubürden nicht ausschließen können und insofern wohl kaum mehr als rational eingestuft werden würden. Etwa würde im Blick auf die Aushandelung von Preisen und Löhnen niemand einem Preis- und Lohnsystem zustimmen, das ihm die elementaren Lebensgrundlagen nicht zur Verfügung stellt; oder einer Arbeitsordnung, die unmenschliche Arbeitszeiten und Arbeitsbedingungen zur Last legt.

Hinsichtlich unterschiedlicher Möglichkeiten im Einzelfall schlägt Rawls daher im Abwägungsprozess die Anwendung der sogenannten „Maximin-Regel" vor. Diese Regel versteht Rawls so, dass diejenige Alternative zu bevorzugen ist, die eine maximale Verbesserung für die „Minderbemittelten" bzw. Schlechtestgestellten erwirkt. In ihr kulminiert gewissermaßen Rawls' Interpretation des ersten Satzes des zweiten Gerechtigkeitsgrundsatzes.

Damit diese Prinzipien als allgemeingültige Grundlage der Gerechtigkeit aber anerkannt werden können, muss Rawls ein Problem lösen, das sich aus den jeweiligen gesellschaftlichen Positionen, individuellen Bedingungen und dem jeweiligen Umfeld der Individuen ableitet und insbesondere die daraus resultierenden spezifischen Interessen zum Gegenstand hat: Denn ob eher Gleichbehandlung oder Ungleichbehandlung als gerecht empfunden werden, hängt von diesen Positionen und Interessen unweigerlich ab. Dabei ist selbstverständlich davon auszugehen, dass hinsichtlich dieser Interessen differenziert werden muss, da höherrangige Interessen von nachrangigeren sowie konsensfähige Interessen von streitbareren[933] unterschieden werden müssen.

Durch die Umgehung der individuellen Interessen, die Rawls durch einen fiktiven Vertragsabschluss vor aller Wahrnehmung gesellschaftlicher Positionen und individueller Vorlieben in einem Urzustand zu ermöglichen annimmt, wird versucht, die von allen Menschen im Konsens und allgemeingültig akzeptierten „höherwertigen Interessen" herauszufiltern. Aus diesem „Schleier des Nichtwissens" wird eine Grundordnung resultieren, die unabhängig von individuellen Positionen, Interessen und Machtstatus die Befriedigung der allgemeinmenschlichen Bedürfnisse repräsentiert. Gerechtigkeitsprinzipien können dabei Geltungsanspruch erlangen, weil sie auf eine faire Aushandelungssituation zurückgeführt werden können, die gewissermaßen

---

[931] Vgl. Rawls: Gerechtigkeit als Fairness (1977), 40f.
[932] Pogge: John Rawls, 73ff.
[933] Unter streitbaren Interessen werden solche gefasst, die von der individuellen Situation (z.B. Vermögenslage, Kompetenzausstattung, etc.) bestimmt sind, welche ungleich verteilt sein kann.

auf der Ausschaltung ungerechter Ausgangsbedingungen basiert. Der „Schleier der Unwissenheit", welcher allerdings keine allgemeine Unkenntnis der Gesellschaft meint, sondern nur den eigenen Ort innerhalb derselben betrifft, kann als der offizielle Begründungsapparat von Rawls' Gerechtigkeitstheorie identifiziert werden. Hinsichtlich der Situation von Ungleichgewichten der globalen Ökonomie und weltweiten Wohlfahrt würde dies bedeuten, unabhängig von der eigenen Ortsbestimmung in der „Ersten" oder „Dritten Welt" Regeln für eine gerechte Wirtschaftsordnung aufstellen zu müssen. Eine Welthandelsordnung, die auf Gerechtigkeit beruht, dürfte zudem nicht aus einer Situation heraus entworfen werden, in der die wirtschaftlich Stärkeren, die sich die besseren und umfangreicheren Beraterstäbe leisten können, gegenüber den wirtschaftlich schwächeren Volkswirtschaften im strukturellen Vorteil befinden, wie dies die derzeitigen Bedingungen der WTO-Verhandlungen und Welthandelsrunden kennzeichnet.[934]

Zu diesen Fragen äußert sich Rawls erst in seinen späteren ab den 1990er Jahren veröffentlichten Beiträgen zu Themen der internationalen Gerechtigkeit und des Völkerrechts. Unter anderem artikuliert er dort, dass angesichts eines „Schleiers des Nichtwissens" die Völker nicht nur Grundsätze der elementaren Gleichheit untereinander festlegen, sondern auch die Eckdaten eines internationalen Institutionensystems klären und „sich auf Standards fairen Handels ebenso einigen wie auf gewisse Vorkehrungen zur gegenseitigen Unterstützung."[935] Hinsichtlich der „Fairness des Handels" formuliert Rawls als seine Grundannahme,

„liberale Völker gingen davon aus, dass ein durch faire Hintergrundbedingungen angemessen reguliertes Handelssystem freier Wettbewerbsmärkte zumindest langfristig für alle Beteiligten vorteilhaft ist." Voraussetzung dafür ist laut Rawls, „dass die größeren Nationen mit den wohlhabenderen Volkswirtschaften weder versuchen werden, auf den Märkten eine Monopolstellung zu erlangen noch Kartelle zu bilden oder als Oligopole zu handeln. Wenn diese Voraussetzungen erfüllt sind und wir wie zuvor einen Schleier der Unwissenheit annehmen, so dass kein Volk wissen kann, ob seine Volkswirtschaft groß oder klein ist, würden sich alle auf faire Standards des Handels einigen, um freie und wettbewerbsorientierte Märkte zu haben (vorausgesetzt, solche Standards können festgelegt, befolgt und auch durchgesetzt werden)."[936]

Der wirtschaftsliberale Charakter seines Ansatzes wird in diesen Passagen eindrücklich greifbar. Obgleich Rawls eine Regulierung für notwendig erachtet, hält er doch

---

[934] Im ausdrücklichen Widerspruch dazu legt die WTO als Grundprinzipien die Gleichbehandlung und die Meistbegünstigung zugrunde: So werden für alle WTO-Mitglieder dieselben Regelungen etabliert, während ein gerechtes System für die Schwachen Regeln und Mechanismen bereitstellen würde, um sie vor stärkeren Staaten zu schützen und ihre Benachteiligungen auszugleichen oder wenigstens zu nivellieren. Der Grundsatz der Meistbegünstigung dagegen verpflichtet aber dazu, eingeräumte Handelserleichterungen auf alle anderen Mitgliedsländer zu übertragen. Vgl. Handel contra Entwicklung? 4f.
[935] Rawls: Das Recht der Völker, 47.
[936] Rawls: Das Recht der Völker, 47f.

5.1.1. Gerechtigkeit als Interpretationshorizont

eindeutig an der Freiheit der Märkte fest, so dass letztlich unklar bleibt, ob im Sinne Rawls faire Standards und Marktregeln lediglich der Absicherung der Wettbewerbsfreiheit gelten oder ob diese auch eine Gewährleistungsfunktion internationaler Gerechtigkeit übernehmen sollen. Zwar geht Rawls davon aus, dass unter den Bedingungen des Urzustandes faire Marktregelungen vereinbart würden, allerdings sieht sein Konzept bezüglich der internationalen ökonomischen Ebene nicht die Verständigung auf weitergehende Grundprinzipien vor. So resultiert aus dem Urzustand – wie er ihn in diesem Falle abweichend von *Eine Theorie der Gerechtigkeit* konstruiert – weder ein Differenzprinzip noch eine Maximin-Regel, noch irgendein anderer Gerechtigkeitsgrundsatz. Infolgedessen muss Rawls ein handelspolitischer Liberalismus unterstellt werden, der auch für die – unter Gerechtigkeitsgesichtspunkten problematische – neoliberale Wirtschaftspolitik keinerlei Begrenzungen aufzuweisen vermag. Damit nimmt er diesen gegenüber letztlich eine legitimierende Funktion ein. Dies scheint gleichwohl darin begründet, dass er seine Theorie der Gerechtigkeit als Fairness nicht einfachhin auf die globalen Zusammenhänge überträgt. Vielmehr vollzieht er eine „gerechtigkeitstheoretische Halbierung"[937], durch welche die Fragen der ökonomischen Gerechtigkeit gegenüber denen der rechtlich-politischen Gerechtigkeit eklatant in den Hintergrund gerückt werden.

Weltwirtschaftliche Ungleichheiten sind im Unterschied zum Themenkomplex Krieg und Frieden und zur Frage der Stabilität der internationalen institutionellen Ordnung nicht Gegenstand seiner Erörterung globaler Fragen. Nicht umsonst überschreibt er seine die internationale Ebene betreffende Publikation mit „Recht der Völker" und gerade nicht mithilfe des Begriffs Gerechtigkeit.[938] Denn Rawls beschränkt sich auf das rechtlich einwandfreie Nebeneinander von Staaten und lehnt jeglichen Interventionismus der einen Partei bei der anderen ab, gleich ob es sich um die Durchsetzung von Menschenrechten oder um das Anliegen einer Umverteilung von Gütern handele. Zwar gesteht er eine Unterstützungspflicht gegenüber den „durch ungünstige Umstände belasteten Gesellschaften" zu. Aus derselben leitet er jedoch ausdrücklich nicht ab, dass „durch Grundsätze der distributiven Gerechtigkeit die wirtschaftlichen und sozialen Ungleichheiten zwischen Gesellschaften zu regulieren wären."[939] Der Gerechtigkeitstheoretiker, der auf innergesellschaftlicher Ebene den Ausgleich von Ungleichheiten mithilfe der Grundregel, Ungleichbehandlung müsse durch den maximalsten Nutzen der Schlechtestgestellten legitimiert werden, als notwendig erachtet, hält auf transnationaler Ebenen die Angleichung unterschiedlicher Wohlfahrtsniveaus ausdrücklich für nicht angebracht.[940] Vielmehr verwahrt er sich gegen eine Überbe-

---

[937] Kersting: John Rawls zur Einführung, 202.
[938] Franz-Josef Bormann befindet: „Statt der erwarteten Theorie globaler Gerechtigkeit behandelt Rawls 'nur' die Grundsätze einer liberalen Außenpolitik". Dabei problematisiert Bormann die Begriffswahl auch dahingehend, dass mit „Völker" die von Rawls tatsächlich bearbeiteten Fragen zwischenstaatlicher Beziehungen nicht eindeutig benannt würden. Vgl. Bormann: Soziale Gerechtigkeit zwischen Fairness und Partizipation, 256.
[939] Rawls: Das Recht der Völker, 132.
[940] Vgl. Rawls: Das Recht der Völker, 132.

wertung materieller Ressourcen. Deren Bedeutung hinsichtlich der Entwicklung eines Volkes wird von Rawls als gering eingeschätzt, während er der politischen Kultur einen hohen, ja den entscheidenden Stellenwert beimisst.[941]
Dieser Widerspruch zu seiner eigenen Theorie ergibt sich aus folgendem Umstand: Anstelle den Urzustand mit dem Schleier des Nichtwissens bezüglich der globalen Gerechtigkeitsfrage lediglich auf die Weltgesellschaft hin auszuweiten, wie dies etwa sein Schüler und Kritiker Thomas Pogge vorgeschlagen hat, ergänzt Rawls den innergesellschaftlichen Urzustand um einen zweiten transnationalen Urzustand. Dieser „zweistufige Kontraktualismus" beinhaltet, dass sich die Beteiligten in der ersten Stufe innergesellschaftlich auf die Grundprinzipien einer gerechten Sozialordnung verständigen und sodann nationalstaatliche Repräsentanten die Grundregeln des zwischenstaatlichen Umgangs miteinander festlegen. Da bei letzterem nicht davon ausgegangen werden könne, dass es sich nur um demokratische, liberale Gesellschaften handele, könne die dabei erfolgende Verständigung auch nicht auf liberale Gerechtigkeitskonzepte hinauslaufen sondern müsse allgemeiner verankert sein, d.h. sich auf die gegenseitige Anerkennung und Toleranz beschränken.[942] Rawls artikuliert dabei m.E. in seinen Vorannahmen eine Ignoranz der sozioökonomischen und weltwirtschaftlichen Dimensionen (nicht nur der Gerechtigkeitsfrage sondern des Zusammenlebens von Völkern überhaupt), so dass es nicht verwundert, dass daraus auch keine diesbezüglichen ökonomischen Prinzipien resultieren.
Für diese völkerrechtlichen Vorstellungen wurde Rawls selbst von seinen Anhängern scharf kritisiert.[943] Sie haben darin „einen Abfall vom ethischen Niveau der Rawls'schen Gerechtigkeitstheorie" gesehen und eine entsprechende Revision verlangt. Sie fordern daher nicht nur die Aufhebung der Zweiteilung des Urzustands, sondern auch eine Aufgabenerweiterung desselben um die Einigung auf Grundprinzipien einer internationalen Verteilungsgerechtigkeit. Thomas Pogge liefert dazu in fast schon lapidarer Weise eine aus Rawls' Denkweise selbst abgeleitete Begründung: „Nehmen wir Rawls' Konzeption ernst, dann muss seine Gerechtigkeitstheorie die Lebensaussichten des Schlechtestgestellten auf der ganzen Welt zum erstrangigen Kriterium bei der Bewertung unserer sozialen Institutionen machen."[944]
Auch für den Rawlsianer Charles Beitz ist es von der innerstaatlichen zur globalen Gerechtigkeitsordnung nur ein kleiner Schritt[945], welcher sich zum einen aufgrund der ungleichen Ressourcenausstattung zwischen den Völkern und zum anderen

---

[941] Vgl. Bormann: Soziale Gerechtigkeit zwischen Fairness und Partizipation, 258.
[942] Vgl. Kersting: John Rawls zur Einführung, 199f.
[943] Vgl. zum folgenden Kersting: John Rawls zur Einführung, 204ff.
[944] Pogge: Rawls and Global Justice, 233 (zitiert nach Kersting: John Rawls zur Einführung, 204).
[945] Für Kersting verbirgt sich dagegen hinter diesem kleinen Schritt ein entscheidender Wandel hinsichtlich der normativen Orientierung der Philosophie der internationalen Beziehungen, insofern dadurch erst die Gerechtigkeitsfrage auf dieser Ebene Einzug hält. Das Paradigma der zwischenstaatlichen Rechtsordnung werde so durch das der „gerechten weltbürgerlichen Güterversorgung ersetzt". Vgl. Kersting: John Rawls zur Einführung, 204f. – Aus der heutigen Perspektive einer globalen Weltwahrnehmung mag dieser Paradigmenwechsel kaum noch in Erinnerung sein.

5.1.1. Gerechtigkeit als Interpretationshorizont

aufgrund der wachsenden wirtschaftlichen und politischen Verflechtung („globale Interdependenz") aufdrängt. Die Einwände Kerstings zu ersterem verdeutlichen, dass der Ansatz des sog. kosmopolitischen Liberalismus nicht auf der Ebene von natürlichen Ressourcen (bzw. Ressourcenmangel) von Staaten oder Landstrichen funktionieren kann, sondern eben gerade – im Unterschied zu Rawls' Ansatz – solange die Ebene der Ressourcenausstattung von Individuen und der Horizont sozioökonomisch bedingter Benachteiligung nicht verlassen werden. Vor allem aus letzterem jedoch leuchtet im Sinne der Rawls'schen Theorie ein stichhaltiges Argument auf, insofern dieser das Gerechtigkeitsproblem ja als ein Problem einer fairen Kooperationsordnung, der „gerechten Verteilung von Kooperationsbürden und Kooperationsgewinnen"[946] bestimmt hatte: wenn also der das Handeln (in diesem Falle das wirtschaftliche Handeln) bestimmende Kooperationskontext sich von einer gesellschaftlichen auf eine globale Ebene verlagert („Globalisierung"), kann die gerechtigkeitstheoretische Prinzipiensuche nicht an nationalen Grenzen abgebrochen werden.[947]

Auf Rawls trifft insofern das zu, was als die „Container"-Mentalität von Gerechtigkeitskonzeptionen zu problematisieren ist, nämlich die Gerechtigkeitsfrage als Thema nationalstaatlich abgegrenzter Gesellschaften zu behandeln und bei der Übertragung auf eine weltweite Ebene den Fehler zu begehen, anstelle individueller Subjekte nur die Beziehungen unter nationalstaatlichen Subjekten gerecht zu regeln.[948] Demgegenüber zeichnet sich der Globalisierungsprozess aber genau dadurch aus, dass individuelle Subjekte direkt mit der globalen Ebene vermittelt werden. Angesichts dessen zeigt sich, dass Rawls selbst den Globalisierungsprozess nicht mehr in seiner Tragweite erfasst und im Grunde nicht mehr mitvollzogen hat. Er hat sich damit, was die internationale Gerechtigkeitsfrage anbelangt, nicht gerade auf die Seite gerechtigkeitssuchender Akteure gestellt.

Dies mag mitunter als ein Grund für die ausgebliebene Auseinandersetzung der Fair-Handels-Bewegung mit seiner Theorie gelten. Andererseits muss ihm wohl zugute gehalten werden, dass eine „Verlängerung" der Gerechtigkeitsfrage auf die weltumspannende Ebene „vor Rawls" kein Thema der politischen Philosophie gewesen ist.[949] Dass seine Theorie gerade in ihrer kosmopolitischen Rezeption (durch Thomas Pogge und Charles Beitz) für die internationale Gerechtigkeitsfrage hilfreich und wegweisend ist, darf damit nicht in Abrede gestellt werden.[950] Schließlich enthält das Differenzprinzip speziell hinsichtlich der Verteilung globaler Ressourcen und Chancen einen gehörigen Sprengstoff, denn man wird kaum behaupten können, dass die – im gegenwärtigen Zustand – ungleichen Chancen im Zugang zu Ämtern und privile-

---

[946] Kersting: John Rawls zur Einführung, 209.
[947] Vgl. Kersting: John Rawls zur Einführung, 209.
[948] Vgl. Fair Future, 126, mit Bezug auf Ulrich Beck: Was ist Globalisierung?
[949] Vgl. Kersting: John Rawls zur Einführung, 207.
[950] Kersting: John Rawls zur Einführung, 11, versteht allerdings die Ausrichtung von „Das Recht der Völker" als eine „herbe Absage" an „alle Rawlsianer, die die Gerechtigkeitstheorie der *Theory of Justice* globalisieren und zu einer Weltgerechtigkeitstheorie ausbauen wollen".

gierten Positionen oder die ungleiche Verteilung von Gütern und Ressourcen die am meisten Benachteiligten besser stellt.[951]

5.1.1.3. Gerechtigkeit als Chance zur Verwirklichung guten Lebens nach Amartya Sen und Martha Nussbaum

Nicht nur seine auf die Ebene liberaler Gesellschaften geradezu beschränkte Gerechtigkeitskonzeption hat John Rawls erhebliche Kritik eingetragen. Weit grundlegender sind auch diejenigen Kritiken, die sich mit ihm aus der Perspektive von Entwicklungsgesellschaften oder mit Blick auf die Entwicklungspolitik auseinandersetzen, wie dies der indische Ökonom und Nobelpreisträger Amartya Sen sowie die amerikanische Philosophin und vormalige UNO-Entwicklungsberaterin Martha C. Nussbaum vorgenommen haben. Nussbaum hält die Verweigerung Rawls' gegenüber den Anliegen einer weltweiten Gerechtigkeit für ein zu pessimistisches Weltbild und ruft die faktisch durchaus kulturübergreifend stattfindende Diskussion von Gerechtigkeitsfragen in Erinnerung. Gewissermaßen ihre Fundamentalkritik an Rawls andeutend, bewertet sie es als „unvollständig und etwas anachronistisch", eine Gerechtigkeitsauffassung zu vertreten, welche die internationale Dimension der Gerechtigkeitsprobleme (wie z.B. von Lebensmittelknappheit oder Hunger) ignoriert, auf die mit weltweiter Kommunikation und gemeinsamen Anstrengungen reagiert werden müsse.[952]

Mit Blick auf diese Gerechtigkeitssituation stellt auch Amartya Sen im Kontext seines Freiheitsbegriffs die Frage nach der Lebensqualität und nach den (lokalen) Lebensstandards, die für ihn auf internationaler Ebene vergleichbar sein sollten. Er macht angesichts der Lebensumstände breiter Bevölkerungskreise in Entwicklungsgesellschaften – insbesondere mit Blick auf Hungersnöte und Überlebensstrategien am Rande des Existenzminimums – deutlich, dass in Umkehrung zu Rawls' Konzeption nicht primär die politischen Grundrechte von Bedeutung sind. Vielmehr müsse dem Zugang zu ökonomischen Ressourcen in Fragen der sozialen Gerechtigkeit ein Vorrang vor den politischen Freiheitsrechten zugestanden werden.[953] Jedoch lässt er nicht nur das Einkommen und den Wohlstand als ökonomische Ressourcen gelten, sondern es geht ihm dabei um die Lebensqualität selbst.[954] Deshalb interessiert sich Sen auch nicht für Besitzrechte an Gütern, sondern für die Freiheiten und Möglichkeiten ihrer Nutzung. Dies schließt aber nicht nur die Verfügbarkeit und den offen stehenden Zugang zu diesen Ressourcen ein; es beinhaltet insbesondere auch die

---

[951] Vgl. Fair Future, 136. Hinsichtlich der fairen Chancengleichheit im Zugang zu Ämtern stellen die durch die mangelnden finanziellen Ressourcen massiv eingegrenzten Beteiligungschancen von Entwicklungsländern an den Verhandlungen der Welthandelsorganisation WTO ein paradigmatisches Beispiel dar – nicht nur für den Verstoß gegen diesen Gerechtigkeitsgrundsatz, sondern auch für die ausweglose Interdependenz zwischen unzureichender Chancengerechtigkeit und ungerechten Verteilungsverhältnissen.
[952] Vgl. Nussbaum: Gerechtigkeit oder Das gute Leben, 30-31.
[953] Vgl. Kesselring: Ethik der Entwicklungspolitik, 94.
[954] Vgl. Sen: Ökonomie für den Menschen, 37.

5.1.1. Gerechtigkeit als Interpretationshorizont

Fähigkeit, sich diese auch nutzbar machen zu können. „Fähigkeit" (capability) meint daher auch „Verwirklichungschance" und ist einer der zentralen Begriffe in Sens Theorie.[955] Er ist Sens Lösungsansatz, um den Unterschieden und Ungleichheiten der Personen Rechnung zu tragen, und bezieht sich sowohl auf die individuelle physische Verfasstheit der Person als auch auf deren soziokulturelles Umfeld als Ermöglichungsbedingung von Entwicklung.[956]
Hinter dieser Vorstellung liegt für Martha Nussbaum (die eng mit Sen zusammengearbeitet hat) ein Problem der Verteilungsgerechtigkeit. Verteilungsfragen müssen nach ihrer Ansicht vor allem den Wert von Gütern und Ressourcen aufgreifen, den diese für die Nutzung durch Menschen erhalten. Eine gerechte Ressourcenverteilung müsse sich also nicht an deren materiellem Wert („an sich") bemessen, sondern an deren instrumentellem Wert („für jemanden"). Nussbaum teilt dabei mit Sen die Einschätzung, dass „wir den Wert von verteilungsfähigen Gütern nur dann richtig einschätzen können, wenn wir eine Vorstellung von den Tätigkeiten haben, für die diese Güter nützlich sind", wobei sie dies nicht in genereller Abstraktheit artikulieren, sondern die „funktionalen Bedürfnisse eines jeden Menschen" (d.h. des Einzelmenschen) berücksichtigen will.[957] Sen ist sich dabei durchaus der erheblichen Schwierigkeit und der sehr eng gefassten Grenzen von „Nutzenvergleichen" bewusst; die Verschiedenheit der Menschen erscheint ihm dabei als das praktisch größte Problem.[958] Sen grenzt sich dabei klar gegen einen utilitaristischen Ansatz ab und bevorzugt in der Folge die Rede von „Funktionen" („functionings") von Sachverhalten und „Verwirklichungschancen" („capabilities") von Personen, wobei letztere gewissermaßen als der Umgang mit bzw. als die möglichen Arrangements unter den ersteren zu verstehen sind. Sie sind insofern Ausdrucksformen von Freiheit. Sens Denken setzt also – im Unterschied zum Utilitarismus – nicht bei den Dingen und ihrem Nutzen für die menschliche Selbstverwirklichung an, sondern bei den Subjekten und

---

[955] Der Begriff „capabilities" wird teils mit „Fähigkeiten", teils mit „Verwirklichungschancen" übersetzt; letzteres ausdrücklich Sen: Ökonomie für den Menschen, 354.
[956] Vgl. Sen: Ökonomie für den Menschen, 25f. Im Detail nennt Sen persönliche Eigenheiten, Unterschiede in den Umweltbedingungen, Unterschiede im sozialen Klima, Unterschiede in den relativen Aussichten und Verteilung innerhalb der Familie (vgl. ebd. 89-91), vgl. auch Kesselring: Ethik der Entwicklungspolitik, 89f. – Mit dieser Argumentation ist auch eine fundamentale Kritik an Rawls' Konzeption verbunden: Sen hält die von Rawls unterstellte wesentliche Gleichheit der Lebenslagen für unzutreffend. Sen schließe zwar an Rawls an, Gerechtigkeit als Fairness zu verstehen, angesichts interpersoneller Ungleichheiten könne Fairness jedoch nicht über Grundgüter ihr Ziel erreicht werden, sondern müsse bei Mitteln ansetzen. Dies führt zum Ansatz bei den Fähigkeiten, dessen Besonderheit darin gesehen werden könne, dass er „auf Ungleichheiten fixieren muss, um Gleichheit in Fähigkeiten zu erreichen"; vgl. Schmidt: Option für die Armen? 328-330, sh. auch Bormann: Soziale Gerechtigkeit zwischen Fairness und Partizipation, 163-165. – Bormann zufolge hat Rawls in seinen späteren Schriften diese Kritik von Sen ernst zu nehmen versucht, wobei dies letztlich nicht über die idealistische Grundausrichtung der Rawlsschen Theorie gegenüber Sens Insistieren auf den realen Ungleichheiten hinwegtäuschen darf; vgl. Bormann: Soziale Gerechtigkeit zwischen Fairness und Partizipation, 236-238.
[957] Nussbaum: Gerechtigkeit oder Das gute Leben, 94.
[958] Vgl. Sen: Ökonomie für den Menschen, 88f.

5. Deutungsparadigmen des Fairen Handels

ihren Möglichkeiten, die Dinge für ihre Selbstverwirklichung (be)nutzen zu können.[959] Gleichwohl bedeutet dies für Martha Nussbaum nicht, dass im Kontext der Gerechtigkeitsfrage die Ebene der Dinge umgangen oder relativiert werden darf:

> „So können wir die interessanten Fragen bezüglich ihrer Verteilung [...] erst dann beantworten, wenn wir erkennen, was sie für das Leben des Menschen leisten, welche wichtigen Tätigkeiten der Menschen durch sie gefördert oder blockiert werden und wie sich verschiedene Verteilungskonzepte auf diese Tätigkeiten auswirken."[960]

Dies kann durchaus beinhalten, dass materielle Wertbezeichnungen völlig auf den Kopf gestellt werden können: Etwa wenn Agrarprodukte oder einfachste manuelle Tätigkeiten als unverzichtbare Einkommensquelle die Familie ernähren müssen und damit in ihrem Wert steigen oder fallen und so in Entwicklungsgesellschaften ganz andere Bedeutungen erlangen, als dies in hoch industrialisierten und hoch technisierten Ländern der Fall sein kann.

Martha Nussbaum geht dabei keineswegs davon aus, dass solche Nutzwerte abstrakt und allgemeingültig beschrieben, ja beziffert werden könnten. Vielmehr kritisiert sie auf dieser Ebene Rawls, da dessen Ansatz lediglich das Allernotwendigste zu erfassen vermöge und dabei bereits eine bestimmte Lebensauffassung (nämlich diejenige rational denkender Menschen in liberalen Gesellschaften) zugrunde lege.[961] Rawls gehe die Verteilungsproblematik an, ohne überhaupt danach zu fragen, wie denn die jeweiligen Menschen gerne leben möchten, d.h. welche Vorstellung eines guten Lebens sie eigentlich haben.[962] Durch die Verbindung ihres Fähigkeitenansatzes mit einer Theorie des Guten, verleiht sie ihrer Wertekonzeption insofern eine Richtung, als sie die für ein gutes Leben moralisch relevanten Funktionsfähigkeiten herausarbeitet und dadurch den Grund für eine Entwicklungsethik legt.

Mit dieser Spezifizierung korrigiert sie gewissermaßen eine Schwäche der Überlegungen von Sen, weil dieser nämlich nicht darlegt, wie er sich diese Fähigkeiten konkret vorstellt. Die Überlegungen von Martha Nussbaum können daher teils als direkte Ergänzung dieses Fähigkeiten-Ansatzes angesehen werden.[963] Sie nämlich hat – unter Heranziehung von Aristoteles – den Versuch einer Auflistung derartiger Fähigkeiten vorgenommen.[964] Zu den Fähigkeiten, sich der zur Verfügung stehenden Ressourcen sinnvoll bedienen zu können, zählt sie etwa die Fähigkeiten, sich angemessen

---

[959] Vgl. Sen: Ökonomie für den Menschen, 95-96.
[960] Nussbaum: Gerechtigkeit oder Das gute Leben, 35.
[961] Vgl. Nussbaum: Gerechtigkeit oder Das gute Leben, 35.
[962] So Kesselring: Ethik der Entwicklungspolitik, 101; vgl. Nussbaum: Gerechtigkeit oder Das gute Leben, 39.
[963] Vgl. Mazouz: Gerechtigkeit, 369.
[964] Diese Fähigkeitenliste muss nicht als Gegenvorschlag, sondern als Ergänzung zum Grundrechtskatalog von John Rawls angesehen werden, durch die die Grundrechte spezifiziert und modifiziert werden; vgl. Pauer-Studer: Einleitung, 20. – Zur Einordnung der von Sen als fundamental angesehenen (aber nicht abschließend definierten) Fähigkeiten in die Theoriegeschichte vgl. Schmidt: Option für den Armen? 336-339.

5.1.1. Gerechtigkeit als Interpretationshorizont

ernähren zu können, über eine angemessene Unterkunft zu verfügen, soziale Bindungen eingehen zu können, aber auch eine eigene Lebensplanung reflektieren, Freude und Erholung genießen und Subjekt des eigenen Lebens sein zu können.[965] Ihre ganzheitlich ansetzende Vorstellung des Guten weist deshalb mit Blick auf Entwicklungsfragen den Weg zu einem umfassenden Modell erfüllten Lebens, in dem Entwicklung nicht ökonomisch verflacht verstanden wird.[966] Doch nicht alle genannten Fähigkeiten besitzen denselben Rang oder die gleiche Wertigkeit, denn praktische Vernunft und soziale Verbundenheit mit den Mitmenschen nehmen dadurch eine Sonderrolle ein, weil von ihnen aus die anderen menschlichen Tätigkeiten organisiert und strukturiert werden und diesen eine typisch menschliche Ausformung verleihen.[967] Trotz dieser Differenzierung hält Nussbaum jede der Fähigkeiten in ihrer Aufstellung für unverzichtbar und es müsse bezweifelt werden, ob das Leben eines Menschen noch ein wirklich menschliches ist, wenn er oder sie auch nur auf eine Fähigkeit verzichten müsste. „Die Liste bietet eine Minimaltheorie des Guten"[968], lautet ihr Anspruch an dieses Konzept, das unmittelbar mit der Verteilung von Ressourcen wie Arbeit, Eigentum, Grund und Boden und mit der Gestaltung von Ressourcen wie Arbeitsverhältnisse, politische Partizipationsformen oder Erziehung in Verbindung steht.[969] Nach Sen liegt die Beziehung von Einkommen und Verwirklichungschancen darin, dass es darum gehen muss, Einkommen in Verwirklichungschancen „umwandeln" zu können. Dabei plädiert Sen für „einen integrativen und facettenreichen Ansatz", der keine monokausalen Lösungsansätze erlaubt.[970] Als Entwicklungsökonom nimmt er dabei eine Position ein, die weder wirtschaftliche Mechanismen verteufelt noch unkritisch idealisiert. Unter Bezugnahme auf Adam Smith, den Moralphilosophen und Vater der Wirtschaftswissenschaft aus dem 18. Jahrhundert, spricht sich Sen für die Unerlässlichkeit einer kritischen Prüfung des Marktes aus: Der Marktmechanismus bedürfe der Ergänzung und Regulierung durch andere Institutionen (insbesondere durch den Staat), insbesondere wenn es um das Thema Fairness gehe.[971] Überhaupt lässt sich im Sinne Amartya Sens „Marktzugang" als ein sehr treffendes Beispiel von „capability" identifizieren. Wenngleich Sen Entwicklung nicht nur ökonomistisch versteht, so übersieht er als Wirtschaftswissenschaftler natürlich nicht den Beitrag, den Marktmechanismen zur Förderung von Entwicklung leisten können.[972] In der Tradition von Adam Smith ist für ihn die Tausch- und Handelsfreiheit unabdingbarer Teil derjenigen Freiheiten, die zur Lebensverwirklichung dazugehören. Die Freiheit, am wirtschaftlichen Leben, d.h. an Produktion und Handel teilnehmen zu können, ist in seinem Sinne elementar für die Teilhabe am sozialen Leben und für die

---

[965] Vgl. Nussbaum: Gerechtigkeit oder Das gute Leben, 57f.
[966] Vgl. Pauer-Studer: Einleitung, 19.
[967] Vgl. Nussbaum: Gerechtigkeit oder Das gute Leben, 59.
[968] Nussbaum: Gerechtigkeit oder Das gute Leben, 58.
[969] Vgl. Nussbaum: Gerechtigkeit oder Das gute Leben, 66f.
[970] Sen: Ökonomie für den Menschen, 111.
[971] Vgl. Sen: Ökonomie für den Menschen, 153-156, 158.
[972] Sen: Ökonomie für den Menschen, 38-40.

Verwirklichung der Selbstentfaltungsmöglichkeiten der Subjekte. Marktzugang (sowohl zu Waren- wie zu Arbeitsmärkten) ist nach seinen empirisch belegten Analysen und Theorien nicht nur Möglichkeit für Entwicklung, sondern auch – als Mangel an Fähigkeiten – Ursache von Armut und Benachteiligung. Es ist Amartya Sen dabei zu verdanken, entgegen dem Mainstream seiner Disziplin nicht einer ökonomischen Allmachtsphantasie erlegen zu sein, sondern die Notwendigkeit externer (staatlicher) Regulierungen hinsichtlich der Teilhabe an den Märkten gesehen, zugestanden und begründet zu haben.[973] Dabei lastet er die auftretenden Gerechtigkeitsprobleme „nicht der Existenz des Marktes an sich" an, sondern sieht „[d]as generelle Leistungsvermögen des Marktes ... [als] zutiefst von den politischen Rahmenbedingungen" abhängig an – „nicht durch die Unterdrückung des Marktes" könne Marktversagen ausgeglichen werden, sondern „dadurch, dass man es ihm ermöglicht, besser und fairer zu funktionieren".[974] Sen ist daher keineswegs Anhänger liberaler Marktöffnungsbestrebungen, sondern hält es im Horizont seines Entwicklungsverständnisses (Entwicklung als Freiheit) für geboten, die Teilhabe an Märkten hinsichtlich ihrer Nutzbarkeit im Dienste von Entwicklung zu optimieren.[975]

Sen betrachtet deshalb auch die notwendigen, elementaren Entwicklungsanstrengungen wie Bildung, Gesundheitsversorgung und andere Infrastrukturmaßnahmen nicht nur in ihrer unmittelbaren Entwicklungswirkung, sondern auch in ihrer Bedeutung im Kontext des Marktes. Er tut dies in doppelter Weise: einerseits versteht er sie als unerlässliche Voraussetzungen nicht nur der wirtschaftlichen Betätigung allgemein (also hinsichtlich ihres Beitrages zur Befähigungen zum Marktzugang); andererseits nimmt er sie aber auch als Bedingungen wahr, um überhaupt eine gewisse gleiche Chancenverteilung zu ermöglichen (also hinsichtlich der Herstellung eines fairen Marktmechanismus). Sen dürfte genau dann richtig verstanden sein, wenn die Reziprozität beider Perspektiven ernst genommen wird. Dabei geht es letztlich darum, dass die Marktmechanismen in Sens Augen am erfolgreichsten zu arbeiten in der Lage sind, wenn die Verwirklichungschancen, die sich durch sie bieten, einigermaßen gleich verteilt sind.[976]

5.1.1.4. Fairer Handel im Horizont des Gerechtigkeitsparadigmas

Von Amartya Sens Theorie zum Modell des Fairen Handels ist es nur ein kleiner Schritt, so dass die Beiträge des indischen Nobelpreisträgers als Elemente der entwicklungsökonomischen Fundierung und Begründung des Fairen Handels herangezogen werden können. Dasselbe gilt für die Theorien John Rawls' im Hinblick auf eine sozialethische, gerechtigkeitsphilosophische Grundlegung. Für die Fair-Handels-Bewegung bieten sie eine Argumentationsbasis, die das in der Praxis eines

---

[973] Vgl. auch Wagner: Amartya Sen.
[974] Sen: Ökonomie für den Menschen, 175f.
[975] Vgl. Sen: Ökonomie für den Menschen, 139f. sowie Wallacher: Entwicklung als Freiheit, 133.
[976] Vgl. Sen: Ökonomie für den Menschen, 177f.

5.1.1. Gerechtigkeit als Interpretationshorizont

partnerschaftlichen Handels entwickelte Modell in seiner fachlichen Qualifikation zu untermauern vermag und dazu beitragen kann, dieses Modell von dem Verdacht eines bloßen good-will-Projektes zu befreien.

Fairer Handel besitzt beispielsweise mit seinen Preisfestlegungsmechanismen aber auch mit seinen Angeboten langfristiger Handelsbeziehungen, Liefervorfinanzierung, gemeinwohlorientierte Entwicklung etc. einige Elemente, welche verhältnismäßig eng an die marktbezogene Position Sens anschließen und dabei Rawls' zweitem Gerechtigkeitsgrundsatz Rechnung tragen. Mehr als eine bloße Besserstellung der am meisten Benachteiligten jedoch setzt das Maßnahmen- bzw. Kriterienbündel des Fairen Handels auf Befähigung und Chancenerschließung. Er erweist sich damit als ein Modell für die Konkretisierung eines Entwicklungsverständnisses, welches die Ausweitung von menschlichen Freiheiten – gewissermaßen von Handlungsmöglichkeiten überhaupt – zugleich als erstes Ziel wie grundlegendes Werkzeug von Entwicklung betrachtet und dabei im Sinne Sens wirtschaftliche, soziale und politische Dimensionen untereinander verschränkt.[977] Im Sinne der Rawlsschen Gerechtigkeitstheorie legt Fairer Handel dabei das Prinzip zugrunde, dass wirtschaftliche Freiheitsrechte („Interessen") der Importeure in der „Ersten Welt" die Freiheitsrechte und legitimen Entwicklungsinteressen der Produzenten in der „Dritten Welt" nicht beeinträchtigen dürfen. Dabei wird die Vorzugsbehandlung durch den fairen Preis und andere Leistungen auf der Kundenseite neben dem ethischen Mehrwert (als emotional ansprechender Dimension) auch durch die Produktqualität (als rationaler Begründung) zu rechtfertigen gesucht, um so einen Vorteil für alle Beteiligten zu erzielen. Damit setzt der Faire Handel auch jenes Kriterium in praktisches Handeln um, durch welches nach Rawls überhaupt erst ungleiche Behandlung unter dem Gerechtigkeitsanspruch zulässig ist.

Über diese sehr grundsätzlichen Verbindungen hinaus, lässt sich zunächst vor allem anhand der Theorie Sens zeigen, wie sich im Rahmen einer umfassenden Entwicklungstheorie die konzeptionell teils wenig aufeinander abgestimmten Kriterienbestandteile des Fairen Handels in einer viel engeren wechselseitigen Verflochtenheit darstellen lassen:

- Die teilweise Vorfinanzierung von Lieferungen setzt darauf, die Handelsabwicklung als Verwirklichungschance von Produzentenvereinigungen möglich zu machen, indem sie mangelndes Eigenkapital ausgleicht. Diese Regelung ist eine Antwort auf die oft fehlenden oder zu schwachen finanziellen Ressourcen kleiner Selbsthilfeorganisationen. Die damit verbundenen Hindernisse und Erschwernisse für einen Zugang zum Markt können durch dieses Instrument zumindest teilweise überwunden werden. Dadurch eröffnet sich bereits grundsätzlich eine Möglichkeit zur Teilhabe an Entwicklungschancen.

- Die Vereinbarung langfristiger Liefer- und Handelsbeziehungen bildet ein Grundelement der Eröffnung von Absatzchancen der produzierten Waren, die möglicher-

---

[977] Vgl. Wallacher: Entwicklung als Freiheit, 133.

weise (jedenfalls vor allem bei in Aufbau befindlichen Projekten) überhaupt die Stabilisierung einer Produktion bzw. Produktionsmenge erlaubt. Sie stellt damit nicht nur einen wichtigen Bestandteil einer Markterschließung dar, sondern kann zur Ermöglichungsbedingung für landwirtschaftliche oder handwerkliche Produktion werden. Somit bildet auch diese Leistung einen wichtigen Beitrag, damit Entwicklungsmöglichkeiten genutzt und verwirklicht werden können.
- Dabei wird ersichtlich, dass es in beiden Fällen nicht bzw. nur mittelbar um ein Zur-Verfügung-Stellen von materiellen Gütern geht. Dienstleistungen, Zusagen, Vereinbarungen, Verlässlichkeiten und Entgegenkommen lassen sich zwar auch in geldwerte Leistungen umrechnen; sie besitzen jedoch für die Verwirklichungschancen von Benachteiligten in Entwicklungsländern gerade in ihrer nichtmateriellen Verfügbarkeit einen viel höheren Gebrauchswert. Dies hängt damit zusammen, dass dadurch angesichts der ökonomischen Fähigkeiten, personellen Kompetenzen und strukturellen Kapazitäten von vielen Produzentenorganisationen im Fairen Handel Möglichkeiten eröffnet werden, die sich potentere Akteure leicht „zukaufen" können. Ohne das Angebot des Fairen Handels blieben sie aber für zahlreiche kleine Produzentenorganisationen weitgehend unerschließbar.

In ihrer Einschätzung der wirtschafts- und handelspolitischen Wirkungen des Fairen Handels sprechen daher die beiden Volkswirtschaftstheoretiker und Entwicklungsökonomen Klaus Liebig und Hermann Sautter davon, der Faire Handel gleiche durch solche Maßnahmen Unternehmensrisiken aus, die speziell für Marktneulinge in der Regel unvorteilhaft seien. Die Risikoscheue gerade armer Menschen – und das ist natürlich auch auf z.B. kleinbäuerliche Organisationen und ihr Verhältnis zum Weltmarkt übertragbar – sei auf der einen Seite zwar als rational zu bewerten, würde jedoch auf der anderen Seite volkswirtschaftliche Ineffizienz bedeuten, da wichtige Entwicklungschancen dadurch ungenutzt blieben. In dieser Betrachtungsweise von Liebig und Sautter lässt sich die Rolle des Fairen Handels beschreiben. Diese bestehe dann darin „das Startrisiko für arme Produzenten durch die langfristigen Lieferbeziehungen zu verringern und somit zu einem stärkeren wirtschaftlichen Wachstum beizutragen. [...] Der Faire Handel subventioniert den Markteintritt von Produzenten, denen hohe Lerneffekte zugetraut werden."[978] Mit Blick auf Amartya Sen ließe sich resümieren, dass dies die Art und Weise beschreibt, wie mithilfe des Fairen Handels die Möglichkeiten von Kleinproduzenten zur Nutzung bestehender Marktchancen im Sinne der capabilities ausgedehnt und tatsächlich nutzbar gemacht werden. Der Faire Handel fördert demnach das Funktionieren des Marktes, indem dessen unvollkommene Fähigkeit des Ausgleichs von Benachteiligungen hinsichtlich der grundsätzlichen Marktteilhabe durch verschiedene Maßnahmen kompensiert wird.[979] Insofern liegt der Faire Handel sowohl als alternativer Absatzmarkt ebenso wie als durch

---

[978] Liebig/Sautter: Politische Wirkungen des Fairen Handels, 145, vgl. 144.
[979] Damit lässt sich der Faire Handel in der volkswirtschaftlich wichtigen Frage der Überwindung von Markt- und Staatsversagen positiv verorten.

5.1.1. Gerechtigkeit als Interpretationshorizont

Beratung und Monitoring vermittelter Zugang zu sonstigen Märkten eindeutig auf der Linie der Vorstellungen von Amartya Sen.

- Das Basiskriterium des Fairen Handels – der faire Preis – bezieht seinen Begründungszusammenhang dagegen stärker aus der Rawlsschen Theorie[980]: die grundsätzlich hohe Zustimmung, die dieses Kriterium zumindest theoretisch in großen Bevölkerungskreisen erfährt, lässt sich mit Blick auf den Rawlsschen Urzustand mit seinem Schleier des Nichtwissens erklären: denn dass geleistete Arbeit über Löhne oder Preise fair und für die Befriedigung der menschlichen Grundbedürfnisse ausreichend zu vergelten ist, kann unter den Bedingungen des Urzustandes als Konsens und damit Bestandteil einer gerechten Grundordnung gewertet werden.

- Damit ist bereits mitthematisiert, wie faire Preise im Horizont von Gerechtigkeit zustande kommen müssen. Die Einbettung dieser Preisbildung in den Kontext von Entwicklungspartnerschaft – sei dies in der Handelsbeziehung direkt, sei dies auf der Ebene der Mindestpreisfestlegung der Siegelorganisationen – steckt dabei den Rahmen für ein möglichst faires Zustandekommen der im Fairen Handel angewendeten Preise. Dies schließt die gleichberechtigte Mitwirkung der Produzentenorganisationen ein. Dieses Element fairer Preisfestlegungsmechanismen stellt auch einen wesentlichen Unterschied des Fairen Handels zu all denen dar, die ihre Preise zwar als „fair" bezeichnen, damit aber lediglich Billigangebote für ihre Kunden schmücken möchten. Allerdings müssten Bemessungsgrundlagen und Beteiligungsverfahren zur (Neu)Bestimmung eines fairen Preises auf diesem Hintergrund wohl exakter gefasst werden. Die in manchen Produktbereichen des Fairen Handels gebräuchliche Grundformel „Weltmarktpreis plus Aufschlag" scheint zumindest im Kontext des Begründungshorizonts des Schleiers des Nichtwissens keine befriedigende Lösung zu bieten.[981] „Der Faire Handel verfügt über keine 'Zauberformel' zur Bestimmung eines fairen Preises" resümieren diesbezüglich Liebig und Sautter[982] und verweisen darauf, dass die Fair-Handels-Bewegung dies auch keineswegs beanspruche. Die prominente Stellung dieses konstitutiven Elements steht hierzu jedoch im Widerspruch. Insbesondere unter dem Anspruch der Definition zertifizierbarer Standards wird die Aussage, der faire Preis drücke vor allem „eine

---

[980] Vgl. hierzu auch die Feststellung der Volkswirtschaftler Liebig und Sautter, die einzig dem Kriterium des fairen Preises eine fehlende Marktkonformität bescheinigt haben und dessen Beitrag zur Korrektur von Markt- und Staatsversagen eher problematisch beurteilen; vgl. Liebig/Sautter: Politische Wirkungen des Fairen Handels, 120-125, 143-148, insb. 148.

[981] Die im Fairen Handel gängige Offenlegung der Preiskalkulation von Produkten schlüsselt zwar häufig die einzelnen Details des Produktweges zwischen Verschiffung und Endverkaufspreis auf, nicht aber den Abgabepreis des (z.B. genossenschaftlichen) Handelspartners. Die Kalkulationsformel der Fair Trade Labelling Organisations (FLO) bezieht sich speziell auf diese Frage. Der faire Preis setzt sich demgemäß zusammen aus den festgelegten nachhaltigen Produktionskosten, Zertifizierungskosten und gegebenenfalls einem Markt- oder Qualitätsdifferential als „Minimumpreis" und einer zusätzlichen Fair-Handels-Prämie. Vgl. Jung: Der faire Preis im FLO-System. Den Angaben der Autorin lässt sich gleichwohl ein Klärungsbedarf bezüglich der Bemessungsgrundlage der Fair-Handels-Prämie entnehmen.

[982] Liebig/Sautter: Politische Wirkungen des Fairen Handels, 121.

5. Deutungsparadigmen des Fairen Handels

Veränderung in Richtung mehr Gerechtigkeit" aus[983], nicht hinreichen können. Bis zu einer befriedigenden „Letztbegründung" des fairen Preises als Fair-Handels-Grundsatz wird es insofern noch weiterer konzeptioneller Vorschläge bedürfen – möglicherweise könnte die Frage nach dem „guten Leben" im Sinne von Martha Nussbaum hier weiterhelfen.

Die Frage nach dem „guten Leben" wird zudem auch durch die Feststellung aufgeworfen, dass Produzentenorganisationen unterschiedlich hohe Anteile ihrer Produktionsmenge im Rahmen und zu Bedingungen des Fairen Handels verkaufen können[984]: Was bedeutet für die Menschen und Organisationen „gutes Leben"? Sicherlich ist ein entscheidendes Element einer Antwort darauf: Aufgrund der eigenen Arbeit, d.h. der Ernte des eigenen Feldes, des Lohnes einer bezahlten Tätigkeit, leben zu können – und zwar in dem Sinne, dass nicht nur reines Überleben gesichert ist, sondern dass soziales und kulturelles Leben davon ermöglicht werden. Betrachtet man Schilderungen von Kleinbauern und Handwerkern, die vom Fairen Handel profitieren, so lässt sich erkennen, dass der Faire Handel Schritt für Schritt zu einer Lebensqualität auf diesem Niveau beiträgt: ausgewogene Ernährung, verbesserte Wohnsituation, bezahlter Schulbesuch, stabiles Familieneinkommen, Teilnahme am öffentlichen Leben, ja auch die Nutzung von Medien. Wenn von Produzentinnen und Produzenten diese „Fortschritte" benannt werden, die ihnen der Faire Handel gebracht habe, so treffen sich diese Leistungen in überraschender Diktion mit den Fähigkeitslisten von Martha Nussbaum. Auch für die Mitglieder von Fair-Handels-Kooperativen ist dabei die Beobachtung von Nussbaum in Anschlag zu bringen, dass lediglich extern bereitgestellte Güter nicht zu substantiellen sozialen Veränderungen und dementsprechenden nachhaltigen Wirkungen anspornen:

> „Ohne die Frage nach dem Guten, nach der vollen Entfaltung der menschlichen Fähigkeiten und nach den besonderen Hindernissen, vor denen benachteiligte Gruppen stehen, wäre es nicht zu wertvollen sozialen Veränderungen gekommen. [...] Aber um mehr zu tun, brauchen wir eine Konzeption des Guten."[985]

Ich behaupte, dass der Faire Handel, indem er Möglichkeiten und Instrumente der Entwicklung aufzeigt, eine solche Wunsch- oder Zielvorstellung zu entwickeln hilft, die eben genau dadurch entwicklungsförderlich und nachhaltig werden kann, als sie auf eigenverantwortlichen und selbst organisierten Tätigkeiten fußt und benachteiligte Menschen zu Subjekten ihrer freiheitlichen Entwicklung macht – einschließlich der Freiheit, über die Nutzung dieses Entwicklungsweges selbst befinden zu können.

---

[983] Christoph Stückelberger, zitiert nach Liebig/Sautter: Politische Wirkungen des Fairen Handels, 122.

[984] Während einerseits Produzentenorganisationen teils 50-100 Prozent ihrer Produktion im Fairen Handel absetzen, erreichen andere teils nur 2-5 Prozent. Dies ist sowohl durch die Produktionsmenge und den produktspezifischen Marktanteil bestimmter fair gehandelter Produkte zu erklären, als auch durch Größe der Organisation und die Struktur des jeweiligen Anbietermarktes – vgl. Misereor u.a.: Entwicklungspolitische Wirkungen, 192ff.

[985] Nussbaum: Gerechtigkeit oder Das gute Leben, 44-45.

5.1.1. Gerechtigkeit als Interpretationshorizont

Damit zeigt sich der Faire Handel als ein praktisches Moment zur Umsetzung einer Chancengerechtigkeit im weltumspannenden Maßstab. Er bietet im wirtschaftlichen Kontext zugleich Antworten auf die Herausforderung einer gerechtigkeitsbasierten Wirtschafts- und Sozialordnung, die entscheidend auf Instrumente der Tauschgerechtigkeit aufbaut, durch welche für benachteiligte Partner im Handelsgeschehen eine größtmögliche Verbesserung erreicht werden kann. Insofern kommt dem Fairen Handel auch eine ausgleichende Rolle angesichts globaler Verteilungsungerechtigkeit zu – sowohl bezüglich materieller Ressourcenausstattung als auch bezüglich der Nutzbarkeit vorhandener Chancen.

Bei alldem teilt der Faire Handel mit Rawls die Grundannahme, dass Gerechtigkeit in einer entsprechenden Grundordnung umgesetzt werden muss. Wenn der Faire Handel etwa von Grund auf das Spendenwesen der Hilfswerke als unzureichend für die Lösung der internationalen Gerechtigkeitsfrage angesehen hat und im Laufe seiner Entwicklung die Notwendigkeit einer veränderten Handels- und Wirtschaftsordnung thematisiert hat, dann ist dies Ausdruck dieser Überzeugung. In der anfänglichen „Aktion Dritte-Welt-Handel" mit ihrem Aktionscharakter wurde dies allenfalls auf der inhaltlichen Ebene ihrer politischen Forderungen eingeholt, nicht aber in der Form ihrer institutionellen Selbstverfasstheit. Die Entwicklung von der Aktion zunächst zum „alternativen Handel" und schließlich zum „Fairen Handel" mit der Ausprägung und Festigung seiner Vernetzungsstrukturen und Kriteriendefinitionen bedeutet insofern auch einen Schritt, das eigene Handeln selbst als eine gerechte Handelsordnung zu etablieren. Das bedeutet nicht automatisch die Universalisierbarkeit des Aktionsmodells Fairer Handel auf die Weltwirtschaft hin, bringt ihn jedoch deutlich in die Nähe jenes „fairen Systems sozialer Kooperation"[986], mit dem John Rawls die Vision der gerechten Gesellschaft charakterisiert hat.

5.1.2. Barmherzigkeit und Compassion als Interpretationshorizont des Fairen Handels

Die erörterten Gerechtigkeitstheorien geben Antwort auf die Frage nach den Bedingungen von Gerechtigkeit, sie bezeichnen also Elemente gerechten Handelns oder gerechter sozialer Ordnung. „Gerechtigkeit bedeutet viel und ist doch für ein gutes Zusammenleben zu wenig" schließt Otfried Höffe seine philosophische Einführung in die Gerechtigkeit ab, denn „[s]ie beschränkt sich nämlich auf das, was die Menschen einander schulden."[987] Was Gerechtigkeitstheorien offenbar nicht einzuholen vermögen, sind die Motive, darüber hinaus *sich für Gerechtigkeit zu engagieren*. Gerechtigkeitsmodelle in sich scheinen die dem Gerechtigkeitsverständnis zunächst extern verbundene Motivationsfrage nicht aus sich heraus beantworten zu können. Wenn dies also richtig ist, so wird Engagement für Gerechtigkeit – und mehr noch

---

[986] Rawls: Gerechtigkeit als Fairness – politisch und nicht metaphysisch, 265.
[987] Höffe: Gerechtigkeit, 118

zugunsten der Gerechtigkeit benachteiligte Anderer – notwendigerweise noch auf einen dem gerechtigkeitsorientierten Ansatz komplementären Anknüpfungspunkt aufbauen müssen. Dafür sehe ich in der menschlichen Mitleidsfähigkeit, in seiner Barmherzigkeit und Compassion, einen entscheidenden Ausgangspunkt auch und gerade für den Einsatz für Gerechtigkeit und für ein besseres Leben der anderen. Der Rückgriff auf den Begriff Barmherzigkeit wirkt zunächst ungewöhnlich und unzeitgemäß, klingt doch in vielen Ohren eine herablassende Geste mit, die gerade in der Fortführung der Gerechtigkeitsdiskussion unpassend scheint – stand doch gerade hier Ungleichbehandlung unter dem Anspruch der Herstellung größerer Gleichheit zwischen den Beteiligten.

In der Diskussion um den entwicklungspolitischen Ansatzpunkt kirchlichen Entwicklungsengagements ist daher häufig mit dem Schlagwort „from charity to justice" zunächst eine Polarität zwischen einem gerechtigkeitsorientierten Arbeitsansatz und einem mitleidsmotivierten Einsatz konstruiert worden, welche eine gegenseitige Komplementarität beider Ansätze nicht in den Blick zu bekommen vermochte und die gerechtigkeitsorientierte Variante als die entwicklungspolitisch Modernere und Adäquatere definierte. Auch der Faire Handel positionierte sich eindeutig in dieser Konstellation mit Slogans wie „Gerechtigkeit statt Almosen" und „Ihr könnt eure Spenden behalten, wenn ihr gerechte Preise zahlt" bis hin zu „Spenden ist sch..."[988]. Inwiefern solche massiven Abgrenzungen als förderliche Bedingungen für ein persönliches Engagement (angefangen von entsprechendem Einkaufsverhalten als Kunde des Fairen Handels bis hin zu umfassender ehrenamtlicher Tätigkeit) dienen mögen oder solches auch einschränken oder gar behindern, kann an dieser Stelle nicht eigens untersucht werden. Auch inwiefern eine solche Abwertung der traditionellen Almosentugend dem gerecht wird, was etwa – mentalitätsgeschichtlich – seitens der Kirchen auf diesem Weg an Aufbau und Förderung sozialer Verantwortung bei den Mitgliedern der Gesellschaft geleistet worden ist und insbesondere was inhaltlich in den reflektierten Beiträgen zur christlichen Almosenlehre ausgesagt wird, erscheint sehr fraglich.

Die eher kritische Distanz zu Almosen oder „Barmherzigkeit" hängt dabei gar nicht zwangsläufig mit dem Feld der Eine-Welt-Arbeit zusammen. Vielmehr scheint insgesamt Barmherzigkeit als Wert und Praxis im Laufe des Modernisierungsprozesses im Schwinden begriffen. Im Kontext der Herausbildung eines modernen Sozialstaates wird die Angewiesenheit der von Not betroffenen Menschen auf die spontane und freiwillige „barmherzige" Hilfeleistung durch die Mitmenschen abgelöst von einem – je nach Notlage vordefinierten – Rechtsanspruch auf Hilfe. Infolgedessen bedarf der moderne Mensch der Barmherzigkeit gewissermaßen nicht mehr, sucht sie aber andererseits auch wegen seines Strebens nach Unabhängigkeit (auch in der Notlage) gar nicht. „Barmherzigkeit wird so zum Merkmal einer überholten, vormodernen Lebensordnung, in der der einzelne unmündig war und in der sein Lebensglück von ge-

---

[988] Vgl. Bill: Spenden ist sch...! Warum Spenden dem Fairen Handel schaden – eine Provokation.

5.1.2. Barmherzigkeit und Compassion als Interpretationshorizont

sellschaftlichen, religiösen oder gar göttlichen Realitäten abhängig war."[989] Karl Bopp verweist damit in seiner pastoraltheologischen Barmherzigkeits-Studie konsequenterweise darauf, dass der Begriff der Barmherzigkeit dem um Mündigkeit bemühten modernen Menschen nicht mehr gerecht wurde[990] und im Kontext moderner Sozialstaatlichkeit seine Rolle als notwendiges „Not wendendes" Programm verloren habe.

Damit wird indirekt begründet, warum im entwicklungspolitischen Zusammenhang diese Idee ebenfalls als obsolet erachtet wird, spielt doch in diesem Kontext der Wille zur Selbstbestimmung der Völker, zur Mündigkeit der Benachteiligten, zur selbst erhobenen Stimme der Stimmlosen als Bestandteil der angezielten Entwicklung eine erhebliche Rolle. Von einer „internationalen bzw. globalen Sozialstaatlichkeit" kann, trotz der Mittel für Entwicklungshilfe sowie der Organisationen und Strukturen der Entwicklungszusammenarbeit, wohl kaum gesprochen werden – man denke nur an die weitaus verheerenderen Auswirkungen der Agrarsubventionen, die mehr Armut verursachen, als durch die Entwicklungszusammenarbeit wieder beseitigt werden kann. Insofern könnte „Barmherzigkeit" ein durchaus treffendes Deutungsmuster für die Leistungen von Entwicklungshilfe und den inexistenten Rechtsanspruch darauf beschreiben. Gleichwohl bleibt zuzugestehen, dass dies dem Ziel einer größeren Selbständigkeit und Entwicklung der Länder des Südens widerspricht und folglich keinen normativen Anspruch erheben sollte.

Abwehrmechanismen gegenüber der Barmherzigkeitsidee begründen sich zudem natürlich auch aus einer Wahrnehmung sozialer und (sozial)psychologischer Dynamiken. Unter dem Stichwort „Helfer-Syndrom" sind die Gefahren einer „um der Selbstlosigkeit und Aufopferung willen" stattfindenden Verdrängung eigener Bedürfnisse oder eines sublimen, keineswegs zugestandenen Geltungsdrangs bekannt, die auch subtile Strukturen von Herrschaft, Machtausübung und Abhängigkeitsverhältnissen beinhalten und unter dem Mantel des „guten Werkes" allzu leicht kaschiert werden.[991] Diese Vorgänge sind keinesfalls nur auf den caritativen Bereich beschränkt, sondern betreffen sehr wohl auch die Felder der Entwicklungshilfe und Entwicklungszusammenarbeit (gleich ob es sich um regierungs- oder nicht regierungsverantwortete, ob es sich um personelle, technische oder finanzielle Zusammenarbeit handelt) sowie den Bereich der Partnerschaftsarbeit zwischen christlichen Gemeinden der Ersten und Dritten Welt.

„Barmherzigkeit ist also nicht nur begrifflich schillernd, sondern noch mehr als gelebte Praxis" resümiert Karl Bopp die Problematik.[992] Allerdings scheint es aus der

---

[989] Bopp: Barmherzigkeit im pastoralen Handeln der Kirche, 14.
[990] Vgl. hierzu Kant: Beantwortung der Frage: Was ist Aufklärung?, worin der Philosoph auf die Selbstbefreiung aus der „selbstverschuldeten Unmündigkeit ... ohne Leitung eines anderen" abhebt. Die zunächst auf die Ebene des Verstandes bezogene Forderung kann dabei keinesfalls ohne Niederschlag auf die Ausgestaltung der sozialen Wirklichkeit bleiben.
[991] Vgl. Bopp: Barmherzigkeit im pastoralen Handeln der Kirche, 93-99.
[992] Bopp: Barmherzigkeit im pastoralen Handeln der Kirche, 101.

Perspektive gelebter und christlich motivierter Solidaritätspraxis keineswegs angemessen, aus diesen Gründen den Barmherzigkeitsbegriff bereits aufzugeben. Von seinem Wortstamm her betrachtet, wohnt dem Begriff Barmherzigkeit nicht das Element einer ungleichen Beziehung zwischen Menschen inne – ebenso wenig wie dies dem inhaltlich verwandten Begriff „Mitleid" bzw. seinem lateinischen Äquivalent „compassio" eigen ist.[993] Beide Wortfelder sind in dem Motiv miteinander verbunden, sich von der Not anderer anrühren zu lassen.[994] Gerade als Interpretationshorizont und insbesondere Motivationsgrund einer helfenden und zugleich gerechtigkeitssuchenden Solidaritätspraxis christlicher Provenienz enthält „Barmherzigkeit" deshalb durchaus auch „Futter" für die Eine-Welt-Arbeit und für entwicklungsorientiertes Engagement. Um diese Brauchbarkeit zu eruieren, ist das Themen- und Bedeutungsfeld Barmherzigkeit näher zu erschließen.

5.1.2.1. Biblische und theologiegeschichtliche Aspekte der Barmherzigkeit

Schaut man auf den Traditionsstrang der jüdisch-christlichen Barmherzigkeitssemantik zurück, so wird in diesem historischen Rückblick nicht nur eine Bedeutungsvielfalt, sondern auch eine unverwechselbare Stellung der Barmherzigkeitsidee ersichtlich: Im alttestamentlichen Sprachgebrauch bezeichnet dabei Barmherzigkeit „zunächst vor allem ein *göttliches* Attribut" und erst davon abgeleitet auch eine menschliche Eigenschaft[995], wobei das hebräische Sprachgefühl unter Barmherzigkeit „niemals nur ein Gefühl, stets jedoch ein Tun, nicht nur eine Gesinnung, sondern eine konkrete Lebensäußerung beinhaltet", also „zur Tat drängt und ein Tun umfasst".[996] Ohne dass die alttestamentlichen Texte einen unmittelbaren und eindeutigen Zusammenhang zwischen der Barmherzigkeit Gottes und menschlicher Barmherzigkeit annehmen (weder im Sinne eines Tun-Ergehen-Zusammenhangs bzw. eines Ursache-Wirkungs-Verhältnisses noch im Sinne von Aufforderung oder Verpflichtung), so lässt sich doch auf der Ebene von Wahrnehmung aussagen, dass menschliche Barmherzigkeit von der Barmherzigkeit Gottes Zeugnis ablegt und diese in Erinnerung ruft – und umgekehrt.[997] Im Neuen Testament wird dieser Aspekt dagegen virulent: Karl Bopp identifiziert – speziell im Matthäus-Evangelium – Barmher-

---

[993] Vgl. Mieth: Mitleid. – Mieth beschreibt das christliche Motivfeld des Mitleids mit den Bereichen der Barmherzigkeit des Vatergottes, der Leidenssolidarität des Sohnes, dem Erbarmen des Samariters und der brüderlichen Leidensgemeinschaft. Unter der Voraussetzung nicht vorhandener Gleichbetroffenheit (Leidenssolidarität, Leidensgemeinschaft) scheint demzufolge der Wortstamm Barmherzigkeit/Erbarmen als adäquate Ausdrucksweise übrig.

[994] An dieser Stelle ist es angeraten auf eine terminologische Konstellation hinzuweisen: Während unterschiedliche Aspekte beim Gerechtigkeitsbegriff durch verschiedene Wortverbindungen oder Adjektive benannt werden (Verteilungsgerechtigkeit, Tauschgerechtigkeit, ausgleichende Gerechtigkeit, soziale Gerechtigkeit, etc), müssen unterschiedliche Bedeutungen im Umfeld des Barmherzigkeitsbegriffs mithilfe eigener Wortstämme bzw. Begriffe differenziert werden (Mitleid, Compassion, Mitgefühl, Solidarität).

[995] Bopp: Barmherzigkeit im pastoralen Handeln der Kirche, 108.
[996] Preuß: Art. Barmherzigkeit, 219 bzw. 217.
[997] Vgl. Preuß: Art. Barmherzigkeit, 220.

5.1.2. Barmherzigkeit und Compassion als Interpretationshorizont

zigkeit als eine Kernforderung des Neuen Testaments. Er sieht dies insbesondere in zwei von Jesus überlieferten Aussagen begründet: einmal die mit Bezug auf den Propheten Hosea (Hos 6,6) formulierte Forderung „Barmherzigkeit will ich, nicht Opfer" (Mt 9,13), zum anderen die Feststellung „Gerechtigkeit, Barmherzigkeit und Treue" seien „das Wichtigste im Gesetz" (Mt 23,23).[998] Beide Überlieferungen geben einen Streitfall wieder, in dem sich Jesus eindeutig gegen eine bestimmte geübte religiöse Praxis positioniert, weswegen sie als authentisch verstanden werden dürfen. In beiden Erzählungen geht es zunächst um einen Versuch der Gegner Jesu, bestimmte religiöse Pflichten als vor- oder nachrangig zu identifizieren; dem gegenüber betont Jesus in beiden Fällen die Ebene der Tat anstelle einer bloßen Gesinnungsethik, als die er die Gegenposition zu entlarven versucht. Damit bringt das Matthäus-Evangelium die frühchristliche Ermahnung zum Ausdruck: Wer gegen Mitmenschen barmherzig ist, findet auch Gottes Erbarmen – und umgekehrt gilt in appellativem Duktus: Wer Gottes Erbarmen erfährt, muss auch Barmherzigkeit gegen Mitmenschen zeigen.[999] Karl Bopp zieht daraus den Schluss:

> "Barmherzigkeit ist damit neutestamentlich als eine wesentliche und unverzichtbare Grunddimension des mit Jesus Christus angebrochenen Reiches Gottes und auch als die entscheidende Grundforderung für das christliche Handeln ausgewiesen."[1000]

Denn weil Gott – insbesondere im Handeln und in der Verkündigung Jesu – grundlegend als der Barmherzige erfahren wird, erhebt sich daraus der Anspruch: „Die Menschen sollen ihrerseits wie Gott barmherzig sein und dadurch Zeugnis geben für das Anbrechen des Reiches Gottes."[1001]

Diese ethisch-appellative Funktion der „Barmherzigkeitstheologie" spielt zunächst in der frühen Kirche, dann aber auch in der weiteren Theologiegeschichte eine wichtige Rolle. Das neutestamtliche Barmherzigkeitsverständnis wird dabei zunächst bei den Kirchenvätern nicht nur aufgegriffen, sondern auch weitergedacht und weitergeführt und erhält von daher hinsichtlich der christlichen Lebensführung einen hohen Stellenwert. Die „Predigt über das Almosen" des heiligen Johannes Chrysostomos, Bischof Gregor von Nazianz' Rede „Über die Liebe zu den Armen" und die 6. Kollektenpredigt Papst Leo I. sind hierfür vielleicht nur die ausdrücklichsten (weil bereits im Titel identifizierbaren) Zeugnisse dieser frühkirchlichen Theologietradition.[1002]

In seiner Studie über Barmherzigkeit resümiert Karl Bopp als Ertrag seiner biblischen und theologiegeschichtlichen Untersuchungen, dass die heute im Alltagssprachgebrauch mittransportierten Bedeutungsgehalte des Barmherzigkeitsbegriffs

---

[998] Vgl. Bopp: Barmherzigkeit im pastoralen Handeln der Kirche, 117.
[999] Vgl. Bopp: Barmherzigkeit im pastoralen Handeln der Kirche, 117f.
[1000] Bopp: Barmherzigkeit im pastoralen Handeln der Kirche, 121.
[1001] Bopp: Barmherzigkeit im pastoralen Handeln der Kirche, 126.
[1002] Einen ausführlichen Überblick über die frühkirchliche Barmherzigkeitstheologie gibt Bopp: Barmherzigkeit im pastoralen Handeln der Kirche, 127-138 – zur weiteren theologiegeschichtlichen Entwicklung: 139-173.

wie religiöse Motivation, Altruismus, Selbstlosigkeit oder Widerspruch zu Gerechtigkeit als unbiblisch einzustufen sind. Stattdessen identifiziert er zwei Verengungsprozesse in der neuzeitlichen Theologie: auf katholischer Seite eine ethisch-moralische Verengung von Barmherzigkeit auf die Erfüllung einer Almosenpflicht, auf protestantischer Seite dagegen eine spirituelle Verengung.[1003] Der vorgängigen Theologietradition entsprechend sei jedoch „allein die Betroffenheit von fremder Not und die spontane und wirksame Hilfe" entscheidend.[1004] In diesem Zusammenhang macht der Ethiker Dietmar Mieth auf eine notwendige Differenzierung aufmerksam, nämlich die „Unterscheidung zwischen einer Solidarität, die aus dem Teilen der gleichen Lebensumstände stammt, und die sich deshalb der unmittelbaren Bedrohung und Verfolgung nicht entziehen kann […], und einer Solidarität, die sich aus seelischer Sensibilität und Betroffenheit für die Armen und Leidenden einsetzt, ohne ihr Schicksal teilen zu müssen." Mieth fügt dieser Unterscheidung eine etymologische Beobachtung hinzu: „Schon sprachlich ist es klar, dass die Tradition der 'compassio' eher mit der ersteren Solidarität, der Con-Solidarität, als mit der Zweiten, der Pro-Solidarität, in Zusammenhang gebracht werden muss."[1005]
Insofern ist es nicht nur zulässig sondern gar auch geboten, den Barmherzigkeitsbegriff gewissermaßen zu rehabilitieren: „Der Begriff Barmherzigkeit ist nach wie vor brauchbar und sinnvoll, um Gefühle und Handlungsweisen von Menschen zu bezeichnen, die sich von Armut, Krankheit, Elend, Behinderung, Versagen, Schuld oder sonstigen Gebrechen und Notlagen ihrer Mitmenschen herausfordern lassen."[1006] Damit ist verbunden, dass Barmherzigkeit nicht in erster Linie als Tat, als „Werk der Barmherzigkeit" oder als Gesinnung verstanden werden sollte. Vielmehr bildet sie schon in einem Schritt davor sozusagen eine Brille der Wahrnehmung, die es ermöglicht, auf diese andere Weise die Wirklichkeit entdecken, ja scharf sehen zu können. „Mit den Augen der Barmherzigkeit lesen"[1007] bedeutet also eine Wahrnehmungsoptik, welche die Realität bereits im Akt ihrer Wahrnehmung – vor-ethisch – und daher unumstößlich auch hinsichtlich ihrer Deutung, durch ein „erkenntnisleitendes Interesse" bricht.[1008]

5.1.2.2. Compassion als Weltprogramm des Christentums nach Johann B. Metz

Bei allem – gerade auch im Bild des Sehens – Genannten darf aber über einen Umstand nicht hinweg getäuscht werden, nämlich dass Barmherzigkeit leicht in der

---

[1003] Vgl. Bopp: Barmherzigkeit im pastoralen Handeln der Kirche, 194-197.
[1004] Bopp: Barmherzigkeit im pastoralen Handeln der Kirche, 195.
[1005] Mieth: Mitleid, 22.
[1006] Bopp: Barmherzigkeit im pastoralen Handeln der Kirche, 101.
[1007] Fuchs: Kirche für andere, 287 – Fuchs bezieht diese Aussage an dieser Stelle allerdings auf die Lektüre des Evangeliums selbst, da „erst die Wahrnehmung von Not die materiale Hermeneutik dafür bereitstellt, das Evangelium so zu lesen, dass es darin um die reale Hoffnung geht".
[1008] Vgl. Bopp: Barmherzigkeit im pastoralen Handeln der Kirche, 228f.

5.1.2. Barmherzigkeit und Compassion als Interpretationshorizont

Gefahr steht, als ein Konzept (nur) individuellen Handelns interpretiert zu werden. Ist aber nicht gerade eine solche Begrenzung von Barmherzigkeit mitverantwortlich dafür, dass der Barmherzigkeit zwar eine gewisse Linderung von Not, wohl aber keine nachhaltig verändernde Kraft zugetraut wurde? Von daher ist die Frage zu formulieren, ob denn der Schritt zu einem aus der Mitleidsfähigkeit der Menschen gespeisten Gesellschaftskonzept völlig utopisch ist oder doch einen realen Grund hat. Barmherzigkeit als kollektives Handeln? Als gemeinsame Wahrnehmungsoptik menschlicher Gemeinschaften?

Diesen Konnex stellen – allerdings nicht ausdrücklich – die Überlegungen des Fundamentaltheologen Johann Baptist Metz zu einem „Weltprogramm des Christentums" her.[1009] Die Ausgangsfrage geht vom Pluralismus als entscheidender Herausforderung des Zeitalters der Globalisierung aus und sucht dabei nach Wegen für das Christentum in diesem Zeithorizont. Metz greift in seinen Ausführungen das „Gottesgedächtnis der biblischen Traditionen, soweit es sich als Leidensgedächtnis der Menschen formuliert" auf, weil dieses „im Kern eine leidempfindliche Gottesrede" artikuliere.[1010] Es geht Metz dabei um eine Rechtfertigung religiösen Gottesglaubens angesichts negativer Folgen von Globalisierung und Pluralismus – darin ist er ganz Fundamentaltheologe. Dort wo z.B. Hans Küng mit der Deklaration der Weltreligionen auf die Verständigung über ein „Weltethos" als Lösung der globalen Probleme abzielt, die Religionen also in den Dienst des Weltfriedens gestellt werden[1011], scheint es Metz zunächst nicht um die Rettung der Welt, sondern um die Rettung der Religion bzw. die Rechtfertigung des Glaubens zu gehen. Gleichwohl – so verstehe ich Metz – lässt sich Religion angesichts des aktuellen Weltzustandsberichts nicht ohne eine auf diese Welt zugeschnittene Zielsetzung wahrheitsgemäß ausüben: Keine Rettung des Glaubens ohne Verantwortungsübernahme für die Welt.

Welt und Religion – so Metz bereits 1968 in seiner „Theologie der Welt" – stellen hierbei keinesfalls polare Realitäten dar, wie dies eine vorkonziliare Theologie und Ekklesiologie verbreitet hatte. Vielmehr hatte Metz seinerzeit darzulegen versucht, dass die „Weltlichkeit der Welt als theologisch positive Aussage" im Horizont der Menschwerdung Gottes zu begreifen sei, ja mehr noch: sich als Resultat christlicher Gestaltungskraft erkläre.[1012] „Welt" ist für Metz wesentlich „Welt des Menschen", an der das „freie und unableitbare Handeln Gottes [...] als ursprünglich geschichtliche Größe sichtbar" werde[1013] – ein christlich-anthropozentrisches Verständnis, welches im Hinblick auf seine späteren Beiträge zur Leidempfindlichkeit und zu einem Weltprogramm des Christentums bereits als Weichenstellung begriffen werden kann.

[1009] Vgl. Metz: Mit der Autorität der Leidenden. Compassion – Vorschlag zu einem Weltprogramm des Christentums, in: Süddeutsche Zeitung vom 24.12.1997, weitgehend wiederabgedruckt in: Metz: Compassion. Zu einem Weltprogramm des Christentums (2000), Metz: Compassion. Das Christentum im Pluralismus der Religions- und Kulturwelten (1999).
[1010] Metz: Compassion. Zu einem Weltprogramm des Christentums, 9.
[1011] Vgl. Küng: Projekt Weltethos, sowie www.weltethos.org
[1012] Metz: Zur Theologie der Welt, 16-37.
[1013] Metz: Zur Theologie der Welt, 20.

Metz ist damit nicht unwesentlich daran beteiligt, die Kluft zwischen Welt und Gott zu überwinden, die im Laufe der Geschichte des Christentums aufgebaut worden war, und eine christlich-religiöse Bejahung von Welt, Geschichte und Gesellschaft voranzutreiben[1014], die in der Vergangenheit aufgrund einer Reihe bereits allzu pessimistischer Prädispositionen überhaupt nicht als denkbar erschienen war.

Welt in ihrer Eigenständigkeit anzunehmen und dabei trotzdem theologisch zu verstehen, hieß aber für Metz, nicht erneut eine Weltdienst-Heilsdienst-Dichotomie zu entwerfen, die gewissermaßen innerhalb des Christentums Unterschiede bezüglich des Weltverhältnisses einzuziehen versucht. Wohl darf diese Neuausrichtung des theologischen Denkens jenseits eines dichotomisch angenommenen Verhältnisses von Religion und Welt für die Theologie Johann Baptist Metz' in Anspruch genommen werden. Auch seine jüngeren Überlegungen zu einem „Weltprogramm des Christentums" sind darauf ausgerichtet, diese Verhältnisbestimmung unter veränderten Umständen neu zu bekräftigen. Dabei erhalten diese immer auch die Differenz von Welt und Christentum aufrecht und leben von dieser Spannung im Wesentlichen dergestalt, dass letzteres von ersterer herausgefordert ist und in diese etwas Unersetzbares einbringt.

Für ein solches „Programm" kann für Metz offenbar nur die eine Schnittstelle zwischen Religion und Weltzustand in Frage kommen, die die Problemlage ernst nimmt und die mit dem Begriff des Leidens und der Leidempfindlichkeit seine ganze Theologie durchzieht.[1015] Gewissermaßen trifft der „Gott der Liebe" (und der Glaube der Menschen an ihn) auf das sprichwörtliche „ganze Leid der Welt" (einer Welt des Menschen wohlgemerkt):

> „'Gott ist Liebe' ... Wie wäre diesem biblischen Satz anders Rechnung zu tragen als mit der Rede von einem leidenden, von einem 'mit' seiner vom Leid durchkreuzten Schöpfung leidenden Gott?"[1016]

Für ein Weltprogramm des Christentums taugt Metz der von dieser Leidempfindlichkeit her sich nahelegende Begriff des Mit-Leids allerdings nicht, da dieser „zu gefühlsbetont", „zu unpolitisch"[1017] und „allemal privatisierend"[1018] klinge, ebenso wie er „Empathie" als „zu unsozial" ablehnt. In dem Begriff „Compassion" dagegen, den er in einem Atemzug als „gerechtigkeitssuchend" charakterisiert, identifiziert er „das Schlüsselwort für das Weltprogramm des Christentums im Zeitalter der Globalisierung"[1019], er übersetzt dieses Fremdwort, das von lat. compassio/engl. compassion =

[1014] Vgl. Peters: Johann Baptist Metz, 31f.
[1015] Vgl. Metz: Glaube in Geschichte und Gesellschaft, besonders '§ 6 Zukunft aus dem Gedächtnis des Leidens, 103-119 (Erstveröffentlichung in: Concilium 1972) sowie § 7 Erlösung und Emanzipation, 120-135.
[1016] Metz: Theodizee-empfindliche Gottesrede, 93.
[1017] Metz: Für eine Ökumene der Compassion, 246.
[1018] Metz: Compassion. Zu einem Weltprogramm des Christentums, 13.
[1019] Metz: Compassion. Zu einem Weltprogramm des Christentums, 13.

5.1.2. Barmherzigkeit und Compassion als Interpretationshorizont

Mitleid/Mitgefühl abgeleitet ist, auch mit „teilnehmende Wahrnehmung fremden Leids"[1020].
Metz erkennt in dieser Compassion drei Aspekte[1021], die sie für die Aufgabe eines „Weltprogramms" qualifizieren: (1) Wahrnehmung fremden Leids als unbedingte Voraussetzung und Inspiration einer neuen Friedenspolitik, die gewissermaßen die Dringlichkeit für ihr Handeln und Vorankommen aus der Leidempfindlichkeit gegenüber den Opfern der Gewalt schöpft. (2) Wahrnehmung fremden Leids auch als Anstiftung, „asymmetrische Anerkennungsverhältnisse" gelten zu lassen, weil „strikt symmetrische Anerkennungsverhältnisse … letztlich über eine Logik der Markt-, der Tausch- und Konkurrenzverhältnisse nicht hinaus" kämen, und weil „erst die Zuwendung der Einen zu den ausgegrenzten und vergessenen Anderen … die Gewalt der Logik des Marktes" breche. Schließlich (3) Wahrnehmung fremden Leids als Protest gegen die Ignoranz eines modernen Freiheits- und Selbstverwirklichungsverständnisses, das – pragmatisch und „zunehmend moralisch erblindet" – nicht nur das Leid übersieht, sondern sich sogar auf die Opfer der anderen gründet.
Weil diese „schwache" „Autorität der Leidenden" von allen großen Kulturen und Religionen anerkannt werde und von der üblichen Autoritätskritik nicht getroffen werde, da sie sich ohnehin der diskursiven Absicherung entziehe,[1022] darf sie universalen Anspruch erheben. Sie verlangt nach Metz einen vierfachen Gehorsam, denn ihr seien die menschliche Vernunft um ihrer Vernünftigkeit willen, jedes Ethos um seiner intersubjektiven Gültigkeit willen, die Kirche um der Autorität ihrer Verkündigung willen sowie alle Kulturen und Religionen um ihrer Nicht-Relativierbarkeit willen unterworfen.[1023] Man könnte Metz so interpretieren, dass gerade nicht der Rawls'sche „Schleier des Nichtwissens" sondern im Gegenteil die geöffneten Augen für das Leid der Anderen[1024] als entscheidend für den Weg zu mehr Gerechtigkeit – oder besser: für die Zukunft der Menschheit – anzusehen sind. Metz greift in diesem Zusammenhang auch auf Worte Theodor W. Adornos[1025] zurück: „Leiden beredt werden zu lassen, ist Bedingung aller Wahrheit." In seinem Konzept der Compassion sieht Metz die wohl einzig gangbare Basis für ein globales Ethos. Ein solches erachtet er trotz aller Schwierigkeit als unumgänglich – wissend, dass eine in Kulturen und Religionen pluralistische Welt sich auf einen sittlichen Minimalkonsens mit universaler Gültigkeit nicht wird einigen können.
Benjamin Taubald hat in diesem Sinne die Leidenserinnerung in Metz' Theologie als „materiales Universalisierungsprinzip" der neuen Politischen Theologie gegenüber

---

[1020] Metz: Für eine Ökumene der Compassion, 249.
[1021] Vgl. im folgenden Metz: Für eine Ökumene der Compassion, 246f.
[1022] Metz: Im Eingedenken fremden Leids, 13.
[1023] Metz: Für eine Ökumene der Compassion, 248-49.
[1024] Nikolaus Monzel hat auch die Rede von der Liebe als einer „Sehbedingung der Gerechtigkeit" eingeführt, vgl. Monzel: Solidarität und Selbstverantwortung, 53-71; Roos: Gerechtigkeit oder Barmherzigkeit? 44; Bopp: Barmherzigkeit im pastoralen Handeln der Kirche, 75.
[1025] Sh. Adorno: Negative Dialektik, 29. Vgl. Metz: Für eine Ökumene der Compassion, 248.

5. Deutungsparadigmen des Fairen Handels

dem lediglich formalen Universalisierungsprinzip der Diskursethik abgegrenzt.[1026] Gegenüber Taubald ist jedoch darauf zu bestehen, dass diese materiale Dimension in den Leiden liegt und nicht in der Erinnerung. Dieser Einwurf ist insofern von Bedeutung, als Taubald behauptet, "dass die anamnetische Ethik nicht eingeführt wird, um die Probleme zu lösen, sondern um sie zu schärfen."[1027] Mir scheint, dass Metz mit dem Gedanken der (tätigen, politischen) Compassion solch philosophischen Entschärfungen des Leidensgedächtnisses entgegentritt. Insofern ist mit Reikerstorfer zu betonen, dass „die dem Leid entstammende Gottesfrage […] nicht auf rationale Erhellung eines 'Zwecks' oder gar einer Notwendigkeit von Leid, vielmehr einzig auf sein Ende" zielt.[1028] Denn erst von dieser Prämisse aus rechtfertigt sich der Zusammenhang von Leidensgedächtnis und Gottesrede – selbst wenn innerhalb der den Menschen nur begrenzt zur Verfügung stehenden Zeit das Leid nicht endgültig überwunden werden kann.

Dabei erwächst aus dem Gedächtnis an sich noch längst keine Handlungskonsequenz. Aus der Gottesbotschaft selbst wird das abstrakte Gedächtnis zur konkreten Leidenserinnerung konfiguriert – inkarniert. Ottmar Fuchs argumentiert diesbezüglich, dass zwischen Erinnerung und Solidarität kein automatischer Zusammenhang angenommen werden dürfe:

> „Auch der Erinnerungsbegriff ist also hochambivalent und benötigt inhaltliche Perspektiven, die Gegenwart und Vergangenheit verbinden. So scheint sicher zu sein, dass nur dann, wenn synchron die Option für die Armen und die Wahrnehmung der Opfer eine Rolle spielen, auch mit entsprechender Leidsensibilität die Erinnerung gestaltet werden kann und gestaltet wird. […] es gibt so etwas wie eine Mystifizierung der Erinnerung, als könne sie Menschen leidsensibel machen, die diese Sensibilität nicht erspürt oder wenigstens ersehnt haben. Nackte Erinnerungspostulate reichen nicht weit."[1029]

Auch für Metz ist es die unbedingte Anerkennung der Autorität der Leidenden, von der aus sich ein universeller Wertkonsens, eine anamnetische Vernunft oder ein Weltprogramm des Christentums entspinnen können; sie „wäre die innere Autorität der Weltmoral, die vor jeder Abstimmung, vor jeder Verständigung alle Menschen verpflichtet".[1030]

Mit der Rede von Compassion als Weltprogramm des Christentums setzt Metz seine früheren Überlegungen fort und entwickelt diese in einer spezifischen Art weiter. Damit treten offenbar die ursprünglichen Schlüsselbegriffe „Erinnerung" und „Erzählung" der Metzschen „praktischen Fundamentaltheologie" zugunsten des Themenfeldes „Solidarität" in den Hintergrund, welches Metz gleichwohl in „Glaube in

---

[1026] Taubald: Anamnetische Vernunft, 138.
[1027] Taubald: Anamnetische Vernunft, 170.
[1028] Reikerstorfer: Politische Theologie als „negative Theologie", 37.
[1029] Fuchs: Das Wesen der Erinnerung, 81.
[1030] Metz: Kein Leid, 17; vgl. auch Metz: Compassion, 15; Metz: Für eine Ökumene der Compassion, 247.

5.1.2. Barmherzigkeit und Compassion als Interpretationshorizont

Geschichte und Gesellschaft" bereits als dritte „Kategorie" seiner praktischen Fundamentaltheologie neben die beiden vorgenannten gestellt hatte. Vor dem Hintergrund seines Gedankenganges ist diese Kategorienbildung zwar konsequent und richtig, gleichwohl erscheint die Solidaritäts-Kategorie gegenüber Erinnerung und Erzählung theoretisch etwas unterbestimmt.[1031] Dabei darf nicht übersehen werden, dass Metz Erinnerung grundsätzlich als „Gedächtnis des Leidens" in Anklang bringt und sich damit dezidiert gegen eine beschönigende, verklärende Erinnerung wendet, durch welche letztlich die Geschichte der Gewinner diejenige der Verlierer verdrängt.

Metz nimmt in Anspruch, dass das Gedächtnis des Leidens als „Stimulans, [...] leidüberwindend zu handeln" wirksam werde, weshalb er dasselbe auch als „gefährlich" apostrophiert und zu einer „wesentliche[n] Dynamik der Geschichte" erhebt.[1032] Dass diese Bestimmung der Erinnerung trotz ihrer antiidealistischen und praktischen Absicht idealistische Züge trägt, wird sicherlich durch einen Blick in die tatsächliche Geschichte deutlich – besonders wenn man sie im Sinne Gustavo Gutierrez' „von der Rückseite der Geschichte her" betrachtet.[1033] Dies ist gewiss der von Metz gerade auch um des Leidensgedächtnisses willen hervorgehobenen narrativen Struktur der Erinnerung geschuldet. Diese „indispensable Erzählstruktur" der Erinnerung bringt Metz speziell gegen eine harmlose Abstraktheit des Vergangenen in Stellung, leistet also einen unverzichtbaren Beitrag zur Konkretisierung der Geschichte. Sie birgt aber zugleich auch jenen „kognitiven Primat erzählter Erinnerung" in sich, welcher offenbar in erster Linie die Wahrheitsfrage aufdrängt statt Handlungsstimulans zur Überwindung von (aktuellem und zukünftigem) Leid zu werden.[1034] Insofern dürfte es kein Zufall sein, dass Metz die performative Kraft der Erzählung zunächst im Bereich des Sakramentalen ortet[1035] und ihre geschichtsbezogene Rolle – theologisch – in der Vermittlung des vermeintlichen Widerspruchs von Heilsgeschichte und menschlicher (Leidens-)Geschichte ansetzt[1036].

Die genannte Geschichtsmächtigkeit von Erinnerung und Erzählung bzw. erzähler Erinnerung stellt sich spätestens von dieser Metzschen Argumentationsführung her besehen als Postulat dar. Diese begrenzte praktische Reichweite von erzähler Leidenserinnerung dürfte mitursächlich dafür sein, dass sich Metz zur Einführung der Kategorie „Solidarität" veranlasst sieht:

[1031] Dieser Umstand ist wohl der Tatsache geschuldet, dass Metz in diesem wichtigen Werk bereits veröffentlichte Texte zusammengestellt hat.
[1032] Metz: Glaube in Geschichte und Gesellschaft, 111.
[1033] Gutierrez: Die historische Macht der Armen, 125.
[1034] Vgl. Metz: Glaube in Geschichte und Gesellschaft, 189ff.
[1035] Vgl. Metz: Glaube in Geschichte und Gesellschaft, 201.
[1036] Vgl. Metz: Glaube in Geschichte und Gesellschaft, 203-206.

„Erinnerung und Erzählung sind ohne Solidarität keine praktischen Kategorien der Theologie, so wenig wie Solidarität ohne sie ihre praktisch humanisierende Gestalt des Christentums zum Ausdruck bringt."[1037]

Insofern Metz in diesem Zusammenhang auch von der „Erinnerungssolidarität mit den Toten und Besiegten" spricht, drängt sich die Frage auf, ob nicht bereits in *Glaube in Geschichte und Gesellschaft* die Solidarität als der eigentliche *articulus stantis et cadentis* der Metzschen Theologie rekonstruiert werden müsste – zumindest soweit es den Themenstrang des Gedächtnisses des Leidens und der gefährlichen Erinnerung betrifft.

Metz hatte schon in den ersten Ausführungen in *Glaube in Geschichte und Gesellschaft* das „solidarische Subjektsein aller"[1038] als Auftrag der Religion beschrieben, weil er – jüdisch-christlich verwurzelt – den „Gottesgedanken [...] als Ausdruck einer Option, nämlich für das Subjektseinkönnen und Subjektwerdenmüssen aller Menschen" verstanden wissen wollte.[1039] Solidarisch ausgerichtet ist auf seinem religiösen Kompass der christliche Glaube bzw. der Gottesglaube überhaupt „in einem universalen Sinne: nicht nur gegenüber Unterdrückten und zu kurz gekommenen Subjekten, nicht nur gegenüber den Bedürftigen, sondern auch gegenüber den Besiegten, gegenüber den Toten in der Leidensgeschichte der Welt".[1040] An diesen Auftrag knüpft das „Weltprogramm des Christentums" – Compassion – unmittelbar an, wobei es gewissermaßen die Straßenseite wechselt: von der Seite der Leidenden zur Seite der solidarisch Mit-Leidenden, ohne aber von der Fahrtrichtung auf ein Leid überwunden habendes Subjektsein aller Menschen hin abzuweichen.[1041] Gleichwohl scheint dieser Seitenwechsel in der Metzschen Theologie mit einem Verzicht auf die Kategorie Erzählung und einer gewissen Relativierung der Kategorie Erinnerung einher zu gehen. Dies hat mithin einen kategorialen Bedeutungswandel zur Folge, insofern der bei Metz vorrangig fundamentaltheologisch verwendete Begriff der Solidarität von dem eher moralisch-ethisch klingenden Wort Compassion abgelöst wird.[1042]

[1037] Metz: Glaube in Geschichte und Gesellschaft, 220f. – Vgl. in ähnlicher Richtung auch Fuchs: Doppelte Subjektorientierung, 320.
[1038] Metz: Glaube in Geschichte und Gesellschaft, 59.
[1039] Metz: Glaube in Geschichte und Gesellschaft, 81.
[1040] Metz: Glaube in Geschichte und Gesellschaft, 85.
[1041] Metz selbst spricht von einem „Blickwechsel": „nämlich, uns selbst immer auch mit den Augen der anderen, vorweg der leidenden und bedrohten anderen anzuschauen" (Metz: Kein Leid, 17). Es geht also nicht mehr darum, von sich weg auf die Notleidenden zu schauen und zu agieren, sondern vielmehr selbst die Warte der Leidenden einzunehmen und den Blick auf sich selbst zu richten, um dadurch sich selbst auf die gebotene Reaktion zu verpflichten. – Reikerstorfer (Politische Theologie als „negative Theologie", 24) verweist zu Recht darauf, dass geschehenes Leid nicht rückgängig gemacht werden könne; ein Argument, das allerdings nicht zur Entschärfung der Überwindung von Leid dienen sollte.
[1042] Vgl. zu dieser These auch den Kontext des Schulprojektes „Compassion", welchen Metz ausdrücklich aufgegriffen hat und mit seinen Überlegungen in Einklang sieht und der explizit auf das Lernen von sozialer Verantwortung ausgerichtet ist. Sh. Metz/Kuld/Weisbrod (Hrsg.): Compassion. Weltprogramm des Christentums. Soziale Verantwortung lernen.

5.1.2. Barmherzigkeit und Compassion als Interpretationshorizont

Damit ist auch der Hintergrund abgesteckt, auf dem sich erklärt, warum eine der wenigen theologischen Rezeptionen von Metz' Compassion als Vorschlag für ein Weltprogramm des Christentums aus dem sozialethischen Umfeld stammt. Die Sozialethikerin Hille Haker hat in der Auseinandersetzung mit Metz' Konzept danach gefragt, wie eine solche Compassion im Kontext der Gerechtigkeitsdebatte einzuordnen sei. Dabei geht sie davon aus, dass dem Gerechtigkeitskonzept als normativer Dimension eine „universale Gleichheit aller Moralsubjekte"[1043] zugrunde liege, welche immer nur einen „verallgemeinerten Anderen" zum Gegenüber haben könne. Gerade durch den „konkreten Anderen" jedoch, dem zu begegnen Anteilnahme, spontane Zuwendung oder Empörung auslöse und der insofern zu moralischem Handeln motiviere, werde die Ungleichheit der Voraussetzungen und (Lebens-)Lagen greifbar (aus der sich, so verstehe ich Haker hier, überhaupt die Notwendigkeit verändernden, moralischen Handels ableitet). Gerechtigkeit und Mitgefühl sind aus diesem Grunde nicht voneinander trennbar, weil das Gefühlsurteil und das normative Urteil der Gerechtigkeit miteinander in den Strom eines bestimmten moralischen Handelns münden. Haker resümiert:

„Mitgefühl übersteigt nicht die Gerechtigkeit [...] Mitgefühl ist vielmehr eine Funktion, eine spezifische Dimension der Gerechtigkeit selbst, es ist [...] das 'Andere der Gerechtigkeit', das in der Gerechtigkeit selbst aufscheint".[1044]

Damit ist auch ein wichtiger Einspruch der Theologie gegenüber der Gerechtigkeitstheorie von John Rawls benannt. Mit dem Konstrukt eines „Schleiers des Nichtwissens" in einem fiktiven Urzustand hatte dieser die Vernünftigkeit der Wahl einer gerechten Sozialordnung und der Befolgung von Gerechtigkeitsprinzipien gewährleisten wollen: mithilfe gegenseitigen Desinteresses sollte neidgeleitetes Handeln theoretisch ausgeschlossen werden. Das Problem dieser „gegenseitig desinteressierten Vernünftigkeit"[1045] besteht jedoch darin, zwar für die Herstellung eines theoretisch angenommenen gerechten Urzustands dienlich zu sein, allerdings unter der Voraussetzung praktisch bestehender Ungerechtigkeitsverhältnisse keinen Handlungsantrieb zur Veränderung dieser Verhältnisse aufweisen zu können. Was im Zusammenhang einer rationalen Gerechtigkeitsbegründung als Stärke seiner Theorie gelten mag, stellt sich gleichwohl im Kontext des faktisch nicht allein rationalen Handelns als ein Schwachpunkt heraus. Damit treten die theoretische Setzung und die Nichtübertragbarkeit des Urzustandes deutlich zu Tage.

5.1.2.3. Das Barmherzigkeitsprinzip als Bedingung wahren Menschseins nach Jon Sobrino

Neben der engen Konvergenz zwischen Mitgefühl und Gerechtigkeit ist es daher wohl auch den konkret erfahrenen Ungerechtigkeitsverhältnissen zuzuschreiben, dass

---

[1043] Haker: „Compassion" als Weltprogramm des Christentums?, 446.
[1044] Haker: „Compassion" als Weltprogramm des Christentums?, 446.
[1045] Rawls: Eine Theorie der Gerechtigkeit, 168.

sie einen Theologen der Befreiung dazu veranlassen, sich unter dem Stichwort Barmherzigkeit zu Wort zu melden – ein Zugang, den man aufgrund der politischen Orientierung der Befreiungstheologie zunächst gewiss nicht vermuten würde. Der salvadorianische Theologe Jon Sobrino hat in einer interessanten Koinzidenz mit den Beiträgen von Johann Baptist Metz[1046] die Rede vom „Prinzip Barmherzigkeit"[1047] eingeführt. Sie dient ihm zunächst als Anspruch an die Kirche, kann aber, ohne Sobrinos Anliegen zu verletzen, ebenso als handlungsleitende Maxime für Christinnen und Christen bzw. für das Christentum als solches in Betracht gezogen werden. Sobrino betont, dass es ihm mit der Einführung dieses Prinzips nicht um eine Aufwärmung der althergebrachten „Werke der Barmherzigkeit" gehe. Vielmehr ist er an der „Grundstruktur der Reaktion gegenüber den Opfern dieser Welt"[1048] interessiert. Sobrino ist sich darüber im Klaren, dass seine Begriffswahl die Gefahr einer Reihe von Missverständnissen in sich birgt, die er deutlich auszuräumen bemüht ist:

> „Den Begriff 'Barmherzigkeit' muss man gut verstehen, denn er enthält wahre und gute Dinge, aber auch ungenügende und bis hin zu gefährlichen Dingen: das Gefühl von Mitleid (mit der Gefahr, dass es nicht von einer Praxis begleitet wird), 'Werke der Barmherzigkeit' (mit der Gefahr, dass man die Ursachen des Leidens nicht analysiert), Linderung individueller Nöte (mit der Gefahr, die Veränderung von Strukturen zu vernachlässigen), paternalistische Haltungen (mit der Gefahr der Bevormundung)..."[1049]

Aus diesem Grund entscheidet sich Sobrino ausdrücklich dafür, statt einfach „Barmherzigkeit" zu sagen von einem „Barmherzigkeitsprinzip" zu sprechen.[1050] Zur Erläuterung dieser begrifflichen Differenz greift der Autor auch auf den Begriff der „Grundstruktur" zurück, die darin bestehe, „dass sich das fremde Leiden einem verinnerlicht und dieses verinnerlichte Leiden zu einer Re-Aktion (einer Aktion folglich) bewegt", es geht also „nicht lediglich um eine vorhandene (oder nicht vorhandene) Grundhaltung [...] sondern um ein Prinzip, das den ganzen nachfolgenden Ablauf konfiguriert".[1051]

In Sobrinos Aufsatzsammlung lassen sich zwei Gründe ausmachen, aus denen der Autor die Autorität seines Barmherzigkeitsprinzips ableitet: Zum einen versteht er das Barmherzigkeitsprinzip als „das Grundprinzip des Handelns Gottes und Jesu", als das „am meisten strukturbildende Prinzip des Lebens Jesu", als „konfiguratives Prin-

---

[1046] Zur Nähe von Metz und Sobrino in dieser Thematik vgl. jüngst Sobrino: Jesus und das Reich Gottes. Mitleiden, Gerechtigkeit und Mahlgemeinschaft, 314, demzufolge das „ursprüngliche Mitleiden Gottes [...] in der Theologie der Befreiung – genauso wie in der Politischen Theologie von Johann Baptist Metz – grundlegend" ist.
[1047] In der englischsprachigen Übersetzung von Sobrinos Beitrag wird zudem „misericordia" mit „compassion" übersetzt, was die Nähe seines Ansatzes zu Metz nahe legt, wobei Sobrinos Veröffentlichungen zeitlich früher erfolgten. Zudem verwendet der Autor im spanischen Original die Begriffe „misericordia" und „compasión" anders als es die englische Übersetzung wiedergibt.
[1048] Sobrino: El principio-misericordia, 25f. Jeweils eigene Übersetzung ins Deutsche [MR].
[1049] Sobrino: El principio-misericordia, 32.
[1050] Sobrino: El principio-misericordia, 32.
[1051] Sobrino: El principio-misericordia, 26.

5.1.2. Barmherzigkeit und Compassion als Interpretationshorizont

zip jeglicher Aktion Gottes" und von daher reklamiert es Sobrino auch als Grundprinzip für die Kirche.[1052] Diese Argumentation basiert im Grunde auf einer simplen Analogiebildung, die das Barmherzigkeitsprinzip im Alten Testament und den Evangelien als durchgängiges bibeltheologisches Motiv herausarbeitet und daraus legitimiert eine norma normans für die Kirche und die Christen ableitet. Zum anderen nennt er es eine Option, dass Barmherzigkeit die richtige Reaktion wäre, insofern er nämlich davon ausgeht, dass die erste Reaktion auf das fremde Leid darin bestünde, dieses auszuradieren.[1053] Die Quintessenz des Samaritergleichnisses liegt für Sobrino darin, dass die Vollständigkeit oder Ganzheit des Menschseins auf das Barmherzigkeitsprinzip zurückgeworfen wird und von diesem her direkt – wenngleich nicht ausschließlich – das Menschsein bestimmt wird: „Das vollständige Mensch-Sein ist, folglich, dasjenige, das in seinen Eingeweiden [in seinem Kern] das fremde Leid verinnerlicht ..., so dass dieses verinnerlichte Leid selbst teil von ihm wird und sich in inneres, erstes und letztes Prinzip seines Handelns verwandelt."[1054]

Auch Gerd Theißen fällt auf, dass im Duktus des Samaritergleichnisses weder Gott noch Jesus in irgendeiner Weise eine Rolle spielen. Insofern könne aus dem Gleichnis nicht das Verständnis abgeleitet werden, bei der Barmherzigkeit handele es sich um eine exklusiv religiöse oder gar jüdisch-christliche Praxis. Vielmehr müsse man auf der Basis des Gleichnisses Barmherzigkeit als „ein elementares und universelles menschliches Tun" begreifen.[1055]

Durch diese Beobachtung und Deutung wird Sobrinos Begriffsentscheidung vom Barmherzigkeits-*Prinzip* bestätigt. Gerade – und nur – weil Jon Sobrino die Ebene der Praktiken und der Ethik in einem bestimmten Punkt überwindet, kann er sagen: „Wer nach dem 'Prinzip Barmherzigkeit' lebt, verwirklicht das Tiefste des menschlichen Wesens" – und kann er dies mit dem „*wahren* Mensch gemäß dem Dogma" in Verbindung setzen.[1056] Die Barmherzigkeit sei der Grund, von dem aus Jesus, der selbst durch seine Barmherzigkeit und die absolute Vorrangigkeit, die er ihr einräumt, beeindrucke, sowohl die Wahrheit Gottes als auch die des Menschen bestimme – so Sobrino im zweiten Band seiner Christologie.[1057] Aus der Christologie heraus formuliert der Befreiungstheologe Sobrino hier die anthropologische Erkenntnis, Barmherzigkeit als Grundkonstante des Menschseins zu verstehen: Weil der Mensch zu sich selbst finden und sein Wesen entfalten will, wird Barmherzigkeit sozusagen automatisch zur Richtschnur jeweils konkreten Handelns.

Diese Theologie Sobrinos trifft sich (offenbar unbewusst) mit derjenigen Papst Johannes Pauls II. in seinem Rundschreiben „Salvifici doloris". Dort vertritt er die

---

[1052] Sobrino: El principio-misericordia, 32.
[1053] Vgl. Sobrino: El principio-misericordia, 66.
[1054] Sobrino: El principio-misericordia, 34.
[1055] Vgl. Theißen: Die Legitimationskrise des Helfens und der barmherzige Samariter (zitiert nach Bopp: Barmherzigkeit im pastoralen Handeln der Kirche, 122).
[1056] Sobrino: El principio-misericordia, 37 – Hervorhebung im Original.
[1057] Sobrino: La fe en Jesucristo, 309, ferner: 462f.

Ansicht, dass „[d]as Gleichnis [...] eine zutiefst christliche, zugleich aber ganz allgemein menschliche Wahrheit zum Ausdruck [bringt]."[1058] Das Thema Barmherzigkeit und Mitgefühl berührt daher „einen der Schlüsselpunkte der ganzen christlichen Anthropologie":

> „Der Mensch kann »sich selbst nur durch die aufrichtige Hingabe seiner selbst vollkommen finden«. Ein barmherziger Samariter ist der zu dieser Selbsthingabe fähige Mensch."[1059]

Jegliche Überlegungen, Menschsein und Christsein konsequent von einem Barmherzigkeitsprinzip her zu denken, von diesem inspirieren und leiten zu lassen, müssen jedoch unbedingt auf den Anspruch Sobrinos verwiesen werden, „die Barmherzigkeit zu historisieren". Eine abstrakte Wahrnehmung von Leid und Not wird schwerlich Reaktionen von Barmherzigkeit nach sich ziehen; angesichts konkreten Leids wird auch eine barmherzige Antwort darauf konkret und greifbar werden. Der Ruf nach einer solchen Kontextualisierung hebt dabei im Grunde nichts anderes ins Bewusstsein, als dass es eine abstrakte Barmherzigkeit nicht geben kann und jede Wahrnehmung von Leid bereits einen Blick in die Details und hinter die Kulissen erfordert. Es war Ottmar Fuchs, der herausgestellt hat, Gott habe einen Zug ins Detail.[1060] Auf der Grundlage des Prinzips Barmherzigkeit lässt sich mit Jon Sobrino daran angelehnt formulieren, dass auch wahres Menschsein über diese Neigung verfügt.

5.1.2.4. Fairer Handel im Horizont des Barmherzigkeitsparadigmas

Für den Fairen Handel als einem von Anbeginn an entwicklungspolitisch und entwicklungspädagogisch orientiertem Modell das Barmherzigkeitsparadigma als Interpretationshorizont heranzuziehen, stellt sich auf dem Hintergrund der dargelegten Theorien nur vordergründig als eine Provokation dar. Dies ist den Beiträgen von Johann Baptist Metz und Jon Sobrino zu verdanken, die als Begründer der „neuen Politischen Theologie" bzw. als Hauptvertreter der „Theologie der Befreiung" vielleicht ebenfalls unerwartet auf das Paradigma Barmherzigkeit zurückgreifen und für das Heranziehen dieses Zuganges somit Pate stehen. Die vorgängige Darstellung hat jedoch keinen Verrat an den Grundsätzen der beiden – miteinander verbundenen – Theologien aufgezeigt. Stattdessen lassen sich „Compassion" und „Prinzip Barmherzigkeit" als Kernthemen oder Schlüsselbegriffe der jeweiligen theologischen Horizonte einer Politischen Theologie und einer Theologie der Befreiung betrachten – und zwar von ihren Begründern und Vertretern selbst her legitimiert.

Angesichts dieser Theorie-Patenschaft ist es nicht nur erlaubt, sondern sogar inhaltlich zielführend, Barmherzigkeit und Compassion in den Begründungskontext von

---

[1058] Johannes Paul II.: Rundschreiben „Salvifici doloris" (1984), Nr. 29. Den Hinweis auf diese Theologie des Papstes verdanke ich Fuchs: „Umstürzlerische" Bemerkungen, 39.

[1059] Beide Zitate: Johannes Paul II.: Rundschreiben *Salvifici doloris*, Nr. 28. Das eingebettete Zitat entstammt der Pastoralkonstitution *Gaudium et Spes* des 2. Vatikanischen Konzils, Nr. 24.

[1060] Fuchs: Gott hat einen Zug ins Detail.

5.1.2. Barmherzigkeit und Compassion als Interpretationshorizont

Fairem Handel einzuführen, und dies sowohl auf der Ebene des freiwilligen Engagements als auch auf der Ebene des reflektierten Einkaufs. Dies vor der Geschichte und dem Anliegen des Fairen Handels verantwortlich tun zu können, darf die Unterscheidung, die Jon Sobrino zwischen Barmherzigkeit und Barmherzigkeitsprinzip getroffen hat, selbstverständlich nicht nivellieren. Fairer Handel – das hat die Studie über deren entwicklungspolitische Wirkungen festgestellt[1061] – kann ohne die Wahrnehmung fremden Leids (Compassion) und ohne Erinnerung an die benachteiligte Situation weit entfernter Produzent(inn)en (Leidensgedächtnis) nicht existieren, weil der Faire Handel unter rein ökonomischer Betrachtungsweise nicht konkurrenzfähig wäre. Dies wird damit begründet, dass der von ihm angebotene „ethische Mehrwert" und der Altruismus seiner Kundschaft seine Existenz auf dem Markt zugleich ermöglicht als auch absichert. Insofern ist der Faire Handel gut beraten, diese Compassion und dieses Leidensgedächtnis nicht zu vernachlässigen – auch um seiner Symbolfunktion nachzukommen. Gerade die Anwesenheit dieser beiden Komponenten in Handelszusammenhängen und Wirtschaftskreisläufen macht den Unterschied zwischen Fairem Handel und konventionellem Handel aus. Alle weiteren Kriterien, Grundsätze und Regeln des Fairen Handels sind gegenüber diesen beiden unverzichtbaren Prinzipien der Compassion und des Leidensgedächtnisses sekundär. Denn ohne eine zum Prinzip erhobene Barmherzigkeit – nicht verstanden als ethischer Appell an das Handeln von Einzelnen und Kollektiven, sondern im Sinne Sobrinos als anthropologische Grundkonstante des wahren Mensch-Seins begriffen – würde sich die Motivationsfrage nach dem Grund des Engagements für Fairen Handel ins Ungreifbare verflüssigen.

Die alte Debatte der Fair-Handels-Bewegung, ob denn Fairer Handel glaubwürdig auch im konventionellen Einzelhandel betrieben werden könne, lässt sich auf diesem theoretischen Hintergrund so nicht mehr fortsetzen: Die den beteiligten Unternehmen und Geschäftsleuten abgesprochene entwicklungspolitische und -pädagogische Motivation, die die ehrenamtlich Engagierten in der Fair-Handels-Bewegung gleichwohl für sich in Anspruch nehmen, stellt nämlich ebenfalls eine auf den Prinzipien von Compassion, Leidensgedächtnis und Barmherzigkeit aufbauende (sekundäre) Motivation dar, welche von einer immer wieder zu aktualisierenden (direkten oder vermittelten) Wahrnehmung der Situation der Produzent(inn)en und ihrer Benachteiligungen genährt wird und genährt werden muss – wie es auch für das ehrenamtliche Engagement in Eine-Welt-Gruppen belegt ist. Diese Dimension des Fairen Handels und der persönlichen Engagementmotive heben Ramminger/Weckel auf der Basis ihrer Gruppenbefragung dadurch ins Wort, indem sie persönlichen Begegnungen mit Besucher(inne)n aus Entwicklungsländern als „Lebenselixier" der Gruppen und als eine „Quelle der Motivation und Kraft" beschreiben, von der Bestätigung „in Bezug auf die Richtigkeit des eigenen Handelns" erwartet und eine „Konkretisierung des Soli-

---

[1061] Vgl. Piepel/Möller/Spiegel: Fairer Handel, wohin? 281-286. Vgl. auch meine Überlegungen dazu in Raschke: Entwicklungspolitische Bildung im Fairen Handel, 278-281.

daritätsgedankens" erhofft werde. Unmittelbare Begegnungen dienten „als Voraussetzung für Sympathie als Basis von Mitleidensfähigkeit und für Solidarisierung".[1062] Ein solcher mitunter emotional verankerter Zugang zum eigenen Engagement kann aus keinem Grund nur den entwicklungspolitisch orientierten Gruppen und Personen zugesprochen werden. Die Möglichkeit, sich im kommerziellen Angebot von Fair-Handels-Produkten bzw. in deren Verwendung etwa in der Großgastronomie für diese Produkte zu entscheiden, wird – das zeigt die entsprechende Praxis – selbstverständlich auch von wesentlich anderen Momenten geprägt, etwa von Warenpreis, Produktqualität oder Imagewirkung. Gleichwohl wird man davon ausgehen müssen, dass bei der bewussten Entscheidung zugunsten fair gehandelter Produkte als Produkten mit einem ethischen Mehrwert auch eine Motivation im Sinne des Barmherzigkeitsprinzips als anthropologischer Grundkonstante wahren Mensch-Seins mitschwingt, insofern man weiß, dass das favorisierte Produkt im Unterschied zu anderen dasjenige darstellt, welches für den unbekannten Anderen (d.h. hier den Produzenten) das bessere bedeutet. Zumindest denjenigen, die als Käufer/innen und Konsument(inn)en, als Händler(inn)en und Engagierte mit fair gehandelten Waren zu tun haben, wird man dies als intuitive Motivkomponente nicht absprechen können, denn gerade dieser intuitive Charakter verweist auf die anthropologische – zutiefst menschliche – Herkunft derselben.

Dies hat nicht zur Konsequenz, den Fairen Handel von seinen prophetischen und symbolischen Ansprüchen gegenüber dem konventionellen Handel zu dispensieren und somit zu entpolitisieren. Im Horizont der Theologie von Johann Baptist Metz lässt sich der Faire Handel gerade in seiner Form als entwicklungsbezogenes Bildungs- und Aktionsmodell (und damit in seinen Grundakteuren von Weltläden und Aktionsgruppen) in einer Dreigliedrigkeit beschreiben, welche zum einen seinen Symbol- und Modellcharakter unterstreicht und zum anderen seine Politisierung vertieft. Diese an Metz' Theologie angelehnte Charakterisierung betrifft gleichermaßen Sein und Sollen der Fair-Handels-Bewegung:

- Fairer Handel basiert auf der Erinnerung an die Produzent(inn)en unserer Konsumwaren; er ruft ins Gedächtnis, dass Waren nicht kontextlose Gegenstände sind, sondern einem Herkunftszusammenhang erwachsen, in dem Menschen eine nicht unerhebliche Rolle spielen. Und er erinnert dabei appellativ an die unverletzliche Würde eines jeden Menschen, der in den Produktionsprozess unserer Konsumwaren involviert ist. Diese Erinnerungsleistung beruht nicht zuletzt auf einem Mindestmaß an Mitgefühl und „solidarischem Subjektsein" von Engagierten und Interessierten hierzulande.
- Fairer Handel als Aktionsmodell aktualisiert diese Erinnerung durch Erzählung; er erzählt die Geschichte und die Geschichten des Alltags, der Arbeit und der Selbst-

---

[1062] Vgl. Ramminger/Weckel: Dritte-Welt-Gruppen auf der Suche nach Solidarität, 48-61, insb. 50. Auch Projektarbeit muss in dieser Funktion als Lernfeld und Engagementantrieb wahrgenommen werden (100-104).

5.1.2. Barmherzigkeit und Compassion als Interpretationshorizont

organisation der Produzent(inn)en; er beschreibt den Weg der Waren von ihrem Ursprungsort bis zum Verbraucher; er tut dies, indem er dabei anwaltschaftlich über Märkte und Wirtschaftsprozesse spricht, ökonomische Rahmenbedingungen hinterfragt und darin liegende Ungerechtigkeiten beim Namen nennt. Dabei wird en passant im Sinne Sobrinos eine Kontextualisierungsleistung vollzogen, die einen auffälligen Zug ins Detail aufweist.[1063]

- Fairer Handel stimuliert damit zu solidarischem Handeln im Engagement und im Einkaufsverhalten; er leistet damit einen Beitrag zum Subjekteinkönnen von Menschen. Diese Solidarität ist wiederum Grundlage dafür, dass er im o.g. Sinne erinnernd und erzählend wirken kann.

Diese drei Glieder von Erinnerung, Erzählung und Engagement machen offenkundig, warum die politische Barmherzigkeitstheologie sich gerade nicht in den Dienst einer Verharmlosung der Identität und Idee des Fairen Handels stellen lässt, sondern im Gegenteil dessen Politisierungspotential bewahrt, ohne zugleich Politisierung zum Ausschlusskriterium einer adäquaten Mitarbeit in diesem Modell zu erheben: Selbst wer sich nicht aus strukturverändernden, politikgestaltenden Motiven am Fairen Handel beteiligt, nährt durch sein Aufrechterhalten der Erinnerung an die Lebensschicksale und -hoffnungen von Produzentinnen und Produzenten die Solidarisierungsfähigkeit der (anderen) Menschen und setzt die eigene damit selbst ins Werk. Zu leicht wird dabei übersehen, dass Erinnerung und Erzählung eine (meist entscheidende) positive Mobilisierungskraft innewohnt. Nur wenn erzählt und gesprochen wird von den Chancen und Fähigkeiten, den Entwicklungen und Besserungen, die die Beteiligung am Fairen Handel für die Kleinproduzenten, ihre Familien und Dorfgemeinschaften etwa mit sich bringt, kann der Blick auf die strukturgestaltenden Potentiale dieser Initiative gelenkt werden. Nur aus diesem Hintergrund heraus, kann die Notwendigkeit und Zweckdienlichkeit bestimmter (handels- und wirtschafts-)politischer Veränderungen wahrgenommen und letztlich politische Parteinahme und engagierte Mitarbeit hervorgerufen werden.

Die dem Barmherzigkeitsmotiv hierbei zugrunde liegende aber in ihrer Solidarisierungsfähigkeit kaum vergleichbaren Vokabeln dürften in der Fair-Handels-Bewegung Sensibilisierung und Bewusstseinsbildung heißen. Allein schon etymologisch betrachtet wird ersichtlich, dass bei „Barmherzigkeit" von anderen menschlichen Organen die Rede ist, als bei „Bewusstseinsbildung". Entscheidend kommt es dabei darauf an, dass diese menschlichen Sensibilitäten auf ganzheitliche Weise wirken, weil vor allem so die Handlungsebene erreicht werden kann und diese hat entscheidenden Stellenwert, wenn die Gestaltung von Veränderungen und Verbesserungen im menschlichen Zusammenleben auf der Tagesordnung stehen.

[1063] Siehe etwa die 12-Monatsaktion „Ein Produkt mit Geschichte" der GEPA anlässlich ihres 30-jährigen Bestehens 2005, vgl. [GEPA]: 30 Jahre Geschichte und Geschichten der Produzenten. Siehe ebenfalls den Slogan der Fairhandelsorganisation Contigo: "Produkte, die Geschichten erzählen …"

5.2. Fairer Handel zwischen Ordnungs- und Solidaritätsethik – Impulse aus der kirchlichen Soziallehre

Wenngleich sich die Fair-Handels-Bewegung immer schon mit dem Thema der weltweiten Gerechtigkeit befasst hat, so genügte es ihr doch keineswegs, bei einem allgemeinen Gerechtigkeitsbezug zu verharren. Im Prozess der identitätsstiftenden Abgrenzung, d.h. im Prozess der Herausbildung ihrer spezifischen Kriterien, ging es gleichwohl immer um konkrete Aspekte, die als Voraussetzungen, Prozesskriterien oder Folgenabschätzung einen Bestandteil einer gerechteren Handelsordnung, einen alternativen Handel, verkörpern und leiten sollten. Die oben monierte Unklarheit in der Selbstverortung des Fairen Handels in den bekannten Gerechtigkeitstheorien hat hier ihre – zum Teil vielleicht sogar berechtigten – Wurzeln.

Dass eine gerechte Sozialordnung nicht nur aus Theorien abzuleiten, sondern aus ganz praktischen Elementen zusammengesetzt werden muss, ist natürlich keine Erfindung der Fair-Handels-Bewegung. Auf solche Teilthemen hatte sich schon seit langer Zeit die christliche Gesellschaftsethik als theologische Disziplin wie auch als kirchliche Doktrin konzentriert und dafür entsprechende Grundüberlegungen angestellt. Diese sozialethische Tradition mit dem Fairen Handel in Verbindung zu bringen, ist das Anliegen der nachfolgenden Untersuchung. Die seit dem Ausgang des 19. Jahrhunderts sich entwickelnde katholische Soziallehre wird im Folgenden als Themenhorizont für die Idee des Fairen Handels in Anspruch genommen werden. Dies mag überraschen. Denn in der Fair-Handels-Bewegung ist bislang keineswegs ein direkter Bezug zu diesen Lehren hergestellt worden. Doch obwohl dieser Begründungszusammenhang nicht explizit reflektiert oder aufgegriffen wurde, so lassen sich zahlreiche Bezüge herstellen.

Die Gründe dafür sind vielfältig: Der Ursprung der „Aktion Dritte-Welt-Handel" liegt in den kirchlichen Jugendverbänden, welche – zumindest katholischerseits – gerade auch in der Vermittlung von sozialen Situationen und christlichem Glauben ein identitätsstiftendes Moment vertraten und insofern nicht nur aufgrund ihrer Einbettung in ein katholisches Milieu, sondern auch aus lebenslagenbezogenen Gründen für eine christlich inspirierte Soziallehre besonders aufgeschlossen waren: man denke an die Agrarfrage in der Katholischen Landjugendbewegung KLJB, die Arbeiterthemen der Christlichen Arbeiterjugend CAJ oder den Handwerksbezug einer Kolpingjugend.[1064] Diese Herkunft der Aktion Dritte-Welt-Handel begründet solche Bezüge zunächst feldspezifisch und grob-inhaltlich, jedoch nicht auch automatisch hinsicht-

---

[1064] Vgl. im weiteren Horizont auch Hengsbach/Emunds/Möhring-Hesse: Ethische Reflexion politischer Glaubenspraxis, 221. — Auch die Evangelische Schülerschaft spielte in der Gründungsgeschichte eine Rolle, von deren Identität her sicher stärker ein bewußtseinsbildender und informationsorientierter Impetus eingeflossen sein dürfte.

5.2. Fairer Handel zwischen Ordnungs- und Solidaritätsethik

lich inhaltlicher Details. Die Abstinenz allerdings, sich eigens auf solche Bezüge zu berufen, darf auf verschiedene Aspekte zurückgeführt werden:
- Die von vornherein völlig selbstverständliche ökumenische Ausrichtung der Aktion[1065] hätte sich mit der Inanspruchnahme konfessioneller Bezugsgrößen – eine ökumenische Soziallehre existierte bis Mitte der 1990er Jahre in Deutschland nicht – sicherlich schwer getan, hätte dies doch Ungleichzeitigkeiten in den konfessionelle Positionen zu Tage fördern und somit die in praktischen Fragen vollzogene Einheit und Gemeinsamkeit zwischen den evangelischen und katholischen Beteiligten in Frage stellen können. Dies konnte nicht das Interesse der Beteiligten sein.
- In Zusammenhang damit steht die in den Anfangsjahren weitgehend pragmatische Herangehensweise in der Aktion Dritte-Welt-Handel. Auf Nachfrage des Autors gelangt Erwin Mock, der als Misereor-Mitarbeiter Anfang der 1970er Jahre einer der Initiatoren der Aktion Dritte-Welt-Handel war, rückblickend zu der Einschätzung, dass eine theologische Begründung damals nicht notwendig gewesen sei, „denn die Leute wollten ja etwas Praktisches tun. In den Gemeinden war man fasziniert von der Idee, Erfolge waren da, es war einfach greifbar, was zu tun war." Eine Argumentation mit der Katholischen Soziallehre sei nicht nötig gewesen im Rahmen der selbstverständlichen Solidarität. „Man wollte nicht theoretisieren, und über das theologische oder religiöse Selbstverständnis brauchte überhaupt nicht diskutiert zu werden." Diese praktische und „immer sehr partnerbezogen[e]" Herangehensweise, mit der Mock seine Arbeit bei Misereor – einschließlich derer bezüglich der Aktion Dritte-Welt-Handel – charakterisiert, wertet er als Vorteil, weil man „keine große Ideologie" gebraucht habe oder vertreten musste.[1066]
- Letzteres ist insofern bedeutsam, als es die Zusammenarbeit mit nicht-kirchlich ausgerichteten Gruppierungen ermöglicht und offengelassen hat. Um des gemeinsamen Anliegens willen stand die Offenheit gegenüber den von der Friedens- und Dritte-Welt-Bewegung kommenden Gruppen der „Kritischen Aktion Dritte Welt"[1067] im Zentrum des Interesses. Für die hier früh etablierte Zusammenarbeit hätte eine Reflexion von Begründungslinien etwa mittels einer katholischen Soziallehre einen Rückzug auf ein kirchlich-konfessionelles Terrain signalisiert, für das selbstverständlich kein Interesse bestand, hätte es doch eine massive Begrenzung des eigenen bewusstseinsbildenden Anspruchs mit sich gebracht.

Allerdings dürfen die Erklärungen für diese Wahrnehmungspraxis nicht einseitig bei der Fair-Handels-Bewegung verortet werden. Sie ist auch mit der Charakteristik und Ausrichtung der Katholischen Soziallehre in Zusammenhang zu sehen, die sich ja

---

[1065] Vgl. Gespräch mit Erwin Mock am 24. Januar 2005.
[1066] Gespräch des Autors mit Erwin Mock am 24. Januar 2005, teilweise veröffentlicht in: gepa Fair Handelshaus (Hrsg.): Fair forever – 30 Jahre gepa, 7. Gleichwohl – so Mock – hätten die Grundprinzipien der katholischen Soziallehre wie Personalität, Gemeinwohlorientierung, Solidarität und Subsidiarität in der übrigen Bildungsarbeit von Misereor durchaus eine Rolle gespielt – v.a. durch die Bezugnahme auf die lateinamerikanische Ausformung der Soziallehre, wie sie die Bischofskonferenzen von Medellin (1968) und Puebla (1979) formuliert hatten.
[1067] Vgl. oben Kapitel 2.1.2.

lange Zeit gerade durch ihren Ultramontanismus, d.h. durch ihre starke Ausrichtung an den lehramtlichen Texten aus Rom, auszeichnete.[1068] Im Umfeld der 1968er-Ereignisse, dem die Aktion Dritte-Welt-Handel mit ihren Bezügen zu den Protestaktionen der Friedens- und Dritte-Welt-Bewegung nahe stand, war eine derartige Rezeption von autoritativen Texten nicht vorstellbar. Dieser gesellschaftliche Kontext offenbarte – so der Sozialethiker Arno Anzenbacher – nicht nur die systemstabilisierende Rolle dieser Doktrin, sondern auch auf welch theoretisch schwachen Beinen sie damals gestanden hatte. Zuvor noch als fortschrittlich angesehen, geriet sie nun in Widerspruch zu der auf Emanzipation drängenden gesellschaftlichen Dynamik und fand sich plötzlich in einer gegensätzlichen gesellschaftlichen Bedeutung wieder.[1069] Zudem verlor die katholische Soziallehre durch die abschmelzende Bindungskraft des katholischen Milieus einen ihrer entscheidenden Bezugspunkte.

Im Zusammenhang damit, dass die Aktion Dritte-Welt-Handel an einer konfessionellen Engführung kein Interesse besitzen konnte, bedeutete diese Konstellation für die dem Bewegungsmilieu entstammende Initiative im Grunde die Unmöglichkeit der Bezugnahme auf die katholische Soziallehre. Damit hätte sie sich automatisch gegen ihre Beheimatung im Milieu der Dritte-Welt-, Friedens- und Alternativ-Bewegung positioniert – selbst dann, wenn der Bezug auf die kirchlichen Dokumente aus Fair-Handels-Sicht brauchbare Inhalte geliefert hätte. Die Untersuchungen in diesem Kapitel werden zeigen, wo und wie dies von den Texten her denkbar gewesen wäre. Wenn Positionen der Katholischen Soziallehre in der Fair-Handels-Bewegung also kein Echo gefunden haben, so bestätigt dies lediglich die „eigentümliche Aufnahmeverweigerung", die der Sozialethiker Herwig Büchele bestimmten Äußerungen der katholischen Soziallehre attestiert. Nach seiner Hypothese liegt dies in einer strukturkonservativ bestimmten politischen Funktionalisierung derselben begründet. Diese habe zur Folge, dass auch „strukturprogressive Positionen ... mit ihrer Berufung auf Sozialdokumente im Binnenraum der Kirche keinen 'Glauben'" fänden und damit die gewünschten Wirkungen dieser Soziallehre ausblieben.[1070] Das Vorhaben, die Texte der päpstlichen Soziallehre im Zusammenhang der Fair-Handels-Bewegung aufzuarbeiten, ist daher auch als ein Plädoyer für die Wahrnehmung und Ernstnahme der fortschrittlichen und veränderungsorientierten Aussagen dieser Dokumente zu verstehen. Es geht darum, die strukturprogressiven Anteile und Optionen der katholischen Soziallehre in den Vordergrund zu rücken und aus der Sicht einer sozialen Bewegung nutzbar zu machen. Die Soziallehre der katholischen Kirche sollte nicht,

---

[1068] Vgl. Anzenbacher: Christliche Sozialethik, 157f. Zum Wissenschaftsverständnis der traditionellen katholischen Soziallehre und dessen Problematik vgl. auch Hünermann: Kirche – Gesellschaft – Kultur. Zur Theorie katholischer Soziallehre, 42-53.
[1069] Vgl. hierzu insbesondere Anzenbacher: Christliche Sozialethik, 156-158.
[1070] Vgl. Büchele: Christlicher Glaube und politische Vernunft, 24f. Vgl. auch den in der englischsprachigen Theologie verbreiteten Diskurs von der katholischen Soziallehre als einem „hidden treasure" sowie den Titel von DeBerri u.a.: Catholic Social Teaching. Our Best Kept Secret.

5.2. Fairer Handel zwischen Ordnungs- und Solidaritätsethik

einem Automatismus gehorchend, den strukturkonservativen ordnungsethischen Interessen eines konservativ-christlichen Milieus überlassen bleiben. Eine solche Verbindung von offizieller Katholischer Soziallehre und Fairem Handel bewegt sich daher im Horizont jener Neubestimmungsversuche der christlichen Gesellschaftsethik, welche diese als eine „Ethik sozialer Bewegungen" oder als eine „ethische Reflexion politischen Handelns" entwerfen.[1071] Es geht hier jedoch nicht um eine theoretische Weiterentwicklung dieser Ansätze, sondern um deren Überprüfung aus der Praxis und Realität einer bestimmten sozialen Bewegung heraus. Ohne hier die systematisch-sozialethische Tragweite der folgenden Überlegungen vorwegnehmen zu wollen, halte ich zwei Momente der gewählten Vorgehensweise für entscheidend: Zum ersten werden die lehramtlichen Texte nicht ignoriert, sondern aus der Perspektive der Fair-Handels-Bewegung auf ihr verwandte Themen hin genau analysiert.[1072] Damit wird aufgrund der Herangehensweise ein teils impliziter oder teils auch ausdrücklich benannter Konkretisierungsvorschlag lehramtlicher Inhalte angeboten, welcher die Diskrepanz von Wort und Tat als entscheidender Schwäche der kirchlichen Soziallehre[1073] zu überbrücken hilft. Zum zweiten wird dadurch ein Weg beschritten, bei dem christliche Gesellschaftsethik als ethische Reflexion sozialer Bewegungen nicht als Übergriff auf ein Selbstdefinitionsrecht sozialer Bewegungen vollzogen wird. Stattdessen wird die lehramtliche Autorität des „global players" Kirche seitens einer sozialen Bewegung in Dienst genommen. Man könnte gewissermaßen von einem umgekehrten „Übergriff" sprechen, insofern die Reflexionsbewegung aus der Bewegung heraus erfolgt.

5.2.1. Die Ordnungsethik der katholischen Soziallehre als Interpretationshorizont des Fairen Handels: Gerechte Wirtschaftsordnung und faire Handelsbedingungen

In der nachfolgenden Auseinandersetzung mit der Soziallehre der katholischen Kirche wird vorrangig Bezug auf die in den Sozialenzykliken der Päpste seit 1891 entwickelte Lehre genommen.[1074] Dabei geht es nicht darum, diese Soziallehre in ihrer gesamten Breite aufzurollen. Vielmehr wird von Beginn an die Aufmerksamkeit auf

---

[1071] Vgl. dazu den Ansatz von Büchele: Christlicher Glaube und politische Vernunft. – Zum Überblick vgl. Sander: Kompositionen politischen Handelns – sowie die Beiträge von Hengsbach: Der Umbau der kirchlichen Soziallehre in eine Ethik sozialer Bewegungen, sowie: Ders./Emunds/Möhring-Hesse: Ethische Reflexion politischer Glaubenspraxis.

[1072] Dies greift einen der Kritikpunkte Herwig Bücheles an der akademischen Sozialethik auf – vgl. Sander: Kompositionen politischen Handelns, 108.

[1073] So eine übereinstimmende Kritik von Oswald von Nell-Breuning und Herwig Büchele – vgl. Sander: Kompositionen politischen Handelns, 108f.

[1074] Die katholische Schwerpunktsetzung in den folgenden Ausführungen ist zunächst dem konfessionellen Hintergrund des Autors geschuldet. Ein weiterer Grund liegt darin, dass sich die katholische Soziallehre durch Linearität, die evangelische Sozialethik dagegen durch Pluralität charakterisieren läßt, was die Rezeption der katholischen Soziallehre im Vergleich erleichtert vgl. Anzenbacher: Christliche Sozialethik, 171f.

diejenigen Themen bzw. Themenlinien gerichtet, welche es zulassen, in den Kontext des Fairen Handels gestellt zu werden. Damit können selbstverständlich zahlreiche zentrale Fragen der Soziallehre nicht oder nur am Rande gestreift werden. Dies betrifft die für das Ganze der Gestaltung des gesellschaftlichen Lebens wichtige Frage nach der Rolle des Staates oder das Funktionieren demokratischer und politischer Institutionen, oder auch die teils prägenden Auseinandersetzungen um gesellschaftliche Modelle wie etwa den Sozialismus. Von dieser Perspektive betroffen sind sodann auch die grundsätzlichen Klärungsbemühungen der Päpste hinsichtlich des Verhältnisses von Kapital und Arbeit wie auch die wichtigen Befassungen um die Rechtmäßigkeit und Funktion des Eigentums überhaupt, insofern die Vorrangigkeit der menschlichen Arbeit vor den Interessen des Kapitals[1075] in der Idee des Fairen Handels zwar ebenfalls – wenngleich nur hintergründig – präsent ist.

Die Auseinandersetzung mit der päpstlichen Soziallehre dient dabei nicht dem Zweck, lediglich hypothetische Anhaltspunkte oder indirekte Anschlussfähigkeit aufzuweisen, die letztlich auf einem allgemeinen Niveau verbleiben. Auf einer solchen Ebene würde sich die Argumentation bewegen, wenn nach Bezügen des Fairen Handels zu Kernelementen und Grundbegriffen der katholischen Soziallehre gesucht würde. Es scheint offensichtlich, dass in diesem Sinne eine Option für die Armen genauso wie die vier Grundprinzipien der Solidarität, Subsidiarität, der Gemeinwohlorientierung und Personalität in einen Zusammenhang mit dem Aktionsmodell gestellt werden können. Gleichwohl dürfte der Ertrag eines solchen Bemühens fraglich sein, würde doch auf der theoretischen Ebene reproduziert werden, was in der Untersuchung der Engagementmotive im Fairen Handel als numinose christliche Motivationen zu Tage gefördert worden ist.[1076] Lediglich hinreichende Argumentationen würden für diese Motivationslagen kaum einen Mehrwert bedeuten, so dass der Blick auf diejenigen Themen und Argumente der Katholischen Soziallehre zu richten sein wird, an die der Faire Handel enger anzuknüpfen vermag und die es ermöglichen, das Modell des Fairen Handels in der Kontinuität mit den von den Päpsten formulierten sozialen Ansprüchen erscheinen zu lassen.[1077] Dies ist weder abwegig noch vereinnahmend, denn die Lektüre der päpstlichen Enzykliken eröffnet teils überraschend konkrete Bezüge zum Aktionsmodell des Fairen Handels.

Im Mittelpunkt des Interesses der vorliegenden Auseinandersetzung mit der Soziallehre der katholischen Kirche stehen daher – das legt der Faire Handel als ein auf wirtschaftliches Agieren ausgerichtetes Handlungsmodell nahe – die Fragen um Wirtschaft und Arbeit, Unternehmertum und internationale Beziehungen, konkret:

[1075] Vgl.: 2. Vatikanisches Konzil: Pastoralkonstitution *Gaudium et Spes*, Nr. 67; Johannes Paul II.: Enzyklika *Laborem exercens*, Nr. 11-15, 23; Kongregation für die Glaubenslehre: Instruktion *Libertatis conscientia*, Nr. 87.

[1076] Vgl. Kapitel 3.3.2.

[1077] Sh. auch Zwiefelhofer: Neue Weltwirtschaftsordnung und katholische Soziallehre, 14-50 und 67-79. An dieser Arbeit ist insbesondere auch die Darlegung der Behandlung sozialer Fragestellungen in den päpstlichen Missionsenzykliken beachtenswert (S. 14-16), welche ich im Folgenden nicht eingehender aufgreife.

5.2.1. Die Ordnungsethik der katholischen Soziallehre als Interpretationshorizont

die Reflexionen und ethischen Bewertungen zu den Themen Lohngerechtigkeit, Mitbestimmung, Koalitionsfreiheit, internationale Handelsbeziehungen und partnerschaftliche Preisverhandlungen.

Vorauszuschicken ist den folgenden Ausführungen, dass die von den Päpsten entfaltete Lehre von zeitgenössischen wie örtlichen Gegebenheiten bestimmt wird. Diese Kontextgebundenheit wahrzunehmen ist vor allem deshalb von Bedeutung, weil die Sozialdokumente bis in die 1950er Jahre ihre Argumentation auf das sogenannte „Naturrecht" aufgebaut haben und mit dieser sozialphilosophischen Herangehensweise gewissermaßen eine von Kontext und Zeit unabhängige Gültigkeit suggeriert haben. Deshalb wurde darauf verwiesen, dass es nicht Aufgabe der Kirche bzw. der kirchlichen Soziallehre sein könne, soziale Programme und detaillierte Lösungen vorzuschlagen, wohl aber dass sie eine Kompetenz für ethische Bewertungen beanspruchen dürfe.[1078] Gleichwohl: Sofern in den päpstlichen Sozialenzykliken zu Einzelfragen Ansprüche ethischer Art aufgestellt und für definierte Problemsituationen ethische Bewertungen vorgenommen werden, wird diese grundsätzliche Abgrenzung gegenüber konkreten Vorschlägen leicht unterlaufen – wie nachfolgende Ausführungen zeigen werden. Trotzdem verweist dies unsere – auf das Modell des Fairen Handels gerichtete – Lektüre und Rezeption der Soziallehre auf zwei wichtige hermeneutische Einsichten:

- Zum ersten ist die kirchliche Soziallehre nicht als eine dogmatische, d.h. unumstößliche Wahrheiten behauptende (Glaubens-)Lehre zu verstehen, sondern sie ist dem Bereich der Pastoral zuzuordnen.[1079] Das bedeutet, sie bewegt sich auf der Ebene der vom jeweiligen Kontext vorgegebenen und geprägten Herausforderung – nämlich aufzuspüren „welche Schritte zu tun und welche Maßnahmen zu ergreifen sind, um die gesellschaftlichen, wirtschaftlichen und politischen Reformen herbeizuführen, die sich als wirklich geboten erweisen."[1080]
- Daraus folgt, dass zum zweiten die päpstlichen Aussagen nicht als Patentrezepte und einzig richtige Lösungen interpretiert werden dürfen. Dies wäre nicht nur ein fundamentalistischer Umgang damit, sondern würde auch die notwendige kontextuelle Einbindung von Veränderungsprogrammen ignorieren. In dem eben zitierten Abschnitt verweist es Papst Paul VI. in die Verantwortung der jeweiligen „einzelnen christlichen Gemeinschaften [...] darüber zu befinden", welches die konkreten Schritte und Maßnahmen sind. In Auseinandersetzung mit den „objektiven" Verhältnissen vor Ort (Kontext), mit der "unwandelbaren Lehre des Evangeliums" und mit der Soziallehre der Kirche haben sie sich ein Urteil zu bilden und Leitlinien für

---

[1078] Vgl. Pius XI: Enzyklika *Quadragesimo anno*, Nr. 41; Paul VI.: Enzyklika *Octogesima adveniens*, Nr. 4 und 42.
[1079] Antoncich/Munárriz: Die Soziallehre der Kirche, 23f.
[1080] Paul VI.: Enzyklika *Octogesima adveniens*, Nr. 4; vgl. Antoncich/Munárriz: Die Soziallehre der Kirche, 40f.

das praktische Handeln aufzustellen[1081], wobei die päpstliche Lehre keinem dieser drei Eckpfeiler einen Vor- oder Nachrang zuweist. Insofern gilt, dass die kirchliche Soziallehre als Inspirationsquelle und Impulsgeberin dafür angesehen werden muss, wie welt- und sozialverantwortliches Christsein unter den jeweils konkreten kontextuellen Bedingungen realisiert werden kann. Dabei bewegen sich die einzelnen Sozialdokumente selbst natürlich in bestimmten Kontexten bzw. sind – bewusst oder unbewusst – von denselben geprägt. Dass sich die Kontexte verändern, bedeutet allerdings keineswegs, dass die Dokumente nicht auch hinsichtlich veränderter Kontexte etwas Wichtiges zu sagen hätten. Vielmehr macht die hier vorgenommene fairhandelsspezifische Rezeption deutlich, dass die auf gewisse überwunden geglaubte Kontexte formulierten Ansprüche der päpstlichen Soziallehre unter dem Blickwinkel einer globalen Weltwahrnehmung keineswegs an Aktualität und Kontextualität eingebüßt haben. Insofern darf gesagt werden, dass gerade eine bewegungs- oder milieugebundene Auseinandersetzung mit der kirchlichen Soziallehre einerseits die Kontextgebundenheit einer Mainstream-Rezeption aufdecken und eine den eigenen Lebenszusammenhang transzendierende Re-Aktualisierung ermöglichen kann.

Aus diesen Überlegungen heraus gilt es also, die Kontextualität der päpstlichen Dokumente skizzenhaft zu umreißen: Bis in die 1950er Jahre hinein wurde der Reflexionsrahmen der Soziallehre der katholischen Kirche einerseits von einer mitteleuropäischen Perspektive abgesteckt, andererseits blieb aber auch innerhalb der so genannten „sozialen Frage" eine weitgehende Begrenzung auf eine industriewirtschaftliche Sichtweise bestehen. Mit anderen Worten: die Entwicklung einer kirchlichen Soziallehre hat in der Ende des 19. Jahrhunderts virulenten Arbeiterfrage ihren Ausgang genommen und blieb lange Zeit diesem industrie- und lohnarbeitsbestimmten Horizont verhaftet, bis sie sich – erstmalig 1961 in *Mater et Magistra* – auch für die sozialen Fragen der Landwirtschaft und des Handwerks öffnete. Allerdings greift sie die sozialen und ethischen Herausforderungen, die sich aus Heimarbeit und informeller Beschäftigung ergeben, bislang nicht auf, obwohl diese zur Zeit des Jahrtausendwechsels in den Entwicklungsländern als aktuelle, virulente und breite Bevölkerungsschichten massiv betreffende Realitäten zu gelten haben.

5.2.1.1. Die Lehre vom gerechten Lohn und fairen Preis

Von Beginn der sozialen Frage im 19. Jahrhundert an wurde die Frage nach einer angemessenen Entlohnung als wichtiges Thema der Soziallehre der Kirche aufgegriffen, stellte sie doch einen wesentlichen „Zankapfel" zwischen Arbeitgebern und Arbeitnehmern dar. Dabei ist darauf zu verweisen, dass es bei dieser Auseinandersetzung nicht in erster Linie um die Sicherung von Einflusssphären ging, sondern dass mit dem Thema der Lohngerechtigkeit die wesentlich fundamentalere Frage nach dem Wert der Arbeit und der Wertschätzung der von den Arbeitnehmern erbrachten

---

[1081] Vgl. Paul VI.: Enzyklika *Octogesima adveniens*, Nr. 4.

5.2.1. Die Ordnungsethik der katholischen Soziallehre als Interpretationshorizont

Leistung verbunden ist – und zwar nicht in symbolischer Weise, sondern insofern der Lohn „realer Ausdruck" dieser Wertschätzung ist.[1082]
Nachdem diese Thematik die Sozialenzykliken bis zum Ende des 20. Jahrhunderts durchzieht, darf es als eine – aus heutigem Blickwinkel betrachtet – vorläufige Position der Kirche verstanden werden[1083], was Papst Leo XIII. in seiner Enzyklika *Rerum Novarum* „über die Arbeiterfrage" (1891) formulierte. Auf dem Hintergrund des zeitgenössisch neuen Phänomens, dass Arbeit zur käuflichen und tauschbaren Ware geworden war, behandelt Leo XIII. die Frage nach dem Lohn ebenso wie die nach Arbeitszeiten und -beschränkungen als Bestandteil einer staatlichen Verpflichtung, für den Schutz der Arbeiter zu sorgen.[1084] Was Papst Leo XIII. zum Thema Lohngerechtigkeit zu sagen hatte, „[schlug] dem damals herrschenden Individualismus und Liberalismus [...] ins Gesicht" – so wertete es Oswald von Nell-Breuning, der 1991 verstorbene Sozialphilosoph und führende Vertreter der katholischen Soziallehre.[1085] Die Enzyklika widersprach nämlich der liberalistischen Auffassung, dass mit dem Arbeitslohn alle Ansprüche abgegolten seien[1086]: Leo XIII. stellte klar, dass allein ein zwischen Arbeiter und Arbeitgeber frei ausgehandelter Lohn nicht ausreiche. Vielmehr bringt er „eine Forderung der natürlichen Gerechtigkeit" ins Spiel, welche einen Lohn ausschließt, der „einem genügsamen, rechtschaffenen Arbeiter den Lebensunterhalt nicht abwirft". Diese Forderung sei notwendig – so der Papst Ende des 19. Jahrhunderts – damit sich der Arbeiter unter entsprechenden Umständen nicht den vom Unternehmer allzu hart vorgegebenen Bedingungen beugen und damit Gewalt erleiden müsse.[1087] Dabei geht der Papst eher beiläufig davon aus, dass die Sicherung dieses Lebensunterhaltes neben dem Arbeiter selbst auch Frau und Kind umfasse. In idealistischer Weise spricht er zudem von der „Sparsamkeit", durch die der Arbeiter „einen Sparpfennig zurücklegen und zu einer kleinen Habe gelangen kann" und wodurch „die Gegensätze von äußerster Armut und aufgehäuftem Reichtum mehr und mehr verschwinden" würden.[1088]
Wenngleich es der Papst nicht als Bestandteil einer angemessenen Entlohnung formuliert, so kann er doch so verstanden werden, dass nach seiner Einschätzung der Arbeitslohn über die aktuelle Sicherung des Lebensunterhalts hinaus auch eine in die Zukunft gehende und Sicherheit schaffende Eigentumsbildung einen Anspruch an die Entlohnung darstellt. Insofern ist die Frage des Lohnes für Leo XIII. im Kontext der Eigentumsfrage angesiedelt und dem Arbeitslohn kommt eine besondere Bedeutung für den Eigentumserwerb und damit für das Gemeinwohl zu. Gerechter Arbeitslohn als Mittel und Voraussetzung der Eigentumsbildung „verflüssigen" gewissermaßen

---

[1082] Antoncich/Munárriz: Die Soziallehre der Kirche, 121.
[1083] Vgl. Schasching: Rerum Novarum, sowie Nell-Breuning: Soziallehre der Kirche, 32.
[1084] Vgl. Schäfers: Prophetische Kraft der kirchlichen Soziallehre? 429; 424.
[1085] Nell-Breuning: Soziallehre der Kirche, 37.
[1086] Schäfers: Prophetische Kraft der kirchlichen Soziallehre? 424.
[1087] Leo XIII.: Enzyklika *Rerum novarum* über die Arbeiterfrage, Nr. 34.
[1088] Leo XIII.: Enzyklika *Rerum novarum* über die Arbeiterfrage, Nr. 35.

die sonst von Leo XIII. grundsätzlich vertretene „statische Eigentumsordnung", insofern diese nicht Elend und Armut und die soziale Kluft zu den Reichen zementieren soll.[1089] Anhand dieser Beobachtung wird ersichtlich und nachvollziehbar, inwiefern in dieser frühen Sozialenzyklika die Lohnfrage in der Nähe der Almosenlehre angesiedelt ist und diese Tradition christlichen Sozialbewusstseins einerseits aufgreift und andererseits angesichts der neuen sozialen Herausforderungen einer modernen Arbeitsgesellschaft vorsichtig zu transformieren versucht.[1090]

In einer besonderen Verantwortung bei der Lohnfrage sieht Leo XIII. gleichwohl den Arbeitgeber, welcher den „Grundsatz: jedem das Seine" zu gewährleisten habe, der auch auf die Lohnfestsetzung anzuwenden sei. Der „Billigkeit" entspreche es daher, „daß es wider göttliches und menschliches Gesetz geht[,] Notleidende zu drücken und auszubeuten um des eigenen Vorteils willen." Interessanter Weise verlässt Leo XIII. in diesem Kontext die in Rerum Novarum weitgehend durchgehaltene sozialphilosophische Argumentationsweise zugunsten einer theologischen, indem er – eine Stelle des Jakobusbriefes zunächst paraphrasierend, dann zitierend – es als „eine Sünde, die zum Himmel schreit" geißelt, wenn man „dem Arbeiter den ihm gebührenden Lohn vorenthalten" würde.[1091] Jenseits der positiven Festsetzung von Kriterien für gerechten Lohn nimmt der Papst in *Rerum Novarum* insofern auch eine deutliche (wenngleich recht pauschale) Abgrenzung gegenüber zu ächtenden Praktiken im Kontext der Arbeitsentlohnung vor.[1092]

Der ersten Sozialenzyklika war – auch im Streit um deren richtige Auslegung – Unklarheit in ihren inhaltlichen Aussagen oder auch „fehlende Sachkenntnis" vorgeworfen worden, deren Richtigstellung „später mühsam eingeholt werden" musste.[1093] Zum vierzigsten Jahrestag dieses ersten sozialen Lehrschreibens war es deshalb an der Zeit, dass Papst Pius XI. in dem Schreiben *Quadragesimo anno* „über die Gesellschaftliche Ordnung, ihre Wiederherstellung und ihre Vollendung nach dem Heilsplan der Frohbotschaft" notwendige Präzisierungen vornimmt. Insgesamt zeichnet sich diese Enzyklika durch ihre Differenzierungen aus, sowohl hinsichtlich der Sachverhalte als auch hinsichtlich ihrer Beurteilungen, wobei sie unter Beibehaltung der

---

[1089] Vgl. Schäfers: Prophetische Kraft der kirchlichen Soziallehre? 444.
[1090] Vgl. Schäfers: Prophetische Kraft der kirchlichen Soziallehre? 445f.
[1091] Alle Zitate dieses Abschnitts: Leo XIII.: Enzyklika *Rerum novarum* über die Arbeiterfrage, Nr. 17.
[1092] Gleichwohl darf kritisch vermerkt werden, dass Leo XIII. für die Linderung von Not zwar eine Abgabe vom Überfluss fordert, aber die standesgemäßen Pflichten unangetastet lässt. Schäfers, Prophetische Kraft der kirchlichen Soziallehre?, wertet dies als einen Versuch, die traditionelle Almosenlehre als einen Überbrückungsversuch für problematische Eigentumsunterschiede und unzureichende Löhne in Dienst zu nehmen (S. 433). Die Lohnfrage werde dabei eng an die traditionelle Eigentumslehre gekoppelt bzw. von dieser aus betrachtet, weshalb für Schäfers *Rerum novarum* in der Arbeitswertlehre keine ausreichende Klarheit zuwege bringe (S. 443ff).
[1093] Vgl. Schäfers: Prophetische Kraft der kirchlichen Soziallehre? 443f. Anders dagegen Nell-Breuning: Soziallehre der Kirche, 46, der *Rerum novarum* als „bahnbrechend" charakterisiert: „im Vergleich zu ihr [Rerum Novarum] sind alle späteren Verlautbarungen nur Ergänzungen und Nachträge". Nell-Breuning macht dabei wiederholt fehlerhafte Übersetzungen für die umstrittene Rezeption verantwortlich.

5.2.1. Die Ordnungsethik der katholischen Soziallehre als Interpretationshorizont

von *Rerum novarum* eingeschlagenen Grundrichtung um Aktualisierung bemüht ist und so die in der Zwischenzeit erfolgten wirtschaftlichen und gesellschaftlichen Veränderungen in die Soziallehre der Päpste einzubeziehen suchte.[1094] Dies betrifft auch die kirchliche Lehre über die „Lohngerechtigkeit"[1095]: auf dem Hintergrund einer Unterscheidung von „Individual- und Sozial-Natur" der Arbeit hat die „Bemessung und Regelung des Arbeitslohns" sich an drei Gesichtspunkten zu orientieren: a) der „Lebensbedarf des Arbeiters und der Arbeiterfamilie", b) die „Lebensfähigkeit des Unternehmens" und c) die „Allgemeine Wohlfahrt".

Bezüglich des Lebensbedarfs geht nun der Papst eindeutig davon aus, dass er für die ganze Familie zur Verfügung stehen muss. Er räumt dabei durchaus die Möglichkeit eines Hinzuverdienstes durch die Frauen und Kinder ein – „je nach Kräften des einzelnen [...], wie dies besonders im Bauernhause, aber auch in vielen Handwerker- und kleinen Kaufmannsfamilien zu beobachten ist". Jedoch setzt er klare, wenngleich im Detail nicht beschriebene Grenzen für die Arbeitstätigkeit derselben, da sie „niemals über das Maß ihres Alters und ihrer Kräfte belastet werden" dürfen. So relativiert er in klaren Worten die an Frauen und Kinder anlegbaren Arbeitserwartungen und geißelt es als einen „schändliche[n] Missbrauch, der, koste es, was es wolle, verschwinden muß" wenn „Hausfrauen und Mütter wegen Unzulänglichkeit des väterlichen Arbeitsverdienstes [...] außerhäuslicher Erwerbsarbeit nachzugehen genötigt sind."[1096] Wenngleich in letzterem natürlich die Erwartungen einer patriarchalen Geschlechtsrollenverteilung zum Ausdruck kommen, so ist dennoch daran hervorzuheben, dass der Papst eine solche Situation hier insbesondere deshalb für verwerflich hält, als das zu niedrige Einkommen des Haushaltsvorstandes dafür verantwortlich zu machen ist. Im Grunde handelt es sich bei dieser Verwerfung um eine am Beispiel vorgeführte Dramatisierung desjenigen Grundsatzes, den Pius XI. gegenüber dem Schreiben seines Vorgängers Leo XIII. genauer zu konturieren beabsichtigt, nämlich dass der Arbeitslohn erst dann als angemessen anzusehen ist, wenn er für den Lebensunterhalt der gesamten Familie ausreicht.

Neben diese Absicherung des Lebensunterhalts stellt Pius XI. jedoch auch die Lage des Unternehmens als Kriterium für die Festlegung der Lohnhöhe, da auf der anderen Seite „die Forderung übertriebener Löhne, die zum Zusammenbruch des Unternehmens mit allen sich daraus ergebenden bösen Folgen für die Belegschaften selbst führen müssten" als „ungerecht" einzustufen wäre. Gleichwohl die Lebensfähigkeit eines Unternehmens in der Lohnpolitik mitberücksichtigt werden muss, will der Papst dennoch keine „Berechtigung herleiten, der Belegschaft die Löhne zu drücken". Vielmehr verwirft er all die Zustände und Umstände eines Unternehmens, die ein Lohndumping nach sich ziehen können, als eine himmelschreiende Sünde:

[1094] Vgl. Schäfers: Prophetische Kraft der kirchlichen Soziallehre? 529; vgl Chenu: Kirchliche Soziallehre im Wandel, 31-32.
[1095] Vgl. Pius XI.: Enzyklika *Quadragesimo anno*, Nr. 63-75.
[1096] Pius XI.: Enzyklika *Quadragesimo anno*, Nr. 71.

5. Deutungsparadigmen des Fairen Handels

„Steht dagegen das Unternehmen selbst unter dem Druck ungerechter Vorbelastungen oder unter dem Zwange, seine Erzeugnisse unter Preis abzugeben, so daß ihm zufolgedessen die Mittel zur Zahlung angemessener Löhne nicht zur Verfügung stehen, so machen diejenigen, die auf das Unternehmen diesen Druck oder Zwang ausüben, himmelschreiender Sünde sich schuldig; sind doch sie es, die dem Arbeiter, der notgedrungen zu einem Hungerlohn sich verdingt, den gerechten Lohn vorenthalten."[1097]

Unter dem dritten Kriterium, dem der „Allgemeinen Wohlfahrt", verortet es der Papst zum einen, „daß Arbeiter und Angestellte einen Lohn- oder Gehaltsanteil, den sie von der Lebensnotdurft erübrigen, zurücklegen können und so allmählich zu bescheidenem Wohlstand gelangen"[1098]. Zum anderen aber spricht das Dokument auch einen weiteren bemerkenswerten Aspekt an: nämlich „das richtige Verhältnis der Löhne untereinander", womit auch ein weiteres zusammenhängt: „das richtige Verhältnis der Preise für die Erzeugnisse der verschiedenen Wirtschaftszweige, beispielshalber für Agrar- und Industrieprodukte u.a.m.". Dieses ist für den Papst insofern ein bedeutsames Element, weil erst dadurch „allen Gliedern des Wirtschaftsvolkes alle [...] Güter zur Verfügung stehen". Auf dieser Ebene einer Volkswirtschaft stellt eine entsprechende Ausstattung mit Gütern ein Ziel dar, welche nach dem päpstlichen Schreiben – dies fügt er hier gewissermaßen en passant ein – „nicht bloß zur lebensnotwendigen und sonstigen ehrbaren Bedarfsbefriedigung ausreichen, sondern den Menschen die Entfaltung eines veredelten Kulturlebens ermöglichen" müsse.[1099]

Hervorzuheben ist an diesen Ausführungen über das dritte Kriterium, dass dieses hier keineswegs in einen Gegensatz mit dem ersten oder zweiten Kriterium gerät, also die Berücksichtigung der allgemeinen Wohlfahrt nicht gegen das Interesse des einzelnen Lohnempfängers ausgespielt wird. Vielmehr sieht Pius XI. hier gewissermaßen einen Kausalzusammenhang, insofern ein ausreichend hoher Lohn die soziale Sicherheit der Beschäftigten fördert und das kulturelle Leben anregt und somit dem Gemeinwohl förderlich ist. Angesichts der damaligen Massenarbeitslosigkeit zählt hierzu auch ein nach Auffassung der Enzyklika „unmittelbarer Zusammenhang zwischen Lohnhöhe und Beschäftigungsvolumen"[1100]: Unverzichtbarer Bestandteil der allgemeinen Wohlfahrt ist das Ziel, „dass alle Arbeitsfähigen und Arbeitswilligen auch wirklich Arbeitsgelegenheit finden", und Pius XI. macht darauf aufmerksam, dass „sowohl eine zu stark gedrückte als eine übersteigerte Lohnhöhe Arbeitslosigkeit verursacht"[1101]. Unter dem Eindruck der Weltwirtschaftskrise und der zunehmenden Arbeitslosigkeit zu Beginn der 1930er Jahre beinhaltet dieser Zusammenhang der Lohngerechtigkeitslehre für Pius XI. nicht nur Aktualität sondern auch erhöhte

---

[1097] Pius XI.: Enzyklika *Quadragesimo anno*, Nr. 72.
[1098] Pius XI.: Enzyklika *Quadragesimo anno*, Nr. 74.
[1099] Vgl. Pius XI.: Enzyklika *Quadragesimo anno*, Nr. 75.
[1100] Schäfers: Prophetische Kraft der kirchlichen Soziallehre? 532.
[1101] Pius XI.: Enzyklika *Quadragesimo anno*, Nr. 74.

5.2.1. Die Ordnungsethik der katholischen Soziallehre als Interpretationshorizont

Dramatik, sieht er doch neben der individuellen wirtschaftlichen Not auch die Gefahr für den „Wohlstand ganzer Länder" sowie für „Ordnung, Ruhe und Frieden der gesamten Welt".[1102] Die internationale Tragweite der Lohnfrage ist insofern bereits in dieser Enzyklika thematisch angelegt.

Erstmalig werden von Papst Johannes XXIII. die Lage der unterentwickelten Länder und die Existenz der internationalen Völkergemeinschaft ausdrücklich mit in den Blick genommen. 30 Jahre später (1961) führt dieser Papst in seiner Enzyklika *Mater et magistra* die Soziallehre der Päpste fort und fügt ihr mit dieser globalen Wahrnehmungsperspektive gewissermaßen einen neuen Grundpfeiler hinzu.[1103] Die „konsequente Aufarbeitung der 'sozialen Frage' im internationalen Zusammenhang"[1104] wird insofern auch als das Verdienst von *Mater et magistra* gewertet. Deren Argumentationsmuster lässt die philosophischen Erwägungen früherer Sozialenzykliken hinter sich und wendet sich einer empirisch-soziologischen Argumentation verbunden mit theologischen Motivationen zu. Sie soll nicht mehr nur Gelehrte und Intellektuelle sondern in erster Linie alle Christen ansprechen und fand infolgedessen sowohl im Kirchenvolk als auch in nicht-christlichen Bereichen eine „offenbar wohlbegründet[e]", „begeisterte Aufnahme".[1105]

Ihr Blickwinkel ist in spezieller Weise auf die zwischenstaatlichen Beziehungen gerichtet.[1106] Dies gilt in besonderer Weise für die Lehre von der Lohngerechtigkeit: Johannes XXIII. lässt es zunächst nicht an Deutlichkeit fehlen, wenn er einschärft, dass „die Höhe des Arbeitslohns nicht einfachhin dem freien Wettbewerb überlassen bleiben darf"[1107]. Er greift sogleich die drei Eckpunkte eines gerechten Arbeitslohnes, wie sie sein Vorgänger gelehrt hatte, auf und fügt diesem ein weiteres, viertes Kriterium hinzu, nämlich das des „weltwirtschaftlichen Gemeinwohls" bzw. des „gesamtmenschheitlichen Gemeinwohls"[1108]. Dies liegt nicht nur darin begründet, dass der Papst einen Blick auf die internationalen Arm-Reich-Unterschiede wirft, die er gleichwohl als „[d]as Problem unserer Zeit" und als „eine der größten unserer Zeit gestellten Aufgaben"[1109] identifiziert. Vielmehr erkennt Johannes XXIII. in international höchst unterschiedlich bewerteten Arbeitsleistungen eine Ursache für Elend und den „schreienden und beleidigenden Gegensatz".[1110] Die in der Folgezeit noch viel virulenter werdende Verflechtung von Welthandelspolitik und individueller Lohnfrage wird vom Papst als mitverantwortliche Grundlage der internationalen Sozialen Frage hier bereits problematisiert.

[1102] Vgl. Pius XI.: Enzyklika *Quadragesimo anno*, Nr. 74.
[1103] Vorangegangene indirekte Äußerungen hierzu in *Quadragesimo anno* Papst Pius XI. sowie bei Pius XII. referiert Krauss: Über den Fortschritt der Völker, 91-94.
[1104] Schäfers: Prophetische Kraft der kirchlichen Soziallehre? 545.
[1105] Vgl. Nell-Breuning: Soziallehre der Kirche, 74.
[1106] Vgl. Schäfers: Prophetische Kraft der kirchlichen Soziallehre? 544.
[1107] Johannes XXIII.: Enzyklika *Mater et magistra*, Nr. 71.
[1108] Johannes XXIII.: Enzyklika *Mater et magistra*, Nr. 71 bzw. Nr. 80-81.
[1109] Johannes XXIII.: Enzyklika *Mater et magistra*, Nr. 157ff.
[1110] Vgl. Johannes XXIII.: Enzyklika *Mater et magistra*, Nr. 69-71.

5. Deutungsparadigmen des Fairen Handels

Über diese internationale Ausweitung hinaus ist zudem herauszuheben, wie Johannes XXIII. auch seine Vorstellungen für das volkswirtschaftliche Gemeinwohl konkretisiert.[1111] Die zwar nur aufgezählten und nicht weiter ausgeführten Elemente umfassen neben anderen für unsere Fragestellung insbesondere folgende Punkte: „einer möglichst großen Zahl von Arbeitern Beschäftigung zu sichern; zu vermeiden, dass innerhalb der Arbeiterschaft selbst privilegierte Gruppen entstehen; zwischen Löhnen und Preisen ein angemessenes Verhältnis zu wahren". Nach der Einschätzung von Oswald von Nell-Breuning stellt auch die Forderung, der erreichte Wohlstand müsse „nicht nur der Gegenwart, sondern auch kommenden Zeiten zugute kommen", eine Neuerung bzw. Erweiterung der päpstlichen Lehrtradition dar.[1112]

Mit der Enzyklika *Mater et Magistra* von Papst Johannes XXIII. ist die Arbeitslohnlehre der katholischen Soziallehre gewissermaßen an einer Wegscheide angelangt: Einerseits bezieht die Enzyklika *Laborem exercens* Papst Johannes Pauls II. aus dem Jahr 1981 die bisherige Arbeitswertlehre auf Fragestellungen der Arbeitsmarktgestaltung in postmodernen Gesellschaften. So widmet sich dieses Dokument etwa Themen wie einer Höherbewertung von Familienarbeit, Sozialleistungen und humanen Arbeitsbedingungen. Hier werden konkrete Problemfelder wie die Begrenzung von Arbeitszeit, die Gewährung von Urlaub und Ruhestandsbezügen und Kranken- und Unfallversicherung angerissen, was die – gerade auch im internationalen Kontext ungelösten – Fragen humaner Arbeitsbedingungen leider nur andeutet.[1113] Diese Herausforderungen sind vom päpstlichen Lehramt bislang kaum konkreter beantwortet worden. Obwohl der Papst für die Bemessung des Lohnes keine neuen Kriterien einführt und selbst die bereits bestehenden eher in rudimentärer Weise referiert, so hebt er doch die Frage der Lohngerechtigkeit auf eine neue Bedeutungsebene, indem er sie als Bewertungsfaktor bezüglich des sozio-ökonomischen Gesamtsystems ins Spiel bringt: Weil der Lohn überhaupt den Zugang zu Gütern und ihrer Nutzung eröffnet, „wird gerade der gerechte Lohn jeweils zum Prüfstein für die Gerechtigkeit des gesamten ökonomischen Systems und für sein rechtes Funktionieren. Dies ist zwar nicht der einzige Maßstab hierfür, aber ein besonders wichtiger und im gewissen Sinne der Dreh- und Angelpunkt des Ganzen."[1114] Zudem hat *Laborem exercens* wie kein anderes päpstliches Rundschreiben die Bedeutung der Arbeit für den Menschen herausgearbeitet und zugleich eine spirituell-theologische Deutung über die menschliche Arbeit vorgelegt[1115], als deren Kehrseite wohl aber eine weitgehende Abstraktheit und praxisbezogene Unverbindlichkeit ihrer Aussagen zu nennen ist.

[1111] Vgl. im Folgenden Johannes XXIII.: Enzyklika *Mater et magistra*, Nr. 79.
[1112] Vgl. Nell-Breuning: Soziallehre der Kirche, 83.
[1113] Vgl. Johannes Paul II.: Enzyklika *Laborem exercens*, Nr. 19.
[1114] Johannes Paul II.: Enzyklika *Laborem exercens*, Nr. 19 (2).
[1115] Schäfers: Prophetische Kraft der kirchlichen Soziallehre? 556, bewertet diese „Spiritualität der Arbeit" gleichwohl sehr kritisch, insofern sie – so verstehe ich Schäfers hier – nicht davor bewahrt werden kann, einer Spiritualisierung zu überwindender Zustände Vorschub zu leisten.

5.2.1. Die Ordnungsethik der katholischen Soziallehre als Interpretationshorizont

Andererseits – das ist die zweite Richtung der genannten Wegscheide – verlagert sich die Lohngerechtigkeitsfrage aus dem Horizont des Arbeitsverhältnisses heraus hinein in den des Marktes überhaupt. Insofern darf oder muss sogar die weitere Lehrtradition auch als ein Wechsel der Wahrnehmungs- und Argumentationsebene verstanden werden. Scharnier dafür ist der Zusammenhang von Lohn und Preis, wie er bei Pius XI. schon angedeutet wurde und in den Aussagen von Johannes XXIII. mehrfach zum Tragen gekommen war. Daraus leiten sich insbesondere zwei Themen ab, die in den nachfolgenden Lehrdokumenten als Fortführung der Lehre der Lohngerechtigkeit zu betrachten sind: die Frage der internationalen Preispolitik und die Frage der „rechten Beziehungen"[1116] zwischen armen und reichen Ländern.

5.2.1.2. Internationale Preispolitik und die Forderung nach partnerschaftlicher Zusammenarbeit

Die päpstlichen Überlegungen zum Zustandekommen von Löhnen und Preisen verweisen bereits ausdrücklich auf die Beziehungsgestaltung zwischen den Beteiligten. Die Wahrnehmung von nicht gleichgewichtigen Beziehungen zwischen Arbeitgeber und Arbeitnehmer oder zwischen Handelspartnern in Industrie- und Entwicklungsländern veranlassen die Päpste, nicht nur formale Kriterien für den jeweiligen Aushandlungsprozess festzulegen, sondern auch Maßstäbe für die Bewertung von Inhalten der geschlossenen Verträge auszuarbeiten. Dies wurde in den vorangegangenen Ausführungen zur Lohn- und Preisgestaltung bereits dargelegt.

Darüber hinaus ist in den lehramtlichen Dokumenten aber auch ein Themenstrang auszumachen, der auf die Ausgestaltung der Beziehungen zwischen ungleichen Beteiligten eingeht. Diese Thematik kommt mitunter veranlasst durch die Wahrnehmung weltweiter Verflechtungen auf die Tagesordnung des kirchlichen Lehramtes und wird beginnend mit der Pastoralkonstitution *Gaudium et spes* des 2. Vatikanischen Konzils schrittweise ausgearbeitet. Hinsichtlich des internationalen Handels formuliert selbiges Dokument, dass die hoch entwickelten Länder „beim Handel mit den schwächeren und ärmeren Nationen deren Wohl bewusst berücksichtigen" sollen.[1117] Die Konzilsväter begründen dies mit dem klaren Hinweis darauf, dass die ärmeren Länder „den Erlös aus dem Verkauf ihrer Erzeugnisse zum eigenen Unterhalt [brauchen]".[1118] Das Prinzip der Begünstigung der Benachteiligten steht demnach im Hintergrund der Forderung von Papst Paul VI. in der Enzyklika *Octogesima adveniens* von 1971, „im Welthandel [...] von machtbestimmten Beziehungen abkommen und zu freien Vereinbarungen gelangen [zu müssen], die den Interessen aller Beteiligten gerecht werden".[1119] Das Dokument der Bischofssynode 1971 *De iustitia in mundo* („Über die Gerechtigkeit in der Welt") spricht in ähnlicher Diktion

---

[1116] Johannes XXIII.: Enzyklika *Mater et magistra*, Nr. 157.
[1117] 2. Vatikanisches Konzil: Pastoralkonstitution *Gaudium et Spes*, Nr. 86 (b).
[1118] 2. Vatikanisches Konzil: Pastoralkonstitution *Gaudium et Spes*, Nr. 86 (b).
[1119] Paul VI.: Enzyklika *Octogesima adveniens*, Nr. 43.

von „Partnerschaft" als der neben wirtschaftlichem Wachstum notwendigen Voraussetzung für Entwicklung, durch die „das Ungleichgewicht zwischen Notstandsgebieten und Wohlstandsinseln aus[ge]räumt" wird und die von den Bischöfen definiert wird als „eine rechtliche Gestaltung der Dinge, die gleicherweise im ökonomischen wie im sozialen und politischen Bereich Anwendung zu finden hat."[1120]
Auf dem Weg zu dieser Partnerschaft sieht das kirchliche Lehramt neben den Ansprüchen an die Beteiligten der Handelsbeziehung auch ganz deutlich die entsprechende Ausgestaltung einer umfassenden Weltwirtschaftsordnung als erforderlich an. Die Bischofssynode konkretisiert auf diesem Feld deshalb auch die vom Konzil verlangte Bevorzugung der Schwächeren: als „ein erster Anlauf zu allmählicher Einführung einer weltumfassenden Wirtschafts- und Sozialordnung" bekräftigen die Synodenteilnehmer die Ziele der zweiten Entwicklungsdekade, insbesondere „angemessene Rohstoffpreise, Öffnung der Märkte der fortgeschrittenen Länder und in gewissem Umfang Vorzugsbehandlung zugunsten der Ausfuhr industrieller Erzeugnisse der Entwicklungsländer".[1121]
Damit vollzieht die Bischofssynode sechs Jahre nach Verabschiedung der Konzilskonstitution *Gaudium et spes* einen wesentlichen Schritt in Richtung einer konkretisierten, realpolitischen Positionsbestimmung bezüglich der Fragen des weltweiten Handels. Demgegenüber erscheinen die Forderungen der Konzilsteilnehmer nach einer grundlegenden Änderung der Welthandelspraktiken und nach Verzicht auf übertriebenes Gewinnstreben[1122] als vergleichsweise pauschale Ansätze, denen aber andererseits auch ein deutlich stärker prophetisch anklagender Ton eigen ist, mit welchem das Konzil auch für spätere Positionen und Stellungnahmen einen nicht mehr hintergehbaren Anspruch in der kirchlichen Sozialdoktrin hinterlassen hat.
Einen wesentlichen Konkretisierungsversuch, diese Ansprüche umzusetzen, hat Papst Paul VI. bereits einige Jahre früher in der Enzyklika *Populorum progressio* aus dem Jahre 1967 vorgelegt. Auf dem Hintergrund der über etwa 75 Jahre hinweg in mehreren päpstlichen Lehrschreiben entwickelten kirchlichen Lehre von der Lohngerechtigkeit legt er darin u.a. eine Internationalisierung und handelspolitische Ausweitung dieser Arbeitslohn-Lehre vor. Das der „Entwicklung der Völker" gewidmete päpstliche Rundschreiben wurde später von Papst Johannes Paul II. als die Anwendung der Soziallehre der Kirche auf die Frage der Entwicklung und Unterentwicklung der Völker charakterisiert[1123], das als erstes „mit voller Klarheit" erkenne, „daß die soziale Frage ein weltweites Ausmaß erlangt" habe.[1124] Die „begeisterte Zustimmung" zu diesem Dokument in den Entwicklungsländern und die „trotz leidenschaftlichem Widerspruch in einzelnen Punkten ernsthafte Beachtung" auf Seiten der entwickelten

---

[1120] Bischofssynode *De iustitia in mundo*, Nr. 18.
[1121] Bischofssynode *De iustitia in mundo*, Nr. 64 (3).
[1122] Vgl. 2. Vatikanisches Konzil: Pastoralkonstitution *Gaudium et Spes*, Nr. 85.
[1123] Vgl. Johannes Paul II.: Enzyklika *Sollicitudo rei socialis*, Nr. 7 (3).
[1124] Johannes Paul II.: Enzyklika *Sollicitudo rei socialis*, Nr. 9 (2).

5.2.1. Die Ordnungsethik der katholischen Soziallehre als Interpretationshorizont

Länder[1125] spiegeln die Parteilichkeit des Papstes wider, wenngleich er sichtlich um eine ausgewogene Position und Begründung bemüht ist.

Wenngleich Paul VI. keineswegs Entwicklung auf das Ökonomische reduziert, sondern ausdrücklich eine ganzheitliche Entfaltung des Menschen zum Ziel und Auftrag jeglicher Entwicklungsbemühungen erklärt[1126], so richtet sich sein Augenmerk doch in erster Linie auf die wirtschaftliche Not und die Möglichkeiten wirtschaftlicher Hilfeleistungen zugunsten der Entwicklungsländer[1127]. Zu den aufsehenerregendsten und provokantesten Aussagen von *Populorum progressio* zählten damals besonders die klaren Positionen des Papstes hinsichtlich der Handels- und Finanzbeziehungen zwischen Industrie- und Entwicklungsländern.[1128] Das Schreiben thematisiert erstmalig ausführlich das internationale Ungleichgewicht und sieht in „Recht und Billigkeit der Handelsbeziehungen" einen notwendigen Bestandteil für eine solidarische Entwicklung der Menschheit – mitunter deshalb, weil diese auf Erfolg und Misserfolg zahlreicher Anstrengungen in der Entwicklungshilfe nicht zu missachtende Auswirkungen haben können.[1129] Insofern unterstellt Paul VI. auch die Handelsbeziehungen zwischen Staaten explizit denjenigen Aushandelungsbedingungen, die Leo XIII. bereits 76 Jahre zuvor für die Festlegung des Arbeitslohnes zwischen Arbeiter und Arbeitgeber formuliert hatte: Für den Fall nämlich „wenn die Bedingungen von Land zu Land zu ungleich sind" könnten frei ausgehandelte Preise nicht mehr automatisch einen Beitrag zu Fortschritten und lohnenswerten Anstrengungen leisten. Stattdessen – so die Wahrnehmung des Papstes – können „die Preise, die sich frei auf dem Markt bilden, […] ganz verderbliche Folgen haben."[1130]

Der Papst relativiert deshalb klar und eindeutig die Definitions- und Regelungsmacht des freien Handels und unterwirft sie ethischen Anforderungen: „Der freie Austausch von Gütern ist nur dann recht und billig, wenn er mit den Forderungen der sozialen Gerechtigkeit übereinstimmt."[1131] Dabei bezeichnet er den wirtschaftlichen Liberalismus als „überaus fragwürdig" und hält es für erforderlich, dass „die Spielregel des freien Handels […] für sich allein die internationalen Beziehungen nicht regieren" dürfe.[1132] Wenige Absätze später präzisiert der Papst diesbezüglich seine Position: „Ohne den freien Markt abzuschaffen, sollte man doch den Wettbewerb in den Grenzen halten, die ihn gerecht und sozial, also menschlich machen."[1133]

Während aber Leo XIII. – wie oben dargestellt – relativ klar zu bemessende Kriterien eines gerechten Arbeitslohnes formulieren konnte, so wird für Paul VI. die Bemessungsgrundlage hinsichtlich gerechter Austauschverhältnisse im internationalen Han-

---

[1125] Nell-Breuning: Soziallehre der Kirche, 162.
[1126] Vgl. Paul VI.: Enzyklika *Populorum progressio*, Nr. 14-15
[1127] Nell-Breuning: Einleitung, 8.
[1128] Vgl. Nuscheler: Weltwirtschaft, 205, ebenso Krauss: Über den Fortschritt der Völker, 86.
[1129] Paul VI.: Enzyklika *Populorum progressio*, Nr. 56.
[1130] Paul VI.: Enzyklika *Populorum progressio*, Nr. 58.
[1131] Paul VI.: Enzyklika *Populorum progressio*, Nr. 59.
[1132] Paul VI.: Enzyklika *Populorum progressio*, Nr. 58.
[1133] Paul VI.: Enzyklika *Populorum progressio*, Nr. 61.

del schwieriger und unklarer.[1134] Dieser Prozess kann jedoch im Rückblick bereits bei den in *Quadragesimo anno* und *Mater et magistra* erfolgten Ergänzungen zu Leo XIII. festgestellt werden. Wenn demnach also die Erreichung gerechter Austauschverhältnisse nicht mehr überprüft werden kann, d.h. eine Ergebnisqualität nicht mehr einigermaßen eindeutig festgestellt werden kann, so bleibt nur noch eine Gestaltung und Bewertung der Prozessqualität. Genau diesen Weg schlägt Papst Paul VI. ein: Zielperspektive des Papstes ist die Schaffung eines Mindestmaßes an Chancengleichheit, wofür internationale Abkommen ein hilfreiches Mittel der Zielannäherung darstellen könnten. So beschreibt der Papst die gewissermaßen idealen Aushandelungsbedingungen damit, dass „die soziale Gerechtigkeit fordert, dass der internationale Warenaustausch, um menschlich und sittlich zu sein, zwischen Partnern geschehe, die wenigstens eine gewisse Gleichheit der Chancen haben."[1135] Zur Herstellung dieser „in etwa vergleichbare[n] Chancen" erinnert Paul VI. auch ausdrücklich an die innerhalb der hochindustrialisierten Volkswirtschaften praktizierten Steuerungsmechanismen wie Subventionen oder finanz-, steuer- und sozialpolitische Maßnahmen und fordert deren gleichberechtigte Anwendung auch in den internationalen Handelsbeziehungen, insbesondere zwischen reicheren und ärmeren Ländern.[1136]

Offenbar ist sich Paul VI. bewusst, wie schwierig eine solche Veränderung der Welthandelspraktiken und die Schaffung von Chancengleichheit zu bewerkstelligen sein dürften – möglicherweise auch deshalb, weil sie die Frage der Motivation für die Stärkeren (d.h. Vertreter der stärkeren Wirtschaften) nicht tangieren und mit der „Forderung der sozialen Gerechtigkeit" letztlich auf eine marktfremde Motivation abheben. Daher ist zu fragen, was Paul VI. bei der folgenden Formulierung im Blick haben mag:

„Diese [gewisse Gleichheit der Chancen; MR] ist sicherlich nicht schnell zu erreichen. Um sie zu beschleunigen sollte schon jetzt eine wirkliche Gleichheit im Gespräch und in der Preisgestaltung geschaffen werden."[1137]

Im Grunde scheint der Argumentationsduktus irgendwie paradox: weil die Chancengleichheit so schwierig zu schaffen sei, solle man sie „schon jetzt" und „wirklich" in gewissen Bereichen praktizieren. Dies legt nahe, dass die im Anschluss vorgeschlagenen internationalen Abkommen hierzu als Ergänzung und nicht als Erläuterung zu verstehen sind. Es darf also angenommen werden, dass der Papst – wohl wissend, dass der große Wurf einer neuen Welthandelsordnung in noch unerreichbarer Ferne liegt – auf alternative Handelsansätze abhebt.[1138] Ansätze, die – wohl im

---

[1134] Vgl. Nell-Breuning: Soziallehre der Kirche, 175.
[1135] Paul VI.: Enzyklika *Populorum progressio*, Nr. 61.
[1136] Vgl. Paul VI.: Enzyklika *Populorum progressio*, Nr. 60f.
[1137] Paul VI.: Enzyklika *Populorum progressio*, Nr. 61.
[1138] Diese Interpretation beruht wesentlich auf dem „schon jetzt". Sie ist sowohl nach den verschiedenen modernsprachlichen Fassungen als auch nach der autorisierten lateinischen Fassung zulässig. (Vgl. lateinisch: „iam nunc" = schon jetzt, spanisch: „ya desde ahora" = schon von nun an, portugiesisch: „desde já" = von jetzt an/ab sofort, französisch: „dès maintenant" = von jetzt an/ab sofort, italienisch: „fin d'ora" = von diesem Augenblick an.) Eine geringfügige Abweichung, die inhaltlich

5.2.1. Die Ordnungsethik der katholischen Soziallehre als Interpretationshorizont

Kleinen – unmittelbar praktizierbar sind und dabei sogar eine „wirkliche Gleichheit" herstellen. Es ist darauf hinzuweisen, dass Paul VI. hier die Vorstellung von „wirklicher Gleichheit" ins Spiel bringt, die er offenbar auf der Ebene von „Gesprächen" auch für möglich hält, während er in den übrigen Formulierungen interessanterweise relativierend von „in etwa vergleichbare[n] Chancen" oder „wenigstens eine[r] gewisse[n] Gleichheit der Chancen" spricht.[1139] Dies bekräftigt die Vermutung, dass der Papst hier von modellhaften Handelsformen im Sinne seines Gerechtigkeitspostulats redet.[1140] Der Papst verspricht sich davon „nicht nur unmittelbare, sondern auch dauernde Wirkungen"[1141] und ordnet dies interessanterweise unter dem Begriff der „Hilfe" ein und nicht unter dem struktureller Änderungen, obwohl er unmittelbar zuvor von internationalen Abkommen, Norm- und Preisregelungen spricht. Alle Maßnahmen und damit auch alternative Handelsansätze sind demzufolge notwendige und unverzichtbare Schritte, die für den Papst ein hohes Maß an Plausibilität verdienen:

„Wer sähe nicht, daß ein solch gemeinsames Bemühen um eine größere Gerechtigkeit in den Handelsbeziehungen zwischen den Völkern den Entwicklungsländern positiv helfen würde?"[1142]

Kritisch anzumerken ist allerdings gegenüber dieser Forderung des Papstes, dass die allein prozessorientierten Ansprüche an eine gerechte Preisfestlegung dazu führen, dass keinerlei Kriterien mehr für den letztlich festgelegten Preis angeführt werden. Insofern ist selbst für den Fall minimaler Chancengleichheit kein Anhaltspunkt dafür gegeben, welche Ansprüche und Bedürfnisse denn legitimer Weise in den Preisverhandlungen in Anschlag gebracht werden dürfen.[1143] Dieser Mangel darf wohl für das Wirkungsdefizit dieser Lehre mitverantwortlich gemacht werden, wo doch die Forderung nach Chancengleichheit sich solange breiter Zustimmung sicher sein darf, solange ihre Mess- und Überprüfbarkeit nicht gegeben sind.

In diese Richtung hat auch die Weiterführung der kirchlichen Entwicklungslehre insbesondere in der Enzyklika *Sollicitudo rei socialis* von Papst Johannes Paul II. zum 20. Jahrestag von *Populorum progressio* 1987 keine Konkretisierung ge-

---

die vorgelegte Interpretation jedoch unterstreicht, liefert die englische Übersetzung mit der Formulierung „... we must begin to work toward it now ..." (vgl. die verschiedenen Übersetzungen auf www.vatican.va sowie das Online-Wörterbuch auf www.pons.de)

[1139] Paul VI.: Enzyklika *Populorum progressio*, Nr. 60, 61.
[1140] Da hier eine offensichtliche Differenzierung zwischen dem formulierten Anspruch einer gerechten Ordnung und der akuten Handlungsnotwendigkeit vorgenommen wird, könnte dies auch als indirekter Appell an das Innen der Kirche im Sinne von *Gaudium et Spes* gedeutet werden.
[1141] Paul VI.: Enzyklika *Populorum progressio*, Nr. 61.
[1142] Paul VI.: Enzyklika *Populorum progressio*, Nr. 61.
[1143] Die in *Rerum novarum* und *Quadragesimo anno* hinsichtlich des Familieneinkommens formulierten Kriterien eines gerechten Lohnes könnten beispielsweise ein solches Kriterium darstellen, welches hier sicherlich als Bestandteil in die Preisverhandlungen einzubeziehen wäre. Auch weitere Kriterien ließen sich gewiss aufgrund der päpstlichen Enzykliken rekonstruieren. Allerdings bleibt dies Rekonstruktion und bildet keine gesicherte Meinung der päpstlichen Lehre.

bracht.[1144] Gerade im Gegensatz zu diesem Dokument äußert sich *Sollicitudo rei socialis* kaum zu Detailfragen und wendet sich stattdessen den eher globalen Hintergründen und Zusammenhängen des mühsamen und schwierigen Entwicklungsprozesses zu.[1145] Die Stärke und Neuerung dieses jüngsten Dokuments der päpstlichen Entwicklungslehre besteht in der ethisch-theologischen Interpretation der Frage von Entwicklung und Unterentwicklung, in der Reflexion auf die theologischen und anthropologischen Grundlagen derselben[1146] – kurz in der Ausprägung einer eigenen „Theologie der Entwicklung"[1147]. So mahnt Johannes Paul II. zwar eine „Reform des internationalen Handelssystems" an, deutet aber seine Erwartungen diesbezüglich lediglich auf dem Umweg über problemformulierende Aussagen an:

> „Das internationale Handelssystem diskriminiert heute oft die Produkte der in den Entwicklungsländern entstehenden Industrien, während es die Produzenten von Rohstoffen entmutigt. Es besteht unter anderem eine Art von internationaler Arbeitsteilung, bei der die mit niedrigen Kosten hergestellten Produkte einiger Länder, in denen es keine wirksamen Arbeitsgesetze gibt oder die zu schwach sind, sie anzuwenden, in anderen Teilen der Welt mit beträchtlichen Gewinnen zugunsten der Erzeugerfirmen, die diese Produktion betreiben, die keine Grenzen kennt, verkauft werden."[1148]

Darin lassen sich wiederum indirekt Kriterien für faire und entwicklungsförderliche Preise erkennen. Gleichwohl sind sie als solche nicht formuliert. Auf der anderen Seite müssen aber die vom Papst erkannten und angerissenen Wechselwirkungsbezüge betont werden, auf die er den ausbeuterischen Charakter des Welthandels zurückführt: dass Entwicklungsländern Veredelungsprozesse ihrer Erzeugnisse und dadurch Entwicklungsmöglichkeiten vorenthalten werden, dass sie als schwächere Partner zu geringeren Preisen gedrängt werden, was auch fehlendes Investitionskapital aber vor allem die meist unhinterfragte Verletzung von Arbeiterschutzrechten zur Folge hat. An diesem Punkt schließt sich gewissermaßen der heutige Stand der päpstlichen Entwicklungslehre beinahe nahtlos an ursprüngliche Motive der päpstlichen Soziallehre an. Allerdings hat Johannes Paul II. eine viel deutlichere ethisch-theologische Bewertung dieser Sachverhalte vorgenommen, anhand derer das so beschriebene Welthandelssystem mit Gewissheit jenen „Strukturen der Sünde"

[1144] Für die beiden weiteren Sozialenzykliken Johannes Pauls II. (*Laborem exercens* 1982 und *Centesimus annus* 1992) gilt ebenso, dass sie für die beiden Themengebiete Lohngerechtigkeit und partnerschaftliche Preisfindung keine konkreten Aussagen treffen. Für *Laborem exercens*, welche sich dem Thema der menschlichen Arbeit umfassend widmet, erscheint dies in diesem Kontext etwas verwunderlich, zumal damit ein wichtiger Themenstrang der kirchlichen Soziallehre aufgegeben wurde. Gleichwohl ist Johannes Paul II. dieser Frage gegenüber nicht gleichgültig, wie noch gezeigt werden wird.
[1145] Schasching: In Sorge um Entwicklung und Frieden, 29, 62.
[1146] Vgl. Schasching: In Sorge um Entwicklung und Frieden, 39ff, 92ff.
[1147] Korff/Baumgartner: Solidarität, 136f.
[1148] Johannes Paul II.: Enzyklika *Sollicitudo rei socialis*, Nr. 43.

5.2.1. Die Ordnungsethik der katholischen Soziallehre als Interpretationshorizont

zuzuordnen ist, mit welchen der Papst „der Wurzel der Übel, die uns bedrängen, [...] einen Namen gibt."[1149]

Dass dabei genau diese Wahrnehmung (und Bewertung) der unheilvollen Verstrickungen bei Johannes Paul II. nicht einzigartig ist, zeigt ein Blick in seine beiden Sozialenzykliken: Bereits einige Jahre zuvor in *Laborem exercens* (1981) führt er die wechselseitigen Abhängigkeiten im weltwirtschaftlichen System aus und stellt diese im Kontext des internationalen Handels dar. Insofern stellt *Laborem exercens* zusammen mit *Sollicitudo rei socialis* genau in diesem Punkt einen wichtigen Schritt dar, die Mechanismen der weltweiten Spaltungen gerade auf wirtschaftlichem Gebiet zu analysieren und zu verstehen.[1150] Zwar charakterisiert der Papst das hohe Maß an weltwirtschaftlichen Verflechtungen zunächst als „an sich etwas ganz Natürliches", hebt dann aber auf die Möglichkeit der „Ausbeutung und Ungerechtigkeit" ab, womit deutlich wird, dass er hier ein bedeutsames und folgenreiches Feld moralischer Verfehlungen ortet. Dabei prangert er das Verhalten der „hochindustrialisierten Länder und mehr noch jene[r] Unternehmen [an], welche im hohen Maß über die industriellen Produktionsmittel bestimmen (so die sogenannten multinationalen oder transnationalen Unternehmen)", denn sie „[nehmen] für ihre Produkte möglichst hohe Preise und suchen gleichzeitig die Einkaufspreise für Rohstoffe und Halbfabrikate möglichst niedrig zu halten, was zusammen mit anderen Ursachen zu einem immer größeren Mißverhältnis zwischen den Nationaleinkommen der betroffenen Länder führt. So verringert der Abstand zwischen den reichsten und den ärmsten Ländern sich nicht und kommt noch viel weniger zum Ausgleich, sondern wird immer noch größer zum augenscheinlichen Schaden der Ärmsten."[1151] Auf diesem Hintergrund fordert der Papst die Rücksichtnahme auf und Wahrung der Rechte der Arbeitenden ein.

In der Enzyklika *Centesimus annus* (1991) folgert Johannes Paul II. ausgehend von einer ähnlich gelagerten Situationswahrnehmung die Notwendigkeit, „einen gerechten Zugang zum internationalen Markt zu finden, der nicht auf dem einseitigen Prinzip der natürlichen Ressourcen, sondern auf der Achtung der menschlichen Arbeit beruht."[1152] Mit anderen Worten gesagt, muss für Johannes Paul II. das Wohl des einzelnen – wie auch das Wohl der Gemeinschaft – über die Markt- und Handelsinteressen gestellt werden.[1153] Es ist daher kein Zufall, dass er gerade in diesem Kontext das Plädoyer für einen freien Markt als wirksames Lösungsinstrument in seine Schranken weist, insofern diesem vorgelagert jedem Menschen „die Möglichkeit, zu überleben und einen aktiven Beitrag zum Gemeinwohl der Menschheit zu leisten", zusteht und zugestanden werden muss. Dabei verweist er ausdrücklich auf die von *Rerum novarum* genau 100 Jahre zuvor aufgestellten Kriterien des Schutzes des

---

[1149] Johannes Paul II.: Enzyklika *Sollicitudo rei socialis*, Nr. 36.
[1150] Schäfers: Prophetische Kraft der kirchlichen Soziallehre? 559.
[1151] Alle Zitate dieses Abschnitts: Johannes Paul II.: Enzyklika *Laborem exercens*, Nr. 17.
[1152] Johannes Paul II.: Enzyklika *Centesimus annus*, Nr. 33.
[1153] Vgl. dazu auch Johannes Paul II.: Enzyklika *Centesimus annus*, Nr. 52.

Arbeiters, deren Anliegen es war, „zu vermeiden, dass die Arbeit des Menschen und der Mensch selber auf das Niveau einer bloßen Ware herabgedrückt werden."[1154] Johannes Paul II. sieht hier „ein großes und fruchtbares Feld des Einsatzes und des Kampfes im Namen der Gerechtigkeit".[1155] Dies öffnet den Blick für die Selbsthilfe und Selbstorganisation der Benachteiligten – aber auch für die Unterstützung und Förderung derselben.

5.2.1.3. Koalitionsrecht: Förderung von Vereinigungen und genossenschaftlichem Zusammenschluß

Ebenso ein „Gründungsthema" der katholischen Soziallehre stellt daher – in heutiger Terminologie ausgedrückt – die Bildung von Interessensvereinigungen dar. In dem Rundschreiben *Rerum novarum* von 1891 bildete dieses „Koalitionsrecht" den zweiten wichtigen Themenstrang neben der Lohngerechtigkeit. Papst Leo XIII. spricht sich in diesem Dokument für die Arbeitervereine aus und betont deren „Zeitgemäßheit und Berechtigung" und wendet sich ausdrücklich gegen staatliche Versuche, diese Vereinigungen zu verbieten.[1156] Er verortet diese Vereinigungen in der Tradition der „mannigfachen Genossenschaften, Vereine und geistlichen Orden, welche auf dem Boden der Kirche entsprossen sind".[1157] Obwohl es ihm auch um die Verteidigung der (Rechts-)Ansprüche und eines ungestörten Lebensrechts für das Vereinswesen katholischer Orientierung geht, begründet er seinerzeit generell das Existenzrecht von Vereinigungen und Interessensgemeinschaften.[1158] Im speziellen greift er aber auch biblische Bezüge für die naturrechtliche Argumentation auf:

> „Es ist die Beschränktheit der eigenen Kräfte, die den Menschen stets von selbst dazu antreibt, sich mit anderen zu gegenseitiger Hilfe und Unterstützung zu verbinden. 'Es ist besser, daß zwei zusammen seien, als daß einer allein stehe; sie haben den Vorteil ihrer Gemeinschaft. Fällt der eine, so wird er vom andern gehalten.' "[1159]

Wenngleich deren politische Bedeutung wohl kaum zu unterschätzen ist, so dürfen im Rückblick die Vorstellungen Leos XIII. als vor allem allgemeine Grundorientierungen eingestuft werden.[1160] Diese Lücke hat Pius XI. in der Enzyklika *Quadragesimo anno* (1931) mit einem als „berufsständische Ordnung" bezeichneten Konzept zu schließen versucht: Es sollte an die Stelle der auf dem Interessengegensatz beruhenden (und diesen mutmaßlich reproduzierenden) Vereinigungen eine Art Leis-

---

[1154] Johannes Paul II.: Enzyklika *Centesimus annus*, Nr. 34.
[1155] Johannes Paul II.: Enzyklika *Centesimus annus*, Nr. 35 – ausdrücklich wird hier auf die Gewerkschaften und auf „andere Organisationen der Arbeit" verwiesen.
[1156] Leo XIII.: Enzyklika *Rerum novarum*, Nr. 36, 38.
[1157] Leo XIII.: Enzyklika *Rerum novarum*, Nr. 39.
[1158] Vgl. Leo XIII.: Enzyklika *Rerum novarum*, Nr. 38f.
[1159] Leo XIII.: Enzyklika *Rerum novarum*, Nr. 37 – das alttestamentliche Zitat entstammt Kohelet 4,9-10.
[1160] Nell-Breuning: Soziallehre der Kirche, 41, spricht davon, Leo XIII. habe „keine klare Vorstellung" dargelegt.

5.2.1. Die Ordnungsethik der katholischen Soziallehre als Interpretationshorizont

tungsgemeinschaft oder Korporation treten, in der alle in einem spezifischen Sektor Tätigen zusammengeschlossen wären, und durch die die Interessengegensätze aufgelöst und folglich eine Art klassenfreie Gesellschaft möglich würde. Ein Konzept, das nach Nell-Breuning sowohl aufgrund der in ihm angelegten Missverständlichkeiten als auch aufgrund der Machtergreifung der faschistischen Regime und des Ausbruchs des Zweiten Weltkrieges um seine Rezeption gebracht worden sei.[1161]

Insofern wird schon deutlich, dass aufs Ganze gesehen in der Frage des Koalitionsrechts und der intermediären Organisationen eine durchgängige Linie und Kontinuität in der Soziallehre der Päpste in vergleichbarem Maße wie bei den Themen Lohngerechtigkeit und Welthandel nicht erkennbar wird. Gleichwohl stellt das Anliegen der Bejahung und Förderung privater Vereinigungen eine Konstante in der katholischen Soziallehre dar, wie auch die folgenden päpstlichen Lehrschreiben sozialen Einschlags zeigen.

Enzykliken-Bekanntheit erhält eine Aussage Papst Pius XII. zu dieser Frage erst durch deren Zitierung durch Johannes XXIII. in *Mater et magistra*. Johannes XXIII. greift nämlich als „praktische Richtlinie" eine Lehre seines Vorgängers auf, welche dieser in seiner Radioansprache vom 1. September 1944 zum Thema *„Gedanken zur sozialen Neuordnung"* formuliert hat. Pius XII. befürwortet hier ausdrücklich die Sicherung und Förderung der kleineren und mittleren Betriebsgrößen sowie die genossenschaftlichen Zusammenschlüsse, welche „ihnen die Vorteile des Großunternehmens verschaffen".[1162] Diese Grundvorstellung findet sich bei Pius XII. auch in zwei Ansprachen wieder: Gegenüber dem Italienischen Bauernverband hat der Nachkriegspapst im Mai 1955 das „Genossenschaftswesen als mächtige[s] Mittel der Hilfe und des Fortschritts der neuen Bauerngemeinschaften" gelobt.[1163] Im Mai des Folgejahres würdigte er vor den Siedlern der Gesellschaft für Bodenkultivierung des Fucino das Genossenschaftswesen und stellte heraus, dass selbiges die Teilhabe an den Vorteilen der Großbauern ermögliche. Insbesondere hob er dabei bessere Bedingungen auf den Kauf- und Verkaufsmärkten, aber auch den Zugang zu Information und zur geistigen Kultur hervor.[1164]

Diese Lehre seines Vorgängers wiederholt und unterstützt Johannes XXIII. in *Mater et magistra*. Er bezieht sich dabei besonders auf den handwerklichen Betrieb und den landwirtschaftlichen Familienbetrieb und hebt speziell diejenigen genossenschaftlichen Unternehmen hervor, „die darauf angelegt sind, den beiden ersteren Hilfestellung zu leisten", wobei er sich um den Schutz, aber auch die Förderung dieser Betriebsformen sorgt, welche er durch den technischen Fortschritt bedroht und „im

---

[1161] Vgl. die Erläuterungen von Nell-Breuning: Soziallehre der Kirche, 53-56.
[1162] Pius XII.: Radioansprache „Gedanken zur sozialen Neuordnung" vom 1. September 1944 (zitiert nach Johannes XXIII.: Enzyklika *Mater et magistra*, Nr. 84). Sh. auch Utz/Groner: Soziale Summe Pius' XII, Nr. 736.
[1163] Utz/Groner: Soziale Summe Pius' XII, Nr. 5675.
[1164] Vgl. Utz/Groner: Soziale Summe Pius' XII, Nr. 5664.

5. Deutungsparadigmen des Fairen Handels

Interesse des Gemeinwohls" für schützenswert hält.[1165] Auch in den darauf folgenden praktischen Empfehlungen und Mahnungen des Papstes hinsichtlich der genossenschaftlichen Organisationen ist seine Sorge um deren subsidiäre Funktion für kleine und mittlere Betriebe ersichtlich. Handwerk und Genossenschaftswesen bekommen von Johannes XXIII. eine besondere Bedeutung für die Schaffung „wertechter Güter" sowie hinsichtlich des kulturellen Fortschritts zugesprochen und sollen „in allen Volksschichten den Sinn für verantwortliche Berufserfüllung und den Geist der Solidarität wecken."[1166] Die landwirtschaftlichen Familienbetriebe fordert er schließlich sogar mit klaren und eindeutigen Worten auf, diese solidarische Form um ihres eigenen Interesses willen zu wählen:

> „Sie müssen Hilfs- und Förderungswirtschaften genossenschaftlichen Charakters aufbauen, müssen Organisationen beruflicher Interessenvertretung schaffen; müssen sich wirksam ins öffentliche Leben einschalten, sowohl in die Verwaltungsstellen des Landes als auch in die eigentliche Politik."[1167]

In innerem Zusammenhang mit diesem Anliegen stehen auch die Ausführungen Johannes' XXIII., in denen es ihm um Unternehmensverfassung und Mitbestimmungsmöglichkeiten der Beschäftigten geht: Nicht nur der Wirtschaftsertrag (gemeint ist das Arbeitsentgelt), sondern auch der Wirtschaftsvollzug müsse „den Forderungen der Gerechtigkeit entsprechen", was – nach den Worten des Papstes – konkret bedeutet, „dass, wer produktive Arbeit tut, auch in der Lage sei, den Gang der Dinge mitzubestimmen und durch seine Arbeit zur Entfaltung seiner Persönlichkeit zu gelangen."[1168]

Die Mitbestimmung der Beschäftigten an der Unternehmensentwicklung wird von Papst Johannes XXIII. also in den Kontext der Persönlichkeitsentwicklung gestellt – eine Thematik, deren Bedeutung und theologische Einordnung später Papst Paul VI. in *Populorum progressio* darlegen wird. Hier in *Mater et magistra* wird Mitbestimmung des Beschäftigten, seine aktive Beteiligung an der Gestaltung der Unternehmensangelegenheiten und seine Mitverantwortung[1169] in seiner Unverzichtbarkeit für die Unternehmensführung herausgestellt. Für Johannes XXIII. stellt dies eine „konstitutive Bedingung der von der kirchlichen Soziallehre intendierten Eigentumsordnung" dar.[1170]

[1165] Johannes XXIII.: Enzyklika *Mater et magistra*, Nr. 85.
[1166] Johannes XXIII.: Enzyklika *Mater et magistra*, Nr. 90.
[1167] Johannes XXIII.: Enzyklika *Mater et magistra*, Nr. 143.
[1168] Johannes XXIII.: Enzyklika *Mater et magistra*, Nr. 82.
[1169] Vgl. Johannes XXIII.: Enzyklika *Mater et magistra*, Nr. 91-92.
[1170] Schäfers: Prophetische Kraft der kirchlichen Soziallehre? 542.

5.2.1. Die Ordnungsethik der katholischen Soziallehre als Interpretationshorizont

5.2.1.4. Fairer Handel im Zusammenhang der Ordnungsethik der katholischen Soziallehre

Es ist unübersehbar, dass der Faire Handel – wie er auf der Ebene seiner Kriterien und Grundsätze beschrieben worden ist[1171] – die Grundprinzipien der christlichen Sozialethik aufgreift. Die Aufarbeitung von einigen ordnungsethischen Themensträngen der katholischen Soziallehre – gerechter Lohn und fairer Preis, internationale Preispolitik und partnerschaftliche Beziehungen sowie Koalitionsrecht und genossenschaftlicher Gedanke – hat eine bei weitem konkretere und insofern auch punktgenauere Nähe zwischen Fairem Handel und päpstlicher Überzeugung erwiesen, wobei weder die eine noch die andere Seite erkennbar auf die jeweils andere zurückgegriffen hätte. Für Insider und Engagierte des Fairen Handels dürften sich im Durchgang der einschlägigen Themenstränge die zahlreichen Berührungspunkte mit den Grundsätzen und Kriterien des Fairen Handels intuitiv bereits erschlossen haben. Wenngleich die Bandbreite des Kriterienrasters von der Soziallehre der Päpste nicht abgedeckt wird, so überrascht doch die – gerade punktuell besonders in die Tiefe gehende Übereinstimmung, welche im folgenden zusammenfassend explizit benannt werden soll:

- Wesentlicher Konvergenzpunkt ist, dass der Faire Handel ebenso wie die päpstlichen Dokumente davon ausgehen, dass eine angemessene, gerechte Entlohnung geleisteter Arbeit von grundlegender Bedeutung ist und dabei die Bedürfnisse der jeweiligen Menschen im Zentrum zu stehen haben: Sie muss zum einen ein menschenwürdiges Auskommen für eine ganze Familie sicherstellen, soll darüber hinaus Teilhabe am gesellschaftlichen und kulturellen Leben ermöglichen und möglichst einen Beitrag zur Gestaltung und Förderung des gemeinschaftlichen Wohles, d.h. der gemeinschaftlichen sozialen Aufgaben, leisten. In diesen wesentlichen Grundfunktionen menschlicher Arbeit – ermöglicht über das Einkommen, das durch sie erwirtschaftet wird – besteht offensichtliche Einigkeit zwischen der Idee des Fairen Handels und der Lehre der katholischen Kirche. Diese Grundübereinstimmung setzt sich in weiteren Details fort.

- Dazu zählt, dass in der päpstlichen Lehre schon früh der Zusammenhang wahrgenommen und gegeißelt wurde, welcher zwischen zu geringen Arbeitslöhnen und Kinderarbeit besteht, weil Frauen und Kinder dann einen unverzichtbaren Beitrag zum Familienunterhalt zu leisten gezwungen sind. Diese Thematik ist im Fairen Handel insbesondere in den wiederkehrenden Kampagnen zur Vermeidung ausbeuterischer Kinderarbeit gegenwärtig. Gerade Fair-Handels-Akteure machen in diesen Kontexten heute (auch gegenüber anderen entwicklungspolitischen Organisationen) darauf aufmerksam, dass allein die Abschaffung oder das Verbot von Kinderarbeit keine Lösung darstellt, solange das Einkommen der Eltern nicht für die Versorgung der gesamten Familie – bis hin zur Finanzierung des Schulbesuchs der Kinder – ausreicht. Aus diesem Grund versteht sich Fairer Handel als eine

---

[1171] Vgl. oben Kapitel 1.2.

5. Deutungsparadigmen des Fairen Handels

Schlüsselkomponente zur Abschaffung ausbeuterischer Kinderarbeit: Fairer Handel achtet nicht nur darauf, dass in seinen Produzentenorganisationen keine Kinderarbeit vorkommt, sondern er trägt über den fairen Preis zu einem ausreichenden Familieneinkommen bei und baut insbesondere über den Weg von Sozial- und Entwicklungsaufschlägen für gemeinschaftliche Aufgaben die Möglichkeiten beispielsweise des Schulbesuchs oder der Kleinkinderbetreuung aus. Mit letzterem schafft er somit Rahmenbedingungen, die das elterliche Einkommen stärken und somit der Notwendigkeit kindlichen Arbeitseinkommens entgegenwirken.

- Dabei betrifft dies nicht nur die aktuelle Deckung des Lebensbedarfs, sondern auch die Frage der Zukunftsvorsorge. Was bereits Leo XIII. hinsichtlich der Ersparnisse bei Lohnarbeitern gefordert hat, wird bei abhängig Beschäftigten in Privatunternehmen im Fairen Handel durch die Einrichtung von Betriebssparkassen und speziellen Sparprogrammen umgesetzt und gefördert. Ausreichendes Einkommen aber auch institutionelle Möglichkeiten und eine entsprechende Bewusstseinsbildung sind Grundlagen dafür, dass Vorsorge getroffen werden kann. Indem Produzentenorganisationen des Fairen Handels dafür Sorge tragen und entsprechende Grundlagen schaffen, tragen sie dazu bei, dass faire Preise nicht nur für heute, sondern auch für morgen da sind. Dabei tangiert dieses Prinzip nicht nur die Produzentenfamilien, sondern gilt auch für die betriebliche Ebene. Es findet darin seinen Niederschlag, dass der faire Produktpreis auch die Tätigung notwendiger Betriebsinvestitionen ermöglichen muss und damit die Zukunftsfähigkeit der Genossenschaft, des Familienbetriebes oder eines sozialen Unternehmens sichert.

- Es scheint lapidar, darauf hinzuweisen, dass die Forderung nach Lohngerechtigkeit und die Problematik internationaler Preisniveaus und Preisbeziehungen eng miteinander verflochten sind. Jedoch angesichts sich wiederholender Berichte über die Verstrickung inländischer Firmen in unzumutbare Arbeitsbedingungen in billigproduzierenden Ländern bleibt dieses Thema weiterhin aktuell. Auch in dieser Frage sind sich katholische Soziallehre und Fair-Handels-Bewegung offenbar inhaltlich einig und sind in den vorgeschlagenen Lösungswegen wie der Festlegung von Standards für gerechte Löhne und Preise und der Notwendigkeit partnerschaftlichen Zustandekommens derselben miteinander verbunden. Somit plädieren auch beide gemeinsam grundsätzlich für höhere Erzeugerpreise.

- Dabei beschränken sich beide – päpstliche Soziallehre und Fairer Handel – keinesfalls auf die Lösungen vor Ort, sondern sehen in Ergänzung dazu auch die Notwendigkeit weltweiter Regelungen in der internationalen Wirtschaftspolitik. Sie stimmen überein, dass für benachteiligte Produzenten bzw. Länder Chancengleichheit hergestellt werden müsse. Während die Soziallehre der Kirche hier stärker die Beziehungen zwischen Staaten bzw. Volkswirtschaften im Visier zu haben scheint, hat sich der Faire Handel in seiner konkreten Praxis diesbezüglich auf die unmittelbar Beteiligten im Wirtschaftsprozess konzentriert. Gleichwohl unterstützt er im Rahmen seiner politischen Forderungen auch entsprechende Instrumente, die die Chancengleichheit von Entwicklungsländern auf dem Weltmarkt verbessern, deren

5.2.1. Die Ordnungsethik der katholischen Soziallehre als Interpretationshorizont

Sinnhaftigkeit sich allerdings für den Fairen Handel besonders an den Auswirkungen für kleine und benachteiligte Produzentenorganisationen vor Ort bemisst.

- Letztlich stimmt daher der Faire Handel mit den päpstlichen Dokumenten in der fundamentalen Überzeugung überein, dass in der Lohn- oder Preis-Festsetzung den Bedürfnissen der Beteiligten eine wesentliche Rolle zukomme. Fairer Handel wie kirchliche Soziallehre zielen auf einen partnerschaftlichen Umgang zwischen den Beteiligten des wirtschaftlichen Prozesses, bei dem in erster Linie der Mensch und seine individuelle und soziale Entwicklung im Mittelpunkt des Interesses stehen.

- Jenseits der mit der Lohngerechtigkeitsthematik unmittelbar oder mittelbar verbundenen Themen bilden auch die Förderung von genossenschaftlichen Zusammenschlüssen, anderen Formen der Selbstorganisation und (betrieblichen) Mitbestimmung und insofern die Förderung von kleinen und mittleren (Familien-)Betrieben einen gemeinsamen Entwicklungsansatz von Fairem Handel und katholischer Soziallehre. Die kirchliche Lehre beschränkt sich hierbei keineswegs nur allgemein auf die Vereinigungsfreiheit. Vielmehr hat sie im wirtschaftlichen und arbeitsweltlichen Kontext eine Konkretisierung dieses sozialen Grundwertes vorgenommen und die gewerkschaftliche Selbstorganisation ausdrücklich bejaht. Dieser Positionsbestimmung kam im zeitgenössischen Kontext durchaus wirtschaftspolitische Tragweite zu. Dabei ist wahrzunehmen, dass damit die Vertretung und Verteidigung der Interessen der angestellten Arbeiter befördert wurde, welche im Zusammenhang der Sicherung und Gewährleistung einer bedürfnisorientierten Arbeitswelt steht. Das Prinzip der Personalität und Menschenwürde steht hierfür im Hintergrund und verbindet auch in dieser Frage kirchliche Lehre und Fair-Handels-Bewegung. Zwar spielte die Gewerkschaftsfreiheit in der Geschichte des Fairen Handels eine lange Zeit eher untergeordnete Rolle, jedoch nicht weil diesem Recht keine Bedeutung zugemessen worden wäre, sondern weil die Fair-Handels-Bewegung von vornherein andere wirtschaftliche Modelle bevorzugt hat, welche der Polarität von Kapital und Arbeit, von Unternehmer und angestelltem Arbeiter von Beginn an erst gar keine Chance einräumen sollten.

- Trotzdem war und ist gewerkschaftliche Interessensvertretung Thema im Fairen Handel, wenn es – gerade in der politisch-anwaltschaftlichen Arbeit – um die Verteidigung und Verbesserung von Arbeitsbedingungen in bestimmten Produktionszweigen wie der Textilindustrie oder dem Bananenanbau geht. Insbesondere hat im Zuge der Öffnung des Fairen Handels auch für privates Unternehmertum in den Ländern des Südens die Interessensvertretung der Belegschaft immer mehr auch Eingang in die Kriterien und Grundsätze des Fairen Handels gefunden und ist dort inzwischen gut verankert.

- Gleichwohl findet der Faire Handel auch in seinem Stamm- und Schwerpunktgebiet – der Alternative von genossenschaftlich organisierten Wirtschaftsformen – einen klaren Widerhall in der Lehre der Päpste, insbesondere in der von Johannes XXIII., der selbst dem bäuerlichen Milieu entstammte. Dieser Papst und ebenso sein Vorgänger teilen mit der Fair-Handels-Bewegung die Überzeugung, dass in genossenschaftlichen Formen der Entfaltung von persönlichen Chancen und Ressourcen ebenso Raum gegeben wird und diese gefördert werden können, wie damit auch für die Förderung des Gemeinwohls und die Übernahme von Verantwortung für das Gemeinwesen ein guter Boden bereitet wird. Die Sozialprinzipien von Solidarität und Subsidiarität, des Miteinanders und Füreinanders, finden im Genossenschaftswesen gewissermaßen ihren strukturellen und organisatorischen Inbegriff – mitunter auch deshalb, weil ihrer demokratischen, von unten aufgebauten Form in besonderer Weise zugetraut wird, den Bedürfnissen der Personen Rechnung tragen zu können.

Der Nachweis dieser hochgradigen Deckungsgleichheit der Grundsätze und Kriterien der Fair-Handels-Bewegung mit der Ordnungsethik der katholischen Soziallehre ist insofern von Bedeutung, dass er deutlich macht, wie sehr sogar bis in Nuancen hinein ein theoretisch gemeinsames sozialethisches Anliegen vorhanden ist. Fairer Handel teilt fundamental die einschlägigen ordnungsethischen Überzeugungen der Päpste und setzt diese zugleich in praktisches Tun um. Damit ist ein weitergehender Grundkonsens dargelegt, als er bis dato vermutet worden war. Damit ist eindeutig belegt, dass das Aktions- und Wirtschaftsmodell des Fairen Handels nicht nur allgemein auf der Linie des christlichen Menschen- und Gesellschaftsbildes liegt. Fairer Handel teilt die Grundprinzipien der christlichen Sozialethik, wie Personalität (Menschenwürde), Gemeinwohlorientierung, Subsidiarität, Solidarität, Nachhaltigkeit und Gerechtigkeit[1172] – jedoch nicht nur auf dieser allgemeingültigen und abstrakten Ebene, sondern auch in konkreten Einzelheiten.

Es offenbart sich in dieser Parallelität, welche Anforderungen sich aus der Solidarisierung mit den Benachteiligten – sei sie christlich, sei sie humanistisch motiviert – ableiten. Auf der Ebene der Gestaltung der Wirtschafts- und Sozialordnung, die auch Handel und Arbeitswelt einschließt, lassen sich diese Anforderungen insofern als objektive Erfordernisse einordnen.

5.2.2. Die Solidaritätsethik der Konzilstheologie als Interpretationshorizont des Fairen Handels: Verpflichtung zu Solidarität und Parteilichkeit

Betrachtet man diese – freilich aus der Perspektive des Aktionsmodells Fairer Handel ausgewählten – Aspekte der katholischen Soziallehre in ihrer Gesamtheit, so könnte man den Eindruck gewinnen, diese Soziallehre laufe immer mehr auf dieses Aktionsmodell zu oder aber der Faire Handel sei aus einer Lektüre dieser Sozialverkündigung heraus entwickelt worden. Beides ist jedoch nicht der Fall.

[1172] Vgl. Heimbach-Steins (Hrsg.): Christliche Sozialethik, Band 1 Grundlagen, 261-326. – Den einzigen Versuch, den Fairen Handel mit diesen Grundprinzipien zu korrelieren, bietet die Diplomarbeit von Magdalena Srovnalová: Sozialethische Argumente für Fairen Handel, 25-37.

5.2.2. Die Solidaritätsethik der Konzilstheologie als Interpretationshorizont

Neben den bereits angedeuteten soziologisch begründeten Rezeptionsproblemen der katholischen Soziallehre muss zur Erklärung auch die schwere Operationalisierbarkeit als eine weitere spezifische Grundproblematik der Katholischen Soziallehre herangezogen werden. Der Schwachpunkt der zuvor dargestellten, in der Regel theoretisch artikulierten Einsichten und Forderungen der Katholischen Soziallehre ist gerade auch in der nicht (ein)gelösten Beziehung von Wort und Tat zu suchen, welche selbst ausgewiesene Vertreter der Katholischen Soziallehre wie etwa Oswald von Nell-Breuning[1173] kritisiert hatten. Denn im Grunde ist die katholische Soziallehre angelegt als eine Doktrin, in der die kirchliche Hierarchie für die konkreten gesellschaftlichen Probleme Lösungen und Antworten bereitstellte, die sie nicht nur als allgemeingültig verkündet, sondern auch sehr allgemein artikuliert hat.[1174] Es handelte sich gewissermaßen um die Formulierung von Ansprüchen, die die hierarchische Leitung der Kirche aufgrund gläubiger Erkenntnis oder naturrechtlicher Herleitung (beides als unumstößlich wahr angenommene Begründungsmuster) an die gesellschaftlichen Akteure und Institutionen herantrug. Es blieb bei Ansprüchen, die die Kirche auf ein Außen richtete und deren Umsetzung sie dem persönlichen Engagement der Gläubigen anvertrauen musste. Die Konkretisierung der allgemein gehaltenen Normen blieb den Adressaten überlassen. Im Kontext eines funktionierenden katholischen Milieus erreichte die Kirche insbesondere in der westdeutschen Nachkriegszeit auf diese Weise einen erheblichen Einfluss und konnte ihre Grundvorstellungen in die Gestaltung der Gesellschaft einfließen lassen.[1175]

Mit dem Rückgang des katholischen Milieus und dem Übergang in eine postmoderne Gesellschaft jedoch erodierte diese Basis und die katholische Soziallehre sah sich in den 1960ern mit einem abrupten Ende ihrer doch beachtlichen Konjunktur konfrontiert. Damit stellten sich zwei Versäumnisse der päpstlichen Soziallehre plötzlich als Problemanzeigen dar, auf welche die Kirche im Zweiten Vatikanischen Konzil (insbesondere in dessen Pastoralkonstitution) reagierte. Zum einen hatte die Soziallehre der Päpste nämlich kaum mit sozialen Bewegungen als Akteuren jenseits der verfassten politisch-staatlichen Einflusssphären gerechnet. Zum anderen war die Kirche nicht davon ausgegangen, dass ihre sozialethischen Ansprüche auch eine Bedeutung für die Kirche selbst besitzen könnten bzw. auch dort umzusetzen wären. Für beides wird man sich in vielen Punkten schwer tun, klare Aussagen in den entsprechenden kirchlichen Dokumenten zu finden.

[1173] Vgl. Nell-Breuning: Wie sozial ist die Kirche? 92 (zitiert nach Sander: Kompositionen politischen Handelns, 108).

[1174] Vgl. hierzu und im folgenden Sander: Theologischer Kommentar zur Pastoralkonstitution, 694f.

[1175] Hierzu sind in Deutschland insbesondere die sozialstaatliche Grundverfassung der Bundesrepublik oder das betriebliche Mitbestimmungsrecht der Arbeitnehmer zu zählen. – Ermöglicht und stabilisiert wurde die machtvolle Rolle laut Hengsbach: Der Umbau kirchlicher Soziallehre, 15, im Wesentlichen durch das „katholische Milieudreieck", also das Zusammenwirken von päpstlichem Lehramt, theologischer Wissenschaft und dem Lobbyapparat katholischer Verbände, Gewerkschaften und Parteien

5. Deutungsparadigmen des Fairen Handels

Das Zweite Vatikanische Konzil setzte sich mit seiner Pastoralkonstitution *Gaudium et spes* in einer spezifischen Weise von der Epistemologie der bisherigen Katholischen Soziallehre ab, indem es entschieden hatte seine ethischen Aussagen mehr pastoral als lehrhaft zu konzipieren und zu formulieren: Es ging nicht mehr davon aus, dass Kirche und Glaube in ihrem Verhältnis zu Welt und Gesellschaft lediglich von einer „Hin-Orientierung" zu bestimmen sei, insofern dass sie Antworten auf gesellschaftliche Fragen gebe oder Welt zu missionieren habe. *Gaudium et spes* rechnet gleichrangig, wenn nicht sogar vorrangig mit einer „Her-Orientierung" von Glaube und Kirche, das meint: dass Kirche und Glaube die gesellschaftlichen Herausforderungen begreift als das, was ihr dazu verhilft, ihren Auftrag, ja ihre Identität zu bestimmen, ihren Ort zu finden und Christsein überhaupt umsetzen und leben zu können. Der Verbindungsweg zwischen Kirche und Welt wird nicht mehr als Einbahnstraße ausgeschildert, sondern – so Karol Kardinal Wojtyła in seiner Studie zur Verwirklichung des Konzils – „das Konzil hält diese Beteiligung der Kirche an der Weltentwicklung für etwas Bilaterales"[1176].

5.2.2.1. Solidarität und Barmherzigkeit als christliche Grundeinstellung (nach Gaudium et spes)

Dieser Ortswechsel wird von der Pastoralkonstitution *Gaudium et spes* programmatisch in ihrem Initialsatz formuliert und findet insbesondere im Einführungskapitel über „[d]ie Situation des Menschen in der heutigen Welt" ihren Niederschlag, ist darüber hinaus aber auch durchgängiges Prinzip der gesamten Pastoralkonstitution. Bereits der bekannte Anfangssatz formuliert unmissverständlich diese „Her-Orientierung" in der Beschreibung des Selbstverständnisses von Christen in Welt und Gesellschaft. Dabei verwendet dieser Satz eine Sprache, die dem Paradigma der Barmherzigkeit zugeordnet werden darf:

> „Freude und Hoffnung, Trauer und Angst der Menschen von heute – besonders der Armen und Bedrängten aller Art – sind auch Freude und Hoffnung, Trauer und Angst der Jünger Christi. Und es gibt nichts wahrhaft Menschliches, das nicht in ihren Herzen seinen Widerhall fände."[1177]

Nicht nur dass sich Christinnen und Christen wesenskonstitutiv von den Nöten und dem Glück anderer in Anspruch nehmen lassen, wird hier in beinahe poetischer Sprache zum Ausdruck gebracht, sondern auch – in gewisser Unterbrechung des Erwarteten – die Existenz einer eindeutigen Option, eines bestimmten Ortes, an dem dies geschieht: die Welt der Armen und Bedrängten. Die in diesen Worten bekundete Betroffenheit stellt nicht irgendeinen Satz in einer Konstitution dar, die sich der Kirche widmet insofern sie „Kirche in der Welt von heute" ist. Als Anfangspassage stellt er die „Voraus-Setzung" jeglicher Auseinandersetzung mit dem Verhältnis von

---

[1176] Wojtyła: Quellen der Erneuerung, 152 – Den Verweis auf diese Schrift verdanke ich Sander: Theologischer Kommentar zur Pastoralkonstitution.

[1177] 2. Vatikanisches Konzil: Pastoralkonstitution *Gaudium et Spes*, Nr. 1.

5.2.2. Die Solidaritätsethik der Konzilstheologie als Interpretationshorizont

Kirche und Welt, von Christen und Gesellschaft dar: die Betroffenheit und die Barmherzigkeit von Not und Glück anderer Menschen ist die unabdingbare Grundlage christlichen Handelns in gesellschaftlichen Zusammenhängen, in sozialen Belangen und menschlichen Angelegenheiten. Immer unterbrochen von der Besinnung auf eine Option, einen vorrangigen Blick, der auf die am meisten Benachteiligten gerichtet ist. Mit dieser Option wird auch eine Vision zum Tragen gebracht, die Papst Johannes XXIII. dem Konzil mit auf den Weg geben wollte, nämlich eine Kirche der Armen zu sein. Dieses päpstliche Anliegen ist zwar nicht zum Zentralthema des Konzils geworden, wenngleich der Bologneser Kardinal Lercaro betont hatte, dass das Thema der Öffnung der Kirche zur Welt nur in der Perspektive der Armen angemessen zu behandeln sei[1178], und dieses Anliegen von der Gruppe der sog. „Kleinen Bischöfe" forciert worden war[1179]. Gleichwohl hat das Anliegen in verschiedenen Dokumenten seinen Widerhall gefunden. Neben dem genannten Eingangssatz von *Gaudium et spes* weist auch *Lumen gentium* der Armut eine grundlegende Bedeutung für die Kirche zu: In den Armen begegnet die Kirche ihrem Gründer Jesus Christus, dessen Zuwendung zu den Armen sie selbst fortzuführen beauftragt ist.[1180] Demnach bezeichnet die Kirche für sich selbst einen Weg der Armut und einen Dienst an den Armen als wesentlich. Dieses Verständnis durchdringt jedoch keineswegs die Gesamtheit der Konzilstexte[1181], so dass offen bleibt, inwiefern die Solidarität mit den Armen und der diakonische Dienst an ihnen wirklich zur Wesensdimension der Kirche geworden sind.

Die Pastoralkonstitution belässt es allerdings nicht dabei, die Ängste und Hoffnungen der Menschen ihrer Reflexion feierlich voranzustellen. Mit der Rede von den „Zeichen der Zeit"[1182], die sie von der päpstlichen Enzyklika *Pacem in terris* aufgreift, und der im Zweiten Hauptteil ausführlichen Wahrnehmung und Reflexion auf dieselben, stellt das Konzil die Betroffenheit und Reaktion der Kirche auf diese menschlichen und gesellschaftlichen Realitäten in den Mittelpunkt ihres Wirkens, den es „Pastoral" nennt. Zeichen der Zeit „markieren in der Geschichte der Menschen Begebenheiten, Ereignisse und Tatsachen, von denen her ein Blick auf großflächige Entwicklungen in Sachen Humanität und Inhumanität möglich wird."[1183] Die Terminologie der „Zeichen der Zeit" artikuliert nach dieser Auffassung immer eine Herausforderung für die Anerkennung und Sicherung der menschlichen Würde und impliziert damit jeweils eine Anforderung der Solidarisierung mit den Betroffe-

---

[1178] Vgl. Gutiérrez: Das Konzil und die Kirche in der Welt der Armut, 169-173; Chenu: „Kirche der Armen".
[1179] Sander: Theologischer Kommentar zur Pastoralkonstitution, 712.
[1180] 2. Vatikanisches Konzil: Dogmatische Konstitution *Lumen gentium*, Nr. 8.
[1181] Kritisch gegenüber Parra: La Iglesia, 104.
[1182] 2. Vatikanisches Konzil: Pastoralkonstitution *Gaudium et Spes*, Nr. 4.
[1183] Sander: Theologischer Kommentar zur Pastoralkonstitution, 716.

nen.[1184] „Zeichen der Zeit" sind Orte der Pastoral, insofern es in ihnen um die Realisierung der menschlichen Berufung zur Menschwerdung in Absetzung von der Gefährdung des Unmensch-Seins geht.[1185] Wenn deshalb sich die Pastoral der Kirche von den Zeichen der Zeit prägen und formieren lässt, so steht pastorales und christliches Handelns unter dem Anspruch der barmherzigen Solidarisierung mit den Hoffnungen und Ängsten von Menschen. Daher spricht der Konzilstext auch von der „dringenden Verpflichtung, uns zum Nächsten schlechthin eines jeden Menschen zu machen und ihm, wo immer er uns begegnet, tatkräftig zu helfen".[1186] Der inneren Logik von *Gaudium et spes* folgend darf dies nicht nur als moralischer Appell gelesen werden. Vielmehr hebt bereits das Vorwort dessen theologische Dignität und Relevanz hervor, indem es eine Verbindung herstellt zur „hohe[n] Berufung des Menschen". Dem Konzil geht es demzufolge „um die Rettung der menschlichen Person, ... um den rechten Aufbau der menschlichen Gemeinschaft, [... um] die Errichtung jener brüderlichen Gemeinschaft aller, die dieser Berufung entspricht."[1187] Sie nimmt also sowohl die individuellen Belange als auch die sozialen und gesellschaftlichen Dimensionen in den Blick.

„Solidarisierung der Christen mit den Anderen" könnte als eine ungeschriebene Unterüberschrift über der Pastoralkonstitution verstanden werden, sofern es den roten Faden des Textes, seine Grundperspektive und sein primäres Anliegen auf den Punkt bringt: Sowohl Solidarität mit dem einzelnen Menschen in Not als auch „das Bewusstsein wahrhaft weltweiter Solidarität und Verantwortung"[1188]. Hans-Joachim Sander identifiziert es als die „Basisgrammatik" der Pastoralkonstitution, „das irdische Moment der Arbeit an einer besseren Welt und das himmlische Moment der Ehre Gottes" zu unterscheiden und gleichermaßen aufeinander zu beziehen.[1189] Eine solche theologale und barmherzige Solidarisierung übergeht nicht einfach das Unheil der Menschen, sondern vertieft sich anteilnehmend in dieses. Es ist die pastorale Basis, auf der Christen sich der Verheißung und dem Auftrag zur Menschwerdung und Heilwerdung stellen.[1190]

Zu beachten ist an diesem Ortswechsel der Konzilstheologie, dass damit die traditionelle katholische Soziallehre weder beschnitten noch verdrängt wird. Ihre Aussagen sind durch die neue Ortsbestimmung keinesfalls obsolet geworden. Doch hat sich ihr

---

[1184] Vgl. Sander: Theologischer Kommentar zur Pastoralkonstitution, 736. – Die Ausführungen im zweiten Hauptteil der Pastoralkonstitution über die Weltwirtschaft als Beispiel von „Zeichen der Zeit" sind Ausweis dieser spezifischen Wahrnehmungspraxis.
[1185] Sander: Theologischer Kommentar zur Pastoralkonstitution, 716, 811. – Papst Johannes Paul II. verwendet in der Enzyklika *Sollicitudo rei socialis* (Nr. 30.1) als Fortführung dieses Ansatzes des Konzils den „Begriff der Entwicklung [...] als de[n] moderne[n] Ausdruck einer wesentlichen Dimension der Berufung des Menschen".
[1186] 2. Vatikanisches Konzil: Pastoralkonstitution *Gaudium et Spes*, Nr. 27.
[1187] 2. Vatikanisches Konzil: Pastoralkonstitution *Gaudium et Spes*, Nr. 3. Ausführlicher zur Tragweite dieser Berufungstheologie vgl. Sander: Die pastorale Grammatik der Lehre, 197-201.
[1188] 2. Vatikanisches Konzil: Pastoralkonstitution *Gaudium et Spes*, Nr. 90 (1).
[1189] Vgl. Sander: Theologischer Kommentar zur Pastoralkonstitution, 825.
[1190] Vgl. Sander: Theologischer Kommentar zur Pastoralkonstitution, 829.

5.2.2. Die Solidaritätsethik der Konzilstheologie als Interpretationshorizont

Stellenwert und ihre Stellung verändert: Sander spricht davon, dass die Soziallehre nun „eine[n] der beiden Pfeiler der inhaltlichen Positionierung"[1191] bilde, was zugleich eine Aufwertung und eine Abwertung erkennen lässt: Hinsichtlich der Ortsbestimmung der Kirche in der Welt von heute verliert die Soziallehre ihren Exklusivanspruch, insofern eine sozialmetaphysische Belehrung gegenüber der Gesellschaft einer Wechselbeziehung zwischen Innen und Außen zu weichen hat. Hinsichtlich der Glaubensidentität jedoch ist die Sozialverkündigung und Sozialpraxis der Kirche nicht mehr nur „Unterabteilung kirchlicher Existenz", sondern im Zentrum der Kirche und des Selbstverständnisses christlichen Glaubens verortet.[1192] Dies ist möglich geworden durch einen in doppelter Hinsicht veränderten Fokus: zum einen in einer veränderten Adressatenschaft, weg von der Konzentration auf gesellschaftliche Institutionen (im wesentlichen des Staates) hin zu einer umfassenderen Wahrnehmung; zum anderen darin, dass „Adressaten" (als verobjektivierende Kategorie) gar nicht mehr die Perspektive der Pastoralkonstitution trifft, sondern ein Verständnis von handelnden Subjekten zugrunde gelegt wird, die im Innen wie im Außen von Kirche zu suchen sind: „Deren [d.i.: der Soziallehre] Ordnungsperspektive auf den Staat wird auf eine Solidaritätsperspektive in die Gesellschaft hinein überschritten", so dass es „seit Gaudium et spes keine Soziallehre jenseits von Menschenrechtspastoral und keine Pastoral jenseits sozio-politischer Vollzüge mehr geben [kann]."[1193]

5.2.2.2. Die Solidaritätsverpflichtung der Christen und Kirchen nach Johannes Paul II.

Unter der konzilstheologischen Prämisse, dass das Außen auch Rückwirkung auf das Innen, auf die christliche Glaubensidentität selbst, habe bzw. haben müsse, erhält der Solidaritätsbegriff eine zunehmende Bedeutung, denn er beinhaltet gewissermaßen schon Ansätze dieser Rückwirkung. Solidarität als ein intersubjektives Geschehen lässt sich ohne eine Rückwirkung des anderen auf das eigene Selbst kaum verstehen und wird daher in der sozialphilosophischen Debatte auch mit dem Begriff von „Reziprozität" erklärt.[1194] Insofern ist es nicht verwunderlich, dass in der nachkonziliaren Sozialverkündigung unter dem Stichwort „Solidarität" tatsächlich der rote Faden der Pastoralkonstitution weitergeführt wird.

Dies trifft zunächst auf die Entwicklungsenzyklika *Populorum progressio* Papst Pauls VI. zu, in welcher sozusagen das „Programm" unter die Perspektive einer „solidarischen Entwicklung der Menschheit" (II. Teil) gestellt wird und von der „Pflicht zur Solidarität unter den Menschen"[1195] – auch unter globalem Vorzeichen – gesprochen wird. Entscheidender jedoch ist die Rezeption und Fortführung desselben

---

[1191] Sander: Theologischer Kommentar zur Pastoralkonstitution, 695.
[1192] Sander: Theologischer Kommentar zur Pastoralkonstitution, 695.
[1193] Sander: Die pastorale Grammatik der Lehre, 201.
[1194] Bedford-Strohm: Gemeinschaft aus kommunikativer Freiheit, 178-182.
[1195] Paul VI.: Enzyklika *Populorum progressio*, Nr. 48.

bei Papst Johannes Paul II., der als Krakauer Erzbischof an der Entstehung des Textes von *Gaudium et spes* beteiligt war und bereits als Kardinal für die Realisierung des Konzils in besonderer Weise engagiert war. Mit dem Begriff „Solidarität" sieht Kardinal Wojtyła eine der wesentlichen Grundhaltungen des Konzils zum Ausdruck gebracht. Dies verdeutlicht seine Würdigung der Eingangsworte der Pastoralkonstitution, denn für Wojtyła „sind [sie] Anzeichen dafür, daß die Lehre des Konzils auf Identität und Solidarität ausgerichtet ist."[1196] Solidarität steht für ihn dabei im Kontext der Haltung christlicher Verantwortung. Der Kardinal hebt hervor, dass diese nach der Lehre des Konzils eine „heilige Pflicht" darstelle und „unter die Hauptpflichten des heutigen Menschen" zu rechnen sei. Er zitiert dabei *Gaudium et spes 30*, wo gerade das Transzendieren der Sondergruppensolidaritäten auf eine universalere, „die Welt als ganze" erfassende Solidarität betont, diese aber zugleich als deren Nährboden präsentiert wird. Kardinal Wojtyła begreift dies als ein Insistieren des Konzils auf der Solidarität.[1197]

Auf diesem Hintergrund seiner eigenen Vorstellung „das Konzil zu verwirklichen"[1198] und die Aussage seines Vorgängers aufgreifend entwickelt Wojtyła als Papst Johannes Paul II. in dem Schreiben *Sollicitudo rei socialis* eine regelrechte Lehre der Verpflichtung zur Solidarität:

> „Die Verpflichtung, sich für die Entwicklung der Völker einzusetzen, ist nicht nur von individueller und noch weniger von individualistischer Art [...]. Es ist eine Pflicht für alle und jeden, für Mann und Frau, für Gesellschaften und Nationen, im besonderen aber für die katholische Kirche und für die anderen Kirchen und kirchlichen Gemeinschaften, mit denen wir zur Zusammenarbeit auf diesem Gebiet voll bereit sind."[1199]

Bereits diese differenzierte Wahrnehmung der Solidaritätspflicht der Menschen überhaupt, aber davon unterschieden auch der Gesellschaften und im speziellen der Kirchen, gibt Auskunft über die paradigmatische Zweigleisigkeit, der diese Enzyklika folgt: teils noch die beschriebene „alte" Methodik der Soziallehre erkennen lassend, tastet sie sich an das heran, was als Rückwirkung der sozialen Lage auf den christlichen Glauben zu verstehen ist und was Johannes Paul II. in theologischer Sprache formuliert. Dies wurde als „Theologisierung der katholischen Soziallehre" beklagt[1200], obgleich es doch den Versuch darstellt, das Soziale in die Mitte des christlichen Glaubens hereinzuholen, wie es durch den theologischen Paradigmenwechsel der Pastoralkonstitution aufgegeben war.

[1196] Wojtyła: Quellen der Erneuerung, 238.
[1197] Wojtyła: Quellen der Erneuerung, 248.
[1198] Wojtyła: Quellen der Erneuerung, 358.
[1199] Johannes Paul II.: Enzyklika *Sollicitudo rei socialis*, Nr. 32.1.
[1200] Vgl. Seeber: Abwehr. Der theologische Kern von „Sollicitudo rei socialis", 160. Die Gefahr dieser Theologisierung sieht Seeber in der damit verbundenen Unterbindung des Fortschrittsbegriffs, sowie in der Unterordnung der Sozialethik unter die Moraltheologie, womit dieser „jede naturrechtliche Eigenständigkeit" genommen werde.

5.2.2. Die Solidaritätsethik der Konzilstheologie als Interpretationshorizont

Gerade diese „Theologisierung"[1201] nämlich ist es, die Johannes Paul II. davor bewahrt, den kirchlichen Binnenraum in der Frage von Entwicklung und weltweiter Solidarität zu ignorieren. Ausdrücklich verweist dieser Papst darauf, dass es „diese Sicht des Glaubens" sei, durch die sich die Kirche (!) veranlasst sieht, die Entwicklungsfrage als eine „Verpflichtung ihres pastoralen Dienstes zu betrachten".[1202] Er meint dies nicht im Sinne eines säkularen Engagements der „Gnadenanstalt" (Ebertz) in einem ihr sonst fremden Gebiet, sondern als ein Einsatz, mit dem die Kirche ihrer ureigenen Berufung folgt, Zeichen und Werkzeug der Vereinigung der Menschen mit Gott und untereinander zu sein.[1203] Dies ist der Grund der Verpflichtung zum solidarischen Engagement, die deshalb gerade nicht nur individueller oder individualistischer Natur wäre, sondern im Besonderen die katholische Kirche wie auch die anderen Kirchen und kirchlichen Gemeinschaften angeht. Wenngleich im Verpflichtungsgrad hier kein Unterschied zwischen den christlichen Konfessionen zum Ausdruck gebracht wird, so ist doch klar erkennbar, dass das Kirchenoberhaupt hier in erster Linie seine eigene Kirche in die Pflicht nehmen will.[1204]

Wenn in diesem Kontext der Papst die „Solidarität ... zweifellos eine christliche Tugend"[1205] nennt, so greift er damit einen Begriff auf, den das Christentum lange Zeit sozusagen an andere Milieus und deren Weltanschauungen – insbesondere die der Arbeiterschaft – verloren hatte.[1206] Faszinierend ist auf diesem historischen Hintergrund sowie auf der Folie des konzilstheologischen Paradigmenwechsels die Art und Weise, wie Johannes Paul II. in der Nr. 39 seiner Sozialenzyklika *Sollicitudo rei socialis* das Thema der Solidarität gerade im Spannungsfeld von Innen und Außen, von ihrer gesellschaftlichen Bedeutung und theologischen Deutung durchspielt. So spricht das Kirchenoberhaupt von deren Relevanz für den inneren Zusammenhalt einer Gesellschaft und der notwendigen Verantwortung für die Schwächeren, identifiziert das erwachende Bewusstsein für die Solidarisierung der Armen untereinander als „positive Zeichen in der heutigen Welt" und formuliert feinfühlig den Anspruch

---

[1201] Im Grunde reicht diese „Theologisierung" im Denken Johannes Pauls II. noch weitaus tiefer, wie seine Antrittsenzyklika *Redemptor hominis* zeigt. Dort schildert der Papst die Zeichen der Zeit als dramatische Herausforderungen und konfrontiert diese hart mit der Theologie der Menschwerdung und Erlösung durch Jesus Christus. (Vgl. Johannes Paul II.: Enzyklika *Redemptor hominis*, Nr. 8 sowie Seeber: Abwehr.)

[1202] Johannes Paul II.: Enzyklika *Sollicitudo rei socialis*, Nr. 31.5.

[1203] Johannes Paul II.: Enzyklika *Sollicitudo rei socialis*, Nr. 31.5 unter Zitierung der Kirchenkonstitution *Lumen Gentium* Nr. 1 des 2. Vatikanischen Konzils.

[1204] Vgl. Johannes Paul II.: Enzyklika *Sollicitudo rei socialis*, Nr. 32.1.

[1205] Johannes Paul II.: Enzyklika *Sollicitudo rei socialis*, Nr. 40.1.

[1206] Korff/Baumgartner: Solidarität, 129ff weisen bezüglich des Begriffs „Solidarität" darauf hin, dass in der lateinischen Fassung der Enzyklika keinesfalls einheitlich die neulateinische Wortschöpfung „solidarietas" Anwendung findet, welche dort gar nicht auftaucht. Stattdessen würden verschiedene lateinische Konstruktionen gebraucht, die die Themenfelder von Gegenseitigkeit, Wechselseitigkeit, Verbindung und Verknüpfung sowie Übereinstimmung wiedergäben. Dies betreffe auch den in der deutschen Übersetzung mit „opus solidarietatis pax" wiedergegebenen Satz. – Zur Begriffsgeschichte von „Solidarität" in den päpstlichen Sozialenzykliken vgl. auch Glatzel: Solidarität als bestimmendes Prinzip der Diakonie.

zur Solidarisierung in internationalen Beziehungen. Er fordert vorsichtig aber bestimmt ein solidarisches Wirtschaftssystem und internationale Hilfeleistungen für die schwächeren Länder, aber auch die Achtung und Honorierung der menschlichen Arbeitsleistung. Er würdigt die Solidarität als eine Hilfestellung, die die Gleichheit der Menschen untereinander hervorhebt, und deutet dezent das „Festmahl des Lebens ..., zu dem alle Menschen von Gott in gleicher Weise eingeladen sind" als die religiöse Vision einer christlich motivierten Solidarität an. Er wendet sich kraftvoll gegen Unterdrückung und Ausbeutung als Mangel an Solidarität und geißelt wortgewaltig die Gefahr von Krieg und übertriebenen Sicherheitsideologien. „Solidarität" – so der Papst – sei „der Weg zum Frieden und zugleich zur Entwicklung"[1207]:

> „Im Licht des Glaubens strebt die Solidarität danach, sich selbst zu übersteigen, um die spezifisch christlichen Dimensionen des völligen Ungeschuldetseins, der Vergebung und der Versöhnung anzunehmen. Dann ist der Nächste nicht mehr nur ein menschliches Wesen mit seinen Rechten und seiner grundlegenden Gleichheit mit allen, sondern wird das lebendige Abbild Gottes, des Vaters [...]"[1208]

Als christliche Tugend bezieht Solidarität ihre Legitimation aus der „Liebe" als dem „Erkennungszeichen der Jünger Christi".[1209] Speziell unter dem Blickwinkel einer globalisierten Welt fordert auch der Papst, eine Option für die Armen zu treffen, weil sie als die besondere Form der gelebten christlichen Liebe zu sehen sei und die gesamte Tradition der Kirche durchziehe. Aus dieser Option heraus und unter der weltweiten Dimension gelebt, erhält christliche Solidarität eine veränderte Nuance: Denn neben die christliche Lebensführung tritt nun Solidarität auch als Anspruch auf, wenn es um „unsere sozialen Verpflichtungen und [um] unseren Lebensstil sowie [um] die entsprechenden Entscheidungen hinsichtlich des Eigentums und des Gebrauchs der Güter" gehe[1210]. Das Possessivum „unsere" darf hierbei gleichermaßen auf die Christen wie auf die Kirche bezogen verstanden werden. Damit wird unmissverständlich deutlich: Solidarität – christliche Nächstenliebe als „Erkennungszeichen der Jünger Christi" – macht in einer modernen und globalisierten Welt nicht mehr Halt vor der Frage nach dem Lebensstil der Kirchen sowie der Christinnen und Christen, vor deren Auswahl an Gebrauchsgüter, vor deren Anlage ihrer Finanzmittel, etc. Sie lässt sich nicht auf eine spirituelle Haltung oder ein solidarisches Mitgefühl begrenzen, aber sie fängt auch nicht erst mit innovativen Projekten und zeitintensivem Ehrenamt an, sondern sie durchzieht plötzlich den gesamten Lebensalltag von Christ(inn)en und ihren kirchlichen Vergemeinschaftungen.

Von den päpstlichen Ausführungen hierzu bis zu seiner Kritik des internationalen Handelssystems und seiner Forderung nach dessen Reform sind es nur wenige Absätze. Im Duktus der traditionellen katholischen Soziallehre kapriziert sich Johannes

---

[1207] Johannes Paul II.: Enzyklika *Sollicitudo rei socialis*, Nr. 39.8.
[1208] Johannes Paul II.: Enzyklika *Sollicitudo rei socialis*, Nr. 40.2.
[1209] Johannes Paul II.: Enzyklika *Sollicitudo rei socialis*, Nr. 40.1.
[1210] Johannes Paul II.: Enzyklika *Sollicitudo rei socialis*, Nr. 42.2.

5.2.2. Die Solidaritätsethik der Konzilstheologie als Interpretationshorizont

Paul II. lediglich auf dieses internationale System – nimmt also wiederum eine Ordnungsperspektive ein. Im Sinne des neuen Paradigmas von *Gaudium et spes* (das die Pastoralkonstitution ja selbst im zweiten Hauptteil nicht vollständig durchzuhalten vermag) wäre auch eine Konkretisierung unter der Solidaritätsperspektive möglich und naheliegend gewesen. Zwar hat Johannes Paul II. seine Solidaritätstheologie (wie gezeigt) auf beeindruckende Weise im Sinne der Innen-Außen-Dynamik der Pastoralkonstitution thematisiert[1211], doch leider ist es dem Papst an der entscheidenden Stelle ihrer Konkretisierung[1212] nicht gelungen, die konzilstheologische Solidaritätsperspektive durchzuhalten bzw. zumindest neben der Ordnungsperspektive fortzusetzen.[1213] Den einzelnen Punkten der ordnungsperspektivischen Agenda in Nr. 43 von *Sollicitudo rei socialis* lassen sich Punkt für Punkt solidaritätsperspektivische Ansätze gegenüberstellen: Was unter der „alten" Ordnungsperspektive als Reformappell und Kritik des internationalen Handelssystems artikuliert wird, findet unter der Solidaritätsperspektive sein Pendant in der Solidaritätspraxis einer Fair-Handels-Bewegung, was unter alter Diktion die Kritik des internationalen Finanzsystems ist, findet im Modell ethischer Geldanlagen von der Art der Ökumenischen Entwicklungsgenossenschaft Oikocredit[1214] sein solidaritätsperspektivisches Gegenüber, das Entstehen einer internationalen Zivilgesellschaft und das Bedeutungswachstum global tätiger Nichtregierungsorganisationen stellen sich nun dar als die solidarische Gegenperspektive zur Forderung nach Reform und Reorganisation der internationalen Organisationen.

Dass diese solidarischen Gegenentwürfe trotz ihrer teils klaren kirchlichen Anbindungen keinen Eingang in die päpstliche Sozialverkündigung gefunden haben, lässt sich mit dem zum damaligen Zeitpunkt womöglich geringen Bekanntheitsgrad innerhalb der römischen Kurie ausreichend erklären und findet in der Wahrnehmungspraxis der verschiedenen synodalen Prozesse in der deutschen katholischen Kirche eine eindeutige Parallele.[1215] Man mag dies zwar bedauern, wird jedoch in Rechnung

---

[1211] Vgl. Johannes Paul II.: Enzyklika *Sollicitudo rei socialis*, Nr. 39.

[1212] Vgl. Johannes Paul II.: Enzyklika *Sollicitudo rei socialis*, Nr. 43.

[1213] Ähnlich, wenngleich auf die Argumentationsformen hin bezogen, vgl. Gabriel: Kirchliche Sozialverkündigung, 82f.

[1214] Die Ökumenische Entwicklungsgenossenschaft Oikocredit wurde 1975 durch den Weltkirchenrat gegründet. Sie vergibt Kredite an Gruppen und Initiativen aus armen Bevölkerungsschichten, die auf dem freien Kapitalmarkt keine Gelder bekommen. Dieses Kreditangebot zu fairen Bedingungen soll die Partnerorganisationen in ihrer selbstbestimmten und nachhaltigen Entwicklung unterstützen. Darin wird eine Förderung sozialer und wirtschaftlicher Gerechtigkeit gesehen. Oikocredit ist eine Organisation der Entwicklungsfinanzierung. Zum Jahresende 2004 umfassten die weltweit 37 regionalen Förderkreise rund 24.000 Mitglieder (Privatpersonen, Kirchengemeinden, lokale Organisationen). Zusammen mit den 497 Kirchen und kirchlichen Organisationen, die Direktmitglieder sind, hatten sie ein Anteilskapital von 203,5 Mio Euro. Die 12.000 Mitglieder im deutschsprachigen Raum verfügten über ein Anteilskapital von 96,3 Mio Euro. Vgl. die Internetseite www.oikocredit.org.

[1215] Die Diözesansynode Rottenburg-Stuttgart 1985/86 und die Diözesansynode Hildesheim 1989/90 äußern sich ebenso wie die 1987 erschienene Enzyklika zu Entwicklungsfragen, haben eine Wahrnehmung des Weltwirtschaftssystems und sehen die Notwendigkeit eines veränderten Le-

stellen müssen, dass das päpstliche Rundschreiben auf das Aufzeigen einer konkreten Perspektive nicht hat verzichten können – wenngleich es dafür im Rahmen der Solidaritätsperspektive keine Beispiele gefunden zu haben scheint und demnach auf die Ordnungsperspektive hat ausweichen müssen.[1216] Dies wird man als eine verpasste Chance einer prophetisch-kraftvollen kirchlichen Sozialverkündigung ansehen dürfen, die mangels aufgezeigter Handlungsmöglichkeiten in der Breite kaum eine wirksame Rezeption nach sich gezogen haben dürfte.[1217]

5.2.2.3. Liebe statt Gerechtigkeit – Entpolitisierungstendenzen in der sozial-caritativen Lehre Benedikts XVI.

Angesichts dieses Entwicklungsstandes einer zur Solidaritätsperspektive sich wandelnden kirchlichen Soziallehre, die in Ermangelung entsprechender Konkretisierungen offenbar genötigt scheint, auf Elemente der „alten" Ordnungsperspektive zurückzugreifen, darf man gespannt sein, welche Weiterentwicklung der 2005 neu gewählte Papst Benedikt XVI. in diese Soziallehre einbringen wird. Es ist auffällig, wie zu Beginn dieses Pontifikats das Thema der Liebe und Barmherzigkeit eine wichtige Rolle in den Schriften und Botschaften einnimmt. Und so drängt sich die Frage nach Kontinuität und Diskontinuität seiner Lehräußerungen mit der beschriebenen Tradition kirchlicher Sozialverkündigung auf.

Bereits bei einem ersten Blick in seine Antrittsenzyklika *Deus Caritas est* (2005) wird ersichtlich, dass der neue Papst offenbar fast ohne Bezug auf das Zweite Vatikanische Konzil und dessen Pastoralkonstitution auskommt und ebenso wenig die Solidaritätslehre seines Vorgängers Johannes Paul II. rezipiert. Ist diese neueste päpstliche Soziallehre also tatsächlich nur wenig an die bisherigen Ausführungen anschlussfähig? Benedikts Antrittsenzyklika ist in ihrem zweiten Teil der Caritas als dem „Liebestun der Kirche" gewidmet und setzt sich in diesem Kontext auch mit der

---

bensstils. Eine ausdrückliche Wahrnehmung des Fair-Handels-Modells findet sich in ihnen noch nicht, dies setzt erst zu Beginn der 1990er Jahre ein. Sh. oben Kapitel 4.1.

[1216] Etwa hinsichtlich einem internationalen Schuldenerlass für die ärmsten Länder wird diese Forderung von Johannes Paul II. 1994 ganz eindeutig in der Sprache einer Solidaritätsperspektive in die Gesellschaft hinein formuliert und nicht in der Terminologie einer an die Staaten gerichteten Ordnungsperspektive. Er schreibt dort: „So werden sich […] die Christen zur Stimme aller Armen der Welt machen müssen, indem sie das Jubeljahr als eine passende Zeit hinstellen, um unter anderem an eine Überprüfung, wenn nicht überhaupt an einen erheblichen Erlass der internationalen Schulden zu denken, die auf dem Geschick vieler Nationen lasten." (Johannes Paul II.: Apostolisches Schreiben *Tertio millennio adveniente*, Nr. 51) Dies koinzidiert mit der späteren internationalen „Erlassjahr 2000"-Kampagne, vgl. www.erlassjahr.de. Bezüglich kirchlicher Stellungnahmen zum Thema vgl. Dabrowski u.a.: Das Insolvenzrecht für Staaten, 71-124. Dort wird auch die seit den 1980er forcierte innerkirchliche Auseinandersetzung mit dem Thema dokumentiert. Zu den Entschuldungskampagnen der kirchlichen Jugendorganisationen in den 1990-er Jahren vgl. Scheunpflug: Die Geschichte der entwicklungsbezogenen Bildungsarbeit, 69-72.

[1217] Josef Senft moniert die Verhältnisbestimmung von Selbsthilfesolidarität und Staatspflichten und erinnert an die Gefahr, dass erstere zum „Alibi für staatliche Untätigkeit […] missbraucht werden" könne, was in *Sollicitudo rei socialis* hätte „stärker zum Ausdruck gebracht werden können". Vgl. Senft: Über die weltweite soziale Verantwortung, 69f.

5.2.2. Die Solidaritätsethik der Konzilstheologie als Interpretationshorizont

Balance „zwischen dem notwendigen Ringen um Gerechtigkeit und dem Dienst der Liebe"[1218] auseinander. Die Beobachtung, dass die Bezüge auf Konzil und Vorgängerpapst weitgehend gering ausfallen und stattdessen die Tradition der päpstlichen Sozialdokumente ausführlich aufgerufen wird, spiegelt – gerade auch bezüglich der Verhältnisbestimmung von Gerechtigkeit und Barmherzigkeit – etwas vom inhaltlichen Programm der Antrittsenzyklika wider. Nicht nur die Tatsache, dass Benedikt XVI. dieses Verhältnis in der Form eines (überwunden geglaubten) Gegensatzes zum Thema macht, sondern auch, dass er in der Forderung nach Gerechtigkeit eine marxistische Infragestellung der christlichen Tugend der Liebe ortet, legt diese Bewertung nahe.[1219]

Papst Benedikt XVI. stellt zwar mit dem Verweis auf die „Autonomie des weltlichen Bereichs"[1220] einen Bezug zur Pastoralkonstitution des Konzils her, nimmt dann aber eine Dichotomisierung von Kirche und Welt vor, die der pastoralen Lehre des Konzils äußerst fremd ist.[1221] Dies wird insbesondere an der Polarität der Zuständigkeiten deutlich, die der Papst hinsichtlich Gerechtigkeit und Barmherzigkeit konstruiert: Während auf der einen Seite für Benedikt XVI. „der Aufbau gerechter Strukturen nicht unmittelbar Auftrag der Kirche ist, sondern der Ordnung der Politik – dem Bereich der selbstverantwortlichen Vernunft [[1222]] – zugehört" stellen auf der anderen Seite „[d]ie karitativen Organisationen der Kirche [...] ihr *opus proprium* dar, eine ihr ureigenste Aufgabe, in der sie nicht mitwirkend zur Seite steht, sondern als unmittelbar verantwortliches Subjekt selbst handelt".[1223] Zwar gesteht Benedikt XVI. ein, dass auch hinsichtlich der Gerechtigkeit sich die Kirche nicht gänzlich aus der Affäre ziehen könne, sieht jedoch deren Verantwortung diesbezüglich allein „mittelbar" in der wertepädagogischen Aufgabe, „zur Reinigung der Vernunft und zur Weckung der sittlichen Kräfte beizutragen".[1224] Doch an der Nichtzuständigkeit der Kirche für Gerechtigkeit lässt der Papst keinen Zweifel.[1225] Dass diese Zweiteilung jedoch nicht aufgeht, wird aus der Argumentation des Papstes selbst ersichtlich, indem er nämlich bezüglich des Rollenverständnisses der handelnden Personen in eine Zwickmühle gerät: Den „gläubigen Laien", die er hier also betont als Glieder der Kirche anspricht – es ist der einzige Zugriff, der ihm als Papst zusteht –, überträgt er „[d]ie unmittelbare Aufgabe, für eine gerechte Ordnung in der Gesellschaft zu wirken", wobei ihnen diese Aufgabe „als Staatsbürger" zu-

---

[1218] Benedikt XVI.: Enzyklika *Deus Caritas est*, Nr.28.
[1219] Vgl. Benedikt XVI.: Enzyklika *Deus Caritas est*, Nr. 26, wiederholt in Nr. 31b.
[1220] Benedikt XVI.: Enzyklika *Deus Caritas est*, Nr. 28a; mit Bezug auf *Gaudium et Spes* 36. Des weiteren gibt es noch zwei Konzilsnennungen (aus dem Laiendekret *Apostolicam Actuositatem* Nr. 8 und Nr. 14)
[1221] Vgl. dazu Fuchs: Wider das Totschweigen des politischen Kampfes, 340, der hierzu anmerkt dass eine „Verwandtschaft des Papstes mit der protestantischen Zwei-Reiche-Lehre [...] eine interessante Kuriosität" wäre. Vgl. auch Hilberath: Ein hohes Lied der Liebe, 161.
[1222] Sh. „Autonomie der irdischen Wirklichkeiten"; M.R.
[1223] Benedikt XVI.: Enzyklika *Deus Caritas est*, Nr. 29.
[1224] Benedikt XVI.: Enzyklika *Deus Caritas est*, Nr. 29.
[1225] Vgl. auch Beck: Deus Caritas est, 225.

komme, sich dieser Auftrag also dezidiert nicht aus ihrer Kirchenzugehörigkeit ableitet und sie eigentlich in anderer Rolle in die Pflicht genommen werden.[1226] Auf eine Kurzformel gebracht ergibt sich als Fazit, dass die Gesellschaft und der Staat für die Gerechtigkeit, die Kirche jedoch für die Liebe zuständig seien.

Wohl muss man dem Papst zugute halten, dass er mit Worten, die an Klarheit und Deutlichkeit nur wenig zu überbieten sind, die Diakonie als unverzichtbaren kirchlichen Grundvollzug der Kirche ausgesprochen und festgeschrieben hat.[1227] Gleichwohl darf man angesichts der vorangegangenen Lehrtradition der Kirche die genannten Aussagen als enttäuschend bezeichnen – zumal sie päpstliche und konziliare Aussagen zur Gerechtigkeit als einer Verantwortung der Kirche offensichtlich ignoriert und sich damit zu diesen in offenen Widerspruch begibt.[1228] Dies lässt sich daran belegen, dass die Enzyklika zwar aus dem Laiendekret *Apostolicam Actuositatem* des Konzils zitiert, jedoch die im selben Abschnitt dieses Dokuments formulierten Glaubwürdigkeitskriterien („Damit die Übung dieser Liebe über jeden Verdacht erhaben sei ...") völlig beiseite lässt.[1229] Der dabei wesentliche Bezug zur Gerechtigkeit diskreditiert jegliche vereinfachende Trennung von Gerechtigkeit und Caritas. Denn die Aussage der Konzilsväter ist eindeutig, wenn diese formulieren:

„Zuerst muss man den Forderungen der Gerechtigkeit Genüge tun, und man darf nicht als Liebesgabe anbieten, was schon aus Gerechtigkeit geschuldet ist. Man muss die Ursachen der Übel beseitigen, nicht nur die Wirkungen."[1230]

Dazu ist anzumerken, dass diese Aussage der Konzilsväter weder dem Sinn nach noch aus dem Kontext heraus auf das Laienapostolat beschränkt wird.[1231] Sie darf

---

[1226] Vgl. Benedikt XVI.: Enzyklika *Deus Caritas est*, Nr. 29. – Für eine weitergehende Kritik der Enzyklika mit Blick auf deren Politikbegriff sowie im Horizont des christlichen Einsatzes für Gerechtigkeit vgl. Fuchs: Wider das Totschweigen des politischen Kampfes! 335-344.

[1227] Vgl. Benedikt XVI.: Enzyklika *Deus Caritas est*, Nr. 25a. – Für sehr wohlwollende Würdigungen der Enzyklika vgl. Zulehner: Liebe und Gerechtigkeit, sowie aus caritaswissenschaftlicher Sicht Pompey: Zur Neuprofilierung der caritativen Diakonie der Kirche.

[1228] Siehe insbesondere die Widersprüche zur oben skizzierten Solidaritätslehre bzw. -theologie von Johannes Paul II.

[1229] Der Papst bezieht sich auf: 2. Vatikanisches Konzil: Dekret über das Laienapostolat „Apostolicam Actuositatem", Nr. 8. Es darf jedoch guten Gewissens behauptet werden, dass innerhalb des Gesamtduktus dieses Abschnitts der von Benedikt XVI. zitierte Satz gerade nicht das Zentrum und Anliegen des Konzilstextes trifft.

[1230] 2. Vatikanisches Konzil: Dekret über das Laienapostolat „Apostolicam Actuositatem", Nr. 8 – Dieser Gedanke hat auch Eingang gefunden in die EKD-Denkschrift von 1973: „Christliche Diakonie ist nicht nur dem notleidenden Einzelnen zugewandt. Es genügt auch nicht, Schäden und Mängel, die sich aus ungerechten Verhältnissen ergeben, nachträglich aus Gründen christlicher Barmherzigkeit zu lindern. Vielmehr gehören Barmherzigkeit und Gerechtigkeit, Dienst am Einzelnen und an der Gesellschaft, die Beseitigung der Ursachen sozialer Ungerechtigkeit sowie die Fürsorge für deren Opfer gleichermaßen unter die Botschaft des kommenden Gottesreiches." (Der Entwicklungsdienst der Kirche, Nr. 16)

[1231] So besteht der Gesamtkontext des Dekrets zwar in Lehraussagen über das Laienapostolat, allerdings wird darin das „Apostolat" gerade nicht exklusiv den Laien zugeordnet (vgl. Nr. 6) und ist auch „Aufgabe der ganzen Kirche" (Nr. 7) Die die o.g. Aussage einleitende Passage, in der „Liebe" als Basis des Apostolats eingeführt wird, bezieht sich ausdrücklich auf „alles apostoli-

5.2.2. Die Solidaritätsethik der Konzilstheologie als Interpretationshorizont

deshalb – und muss wohl auch – auf das caritative Tun der Kirche selbst angewendet werden. Kardinal Wojtyła hatte in seiner Konzilsstudie diese Glaubwürdigkeitskriterien eigens hervorgehoben und in ihnen eine generell gültige Einsicht darüber formuliert gesehen, „auf welche Weise" die Liebe „qualifiziert" sein müsse und „wie diese zu verstehen ist":

> „D[ies]er Konzilstext" – so Kardinal Wojtyła – „hebt das Grundkriterium hervor, wodurch man die Pflichten der Sozialmoral gewahren kann, die sich aus der Gerechtigkeit ergeben und die Liebe zur Grundlage haben."[1232]

Wenngleich also der neue Papst gewissermaßen eine Globalisierung der Solidarität würdigt und den Einsatz der staatlichen Stellen und humanitären Vereinigungen hervorhebt[1233], wenngleich er die Notwendigkeit einer gerechten Sozialordnung betont und dies der Verantwortung von Staaten und Laien überträgt, so wird doch deutlich, dass ihm das individuelle caritative Handeln an einem klar identifizierbaren Nächsten weitaus näher steht als die Veränderungen zugunsten einer gerechten Sozialordnung. Diese Beschränkung auf die individuelle Ebene lässt sich bereits in der Theologie des Theologen Joseph Ratzinger nachweisen, wie Detlef Schneider-Stengel gezeigt hat.[1234] Dabei verkörpere Ratzingers Theologie letzten Endes eine „Reduktion der Sozialethik auf die Individualethik".[1235]

Davon zeugt auch die *Botschaft zur Fastenzeit 2006*. Benedikt XVI. hat diesen Text unter das Bibelzitat „Als Jesus die vielen Menschen sah, hatte er Mitleid mit ihnen" (Mt 9,36) gestellt – also ausdrücklich die Barmherzigkeitsthematik aufgegriffen – und ausführlich die Enzyklika *Populorum Progressio* Papst Pauls VI. referiert – sich also klar der Entwicklungsproblematik gewidmet. Der Papst würdigt darin nicht nur diejenigen, die sich im Bereich von Medizin und Bildung zugunsten von Entwicklung einsetzen, sondern auch die, die dafür die Form von Mikrounternehmen gewählt haben. Anderseits ist das ökonomische und politische Feld aber offenbar kein Ort, an dem die Kirche selbst Verantwortung hätte. Vielmehr tritt der Papst – motiviert aus Mitleid – diesen gegenüber lediglich als sozial und religiös motivierter Bittsteller auf:

> „Zusammen mit Jesu Mitleid für die vielen sieht die Kirche es auch heute als ihre ureigene Aufgabe an, die Verantwortlichen in Politik, Wirtschaft und Finanzen zu bitten, eine Entwicklung zu fördern, die die Würde jedes Menschen beachtet."[1236]

---

sche Wirken", was insofern auch den Verständnishorizont der Konzilsväter bezüglich der Beziehung von Liebe und Gerechtigkeit darstellen muss (vgl. Nr. 8).

[1232] Wojtyła: Quellen der Erneuerung, 247.
[1233] Vgl. Benedikt XVI.: Enzyklika *Deus Caritas est*, Nr.30a.
[1234] Vgl. Schneider-Stengel: Das Kreuz der Hellenisierung, 65-67.
[1235] Schneider-Stengel: Das Kreuz der Hellenisierung, 67 – in Anschluss an Anzenbacher, Christliche Sozialethik.
[1236] Benedikt XVI.: Botschaft für die Fastenzeit 2006 vom 29.9.2005.

5. Deutungsparadigmen des Fairen Handels

Es gehört nicht viel dazu, festzustellen, dass diese Rolle des Bittstellers weder der Kirche als einem der größten *global player* entspricht, noch deren faktische Möglichkeiten als vielschichtig tätige Organisation ausschöpft. Auch hier ist das Verhältnis zur Konzilslehre eklatant. Das Konzil unterbreitet in der Pastoralkonstitution ein Angebot der Mitarbeit der Kirche[1237] und Johannes Paul II. spricht von der gegenseitigen Beteiligung und Mitarbeit an den Initiativen der jeweils anderen christlichen Konfessionen (die Katholiken ausdrücklich eingeschlossen).[1238] Derselbe Papst geht auch deutlich über seinen Nachfolger Benedikt XVI. hinaus, wenn er die „Verpflichtung ihres [der Kirche, MR] pastoralen Dienstes" erklärt und dabei deren Einsatz für Entwicklung gar mit dem sakramentalen Charakter der Kirche begründet.[1239]

Gewiss – man kann den zitierten Satz aus der Fastenbotschaft als Legitimation für die entwicklungspolitische Lobbyarbeit von kirchlichen Hilfswerken, Jugend- und Erwachsenenverbänden, Gemeinden und Basisgruppen oder Fair-Handels-Initiativen zugunsten verbesserter Handelsbedingungen und weltwirtschaftlicher Regelungen betrachten. Doch wird dies durch eine gleichzeitig schonungslose Kritik der Weltveränderer und Strukturverbesserer völlig konterkariert, wenn der Papst in seiner Enzyklika die „Ideologien der Weltverbesserung" und die „Mittel ideologisch gesteuerter Weltveränderung"[1240] anprangert. In der Fastenbotschaft 2006 geht er sogar noch einen Schritt weiter und geißelt die „Irrtümer" derer, die „nicht selten gedacht [haben], man müsse zuerst die Erde verbessern und dann an den Himmel denken" und er tut es als „Versuchung" ab, „angesichts drückender Zwänge zu meinen, man müsse zuerst die äußeren Strukturen verändern."[1241] Der Verwendung des Begriffs „Irrtum" in diesem Zusammenhang kommt grundsätzlichere Aussagekraft zu, bedeutet sie doch in der traditionellen kirchlichen Konzilssprache die Verurteilung einer bestimmten Lehre. Das Zweite Vatikanische Konzil hatte auf solche Verurteilungen jedoch fast vollständig verzichtet. Die einzige Ausnahme davon betrifft genau die hier vorliegende Thematik, wobei die Aussage Papst Benedikts zwar nicht der Aussage des Konzils widerspricht, jedoch nur dessen halbe Wahrheit wiedergibt. Denn die Pastoralkonstitution kritisiert in gleicher Weise und im selben Atemzug diejenigen, die „ihre irdischen Pflichten vernachlässigen".[1242]

[1237] Vgl. 2. Vatikanisches Konzil: Pastoralkonstitution *Gaudium et Spes*, Nr. 3.
[1238] Johannes Paul II.: Enzyklika *Sollicitudo rei socialis*, Nr. 32.1.
[1239] Vgl. Johannes Paul II.: Enzyklika *Sollicitudo rei socialis*, Nr. 31 sowie meine vorangegangenen Ausführungen in Kapitel 5.2.2.2.
[1240] Benedikt XVI.: Enzyklika *Deus Caritas est*, Nr. 33 bzw. 31b.
[1241] Benedikt XVI: Botschaft für die Fastenzeit 2006. Inhaltlich ähnlich, jedoch in den Formulierungen weitaus ausgewogener und keineswegs verurteilend (weil die Würde der Person in Abgrenzung von den Strukturen in den Mittelpunkt stellend) äußert sich hierzu die Instruktion *Libertatis conscientia* der Kongregation für die Glaubenslehre (1986), die unter dessen Präfekten Joseph Kardinal Ratzinger entstanden ist.
[1242] Die Passage in *Gaudium et Spes 43* lautet insgesamt: „Die Wahrheit verfehlen die, die im Bewusstsein, hier keine bleibende Stätte zu haben, sondern die künftige zu suchen, darum meinen, sie könnten ihre irdischen Pflichten vernachlässigen, und so verkennen, daß sie, nach Maßgabe der jedem zuteil gewordenen Berufung, gerade durch den Glauben selbst um so mehr zu

5.2.2. Die Solidaritätsethik der Konzilstheologie als Interpretationshorizont

Den Ausführungen von Schneider-Stengel zufolge ist diese Distanz zu den gesellschaftlich-sozialen Realitäten im Kontext des platonisch-neuplatonischen Denksystems des Theologen Ratzinger begründet. Dass diesem politisches Engagement „letztendlich zutiefst suspekt" bleibe, ist für Schneider-Stengel jedoch nicht zwangsläufig und lässt sich auch aus Ratzingers eigenem theologischen System heraus problematisieren.[1243] In diesem Kontext macht er darauf aufmerksam, dass Ratzingers Kreuzestheologie – einer der wesentlichen Grundpfeiler seines theologischen Systems – zwar für Themen wie Schuld und Sünde prädestiniert sei, es jedoch Ratzinger offenbar nicht gelinge, die politische, soziale bzw. sozialethische Dimension seiner Kreuzestheologie wahrzunehmen. Dies sei besonders zu bedauern, weil eine Kreuzestheologie durch diese thematischen Verflechtungen auch für die Sozialethik von großer Bedeutung sei. Die Minderung von Leid sei zwar Aufgabe der Christen, letztlich plädiere Ratzinger jedoch dafür, „Leid und Unrecht zu ertragen" und dieses „in der Hoffnung auf die erbarmende Liebe Gottes auszuhalten".[1244] Für den Theologen Ratzinger ist „Liebe" als Strukturprinzip gewissermaßen Fundament und roter Faden seiner Kreuzestheologie[1245], wodurch sich natürlich die Themenwahl seiner Antrittsenzyklika begründen lässt. Dass ihm als Papst Benedikt XVI. allerdings eine Integration des politischen Engagements in den pastoralen Auftrag der Kirche – im Sinne des Konzils und seines Vorgängers im Papstamt – nicht gelingt, hat seine Wurzeln in dessen Verständnis des Prinzips „Liebe". Es führt dazu, Liebe „mehr in ihrem Gegeneinander als in ihrem Miteinander" zur Gerechtigkeit zu begreifen[1246] und somit aus dem empfundenen Mitleid nicht mehr als caritative Konsequenzen ableiten zu können. Hinzu kommt, dass Benedikt XVI. – in der Tradition naturrechtlicher Argumentationshermeneutik – die vorgelegte Sozialethik aus philosophischen Erwägungen und Begriffsreflexionen ableitet und die Dramatik von Leid „mit keinem Wort"[1247] Eingang findet.

Insofern lässt sich resümierend feststellen, dass sowohl im Hinblick auf die Verhältnisbestimmung von Liebe und Gerechtigkeit als auch bezüglich der Beziehung von Glaube und sozialem und politischen Engagement, die vorangegangene Soziallehre

deren Erfüllung verpflichtet sind. Im selben Grade aber irren die, die umgekehrt meinen, so im irdischen Tun und Treiben aufgehen zu können, als hätte das darum gar nichts mit dem religiösen Leben zu tun, weil dieses nach ihrer Meinung in bloßen Kultakten und in der Erfüllung gewisser moralischer Pflichten besteht. Diese Spaltung bei vielen zwischen dem Glauben, den man bekennt, und dem täglichen Leben gehört zu den schweren Verirrungen unserer Zeit." Zu beachten ist, dass darin im Unterschied zu Benedikt XVI. nicht von einer Reihenfolge (wie das von Benedikt zweimal angeführte „zuerst") die Rede ist. Das Konzil verurteilt also nicht eine Prioritätensetzung, sondern die Leugnung einer Glaubensdimension – und zwar gleichrangig die Leugnung der sozialen Dimension wie die Leugnung der religiösen Dimension – was in dieser Klarheit und Selbstbegrenztheit bei Papst Benedikt XVI. nicht mehr erkennbar ist.

[1243] Vgl. Schneider-Stengel: Das Kreuz der Hellenisierung, 65f.
[1244] Vgl. Schneider-Stengel: Das Kreuz der Hellenisierung, 65.
[1245] Vgl. Schneider-Stengel: Das Kreuz der Hellenisierung, 57, 61.
[1246] Beck: Deus Caritas est, 224.
[1247] Beck: Deus Caritas est, 225. – Für die Fastenbotschaft 2006 wäre diese Kritik jedoch nicht zutreffend.

der Kirche bereits eine Positionierung entwickelt hatte, welche Papst Benedikt XVI. offensichtlich nicht zu teilen bereit ist. Dies betrifft insbesondere die Lehrentwicklungen in der Theologie des Konzils und in den Sozialenzykliken von Papst Johannes Paul II.[1248] Jedoch mit der Aussage, dass die Gestaltung einer gerechten Gesellschaftsordnung nicht unmittelbare Aufgabe der Kirche sei, unterbietet Benedikt XVI. sogar das, was Papst Leo XIII. 1891 in der Enzyklika *Rerum Novarum* und seine Nachfolger mit ihren jeweiligen Sozialenzykliken faktisch getan hatten: nämlich sich als Oberhaupt der Kirche mittels einer Lehre, also der Macht der Reflexion und des Wortes, für eine gerechtere wirtschaftliche und soziale Ordnung politisch zu engagieren[1249] und nicht mehr nur mit der Errichtung caritativer Institutionen auf die Nöte der jeweiligen Zeit zu reagieren[1250]. Die Ordnungsperspektive – um diese Begrifflichkeit wieder aufzugreifen – wird von Benedikt XVI. also nicht nur nicht eingenommen, sondern auch als eine kirchliche Verantwortung abgestritten. Bleibt also zu fragen, inwiefern die Solidaritätsperspektive eine Option des neuen Papstes darstellt. Die Liebesperspektive scheint die für Benedikt XVI. und seine Theologie treffende Variation der Solidaritätsperspektive zu sein. Die Feststellung jedoch, dass in der Enzyklika die Wahrnehmung von Lebensverhältnissen eigenartig dünn ausfällt[1251] und das Thema der Liebe von Grund auf mehr von der Seite des Liebenden als von der Seite des zu Liebenden angegangen wird, muss doch als eine Infragestellung der Solidaritätsperspektive gedeutet werden. Zu deren Qualität hatte nach Johannes Paul II. auch die Gerechtigkeitsdimension gezählt, welche Benedikt XVI. in seiner Enzyklika weit von der Kirche weist und für den christlichen Glauben nur ambivalent zu betrachten in der Lage ist.

5.2.2.4. Fairer Handel im Zusammenhang der Solidaritätsethik der Konzilstheologie

Die fundamentale Verantwortung von Menschen für andere Menschen wahrzunehmen, bedeutet eine Anforderung und Aufforderung zum Handeln und zum Engagement, was im Sinne von *Populorum progressio* gewissermaßen „Menschenpflicht" darstellt. Fairer Handel bietet ein Modell an, wie dies in bestimmten Kontexten wirtschaftlichen Handelns praktizierbar ist. Und selbst wenn dies auf andere Felder nicht unmittelbar oder analog übertragbar sein sollte, so artikuliert die Fair-Handels-Bewegung doch den Anspruch, dieser fundamentalen Verantwortung Rechnung zu tragen.

[1248] Den Versuch einer Einordnung der vorangegangenen Ausführungen in unterschiedliche theologische Paradigmen habe ich im Rahmen einer Kontrastierung mit der Theologie Jon Sobrino unternommen in Raschke: Liebestun der Kirche und Einsatz für Gerechtigkeit? 75-77.

[1249] Auch Christian Beck: Deus Caritas est, 226, meint, hinsichtlich des christlichen Umgangs mit Ungerechtigkeiten sei „[d]ie kirchliche Soziallehre bzw. Sozialethik ... entschieden weiter gegangen", führt allerdings nur die lateinamerikanischen Bischofsversammlungen von Medellin und Puebla an.

[1250] Vgl. Schneider-Stengel: Das Kreuz der Hellenisierung, 65.

[1251] Vgl. Beck: Deus Caritas est, 224f.

5.2.2. Die Solidaritätsethik der Konzilstheologie als Interpretationshorizont

In der Solidaritätsethik bündelt sich gewissermaßen die Grundüberzeugung der Fair-Handels-Bewegung, „dass etwas getan werden muss". Der Anspruch der konkreten Tat und der sichtbaren Veränderung im Horizont globaler weltwirtschaftlicher Zusammenhänge findet im Fair-Handels-Engagement einen passenden Resonanzkörper, der gerade deshalb ernst zu nehmen ist, weil der Solidaritätsgedanke hierdurch tatsächlich zum Klingen gebracht werden kann. Entscheidend sind dabei – um im Bild zu bleiben – nicht in erster Linie Lautstärke, Tonhöhe oder Klangfarbe, sondern die Hörbarkeit überhaupt. In der Solidaritätssemantik kommt die Umsetzungsdimension der Barmherzigkeit und Gerechtigkeit als direkte Praxis von Menschen in ihrem unmittelbaren Handlungsumfeld zum Tragen – in Unterscheidung von der Ordnungsethik, welche gerade kein unmittelbar beeinflussbares sondern eben ein strukturell (sprich: ordnungspolitisch) zu gestaltendes Feld betrifft.

Die Idee des Fairen Handels lebt wesentlich davon, dass sie Solidarität zu leben und zu konkretisieren sucht: Dies realisiert sich in den Bündnissen, die zwischen Menschen unterschiedlicher Herkunft geschmiedet werden, um der menschlichen Entfaltung und ganzheitlichen Entwicklung zu dienen. Hierzu zählen nicht nur die Zusammenarbeit von europäischen Fair-Handels-Akteuren mit ihren südländischen Partnern oder die Engagementmotive ehrenamtlich Tätiger in Verkauf und Bildungsarbeit. Hierzu zählen im Fairen Handel insbesondere auch die genossenschaftlichen Produzentenzusammenschlüsse, in denen die Mitglieder miteinander solidarisch sind und aus dieser Haltung heraus mehr zu erreichen erhoffen – für ihr eigenes Wohl und dasjenige ihrer Familien sowie ihrer Dörfer, Stadtteile und Regionen. Ebenso sind hier die privaten Produzentenunternehmen zu nennen, in denen sozial verantwortlichen Grundüberzeugungen ein hoher Stellenwert im Vergleich zu wirtschaftlichen und finanziellen Kenndaten eingeräumt wird.

Solidarisches Handeln kommt im Fairen Handel auch, jedoch nicht nur, als unterschwelliges Motiv zum Tragen, sondern wird insbesondere dort offensichtlich und konkret greifbar, wo nach den Bedürfnissen des Gegenübers gefragt wird (beispielsweise beim Angebot von Vorfinanzierung), wo Entgegenkommen praktiziert wird (etwa bei fehlerhafter Produktqualität) oder wo Verlässlichkeiten zugesichert werden (beispielsweise bei der Vereinbarung langfristiger Handelskontakte). Die einzelnen Grundsätze des Fairen Handels lassen sich als Konkretisierungen von Solidarität begreifen: sei es die Bevorzugung von Produzentinnen und Produzenten, die durch Volkszugehörigkeit, Geschlecht oder durch regionale Gegebenheiten benachteiligt sind, sei es die Unterstützung von deren Selbsthilfekräften und ihrer Selbstorganisationsfähigkeit, seien es Handelsvereinbarungen mit Vorfinanzierungsangeboten und langfristigen Perspektiven, sei es die Förderung von Produkten, die unter menschenwürdigen Arbeits- und umweltschonenden Herstellungsbedingungen angebaut oder gefertigt werden, sei es die Unterstützung möglichst weit gehender Verarbeitungsschritte im Herstellungsland oder sei es nicht zuletzt die Bezahlung gerechter Löhne und fairer Preise. In seinen Handels- und Zusammenarbeitskriterien ist das Konzept des Fairen Handels eine Elementarisierung des Solidaritätsprinzips – angewendet, spezialisiert und damit freilich auch begrenzt auf das Feld des Wirtschaftens und Handelns. Fairer Handel ist daher solidarisches Handeln, er praktiziert dies in Wirtschafts- und Handelskontexten – jedoch nicht umfassend sondern dort, wo Handel in der Perspektive einer globalen Entwicklungspartnerschaft betrachtet und getrieben werden kann. Gleichwohl ist er damit auch potentielles Vorbild für andere Wirtschafts- und Handelskreisläufe, wie dies die gegenseitige Ergänzung und Befruchtung von Fairem Handel und landwirtschaftlichen Regionalvermarktungsinitiativen hierzulande exemplarisch bestätigt.[1252]

Fairer Handel zeichnet sich in besonderer Weise dadurch aus, dass er diese solidarische Ebene in vielen Bezügen als Handlungsmöglichkeit anbieten kann – gerade auch über die Import-Export-Beziehung und damit den unmittelbaren Süd-Nord-Kontakt hinaus: Hierzulande beginnt in der Alltäglichkeit des persönlichen Konsums und des täglichen Einkaufs das solidarische Handlungsspektrum, das sich weiterspannt zur eigenen Mitarbeit in Fair-Handels- und Weltladengruppen, welche wiederum in unterschiedlicher Intensität und Funktion ausgeübt werden kann. Unterschiedliche Beteiligungsgrade lassen dabei nicht den Rückschluss auf unterschiedliche Solidarisierungsgrade zu, wenngleich zwischen aktiver Mitarbeit und Konsum die Möglichkeit besteht, sich in unterschiedlichem Maße der eigenen Solidarität bewusst zu sein.

Mit dem Anspruch der Verpflichtung zur Solidarität teilt der Faire Handel eine Grundüberzeugung Papst Johannes Pauls II., und zwar dergestalt, dass diese Solidaritätspflicht auch das persönliche Mitgefühl und die Ungeschuldetheit von Liebe und Barmherzigkeit umfasst, jedoch in dieser Dimension sich weder erschöpft noch zulasten der Gerechtigkeitsforderung geht. In der Solidarität werden vielmehr die Dimension des Mitgefühls und die Forderung nach strukturellen Konsequenzen mit dem Ziel wachsender Gerechtigkeit miteinander in Verbindung gebracht. Darin decken sich kirchliche Position und Praxis der Fair-Handels-Bewegung. Sie sind sich zudem einig, dass keine Aufsplittung von Zuständigkeiten in der Realisierung dieser Anforderungen getroffen werden darf. Die Verpflichtung zur Solidarität in ihrer Verbindung mit barmherzigem Mitgefühl und Handeln sowie mit Einsatz und Gestaltung von gerechten Abläufen und Ordnungen trifft jegliche Praxis von Menschen. Fairer Handel macht unabweisbar und kontinuierlich darauf aufmerksam, dass dieser Solidaritätspflicht im alltäglichen Handeln und Konsum Genüge getan werden kann – und im Sinne der katholischen Lehre auch getan werden muss: (Christliche und mitmenschliche) Solidarität beginnt mit dem Einkaufskorb.

[1252] Vgl. Eine Welt Netzwerk Bayern e.V. (Hrsg.): bio – regional – fair. Vgl. hierzu auch das in so genannten „Solidargemeinschaften" organisierte Regionalvermarktungsnetzwerk „Unser Land" in mehreren oberbayerischen Landkreisen – vgl. www.unserland.info

5.2.3. Die Widerstandsethik der Ökumenischen Bewegung und des Protestantismus als Interpretationshorizont des Fairen Handels: Das Fernziel der solidarischen Wirtschaftsordnung

Die bisherige Konzentration auf die katholische Sozialethik und insbesondere auf deren offizielle, lehramtliche Dokumente hat die ökumenische Dimension bedauerlicher Weise etwas zu kurz kommen lassen, welche für das Selbstverständnis innerhalb der Fair-Handels-Bewegung von Bedeutung ist. Im Folgenden soll diesem Mangel begegnet und auch von protestantischer und ökumenischer Seite ein Zugang über deren offizielle Dokumente eröffnet werden.

Für den protestantischen Bereich scheint die Identifizierung von als normativ angesehenen Dokumenten jedoch schwierig. Der protestantische Sozialethiker Jörg Hübner äußert die Einschätzung, in der evangelischen Kirche sei die sozialethische Position bezüglich der Globalisierung allgemein „stark bestimmt von der Position der ökumenischen Bewegung, die eine deutliche und scharfe Kritik vorträgt." Daneben gebe es „keine offizielle kirchliche Position in der evangelischen Kirche, die die Diskussion prägt" resümiert Hübner im Jahr 2003.[1253] Der Soesterberg-Brief der Konsultation des Ökumenischen Rates der Kirchen aus dem Jahr 2002, der wiederholt in landeskirchlichen Synodaldokumenten in Deutschland aufgegriffen wurde[1254], besitzt inzwischen offenbar solche debattenprägende Wirkung und dürfte diese Lücke derzeit vorerst geschlossen haben. Gleichwohl fällt es nicht leicht, in der Vielfalt von Papieren die entscheidenden internationalen Dokumente und Stellungnahmen aufzuspüren und in ihrer Verbindlichkeit und Charakteristik zutreffend einzuschätzen, um sie – vergleichbar dem vorangegangenen Umgang mit den konziliaren und päpstlichen Dokumenten des Katholizismus – umfassend und systematisch darstellen zu können. Ich begnüge mich daher mit einem im Vergleich eher skizzenhaften und kurz gehaltenen Überblick.

Dabei ist insbesondere auf einige neuere Dokumente aus dem Bereich des Lutherischen Weltbundes und des Ökumenischen Rates der Kirchen einzugehen[1255], die sich kritisch mit Fragen der Globalisierung beschäftigen und den Horizont eines gerechten Handels aufspannen. Sie entspinnen (und konkretisieren) die auf den ersten Blick faszinierende Vision einer „Wirtschaft im Dienst des Lebens"[1256]. Bis eine solche Vorstellung erarbeitet war, musste über Jahrzehnte hinweg ein Diskussionsprozess vorangehen, dessen Stationen und Positionen von Jörg Hübner ausführlich dargestellt

---

[1253] Hübner: Globalisierung – Herausforderung für Theologie und Kirche, 100.
[1254] Vgl. zur Rezeption in Deutschland oben Kapitel 4.1.4., zum Inhalt sh. unten Kapitel 5.2.3.3.
[1255] Da in dieser Thematik seit Ende der 1990er Jahre die protestantischen Dokumente offensichtlich (das ist auch inhaltlich erkennbar) in enger Verbindung mit den Diskussionen innerhalb der ökumenischen Bewegung entstanden sind, werden im folgenden die lutherischen sowie die ökumenischen Positionen im gemeinsamen zeitlichen Verlauf aufgegriffen.
[1256] Als Quelle für entsprechende weitere Befassungen mit der Thematik leistet auch die Internetseite www.globalisierungssynoden.de gute Dienste.

und eingeordnet werden. Hübner skizziert in seiner Studie einerseits die Positionsfindung der Ökumenischen Bewegung um den Jahrtausendwechsel als sozialethische Orientierung und beschreibt andererseits Begründungsmuster für eine globale Solidarität in der protestantischen Theologie des 19. und 20 Jahrhunderts. Darüber hinaus ist – in Ergänzung zu Hübners Darstellung – auf die drei Europäischen Ökumenischen Versammlungen im schweizerischen Basel 1989, im österreichischen Graz 1997 und im rumänischen Sibiu 2007 hinzuweisen, die sich (insbesondere in Basel und Graz) die Themen des *Konziliaren Prozesses für Frieden, Gerechtigkeit und Bewahrung der Schöpfung* zu eigen gemacht haben. Wenngleich deren Dokumente sich nicht in wirtschaftsethische Fragestellungen vertieft haben, so sind doch die Gerechtigkeitsthematik in Wirtschaftsbeziehungen, die Problematisierung der herrschenden Wirtschaftsordnung sowie die Suche nach einem nachhaltigen Lebensstil und nach Alternativen in der Globalisierung durchgängig als ökumenisch-christliche Grundüberzeugungen artikuliert.[1257]

5.2.3.1. Dokumente und Diskussionsanstöße in der Ökumenischen Bewegung 1968 bis 1998

Ein weltweit wichtiges Grunddatum der ökumenischen Auseinandersetzung mit globalen Fragen und Herausforderungen stellte zunächst 1968 die Vierte Vollversammlung des Ökumenischen Rates der Kirchen in Uppsala dar, die als ein „Wendepunkt" in der theologischen Auseinandersetzung mit dem neuen globalen Bewusstsein eingeordnet werden kann, in welchem die politische und strukturelle Dimension von Entwicklung gegenüber dem Hilfeaspekt in den Vordergrund gerückt ist.[1258] Darin begreife sich die Ökumenische Bewegung als ein „Gegenüber zur Welt" und „Weltgewissen", trete in Opposition zum globalen Finanz- und Wirtschaftssystem, artikuliere ihre Ansprüche jedoch ausschließlich auf der Ebene der Politik, nicht aber auf der der Wirtschaftsbeziehungen – so Jörg Hübners Einschätzung: „Eine sozialethische Bearbeitung der ökonomischen Problemfelder erfolgt in Uppsala nicht."[1259] Virulent geblieben ist die Auseinandersetzung mit dem Globalisierungshorizont innerhalb des ÖRK zunächst auf der Ebene von Fachgremien und Konferenzen, insbesondere der Weltmissionskonferenz in Melbourne 1980 und auf Arbeitsgruppenebene bei der Vollversammlung in Vancouver 1983. Wesentlich für die Formulierung einer ökumenischen Position zur Herausforderung der Globalisierung war

---

[1257] Vgl. im Dokument von Basel die Nr. 72 und 84a; 85. (Vgl. Erste Europäische Ökumenische Versammlung: Frieden in Gerechtigkeit.) – Im Basistext von Graz sei verwiesen auf die Absätze A27, A28, A31 sowie auf die Handlungsempfehlung 6, insb. 6.3, in der der Faire Handel ausdrücklich als Stichwort fällt. (Vgl. Zweite Europäische Ökumenische Versammlung: Das christliche Zeugnis für die Versöhnung.) – Die Botschaft von Sibiu 2007 enthält eine knappe generelle Empfehlung (Nr. IX) zur „Unterstützung von Initiativen zum Erlass der Schulden und zur Förderung des gerechten Handels." (Vgl. Dritte Europäische Ökumenische Versammlung: Das Licht Christi scheint auf alle!)
[1258] Vgl. Hübner: Globalisierung – Herausforderung für Theologie und Kirche, 120.
[1259] Hübner: Globalisierung – Herausforderung für Theologie und Kirche, 121.

5.2.3. Widerstandsethik als Interpretationshorizont

dann wiederum das Jahr 1998, als bei der Vollversammlung des ÖRK in Harare, der Hauptstadt Simbabwes, zwei Initiativen aufgegriffen wurden. Zunächst hatte ein Autorenkreis um den früheren ÖRK-Generalsekretär Philip Potter einen offenen Brief „Globalen Mächten widerstehen" lanciert. Zivilgesellschaft und solidarische Basisgruppen sollten „eine globale Gegenkultur gegen die aufgezwungene neoliberale finanzökonomische Globalisierung aufbauen und die Dynamik des weltweiten Kapitalismus brechen", fasst der Sozialethiker Hübner den Inhalt des Briefes zusammen.[1260] Ebenfalls im Juni 1998 veröffentlicht wurde das maßgeblich von dem protestantischen Theologen Ulrich Duchrow geprägte und die Linie des offenen Briefes weiterführende „Europäische Kairos-Dokument für ein sozial gerechtes, lebensfreundliches und demokratisches Europa". Schwerpunkt dieses Dokuments war es, die transnationalen Konzerne als Verantwortliche der negativen Entwicklungen anzuprangern.[1261]

Beide Dokumente hatten großen Einfluss auf die Beschlussfassung der Achten ÖRK-Vollversammlung in Harare im Dezember 1998. Dem entspricht in der verabschiedeten Position des ÖRK die pointierte Gegenüberstellung der „globalisierten Oikumene der Herrschaft" und der „Oikumene des Glaubens und der Solidarität", weshalb christlicher Glaube sich „gegen die Dominanz wirtschaftlicher und kultureller Globalisierung" zur Wehr setzen und Widerstand zu leisten habe und sich aus dem Glauben heraus mit dem Phänomen der Globalisierung auseinandersetzen müsse.[1262]

5.2.3.2. Der Lutherische „Aufruf zur Beteiligung an der Verwandlung der wirtschaftlichen Globalisierung"

Bei den Lutheranern wurde die Auseinandersetzung mit der Globalisierung nach der Jahrtausendwende intensiviert: Der Lutherische Weltbund (LWB) veröffentlichte 2002 einen „Aufruf zur Beteiligung an der Verwandlung der wirtschaftlichen Globalisierung", welcher vom LWB-Rat im September 2002 bestätigt wurde. Darin wurden die Mitgliedskirchen des Lutherischen Weltbundes, aber auch Partnerorganisationen und Institutionen aufgefordert, sich mit den aus der wirtschaftlichen Globalisierung erwachsenden theologischen und ethischen Herausforderungen zu beschäftigen. Reaktionen sollten in die Vorbereitung der Zehnten LWB-Vollversammlung im Juli 2003 im kanadischen Winnipeg einfließen. Der Aufruf bewegt sich inhaltlich nahe am Denkhorizont der vorangegangenen internationalen ökumenischen Dokumente: So stellt der lutherische Aufruf fest, dass „insbesondere durch die Vorherrschaft des neoliberalen Paradigmas ein neues Stadium" des Handels und der internationalen Beziehungen erreicht worden sei, dessen Bestimmungen häufig ihre Auswirkungen auf Menschenrechte, menschliches Zusammenleben und Umwelt nicht

---

[1260] Vgl. Hübner: Globalisierung – Herausforderung für Theologie und Kirche, 102.
[1261] Vgl. Hübner: Globalisierung – Herausforderung für Theologie und Kirche, 103f.
[1262] Vgl. Achte ÖRK-Vollversammlung. Globalisierung, in: epd-Entwicklungspolitik Nr.1/1999, S. 38-42, 38 – zitiert nach Hübner: Globalisierung – Herausforderung für Theologie und Kirche, 105.

ausreichend berücksichtige.[1263] Wirtschaftliche Globalisierung tangiere und dominiere zunehmend auch kulturelle und andere nichtökonomische Dimensionen des menschlichen Daseins.[1264] Im Gegensatz dazu positioniert das Dokument den Gedanken einer „Globalisierung der Solidarität" und fordert einen Übergang „von Hilflosigkeit zu Verantwortung" – gerade auch in wirtschaftlichen Fragen – ein, den die Autoren als ein gesellschaftliches Interesse begründen und damit aus der Versuchung einer privatistischen Entschärfung beabsichtigen zu befreien:

> „Wir können unsere Entscheidungen, unseren Lebensstil und unsere Verhaltensweisen, die Auswirkungen auf das Wirtschaftsleben haben, nicht länger als Privatsache, als 'unsere eigene Angelegenheit' ansehen. Wir müssen uns immer wieder fragen, welche Rolle unsere diesbezüglichen Entscheidungen und Verhaltensweisen bei der Verwandlung der wirtschaftlichen Globalisierung spielen können, insbesondere im Hinblick auf unsere Nächsten in aller Welt, die von den Auswirkungen dieser Entscheidungen und Verhaltensweisen negativ betroffen sind."[1265]

Diese Position als auch den gesamten „Aufruf zur Beteiligung an der Verwandlung der wirtschaftlichen Globalisierung" hat sich dann auch die Vollversammlung des LWB in Winnipeg zu Eigen gemacht. In ihrer Botschaft „Die wirtschaftliche Globalisierung verwandeln" beklagt die Vollversammlung, dass die wirtschaftliche Globalisierung den verheißenen Wohlstand weithin schuldig geblieben sei. Stattdessen löse sie in weiten Bevölkerungskreisen ein Gefühl der Hoffnungslosigkeit aus und bilde die Ursache von Leid, Elend und Not, bis hin zum Tod von Menschen.[1266] Mit Bezug auf Martin Luther wird demgegenüber hervorgehoben, dass wirtschaftliches Handeln dem Wohl der Menschen dienen müsse. Andernfalls – gerade wenn es zu Lasten der Schwächsten gehe – müssten die dafür verantwortlichen wirtschaftlichen Praktiken „verworfen und durch Alternativen ersetzt werden".[1267] Die Vollversammlung spricht daher von der „Vision einer Wirtschaft, die dem Leben dient", welche sie ökumenisch weiterverfolgt wissen will.[1268]

Auf dem Hintergrund dieser Ist-Stands-Wahrnehmung und Lagebeurteilung hinsichtlich der wirtschaftlichen Globalisierung geht die Vollversammlung für den Lutherischen Weltbund eine Selbstverpflichtung ein. Er sieht die eigene Kirche in der Verantwortung, „an der Verwandlung der wirtschaftlichen Globalisierung mitzu-

---

[1263] Vgl. Lutherischer Weltbund: Aufruf zur Beteiligung an der Verwandlung der wirtschaftlichen Globalisierung, 3.
[1264] Vgl. Lutherischer Weltbund: Aufruf zur Beteiligung an der Verwandlung der wirtschaftlichen Globalisierung, 5.
[1265] Lutherischer Weltbund: Aufruf zur Beteiligung an der Verwandlung der wirtschaftlichen Globalisierung, 10.
[1266] Vgl. LWB-Vollversammlung: Botschaft „Die wirtschaftliche Globalisierung verwandeln", Nr. 58.
[1267] LWB-Vollversammlung: Botschaft „Die wirtschaftliche Globalisierung verwandeln", Nr. 61.
[1268] LWB-Vollversammlung: Botschaft „Die wirtschaftliche Globalisierung verwandeln", Nr. 62.

5.2.3. Widerstandsethik als Interpretationshorizont

wirken"[1269]. Im Vollzug dieses Auftrags sind die lutherischen Kirchen aufgefordert, „mit der Zivilgesellschaft Partnerschaften einzugehen, besonders im Rahmen von Bestrebungen, die die prophetische Rolle der Kirchen bei der Förderung von Gerechtigkeit und Menschenrechten anerkennen". Die Reflexion auf die prophetische Rolle der Kirchen artikuliert hier nicht nur deren Führungsanspruch in Fragen der Mitmenschlichkeit, sondern lässt auch erkennen, dass die eigene Vorbildfunktion wahrgenommen und gewünscht ist. Diesbezüglich sind in der Botschaft der Vollversammlung weder Fragen des Handels, noch der Verschuldung oder der Militarisierung ausgeklammert. Der Bewusstseinsbildung der eigenen Mitglieder im Bereich der wirtschaftlichen Globalisierung wird dabei eigens Bedeutung beigemessen. Damit solle die Grundlage dafür gelegt werden, dass die Mitglieder der Kirchen selbständig am Auftrag zur Veränderung des wirtschaftlichen Globalisierungsprozesses mitwirken und darauf zielende konkrete Maßnahmen ergreifen können.[1270]

5.2.3.3. Der Brief der Soesterberg-Konsultation zu einer „Wirtschaft im Dienst des Lebens"

Parallel zu den Auseinandersetzungen in den lutherischen Kirchen, schritt auch der ökumenische Diskussionsprozess voran. Im Juni 2002 wurde im niederländischen Soesterberg eine Konsultation zur Herausforderung einer „Wirtschaft im Dienst des Lebens" veranstaltet. Auf Einladung eines breiten Trägerbündnisses[1271] versammelten sich mehr als 80 Vertreterinnen und Vertreter westeuropäischer Kirchen sowie Gäste von Kirchen anderer Kontinente, des Vatikan und von ökumenischen Organisationen.

Die Konsultation in Soesterberg verstand sich eingebettet in einen fortlaufenden Prozess, in welchem sich verschiedene Kirchen und Kirchenebenen den Auswirkungen der ökonomischen Globalisierung widmeten und auf die ihnen damit gestellten Herausforderungen eine Antwort suchten. Insofern bündelt der von der Konsultation verabschiedete „Brief an die Kirchen in Westeuropa" auch die verschiedenen Diskussionsprozesse in den beteiligten Kirchen. Er zielt dabei letztlich auf eine weitere Intensivierung und Verstetigung der Auseinandersetzung mit diesen Fragen mit dem Ziel, die Verantwortungsübernahme der Kirchen angesichts der wirtschaftlichen Globalisierungsprozesse zu vertiefen. Dem Soesterberg-Brief ist freilich sein Charakter als Positionspapier anzumerken, welches mehr einem Katalog mit stichpunktartig aneinander gereihten und inhaltlich teils mehr angerissenen als argumen-

---

[1269] Dieses und folgende Zitate: LWB-Vollversammlung: Botschaft „Die wirtschaftliche Globalisierung verwandeln", Nr. 63.
[1270] Vgl. LWB-Vollversammlung: Botschaft „Die wirtschaftliche Globalisierung verwandeln", Nr. 63.
[1271] Dem Trägerbündnis gehörten der Ökumenische Rat der Kirchen, der Reformierte Weltbund, der Lutherische Weltbund, die Konferenz Europäischer Kirchen sowie der Europäische Gebietsausschuss des Reformierten Weltbundes an.

tativ begründeten Forderungen ähnelt, als der typischen Ausgewogenheit protestantischer Denkschriften oder päpstlicher Rundschreiben.

Dieser Charakter allerdings ermöglicht dem Konsultationspapier eine teils dramatische Konkretheit der globalisierungsbedingten Fragestellungen und spricht die Adressaten (d.h. die Kirchen in Westeuropa) teils provozierend direkt an. In dem sechsseitigen Dokument wird nicht weniger als nach Möglichkeiten gefragt, die „neoliberale Globalisierung [zu] überwinden", weil dies für ein „Leben in Fülle für alle Menschen und die ganze Schöpfung" als notwendig erachtet werde.[1272] „Märkte und Geld" müssten der Befriedigung menschlicher Bedürfnisse dienen und „zum Aufbau der menschlichen Gemeinschaft" eingesetzt werden, doch in der Logik der Neoliberalisierung würden andere beherrschende Prioritäten wahrgenommen. „Um der Integrität ihrer Gemeinschaft und ihres Zeugnisses willen, sind Kirchen aufgerufen, gegen die neoliberale Wirtschaftslehre und -praxis aufzutreten und Gott zu folgen"[1273] formuliert der Soesterberg-Brief seine Überzeugung und den an die Kirchen gestellten Auftrag.

Die Fragen, die die Soesterberg-Konsultation aufgeworfen und mittels ihres Briefes an die Kirchen in Westeuropa weitergereicht hat, richten sich nicht nur auf das wirtschaftliche und politische System als solches. Sie tangieren in besonderer Weise auch die Rolle der Kirchen innerhalb von Staat, Politik und Wirtschaft und hinterfragen auch intern die wirtschaftliche Praxis, den Umgang mit Geld oder die ökologische Verantwortung im kontinuierlichen kirchlichen Handeln selbst: „Wie gehen unsere Kirchen mit ihrem eigenen Geld um, mit ihren Pensionskassen, Investitionen und Immobilienbesitz? Welche Form des Konsums und welchen Lebensstil praktizieren und fördern wir?"[1274] Auch hinsichtlich der Wirtschaftspolitik werden Fragen gestellt: „Wie bilden wir Bündnisse mit sozialen Bewegungen, die Regierungen aufrufen, für das Gemeinwohl und für die Wiederherstellung gerechter und nachhaltiger politischer und sozialer Rahmenbedingungen für wirtschaftliche Aktivitäten zu sorgen?"[1275]

Dabei beschränkt sich der Soesterberg-Brief nicht nur darauf, diese Fragen an die Kirchen zu richten; er formuliert auch Forderungen an politische Institutionen (EU, UN) und an die Zivilgesellschaft, etwa zu den Themenbereichen Schuldenfrage, Finanzsystem und Geschäftswelt. So stellt er die Forderung nach einer „Reform der internationalen Finanzarchitektur" auf, zielt auf eine Erhöhung von Entwicklungshilfegeldern und schlägt den Kirchen konkret den „Beitritt zur Bewegung für sozial verantwortliche Investitionen, ethisches Investieren und ethisch-ökologische Fonds" vor. Der Soesterberg-Brief artikuliert die Erwartung an eine „wachsende Verantwortung der einzelnen Konsumenten hinsichtlich Gütern, Finanztransaktionen, Dienstleistungen – wie dokumentiert in 'Einkaufen für eine bessere Welt'." Er fordert eine

---

[1272] Vgl. Brief der Soesterberg-Konsultation an die Kirchen Westeuropas, S. 2.
[1273] Brief der Soesterberg-Konsultation an die Kirchen Westeuropas, S. 2.
[1274] Brief der Soesterberg-Konsultation an die Kirchen Westeuropas, S. 3.
[1275] Brief der Soesterberg-Konsultation an die Kirchen Westeuropas, S. 3.

5.2.3. Widerstandsethik als Interpretationshorizont

„stärkere Unterstützung von Kirchen für andere Formen, Geschäfte zu betreiben, mit höheren sozialen Erträgen, die Idee einer ökologischen und sozialen Komponente im Geschäftsleben – wie verwirklicht im Fairen Handel, Oikocredit, der Gemeinschaftswirtschaft der Focolare Bewegung, etc."[1276] Unterstrichen werden diese Forderungen durch detaillierte Forderungen nach entsprechenden Wirtschafts- und Finanzmarktinstrumenten, welche das Praktizieren solcher Erwartungen fördern und unterstützen sollen.

5.2.3.4. Die Vision einer „Alternativen Globalisierung" des Ökumenischen Rats der Kirchen

In der Folge dieser Beschlussfassung initiierte der Ökumenische Rat der Kirchen einen sogenannten AGAPE-Prozess. Das Akronym AGAPE steht für „Alternative Globalisation Adressing People and Earth" (Alternative Globalisierung im Dienst von Menschen und Erde). Dieser Prozess versteht sich als Antwort auf die Frage „Wie leben wir unseren Glauben im Kontext der Globalisierung?", welche bereits bei der ÖRK-Vollversammlung in Harare 1998 aufgeworfen worden war. Zur Vorbereitung auf die ÖRK-Vollversammlung 2006 in Porto Alegre wurde im Jahr zuvor ein umfangreiches „Hintergrunddokument" vorgestellt. Visionshorizont ist auch hier eine „Wirtschaft im Dienst des Lebens", welche sich der neoliberalen Ideologie widersetzen soll. Zu ihren Merkmalen heißt es unter dezidiert theologischer Bezugnahme:

> „Ein Wirtschaften aus der Gnade Gottes verlangt, dass wir mit der Fülle des Lebens gerecht, teilhabend und nachhaltig umgehen; Die Ökonomie Gottes ist eine Wirtschaft des Lebens, welche das Teilen, die weltweite Solidarität, die Menschenwürde sowie die Liebe und die Sorge für die Integrität der Schöpfung fördert; [...] Gottes Gerechtigkeit und ihre vorrangige Option für die Armen sind die Merkmale der Ökonomie Gottes."[1277]

Aus der theologisch begründeten Breite und Universalität leitet sich davon offenbar ein fundamental ganzheitlicher – ja hehrer – Anspruch an wirtschaftliches Leben ab. Letztlich geht es um eine umfassende Vision von Wirtschaft, in welcher sich am Ende menschliches Leben harmonisch und zukunftsgerecht spiegeln muss: Zusammenarbeit, Gegenseitigkeit und Solidarität bilden dem AGAPE-Dokument zufolge entscheidende Grundpfeiler des Wirtschaftens im Dienst des Lebens, „denn sie überwindet soziale Spaltungen; verbindet Menschen und Ressourcen zum Wohle jedes Einzelnen und jeder Gruppe in der Gesellschaft; [und] verlangt eine rechenschaftspflichtige Solidarität und anerkennt damit, dass wir untereinander und mit der ganzen Schöpfung aufs engste verbunden sind [...]". Einer solchen Wirtschaft traut das AGAPE-Dokument zu, dass sie „Brücken [schlägt], wo Gräben entstanden sind, und

---

[1276] Alle Zitate: Brief der Soesterberg-Konsultation an die Kirchen Westeuropas, S. 4.
[1277] Ökumenischer Rat der Kirchen [...]: Alternative Globalisierung, 7.

vereint was getrennt wurde", dass sie „Kapital durch Arbeit, Wissen und Kreativität als treibende Kraft der wirtschaftlichen Tätigkeit" zu ersetzen vermöge.

Es sind umfassende Hoffnungen und immense Erwartungen, die auf eine alternative Wirtschaftsform hier gesetzt werden und in denen sich massive Unzufriedenheit und Kritik am bestehenden Wirtschaftssystem und seinen Optionen und Prioritäten artikuliert. Nicht zuletzt ist diese Perspektive darauf ausgerichtet, den menschlichen Bedürfnissen im Rahmen des Wirtschaftens wieder Raum und Recht zu gewähren: Als Kriterium dafür dient, wenn „die Menschen selbstverantwortlich und fähig genug [sein können], um für ihren eigenen Lebensunterhalt und den ihrer Gemeinschaft zu sorgen, ihre eigene Geschichte zu schreiben und ihre eigenen Begabungen und Potenziale zu entwickeln". Individuelle und soziale Rechte müssten als Grundlagen von Entwicklungsanstrengungen und deren Planung und Umsetzung beachtet und respektiert werden.

> „Die Wirtschaft des Lebens ist kein Selbstzweck, sondern ein Mittel zur Heilung und zur Weiterentwicklung des Einzelnen, der Gesellschaften und der Erde. Mit einer solchen Wirtschaft wird agape in die Praxis umgesetzt."[1278]

Dies – das wird im AGAPE-Dokument deutlich benannt – beschränkt sich keineswegs auf einen lokalen Nahbereich, in welchem diese Ansprüche eventuell realistischer erscheinen mögen. Vielmehr wird auch auf ihre weltumspannende Dimension abgehoben und in dieser der Bewährungshorizont gesehen:

> „Eine Wirtschaft, die auf Zusammenarbeit, Gegenseitigkeit und Solidarität beruht, ist eine Wirtschaft des Lebens, denn sie […] ermöglicht es Einzelpersonen, Gemeinschaften und Nationen, gemeinsam eine Globalisierung auf der Basis der Solidarität aufzubauen."

Diese positive und doch allgemein gehaltene Vision bleibt jedoch nicht auf der Ebene abstrakter Hoffnungen und Wünsche stehen. Sie wird durchaus mit konkreten Anforderungen und Umsetzungsmöglichkeiten gefüllt. Im hier vorliegenden Themenhorizont soll insbesondere auf die Ausführungen zum „Gerechten Handel"[1279] Bezug genommen werden.

Die bereits für das Wirtschaften generell in Anspruch genommene Dimension der Gegenseitigkeit wird für den wirtschaftlichen Teilbereich des Handels erneut aufgegriffen – sie erscheint hier in noch stärkerer logischer Begründungskraft wie zuvor und wird nun nicht so sehr in den Bezug zu Gott gestellt, sondern in der religiösen Tradition der Bibel (es wird speziell die Wirtschafts- und Sozialprophetie des Amos angeführt) verankert:

> „Handel besteht aus Beziehungen und Austausch von Waren und Dienstleistungen. Agape fordert gerechte Beziehungen, die von Gegenseitigkeit, Vertrauen,

---

[1278] Ökumenischer Rat der Kirchen […]: Alternative Globalisierung, 10.
[1279] Vgl. Ökumenischer Rat der Kirchen […]: Alternative Globalisierung, 18-23.

5.2.3. Widerstandsethik als Interpretationshorizont

Respekt und Solidarität geprägt sind. Gerechte Handelsbeziehungen sind ein biblischer Grundsatz."[1280]

Daraus wird eine besondere Bedeutung und Rückwirkung auf das Innen der christlichen Gemeinschaft begründet. Indem christliches Agieren und wirtschaftliche Dimension gemeinsam thematisiert werden, werden sie in gegenseitiger Einflussnahme und Abhängigkeit gesehen zugleich als gestaltbar verstanden. Der Wahrnehmung von Verantwortung kommt dabei die Vermittlungsrolle zwischen ethischen Ansprüchen und glaubwürdigem Handeln zu:

> „Die christliche Gemeinschaft ist berufen, bei sich selbst einen noch radikaleren Maßstab des Teilens und der Solidarität anzuwenden und eine rein auf die Geldvermehrung bezogene Sichtweise zu verwerfen. Ähnlich wie das Abendmahl ist agape ein Symbol und ein Zeichen für liebende Beziehungen, die auf Selbstlosigkeit und dem Teilen des Brotes mit allen beruhen. In einer 'agape-Wirtschaft der Solidarität und des Teilens' ergeben sich die wirtschaftlichen Beziehungen aus den Gnadengaben Gottes, die uneingeschränkt geteilt werden. Dies ist der Kern einer Spiritualität der Verwandlung, die zu gerechten Beziehungen in Konsum, Produktion und Handel führt."

Deshalb müsse das Handelssystem sich von bestimmten Zielen leiten lassen: die Produktion, der Austausch von Waren und Dienstleistungen (der Handel) sowie deren Konsum unterstehen der Maxime, „ethisch, nachhaltig und gerecht sein und die Bedürfnisse der ganzen Menschheit und der Erde decken" zu müssen. Internationaler Handel wird darin als ein nur kleiner Aspekt des Handels insgesamt identifiziert und den anderen Aspekten und Ebenen des Handels vorrangige Bedeutung zugewiesen, weil sie „für die unterdrückten und ausgebeuteten Menschen auf dieser Welt relevanter" seien.

In der Folge wird im AGAPE-Hintergrunddokument eine Differenzierung eingeführt, welche zwischen Fairness und Gerechtigkeit eine deutliche Abstufung vollzieht. Diese Nuance, die gleichwohl nicht die zuvor genannte Unterscheidung von aufeinander folgenden Schritten des Wirtschafts-, Handels- und Verbrauchsprozesses aufnimmt, ist als die indirekte Formulierung eines (höheren) ethischen Anspruchs zu verstehen:

> „Fairer Handel ist bereits ein wichtiger Schritt, da er Ungleichheiten im Handel erkennt. Doch für Gerechtigkeit ist wesentlich mehr nötig. Daher sprechen wir lieber von gerechtem Handel, der vom Gefühl der Solidarität und der Sorge um unsere Erde getragen wird, ein Gefühl, das über das Mit-Leiden hinausgeht. Gerechter Handel, der auf dem lokalen, nationalen und internationalen Austausch von Waren und Dienstleistungen beruht und andere lebensfreundliche wirtschaftliche Tätigkeiten ergänzt, bietet einen fruchtbaren Ansatz für wirtschaft-

---

[1280] Dieses und die folgenden Zitate: Ökumenischer Rat der Kirchen [...]: Alternative Globalisierung, 18.

liche Stärkung und Gerechtigkeit. Gerechter Handel kann das Leben vieler Menschen von Grund auf ändern."[1281]

Aus dieser Sicht wird gegenüber der Welthandelsorganisation auch der Anspruch auf dem Genüge leistende Handelsregeln erhoben. Ernährungssicherheit müsse durch Ernährungssouveränität abgelöst werden, weil es „zu Gottes Wirtschaft der Solidarität und der Gerechtigkeit [...] gehört, dass die Menschen in der Welt das Recht haben, ihre eigenen Nahrungsmittel zu produzieren".[1282]

Das AGAPE-Hintergrunddokument, das auch den bisherigen ökumenischen Weg der Urteilsbildung zu einer christlich verantworteten Ökonomie nachzeichnet und damit eine hervorragende Quelle für das Verständnis einer ökumenischen Zukunftsperspektive auf die wirtschaftliche Globalisierung darstellt, schließt nicht zuletzt mit einer Auflistung konkreter Maßnahmen und Schritte.[1283] Beachtenswert sind darin insbesondere Ausführungen, die die kirchliche und christliche Verantwortung eindeutig und nachdrücklich im Zusammenwirken mit den anderen gesellschaftlichen Akteuren betonen: So werden die Kirchen „ermutigt, mit sozialen Bewegungen und Gewerkschaften, die sich für menschenwürdige Arbeit und gerechte Löhne einsetzen, Bündnisse zu schließen; [... und] solidarische Ökonomien zu unterstützen und weiterzuentwickeln, namentlich indem sie aus bestehenden Initiativen und Netzwerken für eine solidarische Wirtschaft, öffentlichen Politiken zur Förderung einer Ökonomie der Solidarität, der Gemeinschaftsökonomie [...] lernen und andere Initiativen [...] weiterentwickeln".[1284]

Der zuletzt genannten Passage zufolge rät das AGAPE-Dokument den Kirchen dazu, bestehende Modelle „weiterzuentwickeln", diese also zu radikalisieren und sich somit zu Vorreitern einer alternativen Wirtschaftsweise und Globalisierung aufzuschwingen. Die Mitwirkung und Unterstützung der existierenden Praxis solidarischer Ökonomie wird als Option für nicht ausreichend erachtet. Dies betrifft auch die Einstellung des AGAPE-Dokuments gegenüber dem Fairen Handel: Diesbezüglich stellt das Dokument klar Kriterien und Ansprüche auf, darunter auch solche, die davon zeugen, dass sich die Autoren mit der bestehenden Praxis der Fair-Handels-Bewegung offenbar noch nicht zufrieden geben wollen. Gleichwohl wird das existierende Modell von Fairem Handel als notwendig zu unterstützende Praxis eingeordnet:

„Die Kirchen müssen sich dafür einsetzen, dass der Schwerpunkt vom fairen Handel auf den gerechten Handel verlagert wird.
Zu diesem Zweck wird von den Kirchen erwartet, den fairen Handel als Mindeststandard für die von ihnen verwendeten Produkte einzuführen;
sich auf internationaler Ebene der globalen Kampagne Handel für Menschen anzuschließen;

[1281] Ökumenischer Rat der Kirchen [...]: Alternative Globalisierung, 18f.
[1282] Ökumenischer Rat der Kirchen [...]: Alternative Globalisierung, 21.
[1283] Vgl. Ökumenischer Rat der Kirchen [...]: Alternative Globalisierung, 39-48, zu letzterem 48-51.
[1284] Ökumenischer Rat der Kirchen [...]: Alternative Globalisierung, 48.

5.2.3. Widerstandsethik als Interpretationshorizont

sich für die Neuverhandlung der Verpflichtungen in multilateralen Handelsabkommen einzusetzen und eng mit den sozialen Bewegungen zusammenzuarbeiten, um faire, gerechte und demokratische Abkommen sicherzustellen."[1285]

Der AGAPE-Prozess stellt also eine hohe Hürde auf und begnügt sich nicht mit irgendeiner Art von „Fairem Handel". Mit seiner Differenzierung zwischen „Fairem" und „Gerechtem Handel" wird dies deutlich; sie dürfte die Unterscheidung von Alternativem Handel und Fairem Handel in der deutschen Fairtrade-Geschichte zu Beginn der 1990er widerspiegeln. Gerade im AGAPE-Prozess ist die unaufgebbare Trias von Bewusstseinsbildung, Mitgestaltung von Handelspolitik (die sich hier nicht nur auf die nationale und internationale, sondern durchaus auch auf regionale und lokale Zusammenhänge bezieht) sowie der verantwortlichen Ausrichtung des eigenen wirtschaftlichen Handelns abgebildet. Anhand letzterer lässt sich die Radikalität der Forderungen erkennen, wenn die Verwendung fair gehandelter Produkte nicht nur als Zeichen von Solidarität gewertet wird, sondern als „Mindeststandard" gewissermaßen als Eintrittskarte zu verantwortlichem kirchlichem Handeln ausgegeben und als feststehende unumstößliche Erwartung an die Kirchen selbst definiert wird.

Fairen Handel zu praktizieren ist dem AGAPE-Dokument zufolge eine von dem Anspruch christlicher Ethik nicht zu trennende Angelegenheit und wird deshalb im Ton der selbstverständlichen Erwartungshaltung von den Kirchen selbst eingefordert. Doch das AGAPE-Dokument geht einen Schritt weiter: die Kriterien und Grundsätze des Fairen Handels müssten auch allgemein in das kirchliche Handeln Eingang finden, in die Zusammenarbeit mit entsprechenden zivilgesellschaftlichen Organisationen münden und bis hin zum gewerkschaftlichen Einsatz reichen.

Für den Fairen Handel ist letztlich die Position des AGAPE-Hintergrunddokuments außergewöhnlich: Es fordert wie sonst kaum eine kirchliche Stellungnahme die Radikalität und Alternativität des „Gerechten Handels" von diesem selbst ein und erlaubt ihm gerade nicht eine Verwässerung seiner Kriterien.

Aus dem umfangreichen Hintergrunddokument resultierte schlussendlich ein „Aufruf zur Liebe und zum Handeln"[1286], den die 9. Vollversammlung des Ökumenischen Rats der Kirchen in Porto Alegre verabschiedete. Dieser Aufruf, enthält die Selbstverpflichtung sich „erneut [...] durch kritisches Hinterfragen von Freihandel und einschlägigen Verhandlungen für gerechte internationale Handelsbeziehungen zu engagieren und in enger Zusammenarbeit mit sozialen Bewegungen für faire, gerechte und demokratische Handelsabkommen einzutreten." Darüber hinaus stehen auch die Solidarität mit Kleinbauern und landlosen Bauern, die Ablehnung von Handelsliberalisierung „als Pauschallösung" sowie die Unterstützung von „sozialen Bewegungen und Gewerkschaften, die sich für menschenwürdige Arbeit und gerechte Löhne einsetzen" auf der Liste der Selbstverpflichtungen des ÖRK – um nur diejenigen zu nennen, welche sich in inhaltlicher Nähe zum Modell des Fairen Handels bewegen.

[1285] Ökumenischer Rat der Kirchen [...]: Alternative Globalisierung, 49.
[1286] Ökumenischer Rat der Kirchen: AGAPE. Ein Aufruf zur Liebe und zum Handeln.

5.2.3.5. Fairer Handel im Kontext der visionären Widerstandsethik der ökumenischen Bewegung

Diese Botschaften der internationalen ökumenischen Bewegung wie auch des lutherischen Bekenntnisses sind im Gegensatz zu den katholischen Dokumenten nicht in vergleichbar offensichtlicher Art mit den Kategorien der Ordnungs- und Solidaritätsethik in Verbindung zu bringen. Vielmehr könnte von einer „Visionären Ethik" gesprochen werden, die das unbedingt zu Tuende in der Perspektive eines zukünftigen Modells artikuliert: Im solidarischen, ethisch verantworteten Handeln in Gemeinschaft wird das Ziel verfolgt, ein neues, alternatives Wirtschaftssystem zu etablieren, das dem christlichen Anspruch entspricht. Damit nehmen diese Dokumente eine interessante und spezifische Vorgehensweise vor, die gerade im Gegensatz zur katholischen Sozialethik, Konkretheit und Lebendigkeit zu entfalten vermag, ohne in tagespolitischen Fragen aufzugehen.

Auf diese Weise werden ordnungsethische und solidaritätsethische Elemente in eigentümlicher Weise miteinander fusioniert, was als solches kaum mehr zu entflechten ist: Zielhorizont dieser Vision ist ein Zustand, der wohl als eine „solidarische Grundordnung" beschrieben werden kann: Auf der einen Seite wird hierbei das Ordnungsmodell solidaritätsethisch begründet; infolgedessen wird von der strukturellen Ebene der Sozialordnung die Realisierung und Gewährleistung der mitmenschlichen Solidarität verlangt. Auf der anderen Seite bedeutet dies zugleich, dass der ausgesprochene solidaritätsethische Anspruch nicht nur an den zwischenmenschlichen Umgang appelliert, sondern auch eine strukturelle Komponente in den Blick nimmt und sie auf diese Weise umzusetzen sucht. So sehr diese enge Verknüpfung von mitmenschlicher Solidarität und gesellschaftlicher Grundordnung zu begrüßen ist, so fraglich scheint gleichzeitig im Kontext realer gesellschaftlicher Gegebenheiten dieses Modell einer solidarischen Grundordnung.

Diese Ethik führt deshalb zu einem Modell des Christentums als Gegengesellschaft, indem das Neue eben gerade in seiner Opposition zum gegenwärtig herrschenden Wirtschaftsmodell entfaltet wird: es ist gekennzeichnet von einer scharfen Kritik des neoliberalen Denkens und verortet das neue Wirtschaften in der eschatologischen Alternative des Reiches Gottes als theologisch-biblischem Begründungshorizont. Aus diesem einerseits visionären andererseits gesellschaftsoppositionellen Zugang heraus erklärt sich auch, wie beispielsweise das AGAPE-Hintergrunddokument zu seiner scharfen Unterscheidung von „Fairem Handel" und „Gerechtem Handel" kommen kann und im Horizont des Visionären ersteres als nach wie vor unzulängliches Modell einordnet und ihm die radikalere Perspektive des gerechten Handels gegenüberstellt. Ein kritischer Blick hierauf nimmt wahr, dass ein visionär-alternatives Modell die Kompromisse der realistischen Umsetzung nicht zu antizipieren braucht. Kriterien- und Grundsatzabwägungen bedürfen in ihrem Blickwinkel zunächst keiner detaillierten Aushandlungen, die Ausgestaltung als konkrete Praxis ist nicht ihr vorrangiges Interesse. Mit anderen Worten: Eine visionäre Ethik des Fairen Handels braucht sich die Finger nicht schmutzig zu machen, weil sie bestimmte

5.2.3. Widerstandsethik als Interpretationshorizont

Prioritätenabwägungen, Realisierungswege oder einzugehende Kooperationen nicht reflektieren und entscheiden muss, sondern gerade als Visionshorizont solche Kompromisse verneinen kann.

Im Rahmen einer visionären Ethik wird damit eine häufig angetroffene Umgangsform im kirchlichen Kontext mit dem Fairen Handel umgekehrt.[1287] Interessanterweise kommt es hier aus dem christlichen Begründungshorizont zu einer Radikalisierung des Modells, wie sie in der historischen Entwicklung gerade weniger aus dem christlich-kirchlichen Kontext heraus in die Fair-Handels-Bewegung eingebracht worden war. Dies ist dadurch ermöglicht, dass Radikalisierung und konzeptionelle Stringenz des Modells Fairer Handel eben in der historisch entbetteten, eschatologisch ausgerichteten Perspektive die solidaritätsethische Dimension (wie sie im Kontext der Barmherzigkeitsdiskussion als anderer adäquater Deutungshorizont des Fairen Handels aufgezeigt wurde) nicht in vergleichbar praktischer und pragmatischer Weise berücksichtigen muss: Die Dringlichkeit und Dramatik von Leid wird in einer visionären Ethik zwar keineswegs gering geachtet, gleichzeitig steht sie jedoch nicht vor der Herausforderung eines solidaritätsethischen Zugangs, der auf steigende Not mit einer Ausdehnung von Aktivität reagiert und damit eine potentiell verbundene Aufweichung von Kriterien und Prinzipien in Kauf zu nehmen konfrontiert ist.[1288]

Auch ein visionsethisches Verstehen des Fairen Handels ist also möglich. Im Horizont dessen, dass Fairer Handel als Handlungsmodell konkreten Engagements und praktischer Mitgestaltung im Kontext weltwirtschaftlicher Zusammenhänge praktizierbar und weithin gut vermittelbar war und ist, lässt sich das visionsethische Modell in den Kontext der bislang erörterten bipolaren Deutungsparadigmen einordnen. Aus dem Charakter der Vision heraus ergibt sich jedoch das Erschwernis, diesen Zugang in derselben Weise mit detaillierten Bezügen zur gelebten Praxis des Fairen Handels zu versehen, wie dies mit der im Wechselspiel zueinander stehenden ordnungs- und solidaritätsethischen Verstehensweise auf der Ebene detaillierter Bezüge gangbar war. Insofern dürfte die Rolle einer Visionären Ethik für die Fair-Handels-Bewegung eben gerade in einer solchen visionären Ausrichtung bestehen. Als Vision kann ihr ebenfalls motivierende Kraft innewohnen.

[1287] Vgl. die Auswertung der synodalen Dokumente der katholischen und der evangelischen Kirche in Deutschland oben in Kapitel 4.1.5.

[1288] An dieser Stelle wäre freilich intensiver in die theologische Diskussion zur Eschatologie einzusteigen, was auf dem Hintergrund der hier vorliegenden Thematik zu einem sicherlich spannungsreichen und fruchtbaren Verweisungszusammenhang von Eschatologie und Wirtschaftsethik führen dürfte. Für einige praktisch-theologische Grundlagen diesbezüglich sei lediglich auf die Überlegungen von Ottmar Fuchs zur christlichen „Lebensgestaltung in endzeitlicher Hoffnung" hingewiesen (vgl. Fuchs: Das jüngste Gericht, 215-244; des weiteren Fuchs: Neue Wege einer eschatologischen Pastoral).

5.3. Resümee: Fairer Handel als Modell der Weltverantwortung

Der Faire Handel wurde in den zurückliegenden Ausführungen in verschiedenen, sozialphilosophischen, theologischen und sozialethischen Kontexten zu betrachten versucht. So aufschlussreich dies im Detail gewesen sein mag, so hat doch die Wahl sich gegenüberstehender Deutungsparadigmen zunächst eher ein Konglomerat von Anknüpfungspunkten hinterlassen. Da aber von deren wechselseitiger Ergänzung auszugehen ist, kann die Aussagekraft dieser Bezüge für das Verständnis des Fairen Handels als wirtschaftlichem Konzept und der Fair-Handels-Bewegung als Feld des Engagements noch keineswegs als ausgeschöpft angesehen werden. Das bisher Dargelegte für eine Grundtheorie des Fairen Handels nutzbar zu machen, ist das Anliegen dieses resümierenden Kapitels, in dem zunächst eine theoretische Standortbestimmung in enger Anlehnung an die kirchliche Sozialehre entwickelt und sodann eine thesenartige Zusammenfassung bewusst unabhängig der kirchlichen Bezugnahmen formuliert wird.

5.3.1. In der Schnittmenge von Ordnungs- und Solidaritätsethik – Eine theoretische Standortbestimmung

Bei der Betrachtung der von den Päpsten formulierten Soziallehre aus der Sicht der Fair-Handels-Bewegung ergeben sich zwar wiederholt Anknüpfungspunkte, aufs Ganze hin besehen artikuliert sich diese Lehre jedoch nicht als eine Ethik, welche für soziale Bewegungen unmittelbar zugänglich und aus ihrem Horizont heraus direkt anschlussfähig erschiene. Insofern kann die päpstliche Soziallehre nur bedingt den Anspruch auf eine gesamtgesellschaftlich anzuerkennende Ethik erheben. Dies ist indirekt mit der Antrittsenzyklika Benedikts XVI. neuerlich und deutlich bekräftigt worden, wenn kirchliches und individuelles (staatsbürgerliches) Handeln in den Mittelpunkt gestellt wurde. Doch auch zuvor schon sieht die kirchliche Soziallehre in ihren Formulierungen weitgehend „die Nationen" oder – bei Johannes Paul II. – zunehmend auch die international tätigen Großunternehmen als die entscheidenden Akteure an. Neben den Vorschlägen zur Gestaltung internationaler Organisationen siedelt sie ihre Überlegungen zu einem Gutteil auf der Ebene individueller Handlungsmöglichkeiten an. Diese individualistische Verengung in der Sicht des päpstlichen Lehramtes hat zur Folge, dass (mit Ausnahme der Gewerkschaften) die sozialen Bewegungen weder als Akteure wahrgenommen, noch als Partner einer Zusammenarbeit oder Agenten von Veränderung ins Gewicht fallen können. Man mag der Soziallehre als einer Art Advocacy-Arbeit einer international tätigen Großorganisation natürlich das Ansinnen einer Ausrichtung auf wirklich globale Lösungsansätze zugute halten. Es gelingt ihr gleichwohl nur bedingt, das Veränderungs- und Vernetzungspotential durch ihre Gläubigen selbst sowie die in den neueren Lehrdokumen-

5.3. Fairer Handel als Modell der Weltverantwortung

ten bewusst angesprochenen „Menschen guten Willens" zu nutzen. Deshalb ist der Ortswechsel von der Ordnungsperspektive zur Solidaritätsperspektive, wie sie in der Pastoralkonstitution theoretisch grundgelegt und in den Lehrdokumenten Papst Johannes Pauls II. schrittweise fortgeführt wurde, nicht nur von prinzipieller, sondern vor allem auch von zukunftsträchtiger Bedeutung. Diese veränderte Blickrichtung erscheint nur vordergründig als Abkehr von einem gesamtgesellschaftlichen Ordnungs- bzw. Geltungsanspruch, denn erst durch die Solidaritätsperspektive werden all jene sozialen Dynamiken, Entwicklungen und deren handelnde Akteure in das Denksystem der kirchlichen Sozialehre integriert, die nicht einer unmittelbaren Reglementierbarkeit unterworfen werden können.

Während sich in der katholischen Sozialverkündigung eher die Gegenüberstellung von Ordnungslehre und Solidaritätsappell als kennzeichnend herausgestellt hat, zeigte sich in den protestantischen und ökumenischen Dokumenten vornehmlich ein integrativer Umgang. Letzterem gelingt es stärker, das Gestaltungspotential sozialer Bewegungen aufzugreifen. Dies dürfte wohl darin begründet liegen, dass sich der Ökumenismus selbst als eine Bewegung versteht, die auf Veränderung (hier: der konfessionellen Schranken zwischen den Kirchen) hingeordnet ist. Wohl aus diesem Grund fallen die Forderungen der Ökumenischen Bewegung hinsichtlich einer gerechten Sozial- und Wirtschaftsordnung entsprechend kritisch und politisch pointiert aus. Gerade in der Anklage von Macht und Reichtum, welche für die Probleme und für die Verlierer/innen der globalen Wirtschaftsordnung verantwortlich gemacht werden, wird in den ökumenischen und auch in den protestantischen Dokumenten aus einer Warte von Basis- und Gegenbewegungen heraus scharfe Kritik formuliert. In einem solchen Kontext führt jedoch offensichtlich das Ziel eines gleichermaßen solidarischen und ordnungsethischen Anforderungen genügenden Modells zu einer gewissen Verlagerung desselben in den Horizont einer vagen Zukunftsvision.

Der katholischerseits vollzogene Ortswechsel reagiert dabei auf die „Konjunktur sozialer Bewegungen" in den westlichen Gesellschaften der Nachkriegszeit[1289] ebenso, wie diese – in anderer Ausformung – in den Positionen der ökumenischen Bewegung zum Ausdruck kommt. In der katholischen Sozialethik in den 1980ern und 90ern wurde diese neue Standortbestimmung theoretisch einzuholen versucht: So artikuliert etwa Friedhelm Hengsbach den „Umbau kirchlicher Sozialehre in eine Ethik sozialer Bewegungen" und entwirft diese als eine Reflexionsinstanz der Glaubenspraxis von katholischen Christen, die in sozialen Bewegungen engagiert sind.[1290] Auch Herwig Büchele vertritt eine vom Grundansatz her sehr ähnliche Vorstellung von christlicher Gesellschaftslehre.[1291] Auf beide bezieht sich somit die Anfrage Arno Anzenbachers, weshalb in diesen Ansätzen die Sozialethik einen Umweg über

---

[1289] Vgl. Roth: Soziale Bewegungen, 1668.
[1290] Vgl. Hengsbach: Der Umbau katholischer Sozialehre (1991) sowie Hengsbach/Emunds/Möhring-Hesse: Ethische Reflexion politischer Glaubenspraxis (1993)
[1291] Vgl. Büchele: Christlicher Glaube und politische Vernunft (1987), sowie als Sekundärliteratur: Sander: Kompositionen politischen Handelns, insbesondere 111f.

die christliche Motivation nehmen müsse.[1292] Demgegenüber dürfen beide Ansätze insofern in Schutz genommen werden, als dass eine ethische Reflexion politischer Praxis – sofern sie sich aus einem christlichen Glauben speist – nicht auf die Reflexion dieser Motivation verzichten sollte, ebenso wenig, wie sie andere Motivlagen ausblenden darf.

Obwohl es der traditionellen päpstlichen Lehre nur punktuell gelingt, eine Solidaritätsperspektive einzunehmen und aus dieser Haltung heraus die Praxis von sozialen Bewegungen in den Blick zu nehmen, so hat doch die hier vorgelegte ordnungsperspektivische Darlegung von Themensträngen einer gerechten Weltwirtschaftsordnung in den Dokumenten der katholischen Soziallehre die Nähe der Fair-Handels-Bewegung zur kirchlichen Sozialverkündigung anklingen lassen. In den protestantischen und ökumenischen Positionen kommt die Fair-Handels-Bewegung als in diesem Spannungsfeld agierende Solidaritätsbewegung dagegen explizit zur Sprache und erfährt dabei eine grundsätzliche Anerkennung ihres Handlungsansatzes.

Jenseits dessen bleibt jedoch zu fragen, wie sich in einem umfassenderen Rahmen diese kirchliche Sozialverkündigung mit einer solchen „ethischen Reflexion politischer Praxis von sozialen Bewegungen" in Beziehung setzen lässt. Anhand der Fair-Handels-Bewegung und auf dem Hintergrund der Auseinandersetzung mit einigen Traditionssträngen der katholischen Soziallehre und einigen globalisierungsorientierten Positionen der Ökumenischen Bewegung lassen sich diesbezüglich interessante Rückschlüsse ziehen: Aufgrund der Analysen des vorliegenden Kapitels lässt sich zusammenfassend die These aufstellen:

> Die Fair-Handels-Bewegung verbindet die ordnungsperspektivischen Ansätze zu einer gerechteren Weltwirtschaftsordnung mit einer entsprechenden konkreten solidaritätsperspektivischen Praxis. Sie geht daher mit Inhalten der katholischen Soziallehre konform, transzendiert diese jedoch zugleich, indem sie den neutralen Boden der Lehre verlässt und sich auf die Ebene des Engagements begibt, wie es dem Anspruch des Konzils entspricht. Damit bildet sie für die Kirchen ein Modell für die (nicht nur appellative) Integration ihrer Ordnungsethik mit ihrer Solidaritätsethik. Dabei verwirklicht die Fair-Handels-Bewegung bereits im Jetzt die in den protestantischen und ökumenischen Dokumenten zum Ausdruck gebrachte Vision einer solidarischen Wirtschaftsordnung im Dienst der Menschen.

Diese These gilt es zu erläutern:
- Was die Grundsätze und Kriterien der Fair-Handels-Bewegung anbelangt, können diese „Inhalte" unmittelbar in den kirchlichen Lehrdokumenten wieder gefunden werden. Hier trifft sich die „Theorie" der Fair-Handels-Bewegung in zahlreichen Punkten, ja bis hinein in Details, mit den Ansprüchen der katholischen Soziallehre hinsichtlich einer gerechten Gesellschaftsordnung. Auf der Ebene ihrer politischen Forderungen, d.h. ihrer Lobby- und Advocacy-Arbeit, nimmt die Fair-Handels-Be-

---

[1292] Vgl. Anzenbacher: Christliche Sozialethik, 165f.

5.3. Fairer Handel als Modell der Weltverantwortung

wegung selbst eine Ordnungsperspektive ein. In (implizitem) inhaltlichem Gleichklang, aber auch in ähnlicher Manier wie die traditionelle katholische Soziallehre, formuliert sie dabei von einem ethischen Standpunkt aus ihre Vorstellungen von einer gerechteren Handels- und Weltwirtschaftsordnung. Diese formale Parallele fand in den immer wieder die Fair-Handels-Bewegung prägenden ideologischen Debatten ihren Ausdruck, in denen die richtige Form einer gerechten Gesellschaft und der korrekte Weg dorthin thematisiert wurden.

- Was jedoch ihre Praxis und ihre Aktionsformen angeht, so lassen sich diese von einer solidarischen Pragmatik konfigurieren, welche lediglich unmittelbar eine ordnungsethische Zielrichtung aufweist. Wenngleich „ideologische Diskussionen" durchaus im Ringen um die richtigen Wege und Ziele in der Fair-Handels-Bewegung eine nicht zu unterschätzende Rolle gespielt haben, so darf doch behauptet werden, dass die pragmatische Ebene nicht nur mit anwesend war, sondern doch letzten Endes hinsichtlich der Weiterentwicklung des Fairen Handels immer wieder ausschlaggebend gewesen zu sein scheint. Nicht die Grundsatzdiskussionen lassen sich aus dieser Priorität der Solidarität begründen, sondern die vom Absatzinteresse der Produzenten genährte Überzeugung, dass man sich neu eröffnenden Marktchancen nicht aus politischen Gründen vorschnell verweigern sollte. Wenn dabei wohl keine prinzipiellere Entscheidung oder grundlegende Veränderung ohne kontroverse inhaltliche Debatte vonstatten gegangen sein mag, dann verweist dies auf die notwendige Korrekturfunktion ordnungsethischer (prinzipiengeleiteter) Selbstvergewisserung gegenüber der Pragmatik der Solidarität.

Die beiden Standbeine der Fair-Handels-Bewegung, Verkauf und Bewusstseinsbildung, verweisen darauf, dass auch eine sich gesellschaftlich explizit als alternativ verstehende Bewegung an einer Doppelausrichtung im Spannungsbogen von Ordnungsperspektive und Solidaritätsperspektive nicht vorbei kommt. Mehr noch: in der Doppelgleisigkeit des Fairen Handels wird im Grunde die wechselseitige Verstrickung von Solidaritäts- und Ordnungsperspektive erkennbar, in welcher sich nicht nur wechselseitige Verwiesenheit, sondern auch die Ergänzungsbedürftigkeit beider Perspektiven zeigen. Die im Laufe der Fair-Handels-Geschichte wechselnden Schwerpunktsetzungen zwischen Verkauf und Bewusstseinsbildung dürfen daher auch als voneinander abhängige, sich gegenseitig bedingende, ermöglichende und korrigierende Elemente des Fortschreitens der gesamten Bewegung verstanden werden. So bewahrt die Ordnungsperspektive die Fair-Handels-Bewegung etwa hinsichtlich ihrer Preisgestaltung davor, ihre Grundsätze aufzuweichen, selbst wenn dadurch Umsatz- und Absatzchancen verpasst werden. Oder sie verhindert es, auf Werbemethoden aufzuspringen, die zwar gleichermaßen attraktiv und effektiv, aber nicht mehr bewusstseinsbildend wirken. Andererseits hält die Solidaritätsperspektive auch die Erinnerung wach, dass mit entwicklungspolitischer Bildungsarbeit allein in den Entwicklungsländern noch niemand geholfen ist, dass aber ohne Aufklärung und Bewusstseinsbildung möglicherweise irgendwann niemandem mehr geholfen würde.

Dabei würde es jedoch eine unzulässige Vereinfachung darstellen, zu meinen, es könnten Bewusstseinsbildung und Verkauf eindeutig der Ordnungsperspektive und der Solidaritätsperspektive zugeordnet werden – und dann gar noch das eine mit Gerechtigkeitsorientierung und das andere mit Barmherzigkeitsorientierung identifizieren zu wollen:

- Bewusstseinbildung im Fairen Handel zielt unmissverständlich auf beides: auf Solidarisierung ebenso wie auf Sein und Sollen der internationalen Wirtschaftsordnung.
- Verkaufstätigkeit im Fairen Handel bedeutet tatkräftige Solidarisierung sowie praktische Mitarbeit an einer gerechteren Handelsordnung, die (auch) von unten entsteht.

Dementsprechend realisieren sich in beidem Anteile von Gerechtigkeit und Elemente von Barmherzigkeit. Fairer Handel muss demnach um seiner Identität willen im Spannungsfeld von Barmherzigkeit und Gerechtigkeit verortet werden. Dieses Handlungsmodell auf die eine oder andere Seite ziehen zu wollen, kommt einem Versuch gleich, die Fair-Handels-Bewegung aus ihrer Balance kippen zu wollen.

Dieser Satz besitzt in entsprechender Weise auch Gültigkeit für die Sozialverkündigung der Kirche und die Soziallehre der Theologie. Die Konkretisierungsleistung, die dem Fair-Handels-Modell hinsichtlich bestimmter ordnungsethischer Themenstränge der katholischen Soziallehre gelungen ist, stellt die Kirchen (insbesondere die katholische) vor die Frage, wie es um die Konkretisierungsmöglichkeiten ihrer Soziallehre steht und ihr gelingt, ihre Ordnungsperspektive und ihre Solidaritätsperspektive aufeinander abzustimmen und beide in eine verändernde Praxis fließen zu lassen. Der Ortswechsel von der alleinigen Ordnungsperspektive hin zu einer Integration derselben mit einer Solidaritätsperspektive, stellt die Kirchen plötzlich vor die Glaubwürdigkeitsfrage. Denn was auf dem vermeintlich „neutralen Boden" der Lehre (Sozialdoktrin) kaum ins Auge gesprungen war, nämlich die Relevanz und Rückwirkung auf das kirchliche Innen, wird nun unter der Solidaritätsperspektive unausweichlich: die Kirche kann nicht Solidarisierung und Verpflichtung zur Solidarität predigen, sich selbst aber auf neutralem Terrain wähnen und sich als nicht betroffen glauben. Dass sie dies theologisch nicht tut, spricht der Eingangssatz der Pastoralkonstitution aus. Dieser betrifft jedoch eine vergleichsweise allgemeine Ebene.

Die Ordnungsethik der traditionellen Soziallehre ist hier weitaus konkreter, und diese gilt es nun auch innerkirchlich in eine solidarische Praxis umzusetzen. Was die Fair-Handels-Bewegung einerseits vorexerziert, andererseits aber auch als Anspruch (z.B. an die Kirche und ihre Einrichtungen) aufstellt, ist der Übergang von einer *solidarischen Wirtschaftsethik als Ordnungsanspruch* zu einer *solidaritätsethischen Wirtschaftspraxis* (als eigener, selbstrealisierbarer Handlungsmaxime und -möglichkeit). Dieses Ziel wird in unmittelbarer und drängender Weise gerade auch aus der Ökumenischen Bewegung und den protestantischen Kirchen heraus auf die Tagesordnung gesetzt. Es wird dabei als Forderung gleichermaßen an das kirchliche Innen wie an die gesamte Menschheit gerichtet. Aus diesem Zusammenhang erklärt sich das explizite Zurückgreifen der ökumenischen und protestantischen Dokumente auf den Fairen Handel, weil in diesem das Grundanliegen als bereits praktizierte Wirklichkeit greifbar ist. Wenngleich die katholische Soziallehre also in der ordnungsethischen Differenzierung tiefer reicht als die protestantische und ökumenische, wird in ihr andererseits ein Nachholbedarf hinsichtlich der Verknüpfung von Solidarität und Wirtschaftsordnung sichtbar. Insofern können beide Zugänge voneinander profitieren.

Unter dem Anspruch der Solidaritätspflichtigkeit kirchlichen Handelns stellen sich demnach „Gerechter Lohn"[1293], „wirkliche Gleichheit in der Preisgestaltung"[1294], „angemessene Rohstoffpreise"[1295], „Vorzugsbehandlung der Entwicklungsländer"[1296], „größere Gerechtigkeit in den Handelsbeziehungen"[1297] sowie „zwischen Löhnen und Preisen ein angemessenes Verhältnis"[1298] auch als konkrete Anforderungen und Aufträge an das kirchliche Handeln dar. Und dies gilt nicht nur dort, wo Kirche unmittelbar als Arbeitgeber oder Kunde auftritt, sondern auch überall dort, wo sich für Kirche entsprechende Möglichkeiten mittelbar ergeben. Wo die Kirche bestehende Möglichkeiten (wie z.B. die Verwendung fair gehandelter Waren) nicht nutzt, verstößt sie folglich nicht nur gegen ihr eigenes Solidaritätsgebot sondern auch gegen die Ordnungsansprüche ihrer Soziallehre. Umso deutlicher wird, wie dabei die eigene Glaubwürdigkeit doppelt aufs Spiel gesetzt zu werden vermag.

Positiv gewendet heißt dies aber auch, dass die Kirche mit den zahlreichen Fair-Handels-Initiativen in ihren eigenen Reihen bereits über eine von unten gewachsene Praxis verfügt, die ihre Sozial- und Solidaritätslehre in die Tat umsetzt. Der Tragweite und Modellhaftigkeit dieser Praxis gerade im Zusammenhang ihrer eigenen Sozialverkündigung kann sich die katholische Kirche mehr als bislang bewusst werden.

5.3.2. Fairer Handel in bipolaren Deutungsparadigmen – Ein Fazit in Thesen

Fairer Handel als entwicklungsbezogenes Aktionsmodell ist kein theoretisch entworfenes Konzept. Vielmehr stellt er ein in einer sozialen Bewegung gewachsenes und entfaltetes Engagementfeld dar, das auf Pluralitäten aufbaut und diese zulässt. Für den Aufbau einer Bewegungsidentität stellen jedoch Abgrenzungen ein einfaches und naheliegendes Mittel dar. Der Slogan „Gerechtigkeit statt Almosen" oder die Debatten um die Handelsausweitung in Richtung Supermärkte oder Discounter sind zunächst einmal als eben solche Identitätsbildungsversuche anzusehen. Damit nehmen sie einen unverzichtbaren Stellenwert für die Fair-Handels-Bewegung ein, wenngleich auf den ersten Blick besehen Grenzziehungen ebenso wie Grenzüberschrei-

---

[1293] Pius XI.: Enzyklika *Quadragesimo anno*, Nr. 72.
[1294] Paul VI.: Enzyklika *Populorum progressio*, Nr. 61.
[1295] Bischofssynode *De iustitia in mundo*, Nr. 64 (3).
[1296] Bischofssynode *De iustitia in mundo*, Nr. 64 (3).
[1297] Paul VI.: Enzyklika *Populorum progressio*, Nr. 61.
[1298] Johannes XXIII.: Enzyklika *Mater et magistra*, Nr. 79.

tungen innerhalb der Bewegung Kraft und Energie kosten und interne Debatten zulasten der Erfüllung der nach außen gerichteten Mission zu gehen scheinen. Im Gegensatz dazu stellt die Grundthese über den Fairen Handel als einem Handlungsansatz im Spannungsfeld von Gerechtigkeit und Barmherzigkeit und in der Doppelsorge für Sozialordnung und Gemeinschaftsgeist einen bewusst integrativ ansetzenden Vorschlag für eine identitätsbildende Theorie des Fairen Handels dar. Im vorliegenden Kapitel wurde dafür anhand verschiedener Bezugspunkte eine Argumentation entwickelt, die zunächst in Einzelpunkten die Basis bereitet hat, die eine solche theoretische Standortbestimmung ermöglicht. Es dürfte schon deutlich geworden sein, dass und wie sich diese Einzelpunkte Schritt für Schritt zu einem Mosaik einer umfassenderen Konzeption zusammengefügt haben, die einen ideellen Erklärungszusammenhang für die Fair-Handels-Bewegung hat entstehen lassen. Dabei wurden die Bezugspunkte zum überwiegenden Teil aus einem dezidiert christlichen Diskurskontext genommen, aus dem heraus sich Richtung und Reichweite des entstehenden Erklärungszusammenhangs bestimmen. Dem entsprechend standen entwicklungspolitische oder entwicklungsökonomische Anliegen nicht im Mittelpunkt des Interesses, obwohl sie natürlich mehrfach zum Thema wurden. Es ging hier zunächst darum, nicht nur durchzubuchstabieren, dass der Faire Handel auf einem christlichen Fundament aufbaut und insofern ein christliches Handeln verkörpert, sondern zu zeigen, dass und wie dieses Aktionsmodell auch im Hinblick auf die Realisierung christlicher Welt-Verantwortung modellhaften Charakter beanspruchen kann.

Zudem ging es um die Darlegung grundlegender Wertorientierungen, die für den Fairen Handel in seinem So-Sein offenbar konstitutiv sind und daher auch in ihrem Wie-Davon-Sprechen eingeholt werden sollten, wenngleich dies nur dann dem Fairen Handel in seinem So-Sein gerecht wird, wenn es die entwicklungsbezogenen, politischen und wirtschaftlichen Dimensionen dieses Handlungsmodells mit einzuschließen vermag.

Diese beiden Dimensionen, die christliche Modellhaftigkeit und die grundlegende Werthaltigkeit des Fairen Handels, sind gemeinsamer und aufeinander verwiesener Bestandteil der Kernthese der vorliegenden Untersuchung. In den folgenden zusammenfassenden Thesen sollen diese Grundorientierungen pointierend hervorgehoben werden. Sie bringen das zum Ausdruck und fassen das zusammen, was theologisch und sozialethisch hergeleitet für den Fairen Handel als ganzem als identitätsbildende Theorie zugrunde gelegt werden kann. Eine Zustimmung zu den theologischen bzw. konfessionellen Bezugspunkten, über die diese Thesen hergeleitet wurden, ist dafür nicht erforderlich.

These 1: Fairer Handel und Gerechtigkeit

Der Faire Handel ist an unterschiedliche Gerechtigkeitskonzepte anschlussfähig, die er auf eine pragmatische Weise miteinander zu verknüpfen weiß. Damit ist es ihm möglich, die Engführungen und Schwachstellen einzelner Gerechtigkeitsansätze auszugleichen. Seiner Gerechtigkeitsvorstellung geht insofern eine Vorentscheidung voraus, in welche das Mitgefühl und das Interesse an den Handels-

5.3. Fairer Handel als Modell der Weltverantwortung

partnern und ihren Bedürfnissen einfließt. „Gerechtigkeit" ist für den Fairen Handel insofern kein theoretisches Konzept, sondern begriffliche Konzentration seines Bestrebens, seines Zieles und seines Weges für eine globale Ökonomie, welche den Menschen gerecht wird.

Fairer Handel kombiniert die unterschiedlichen Dimensionen der Gerechtigkeitsfrage, insbesondere hinsichtlich der Unterscheidung von Verteilungs- und Verfahrensgerechtigkeit. Er begnügt sich nicht damit, marktwirtschaftliche und vor allem handelsbezogene Abläufe einer Gerechtigkeitsprüfung zu unterziehen, sondern er zielt auch auf einen Ausgleich der ungleichen und ungerechten Güter- und Chancenverteilung in der Welt. Fairer Handel will beides. Gerechte Vertragsgestaltung und faires Zustandekommen von Handelsvereinbarungen sind notwendige Grundlagen des Fairen Handels – doch sind sie im Grunde genommen nicht Selbstverständlichkeiten? Verfahrensgerechtigkeit im Sinne des Fairen Handels geht über das hinaus, was dem allgemeinen gesetzlichen oder moralischen Anspruch entspricht: es reicht ihm nicht aus, „den gesetzlichen Normen gerecht zu werden" um sich als „gerechter Handel" verstehen zu können. Der Begriff des „gerechten Handels", welcher in anderen Sprachkontexten für das Modell des Fairen Handels geläufig ist (spanisch und portugiesisch: comercio justo; maltisch: Kummerc Gust), nimmt auch Bezug auf Gerechtigkeit als Ziel und Anliegen des Fairen Handels: weltweite Verteilungsgerechtigkeit. Gemeint ist damit nicht eine kurzfristig ausgleichende Umverteilung zugunsten der armen Länder, sehr wohl aber die Realisierung von Austauschverhältnissen, die dem Anspruch der Gerechtigkeit genüge leisten.

Diese umfassende Gerechtigkeitssicht im Konzept des Fairen Handels hat auch zur Folge, dass nicht eine gängige Gerechtigkeitstheorie als Bezugsgröße des Fair-Handels-Modells fungieren kann. Wie gezeigt sind sowohl die Theorien von John Rawls und der Kosmopoliten als auch diejenigen von Martha Nussbaum und Amartya Sen für eine gerechtigkeitstheoretische Grundlegung des Fairen Handels geeignet. Auch hier vermögen beide Denkrichtungen jeweils spezifische Gerechtigkeitsgesichtspunkte des Fairen Handels zu untermauern. „Die" umfassende Gerechtigkeitstheorie der Fair-Handels-Idee lässt sich damit gleichwohl (noch) nicht beschreiben. Allerdings ließen sich auch keine unaufhebbaren Widersprüche zwischen den Theorien und dem Handlungsmodell feststellen. Ein von Grund auf eigenständiger Entwurf einer fairhandelsspezifischen Gerechtigkeitskonzeption erscheint daher nicht erforderlich – er könnte sich mit den „großen Konzeptionen" der drei Theoretiker ohnehin nicht messen. Dass der Faire Handel sich allerdings nicht nur irgendwie auf Gerechtigkeit beruft, sondern als praktisches Handlungsmodell in großen Gerechtigkeitskonzeptionen eine theoretische Fundierung erfährt, ist für beide Seiten von Wert: Es spricht für die Praxistauglichkeit der Gerechtigkeitskonzeptionen ebenso wie für die Konzepthaltigkeit der über Jahre hinweg in einer sozialen Bewegung entwickelten und gewachsenen Praxis andererseits.

5. Deutungsparadigmen des Fairen Handels

These 2: Fairer Handel und Barmherzigkeit / Compassion

Der Faire Handel setzt eine „mitleidende Erinnerung" im horizontalen Weltmaßstab in die praktische Tat um. Er verweist dabei darauf, dass gerechtigkeitsherstellendes Engagement nicht ohne Verwurzelung in einer Haltung des Mitgefühls auskommt. Solche „Barmherzigkeit" bzw. „compassion" – als Angerührtsein und darauf Reagieren – ist die Zuspitzung dessen, dass eine kühle, sachliche Wahrnehmung weltwirtschaftlicher Benachteiligung allein noch keine humanisierende Kraft entfaltet. Der Faire Handel besitzt eine eigene Wahrnehmungsoption hinsichtlich der Lebensumstände seiner Partner und der Strukturbedingtheit ihrer Probleme. Diese spezifische „barmherzig-compassive" Wahrnehmungspraxis ist für den Fairen Handel unverzichtbar.

Fairer Handel hat sich selbst als „Handelspartnerschaft" definiert. Diese Begrifflichkeit beinhaltet im Horizont der historischen Entwicklung von Mission und Patenschaft über Entwicklungshilfe zur Entwicklungszusammenarbeit eine grundlegende Qualifizierung, in welcher die Subjektwürde des Gegenübers betont und der Umgang miteinander auf gleicher Augenhöhe angesiedelt wird. Partnerschaft – so lässt sich zudem von der Begrifflichkeit her argumentieren – setzt ein wechselseitiges Interesse der Beteiligten voraus. Die Idee des Fairen Handels würde aber von ihrer Entstehungsgeschichte her wohl missverstanden, wenn man diese Handelspartnerschaft allein in ökonomischen Determinanten interpretieren würde – etwa im rein formalen Sinn von Vertragspartnerschaft oder nüchterner Lieferanten-Abnehmer-Beziehungen. Fairer Handel hat von Beginn an ein engeres Verständnis von Partnerschaft zugrundegelegt, wie es sich aus der entwicklungsbezogenen Herkunft des Fairen Handels (etwa bei den kirchlichen Hilfswerken) ergeben musste. Das „Interesse" zu dieser Handelspartnerschaft nährt sich speziell aus dieser entwicklungsorientierten Sichtweise. Es speist sich grundsätzlich – wie für Partnerschaften eigentlich selbstverständlich – aus der Wahrnehmung, „wie es dem anderen geht".

Dieses compassive Empfinden ist für fair-trade-Partnerschaften von eminenter Bedeutung. Es geht der Aufnahme langfristiger Partnerschaften voraus und trägt sie dauerhaft. Aus der kaufmännischen Perspektive mag dies sozialromantisch klingen, doch jede Import- und Siegelorganisation des Fairen Handels kommt nicht umhin zu klären, ob eine (potentielle) Produzentenorganisation zum Adressatenkreis des Fairen Handels zu zählen ist, also danach zu fragen, wie es den Produzenten geht, welche Probleme sie umtreiben, von welchen Benachteiligungen sie betroffen sind, etc. Ich gehe dabei nicht davon aus, dass ein unüberprüfbares Barmherzigkeitsgefühl für die Auswahl von Handelspartnern im Fairen Handel leitend sein kann. Dafür gibt es festgelegte Wege und Kriterien.

Gleichwohl stellt sich anhand dessen natürlich die Frage, wo sich der Faire Handel in seiner Entwicklungsgeschichte denn befindet, wenn „Mitgefühl" im Umgang zwischen seinen Partnern keine Rolle mehr spielen sollte: Kommt er damit im Mainstream von Handel und Wirtschaft an (weil er sozusagen nicht-ökonomische Ansprüche nicht mehr einfordert) oder setzt er seine Identität aufs Spiel (weil er den mitfühlenden Blick auf die Handelspartner möglicherweise nicht mehr braucht)? Angesichts neuester Entwicklung, dass Discounter in den Fairen Handel einsteigen oder dass multinationale Lebensmittelkonzerne sich Produkte als fair zertifizieren lassen, die sich zuvor gerade dadurch in der NGO-Szene einen Namen gemacht haben, dass sie gerade kein Mitgefühl für die Arbeitsbedingungen ihrer Angestellten, Lieferanten oder Produzenten zeigten, ist diese Frage keineswegs nur theologisch-romantische Spinnerei und für den Fairen Handel irrelevant. Compassion eröffnet einerseits einen motivationalen Horizont, der neuen Akteuren im Fairen Handel einen Platz bereiten kann, zieht aber andererseits auch eine Grenze: Wer nicht mehr nach den Bedürfnissen der Handelspartner fragt, wer nicht mehr an dem Entwicklungspotential der Produzentinnen und Produzenten konstruktiv interessiert ist, positioniert sich außerhalb der Fair-Handels-Idee. Insofern ist Compassion, mitfühlend-barmherziges Engagement, das sich unter Umständen auch anderen Rationalitäten verweigern können muss, konstitutiv für den Fairen Handel.

Dies betrifft übrigens nicht nur das Zusammenspiel von Produzentenorganisation und Importeuren im Fairen Handel, sondern in völliger Analogie auch die Beziehung zwischen Angestellten und Unternehmensleitung in privat-geführten Handelsunternehmen im Fairen Handel oder auch zwischen Mitgliedern und Leitung in großen (Dach)Genossenschaften im Fairen Handel. Je stärker der Faire Handel den gesellschaftlichen Mainstream erobert, je mehr sein Handelsvolumen wächst und je größer an Mitgliedern oder Angestellten die Produzentenorganisationen werden, umso mehr wird diese Compassion zur kritischen Herausforderung und Aufgabe für den Fairen Handel. Die Debatte darüber, was die Ausdehnung und das Wachstum des Fairen Handels vor allem für die kleineren Handelspartnerorganisationen auch an Problemen mit sich bringen wird, ist intern längst eröffnet. Wenn der Faire Handel sich nicht an eine „mitleidende Erinnerung", eine „barmherzige Compassion" hält, könnte sein Wachstum die kleineren Produzenten unter die Räder kommen lassen – was seinem Entstehungsgrund diametral widerspräche.

These 3: Fairer Handel verbindet Gerechtigkeit und Barmherzigkeit

> Im Fairen Handel wird anschaulich gemacht, dass Gerechtigkeit ohne Barmherzigkeit unrealistisch bleibt, aber auch dass Barmherzigkeit ohne Gerechtigkeit halbherzig ist. Fairer Handel bewegt sich daher konstitutiv sowohl im Kontext von Barmherzigkeit als auch im Kontext von Gerechtigkeit. „Barmherzigkeit und Gerechtigkeit" bringen eine Doppelsäuligkeit auf den Begriff, die das Fair-Handels-Modell und die Fair-Handels-Bewegung vor Leidenschaftslosigkeit wie vor Strukturblindheit gleichermaßen bewahrt und sie damit in fruchtbarer Spannung hält.

Fairer Handel bezieht seine Identität in besonderer Weise aus der wechselseitigen Bezogenheit von Barmherzigkeit und Gerechtigkeit. Denn er begnügt sich weder mit einer Gerechtigkeit, die sich auf die Gestaltung von Strukturen beschränkt und mit den Betroffenen nicht mehr mitfühlt, noch mit einer mitfühlenden Hilfe für Benachteiligte, die die strukturelle Ebene ignoriert. In diesem Sinne stellt der Faire Handel zu Recht ein Modell dar, weil er eine Konkretisierung bietet, wie eine mitfühlende Solidarität einerseits und andererseits die Suche nach der richtigen Gestaltung von Gerechtigkeit zusammenfinden können. Das Aktionsmodell Fairer Handel ist gleichzeitig offen für Engagement im Sinne einer barmherzigen Hilfe, die mit der Not der Betroffenen mitfühlt, wie auch für den politischen Einsatz für Gerechtigkeit, welcher sich über Strukturen der Ungerechtigkeit empört und diese zu ändern sucht. Fairer Handel schließt weder das eine noch das andere aus. Dies bietet einen doppelten Zugang dafür, sich im und für den Fairen Handel zu engagieren. Und das bedeutet auch, dass es gewissermaßen unmöglich ist, sich in dieses Handlungsmodell und in die es tragende soziale Bewegung hinein zu begeben, ohne mit dem jeweils anderen Zugang bzw. mit der alternativ möglichen Motivation konfrontiert zu werden. Genau damit wird das Modell Fairer Handel zum Lernmodell für die darin Engagierten selbst, indem sie in das Spannungsfeld von Hilfe und Veränderung, von Umsatzorientierung und Advocacy-Arbeit zugunsten der Produzent/inn/en hineingeworfen werden. Fairer Handel kann gerade durch diese Polaritäten zum Lernfeld in der Spannung von Barmherzigkeit und Gerechtigkeit werden: indem man im konkreten Handeln sich vergegenwärtigt, dass gerechtigkeitssuchende Lobbyarbeit ohne das barmherzige Mitfühlen mit den Produzent/inn/en und ihren Nöten ebenso wie helfenwollende Umsatzsteigerung ohne die gerechtigkeitsorientierte Absicherung ihrer Kriterien am Ende möglicherweise ihr Ziel verfehlen würden. Wer in seiner Gerechtigkeitssuche etwa pauschal Kinderarbeit unterbindet, trägt nicht unbedingt zu einer Verbesserung der Familieneinkommen und der Arbeitssituation der Erwachsenen bei. Wer in seinem Helfensdrang vor allem den Absatz und Umsatz ankurbeln möchte, gerät in die Gefahr von den harten Kriterien Abstriche zu machen um die eigenen Marktchancen zu erhöhen. Damit wird bewusst auf Erfahrungen der Fair-Handels-Akteure mit entsprechenden Kampagnen anderer Nichtregierungsorganisationen bzw. mit entsprechenden Aktivitäten anderer Akteure auf dem ethischem Markt angespielt.

Fairer Handel muss um seiner Identität willen das benannte Spannungsverhältnis offen halten. Damit werden begrenzte Schwerpunktsetzungen nicht ausgeschlossen, doch im Gesamthorizont gilt es, sich innerhalb der Fair-Handels-Bewegung zu vergegenwärtigen, ob nicht Verschiebungen des einen zu Lasten des anderen sich durchsetzen, die die Spannkraft dieser Bipolarität gefährden könnten. Solange in der Fair-Handels-Bewegung in diesem Horizont Diskussionen um richtige Maßnahmen und abzulehnende Wege geführt werden, darf man sich deshalb gewiss sein, dass die Bewegung ihre doppelte Bezogenheit auf Gerechtigkeit und Barmherzigkeit aufrechterhalten hat.

These 4: Ordnungsperspektive und Fairer Handel

> Fairer Handel setzt sich in den Bereichen Wirtschaft und Handel für eine gerechtere Sozialordnung weltumspannender Art ein. Er tut dies nicht von einer vermeintlich neutralen Außenperspektive aus, sondern begibt sich solidarisch-engagiert in das weltwirtschaftliche Handeln selbst hinein und praktiziert Alternati-

5.3. Fairer Handel als Modell der Weltverantwortung

ven konkret. Damit ist er zum einen ein Symbol für die Notwendigkeit einer veränderten Wirtschaftsordnung im Sinne der Gerechtigkeit. Zum anderen vermag er aber aus seiner eigenen Praxis heraus auch konkrete Elemente und Kriterien ihrer Gestaltung aufzuzeigen.

Der Faire Handel ist motiviert aus der barmherzigen und gerechtigkeitsbewegten Wahrnehmung der Situation benachteiligter Produzenten. Aufgrund dieser Wahrnehmung – gespeist aus dem konkreten Kontakt mit ihnen – und durch die Beschäftigung mit Marktmechanismen unterschiedlicher Art unter diesem Motivationshorizont verfügt die Fair-Handels-Bewegung über eine eigene Analyse und Reflexion auf Marginalisierung schaffende oder aufrechterhaltende Strukturen, Regelungen und Umstände in Weltwirtschaft, Handel und Politik.

Im Konzert der entwicklungspolitischen Akteure besteht für die Fair-Handels-Bewegung auf diesem Themen- und Meinungsfeld durchaus noch Entwicklungspotential. Dies betrifft zweierlei Bereiche: So verfügt die Fair-Handels-Bewegung durch die konkrete Zusammenarbeit mit den benachteiligten Produzentenorganisationen über ein erhebliches Glaubwürdigkeitspotential, das die Dringlichkeit weltwirtschaftspolitischer Reformanstrengungen zu unterstreichen und zugleich deren Gehalte zu konkretisieren vermag. Ein Glaubwürdigkeitspotential, das mitunter von der einschlägigen Sach- und Feldkenntnis rührt, durch die bestehende Benachteiligungen aufgezeigt werden können ohne sich zugleich dem Verdacht ideologischer Vorannahmen aussetzen zu müssen. Darin unterscheidet sich das Konzept des Fairen Handels geringfügig von anderen entwicklungspolitischen Nichtregierungsorganisationen wie auch von den Kirchen, insofern der Faire Handel hinsichtlich wirtschaftlicher und handelsbezogener Fragen sozusagen nicht nur Lobbyist, sondern Akteur ist. Dies spricht anderen Organisationen weder die Nähe zu den Bedürfnissen der von ihnen vertretenen Menschen ab, noch stellt es deren wirtschafts- und handelsbezogenen Sachverstand in Frage. In der Schnittmenge von beidem liegt jedoch die Unverwechselbarkeit und Einzigartigkeit des Konzeptes Fairer Handel. Unter der Voraussetzung weiteren ökonomischen Wachstums des Fairen Handels ist jedenfalls die (derzeit höchstens utopisch anmutende) Möglichkeit nicht von der Hand zu weisen, auch in oder gar über Wirtschaftsverbände die eigenen ordnungspolitischen Vorstellungen lancieren zu können. Für die Gestaltung weltwirtschaftlicher Rahmenbedingungen im Interesse benachteiligter Produzenten wäre diese Option nicht zu verachten.

Die Bewegung verfügt aber auch über ein nicht unwesentliches Vermittlungspotential diesbezüglicher Reformbemühungen, insofern die fair gehandelten Produkte nicht nur als Anschauungsbeispiele, sondern auch als Träger von Lösungsansätzen fungieren. Dabei bezieht sich die Rede von Lösungsansätzen einerseits auf die Fairtrade-Idee als Handlungsansatz, andererseits aber auch auf einzelne Fairtrade-Kriterien als Verbesserungsansätze für die betroffenen Produzentinnen und Produzenten. Dieses Vermittlungspotential ist insofern nicht gering zu schätzen, nicht weil es interessierten Bevölkerungskreisen beizubringen ist, sondern weil es für politische

Entscheidungsträger jenseits des spezifischen Expertentums eine grundlegende Einsehbarkeit enthält. Auf dieser – zutreffenderweise als Advocacy-Arbeit bezeichneten – Ebene bedarf es einer Weiterentwicklung des Fairen Handels, insofern seine Einflussmöglichkeiten noch keineswegs als ausgeschöpft angesehen werden können. Innerhalb der deutschen Fair-Handels-Bewegung sind im Bereich der internen Vernetzung in dieser Hinsicht durchaus bereits entsprechende Weichenstellungen zur Verbesserung seiner Kampagnenfähigkeit erfolgt. Gleichwohl begreift sich der Faire Handel auf der Ebene der Einflussnahme auf eine gerechtere weltwirtschaftliche Ordnung – also auf der Ebene der sogenannten „Ordnungsperspektive" – noch zu wenig als Akteur. Zu dieser Einschätzung veranlasst, dass der Faire Handel etwa im Kontext der regelmäßig wiederkehrenden WTO-Verhandlungsrunden in der Öffentlichkeit als Akteur erst zaghaft wahrgenommen wird, aber keine Meinungsführerschaft im Konzert der Nichtregierungsorganisationen einnimmt. Die Klarstellung, auf dieser Ordnungsebene eine Rolle einnehmen zu können und zu sollen, kann den Grundstein für eine reflektierte und strategisch angegangene Praxis als Akteur einer gerechteren Weltwirtschaftsordnung legen. Im Hintergrund dessen steht natürlich die Frage, inwiefern die Heterogenität der Fair-Handels-Bewegung zu Lasten ihrer politischen Bedeutung geht bzw. wie möglicherweise umgekehrt betrachtet diese Heterogenität im Hinblick auf eine Erfolg versprechende Einflussnahme (besser) genutzt werden kann.

These 5: Solidaritätsperspektive und Fairer Handel

> Fairer Handel speist in das wirtschaftliche System eine solidarische Perspektive ein, welche dem ökonomischen Denken und Handeln unter dem Vorzeichen der Globalisierung scheinbar abhanden gekommen ist. Damit erinnert der Faire Handel daran, dass die Wirtschaft dem Menschen und nicht die Menschen der Wirtschaft zu dienen haben. Diesen Anspruch erhebt der Faire Handel nicht nur abstrakt. Vielmehr konkretisiert ihn der Faire Handel sowohl im Rahmen eigenen wirtschaftlichen Handelns als auch auf der Ebene welthandelspolitischer Forderungen. Er bietet deshalb eine modellhafte Vorstellung davon, wie (christliche) Solidarisierung im Kontext einer globalen Wirtschaft gelebt werden kann.

Für den Fairen Handel ist die Beziehung zwischen den zahlreichen Akteuren der Handelskette zwischen Produzenten und Konsumenten ein konstitutives Element. Das Produkt selbst, um das sich die Idee des Fairen Handels zentral gruppiert hat, ist dabei nicht nur Gegenstand des Handels und Handelns. Vielmehr nimmt das fair gehandelte Produkt die Funktion eines Trägers von Werten an und wird zum Verbindungsmedium zwischen den unterschiedlichen Beteiligten: Produzent(inn)en, Verarbeitungsbetriebe, Importorganisationen, Verkäufer(innen), Konsument(inn)en. Zur Herstellung dieser Verbindung sind nach der Tradition des Fairen Handels Produktinformationen wesentlich, die Transparenz herzustellen versuchen und dadurch Grundlage von expliziter oder impliziter Solidarisierung werden können. Nur auf dieser Ebene besehen bleibt die Verbindung zunächst nur eine „Einbahnstraße" entsprechend dem Weg des Produkts vom Hersteller zum Verbraucher. „Solidarisierung" jedoch bildet in diesem Kontext gewissermaßen die immaterielle Gegenverbindung, die sich in einer (bewussten) Kaufentscheidung und in höherem Maße im persönlichen Fair-Handels-Engagement manifestiert. Solidarisierung im Fairen Handel befindet sich folglich im Horizont von Pro-Solidarität, was in diesem Falle keineswegs – unter Gerechtigkeitsansprüchen betrachtet – ein Geber-Nehmer-Gefälle konstruiert, sondern in der Gegenleistung „Ware" die Ebenbürtigkeit der Partner garantiert. Insofern bedeutet der Faire Handel zwar ein prosolidarisches Handeln, in dem jedoch dieses „für" für eine Tauschbeziehung steht, welche auf den Kriterien von Fairness und Gerechtigkeit basiert.

Die Solidaritätsperspektive des Fairen Handels stellt dabei auch den Bezug her zu der Urbedeutung von Wirtschaft als dem richtigen Haushalten in einem aufeinander angewiesenen Bezugssystem (Ökonomie – griech. oikos – das ganze Haus). Er macht hinsichtlich der Ökonomie den Gemeinschaftsgeist als Grundprinzip stark. Er ist die permanente Erinnerung daran, dass Wirtschaft nur dann optimal funktionieren kann, wenn sie niemanden unter die Räder kommen lässt, sondern wenn es ihr gelingt, den Bedürfnissen aller Beteiligten gerecht zu werden und Verzerrungen hinsichtlich dieser Zielerreichung auszugleichen. Fairer Handel begnügt sich nicht damit, Fairness nur auf eine Respektierung von Verfahrensregeln zu begrenzen, sondern versteht Fairness als ein Ermöglichungskonzept hinsichtlich der Herstellung von Gerechtigkeit. In dieser Form als (pro-)solidarischer Handel im Sinne der Bevorzugung der Benachteiligten liegt die systemsprengende und wirtschaftskritische Funktion und Aufgabe der Idee des Fairen Handels. Dieser solidarischen Dimension muss der Faire Handel Aufmerksamkeit schenken, denn in ihr ist einer seiner wesentlichen Grundpfeiler enthalten.

These 6: Fairer Handel verbindet Ordnungs- und Solidaritätsperspektive

Solidaritätsperspektive und Ordnungsperspektive gehören also gleichermaßen zum Konzept des Fairen Handels. Dass gerade in der Verknüpfung beider Perspektiven ein wesentliches Charakteristikum des Fairen Handels liegt, ist Ergebnis der vorausgegangenen Reflexionen und sollte der Fair-Handels-Bewegung als beständiger Selbstkorrektur-Mechanismus bewusst werden. Die Integration beider Perspektiven ist dem Fairen Handel wie kaum einer anderen entwicklungsbezogenen Initiative gelungen und darf daher auch für seine gesellschaftliche Integrationskraft mitverantwortlich gemacht werden.

Der Faire Handel hat sich von Beginn seiner Entwicklung an nicht einer einzelnen Strömung innerhalb der Dritte-Welt-Bewegung zuschlagen lassen. Seine Idee fand Zustimmung sowohl bei Anhängern der „integrierten Aktion" als auch bei denen der „kritischen Aktion" hinsichtlich der „Dritte-Welt-Entwicklung". Zwar blieb die damalige „Aktion Dritte-Welt-Handel" auch innerhalb der Dritte-Welt-Solidarität nicht ohne Widerspruch, wurde wohl auch hin und wieder bewusst nicht zur Kenntnis genommen, jedoch darf dies nicht darüber hinwegtäuschen, dass die Einwurzelung des Fairen Handels in zwei konträren Strömungen der ihn tragenden sozialen Bewegung von entscheidender Relevanz für seine Entwicklung war. Dass im Fairen

5. Deutungsparadigmen des Fairen Handels

Handel diese beiden Richtungen zusammenfinden konnten, darf keinesfalls als selbstverständlich gelten, da zahlreiche latente und offen ausgebrochene Konflikte in der Fair-Handels-Szene auf diese seine Grundkonstitution zurückzuführen sind und eine soziale Bewegung an solchen Konflikten auch hätte auseinanderbrechen können. Umso mehr darf es als eine große Leistung gewertet werden, trotz aller Unterschiede zu *einer* Fair-Handels-Bewegung zusammengefunden zu haben. Darin liegt gewiss ein Grund dafür, dass der Faire Handel in die gesamte Gesellschaft hinein Wirkung entfalten konnte, unterschiedliche gesellschaftliche Institutionen und Felder erreichen und dort Mitwirkende an seiner Idee gewinnen konnte.

In der Tatsache, in zwei unterschiedlichen Erdreichen zu wurzeln, liegt auch der Grund für die Fähigkeit des Fairen Handels, Solidaritätsperspektive und Ordnungsperspektive als zwei grundverschiedene Optionen in der Eine-Welt-Arbeit miteinander verbinden zu können. In dieser Doppelperspektivität bildet sich die doppelte Herkunft des Fairen Handels nicht nur ab, in ihr aktualisiert sich diese auch beständig: Simplifizierend lässt sich feststellen, dass hinter dem Ansinnen zur Marktausdehnung tendenziell die Akteure der integrierten Aktion stehen, die aus der Solidaritätsperspektive vor allem die Möglichkeit zur Absatzsteigerung im Interesse der Handelspartner sehen, während hinter dem Bestehen auf Grundsatztreue und Kriterienklarheit tendenziell die Akteure der kritischen Aktion zu finden sind, die aufgrund ihrer Ordnungsperspektive primär die Richtigkeit und Glaubwürdigkeit ihres Alternativmodells in der Zielausrichtung auf eine gerechte Welthandelsordnung wahren wollen.

Durch die Koexistenz, Komplementarität und den konstitutiven Charakter der Doppelausrichtung auf Solidaritäts- und Ordnungsperspektive wird zwar auch ein gewisses Auseinandersetzungspotential innerhalb der Fair-Handels-Bewegung aufrecht erhalten, welches selbstverständlich positiv wie negativ betrachtet werden kann: Während auf der einen Seite darin ein bremsender Faktor in der Entwicklung der Bewegung gesehen werden kann, weil sich Grundsatzdebatten vor das Alltagsgeschäft schieben, kann auf der anderen Seite dies auch als ein interner Selbstkorrekturmechanismus verstanden werden. Dieser Mechanismus tritt gewissermaßen dann automatisch ein, wenn die eine Strömung den Eindruck gewinnt, dass die andere vorprescht und das bestehende Gleichgewicht verschiebt, und daher auf Verständigung drängt. Über die jahrzehntelange Bewegungsgeschichte trotz oder gerade in vielen Konflikten einen solchen Mechanismus hervorgebracht zu haben, lässt sich als eine Errungenschaft eigener Art würdigen.

These 7: Fairer Handel ist Vision und Modell einer solidarischen Wirtschaftsordnung im Dienst des Lebens

> In der Verschränkung beider Pole entspinnt der Faire Handel die Wirklichkeitswerdung der Vision, dass im Bereich menschlichen Wirtschaftens eine solidarische Ordnung möglich ist. Fairer Handel erweist im Kontext seiner Kriterien und Grundsätze, dass die Festlegung von Handelsregeln jenseits egoistischer Interessen nicht nur aus humanitären Gründen nötig, sondern durchaus auch

5.3. Fairer Handel als Modell der Weltverantwortung

marktwirtschaftlich sinnvoll und praktikabel ist. Dadurch bezieht Fairer Handel einen wegweisenden Charakter, welcher es erlaubt, von seiner Modellhaftigkeit zu sprechen. Denn Fairer Handel erprobt ein Wirtschaftsmodell, das sich in den Dienst des Lebens der Menschen stellt.

Die Fair-Handels-Bewegung hat bei all ihrer Kritik an Praktiken des Welthandels und der Wirtschaftspolitik, die bis hin zur kompletten Infragestellung des marktwirtschaftlichen Systems und der Anprangerung neoliberaler Bestrebungen ging, an der wirtschaftlichen Form des Handels festgehalten, um darin eine Alternative zum vorherrschenden Handel zu platzieren. Damit ist zum Ausdruck gebracht, dass der Alternativcharakter des Fairen Handels weder zwangsläufig exklusiv (sich von gängigen Wirtschaftsformen abgrenzend) noch automatisch inklusiv (das herrschende Wirtschaftmodell nutzend) eingeordnet werden kann. Fairer Handel bewegt sich zwischen diesen Möglichkeiten und nutzt sie im Horizont seines Zweckes, dass Fairness und Gerechtigkeit im Wirtschaften lebbar sind und der Handel sich in den Dienst der menschlichen Existenz stellen kann: der Befriedigung ihrer elementaren Grundbedürfnisse ebenso wie ihrer höheren ethischen Ziele.

5.3.3. Modellhaftigkeit angesichts des Ernstfalls Globalisierung

Nicht zuletzt diese Thesen veranlassen zu der Behauptung von der Modellhaftigkeit des Fairen Handels. Modelle sind Experimentierfelder des Ernstfalles. Das gilt auch für den Fairen Handel, dessen Ernstfall – die weltwirtschaftliche Ordnung – allerdings sich nicht nur als Anwendungsfall präsentiert, sondern bereits als Entstehungsgrund der Fair-Handels-Bewegung in Erscheinung getreten war und gerade in der Dimension seiner wahrgenommenen Dramatik für die Globalisierungsverlierer der „Dritten Welt" von vornherein Ernstfall war. Von Modellcharakter zu sprechen beinhaltet die Aussage einer Vorbildhaftigkeit, die hier im Hinblick auf die Gestaltung einer neuen Welthandelsordnung und die Realisierung einer anderen, alternativen Globalisierung nur angedeutet werden kann: denn tiefgreifendere Änderungen sind nur dann zu erwarten, wenn ordnungsethische Lösungsansätze einhergehen mit einem von Grund auf solidarischen Umgang mit den Anderen – und wenn solidarische Lösungsansätze die Unerlässlichkeit struktureller Ordnungen nicht nur nicht aus dem Blick verlieren, sondern vehement auf diese dringen. Gerade wegen der Verschränkung beider Perspektiven – ob sie nun formal als Ordnungs- und Solidaritätsperspektive ausgedrückt werden oder inhaltlich mit den Begriffen von Gerechtigkeit und Barmherzigkeit umschrieben werden – hat die Fair-Handels-Bewegung „der Welt" etwas Entscheidendes zu sagen. Gerade deswegen ist der Faire Handel ein Modell – ein nachahmenswertes Modell der Verantwortungsübernahme in einer globalisierten Weltgesellschaft.

6

Gnade und Reich Gottes

Religiöse Motivhorizonte christlichen Fair-Handels-Engagements

6. Religiöse Motivhorizonte christlichen Fair-Handels-Engagements

Der methodologische Ansatz der Pastoralkonstitution *Gaudium et spes* drängt darauf, nach Rückwirkungen der „Welt von heute" auf Kirche und Glaube zu fragen. Die Auseinandersetzungen um Gerechtigkeit und Barmherzigkeit bzw. (mit Bezug auf die kirchlichen Dokumente) um Sozialordnung und Solidarität haben bislang solche Rückwirkungen tendenziell auf einer ethischen Ebene und damit in einem Horizont kirchlichen oder individuell-christlichen Handelns behandelt. Um aber dem Anspruch der Pastoralkonstitution genauer gerecht zu werden, bedarf es auch einer Beschäftigung mit derartigen Rückwirkungen auf den Glauben selbst. Wenngleich die ethischen Themen immer auch eine theologische Dimension beinhalten, so muss diesbezüglich vermerkt werden, dass die Glaubensfrage als ein zentrales Thema christlicher Existenz in den bisherigen Ausführungen unberücksichtigt geblieben ist. Dies bedeutet jedoch nicht, dass der christliche Glaube an das Heil „von Gott her" zum Feld des Fairen Handels in keinem Verhältnis stünde, noch bedeutet es, dass dieser in diesem Kontext keine Relevanz besitze. Gegenüber den vorangegangenen Reflexionen ist es möglich, noch weiter in den Kernbereich christlichen Glaubens vorzudringen.

Die Thematisierung des christlichen Glaubens in dieser Studie tangiert die grundsätzliche Verhältnisbestimmung zwischen ethischem Handeln und Gottesglaube in der pluralen Gesellschaft, die gerade im Kontext einer sozialen, verschiedene gesellschaftliche Bereiche miteinander verbindenden Bewegung exemplarisch angerissen werden kann. Ist es legitim, in Zeiten einer „postmodernen" säkularisierten Gesellschaft soziales und politisches Engagement mit religiösen Augen zu betrachten? Läuft man damit nicht Gefahr zu einer eng geführten Interpretation zu gelangen, die von Teilen der Gesellschaft und damit auch von Teilen einer sozialen Bewegung nicht mitvollzogen – ja möglicherweise aus Gründen der universalistischen Ethik ausdrücklich abgelehnt wird? So sehr diese Bedenken gegenüber einer religiösen Interpretation gesellschaftlichen Engagements verständlich sind, so sehr muss es auch legitim sein, religiöse Motive als solche zu benennen und all denjenigen Engagierten zur Prüfung vorzulegen, die persönlich dafür aufgeschlossen sind.

Praktisch-theologisch lassen sich diesbezüglich zwei gegenläufige Prozesse unterscheiden: Der Weg vom ethischen Handeln zum religiösen Glauben als auch der Weg vom religiösen Glauben zum ethischen Handeln. Bei letzterem ergeben sich aus der religiösen Überzeugung Konsequenzen für die alltägliche Lebensführung und persönliche Praxis; bei ersterer ist es umgekehrt: „Wer sich für Gerechtigkeit und Barmherzigkeit einsetzt, der/die wird immer wieder erfahren, dass die Solidarität unter den Menschen 'klappt', und wie dann so etwas wie eine Gratuität zwischen ihnen entsteht, eine Gnade, weil solche Tiefenerfahrungen, die sich im solidarischen Handeln selbst ereignen, als Geschenk erlebt werden."[1299] Worin besteht jedoch der Nutzen, die glaubensbezogene Dimension ethischen Handelns aufzugreifen? Während sich

---

[1299] Fuchs: Die Eigenheit des christlichen Gottesglaubens, 77; sowie Fuchs: Solidarität und Glaube, 22.

6. Religiöse Motivhorizonte christlichen Fair-Handels-Engagements

aus der Engagementperspektive die Frage aufdrängt, ob dies dem Engagement und der Erreichung seiner Ziele dienlich ist, verwahrt sich die Theologie verständlicherweise gegen eine derartige Instrumentalisierung des Gottesglaubens.[1300] Die darin enthaltene fundamentale Anfrage ist durchaus berechtigt: Ist der Weg über den Glauben nicht ein Umweg, der den direkten Schritt vom Handlungsimpuls zum konkreten Engagement verlängert und welcher daher lieber abgekürzt werden sollte – auch angesichts der Dringlichkeit der Notlagen, um die es sich zu kümmern gilt? Wäre es nicht sinnvoller und erfolgversprechender, die realistischen Motivationsmöglichkeiten mithilfe entsprechender Informationen, Gelegenheitsstrukturen und passgenauen Angeboten zu optimieren? Im unmittelbaren Handlungszusammenhang mögen diese Fragen zum Teil auch positiv zu beantworten sein.

In einem umfassenderen Horizont allerdings muss auf die solidaritätsgenerative Kraft religiöser Überzeugungen verwiesen werden: Der Pastoraltheologe Paul Michael Zulehner hat dies nicht zuletzt empirisch belegt und dabei – dies ist für Fair-Handels-Engagement von besonderem Interesse – eine signifikant höhere Solidarisierungskraft religiöser Menschen gegenüber Fernstehenden ermittelt.[1301] Nimmt man dieses (hier nur angedeutete) empirische Ergebnis ernst, so besitzt ein glaubensbezogener Zugang zu Fairem Handel sowohl theologische Legitimation als auch praktische Nützlichkeit, insofern er als Dienst oder Dienstleistung an der solidaritätsgenerativen Kraft des Religiösen zu verstehen ist. Diese Kraft zu pflegen und zu erhalten folgt (außer im Radius der Gnade Gottes) keinem Automatismus und bedarf immer wieder neu der Fundierung und Vergewisserung im Glauben. Sie bezieht sich folglich nicht nur auf die für entsprechendes solidarisches Handeln neu zu gewinnenden Menschen, sondern auch auf die schon entsprechend Handelnden – um der Vertiefung und Bestärkung ihres Tuns willen.

Insofern ist es nicht beliebig wie Gott und der Glaube an ihn thematisiert werden. Es kann nicht darum gehen, denselben als eine verobjektivierbare Realität anzusehen, etwa indem auf biblisch überlieferte Gerechtigkeits- oder Barmherzigkeitswünsche Gottes hingewiesen wird und diese als Argument für eigene Gerechtigkeits- oder Barmherzigkeitsideale herangezogen werden. Wird die Glaubensperspektive ernst genommen, so muss es um die Gottesfrage als einer subjektiv erfahrbaren Realität gehen, letztlich um die Beziehung zwischen Gott und Mensch und deren Ausrichtung auf Erlösung hin.

Dieser Nukleus christlicher Religion, die gnadenhafte Zuwendung Gottes zu den Menschen und deren Erlösung, steht durchaus in einem Zusammenhang mit dem Engagement von Christinnen und Christen in und für einen Fairen Handel. Der Pastoralkonstitution folgend, frage ich jedoch nicht nur danach, wie Engagement im Horizont dieser Theologie aussehen kann, sondern – und das ist teils ungewohnt – auch danach, welche Glaubensfragen und welche Glaubensantworten durch dieses Engage-

---

[1300] Vgl. – auch im folgenden – Fuchs: Die Eigenheit des christlichen Gottesglaubens, 87.
[1301] Vgl. Zulehner (Hrsg.): Solidarität: Option für die Modernisierungsverlierer, 216-216; zitiert nach Fuchs: Solidarität und Glaube, 23.

6. Religiöse Motivhorizonte christlichen Fair-Handels-Engagements

ment zum Vorschein kommen, d.h. wie aus dieser engagierten Praxis Theologie erschlossen werden kann. Zumal das Fair-Handels-Engagement in Teilen der Bewegung offenbar von explizit christlichen Motiven genährt wird, ist es m. E. dringend erforderlich, diese Fragen zu stellen und diesen Sachverhalt theologisch zu reflektieren. Dabei wird nicht nur die Fair-Handels-Bewegung sondern auch die theologische Reflexion vor Herausforderungen gestellt, insofern die Konfrontation eines konkreten Handlungsmodells wie dem Fairen Handel mit „volltheologischen" Begrifflichkeiten ungewohnt ist und mit Gewissheit jenseits der Denkwege der Theologietreibenden wie auch jenseits der Reflexionsebenen der Engagierten verläuft. Jedoch um der notwendigen Integration dessen willen, was aus numinos religiöser Motivation in zahlreichen kirchlichen Vergemeinschaftungen mit Eifer praktiziert wird, ist die systematische und fachtheologische Anstrengung unausweichlich.

Der Rückgriff auf das biblische Motiv „Reich Gottes" und auf den systematisch-theologischen Traktat der „Gnade" als Grundlagen dieser theologischen Deutung des Fairen Handels ist dabei keinesfalls nur als das Ergebnis einer Suche nach der heuristisch passgenaueren Vokabel zu verstehen. Denn in der Gnadentheologie bündeln sich die Thematiken von Gerechtigkeit und Barmherzigkeit, die hier sowohl theologal (Gnade im Sinne von Gerechtigkeit und Barmherzigkeit Gottes) als auch sozial (Gerechtigkeit und Barmherzigkeit zwischen Menschen: Sozialordnung und Solidarität) begriffen werden. Und auch in der Theologie des Reich-Gottes verschränken sich theologale (Handeln Gottes) und soziale Dimension (Handeln der Menschen) miteinander und sind inhaltlich an eben diesen Realitäten und Hoffnungen von Gerechtigkeit und Barmherzigkeit im Sinne begonnener, aber noch unvollendeter Erlösung ausgerichtet. Insofern scheinen beide genannten theologischen Zugänge geeignet, die Reflexionen des 5. Kapitels aufzugreifen, zu bündeln und im Horizont des christlichen Glaubens zu vertiefen.

Das Interesse, nicht nur „Reich Gottes", sondern auch „Gnade" als theologische Deutekategorie für christlich motiviertes Engagement im Fairen Handel durchzubuchstabieren, wird zudem von einer zweifachen Motivlage unterstützt: Zum ersten drängt die auch für die christliche und kirchliche Eine-Welt-Arbeit ungewohnte Sperrigkeit des Begriffs Gnade darauf, Gott im Zusammenhang des Handlungsmodells Fairer Handel mitzudenken und damit das Handlungsmodell Fairer Handel eben nicht mehr nur auf der Ebene pastoraler Aktivität oder ethischer Verpflichtung, sondern eben als theologisches Tun, als Geschehen unter dem Horizont Gottes (als Handelndem und Beteiligtem) zu betrachten. Zum zweiten birgt gerade eine derartige „theologale Dignifizierung"[1302] christlich inspirierter Praxis eine Chance für das vorhandene Engagement, da mithilfe solch „volltheologischer" Fragen die Verbindung zu Kernbereichen des christlichen Glaubens und kirchlicher Praxis aufgezeigt

---

[1302] Im Anschluss an Jon Sobrino verwende ich den Begriff „theologal" um zu kennzeichnen, dass nicht über Gott gesprochen wird („theologisch"), sondern dass von Gott als Sprechend-Handelndem die Rede ist. Vgl. Sobrino: Jesucristo liberador, 41-57.

6. Religiöse Motivhorizonte christlichen Fair-Handels-Engagements

werden kann. Insofern zielt mein Interesse also auch auf deren Anschlussfähigkeit zu Kirche und Gemeinde. Dies zu umgehen stellt – sicherlich unbewusst – einen Beitrag zu bekannten Verdrängungsmechanismen dar, die offensichtlich Eine-Welt-Gruppen mit politischeren, mehr gerechtigkeits- als caritativ-orientierten Grundlagen dazu verleiten, nicht nur ihren Wirkungsraum am Rande oder außerhalb kirchlicher Gemeinden zu suchen, sondern auch Gemeinde als den Ort ihrer Beheimatung hinter sich zu lassen.[1303] Auch das spannungsreiche Verhältnis zwischen – verkürzt und pauschal gesprochen – gerechtigkeitsorientierten Weltläden und Fair-Handels-Gruppen einerseits und caritativ-orientierten Kirchengemeinden und Verkaufsgruppen andererseits[1304] sollte nicht auf der Reflexionsebene erneut abgebildet werden. Gerade weil diese Spannungs- und Verdrängungsmechanismen thematisch derart gelagert sind, erfordert es einen geeigneten Horizont für eine theologische Auseinandersetzung mit dem Fairen Handel. Aus theologischen Erwägungen heraus, sollte der Gnadentheologie die dafür notwendige Integrationskraft zugetraut und zugesprochen werden, würde doch das Gegenteil eine Exklusivität und Nicht-Universalität von Gnade mit sich bringen und damit gegen wichtige Elemente dieser Theologie verstoßen.

Gleichwohl muss dabei differenziert werden zwischen Gnadentheologie als brauchbarem Selbstvergewisserungshorizont im eigenem Glauben von Fair-Handels-Engagierten und -Interessierten auf der einen Seite und als weitgehend unbrauchbarem Artikulationsinstrument in der Außenkommunikation christlicher Fair-Handels-Gruppen – sei es in der Kommunikation in die Gesamtbewegung hinein, sei es in der allgemeinen Öffentlichkeitsarbeit in die Gesellschaft hinein. Es gilt, dies unbedingt im Blick zu behalten, um Fehlschlüsse zu vermeiden und nicht beabsichtigte Interpretationen auszuschließen. Eine Glaubensreflexion auf den Fairen Handel, wie ich sie im folgenden theologisch herleiten und feldspezifisch aufgreifen werde, eignet sich weder für christliche Missionierungen noch für konfessionelle Abgrenzungen, für die der Faire Handel ebenso wenig missbraucht werden darf wie die Theologien der Gnade und des Reiches Gottes. Solches würde den Dignifizierungsversuch konterkarieren, welcher in diesem Kapitel mit der Konfrontation zwischen Gottesglauben einerseits und solidarischem Handeln, Engagement für Gerechtigkeit und Fairem Handel andererseits unternommen werden soll.

[1303] Vgl. Nuscheler u.a.: Christliche Dritte-Welt-Gruppen. Sh. auch oben Kapitel 3.3.1.
[1304] Piepel: Eine-Welt-Gruppen in Gemeinden, 188, weist deutlich und zu Recht darauf hin, dass eine sozial-caritative Instrumentalisierung des Fairen Handels im Interesse größtmöglicher Spenden zugunsten der Projektunterstützung weit verbreitet ist. Dies trägt kirchlichen Fair-Handels-Gruppen leicht den Verdacht ein, die politischen Aufgaben des Fairen Handels zu ignorieren und dessen Grundcharakter (Verkauf *und* Bewusstseinsbildung) nicht mitzuvollziehen. Zum Zusammenhang zwischen christlicher Eine-Welt-Arbeit und unterschiedlichen Pastoralkonzepten, vgl. 178ff.

6.1. Reich-Gottes-Praxis: biblisch-theologischer Handlungsrahmen christlicher Weltgestaltung

Für Jon Sobrino führt das Interesse an einer „Theologisierung der Realität der Dritten Welt", d.h. an einer aus dem Glauben an Gott als Schöpfer und Erlöser der Menschheit angetriebenen Verstehens der geschichtlichen und gesellschaftlichen Situation der benachteiligten Länder des Südens, unweigerlich auf die Theologie vom „Reich Gottes" hin, denn die Affinität der heutigen Realität in diesen Ländern mit dem Entstehungskontext der Rede vom Reich Gottes mache die besondere Eignung dieses Begriffes bzw. dieser Theologie hierfür aus.[1305] In der bildhaften Rede von einem „Reich Gottes" ist von Jesus Christus selbst her überliefert, wie sich geschichtsmächtiges Handeln Gottes realisiert und in die menschliche Wirklichkeit mit ihrer geschichtlichen und gesellschaftlichen Dimension einschreibt. Der Reich-Gottes-Begriff ist eine Kombinationsterminologie, durch die Geschichte und Transzendenz, Gott und Menschen, Heute und Zukunft als unteilbare Realitäten projektiert werden. Die Rede von einem „Reich Gottes" ist nämlich weder mit einer nur innerweltlichen noch mit einer nur zukünftigen (theologisch: eschatologischen) noch mit einer menschheitsgleichgültigen Wirklichkeit zutreffend beschrieben. Reich Gottes realisiert sich nicht erst am Ende der Geschichte, sondern es ist bereits angebrochen; seine Vollendung ist eschatologischer Natur, ohne dass die geschichtliche Evolution linear darauf zulaufen würde.[1306] In dieser Kombinatorik ist die von Sobrino artikulierte Prädestiniertheit der Reich-Gottes-Theologie für die Interpretation christlicher Existenz und Praxis im benannten Umfeld begründet. Sie liefert infolgedessen eine sinnvolle Grundlage für die Identifizierung politischen Engagements und gesellschaftlichen Einsatzes, welches aus religiösem Glauben und christlicher Überzeugung genährt wird.

6.1.1. Reich Gottes – Jesu Praxis zugunsten einer anderen, besseren Welt

Die zentrale von Jesus Christus in den Evangelien zitierte Aussage über dieses Reich Gottes ist die, dass es nahe sei (Mk 1,15). Würde man jedoch nach einer Beschreibung suchen, was in den Evangelien genauer unter dieser Begrifflichkeit verstanden würde, so lässt sich dies lediglich indirekt erschließen. Nach Sobrino kann die Bedeutung von „Reich Gottes" im Wesentlichen über die Praxis Jesu ermittelt werden: Daran sei entscheidend, „dass Jesus eben viel getan und nicht passiv auf die Antwort des Reiches gewartet […] hat. Nicht einmal in der Erwartung des nahen Ende konnte

---

[1305] Vgl. Sobrino: Die zentrale Stellung des Reiches Gottes, 469.
[1306] Vgl. Böhm: Gottes Reich und Gesellschaftsveränderung, 115.

6.1. Reich-Gottes-Praxis: biblisch-theologischer Handlungsrahmen

sich Jesus mit dem Zustand seiner Welt abfinden."[1307] Damit bedeutet Reich-Gottes-Praxis Jesu gewissermaßen Einsatz und Engagement im Horizont eines zukünftigen besseren Lebens, d.h. im Horizont der Erwartung, dass eine andere Welt möglich ist: dafür steht die „Chiffre" Reich Gottes gewissermaßen als Raum- und Realitätsmodell. Reich-Gottes-Theologie ist damit die theologale Begrifflichkeit für eine Theologie des solidarischen Engagements. Mit dieser These wird zur Geltung gebracht, dass die Reich-Gottes-Praxis Jesu von Nazareth von einer entschiedenen Option und einem inhaltlichen Gepräge her bestimmt wurde: Dieses „Engagement" Jesu bezieht seine Antriebskraft aus dem Mitleiden und Erbarmen Jesu, in welchem auch der „Grund" der Zuwendung Gottes zu den Menschen zum Ausdruck gebracht ist. Insofern ist Jesu Reich-Gottes-Praxis zutiefst zeichenhaft; und sie ist auch in ihrem Vollzug zeichenhaft, weil sie von Zeichenhandlungen wie Wunderheilungen oder Dämonenaustreibungen lebt: „Als Zeichen sind sie nicht das Ganze des Reiches; aber wenn sie es gegenwärtig werden lassen, dann kann man, ausgehend von ihnen, etwas von diesem Reich selbst erkennen."[1308]

Nimmt man in diesem Sinne die Weltgerichtsrede Jesu als Inbegriff seiner Reich-Gottes-Erwartung[1309], so ist festzuhalten, dass „Reich Gottes" in besonderer Weise die Ethik Jesu zum Ausdruck bringt und als dessen Handlungsprinzip beschrieben werden kann.[1310] Deshalb wird die Frage aufgeworfen, ob auch entsprechendes Handeln von Menschen in der Nachfolge Christi als Reich-Gottes-Praxis verstanden werden darf. Der Neutestamentler Helmut Merklein, der sich intensiv mit der Thematik befasst hat, betont, dass „die Gottesherrschaft" – wie er die griechische Terminologie über das Reich Gottes übersetzt[1311] – „sowohl als Initial- wie auch als Zielgeschehen göttliche Tat ist [und zugleich ...] nicht von der Person Jesu getrennt werden" könne.[1312] Gleichwohl sieht er die Möglichkeit – biblisch betrachtet – „auch die heilenden Taten der Jünger [...] als Geschehensereignis der Gottesherrschaft bezeichnen [zu] können", was analog auch für deren Verkündigung gelte.

[1307] Sobrino: Die zentrale Stellung des Reiches Gottes, 475.
[1308] Sobrino: Die zentrale Stellung des Reiches Gottes, 475.
[1309] Die Begrifflichkeit „Reich Gottes" ist im Matthäus-Evangelium, welches allein die Weltgerichtsrede überliefert, nicht gängig. Der Evangelist Matthäus wählt stattdessen die Wendung „Reich der Himmel" und schließt damit ebenfalls an das Motiv des „Königreiches Gottes" an. In der Weltgerichtsrede (Mt 25, 31-46) skizziert die als eschatologisch beschriebene Rahmensituation den Bezug zur Reich-Gottes-Theologie: „Dann wird der König [...] sagen: [...] nehmt das Reich in Besitz [...]" (Mt 25,34)
[1310] Vgl. Merklein: Die Gottesherrschaft als Handlungsprinzip. Untersuchung zur Ethik Jesu.
[1311] Die biblisch-griechische Terminologie „basileia tou theou" wird von den Exegeten teils unterschiedlich übersetzt. Allgemein geläufig sind die Wendungen „Reich Gottes" sowie „Gottesherrschaft", weniger geläufig die Wendung „Königsherrschaft Gottes", hinsichtlich der abweichenden Terminologie im Matthäus-Evangelium existiert auch die Rede vom „Reich der Himmel". – Zur praktisch-theologischen Diskussion der Begriffswahl verweise ich lediglich auf Haslinger: Diakonie, 619ff.
[1312] Merklein: Jesu Botschaft von der Gottesherrschaft, 65.

6. Religiöse Motivhorizonte christlichen Fair-Handels-Engagements

„Das bedeutet nicht, daß die Gottesherrschaft zum Gegenstand menschlicher Aktivität wird, da die Taten der Jünger [und Jüngerinnen] nicht aus sich selbst und gleichsam mit immanenter Automatik [...] sondern nur insofern diese Qualität besitzen, als sich in ihnen das *göttliche* Geschehen ereignet."[1313]

Mit anderen Worten gesagt, bildet das Handeln von Christinnen und Christen potentiell (nicht mehr) eine Vollzugsmöglichkeit der Reich-Gottes-Praxis, deren ultimatives Subjekt gleichwohl Gott selbst bleibt. Das Reich Gottes ist keine Realität, welche von Menschen selbst hergestellt werden kann. Der reformierte Schweizer Theologe und Mitbegründer der religiös-sozialen Bewegung, Leonhard Ragaz (1868-1945), hatte hervorgehoben, dass trotz der Autorität Gottes über das Reich Gottes auch die menschliche Praxis eine Relevanz für dasselbe besitze: Weil das Reich Gottes in geschichtliche Auseinandersetzungen mit den Gegenmächten verwickelt sei, sei der Mensch aufgefordert, „auf der Seite des Reiches Gottes am Kampf zu partizipieren". Daher stelle es sich auch als Anliegen der Menschen dar, wiewohl diese es nicht herbeiführen könnten. „[U]mgekehrt stellt das Geschenk des Reiches Gottes das christliche Handeln erst in einen tragfähigen Zusammenhang", fasst Manfred Böhm dieses Detail der Ragaz'schen Reich-Gottes-Theologie zusammen.[1314] Dies korrespondiert mit der Botschaft der biblischen Texte, welche bekunden, dass das Reich Gottes nicht über die Menschen hinweg zu realisieren ist, da es im letzten ja um das Heil der Menschen und der Schöpfung geht:

„Das Heil der Gottesherrschaft besteht darin, daß die sich selbst mitteilende Liebe Gottes *im Menschen und durch den Menschen* zur Herrschaft kommt."[1315]

Deshalb, so der Befreiungstheologe Ignacio Ellacuría, sei „[d]en wahren Nachfolgern Jesu [...] die möglichst weitgehende Verwirklichung des Gottesreiches in der Geschichte aufgegeben."[1316] Dieser Auftrag freilich kann unterschiedlich aufgefasst werden. Die Reich-Gottes-Theologie hat sich konsequent dagegen verwahrt, daraus eine Legitimation theokratischer Herrschaftssysteme abzuleiten. In diese Richtung zielt Ellacurías Formulierung keineswegs. Gleichwohl darf man ihn so verstehen, dass Christsein in der Nachfolge der Reich-Gottes-Praxis Jesu nicht ausschließlich und nicht in erster Linie eine individualethische Angelegenheit meint, sondern dass „Reich Gottes"/„Gottesherrschaft" mit der in ihrem Begriff mitschwingenden Dimension des politischen Systems gerade auch auf die strukturelle und verfasste Gestalt des menschlichen und gesellschaftlichen Zusammenlebens zielt. Leonhard Ragaz sieht in Fortführung dieses Gedankens bestimmte politische, soziale und wirtschaftliche Umwälzungen als Durchbrüche des Reiches Gottes in der Geschichte an, wenngleich ihm bewusst ist, dass die tatsächlichen geschichtlichen Erscheinungsbilder in sozialen Bewegungen oder politischen Organisationen häufig eher deren

---

[1313] Merklein: Jesu Botschaft von der Gottesherrschaft, 66 (Hervorhebung im Original).
[1314] Vgl. insgesamt Böhm: Gottes Reich und Gesellschaftsveränderung, 115.
[1315] Kasper: Jesus der Christus, 102 (zitiert nach Sobrino: Die zentrale Stellung des Reiches Gottes, 472.) (Hervorhebung nicht im Original)
[1316] Aus einem Vortrag Ellacurías zitiert bei Sobrino: Die zentrale Stellung des Reiches Gottes, 464.

6.1. Reich-Gottes-Praxis: biblisch-theologischer Handlungsrahmen

Reich-Gottes-Kern verdunkeln als erhellen.[1317] Die unmittelbare Zuordnung von gesellschaftlichen Systemen oder kollektiven Akteuren bleibt also ambivalent, wenn sie nicht einzelne Strömungen und Facetten differenziert und demgemäß mit der Reich-Gottes-Idee in Beziehung setzt.

Die von den Päpsten Paul VI. und Johannes Paul II. geprägte Wendung von der „Zivilisation der Liebe"[1318] greift deshalb diese Seite der Reich-Gottes-Praxis in unbestimmt offener Weise auf und bringt sie zugleich in ihrer wechselseitigen Beziehung mit der Individualethik zur Geltung. Ohne dass die Päpste dies so formulieren, ist ihnen mit ihrer Terminologie eine eindrucksvolle Aktualisierung des Reich-Gottes-Motivs gelungen. Mit der Aufforderung „Baumeister einer Zivilisation der Liebe und Gerechtigkeit" zu sein, die Papst Johannes Pauls II. insbesondere an junge Menschen richtete, avancierte der Gedanke gewissermaßen zum Inbegriff einer Engagement-Theologie.

6.1.2. Reich Gottes – Handlungsgrund christlichen Engagements im Kontext der Globalisierung

Um Engagement theologisch zu würdigen, stellt der Rückbezug auf das Reich-Gottes-Motiv also einen beinahe unumgänglichen Zugang dar. Gerade im Einzugsbereich einer Praktischen Theologie, die sich „die Sache Jesu" zu eigen macht und an Leben und Zeugnis Jesu von Nazareth Maß zu nehmen gewillt ist[1319], bildet die Reich-Gottes-Theologie einen zentralen Bezugspunkt: als theologische Disziplin verortet sie sich gewissermaßen an der Schnittstelle dieses biblischen Grundlagenbezuges mit den jeweiligen Praxisvollzügen der Menschen. Insofern kann mit Hans Hobelsberger „Engagement als Mitarbeit an der Vergegenwärtigung des Reiches Gottes" entworfen werden:[1320] Engagement, wie es im Bereich der christlichen Eine-Welt-Arbeit und damit auch im Modell des Fairen Handels praktiziert wird, hat Anteil an jenem hehren und höheren Ziel einer zukünftig gerechteren Welt, einer gerechten weltwirtschaftlichen Ordnung und eines partnerschaftlichen Umgangs von Völkern und Nationen. So sehr das eigene Engagement praktisch wirksamer Einsatz auf dieses Ziel hin ist (im Sinne des reich-gottes-theologischen „schon"), so sehr wird damit zugleich – ernüchternd – zugegeben werden müssen, dass das Endziel „noch nicht" erreicht ist und mit den Mitteln des freiwilligen Engagements wohl auch unerreichbar bleibt. Fair-Handels-Engagement ist und bleibt Vergegenwärtigung und Verweis auf die Erforderlichkeit der umfassenderen Umsetzung eines fairen Welthandels. Damit wird derjenigen Überzeugung innerhalb der Fair-Handels-Bewegung zugesprochen, die das eigene Tun in erster Linie an ihrer Symbolik misst:

[1317] Vgl. Böhm: Gottes Reich und Gesellschaftsveränderung, 117.
[1318] Sh. (auch für die Verwendung bei Paul VI.): Johannes Paul II.: Enzyklika *Centesimus annus*, Nr. 10; vgl. auch Johannes Paul II.: Enzyklika *Redemptoris missio*, Nr. 51.
[1319] Vgl. Haslinger u.a.: Praktische Theologie – eine Begriffsbestimmung in Thesen, 393-396.
[1320] Hobelsberger: Jugendpastoral des Engagements, 259. Zum folgenden vgl. 259-280.

6. Religiöse Motivhorizonte christlichen Fair-Handels-Engagements

So wenig wie menschliches Handeln das Reich Gottes vollenden kann, so wenig kann das freiwillige Engagement der Fair-Handels-Bewegten die weltwirtschaftliche Ordnung auf den Kopf – sprich auf die Beine der Gerechtigkeit – stellen. Gleichwohl dispensiert diese Feststellung nicht von der Notwendigkeit des praktischen Einsatzes: Die Theologie des Reiches Gottes ist geübt darin, die Unerlässlichkeit der kleinen Schritte und der zeichenhaften Handlungen hervorzuheben: Das Reich-Gottes-Gleichnis vom Senfkorn, welches zunächst das kleinste aller Körner ist, heranreift und sich letztlich durchsetzt, steht exemplarisch für diese Logik. Die zunehmende Verbreitung der Fair-Handels-Idee und ihr beständiges Wachstum an Teilnehmern, Präsenzorten, Umsätzen und Nutznießern folgt derselben Logik – weil trotz aller Steigerungsraten „der faire Welthandel" in unendlicher Ferne verharren bleibt. Die Hoffnung auf das Unerreichbare entgrenzt jeweils neu den solidarischen Einsatz und eröffnet neue Wege, die im Hier und Heute ein mehr an Überlebensmöglichkeiten, an Marktzugängen, an Teilhabechancen von produzierenden Menschen greifbar werden lassen: neue Produkte, die für einen solidarischen Markt erschlossen werden, neue Kundengruppen, die durch spezielles Marketing erreicht werden können, der Vorstoß in neue Absatzkanäle, die den Warendurchsatz zu fairen Bedingungen erhöhen, neue Zertifizierungen, die zusätzliche benachteilge Bevölkerungsgruppen in den Genuss der Teilhabe am Fair-Handels-Markt bringen. Nicht nur die damit verbundene Erhöhung von positiven Effekten ist daran von Bedeutung. Höchste Wertigkeit besitzen auch der darin zum Ausdruck gebrachte Wille und das ausgesandte Zeichen, die Hoffnung und den Glauben an die nicht-utopische Möglichkeit und realistische Verwirklichbarkeit eines global-gerechten und niemanden vital verletzenden ökonomischen Systems nicht aufgegeben zu haben und für definitiv nicht aufgebar zu halten. Speziell in solcher Zeichenhaftigkeit darf einschlägigem Engagement Reich-Gottes-Qualität zugesprochen werden.

Diese Zeichenhaftigkeit bietet den Anknüpfungspunkt, um die Solidaritätspraxis des Fairen Handels im Sinne einer Reich-Gottes-Praxis interpretieren zu können: Als Praxis einer solidarischen Bewegung ist Fairer Handel keineswegs gleichzusetzen mit einer umfassenden Gerechtigkeit im Weltwirtschaftssystem, jedoch lässt sich durch ihre Präsenz etwas von der Vision eines umfassend fairen Welthandels zum Ausdruck bringen; und sie ist – als Solidarpraxis – in der ihr eigenen Charakteristik der Erweis der Möglichkeit dieser Vision.[1321] Der Verkauf eines fair gehandelten Produkts ist Vorwegnahme und Vorgeschmack dieses Fernzieles einer gerechten Weltwirtschaftsordnung – und selbst wenn diese nur utopisch wäre, würde ihre Vorwegnahme nichts an Notwendigkeit und Berechtigung einbüßen.

Dieses Beispiel verdeutlicht auch die Polarität, in welche die Rede vom Reich Gottes eingebettet ist. Insbesondere die Theologen der Befreiung haben darauf hingewiesen, dass die Vision eines Reiches Gottes immer auch auf ein Gegenüber zielt: die Reali-

---

[1321] Es ließe sich in Fortführung dieser Gedanken auch von einer Sakramentalität sprechen, indem sich nämlich das fair gehandelte Produkt zugleich als Zeichen wie als Werkzeug einer Zuneigung Gottes zum Menschen präsentiert, die durch Menschen ins Werk gesetzt wird.

tät einer eben gerade nicht Gott gerecht werdenden Welt und Wirklichkeit.[1322] Insofern liegt der Reich-Gottes-Botschaft eine fundamentale Parteilichkeit zugrunde – und sie baut auf der Option der Veränderung auf:

> „Das Reich Gottes ist eine Welt, eine Gesellschaft, die den Armen das Leben in Würde erlaubt."[1323] Es „verwandelt eine ungerechte historisch-gesellschaftliche Wirklichkeit in eine andere, gerechte, in der Solidarität herrscht und in der es keine Armen mehr gibt".[1324]

Durch die Parteilichkeit des Reiches Gottes und seine Opposition gegenüber all jenen die Menschen entwürdigenden und Gottes Heilsplan widersprechenden Realitäten verortet sich die Reich-Gottes-Botschaft Jesu per se in der prophetischen Tradition des Gottesvolkes: Anklage und Überwindung derjenigen sozialen Verhältnisse und Machtkonstellationen, welche die Rechte von Volksgruppen und -schichten missachten oder die Pflicht der Sicherstellung einer gerechten sozialen Grundordnung verletzen, stehen sowohl im Mittelpunkt der Botschaft alttestamentlicher Sozialpropheten wie Hosea, Amos oder Jesus Sirach[1325] als auch in der Aufmerksamkeit neutestamentlicher Autoren, die – wie etwa im Jakobusbrief[1326] – zu ähnlichen sozialprophetischen Aussagen gelangen.

Diese prophetische Dimension und die politische Sprengkraft der darin ausgedrückten Hoffnung auf eine soziale Wirklichkeit, in der die Heilszusage Gottes zur Geltung gebracht und ins Werk gesetzt ist, bildet auch einen Identifikationszusammenhang für den politisch wirkenden und verändernd ausgerichteten Einsatz heutzutage unter den Bedingungen weltwirtschaftlicher Globalisierung. Die Auswahl vorgenannter alttestamentlicher Prophetenworte weist die Kontinuität zwischen der sozialprophetischen Tradition und den aktuellen Anliegen globalisierungskritisch Engagierter aus: Zwar spiegeln die kraftvoll anklagenden Formulierungen der Überlieferung wohl weniger die Wortwahl heutiger Fair-Handels-Leute wider, jedoch dürfte nicht zu leugnen sein, dass in der inhaltlichen Analyse und Bewertung der Situation

---

[1322] Vgl. Sobrino: Die zentrale Stellung des Reiches Gottes, 481f, der dafür den Begriff des „Antireiches" verwendet.

[1323] Sobrino: Die zentrale Stellung des Reiches Gottes, 484; vgl. 483f.

[1324] Alegre, Xavier: El reino de Dios y las parábolas de Marcos, in: Revista Latinoamericana de Teología 67 (2006), 8; zitiert nach: Sobrino: Jesus und das Reich Gottes, 314.

[1325] Der Weisheitslehrer Jesus Sirach hat in Jerusalem rund 180 Jahre vor Christi Geburt in deutlichen Worten die Auswirkungen des wirtschaftlichen Systems angeprangert: „Kärgliches Brot ist der Lebensunterhalt der Armen, wer es ihnen vorenthält ist ein Blutsauger. Den Nächsten mordet, wer ihm den Unterhalt nimmt; Blut vergießt, wer dem Arbeiter den Lohn vorenthält." (Sir 34,21-29) Vor allem letztere Formulierung gilt es auf dem Hintergrund des Tötungsverbotes der 10 Gebote zu verstehen.

[1326] Der Apostel Jakobus lehrt eindringlich die Zusammengehörigkeit von Glaube und Handeln (vgl. Jak 2,14-24). Im Fortgang erinnert der Apostel an die Vergänglichkeit von Reichtümern und klagt die Reichen an: „Der Lohn, den ihr ihnen [den Arbeitern] vorenthalten habt, schreit zum Himmel." (Jak 5,4); Die Formulierung „schreit zum Himmel" muss als Metapher für einen Affront Gott gegenüber interpretiert werden. – Sh. auch die Weltgerichtsrede Jesu: „Was ihr für einen meiner geringsten Brüder und Schwestern getan habt, das habt ihr mir getan. ... Was ihr für einen dieser Geringsten nicht getan habt, das habt ihr auch mir nicht getan." (Mt 25,31-46)

große Parallelen gegeben sind. Die Würzburger Synode hatte mit ihrer in der Fair-Handels-Bewegung aufgegriffenen Formulierung diese Parallelität – auch in ihrer prophetischen und politischen Dimension – auszusprechen versucht: „Das Reich Gottes ist nicht indifferent gegenüber den Welthandelspreisen."[1327]
Wie deutlich lässt sich folglich das Handeln von Christinnen und Christen in der Fair-Handels-Bewegung in den Zusammenhang der Reich-Gottes-Botschaft und -Praxis stellen? Es würde zu weit gehen, Fairen Handel und Reich Gottes als miteinander identifizierbare Wirklichkeiten begreifen zu wollen. Allerdings darf die in der individuellen Handlung und systembildenden Dimension der Fair-Handels-Bewegung zum Ausdruck gebrachte Zeichenhaftigkeit in Beziehung gesetzt werden mit einer später zu erwartenden Vollendung des Reiches Gottes. Weil dieses inhaltlich bestimmt ist aus Erbarmen und Gerechtigkeit, aus Anbruch und Vollendung ('schon und noch nicht'), aus Hoffnung und Gratuität (Sobrino) verleiht die Reich-Gottes-Theologie einem christlich motivierten Fair-Handels-Engagement eine theologale Dignität:
Die Verbindung von Fairem Handel und Reich Gottes zeigt sich darin, dass im Fairen Handel Gottes Anspruch an die aktive Gestaltung der Welt in die praktische Tat umgesetzt wird. Mehr noch verleiht die Reich-Gottes-Botschaft der solidarischen Praxis einen unabweislichen Sinn: als theologische Begründung und Ermöglichung solchen Einsatzes im Sinne von Gerechtigkeit und Menschenwürde. Im Horizont des Reiches Gottes ist jeder Mensch mehr wert als was ihm als „homo oeconomicus" zugestanden wird. Er ist nicht nur Ebenbild Gottes, sondern in der Praxis alternativer, partnerschaftlicher Wirtschafts- und Handelsbeziehungen wird diese Gottebenbildlichkeit und unverbrüchliche Würde der Person ins Werk gesetzt.[1328]
Es sollte dabei nicht übersehen werden, dass diese Dimension einer Fair-Handels-Praxis nicht der Logik des Machbaren folgen kann. Menschenwürde lässt sich weder produzieren noch über Märkte verbreiten – nicht einmal über Fair-Handels-Märkte. Solche Wirkungen des Fairen Handels lassen sich nicht als Leistungsmoment begreifen sondern unterliegen der Logik der Gratuität: sie können nicht herbeigezwungen oder aufoktroyiert werden – allein dies würde dem Charakter der Fairness widersprechen. Gratuität und ethische Verpflichtung bilden dabei keinen Gegensatz.
Im theologischen Sinn muss dieser Gedanke auf die Theologie der Gnade Bezug nehmen. Ähnlich wie die Reich-Gottes-Theologie verhandelt die Gnadentheologie das Zueinander von Initiative Gottes und Mittun der Menschen – ausgerichtet auf die Hoffnung von größerem Heil, von Erlösung, Befreiung und Gerechtigkeit.

[1327] Vgl. zum Kontext oben Kapitel 4.1.1.1.
[1328] Hiermit paraphrasiere ich Gedanken von Ottmar Fuchs über die Verbindung von Diakonie und Reich Gottes – vgl. Fuchs: Heilen und befreien, 38-39.

6.2. Gnadentheologie: systematisch-theologischer Rahmendiskurs für Gottes Weltgestaltung mit den Menschen

Im Horizont der christlichen Eine-Welt-Arbeit sowie im Interesse einer für den Fairen Handel fruchtbaren Vorgehensweise liegt es nahe, diese Frage nach dem Zusammenwirken von Gottes Gnadenhandeln und dem Befreiungshandeln der Menschen zu vertiefen und für diese Auseinandersetzung den systematisch-theologischen Diskurs der Gnadentheologie heranzuziehen. Dabei ist es nicht nur nahe liegend, sondern inhaltlich von Interesse, auch hier auf Beiträge befreiungstheologischer Herkunft zurückzugreifen, ist doch deren gesellschaftlich-kirchlicher Erfahrungshintergrund dem der Eine-Welt- und Fair-Handels-Gruppen mit ihren (teils auch nur impliziten) weltkirchlichen Kontakten und Partnerschaften verwandt. Zudem lässt sich die Theologie der Befreiung insgesamt als die Auslegung der traditionellen Gnadenlehre in den konkreten Kontext realen Leidens hinein begreifen.[1329] Mit dieser erfahrungspointierten Herangehensweise fokussieren die Befreiungstheologen zwei in der klassischen Gnadenlehre offenbar unterbelichtete Aspekte, nämlich die sozialstrukturelle Dimension von Gnade sowie die Gleichzeitigkeit der Erfahrung von Gnade und Ungnade, wie sie heute in einem „Entwicklungsland" erlebt wird.[1330]

Den praktisch-theologischen Zugang zu (entwicklungs)politischem Handeln über die Theologie der Gnade zu wählen, hat – dessen bin ich mir bewusst – im ersten Moment einen befremdlichen Beigeschmack. Nicht nur im Kontext eines Modells solidarischen Handelns, sondern überhaupt ist diese Theologie mit einschneidenden Verstehensproblemen konfrontiert, die sich sowohl theologisch und religiös „virtuosen" Menschen und noch viel mehr den diesbezüglich nicht Virtuosen in den Weg stellen. Sie haben ihren berechtigten Grund in der Tatsache, dass die Rede von „Gnade" im religiösen Leben mit der Zeit derart inflationär und undifferenziert geworden war, dass davon nur ein „frommes, unüberlegtes und unverbindliches Füllwort" geblieben ist, welches irgendwann nur noch als „die Beschwörung einer unerfahrbaren Wirklichkeit" wahrgenommen wurde.[1331] Diese Annäherungshindernisse an die Theologie der Gnade gilt es aus dem Weg zu räumen.

6.2.1. Gottes Gnade – wirksam und erfahrbar in menschlichem Handeln

Die theologischen Auseinandersetzungen über das richtige Verständnis von Gnade gehen jedoch bis in die alte Kirche und die unmittelbare nachapostolische Zeit zurück: So wandte sich bereits Bischof Irenäus von Lyon, einer der bedeutendsten

---

[1329] Eicher: Von der Gnadenlehre zur Theologie der Befreiung, 246, 238.
[1330] Vgl. Goldstein: Art. Gnade, 84.
[1331] Greshake: Signale des Glaubens, 12.

Theologen des 2. Jahrhunderts, gegen gnostische Gnadenlehren, die den Weg zur göttlichen Gnade und Erlösung vor allem in spiritueller Erkenntnis sahen. Er betonte dem gegenüber in seiner durchweg weltbejahenden Theologie, dass sich Gnade Gottes immer innerhalb der Heilsgeschichte ereigne und damit innerweltlich und geschichtlich greifbar sei.[1332] Der gnadentheologische Konflikt zwischen dem Mönch Pelagius (+418) und Bischof Augustinus von Hippo (+430) drehte sich um die Mitwirkung des Gläubigen mit der Gnade Gottes, die – aus freiem Willen vollzogen – von beiden als unerlässlich erachtet wurde, wiewohl Pelagius' Begrifflichkeit von einem „Verdienen" der Gnade den heftigen Widerspruch des Augustinus' hervorrief.[1333] Dies lässt sich allerdings – so haben die neueren systematisch-theologischen Forschungen zu Pelagius gezeigt – mit den unterschiedlichen Denkhorizonten erklären, weil die ihnen zugrundeliegenden lateinischen bzw. griechischen philosophischen Voraussetzungen damals wechselseitig nicht vermittelbar waren.[1334] Im Kontext seiner platonisch-stoischen Weltsicht war für Pelagius die Vervollkommnung der eigenen Gottebenbildlichkeit eine Realisierung der (Gnaden)Gabe selbst, „welche in direkt proportionaler Weise zugleich ein Handeln Gottes und ein Handeln des Menschen" darstellt.[1335]

Darauf basierend konvergieren auch die verschiedenen Positionen in den theologischen Auseinandersetzungen der Reformationszeit in der Frage der Rechtfertigung und Erlösung des Menschen, insofern sie diese der Gnade Gottes überantworteten und festlegten, dass diese vom Menschen nicht durch eigene Werke erlangt werden kann. So wundert es nicht, dass „pelagianisch" in dieser reformatorischen Zeit zum Kampfbegriff wurde gegen moralistische und leistungsethische Lehren[1336] und insbesondere gegen die darin latent enthaltenen, dem christlichen Glaubensbekenntnis zuwiderlaufenden Tendenzen einer Selbsterlösungsmöglichkeit des Menschen, wenngleich diese Interpretation Pelagius selbst nicht mehr gerecht wird. Kontroverstheologisch erhält dieser Begriff aber auch eine gewisse Berechtigung, insofern er im Interesse einer gnadenherstellenden Leistungsgerechtigkeit eingesetzt werden kann.[1337] In Unterscheidung zur reformatorischen Lehre allerdings hob das Konzil von Trient (1545-1563) die Freiheit des Menschen als Anknüpfungspunkt für das Gnadenhandeln Gottes besonders hervor, an dem mitzuwirken dem Menschen gnadenhaft geschenkt sei.[1338] Und auch Luther leugnete keineswegs, dass der Glaube in Werke der Liebe und tätigen Nachfolge münden und sich darin bewähren solle, sondern er wandte sich gegen eine „Werkheiligkeit", wenn diese Werke als Konkur-

---

[1332] Vgl. Ganoczy: Aus seiner Fülle haben wir alle empfangen, 99.
[1333] Vgl. Ganoczy: Aus seiner Fülle haben wir alle empfangen, 111, 127.
[1334] Vgl. Menke: Das Kriterium des Christseins, 41f.
[1335] Menke: Das Kriterium des Christseins, 51. Dies wird in der platonisch-stoischen Begründung nochmals einsichtig: „denn die Abbildung des Urbildes ist dem Abbild vom Urbild ermöglicht und doch zugleich ein Vollzug des Abbildes".
[1336] Menke: Das Kriterium des Christseins, 54.
[1337] Vgl. Fuchs/Hünermann: Theologischer Kommentar, 546f (Fußnote 13).
[1338] Vgl. Greshake: Gnade – Geschenk der Freiheit, 102f.

renz zu Gottes Gnadenhandeln und als Möglichkeit zum Heilserwerb gesehen wurden. Jedoch Taten, die ohne diese Anmaßung vollzogen wurden, konnten auch im Sinne Luthers durchaus Gott genehm und „der Belohnung wert" sein.[1339]
Diese historischen Positionen aufzurufen ist angeraten, um die lange Tradition theologischer Reflexion aufzuweisen, welche das Zusammenwirken von Gnadenhandeln Gottes und Handeln der Menschen zum Gegenstand hat. Von Gnade gänzlich ohne Zusammenhang mit menschlicher Lebensführung zu reden, mit ihrem Wirken lediglich in einer menschlichen Innerlichkeit zu rechnen oder den Menschen allein auf eine passive und rezeptive Rolle gegenüber der Gnadenaktivität Gottes zu verweisen, würde daher der Überlieferung selbst widerstreitender theologischer Positionen nicht gerecht werden. Gnade lässt sich folglich – wie Sünde – nicht auf persönliches Frommsein oder persönliche Verfehlung beschränken: Weder eine Eingrenzung auf zwischenmenschliche Beziehungen noch auf sozioökonomisch-politische Konzepte werden der Realität der Sünde und einer Befreiung von derselben gerecht.[1340]
Dabei ist ein doppeltes Oszillieren zwischen Sichtbarkeit und Unsichtbarkeit sowie zwischen Handeln Gottes und Handeln der Menschen Kennzeichen der Gnade. Im Zusammenspiel der universalen Souveränität Gottes in seinem Gnadenhandeln mit der gottgegebenen Freiheit des Menschen in seinem Handeln, sowie unter der Prämisse der Wirkmächtigkeit und Erfahrbarkeit der Gnade im Handlungs- und Wahrnehmungsraum der Menschen, eröffnet sich die Möglichkeit, „menschliche Vermittlung ... als notwendiges Instrument göttlichen Gnadenhandelns" zu begreifen:[1341] Gnade begegnet dem Menschen im Aggregatzustand der Erfahrung – „Gnadenerfahrung [ist] immer eine vermittelte Erfahrung"[1342] – auch um das christliche Gottesbild vor der Vorstellung eines *Deus ex machina* zu bewahren.[1343]
Solche „menschliche Vermittlung" hat zur Voraussetzung, die „geschaffene Gnade", d.h. die Auswirkungen des Gnadenhandelns Gottes im Menschen, nicht nur im Sein des Menschen, sondern gerade auch in seinem Handeln zu lokalisieren, wobei beides letztlich untrennbar bleibt: „Gnade erneuert Sein und Handeln der Menschen."[1344]
Wenn also nach Comblin „Handeln Gottes und Handeln des Menschen [...] nicht voneinander getrennt werden [können und] das Handeln Gottes [...] im Handeln des

---

[1339] Vgl. Ganoczy: Aus seiner Fülle haben wir alle empfangen, 190f – dort mit zahlreichen Verweisen auf Belegstellen in der „Weimarer Ausgabe" der Werke Martin Luthers.
[1340] Vgl. Dokument von Puebla, 329. Für die analoge Sprechweise über Sünde und Gnade – hier in umgekehrter Aussageabsicht – vgl. Sievernich: Schuld und Sünde, 411-412.
[1341] Greshake: Gnade – Geschenk der Freiheit, 142.
[1342] Boff: Erfahrung von Gnade, 71.
[1343] Vgl. Hilberath: Gnadenlehre, 43.
[1344] Comblin: Gnade, 719. – Gewährsträger dafür, dass der Mensch theologisch als Träger von Gnade bestimmt werden kann, ist auch die liturgische Tradition: die Oration der Vesper des Kirchweihfestes enthält die Bitte „Lass alle deine Gläubigen in der Gnade wachsen ..." Interessanterweise wird hier weder um ein Wachsen „durch Gnade" (Ursache) noch um ein Geschenk der Gnade gebeten, sondern die Gläubigen erscheinen offensichtlich in dieser Formulierung als Träger von Gnade.

Menschen zum Ausdruck [kommt]"[1345], so besitzt dies auch Gültigkeit für das Gnadenhandeln. Damit wird die theologale Dimension menschlichen Handelns betont, insofern Gnade im Handeln des Menschen durch das Handeln Gottes geschenkt und gelenkt wird.[1346] Menschliches Handeln im theologischen Sinn mit Gnadenhandeln in Verbindung zu bringen, erscheint damit nicht mehr als Verkürzung theologischer Reflexion. Vielmehr bewahrt dies davor, eine Gegenposition zwischen der Souveränität Gottes und der seiner Geschöpfe zu konstruieren[1347], was gleichwohl nicht generell auf jegliches Handeln hin behauptet werden darf, sondern unter Beachtung der unleugbaren Realität der Sünde allein über das Gnadenhandeln ausgesagt werden kann.[1348]

Dadurch wird weder das Menschliche nur zum willenlosen *instrumentum dei* verkürzt, noch ein menschlicher Selbsterlösungsglaube gestützt. Beide Befürchtungen zeugen von einer Theologie, deren primäre Sorge offensichtlich nicht der gesellschaftlich-sozial sichtbaren „Sündenrealität" gegolten hat.[1349] Zunächst muss jedoch davon ausgegangen werden, dass Gnade zuerst ein Handeln Gottes in und an vorgegebenen Verhältnissen ist, ähnlich wie Gottes Gerechtigkeit für eine in gesellschaftlichen, politischen und kosmischen Dingen geordnete Welt steht.[1350] Schöpfungstheologisch und inkarnationstheologisch begründet ist daher damit zu rechnen, dass Welt, Geschichte und Gesellschaft immer schon (schöpfungstheologisch) und immer neu (inkarnationstheologisch) durchdrungen sind von Gottes Gnade.[1351] Diese Feststellung ist von entscheidender Bedeutung, insofern sie nämlich darauf besteht, dass Gnade nicht auf eine abstrakte, übernatürliche Wirklichkeit reduziert werden darf, sondern eine konkret erlebbare Realität ist, die wie Sünde und Un-Gnade in der Welt gewissermaßen „ins Auge springt". Dabei – darauf verweist Greshake ausdrücklich für die biblisch-neutestamentliche Theologie – werden Gnade wie Sünde gerade auch in ihrer horizontalen Dimension der „Aufrichtung bzw. Zerstörung innerweltlichen Heils verwirklich[t]", weil es für den „Gott der Menschen" und den „Gott des Heils" „keine Beziehung zu Gott mehr an den menschlichen Heilsdimensionen vorbei"

[1345] Comblin: Gnade, 719.
[1346] Vgl. auch Päpstlicher Rat „Cor Unum": Der Hunger in der Welt. Eine Herausforderung für alle: Solidarische Entwicklung, Nr. 1.
[1347] Wenn in der Theologiegeschichte jedoch Glaube und Werke als Alternativen dargestellt worden sind, so beruht dies für die mittelamerikanische Theologin Elsa Tamez auf einer theologischen Fehleinschätzung, weil von dem Primat der vollkommenen Initiative Gottes im Umkehrschluss die Initiativlosigkeit des Menschen als vermeintlich notwendige Folge abgeleitet worden sei. Dieses Gegensatzpaar – so das Ergebnis ihrer exegetischen Untersuchung der paulinischen Schriften – gebe jedoch nicht die Intention des Apostels wieder, die vielmehr in der Integration der Ausgeschlossenen liege (Glaube genügt als Zugehörigkeitskriterium für „Heidenchristen" – Werke der Treue zum jüdischen Gesetz sind nicht erforderlich). Vgl. Tamez: Gegen die Verurteilung zum Tod, 13-14, 181.
[1348] Vgl. Tamez: Gegen die Verurteilung zum Tod, 215.
[1349] Vgl. Tamez: Gegen die Verurteilung zum Tod, 184-186.
[1350] Janowski: Der barmherzige Richter, 35.
[1351] Vgl. Boff: Erfahrung von Gnade, 134.

geben könne und nur dies dem Wesen Gottes entspricht.[1352] Im Gnadenhandeln – spezifisch in diesem – verbinden und verbünden sich menschliches und göttliches Agieren und richten sich auf ein gemeinsames Ziel hin aus: Denn wie sich göttliches Gnadenhandeln dem Menschen zuwendet, wendet sich auch menschliches Handeln den Mitmenschen zu:

> „Gottes Gnade wirkt so, dass menschliches Handeln ... menschlicher wird."[1353]

6.2.2. Gottes Gnade – aktuell und konkret in Gerechtigkeit und Solidarität

Ottmar Fuchs konkretisiert gegenüber der Theologie der Befreiung dieses Zusammenspiel von Gott und Menschen unter der Frage von Gnade und Solidarität, insofern er (gar nicht zwangsläufig theologisch, aber auch theologisch gedacht) formuliert, dass Menschen „nur in dem Maß solidarisch sein [können], als sie selbst Solidarität geschenkt bekommen"[1354] – ein Zusammenhang, in dem zweifellos das Wort Solidarität/solidarisch durch das der Gnade bzw. des Gnadenhandelns ausgetauscht werden könnte. Gnade Gottes ist also Ermöglichungsbedingung – nicht Folge – menschlicher Gerechtigkeit und Solidarität.[1355] Aus dem Bewusstsein der Gnade begründet es sich, verzichten und so das eigene Wollen relativieren zu können. Zur Erlangung von Gerechtigkeit ist diese Fähigkeit unter Umständen unentbehrlich, gleichwohl aber appellativ nicht erreichbar. Gnade beinhaltet den Zuspruch dieser Fähigkeit vor dem Anspruch ihrer Notwendigkeit – weshalb es Gnade ist und nicht (nur) Moral. Letztlich ist es daher die Realität von Gnade, aufgrund derer Fuchs feststellt, dass Glaube und Religion zur „Solidaritätsbeschleunigung" beitragen, sofern sie „die universale Liebe Gottes allen Menschen gönn[en]" – sich in der Verweigerung derselben aber als „Solidaritätsverhinderung" erweisen.[1356] Der brasilianische Befreiungstheologe Leonardo Boff hat darin eine gewissermaßen intuitive Glaubenswahrheit der Gläubigen erkannt und formuliert:

[1352] Vgl. Greshake: Gnade – Geschenk der Freiheit, 138f.
[1353] Comblin: Gnade, 719. – Mithilfe dieser „Definition" lässt sich ein Zusammenhang zwischen dem Gnadenbegriff und dem Begriff der „Zeichen der Zeit" in der Pastoralkonstitution aufzeigen: Sander hatte „Zeichen der Zeit" als Themenfelder von Menschwerdung und ihrer Verweigerung beschrieben (vgl. oben Kapitel 5.2.2.1.) Wenn nun Gnade das ist, was menschliches Handeln menschlicher macht, so wird Gnade zum Kristallisationskern, anhand derer diese Differenzierung theologisch identifiziert werden kann. – Ähnlich verweist Elsa Tamez darauf, dass auch Rechtfertigung in der Theologie mit „Vermenschlichung" wiedergegeben worden sei, beklagt aber einen psychologischen Reduktionismus in diesen Theologien. Vgl. Tamez: Gegen die Verurteilung zum Tod, 184-186.
[1354] Fuchs: Gnadenjahr ist jedes Jahr, 109.
[1355] Vgl. Fuchs: Gnadenjahr ist jedes Jahr, 101, 109, 112. Siehe auch Johannes Paul II.: Enzyklika *Centesimus annus*, Nr. 59.
[1356] Fuchs: Gnadenjahr ist jedes Jahr, 106.

6. Religiöse Motivhorizonte christlichen Fair-Handels-Engagements

„Christen wissen, dass jedes Verlangen nach Befreiung und nach der Errichtung einer brüderlicheren und gerechteren Gesellschaft Gnade Gottes ist, die die Menschen zur verändernden Praxis bewegt."[1357]

In dem Maße wie Christinnen und Christen – einzeln oder in Gemeinschaft – dies erkennen und ihren christlichen Anspruch, 'aus der Gnade und in der Gnade zu leben', in einer verändernden Praxis konkretisieren, werden sie angesichts der sie umgebenden Welt sich in diese Dynamik der Parteilichkeit der Gnade Gottes hineinbegeben.[1358] Mit den Worten Elsa Tamez' ausgedrückt: „Die Solidarität kommt aus der Gnade und entfaltet sich in der Gnade."[1359]

Das Augenmerk auf eine solche „Brücke" zwischen gesellschaftlicher Realität, menschlichem Handeln und Theologie der Gnade – letztlich die ultimative Betonung der Erfahrbarkeit von Gnade und Heil – nehmen in der lateinamerikanischen Theologie einen wesentlichen Raum ein, ohne dass darin bereits die Fülle der Gnade gesehen würde.[1360] Grundlage dafür ist die Erkenntnis, dass die Gnade Gottes, will sie wirksam und sichtbar werden, mit den je aktuellen und konkreten Umständen und Rahmenbedingungen menschlichen Lebens in Zusammenhang stehen muss: „Auch Gottes Gnade folgt den Zeichen der Zeit" formuliert José Comblin, der aus der Perspektive Lateinamerikas als eines 'gekreuzigten Kontinents' die Parteilichkeit der Gnade Gottes an der Seite der Unterdrückten und Armen hervorhebt: sie „wirkt in der Schattengeschichte der Armen, verursacht Widerstand, Treue und Hoffnung."[1361]

Daher gilt es, in den bestehenden Verhältnissen von Welt und Gesellschaft den Plan Gottes zu identifizieren, wiewohl dabei eine eindeutige Zuordnung von Gnadenhaftem und Sündhaftem nur in wenigen Fällen gelingen wird. Im Anschluss an Leonardo Boff ist daher eine Unterscheidung zu beachten, demzufolge zwar eine Identifikation von Gnade *in* bestimmten menschlichen Handlungen, jedoch nicht *mit* denselben erfolgen darf: Während ein „Ausmachen" von Gnade in bestimmten geschichtlich-gesellschaftlichen Konstellationen theologisch zulässig ist, kann dies von einem „Gleichsetzen" nicht in Anspruch genommen werden.[1362] Aber darauf aufmerksam zu machen, wo menschliches Handeln menschlicher wird und dabei der Plan Gottes ein Stück weit in Erfüllung geht, ist als eine auf Anerkennung und Teilhabe ausgerichtete Verkündigung zu würdigen. Dabei kommen Theologietreibende nicht darum herum, mit dem Wirken Gottes zu rechnen und dadurch Gnade zu entdecken aber auch Un-Gnade aufzudecken.

So wirkt Gottes Gnade und wird in menschlichem Handeln erfahrbar und wirksam, indem sie Menschen zum Einsatz für Gerechtigkeit motiviert und indem deren Enga-

---

[1357] Boff: Erfahrung von Gnade, 126.
[1358] Vgl. Boff: Erfahrung von Gnade, 130; 99f.
[1359] Tamez: Die Rechtfertigung durch den Glauben, 336
[1360] Siehe dazu die Belegstellen befreiungstheologischer Provenienz und deren systematisch-theologische Einordnung bei Kessler: Reduzierte Erlösung? 41f.
[1361] Comblin: Gnade, 722.
[1362] Zitiert nach Kessler: Reduzierte Erlösung? 45.

gement heilend-befreiend für die Mitmenschen eingesetzt ist. Sie bewirkt Erlösung indem sie a) („innerweltlich") zu verbesserten Lebensbedingungen führt und verlorene Menschenwürde (wieder-)herstellt und „Recht fertigt", d.h. rechtmäßigen Ansprüchen Geltung verschafft, sowie indem sie b) („transzendental") vor Gott und dem eigenen Gewissen den Menschen „rechtfertigt" und ins Reine mit sich selbst setzt. Diese Rechtfertigung – als theologischer Grundbegriff und als Inbegriff des sündenaufhebenden und beziehungsneustiftenden Heilshandelns Gottes – verweist auf die Dringlichkeit, ein Leben in Würde herbeizuführen und die Menschen Träger ihrer Geschichte und Subjekte ihres Lebens sein zu lassen. Sie entspringt der Solidarität Gottes mit den Ausgeschlossenen und drängt auf eine parteiische Veränderung:

> „Gott rechtfertigt den Menschen (erklärt ihn für gerecht und macht ihn gerecht), damit er die ungerechte Welt, in der er nun einmal zu leben hat, verändert, weil sie ihn ständig ausschließt, entmenschlicht und sogar umbringt."[1363]

Somit wird deutlich, wie sich auf unterschiedlichen Ebenen und in verschiedenen Dimensionen die Umrisse von Gnade als „Anwesenheit von Zukunft"[1364] abzeichnen. Diesen Horizont hat Ottmar Fuchs im Zusammenhang seiner Überlegungen zu einer eschatologischen Pastoral und – bezüglich der Negation der Erfahrung von Gnade – in seinen Beiträgen zu einer Spiritualität der Klage aufgearbeitet. Dabei ist für Fuchs das endzeitliche innerweltliche Gericht (späterer Generationen über die ethische Qualität unseres gegenwärtigen Tuns und Unterlassens) wie das jenseitige Gericht (als endgültiges und nicht mehr manipulierbares Offenlegen alles Guten wie Bösen) letztlich solidaritäts-generativ, insofern das zukünftige Entsetzen über unsere Gnadenlosigkeit und die (Gottes-)Furcht vor unserer endgültigen Nicht-Rechtfertigung das diakonisch-solidarische Handeln in den Mittelpunkt unseres christlichen Glaubens wie menschlichen Handelns rückt.[1365] Somit wird die Identifizierung des solidarischen Engagements von Gläubigen als menschlich-christliches Gnadenhandeln als die ins Positive gewendete Vergegenwärtigung des eschatologischen Gerichts begreifbar, wenngleich solche Identifizierung freilich acht geben muss, die der Apokalyptik innewohnende Dringlichkeit[1366] als deren entscheidend solidaritätsgenerative Kraft nicht wiederum in eine zeitlose Gleichgültigkeit hinein aufzulösen. Nur die Wahrnehmung der Dringlichkeit aktuellen Leids und existierender Ungerechtigkeit und das bodenlose Unverständnis für die leid-unempfindliche Gnadenlosigkeit so vieler Strukturen und vermeintlich unabänderlicher Handlungslogiken, gerade im wirtschaftlichen Kontext, kann die Identifizierung menschlichen Handelns als Gnadenhandeln davor bewahren, sich selbst in die Tasche zu lügen und erneut Unmenschlichkeiten zu reproduzieren.

[1363] Tamez: Gegen die Verurteilung zum Tod, 3.
[1364] Comblin: Gnade, 713.
[1365] Vgl. Fuchs: Es wird uns leid tun!
[1366] Vgl. Fuchs: Neue Wege einer eschatologischen Pastoral, 283.

6.3. Von der „Gnade" des Fairen Handels angesichts der Globalisierung: Vorgeschmack des Reiches Gottes?

Die vorangegangenen theologischen Reflexionen sind nun in einen aktuellen Kontext hinein zu entfalten. Dies schließt unmittelbar daran, dass sowohl hinsichtlich der Gnade Gottes wie auch der Reich-Gottes-Praxis herausgearbeitet wurde, dass sie als konkrete Wirklichkeiten zu begreifen sind und infolge dessen in Beziehung zu zeitgenössischen und kontextuellen Gegebenheiten stehen (und gestellt werden müssen). Die ausdrückliche Bezugnahme kann dabei jeweils nur exemplarischen Charakter aufweisen; sie steht hier im Kontext der Fair-Handels-Bewegung dafür Pate, dass und wie in solidarischer christlicher Weltgestaltung Reich-Gottes-Bezüge aufgedeckt werden und das Wirken der Gnade Gottes bezeugt sein kann.[1367] Darin wird einem Grundauftrag Praktischer Theologie Rechnung getragen, die Praxis von Menschen und menschlichen Zusammenschlüssen „unter dem Zuspruch und Anspruch des in der biblischen Tradition wurzelnden Glaubens an den Gott Jesu Christi" zu reflektieren und dabei die (mittelbaren und unmittelbaren) Erfahrungen der jeweils Involvierten („Betroffenen") aufzunehmen.[1368] Dies mittels der beiden herausgearbeiteten Theologumena und im Hinblick auf die Fair-Handels-Praxis zu tun, kann zudem nur im Sinne einer Entfaltung geschehen. Wie bereits dargelegt, können pauschale Identifizierungen der Eigenheit der theologischen Rede nicht gerecht werden; gerade auch der Möglichkeit korrumpierter Praxiselemente wegen nicht. Deshalb werden im Folgenden einzelne Facetten aufgerollt, ohne im Gesamten den Anspruch einer umfassenden, kohärenten und stringenten Darlegung erheben zu müssen, welche auch aus der Sache heraus nicht vertretbar wäre.

Eingebettet ist dies zugleich in einen größeren Kontext, der im theologischen Sinne als „Zeichen der Zeit" den unabwendbaren Reflexionszusammenhang darstellt. Dass zu diesen Zeichen der Zeit die Situation des Welthandels und der Weltwirtschaft gehören, hatte bereits die Pastoralkonstitution des Konzils thematisiert. Im zurückliegenden halben Jahrhundert hat sich diese Problemstellung keinesfalls erledigt, sondern im Gegenteil weitaus verschärft. Die damalige Weltwirtschaftsproblematik hat sich zwischenzeitlich gleichermaßen beschleunigt, radikalisiert und ausgedehnt: Aktuell stellen daher die stetig auf noch größere Gewinnmaximierung zielende Globalisierung der Märkte und Wirtschaftskreisläufe sowie die nunmehr alle Lebensbereiche

---

[1367] Solche ausdrückliche Bezugnahmen sind selbst für ökumenische Initiativen nicht selbstverständlich. Hinsichtlich des sozialen Handelns Jugendlicher vgl. Hobelsberger: Jugendpastoral des Engagements, insbesondere 152-162, der hier „Diakonie" (auch im Zusammenspiel mit „Reich Gottes") als zentralen theologischen Bezugspunkt wählt. Weitere Zugänge gibt es insbesondere im Bereich caritativen Handelns (z.B. Hospizbewegung). Es ist anzunehmen, dass je weiter sich Initiativen und Bewegungen entfernt von religiöser Thematik in einem säkularen Betätigungsfeld bewegen, entsprechende konkrete praktisch-theologische Reflexionsansätze umso seltener und daher auch fremdartiger erscheinen.

[1368] Vgl. Haslinger u.a.: Praktische Theologie. Eine Begriffsbestimmung in Thesen.

erfassende und unter Effektivitätsdruck setzende Ökonomisierung dringliche Zeichen der Zeit dar.[1369]

6.3.1. Der Faire Handel als Senfkorn – dem Reich Gottes ähnlich

In diesem Horizont überwältigender globaler Veränderungsprozesse nimmt sich der Faire Handel oft wie ein bescheidenes Projekt aus – weit davon entfernt, die großen einflussreichen Strukturen zu erreichen und (obwohl ambitioniert) auf den ersten Blick vielleicht ohne Chance, grundlegende Änderungen im weltwirtschaftlichen System herbeiführen zu können.

Doch betrachtet man die Entwicklung der Fair-Handels-Bewegung, wie sie immer wieder ohne üppige Ressourcen jedoch mit Engagement und aus Überzeugung „ihr Projekt" oft innovativ weiterentwickelt hat und gewachsen ist, so liegt der Vergleich mit dem Gleichnis vom Reich Gottes als einem Senfkorn nahe, das die „Sprengkraft" des Reiches Gottes symbolisieren will: Mit dem Reich Gottes verhalte es sich wie mit einem Senfkorn: „Dieses ist das kleinste unter allen Samenkörnern, die man in die Erde sät. Ist es aber gesät, dann geht es auf und wird größer als alle anderen Gewächse" (Mk 4,31f).

Nicht zufällig gibt es Weltläden in Deutschland, die sich mit ihrem Namen auf dieses Gleichnis Jesu bezogen haben, denn es bringt in wunderbarer Symbolsprache die Hoffnung zum Ausdruck, dass letzten Endes das Gute obsiegen wird.[1370]

Das Senfkorn-Gleichnis lässt sich darüber hinaus auch als theologische Grundlage des Aufbruchs von sozialen Bewegungen verstehen, die sich als Protest- und Erneuerungsbewegungen nicht mit dem Bestehenden zufrieden geben, sondern auf eine Veränderung in Richtung mehr Humanität drängen. Dem Charakter sozialer Bewegungen ist dabei eigen, dass sie ausgehend von bestimmten Ereignissen immer weitere Kreise ziehen, Menschen zum Engagement in derselben Sache motivieren und somit letztlich in breiten gesellschaftlichen Feldern prägend wirken. Diese Analogie zwischen Charakteristik sozialer Bewegungen und dem Gleichnis vom Reich Gottes als einem Senfkorn trifft exemplarisch die Fair-Handels-Bewegung, deren Bewegungscharakter, welcher in den ersten Kapiteln dieser Arbeit ausführlich skizziert wurde, in seiner Bedeutung für das Konzept des Fairen Handels nicht unterschätzt werden darf. Eine Idee und der Träger derselben Idee gehören untrennbar zusammen.

6.3.2. Produktverkauf als „Zeichenhandlung"

Diese Zusammengehörigkeit von Idee und Träger lässt sich anhand des Verkaufsaktes im Fairen Handel illustrieren, welcher einmal als das Anliegen, dem Kunden

---

[1369] Vgl. SZ-Gespräch mit dem Wirtschaftsethiker Ulrich Thielemann, Süddeutsche Zeitung, 10./11./12. April 2004, 27. Zum Verständnis von „Zeichen der Zeit" sh. oben Kapitel 5.2.2.1.
[1370] Vgl. gepa Fair Handelshaus (Hrsg.): Fair forever – 30 Jahre gepa. Partnerschaft mit Zukunft, 6.

6. Religiöse Motivhorizonte christlichen Fair-Handels-Engagements

„eine Botschaft verkaufen zu wollen", umschrieben wurde.[1371] Auf der Folie der Reich-Gottes-Theologie ist es möglich, den Fairen Handel als eine Zeichenhandlung zu begreifen, welche in ihrem Vollzug auf eine dem unmittelbaren Tun „transzendente" oder nur innerlich innewohnende Dimension verweist: Die Fairtrade-Identität des Verkaufsaktes bemisst sich zum einen an der Fairtrade-Qualität des verkauften Produkts. Nicht zuletzt sind aber auch die involvierten Akteure und Rahmenbedingungen wie Verkäufer oder Verkaufsort als Faktoren zu identifizieren, welche dem Verkaufsakt Fairtrade-Qualität „aggregieren", also hinzufügen. Die Offensichtlichkeit dieser Annahme lässt sich ex negativo beschreiben, wenn man die Debatten in der Fair-Handels-Geschichte um die Zusammenarbeit mit Supermärkten, Großkonzernen oder Discount-Ketten betrachtet. Die intensive Infragestellung eines glaubwürdig gerechten Handels durch solche Akteure deutet darauf hin, dass angenommen wird, die Fairtrade-Qualität werde in einem solchen Kontext nicht oder nicht zureichend aggregiert. Mit anderen Worten gesprochen: die Ware wird zwar verkauft, doch nicht die Botschaft und damit fehlt dem Verkaufsakt ein für den Fairen Handel wesentliches Merkmal.

Zum Zeichencharakter des Verkaufs von fair gehandelten Produkten gehört demnach der Verkaufsvollzug zusammen mit seiner Einbettung in ein entsprechendes solidarisch-gerechtes Umfeld: Fairer Handel kann nicht Fairer Handel sein, wenn beispielsweise die Personwürde des Angestellten eines Einzelhandelsunternehmens oder einer Importorganisation durch den Arbeitgeber verletzt wird, in dessen Auftrag der Angestellte das Produkt verkauft. Fairer Handel verweist grundsätzlich auf die Möglichkeit der Achtung von Menschenwürde im Handelsgeschehen und auf die Möglichkeit von Gerechtigkeitsorientierung im Wirtschaftsleben – was geschieht jedoch, wenn der einzelne Verkaufsakt oder andere Teilvollzüge wie etwa die Aushandlung von Kooperations- oder Lieferverträgen diesen Horizont nicht mehr widerspiegeln würden oder gar in Kollision damit gerieten? Im Umfeld einer „öffentlichen Gesellschaft" würde dies als Glaubwürdigkeitsproblem definiert werden – im Kontext einer sozialen, durch gemeinsame Ideale verbundenen Bewegung käme der Verdacht auf Verrat der gemeinsamen Grundlagen auf – im Blick auf ein klar umrissenes Konzept, das nach innen und außen Wirkung und Bindung entfaltet, wäre solche Entbettung als Identitätsverlust zu verbuchen.

Diese Dimensionen der Zeichenqualität des Fairen Handels wurden in der deutschen und internationalen Fair-Handels-Bewegung bislang kaum bedacht. Dass der Faire Handel als Handels-Bewegung etwa Überprüfung zwar auf Produkt- und Importebene, nicht jedoch auf Händlerebene vorsieht, bleibt verwunderlich: Weder die äußeren Faktoren der Beschädigung der Fairtrade-Qualität durch Discount-Märkte im

---

[1371] Vgl. gepa Fair Handelshaus (Hrsg.): Fair forever – 30 Jahre gepa. Partnerschaft mit Zukunft, 7.

6.3. Von der „Gnade" des Fairen Handels: Vorgeschmack des Reiches Gottes?

Bereich der gesiegelten Produkte noch durch eine konsequente Selbstüberprüfung des Marktagierens von Weltläden sind bislang etabliert.[1372]

Aus der Betonung der Zeichenhaftigkeit des Fairen Handels folgt die Nicht-Ausschließlichkeit seiner ökonomischen Seite. Wenn im vorangegangenen dies mit Blick auf Vollzugskontexte der Verkaufsseite erwogen wurde, so lässt sich mehr noch der zeichenhafte, über sich selbst hinausweisende Charakter des Fairen Handels gerade in dessen Mehrdimensionalität verankern: in der gegenseitigen Verwiesenheit von Verkaufsarbeit mit Bildungsansprüchen und politischem Handeln. Mit anderen Worten: gerade in den „Mehraufwendungen" wie den Informationsbemühungen und den Kampagnenforderungen wird zum Ausdruck gebracht, dass Fairer Handel mehr sein will, als bloßer Handel. Die „Botschaft" kann mit dem Produkt nicht verkauft werden, wenn sie nicht artikuliert und an das Produkt „angeheftet" wird – dieser Vorgang geschieht wesentlich in der Bildungs- und Kampagnenarbeit der Fair-Handels-Bewegung und ist also unverzichtbar.

6.3.3. Informations- und Bewusstseinsbildungsarbeit als „Reich-Gottes-Zeugnis"

So teilt die Informations-, Bildungs- und Bewusstseinsbildungsarbeit als eine kommunikative Praxis mit der Theologie vom Reich Gottes die Perspektive, auf das „Mehr" der aktuellen Praxis zu verweisen. Speziell der pädagogischen Seite kommt insofern die Funktion zu, die „Fair-Handels-Qualität" der Produkte, des Verkaufs und des Engagements ins Bewusstsein zu heben beziehungsweise in Erinnerung zu halten. An dieser Stelle entsteht – nicht unbegründet – eine Verbindung zu den bereits angestellten Überlegungen zum Fairen Handel im Horizont des Barmherzigkeitsparadigmas, wo das Lebendighalten des Leidensgedächtnisses im Rahmen des narrativen Überliefers der (Lebens- und Hoffnungs-)Geschichten der Produzentinnen und Produzenten, welche der Faire Handel pflegt, herausgearbeitet wurde.[1373] Im Sinne der Reich-Gottes-Theologie obliegt es also den pädagogischen und kommunikativen/narrativen Anteilen des Fairen Handels, die Vergegenwärtigungsleistung zu erbringen, welchen Mehrwert, welche Grundwerte und ethischen Überzeugungen durch den Fairen Handel realisiert werden sollen. Im Sinne der Reich-Gottes-Theologie ist – nun inhaltlich gesprochen – diese Seite des Fairen Handels diejenige, die dessen Menschenbild von der Würde der Person, dessen Gesellschaftsbild einer fürsorgenden gemeinwohlorientierten Mitmenschlichkeit und dessen Zukunftshoff-

---

[1372] Hinsichtlich der Berücksichtigung von Kriterien für das Angebot von fair gehandelten Produkten im Lebensmitteleinzelhandel sind entsprechende Forderungen im Rahmen der Debatte um die fair gehandelte Lidl-Eigenmarke im Jahr 2006 laut geworden: vgl. [DEAB] (Hrsg.): Quo vadis Fairer Handel? Discounter Supermärkte Weltläden??? sowie darin Koppe: Der Fall Lidl und mögliche Konsequenzen, 17f. – Hinsichtlich der Frage nach der Verbindlichkeit, Verlässlichkeit und Eindeutigkeit von Kriterien bei Weltläden siehe AG Monitoring: Wo „Weltladen" draufsteht, soll's auch drin sein.

[1373] Sh. oben Kapitel 5.1.2.4. sowie 5.3.2.

nung einer gerechten Marktwirtschaft und Weltökonomie zu transportieren hat. Auf diese Weise legt die bewusstseinsbildende Arbeit des Fairen Handels Zeugnis ab davon, dass eine andere, gerechte Welt, eine Zivilisation der Liebe und Gerechtigkeit möglich ist. Theologisch gesprochen könnte dies als Kundgabe des anbrechenden Reiches Gottes in der Praxis der Menschen und Völker interpretiert werden.

6.3.4. Anwaltschaftliches Handeln als Prophetie

In eine ähnliche Richtung wendet sich der Blick auf die politische Arbeit der Fair-Handels-Bewegung. Gemeint ist dabei nicht das Lobbying im üblichen Politikbetrieb für eigene Anliegen, sondern der in politischen Kampagnen artikulierte Veränderungsbedarf von Strukturen und Systemen, für welchen die Fair-Handels-Bewegung sich stellvertretend und im Interesse der benachteiligten Produzenten und überhaupt der Globalisierungsverlierer engagiert. Es wäre zu einfach, dies ebenfalls unter der Kategorie des Reich-Gottes-Zeugnisses einzuordnen, wenngleich es dieser Dimension auch, aber nicht ausschließlich zugehört. Auch Kampagnenarbeit ist Ausdruck von Veränderungshoffnung und Vollzug der Leidenserinnerung und wird insofern gerne als Teil oder Strang der Bildungs- und Informationsarbeit gesehen. In der politischen Dimension steckt jedoch auch eine andere Seite, nämlich die der Anwaltschaft und Anklage, des Einforderns dieser Veränderungen.

Im Kontext der Reich-Gottes-Theologie steht dieses Engagement in der prophetischen Tradition. Diese Bezugnahme bringt zum Ausdruck, dass man sich mit den langwierigen Prozessen der Bewusstseinsbildung und der daraus erhofften Veränderungen nicht zufrieden geben kann. Der Interpretationshorizont Prophetie zeigt die Dringlichkeit der angestrebten Veränderungen an: Wir können nicht noch länger warten, bis Gerechtigkeit Einzug hält und Besserung eintritt; hier und heute müssen Ort und Zeit der Umsetzung sein. Die Dringlichkeit zieht nach sich, dass Politik und Entscheidungsträger gefragt sind: Strukturen und Regelungen müssen umgestaltet werden, Kriterien müssen aufgestellt werden, die Umsetzung muss überwacht und eingehalten werden.

Politische Kampagnen des Fairen Handels und anderer entwicklungspolitischer Akteure agieren in diesem Sinn und tragen konkrete Vorschläge für Welthandelsregelungen oder für die Demokratisierung der Welthandelsorganisation in die Debatte. Sie „predigen" die notwendige Umkehr zur Vorrangigkeit von ethischen Maximen wie Schutz der Menschenwürde und Chancengleichheit für die Benachteiligten, wenn sie die Vorrangigkeit von Ernährungssicherheit vor Handelsliberalisierung einfordern. Und sie stellen in Aussicht, dass all dies möglich, realisierbar und wirksam sein wird. Insofern wohnt ihnen auch die der Prophetie eigene Prospektivität inne: im Modus des Protestes und des Lobbyismus bezeugt entwicklungspolitische Interessensvertretungsarbeit, dass andere Strukturen möglich sind und sein müssen.[1374] Die Legitimation und Gewissheit dafür bezieht die Fair-Handels-Bewegung aus ihrer eigenen Praxis, in der das, was sie prophetisch einfordert, bereits exemplarisch grundgelegt ist.

6.3.5. Grundsätze und Kriterien des Fairen Handels als „Strukturen der Gnade"

Denn „neue Strukturen" hat der Faire Handel über Jahre hinweg unter anderem dadurch entwickelt, indem er Kriterien und Grundsätze aufgestellt und Regeln und Standards festgelegt hat, mithilfe derer er seine Umgangsformen mit Partnerorganisationen in den Ländern Afrikas, Asiens und Lateinamerikas verlässlich gestaltet. Damit machte er sich nicht nur unterscheidbar, sondern auch überprüfbar.

Die Kriterienbeschreibung für das wirtschaftliche Agieren des Fairen Handels zeigt dabei auch altruistische Momente des Modells an. Diese werden insbesondere dann offensichtlich, wenn aus marktwirtschaftlicher Perspektive ein Blick darauf geworfen und ihre explizite Markt-Nonkonformität sichtbar wird. Speziell das Kriterium des „fairen Preises", mit dem der Faire Handel in der öffentlichen Wahrnehmung weitgehend gleichgesetzt wird und auf den er z.T. selbst innerhalb der Fair-Handels-Bewegung reduziert wird, nimmt in dieser Hinsicht eine besondere Stellung ein. Denn wirtschaftsstrukturell besehen betreibt er nicht die nachhaltige Veränderung der ökonomischen Rahmenbedingungen als Ursachen unzureichender Erwerbsmöglichkeiten, sondern korrigiert – mangels wirkungsvollerer Alternativen – kurzfristig das Symptom.[1375]

Damit sichert er Überlebensbedingungen benachteiligter Kleinproduzenten trotz bzw. mithilfe einer wirtschafts- und entwicklungspolitisch möglicherweise nur suboptimalen Strategie. Wenn diese Vorgehensweise als ein „Moment von Gnade" bezeichnet werden soll, dann nicht um der zweifelhaften Vorstellung von einer gerechtigkeitsindifferenten Gnade Vorschub zu leisten. Die „Gnade eines fairen Preises" verdeutlicht vielmehr, dass das ad hoc menschlichere nicht automatisch das konzeptionell sinnvollere bedeuten muss (oder umgekehrt), und dass er deshalb nicht als derart fragwürdig erscheint, dass man es besser bleiben ließe. Somit wird der faire Preis zu einem Argument in der fairhandelsinternen Diskussion, dass der Faire Handel weniger ein auf konventionellen Handel hin verallgemeinerbares *Modell* bietet und vielmehr ein *Symbol* für die Beseitigung ungerechter Handels- und Wirtschaftsbedingungen darstellt.

Ob Modell oder Symbol – der Faire Handel hat mit seinem Kriterienkatalog sowie mit seinen Organisationen Strukturen geschaffen, die dem als Gnadengeschehen verstandenen Engagement Grundlage, Stabilität und Verlässlichkeit verliehen haben.

[1374] Zu Prophetie und Protest im Horizont der Reich-Gottes-Theologie und sozialer Bewegungen vgl. Schüßler: Prophetie, Protest, Institution, 40-44.
[1375] Vgl. Liebig/Sautter: Politische Wirkungen des Fairen Handels, 117-148.

So bleibt diese Gnade nicht mehr nur Zufällen überlassen und stellt gerade keinen Willkürakt der Reichen im Norden gegenüber den Armen im Süden dar, sondern stellt den vielbeschworenen „Strukturen der Sünde" ein Gegengewicht – „Strukturen der Gnade" – gegenüber.

6.3.6. Wirkungen des Fairen Handels als „Werk der Gnade"[1376]

Wenn diese Strukturen ihrem Zweck gerecht werden und infolgedessen der Faire Handel wirksame Veränderungen, sprich: Verbesserungen, erzielt, so ist damit seine Sinnhaftigkeit und Daseinsberechtigung unter Beweis gestellt. In Fortführung der glaubensbezogenen Reflexion ist damit zu rechnen, dass die Wirkungen, die der Faire Handel entfaltet, nicht einfach kalkulierte Ergebnisse geplanter Maßnahmen sind; vielmehr ist damit zu rechnen, dass diese Wirkungen ebenso wie die sie ermöglichenden Strukturen aus dem Horizont der Gnade her genährt sind. Gerade in der Hinsicht, dass Fair-Handels-Engagierte zwar durch ihr Zutun aber ohne lenkende und vorauskalkulierende Weitsichtigkeit über die Jahrzehnte hinweg etwas geschaffen haben, das ihre Handlungshorizonte weit überschritten hat, lassen sich diese Wirkungen als ein „Werk der Gnade" interpretieren.

Für die Theologie ist es von erheblicher Bedeutung, von der Wirksamkeit der Gnade sprechen zu können, denn ohne diese Grundannahme steht die Gnadentheologie in der Gefahr, zur wortgewandten Hülse eines theologischen Traditionsbegriffs zu verkommen. Aus dieser Grundannahme heraus ist die geschichtliche und gesellschaftliche Wahrnehmbarkeit eine mögliche Dimension der Gnade, deren Identifizierung gleichwohl nie objektiv ist, sondern immer eine Frage des Glaubens darstellt. Auch den Fairen Handel und seine Wirkungen als ein „Werk der Gnade" zu bezeichnen kann also nur aus dieser Perspektive heraus geschehen. Möglicherweise braucht es nicht nur die Einwurzelung im christlichen Glauben um diese Sichtweise einnehmen zu können, sondern ebenfalls die Einwurzelung im tatkräftigen Engagement des Fairen Handels.

Um die Wirkungen des Fairen Handels aber in diesem religiösen Verstehenshorizont zu verorten, sollten meines Erachtens zwei Dimensionen unterschieden werden: Da sind auf der einen Seite die „harten Fakten", welche im Rahmen fachlich fundierter Wirkungsstudien zum Fairen Handel erhoben wurden. Da sind aber auch auf der anderen Seite die „soft skills", welche in der vorgenannten Sichtweise meist nur wenig in den Blick genommen werden. Es sind die in der Regel kaum oder nicht messbaren „Leistungen", deren fehlende Messbarkeit nicht zur Begründung ihrer Nichtwahrnehmung herangezogen werden darf. Wer kann ermessen, welche Bedeutung es hat, dass der Faire Handel für etwa eineinhalb Millionen Produzentenfamilien einen Hoffnungsschimmer an den Horizont gezeichnet hat: Nicht nur dass der Faire

---

[1376] Vgl. Misereor u.a. (Hrsg.): Entwicklungspolitische Wirkungen des Fairen Handels; vgl. Forum Fairer Handel (Hrsg.): Die Wirkungen des Fairen Handels.

6.3. Von der „Gnade" des Fairen Handels: Vorgeschmack des Reiches Gottes?

Handel spürbare (kleine oder große) Verbesserungen mit sich gebracht hat, sondern vor allem, dass durch ihn der Eindruck vermittelt wurde, dass die Armut nicht unüberwindbar, dass das Überleben nicht unerreichbar, dass menschliche Würde und Gleichberechtigung nicht nur Träume sind? Wer kann ermessen, welche Bedeutung es für Engagierte hierzulande besitzt, sich nicht nur als kleines, passives Rädchen in der weltweiten Globalisierung sehen zu müssen, sondern sich als Gestalterinnen und Gestalter einer humaneren Globalisierung begreifen und betätigen zu können? Wer kann ermessen, was es heißt, nicht nur plakativ nach „einer anderen Welt" zu rufen, sondern mit konkreten Taten daran mitwirken zu können, der Globalisierung ein menschliches Gesicht zu verleihen?

Auch diese Ebene gilt es bei der Betrachtung von Wirkungen des Fairen Handels in den Blick zu nehmen. Darin ist der Faire Handel selbstverständlich nicht das einzige Handlungsfeld, welches mit diesen Augen betrachtet werden kann – vielmehr teilt er sich das Feld mit anderen Programmen teils christlicher, teils säkularer, teils geteilter Herkunft.[1377] Allen diesen solidarischen Initiativen ist gemeinsam, dass sie gerade nicht aus geschäftlichem Kalkül heraus Konzepte und Strukturen aufgebaut haben, sondern dass sie aus dem Antrieb von Mitgefühl und Gerechtigkeitsvision mit ihrem Engagement begonnen haben. Insofern ist es legitim, das, was sie als Hoffnungshorizont erwirkt, was sie bewirkt und bewerkstelligt haben, im Licht des Glaubens als „Werk der Gnade" zu deuten und dadurch zum Ausdruck zu bringen, dass der kleine aber wichtige Erfolg dieser Ansätze nicht allein menschengemacht ist, sondern „unter der Obhut Gottes" entstanden ist. Jenseits der entwicklungspolitisch zu beurteilenden Wertigkeit des Fairen Handels als Instrument der Entwicklungsförderung und der inländischen Bewusstseinsbildungsarbeit, eröffnet diese Herangehensweise eine grundsätzliche Dimension der Einschätzung und Wertschätzung, die von ihrer motivierenden Kraft her beurteilt werden muss.

6.3.7. Das Gnadengeschehen im eigenen Engagement entdecken

Angesichts dieser Wahrnehmung lässt sich Fairer Handel als gnadenerfülltes Handeln von Christinnen und Christen in den Blick nehmen, weil in ihrem „irgendwie" vom Glauben her motivierten Handeln durch Gottes Wille Zukunft und Menschlichkeit für Andere, Schwächere und Benachteiligte Gestalt annehmen. Denn es kann

---

[1377] Zu denken ist an Entschuldungsinitiativen wie die Erlassjahrkampagne (vgl. www.erlassjahr.de; vgl. Dabrowski u.a.: Das Insolvenzrecht für Staaten), an ethisches Investment wie die Ökumenische Entwicklungsgenossenschaft Oikocredit (vgl. Böhm/Hagelstein (Hrsg.): Der liebe Gott und das liebe Geld; sowie Jörg: Tue Gutes und rede davon! – Mikrokreditprogramme als Beispiel für eine nachhaltige Gestaltung des globalen Finanzmarktes), an Mikrokreditprogramme wie die der Grameen-Bank in Bangladesh (vgl. Spiegel: Muhammad Yunus – Banker der Armen), letztlich auch an die zahlreichen Gemeinde- und Projektpartnerschaften (vgl. Klinger/Knecht/Fuchs (Hrsg.): Die globale Verantwortung) – Zum übergreifenden Zusammenhang sh. auch Köß: „Kirche der Armen"? 265-337, sowie Hübner: Globalisierung – Herausforderung für Theologie und Kirche; Hübner: Globalisierung mit menschlichem Antlitz.

6. Religiöse Motivhorizonte christlichen Fair-Handels-Engagements

festgestellt werden: Engagierte im Fairen Handel machen die Erfahrung, dass ihr Tun zur Gnade für andere wird: Ihr Engagement wird zum (ungeschuldeten) Geschenk, denn benachteiligte Produzent(inn)en und Kleinbauernfamilien in den Ländern des Südens dürfen zwar ein Recht auf angemessene Bezahlung, auf Sicherung ihrer Lebensgrundlagen (auch der kulturellen und geistlichen), auf menschenwürdige Behandlung und Schutz vor Diskriminierung[1378] reklamieren – jedoch können sie diesbezüglich weder mit dem ehrenamtlichen Einsatz hiesiger Freiwilliger vor der Kirchentür „rechnen", noch dürfen sie diesen gar als ihr Recht und als ihnen zustehenden Anspruch einfordern. Fair-Handels-Engagierte entdecken darüber hinaus aber auch, dass mit ihnen etwas geschieht, das nicht logisch-rational, sondern höchstens solidarisch-emotional erklärbar ist: Die Beharrlichkeit, Kaffeepäckchen und Honiggläser dort zu verkaufen wo gewöhnlich gar nichts verkauft wird (nicht einmal Andachtsbildchen oder Rosenkränze!), nämlich vor der Kirchentüre – oder Weltläden und Verkaufsstellen dort zu betreiben, wo sie kaum zu finden sind (wie in Kellern von Gemeindehäusern) – oder aber auch im Mut, als Laien und Ehrenamtliche zentrale Einkaufslagen anzumieten, sich „hobbymäßig" in professionelle Ladenarbeit hinein zu verausgaben und dabei oft ein erhebliches finanzielles Risiko einzugehen. Angesichts globaler Herausforderungen handeln hier Menschen aus christlichen oder humanitären Motiven heraus „menschlicher" als andernorts, sie schaffen Zukunft und sind Hoffnung für benachteiligte kleinbäuerliche Familien, Handwerksbetriebe und Produzent(inn)en. Sie widerstehen in ihrer Ehrenamtlichkeit wachsenden Wirtschaftlichkeitsbestrebungen hierzulande; auch die Zahlung höherer „fairer" Preise lässt sich als Widerstand gegen die Dominanz des Ökonomischen über das Ethische interpretieren, ohne dass dies in Begriffen der Widerständigkeit artikuliert würde. „Gnade ereignet sich"[1379], d.h. Menschen erleben, dass sie sich zu einem Handeln verpflichtet sehen, das weder rational noch religiös betrachtet als zwangsläufig erscheint. Theologisch betrachtet darf hier von einem Gnadenhandeln Gottes gesprochen werden, das sich in und durch menschliches Handeln vollzieht und sich dabei auch dem Mittel von Organisationen und Institutionen, von Regeln und Standards bedient.

6.3.8. Fairer Handel: Modell christlicher Weltverantwortung aus dem Glauben an das Reich Gottes und seine Gnade

Die Praxis des Fairen Handels kann somit sowohl in ihrer individuellen Verwirklichung in der persönlichen Mitarbeit als auch in ihrer kollektiven Verwirklichung als gemeinsame soziale Bewegung im Licht des Glaubens gesehen und gedeutet werden. Klar ist dabei, dass „Glauben" seiner Natur gemäß ein Akt des persönlichen Überzeugtseins darstellt: wer überzeugt ist, dass sein Engagement etwas mit dem eigenen persönlichen Glauben an Gott, dessen von Jesus verkündetes Reich und die Realität

---
[1378] Vgl. 2. Vatikanisches Konzil: Pastoralkonstitution *Gaudium et spes*, Nr. 63-72.
[1379] Boff: Erfahrung von Gnade, 154.

6.3. Von der „Gnade" des Fairen Handels: Vorgeschmack des Reiches Gottes?

seiner immanenten Gnade zu tun hat, kann sich auf Entdeckungsgang machen und neue Dimensionen seines Tuns und Sprechens finden. Dazu können die vorgenannten Überlegungen nur Andeutungen und Anregungen sein, die im Prismenglas der je persönlichen Gottes- und Menschenbeziehung neu zu brechen sind.

Das Bild des Prismas ist auch geeignet die dahinter liegende systematische Dimension zu beschreiben: Den Lichtstrahl des Glaubens durch dieses Prismenglas der eigenen Gottes- und Menschenbeziehung fallen zu lassen, fächert diesen auf und lässt die in hellem Schein gebündelten Strahlen in ihrer Farbigkeit neu leuchten. Durch das Prismenglas des solidarischen Engagements kann der Glaube neue Farben bekommen: Es deutet sich die Dimension des Göttlichen im menschlichen Handeln an. Es kann entdeckt werden, wie Gottes Gnade gerade auch in säkularer sozialer Bewegung am Werk sein und Reich Gottes entstehen kann.

7
Fairer Handel mit Perspektiven

7. Fairer Handel mit Perspektiven

In der Geschichte des Fairen Handels, in den ihn betreffenden Fachdebatten und in diesem Horizont auch in der vorliegenden Arbeit ist der Faire Handel wiederholt mit der Vokabel des „Modells" versehen worden: Handlungsmodell in der Eine-Welt-Verantwortung, Lernmodell für globale Zusammenhänge, Modell einer gerechten Welthandelsordnung und schließlich oben (Kapitel 5 und 6) als Modell christlicher Weltverantwortung. Die Inflation des Modellbegriffs wirft nicht zuletzt die Frage nach der Zukunft auf. Grundsätzlich ist mit der Aussage von der Modellhaftigkeit des Fairen Handels aufgrund der für ihn unauflöslichen Zusammengehörigkeit von ordnungsethischem und solidaritätsethischem Handeln auch dessen Zukunftsträchtigkeit ausgesagt. Jenseits dieser theoretischen Ebene muss sich die praxisbezogene Zukunftsperspektive der Fair-Handels-Bewegung mit anderen Fragen auseinandersetzen. Nachdem in den vorangehenden Kapiteln die Fair-Handels-Bewegung in ihrer geschichtlichen Entwicklung und gegenwärtigen Praxis dargestellt wurde und im Hinblick auf ihre Begründungstheorie Bezüge hergestellt wurden, soll das Schlusskapitel dieser Studie daher einer Perspektiventwicklung gewidmet sein. Diese muss auf den im Laufe der Arbeit reflektierten Elementen aufbauen und diese im Sinne von Zukunftsszenarien entfalten. Im Zusammenhang der hier vorliegenden Studie kann dies gleichwohl nicht die Erarbeitung von Zukunftskonzepten für Detailfragen des Fairen Handels bedeuten.

Anliegen des hier vorgelegten Ausblicks ist es vielmehr, Anregungen zu geben und Impulse zur Weiterentwicklung der Fair-Handels-Bewegung zu benennen. Hierfür wird die Bipolarität des Fairen Handels als wirtschaftliches Handeln und als pädagogische Bewusstseinsbildung zugrunde gelegt. Im Mittelpunkt der Aufmerksamkeit steht dabei der Faire Handel in seiner Eigenschaft und Charakteristik als Solidaritätsbewegung, weniger seine handelspolitische oder entwicklungspolitische Seite. Letztere zu bewerten und weiterzuentwickeln sollte von den entsprechenden Fachdisziplinen vorangetrieben werden, in den nachfolgenden Überlegungen spielt diese Seite lediglich indirekt als Tätigkeitskontext und Motivationshorizont der (inländischen, deutschsprachigen) Solidaritätsbewegung des Fairen Handels eine Rolle. Im Rahmen dieses Aufmerksamkeitsfokus wird nochmals ein konkretisierter Blick auf kirchlich verbundene oder christlich motivierte Akteure innerhalb der Fair-Handels-Bewegung geworfen, welcher ja die Gesamtanlage dieser Studie begleitet.

Grundsätzlich bewegt sich also die zu erarbeitende Perspektiventwicklung auf der Basis dessen, dass der Faire Handel als eine neue soziale Bewegung gewachsen ist und von dieser Charakteristik her seine Präsenz gestaltet und seine Identität bezieht. Eine Perspektivenentwicklung für die Fair-Handels-Bewegung erfordert daher, den Bewegungscharakter ernst zu nehmen und Möglichkeiten seiner Stärkung und Förderung in Betracht zu ziehen. Dies stellt bereits ein erstes Desiderat für die Zukunft des Fairen Handels dar. Angesichts des Wachstums in manchen Bereichen, der Durchdringung immer neuer wirtschaftlicher Felder, aber auch der Alterung in den Gruppen und des Auftretens neuer Akteure, die sich den Fairen Handel aneignen, bedeutet dieses Desiderat nach meinem Dafürhalten bereits keine Selbstverständlichkeit, was im folgenden neben anderem auch aufgewiesen werden soll. Nicht gegen sondern im

Umfeld solcher Entwicklung gilt es, den Bewegungscharakter in der Entwicklungsdynamik des Fairen Handels zu beachten.

Wer die Zukunftsperspektive für den Fairen Handel allein in wirtschaftlichem Wachstum und der Eroberung zusätzlicher Marktanteile sieht, missachtet in der Regel bereits diesen Bewegungscharakter. Durchaus ist dieser Blickwinkel eine zulässige Option, die sicherlich bei manchen Akteuren des Fairen Handels ihre Zustimmung finden dürfte. Die im Laufe dieser Studie herausgearbeitete Modellhaftigkeit des Fairen Handels basiert jedoch gerade auf der Bewegungsidentität der Fair-Handels-Bewegung und dem in ihr gebündelten solidarischen Engagement. Das hier aufgestellte Postulat der Bewahrung und Förderung des Fairen Handels als sozialer Bewegung bildet die Grundlage der im Folgenden entwickelten Zukunftsperspektiven. Dabei könnte es auf lange Sicht betrachtet um die Frage gehen, ob die Fair-Handels-Bewegung dauerhaft in der Lage sein wird, die Identität des Fairen Handels zu prägen und zu bestimmen. Ein alternatives Grundszenario könnte nämlich darin bestehen, dass sich „das Modell" als derart übertragbar auf wirtschaftliche Prozesse herausstellt und insofern „erfolgreich" ist, dass es von einer sozialen Bewegung mit ihren Strukturen nicht mehr steuer- und beeinflussbar ist. Die Ambivalenz dieser Alternativen ist offensichtlich. Aus der Perspektive dessen, der im Fairen Handel nicht nur ein Modell eines gerechten Welthandels oder das Modell eines verantwortlichen Konsumverhaltens ortet, sondern ihn auch wesentlich als Ort des solidarischen Engagements und des aus (humanistischen bzw. christlichen) solidarischen Motiven heraus wahrgenommenen engagierten Weltverantwortung versteht, kann das zweite genannte Szenario keine Wunschperspektive darstellen. Aus diesem Grund wird sich die Fair-Handels-Bewegung – in der Tradition der ursprünglichen Aktion Dritte-Welt-Handel stehend – weiterentwickeln müssen, um die Idee des Fairen Handels in ihrem Sinne voranbringen und ausrichten zu können.

7.1. Zukunftsszenario: Als Bewegung den Wandel von der Nischenexistenz zur Marktbranche meistern

Nach bald vierzigjähriger Entwicklungsgeschichte sieht sich die deutsche Fair-Handels-Bewegung zwar einem zunehmenden Bekanntheitsgrad und Interesse in der Gesellschaft gegenüber, muss sich aber in ökonomischer Hinsicht nach wie vor ihre Nischenexistenz eingestehen: Bei Kaffee, dem bedeutendsten Produkt im deutschen Fairtrade-Markt mit einem jährlichen Absatzvolumen von 3900 Tonnen[1380], wird ein Marktanteil von immerhin rund 1 Prozent erreicht – allerdings entspricht das gesamte Umsatzvolumen des Fairen Handels in Deutschland von rund 193 Millionen Euro im Jahr 2007[1381] nicht einmal dem, was allein eines der drei Münchner Einkaufszentren

---
[1380] Zahlenangabe bezieht sich (nur) auf fair gehandelten Kaffee, der das TransFair-Siegel trägt, vgl. TransFair e.V./Rugmark (Hrsg.): Jahresbericht 2006 – Ausblick 2007, 10.
[1381] Vgl. Forum Fairer Handel (Hrsg.): Fairer Handel in Deutschland 2007 – weiter auf Erfolgskurs!, in: www.forum-fairer-handel.de (aufgerufen 22.11.2008).

7. Fairer Handel mit Perspektiven

jährlich erwirtschaftet.[1382] Zahlen über die Reichweite der Bildungs- und Informationsarbeit liegen bis heute leider nicht vor, so dass von dieser Seite das Nischendasein eher bestätigt als widerlegt wird.

Diesem Ist-Stand steht ein möglicherweise enormes Potential gegenüber: Der seit etwa der Jahrtausendwende zunehmend zu verzeichnende gesellschaftliche Trend hin zu ethisch verantwortlichem Handeln etwa mit ethischen Geldanlagen oder der Boom ökologisch angebauter Lebensmittel wird inzwischen als eigener neuer Konsum- und Lebensstiltypus identifiziert: LOHAS, der „Lifestyle of Health and Sustainability", orientiert sich in der persönlichen Lebensweise vorrangig an Werten wie Gesundheit und Nachhaltigkeit.[1383] Dieser Basistrend, welcher ausdrücklich auch die Idee eines Fairen Handels umfasst[1384], legt es nahe anzunehmen, dass die Wachstumstendenz im Fairen Handel bislang nicht an einem Scheitelpunkt angekommen ist, sondern weiterhin Fortsetzung finden dürfte. Marktforschungsergebnisse belegen dieses noch nicht erreichte „Käuferpotential" für fair gehandelte Waren und zeigen damit die Tendenz eines Ausbruchs aus der Nische heraus an: Einer Studie im Auftrag der Verbraucher Initiative e.V. vom Februar 2007 zufolge lässt sich gegenüber 2004 sowohl eine Verdoppelung der regelmäßigen als auch der seltenen Fairtrade-Kunden verzeichnen – bei Stabilität der gelegentlichen Käuferinnen und Käufer. Stabil geblieben ist in diesem Zeitraum der Bevölkerungsanteil, welcher zwar keine Produkte aus Fairem Handel kauft, dies aber für unterstützenswert hält, während die Zahl der Ablehner und Nicht-Käufer um über 40 Prozent gesunken ist.[1385] Volkmar Lübke von der Verbraucher Initiative e.V. stellt dazu fest, dass insgesamt eine Bewegung hin zu einer „höhere[n] Stufe der Fairtrade-Affinität" und damit zum Kauf von fair gehandelten Produkten zu verzeichnen sei: aus Unterstützern würden Käufer, Gegner würden ihre Ablehnung revidieren. Angesichts dessen, dass die Zahl der Nichtkäufer-Sympathisanten mit über 35 Prozent die eindeutig größte Gruppierung darstellt, kann wohl mit hoher Wahrscheinlichkeit damit gerechnet werden, dass sich in den nächsten Jahren der grundlegende Trend zur Überwindung der Nischenexistenz des Fairen Handels in Deutschland fortsetzen dürfte.

Diese Annahme stellt eine große Herausforderung an die Fair-Handels-Bewegung dar – nicht nur weil jegliche Art von Wachstumsprozessen bewältigt sein will. Insbesondere weil fortdauernd wachsende gesellschaftliche Akzeptanz und die Steigerung der öffentlichen Aufmerksamkeit die von außen an die Fair-Handels-Bewegung gestellten Erwartungen erhöhen, ist ein fundamentaler Veränderungsdruck gegeben. Speziell die Seite des ehrenamtlichen Engagements ist davon betroffen, weil den Anforderungen Schritt halten zu können erhebliche Veränderungsbereitschaft vor-

---

[1382] Vgl. Winkler-Schlang: Der Ring der Einkaufstempel, 56.
[1383] Vgl. Wenzel/Rauch/Kirig: Zielgruppe LOHAS. Für eine grundsätzlichere soziologische Analyse vgl. Stehr: Die Moralisierung der Märkte. Eine Gesellschaftstheorie (2007).
[1384] Wenzel/Rauch/Kirig: Zielgruppe LOHAS, 103-107.
[1385] Vgl. (auch im Folgenden) Lübke: Fairer Handel: Stetiges Wachstum, 21; sowie Lübke: Marketing für den Fairen Handel, wo der Autor eine Vorgängerstudie aus dem Jahr 2002 präsentiert.

aussetzt und der Außendruck andererseits auch nicht dadurch verringert werden kann, indem er ignoriert oder pessimistisch bewertet wird. Die Reichweite dieses Veränderungsdruckes lässt sich anhand von Wahrnehmungen zum Fairen Handel etwa in den Vereinigten Staaten andeuten: Dort wird bereits davon gesprochen, dass sich das Fair-Handels-Siegel mittlerweile von einer „radikalen Solidaritätsbewegung" zu einem „Mainstream-Trend" innerhalb des Einzelhandels entwickelt habe.[1386]

7.1.1. Ambivalenz einer Überwindung der Nischenexistenz

Überwindung der Nischenexistenz des Fairen Handels lässt sich infolge dessen als ambivalentes Anliegen fassen, über dessen Folgewirkungen vermutlich kein Konsens besteht. Zunächst jedoch drückt „Nischenexistenz" mehr noch als die „objektiven Daten" ein subjektives Empfinden vieler Engagierter innerhalb der Fair-Handels-Bewegung aus. Hinter dem „Raus aus der Nische!" versteckt sich dabei in erster Linie der Wunsch nach mehr Erfolg und Anerkennung des eigenen Engagements. Und sicherlich artikuliert es auch die Überzeugung, eine gute und sinnvolle Idee zu vertreten. Allerdings verbindet sich mit dem Ansinnen, die Nischenexistenz hinter sich zu lassen, auch eine ambivalente Perspektive. Nische ist nämlich nicht nur der Ort der begrenzten Reichweite, sondern auch „ein überschaubarer und damit gestaltbarer Raum, der Zugehörigkeit, Geborgenheit und Identität ermöglicht – wichtige Voraussetzungen für ein längerfristiges solidarisches Engagement, das auch vielen Frustrationserfahrungen ausgesetzt ist", wie die Auftraggeber der Studie „Entwicklungspolitische Wirkungen des Fairen Handels" zugestehen.[1387] In ihrem Resümee bescheinigen diese dem Fairen Handel auch, sich schwer zu tun damit, das eigene (vor allem kirchliche und studentische) Herkunftsmilieu hinter sich zu lassen, welches auch stabilisierende Funktion für die Gruppen und Weltläden habe. Für die Auftraggeber leitet sich aus dieser wahrgenommenen Nischenexistenz jedoch auch eine Grundsatzfrage für den Fairen Handel als solchen ab.

> „Die Abgrenzung des Fairen Handels ist aber nicht mit in einer psychologisch nachvollziehbaren (Selbst-) Beschränkung auf das eigene Milieu zu erklären, sondern ist auch wesentlich in einer konzeptionellen Unklarheit begründet, die – kurz gesagt – auf den Nenner 'Fairer Handel als Alternative oder Modell' gebracht werden kann."[1388]

Das damit benannte Spannungsfeld bewegt sich um die Fragestellung, ob Fairer Handel sich eher als ein auf den konventionellen Handel hin verallgemeinerbares *Modell* verstehen oder ob er vielmehr eine Alternative gerade zu diesem konventionellen Markt darstellen soll. Geht es primär darum, ein in sich geschlossenes, mit

---

[1386] Nicholls/Opal: Fair Trade. Market-Driven Ethical Consumption, 142 (zitiert nach Raynolds/Long: Fair/Alternative Trade, 24).
[1387] Piepel/Möller/Spiegel: Fairer Handel, wohin? 287.
[1388] Piepel/Möller/Spiegel: Fairer Handel, wohin? 287.

eigenen Kriterien, Logiken, Akteuren, Strukturen und Wegen ausgestattetes Handelssystem zu praktizieren, das gerade in dieser Exklusivität seine Beispielhaftigkeit und Vorbildlichkeit zum Ausdruck bringt und von daher den Normalhandel in Frage stellt? Oder geht es primär darum, mit den Ansprüchen eines fairen und gerechten Wirtschaftens sowie mit den Fairtrade-Produkten den konventionellen Markt zu durchdringen und unter Beweis zu stellen, dass Fairer Handel auch unter den normalen Bedingungen des Marktes (und nicht nur im Sonderbereich eines Alternativmodells) eine gangbare und realistische Alternative darstellt? Oder auf andere Begriffe gebracht: Ist der Faire Handel im wesentlichen Symbol einer gerechteren Weltwirtschaft oder ist er deren Instrument? Im Falle des letzteren wäre die Eroberung von Absatzwegen und Marktanteilen unumgängliche Notwendigkeit in der Zielverfolgung des Fairen Handels, im Falle des ersteren wäre eben dies eine Verletzung seiner Symbolhaftigkeit. In der historischen Entwicklung innerhalb der deutschen Fair-Handels-Bewegung hat sich dieses Spannungsfeld bzw. die Unklarheit der Grundausrichtung des Fairen Handels wiederholt als Konfliktursache herausgestellt (sh. Kapitel 2).

Das Herausdrängen aus der Nischenexistenz lässt sich auf den ersten Blick vor allem als Konsequenz aus einem von den Stichwörtern „Instrument" und „übertragbares Modell" getragenen Verständnis von Fairem Handel verorten. Jedoch ist gleichzeitig zu bedenken, dass auch eine auf „Symbol" und „Alternative" aufgebaute Identität von Fairem Handel nur dann wirkmächtig werden kann, wenn sie mit ihrer Symbolaussage viele erreicht bzw. kaum jemand ihre Existenz ignorieren kann. Das Herausdrängen aus der Nische ist also in diesem Sinne beiden Fair-Handels-Verständnissen eigen, gleichwohl führt es in der praktischen Umsetzung in Geschäftspolitik oder Kampagnenarbeit zu unterschiedlichen Konkretionen.

Wenn in diesem Schlusskapitel diese Diskussion aufgegriffen und unter der Überschrift einer Perspektivbildung für den Fairen Handel thematisiert wird, so geschieht dies nicht unbegründet: Die vorliegende Untersuchung hat im Kontext der Milieuverhaftung des Fairen Handels zwei Dinge bearbeitet, die bislang – vielleicht aus gutem Grund – in der Fair-Handels-Bewegung nicht thematisiert wurden. So wurde auf der Ebene der Praxis das spezifische Fair-Handels-Engagement des kirchlichen Milieus beschrieben und einer allgemeineren Wahrnehmung zugänglich gemacht (Kapitel 3.2. und Kapitel 4) – und es wurde auf der Ebene des Diskurses die Anschlussfähigkeit des Fairen Handels an theologische und sozialethische Themen und damit wiederum an die spezifischen Diskurse eines kirchlichen Milieus aufgewiesen und durchbuchstabiert (Kapitel 5 und 6). Wenngleich die Milieuverwurzelung des Fairen Handels durchaus über das hierin Überlegte und Beschriebene hinaus reicht, so stellt sich doch die Frage, wie selbiges im Zusammenhang einer angestrebten Milieuüberwindung des Fairen Handels („raus aus der Nische") zu verstehen und einzuord-

7.1. Zukunftsszenario: Als Bewegung den Wandel zur Marktbranche meistern

nen ist.[1389] Um es vorneweg zu sagen: diese Ausführungen wären jedenfalls falsch interpretiert, würde man sie in den Dienst einer kirchlichen Vereinnahmung oder einer Affirmation der kirchlichen Milieuverhaftung des Fairen Handels stellen. Sie dienen vielmehr der reflexiven Selbstvergewisserung der dem kirchlichen Kontext entstammenden Fair-Handels-Engagierten und -Initiativen, also einem für jegliches solidarische Engagement notwendigen Vorgang. Sie sind in ihrer Ausgestaltung gleichwohl auch dafür geeignet, im kirchlichen Bereich weitere Unterstützung für den Fairen Handel zu generieren.

Wenn am Ende des Ganges der Untersuchung nicht nur der Blick auf deren mögliche Wirkung geworfen wird, sondern dies auch noch in den Kontext der Frage um die Überwindung der Nischenexistenz des Fairen Handels gestellt wird, dann deshalb, weil damit eine entscheidende Herausforderung des Fairen Handels tangiert ist:

- Kann der Faire Handel seine Nischenexistenz überwinden, ohne sich von den ihn (gesellschaftlich, organisatorisch, personell-ehrenamtlich) nicht unwesentlich mittragenden Milieus abschneiden zu müssen?

Oder anders gewendet:

- Wie können die den Fairen Handel mittragenden Milieus konstruktiv dazu beitragen, dass dieser aus seinem Nischendasein herausfindet, ohne seine Identität aufgeben zu müssen?

7.1.2. Fairer Handel als Marktbranche?

Der Ruf von Fair-Handels-Akteuren, sich „raus aus der Nische" bewegen zu wollen und „den Fairen Handel zu einem ernstzunehmenden Wirtschaftsfaktor machen" zu wollen[1390], ist im Sinne einer möglichst umfangreichen und spürbaren Verbesserung der Lebenssituationen und Marktzugänge der Produzenten sowie unter dem Horizont einer gerechten Welthandelsordnung zu verstehen. Allerdings ist dieser Ruf in der Fair-Handels-Bewegung mit einer ambivalenten Konnotation behaftet: denn sobald neue, teils potente Akteure auftreten, kommen innerhalb der Fair-Handels-Bewegung immer wieder dieselben Befürchtungen über Trittbrettfahrer, Verwässerung der Prinzipien oder Verlust von Glaubwürdigkeit zum Vorschein. Mitte des vierten Jahrzehnts der Bewegung ist dieses Thema erneut aktuell.[1391]

[1389] Hinsichtlich dieser Milieuüberwindung kann die Fair-Handels-Bewegung gewiss von der Milieu-Diskussion in der Pastoral und Pastoraltheologie lernen: vgl. etwa das Themenheft „Kirche in (aus) Milieus" der Zeitschrift Lebendige Seelsorge, Heft 4/2006 sowie Ebertz: Anschlüsse gesucht. Kirche zwischen individueller Wahl und gruppenspezifischen Verbindlichkeiten. Mit Blick auf gesellschafts- und entwicklungspolitische Engagementbereitschaft in der Jugendgeneration vgl. auch BDKJ/Misereor (Hrsg.): Wie ticken Jugendliche?

[1390] Statut der FAIR Handelshaus Bayern eG, § 2 (2).

[1391] Neben der ersten TransFair-gesiegelten Eigenmarke der deutschen Discount-Kette Lidl sind auch die zunehmend auf fair gehandelte Rohstoffe zurückgreifenden Verarbeiter vor allem in den Premium-Sortimenten Ausdruck einer wachsenden Verbreitung des Fairen Handels Mitte der 00er-Jahre.

Angesichts solcher Besorgnisse tut man gut daran, das Feld der Entwicklungsperspektiven aufzutun und in den Kontext der zurückliegenden Geschichte einzubetten. Der Faire Handel in Deutschland ist nicht als Firma, nicht als Produktmarke, nicht als Handelskette begründet worden, sondern als eine Solidaritätsaktion, aus der heraus sich Vertriebs- und Importfirmen, Siegelmarke und Einzelhandelsebene (Weltläden) entwickelten. Aus der Solidaritätsaktion wurde eine kontinuierlich arbeitende soziale Bewegung, zu deren Eigenheiten ihre Pluralität gehört. Aus dieser Charakteristik heraus betrachtet wäre Trittbrettfahrertum nichts „abwegiges", sondern stellt sich gewissermaßen als Selbstvollzug des pluralistischen Bewegungscharakters dar. Gleichwohl drückt auf der anderen Seite auch die Verteidigung hoher sozialer Standards den solidarischen Motivationsgrund aus, auf dem das Engagement für Fairen Handel fußt und welcher somit die Basis und Identität dieser sozialen Bewegung bildet.

Die Bestrebungen zu Handelsausweitung und „Markteroberung" in den verschiedenen Stadien der Fair-Handels-Bewegung führen im Kontext dieser Beschreibung zu der Annahme, dass eine solche Entwicklung auf den Wandel hin zu einer Handelsbranche hinauslaufen könnte. Den Fairen Handel als eine Branche zu beschreiben, klingt zwar unüblich und entspricht zunächst nicht automatisch den herkömmlichen Branchenklassifikationen. Gleichwohl ist dies mit den gängigen Beschreibungsmustern vereinbar, denen zufolge eine Gruppe von Unternehmen, die ähnliche Produkte herstellen oder verkaufen oder ähnliche Dienstleistungen erbringen, als Branche bzw. als Wirtschaftszweig bezeichnet wird.[1392] Die Fortentwicklung von der Fair-Handels-Bewegung zur Fair-Handels-Branche liegt nicht nur auf einer Kontinuitätslinie was die Selbstverfassung des Fairen Handels betrifft, sondern auch hinsichtlich des Bestrebens, möglichst viele Konsument(inn)en zur Unterstützung des Fairen Handels zu gewinnen. In der Fair-Handels-Geschichte gibt es m.E. drei wesentliche Ankerpunkte für diese Kontinuitätslinie: zum ersten die a priori entstandene organisatorische Trennung von Einzelhandelsebene (Weltläden) und Import- und Großhandelsebene (GEPA)[1393] – zum zweiten die bewusst angestrebte Öffnung des Fairhandelsansatzes für die konventionellen Handelsstrukturen durch die Einführung einer unabhängigen Siegelvergabe (TransFair) – zum dritten die (daraus erwachsenen) Professionalisierungsbestrebungen der Weltläden. Dies zusammengenommen kann als die übliche Differenzierung und Profilierung von Funktionen innerhalb einer Marktbranche verstanden werden.

Ein solcher Wandlungsprozess mag in den ursprünglichen, politisch und solidarisch motivierten Kreisen des Fairen Handels möglicherweise zunächst Befürchtungen auslösen, beinhaltet auf der anderen Seite jedoch auch Chancen im Sinne des Anliegens der Bewegung. Diese gilt es klar zu unterscheiden und zu bewerten. Denn eine Fair-Handels-Branche, in der auch hierzulande zunehmend Menschen ihren Lebensunterhalt verdienen möchten und welche sicher für Umsatz- und Absatzsteigerungen

---

[1392] Vgl. Art. Branche, in: Wikipedia, Die freie Enzyklopädie. www.wikipedia.de (11.3.2007).
[1393] Auch bei El Puente ist es bei dem einen Ladengeschäft aus der Gründungszeit geblieben.

im Interesse der Produzent(inn)en sorgen dürfte, widerspricht nicht der Verbreitung des Anliegens eines fairen Konsums, sondern kann diesen weiter vorantreiben. Im Sinne von „Hilfe durch Fairen Handel" entspricht dies dem jahrzehntelangen Anliegen der Fair-Handels-Bewegung. Gleichwohl brächte ein Wandel zu einer Branchenexistenz eine veränderte Rolle für das ehrenamtliche Engagement, besonders für das Feld der (kirchlichen) Aktionsgruppen und insofern vielleicht auch für den Bereich der bewusstseinbildenden Arbeit mit sich. Dabei müssen bewegungsspezifische Elemente von nicht bewegungsspezifischen unterschieden werden: Eine branchenförmige Fortentwicklung des Fairen Handels könnte auch eine weitere Professionalisierung und Profilierung der Informations-, Bildungs- und Kampagnenarbeit im Fairen Handel bedeuten. Fraglich ist gleichwohl, inwiefern deren Charakter durch eine möglicherweise notwendig werdende und Entscheidungen leitende wirtschaftliche Tragfähigkeit derselben verändert wird. Im schlimmsten Falle könnte entwicklungsbezogene Bewusstseinbildung und Information zur bloßen Werbung und Reklame für den Kauf von Fairtrade-Produkten verkommen. Dies ist jedoch kein zwangsläufiges Szenario. Vielmehr kann im positiven Sinne damit gerechnet werden, dass über einschlägige Werbekanäle und -botschaften zusätzlichen Adressatenkreisen das Anliegen der Fair-Handels-Bewegung theoretisch (= bewusstseinsbildend) und praktisch (= handlungsleitend für eigenes Einkaufsverhalten) erschlossen werden könnte.[1394]

7.1.3. Neue Aufgaben für das Ehrenamt im Fairen Handel?

Offen bleibt in diesem Kontext bislang die Frage, welcher Platz und welche Rolle in einer sich so verändernden Fair-Handels-Landschaft in Deutschland den in der Entwicklungsgeschichte verwurzelten Basisinitiativen bleibt bzw. sich neu erschließt. An diesem Punkt wird voraussichtlich auch die Frage nach der Rolle der zahlreichen kirchlichen Initiativen aufgeworfen werden. Für die Basisinitiativen würde dies in einigen Teilen vermutlich bedeuten, dass sich die Ebenen von hauptberuflicher und ehrenamtlicher Mitarbeit im Fairen Handel von Grund auf neu aufstellen und aufeinander abstimmen müssen. Im Hinblick auf das Feld der Weltläden könnte dies beispielsweise sehr unterschiedliche Szenarien bedeuten:
- Das erste Konzept – in manchen Weltladen-Vereinen bereits erprobt – verortet Hauptamtlichkeit in Schlüsselfunktionen der Ladenorganisation und Teamführung. Eine Person wird angestellt, um die ehrenamtliche Mitarbeit zu koordinieren, Einsätze zu planen, Kenntnisse zu vermitteln und Fortbildung anzubieten. Je nach Gegebenheit werden zudem Bildungstätigkeit zum Fairen Handel z.B. in Schulen und anderen Bildungseinrichtungen, Öffentlichkeitsarbeit oder auch Einkaufs-, Bestellwesen und Lagerverwaltung dieser angestellten Person übertragen. Das An-

---

[1394] Vgl. meine Überlegungen zum bewegungsspezifischen Zusammenspiel von Bildungsarbeit, Werbung und politischen Kampagnen im Fairen Handel in: Raschke: Entwicklungspolitische Bildung im Fairen Handel, 278-281 – sh. auch unten Kapitel 7.2.

stellungsverhältnis übernimmt in diesem Modell grundsätzlich eine eher subsidiäre Funktion gegenüber dem ehrenamtlichen Engagement.
- Das zweite Konzept legt die Ladenführung ganz in die Zuständigkeit von mehreren Angestellten. Ehrenamtliche Verantwortung wäre dabei in unterschiedlichen Formen denkbar: Zum einen auf der Ebene der Trägerverantwortung über den Laden etwa in den Organfunktionen verschiedener denkbarer Rechtspersonen (GmbH, Genossenschaft, etc. – Vorstand, Aufsichtsrat, Beirat), welche die Aufsicht und Gesamtleitung des Unternehmens Weltladen innehaben. Zum anderen in der ergänzenden, subsidiären Unterstützung des weitgehend hauptberuflich getragenen Weltladens, speziell in den Funktionen, die über das Alltagsgeschäft hinaus gehen, evtl. projektförmig zu organisieren sind oder etwa weniger umfangreiche Arbeitsbereiche wie Öffentlichkeitsarbeit/Werbung, Bildungsangebote oder Organisation von Veranstaltungen umfassen könnten.
- Das dritte Konzept geht dagegen von einem privaten Ladeninhaber aus, der zunächst selbst und zusammen mit weiterem Personal den Weltladen führt, diesen jedoch für Engagement aus der Fair-Handels-Bewegung heraus öffnet bzw. offen hält und in vordefinierten Tätigkeitsbereichen sich durch ehrenamtliche Mitarbeit unterstützen lässt. Dies kann die aushilfsweise Mitarbeit im Verkauf oder auch die Verantwortungsübernahme für Einzelbereiche wie im zweiten Konzept bedeuten.

Im Horizont eines höheren Professionalitätsniveaus von Weltläden[1395] in der „Fair-Handels-Branche" wird allen drei Konzepten gemeinsam sein, dass neben die Unterscheidung zwischen beruflicher und ehrenamtlicher Mitarbeit auch eine deutlicher gestufte Mitarbeit und Verantwortung des Ehrenamtes im Weltladen treten wird, was sich insbesondere an Regelmäßigkeit, Kontinuität und Verbindlichkeit orientiert. In den aus der Bewegung heraus weiter wachsenden Weltläden der Zukunft könnte die organisatorische Trennung von „wirtschaftlichem Arm" (in einer eigenen Körperschaft) und „pädagogischem Arm" (in den bisher verbreiteten und satzungsmäßig meist in diese Richtung ausgerichteten Vereinen) notwendig werden, um die für wirtschaftliche Tätigkeit bestmöglichen Strukturen zu wählen und den Ladenbetrieb damit auf sichere und feste Beine zu stellen. Mit dem rein pädagogischen Auftrag des Vereins könnte daher auch eine Schärfung des Profils und Aufwertung der pädagogischen Arbeit vor Ort einhergehen, in der ebenfalls viel Engagement zugunsten des Fairen Handels eingebracht werden kann.

[1395] Vgl. das Programm „Unternehmen Weltladen", das GEPA 2006 zur Unterstützung von Weltladengründungen eingerichtet hat. Das Programm zielt auf der einen Seite auf die Weiterentwicklung bestehender Weltladengruppen und bietet auf der anderen Seite auch ein Konzept für private Existenzgründungen mittels eines Weltladens. Vgl. www.unternehmen-weltladen.de vom 11.3.2007.

7.1.4. Engagementfelder in einer veränderten bewegungsgetragenen Einzelhandelsstruktur?

Was bedeutet das jedoch im Blick auf Weltläden Gesagte im Kontext gemeindlicher Fair-Handels-Aktivitäten, die von Aktionsgruppen getragen werden und sich oft auch dann als „Weltladen" bezeichnen, wenn die von ihnen genutzten Räumlichkeiten hinsichtlich Öffnungszeiten, Ausstattung und Lage von „Ladengeschäften" weit entfernt sind. Solche Gruppen, die eher im ländlichen Bereich oder in den städtischen Randlagen zu finden sind, besitzen ganz andere Voraussetzungen als diejenigen Weltläden, die sich in Innenstadtlagen einmieten konnten. Sie sind mit den in Schränken, Gemeindehauskellern oder Treppenhäusern „versteckten" Weltläden gewissermaßen Inbegriff des Nischencharakters des Fairen Handels, mit dem sich die wenigsten Engagierten zufrieden geben, für deren Überwindung ihnen jedoch auch andererseits die entsprechenden Ressourcen und Konzepte, das Zutrauen in die Funktionsfähigkeit größerer Projekte und die damit verbundene Risikobereitschaft fehlen. Worin kann ein angemessenes Konzept bestehen, das solchen Gruppen Perspektiven aufweist und sie gerade nicht in die Ecke eines – sich Professionalisierungserfordernissen verweigernden – Nischendaseins innerhalb einer prosperierenden Fair-Handels-Branche abdrängt?

Mehrere Ansatzpunkte können dafür gewählt werden, die auf unterschiedliche Weise mit der Veränderung ländlicher Versorgungsstrukturen zusammenhängen:

- „Welt&Dorf-Läden": In einem ersten Ansatzpunkt könnte bewusst konstruktiv das Verlorengehen von „kleinen" Einkaufsmöglichkeiten vor Ort aufgegriffen und nach Kooperationen Ausschau gehalten werden. Auf dem Land sind Tante-Emma-Läden schon längst verschwunden und manche Grundversorgung wird über mobile Verkaufsstationen/-fahrzeuge aufrechterhalten. In ländlichen Regionen entstehen in Gegenbewegung dazu erste Dorfläden wieder, die dem Aussterben der Dörfer Einhalt gebieten wollen. Weltladengruppen müssen in solchen Gegebenheiten nicht ihr eigenes Süppchen im Gemeindehaus kochen; sie könnten sich vielmehr weiterentwickeln, indem sie sich öffnen und mit den anderen Initiativen nachhaltiger und wohnortnaher Versorgung wie Hofläden, Dorfläden und Direktvermarktungsinitiativen (wie z.B. Gemüsekisten-Abos) zusammentun.[1396] Wie die Entwicklungen um Milch- und Getreidepreise in den zurückliegenden Jahren haben deutlich werden lassen, ist das Anliegen eines Fairen Handels keineswegs nur auf zu importierende Waren beschränkt.[1397] So wie sich in solchen Kooperationen die Fair-Handels-Engagierten in den Dienst anderer ähnlicher Initiativen stellen würden, könnten sie andererseits diese Initiativen zugunsten ihrer eigenen Produkte

---

[1396] Vgl. hierzu, dass sich bäuerliche Direktvermarktungsinitiativen zum Teil als „Solidargemeinschaften" verstehen, so etwa das Bündnis „Unser Land" in Oberbayern (vgl. www.unserland.info aufgerufen 28.8.2007).

[1397] Sh. die Initiative „Faire Partnerschaften" des Naturland-Verbandes; online unter www.faire-partnerschaften.de (aufgerufen vom 28.8.2007)

und ihrer eigenen Themen in Dienst nehmen. Sie würden damit neben dem Einsatz für die Entwicklung ländlicher und benachteiligter Regionen in Entwicklungsländern konsequent für dasselbe Anliegen auch hierzulande eintreten und könnten damit nicht nur neue Zielgruppen erschließen, sondern (als weiteren Zusatznutzen) an Glaubwürdigkeit gewinnen.

- „Fair Handelshäuser": Ein zweiter Ansatzpunkt kann zum vorgenannten – je nach Ausprägung – entweder in Gegensatz oder in Fortführung gesehen werden. Die Bereitschaft von Konsument/innen, für ihre Einkäufe den Weg zu den Einkaufszentren „auf der grünen Wiese" nicht nur in Kauf zu nehmen, sondern sich davon sogar den Zusatznutzen eines umfangreicheren Warenangebots zu versprechen, könnte sich auch der Faire Handel zu eigen machen. Im ländlichen Bereich gelegen erreicht beispielsweise das FAIR Handelshaus Bayern eG als regionaler Großhandel gewissermaßen nebenbei einen Einzelhandelsumsatz in der Größenordnung desjenigen der größeren deutschen Weltläden. Das umfangreiche Sortiment eines Regionalzentrums gerade auch an fair gehandeltem Kunsthandwerk sowie das Einkaufserlebnis des „Quasi-Fabrikverkaufs" bilden die Grundlage hierfür. Dieses Konzept könnte gerade für ländliche Regionen, wo Weltläden in dörflichen Gemeinden kein Auskommen erreichen können, einen Ansatz bieten, die Bevölkerung mit fair gehandelten Produkten zu „versorgen" und mit dem Fairen Handel auch in diesen Gebieten thematisch präsent zu sein. Von diesem Konzept wären zwei Spielarten denkbar, deren jeweiliges Für und Wider anhand der Umstände vor Ort abzuwägen wären: Einerseits die Standortwahl im Umfeld von Supermärkten und Gewerbegebieten „auf der grünen Wiese", was einerseits Konkurrenz schaffen und andererseits Synergien (z.B. bezüglich Anfahrtswegen) hervorrufen dürfte. Andererseits die Standortwahl gerade innerhalb der dörflichen Strukturen (z.B. in leerstehenden Hallen landwirtschaftlicher Betriebe), wo etwa ebenfalls Kooperationen mit Regionalvermarktungsinitiativen und Dienstleistungsangeboten eingegangen werden könnten und Mehrfachnutzen schaffen würden, wie im Konzept Welt&Dorf-Laden bereits skizziert.

Auch bei diesen Ansätzen wird sich die Frage nach dem notwendigen Ausmaß beruflicher Mitarbeit stellen und das Verhältnis von ehrenamtlichem Engagement und beruflicher Tätigkeit zu klären sein.

Während die bisherigen Konzepte zur Weiterentwicklung der Weltladenszene auf ein eher (klein-)städtisches Umfeld hin entwickelt sind („Weltladen 2006", „Unternehmen Weltladen", Stichwort „Laufkundschaft"), so scheint mir die Fortschreibung der hier für einen dezidiert ländlichen Bereich bzw. für (groß-)städtische Randlagen ansatzhaft skizzierten Modelle eine lohnende Aufgabe. Dies lässt sich auch darin begründen, dass sich auf ideeller Ebene mit der Förderung entwicklungsschwacher Regionen „an der Peripherie" auch ein enger Bezug zum Entwicklungsansatz des Fairen Handels in den Ländern des Südens ergibt.

7.1.5. Notwendiges Alleinstellungsmerkmal von Aktionsgruppen innerhalb der „Fair-Handels-Branche"

Vorgenannte Perspektiven zielen auf weit reichende Veränderungen und erfordern dementsprechende Veränderungsbereitschaft in der Fair-Handels-Bewegung. Mit Blick auf die Aktionsgruppen – wie sie gerade im kirchlichen Kontext bestehen und wie sie es weiterhin geben wird – stellt sich jedoch die Frage, wie deren Arbeit realistischerweise in der Zukunft aussehen kann: Mit welchen Konzepten können sie in der wachsenden Konkurrenz mit Supermärkten und Discountern bestehen, die immer flächendeckender ein immer umfangreicheres Sortiment an fair gehandelten Produkten anbieten? Je stärker dieses Angebot wächst, umso mehr wird diesen Aktionsgruppen die Besonderheit und Unverwechselbarkeit der von ihnen angebotenen Waren streitig gemacht. Müssen sich Aktionsgruppen eine neue Nische suchen bzw. ein alternatives Alleinstellungsmerkmal entwickeln, so dass sie sich nicht nur durch Fairen Handel vom konventionellen Markt unterscheiden, sondern damit sich auch ihr Fairer Handel durch einen wie auch immer gearteten Mehrwert von anderen Zweigen der „Fair-Handels-Branche" abhebt? Fair-Handels-Gruppen haben an diesem Punkt schon längst mit ihrer „privaten" Projektförderung in Entwicklungsländern einen Ansatzpunkt gefunden. Dieser wird auf der einen Seite dafür kritisiert, dass er dem Fairen Handel eine Spendenmentalität hinzufügt, deren Überwindung gerade ein Movens und Unterscheidungsmerkmal für die Entwicklung der Idee des Fairen Handels darstellte[1398]; auf der anderen Seite verbindet sich mit dieser Praxis ein oft entscheidender Motivationsgrund für – gerade kirchliche – Aktionsgruppen. Eine Möglichkeit zur Entwicklung eines Unterscheidungsmerkmals für kirchliche Fair-Handels-Gruppen könnte darin bestehen, diese bestehende Praxis konstruktiv so weiterzuentwickeln, dass sie sowohl den Bedürfnissen der Gruppen als auch dem Anspruch des Fairen Handels gerecht zu werden vermag. Darüber hinaus wäre wünschenswert, dass ein dementsprechendes Konzept so angelegt ist, dass es allgemeinverständlich ist und öffentlich gut kommuniziert werden kann. An diesem Punkt wird als Manko offenbar, dass es im Fairen Handel der vergangenen 25 Jahre in Deutschland nicht mehr gelungen ist, eine dachverbandsartige Interessensvertretung der (kirchlichen) Aktionsgruppen am Leben zu erhalten.[1399]

[1398] Vgl. Kapitel 3.3.4.
[1399] Das Aufgehen des RegionalsprecherInnen-Kreises rsk im Weltladen-Dachverband hat letztlich nicht die Absicherung der Interessen von Aktionsgruppen noch deren nachhaltige Einbindung in die Fair-Handels-Szene bewirkt. Auch den kirchlichen Hilfswerken und Jugendverbänden gelingt dies nur bedingt – vielleicht auch deswegen weil sie selbstverständlich nicht mit dem Profil einer fairhandelsspezifischen Vereinigung auftreten können und die prägenden Funktionen und Strukturen sowie die vorrangigen Interessen der beteiligten Hilfswerke und Jugendorganisationen mit denen eines fairhandelsspezifischen Zusammenschlusses natürlich auch nicht per se identisch sind. Die Schließung dieser strukturellen Lücke könnte für eine zu entwickelnde Perspektive für die künftige Rolle von Aktionsgruppen innerhalb des Fairen Handels eine Schlüsselposition einnehmen. Eine Organisationen übergreifende Vernetzung wäre hier nur eine schlechtere Alternative, denn die Geschichte der Fair-Handels-Bewegung hatte gezeigt, dass sol-

7. Fairer Handel mit Perspektiven

Welche Mehrleistungen wären denkbar, dass sie von Aktionsgruppen den genannten Ansprüchen gemäß erbracht werden könnten? Im Sinne des Fairen Handels wäre es ausgeschlossen, dass von ehrenamtlich arbeitenden Gruppen hier Mehrleistungen abgedeckt würden, die von allen beteiligten Importeuren oder Lizenznehmern zu erbringen sind. Dass Produzentenorganisationen über den fairen Preis hinaus aufgrund der Fair-Trade-Prämie Mittel für Bildungs- oder Gesundheitsprojekte zur Verfügung bekommen, gehört zu den Grundsätzen des Fairen Handels und würde demnach kein Unterscheidungsmerkmal für Aktionsgruppen begründen können. Insofern eignen sich bestehende Handelspartner-Organisationen weniger für entsprechende Ansätze. Zu überlegen wäre daher, ob nicht Aktionsgruppen (und möglicherweise auch Weltläden, die dies wünschen) bei der Förderung *zukünftiger* Handelspartner-Organisationen eingebunden werden können. Es ginge also darum, Projektförderung zu betreiben, die darauf ausgerichtet ist, landwirtschaftlich oder handwerklich produzierende Kleingewerbeprojekte in Entwicklungsländern aufzubauen, deren mittel- und langfristige Perspektive (unter anderem) in der Zusammenarbeit mit dem Fairen Handel bestünde. Ein solcher Ansatz müsste selbstverständlich dafür offen bleiben, dass sich ein gefördertes Projekt in der Zukunft anders entwickelt, als dies anfänglich geplant war. Der Vorteil läge darin, dass die entsprechende Projektförderung, wie sie von kirchlichen und anderen Entwicklungsorganisationen ohnehin betrieben wird, an Bedürfnisse der Fair-Handels-Gruppen angebunden werden könnte.[1400]

Abgesehen davon, dass die Projektförderung der Aktionsgruppen in den Fairen Handel integriert würde, könnten über solche Handelspartnerkontakte über die Jahre auch wichtige fairhandelsspezifische entwicklungsbezogene Lernprozesse hierzulande angeregt werden, die gleichermaßen ein vertieftes Verständnis des Fairen Handels sowie tiefere Einblicke in entwicklungsökonomische Zusammenhänge mit sich bringen würden. Auch die aus den Projektkontakten einzelner Gruppen und Weltläden resultierenden Eigenimporte ließen sich sinnvoll in dieses Konzept integrieren. Dies wäre vor allem insofern nötig, da diese Kontakte und Importe weit davon entfernt sind, die Partner so beraten zu können, damit deren Waren auch in Zukunft auf dem hiesigen Markt bestehen oder andere Märkte erschließen können. Nachhaltig zu wirtschaften, langfristig zu kooperieren und der gegenüber den Partnern eingegan-

---

che „stellvertretende Interessenvertretung durch Vernetzungsstrukturen" schnell ihre Grenzen erreichte, wenn es in strittigen Fragen um die Herstellung eines gemeinsamen Einverständnisses ging, weil anliegenfremde Einflüsse nicht gänzlich auszuschließen waren.

[1400] Dieser Zielrichtung folgt auch die von GEPA im Herbst 2008 eingeführte Sortimentslinie „Weltladen Exklusiv". Hier werden Produkte von Produzentenorganisationen, mit denen sich eine besondere entwicklungspolitische Thematik verbindet, exklusiv über Weltläden verkauft. Nur in Weltläden könnten diese „Produkte mit Geschichte(n)" angemessen kommuniziert werden. Dadurch sollen die Weltläden als Pioniere des Fairen Handels in Deutschland zugleich gegenüber der Konkurrenz zu fair gehandelten (GEPA-)Produkten in anderen Einzelhandelsbereichen unterstützt werden. (vgl. www.gepa.de/wug [interne Seite], aufgerufen 22.11.2008)

7.1. Zukunftsszenario: Als Bewegung den Wandel zur Marktbranche meistern

genen Verantwortung gerecht zu werden, sind Ansprüche des Fairen Handels, die selbstverständlich auch auf solche Kleinimporte anzuwenden sind. Sollte der Faire Handel sein Absatzwachstum weiter fortsetzen können, werden davon nicht nur viele weitere Kleinproduzenten in den Entwicklungsländern profitieren können, sondern es müssen dann auch weitere Kleinproduzentenorganisationen zur Verfügung stehen, damit der Warenbedarf gedeckt werden kann. Die immer wieder im Kontext der Ausdehnung des Fairen Handels beobachtbaren Warenengpässe werden ohnehin dazu führen müssen, dass Fair-Handels-Importeure eines Tages gezielt in den Aufbau von (weiterhin eigenständigen) Partnerorganisationen investieren werden. Der Ansatz, diese Projektförderung im Kontext von Aktionsgruppen anzusiedeln, bringt dabei auch den Vorteil mit sich, dass hier der Aufbau eigenständiger und unabhängiger Organisationen in den Entwicklungsländern im Vordergrund stehen würde.[1401] Bei Importorganisationen würde gewiss das Dilemma entstehen, dass sie mit den von ihnen eingesetzten Investitionen letztlich nicht Lieferanten für die Konkurrenz auf dem Fair-Trade-Markt aufbauen wollen und daher in die Versuchung geraten könnten, bevorzugt Filialunternehmen oder Joint Ventures aufzubauen, die in weitergehender Weise beeinflusst und in ihrer Entscheidungsfindung kontrolliert werden könnten. Die Frage der Steuerung solcher Entwicklungen ist hier nicht abschließend zu beantworten. Zu bedenken wäre jedenfalls, ob nicht dem Fairen Handel nahe stehende Entwicklungsorganisationen dabei die Verantwortung für die Unabhängigkeit der Produzentenprojekte übernehmen könnten.[1402] Der angemahnten Forderung nach intensiverer Kooperation zwischen Fairtrade- und Entwicklungsorganisationen[1403] ließe sich in diesem Sinn ziel- und projektorientiert Rechnung tragen.

7.2. Zukunftsszenario: Als Bildungsbewegung den Fairen Handel verbreiten und Welthandel mitgestalten

Auch das zweite Standbein der Fair-Handels-Bewegung, die Bildungsarbeit, ist beim Blick in die Zukunft zu berücksichtigen. Nach Einschätzung der Studie „Entwicklungspolitische Wirkungen des Fairen Handels"[1404] ist der Warenverkauf unter rein ökonomischen Gesichtspunkten nicht konkurrenzfähig und stelle daher kaum ein Modell für den allgemeinen Markt dar; Fairer Handel bedürfe wesentlich der Infor-

---

[1401] Erfahrungen mit Großkonzernen zeigen leider auch, dass diese teils Druck auf die Produzenten ausüben und z. B. Fairtrade-Zertifizierung und Gewerkschaftsbildung in bestimmten Regionen gegeneinander ausspielen und damit erweisen, dass ihr Anliegen nicht in der Entwicklungsförderung liegt. Vgl. Forum Fairer Handel e.V. (Hrsg.): Fair Trade Kongress: Fair ist mehr! 15.
[1402] Entsprechende Überlegungen gibt es bei Misereor, die sich mit der Entwicklung des „Weltladen Exklusiv"-Sortiments von GEPA treffen. Telefonische Auskunft von Stephan Stricker vom 18.11.2008.
[1403] Vgl. Piepel/Möller/Spiegel: Fairer Handel, wohin? 299f.
[1404] Vgl. Liebig/Sautter: Politische Wirkungen des Fairen Handels, 156f, 182f; sowie Piepel/Möller/Spiegel: Fairer Handel, wohin? 281-286.

mations- und Bildungsarbeit, um seine symbolische Funktion und seine Infragestellung herkömmlicher Handelspraxis zu vermitteln und dadurch seinen „Mehrwert" überhaupt erst marktfähig zu machen.

Die grundlegende Frage dabei dürfte darin bestehen, ob und inwiefern der Bildungsauftrag des Fairen Handels sich angesichts des genannten Trends zur Fair-Trade-Branche behaupten und überleben kann. Die fundamentale Herausforderung besteht daher darin, der Vereinnahmung des Fairen Handels durch seine ökonomische Seite zu widerstehen und darauf zu achten, dass der Faire Handel Bildungsbewegung bleibt und sich darin profiliert. Letzteres – die Profilierung – dürfte dabei die Voraussetzung für das erstere – die erkennbare Fortexistenz der Fair-Trade-Bildungs- und Kampagnenarbeit – bedeuten. Bildung und Kampagnen kommt daher strategisch betrachtet eine nicht zu unterschätzende Funktion zu: Denn gerade diese können vermeiden helfen, dass im Trend einer immer größeren Markterschließung und angesichts von multinationalen Konzernen, die „auf den Zug des Fairen Handels aufspringen", die Basisorganisationen – Weltläden und Aktionsgruppen – in der ökonomischen Konkurrenz zerrieben werden. In Ergänzung zur notwendigen Professionalisierung der Verkaufsarbeit in der Weltladenbewegung ist es die Bildungs- und Kampagnenarbeit, die den Basisorganisationen und damit der gesamten Bewegung ihren Charakter als entwicklungspolitische Nicht-Regierungs- und Non-Profit-Organisation und damit als ein modellhaftes Solidaritätsprojekt einer sozialen Bewegung sichern hilft.[1405]

7.2.1. Anforderungen an Materialien und Strukturen für Bildungsarbeit im Kontext einer Handelsbewegung

Die Profilierung der Bildungsarbeit im Fairen Handel kann dabei gleichwohl nicht für sich allein – unabhängig vom Warenverkauf – betrachtet werden. Denn die Konstruktion eines Gegensatzes zwischen Verkaufsarbeit und Bildungsarbeit ginge an der Motivationslage der ehrenamtlich Engagierten vorbei und würde den Identitätskern der Fair-Handels-Bewegung verfehlen. Bildungseffekt und Verkaufserfolg sind stattdessen in gegenseitiger Verzahnung anzustreben.

Im Kontext einer Handelsbewegung steht Bildungsarbeit natürlich in der Gefahr, zur Verkaufsförderung zu tendieren. Dieser Versuchung kann mit fundierten Informationen über die Produzentengruppen und -organisationen ebenso begegnet werden wie mit der Darstellung von entwicklungspolitischen und weltwirtschaftlichen Zusammenhängen, welche anhand der Produkte und anhand der Produzenten exemplifiziert werden können. Für die Bildungsarbeit in Weltläden und Aktionsgruppen als den Basisakteuren des Fairen Handels genügt es dabei nicht, dass ihnen hier lediglich das Basismaterial zur Verfügung gestellt wird und ihnen dessen pädagogische Aufbereitung selbst überlassen bleibt. Neben den Aktionsanregungen und Kampagnenmate-

---

[1405] Vgl. dazu auch Lauber: Bildung als Profil, 56f.

7.2. Zukunftsszenario: Als Bildungsbewegung den Welthandel mitgestalten

rialen innerhalb der Fair-Handels-Bewegung sind Hilfestellungen erforderlich, welche globale Zusammenhänge, Produzenteninformationen, entwicklungsbezogene Aspekte, marktwirtschaftliche und welthandelsbezogene Sachkenntnis und nicht zuletzt fair gehandelte Einzelprodukte in ein Passungsverhältnis bringen.[1406] Solches Material, welches im Sinne der Selbstinformation angeeignet und von Multiplikator/inn/en weitergegeben werden kann, ermöglicht und fördert den Einsatz der Gruppen für eine fairhandelsspezifische Bildungsarbeit.

Dieses Erfordernis reagiert einerseits darauf, dass Bildungsarbeit über verkaufsfördernde Informationsvermittlung hinausgehen muss. Andererseits legt eine Weiterqualifizierung der Selbstinformation von Engagierten und der inhaltlichen Auseinandersetzung in den Gruppen auch die Basis dafür, in Eigenregie qualifizierte Angebote einer entwicklungsbezogenen (Erwachsenen-)Bildungsarbeit durchzuführen. Um der Bildungsarbeit innerhalb des Fairen Handels auch jenseits von Aktionen und Kampagnen eine Perspektive zu verleihen, wäre es angeraten, auf dieser Ebene die Anstrengungen zu erhöhen.

Um zu Materialien kommen zu können, die dem beschriebenen komplexen Anspruch von ineinander verflochtenen Anforderungen genügen, benötigt die Fair-Handels-Bewegung Institutionen, welche unabhängig von Marketing- und Verkaufsinteressen oder bestehenden Produktangeboten den Bedarf an entsprechendem Material ermitteln und beantworten können. Mit solcher Unabhängigkeit ist auch verbunden, dass eine auch kritische Auseinandersetzung erfolgen kann und die Versuchung von Eigenwerbung umgangen werden könnte. Der distanzierte, wenngleich von innen kommende Blick auf den Fairen Handel und seine Akteursstruktur – im Kontext des Themas Bildungsarbeit jedoch auch speziell hinsichtlich der Medien, Materialien und Fortbildungsangebote – artikuliert nach innen wie außen Sachlichkeit, die ausgleichend wirken kann.

Die Bedeutung eines übergreifenden Netzwerkes, das diese Aufgaben erfüllen kann, ist offensichtlich. Wenngleich es in der Geschichte des Fairen Handels als Idealfall angenommen wurde, dass wirtschaftliche und pädagogische Aufgaben in derselben Hand liegen sollten, um diese miteinander zu verzahnen, so unterliegt dieses Modell doch der Gefahr, dass die pädagogische Komponente der wirtschaftlichen Dimension untergeordnet wird. Umgekehrtes ist im Kontext des Fairen Handels und seiner Produktstruktur unrealistisch.

Diese Einschätzung tangiert ebenso die Ebene der Weltläden. Im Zuge von deren Fortentwicklung zu „Fachgeschäften des Fairen Handels" kann eine Profilierung der Bildungsarbeit auch dadurch Unterstützung finden, dass sowohl wirtschaftliche

---

[1406] Hierfür bietet sich die Zusammenarbeit mit anderen entwicklungspolitischen Fachorganisationen und Hilfswerken an. Während für die Jugendarbeit solche Hilfen durch den Bildungsverein „Fair Trade e.V." abgedeckt werden, Materialien für die Schularbeit teils vom Weltladen-Dachverband im Rahmen eines Projektes zur Verfügung steht, sind für Verkaufsgruppen etwa in Kirchengemeinden kaum aktuelle Materialien verfügbar, welche zur Durchführung einer Bildungs- oder Informationsveranstaltung unmittelbar herangezogen werden können.

Tätigkeit als auch pädagogisches Wirken durch eine strukturelle Trennung einen höheren Grad an Selbststand entwickeln können. Eine entwicklungspädagogisch ausgerichtete (gemeinnützig anerkannte) Vereinsstruktur und eine wirtschaftlich ausgerichtete Gesellschaftsstruktur (z. B. GmbH) könnten für bestimmte Aufgabengebiete einen adäquateren Arbeitsrahmen zur Verfügung stellen sowie den Zugang zu passgenauen Finanzierungen (Gemeinnützigkeit, Bildungsförderung und Spenden einerseits, Eigenkapital- und Beteiligungsmodelle andererseits) eröffnen. Gerade aufgrund der Verwobenheit der Motive sind solche Überlegungen jedoch darauf angewiesen, dass das Ergänzungsverhältnis strukturell abgesichert wird. Nur so würde sichergestellt werden, dass beide Komponenten auf die beiden Standbeine des Fairen Handels verpflichtet bleiben.

7.2.2. Zielgruppenorientierung der Bildungsarbeit: die junge Generation[1407]

Die Forderung nach Profilierung der Bildungsarbeit im Fairen Handel gilt es natürlich auch inhaltlich zu füllen. An erster Stelle steht hierbei die Frage nach den Zielgruppen auf der Tagesordnung: Eine Auswertung der Bildungsarbeit der Weltläden durch deren Dachverband hatte nachgewiesen: Bildungsangebote von Weltläden werden kaum zielgruppenspezifisch ausgerichtet.[1408] Diesen unzureichenden Zielgruppenzuschnitt hatte bereits Kleinert moniert.[1409]
Der erfolglose Versuch, alle mit allem erreichen zu wollen – paradoxerweise der Grund begrenzter Reichweite –, muss abgelöst werden durch Konzepte eines fundierten Bildungsangebotes. Der Ausweg ist in einer zielgruppenorientierten Spezialisierung der Bildungsarbeit zu sehen. Daher ist es positiv zu bewerten, wenn sich Weltläden (zunehmend) darauf konzentrieren, ihre Bildungsangebote an die örtlichen Kindergärten oder Grundschulen zu richten. Darin liegt eine zukunftsfähige Perspektive für den Fairen Handel, da erfahrungsgemäß Schüler/innen und Lehrer/innen hier große Aufgeschlossenheit zeigen.[1410] Analog könnten sich Weltläden wie auch die Verkaufsgruppen in Kirchengemeinden auf die Zusammenarbeit mit örtlichen Konfirmations-, Firm- oder Erstkommunionkursen spezialisieren. Eine solche Spezialisierung selbst wäre mit gutem Recht als Bestandteil einer zunehmenden Professionalisierung einzuordnen, insofern das eigene Angebot profiliert wird und entsprechend auch den Kooperationspartner/innen angetragen werden kann.
Daraus ergibt sich eine weitere Option: In der Selbstdarstellung der Weltladenarbeit gegenüber jungen Menschen darf die Bedeutung einer lebendigen Bildungs- und Aktionsarbeit nicht zu gering eingeschätzt werden. Nicht umsonst regen die im Fai-

---

[1407] Vgl. zum Folgenden auch Raschke: Entwicklungspolitische Bildung im Fairen Handel.
[1408] Vgl. Perkonig: Weltläden wollen mehr Marketing! 25.
[1409] Vgl. Kleinert: Inlandswirkungen des Fairen Handels, 83.
[1410] Für praktische Erfahrungen vgl. den Themenschwerpunkt „Entwicklungspolitische Bildungsarbeit auf neuen Wegen!?", in: weltläden aktuell Nr. 81, September 2001, S. 27-39.

7.2. Zukunftsszenario: Als Bildungsbewegung den Welthandel mitgestalten

ren Handel engagierten kirchlichen Jugendverbände auf dem Weg über Wettbewerbe und Aktionen Jugendliche zur Auseinandersetzung mit der Thematik an. Dies wird insbesondere deutlich an Beispielen wie der Mitmachaktion „Fairbrechen – lebenslänglich für den Fairen Handel" des BDKJ Bayern oder dem vor rund 10 Jahren von den Jugendverbänden BDKJ und aej vergebenen Förderpreis „Jugend kreativ & fairer Handel(n)!", welcher „hervorragende Aktionen und Lernmodelle" prämierte. Solche Initiativen stiften junge Menschen an zu „Ideen und Anregungen, die das Anliegen des fairen Handels besser vermitteln können als ‚graue' Literatur oder Vorträge, die Jugendliche schwerlich erreichen."[1411] Für Jugendliche ist dieser Zugang zum Fairen Handel von eminenter Bedeutung, hinter dem die normale Verkaufsarbeit im Laden oder am Verkaufsstand an Attraktivität verliert – worin auch eine Abgrenzung zu den im Fairen Handel engagierten Erwachsenen mitschwingt.

Dass Weltläden – nach wie vor oder wieder neu – am Anfang stehen, jugendliches Engagementpotential für sich zu gewinnen, ist unter den Fair-Handels-Organisationen in Deutschland aktuell eine wahrgenommene und bereits angegangene Herausforderung. Dazu ermutigt, dass laut Shell-Jugendstudie 2002 der Bezahlung von fairen Preisen für benachteiligte Menschen in Entwicklungsländern unter den Jugendlichen zumindest in den alten Bundesländern mit einer Quote von 59 Prozent eine hohe Plausibilität zukommt (in den neuen Ländern 44 Prozent).[1412]

Es muss folglich nicht nur an uninteressierten oder unpolitischen Jugendlichen liegen, wenn sie vom Fairen Handel nicht erreicht werden; es könnte auch an dessen Art liegen, (junge) Menschen anzusprechen und zu sensibilisieren. „Denn sobald die Herangehensweise moralingetränkt oder pädagogisierend wird, reagieren Schüler(innen) eher abweisend als mit einem aufgeklärten Konsumverhalten."[1413] Weltläden können in der Tat als „außerschulische Lernorte" für Jugendliche interessant werden, wenn sie sich als „Aktionsorte" präsentieren, wenn sie projektorientiertes (zeitlich befristetes) Mitmachen ermöglichen, dafür den Jugendlichen Freiraum und Eigenverantwortlichkeit zugestehen und anerkennen, dass für Jugendliche gemeinsame Aktivitäten mit Gleichaltrigen wichtiger sind als die Einbindung in die bestehende Weltladen-Gruppe.[1414] Weltläden müssen Jugendlichen diese Möglichkeiten aufzeigen; sie können nicht erwarten, dass junge Menschen sich diese Räume aus eigenem Antrieb heraus erobern. Für diese Öffnung benötigen Weltladen-Gruppen fachkundige Hilfe und externe Begleitung. Die Ansprache Jugendlicher könnte dabei auch Akzentverschiebungen in der Fair-Handels-Arbeit und speziell in der Relation zwischen Warenverkauf und Bildungsanspruch mit sich bringen.

[1411] Welt&Handel Nr. 5/1997, S. 2.
[1412] Vgl. Deutsche Shell (Hrsg.): Jugend 2002, 134-136.
[1413] Fairer Handel als außerschulische Lerngelegenheit, in: Welt&Handel, 10/2003, S. 5.
[1414] Siehe Milcher: Weltläden aktiv mit Jugendlichen, sowie den Themenschwerpunkt „Lernort Weltladen. Jugendliche und ihr Engagement", in: weltläden aktuell Nr. 86/Januar 2003.

7.2.3. Bewusstseinsbildung: Von individueller Ansprache zu gemeinschaftlichem Handeln

Eine zweite Herausforderung, der sich die Profilierung des Bildungsauftrages des Fairen Handels stellen muss, liegt in der erneuten Reflexion der Handlungsmöglichkeiten, die der Faire Handel anbietet. Die Wirkungsstudie hatte diesbezüglich den Bedarf zum Ausdruck gebracht, die zeitweise erfolgte Individualisierung der Bewusstseinsbildungsarbeit aufzuheben. Eine Reduzierung des Veränderungsbedarfs auf die persönliche Verkaufsentscheidung – getreu dem Kampagnen-Motto „Politik mit dem Einkaufskorb" – bleibe hinter der im Anfangsstadium angestrebten Politisierung zugunsten wirtschaftsstruktureller und politischer Veränderungen zurück und lasse befürchten, der Faire Handel könne damit seine angezielten und erreichten entwicklungspolitischen Wirkungen verfehlen. Durch diese Kritik ist unter anderem die (erst nach Erscheinen dieses wichtigen Diskussionsbeitrags für die Fair-Handels-Bewegung ins Leben gerufene) jährliche „Faire Woche" angesprochen. Die in der jüngsten Dekade der Bewegungsgeschichte verstärkte Kampagnenaktivität der Weltladenbewegung – insbesondere im Rahmen ihres jährlichen „Weltladentages" – trägt allerdings der genannten Forderung Rechnung. So hat beispielsweise die dreijährige Kampagne „Land-Macht-Satt" dieser Befürchtung entgegen gewirkt: Die komplexe Materie der Agrarpolitik der Welthandelsorganisation (WTO) und die Forderung nach Absicherung der Nahrungsversorgung in den Entwicklungsländern hat bei allen Schwierigkeiten ihrer Vermittlung einen engen Zusammenhang zwischen Handel bzw. Verkaufsprodukten und (handels- wie entwicklungs-) politischen Forderungen der Weltläden lebendig werden lassen.

Daran wird allerdings eine nicht unwesentliche Schwierigkeit von entwicklungspolitischer Bildungsarbeit im Umfeld des Fairen Handels deutlich: Sie besteht in der Balance zwischen hochkomplexer Thematik und notwendiger Elementarisierung, welche aber wiederum nicht zu unterkomplexen Vereinfachungen führen darf. Letzteres war in der Fair-Handels-Bewegung gewiss dort der Fall, wo oft vereinfachend Zwischenhändler (speziell im Kaffeehandel Mittelamerikas) wegen ihrer Preispolitik als die Übeltäter im Weltmarkt ausgemacht wurden und gegen die das eigene Alternativkonzept (direkte Handelsbeziehungen) expliziert wurde.[1415] Aufgrund dieser unterkomplexen Argumentation verabschiedete sich die Bewegung als Gesprächspartnerin aus bestimmten (wirtschaftlich orientierten) Diskursen, was nicht dramatisch erschien, da man sich ja als Alternative verstanden wissen wollte. Diese überspitzte Skizzierung verdeutlicht die Problematik einer unbalancierten Themenwahl der entwicklungspolitischen Bildung. Will die Fair-Handels-Bewegung tatsächlich Systemveränderungen zugunsten ihrer Partner erreichen, so wird sie (mehr) Wert

---

[1415] Inzwischen empfehlen Liebig/Sautter: Politische Wirkungen des Fairen Handels, 129-131, aus ökonomischen Gründen dem Fairen Handel einen entideologisierten Umgang mit dem Thema Zwischenhandel und eine Anerkennung dessen positiver Funktion in einem arbeitsteiligen Prozess.

darauf legen müssen, ihre Fachkompetenz unter Beweis zu stellen und sich ohne Berührungsängste als Gesprächspartner einzumischen.

7.2.4. Öffentlichkeitswirksame Kampagnenarbeit zur Sensibilisierung der Bevölkerung

Dieses Projekt, strukturverändernde Wirkungen zu erzielen und als entwicklungspolitischer Akteur ernstgenommen zu werden, macht für den Fairen Handel die Kampagnenarbeit unverzichtbar: entwicklungspolitische Forderungen an Politik oder Wirtschaft einerseits und die Gewinnung darauf gerichteter Unterstützung bei der Bevölkerung andererseits stützen sich gegenseitig. Die Komplexität der entwicklungspolitischen Forderungen wird es dabei notwendig machen, diese Bildungsarbeit nicht punktuell, sondern prozesshaft zu verstehen – in dem Sinne, dass ein Lernprozess in Gang gesetzt wird, der zunächst die eigene Gruppe, später Dritte, dann die Öffentlichkeit und letztlich die Politik bzw. Entscheidungsträger adressiert. Solche Prozesse werden kreative Ideen erfordern, damit überhaupt die Auseinandersetzung und Vermittlung der schwierigen Thematiken gelingen kann, wozu es zentral bereitgestellter Materialien und Hilfen bedarf. Zugleich können damit über den Wareneinbzw. -verkauf hinausgehende Handlungsoptionen angeboten werden, die der Faire Handel für nachhaltige Veränderungen zugunsten seiner Partner/innen benötigt.

Die Erfahrungen bei der „Land-Macht-Satt"-Kampagne mit ihrem Symbolprodukt der (mit fair gehandelten Artikeln gefüllten) „Food-Box", deren Kauf zugleich die Unterstützung der Forderung nach einer „Food-Box"-Regelung im wirtschaftspolitischen Regelwerk der WTO bedeutete, mag hier als Beispiel einer erfolgreichen Verknüpfung von Verkaufsarbeit, Bildungsanspruch und entwicklungspolitischer Forderung angeführt werden. Für die positive Wirkung der Kampagne war zudem wichtig, dass sie auf einen mehrjährigen Zeitraum hin angelegt war und damit für die ehrenamtlichen Weltladenmitarbeiter/innen erst den Freiraum zur Einarbeitung und zur Umsetzung von dazugehörigen Aktionen ermöglichte. Kurzzeitige Kampagnen können dagegen im ehrenamtlichen Feld des Fairen Handels kaum eine vergleichbare Mobilisierung erreichen. Sie stehen in der Gefahr, Einzelaktionen zu bleiben, nur punktuell aufgegriffen zu werden und dabei letztlich weder in ihrem Bildungsanspruch noch in ihrer Politikforderung erfolgreich zu sein. Zudem tragen sie zu einer Inflation von Kampagnen bei, die „an der Basis" kaum mehr wahrgenommen (geschweige denn bewältigt) werden und eher Konkurrenzen als Synergien produzieren. Das Kampagnen-Engagement wurde als „Ausdruck der Rückkehr zum ‚ideologischen Kerngeschäft'" des Fairen Handels interpretiert.[1416] Der Faire Handel kann auf diese Präsenz jenseits der Verkaufstätigkeit nicht verzichten, weil sein wirtschaftliches Konzept ohne die Aufklärungskomponente nur begrenzt marktfähig ist und weil ihm aus finanziellen wie ideellen Gründen die Mittel für konventionelle Werbeakti-

---

[1416] Kleinert: Inlandwirkungen des Fairen Handels, 87.

7. Fairer Handel mit Perspektiven

vität bzw. Lobbying fehlen. Damit soll keineswegs dafür plädiert werden, Bildungs- und Kampagnenanstrengungen nur als Werbemaßnahmen zu betrachten – wenngleich nicht zu leugnen ist, dass beides auf öffentliche Aufmerksamkeit hin angelegt ist. So sehr dies zahlreichen Fair-Handels-Aktivisten aufstoßen mag: Betriebswirtschaftlich gesprochen erfüllt solche Bildungsarbeit auch die Funktionen der Kundenkommunikation, d.h. der Kundengewinnung und Kundenbindung.[1417] Dabei ist darauf hinzuweisen, dass hier eine eigene Qualität von Kundenkommunikation gepflegt wird, insofern nicht nur Identifikation mit und Kauf von Produkten angestrebt ist, sondern auch Aufforderung zu politischer Auseinandersetzung und Engagement. Bildungsarbeit des Fairen Handels zielt darauf ab, Menschen für ein Engagement zugunsten benachteiligter Produzent/inn/en in den Ländern der südlichen Hemisphäre zu gewinnen – sei es als überzeugte/r „Politiker/in mit dem Einkaufskorb" (d.h. als Kunde/in), in der Unterstützung entwicklungspolitischer Forderungen und Ziele oder eben letztlich auch im Fair-Handels-Engagement selbst. Interessant und wegweisend daran dürfte die Identifizierung von Bildungsarbeit, entwicklungspolitischer Kampagne und Verkaufstätigkeit sein. Wenn bei alledem die Bereitschaft der Weltläden und insbesondere der Aktionsgruppen wächst, ihre – wenn auch bescheidenen – Verkaufserlöse in Bildungs-, Kampagnen- und Öffentlichkeitsarbeit zu reinvestieren[1418], könnte dies langfristig betrachtet eine effektivere Unterstützung für die Partner/innen in den Entwicklungsländern bedeuten als die Geldanweisung an ein spezifisches Projekt. Der Slogan „Eure Almosen könnt ihr behalten, wenn ihr gerechte Preise zahlt" wendet sich insofern auch an die Fair-Handels-Bewegung selbst. Will also die Fair-Handels-Bewegung ihre Identität wahren und zugleich in der öffentlichen Wahrnehmung voranschreiten, wird es erforderlich sein, dass Weltläden und Aktionsgruppen das Konzept einer engeren Verzahnung von Bildung, politischer Forderung und Verkauf fair gehandelter Produkte praktisch weiterentwickeln. Die dadurch wachsende entwicklungspädagogische Bedeutung des Fairen Handels könnte sich auch in einer weiter fortschreitenden ökonomischen Bedeutung niederschlagen – seine wachsende Marktpräsenz („Fair-Handels-Branche") unterstützt auch die entwicklungspädagogische Thematisierung des Fairen Handels im Horizont des so genannten „Globalen Lernens". Dabei bleibt beides auf die Unterstützung der Partner/innen in den Ländern des Südens und die Verbesserung ihrer Lebensbedingungen ausgerichtet.

[1417] Erinnert sei hier an den neuen „Lifestyle of Health and Sustainability" (LOHAS), für den solche Informationen essentiell sind. Vgl. oben Kapitel 7.1.
[1418] Diese Folgerung zieht auch Bill: Probieren geht über Studieren, 30, aus der Studie von Misereor u.a. und konkretisiert dies zugleich im Blick auf die Co-Finanzierung von regionalen Gruppenberatungsstellen durch Weltläden und die Stärkung des Dachverbandes.

7.2.5. „FairÄnderung" des Welthandels durch anwaltschaftliche Lobbyarbeit

Kampagnen-Engagement muss über die bereits benannten (sekundären) Effekte hinaus vor allem auch die primären Anliegen der strukturellen Veränderung welthandelspolitischer Rahmenbedingungen wirksam verfolgen. Auf der Ebene politischer Einflussnahme kann die Fair-Handels-Bewegung bislang zwar zahlreiche (prominente persönliche und institutionelle) Unterstützer guten Willens vorweisen. Jedoch die politischen Erfolge in der Veränderung weltwirtschaftlich relevanter Strukturen und Gesetze ist im Vergleich dazu wenig greifbar. Die von der bereits mehrfach erwähnten Land-Macht-Satt-Kampagne angestrebte „Food-Box"-Regelung für Ernährungssicherheit ist, um ein Beispiel zu nennen, inzwischen zwar als „Development-Box" innerhalb der Welthandelsorganisation umgesetzt. Innerhalb der Fair-Handels-Bewegung besteht jedoch kaum ein Bewusstsein dafür, hier – gewiss mit Abstrichen und selbstverständlich nicht allein aufgrund der eigenen Kampagne – einen (Teil-)Erfolg in der Interessensvertretung zugunsten der Bevölkerung von Entwicklungsländern verbucht zu haben. Es geht jedoch hier um mehr als nur ein unzureichendes Erfolgsbewusstsein.

Vielmehr scheint insgesamt die lobbyistische Seite des Fairen Handels ins Hintertreffen geraten zu sein:

> „Der direkte Einfluss der Fair-Handelsbewegung ist gering. Weder in der Bundesrepublik noch auf internationaler Ebene konnten die politischen Inhalte im Sinne des Fairen Handels beeinflusst werden. Auch institutionelle Innovationen konnten nicht erreicht werden. Politisch erfolgreicher war die Fair-Handelsbewegung lediglich im Hinblick auf 'Eigen-Lobbying', also auf die finanzielle Unterstützung der eigenen Arbeit durch staatliche Stellen."[1419]

Das Urteil von Klaus Liebig und Hermann Sautter ist scharf formuliert, und die Autoren vermissen insbesondere die *„spezifischen* Beiträge der Fair-Handelsbewegung zur Gestaltung von Handels- und Entwicklungspolitik".

Sie bemängeln in Fortführung ihrer Argumentation, die Fair-Handels-Bewegung habe sich zu sehr als Realisierung eines ethischen Handels verstanden und die Debatte über ihre wirtschaftspolitischen Forderungen vernachlässigt, so dass vielfach kein Bezug zu den jeweiligen Debatten der Handels- und Entwicklungspolitik habe hergestellt werden können.[1420]

Zwar wird man den beiden Autoren grundlegend zustimmen können, doch wird man berücksichtigen müssen, dass die vergleichsweise Attraktivität des Fairen Handels als entwicklungsbezogenes Engagementfeld mit einer vergleichsweise niederschwelligen inhaltlichen Auseinandersetzung und entwicklungspolitischen Identifikation in Zusammenhang steht. Wie der Widerspruch zwischen notwendiger Differenziertheit

---

[1419] Liebig/Sautter: Politische Wirkungen des Fairen Handels, 167.
[1420] Vgl. Liebig/Sautter: Politische Wirkungen des Fairen Handels, 168.

7. Fairer Handel mit Perspektiven

der Fachdiskurse und der darin zu erhebenden und zu begründenden Forderungskataloge auf der einen Seite und der Verallgemeinerungsfähigkeit und allgemeinverständlichen Kommunizierbarkeit durch eine breite Bewegung ehrenamtlich Engagierter „an jedermann" auf der anderen Seite aufgelöst werden bzw. besser noch konstruktiv genutzt werden kann, ist eine Herausforderung eigener Art.[1421] Dass handelspolitische Forderungen der Fair-Handels-Bewegung diese unmittelbar in die Nähe der komplizierten Zusammenhänge der Welthandelsorganisation und ihrer komplexen Regelwerke bringt, erschwert zudem die Umsetzung dieses Anspruches. Stefanie Thormann allerdings ist gegenüber einem solchen Ansatz prinzipiell skeptischer eingestellt. Ihrer Einschätzung zufolge habe sich „gezeigt, dass mit der bis dato verfolgten Strategie von Warenverkauf und Bildungsarbeit keine Änderung der Welthandelsstrukturen zu erreichen sein wird, sondern der Faire Handel allenfalls in seinem ethischen Marktsegment erfolgreich sein kann, wobei hierin durchaus ein hohes Wachstumspotential liegt."[1422] Dahinter verbirgt sich die fundamentale Anfrage, ob mit einem Modell der Verknüpfung von Warenverkauf und Bildungsarbeit überhaupt Ziele der politischen Lobbyarbeit erfolgreich verfolgt werden können.

Wäre in der Konsequenz der These Recht zu geben, dass ein Ansatz der „reinen Logiken" mehr Erfolg verspricht? Müsste also Verkaufsarbeit unter kaufmännischen und betriebswirtschaftlichen Gesichtspunkten, Bildungsarbeit unter pädagogischen Geschichtspunkten und Lobbyarbeit unter politologischen Gesichtspunkten optimiert werden, und sollten diese demzufolge je eigens und getrennt voneinander weiter entwickelt werden? Ob unter dem Blickwinkel der Effektivität dies zutreffend ist, kann an dieser Stelle nicht beurteilt werden. Das Konzept der Fair-Handels-Bewegung besteht nun aber gerade in der Verknüpfung dieser Aufgabenbereiche, was als Grundcharakteristikum anzuerkennen ist und von seinem Potential her betrachtet werden muss.

Eine solche Stärke des Fair-Handels-Modells besteht gewiss darin, dass es mit seinen Produkten über hilfreiche Anschauungsobjekte verfügt. Dies dient auch der entwicklungs- und handelspolitischen Lobbyarbeit. Ein wesentliches Kriterium, damit kampagnenorientierte Lobbyarbeit nicht in Konkurrenz zur Verkaufsarbeit tritt, besteht darin, dass thematisierte Problemlagen und gestellte Forderungen mit Produkten des Fairen Handels und damit mit der Verkaufsarbeit in Zusammenhang zu bringen sein müssen. Damit ist implizit auch der Anspruch artikuliert, ein Mindestmaß an Konkretisierung zu erfüllen. Nur Forderungen, die über Einzelartikel hinweg anschaulich gemacht werden können, besitzen die Chance in breiteren Netzwerken und an vielen Orten umgesetzt zu werden. Sie können an Produktionsbedingungen

---

[1421] Vgl. hierzu, dass dies der Kampagne „Erlassjahr 2000" offensichtlich in ihrer Kampagne auf das Kölner G8-Gipfeltreffen 1999 hin gut gelang. Mit den Fachkonzepten jedoch, die in der Folgezeit zur Fortführung des politischen Dialoges notwendig wurden, kam jedoch ein Fachjargon innerhalb der Entschuldungskampagne auf, der zu Lasten der Mobilisierung von Engagierten und Interessierten ging.

[1422] Thormann: Fairer Handel im 21. Jahrhundert, 58.

7.2. Zukunftsszenario: Als Bildungsbewegung den Welthandel mitgestalten

(Kinderarbeit, gentechnikfreier Anbau, etc.) und hierfür als notwendig erachteten Regelungen und sozialen Mindeststandards ansetzen, aber auch an Handelsbedingungen (wie bspw. Zollregelungen, Marktzugangsbarrieren, etc.) und diesbezüglich zu regelnde Marktkonditionen thematisieren.

Darüber hinaus sollte sinnvollerweise überlegt werden, auf welcher politischen Ebene die Fair-Handels-Bewegung eine Chance hat, ihre Forderungen mit einer gewissen Aussicht auf Erfolg wirksam zu vertreten. Um supranationale Akteure zu beeinflussen werden auch international getragene Kampagnen vonnöten sein – und für bestimmte Ziele muss sich die Fair-Handels-Bewegung in größere Kampagnenverbünde einklinken. Ein Beispiel für eine solche Dachkampagne stellte die Welthandelskampagne „Gerechtigkeit jetzt!" dar, ein im Sommer 2003 gegründetes Bündnis von Organisationen aus den Bereichen Entwicklung, Kirche, Umwelt, Menschenrechte und Gewerkschaften, das die Welthandelspolitik kritisch begleitet und die Vision einer alternativen, gerechteren Welthandelsordnung weiterverfolgt.[1423] Zu wünschen wäre, dass Fair-Handels-Organisationen klarer solche Initiativen als ihr authentisches Anliegen erkennen, diese Kampagnen aus ihren Anliegen heraus mittragen und mitgestalten.[1424] Im Sinne einer größeren Wirksamkeit könnte es dabei erforderlich werden, zugleich eigene Kampagnen, Aktionen und Schwerpunktthemen zurückzustellen.

Wenn Fair-Handels-Organisationen jedoch politische Lobbyarbeit zugunsten der Produzenten auch unter dem Blickwinkel eigener Umsatzerwartungen betrachten, ergibt sich ein Problem mangelnder Deckungsgleichheit: Dies zeigt sich an den von Stefanie Thormann beschriebenen fairtradebezogenen Lobbyfeldern auf bundespolitischer, europäischer und internationaler (WTO, Weltbank, G8) Ebene[1425] als Problemlage, in denen trotz inhaltlicher Nähe zum Fairen Handel dessen unmittelbare Organisationen keine Rolle spielen oder gar ihre Interessen verletzt sehen[1426].

[1423] Vgl. Gerechtigkeit jetzt! – Die Welthandelskampagne: Zu wessen Nutzen?
[1424] Eine Ausnahme hiervon und zugleich ein Einzelfall stellt die Aktion der deutschen Weltläden zum Weltladentag 2004 dar, in der die Kampagne „Gerechtigkeit jetzt!" unmittelbar aufgegriffen wurde. Die Weltläden übernehmen dabei die Funktion, die inhaltlichen Forderungen in die Bevölkerung zu tragen und von den Kandidat(inn)en zum Europaparlament entsprechende Selbstverpflichtungen einzuholen, sich für gerechte Regeln im Welthandel einzusetzen. Vgl. Weltladen-Dachverband (Hrsg.): Ihre Stimme für mehr Gerechtigkeit im Welthandel.
[1425] Vgl. Thormann: Fairer Handel im 21. Jahrhundert, 63-86.
[1426] Unter diesem Blickwinkel muss der „Common Code for the Coffee Community" (4C) betrachtet werden. Dieses von staatlichen Stellen und Unternehmen am Kaffeemarkt unter Beteiligung von entwicklungspolitischen Nichtregierungsorganisationen durchgeführte Projekt zielt darauf, für den gesamten Kaffeemarkt soziale und ökologische Mindeststandards zu etablieren. Die dabei angestrebte Verbesserung von Löhnen und Produktionsbedingungen für Kaffeekleinbauern deckt sich zwar mit den grundsätzlichen politischen Zielen von Fair-Handels-Organisationen; gleichwohl sahen diese sich zuletzt (zusammen mit den beteiligten Nichtregierungsorganisationen wie Oxfam und FIAN) in der Rolle der Kritikers, welcher die vereinbarten Maßnahmen als unzureichend ablehnte, da keine Verpflichtungen auf Mindestpreise und Mindestabnahmemengen festgelegt wurden. – Vgl. Neuer Kaffeekodex der falsche Weg, in: Welt & Handel Nr. 9/2007, S. 5-6. Vgl. auch die Kontroverse: 4C-Kaffee. Ist der Kaffeekodex die Bohne wert? zwischen dem

7. Fairer Handel mit Perspektiven

Auf nationaler Ebene ist 2007/2008 als politische Forderung die bundesgesetzliche Regelung aktuell, soziale und ökologische Kriterien in Ausschreibungen des öffentlichen Beschaffungswesens einfließen lassen zu dürfen, wozu in Deutschland der Umsetzung einer entsprechenden EU-Verordnung bislang nicht nachgekommen wurde. Das Thema, das Einkaufsverhalten des öffentlichen Beschaffungswesens in staatlichen und kommunalen Einrichtungen zum Kampagnengegenstand zu erheben, wird bisher allerdings eher punktuell bzw. vor Ort von Akteuren der Fairen Handels verfolgt, während sich dieses Anliegen andere entwicklungspolitisch tätige Organisationen und Netzwerke auf die Fahnen geschrieben haben. Ähnliches gilt für die Thematisierung von Sozialstandards bei Unternehmen.[1427] Es gibt politische Themen – z.B. das öffentliche Beschaffungswesen – bei denen sich auch in der Fair-Handels-Bewegung politische Forderungen bzw. anwaltschaftliches Lobbying und Verkaufs- bzw. Marktinteresse nicht mehr eindeutig voneinander trennen lassen.[1428]

Dieser Ambivalenz politischer Einflussnahme kann der Faire Handel am ehesten entkommen, wenn er entweder explizite Kampagnen- und Lobbyorganisationen ausbildet oder aber seine Netzwerke verstärkt ausbaut und mit diesem Auftrag ausstattet. Diese müssten dann zum Zweck (und im Terrain) der anwaltschaftlichen Lobbyarbeit gegenüber Politik und Öffentlichkeit in den Vordergrund gestellt werden. Von einer Lobbyarbeit der Fair-Handels-Bewegung wird man sich Impulse und ein hohes Potential an Glaubwürdigkeit versprechen können, wenn in ihr die Interessen der Produzenten im Süden der Erde eindeutig im Mittelpunkt stehen. Sich wesentlich als Sprachrohr von benachteiligten Kleinbauern und Kleinhandwerkern zu artikulieren und dabei die Idee des Fairen Handels als Modell und Vorbild für je zu konkretisierende Lösungsansätze darzustellen, beinhaltet den Wesenskern dessen, warum der Faire Handel etwas Spezifisches in die politische Debatte einzubringen hat und auf das er sich in seiner Lobbyarbeit konzentrieren sollte.[1429]

GTZ-Experten Carsten Schmitz-Hoffmann, der in der 4C-Initiative eine „hoffnungsvolle Zukunft für viele Kleinbauern" sieht, und dem GEPA-Geschäftsführer Thomas Speck, der die Ansicht vertritt, „die wirklichen Probleme der Kaffeebauern werden nicht in Angriff genommen", in: eins Entwicklungspolitik, Heft 4/2007, S. 28-29. – Wenngleich offiziell keine Konkurrenz zu fair gehandeltem Kaffee entstehen sollte, ist die Befürchtung berechtigt, dass (schlechtere) soziale Mindeststandards bei bestimmten Kaffeeanbietern dem fair gehandelten Kaffee mit höheren Standards Marktanteile nehmen könnte.

[1427] Sh. Bussler/Fonari (Hrsg.): Sozial- und Umweltstandards bei Unternehmen. In diesem Kontext ist auch auf die Initiative „global compact" der Vereinten Nationen zu verweisen; vgl. Fonari: Unternehmensverantwortung und Global Compact.

[1428] So wurde bereits auf parlamentarischer Ebene die Förderung des Fairen Handels als marktverzerrender Eingriff und unzulässige Subventionspolitik in Frage gestellt. Vgl. Bundestagsdrucksache 15/1778, 20.10.2003.

[1429] Zum grundsätzlichen Forderungskatalog der deutschen Fair-Handels-Bewegung vgl. Forum Fairer Handel (Hrsg.): Forderungen des Fairen Handels an die Welthandelspolitik. Das Papier umfasst solide begründete, jedoch vergleichsweise pauschale Forderungen, die in erster Linie dazu geeignet scheinen, den Rahmen der (handels- und entwicklungs-)politischen Positionierung der Fair-Handels-Bewegung abzustecken.

7.3. Zukunftsszenario: Als Kirchen den Fairen Handel und seine Anliegen mittragen

Die Entwicklung von Zukunftsszenarien für den Fairen Handel wird ernst nehmen müssen, aus welchem Herkunftsmilieu heraus sich die Fair-Handels-Bewegung entwickelt hat, ohne dabei demselben verhaftet zu bleiben. Dem Blickwinkel der vorliegenden Arbeit folgend, gilt es daher ein besonderes Augenmerk auf mögliche Perspektiven künftigen Fair-Handels-Engagements im Raum der Kirchen beziehungsweise in Verantwortung und Trägerschaft kirchlicher Akteure zu richten. Ohne hier Muster zivilgesellschaftlicher Rollen von kirchlichen Akteuren eingehend diskutieren zu wollen[1430], muss klar benannt werden, dass Kirchen selbstverständlich die Eigenlogiken, wie sie einer Fair-Handels-Bewegung genauso eigen sind wie anderen Bewegungen und zivilgesellschaftlichen Organisationen, anerkennen und respektieren (müssen) – dies entspricht dem in katholischen, protestantischen und ökumenischen Dokumenten inzwischen vielfach formulierten Glauben der Kirchen.

7.3.1. Profilierung des Engagements von Fair-Handels-Gruppen im Gemeindeleben

Im Szenario einer Entwicklung des Fairen Handels hin zu einer „Branche" stellt sich verschärft die Frage nach dem Engagement der kirchlichen Gruppen in Pfarreien und (Jugend-)Verbänden für den Fairen Handel. Wie ist dann speziell die Rolle der Verkaufsgruppen nach Gottesdiensten oder bei Gemeindefesten zu skizzieren? Zunächst einmal gibt es auch unter solch veränderten Umständen keinen Grund zu der Annahme, dass diese Formen des Fair-Handels-Engagements nicht ihre eigene Berechtigung besitzen. Ich habe in meinen gnadentheologischen Ausführungen bereits versucht, gerade dieses Engagement theologisch zu würdigen und ich hoffe, damit auch zu seiner innerkirchlichen bzw. innergemeindlichen Anerkennung beitragen zu können. Sie verfügen über die in der gnadentheologischen Argumentation skizzierte Dignität und leisten die daraus abgeleitete Erinnerung, dass Fairer Handel einer solidarischen Verpflichtung folgt und anders ist als andere Wirtschaftszweige.

Bislang wird allerdings durch den typischen Verkaufstisch nach dem Sonntagsgottesdienst alle ein bis zwei Monate (bei dem Orte und Zeiten für die Verkaufsaktionen gewählt werden, die für das Betreiben von Handel mehr als nur unüblich sind) Nischenexistenz des Fairen Handels gewissermaßen sinnbildlich verkörpert. Wenn es also um eine Perspektiventwicklung geht wie kirchliches Fair-Handels-Engagement den Fairen Handel in seinem Aufbruch heraus aus der Nische unterstützen kann, so liegt es auf der Hand, dass dies in erster Linie die kirchlichen Fair-Handels-Gruppen und die Gemeinden als deren Heimatorte berühren muss.

[1430] Vgl. dazu meine Überlegungen in Raschke: Kooperation und Vernetzung, 109-136.

7. Fairer Handel mit Perspektiven

Dabei stellt sich zur Zukunft dieser Aktionsform die Frage: Wie kann es gelingen, dass dieses Engagement auch innerhalb des kirchlichen Bereiches besser eingebunden und von (auch innerkirchlicher) Nischenexistenz befreit werden kann? Dies scheint mir auch deswegen von Belang, weil andernfalls die Arbeit dieser Verkaufsgruppen schrittweise weiter marginalisiert werden dürfte, was ganz automatisch und ohne böse Absicht passieren wird, wenn die Verkaufsgruppen weder mit der (aufholenden) Umsatzentwicklung des gesamten Fairen Handels Schritt halten können (also ihr prozentualer Anteil am Umsatz der Fair-Handels-Organisationen weiter zurückgeht und diese sich dann auf die Anforderungen ihrer umsatzstärkeren Kundengruppen hin ausrichten) noch in seiner steigenden medialen Präsenz in der Öffentlichkeit vorkommen.

Das Engagement der Verkaufs- und Aktionsgruppen des Fairen Handels gilt es daher zum einen zu qualifizieren und zum anderen in andere Formen des Fairen Handels einzubinden. Professionalisierung von Aktionsgruppenarbeit scheint gewissermaßen ein Paradox, denn was bei (Welt-)Ladenarbeit vorstellbar ist, lässt sich hinsichtlich von Verkaufsständen bei Gemeindefesten und Gottesdiensten kaum direkt übertragen.[1431] Letzten Endes geht es aber auch in der Arbeit kirchlicher Gruppen um die Form ihres Auftretens: Schaffen sie es, ihre Produkte und ihre Informationen ansprechend zu vermitteln? Können sie auf Fragen zum Fairen Handel oder zu ihren Waren fundierte Antworten geben? Nehmen sie neben der Verkaufstätigkeit auch den Informationsauftrag des Fairen Handels ernst? Niemand wird dieses vielfältige Engagement an der Basis steuern können oder wollen, noch es zu reglementieren versuchen. Doch es würde sich lohnen darüber nachzudenken, ob sich mithilfe von Instrumenten wie Namensgebung, CD-Linie und Selbstverpflichtung einerseits ein bestimmter Qualitätsstandard von Fairtrade-Aktionsgruppen setzen ließe und andererseits die Wiedererkennbarkeit und Verweisfunktion auf andere Bezugsmöglichkeiten fair gehandelter Produkte (und zurück) erhöht werden könnte.[1432]

Jenseits dieser marketingorientierten Betrachtungsweise ist auch eine pastorale Reflexion weiterführend: Für den Kontext der sonntäglichen Gottesdienstfeiern fällt m.E. auf, dass die Verkaufstische nur geringfügige bis keine Einbindung in die

---

[1431] Konkrete Hilfestellung hierfür bietet: GEPA The Fair Trade Company/FAIR Handelshaus Bayern eG (Hrsg.): Wegweiser für Aktionsgruppen im Fairen Handel.

[1432] Es muss damit keineswegs um so weitgehende Konzepte wie das gemeinsame Auftreten von claro fair trade AG und claro Weltläden in der Schweiz handeln. Ein erster Schritt kann in der Entwicklung einer Begriffsempfehlung bestehen, in der die „Dritte-Welt-Verkauf", „Eine-Welt-Waren-Verkauf", „Weltladenstand", „Transfair-Stand" etc. (wie sie in der Pfarrnachrichtenblättern auch immer angekündigt werden) sinnvoll zusammengeführt werden. Einen Anklang an eine der Fair-Handels-Organisationen (GEPA-Stand, El-Puente-Stand, TransFair-Verkauf) wird man um einer einheitlichen Namensgebung jedoch vermeiden müssen, andererseits ließe sich gerade bei einer solchen Verknüpfung das Namennutzungsrecht mit festgelegten Standards (z.B. Grundkenntnisse, Teilnahme an bestimmten Workshops) verbinden. Auch die hier verwendeten Begriffe wie „Aktionsgruppen" oder „Fair-Handels-Gruppen" stellen für diesen Zweck unzureichende Ausdrücke dar. – Als positives Vorbild könnte der Begriff „Fair Trade Point" für faire Verkaufsstände in Schulen dienen – vgl. unten Kapitel 7.3.4.

7.3. Zukunftsszenario: Als Kirchen den Fairen Handel und seine Anliegen mittragen

gottesdienstlichen Abläufe finden, es sei denn, dass etwa anlässlich des Erntedankfestes Fair-Handels-Produkte in die Gabenprozession eingebunden oder das Thema Ernährungssicherheit und Fairer Handel in der Predigtansprache aufgegriffen wird.[1433] Darüber hinaus halte ich die Anregung aus einer Münchner Fair-Handels-Gruppe für bedenkenswert, eine spezifische Kerze im Gottesdienstraum aus Anlass der Verkaufsaktion zu entzünden. Damit wird nicht nur die Aktion der Gemeinde gegenüber symbolisch angekündigt, sondern vielmehr in alter christlicher Tradition ein Bestandteil menschlichen Lebens und Sorgens der erbarmenden Erinnerung Gottes anvertraut – die brennende Kerze ist gewissermaßen unausgesprochenes Gebet zugunsten der Betroffenen. Der Authentizität dieses Zeichens dient es, nicht irgendeine Kerze zu verwenden, sondern bewusst eine auszuwählen, die in ihrem Herstellungs- und Anschaffungsprozess den Weg des Fairen Handels gegangen ist. Was diese Kerze unausgesprochen „leistet", kann im Laufe des Gottesdienstes auch in Sprache gehoben werden. Für Christen ist das Gebet wichtiger Ausdruck ihres Lebens- und Glaubensvollzuges: wenn Christen sich Sorgen um ihre globalisierte Welt machen und sie dies zu tatkräftigem Einsatz etwa zugunsten benachteiligter Menschen in den Ländern des Südens treibt, so stellt dies ein natürliches Anliegen des gottesdienstlichen Fürbittgebetes dar. Leider trifft es nicht nur auf das Engagement im Fairen Handel zu, dass die christliche Praxis im Feld der eigenen Gemeinde in dieser Gebetsform nur selten vor Gott zur Sprache kommt.

Dieses Plädoyer, etwa die Partner des Fairen Handels in das Gebet der Gemeinde einzuschließen, hat auch einen noch tieferen theologischen Grund: Der Verkaufstisch der Fair-Handels-Gruppen steht in eigener Beziehung zum Tisch der Eucharistie und des Abendmahlsgedenkens, dem Altar. Der Tisch ist Ort des Sattwerdens – sei es im leiblichen oder sei es im geistlichen Sinne hier verstanden. Der Verkaufstisch mit fairen Produkten hat dabei nicht die Eigenart, dem Altar als Mitte des Kirchenraumes den Platz streitig zu machen, doch erinnert dieser Bezug möglicherweise nicht nur zufällig daran, dass bereits die frühe Kirche (vgl. Apostelgeschichte 6) den „Dienst an den Tischen" der Witwen und Waisen, d.h. der Armen der damaligen Zeit, als nicht zu vernachlässigenden Auftrag der kirchlichen Amtsträger ansah und als solchen institutionell abzusichern wusste. Ist der Verkaufstisch der Fair-Handels-Gruppen im Kirchenraum also die aktualisierte frühchristliche Tradition dieses „Dienstes an den Tischen", eben hineingestellt in den Horizont einer globalisierten und ökonomisch beherrschten Weltordnung? Sichtbarer Ausdruck der Sorge der christlichen Gemeinde um die Armen ihrer Zeit?

Es geht nicht darum, wie es einmal in einer frühen Anregung der Aktion Dritte-Welt-Handel hieß, dass auch der Gottesdienst ein geeigneter Ort für die Information und Bewusstseinsbildung sein könne. Es geht vielmehr darum, dass in christlichen

---

[1433] Zu entsprechenden Gottesdienstelementen und Predigtvorschlägen vgl. die (teils vom Autor stammenden) Anregungen online auf www.fairbayern.de, auf www.misereor.de oder auf www.eed.de/fairtrade. Sh. auch meinen als Predigtansprache am Weltmissionssonntag entstandenen Beitrag: Raschke: Jesus ist Kaffeebauer.

Gemeinden und unter Christen deutlicher wird, dass Fairer Handel nicht ein beliebiges Hobby Dritte-Welt-verliebter Gemeindemitglieder ist, sondern Modell heutiger gelebter christlicher Weltverantwortung – sowohl der Weltverantwortung einzelner Christinnen und Christen als auch der ganzen christlichen Gemeinde.

7.3.2. Kirchliche Gemeinden und Einrichtungen und ihr „Beschaffungswesen"

Auf der Ebene der Gesamtgemeinde sind viele Kirchengemeinden trotz agiler Verkaufsgruppen – aus Fair-Handels-Perspektive betrachtet – nach wie vor „Entwicklungsland": dies gilt gerade dort, wo es um Strukturen und Vereinbarungen beispielsweise in der Bewirtschaftung von Gemeindehäusern oder von Gemeindefesten geht. Solange in Kirchengemeinden die Auffassung und Praxis anzutreffen ist, dass der billigste Discount-Kaffee für das Gemeindefest ideal ist, weil damit ein maximaler Überschuss erlangt werden kann, der als Spende in das Missionsprojekt der Gemeinde fließt, solange sind sich die Kirchen und Christen ihrer eigenen Schuldverstrickungen noch lange nicht bewusst. Auf der einen Seite machen entwicklungspolitische Organisationen etwa das Preisdumping deutscher Discount-Ketten auf dem Kaffeemarkt oder das vehemente Festhalten an der Schutzzollpolitik der europäischen Zuckermarkt-Verordnung für Entwicklungseinschränkungen und die sich fortsetzende Armut in den Entwicklungsländern verantwortlich.[1434] Auf der anderen Seite jedoch scheint sich im kirchlichen Binnenbereich die Haltung nicht flächendeckend durchsetzen zu können, dass den Menschen in den Entwicklungsländern mit einer strukturellen Unterbrechung der Verarmungsprozesse mehr geholfen wäre als mit einem kontinuierlichen Verpflastern von Armutswunden.[1435]

Erstaunlicherweise muss deshalb heute festgestellt werden, dass im Bereich ihrer Verantwortung für das Beschaffungswesen zum Teil kommunale Gemeinderäte den kirchlichen Gremien einen Schritt voraus sind: ausgehend von einem Münchner Stadtratsbeschluss haben seit dem Jahr 2003 bereits 124 Stadt- und Gemeinderäte Beschlüsse gefasst, in ihrem kommunalen Beschaffungswesen Produkte auszuschließen, die unter Bedingungen ausbeuterischer Kinderarbeit hergestellt wurden und stattdessen auf Produkte aus sozial verantwortlicher Produktion und Fairem Handel zurückzugreifen.[1436] Was im kommunalen Bereich mit seinem weitaus umfangreicheren Beschaffungswesen möglich ist, sollte auf kirchlicher Ebene nicht unmöglich sein. Dass die kommunalen Beschlüsse offenbar als Vorbild einer Aktion des evan-

---

[1434] Vgl. Oxfam Deutschland (Hrsg.): Bitter – Armut in der Kaffeetasse. Vgl. Evangelischer Entwicklungsdienst/ u.a. (Hrsg.): Die Reform der EU-Zuckermarktordnung.

[1435] Diese Einschätzung und einen davon abgeleiteten politischen Auftrag formulierte der Kölner Erzbischof Kardinal Joseph Frings in seiner Gründungsrede für das Bischöfliche Hilfswerk Misereor 1958 (online unter www.misereor.de – aufgerufen 9.1.2008; vgl. Angel: Christliche Weltverantwortung. Misereor: Agent kirchlicher Sozialverkündigung, 45-51, insbesondere 48.)

[1436] Vgl. Führ/Henselmann: Earthlink-Kampagne 'Aktiv gegen Kinderarbeit'. Siehe auch die Internetseite www.aktiv-gegen-kinderarbeit.de. (Zahl der Stadtratsbeschlüsse: Stand November 2008)

7.3. Zukunftsszenario: Als Kirchen den Fairen Handel und seine Anliegen mittragen

gelischen Hilfswerks „Brot für die Welt" zu vergleichbaren Beschlüssen durch Kirchengemeinderäte und Kirchenverwaltungsvorstände dienten, entbehrt auf dem Hintergrund kirchlichen Einsatzes für Fairen Handel nicht einer gewissen grotesken Dimension.

Diese Aufforderung gegenüber der Gemeindeebene ist auch an die übergemeindlichen Einrichtungen und Dienststellen zu stellen. In der Evangelischen Kirche verfolgt dieses Anliegen die (von Evangelischem Entwicklungsdienst und Brot für die Welt organisierte) Kampagne „Fairer Kaffee in die Kirchen", die insbesondere auf die Verpflegung in kirchlichen Einrichtungen wie Bildungshäusern, Kantinen oder sozialen Heimen zielt.[1437] Umfassender setzt das Projekt „Zukunft einkaufen" an. Es will die in kirchlichen Einrichtungen und Gemeinden „vielfach noch schlummernde Nachfragemacht für nachhaltige Produkte und Dienstleistungen" wachrütteln; damit solle „dauerhaft die Beschaffung der Kirchen an ökologischen und sozialen Standards ausgerichtet werden".[1438] Unterstützt durch solche Initiativen versucht die kirchlich getragene Fair-Handels-Firma GEPA über Rahmenvertragsangebote, durch die einzelne Einrichtungen von den Großabnahmemengen der Kirchen profitieren können, die Kirchen als Abnehmer fair gehandelten Kaffees zu gewinnen. Anstrengungen (über Jahre hinweg) und Ergebnis stehen jedoch nicht selbstverständlich in einem angemessenen Verhältnis zueinander.

Was die finanzielle Seite solcher „politischen" Entscheidungen anbelangt, ist der Vorschlag der EKD-Synodenkundgebung zur Denkschrift „Gerechte Teilhabe" bemerkenswert und zugleich viel sagend.[1439] Dort wird im Blick auf das hier diskutierte Anliegen empfohlen, den Einkauf fair gehandelter Produkte mittels einer Umlage zu finanzieren – also auf haushaltstechnischem Wege zu lösen. Somit würden die durch den fairen Preis entstehenden Mehrkosten anderen Haushaltsstellen belastet und der faire Kaffee in der Hauswirtschaft gewissermaßen kostenneutral eingesetzt werden können. Das entwicklungsbezogene Anliegen der Verwendung fair gehandelter Waren würde von denen finanziert werden, die Träger des Anliegens sind, sprich aus den entwicklungsbezogenen Haushalten. Zur Praktikabilität dieses Vorschlages gibt es noch keine Erfahrungen und so wäre es angeraten, dies auszuprobieren und damit hoffentlich die Verwendung der Produkte steigern zu können. Allerdings bleibt zu fragen, welches inhaltliche Signal mit einer solchen Praxis gesetzt würde: Werden damit nicht unfaire Rohstoffpreise als adäquate Marktpreise legitimiert? Worin unterscheidet sich ein fair gehandeltes Produkt von einem Produkt mit Spendenaufschlag? Legitimiert dieser Ansatz nicht indirekt die bei Pfarr- und Ge-

---

[1437] Vgl. die gleichnamige Kampagnenzeitung, hrsg. von Brot für die Welt und Evangelischem Entwicklungsdienst, Nr. 1 (06/2006)/Nr. 2 (09/2006) /Nr. 3 (05/2007).
[1438] Vgl. die Internetseite www.zukunft-einkaufen.de (aufgerufen 28.11.2008). Das Projekt startete im Mai 2008 und soll zum Ökumenischen Kirchentag 2010 abgeschlossen werden. Träger sind die Umweltbeauftragten der deutschen Landeskirchen und Bistümer, der EED, Brot für die Welt und die Wirtschaftsgesellschaft der Kirchen in Deutschland.
[1439] Vgl. Gerechte Teilhabe, S. 86. – Sh. ausführlich oben Kapitel 4.1.3.5.

meindefesten kolportierte und kritisierte Praxis, den Kaffee möglichst billig (und die damit verbundenen verheerenden entwicklungsbezogenen Wirkungen ignorierend) einzukaufen, um am Ende einen höheren Erlös als Spenden an die „Armen in der Dritten Welt" überweisen zu können? Waren nicht dies Mechanismen, die zu überwinden die Aktion Dritte-Welt-Handel seinerzeit angetreten war und weswegen sie in „progressiven" Kreisen auch recht erfolgreich sein konnte? Mit diesen Fragen soll andersartigen Erfahrungen mit diesem Ansatz nicht vorgegriffen werden, es darf aber nicht das handelspolitische Anliegen des Fairen Handels auf dem Altar der Umsatz- bzw. Absatzsteigerung geopfert werden.

Gleichwohl: die katholische Kirche hat hier von den evangelischen Kirchen insofern etwas zu lernen, als im Bemühen zur Durchdringung der eigenen kircheninternen Strukturen mit dem Gedankengut des Fairen Handels m.E. weit intensiver nach gangbaren, passenden und erfolgversprechenden Antworten gesucht wird. Jedenfalls wäre es aus Sicht der Fair-Handels-Bewegung ein erheblicher Gewinn, wenn die Kirchen mit allen ihren Verästelungen ihre Welt-Verantwortung am Beispiel des Fairen Handels konsequenter nach innen hin praktizieren würden.[1440] Auch die Kirchen könnten an Glaubwürdigkeit gewinnen und dadurch ein wesentliches Potential drohenden Glaubwürdigkeitsverlusts abwerfen. Die Frage, wie beispielsweise die katholische Kirche ihre Praxis mit ihrer Soziallehre und deren Doktrin des gerechten Lohnes und fairer Marktbedingungen vereinbart, ist bislang nur noch nicht als kritische Anfrage öffentlich gestellt worden.

7.3.3. Kirchliche Unternehmensbeteiligungen im Fairen Handel: kirchenrechtliche Möglichkeiten

Eine weitere Herausforderung für Kirchengemeinden und ihre Verkaufsgruppen liegt in deren Einbettung und Integration in die Fair-Handels-Bewegung insgesamt. Sie sind Bestandteil dieser Gesamtbewegung; das Bewusstsein davon und insbesondere konkrete Manifestationen desselben sind jedoch oft wenig erkennbar. Kirchliche Fair-Handels-Gruppen und damit auch die Kirchengemeinden selbst sollten sich bewusst werden, dass auch jenseits des Verkaufsstandes, einer Bildungsveranstaltung oder eines „fairen Beschaffungswesens" im Gemeindesaal der Faire Handel und seine Akteure die Unterstützung und Solidarität der Kirchengemeinden verdienen. So wäre etwa der Stand des Weltladens auf dem jährlichen Gemeindefest nur ein geringfügiges Entgegenkommen, wenn der Weltladen, der in einer Liegenschaft der Pfarrei eingemietet ist, das ganze Jahr über mit der Bürde einer ortsüblichen Einzelhandelsmiete zu kämpfen hat. Hier sind Lösungen gefragt, mit deren Hilfe die Bereitschaft von Pfarreien und Kirchenstiftungen zur Unterstützung örtlicher Fair-Handels-

---

[1440] Schätzungen zufolge könnte der Faire Handel in Deutschland wohl eine doppelte bis mehrfache Menge an Kaffee absetzen (und zu fairen Handelsbedingungen bei den Kaffeebauern einkaufen), würde in allen Einrichtungen der beiden großen Kirchen konsequent fair gehandelter Kaffee verwendet.

7.3. Zukunftsszenario: Als Kirchen den Fairen Handel und seine Anliegen mittragen

Organisationen auch auf eine langfristige und strukturelle Ebene verlagert werden kann. Dafür lassen sich verschiedene Möglichkeiten nennen:
- z.b. wenn die Kirchengemeinde, veranlasst durch ihren monatlichen Verkaufsstand, dem Weltladen für die Teamtreffen nicht nur den Gemeinderaum kostenlos überlässt, sondern auch Gesellschaftsanteile in der örtlichen Weltladen GmbH oder eine aktive Mitgliedschaft im örtlichen „Verein zur Förderung des Fairen Handels" übernimmt,
- z.b. wenn die Kirchenstiftung dem Weltladen stiftungseigene Ladenlokale zur Vorzugsmiete überlässt, weil sie darin einen zu fördernden Tätigkeitsbereich in christlicher Weltverantwortung sieht, selbst wenn der Verein satzungsmäßig keine kirchliche Vertretung vorsieht oder die Ladengruppe nicht kirchlich angebunden ist.[1441]

Es ist einsichtig, dass diese Themen und Anregungen in manchen kirchlichen Verwaltungen auf Widerspruch stoßen werden und schon gestoßen sind. Ich möchte für diese Anregungen mithilfe einer historischen Analogie eine pragmatische Begründung liefern: Als zu früheren Zeiten das Bildungswesen, die Krankenpflege oder auch die Kinderbetreuung „im Argen lagen", so wussten sich kirchliche Stellen in der Christenpflicht, Verantwortung zu übernehmen. So entstanden mit weiter Verbreitung Bildungswerke, Schulen, Kindergärten und Sozialstationen in kirchlicher Trägerschaft, die auch dann fortgeführt wurden, als staatliche oder private Träger selbst die ehemaligen Lücken schlossen. Unter den Vorzeichen von Globalisierung und Ökonomisierung wären Weltläden in (auch finanzieller und rechtlicher) kirchlicher Mitträgerschaft eine angemessene christliche und kirchliche Antwort auf heutige Problemlagen. Man wird dabei berücksichtigen müssen, dass konfessionelle Abgrenzung (katholischer Weltladen, evangelischer Weltladen) in diesem Fall von niemandem als zeitgemäß eingestuft würde[1442] und (nicht nur katholischerseits) seit dem 2. Vatikanischen Konzil die Zusammenarbeit mit „allen Menschen guten Willens", d.h. mit anderen Akteuren der Zivilgesellschaft, zum kirchlichen Selbstverständnis gehört.[1443] Unter solchen Umständen ist die Mitgliedschaft in Weltladenvereinen, -genossenschaften oder -GmbHs nichts anderes als eine zeitgemäße und den wesentlichen Herausforderungen des begonnenen 21. Jahrhundert geschuldete, strukturell wahrzunehmende christliche Weltverantwortung. Was hier mit Blick auf die Ebene von Pfarrei und Kirchengemeinde ausgeführt wurde, braucht sich auf diese Ebenen

---

[1441] Solche Vorschläge werden hier nicht genannt, weil sie revolutionär wären, sondern weil sie aus Erfahrung sichtbare Probleme thematisieren, die zu langwierigem Klärungsbedarf etwa in diözesanen Verwaltungen geführt haben (persönliche Erfahrung des Autors).

[1442] Gleichwohl ist festzustellen, dass Weltläden, die in kirchlichen Gemeindehäusern untergebracht sind, meist stark in das jeweilige konfessionelle Milieu eingebunden sind und in erster Linie das Publikum ihrer eigenen Konfession erreichen, selbst wenn sie dies nicht beabsichtigen. Vgl. BDKJ Diözesanverband Bamberg (Hg.): Projekt Fairer Handel, 8.

[1443] Vgl. zur Rolle von Kirche in der Zivilgesellschaft: Raschke: Kooperation und Vernetzung, 109-139; Hobelsberger: Jugendpastoral des Engagements sowie Fuchs: Die „Zukunft des Bürgerschaftlichen Engagements".

7. Fairer Handel mit Perspektiven

jedoch keineswegs zu beschränken: angesichts der weiten Verbreitung von Partnerländern und Partnerkirchen unter den deutschen Bistümern und Landeskirchen wäre deren Beteiligung an regionalen oder überregionalen Fair-Handels-Organisationen ebenfalls zu rechtfertigen. Pate für all diese „Modelle" stehen die kirchlichen Gesellschafter der GEPA, welche die Teilhaberschaft an Rechtskörperschaften schon früh nicht nur zur Abwicklung ihrer Grundaufgaben nutzten, sondern als fruchtbaren Gestaltungsansatz christlicher Weltverantwortung einzusetzen wussten.

Gegen diese Form der Unterstützung des Fairen Handels durch kirchliche Körperschaften werden teils rechtliche Einwürfe oder auch ethische Bedenken vorgebracht, denen zufolge wirtschaftliche Tätigkeit oder unternehmerische Beteiligung dem Ansehen und der Glaubwürdigkeit der Kirche schaden könne. Erhellend ist daher ein Blick auf den rechtlichen Rahmen von kirchlichem Unternehmertum:[1444]

Grundlage für kirchliche Unternehmensbeteiligungen sind – katholischerseits – die kirchenrechtlichen Regelungen der Canones 1254ff. des kirchlichen Gesetzbuches von 1983: „[Z]ur Verwirklichung der ihr eigenen Zwecke" nimmt die katholische Kirche für sich das Recht auf Besitz, Erwerb und Veräußerung von Vermögen in Anspruch und legt dafür als besonders geeignete Zwecke unter anderen „die Ausübung der Werke des Apostolats und der Caritas, vor allem gegenüber den Armen" fest.[1445] Dabei ist festzuhalten, dass dem Kirchenrecht gemäß nicht die Gesamtkirche, sondern die einzelnen juristischen Personen Träger kirchlichen Vermögens sind und insofern alle Pfarreien, kirchlichen Verbände, Ordensgemeinschaften, Diözesen und alle kirchlichen Stiftungen in Frage kommen. Da das Kirchenrecht diese Ansprüche an den außerhalb der Kirche geltenden Regelungen bemisst[1446], ist nach Rafael Rieger „ein kirchliches Unternehmertum nicht ausgeschlossen. Im Rahmen der kirchenrechtlichen Vorgaben kann grundsätzlich jede kirchliche juristische Person auch unternehmerisch tätig werden."[1447] Zwar galt für Kleriker und Ordensleute ein Handels- und Gewerbeverbot, das allerdings nach traditioneller Lehre den Aktienerwerb als Kapitalanlage und damit die Beteiligung an Unternehmen und Wirtschaftsbetrieben nicht einschränkte.

Zu Recht wird aus theologischer aber auch aus staatsrechtlicher Sicht ein übermäßiges unternehmerisches Engagement von Religionsgemeinschaften problematisiert, wenn dadurch die Religion profaniert oder der kirchliche Grundauftrag verlassen werde. Da der hierfür spezifische Canon die von einer Option für die Armen getragenen Bereiche ausdrücklich umfasst, sind kirchliche Unternehmensbeteiligungen im Fair-Handels-Kontext kirchenrechtlich jedoch eindeutig gedeckt. Dass für kirchliche Körperschaften bei solchen Engagements ethische Gebote von Relevanz sind, steht außer Frage. Für Rieger müssen sie sich „zunächst an den allgemeinen wirtschafts-

---

[1444] Vgl. im Folgenden insbesondere Rieger: Das „Unternehmen Kirche" und sein wahres Kapital, 224-227.
[1445] Can. 1254 CIC.
[1446] Vgl. Can. 1259 CIC.
[1447] Rieger: Das „Unternehmen Kirche" und sein wahres Kapital, 226.

7.3. Zukunftsszenario: Als Kirchen den Fairen Handel und seine Anliegen mittragen

ethischen Maßstäben orientieren, die die Kirche formuliert und öffentlich vertritt" und prüfen, „ob im Einzelfall hier nicht strengere Maßstäbe als bei gewöhnlichen Wirtschaftsunternehmen angesetzt werden müssen".[1448] Im Hinblick auf diese ethischen Postulate liegt es nahe, die dargelegten Zusammenhänge zwischen Fairem Handel und katholischer Soziallehre anzuführen.[1449] Was in letzterer zwar von gewöhnlichen Wirtschaftsunternehmen gefordert aber von diesen wenig erfüllt wird, findet in der Praxis von Fairem Handel den von Rieger geforderten „strengeren Maßstab".

In der theologischen und kirchenrechtlichen Debatte steht kirchliches Unternehmertum immer unter dem Verdacht eines „Glaubwürdigkeitsverlusts" für die Kirche. Dagegen wird die Frage nach dem „Glaubwürdigkeitsgewinn" für Kirche, den diese aus Unternehmensbeteiligungen an sozial, ethisch und ökologisch vorbildhaften Firmen ziehen könnte, fast völlig ignoriert.[1450] Die kirchlichen Gesellschafter der GEPA praktizieren diese Seite dagegen mit Erfolg; wie gezeigt kann sie – mit positiver Unterstützung von Theologie und Kirchenrecht – auch auf andere Ebenen des Fairen Handels und für andere kirchliche Körperschaften übertragen werden.

7.3.4. Wertorientierter Unterricht dank Fairem Handel in (kirchlichen) Schulen

Für Zukunftsszenarien des Fairen Handels im Rahmen kirchlicher Träger ist es zudem angesagt, den Blick über die Gemeindeebene hinaus zu weiten: Etwa in Schule und Unterricht stellt der Faire Handel heute eine gern aufgegriffene Konkretisierung von Lerninhalten dar.[1451] In unterschiedlichen Fächern – von Geographie, Wirtschaftskunde, Sozialkunde, Religionslehre, Ethik bis hin zu Sport- und Musikunterricht – können Anschlussmöglichkeiten hergestellt werden. Teils bilden Fair-Trade-Produkte die Brücke zu den Herstellungsbedingungen beispielsweise von Sportbällen oder zur kulturellen Einbettung etwa bei afrikanischer Trommelmusik. Wirtschaftliche Sachverhalte zur Funktion von Märkten und Handelsbedingungen, erdkundliche Auseinandersetzungen mit landwirtschaftlichen Fragen und Anbaubedingungen in Entwicklungsländern oder die Problematisierung ethischer Themen in wirtschaftlichen und globalen Kontexten stellen weitere Beispiele dar, wie die Anliegen des Fairen Handels und seine konkrete Praxis in den schulischen Unterricht eingebunden werden. Schulexkursionen in Weltläden bilden einen bedeutenden

---

[1448] Rieger: Das „Unternehmen Kirche" und sein wahres Kapital, 227-228.
[1449] Vgl. oben Kapitel 5.2.
[1450] In demselben Zusammenhang ist auf die hohe Plausibilität kirchlicher sozial-caritativer Organisationen hinzuweisen, die den Kirchen auch in kirchenfernen Bevölkerungskreisen eine „Restplausibilität" sichert; vgl. Haslinger: Diakonie zwischen Mensch, Kirche und Gesellschaft, 209.
[1451] Vgl. hierzu insbesondere die Themenschwerpunkte „Weltladen macht Schule", in: weltladen aktuell Nr. 91 (September 2004) S. 35-47 und „Weltladen in der Schule", in: weltladen aktuell Nr. 94 (Oktober 2005) S. 37-43 sowie Weltladen-Dachverband (Hrsg.): Schul-Weltladen. Eine Handreichung für Weltläden und SchülerInnen.

7. Fairer Handel mit Perspektiven

Anteil der weltladenspezifischen Bildungsarbeit. Aufgrund der didaktischen Eignung des Fairen Handels zur Veranschaulichung der entsprechenden Lernstoffe hat der Faire Handel auch Eingang in zahlreiche Lehrpläne der jeweiligen Klassenstufen, Unterrichtsfächer und Schularten in den Bundesländern gefunden. An erster Stelle steht der Faire Handel als regulärer Unterrichtsgegenstand in den durch den Lehrplan vorgegebenen Unterrichtseinheiten oder diesen naheliegenden Themengebieten.

Darüber hinaus kann an zweiter Stelle der Faire Handel auch als praktisches Übungs- und Aktionsfeld dienen: Mit der Unterstützung von engagierten Lehrerinnen und Lehrern führen Schulklassen oder Schul-AGs konkrete Aktionen durch, bei denen sie fair gehandelte Produkte verkaufen, über diese informieren oder allgemein für die Idee und den Ansatz des Fairen Handels werben. Gelegenheiten dazu finden Schüler/innen beispielsweise im Rahmen des Pausenverkaufs, bei Elternsprechtagen und anderen Schulveranstaltungen – oder sie verlassen im Rahmen von Projekttagen am Schuljahresende bewusst das Schulgelände, um entsprechende Informations- und/oder Verkaufsstände auf Marktplätzen oder in Einkaufszentren zu veranstalten. Neuerdings wurden dafür Hilfestellungen und Konzepte entwickelt, die unter dem Namen „Fair Trade Point" firmieren.[1452] Dabei wird Schülergruppen ein einheitliches Mobiliar als mobiler (fahrbarer) Verkaufs- und Informationsstand angeboten, der durch eine attraktive Gestaltung mit Logo die Engagementmotivation der jungen Leute fördern soll.

Manche Schulen gehen hier sogar noch einen Schritt weiter und kombinieren die in Schule und Schulpolitik derzeit zunehmend im Trend liegende Idee einer Schülerfirma mit der Idee eines Weltladens:[1453] Schülerfirmen, die oft in Kooperation der Schule mit vor Ort ansässigen Wirtschaftsunternehmen entstehen, beabsichtigen gerade in der Übergangsphase der jungen Menschen von der Schule in die berufliche Ausbildung (Lehrstelle, Studium) eine qualifizierte und qualifizierende Schnittstelle anzubieten. Schülerfirmen sind keine realen Firmen sondern Schulprojekte. Sie arbeiten jedoch analog zu normalen Wirtschaftsunternehmen und werden dementsprechend aufgebaut – als GmbH oder Aktiengesellschaft mit ihren Gremien und Posten, die ihren Unternehmensgegenstand definiert hat, entsprechende „Businesspläne" aufstellt, dem folgend zu wirtschaften beginnt und alle dabei anfallenden Aufgaben zu bewältigen hat, bis hin zur Buchhaltung.

> „Schülerfirmen gelten als innovativ und dienen dem aktivierenden Lernen auch und nicht zuletzt im Hinblick auf berufliche Qualifikationen der Schüler und Schülerinnen. Für die Schüler und Schülerinnen ist der Weltladen ein ökonomi-

---

[1452] Die Idee der „Fair Trade Points" wurde von der österreichischen ARGE Weltläden entwickelt und wird in Deutschland seit 2004 durch den Weltladen-Dachverband verbreitet. Vgl. Prugger: Fair Trade Points, 41.
[1453] Vgl. dazu Schmitt: SchokoladenFairkauf in der großen Pause.

7.3. Zukunftsszenario: Als Kirchen den Fairen Handel und seine Anliegen mittragen

scher Betrieb, in dem sie das Wirtschaften unter Berücksichtigung der Arbeits- und Lebensbedingungen weltweit lernen und anwenden können."[1454]

Dies trifft auch auf Schülerfirmen mit dem Unternehmensgegenstand Fairer Handel zu, die sich auf bestimmte Aufgaben oder Produkte beschränken und beispielsweise sich der Vermarktung von fair gehandelten Schokoprodukten widmen oder ausschließlich Werbung für den Fairen Handel entwickeln. Je nach den Absprachen vor Ort ist eine solche Schülerfirma in bestimmte Unterrichtsanliegen direkt eingebunden oder aber sie agiert mehr oder weniger frei im Rahmen ihrer Aufgaben. Das Spektrum der Verbindung von Fairem Handel und Schule reicht bis hin zum Betrieb eines Weltladens in der Innenstadt, der gewissermaßen „Lehrbetrieb" einer kaufmännischen Schule und freiwilliges Engagementfeld für Schul-AGs (neuerdings auch im Kontext der Ganztagsbetreuung an Schulen) darstellt.[1455]

Schulen, die auf fortschrittliche und für Jugendliche ansprechende Lernformen wert legen, können in diesen Praxisbereichen Möglichkeiten finden, wie sich praktisches und experimentelles Lernen mit Wertevermittlung verbinden lassen. Fair-Trade-Points und Schul-Weltläden können Keimzellen sein, in denen nachhaltig angelegte und sozial verantwortliche Wirtschaftsformen gelernt werden, auf die sich Schülerinnen und Schüler zurückbesinnen können, wenn sie später in ihren beruflichen Positionen Wirtschaftsleben mitprägen und mitgestalten werden. Um dies zu erreichen ist es wegweisend, wenn praktische Handlungsmöglichkeiten theoretisch einsichtig gemacht werden und theoretisch vermittelte Einsichten in praktische Handlungsmöglichkeiten überführt werden können. Der Faire Handel und konkret Fair Trade Points und Schul-Weltläden bieten dafür gute Möglichkeiten, wie ohnehin Unternehmenskooperationen und Schülerfirmen in fortschrittlichen Schulkonzepten ein zunehmend wichtiger Ansatz schulischen Lernens geworden ist.

Eine bedenkenswerte Frage für ein solches Fair-Handels-Engagement im Schulkontext ist, inwiefern es sich einordnen lässt in das Anliegen, mittels Unternehmenskooperationen und Schülerfirmen die Schülerinnen und Schüler auf den „Ernst des Wirtschafts- und Berufslebens" vorzubereiten. Angesichts des Nischendaseins von ehrenamtlich geführten Weltläden und von altruistischen Motivationen im Kontext des Fairen Handels stellt sich das Problem, dass der Charakter der Ausbildung für die Anforderungen der Berufswelt hier wohl auf einen Schonraum und ein Experimentierfeld stößt, über dessen Eignung diesbezüglich unterschiedliche Positionen eingenommen werden können: Einerseits könnte darin eine unzureichende Vorbereitung auf die „harten" Ansprüche der Arbeitswelt und deshalb eine mangelnde Zweckmäßigkeit für die Erreichung des Anliegens gesehen werden. Andererseits könnte der „Schonraum" auch als pädagogisch gestalteter Ort von Interesse sein, insofern Ju-

---

[1454] Weltladen-Dachverband (Hrsg.): Schul-Weltladen. Eine Handreichung für Weltläden und SchülerInnen, 7.

[1455] Vgl. o.V.: Artenvielfalt im Schülerfirmendschungel: Faire Schülerfirmen, 42-43. Siehe hierfür insbesondere den Weltladen EL SOL Junior Trade & Management der Kaufmännischen Schulen Wangen e.V.

gendlichen dann nicht nur die Perspektive der Anpassung an extern vorgegebene Anforderungen bleibt sondern sich ihnen die Möglichkeit selbstbestimmbarer Entfaltungsräume eröffnet, die eigenverantwortlich zu gestalten und kreativ auszufüllen einer anderen Dimension von beruflichen Anforderungen Rechnung trägt.

Speziell diejenigen Schulen, die sich Wertevermittlung auf die Fahnen geschrieben haben – gerade Schulen in kirchlicher Trägerschaft profilieren sich häufig auf diesem Weg –, können mit dem Fairen Handel als Lernfeld die Vermittlung wichtiger Werte wie soziale Verantwortung im Wirtschaftsleben, Fairness und Gerechtigkeit, Solidarität und Subsidiarität mit Schwächeren in der (Welt-)Gesellschaft und auf den (Welt-)Märkten verbinden. Dies ist umso bedeutsamer, je mehr angesichts wachsender Anforderungen an die Schülerinnen und Schüler auch die Notwendigkeit einer „Schule der Verantwortung" steigt, in der „junge Menschen nicht nur Wissen lernen, sondern auch lernen, verantwortungsvoll mit Wissen umzugehen".[1456] Durch Einbeziehung des Fairen Handels kann also eine Schule ihren Schülerinnen und Schülern ein spezielles Werteprofil vermitteln und damit auch als Institution eine profilierte wertebezogenen Außendarstellung erlangen. Ein solches Profil kann – je nach den im Einzelfall realisierbaren Maßnahmen und Projekten – intensiver oder schwächer geprägt werden. Fairer Handel eröffnet der Schule, ihren Lehrkräften, Schüler/innen, dem Elternbeirat oder auch der Schulpastoral ein reizvolles Feld für Lernprozesse für und mit den jungen Menschen im Horizont von Engagement, Verantwortung und Solidarität, das es zu erproben lohnt.

7.3.5. Bildungshäuser als Orte der Bewusstseinsbildung und fairen Hauswirtschaft

Neben den Schulen sind Bildungshäuser in verschiedensten Trägerschaften wichtige Lern- und Erfahrungsorte für junge wie erwachsene Menschen. Eine wichtige Praxis zahlreicher kirchlich getragener (Jugend)Bildungshäuser soll hier zur Sprache gebracht werden, die teils über die Verwendung fair gehandelter Produkte hinaus in einem kleinen hausinternen Weltladen ihren Gästen ein kleines Sortiment aus dem Fairen Handel anbieten.

In dieser Praxis sind verschiedene Elemente miteinander verwoben, die auch auf unterschiedliche Motivationen schließen lassen:
- Bei der Verwendung fairer Produkte in der Verpflegung der Bildungshäuser geht es um schmackhafte Mahlzeiten für die Hausgäste kombiniert mit dem an die eigene Institution gerichteten Anspruch einer nachhaltigen und sozial verantwortlichen Wirtschaftsweise.

[1456] Fuchs: Die Identität der Schulpastoral im Spannungsfeld von staatlicher Bildung, kirchlicher Mission und solidarischer Gesellschaft, 15f.

7.3. Zukunftsszenario: Als Kirchen den Fairen Handel und seine Anliegen mittragen

- Das fair gehandelte Schokotäfelchen als „Betthupferl" dient neben der wertschätzenden Aufmerksamkeit für den Gast oft auch dazu, bewusst auf den Fairen Handel hinzuweisen.
- Der Weltladen im Bildungshaus ist häufig aus der Einbindung der Jugendverbände in die Trägerschaft der kirchlichen Jugendbildungshäuser zu erklären. Neben einer Gelegenheit zum Zeitvertreib in den Essenspausen – zum Stöbern und Schauen wie andernorts an Schriftenständen – ist ein solcher Weltladen oft auch willkommene Bezugsquelle für manchen Snack zwischendurch. Der Zweck, zur Finanzierung der Kosten beizutragen, ist gewiss vernachlässigbar bzw. dürfte durch den entstehenden Aufwand aufgehoben werden. Oft sind es Zivildienstleistende oder Freiwillige des Freiwilligen Ökologischen Jahres, denen die Obhut für den Ladenbetrieb anvertraut ist.

Es lässt sich die Frage aufwerfen, ob hinter diesen Aktivitäten ein Konzept zu entdecken ist und wie dieses im entsprechenden Fall in das Konzept des Bildungshauses integriert ist. Da Fairer Handel im Laufe der Entwicklung immer auch mit einem Bildungsanspruch aufgetreten ist, wäre die Frage zu stellen, wie gerade auch diese Dimension besser aufgegriffen werden könnte. Da Gästen von Bildungshäusern ohne Zögern eine Offenheit für interessante Themen unterstellt werden darf, könnten Bildungshäuser überlegen, wie sie den ohnehin gegenwärtigen Fair-Trade-Gedanken inhaltlich aufgreifen. Die beiden folgenden Vorschläge können und sollen das Weiterspinnen von Ideen inspirieren:

- Gerade angesichts eines Weltladens im Bildungshaus könnte aus Informationstafeln und ggf. weiteren Elemente eine Miniausstellung geschaffen werden, welche etwa erläutert, was der Faire Handel ist, inwiefern das Bildungshaus diesen unterstützt und wer dadurch im konkreten Fall profitieren kann. Auch die Gründe, aus welchen Motiven heraus sich die Einrichtung dafür entschieden hat, wären erwähnenswert. Wird lediglich fairer Kaffee ausgeschenkt, kann die Geschichte einer Kaffeebäuerin, der der Faire Handel eine wichtige Hilfe ist, erzählt werden. Gibt es ein weiteres Angebot, so finden sich auch andere erzählenswerte Geschichten und Themen. Auch Zusammenhänge der kirchlichen Soziallehre oder der gerechtigkeitsphilosophischen Fragestellungen, wie sie in Kapitel 5 dieser Arbeit dargelegt wurden, ließen sich aufgreifen – je nach Ausrichtung, Zielgruppe und Programm des Bildungshauses können hier spezifische Akzente gesetzt oder Bezüge zu individuell wichtigen Persönlichkeiten hergestellt werden.
- Für Häuser der Jugendbildungsarbeit sind Informationstafeln allerdings wenig zeitgemäß. In der Neue-Medien-Generation wird auf zielgruppenorientierte Zugänge zurückgegriffen werden müssen: Warum nicht eine Computer-Station an geeigneter Stelle (z.B. in der Cafeteria) installieren, welche vielleicht auch Informationsmöglichkeiten über andere Themen nachhaltigen Charakters im Angebot des Jugendbildungshauses oder seines Umfeldes bereithält und darin den Fairen Handel integriert. Die gerade auch jugendspezifisch erstellten Internetseiten zum Fairen Handel – beispielsweise durch den Fair Trade e.V. oder die Jugendverbände

7. Fairer Handel mit Perspektiven

– könnten hierfür als Quelle oder Kooperationspartner zur Verfügung stehen. Gästebücher, die speziell in den Rahmen des Jugendbildungshauses integriert sind, könnten die Brücke zu der eigenen Einrichtung, zum realen Ort, in dem die virtuelle Welt aufgestellt ist, herstellen.

Das Begehren, Bildungshäuser als Lernorte für den Fairen Handel zu profilieren und damit den Häusern Möglichkeiten imageträchtiger Selbstdarstellung gegenüber den eigenen Besucher/innen anzubieten, stellt auch Fair-Handels-Akteure vor neue Herausforderungen. Dann ginge es in dem Ansinnen, die Tagungshäuser von fair gehandelten Produkte zu überzeugen – meist dreht es sich um Kaffee[1457] – nicht mehr nur um die alte Leier, dass der Kaffee doch inzwischen sehr gut schmecke und die 3 Cent pro Tasse es doch wohl hoffentlich wert seien, wobei mit moralischem Augenaufschlag speziell die kirchlichen Einrichtungen einem strengen Blick unterworfen werden. Dabei handelt es sich um eine Strategie, die wohl selbst bei kirchlichen Einrichtungen nicht dauerhaft erfolgversprechend sein dürfte, weil die Konkurrenz um Lieferkonditionen, Serviceverträge, Maschinenwartung und Abnahmepreise wieterhin hart bleiben dürfte. In diesen und anderen Bereichen wird der Faire Handel seine Mehrleistung – für die Kunden wohlgemerkt – unter Beweis stellen müssen. Die Diskussion, warum in bestimmten Bildungshäusern kein fairer Kaffee getrunken wird, hat in der Fair-Handels-Szene viele Gemüter erhitzt; dass jedoch in den Bildungsstätten der Faire Handel ohne Bildungs- und Informationsanspruch aufgegriffen wird, wird kaum diskutiert. Dies in oben genanntem Sinne jedoch zu beginnen, könnte eine neue Qualität schaffen.

Letztlich geht es in dieser Sache auch um die Verknüpfung der Bildungsanliegen mit deren Alltagstransfer – ein Grundanliegen von Erwachsenenbildung und außerschulischer Jugendbildung, in dem der Faire Handel eine aktive Rolle spielen kann. Dafür wäre wünschenswert, dass seitens der Fair-Handels-Bewegung neben den willkommenen praktischen Anregungen wieder eine intensivere Reflexion ihrer jugend- und erwachsenenpädagogischen Ansätze im Kontext der politischen Bildung praktiziert würde. Kirchliche Erwachsenenbildung wäre im Gegenzug gefordert solche Reflexionen in Inhalt und Prozess zu unterstützen.[1458] Möglicherweise kann sie darin Zugänge auftun, die für eine die Zukunftsfragen der globalen Gesellschaft thematisierende Bildungsarbeit und die Konkretisierung von Handlungsoptionen ihrer Adressaten von zeitgemäßem Interesse sein könnte.

[1457] Vgl. auf evangelischer Seite die Initiative „Fairer Kaffee in die Kirchen".

[1458] Naheliegende Anknüpfungspunkte bietet hierzu Uphoff: Kirchliche Erwachsenenbildung. Befreiung und Mündigkeit im Spannungsfeld von Kirche und Welt. Mit dem Konzept einer „Evangelisatorischen Erwachsenenbildung als Praxis der Befreiung" formuliert Uphoff einen „optionsgeleiteten" (170ff.) Ansatz: „Wo kirchliche Erwachsenenbildung sich von der Not der Menschen leiten lässt, wo sie über kognitive und emotionale Bildungsgehalte hinaus auch zu aktionalen Handlungsformen findet, wird sie [...] zu einem 'diakonischen Instrument der Wiederbegegnung von Kirche und Welt'." (185) Mit diesem Zugang lässt sich auch Fairer Handel in der kirchlichen Erwachsenenbildung verorten.

7.3. Zukunftsszenario: Als Kirchen den Fairen Handel und seine Anliegen mittragen

Auf einem solchen Hintergrund basierend erhielte auch der praktische hauswirtschaftliche Gebrauch fair gehandelter Produkte eine veränderte Dimension: Der Betrieb eines Bildungshauses als ein sozial nachhaltiges und verantwortlich arbeitendes Unternehmen könnte insofern Vorbildcharakter für ein weitergehendes Verständnis von „Oiko-Logie" als Lehre einer angepassten Hauswirtschaft erlangen, welche selbst wiederum Gegenstand des Lernens nach innen und außen werden kann. Und warum sollte schließlich eine Bildungseinrichtung ihr sozial verantwortliches Engagement im Kontext verschiedener Bezüge zum Fairen Handel dann nicht auch für eine imageträchtige Außendarstellung (gegenüber ihren Nutzer/innen wie auch gegenüber der Öffentlichkeit) stärker in die Waagschale werfen und sich damit profilieren?

7.3.6. Bistümer und Landeskirchen als Vorbilder?

Was Bildungshäuser im Kleinen praktizieren können, wird als Erwartungshaltung auch an übergeordnete kirchliche Dienststellen herangetragen. Dabei sind die Kirchen keineswegs allein mit dieser Herausforderung konfrontiert. Denn auch das zunehmende Erfordernis von Unternehmen, eine Corporate Social Responsability (CSR) zu entwickeln und sich als gesellschaftlich nachhaltig und verantwortlich agierende Firma zu präsentieren[1459], ist als deren Antwort auf diese öffentlichen Erwartungshaltungen zu interpretieren. Im Rahmen der umfangreichen Debatte zu dieser Thematik liegt auch der Faire Handel als eine Handlungsmöglichkeit nahe, wenngleich diese Chancen derzeit eher zaghaft in der Fair-Handels-Bewegung aufgegriffen werden. Hierbei wäre es im Grunde nur schwer vorstellbar, dass sich Firmen und Unternehmen im Streben nach sozial verantwortlicher Firmenphilosophie auf eine unter anderem von kirchlichen Gruppen aufgebaute Idee stützen, während offizielle kirchliche Stellen sich hier oft nicht in der Lage sehen, diese Idee selbst praktisch und selbstverständlich zu unterstützen und zu praktizieren.

Ein erster und zugleich wesentlicher Schritt amtskirchlicher christlicher Verantwortung im Feld globaler marktwirtschaftlicher Verflechtungen müsste darin bestehen, von der appellativen Ebene auf eine Ebene konkret praktizierter Vorbildrolle zu wechseln. Diözesen und Landeskirchen bzw. Bischofskonferenz und EKD-Kirchenamt wären gefordert, ein Konzept zu erstellen, wie der ambivalente Umgang mit

---

[1459] Zum Thema Corporate Social Responsability vgl. den gleichnamigen Themenschwerpunkt in der Zeitschrift E+Z Entwicklung und Zusammenarbeit, Heft 4, 2007. Corporate Social Responsability wird verstanden als ein Konzept freiwilliger Maßnahmen von Unternehmen, soziale und ökologische Belange in ihre Geschäftstätigkeit zu integrieren, (auch) um sich in ihrer Außendarstellung als sozial verantwortliche Unternehmen präsentieren und dadurch gegenüber Kunden und Anspruchsgruppen „punkten" zu können. Kritisiert wird daran, dass aufgrund von Freiwilligkeit und Selbstdefinition die Unternehmen die für ihre Geschäftspolitik unattraktiven sozialen und ökologischen Belange beiseite lassen können, was jedoch andererseits die Unternehmen vor ein Glaubwürdigkeitsproblem stellen kann. Von der Seite einiger Nichtregierungsorganisationen werden daher verbindlich festgelegte Verpflichtungen und eine klar umrissene Rechenschaftspflicht der Unternehmen gefordert. Vgl. Fuchs/Plank: Rechenschaft beruht auf Pflichten, 147f; sowie Bussler/Fonari (Hrsg.): Sozial- und Umweltstandards bei Unternehmen.

7. Fairer Handel mit Perspektiven

Preisen auch im kirchlichen Verantwortungsbereich auf eine ethisch vertretbare Basis gestellt werden könnte: Das berechtigte Anliegen eines verantwortungsvollen und daher oft auch restriktiven Umgangs mit den finanziellen Ressourcen der Kirchen darf nicht ausgespielt werden gegen die ebenfalls berechtigte Forderung nach einem sozialverantwortlichen, der christlichen Soziallehre entsprechenden Einkauf von Verbrauchsgütern gemäß den preislich sensiblen Grundsätzen des Fairen Handels. Möglicherweise müssten die für einen fairen Einkauf erforderlichen Mittel bewusst bereitgestellt werden. Ähnlich wie bereits hundert deutsche Kommunen einen für das eigene Beschaffungswesen bindenden Beschluss gefasst haben, keine Produkte aus ausbeuterischer Kinderarbeit in ihren Reihen zum Zuge kommen zu lassen und daher in den davon betroffenen Produktbereichen[1460] auf fair gehandelte Waren zurückzugreifen, könnten auch Diözesen und Landeskirchen ethisch begründete Grundsätze ihrer Einkaufspolitik und ihres Beschaffungswesens erlassen. In vielen Fällen können dabei gezielt Produkte zum Einsatz kommen, die in den jeweiligen Partnerländern oder Partnerdiözesen hergestellt werden.[1461] Produkte des Fairen Handels mit ihrer klar identifizierbaren und transparenten Herkunft sind insofern auch dazu geeignet, alltagstaugliche Brücken zu den Partnerkirchen zu bauen. Auf diese Weise erfahren Projekte in den Partnerländern konkrete Unterstützung und die Partner können zugleich mit ihrer Kultur und ihrer Lebensrealität hierzulande lebendig und gegenwärtig bleiben. Gerade Fairer Handel ist in der Lage, die im Bereich der weltkirchlichen Arbeit gängigen Methoden von Bildungsangeboten, weltkirchlicher Begegnung durch Besuche und Spendenpraxis zu ergänzen, Anschauungsmaterial zu bieten und auf praktische Handlungsmöglichkeiten hin zu öffnen.

An zweiter Stelle sollte auch die Frage aufgeworfen werden, welche Unterstützungsmöglichkeiten die Landeskirchen und Diözesen den in ihrem Bereich tätigen Aktionsgruppen zur Verfügung stellen sollten oder könnten. Die Diözesanstellen Weltkirche bzw. Mission-Entwicklung-Frieden bzw. die Missionswerke bzw. Kirchlichen Entwicklungsdienste der evangelischen Landeskirchen unterstützen – meist in Kooperation mit den entsprechenden thematischen Ausschüssen der Diözesanräte und in Zusammenarbeit mit anderen Fachstellen – die Gruppen vor Ort durch Bildungsangebote und thematische Inputs. Sie sind auch speziell an der Schnittstelle Theologie und entwicklungsbezogene Arbeit gefordert und können Ehrenamtliche und Gruppen in den Gemeinden bei speziellen Fragen und Anliegen beraten. Darüber hinaus stellt das Feld der hauptberuflichen pastoralen Mitarbeiter/innen einen Aufgabenbereich dar, der in seiner Schlüsselfunktion bezüglich der Begleitung des Engagements und

---

[1460] Dazu werden gezählt: Orangensaft, Blumen, Schokolade, Fußbälle, Spielwaren, Baumwolle, Teppiche, Grabsteine und Handys, vgl. Diözesanrat der Katholiken der Erzdiözese München und Freising [...] (Hrsg.): Wenn Kinder schuften statt spielen.

[1461] So haben beispielsweise Verantwortliche in der Diözese Passau entdeckt, dass Kooperativen von Orangenbauern in der brasilianischen Partnerdiözese Alagoinhas mit Fair-Handels-Importeuren in Deutschland zusammenarbeiten. Daraus entstanden dann in der Diözese Passau Aktionen zum Thema Orangenanbau und Fairer Handel; der fair gehandelte Orangensaft wurde mit einem Hinweis auf die Partnerdiözese beworben.

der Eröffnung von Zugängen im Gemeindekontext größere Berücksichtigung finden könnte. Die spezifischen Fragen und Anliegen, die sich aus deren Funktion heraus ableiten, finden bislang wenig Eingang in die Aktionen und Kampagnen, welche im Sinne des Aktions- und Mitmachangebots gerade auf die Beteiligung der kirchengemeindlichen Gruppen zielen. Diözesen und Landeskirchen kommt die Funktion zu, gerade die kirchen- bzw. christentumsspezifischen Anteile des Eine-Welt- und des Fair-Handels-Engagements zu bedienen und Kirche als – unter dem Vorzeichen „Eine Welt" – gestalt- und prägbaren Raum erfahrbar zu machen. Insofern ist auch der Blick darauf, inwiefern Fairer Handel in den Kirchen selbst praktiziert wird, von erheblicher Bedeutung, weil er in diesem Sinne der Gestaltbarkeit von Kirche (unter dem Anspruch der Gerechtigkeit) ein nicht zu unterschätzender Faktor der Engagementmotivation darstellt.

7.3.7. Kirchliche Verbände: Vorreiter des Fairen Handels mit spezifischen Profilen

Für die kirchlichen Verbände sowohl im Jugend- wie im Erwachsenenbereich liegt die Herausforderung dagegen eher in einem anderen Zusammenhang: Durch ihre vielfältige Einbindung in den Fairen Handel – sei es in der Mitträgerschaft von Organisationen wie TransFair, GEPA oder Fair Trade e.V., sei es das teils beeindruckende Feld fairer Eigenprodukte oder natürlich die aus beidem resultierenden Aktionsanregungen und Arbeitshilfen – ist der Ausgangspunkt anders bestimmt.

Kirchliche Verbände müssen in besonderer Weise im Blick behalten, dass die für sie – gerade auch auf Verantwortlichenebene – vielleicht als selbstverständlich erscheinende und strukturell durch Mitgliedschaften auch abgesicherte Unterstützung des Fairen Handels innerverbandlich immer wieder neu aktualisiert werden muss. Es geht hier nicht in erster Linie darum, einer „Gefahr des Vergessens" entgegenzuwirken, sondern insbesondere bei den Jugendverbänden um die kontinuierlich zu leistende Sozialisationsleistung für die neu in die Verbände hineinwachsenden Jugendlichen: Wenn Fairer Handel in den kirchlichen Jugendverbänden weit verbreitet eine Selbstverständlichkeit ist und bleiben soll, dann bedarf es immer wieder neu der Orte und Gelegenheiten, wo diese Idee kennen gelernt und diese Praxis angeeignet werden kann. Eine solche Aneignung erfolgt vorzugsweise und ergebnisorientiert durch Handlung und Aktion, nicht jedoch durch vermeintlichen Automatismus. Dass dabei ein hoher Ressourceneinsatz erforderlich ist, um immer wieder mit den jungen Menschen zusammen Aktivitäten und Projekte zu entwickeln, entspricht der Arbeitsweise der Jugendarbeit und ist dementsprechend zu berücksichtigen.

In diesem Kontext richtet sich der Blick auch auf die Integration der fairhandelsbezogenen Aktivitäten der Verbände mit den anderen Akteuren und Aktionen der Fair-Handels-Bewegung: Wie nutzen Jugend- und Erwachsenenverbände diese Gelegenheiten – z. B. die Fairen Wochen – im Horizont der bereits genannten Herausforderung? Übergreifende Aktionen der Fair-Handels-Bewegung werden insbeson-

7. Fairer Handel mit Perspektiven

dere dann in den verbandseigenen Reihen auf Beteiligungsbereitschaft stoßen, wenn der Verband mit eigenen Akzentsetzungen darin erkennbar wird. Dies hat mit Verbandsbewusstsein einerseits, mit der Mobilisierungsfähigkeit der Verbände andererseits zu tun. Im Kolpingwerk wurde diese Idee im Kontext der Fairen Woche 2007 so umgesetzt, dass der Verband seine Untergliederungen (Kolpingsfamilien und Kolping-Bürogemeinschaften, -Bildungseinrichtungen, -Jugendwohnheime und -Familienferienanlagen) zu der Kolping-Aktion „1000 faire Frühstücke" aufrief.[1462]
Mit derartigen Initiativen kann es gelingen, die Idee des Fairen Handels und möglicherweise die eigenen Produkte wirksam in den Verband hinein zu kommunizieren, sich dabei als Bestandteil der Fair-Handels-Bewegung zu artikulieren und zugleich einen spezifischen Ausschnitt der Öffentlichkeit mit der Thematik zu erreichen. Im Verband selbst wird damit gleichermaßen die Identifizierung mit der Idee des Fairen Handels als auch die praktische Unterstützung durch den Einsatz und Konsum von Fair-Handels-Produkten gefördert. In die kirchlichen Strukturen hinein kann sich auf einem solchen Hintergrund die Verbandsarbeit aber auch als „Speerspitze" und Vorreiter für die Anliegen des Fairen Handels erweisen – besonders auch da, wo es um die Fragen des jeweiligen Beschaffungswesens bei kirchlichen (Groß)Veranstaltungen[1463] oder in kirchlichen Dienststellen und Einrichtungen geht.

Dafür dürfte es hilfreich sein, wenn die Verbände auch die aus ihrer speziellen Verbandsphilosophie nahe liegenden Anknüpfungspunkte mit dem Fairen Handel deutlicher kennzeichnen würden. Damit wird einerseits nach innen eine fundiertere Identifizierung und Auseinandersetzung mit der Frage geschaffen, weshalb Fairer Handel eine heute zeitgemäße Handlungsmöglichkeit im Kontext einer sich globalisierenden Welt und auf dem Boden der jeweiligen Verbandsphilosophie darstellt. Da diese Herangehensweise bislang wenig sichtbar ist, erlaube mir, diese hier zu benennen: Die Frage der Lohngerechtigkeit und damit fairer Preise ist in allen arbeitsbezogenen Verbänden (Katholische Arbeitnehmerbewegung KAB, Christliche Arbeiterjugend CAJ) anschlussfähig; die Frage nach der Zukunft des Handwerks ist mit der Gründung des Kolpingwerkes eng verbunden und hält Bezüge zu den Handwerksproduzent(inn)en des Fairen Handels bereit; die Frage der ländlichen Entwicklung verbindet Landjugendverbände (Katholische Landjugendbewegung, Evangelische Landjugend) mit der Idee des Fairen Handels; in der Frage der Frauenförderung sind Frau-

---

[1462] Vgl. 1000 faire Frühstücke bei Kolping, in: Kolpingblatt, Heft Juli/August 2007 (107. Jg.), S. 23.
[1463] Eine gegenläufige Entscheidung beim Weltjugendtag 2005 erhitzte entsprechend die Gemüter in kirchlichen Verbänden und in der Fair-Handels-Bewegung; vgl. BDKJ: Solidarität gibt's nicht umsonst. BDKJ plädiert für fairen Kaffee beim Weltjugendtag, in: Welt & Handel Heft 9/2005, S. 2. Gleichwohl ist eine dementsprechende Praxis auch andernorts nicht selbstverständlich: die EED- und Brot für die Welt-Kampagne „Fairer Kaffee in die Kirchen" beruht auf der Erfahrung, dass auf dem Evangelischen Kirchentag 2001 in Frankfurt kein fair gehandelter Kaffee ausgeschenkt worden war (vgl. Fairer Kaffee in die Kirchen Newsletter Nr. 1 (06/2006), S. 8). Bei Katholikentagen ist der Ausschank von fair gehandeltem Kaffee und Tee bereits üblich. Der Katholikentag 2008 in Osnabrück belohnte darüber hinaus ökofaires Frühstück in den Gemeinschaftsunterkünften (vgl. www.katholikentag.de aufgerufen 8.2.2008).

7.3. Zukunftsszenario: Als Kirchen den Fairen Handel und seine Anliegen mittragen

enverbände (Katholische Frauengemeinschaft, Katholischer Deutscher Frauenbund, Evangelische Frauenarbeit, Weltgebetstag der Frauen) mit frauenspezifischen Projekten des Fairen Handels verbunden.[1464]
Verbandsspezifische Begründungen stützen dabei nicht nur nach innen hin die Plausibilität für die Förderung des Fairen Handels, sondern erleichtern andererseits auch, diese Unterstützung über den Verband hinaus zu transportieren und kommunizieren zu können. Solche Zugänge könnten darüber hinaus auch in die Fair-Handels-Bewegung hinein Impulse zu deren Entwicklung oder Selbstreflexion einbringen, die für den Fairen Handel als solchen wiederum wertvoll sein dürften.[1465] Dadurch dürfte die gesamte Fair-Handels-Bewegung an Mobilisierungsfähigkeit gewinnen und mit erhöhtem politischen Gewicht größere Wirksamkeit bei der Durchsetzung ihrer Anliegen in Politik und Wirtschaft im Dienst der benachteiligten Produzentinnen und Produzenten in den Entwicklungsländern erlangen.

Ein Plädoyer: Fairen Handel als Modell christlicher Weltverantwortung ernst nehmen

Die vorliegende Studie versteht sich als Beitrag dazu, die geschichtlich gewachsenen Engagementformen christlich motivierter Fair-Handels-Aktivität im Horizont ihrer eigenen, wenngleich teils weiter ausholenden, Kontexte zu reflektieren und zu verorten. Auf dem Hintergrund der über 35-jährigen Geschichte des Fairen Handels im deutschsprachigen Raum ist darauf hinzuweisen, dass dabei zwei unterschiedliche Kontexte von Bedeutung sind: der spezifisch christliche Herkunftskontext sowie die Fair-Handels-Bewegung selbst, die sich im Laufe ihrer Geschichte von den anfänglichen Impulsgebern emanzipiert und verselbständigt hat. Christliches Engagement im Fairen Handel hat das Recht aber auch die Pflicht, sich in beiden Kontexten als anschlussfähig zu erweisen. Insofern zielt das abschließende Plädoyer dieser Studie, Fairen Handel als Modell christlicher Weltverantwortung ernst zu nehmen, in eine doppelte Stoßrichtung:

Zum einen appelliert dies an die Kirchen und ihre Verantwortungsträger aller Ebenen, sich den vorgelegten Bezügen zwischen ihrer eigenen Tradition und dem Fairen Handel nicht zu verschließen. Fairer Handel hat mehr mit dem christlichen Selbstverständnis zu tun, als dies auf den ersten Blick und aus dem Bauch heraus scheint. Dazu war es hilfreich theologische Positionen und offizielle kirchliche Lehrdokumente heranzuziehen und auf die Anschlussfähigkeit des praktizierten Engagements hin zu prüfen.

Zum anderen bedeutet Ernstnahme eines vorliegenden Modells auch eine bestimmte Umgangsweise mit den Positionen und Gegebenheiten, wie sie sich in der sozialen

---

[1464] Zu den frauenspezifischen Bezügen vgl. oben die Kapitel 4.2.1.3.-5., zum Weltgebetstag der Frauen den Beginn von Kapitel 4.
[1465] Beispielsweise die Genderfrage vgl. Eine-Welt-Netz NRW (Hrsg.): Gender im Fairen Handel.

Bewegung des Fairen Handels entwickelt haben. Hierzu zählt, dass verfasste (kirchliche) Organisationen den Charakter einer sozialen Bewegung zu respektieren haben ohne sich aufgrund dieser formalen Organisationsunterschiede als miteinander unvereinbar anzusehen. Ebenso zählt dazu, sich auf die identitätsstiftenden Positionen der Fair-Handels-Bewegung einzulassen – sich lediglich „passende" Elemente aus dem Tätigkeitsspektrum „herauszupicken" darf daher zu Recht als defizitäre Aneignung kritisiert werden. Speziell die Doppelausrichtung von Fairem Handel zwischen Bildungsauftrag und Verkaufszielen stellt hier eine Herausforderung an das kirchliche Engagement dar.

Dabei ist darauf zu bestehen, dass sich die Kirchen nicht nur pragmatisch, sondern auch theologisch mit dem Thema Fairer Handel auseinandersetzen müssen. Das Diktum über die katholische Soziallehre als einem „hidden treasure", einem versteckten Schatz, trifft insbesondere auch hinsichtlich der Auseinandersetzung mit dem Fairen Handel auf dem Boden der kirchlichen Sozialtradition zu. Die Botschaft der Pastoralkonstitution des Konzils, dass die Hoffnungen der Menschen heute auch die Hoffnungen der christlich Gläubigen seien, lässt keine Sonderwege kirchlicher Welt-Verantwortung im Horizont einer globalisierten Welt zu. In ihrem Grundauftrag der Evangelisierung kommt dem gelebten Zeugnis, dem vorbildhaften Wirken, eine maßgebliche Bedeutung zu, zu dem alle Christinnen und Christen aufgerufen sind und zu dem insofern auch die Kirche selbst verpflichtet ist: Anliegen dieser Evangelisierung ist es,

> „zu erreichen, dass durch die Kraft des Evangeliums die Urteilskriterien, die bestimmenden Werte, die Interessenpunkte, die Denkgewohnheiten, die Quellen der Inspiration und die Lebensmodelle der Menschheit, die zum Wort Gottes und zum Heilsplan im Gegensatz stehen, umgewandelt werden."[1466]

Dass Fairer Handel das Projekt einer solchen Umwandlung der *ökonomischen* Lebensmodelle der Menschheit darstellt, darf als unfraglich gelten. Denn er vollzieht dies unter dem Vorzeichen, dass er sich der für das Evangelium unumstößlichen Würde des Menschen zutiefst verpflichtet weiß und dies in einem definierten Feld und unter den Bedingungen einer sich globalisierenden Welt durchbuchstabiert. Christlicher Glauben weiß hierbei darum, dass menschliche Würde nicht auf technischem Wege verbürgt werden kann, sondern von Grund auf geschenkt und vom Anderen zugesprochen ist. Es eröffnet sich so – gerade auch für die im Fairen Handel engagierten Menschen – eine elementare Zusage: „Eine menschlichere Welt ist möglich; und es gibt Wege einer Globalisierung der Gerechtigkeit und Solidarität." Weil dieser Zuspruch auch Auftrag und Verpflichtung ist, hat es die Fair-Handels-Bewegung und überhaupt die Idee des Fairen Handels verdient, als modellhafte Umsetzung christlicher Weltverantwortung von Christinnen und Christen ebenso wie von ihren Kirchen ernst genommen und unterstützt zu werden. ♦

[1466] Paul VI.: Apostolisches Schreiben *Evangelium Nuntiandi*, Nr. 19.

Nachwort & Dank

Die vorliegende Arbeit ist zur Zeit meiner Tätigkeit als Weltladenberater, Bildungs- und Öffentlichkeitsreferent der FAIR Handelshaus Bayern eG entstanden und hat von diesem Kontext vielfach profitiert. Sie wurde im Sommersemester 2008 von der Katholisch-Theologischen Fakultät der Eberhard-Karls-Universität Tübingen als Dissertationsschrift mit dem Titel „Fairer Handel. Solidaritätsbewegung für eine gerechte Weltwirtschaft und Modell christlicher Weltverantwortung" angenommen. Für den Druck wurden einige stilistische Korrekturen vorgenommen und das Kapitel 4.1. gestrafft. Ebenso wurden aktuelle Vorgänge und neue Literatur nachgetragen.

Mein Dank gilt an erster Stelle meinem Doktorvater Prof. Dr. Ottmar Fuchs für seine geduldige und motivierende Begleitung. Seine Ermutigungen sowie seine Rücksicht auf meine Berufstätigkeit haben nicht unwesentlich zum Abschluss dieser Arbeit beigetragen. Ebenso danke ich Prof. Dr. Dietmar Mieth für die Übernahme des Zweitgutachtens. Den Kolleg(inn)en im Doktoranden- und Habilitanden-Kolloquium bin ich für Bestärkung und vielfältige Anregungen dankbar.

Ein besonderer Dank gilt meiner Arbeits- und Vorstandskollegin im FAIR Handelshaus Bayern, Elisabeth Dersch. Ihr verdanke ich nicht nur Korrekturen und kritische Anmerkungen zum Manuskript; auch viele Gespräche über den Fairen Handel sind in dieses Buch eingeflossen. Den Arbeitskolleg(inn)en im FAIR Handelshaus Bayern und im Erzbischöflichen Jugendamt München und Freising sowie den Kooperationspartnern in der Eine-Welt-Arbeit danke ich für ihre praktischen Ratschläge und dass sie mein Forschen mit ihrem Interesse begleitet haben.

Auch meiner Familie möchte ich hier Danke sagen: für die Hilfe beim Korrekturlesen, bei der typografischen Gestaltung und bei vielem mehr. Mit ihrem langjährigen Engagement bei der Aktion Dreikönigssingen haben mir meine Eltern die Praxis der weltweiten Solidarität nahe gebracht – dafür bin ich von Herzen dankbar!

Dem Bischöflichen Hilfswerk MISEREOR danke ich herzlichst für die finanzielle Unterstützung der Publikation. Motivierend war das Interesse an einer praktisch-theologischen Reflexion über den Fairen Handel, das mir Stephan Stricker und Heiner Grysar seitens Misereor entgegengebracht haben. Danken möchte ich auch dem Matthias-Grünewald-Verlag für die Aufnahme des Titels in sein Verlagsprogramm und seinem Team für die angenehme Zusammenarbeit.

Nicht zuletzt danke ich allen, die sich im Fairen Handel engagieren und die mir oft bereitwillig Auskunft gegeben haben. Sie waren mir nicht nur eine praktische Hilfe, das Engagement im Fairen Handel besser zu verstehen und meine Einschätzungen zu schärfen. Vor allem waren sie mir Motivation und Ansporn. Ihnen soll diese wissenschaftliche Arbeit von hoffentlich praktischem Nutzen sein. Wenn diese Publikation denen, die sich für den Fairen Handel einsetzen, eine Ermutigung ist und sie in ihrem Engagement stärkt, so erfüllt sie einen wesentlichen Teil ihrer Aufgabe.

München, im November 2008   *Markus Raschke*

Literatur- und Abkürzungsverzeichnis

a) Periodika der Fair-Handels-Bewegung

AG3WL-Rundbrief, hrsg. von Arbeitsgemeinschaft 3. Welt-Läden e.v. – nachgewiesen ab Nr. 3 (März 1982), ab Nr. 55 (1994) fortgesetzt unter dem Titel „weltläden aktuell".
Alternativ Handeln, hrsg. von GEPA Aktion Dritte Welt Handel – Nr. [1.]1978 - 22.1988[?].
El Puente informiert, hrsg. von El Puente GmbH – erschienen seit 1977.
Extra-Blatt, hrsg. von TransFair e.v. und RUGMARK – erschienen halbjährlich 1998-2005, seither als Onlinepublikation.
Info-Brief PRO, hrsg. von AG3WL/rsk [im Rahmen der Profilierungskampagne] – erschienen 1993 bis ca. 1997.
Informationsdienst (hektographiert) bzw. *Infodienst*, hrsg. von gepa Gesellschaft zur Förderung der Partnerschaft mit der Dritten Welt mbH – erschienen ab 1985.
Kaffeebohne & Teeblatt. Informationsdienst der GEPA zum Kaffee- und Teehandel, hrsg. von GEPA Aktion Dritte Welt Handel – erschienen 1984 -1988.
Kaffee-Brief, hrsg. von Arbeitsgemeinschaft der Dritte-Welt-Läden (AG3WL) und RegionalSprecherInnenKreis der Aktion Dritte-Welt-Handel (rsk) – unregelmäßig erschienen 1992 bis ca. 1997.
Rundbrief der entwicklungspolitischen Aktionsgruppen bzw. ab Nr. 6: *FORUM entwicklungspolitischer Aktionsgruppen* – erschienen 1978-1996; dann fortgesetzt unter dem Titel „alaska – Zeitschrift für Internationalismus".
Unsere Dritte Welt, hrsg. von Aktion Dritte Welt Handel (Gruppenrundbrief der A3WH) – erschienen ca. 1974 bis 1978.
Welt & Handel. Infodienst für den Fairen Handel, hrsg. von BDKJ-Bundesvorstand, Bischöfliches Hilfswerk Misereor e.V, aej (ab 2000) und EED (seit 2003) – erschienen seit 1997.
weltläden aktuell. Verbandszeitschrift des Weltladen Dachverbandes; Untertitel ab 2001: Fachzeitschrift für Fairen Handel, hrsg. von Weltladen Dachverband e.V. (Fortsetzung von AG3WL-Rundbrief).
weltläden extra. Rundschreiben an alle Weltläden und Aktionsgruppen, hrsg. von AG3WL e.V. bzw. ab 1998 Weltladen-Dachverband e.V. – erschienen seit 1997.

b) Dokumente, Einzelartikel und Monographien

2. Vatikanisches Konzil: Dekret über das Laienapostolat Apostolicam Actuositatem (18.11.1965), zitiert nach: Rahner/Vorgrimler: Kleines Konzilskompendium, S. 389-421.
2. Vatikanisches Konzil: Dogmatische Konstitution Lumen gentium (21.11.1964), zitiert nach: Rahner/Vorgrimler: Kleines Konzilskompendium, S. 123-200.
2. Vatikanisches Konzil: Pastoralkonstitution Gaudium et spes über die Kirche in der Welt von heute (7.12.1965), zitiert nach: Rahner/Vorgrimler: Kleines Konzilskompendium, S. 449-552.
Adorno, Theodor W.: Negative Dialektik, 8. Aufl., Frankfurt am Main 1994.
aej/BDKJ (Hrsg.): Unctad-Kampagne: Aktionsbroschüre (Red. Georg Krämer, Tilman Schmieder), Stuttgart/Düsseldorf 1979.
AG Monitoring: Wo „Weltladen" draufsteht, soll's auch drin sein, in: weltladen aktuell Nr. 93 (April 2005), S. 37-39.
AG Monitoring: Wo „Weltladen" draufsteht, soll's auch drin sein. Über das neue Qualitätsmanagement für Weltläden: Monitoring, in: weltladen aktuell Nr. 97 (November 2006), S. 32-34.
[AG3WL]: Kriterien der AG3WL zur Beurteilung der A3WH-Importorganisationen", in: Arbeitsgemeinschaft Dritte Welt Läden e.V. (Hrsg.): Weltladen-Handbuch. Ein Wegweiser für Mitarbeiter von Weltläden und andere entwicklungspolitisch Interessierte, 3. überarb. Aufl., Wuppertal (Peter Hammer Verlag) 1992, S. 138-139.
AG3WL (Hrsg.): Konvention der Weltläden. Kriterien für den Alternativen Handel, Mainz 1996.

AG3WL (Hrsg.): Materialien zur Diskussion über die Aktion Sauberer Kaffee, Darmstadt o.J. [1988].
AG3WL/rsk (Hrsg.): Diskussionspapier Kriterien für Alternativen Handel. Ein erster Schritt auf dem Weg zu einer neuen gemeinsamen Definition in der Aktion Dritte Welt Handel (A3WH), Darmstadt/Vechta o.J.
AG3WL/rsk (Hrsg.): Ein Stück Welt von morgen [Faltblatt], Hannover o.J. [ca. 1993/1994].
AG3WL-Struktur-Arbeitsgruppe: Neue Strukturen?! In: weltläden aktuell Nr. 58 (März 1995), S. 22-25.
Aktion „Jute statt Plastik" (Hrsg.): Werkbuch, Wuppertal 1978.
Aktion „Sauberer Kaffee" im Supermarkt – und wo steht die AG3WL? Anmerkungen zur Beschlusslage, in: AG3WL-Rundbrief Nr. 41 (Oktober 1990), S. 52-53.
Aktion Arme Welt/Ursula Muller: Leserbrief zu: Aktion Sauberer Kaffee. Verkauf von AHA-Kaffee im Supermarkt in Tübingen, in: AG3WL-Rundbrief Nr. 39 (April 1990), S. 42-43.
Aktionsbündnis Faire Woche 2001 (Hrsg.): Faire Woche 2001. Leitfaden zur Aktionsplanung für Weltläden und Aktionsgruppen, Mainz 2001.
Aktionskreis 3. Welt e.V./Aachener Weltladen.e.V. (Hrsg.): So gut schmeckt Freundschaft. Aachen Café Amistad, 12 Seiten, Aachen 2003.
Aktionszentrum Arme Welt e.V.: Aktion Sauberer Kaffee. Verkauf von AHA-Kaffee im Supermarkt in Tübingen, in: AG3WL-Rundbrief Nr. 37 (Dezember 1989), S. 15-20.
Anders, Uli: Politische Erfolge? – Update nötig! In: weltläden aktuell Nr. 79 (Februar 2001), S. 29.
Angel, Hans-Gerd: Christliche Weltverantwortung. Misereor: Agent kirchlicher Sozialverkündigung, Münster (Lit) 2002.
Antoncich, Ricardo/Munárriz, José Miguel: Die Soziallehre der Kirche. Bibliothek Theologie der Befreiung, Düsseldorf (Patmos) 1988.
Anzenbacher, Arno: Christliche Sozialethik. Einführung und Prinzipien. Paderborn u.a. (Schöningh) 1998.
Arbeitsgemeinschaft der Evangelischen Jugend in der Bundesrepublik Deutschland/Bund der Deutschen Katholischen Jugend (Hrsg.): Lernen, Helfen, Handel(n). Fakten und Argumente für die Aktion 3. Welt-Handel, Hannover (edition aej) 1995.
Arbeitsgemeinschaft Dritte Welt Läden e.V. (Hrsg.): Weltladen-Handbuch. Ein Wegweiser für Mitarbeiter von Weltläden und andere entwicklungspolitisch Interessierte, 3. überarbeitete Auflage, Wuppertal (Peter Hammer Verlag) 1992.
Asbrand, Barbara/Bill, Hans-Christoph: 20.000 mal „s 'Schoklädle" versucht. Fairer Handel mit Gemeinschaftsstand auf dem Evangelischen Kirchentag, in: weltläden extra Nr. 12 (Juli 1999), S. 5.
Asbrand, Barbara: Auf dem Weg zu einer Politisierung. Ein Kommentar zur Teilstudie „Inlandswirkungen des Fairen Handels", in: weltläden aktuell Nr. 79 (Februar 2001), S. 21-22.
Asbrand, Barbara: Kooperation ist das Salz in der Suppe. Ein Bericht vom Gemeinschaftsstand des Fairen Handels auf dem Markt der Möglichkeiten des Evangelischen Kirchentages 1999, in: gepa Infodienst Nr. 2/1999, S. 16-17.
Auf dem Weg zum „McFair"? [Interview mit gepa-Geschäftsführer Meinolf Remmert], in: Der Überblick 32 (1996) Heft 4, S. 113-114.
Augenstein, Johannes: Rechenschaftsbericht für die Mitgliederversammlung der AG3WL. Gremienvertretung bei der AG Nica-Bananen, in: AG3WL-Rundbrief Nr. 38 (Januar 1990), S. 17.
Balsen, Werner/Rössel, Karl: Hoch die internationale Solidarität. Zur Geschichte der Dritte-Welt-Bewegung in der Bundesrepublik, Köln 1986.
Banafair e.V.: Bananen aus Kolumbien im Alternativ-Handel? (Information 02/92), abgedruckt in: AG3WL-Rundbrief Nr. 48 (August 1992), S. 14-15.
Baumann, Josef: OK – Der Ostalbkaffee. Eine regionale Aktion, in: Verbraucher konkret Nr. 4/2001. Sonderausgabe Agenda 21, S. 26-27.
Baumann, Rolf: „Gottes Gerechtigkeit" – Verheißung und Herausforderung für diese Welt, Freiburg i. Br. (Herder) 1989.
Baumgärtner, Ulf: Kleinbauern im Supermarkt. Zur Kritik am „fairen Handel", in: blätter des iz3w Nr. 206 (Juni/Juli 1995), S. 20-22.
Bayerische Dritte Welt Handel e.G. (Hrsg.): 15 Jahre Bayerische Dritte Welt Handel e.G. 1984-1999, Haimhausen o.J. [1999].

Literatur- und Abkürzungsverzeichnis

Bayerische Dritte Welt Handel e.G. (Hrsg.): Fairer Handel – konkrete Schritte auf dem Weg zu einer menschengerechten Wirtschaft, Haimhausen/Andechs 1995.

BDKJ Diözesanverband Bamberg (Hrsg.): Projekt Fairer Handel Erzdiözese Bamberg. Zusammenfassung der Ergebnisse, Manuskript, Bamberg 2003.

BDKJ Limburg/Bischöfliches Ordinariat Referat Weltkirche (Hrsg.): Gemeinsam fair handeln! (Faltblatt), Limburg 1999.

BDKJ/Misereor (Hrsg.): Wie ticken Jugendliche? Sinus-Milieustudie U27, Düsseldorf (Verlag Haus Altenberg) 2008.

Becher, Paul: Einleitung: Entwicklung und Frieden, in: Gemeinsame Synode der Bistümer in der Bundesrepublik Deutschland. Beschlüsse der Vollversammlung. Offizielle Gesamtausgabe I, 2. Aufl., Freiburg/Basel/Wien 1976, S. 459-469.

Bechmann, Ulrike: Verantwortliches Handeln zieht weite Kreise. Anregungen zu politischer Arbeit und zu entsprechenden Aktionen, in: Deutsches Weltgebetstagskomitee (Hrsg.): Miteinander unterwegs. Frauenprojekte des Deutschen Weltgebetstagskomitees, Düsseldorf (Klens) 1998, S. 351-356.

Beck, Christian: Deus caritas est. Sozialethische Anmerkungen zur ersten Enzyklika Papst Benedikts XVI., in: Stimmen der Zeit, Band 223 (2006), Heft 4, S. 219-227.

Bedford-Strohm, Heinrich: Gemeinschaft aus kommunikativer Freiheit. Sozialer Zusammenhalt in der modernen Gesellschaft. Ein theologischer Beitrag, Gütersloh (Kaiser) 1999.

Benedikt XVI.: Enzyklika Deus Caritas est (25. Dezember 2005), Verlautbarungen des Apostolischen Stuhls 171, hrsg. von Sekretariat der Deutschen Bischofskonferenz, Bonn 2006.

Benedikt XVI: Botschaft für die Fastenzeit 2006 vom 29. September 2005, online unter www.dbk.de (aufgerufen 7.2.2006).

„Be professional!" Ein Wettbewerb für Weltläden anlässlich der Fairen Woche, in: weltläden extra Nr. 17 (März 2001), S. 5.

Bergmann, Jürgen/Lindner, Susanne: Der Faire Handel und die Evangelisch-Lutherische Kirche in Bayern. Ein Zwischenbericht im November 2001, online unter: www.ked-bayern.de (aufgerufen vom 10.10.2007).

Bericht des Rates der EKD „Einen andern Grund kann niemand legen" 7. Tagung der 9. Synode der EKD, Abschnitt 1.1, online unter http://www.ekd.de/synode2002/berichte_ekd2.html (aufgerufen am 18.8.2007)

Beschluss der 9. Synode der Evangelischen Kirche in Deutschland auf ihrer 7. Tagung zum Fairen Handel, online unter http://www.ekd.de/synode2002/beschluesse_fairhandeln.html (aufgerufen am 18.8.2007)

Bill, Hans-Christoph: Die unendliche Geschichte? Eine Erklärung zum Scheitern der Kooperationsbemühungen mit gepa, in: weltläden extra Nr. 15 (Juli 2000), S. 7.

Bill, Hans-Christoph: Neues zum Fall „affrassca", in: weltläden extra Nr. 10 (Februar 1999), S. 8.

Bill, Hans-Christoph: Probieren geht über Studieren, in: weltläden aktuell Nr. 79 (Februar 2001), S. 30-31.

Bill, Hans-Christoph: Spenden ist sch...! Warum Spenden dem Fairen Handel schaden – eine Provokation, in: weltläden aktuell Nr. 72 (Januar 1999), S. 5.

Bill: Hans-Christoph: Vier Hochzeiten und ein Todesfall, in: weltläden extra Nr. 14 (Februar 2000), S. 1.

Billmann, Sonja: Vom Mailänder Frauenbuchladen und dem kfd-Grüntee, in: Überblick. Plattform der Räteabeit im Bistum Aachen, Heft 1/05, S. 2-3.

Bischöfliches Generalvikariat Münster (Hrsg.): Diözesanforum Münster. Beratungs- und Beschlussergebnisse der Kommissionen, Münster 1989.

Bischöfliches Hilfswerk Misereor e.V. (Hrsg.): Aktionsheft 2006. Materialien zur Fastenaktion, Aachen 2006.

Bischöfliches Ordinariat [Würzburg] Hauptabteilung Seelsorge (Hrsg.): Einsatz für weltweite Gerechtigkeit und Frieden (Pastoraler Dialog im Bistum Würzburg: Gespräche. Ergebnisse. Aufgaben Nr. 12), Würzburg o.J. [1995].

Bischöfliches Ordinariat Regensburg (Hrsg.): Diözesanforum Regensburg Dokumentation der 2. Vollversammlung, Regensburg 1996.

Bischöfliches Ordinariat Regensburg (Hrsg.): Glauben kann Kreise ziehn. Diözesanforum 1994/95. Rückmeldungen – Statistik – Perspektiven, Regensburg 1995.

Literatur- und Abkürzungsverzeichnis

Bischöfliches Ordinariat Rottenburg (Hrsg.): Beschlüsse der Diözesansynode Rottenburg Stuttgart 1985/86: Weitergabe des Glaubens an die kommende Generation, Ostfildern (Schwabenverlag) 1986.

Bischofssynode de iustitia in mundo (1971), zitiert nach: Texte zur katholischen Soziallehre, S. 495-517.

Bistum Aachen (Hrsg.): Abschlussbericht des Gemeinsamen Ausschusses Bistumstag über den Stand der Umsetzung der Beschlüsse des Bistumstages '96. Stand der Beratungen 7.1.1999 – Stand der Umsetzungen 08/2000, Aachen 2000.

Bistum Aachen (Hrsg.): Bistumstag 1996, Weggemeinschaft – Bilanz und Perspektiven 2. Teil: 8.-10. November 1996, Aachen 1997.

Bistum Osnabrück, Sekretariat des Pastoralen Zukunftsgesprächs (Hrsg.): Dokumentation. Versammlung der diözesanen Räte. 17. bis 20. Oktober 1999 in Osnabrück, Osnabrück o.J. [2000].

Boese, Markus/Schößwender, Birgit/u.a.: Agenda-Kaffees – von der Planung bis zur Einführung. Ein Leitfaden für Weltläden und Aktionsgruppen, hrsg. vom Aktionsbündnis Faire Woche 2001, Mainz (Weltladen-Dachverband) 2001.

Boff, Leonardo: Erfahrung von Gnade. Entwurf einer Gnadenlehre, Düsseldorf 1978.

Böhm, Gebhard/Hagelstein, Michael (Hrsg.): Der liebe Gott und das liebe Geld. Das Modell der ökumenischen Entwicklungsgenossenschaft EDCS, Ostfildern 1996.

Böhm, Manfred: Gottes Reich und Gesellschaftsveränderung. Traditionen einer befreienden Theologie im Spätwerk von Leonhard Ragaz, Münster (Edition Liberación) 1988.

Bondolfi, Alberto: Recht und Gerechtigkeit, in: Jean-Pierre Wils/Dietmar Mieth (Hrsg.): Grundbegriffe der christlichen Ethik, Paderborn (Schöningh) 1992, S. 45-63.

Bonner Erklärung von Aktionsgruppen und Weltläden zur gepa-Geschäftspolitik, Bonn 3. Mai 1997, abgedruckt in: weltläden aktuell Nr. 68 (Oktober 1997), S. 23-24.

Bopp, Karl: Barmherzigkeit im pastoralen Handeln der Kirche. Eine symbolisch-kritische Handlungstheorie zur Neuorientierung kirchlicher Praxis, München (Don Bosco) 1998.

Bormann, Franz-Josef: Soziale Gerechtigkeit zwischen Fairness und Partizipation. John Rawls und die katholische Soziallehre, Studien zur theologischen Ethik Bd. 113, Freiburg i. Br./Wien (Herder)/Freiburg Schweiz (Academic Press Fribourg) 2006.

Bowen, Bríd: „Let's go Fair"!, in: European Fair Trade Association (Hrsg.): Fair Trade Jahrbuch. Herausforderung Fairer Handeln 2001-2003, o.O. 2001, S. 22-44

Brief der Soesterberg-Konsultation an die Kirchen Westeuropas, Juni 2002, online u.a. unter www.kairoseuropa.de/fix/Soesterberg-Brief.doc (aufgerufen 4.11.2007); ebenso abgedruckt in: „Wirtschaft im Dienst des Lebens". Ergebnisse einer ökumenischen Konsultation in Soesterberg, epd-Dokumentation 43a/2002, Frankfurt a. M. 2002.

Brot für die Welt (Hrsg.): Multiplikatorenmappe zu CaféPlus (Loseblattsammlung), o.O. [Stuttgart] 2005.

Bruns, Richard: „Seid ihr die Lobby für die Dritte Welt". Die Geschichte El Puentes, in: El Puente (Hrsg.): 25 Jahre gelebte Partnerschaft, Hildesheim o.J. [1997], S. 7-13.

Büchele, Herwig: Christlicher Glaube und politische Vernunft. Für eine Neukonzeption der katholischen Soziallehre, Wien/Zürich (Europaverlag)/Düsseldorf (Patmos) 1987.

BUKO Agrar Koordination/Bananenkampagne (Hrsg.): Bananen. BUKO Agrar Dossier 22, Stuttgart (Schmetterling-Verlag) 2000.

Bundesministerium für wirtschaftliche Zusammenarbeit und Entwicklung (Hrsg.): Zwölfter Bericht zur Entwicklungspolitik der Bundesregierung, Materialien 131, Bonn 2005, online unter: http://www.bmz.de/de/service/infothek/fach/materialien/entwicklpol_bericht.pdf

Bundesministerium für wirtschaftliche Zusammenarbeit und Entwicklung (Hrsg.): Auf dem Weg zur Halbierung der Armut. 2. Zwischenbericht über den Stand der Umsetzung des Aktionsprogramms 2015, BMZ Spezial 088, März 2004, online unter: http://www.bmz.de/de/service/infothek/fach/ spezial/spezial088/spezial088_90.pdf

Bundesstelle der Katholischen Landjugendbewegung Deutschlands KLJB (Hrsg.): Kaffee fair genießen. Ein Aktionshandbuch. Werkbrief für die Landjugend Nr. 91, Rhöndorf (Landjugend Verlag) 1993.

Bussler, Christian/Fonari, Alexander (Hrsg.): Sozial- und Umweltstandards bei Unternehmen. Chancen und Grenzen, München 2005.

Câmara, Hélder: Die Spirale der Gewalt, Graz (Styria) 1970.

Literatur- und Abkürzungsverzeichnis

Câmara, Hélder: Hunger und Durst nach Gerechtigkeit. Reden und Ansprachen, Graz (Styria) 1973.

Câmara, Hélder: Keine Entwicklung ohne die Jugend, Vortrag anläßlich des Kongresses „Jugend und Entwicklung", Salzburg 20. Mai 1970, Wien (Wiener Institut für Entwicklungsfragen) 1970.

Câmara, Hélder: Revolution für den Frieden, Freiburg i.Br. (Herder) 1969, S. 113 – portugiesisches Original: Revolução dentro da paz, Rio de Janeiro 1968.

Chenu, Marie-Dominique: „Kirche der Armen" auf dem Zweiten Vatikanischen Konzil, in: Concilium 13 (1977), S. 232-235.

Chenu, Marie-Dominique: Kirchliche Soziallehre im Wandel. Das Ringen der Kirche um das Verständnis der gesellschaftlichen Wirklichkeit, Fribourg/Luzern (Edition Exodus) 1991.

Clos, Rainer: „Sauberer Kaffee". Nachahmenswerte Kampagne in den Niederlande, in: epd-Entwicklungspolitik 17/1987 (September 1987); ebenfalls abgedruckt in: AG3WL-Rundbrief Nr. 29 (November 1987), S. 12-13.

Codex des kanonischen Rechtes, hrsg. im Auftrag der Deutschen und der Berliner Bischofskonferenz ..., Lat.-dt. Ausgabe, 4. Aufl., Kevelaer (Butzon&Bercker) 1994.

Comblin, José: Gnade, in: Ellacuría, Ignacio/Sobrino, Jon (Hrsg.): Mysterium Liberationis. Grundbegriffe der Theologie der Befreiung, Bd. 2, Luzern (Exodus) 1996, S. 711-724.

Dabrowski, Martin/Fisch, Andreas/Gabriel, Karl/Lienkamp, Christoph: Das Insolvenzrecht für Staaten. Philosophische Begründung – Ökonomische Beurteilung – Sozialethische Bewertung, ICS Schriften Bd. 46, Münster (Lit) 2003.

Das Projekt Fairer Handel. Studie zur Verbreitung des Fairen Handels im Bistum Bamberg, in: Welt & Handel Nr 6/2004, S. 4-6.

[DEAB] Dachverband Entwicklungspolitik Baden-Württemberg e.V. (Hrsg.): Quo vadis Fairer Handel? Discounter Supermärkte Weltläden??? Veranstaltungsdokumentation, Stuttgart 2006.

DeBerri, Edward P./u.a.: Catholic Social Teaching: Our Best Kept Secret, Maryknoll NY (Orbis Books) 1992, 4. Auflage 2003.

Demel, Sabine/Heinz, Hanspeter/Pöpperl, Christian: „Löscht den Geist nicht aus!" Synodale Prozesse in deutschen Diözesen, Freiburg (Herder) 2005.

Der Entwicklungsdienst der Kirche – ein Beitrag für Frieden und Gerechtigkeit in der Welt. Eine Denkschrift der Kammer der Evangelischen Kirche in Deutschland für Kirchlichen Entwicklungsdienst, hrsg. vom Rat der Evangelischen Kirche in Deutschland, Gütersloh 1973.

Der Pakt mit dem Teufel? In: Welt & Handel Nr. 4/2006, S. 5-6.

Deutsche Shell (Hrsg.)/Hurrelmann, Klaus: Jugend 2002. Zwischen pragmatischem Idealismus und robustem Materialismus, 14. Shell-Jugendstudie, Frankfurt am Main (Fischer TB) 2002.

Die deutschen Bischöfe: Gerechter Friede, hrsg. vom Sekretariat der Deutschen Bischofskonferenz, Bonn 2000.

Diedrich, Gabriele: Praxisideen zum Fairen Handel. Ein „Fair"-Führer für Jugendarbeit und Schule, hrsg. von Michael Freitag und Rolf-Peter Cremer im Auftrag von aej und BDKJ, Hannover (edition aej) 2002.

„Die GEPA hat wichtige entwicklungspolitische Akzente gesetzt". Stellungnahmen von Gesellschaftern der 'Gesellschaft zur Förderung der Partnerschaft mit der Dritten Welt, (GEPA), in: epd-Entwicklungspolitik Nr. 7-8/1985 (Dokumentation), S. a-k.

Diehl, Marion: „Faire" Bananen im (Super-)Markt. Chancen und Risiken, in: weltläden aktuell Nr. 67 (Juli 1997), S. 19.

Diözesanes Pastoralforum im Erzbistum Berlin: Christlicher Lebensstil, Typoskript, o.O. [Berlin] o.J.

Diözesanrat der Katholiken der Erzdiözese München und Freising, Sachausschuss Gerechtigkeit, Entwicklung, Frieden (Hrsg.): Wenn Kinder schuften statt spielen. Hintergründe, Informationen und Handlungsmöglichkeiten zum Thema Kinderarbeit, München 2005; auch online unter www.dioezesanrat-muenchen.de (aufgerufen 18.7.2007)

Diözesanrat der Katholiken der Erzdiözese München und Freising/Referat Weltkirche der Erzdiözese München und Freising (Hrsg.): Weltweite Kirche. Quelle der Hoffnung – Verpflichtung zur Gerechtigkeit, München 2004, auch online unter unter www.dioezesanrat-muenchen.de (aufgerufen 20.9.2007)

Diözesansynode Hildesheim 1989/90: Kirche und Gemeinde: Gemeinschaft mit Gott – miteinander – für die Welt, Hildesheim 1990.

Dokument von Puebla: Schlussdokument der 3. Generalversammlung des Lateinamerikanischen Episkopats „Die Evangelisierung Lateinamerikas in Gegenwart und Zukunft", hrsg. vom Sekretariat der Deutschen Bischofskonferenz (Stimmen der Weltkirche, 8), Bonn 1979.
Donk, Ute/Reichertz, Jo: Die Zukunft der Weltläden sichern. Eine empirische Studie zur personellen Struktur und den potentiellen Gestaltungsmöglichkeiten der Weltläden im westlichen Ruhrgebiet, Abschlussbericht, 2002, Uni Essen, Kommunikationswissenschaft. Manuskript,
Dritte Europäische Ökumenische Versammlung: Das Licht Christi scheint auf alle! Sibiu 2007, online unter www.eea3.org (aufgerufen am 3.11.2007)
dwp eG (Hrsg.): für alle das beste. die dwp Genossenschaft, Ravensburg o.J. [2005].
Ebertz, Michael N.: Anschlüsse gesucht. Kirche zwischen individueller Wahl und gruppenspezifischen Verbindlichkeiten. Ergebnisse einer neuen Milieu-Studie, in: Herder Korrespondenz 60 (2006), S. 173-177.
Eicher, Peter: Von der Gnadenlehre zur Theologie der Befreiung, in: Ders. (Hrsg.): Neue Summe Theologie, Band 2: Die neue Schöpfung, Freiburg i. B. (Herder 1989, S. 237-271.
Eichinger, Werner: „Strukturen der Sünde". Zur theologischen Argumentation von Sollicitudo rei socialis, in: Gabriel, Karl/Klein, Wolfgang/Krämer, Werner (Hrsg.): Die gesellschaftliche Verantwortung der Kirche. Zur Enzyklika Sollicitudo rei socialis, Reihe Arbeiterbewegung und Kirche Bd. 9, Düsseldorf (Patmos) 1988, S. 117-136.
Eine-Welt-Netz NRW e.V. (Hrsg.): Evaluation des Gründungs- und Professionalisierungspotenzials von Weltläden in NRW, erarbeitet von der Wirtschafts- und Organisationsberatung Hartmann Solingen, Düsseldorf 2005. (online zugänglich unter www.eine-welt-netz-nrw.de, aufgerufen 11.1.2008)
Eine-Welt-Netz NRW e.V. (Hrsg.): Gender im Fairen Handel. Themenheft der Kampagne „Wir handeln fair. NRW", Düsseldorf 2003.
Eine Welt Netzwerk Bayern e.V. (Hrsg.): bio – regional – fair. Initiative für Ernährung, soziale Entwicklung und Verantwortung in der globalisierten Welt, 2. Auflage, Augsburg 2005; auch online unter www.fairhandeln-bayern.de (aufgerufen 20.10.2007)
EKD und Dritte Welt. Synode der Evangelischen Kirche in Deutschland 1986 zum Thema „Entwicklungsdienst als Herausforderung und Chance". Referate und Beschlüsse (texte 37), Stuttgart (Verlag Dienste in Übersee) 1987.
El Puente (Hrsg.): Agenda-Kaffee. Der Wegweiser. Fairer Kaffee in Ihrer Stadt [Faltblatt], Nordstemmen o.J..
El Rojito (Hrsg.): Der Alternative Handel. Zur politischen Verortung des alternativen Kaffeehandels. Vergangenheit, Gegenwart und Zukunft des Alternativen Handels im Spannungsfeld zwischen politischem Anspruch und ökonomisch-praktischen Umsetzungsproblemen. Ein Arbeitspapier, Hamburg Februar 2001 (veröffentlicht auf www.el-rojito.de).
El Rojito: Transfair-Kaffee: Der sozialdemokratische Wolf im humanistischen Schafspelz. oder: Wie sich „Dritte-Welt-Läden" vor einen falschen Karren spannen lassen, in: epd-entwicklungspolitik Nr. 15/1994, Seiten m-n und h.
Entwicklungspolitische Dokumente 4, hrsg. von Klaus Lefringhausen und Friedhelm Merz, Wuppertal (Jugenddienst-Verlag), 1973.
Entwurf eines pädagogisch-politischen Konzepts für die Kaffeekampagne, in: AG3WL-Rundbrief Nr. 41 (Oktober 1990), S. 46-47.
Erste Europäische Ökumenische Versammlung: Frieden in Gerechtigkeit, Basel 1989, online unter http://oikoumene.net/home/regional/basel/index.html (aufgerufen am 3.11.2007).
Europäisches Parlament: Entschließung des Europäischen Parlaments zu fairem Handel und Entwicklung, 6. Juli 2006 [2005/2245(INI); P6_TA(2006)0320].
Evangelische Kirche im Rheinland, Landeskirchenamt (Hrsg.): „Wirtschaften für das Leben". Stellungnahme zur wirtschaftlichen Globalisierung und ihren Herausforderungen für die Kirchen. Ergebnisse der Landessynode 2008, Textheft, Düsseldorf, Mai 2008, auch online verfügbar unter www.ekir.de/globalisierung (aufgerufen 28.11.2008)
Evangelische Kirche von Westfalen – Landessynode 2004: Stellungnahme zum Soesterberg-Brief. Wirtschaft im Dienst des Lebens. 1. (ordentliche) Tagung der 15. Westfälischen Landessynode vom 15. bis 19. November 2004.

Evangelischer Entwicklungsdienst/Forum Umwelt & Entwicklung (Hrsg.): Die Reform der EU-Zuckermarktordnung. Eine Einführung aus agrar- und entwicklungspolitischer Sicht, Bonn/Berlin 2004, online zugänglich unter www.eed.de (aufgerufen 9.1.2008)

Evangelisch-Lutherische Kirche in Bayern: Stellungnahme zum Soesterberg-Brief „Wirtschaft im Dienst des Lebens" (12.07.2005), online zugänglich unter www.bayern-evangelisch.de/web/download/ Stellungnahme_LKR_Soesterberg.pdf (aufgerufen 11.2.2008)

Evangelisch-Lutherische Landeskirche Mecklenburgs: „... damit die Globalisierung dem Leben dient", Erklärung der Synode der Evangelisch-Lutherischen Landeskirche Mecklenburgs vom 31. März 2007 (online unter http://www.kirche-mv.de/Globalisierung-Erklaerung.10285.0.html; auszugsweise auch dokumentiert in: eins Entwicklungspolitik, Nr. 13-14-2007, Dossier: Der G8-Gipfel 2007. Einschätzung aus kirchlicher Sicht, S. XV.

Fair Future. Begrenzte Ressourcen und globale Gerechtigkeit. Ein Report, hrsg. vom Wuppertal Institut für Klima, Umwelt, Energie, München (Beck) 2005.

Faire Woche Bündnis (Hrsg.): Faire Woche Dokumentation, Köln o.J. [ca. 2002];

Fairer Kaffee-Handel. Ein Programm zur Unterstützung von Kleinbauern, in: AG3WL-Rundbrief Nr. 43 (Februar 1991), S. 73-75.

Fairer Kaffee-Handel. Ein Programm, in: AG3WL-Rundbrief Nr. 41 (Oktober 1990), S. 44-45.

FINE (Hrsg.): FINE-Grundlagenpapier zum Fairen Handel. Gemeinsame inhaltliche Grundlagen der europäischen Fair-Handels-Bewegung, online unter: www.forum-fairer-handel.de (aufgerufen am 11.3.2007).

Foitzik, Alexander: Dritte-Welt-Arbeit: Was christliche Gruppen leisten, in: Herder-Korrespondenz 50 (1996), S. 64-66.

Fonari, Alexander: Unternehmensverantwortung und Global Compact, in: Fonari, Alexander/Stamm, Norbert/Wallacher, Johannes (Hrsg.): Runder Tisch Bayern: Sozial- und Umweltstandards bei Unternehmen, Augsburg/München 2006, S. 61-79.

Forum Fairer Handel (Hrsg.): Die Wirkungen des Fairen Handels. Veranstaltungsdokumentation, Mainz 2005.

Forum Fairer Handel (Hrsg.): Dokumentation Faire Woche 2005, o.O. o.J. [ca. 2006].

Forum Fairer Handel (Hrsg.): Fair Trade Kongress: Fair ist mehr! Mit Fairem Handel zum Wandel, Dokumentation, Mainz 2007, auch online zugänglich unter www.forum-fairer-handel.de

Forum Fairer Handel (Hrsg.): Fairer Handel in Deutschland 2007 – weiter auf Erfolgskurs!, in: www.forum-fairer-handel.de (aufgerufen 22.11.2008).

Forum Fairer Handel (Hrsg.): Forderungen des Fairen Handels an die Welthandelspolitik, Mainz o.J. [2005], auch online zugänglich unter www.forum-fairer-handel.de

Forum Fairer Handel (Hrsg.): Herausforderungen des Fairen Handels durch neue Akteure wie Transnationale Unternehmen und Discounter. Wie wirkt sich die Ausweitung des Fairen Handels auf seine Zielgruppen aus? Tagungsdokumentation, Mainz 2006, S. 4-5, auch online zugänglich unter www.forum-fairer-handel.de (aufgerufen 10.2.2008)

Forum Fairer Handel (Hrsg.): Monitoring- und Zertifizierungssysteme im Fairen Handel. Dokumentation, Informationsveranstaltung, 16. Juni 2004 in Bonn, Mainz 2004.

Forum Fairer Handel (Hrsg.): Was ist ein fairer Preis? Veranstaltungsdokumentation, Mainz 2005.

Forum Fairer Handel mit hauptamtlicher Koordinatorin [Interview], in: Welt & Handel Nr. 8/2004, S. 6.

Frieauff, Markus: „You say we need an institution, well, you know: we'd all love to see the plan", in: AG3WL-Rundbrief Nr. 50 (Januar 1993), S. 5-8.

Frieauff, Markus: AG Kleinbauernkaffee gegründet. Bericht von der Gründungssitzung der AG Kleinbauernkaffee, in: AG3WL-Rundbrief Nr. 45 (Dezember 1991), S. 33.

Frieauff, Markus: AG3WL und die Initiative „Sauberer Kaffee" – rein oder nicht rein?, in: AG3WL-Rundbrief Nr. 44 (April 1991), S. 13-16.

Frieauff, Markus: Kurzer Kommentar von AG3WL/rsk zur Bonner Erklärung, in: weltläden aktuell Nr. 68 (Oktober 1997), S. 22.

Frieauff, Markus: Rein oder nicht rein? Die Geschichte der Beschäftigung der Weltläden mit TransFair. Ein Rückblick, in: weltläden aktuell Nr. 96 (Juli 2006), S. 56-61.

Fuchs, Heinz: Fairer Handel und Multinationale Konzerne. Geht das zusammen? Und wenn ja – wie? In: Welt & Handel Nr. 10/2008, S. 4.

Fuchs, Ottmar/Hünermann, Peter: Theologischer Kommentar zum Dekret über den Dienst und das Leben der Presbyter Presbyterorum ordinis, in: Hünermann, Peter/Hilberath, Bernd Jochen (Hrsg.): Herders Theologischer Kommentar zum Zweiten Vatikanischen Konzil, Band 4, Freiburg i. Br. (Herder) 2005, 337-580.

Fuchs, Ottmar: „Umstürzlerische" Bemerkungen zur Option der Diakonie hierzulande, in: Caritas '85. Jahrbuch des Deutschen Caritasverbandes, Freiburg o.J.[1984], S. 18-40.

Fuchs, Ottmar: Das jüngste Gericht. Hoffnung auf Gerechtigkeit, Regensburg (Pustet) 2007.

Fuchs, Ottmar: Das Wesen der Erinnerung. Der Grundzug christlichen Sprechens von und mit Gott, in: Thomas Auchter/Michael Schlagheck (Hrsg.), ... über Erinnern und Vergessen. Theologie und Psychologie im Dialog über Erinnern und Vergessen, Paderborn 2004, S. 13-91.

Fuchs, Ottmar: Dass Gott zur Rechenschaft gezogen werde – weil er sich weder gerecht noch barmherzig zeigt? Überlegungen zu einer Eschatologie der Klage, in: Scoralick, Ruth (Hrsg.): Das Drama der Barmherzigkeit Gottes. Studien zur biblischen Gottesrede und ihrer Wirkungsgeschichte in Judentum und Christentum, Stuttgarter Bibelstudien 183, Stuttgart 2000, S. 11-32.

Fuchs, Ottmar: Die „Zukunft des Bürgerschaftlichen Engagements". Einige Anmerkungen zum Bericht der Enquete-Kommission des Deutschen Bundestags, in: Orientierung 66 (2002) 21 und 22, S. 230-233 bzw. S. 244-248.

Fuchs, Ottmar: Die Eigenheit des christlichen Gottesglaubens in und gegenüber seiner ethischen Dimension, in: Bulletin Europäische Theologie 9 (1998), S. 75-89.

Fuchs, Ottmar: Die Identität der Schulpastoral im Spannungsfeld von staatlicher Bildung, kirchlicher Mission und solidarischer Gesellschaft, in: Biesinger, Albert/Schmidt, Joachim (Hrsg.), Schulpastoral an beruflichen Schulen (gott – leben – beruf, Schriften des Institutes für berufsorientierte Religionspädagogik, Bd. 4), Tübingen 2006, S. 10-29.

Fuchs, Ottmar: Doppelte Subjektorientierung in der Memoria Passionis. Elemente einer Pastoraltheologie nach Auschwitz, in: Fuchs, Ottmar/Boschki, Reinhold/Frede-Wenger, Britta (Hrsg.): Zugänge zur Erinnerung. Bedingungen anamnetischer Erfahrung. Studien zur subjektorientierenden Erinnerungsarbeit, Münster (Lit) 2001, 309-345.

Fuchs, Ottmar: Es wird uns leid tun! Plädoyer für eine Schärfung des Glaubens im Horizont der Solidarität, in: Mette, Norbert/Weckel, Ludger/Wintels, Andreas (Hrsg.): Brücken und Gräben. Sozialpastorale Impulse und Initiativen im Spannungsfeld von Gemeinde und Politik (Theologie und Praxis 6) Münster 1999, S. 191-204.

Fuchs, Ottmar: Gnadenjahr ist jedes Jahr. Überlegungen zur Globalisierung und Radikalisierung christlicher und kirchlicher Existenz, in: Fuchs, Ottmar (Hrsg.): Pastoraltheologische Interventionen im Quintett. Zukunft des Evangeliums in Kirche und Gesellschaft, Münster (Lit) 2001, S. 97-152.

Fuchs, Ottmar: Gott hat einen Zug ins Detail. „Inkulturation" des Evangeliums hierzulande, in: Fuchs, Ottmar/Greinacher, Norbert/Karrer, Leo/Mette, Norbert/Steinkamp, Hermann (Hrsg.): Das Neue wächst. Radikale Veränderungen in der Kirche, München 1995, S. 55-95.

Fuchs, Ottmar: Heilen und befreien. Der Dienst am Nächsten als Ernstfall von Kirche und Pastoral, Düsseldorf (Patmos) 1990.

Fuchs, Ottmar: Kirche für andere. Identität der Kirche durch Diakonie, in: Concilium 24 (1988) 4, S. 281-289.

Fuchs, Ottmar: Neue Wege einer eschatologischen Pastoral, in: Theologische Quartalschrift 179 (1999), S. 260-288.

Fuchs, Ottmar: Solidarität und Glaube, in: Caritas '99. Jahrbuch des Deutschen Caritasverbandes, Freiburg 1998, S. 19-35.

Fuchs, Ottmar: Wegmarkierungen in die Zukunft. Demokratisierung als Identitätsvollzug der Kirche, in: Inhoffen, Peter/Remele, Kurt/Saringer, Ulrike (Hrsg.): Demokratische Prozesse in den Kirchen? Konzilien, Synoden, Räte, Graz/Wien/Köln 1998, S. 178-211.

Fuchs, Ottmar: Wider das Totschweigen des politischen Kampfes! In: Bucher, Rainer/Krockauer, Rainer (Hrsg.): Pastoral und Politik. Erkundungen eines unausweichlichen Auftrags, Werkstatt Theologie Band 7, Münster/Wien (Lit) 2006, S. 335-353.

Fuchs, Peter/Plank, Leonhard: Rechenschaft beruht auf Pflichten, in: E+Z Entwicklung und Zusammenarbeit 48 (2007), Heft 4, S. 147-149.

Führ, Vivien/Henselmann, Bernhard: Earthlink-Kampagne 'Aktiv gegen Kinderarbeit', in: Fonari, Alexander/Führ, Vivien/Stamm, Norbert (Hrsg. für Eine Welt Netzwerk Bayern e.V.): Kommunen und Eine Welt. Nachhaltigkeit in der öffentlichen Beschaffung, Augsburg 2006, S. 51-53, online zugänglich unter www.eineweltnetzbayern.de/globalisierung/ (aufgerufen 10.2.2008)

Für eine Zukunft in Solidarität und Gerechtigkeit. Wort des Rates der Evangelischen Kirche in Deutschland und der Deutschen Bischofskonferenz zur wirtschaftlichen und sozialen Lage in Deutschland (hrsg. vom Kirchenamt der Evangelischen Kirche in Deutschland und vom Sekretariat der Deutschen Bischofskonferenz), Bonn/Hannover 1997.

Fütterer, Andrea: [Editorial], in: Forum Fairer Handel (Hrsg.): Die Wirkungen des Fairen Handels. Veranstaltungsdokumentation, Mainz 2005, S. 3.

Gabriel, Karl: Kirchliche Sozialverkündigung im Umbruch der Sozialform des neuzeitlichen Katholizismus. Wissenssoziologische Anmerkungen zur Enzyklika, in: Gabriel, Karl/Klein, Wolfgang/Krämer, Werner (Hrsg.): Die gesellschaftliche Verantwortung der Kirche. Zur Enzyklika Sollicitudo rei socialis, Reihe Arbeiterbewegung und Kirche Band 9, Düsseldorf (Patmos) 1988, S. 71-84.

Ganoczy, Alexandre: Aus seiner Fülle haben wir alle empfangen. Grundriss der Gnadenlehre, Düsseldorf (Patmos) 1989.

Gemeinwohl und Eigennutz – Wirtschaftliches Handeln in Verantwortung für die Zukunft. Eine Denkschrift der Evangelischen Kirche in Deutschland, im Auftrag des Rates der Evangelischen Kirche in Deutschland hrsg. vom Kirchenamt der EKD, 2. Aufl., Gütersloh 1991.

[GEPA]: 30 Jahre Geschichte und Geschichten der Produzenten. 12 Monate – 12 Aktionen – 12 x Kultur und Genuss, in: GEPA aktuell Nr. 1 (März) 2005, S. 8-9/Nr. 2 (Mai) 2005, S. 2-3 sowie Nr. 4 (November) 2005, S. 2-4.

[GEPA]: Kapazitäten entfalten und stärkeres politisches Gewicht erzielen. gepa-Stellungnahme zur Idee der Gründung einer Arbeitsgemeinschaft des Fairen Handels, in: Welt & Handel Nr. 9/1999, S. 2 und 6.

GEPA (Hrsg.): Zielsetzung und Kriterien der gepa für entwicklungskonforme(n) Produktion und Handel, verabschiedet von der gepa-Gesellschafterversammlung (GV) am 12.05.1993, online unter: http://www.gepa.de/download/gepa_Handelskriterien.pdf (aufgerufen 19.3.2007)

gepa Fair Handelshaus (Hrsg.): Aktion „gepa-Agenda-Kaffee". Ein Leitfaden für die Einführung von gepa-Agenda-Kaffee, Wuppertal o.J.

gepa Fair Handelshaus (Hrsg.): Bausteine zur Professionalisierung von Weltläden, Wuppertal 1997.

gepa Fair Handelshaus (Hrsg.): Fair forever – 30 Jahre gepa. Partnerschaft mit Zukunft, Wuppertal 2005.

GEPA The Fair Trade Company/FAIR Handelshaus Bayern eG (Hrsg.): Wegweiser für Aktionsgruppen im Fairen Handel. Einsteigen – Aufsteigen – Umsteigen, Wuppertal 2008.

GEPA/A3WH (Hrsg.): Wer den Menschen das Korn stiehlt, verwandelt das Brot in Hunger. Materialien zur Getreideaktion, Schwelm 1983.

GEPA: Kriterienkatalog der GEPA zur Auswahl der Produzenten und Produkte (Beschluss vom 14.10.1977), in: Alternativ Handeln Nr. 7 (Juni 1981), S. 33-34.

Gerechte Teilhabe – Befähigung zu Eigenverantwortung und Solidarität. Eine Denkschrift des Rates der EKD zur Armut in Deutschland. Im Auftrag des Rates der Evangelischen Kirche (EKD) hrsg. vom Kirchenamt der EKD, Gütersloh (Gütersloher Verlagshaus) 2006.

Gerechtigkeit jetzt! – Die Welthandelskampagne: Zu wessen Nutzen? Wie das Welthandelssystem umgestaltet werden muss, damit es den Menschen und der Umwelt nützt [Basisdokument,], online unter www.gerechtigkeit-jetzt.de/downloads/gj_basisdokument.pdf (aufgerufen 11.1.2008)

Geschäftsstelle für das Bamberger Pastoralgespräch (Hrsg.): Arbeitsbuch zum 1. Diözesanforum. Zusammenfassung der Eingaben und Stellungnahmen zum Bamberger Pastoralgespräch, Bamberg 1998.

Geschäftsstelle für das Bamberger Pastoralgespräch (Hrsg.): Arbeitsbuch III. Vorläufige Anträge der Arbeitsgruppen zum 2. Diözesanforum. 4.-7. November 1999 [Bamberg 1999].

Geschäftsstelle für das Bamberger Pastoralgespräch (Hrsg.): Beschlüsse des Diözesanforums und Stellungnahmen des Erzbischofs, o.O [Bamberg] o.J. [2000].

Geßler, Katrin Simone: Zwischen Konkurrenz und Konzertierung. Entwicklung und Perspektiven der deutschen Fair-Handels-Akteure, unveröffentlichte Diplomarbeit im Studiengang Sprachen, Wirtschafts- und Kulturraumstudien der Universität Passau, Passau 2001.

Glatzel, Norbert: Solidarität als bestimmendes Prinzip der Diakonie, in: Ders./Pompey, Heinrich (Hrsg.): Barmherzigkeit oder Gerechtigkeit? Zum Spannungsfeld von christlicher Sozialarbeit und christlicher Soziallehre, Freiburg i. Br. (Lambertus) 1991, 99-109.

Glöge, Michael: Kriterien für Alternativen Handel – Darum! In: Info-Brief PRO Sechs (September 1997)

Glöge, Michael/Heidmann, Helga/Kuhn, Veronika/May, Georg/Rieger, Susanne: Totgesagte leben länger, oder: Weshalb die Aktion Dritte Welt Handel (A3WH) und die AG3WL noch lange nicht politisch am Ende sind, in: FORUM entwicklungspolitischer Aktionsgruppen Nr. 159 (Februar/März 1992), S. 24-26.

Goldstein, Horst: Art. Gnade, in: Ders.: Kleines Lexikon zur Theologie der Befreiung, Düsseldorf (Patmos) 1991, S. 83-85.

Grass, Eva-Maria: Der Frauenbund-Kaffee, in: KDFB engagiert Heft 3/2003, S. 25.

Greifenhahn, Claudia: Strukturieren statt resignieren. Die F.A.I.R.E., eine mitgliedereigene Genossenschaft im Osten, in: Welt & Handel Nr. 2/1998, S. 2.

Greinacher, Norbert: Praktische Theologie als kritische Theorie kirchlicher Praxis in der Gesellschaft, in: Theologische Quartalschrift 168 (1988), S. 283-299.

Greshake, Gisbert: Gnade – Geschenk der Freiheit. Eine Hinführung, Kevelaer (Topos plus) 2004.

Greshake, Gisbert: Signale des Glaubens. Gnade neu bedacht, Freiburg i. Br. (Herder) 1980.

Groß, Walter: Die alttestamentlichen Gesetze zu Brache-, Sabbat-, Erlaß- und Jubeljahr und das Zinsverbot, in: Theologische Quartalschrift 179 (2000), S. 1-15.

Gutiérrez, Gustavo: Das Konzil und die Kirche in der Welt der Armut, in: Fuchs, Gotthard/Lienkamp, Andreas (Hrsg.): Visionen des Konzils. 30 Jahre Pastoralkonstitution „Die Kirche in der Welt von heute", Münster (Lit) 1997, S. 169-173.

Gutiérrez, Gustavo: Die Armen und die Grundoption, in: Ellacuría, Ignacio/Sobrino, Jon (Hrsg.): Mysterium Liberationis. Grundbegriffe der Theologie der Befreiung, Band 1, Luzern (Exodus) 1996, S. 293-311.

Gutiérrez, Gustavo: Die historische Macht der Armen, München-Mainz (Kaiser, Grünewald) 1984.

Hadwiger, Peter: Fedecocagua – Nagelprobe des Alternativen Handels, in: Alternativ Handeln Nr. 9 (Mai 1982), S. 45-46.

Haferkamp, Rose/Hansen, Roland: Öko-fair tragen. Kleidung für eine nachhaltige Zukunft, hrsg. vom Bundesvorstand der KLJB Deutschlands e.V., Bad Honnef-Rhöndorf (Landjugendverlag) 1998.

Haker, Hille: „Compassion" als Weltprogramm des Christentums?, in: Concilium (D), Heft 4/2001: Auf der Suche nach universalen Werten, S. 436-450.

Haller, Daniel: „Boykottiert die Kaffeekonzerne". Die Avantgarde macht eine Aktion, um die Logistik kümmert sie sich nicht, in: Alternativ Handeln Nr. 8 (Dezember 1981), S. 14-15; 18-19.

Handel contra Entwicklung? Welthandelspolitik im Spiegel der Interessen des Südens, Dritte Welt-Information Heft 9-10/2005, hrsg. vom Verein zu Förderung der entwicklungspolitischen Publizistik e.V., Frankfurt am Main 2005.

Hansen, Roland: Gesponnen und gewonnen. Von der Kampagne Öko-fair tragen zur LamuLamu-Kollektion, hrsg. vom Bundesvorstand der KLJB Deutschlands e.V., Bad Honnef-Rhöndorf (Landjugendverlag) 2001.

Hansen, Roland: Konkrete Gewinne für die Hersteller der „LamuLamu Kollektion". KLJB zieht Bilanz nach drei Jahren „Öko-fair tragen", in: Welt & Handel Nr. 9/2001, S. 2.

Haslinger, Herbert/u.a.: Praktische Theologie – eine Begriffsbestimmung in Thesen, in: Haslinger Herbert (Hrsg.): Handbuch Praktische Theologie, Band 1, Mainz (Grünewald) 1999, S. 386-397.

Haslinger, Herbert/u.a.: Zu Selbstverständnis und Konzept dieser Praktischen Theologie, in: Haslinger Herbert (Hrsg.): Handbuch Praktische Theologie, Band 1, Mainz (Grünewald) 1999, S. 19- 36.

Haslinger, Herbert: Diakonie zwischen Mensch, Kirche und Gesellschaft. Eine praktisch-theologische Untersuchung der diakonischen Praxis unter dem Kriterium des Subjektseins des Menschen, Würzburg (Echter) 1996.

Hecke, Bernward: 25 Jahre Aktion Dritte Welt Handel. Ein Lernfeld zwischen Politik, Pädagogik und Handel, unveröffentlichte Diplomarbeit am Fachbereich Erziehungswissenschaft der Universität Münster, Münster 1996.

Heimbach-Steins, Marianne (Hrsg.): Christliche Sozialethik. Ein Lehrbuch, 2 Bände, Regensburg (Pustet) 2004/2005.

Heinrichs, Gerhard: Das „Aroma der Hoffnung". Aktion Partnerkaffee gegen Ungerechtigkeit und Armut, in: Sonntagsblatt Oberfranken und Unterfranken, 56. Jahrgang (2001), Nr. 1, S. 17-18.

Heinrichs, Gerhard: Getrennt verkaufen, gemeinsam helfen. Mit Aschaffenburger und Würzburger Partnerkaffee gegen Ungerechtigkeit und Armut, in: Würzburger katholisches Sonntagsblatt, 147. Jahrgang (2000), Heft. 43, S. 16-17.

Heinz, Hanspeter/Pöpperl, Christian: Gut beraten? Synodale Prozesse in deutschen Diözesen, in: Herder Korrespondenz 58 (2004), S. 302-306.

Hengsbach, Friedhelm/Emunds, Bernhard/Möhring-Hesse, Matthias: Ethische Reflexion politischer Glaubenspraxis. Ein Diskussionsbeitrag, in: Hengsbach, Friedhelm/Emunds, Bernhard/Möhring-Hesse, Matthias (Hrsg.): Jenseits Katholischer Soziallehre. Neue Entwürfe christlicher Gesellschaftsethik, Düsseldorf (Patmos) 1993, S. 215-291.

Hengsbach, Friedhelm: Der Umbau katholischer Soziallehre in eine Ethik sozialer Bewegungen, in: Aus Politik und Zeitgeschichte B20/1991, S. 16-27.

Herbst, Ingo/Nickoleit, Gerd/u.a.: A3WH – Im Spannungsfeld zwischen Politik und Selbstzerfleischung, in: AG3WL-Rundbrief Nr. 41 (Oktober 1990), S. 32-37.

Heuer, Ludger: Kaffee verkaufen und dabei Gutes tun. Der Verein „Würzburger Partnerkaffee fördert Projekte in Tansania, in: Monatsgruß für die Gemeinden des Evangelisch-Lutherischen Dekanats Würzburg, Würzburg 1999, S. 6-7.

Heuer, Ludger: Würzburger Partnerkaffee e.V. gestartet. In: Heilung und Heil 1999, Heft 1, S. 29-30.

Hilberath, Bernd Jochen: Gnadenlehre, in: Schneider, Theodor (Hrsg.): Handbuch der Dogmatik Bd. 2, Düsseldorf 1992, S. 3-46.

Hilberath, Bernd-Jochen: Ein hohes Lied der Liebe, in: Theologische Quartalschrift 186 (2006), S. 160-161.

Hissel, Jan/Wilkens, Klaus: Konzept Kaffee-Kampagne in der Bundesrepublik Deutschland, Manuskript 11 S., Wuppertal/Hannover Februar 1990.

Hissel, Jan: Kaffee aus Nicaragua. Ein unverwechselbares Warenzeichen, in: Alternativ Handeln Nr. 13 (April 1984), S. 24-26.

Hissel, Jan: Kaffee. Ein anregendes Getränk für wen? In: Alternativ Handeln Nr. 14 (Oktober 1984), S. 10-13.

Hobelsberger, Hans: Jugendpastoral des Engagements. Eine praktisch-theologische Reflexion und Konzeption des sozialen Handelns Jugendlicher. Studien zur Theologie und Praxis der Seelsorge Band 67, Würzburg (Echter) 2006.

Höffe, Otfried: Einführung in Rawls' Theorie der Gerechtigkeit, in: Ders. (Hrsg.): John Rawls. Eine Theorie der Gerechtigkeit (Reihe: Klassiker Auslegen Bd. 15), Berlin (Akademie Verlag) 1998, S. 3-26.

Höffe, Otfried: Gerechtigkeit. Eine philosophische Einführung, München (Beck) 2001.

Holtz, Uwe: Abschied von der Gießkanne. Stationen aus 50 Jahren deutscher Entwicklungspolitik, in: eins Entwicklungspolitik Nr. 23-24/2006, S. 32-36.

Holzbrecher, Alfred: Dritte Welt-Öffentlichkeitsarbeit als Lernprozeß. Zur politischen und pädagogischen Praxis von Aktionsgruppen, Friedenskonzepte Bd. 2, Frankfurt (Haag+Herchen) 1978.

Horn, Dirk: Die Profilierungskampagne in der Aktion Dritte Welt Handel, unveröffentlichte Diplomarbeit, Frankfurt 1994.

Horn, Dirk: Erste Ergebnisse der bundesweiten Fragebogenaktion, in: AG3WL/rsk (Hrsg.): Info-Brief PRO vier (Dezember 1994), S. 1.

Hötzel, Peter: Die Aktion Dritte Welt Handel, Broschürenreihe BRD und ‚Dritte Welt', Heft 26, hrsg. von Reinhard Pohl, Kiel (Magazin-Verlag) 1986.

Hübner, Jörg: Globalisierung – Herausforderung für Theologie und Kirche. Perspektiven für eine menschengerechte Weltwirtschaft, Stuttgart (Kohlhammer) 2003 .

Hübner, Jörg: Globalisierung mit menschlichem Antlitz. Einführung in die Grundfragen globaler Gerechtigkeit, Neukirchen (Neukirchener Verlag) 2004.

Literatur- und Abkürzungsverzeichnis

Hübner, Jörg: Plädoyer für eine neue Entwicklungsdenkschrift. Normative Grundlagen für die kirchliche Entwicklungszusammenarbeit unter den Bedingungen der Globalisierung, in: eins Entwicklungspolitik Nr. 15-16/2007, S. 57-59.

Hübner, Jörg: Tue Gutes und rede davon! – Mikrokreditprogramme als Beispiel für eine nachhaltige Gestaltung des globalen Finanzmarktes – Ethische Analysen und ökonomische Perspektiven, in: Ökumenische Rundschau 54, Heft 3/2005, S. 296-313.

Hünermann, Peter: Kirche – Gesellschaft – Kultur. Zur Theorie katholischer Soziallehre, in: Mieth, Dietmar (Hrsg.): Christliche Sozialethik im Anspruch der Zukunft. Tübinger Beiträge zur Katholischen Soziallehre, Studien zur theologischen Ethik Bd. 41, Freiburg i. Br. (Herder)/Freiburg i. Ue. (Universitätsverlag) 1992, S. 39-76.

Infomarkt 3. Welt/Rau, Albert: GEPA-Kaffee-Verkaufsaktion in KUPSCH-Lebensmittelmärkten in Würzburg durch den Arbeitskreis „Unser Konsum und die 3. Welt" und den Würzburger 3.Welt-Laden, in: AG3WL-Rundbrief Nr. 41 (Oktober 1990), S. 48-50.

Ipaktschi, Sussan: Fairer Handel und Multis – das passt nicht so recht! In: Welt & Handel Nr. 10/2008, S. 5.

Janowski, Bernd: Der barmherzige Richter. Zur Einheit von Gerechtigkeit und Barmherzigkeit im Gottesbild des Alten Orients und des Alten Testaments, in: Scoralick, Ruth (Hrsg.): Das Drama der Barmherzigkeit Gottes. Studien zur biblischen Gottesrede und ihrer Wirkungsgeschichte in Judentum und Christentum, Stuttgarter Bibelstudien 183, Stuttgart 2000, S. 33-91.

Johannes Paul II.: Apostolisches Schreiben Tertio millennio adveniente zur Vorbereitung auf das Jubeljahr 2000 (1994), Verlautbarungen des Apostolischen Stuhls 119, hrsg. von Sekretariat der Deutschen Bischofskonferenz, Bonn 1994.

Johannes Paul II.: Enzyklika Centesimus annus (1991), zitiert nach: Texte zur katholischen Soziallehre, S. 689-764.

Johannes Paul II.: Enzyklika Laborem exercens (1981), zitiert nach: Texte zur katholischen Soziallehre, S. 529-601.

Johannes Paul II.: Enzyklika Redemptor hominis, Verlautbarungen des Apostolischen Stuhls 6, hrsg. von Sekretariat der Deutschen Bischofskonferenz, Bonn 1979.

Johannes Paul II.: Enzyklika Redemptoris missio über die fortdauernde Gültigkeit des missionarischen Auftrags (1990), Verlautbarungen des Apostolischen Stuhls 100, hrsg. von Sekretariat der Deutschen Bischofskonferenz, Bonn 1991.

Johannes Paul II.: Enzyklika Sollicitudo rei socialis (1987), zitiert nach: Texte zur katholischen Soziallehre, S. 619-687.

Johannes Paul II.: Rundschreiben Salvifici doloris über den christlichen Sinn des menschlichen Leidens (1984), Verlautbarungen des Apostolischen Stuhls 53, hrsg. von Sekretariat der Deutschen Bischofskonferenz, Bonn 1984.

Johannes XXIII.: Enzyklika Mater et magistra (1961), zitiert nach: Texte zur katholischen Soziallehre, S. 171-240.

Jung, Dorothee: Der faire Preis im FLO-System, in: Forum Fairer Handel (Hrsg.): Was ist ein fairer Preis? Veranstaltungsdokumentation, Mainz 2005, S. 10-13

Kant, Immanuel: Beantwortung der Frage: Was ist Aufklärung? In: Ders.: Werke VI, hrsg. von W. Weischedel, Darmstadt 1964, S. 53-61.

KDFB Regensburg (Hrsg.): KDFB Kaffee (Materialmappe), Regensburg 2003.

Kehl, Medard: Synode, Synoden, Synodalität II. Systematisch-theologisch, in: Lexikon für Theologie und Kirche (3. Aufl.), Bd. 9, Freiburg 2000, Spalte 1187f.

Kersting, Wolfgang: John Rawls zur Einführung, Neuauflage, Hamburg (Junius) 22004.

Kesselring, Thomas: Ethik der Entwicklungspolitik. Gerechtigkeit im Zeitalter der Globalisierung, München (Beck) 2003.

Kessler, Hans: Reduzierte Erlösung? Zum Erlösungsverständnis der Befreiungstheologie, Freiburg i. Br. (Herder) 1987.

kfd-Diözesanverband Aachen/gepa Fair Handelshaus (Hrsg.): Fairbindung. kfd-Grüntee. Von Frauen für Frauen [Faltblatt], Aachen/Wuppertal o.J.

kfd-Diözesanverband Aachen/gepa Fair Handelshaus (Hrsg.): Fairbindung. kfd-Grüntee. Grünteerezepte. Von Frauen für Frauen [Faltblatt], Aachen/Wuppertal o.J.;

Kipp, Thomas: Kaffee aus Nicaragua. Gleiche Sorte – andere politische Verpackung, in: ila Nr. 92 (Januar/Februar 1986), S. 10-11.

Kirchner, Margrit: Hungermarsch – ein Scheinerfolg? In: E+Z Entwicklung und Zusammenarbeit, Heft 10/1970, S. 5 und 8.

Klein, Ronald P.: Diözesansynode – Forum – Pastoralgespräch. Strukturen der Mitverantwortung der Kirche im Wandel, in: Weigand, Rudolf (Hrsg.): Kirchliches Recht als Freiheitsordnung. Gedenkschrift für Hubert Müller, Würzburg (Echter) 1997, S. 117-141.

Kleinert, Uwe: Inlandswirkungen des Fairen Handels, in: Misereor/Brot für die Welt/Friedrich-Ebert-Stiftung (Hrsg.): Entwicklungspolitische Wirkungen des Fairen Handels – Beiträge zur Diskussion, Aachen 2000, S. 19-110.

Klement-Rückel, Claudia: Bewusst einkaufen. Die Welt fair-ändern! in: KDFB engagiert, Heft 6/2004, S. 8-13.

Klinger, Elmar/Knecht, Willi/Fuchs, Ottmar (Hrsg.): Die globale Verantwortung. Partnerschaften zwischen Pfarreien in Deutschland und Peru, Würzburg (Echter) 2001.

Klupsch, Martin: Eine fairhängnisvolle Affäre. Der alternative Dritte-Welt-Handel in der BRD, in: kölngehen 1999, S. 56, online zugänglich unter http://www.iz3w.org/iz3w/Downloads/koelngehen.pdf (aufgerufen 23.1.2008).

Koch, Ulrich/Risse, Heinz-Theo/Zwiefelhofer, Hans (Hrsg.): Die Dritte Welt antwortet der Synode. Stellungnahmen zur Synodenvorlage „Entwicklung und Frieden" von Partnern der Kirchlichen Entwicklungsarbeit in der Dritten Welt, Münster/Mainz 1975.

Kolpingwerk Diözesanverband Münster (Hrsg.): Jedes Joch zerbrechen. Ein Aktionshandbuch zur Kaffeekampagne, Coesfeld 1999.

Kolpingwerk Diözesanverband Paderborn (Hrsg.): Menschen – Hoffnungen – Projekte. Die Arbeit des Kolpingwerkes Mexiko, Paderborn (BDKJ-Verlag GmbH) o.J. [ca. 2005].

Kommission der Europäischen Gemeinschaften: Mitteilung der Kommission an den Rat über „fairen Handel", Brüssel, 29.11.1999 [KOM(1999) 619].

Kongregation für die Glaubenslehre: Instruktion „Libertatis conscientia" über die christliche Freiheit und die Befreiung (22. März 1986). Verlautbarungen des Apostolischen Stuhls 70, hrsg. von Sekretariat der Deutschen Bischofskonferenz, Bonn 1986.

Konwinski, Jan: Von der Basis zum Dachverband!? In: weltläden aktuell Nr. 60 (Oktober 1995), S. 12-15.

Koppe, Reinhard: Der Fall Lidl und mögliche Konsequenzen, in: [DEAB] Dachverband Entwicklungspolitik Baden Württemberg e.V. (Hrsg.): Quo vadis Fairer Handel? Discounter Supermärkte Weltläden??? Veranstaltungsdokumentation, Stuttgart 2006, S. 15-18.

Korff, Wilhelm/Baumgartner, Alois: Solidarität – die Antwort auf das Elend in der heutigen Welt. Enzyklika sollicitudo rei socialis Papst Johannes Pauls II., Freiburg (Herder) 1988.

Köß, Hartmut: „Kirche der Armen"? Die entwicklungspolitische Verantwortung der katholischen Kirche in Deutschland, (Reihe: Ethik im Theologischen Diskurs, 6), Münster (Lit) 2003.

Koufen, Katharina: Bananen in aller Munde. Erste Schritte zu einer Bananenkampagne, in: ila Nr. 171 (Dezember 1993), S. 50-51.

Krauss, Heinrich (Hrsg.): Über den Fortschritt der Völker. Die Entwicklungsenzyklika Papst Pauls VI. Populorum progressio, Freiburg (Herder) 1967.

Krier, Jean-Marie: Fair Trade in Europe 2005. Facts and Figures on Fair Trade in 25 European Countries, hrsg. von Fair Trade Advocacy Office in Kooperation mit Heinrich-Böll-Stiftung, Brüssel 2006, online zugänglich unter www.ifat.org/downloads/marketing/FairTradeinEurope2005.pdf.

Krier, Jean-Marie: Nische mit Anspruch. Die Herausforderungen wachsen mit dem Umfang der Geschäfte. Dennoch ist die Entwicklung des Fairen Handels in Österreich eine Erfolgsgeschichte, in: Magazin, Heft 05/2000, S. 32.

Krier, Jean-Marie: Weltläden unter der Lupe. Wie wirtschaftlich arbeiten Weltläden in Baden-Württemberg? Ergebnisse einer Erhebung, in: SüdZeit. Eine Welt Journal Baden-Württemberg, Nr. 39 (Oktober 2008), S. 20-22.

Kring, Wolfgang: Rote Bilanztupfer bei der GEPA, in: Alternativ Handeln Nr. 12 (November 1983), S. 31.

Kuhn, Konrad J.: Fairer Handel und Kalter Krieg. Selbstwahrnehmung und Positionierung der Fair-Trade-Bewegung in der Schweiz 1973-1990, Lizentiatsarbeit an der Philosophischen Fakultät der Universität Zürich, Bern (Edition Soziothek) 2005.

Kundgebung der EKD-Synode 2001: Globale Wirtschaft verantwortlich gestalten, online unter www.ekd.de/ ausland_oekumene/32432.html (aufgerufen10.2.2008).

Küng, Hans: Projekt Weltethos, München (Piper) 1990.

Kunst, Hermann/Tenhumberg, Heinrich (Hrsg.): Soziale Gerechtigkeit und internationale Wirtschaftsordnung, hrsg. im Auftr. der Gemeinsamen Konferenz der Kirchen für Entwicklungsfragen (=Entwicklung und Frieden. Dokumente, Berichte, Meinungen, 4), München (Kaiser)/Mainz (Grünewald) 1976.

Kunz, Martin: Dritte-Welt-Läden. Einordnung und Überprüfung eines entwicklungspolitischen Bildungsmodells anhand der Fallbeispiele der Leonberger und Ludwigsburger Ladeninitiativen, Wiesbaden (WUS)/Darmstadt (Verlag für wiss. Publikationen) 1987.

Lampe, Thorsten: A3WH – das Ende einer Illusion. Das Modell A3WH ist ausgelaufen – und mit ihm die politische Funktion der AG3WL, in: FORUM entwicklungspolitischer Aktionsgruppen, Nr. 157 (November 1991), S. 34-36.

Lampe, Thorsten: Ein neues Konzept für El Puente, in: AG3WL-Rundbrief Nr. 32 (Juli 1988), S. 34f.

Lampe, Thorsten: Entwicklung zur Abhängigkeit? Der Dritte-Welt-Handel tritt aus der Nische heraus, in: Aktionshandbuch Dritte Welt, hrsg. von Dritte-Welt-Informationszentrum u.a., 8. vollständig überarbeitete Auflage, Stuttgart (Schmetterling Verlag) 1994, S. 85-98.

Landesstelle der Katholischen Landjugend Bayerns (Hrsg.): Ein Pfund Gerechtigkeit. Von alltäglichen Produkten und unerhörten Zusammenhängen, Werkbrief für die Landjugend, München 1996.

Landesstelle der Katholischen Landjugend Bayerns e.V. (Hrsg.): Fairer Handel. Die Welt fair-ändern. Werkbrief für die Landjugend, München 2007.

Landessynodalausschuss/Haack, Dieter (Hrsg.): Weltweite Verantwortung. Tagung der bayerischen Landessynode in Regensburg 1995. Informationen , Texte, Impulse, München/ Neuendettelsau o.J.

Landjugendverlag GmbH (Hrsg.): Programm 2006, Bad Honnef-Rhöndorf 2005.

Lauber, Johannes: Bildung als Profil. Anmerkungen zu einem Bildungskonzept der Weltläden, in: Weltladen aktuell Nr. 100 (Juni 2008), S. 56-57.

Lehmann, Karl: Allgemeine Einleitung, in: Gemeinsame Synode der Bistümer in der Bundesrepublik Deutschland. Beschlüsse der Vollversammlung. Offizielle Gesamtausgabe I, 2. Aufl., Freiburg/Basel/Wien 1976, S. 21-67.

Leo XIII.: Enzyklika Rerum novarum (1891), zitiert nach: Texte zur katholischen Soziallehre, S. 1-40.

Liebig, Klaus/Sautter, Hermann: Politische Wirkungen des Fairen Handels, in: Misereor/Brot für die Welt/Friedrich-Ebert-Stiftung (Hrsg.): Entwicklungspolitische Wirkungen des Fairen Handels. Beiträge zur Diskussion, Aachen 2000, S. 111-184.

Linnenbrink, Günter: Neuordnung der weltwirtschaftlichen Ordnung. Ein Arbeitsbericht der Kammer der EKD für kirchlichen Entwicklungsdienst, in: Ders.: Der Entwicklungsdienst der Kirche. Ausgewählte Aufsätze, Hamburg (Verlag Dienste in Übersee) 1999, S. 75-89. (Erstveröffentlichung in: Zeitschrift für evangelische Ethik 2/1977, 144-155.)

Lipper, Hella: Give fair trade bananas a fair chance, in: weltläden aktuell Nr. 60 (Oktober 1995), S. 19.

Lübke, Volkmar: Fairer Handel: Stetiges Wachstum, in: Verbraucher Konkret Nr. 2/2007, S. 20-23; online zugänglich unter www.fair-feels-good.de (aufgerufen 30.12.2007)

Lübke, Volkmar: Marketing für den Fairen Handel, in: Verbraucher Konkret Nr. 3/2002, S. 24-31.

Lutherischer Weltbund: Aufruf zur Beteiligung an der Verwandlung der wirtschaftlichen Globalisierung, 2002 (online zugänglich unter www.globalisierungssynoden.de – aufgerufen 10.9.2007).

LWB-Vollversammlung: Botschaft „Die wirtschaftliche Globalisierung verwandeln", in: Zehnte LWB-Vollversammlung Winnipeg Kanada 21.-31. Juli 2003, Tagesordnung, Auszug, Anlage 10, S. 16-18, Winnipeg 2003 (online zugänglich unter www.globalisierungssynoden.de – aufgerufen 10.9.2007).

May, Georg/Rieger, Susanne: Wenn schon Bananen, dann aus Nicaragua. Zur Problematik der Nicaragua-Bananen, in: Arbeitsgemeinschaft Dritte Welt Läden e.V. (Hrsg.): Weltladen-Handbuch. Ein Wegweiser für Mitarbeiter von Weltläden und andere entwicklungspolitisch Interessierte, 3. überarbeitete Auflage, Wuppertal (Peter Hammer Verlag) 1992, S. 228-234.

May, Georg: Kaffeehandel – alternativ. Von den Schwierigkeiten, Nicaragua's Kaffee „alternativ" zu handeln, in: Alternativ Handeln Nr. 13 (April 1984), S. 27.

Mazouz, Nadia: Gerechtigkeit, in: Düwell, Marcus/Hübenthal, Christoph/Werner, Micha H. (Hrsg.): Handbuch Ethik, Weimar (Metzler) 2002, S. 365-370.

Menke, Karl-Heinz: Das Kriterium des Christseins. Grundriss der Gnadenlehre, Regensburg (Pustet) 2003.

[Merk, Bernhard]: A3WH: Kritik eines „entwicklungspolitischen Modells", in: blätter des iz3w Nr. 59 (Februar 1977), S. 22-28.

Merklein, Helmut: Die Gottesherrschaft als Handlungsprinzip. Untersuchung zur Ethik Jesu, 2. Aufl., Würzburg (Echter) 1981.

Merklein, Helmut: Jesu Botschaft von der Gottesherrschaft. Eine Skizze (Stuttgarter Bibel-Studien 111), Stuttgart (Verlag Kath. Bibelwerk) 1983.

Merzenich, Bernd/Merzenich, Gudrun: Flugblätter machen nicht satt. Kritische Anmerkungen „von unten" zum alternativen Handel, in: Alternativ Handeln Nr. 10 (Januar 1983), S. 33-34.

Merzenich, Bernd: Alternativer Handel – eine existentielle Situation für alle Beteiligten. Ein Plädoyer für langfristige Verbindlichkeit und Verantwortung, in: gepa Informationsdienst 5/1989, S. 12-13.

Metz, Johann Baptist: Compassion. Das Christentum im Pluralismus der Religions- und Kulturwelten, in: Schreer, Werner/Steins, Georg (Hrsg.): Auf neue Art Kirche sein. Wirklichkeiten – Herausforderungen – Wandlungen (FS Josef Homeyer), München 1999, S. 500-506.

Metz, Johann Baptist: Compassion. Zu einem Weltprogramm des Christentums im Zeitalter des Pluralismus der Religionen und Kulturen, in: Metz, Johann Baptist/Kuld, Lothar/Weisbrod, Adolf (Hrsg.): Compassion. Weltprogramm des Christentums. Soziale Verantwortung lernen, Freiburg i. Br. (Herder) 2000, S. 9-20.

Metz, Johann Baptist: Für eine Ökumene der Compassion. Christentum im Zeitalter der Globalisierung, in: Gremmels, Christian/Huber Wolfgang (Hrsg.): Religion im Erbe. Dietrich Bonhoeffer und die Zukunftsfähigkeit des Christentums (FS Eberhard Bethge) Gütersloh 2002, S. 242-252.

Metz, Johann Baptist: Glaube in Geschichte und Gesellschaft. Studien zu einer praktischen Fundamentaltheologie, 5. Aufl., Mainz (Grünewald) 1992.

Metz, Johann Baptist: Kein Leid, das uns nicht angeht. Die Kirche muss eine Kirche der Compassion werden, wenn sie ihrer Selbstprivatisierung entgehen will, in: Süddeutsche Zeitung Nr. 225, 28. September 2004, S. 17.

Metz, Johann Baptist: Mit der Autorität der Leidenden. Compassion – Vorschlag zu einem Weltprogramm des Christentums, in: Süddeutsche Zeitung v. 24.12.1997.

Metz, Johann Baptist: Theodizee-empfindliche Gottesrede, in: Metz, Johann Baptist (Hrsg.): „Landschaft aus Schreien". Zur Dramatik der Theodizeefrage, Mainz (Grünewald) 1995, S. 81-102.

Metz, Johann Baptist: Zur Theologie der Welt, Mainz 1968.

Mieth, Dietmar: Centesimus Annus: Christliche Sozialethik im Anspruch der Zukunft, in: Mieth, Dietmar (Hrsg.): Christliche Sozialethik im Anspruch der Zukunft. Tübinger Beiträge zur Katholischen Soziallehre, Studien zur theologischen Ethik Bd. 41, Freiburg i. Br. (Herder)/Freiburg i. Ue. (Universitätsverlag) 1992, S. 175-183.

Mieth, Dietmar: Ethik der Gerechtigkeit. Ansätze, Prinzipien, Kriterien, in: Ders./Magino, Paul (Hrsg.): Vision Gerechtigkeit? Konziliarer Prozess und Kirchliche Jugendarbeit, Düsseldorf (Verlag Haus Altenberg) o.J. [vermutlich 1992], S. 12-32.

Mieth, Dietmar: Mitleid, in: Metz, Johann Baptist/Kuld, Lothar/Weisbrod, Adolf (Hrsg.): Compassion. Weltprogramm des Christentums. Soziale Verantwortung lernen, Freiburg i. Br. (Herder) 2000, S. 21-25.

Milcher, Andrea: Weltläden aktiv mit Jugendlichen, in: weltläden aktuell, Nr. 86 (Januar 2003), S. 32-33.

Misereor/Brot für die Welt/Friedrich-Ebert-Stiftung (Hrsg.): Entwicklungspolitische Wirkungen des Fairen Handels – Beiträge zur Diskussion, Edition Weltweite Solidarität, Aachen (Misereor Medien) 2000.

Missio Aachen/Missio München (Hrsg.): Aktion Schutzengel. Themenheft, Aachen 2002.

Mitterlehner, Hans Christian: Entwicklungspolitische Wirkungen des fairen Handels in Österreich am Beispiel der Weltläden, unveröffentlichte Diplomarbeit an der Geisteswissenschaftlichen Fakultät der Universität Salzburg, Salzburg 2005.

Monzel, Nikolaus: Solidarität und Selbstverantwortung. Beiträge zur christlichen Soziallehre, München (Zink) 1959.

Müller, Wolfgang: Handel zwischen Barmherzigkeit und Profit. Zu Konzeption der Dritte-Welt-Handel-Aktionen am Beispiel der Aktion Dritte Welt Handel (e.V.), in: blätter des iz3w Nr. 59 (Februar 1977), S. 9-21.

Nell-Breuning, Oswald von: Einleitung, in: Enzyklika „Populorum progressio" über die Entwicklung der Völker. Lateinisch – deutsch, revidierte Übersetzung, eingeleitet von Oswald von Nell-Breuning, Trier (Paulinus) 1967, S. 7-14.

Nell-Breuning, Oswald von: Soziallehre der Kirche. Erläuterungen der lehramtlichen Dokumente, hrsg. von der Kath. Sozialakademie Österreichs, Wien (Europaverlag) 1977.

Nell-Breuning, Oswald von: Wie sozial ist die Kirche? Leistung und Versagen der katholischen Soziallehre, Düsseldorf (Patmos) 1972.

Nicholls, Alex/Opal, Charlotte: Fair Trade. Market-Driven Ethical Consumption, London (Sage Publ.) 2006.

Nickoleit, Gerd: „Links von den Christdemokraten sind nur noch Gräber". Zur Situation in Guatemala, in: Alternativ Handeln Nr. 12 (November 1983), S. 11-14.

Nickoleit, Gerd: Die Kriterien der GEPA zur Auswahl von Partnern und Projekten – Anspruch und Wirklichkeit, in: Alternativ Handeln Nr. 7 (Juni 1981), S. 35-36.

Nickoleit, Gerd: Die Wirkung der Studie über den Fairen Handel, in: weltläden aktuell Nr. 80 (Mai 2001), S. 22-23.

Nickoleit, Gerd: Nicaragua-Kaffee: Renner auf dem Alternativmarkt, in: Alternativ Handeln Nr. 9 (Mai 1982), S. 2.

Nickoleit, Gerd: Stellungnahme der GEPA-Geschäftsstelle zu Fedecocagua, in: Alternativ Handeln Nr. 9 (Mai 1982), S. 47-48.

Nuscheler, Franz/Gabriel, Karl/Keller, Sabine/Treber, Monika: Christliche Dritte-Welt-Gruppen. Praxis und Selbstverständnis, Mainz (Gründewald) 1995.

Nuscheler, Franz: Weltwirtschaft als „Struktur der Sünde"?, in: Gabriel, Karl/Klein, Wolfgang/ Krämer, Werner (Hrsg.): Die gesellschaftliche Verantwortung der Kirche. Zur Enzyklika Sollicitudo rei socialis, Reihe Arbeiterbewegung und Kirche Bd. 9, Düsseldorf (Patmos) 1988, S. 205-218.

Nussbaum, Martha C.: Gerechtigkeit oder Das gute Leben. Gender Studies, Frankfurt am Main (Suhrkamp) 1999.

o.V. Fairer Handel in Osteuropa – das Interesse wächst, in: Welt & Handel Nr. 5/2006, S. 4-5.

o.V.: „Für das freie Nicaragua!", in: Alternativ Handeln Nr. 17 (März/April 1986), S. 37-39.

o.V.: „Land Macht Satt": So geht's weiter, in: Weltladen extra Nr. 11 (Juli 1999), S. 3.

o.V.: 100.000 Food-Boxen für die WTO, in: Weltladen extra Nr. 14 (Februar 2000), S. 3-4.

o.V.: Argumente für einen anderen Kaffeehandel, in: Kaffeebohne & Teeblatt Nr. 9 (September 1987).

o.V.: Artenvielfalt im Schülerfirmendschungel: Faire Schülerfirmen, in: weltläden aktuell Nr. 94 (Oktober 2005), S. 42-43.

o.V.: Bad Boller Beschlüsse – Meilensteine in der Geschichte der Weltladen-Bewegung, in: weltläden aktuell Nr. 76 (März 2000), S. 30-31.

o.V.: Der Niedersachsen Kaffee, in: Verband Entwicklungspolitik Niedersachen (VEN) e.V. (Hrsg.): fairstärkung für Niedersachsen. Dokumentation II, Hannover o.J. [ca. 2004], S. 4-7 (online zugänglich unter www.fairstaerkung.de/images/fair_doku.pdf).

o.V.: Der Sinn der T-Shirt-Aktion, in: Weltladen extra Nr. 6 (Februar 1998), S. 6.

o.V.: Design-Konzept für Weltläden, in: weltläden extra Nr. 10 (Januar 1999), S. 8.

o.V.: Die Food-Box durchboxen! in: Weltladen extra Nr. 17 (März 2001), S. 3.

o.V.: Drei Jahre „Konvention der Weltläden", in: weltläden extra Nr. 10 (Februar 1999), S. 7.

Literatur- und Abkürzungsverzeichnis

o.V.: Ein Brief aus dem Süden, in: Weltladen extra Nr. 17 (März 2001), S. 2.
o.V.: Europa hat die Wahl, in: Weltladen extra Nr. 11 (April 1999), S. 4.
o.V.: Faire Regeln für den Welthandel! Ein kurzer Bericht vom Weltladentag am 20. Mai und dem Drumherum, in: Weltladen extra Nr. 15 (Juli 2000), S. 2-3.
o.V.: Forum Fairer Handel, in: Welt & Handel Nr. 12-13/2002, S. 3.
o.V.: Global denken – fair genießen. Neues zur Fairen Woche vom 24. bis 29. September, in: weltläden extra Nr. 17 (März 2001), S. 4.
o.V.: Großer Bahnhof für die Food-Box, in: Weltladen extra Nr. 15 (Juli 2000), S. 4.
o.V.: Gründung eines bundesweiten Forum Fairer Handel, in: Welt & Handel Nr. 16/2002, S. 4-5.
o.V.: kfd: Besuch zum Tee, in: Überblick. Plattform der Rätearbeit im Bistum Aachen, Heft 1/04, S. 17.
o.V.: Land Macht Satt. Erläuterungen zum Thema der neuen Kampagne, in: Weltladen extra Nr. 10 (Februar 1999), S. 3.
o.V.: Logolei – Mogelei – alles Logo ?! in: weltläden extra [Nr. 1] (Januar 1997), S. 9-10.
o.V.: Mehr Recht als billig: FAIR gehandelte Bananen, in: weltläden extra Nr. 3 (Juli 1997), S. 6-7.
o.V.: MITKA blickt skeptisch zu TransFair, in: FORUM entwicklungspolitischer Aktionsgruppen, Nr. 167 (November 1992), S. 32-33.
o.V.: Nicht nur fair, sondern auch schön! in: weltläden extra Nr. 5 (Oktober 1997), S. 3.
o.V.: Nicht nur sauber, sondern fair. Wieso genügt dem Fairen Handel die Idee der Einhaltung von Mindeststandards nicht? Weil er mehr will und mehr leistet! In: Weltladen extra Nr. 8, Oktober 1998, S. 4.
o.V.: Nur 3 Cent mehr pro Tasse. Das Erzbistum Bamberg soll auf fair gehandelte Produkte umsteigen, in: Gemeinde creativ. Zeitschrift für engagierte Katholiken, 46. Jg. (2003), Heft 1, S.18.
o.V.: Politik mit der Kaffeetasse. Einführung des fair gehandelten kfd-Kaffees, in: Welt & Handel Nr. 8/2002, S. 3.
o.V.: Regionale Zusammenarbeit? Logisch! Aber ..., es gibt auch Schwierigkeiten, in: weltläden aktuell Nr. 60 (Oktober 1995), S. 11.
o.V.: S´Schokolädle der Renner. Fairer Handel auf dem Evangelischen Kirchentag vertreten, in: Welt & Handel Nr. 9/1999, S. 1.
o.V.: Sehen, hören, lesen! Ein Blick über die Hintergrundmaterialien zum Weltladentag, in: Weltladen extra Nr. 11 (April 1999), S. 3.
o.V.: Solidarität statt Kommerzialisierung, in: AG3WL-Rundbrief Nr. 31 (März 1988), S. 15-16.
o.V.: Textilien: Viel Stoff zum Nachdenken, in: Weltladen extra Nr. 6 (Februar 1998), S. 4-5.
o.V.: Was tun am 8. Mai? Themen und Aktionsideen für den Weltladentag 1999, in: Weltladen extra Nr. 10 (Februar 1999), S. 4.
o.V.: Weltläden – in geheimer Mission!? in: weltläden extra Nr. 4 (September 1997), S. 5f.
o.V.: Weltläden als Wegbereiter für Chiquita und Nestlé? In: Welt & Handel Nr. 2/2006, S. 5.
Oikocredit [Westdeutscher Förderkreis] (Hrsg.): Zwei, die sich gut ergänzen. Fairer Handel & Faire Kredite [Faltblatt], Bonn o.J.
Ökumenischer Rat der Kirchen (Team für Gerechtigkeit, Frieden und Schöpfung): Alternative Globalisierung im Dienst von Menschen und Erde (AGAPE – Alternative Globalisation Adressing People and Earth) Hintergrunddokument, Genf 2005.
Ökumenischer Rat der Kirchen: AGAPE. Ein Aufruf zur Liebe und zum Handeln, Dokument der 9. Vollversammlung des ÖRK in Porto Alegre 2006 (online zugänglich unter www.oikoumene.org/fileadmin/files/wccassembly/documents/german/pb6g-agapecall.pdf (aufgerufen 10.1.2008)
Opp, Johannes: Was wird aus den Beschlüssen von Regensburg? Konsequenzen aus der Themensynode zur weltweiten Verantwortung, in: Landessynodalausschuss/Haack, Dieter (Hrsg.): Weltweite Verantwortung. Tagung der bayerischen Landessynode in Regensburg 1995. Informationen , Texte, Impulse, München/Neuendettelsau o.J..
Overath, Dieter/Dreßen Norbert: Neue Erfordernisse durch neue Akteure? Marktentwicklung des Fairen Handels in Europa und Deutschland, in: Forum Fairer Handel (Hrsg.): Herausforderungen des Fairen Handels durch neue Akteure wie Transnationale Unternehmen und Discounter. Wie wirkt sich die Ausweitung des Fairen Handels auf seine Zielgruppen aus? Tagungsdokumentation, Mainz 2006, S. 4-5, online zugänglich unter www.forum-fairer-handel.de (aufgerufen 10.2.2008)

Literatur- und Abkürzungsverzeichnis

Oxfam Deutschland(Hrsg.): Bitter! Armut in der Kaffeetasse, o.O. [Berlin] 2002, online unter www.oxfam.de/download/Kaffeestudie.pdf (aufgerufen 31.8.2007)

Pander, Hans-Jürgen: gepa 1996 – Hintergründe der (ökonomischen) Krise, in: weltläden aktuell Nr. 65 (Januar 1997), S. 12-14.

Päpstlicher Rat „Cor Unum": Der Hunger in der Welt. Eine Herausforderung für alle: Solidarische Entwicklung, Vatikanstadt, 4. Oktober 1996, online unter www.vatican.va.

Parra, Alberto: La Iglesia de los pobres en una sociedad en proceso de liberación, in: Parra, Alberto: La Iglesia. Contextos sociales – Textos fundacionales – Pretextos mundiales, Bogotá (Pontificia Universidad Javeriana) 1997, S. 97-115.

Pater, Dietrich: „Weltläden" als Standorte des „fairen" Einzelhandels. Auf dem Weg zum professionellen Fachgeschäft? Diplomarbeit, Geographisches Institut der Rheinischen Friedrich-Wilhelms-Universität, Bonn 1997.

Pauer-Studer, Herlinde: Einleitung, in: Nussbaum, Martha C.: Gerechtigkeit oder Das gute Leben. Gender Studies, Frankfurt am Main (Suhrkamp) 1999, S. 7-23.

Paul VI.: Apostolisches Schreiben Evangelium nuntiandi über die Evangelisierung in der Welt von heute (8.12.1975). Verlautbarungen des Apostolischen Stuhls 2, hrsg. von Sekretariat der Deutschen Bischofskonferenz, Bonn 1975.

Paul VI.: Enzyklika Octogesima adveniens (1971), zitiert nach: Texte zur katholischen Soziallehre, S. 457-493.

Paul VI.: Enzyklika Populorum progressio über die Entwicklung der Völker (1967), zitiert nach: Texte zur katholischen Soziallehre, S. 405-440.

Perkonig, Katharina Christina: Die Professionalisierung der Weltläden, Von politischer Visionsarbeit zu marktorientiertem Handeln. Diplomarbeit am International Management Center Krems, Krems 2003.

Perkonig, Katharina: Weltläden wollen mehr Marketing! Ergebnisse der Weltladenbefragung 2002, in: weltläden aktuell, Nr. 87 (April 2003), S. 24-26.

Pesch, Otto Hermann: Rechtfertigung/Gerechtigkeit, in: Neues Handbuch Theologischer Grundbegriffe, Bd. 4, erw. Neuausgabe, hrsg. von Peter Eicher, München 1991, S. 331-349.

Peters, Tiemo Rainer: Johann Baptist Metz. Theologie des vermissten Gottes, Mainz (Grünewald) 1998.

Pfeifer, Rudi: Fairer Handel mit Bananen? Ansätze alternativer Bananen-Vermarktung in der BRD und Europa, in: ila Nr. 162 (Februar 1993), S. 24-25.

Pfeifer, Rudi: Fairer Handel(n). Alternativen für kritische KonsumentInnen, in: BUKO Agrar Koordination/Bananenkampagne (Hrsg.): Bananen. BUKO Agrar Dossier 22, Stuttgart (Schmetterling-Verlag) 2000, S. 91-96.

Piepel, Klaus/Möller, Alois/Spiegel, Karl-Heinz: Fairer Handel, wohin? Diskussionsanstöße aus den Studien über die entwicklungspolitischen Wirkungen des Fairen Handels, in: Misereor/Brot für die Welt/Friedrich-Ebert-Stiftung (Hrsg.): Entwicklungspolitische Wirkungen des Fairen Handels – Beiträge zur Diskussion, Edition Weltweite Solidarität, Aachen (Misereor Medien) 2000, S. 271-301.

Piepel, Klaus: Eine-Welt-Gruppen in Gemeinden – ein Modell praktizierter Sozialpastoral? in: Mette, Norbert/Steinkamp, Hermann (Hrsg.): Anstiftung zur Solidarität. Praktische Beispiele der Sozialpastoral, Mainz 1997, S. 173-196.

Piepel, Klaus: Lerngemeinschaft Weltkirche. Lernprozesse in Partnerschaften zwischen Christen der Ersten und der Dritten Welt, Aachen (Misereor) 1993.

Pioch, Ernst-Erwin: Latsch in – oder Bewußtseinsolympiade? Friedensmarsch '70 in der Diskussion, In: E+Z Entwicklung und Zusammenarbeit, Heft 10/1970, S. 8-10.

Pioch, Ernst-Erwin: Problemskizze zur Gründung einer Aktionsgemeinschaft Dritte Welt-Handel, 3.8.1970 (Manuskript).

Pirson, Dietrich: Synode, Synoden, Synodalität VI Kirchen der Reformation, in: Lexikon für Theologie und Kirche (3. Aufl.), Bd. 9, Freiburg 2000, Spalte 1189f.

Pius XI.: Enzyklika Quadragesimo anno (1931), zitiert nach: Texte zur katholischen Soziallehre, S. 61-122.

Pogge, Thomas W.: John Rawls, München (Beck) 1994.

Pogge, Thomas W.: Rawls and Global Justice, in: Canadian Journal of Philosophy 18/2 (June 1988), S. 227-256.

Literatur- und Abkürzungsverzeichnis

Pohl, Reinhard: A3WH. Gruppen setzen Arbeit alleine fort, in: FORUM entwicklungspolitischer Aktionsgruppen Nr. 6 (Juni 1978), S. 6-7.

Pohl, Reinhard: Aktion Dritte Welt Handel. Endgültig Schluss? In: Rundbrief der entwicklungspolitischen Aktionsgruppen Nr. 5 (Mai 1978), S. 16-17.

Pompey, Heinrich: Zur Neuprofilierung der caritativen Diakonie der Kirche. Die Enzyklika "Deus caritas est". Kommentar und Auswertung, Würzburg (Echter-Verlag) 2006.

Preuß, Horst Dietrich, Art. Barmherzigkeit I. Altes Testament, in: Theologische Realenzyklopädie Bd. V, 1980, S. 215-238.

Prugger, Roland: Fair Trade Points. Faire Verkaufsstellen demnächst in vielen österreichischen Schule, in: weltladen aktuell Nr. 91 (September 2004), S. 41.

Rahner, Karl/Vorgrimler, Herbert: Kleines Konzilskompendium. Sämtliche Texte des Zweiten Vatikanums, hrsg. von Werner Becker, Leipzig (Benno-Verlag) 1974.

Ramminger, Michael/Weckel, Ludger: Dritte-Welt-Gruppen auf der Suche nach Solidarität, Münster (Westfälisches Dampfboot) 1997.

Raschke, Joachim: Soziale Bewegungen. Ein historisch-systematischer Grundriss. Frankfurt/New York (Campus) 1985.

Raschke, Markus: Christen handeln fair. Kaufen und Verkaufen aus Glaubensgründen, in: Gemeinde creativ. Zeitschrift für engagierte Katholiken, Heft 6/2005, S. 27-28.

Raschke, Markus: Engagement für Eine Welt – Untersuchung anhand des Aktionszentrums Arme Welt e.V. in Tübingen und seiner Engagierten, unv. Manuskript, Tübingen 1999.

Raschke, Markus: Entwicklungspolitische Bildung im Fairen Handel. Selbstverständnis und Perspektiven, in: Praxis Politische Bildung 7 (2003), Heft 4, S. 274-281.

Raschke, Markus: Jesus ist Kaffeebauer – verdient er einen gerechten Lohn? Was der Faire Handel mit dem christlichen Glauben zu tun hat, in: Anzeiger für die Seelsorge. Zeitschrift für Pastoral und Gemeindepraxis, Heft 3/2005, S. 34-36.

Raschke, Markus: Kooperation und Vernetzung von Kirchengemeinden und kirchlichen Wohlfahrtsverbänden. Theoretische Impulse und eine professionsempirische Studie über das soziale Engagement der Kirchen, Onlinepublikation: GRIN Verlag 2002 (http://www.grin.com/de/preview/15296.html)

Raschke, Markus: Liebestun der Kirche und Einsatz für Gerechtigkeit? Die (un)politische Seite der Barmherzigkeitstheologien von Jon Sobrino und Benedikt XVI., in: Orientierung 72 (2008), S. 63-66 (Nr.6) und S. 75-77 (Nr. 7).

Raschke, Markus: Prophetieverdrossen, aber prophetisch aktiv? Auf Spurensuche in der heutigen Jugendgeneration, in: Bucher, Rainer/Krockauer, Rainer (Hrsg.): Prophetie in einer etablierten Kirche? Aktuelle Reflexionen über ein Prinzip kirchlicher Identität, Münster (Lit) 2004, S. 121-135.

Rawls, John: Das Recht der Völker. Enthält: „Nochmals: Die Idee der öffentlichen Vernunft", Berlin/New York (de Gruyter) 2002.

Rawls, John: Eine Theorie der Gerechtigkeit, Frankfurt a.M. (Suhrkamp) (11979) 142005.

Rawls, John: Gerechtigkeit als Fairness – politisch und nicht metaphysisch, in: Ders.: Die Idee des politischen Liberalismus, hgg. von W. Hinsch, Frankfurt a.M. 1994, S. 255-293.

Rawls, John: Gerechtigkeit als Fairness, hrsg. von Otfried Höffe mit einem Beitrag „Rawls' Theorie der politisch-sozialen Gerechtigkeit". Reihe Praktische Philosophie Band 6, Freiburg/ München (Verlag Karl Alber) 1977. – Aufsatzsammlung, nicht zu verwechseln mit dem zweiten Hauptwerk unter demselben Titel veröffentlichten (dt. Erstausgabe 2003).

Raynolds, Laura T./Long, Michael A.: Fair/Alternative Trade. Historical and Empirical Dimensions, in: Raynolds, Laura T./Murray, Douglas/Wilkinson, John (Hrsg.): Fair Trade. The challenges of transforming globalization, New York (Routledge) 2007, S. 15-33.

Raynolds, Laura T./Murray, Douglas/Wilkinson, John (Hrsg.): Fair Trade. The challenges of transforming globalization, New York (Routledge) 2007.

Rediske, Michael: Kaffee ist ein Symbol der Vergangenheit, in: die tageszeitung, Mittwoch 20.5.1981, abgedruckt in: Alternativ Handeln Nr. 7 (Juni 1981), S. 29.

Reichert, Tobias: Das Ende der A3WH – eine Illusion? Kritik einer womöglich verfrühten Autopsie, in: FORUM entwicklungspolitischer Aktionsgruppen, Nr. 159 (Februar/März 1992), S. 27f.

Reikerstorfer, Johann: Politische Theologie als „negative Theologie". Zum zeitlichen Sinn der Gottesrede, in: Ders. (Hrsg.): Vom Wagnis der Nichtidentität. Johann Baptist Metz zu Ehren, Münster (Lit) 1998, S. 11-49.

Rieger, Rafael: Das „Unternehmen Kirche" und sein wahres Kapital. Im Grenzgebiet von Sozialethik, Kanonistik und Ökonomik, in: Hilpert, Konrad/Bohrmann, Thomas (Hrsg.): Solidarische Gesellschaft. Christliche Sozialethik als Auftrag zur Weltgestaltung im Konkreten (FS Alois Baumgartner), Regensburg (Pustet) 2006, S. 223-235.

Risse, Heinz-Theo: Der Beitrag der katholischen Kirche in der Bundesrepublik Deutschland für Entwicklung und Frieden, in: Emeis, Dieter/Sauermost, Burkhard (Hrsg.): Synode – Ende oder Anfang. Ein Studienbuch für die Praxis in der Bildungs- und Gemeindearbeit, Düsseldorf 1976, S. 239-278.

Rodenbeck, Reinhard: Ein Dritte Welt-Laden als entwicklungspolitisches Lern- und Handlungsmodell, unv. Staatsexamensarbeit, Darmstadt 1980.

Roos, Lothar: Gerechtigkeit oder Barmherzigkeit? Theorie der sozialen Gerechtigkeit als Bindeglied zwischen katholischer Soziallehre und Caritas der Kirche, in: Glatzel, Norbert/Pompey, Heinrich (Hrsg.): Barmherzigkeit oder Gerechtigkeit? Zum Spannungsfeld von christlicher Sozialarbeit und christlicher Soziallehre, Freiburg i. Breisgau (Lambertus) 1991, S. 38-59.

Rösch-Metzler, Wiltrud: Volle Lager, leere Kassen. Der Marktführer des Dritte-Welt-Handels kämpft um seine Existenz – vorerst mit Erfolg, in: Publik-Forum Nr. 22 (22. November 1996), S. 14-15.

Roth, Roland: Soziale Bewegungen, in: Otto, Hans-Uwe/Thiersch, Hans (Hrsg.): Handbuch Sozialarbeit Sozialpädagogik, 2. völlig neu bearb. Auflage, Neuwied (Luchterhand) 2001, S. 1668-1675.

Rottländer, Peter: Globalisierung der Solidarität? In: Virt, Günter (Hrsg.): Der Globalisierungsprozess. Facetten einer Dynamik aus ethischer und theologischer Perspektive. Studien zur theologischen Ethik Bd. 25, Freiburg i.Br./Freiburg i.Ue. (Universitätsverlag) 2002, S. 91-101.

rsk-Geschäftsstelle: Basisgruppeninfo RegionalSprecherInnenKreis [Faltblatt], Hildesheim o.J. [ca. 1994].

Rucht, Dieter: Modernisierung und neue soziale Bewegungen. Deutschland Frankreich und USA im Vergleich, Frankfurt/New York (Campus) 1994.

Sagué, Maria/Mercker, Ulrich: Nica- gegen Chiquita-Bananen. Ursula Brunner über den Traum vom gerechten Bananenhandel [Interview], in: ila Nr. 162 (Februar 1993), S. 26-28

Sander, Hans-Joachim: Die pastorale Grammatik der Lehre – ein Wille zur Macht von Gottes Heil im Zeichen der Zeit, in: Günther Wassilowsky (Hrsg.): Zweites Vatikanum – vergessene Anstöße, gegenwärtige Fortschreibungen, Quaestiones disputatae 207, Freiburg (Herder) 2004, S. 185-206.

Sander, Hans-Joachim: Die Zeichen der Zeit. Die Entdeckung des Evangeliums in den Konflikten der Gegenwart, in: Fuchs, Gotthard/Lienkamp, Andreas (Hrsg.): Visionen des Konzils. 30 Jahre Pastoralkonstitution „Die Kirche in der Welt von heute", Münster 1997, S. 85-102.

Sander, Hans-Joachim: Theologischer Kommentar zur Pastoralkonstitution über die Kirche in der Welt von heute „Gaudium et Spes", in: Hünermann, Peter/Hilberath, Bernd Jochen (Hrsg.): Herders Theologischer Kommentar zum Zweiten Vatikanischen Konzil, Band 4, Freiburg i. Br. (Herder) 2005, S. 581-886.

Sander, Ulrich: Kompositionen politischen Handelns. Herwig Bücheles Ansatz für einen Neuentwurf christlicher Gesellschaftsethik, in: Hengsbach, Friedhelm/Emunds, Bernhard/Möhring-Hesse, Matthias (Hrsg): Jenseits Katholischer Soziallehre. Neue Entwürfe christlicher Gesellschaftsethik, Düsseldorf (Patmos) 1993, S. 106-128.

Schäfers, Michael: Prophetische Kraft der kirchlichen Soziallehre? Armut, Arbeit, Eigentum und Wirtschaftskritik, Münster (Lit) 1998.

Schasching, Johannes: In Sorge um Entwicklung und Frieden. Kommentar zur Enzyklika „Sollicitudo rei socialis" von Johannes Paul II., Wien/Zürich (Europaverlag)/Düsseldorf (Patmos) 1988.

Schasching, Johannes: Rerum Novarum, in: Lexikon für Theologie und Kirche (3. Aufl.), Bd. 8, Freiburg 1999, Spalte 1118f.

Scheunpflug, Annette: Die Geschichte der entwicklungsbezogenen Bildungsarbeit bei aej und BDKJ, Schriftenreihe des Jugendhauses Düsseldorf 54, Düsseldorf 1995.

Schimmelpfennig, Barbara: Zitatverwechselung und „Bonner Erklärung", in: weltläden aktuell Nr. 68 (Oktober 1997), S. 26.

Schmidt, Walter: Option für die Armen? Erkenntnistheoretische, sozialwissenschaftliche und sozialethische Überlegungen zur Armutsbekämpfung, München/Mering (Hampp) 2005.

Schmied, Ernst: Die „Aktion Dritte Welt Handel" als Versuch der Bewußtseinsbildung. Ein Beitrag zur Diskussion über Handlungsmodelle für das politische Lernen, Aachen (Aktuell) 1977.

Schmied, Ernst: Wandel durch Handel, Die Aktion Dritte Welt Handel – ein entwicklungspolitisches Lernmodell? Hrsg. von der aej, Stuttgart (aej) 1978 (überarbeitete und erweiterte Fassung von Schmied: Die „Aktion Dritte Welt Handel".)

Schmitt, Katharina: SchokoladenFairkauf in der großen Pause. Schülerfirmen – Eine allgemeine Einführung am Beispiel vom Verkauf fair gehandelter Produkte, in: weltladen aktuell Nr. 94 (Oktober 2005), S. 40-42.

Schmitz, Sabine: Inwertsetzung einer Region und Option für die Armen. Fundamentaltheologische Überlegungen im Zusammenhang mit einem Großprojekt in Brasilien, unveröffentlichte Diplomarbeit, Münster 1988.

Schneider, Heinz-Peter: Die erste Hülle eines Umbauprogramms, in: AG3WL-Rundbrief Nr. 51 (April 1993), S. 6-7.

Schneider, Theodor: Einleitung: Unsere Hoffnung. Ein Bekenntnis zum Glauben in dieser Zeit, in: Gemeinsame Synode der Bistümer in der Bundesrepublik Deutschland. Beschlüsse der Vollversammlung. Offizielle Gesamtausgabe I, 2. Aufl., Freiburg/Basel/Wien 1976, S. 71-84.

Schneider-Stengel, Detlef: Das Kreuz der Hellenisierung. Zu Joseph Ratzingers Konzeption von Kreuzestheologie und Vollendung des Christentums, Münster (Lit) 2006.

Schüßler, Michael: Prophetie, Protest, Institution. Praktisch-theologische Beobachtungen zwischen Befreiungstheologie und Systemtheorie, in: in: Bucher, Rainer/Krockauer, Rainer (Hrsg.): Prophetie in einer etablierten Kirche? Aktuelle Reflexionen über ein Prinzip kirchlicher Identität, Münster (Lit) 2004, S. 38-50.

Seeber, David A.: Abwehr. Der theologische Kern von „Sollicitudo rei socialis", in: Herder Korrespondenz 42 (1988), 160.

Sekretariat des Diözesanen Pastoralforums im Erzbistum Berlin (Hrsg.): Handlungsoptionen mit den Stellungnahmen des Erzbischofs zum Jahresthema „Missionarisch handeln", Berlin, Dezember 2001.

Sekretariat des Freiburger Diözesanforums (Hrsg.): Dokumentation zum Freiburger Diözesanforum, Heft 2: Vorlagen der Kommissionen für die abschließende Sitzungsperiode vom 25. bis 29. Oktober 1992, Freiburg o.J. [1992].

Sekretariat des Freiburger Diözesanforums (Hrsg.): Dokumentation zum Freiburger Diözesanforum, Heft 1: Die Voten, Freiburg o.J. [1992].

Sekretariat des Pastoralen Zukunftsgespräches (Hrsg.): Faltblatt Impulse 3 „In Zukunft solidarisch handeln", o.O. [Osnabrück] o.J.

Sen, Amartya: Ökonomie für den Menschen. Wege zu Gerechtigkeit und Solidarität in der Marktwirtschaft, München (Hanser) 2000.

Senft, Josef: Über die weltweite soziale Verantwortung der Kirche und den Fortschritt der Völker. Zwei Enzykliken im Vergleich, in: Gabriel, Karl/Klein, Wolfgang/Krämer, Werner (Hrsg.): Die gesellschaftliche Verantwortung der Kirche. Zur Enzyklika Sollicitudo rei socialis, Reihe Arbeiterbewegung und Kirche Band 9, Düsseldorf (Patmos) 1988, S. 58-70.

Sievernich, Michael: Schuld und Sünde in der Theologie der Gegenwart (=Frankfurter Theologische Studien Bd. 29), Frankfurt am Main (Knecht) 1982.

Sobrino, Jon: Die zentrale Stellung des Reiches Gottes in der Theologie der Befreiung, in: Ellacuría, Ignacio/Sobrino, Jon (Hrsg.): Mysterium Liberationis. Grundbegriffe der Theologie der Befreiung, Bd. 1, Luzern (Exodus) 1995, S. 461-504.

Sobrino, Jon: El principio-misericordia. Bajar de la cruz a los pueblos crucificados, Santander (Sal Terrae) 1992.

Sobrino, Jon: Jesucristo liberador. Lectura histórico-teológica de Jesús de Nazaret, 3. Aufl., Madrid (Ed. Trotta) 1997 (deutsch: Christologie der Befreiung, Mainz 1998).

Sobrino, Jon: Jesus und das Reich Gottes. Mitleiden, Gerechtigkeit und Mahlgemeinschaft, in: Concilium 44 (2008), S. 312-322.

Sobrino, Jon: La fe en Jesucristo. Ensayo desde las víctimas, Madrid (Ed. Trotta) 1999 (deutsch: Der Glaube an Jesus Christus, Ostfildern 2008).
Speck, Tom/Nickoleit, Gerd: Antwort auf die Bonner Erklärung, Wuppertal 29. September [1997], abgedruckt in: weltläden aktuell Nr. 68 (Oktober 1997), S. 25-26.
Spiegel, Peter: Muhammad Yunus – Banker der Armen. Der Friedensnobelpreisträger. Sein Leben. Seine Vision. Seine Wirkung, Freiburg (Herder spektrum) 2006.
Srovnalová, Magdalena: Sozialethische Argumente für Fairen Handel, unveröffentlichte Diplomarbeit im Fachbereich Christliche Gesellschaftslehre und Caritaswissenschaften der Kath.-Theol. Fakultät, Universität Passau 2006.
Stang, Bettina: Neuer Anlauf für „Fairer Kaffee in die Kirchen", in: Zeitschrift Entwicklungspolitik Nr. 18-19/2004, S. 9f.
Stehr, Nico: Die Moralisierung der Märkte. Eine Gesellschaftstheorie, Frankfurt (Suhrkamp) 2007.
Stelck, Edda: Politik mit dem Einkaufskorb, Die Boykott-Aktion der evangelischen Frauen gegen Apartheid, gemeinsam herausgegeben mit der Arbeitsgemeinschaft Dritte-Welt-Läden e.V. und der gepa, Wuppertal (Jugenddienst-Verlag) 1980.
Stelck, Edda: Vom Guatemala-Kaffee zum Grünkern, in: Alternativ Handeln Nr. 11 (Juli 1983), S. 10-12.
Straßburger, Annika: Kaffee ohne abzusahnen? Fair Trade als Instrument unternehmerischer Verantwortung, unveröffentlichte Diplomarbeit im Studiengang Sprachen, Wirtschafts- und Kulturraumstudien der Universität Passau, Passau 2007.
Stricker, Stephan: Mainstream? Mainstream...! Fairer Handel bewegt sich, in: Welt & Handel Nr. 4/2006, S. 1 und 4.
Stricker, Stephan: Weltweite Gerechtigkeit konkret. Die fast dreißigjährige Geschichte des „Fairen Handels", in: Herder-Korrespondenz 50 (1996), S. 362-367.
Stückelberger, Christoph: Ethischer Welthandel. Eine Übersicht, Bern/Stuttgart/Wien (Paul-Haupt-Verlag) 2001.
Stummann, Franz-Josef: Aktion Dritte Welt. Eine Fallstudie zur „entwicklungspolitischen Bewußtseinsbildung" der Jugend. Frankfurt a. M. (Lang) 1976.
Synodenbeschluss Entwicklung und Frieden, in: Gemeinsame Synode der Bistümer in der Bundesrepublik Deutschland. Beschlüsse der Vollversammlung. Offizielle Gesamtausgabe I, 2. Aufl., Freiburg/Basel/Wien 1976, S. 470-510.
Synodenbeschluss Unsere Hoffnung. Ein Bekenntnis zum Glauben in dieser Zeit, in: Gemeinsame Synode der Bistümer in der Bundesrepublik Deutschland. Beschlüsse der Vollversammlung. Offizielle Gesamtausgabe I, 2. Aufl., Freiburg/Basel/Wien 1976, S. 84-111.
Tamez, Elsa: Die Rechtfertigung durch den Glauben aus der Sicht der Ausgeschlossenen, in: Ökumenische Rundschau 48 (1999) Heft 3, S. 324-340.
Tamez, Elsa: Gegen die Verurteilung zum Tod, Paulus oder der die Rechtfertigung durch den Glauben aus der Perspektive der Unterdrückten und Ausgeschlossenen, Luzern (Exodus) 1998.
Taubald, Benjamin: Anamnetische Vernunft. Untersuchungen zu einem Begriff der neuen Politischen Theologie, Münster (Lit) 2001.
Texte zur katholischen Soziallehre. Die sozialen Rundschreiben der Päpste und andere kirchliche Dokumente. Mit Einführungen von Oswald von Nell-Breuning SJ und Johannes Schasching SJ, hrsg. vom Bundesverband der Katholischen Arbeitnehmer-Bewegung Deutschlands - KAB, 8. erw. Aufl., Bornheim (Ketteler)/Kevelaer (Butzon&Bercker) 1992.
Theißen, Gerd: Die Legitimationskrise des Helfens und der barmherzige Samariter. Ein Versuch, die Bibel diakonisch zu lesen, in: Röckle, Gerhard (Hrsg.): Diakonische Kirche. Sendung – Dienst – Leitung. Versuche einer theologischen Orientierung, Neukirchen-Vluyn 1990, S. 46-76.
Thormann, Stefanie: Fairer Handel im 21. Jahrhundert – politische und wirtschaftliche Implikationen, unv. Diplomarbeit (Landeskunde), Universität Passau, Juli 2005.
TransFair e.V. (Hrsg.): Jahresbericht 1993, Köln o.J. [1994].
TransFair e.V. (Hrsg.): TransFair Pressespiegel Juli 1992 – April 1993, Köln 1993.
TransFair e.V./Rugmark (Hrsg.): Jahresbericht 2006 – Ausblick 2007, Köln 2007.
Unctad-Kampagne (Hrsg.): Positionspapier zur Arbeit der Unctad-Kampagne 1979, [o.O, o.J.]
Uphoff, Berthold: Kirchliche Erwachsenenbildung. Befreiung und Mündigkeit im Spannungsfeld von Kirche und Welt (Praktische Theologie heute, Bd. 3), Stuttgart (Kohlhammer) 1991.

Utz, Arthur Fridolin/Groner, Joseph-Fulko (Hrsg.): Aufbau und Entfaltung des gesellschaftlichen Lebens. Soziale Summe Pius' XII, 2 Bände, 1. Aufl., Freiburg (Schweiz) 1954.

van de Sand, Klemens: Die Millenniums-Entwicklungsziele. Herausforderungen für die deutsche Entwicklungszusammenarbeit, in: Wallacher, Johannes/Kiefer, Mattias (Hrsg.): Globalisierung und Armut. Wie realistisch sind die Millenniums-Entwicklungsziele der Vereinten Nationen? (Reihe Globale Solidarität – Schritte zu einer neuen Weltkultur, Band 13), Stuttgart (Kohlhammer) 2006, S. 109-122.

Veeh, Klaus: Fünf Jahre Würzburger Partnerkaffee, Manuskript (o.O., o.J.).

Verlag der Aktion 365: indígena 100% Hochland-Arabica. Kaffee aus Guatemala [Faltblatt], Frankfurt 2007.

Wagner, Christoph: Amartya Sen (*1933). Entwicklung als Freiheit – Demokratie gegen Hunger, in: E+Z – Entwicklung und Zusammenarbeit, Heft 4 /2000, S. 116-119.

Wallacher, Johannes: Entwicklung als Freiheit: Zum Entwicklungsverständnis von Amartya Sen, in: Stimmen der Zeit 219 (2001), Nr. 2, S. 133 -136.

Warda, Jutta: Die Idee – und was daraus wurde, in: epd-Entwicklungspolitik Nr. 7-8/1985, S. 19-20.

Warda, Jutta: Die Saat geht auf, die Rechnung nicht. Die Getreideaktion der GEPA/Aktion Dritte Welt Handel geht weiter, in: Alternativ Handeln Nr. 13 (April 1984), S. 28.

Warda, Jutta: Streit um den „Solidaritäts-Kaffee", Solidarität mit Kaffee aus Nicaragua – wer macht es richtig? In: epd-Entwicklungspolitik Nr. 7-8/1985, S. 29-31.

Warda, Jutta: Wer die GEPA beliefert. Die schwierige Auswahl der Projektpartner, in: epd-Entwicklungspolitik Nr. 7-8/1985, S. 21-25.

Weltläden – ein Stück Welt von Morgen. Exposé für eine Öffentlichkeitskampagne zur Profilierung der Weltläden und Verkaufsgruppen der Aktion 3. Welthandel, in: AG3WL-Extrablatt: Profilierung der A3WH, S. 18-25.

Weltladen-Dachverband (Hrsg.): Der ATO-TÜV. Bewertung von Importorganisationen (ATO) anhand der „Konvention der Weltläden", Darmstadt 1998 (2. Ausgabe: Mainz 2001,; 3. Ausgabe 2003, 4. Ausgabe 2004, Aktualisierung 2005).

Weltladen-Dachverband (Hrsg.): Ein Brief aus dem Süden. Begleitheft III zum Weltladentag am 19. Mai 2001, Mainz o.J. [2001].

Weltladen-Dachverband (Hrsg.): Generation Weltladen. 30 Jahre Weltladenbewegung in Deutschland, Mainz 2005.

Weltladen-Dachverband (Hrsg.): Ihre Stimme für mehr Gerechtigkeit im Welthandel. Begleitheft zum Weltladentag 2004. Eine Aktion der Weltläden in Deutschland im Rahmen der Kampagne Gerechtigkeit jetzt!, Mainz 2003 [korrekt: 2004].

Weltladen-Dachverband (Hrsg.): Konvention der Weltläden. Kriterien für den Fairen Handel der Weltläden, Mainz o.J.

Weltladen-Dachverband (Hrsg.): Monitoring im Weltladen. Ein Begleitheft für Weltläden. Mainz o.J. [2007].

Weltladen-Dachverband (Hrsg.): Schul-Weltladen. Eine Handreichung für Weltläden und SchülerInnen, 96 Seiten, Mainz 2005.

Weltladen-Dachverband (Hrsg.): Wir empfehlen heute: das Recht auf Ernährung. Eine Aktion der europäischen Weltläden anlässlich des Welternährungstages und des Erntedank-Festes 2000 – Aktionsleitfaden, Mainz o.J. [2000].

Wenzel, Eike/Rauch, Christian/Kirig, Anja: Zielgruppe LOHAS: Wie der grüne Lifestyle die Märkte erobert, Kelkheim (Zukunftsinstitut) 2007.

Wex, Thomas: Die Genossenschaft – an und für sich, in: Bayerische Dritte Welt Handel e.G. (Hrsg.): 15 Jahre Bayerische Dritte Welt Handel e.G. 1984-1999, Haimhausen o.J. [1999], S. 5-7.

Wex, Thomas: Wer A-3WH sagt, muss auch B-3WH sagen. Die 'Bayerische Dritte Welt Handel' Genossenschaft stellt sich vor, in: Alternativ Handeln Nr. 19 (März 1987), S. 30-32.

Wille, Ralph: (Es war einmal?) ein Traum, in: AG3WL-Rundbrief Nr. 51 (April 1993), S. 4-5.

Wilß-Hasenkamp, Claudia: Fair im Aufwind. „TransFair" und der alternative Handel, in: epd-Entwicklungspolitik Nr. 19/1994, S. 18-24.

Winkler-Schlang, Renate: Der Ring der Einkaufsstempel, in: Süddeutsche Zeitung (Stadtausgabe) vom 25./26. November 2006, S. 56.

„Wir sind radikaler als TransFair". Interview mit Mitka, in: FORUM entwicklungspolitischer Aktionsgruppen, Nr. 168 (Dezember 1992), S. 13-15.

Wirtz, Hermann-J./u.a.: Kleider machen Leute – Leute machen Kleider. Baumwolle, Textilien und Bekleidung in der Weltwirtschaft, hrsg. vom Bund der Deutschen Katholischen Jugend und der Arbeitsgemeinschaft der Evangelischen Jugend in Zusammenarbeit mit der Gesellschaft zur Förderung der Partnerschaft mit der Dritten Welt (GEPA), 1981.

Wirtz, Hermann-J.: „Der rote Faden". „Textilien" als möglicher Themenschwerpunkt der A3WH/ GEPA-Bewußtseinsbildung und -Aktionen, in: Alternativ Handeln Nr. 15 (April 1985), S. 28-32.

Wirtz, Hermann-J.: A3WH – ein Lernmodell mit Zukunft? In: aej-Studientexte 2/1990, S. 33-41.

Wirtz, Hermann-J.: Aktion Jute statt Plastik, in: Schmied, Ernst (Hrsg.) Handlungsmodelle in der Dritte Welt-Verantwortung, München/Mainz 1981, S. 51-52.

Wirtz, Hermann-J.: Alternativer Dritte Welt Handel, in: Alternativ Handeln Nr. 19 (März 1987), S. 27-29.

Wirtz, Hermann-J.: Das unterentwickelte „pädagogische Bein". Zum Stand der Überlegungen um das „Bildungskonzept" der A3WH, in: epd-Entwicklungspolitik Nr. 7-8/1985, S. 26-28.

Wirtz, Hermann-J.: Der „Fall Nicaragua" – der „Fall GEPA", in: Alternativ Handeln Nr. 17 (März/April 1986), S. 4-7.

Wirtz, Hermann-J.: GEPA-Zeitschrift kommt in die besten? Jahre. Zum 10-jährigen Bestehen von „Alternativ Handeln", in: Alternativ Handeln Nr. 22 (September 1988), S. 34-38.

Wirtz, Hermann-J.: Weltläden die wahren „Supermärkte" des Fairen Handels? In: BUKO Agrar Dossier Nr. II – 92, Hamburg 1992, S. 31.

Wojtyła, Karol: Quellen der Erneuerung, Studie zur Verwirklichung des Zweiten Vatikanischen Konzils, Freiburg (Herder) 1981 (Polnische Originalausgabe: Krakau 1972).

Wöldecke, Klaus: Unidos venceremos …! Warum Kooperationen nicht nur im Süden wichtig sind. Weltladen-Dachverband strebt Kooperationsverträge mit Importeuren an, in: weltläden extra Nr. 11 (April 1999), S. 7.

Würzburger Partnerkaffee e.V. (Hrsg.): Kaffee aus Tansania (Faltblatt), Würzburg o.J.

Würzburger Partnerkaffee e.V.: Kundeninfo 2006/19, Dezember 2006.

Zech, Stefan: Faire Bananen in den (Super-)Markt? Forum Banane IV in Nürnberg, in: ila Nr. 205 (Mai 1997), S. 55.

Zulehner, Paul M. (Hrsg.): Solidarität: Option für die Modernisierungsverlierer, Innsbruck/Wien (Tyrolia) 1996.

Zulehner, Paul M.: Liebe und Gerechtigkeit. Zur Antrittsenzyklika von Papst Benedikt XVI., Wien (Molden-Verlag) 2006.

Zweite Europäische Ökumenische Versammlung (EÖV2): Das christliche Zeugnis für die Versöhnung. Versöhnung – Gabe Gottes und Quelle neuen Lebens, Schlussdokument 2, Graz 1997, online unter www.cec-kek.org/Deutsch/graz2.htm (aufgerufen am 3.11.2007)

Zwiefelhofer, Hans: Neue Weltwirtschaftsordnung und katholische Soziallehre. Probleme der Weltwirtschaft aus christlicher und sozialer Sicht, München/Mainz (Kaiser/Grünewald) 1980.

c) Abkürzungen und Erläuterung der Akteure im Fairen Handel

Die Verwendung von Abkürzungen wurde zu vermeiden gesucht. Soweit Abkürzungen feldspezifisch gängige Bezeichnungen von Organisationen oder Netzwerken betreffen, sind sie jedoch – auch der Lesbarkeit halber – unvermeidbar. Aufgeführt sind nur feldspezifische Abkürzungen; andere Abkürzungen folgen dem Duden, die Abkürzung der biblischen Bücher der Einheitsübersetzung.

A3WH	Aktion Dritte-Welt-Handel
aej	Arbeitsgemeinschaft der Evangelischen Jugend in der Bundesrepublik Deutschland e.V.
AG KED	Arbeitsgemeinschaft Kirchlicher Entwicklungsdienst
AG3WL	Arbeitsgemeinschaft der Dritte Welt Läden (in Deutschland) – 1998 übergegangen in den Weltladen Dachverband e.V.
AGEJD	ältere Abkürzung für: Arbeitsgemeinschaft der Evangelischen Jugend in der Bundesrepublik Deutschland e.V.
ARGE	ARGE Weltläden – Arbeitsgemeinschaft der Weltläden in Österreich

Literatur- und Abkürzungsverzeichnis

ATO	Alternative Trade Organisation – Oberbegriff für Organisationen des Fairen Handels
B3WH	Bayerische Dritte-Welt-Handels-Genossenschaft, seit 1989: FAIR Handelshaus Bayern eG (s.u.)
BDKJ	Bund der Deutschen Katholischen Jugend
BER	Berliner Entwicklungspolitischer Ratschlag (Landesnetzwerk)
CAJ	Christliche Arbeiterjugend
claro AG	Schweizer Importorganisation des Fairen Handels
Contigo	Contigo Fair Trade Partner – Deutsche Importorganisation des Fairen Handels mit eigener Franchise-Weltladenkette (Contigo fair trade shops)
CSR	Corporate Sozial Responsability
DBK	Deutsche Bischofskonferenz
DED	Deutscher Entwicklungsdienst
dwp	Deutsche Importorganisation des Fairen Handels; ursprünglich: Dritte-Welt Partner
e.G.	eingetragene Genossenschaft
e.V.	eingetragener Verein
EED	Evangelischer Entwicklungsdienst
EFTA	European Fair Trade Association – Vereinigung europäischer Fair-Handels-Importorganisationen
Eine Welt Handel AG	Österreichische Importorganisation des Fairen Handels
EKD	Evangelische Kirche in Deutschland
El Puente	Deutsche Importorganisation des Fairen Handels
ELAN	Entwicklungspolitisches Landesnetzwerk Rheinland-Pfalz
EWNB	Eine Welt Netzwerk Bayern e.V.
EZA	Österreichische Importorganisation des Fairen Handels
FAIR Handelshaus Bayern eG	eigenständiges regionales Vertriebszentrum für Weltläden und Aktionsgruppen
F.A.I.R.E.	F.A.I.R.E. Warenhandels eG, Dresden – eigenständiges regionales Vertriebszentrum für Weltläden und Aktionsgruppen
FIAN	FoodFirst Informations- und Aktions-Netzwerk – internationale Menschenrechtsorganisation für das Recht sich zu ernähren
FINE	Netzwerk der internationalen Dachverbände des Fairen Handels. Der Name setzt sich zusammen aus den vier Mitgliedern FLO, IFAT, NEWS und EFTA
FLO	Fairtrade Labelling Organisations international – internationaler Dachverband der Siegelorganisationen des Fairen Handels
Forum Fairer Handel e.V.	Zusammenschluss der Organisationen der deutschen Fair-Handels-Bewegung
FTO	Fair Trade Organisatie – holländische Importorganisation des Fairen Handels (ursprünglich S.O.S.)
GATT	General Agreement on Tariffs and Trade (Allgemeines Zoll- und Handelsabkommen – 1947 begründet, heute eines der wichtigsten Abkommen innerhalb der WTO)
GEPA	Gesellschaft zur Förderung der Partnerschaft mit der Dritten Welt – Deutsche Importorganisation des Fairen Handels
GKKE	Gemeinsame Konferenz Kirche und Entwicklung (ökumenischer, evangelisch-katholischer Arbeitsverbund zur Entwicklungspolitik, getragen vom Evangelischen Entwicklungsdienst und der Deutschen Kommission Justitia et Pax)
GmbH	Gesellschaft mit beschränkter Haftung
GTZ	Gesellschaft für Technische Zusammenarbeit (entwicklungsbezogene Fachorganisation der Deutschen Bundesregierung)
IFAT	International Federation of Alternative Trade – internationaler Dachverband von Import-, Produzenten- und Lobbyorganisationen des Fairen Handels

Literatur- und Abkürzungsverzeichnis

ILO	International Labour Organisation (Internationale Arbeitsorganisation; Fachorganisation der Vereinten Nationen)
KAEF	Katholischer Arbeitskreis Entwicklung und Frieden. 1982 übergegangen in Deutsche Kommission Justitia et Pax
KDFB	Katholischer Deutscher Frauenbund
KED	Kirchlicher Entwicklungsdienst (der Ev. Kirche)
kfd	Katholische Frauengemeinschaft Deutschlands
KLB	Katholische Landvolkbewegung
KLJB	Katholische Landjugendbewegung
Kolpingsfamilie	Ortsgruppe des Kolpingwerkes
Kolpingwerk	internationaler katholischer Sozialverband
Lokale Agenda 21	Kommunales Handlungsprogramm für (entwicklungs- und umweltbezogene) nachhaltige Entwicklung im 21. Jahrhundert; beschlossen von der „Konferenz für Umwelt und Entwicklung der Vereinten Nationen" in Rio de Janeiro (1992)
LWB	Lutherischer Weltbund
Mitka	Mittelamerika Kaffee Im- und Export GmbH – Zusammenschluss deutscher Importorganisationen des Fairen Handels zur Abwicklung von Kaffeeimport
NEWS	Network of European Worldshops – Europäisches Netzwerk der nationalen Weltladen-Dachorganisationen
NGO /NRO	Non Governmental Organisation/Nichtregierungsorganisation
NRW	Nordrhein-Westfalen
ÖRK	Ökumenischer Rat der Kirchen, auch: Weltkirchenrat
OS3	Organisation Schweiz–Dritte Welt – Schweizer Importorganisation des Fairen Handels, später umbenannt in claro AG
rsk	Regionalsprecherkreis der Aktion Dritte Welt Handel – 1998 mit dem AG3WL e.V. fusioniert zum Weltladen-Dachverband e.V.
S.O.S.	Stichting Ontwikkelings-Samenwerking (Stiftung Entwicklung und Zusammenarbeit) – holländische Importorganisation des Fairen Handels, später umbenannt in FTO Fair Trade Organisatie
TransFair	Deutsche Siegelorganisationen des Fairen Handels
UNCTAD	United Nations Conference on Trade and Development/Konferenz der Vereinten Nationen für Handel und Entwicklung – ständiges Organ der Generalversammlung der Vereinten Nationen (UN).
WEM	Wirtschaftsstelle Evangelischer Missionsgesellschaften, Hamburg
WL	Weltladen/Weltläden
WTO	World Trade Organisation (Welthandelsorganisation – internationale Organisation zur Regelung von Handels- und Wirtschaftsbeziehungen)